# 이한우의 주역

시대를 초월한 리더십 교과서

# 이한우의 주역 周易

## 상경

이한우 옮기고 풀다

21세기북스

# 한 서양 철학도의 『주역』 등반기

전공(專攻)이 뭔지, 나는 2001년부터 『조선왕조실록(朝鮮王朝實錄)』과 『논어(論語)』를 거쳐 이제 『주역(周易)』에 이르렀으나 여전히 서양 철학 '전공'자로 분류되고 있다. 과연 20년을 공부해도 넘을 수 없는 '진입장벽'은 무엇일까?

물론 나는 그 장벽을 넘어 그들의 '학문 공화국'으로 들어가고 싶은 생각은 추호도 없다. 그 학문은 내용이 빈약하고 그 공화국은 지적으로 너무나도 척박하기 때문이다. 무엇보다 그 '학문 공화국'으로부터 우리의 다음 세대가 얻어낼 수 있는 것은 불행하게도 별로 없다고 여긴다. 거기에는 탐구(探究)는 별로 없고 답습(踏襲)만이 미덕인 듯이 보이기 때문이다.

그러니 그들에 대해 이러쿵저러쿵하는 것 자체가 일종의 시간 낭비다. 이에 바로 본론으로 들어가고자 한다.

공자(孔子)의 공부 세계를 우리나라 경복궁에 비유하자면 『주역』은 근정전(勤政殿)과 같고 『논어』는 그 바로 뒤에 있는 사정전(思正殿)과 같다. 근정전은 엄정하고 사정전은 다소 편안하다. 둘 다 정사(政事)를 논하던 곳이지만, 근정전은 의례(儀禮)가 행해지던 곳인 반면 사정전은 활발한 토론이 있던 공간이다.

그런데 비유의 방향을 조금 바꿔서 다시 살펴보자. 다산(茶山) 정약용(丁若鏞)은 자신의 『주역』 풀이를 위한 핵심 이론을 이렇게 말했다.

효변(爻變)은 궁궐의 천문만호(千門萬戶)를 모두 열 수 있는 열쇠다.

궁전 속에는 종묘의 아름다움과 백관의 풍부함이 모두 갖춰져 있으나, 단지 자물쇠가 견고히 채워져 있어서 그 문 앞에 누가 이르더라도 아무도 감히 내부를 엿볼 수 없다. 그런데 여기에 만능열쇠가 있어 그 열쇠만 손에 쥔다면 궁전의 모든 문을 열 수 있으니, 그 열쇠로 외문을 열면 외문이 열리고 중문을 열면 중문이 열리고, 이렇게 나머지 문도 모두 열 수 있어 전부 감상할 수 있다는 것이다. 이는 정약용의 『주역사전(周易四箋)』(소명출판)이라는 책이 갖는 의의를 아주 정확하게 표현한 비유라 여긴다. 효변이란 괘를 이루는 효를 고정된 것으로 생각하는 기존 학설과 달리 효 자체를 늘 변화하는 것으로 보고서 그 뜻을 풀어낸 정약용의 독자적인 학설이다. 마치 물리학에서 원자를 더는 쪼갤 수 없는 최후의 단위로 여겼으나 19세기 말 20세기 초 원자보다 더 작은 물질의 존재를 상정한 양자 역학이 등장한 것과도 같다고 보면 된다.

다만 이번에 내가 했던 작업과 비교할 경우 조금은 다른 비유를 쓰는 것이 적확할 듯하다. 『논어』 「자장(子張)」편에는 아주 흥미로운 비유 하나가 나온다.

(노나라 대부) 숙손무숙(叔孫武叔)이 조정에서 말하기를 “자공(子貢)이 공자보다 뛰어나다[賢]”고 했다.
현
자복경백(子服景伯)이 그 말을 자공에게 전하자 자공은 이렇게 말했다.
“궁궐의 담장에 비유하자면, 나의 담장은 어깨에 미쳐 집 안의 좋은 것들을 들여다볼 수 있지만, 스승의 담장은 여러 길이어서 그 문을 얻어 들어가지 못하면 종묘의 아름다움과 백관의 많음을 볼 수 없다. 그 문을 얻는 자가 드무니, 그 사람의 말이 당연하지 않은가?”

정약용이 궁궐과 열쇠의 비유를 든 것은 바로 이 일화에서 가져온 것이다. 그런데 『주역사전』이라는 책은 단순히 열쇠에 머무는 것이 아니라 『주역』이라는 궁궐의 설계도를 복원하려는 작업이었다. 반면에 나는 말 그대로 그 궁궐을 돌아보고 그 안내도를 정리한 것이라 할 수 있다. 방향이 전혀 다른 것이다. 정약용이 주역학을 하려 했다면 나의 이 작업은 『주역』 풀이에 초점을 맞춘다. 이를 기반으로 다음에 더 정교하고 친절한 안내서들이 나오기를 기대한다.

마침 '열쇠' 이야기가 나왔으니 내가 『주역』을 풀어낸 열쇠를 소개할까 한다. 예전에 『논어로 논어를 풀다』(해냄)를 쓸 때 『논어』라는 실타래를 풀어내는 실마리가 되어준 구절이 있었다. 「이인(里仁)」편에 나오는 다음 구절이다. 오래감[止=恒=壽=長]이 어짊[仁]의 핵심임을 일깨워주었기 때문이다.

> 어질지 못한 사람은 (인이나 예를 통해 자신을) 다잡는[約] 데 (잠시 처해 있을 수는 있어도) 오랫동안[久] 처해 있을 수 없고, 좋은 것을 즐기는 데도 (조금 지나면 극단으로 흘러) 오랫동안[長] 처해 있을 수 없다.

이 구절이 없었다면 『논어』를 그만큼이라도 쉽고 명료하게 풀어낼 수 없었을 것이라 여긴다. 그런데 이번에 『주역』을 『논어』로 풀고 다시 『조선왕조실록』과 반고(班固)의 『한서(漢書)』를 비롯한 중국사의 사례를 통해 검증하는 작업을 하다 보니 자연스럽게 자주 사용하게 되는 열쇠가 있었다. 「자로(子路)」편에 나오는 공자의 다음과 같은 말이다.

> 군자는 섬기기는 쉬워도 기쁘게 하기는 어려우니, 기쁘게 하기를 도리로써 하지 않으면 기뻐하지 아니하고, 사람을 부릴 때는 그 그릇에 맞게 부린다[器之]. 소인은 섬기기는 어려워도 기쁘게 하기는 쉬우니, 기쁘게 하기를 비록 도리로써 하지 않아도 기뻐하고, 사람을 부릴 때는 한 사람에게 모든 능력이 완비되기를 요구한다[求備].

짧지만 여기에는 참으로 많은 주제가 녹아들어 있다. 군자와 소인의 대비, 섬김과 기쁘게 하기의 대비, 도리의 문제, 그 그릇에 맞게 부리는 군자형 지도자의 너그러움[寬]과 아랫사람 한 사람에게 모든 것이 다 갖춰져 있기를 바라는 소인형 지도자의 게으름[倦] 등이 그것이다. 이 구절은 『주역』의 내용을 가장 압축적으로 잘 표현하고 있다. 그중에서 일단 한 가지 문제는 여기서 짚고 넘어가자. 군자와 소인의 대비가 그것이다. 『주역』은 한마디로 군자가 되는 공부이자 군자가 일을 잘 풀어가는 지침이며 군자가 자신의 삶을 공명정대하게 살려고 방향을 잡아가는 채찍이다. 적어도 공자가 풀어낸 『주역』은 그렇다. 한마디로 점서(占書)와는 전혀 무관한 책이라는 말이다.

그런데 우리나라에는 『주역』에 대한 오해가 너무도 뿌리 깊다. 그저 운명을 점치는 점서 정도로 여기는 것이다. 이는 한마디로 사기(詐欺)다. 애당초 『주역』은 소인의 사사로운 이익[利]과는 무관한 책이다. 그런데도 『주역』으로 점을 쳐서 아이를 좋은 학교에 보냈고 돈을 벌었고 하는 이야기를 하며 혹세무민하는 자들이 아직도 적지 않다. 참으로 부끄러운 일이다.

그렇다면 『주역』은 어떤 책인가? 반고의 『한서』 「예문지(藝文志)」편에서는 요즘 흔히 말하는 성리학이나 주자학의 '사서삼경(四書三經)' 틀에서 벗어난 원형 그대로의 공자의 학문 세계, 즉 육예(六藝)를 이렇게 정리해 보여주고 있다.

> 육예의 애씀[文]이란 (첫째) 악(樂-음악, 악기(樂記))은 정신을 조화시키는 것이기 때문에 어짊의 드러남[仁之表]이요, (둘째) 시(詩-시경(詩經))는 말을 바르게 하는 것이기 때문에 마땅함의 쓰임[義之用]이요, (셋째) 예(禮-예기(禮記))는 몸을 밝혀 그 밝힌 것을 겉으로 드러내는 것이기 때문에 별도의 뜻풀이가 필요 없는 것이요, (넷째) 서(書-서경(書經))는 듣는 바를 넓히는 것[廣聽]이기 때문에 사람과 사리를 아는 방법[知之術]이요, (다섯째) 춘추(春秋)는 일을 판단하는 것[斷事]이기 때문에 믿음의 상징[信之符]이다. 이 다섯 가지는 대개 오상(五常-인의예지신)의 도리로 서로 응하여 갖춰지고 역(易-『주역(周易)』)은 이 다섯 가지의 근원이 된다. 그래서 이르기를 "역(易)의 뜻을 볼 줄 모른다면 건곤(乾坤)은 혹 멈추거나 사라지는 것에 가깝다[幾=近]"[1]고 했는데 이는 하늘과 땅과 더불어 시작과 끝[終始]이 이뤄진다는 말이다.

한마디로 근본 중의 근본이라는 말이다. 『주역』을 가장 짧게 압축하면 제왕의 일을 하는 책이다. 일[事]을 공자는 『주역』에서 '그 달라짐을 통하게 하는 것[通其變]'이라고 정의한다. 지도자가 일한다는 것은 바로 그때마다의 달라진 상황에 맞게 그에 가장 마땅한 도리를 찾아내 일을 풀어가는 것이다. 간혹 날 때부터 일을 잘하는 사람이 있다. 그러나 대부분은 배우지 않고서는 그 일을 극진히 잘 해낼 수 없다. 그 훈련서가

---

1 안사고(顔師古)가 말했다. "「계사전(繫辭傳)」 상(上)에 나오는 말이다."

바로 『주역』이다. 한문을 조금 안다고 해서 얼기설기 엮어 나라의 운세 운운하는 사람들이 입에 담을 수 있는 책이 아니라는 말이다.

공자가 말하는 예(禮) 또한 예법이나 예절보다는 일의 이치[事理](사리)와 깊이 연결돼 있음에도 이에 대한 우리의 인식은 전무하다시피 하다. 그들만의 '학문 공화국' 아니 '한문 공화국'이 빚어낸 '한학 신비주의' 때문이다. 한문이 다른 언어에 비해 배우기에 조금 더 어려운 것은 사실이지만 결코 뛰어넘을 수 없는 장벽은 아니며, 결국 그것도 하나의 언어일 뿐이다. 조금 어렵고 함축성이 강한 문자일 뿐이다. 그런데 미처 그 장벽을 뛰어넘지도 못한 사람들이 벽 한구석을 더듬거리며 얻어낸 몇 가지 담벼락의 흙 부스러기를 들고서 마치 그것이 동양학인 양, 한문인 양, 한학인 양 해온 것이 지난 20세기 우리나라 전통 학문의 수준이다. 『예기(禮記)』「중니연거(仲尼燕居)」편에서 공자는 이렇게 말하고 있다.

> 예(禮)란 무엇인가? 그것은 일에 임해서 그것을 다스리는 것[治事](치사)이다. 군자는 자신의 일이 생기면 그것을 다스리게 되는데, 나라를 다스림에 있어 예가 없으면 비유컨대 장님에게 옆에서 돕는 자가 없는 것[無相(무상)=無助(무조)]과 같다.

예를 이처럼 공자 자신이 명확하게 일을 다스리는 것[治事](치사)이라고 말하는데도 한사코 퇴행적으로 예절이나 가례(家禮)에 국한시켜서 이해하려는 이유는 무엇일까? 하나는 무지(無知) 때문이고 또 하나는 주자학의 체계적인 왜곡 때문이다.

우리는 300년 이상 주자학이라는 기괴한 사상 체계에 푹 젖어 있었기 때문에 그것이 공자의 원래 유학과 얼마나 다른지조차 모른다. 게다가 주자학 자체가 어떤 것인지도 제대로 인식하지 못하고 있다.

이 문제는 별도의 책을 한 권 써야 할 만큼 중대한 학술적 사안이기는 하지만, 여기서는 간략하게나마 주희(朱熹)라는 사람이 공자의 학문을 어떻게 왜곡했고 우리는 그 영향권 속에 얼마나 오랫동안 젖어 있었는지 짚어보려고 한다. 그것은 내가 『주역』을 가능한 한 본래의 모습대로 풀어내려고 한 이번 작업의 중요한 의도 중 하나이기도 하기 때문이다.

우선 사서(四書)의 집대성이다. 원래 송나라 이전까지는 사서라는 말은 없었다. 『예기』에 포함된 하나의 장(章)에 불과했던 『대학(大學)』과 『중용(中庸)』은 일찍부터 유학자들의 주목을 받아 별도로 경(經) 취급을 받았다. 당나라 때의 한유(韓愈)와 이고(李皐)가 거기에 앞장섰다. 당나라 문종(文宗) 때 12경(經)을 간행하면서 『논어』가 경의 지위를 얻었고 북송 때 13경을 간행하면서 비로소 『맹자(孟子)』도 경으로 승격됐다.

여기까지는 그나마 건강했다. 그러나 정호(程顥-정명도(程明道))·정이(程頤-정이천(程伊川)) 형제가 오경(五經)보다는 사서(四書)를 강조하면서 남송에서는 새로운 흐름이 생겨났다. 흔히 말하는 성리학(性理學)이다. 일[事]보다는 말[言]을 중시하는 '신권(臣權) 이론' 혹은 '반(反)왕권 이론'으로의 변형 혹은 왜곡된 유학이 생겨나는 순간이다. 그 후에 주희가 나와서 이런 경향을 더욱 심화시켰다. 이 과정을 중국의 수징난 교수는 『주자평전』(김태완 옮김, 역사비평사)에서 다음과 같이 간결하게 정리했다.

> 사서에 대한 연구는 정호와 정이가 창도한 뒤로 정문(程門)의 뛰어난 수많은 제자와 다른 이학가들의 동조를 거쳐 비로소 세상을 떠들썩하게 한 사서학을 형성함으로써 점차 오경학을 능가하는 추세를 보였다.
>
> 주희 스스로 『사서집해(四書集解)』에서 『사서집주(四書集註)』로 비약한 것은 한편으로는 유가 문화의 역사적 거울처럼 경학의 역사적 변화 과정을 반영한다. 『사서집주』에서 그는 한·위·수·당 주석가들의 설은 극히 적게 인용하고 정호와 정이 이래 이학자(理學者)들의 설을 대량으로 인용하면서 이들의 설을 세 등급으로 나눴다. 곧 정호와 정이의 설을 인용할 때는 정자(程子)라 일컫고, 정문 제자들의 설을 인용할 때는 아무개 씨라 일컬었으며, 정문 제자가 아닌 사람들의 설이나 후배 이학가들의 설을 인용할 때는 성과 이름을 함께 일컬었다.

예전에 주희의 『사서집주』가 갖는 도그마적 성격을 제대로 이해하지 못했을 때 나는 내가 쓴 『논어로 대학을 풀다』(해냄)에서 이렇게 밝힌 바가 있었다.

> "『대학』을 보고 또 힘을 붙여 『논어』를 보고 또 힘을 붙여 『맹자』를 보아 이 세 책을 보고 나면 『중용』은 절반은 모두 마치게 된다"고 했다. 그러나 나는 『논어』·『중용』·『대학』·『맹자』 순(順)으로 읽어나갈 것이다. 이유는 잠시 후에 설명할 것이다.
>
> 주희의 '사서' 읽기 순서는 스승의 도움을 전제로 한 것이다. 곁에서 지도해주는 스승이 있

> 다면 주희의 말대로 『대학』을 먼저 보면서 전반적인 개요를 살피고, 이어 『논어』를 통해 그 내용을 풍부하게 한 다음, 다시 『중용』으로 요약하고, 끝으로 『맹자』를 읽어 총정리를 하는 것도 나름대로 '사서'를 읽어내는 훌륭한 방법이 될 수 있을 것이다.
>
> 그러나 나는 혼자서 읽어나가는 것을 전제로 했다. 그럴 경우 책의 난이도만 놓고 본다면 『맹자』에서 출발해 『논어』를 읽고 이어 『대학』과 『중용』으로 마무리할 수도 있다. 그런데 이 방법이나 주희의 방법에는 근본적인 문제가 하나 있다. 그것은 공자 자체보다는 공자-맹자-주희로 이어지는 도통(道統)의 맥락에서 '사서'를 읽어가려는 경직된 태도에 물들 수 있다. 『논어』를 제외하면 나머지 세 책은 도통을 세우려는 의도가 뚜렷해서 주희가 고른 책이라는 점을 항상 주의할 필요가 있다.

주희의 사고방식이 갖는 위험성은 그때보다 지금 더 심각하고, 우리는 서둘러 거기서 벗어나지 않으면 안 된다고 여긴다. 다시 수징난 교수의 말이다.

> 사서학 체계의 완성이 유가의 전통문화사에서 차지하는 의의는 동중서(董仲舒)가 한 무제에게 홀로 유술을 높이고 백가를 파출하라고 건의했던 것과 같은 차원으로 거론할 만하다. 동중서가 육예(六藝)를 표창하여서 공학(孔學)을 경학화하고 육경에 통치 사상의 지위를 얻게끔 했다고 한다면 정호와 정이, 주희가 사서를 표창한 것은 경학을 이학화하여서 사서가 육경의 독점적 지위를 빼앗게끔 했다.

주희의 이 같은 의도는 어느 곳보다 조선에서 철저하게 관철됐다. 말이 '사서삼경'이지 삼경(三經), 즉 『주역』·『서경』·『시경』은 흐지부지 읽지 않아도 되는 책으로 내몰렸다. 게다가 주희는 『주역』에 대해서는 일관되게 점서(占書)라는 혐의를 덧붙여 그 책을 무력화했다.

정리하자면 『사서집주』는 『논어』를 무력화하는 데 의도가 있었다. 즉 강명(剛明)한 군주를 기르기 위한 체계적인 제왕학 책으로서의 『논어』 체계를 해체해 사대부의 심신 수양서로 전락시켰다. 『주역』을 점서로 전락시킨 주희의 의도 역시 『논어』를 해체시킨 의도와 다르지 않다. 이유는 간단하다. 굳세고 눈 밝은[剛明]강명 군주야말로 자신의 신권(臣權) 이론의 가장 큰 방해물이었기 때문이다.

조선 초에 성리학이 들어왔다고는 하지만 그때는 아직 초창기라 그저 참신한 유학 정도로 이해된 듯하고, 부분적으로만 신권 이론의 측면을 파악하고 있었던 듯하다. 그러나 지속적으로 명나라에서 책들이 수입되고 공부가 심화되면서 대체로 성종 때를 지날 무렵 신권 이론으로서의 주자학을 의식적으로 받아들였고, 그것이 처음 현실 정치에서 대두된 것이 바로 조광조(趙光祖)의 도학(道學) 정치다. 이에 중종은 뒤늦게 그 '반(反)왕권 이론'의 성격을 알아차리고서 결국 그를 사형에 처해버렸다. 왕권과 신권의 정면충돌이었다. 이를 한가롭게 개혁과 반개혁으로 정리해내는 우리 역사학계의 이론적 빈곤이 안타까울 뿐이다.

이번 작업은 『주역』을 『논어』로 풀고 다시 『조선왕조실록』과 반고의 『한서』를 비롯한 중국사의 사례와 인물을 통해 검증하는 과정을 밟았다. 『주역』에 대한 기본적인 풀이는 흔히 의리역(義理易)의 최고 이론가로 꼽히는 송나라 정이천(程伊川)의 『역전(易傳)』의 도움이 컸다. 『주역』을 풀이하는 입장에는 크게 의리역과 상수역(象數易)이 있는데, 쉽게 말하면 의리역은 괘나 효의 의미 풀이에 중점을 두는 것이고 상수역은 그것을 점술로 보는 것이다. 주희는 상수역을 고집했다. 나는 정이천의 입장을 따랐다. 정이천의 『역전』의 번역본은 『주역(周易)』(심의용 옮김, 글항아리)을 기본으로 하면서 몇몇 용어는 나의 고유한 언어로 고쳤다. 예를 들면 덕(德)을 다움으로 옮기고 성(誠)을 열렬함으로 옮기는 식이다. 또 같은 의리역의 입장에 서 있는 왕필(王弼) 한강백(韓康伯) 주(注), 공영달(孔穎達) 소(疏), 『주역정의(周易正義)』(성백효 옮김, 전통문화연구회)의 도움 또한 컸다. 다시 최종적으로 성격이 조금 다른 책이기는 하지만 정약용의 『주역사전』을 참고해 괘와 효를 하나씩 점검하는 단계를 통해 마무리했음을 밝혀둔다.

이 책에는 많은 역사적 사례가 등장한다. 그것은 내가 2001년 서양 철학을 뒤로하고 우리 학문의 세계에 뛰어들면서 세종(世宗)에게서 배운 공부법 때문이다. 경사(經史) 혹은 경사(經事)의 통합이 그것이다. 원리나 이치를 배우면 일에 적용할 수 있어야 하고, 일에 임하면 원리나 이치를 추출해낼 수 있어야 한다. 때로는 우리에게 익숙하지 않은 사례의 경우 매우 상세하게 다룬 것도 이 점을 염두에 두었기 때문이다. 『주역』만 알고서 끝날 일이 아니다. 역사적 사례를 매개로 해서 지금의 현실에까지 이어져야 할 것이다. 이 부분은 독자 스스로의 연마(練磨)의 몫으로 남겨둔다.

이번 작업을 마치고 가장 먼저 떠오른 분은 은사(恩師) 고(故) 김충렬 선생님이다. 나에게 보심(普心)이란 호를 내려준 분이기도 하다. 대학 시절에 다른 강의는 많이 들었지만 『주역』을 들을 기회는 없었다. 딱 한 차례 선생님께서 정년하고 캠퍼스 밖에서 일반인을 상대로 『주역』을 강의할 때 첫 시간에 참석한 기억이 있다.

『주역』은 어머니의 마음이다.

이제야 겨우 그 말씀의 뜻을 알 듯하다. 세상을 깊이 사랑하지 않고서는 이치를 논하고 해봤자 아무런 의미가 없다는 말씀이었을 것이다. 과연 이 책을 보셨다면 선생님은 칭찬하셨을까 야단을 치셨을까. 두려움 또한 숨길 수 없다.

학문적 철저함의 중요성을 일깨워준 또 한 분의 은사 이기상 선생님께도 깊이 감사드린다. 20년 넘는 직장 생활을 마치고도 다시 학문하는 자세를 회복할 수 있었던 것은 이기상 선생님의 가르침 덕분이었음을 시간이 지날수록 깨우치게 된다.

반듯함의 가치를 깊이 심어주고 가신 아버님, 사위를 자랑스러워하면서도 직접 한마디 못하시고 어색하게 물끄러미 쳐다보는 것으로 대신했던 장인어른, 지금도 헌신하는 삶으로 우리 가족에게 힘을 주는 어머니와 장모님, 한결같이 응원과 격려를 아끼지 않는 아내 김동화와 아들 이상훈에게도 이 자리를 빌려 감사의 말을 전한다.

20년 넘게 많은 경험을 쌓을 수 있게 해준 《조선일보》 방상훈 사장님, 2016년에 회사를 나온 이후 물심양면으로 지원과 응원을 아끼지 않는 LS그룹 구자열 회장님께 이 자리를 빌려 진심으로 고맙다는 말씀을 드린다.

21세기북스 김영곤 대표는 20년 가까이 나의 작업을 응원해주었고, 이제 함께 성과를 공유하게 되었다. 늘 감사드린다. 2016년 이후 함께 공부하는 즐거움을 누리고 있는 우리 논어등반학교 대원들께도 진심으로 고맙다는 말을 전한다.

서울 상도동 보심서실(普心書室)에서

탄주(灘舟) 이한우 쓰다

## 차례



## 「상경(上經)」

# 주역 64괘

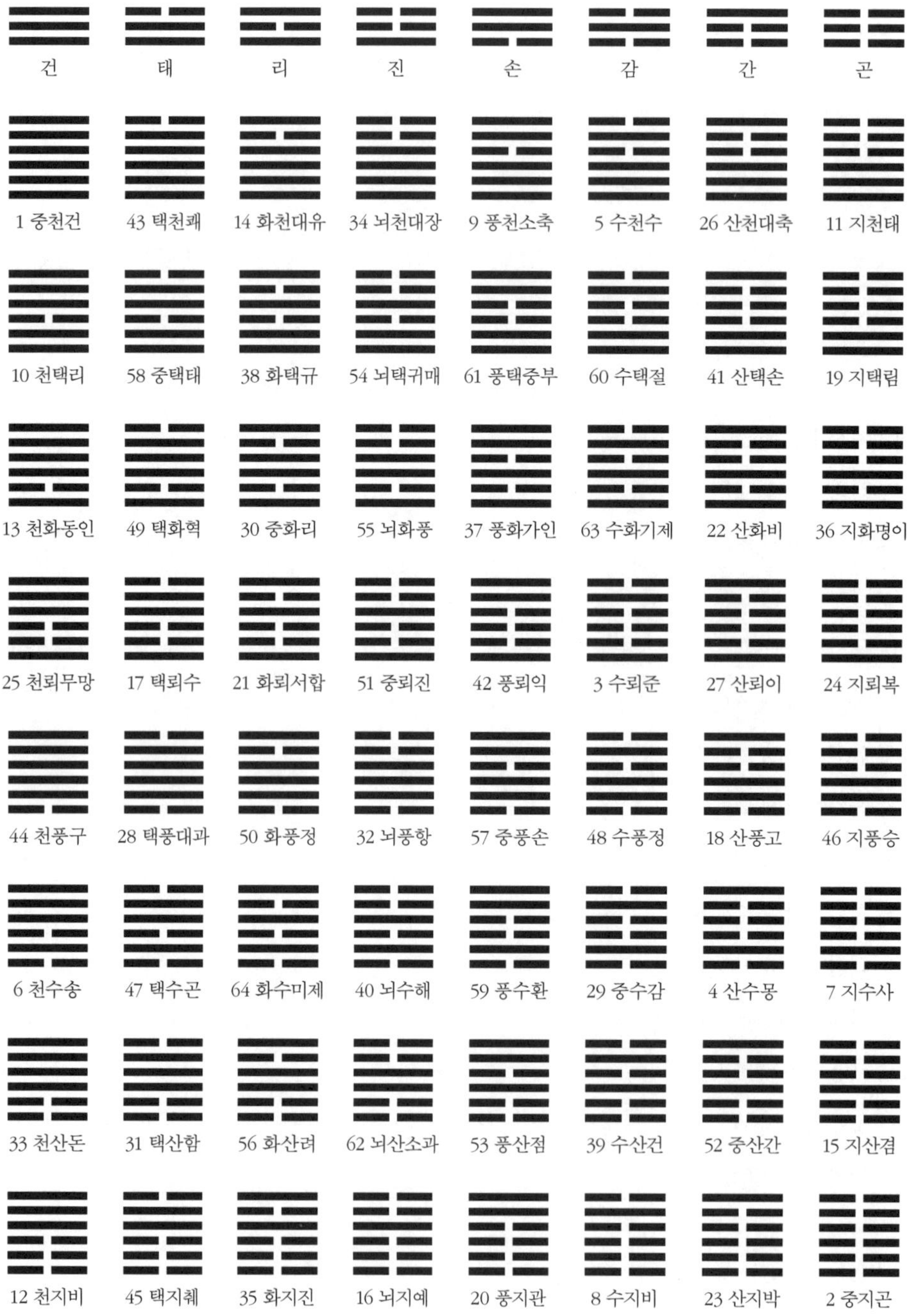

| 건 | 태 | 리 | 진 | 손 | 감 | 간 | 곤 |
|---|---|---|---|---|---|---|---|
| 1 중천건 | 43 택천쾌 | 14 화천대유 | 34 뇌천대장 | 9 풍천소축 | 5 수천수 | 26 산천대축 | 11 지천태 |
| 10 천택리 | 58 중택태 | 38 화택규 | 54 뇌택귀매 | 61 풍택중부 | 60 수택절 | 41 산택손 | 19 지택림 |
| 13 천화동인 | 49 택화혁 | 30 중화리 | 55 뇌화풍 | 37 풍화가인 | 63 수화기제 | 22 산화비 | 36 지화명이 |
| 25 천뢰무망 | 17 택뢰수 | 21 화뢰서합 | 51 중뢰진 | 42 풍뢰익 | 3 수뢰준 | 27 산뢰이 | 24 지뢰복 |
| 44 천풍구 | 28 택풍대과 | 50 화풍정 | 32 뇌풍항 | 57 중풍손 | 48 수풍정 | 18 산풍고 | 46 지풍승 |
| 6 천수송 | 47 택수곤 | 64 화수미제 | 40 뇌수해 | 59 풍수환 | 29 중수감 | 4 산수몽 | 7 지수사 |
| 33 천산돈 | 31 택산함 | 56 화산려 | 62 뇌산소과 | 53 풍산점 | 39 수산건 | 52 중산간 | 15 지산겸 |
| 12 천지비 | 45 택지췌 | 35 화지진 | 16 뇌지예 | 20 풍지관 | 8 수지비 | 23 산지박 | 2 중지곤 |

# 「상경」

•

64개 『주역(周易)』 봉우리 중에서 첫 번째 봉우리 건괘(乾卦, ䷀)를 오르기에 앞서 『주역』 전체를 조망할 수 있는 짧은 글 한 편을 소개하고자 한다. 공자의 손자 자사(子思)가 지었다는 『중용(中庸)』에 나오는 말이다.

> 오직 천하의 지극한 열렬함[至誠]이 있어야 그 본성을 다할 수 있다[盡性]. 그 본성을 능히 다할 수 있어야 사람의 본성[人之性]을 다할 수 있다. 사람의 본성을 다할 수 있어야 세상 만물(사)의 본성[物之性]을 다할 수 있다. 세상 만물(사)의 본성을 다할 수 있으면 하늘과 땅[天地]의 화육(化育)을 도울 수 있게 될 것이고, 하늘과 땅의 화육을 도울 수 있으면 하늘과 땅에 더불어 참여할 수 있게 될 것이다[天地參].
>
> 그다음[其次]은 (구석구석까지) 곡진함에 이르는 것[致曲]이니, 구석구석 모두 살피는 곡진함에 이르러야 능히 열렬함이 (생겨날 수) 있게 된다. (이처럼 구석구석까지) 열렬하게 다가갈 때 (비로소) 일과 사물의 진정한 모습(혹은 내적인 원리)을 알 수 있고[形], 그렇게 되면 (비로소) 진정한 모습은 겉으로도 드러나고[著], 겉으로 드러나면 밝아지고[明], 밝아지면 움직이고[動], 움직이면 달라지고[變], 달라지면 바뀌니[化], 오직 천하의 지극한 열렬함으로 다가가야만 능히 바뀔 수가 있다.

## 1. 중천건(重天乾)[1]

건(乾)은 으뜸이고 형통하며 이롭고 반듯하다.[2]

乾 元亨利貞.
건 원형이정

초구(初九)는 (연못 속에) 잠겨 있는 용이니 쓰지 말라[潛龍勿用].
잠룡 물용

구이(九二)는 나타난 용이 밭에 있으니[3] 대인을 만나보는 것이 이롭다[見龍在田 利見大人].
현룡 재전 이 견 대인

구삼(九三)은 군자가 하루 종일 쉼 없이 힘쓰고[乾乾] 저녁에도 두려워하면[4] 위태로우나 허물이 없다[君子終日乾乾 夕惕若 厲无咎].
건건 / 군자 종일 건건 석 척약 여 무구

구사(九四)는 혹 (못에서) 뛰어오르거나 그냥 못에 있으니[5] 허물이 없다[或躍在淵 无咎].
혹 약 재연 무구

구오(九五)는 날아가는 용이 하늘에 있으니 대인을 만나보는 것이 이롭다[飛龍在天 利見大人].
비룡 재천 이 견 대인

상구(上九)는 끝까지 올라간 용이니 뉘우침이 있다[亢龍有悔].
항룡 유회

구(九-양효)를 쓰는 법은 여러 용을 보되 앞장서지 않으면 길하다[用九 見群龍 无首吉].[6]
용구 견 군룡 무수 길

◉

여기서 우리는 이런 글을 처음 대했을 때 공자(孔子)의 마음가짐으로 돌아갈 필요가 있다. 『논어(論語)』「술이(述而)」편에는 『주역』을 공부하고 싶어 했던 공자의 절절한

---

1 문자로는 건상건하(乾上乾下)라고 한다. 또 중첩된 경우 건위천(乾爲天)이라고도 한다.

2 건괘 전반에 대한 문왕(文王)의 판단이 담긴 단사(彖辭)다. 정약용(丁若鏞)은 주희(朱熹)를 따라서 이를 두 부분으로 나눠 "으뜸으로 형통하고[元亨] 반듯하면 이롭다[利貞]"라고 풀었다.
원형 이정

3 용은 대인이나 임금의 자질을 가진 자인데, 아직 조정이 아니라 밭에 있다는 것은 때가 맞지 않기 때문이다.

4 저녁이란 일이 끝나고 편안히 쉬는 사사로운 때다. 이때도 조심하고 두려워해야 한다는 말이다.

5 "혹 연못에서 뛰어오르는 것이니"로 옮기기도 한다.

6 건괘(☰)의 6개 효를 아래에서부터 하나씩 그 의미를 풀어낸 주공(周公)의 판단이 효사(爻辭)다. 맨 마지막은 각 양효의 활용법이다. 특히 이 활용법은 오직 건괘와 곤괘에만 붙어 있는데, 이에 대해서는 건괘와 곤괘 풀이 각각의 말미에서 통합적으로 할 것이다.

심정이 이렇게 표현돼 있다. 그가 말하는 『주역』이란 복희씨의 8괘와 문왕의 단사, 주공의 효사를 가리킨다.

> 만일 나에게 몇 년의 수명이 더 주어진다면 쉰 살까지 『주역』을 공부해 큰 잘못[大過(대과)]이 없게 될 텐데.

즉 공자는 무슨 복을 바라는 마음이 아니라 무엇보다 큰 잘못을 피하는 방법으로 『주역』 공부를 하려 했던 것이다. 또 사마천(司馬遷)의 『사기(史記)』 「공자세가(孔子世家)」편에는 이런 글이 실려 있다.

> 공자는 말년에 역(易)을 좋아해 「서괘전(序卦傳)」·「단전(彖傳)」·「계사전(繫辭傳)」·「상전(象傳)」·「설괘전(說卦傳)」·「문언전(文言傳)」을 지었고, 역을 읽느라 (죽간을 엮는) 가죽끈이 세 번이나 끊어졌는데[韋編三絶(위편삼절)] 이렇게 말했다.
> "만일 나에게 몇 년의 수명이 더 주어진다면 이렇게 『주역』을 공부해 통달할 수 있을 텐데[彬彬(빈빈)]."

『논어』 「술이」편과 『사기』 「공자세가」편이 전하는 공자의 말에는 약간 차이가 있다. 또 『논어』 에서는 쉰 살이라고 했지만 『사기』에는 그냥 '이렇게[若是(약시)]'라고 돼 있고 또 '말년에'라고 했다. 그래서 주희 같은 사람은 이때를 70세 무렵이라고 보았으나, 정약용은 『논어』에 신빙성을 둬야 한다고 했다. 실제로 「공자세가」편에 나오는 일화의 대부분은 『논어』에 나오는 일화와 대화를 옮겨 싣고 있다는 점에서 정약용의 말에 힘이 더 실린다.

여기서 우리에게 중요한 것은 문왕이나 주공의 암호 같은 이야기를 앞에 두고서 했을 공자의 고민이다. 보다 많은 사람에게 『주역』을 제대로 이해할 수 있도록 해주는 안내자의 역할을 어떻게 해야 할지를 두고서 공자의 고심이 여간 깊은 것이 아니었을 것이다. 지금 우리가 딱 그런 상황 앞에 놓여 있다. 문왕의 단사(彖辭)와 주공의 효사(爻辭)는 대체 무엇을 말하고 있고 어떻게 이해해야 할 것인가?

본문의 내용 풀이는 공자에게 맡겨두고 우리는 일단 여기에 등장하는 초보적인 용어만 풀어보기로 하자.

초구(初九)라는 말은 맨 아래의 붙은 효[陽爻]를 가리킨다. 그다음부터는 구이(九二), 구삼(九三), 구사(九四), 구오(九五)라고 부르고 맨 위의 붙은 효는 다시 상구(上九)라고 부른다. 곤괘(坤卦, ䷁)에서 보게 되겠지만 떨어진 효[陰爻]의 경우는 맨 아래에서부터 초륙(初六)으로 시작해 육이(六二), 육삼(六三), 육사(六四), 육오(六五)로 올라가다가 맨 위의 떨어진 효는 상륙(上六)이라고 부른다. 항상 괘의 효는 맨 아래에서부터 살피는 습관을 들여야 한다.

또 한 가지, 효의 음양과 관계없이 밑에서 첫 번째 자리는 홀수이기 때문에 양의 자리[陽位]로 본다. 3, 5도 모두 양의 자리이고, 짝수인 2, 4, 6은 모두 음의 자리[陰位]가 된다. 그래서 양의 자리에 양효가 오거나 음의 자리에 음효가 오면 자리가 바르다[正位]고 하고, 양의 자리에 음효가 오거나 음의 자리에 양효가 오면 자리가 바르지 못하다[不正位]고 한다. 일단은 정위(正位)는 좋고 부정위(不正位)는 좋지 않을 가능성이 높다. 앞으로도 새로운 괘를 만날 때마다 가장 먼저 점검해야 하는 것은 정위인지 부정위인지다. 그래서 여기 건괘의 경우, 초구는 바름[正位], 구이는 바르지 못함[不正位], 구삼은 바름, 구사는 바르지 못함, 구오는 바름, 상구는 바르지 못함이 된다. 이는 앞으로 64개의 괘에 포함된 효들을 점검할 때 가장 먼저 짚어낼 것이기 때문에 유의해야 한다.

정(正)과 함께 반드시 사전 점검해야 하는 것이 중(中)이다. 위의 3효를 상괘 혹은 외괘라 하고 아래의 3효를 하괘 혹은 내괘라고 하는데, 그 가운데 있는 두 효가 정위인지 부정위인지를 살펴 정위일 때는 그것을 중정(中正)이라고 부른다. 가운데 있어 중(中)이라고 하지만, 단순히 가운데라는 위치만 가리킬 때도 있고 사리에 적중했다[中]는 뜻을 포함할 때도 있으며 또 지나치지도 모자라지도 않은[過猶不及] 상태를 가리킬 때도 있다.

일단 이 정도만 해두고 공자의 풀이로 들어가 보자. 문왕(文王)의 단사(彖辭), 즉 "건(乾) 원형이정(元亨利貞)"에 대한 공자의 풀이[「彖傳」]에서 시작해야 한다. 「단전」은 단왈(彖曰)로 시작하는데, '단왈(彖曰)'이라는 부분은 생략하고 바로 본문으로 들어가겠다.

크도다[大哉], 건괘(乾卦)의 으뜸[乾元](됨)이여! 만물이 (그것을) 바탕으로 삼아 시작하니[資始][7] 이에 하늘을 통솔한다[統天]. 구름이 떠가고 비가 내려[雲行雨施] 온갖 종류의 사물[品物]이 그 형체를 펼쳐낸다[流形].[8] (태양의) 큰 밝음[大明]이 끝나고 (다시) 시작되면[終始] 여섯 자리[六位]가 이에 맞춰 이뤄지니[時成=是成], 때가 되면 육룡(六龍)을 타고서 하늘로 나아간다[御天]. 건의 도리[乾道]가 달라지고 바뀌어[變化] 각각 본성과 명을 바로잡고[各正性命][9], 큰 화합(의 이치)[大和]을 온전히 지켜내고 (그에) 합쳐지니[保合] 이에 일을 (반듯하게) 떠맡음[貞=主幹]에 이로운 것이다[利貞].

(하늘과 땅을 주재하시는) 상제(上帝)께서 많은 사물과 일을 내시니[首出庶物][10] 온 나라가 모두 평안해진다[萬國咸寧].

彖曰 大哉 乾元! 萬物資始 乃統天. 雲行雨施 品物流形. 大明終始 六位時成 時乘六龍 以御天. 乾道變化 各正性命 保合大和 乃利貞.
首出庶物 萬國咸寧.

◉

공자의 이 「단전」은 문왕의 단사를 하나의 이야기처럼 풀어내고 있다. 따라서 어디서부터 어디까지가 원(元)이고 형(亨)이고 이(利)이고 정(貞)인지를 가려내야 한다.

첫 문장, 즉 "크도다[大哉] 건괘(乾卦)의 으뜸[乾元](됨)이여! 만물이 (그것을) 바탕으로 삼아 시작하니[資始] 이에 하늘을 통솔한다[統天]"가 바로 건(乾)의 시작함[始]과 으뜸임[元]을 풀어내고 있다.

여기서 한 가지, 건괘가 모든 것을 시작하게 해줌[資始]에 대해서는 약간의 풀이가 필요하다. 정약용은 괘나 효나 늘 변화 상태에 있는 것으로 봐야 한다고 했다. 나는 전반적으로 동의한다. 다만 우리의 관심사가 역학(易學) 자체는 아니기 때문에 그에 관

---

7 자(資)는 '밑천으로 삼다'라는 뜻이다.

8 정약용의 풀이에 따르면 유(流)는 음(陰)의 움직임을 가리킨다. 물이 흘러가는 것[水行]을 일러 유(流)라고 한다.

9 하늘이 부여해주는 것을 명(命)이라 하고 사람이나 사물이 하늘로부터 받은 것을 성(性-본성)이라고 한다.

10 앞으로도 물(物)은 정확히 사물이나 물건을 뜻할 때를 제외하고는 '일과 사물'로 옮길 것이다.

한 언급은 최소화할 것이다. 그런데 건괘가 시작되는 까닭은 분명히 알아야 한다.

「설괘전」에서는 "만물은 진(震)에서 나오고 (진은 만물을) 움직이게 한다"고 했다. 여섯 효 모두가 양효인 건괘(乾卦, ䷀)는 복괘(復卦, ䷗)에서 출발해 밑에서부터 양효가 하나씩 더 자라나 임괘(臨卦, ䷒), 태괘(泰卦, ䷊), 대장괘(大壯卦, ䷡), 쾌괘(夬卦, ䷪)를 거쳐 마침내 건괘(䷀)가 된 것이다. 그런데 바로 그 복괘의 아래 괘는 진괘(震卦, ☳)다. 진괘의 모양은 말 그대로 음효 2개 아래에 용을 상징하는 진(震)이 잠겨 있는 형상이다. 건괘에 담긴 시작의 의미는 여기에서 비롯되는 것이다.

이어 "구름이 떠가고 비가 내려[雲行雨施] 온갖 종류의 사물[品物]이 그 형체를 펼쳐낸다[流形]"는 건(乾)이 감응해 두루 통함[亨=感而通]을 풀어낸 것이다. 이렇게 해서 원형(元亨)에 대한 초보적인 이해는 마쳤다. 구름이 모여 비가 되는 과정 또한 괘의 변천을 통해 설명이 가능하다. 음기가 양기를 얻지 못하면 밀운불우(密雲不雨), 즉 구름이 빽빽하기만 하고 정작 비는 내리지 않는다. 양의 기운이 땅을 쪼여 산천이 무더워지고 그 습기가 위로 올라가면 마침내 비가 돼 내린다고 보았다.

그다음 문장도 정약용의 풀이에 따라 풀어낼 때 분명하다. "큰 밝음이 끝나고 (또 다시) 시작된다"는 말은 해가 동지(冬至)에서 하지(夏至)로 진행해가고, 다시 동지가 되고 하지가 되는 식의 운행을 말한다. 이에 따라 "여섯 자리[六位]가 이에 맞춰 이뤄지니[時成=是成], 때가 되면 육룡(六龍)을 타고서 하늘로 나아간다[御天]"는 부분은 다음과 같이 풀어야 한다.

순음(純陰)인 곤괘(坤卦, ䷁)에서 처음으로 맨 아래에 양(陽)이 나타난 것이 복괘(復卦, ䷗)다. 이것이 첫 자리다. 복괘는 위가 곤(坤, ☷)이고 아래가 진(震, ☳)이다. 「설괘전」에서 말하기를 "진(震)은 움직인다[動]"[11]라고 했고, 또 "진(震)은 용(龍)이 된다"[12]라고 했다. 육룡(六龍)이란 바로 이 진(震)을 가리키는 것이다.

그러면 복괘 다음이 임괘(臨卦, ䷒) 그다음이 태괘(泰卦, ䷊), 그다음이 대장괘(大壯卦, ䷡), 그다음이 쾌괘(夬卦, ䷪)이고 마침내 여섯 번째 용(龍)까지 다 올라탄 것이 건괘

---

11 진(☳)은 맨 아래의 양효가 위로 올라가려고 하는 모양으로, 왕성한 움직임을 보이고 있다.

12 진괘는 2음 밑에 1양이 숨어서 활동하는 모양이다. 이는 곧 용이 깊은 연못 속에 있다가 때가 되면 하늘로 올라 우레를 일으킨다는 뜻이다.

(乾卦, ☰)인 것이다. 여섯 효 중에서 밑에서부터 1, 2위(位)는 땅 자리[地位]의 양과 음, 3, 4위는 사람 자리[人位]의 양과 음, 5, 6위는 하늘 자리[天位]의 양과 음이다. 즉 쾌괘(☰)와 건괘(☰)는 하늘의 자리에 이른 것이다. 그래서 "때가 되면 육룡(六龍)을 타고서 하늘로 나아간다[御天=進天]"라고 한 것이다.

"건의 도리[乾道]가 달라지고 바뀌어[變化] 각각 본성과 명을 바로잡고[各正性命] 큰 화합(의 이치)[大和]을 온전히 지켜내고 합쳐지니[保合], 이에 일을 떠맡음에 이롭다[利貞]"라는 것은 이정(利貞)을 함께 풀어낸 것이다. 일반적으로는 이정(利貞)을 '이롭고 반듯하다' 혹은 '반듯하면 이롭다'[利貞]라고 하는데, 여기서는 정(貞)을 일을 주관하거나 떠맡음[幹事]으로 보는 공자의 「문언전」에 입각해 그렇게 옮겼다. 앞으로 문맥에 따라 정(貞)을 반듯하다[居正]고 옮기는 경우도 많을 것이다.

이제 마지막 문장이다. "상제(上帝)께서 많은 사물과 일들을 내시니[首出庶物] 온 나라가 모두 평안해진다[萬國咸寧]." 수(首)를 상제로 옮긴 것은 복괘(☷)와 관계가 깊다. 평안의 시작은 여기서부터이기 때문이다. 즉 맨 아래 하나의 양(陽)이 처음 나와서 여러 음을 지배하기 시작했고, 이어서 계속 뛰어난 이[龍=震=陽]가 나와 마침내 모두가 양(陽)인 건괘(☰)에 이르러 모두 평안해졌다는 것이다.

정이(程頤)는 마지막 문장을 이렇게 풀이했다. "하늘은 만물의 원조(元祖)이고 임금은 만방의 종주(宗主)다. 건의 도리[乾道]가 만물에서 으뜸이니 만물이 형통하고, 임금의 도리[君道]가 하늘의 자리에 높이 임하니 사방이 다 따른다. 따라서 임금 된 자[王者]가 하늘의 도리를 체화하면[體] 만국이 모두 평안하다."

진덕수(眞德秀)는 『대학연의(大學衍義)』(이한우 옮김, 해냄)에서 원형이정(元亨利貞)을 이렇게 풀어내고 있다.

> 원형이정(元亨利貞)은 이치[理]이고, 나고 자라고 거두고 간직하는 것[生長收藏]은 기운[氣]입니다. 이런 이치가 있으면 이런 기운이 있는 것입니다. 인의예지(仁義禮智)는 본성[性]입니다. 불쌍해하는 것, 나쁜 짓을 싫어하는 것, 사양하고 겸손해하는 것, 옳고 그름을 가려내는 것은 마음의 뜻[情]입니다. 이런 본성이 있으면 이런 마음의 뜻이 있는 것입니다. 하늘과 사람의 도리는 이같이 문과 문짝처럼 딱 맞아떨어지는 것이니 또 어찌 그것이 둘일 수 있겠습니까? (다만) 하늘은 마음을 갖고 있지 않은데 사람은 욕심을 갖고 있으니, 하

늘만이 오로지 마음이 없다[無心] 하겠습니다. 그래서 원(元)이면서 형(亨)이고 형이면서 이(利)이며 이이면서 정(貞)이고 정은 다시 원(元)이 돼 서로 통하고[通] 반복하며[復][13] 순환하여 일찍이 중단됨이 없었으니, 목왕(穆王)[14]의 '명(命)'[15]에 "영원토록[終古] 늘 새롭다[常新=維新]"고 했던 것입니다.

(그런데) 사람만이 욕심을 갖고 있습니다. 그래서 측은함이 발현되면 잔인함이 그것을 빼앗고, 사양함이 발현되면 탐하고 시샘하는 마음이 그것을 흐려놓고, 염치가 발현되면 구차함이 그것을 훼방하고, 옳고 그름을 가리는 마음이 발현되면 혼미함이 그것을 망쳐놓습니다. 이 점에서 사람은 하늘과는 서로 비슷한 것이 없습니다.

(그러나) 배운 사람은 마땅히 하늘이 이와 같은 다움[德]을 갖고 있다는 것을 알고 나도 역시 이런 다움을 (잠재적으로) 갖고 있으니, 그 같은 사사로운 욕심을 제거하고 바른 본성[正性]을 잘 지켜 기른다면 내 한 몸은 통째로 다 어질게 돼 닿는 것에 따라 그에 응하고 불쌍히 여기지 않는 바가 없게 됩니다. 이는 곧 하늘의 봄[天之春]이라 생명의 뜻[生意]이 흘러넘쳐 세상 만물이 모두 다 흔쾌히 기뻐하고 (또 그렇게 되면) 나의 행동과 주선하는 바가 예에 적중하지 않는 것이 하나도 없게 돼 3300가지 예의가 찬연하게 훤히 갖춰지고, 이는 곧 하늘의 여름[天之夏]이라 생명의 뜻이 널리 퍼져 세상 만물이 모두 다 아름다워지고 (또 그렇게 되면) 내가 일과 사물들을 이용하는 바가 다 의리에 합치되며, 이는 곧 하늘의 가을[天之秋]이라 생명의 뜻이 열매를 맺고 만 가지 보물들이 드디어 그 자신의 본성을 얻게 되고 (또 그렇게 되면) 내가 굳세게 지키고자 하는 바가 만사의 뿌리가 될 수 있고, 이는 곧 하늘의 겨울[天之冬]이라 생명의 뜻이 밑으로 잠기어 숨게 되면서[潛藏] 새로운 변화를 위한 씨앗이 되는 것입니다.

사람이 하늘과 더불어 가는 것이 과연 둘이겠습니까마는, 하물며 (사람들 중에서도 특히) 임금이 하늘의 다움을 갖고 있고 또한 하늘의 지위에 머물러 있게 되면 좋은 단서가 싹을 틔우는 것이 원(元)이요, 좋은 단서가 잘 커가는 것이 형(亨)이요, 미뤄 헤아려 사물이 윤택해져서 각각이 거둬들이는 것이 이(利)요, 마음이 이미 사물을 떠나 적막함으로 돌아오는 것

---

13 원형(元亨)은 발출(發出)이라 통(通)이라 하고, 이정(利貞)은 수렴(收斂)이라 반복[復]이라 한다.

14 주나라의 제5대 임금으로 이름은 희만(姬滿)이다.

15 목왕이 주나라의 쇠퇴를 걱정해 지은 「경명(冏命)」을 가리킨다. 『서경(書經)』「주서(周書)」편에 실려 있다.

이 정(貞)입니다. 그래서 비록 하루 중의 잠깐이나 한 가지 생각 속의 작은 사소함에도 이 네 가지가 없는 순간과 장소가 없지만, 그럼에도 불구하고 다움은 아무리 본래 있는 것[固] 이라고 해도 강건함이 없다면 행해질 수 없습니다. 무릇 오로지 스스로 굳건하기를 조금도 쉼이 없어야[自强不息=自彊不息] 하늘과 조화를 이뤄 나아갈 수 있고 (좋지 않은 것들이) 그 사이에 끼어들 수 없을 것입니다. 그런 연후에야 처음부터 끝까지 만물은 하늘과 더불어 똑같은 공효[功]를 이룰 수 있습니다. 의리의 뿌리로 이런 생각보다 더 훌륭한 것은 없을 것입니다.

공자의 「상전(象傳)」[16]을 살펴볼 차례다. 그중에 건괘(乾卦)를 총평한 「대상전」이다. 그런데 건괘의 「대상전」을 살피기에 앞서 「대상전」 자체의 중요성에 대해 별도로 정리를 하고 넘어가야 한다.

대상(大象)이란 효가 아니라 괘를 가리킨다. 「대상전」이란 괘의 상징 부호가 나타내는 자연의 사물을 기반으로 해서 거기서 '군자다운 임금[君子]'이라면 어떤 가르침을 얻어야 하는지를 공자가 제시한 것이다.

「대상전」은 문왕이나 주공이 해놓은 작업을 푸는 것이 아니라 공자가 독자적으로 괘가 상징하는 상하의 자연 사물을 언급하고서 그 상하 관계를 보았을 때 군자다운 임금이라면 '그것을 통해[以]' 이러저러한 현실적인 지침을 얻어내야 한다는 식으로 말한다. 그것은 고스란히 공자가 제시하는 64개의 제왕학(帝王學) 사고 훈련이라고 할 수 있다.

그래서 보기에 따라서는 문왕의 단사와 어깨를 나란히 할 수 있는 공자의 독창적인 괘 풀이가 바로 「대상전」이라고 할 수 있다. 즉 단사와 효사에 대한 보충 풀이가 아니라는 말이다. 이 점을 정확히 이해하고 있었던 인물은 정약용이다. 그는 『역주 주역사전(周易四箋)』(방인·장정욱 옮김, 소명출판)에서 「대상전」을 각 괘의 풀이 속에 녹여 넣지 않고 책 말미에 별도로 분리해서 다뤘다. 우리는 각 괘에 포함시켜 풀었지만, 「대상전」의 독립적 성격을 감안한다면 정약용의 입장이 옳다는 점을 지적해둔다.

---

16 「대상전(大象傳)」과 「소상전(小象傳)」을 통칭하는 말이다.

무엇보다 「대상전」이 중요한 것은 그것이 바로 공자가 「계사전」에서 '건은 평이함[易][17]으로 (큰 시작을) 주관하고[知]'라고 한 말과 직결돼 있기 때문이다. 자연의 다양한 현상을 보게 되면 그것을 통해 사람들이 얻게 되는 인상이나 교훈은 수도 없이 많고 제각각일 것이다. 그러나 공자는 바로 이 「대상전」을 통해 적어도 '군자다운 군자라면' 간단한 원리로 사안을 파악해[易知] 다른 교훈보다는 자신이 제시하는 바로 그 사안들을 깊이 고민하고 해결 방안을 모색할 것을 권고하고 있다. 즉 만물을 이지(易知)하는 훈련 지침인 것이다.

대부분의 『주역』 풀이는 공자가 쓴 이 「대상전」의 의미를 간과했기 때문에 제왕학 텍스트로서의 『주역』을 이해하지도 못한 채 점서(占書)니 운명 풀이니 운운하고 있는 것이다. 건괘의 「대상전」으로 돌아가 보자.

여기서도 단왈(彖曰)의 경우와 마찬가지로 상왈(象曰) 부분은 생략하고 본문을 보자.

하늘의 운행은 튼튼하니[健] 군자는 그것을 갖고서[以] 스스로 힘쓰기를 조금도 쉬지 않는다[天行健 君子以 自彊不息].

◉

「설괘전」에서 건(乾)의 성질[性情]은 튼튼하다[健]고 했다. 이때 튼튼하다는 말의 뉘앙스를 정확히 알아야 한다. 강하다거나 세다는 뜻이 아니라 쉼 없이 꾸준히 나아가는 것을 말한다. 그래서 사람 중에 지극히 튼튼한 사람[至健=至剛]만이 하늘의 굳센 도리[天道]를 볼 수 있다. 그렇기 때문에 군자(君子), 즉 군자다운 군주는 이 같은 건괘의 튼튼한 성질[健]을 보고서 그것을 통해[以] 스스로 (그렇게 되려고) 힘쓰기[自彊]를 조금도 쉬지 않으려 한다[不息]. 「대상전」은 대부분 마지막을 '~해야 한다'로 마치는 것이 공자의 원래 취지에는 더 적합하다고 할 수 있다. 앞으로도 「대상전」을 읽을 때는 이 점을 염두에 두기를 바란다. 즉 "~를 보고서도 그것을 갖고서 ~하지 않는다면 군자다운 군주

---

17 정약용은 평이함의 반대가 힘겨움[艱=難]이라고 했다

혹은 임금다운 임금이라고 할 수 없다"고 풀어낼 수 있기 때문이다.

예를 들면 진덕수는 『대학연의』에서 임금이 건괘의 튼튼한 성질을 배워야 하는 현실적인 필요성을 이렇게 지적한다.

> 『춘추좌씨전(春秋左氏傳)』에 따르면 정나라의 소공(昭公)을 왕위에 추대한 채중(祭仲, BC 743~682)[18]은 모든 일을 주도[用事]했습니다. 이른바 신하가 강하다[臣强]는 것은 채중을 가리킨다고 하겠습니다. 말하자면 임금은 높고 신하는 낮은 것[君尊臣卑]이 천하의 정해진 분수[定分]이니 낮은 자는 마땅히 약해야 하는 데 반대로 강한 자였습니다. 그러니 높은 자는 마땅히 강해야 하는 데 반대로 약한 자였습니다.
>
> 높은 자[尊者]가 어찌하여 (이처럼) 약하고 힘없고 여려서[弱柔懦] 스스로 설 수 없고 게으르며 스스로는 떨칠 수 없는 것이겠습니까? 이는 아마도[其] 약하기 때문일 것입니다. 임금이 이미 약하게 되면 위엄과 복[威福]을 주관할 수 있는 권세는 반드시 다른 곳으로 돌아가게 되는데, 이것이 바로 신하가 강한 까닭입니다.
>
> 임금이 선창을 하면 신하가 화답을 하는 것[君倡臣和]은 천하의 변함없는 이치[常理]입니다만, 일단 임금이 약하면 명령을 내릴 수 있는 권한을 장악하지 못하고 그의 신하들이 자기들끼리 선창하고 화답하지 임금으로부터 (명령을) 받지 않습니다[不稟].
>
> 그래서 『시경(詩經)』에 실린 「탁혜(蘀兮)」라는 시의 "마른 잎이여, 마른 잎이여. / 바람이 불어 너를 떨어뜨리려 하는구나"라는 구절은, 여러 대부(大夫)가 강한 신하의 위치에 있는 것이 마치 (임금이) 나뭇가지에 겨우 붙어서 떨어질락 말락 하면서 스스로를 지키지 못하는 듯한 모습을 풍자하고 있습니다. 이에 강한 신하들[叔伯]이 자기들끼리 정사를 의논하며 스스로 선창하고 화답하고 자기들끼리 당파[黨與]를 만들어가면서 재앙을 피해볼 계책으로 삼으니, 이는 대개 그들이 자기 임금은 제대로 신뢰할 만한 임금이 아니라는 것을 잘 알고 있기 때문입니다.
>
> 나라의 위세[國勢]가 이 지경에 이르면 이른바 '난들 어찌하랴' 할 뿐이니, 임금 된 자는 하늘과도 같은 도리의 튼튼함[乾健]으로 스스로를 채찍질하지[自勵] 않을 수 있겠습니까?

---

18 정나라의 대부로, 자신의 필요에 따라 여러 임금을 세웠다가 내쫓았다가 했다.

그러면 "건괘의 튼튼한 성질[健]을 보고서 그것을 통해[以] 스스로 (그렇게 되려고) 힘쓰기[自彊]를 조금도 쉬지 않으려 한다[不息]"는 것, 즉 진덕수가 권유한 "임금 된 자가 하늘과도 같은 도리의 튼튼함[乾健]으로 스스로를 채찍질하는 것[自勵]"은 무엇을 말하는 것일까? 그것은 다름 아닌 튼튼함[健]이라는 하늘의 다움[天德]을 본받아서[以] 그것을 나 다움으로 만들려고 열렬하게[文=誠] 노력하는 것이다. 즉 다움을 이뤄내는 것[爲德=成德]이다.

이런 맥락에서 『논어』에 등장하는 '다움을 이뤄내는 것[爲德=成德]'과 관련된 언급들을 일목요연하게 정리해둘 필요가 있다. 「옹야(雍也)」편에서 공자는 이렇게 말한다.

> 중용(中庸)이 다움[德]을 이뤄냄이 지극하다고 할 것이다. (그런데) 사람들 가운데는 중용을 오래 지속하는 이가 드물다[中庸之爲德也 其至矣乎 民鮮久矣].

공자는 다움[德]을 이뤄내는 것이 '중용(中庸)'이라고 말한다. 다움[德]부터 보자. 다움을 이뤄낸다[爲德]는 것은 임금이 임금다워지고 신하가 신하다워지고 부모가 부모다워지고 자식이 자식다워지는 것[君君臣臣父父子子]이다. 크게 말해 사람이 사람다워지는 것[人人]이 바로 그 다움[德]을 이루는 것이다. 내가 일관되게 덕(德)을 '다움'이라고 옮기는 것은 바로 이 구절에 근거한 것임을 밝혀둔다.

이어서 중용(中庸)의 의미를 알아볼 차례다. 여기서 우리는 질문을 던져야 한다. 기존의 해석을 따를 때 '지나치거나 치우침이 없음'이 어떻게 해서 다움을 이뤄낼 수 있을까? '적절한 균형을 잡는다'고 해서 임금이 임금다워지고 신하가 신하다워질까? 이렇게 해서는 무슨 말인지 알 길이 없다. 그래서 일반인들은 이 단계에 이르면 '아, 내가 한문이 약해서 이해를 못 하는구나'라며 지레 포기하고 만다. 그렇지 않다. 기존의 한학자들이 그 뜻을 모른 채 오독한 때문이다.

결론부터 말하면 중용(中庸)은 한 단어가 아니라 '중하고[中] 용하다[庸]'는 두 단어다. 여기서의 중(中)은 가운데 운운하는 것과는 전혀 상관이 없고 오히려 적중(的中), 관중(貫中)하다고 할 때의 그 중이다. 『서경』에 나오는 "진실로 문제의 핵심을 잡아 쥔다[允執厥中]"고 할 때의 집중(執中)이 바로 '중하는 것[中]'이다. 아직 도달하지는 못했지만 뭔가 사안의 본질이나 핵심에 닿기 위해 갖은 애를 다 쓰는 것이 바로 '중하는 것[中]'이다.

용(庸)도 떳떳함과는 상관이 없고, 오래 지속하는 것이다. 즉 열과 성을 다해 어렵사리 중하게 된 것을 가능한 한 유지하는 것이 바로 '용하는 것[庸]'이다. 조금이라도 방심하거나 한눈을 팔면 어렵사리 붙잡은 중(中)을 놓치게 된다.

「옹야」편의 말을 다시 읽어보자. 임금이 절로 임금다운 임금이 되는 것이 아니다. 관대함, 판단력, 위엄 등을 조금씩 갖춰나감으로써 처음에는 어설펐던 임금도 훗날 임금다운 임금이 될 수 있다. 그러면 어떻게 해야 하겠는가? 임금의 (임금)다움을 배우고 익혀 최대한 자기 몸에 남도록 해야 한다. 즉 다움의 본질 가치[德]를 찾아내[中] 내 몸에 익혀야[庸] 한다. 위에서 진덕수도 바로 이 점을 임금에게 권유했던 것이다.

아마도 눈 밝은 독자라면 벌써 눈치챘으리라 본다. 그렇다. 중하고 용하는 것[中庸]은 『논어』 첫머리에 나오는 '학이시습(學而時習)'과 정확히 통한다. 각자 자신이 갖춰야 할 다움[德]을 애써[文] 배워서 그것을 시간 나는 대로 열심히 몸에 익히는 것이 바로 중하고 용하는 것[中庸]이다.

여기까지 이해한 다음 『논어』 「태백(泰伯)」편에 나오는 공자의 말을 읽어보자.

> (뭔가를) 배울 때는 마치 내가 (거기에) 못 미치면[不及] 어떡하나 하는 (열렬한) 마음으로 해야 하고, 또 (그것에 미쳤을 때는) 혹시 그것을 잃으면[失之] 어떡하나 (진실로) 두려워하는 마음으로 해야 한다[學如不及猶恐失之].

이 같은 마음 자세는 지금 역을 배우는[學易] 우리에게 절실하게 필요한 것이다. 『주역』을 공부한다는 것은 지식을 늘리기 위함도 아니고 점술을 익히는 것도 아니며, 다름 아닌 다움을 배워 내 것으로 만드는 것[爲德]이기 때문이다.

여기서 자연스럽게 배움[學]과 중하고 용하는 것[中庸]이 만나고 있다. '내가 거기에 못 미치면 어떡하나 하는 마음으로 하는 것'이 중하는 것[中]의 마음이고, '그것을 잃으면 어떡하나 두려워하는 마음으로 하는 것'이 용하는 것[庸]의 마음이다. 결국 중하는 것이나 용하는 것이나 전심전력을 기울여야지[至誠=自彊不息], 조금만 방심해도 중하지 못하고 설사 중했다 하더라도 그것을 잃어서 용하지 못하는 것이다. 적어도 이 정도까지는 이해가 돼야 『논어』 「옹야」편에서 공자가 말한 뒷부분을 쉽게 이해할 수 있다.

(그런데) 사람들 가운데는 중용을 오래[久] 지속하는 이가 드물다[民鮮久矣].

이제 핵심은 '오래[久]'다. 그것은 곧바로 튼튼함[健]과 통한다. 순간적으로는 누구나 중할 수 있다. 그러나 그것을 오래 그대로 유지하는 것은 쉽지 않다. 이는 『주역』의 항괘(恒卦)와도 연결된다. 『논어』 「위령공(衛靈公)」편에는 다움을 알아서 그것을 내 것으로 만들어가는 단계의 완결판을 보여준다. 그것은 고스란히 임금의 다움[君德]을 만들어가는 단계라는 점에서 대단히 중요하다. 『논어』에 숨어 있는 이 같은 공자적인 사고방식을 제대로 익혀야 우리는 『주역』에 담긴 비밀도 얼마든지 쉽게 알아낼 수 있다.

공자가 말했다. "앎이 그것(다움)에 미치더라도[及之] 어짊이 그것을 뒷받침해줄 수 없다면 설사 그런 다움을 (순간적으로는) 얻었다 하더라도 결국 자기 것이 되지 못하고 반드시 잃게 된다[必失之]. 앎이 거기에 미치고[及之] 인이 그것을 지킬 수 있다 하더라도 장엄[莊]으로써 백성에게 임하지 않으면 백성이 공경하지 않는다. 앎이 거기에 미치고 인이 그것을 지킬 수 있고 장엄으로써 백성에게 임할 수 있더라도 움직임 하나하나를 사리[禮=事理]로써 하지 않는다면 그것은 아직 멀었다[知及之 仁不能守之 雖得之 必失之 知及之 仁能守之 不莊以涖之則民不敬 知及之 仁能守之 莊以涖之 動之不以禮 未善也]."

한편 『세조실록(世祖實錄)』 1년(1455) 9월 10일 자에 건괘의 「대상전」과 관련된 언급이 나온다. 참고로 세조는 조선 국왕 중에서 특히 『주역』에 능통했던 임금이다.

어가(御駕)로 성균관(成均館)에 거둥해 백관과 학생(學生)들을 거느리고 선성(先聖-공자 사당)을 알현하고 전(奠-제사)을 마치고 나서 명륜당(明倫堂)에 임어하니, 종친 의정부(議政府) 6조(六曹)의 참판(參判) 이상 및 시신(侍臣)이 입시(入侍)했다. 강서관(講書官) 겸 성균관 사성(兼成均館司成) 김구(金鉤, 1383~1462)[19]와 시강관(侍講官)인 집현전 부제학(集賢殿

---

19 1416년(태종 16년) 문과에 급제, 1435년(세종 17년)에 종학박사(宗學博士)에 제수됐다. 1439년 눈병으로 사직하자 종친인 경녕군(敬寧君) 이비(李裶) 등 19인이 상소해 한관(閒官)에 서용됐다. 1446년 사성으로 있으면서 종학 교수들이 다른 직책을 겸하는 폐단을 시정하기 위해 소를 올렸다. 1448년에는 상주목사로 나갔다가 판종부

副提學) 김예몽(金禮蒙) 등이 강좌(講坐)로 나아가니 상이 '하도(河圖)'[20] · '낙서(洛書)'[21]의 강의(講義)를 명했다. 김구가 음양(陰陽)의 이수(理數)가 생성합변(生成合變)하고, 왕래굴신(往來屈伸)하는 이치(理致)를 설명하고 김예몽이 반복(反覆)해서 분석(分析)해 어려운 것을 밝히니 상이 말했다.

"강론(講論)은 그만하면 충분하니 너희들은 각각 술잔을 들라."

김구가 잔을 올리고 이어서 입시한 재상(宰相)들에게 행주(行酒)하고 나서 자리로 돌아와 아뢰었다.

"복희씨[22]가 『하도』를 본받아 8괘(卦)를 그렸고, 문왕(文王) · 주공(周公)이 괘사(卦辭)와 효사(爻辭)를 만들었는데 본래는 점치는 법(法)이었습니다. 공자(孔子)께서 십익(十翼)을 지으셨는데, 완전히 의리(義理)를 썼으니 사람마다 역리(易理)를 체득(體得)해 쓰게 하려는 것이었습니다. 그 첫머리 건(乾)의 괘(卦)는 군왕의 도(道)이니 바로 성상께 해당하는 일입니다. 건괘(乾卦)를 본받으려고 하면 마땅히 천도(天道)를 본받아야 할 것인데, 거기에 이르기를 '하늘의 운행은 튼튼하니[健(건)] 군자는 그것을 갖고서[以(이)] 스스로 힘쓰기를 조금도 쉬지 않는다[天行健 君子以 自彊不息(천행 건 군자 이 자강불식)]'라고 했으니 스스로 힘쓰고 조금도 쉬지 않는다는 것은 이른

---

시사(判宗簿寺事)로 내직에 임명돼 사서언해(四書諺解)의 번역을 담당했다. 그해에 불당의 설립을 반대하는 소를 올렸고, 후에 사간이 됐으나 당성군(唐城君) 홍해(洪海)의 아들의 고신(告身)에 서명하지 않았다 해서 좌천됐다. 1450년(문종 즉위년) 사성·부제학에 제수되고, 1454년(단종 2년)에 예문제학이 됐다. 그해에 다시 내불당(內佛堂)의 혁파를 건의하는 소를 올렸으나 허락되지 않았다. 1455년(세조 1년)에 중추원부사(中樞院副使)에 제수됐으며, 1458년 이승소(李承召)와 함께 최선복(崔善復) 등 12인을 거느리고 『초학자회(初學字會)』를 우리말로 번역했다. 1459년에는 군기부정(軍器副正) 김석제(金石梯)와 함께 새로운 진법(陣法)을 의논했다. 1461년 최항(崔恒)·정인지(鄭麟趾) 등 9인과 함께 『손자주해(孫子註解)』를 바르게 고쳐 정리하는 등 한문 국역에 공이 컸다. 1462년 아산현을 회복하고자 도모하다가 사헌부의 탄핵으로 고신이 삭탈됐다. 죽은 후 성균생원 이극소(李克紹) 등의 상언(上言)으로 관직과 과전을 돌려받았다. 김말(金末)·김반(金泮)과 함께 경사(經史)에 널리 통하고, 특히 성리학에 정통했다. 이들 세 사람은 당시 성균관에서 후진에 전념해 학문 발전에 큰 성과가 있어 '삼김(三金)' '경학삼김(經學三金)' 혹은 '관중삼김(館中三金)'이라 불렸으며, 많은 명사를 배출했다.

20 옛날 중국 복희씨(伏羲氏) 때에 황하(黃河)에서 용마(龍馬)가 지고 나왔다는 55개의 점으로 된 그림으로 낙서(洛書)와 함께 『주역』의 기본 이치가 됐다.

21 하(夏)나라의 우(禹)임금이 치수(治水)할 때 낙수(洛水)에서 나온 신귀(神龜)의 등에 있었다고 하는 45개의 점을 표시한 글이다. 『서경』의 홍범구주(洪範九疇)는 이 낙서에 의해 만든 것이라 하며, 8괘의 법도 여기에서 나왔다고 한다.

22 중국 전설에 나오는 3황(三皇)의 하나다.

바 안일함이 없다[無逸(무일)]는 것입니다. 주공이 「무일(無逸)」편[23]을 지어 (조카인) 성왕(成王)을 경계시켰는데, 그 첫머리에 이르기를 '먼저 가색(稼穡-농사일)의 어려움을 알고 나서 마침내 편안해 하면 소인(小人-백성)이 가색에 의지함을 알 것입니다'라고 했으니 가색의 어려움을 안다는 것은 곧 안일함이 없다는 실증입니다. 그렇게 되는 까닭은 가색이란 곧 생민(生民-백성)의 생명과 관계되기 때문입니다."

김구는 학문(學問)이 정심(精深)하고 해박(該博)했으며 더욱이 『역경(易經)』에 조예가 깊었고 천문(天文)·지리(地理)·복서(卜筮)·산수(算數)에 이르기까지 통달하지 않는 것이 없었다. 그가 사람을 가르치는 데 있어서는 묻지 않으면 발단하여 자신이 먼저 밝히지 않았고, 질문을 받으면 반드시 먼저 여러 사람의 학설(學說)을 널리 인용하면서 그 동이점(同異點)을 변별한 연후에 이전부터 얻은 의의(意義)를 참고로 하여 듣는 사람으로 하여금 쉽게 깨닫도록 하고, 혹은 자기 의견에 동조하고 의견을 달리하는 사람을 공박하는 자가 있으면 또한 자기 의견만을 옳다고 이르지 않고서 말했다.

"의리(義理)란 무궁한 것인데 고집(固執)해 무엇하겠는가?"

상이 잠저(潛邸)에 있을 때 종학(宗學)[24]에 나가 강독했는데, 김구가 당시 박사(博士)로 있었기 때문에 깊은 예대(禮待)[25]를 더했다.

또 『숙종실록(肅宗實錄)』 9년(1683) 2월 4일 자 기사다.

행 사직(行司直) 박세채(朴世采, 1631~1695)[26]가 조정에 나가 경연(經筵) 석상에서 차자(箚

---

23 『서경』의 편명이다. "아아! 군자(君子)는 안일(安逸)이 없는 법입니다. 먼저 농사짓는 어려움을 알고 편히 논다면 소인(小人)의 의지함을 알게 될 것입니다"라고 했다.

24 조선조 세종(世宗) 때 종친(宗親)의 교육을 위하여 설치한 학교를 말한다.

25 『논어』에 나오는 말로 임금이 신하를 대하는 자세를 말한다.

26 1651년 김상헌(金尙憲)과 김집(金集)의 문하에서 수학했다. 1659년 천거로 익위사세마(翊衛司洗馬)가 됐다. 그해 5월 효종이 승하하자 자의대비(慈懿大妃)의 복상(服喪) 문제가 크게 거론됐는데, 박세채는 3년설을 주장한 남인 계열의 대비복제설을 반대하고, 송시열(宋時烈)·송준길(宋浚吉)의 기년설(朞年說)을 지지하며 서인 측의 이론가로서 활약했다. 당시 박세채가 지은 「복제사의(服制私議)」는 남인 윤선도(尹善道)와 윤휴(尹鑴)의 3년설의 부당성을 체계적으로 비판한 글이다. 박세채는 다시 서한을 보내 윤휴를 꾸짖은 바 있는데, 이 서한은 두 사람의 교우 관계가 단절되는 원인이 됐다. 1674년 숙종이 즉위하고 남인이 집권하자 기해복제 때 기년설을 주장한 서인 측의 여러 신하

子)로 아뢰었는데 그 조목이 세 가지가 있었다. 그 첫째로 『주역』 건괘(乾卦)의 "하늘의 운행은 튼튼하다[天行健]"라는 것을 인용해 말했다.

"하늘의 운행이 하루 한 번 주회(周回)하는데 지극히 튼튼하고 온전하지[健全] 않으면 이뤄지지 못합니다. 군자(君子)란 이것을 본받아 사람의 욕심으로 자연 이치의 강건(剛健)함을 해치지 아니하면 스스로 힘쓰면서 쉬지 않을 것입니다. 강(剛)이란 것은 양(陽)의 다움[德]이고 튼튼함[健]의 근본이니, 오직 임금이 그것을 잘 체득하면 도리는 충족되고 천리(天理)는 보존돼 사람의 욕심에 굴복당하지 않을 것입니다. 그래서 반드시 그것을 굳게 가지고 오래 행하면 마침내는 한마음으로 만사(萬事)를 바로잡고 한 몸으로 만민(萬民)을 바로잡아 곧 천덕(天德)[27]을 잡을 수 있어 이상적인 정치를 기약할 수 있을 것입니다.

그러나 사람의 욕심이 방해됨도 그 단서(端緖)가 하나뿐이 아니니, 아무리 총명하고 밝은 지혜의 자질이 있더라도 반드시 먼저 큰 뜻을 세워서 그칠 때를 알고 임금다움에 나아간 뒤에야 건(乾)의 강건함을 비로소 알아 체득(體得)할 수 있을 것입니다. 이른바 그칠 데를 알아서 다움에 나아가야 된다는 것도 별다른 기술이 없습니다. 성학(聖學-제왕학)의 정도(程度)를 삼가고, 미언(微言-깊은 뜻이 담긴 작은 말)의 귀착점을 완미(玩味)하며, 선왕(先王)의 덕업(德業)을 모아서 마음속으로 잘 분변하고, 선악(善惡)의 싹[萌]을 우려할 때는 인물

---

가 다시 추죄(追罪)를 받게 됐다. 이에 박세채는 관직을 삭탈당하고 양근(楊根)·지평(砥平)·원주·금곡(金谷) 등지로 전전하며 유배 생활을 했다. 박세채는 이 기간 동안 학문에 전념해 『소학』·『근사록』·『대학』·『중용』 등의 난해한 구절을 해설한 『독서기(讀書記)』를 저술했다. 또한 『춘추』에 대한 정자(程子)·주자(朱子)의 해설을 토대로 20여 문헌에서 보충 자료를 수집해 추가한 『춘추보편(春秋補編)』과, 성리학의 수양론 가운데 가장 핵심 개념인 경(敬)에 대한 선유(先儒)의 제설(諸說)을 뽑아 엮은 『심학지결(心學至訣)』 등을 저술했다. 1680년(숙종 6년) 이른바 경신대출척이라는 정권 교체로 다시 등용돼 사헌부집의로부터 승정원동부승지·공조참판·대사헌·이조판서 등을 거쳐 우참찬에 이르렀다. 1684년 회니(懷尼)의 분쟁을 계기로 노론과 소론이 대립하는 과정에서 박세채는 「황극탕평론(皇極蕩平論)」을 발표해 양편의 파당적 대립을 막으려 했으나, 끝내 소론의 편에 서게 됐다. 숙종 초기 귀양에서 돌아와서는 송시열과 정치적 입장을 같이했으나, 노·소 분열 이후에는 윤증(尹拯)을 두둔하며 소론계 학자들과 학문적으로 교류했다. 1689년 기사환국 때는 모든 관직에서 물러나 야인 생활을 했다. 이때가 박세채의 생애에서 큰 업적을 남기는 학자로서 자질을 발휘한 시기다. 이 기간에 윤증·정제두(鄭齊斗)를 비롯해 소론계 학자들과 서신 왕래가 잦았으며, 양명학(陽明學)을 비판하고 유학의 도통연원(道統淵源)을 밝히려는 학문적 변화를 보였다. 1694년 갑술옥사 이후에는 정계의 영수 격인 송시열이 세상을 떠나고 서인 내부가 노론과 소론으로 양분된 상태였으므로, 박세채는 우의정·좌의정을 두루 거치며 소론의 영도자가 됐다. 남구만(南九萬)·윤지완(尹趾完) 등과 더불어 이이·성혼에 대한 문묘종사 문제를 확정시키는 데 크게 기여했으며, 대동법 실시를 적극 주장했다.

27 제왕의 제왕다움을 말한다.

(人物)과 사정(邪正)의 찰나에서 살피고, 하는 일을 시비(是非)의 나뉨에서 징험하여 마칠 때나 시작할 때나 부지런히 하여 이르지 않음이 없으면, 지혜는 이르고 인(仁)은 지켜지게 돼 건강(乾剛)에 미치지 않으려고 하더라도 스스로 그만두지 못할 것입니다.

이것으로 미뤄보면 임금의 도리는 다만 건강(乾剛)을 체득하여 쉬지 않은 데 달려 있으며, 그것을 체득하는 방법도 다만 그칠 줄을 알고 다음에 나아가 배워서 모으고 물어서 분변하는 공부를 거둬들여 중정(中正)하고 순수(純粹)한 융성함을 다하는 데 달려 있으니, 이렇게 하는데도 자연의 이치를 밝히지 못하고 사람의 욕심을 버리지 못하는 자는 없습니다. 가만히 살피건대 전하께서는 영단(英斷)이 뛰어나고 총명과 예지가 옛사람보다 우뚝하신데, 신이 우려하면서 오히려 두려워하는 것은 성상(聖上)의 자질이 비록 고매하시나 본원(本源-마음)을 주재(主宰)하는 공업이 완전히 수립되지 못했으며 성상의 뜻이 비록 크나 강유(綱維)를 잡아서 이끌 방법이 완전히 밝혀지지 않았습니다. 이 때문에 하시는 일에 나타나는 것과 정치 명령에 발로되는 것이 가끔 허심탄회하게 받아들여 재단하여 채택하는 아름다움이 부족하고 사사로이 아끼며 휘어서 고치는 단서를 이루게 되니, 비록 공론이라고는 하나 국가 체모가 관계됨이 매우 큽니다.

지난날 훈적(勳籍)에 추록(追錄)하는 일 같은 것은 일찍이 빨리 개정(改正)하도록 하지 않으셨으면 그 밖에 다른 것은 미뤄 헤아릴 수 있을 것입니다. 왕자(王者-임금다운 임금)가 삼무사(三無私)[28]를 받들어 천하의 뜻을 위로하지 않으면 아무리 사람의 욕심으로 천덕(天德)의 강건(剛健)함을 해친다고 말하더라도 아마 사양하지 못할 자가 있을 것입니다. 삼가 원하건대 전하께서는 확연(廓然)히 크게 깨우치소서."

이제 건괘의 여섯 효[六爻(육효)]에 대한 주공의 말을 풀이한 공자의 「소상전」이다.

---

28 『예기(禮記)』 「공자한거(孔子閑居)」편에서 공자의 제자인 자하(子夏)가 공자에게 묻기를 "삼왕(三王-우왕(禹王)·탕왕(湯王)·문왕(文王)·무왕(武王))의 다음이 천지(天地)에 참여한다고 하는데 어떻게 하여야 천지에 참여한다고 말할 수 있습니까?"라고 하니 공자가 말하기를 "삼무사(三無私)를 받들어 천하 사람을 위로하며 따라오게 하는 것이다"라고 했다. 자하가 묻기를 "무엇을 삼무사라고 합니까?"라고 하니 공자가 말했다. "하늘은 사사로이 덮어주는 것이 없고, 땅은 사사로이 실어주는 것이 없으며, 일월은 사사로이 비침이 없다. 이 세 가지를 받들어 천하 사람을 따라오게 하는 것을 삼무사라고 한다."

(초구(初九)는) 연못 속에 잠겨 있는 용이니 쓰지 말라[潛龍勿用]는 것은 양(陽)이면서[29] 아래에 있기 때문이다[潛龍勿用 陽在下也].

(구이(九二)는) 나타난 용이 밭에 있다[見龍在田]라고 한 것은 (지상에 나타나) 다움을 널리 베풀었기 때문이다[見龍在田 德施普也].

(구삼(九三)은) 군자가 하루 종일 쉼 없이 힘쓴다[終日乾乾][30]라는 것은 도리를 반복하는 것이다[終日乾乾 反復道也].

(구사(九四)는) 혹 (못에서) 뛰어오르거나 그냥 못에 있다[或躍在淵]라는 것은 나아가더라도 허물이 없다는 것이다[或躍在淵 進无咎也].

(구오(九五)는) 날아가는 용이 하늘에 있다[飛龍在天]라는 것은 대인이 하는 일이다[飛龍在天 大人造也].

(상구(上九)는) 끝까지 올라간 용이니 뉘우침이 있다[亢龍有悔]라는 것은 가득 차면 오래갈 수 없다는 것이다[亢龍有悔 盈不可久也].

구(九-양효)를 쓰는 법은 하늘의 다움을 가진 사람은 우두머리가 돼서는 안 된다는 것이다[用九 天德 不可爲首也].

◉

여섯 효(爻) 중에서 1·2위를 하위(下位), 3·4위를 중위(中位), 5·6위를 상위(上位)라고도 한다. 그런데 용의 다움[龍德]을 가진 빼어난 인물이라 하더라도 맨 아래에 있다면[在下] 일의 형세[事勢]가 물속에 잠겨 있는 형국이니 쓰이려 해서는 안 된다. 임금의 입장에서도 저 아래에 아무리 뛰어난 인재가 있더라도 지위가 너무 낮으면 아직은 쓸 때가 아니라는 말이다.

구이는 아직 낮은 지위에 있기는 하지만 조심스레 땅 위에 올라오니 그의 다움이 이미 널리 퍼졌다는 말이다. 그래서 대인(大人)을 만나보는 것이 이롭다고 했다.

---

29 양은 원래 그 성질상 위에 있어야 하는 것이기 때문에 그 점을 감안해 '이면서'라고 옮겼다.

30 정약용은 건건(乾乾)을 '마음속으로만 애쓰는 것이 아니라 실제로 어떤 일을 때에 맞춰 사리에 맞게 행하는 것'이라고 보충했다.

구삼은 그럼에도 도리를 잃어서는 안 된다. 정이는 "나아가고 물러나며 움직이고 머물러 있음[進退動息=進退動靜]을 반드시 도리로써 한다"라고 풀었다. 그렇게 하는데 하루 종일 쉼 없이 힘써야 한다는 말이다.

구사는 점점 시기가 무르익어가고 있기 때문에 가능한지를 잘 헤아려 나아가서 그 때에 맞게 된다면 허물이 없다는 말이다. 혹은 그냥 머물러 있어도 나쁠 것은 없다.

구오는 날아가는 용이 하늘에 있다는 것은 대인이라야 할 수 있는 일[造=作事]이다. 이때의 대인이란 곧 빼어난 이[聖人]을 뜻한다.

상구는 끝까지 올라가면 가득 차게 되고 그러면 다시 비게 되기 때문에 뉘우침 혹은 뉘우칠 일이 있게 된다는 말이다.

구(九-양효)를 쓰는 법과 관련해 정이는 "하늘의 다움을 소유한 자[天德]는 그것만으로도 양강(陽剛)인데 다시 굳셈을 써서[用剛] 앞서기를 좋아한다면[好先] 이는 지나친 것이다"라고 했다. 앞서기를 좋아하는 것 또한 양(陽)이다. 물러나려는 것은 음(陰)이다.

건괘(乾卦)와 곤괘(坤卦)를 제외한 나머지 62개 괘는 주공의 효사와 이에 대한 공자의 「소상전」을 정밀하게 비교하게 되겠지만, 건괘와 곤괘에 대해서만 그것을 생략하고 이처럼 간략하게 짚은 이유가 있다. 건괘와 곤괘에는 공자가 직접 효사를 아주 상세하게 풀어낸 글 「문언전」이 있기 때문이다. 아마도 공자는 나머지 62개의 괘에 대해서도 이처럼 「문언전」을 지으려 했을 것으로 보인다. 그러나 어떤 이유에서인지는 알 수 없지만, 건괘와 곤괘에만 「문언전」이 있다. 정이의 『역전(易傳)』은 따라서 원칙적으로 이 62개의 「문언전」을 대신할 수 있는 글을 지으려 했던 것으로 보인다.

공자는 건괘와 곤괘에 대해서만 「문언전」을 지어 건도(乾道)와 곤도(坤道)가 인사(人事)와 맺는 관계를 긴절(緊切)하게 다뤘다. 그러나 나머지 「문언전」이 없는 62개의 괘(卦)에 대해서도 「문언전」에 준하는 깊은 사색이 따라야 한다. 즉 공자는 실제로는 2개의 괘에 대해서만 「문언전」을 지었지만 우리는 나머지 62개의 괘(卦)에 대해서도 정이의 도움을 받아가면서 우리 스스로 미뤄 헤아려[推] 그 뜻을 잘 음미할 때만 『주역』의 온전한 이치와 의미를 깨우칠 수 있을 것이다.

「대상전」이 64개 괘에 대한 공자의 해석이라면 「문언전」은 각 괘와 각 효를 어떻게 현실적으로 풀어내야 하는지를 곡진하게 보여준 공자의 지침이라 할 수 있다. 그 자체로도 정말 아름다운 글이자 문장이다.

여기서도 문언왈(文言曰) 부분은 생략하고 바로 본문을 보자.

원(元)이란 좋음의 으뜸[善之長]이요 형(亨)이란 아름다움의 모임[嘉之會]이요 이(利)란 마땅함의 화합[義之和]이요 정(貞)이란 일을 주간함[事之幹]이다.
군자는 어짊을 체화하여[體仁] 다른 사람들의 으뜸[長人]이 될 수 있으며, 모임을 아름답게 하여[嘉會] 일의 이치에 부합할 수 있으며[合禮=合事理], 일을 마땅하게 해[利物] 마땅함에 화합하게 할 수 있으며[和義], 반듯하고 견고해[貞固] 일을 주간할 수 있다.
군자란 이 네 가지 다움[四德]을 행하는 자다. 그러므로 건괘(乾卦, ䷀)를 일러 원형이정(元亨利貞)이라 한 것이다.

元者 善之長也 亨者 嘉之會也 利者 義之和也 貞者 事之幹也.
원 자 선지장 야 형 자 가지회 야 이 자 의지화 야 정 자 사지간 야
君子 體仁足以長人 嘉會足以合禮 利物足以和義 貞固足以幹事.
군자 체인 족이 장인 가회 족이 합례 이물 족이 화의 정고 족이 간사
君子行此四德者 故曰 乾元亨利貞.
군자 행 차 사덕 자 고왈 건 원형이정

◉

여기까지는 대체로 문왕의 단사에 대한 풀이인 공자 자신의 「단전」을 다시 자세하게 풀어놓았다고 할 수 있다. 그런데 『춘추좌씨전』 양공(襄公) 9년에 아주 흥미로운 기록이 나온다.

(양공의 할머니) 목강(穆姜)이 동궁(東宮-태자궁)에서 훙(薨)했다. 처음에 (동궁에) 가서 시초점을 쳐[筮之] 간괘(艮卦, ䷳)가 팔(八)로 변한 괘[31]를 만났다. 태사(太史)가 말했다.
"이는 간괘가 수괘(隨卦, ䷐)로 변한 것입니다.[32] 수(隨)는 나간다[出]는 뜻이니 소군(小君-목강)께서는 반드시 (동궁에서) 빨리 나가게 될 것입니다."

31 정약용은 주역(周易)이 아닌, 연산역(連山易)과 귀장역(歸藏易)에서는 7과 8을 써서 점을 친다며 그중 하나로 보았다.

32 다시 주역으로 점을 쳐서 수괘를 얻었다는 말이다.

목강이 말했다.

"그렇지 않을 것이다. 『주역』에 이르기를 '수(隨)는 원형이정(元亨利貞) 하니 허물이 없을 것이다. 원(元)이란 어짊을 체화해 남들을 이끄는 으뜸이 되는 것[體之長](체지장)이요, 형(亨)이란 아름다움의 모임[嘉之會](가지회)이요, 이(利)란 마땅함의 화합[義之和](의지화)이요, 정(貞)이란 일을 주간함[事之幹](사지간)이다. (군자는) 어짊을 몸에 체화하여[體仁](체인) 다른 사람들의 으뜸[長人](장인)이 될 수 있으며, 모임을 아름답게 하여[嘉會](가회) 일의 이치에 부합할 수 있으며[合禮=合事理](합례 합사리). 일을 마땅하게 해[利物](이물) 마땅함에 화합하게 할 수 있으며[和義](화의), 반듯하고 견고해[貞固](정고) 일을 주간할 수 있다[幹事](간사)'라고 했다. 이와 같기 때문에 (원형이정의 사덕(四德)을 갖춘 사람은 없는 것처럼) 속일 수가 없으니 비록 수괘(隨卦)를 만나더라도 재앙이 없을 것이다. 그러나 지금의 나는 부인으로서 난(亂)에 참여했고 본래 낮은 신분으로 불인(不仁)을 저질렀으니 원(元-나라의 어른)이라 할 수 없고, 국가를 안정시키지 못했으니 형(亨-연향을 받을 만함)이라 할 수 없고, 난을 일으켜 자신을 해쳤으니 이(利-마땅함이나 의로움)라 할 수 없고, 소군의 지위를 저버리고서 간음했으니 정(貞-정숙)이라 할 수 없다. 이 네 가지 다움이 있는 사람은 수괘를 만나도 재앙이 없겠지만 나에게는 이런 네 가지 다움이 전혀 없으니 어찌 수괘의 풀이말에 부합할 수 있겠는가? 내가 악행을 저질렀으니 어찌 재앙이 없을 수 있겠는가? 반드시 여기서 죽을 것이고 (동궁을) 나갈 수가 없을 것이다."

중간의 내용은 「문언전」과 거의 똑같다. 그래서 주희는 공자가 이를 인용한 것으로 보았다. 상당히 타당한 주장이다. 공자는 스스로 짓는 사람이 아니라 이미 있던 것을 재구성하는 술이부작(述而不作)을 중시했던 사람이다. 다시 「문언전」으로 돌아간다.

(주공이) "초구(初九)는 물에 잠겨 있는 용이니 쓰여서는 안 된다[潛龍勿用](잠룡 물용)"[33]라고 한 것은 무슨 뜻인가[何謂](하위)? 공자가 말한다[子曰](자왈).[34] 용의 다움[龍德](용덕)을 갖고서 숨어 사는 사람[隱者](은자)

---

33 보는 입장에 따라 물용(勿用)은 '쓰지 말라'로 풀어도 된다.

34 이 구절은 자문자답의 문체로 볼 수도 있는데, 일부에서는 이 구절을 들어 「문언전」은 공자의 글이 아니라 후대의 저술이라고 보기도 한다. 관련된 학술 논쟁은 학자들에게 맡긴다.

이다.[35] 세상을 따라 (자신을) 바꾸지 않고[不易乎世] 이름을 내려 하지 않은 채[不成乎名] 세상을 피해 살아도 근심하지 않으며[遯世无悶] 남들이 인정해주지 않아도 번민하지 않아[不見是而无悶], (도리가 살아 있는 세상이라) 기꺼우면 도리를 행하고[樂則行之] (도리가 없는 세상이라) 근심스러우면 떠나간다[憂則違之]. 그 누구도 그의 뜻을 뽑아버릴 수 없을 만큼[不可拔] 확고하니[確=固] (이것이 바로) 물에 잠겨 있는 용[潛龍](의 다움)이다.

初九曰 潛龍勿用 何謂也? 子曰 龍德而隱者也. 不易乎世 不成乎名 遯世无悶 不見是而无悶 樂則行之 憂則違之. 確乎其不可拔 潛龍也.

◉

여기서는 한마디 한마디가 『논어』에 나오는 말과 조응을 이룬다. "(수시로 이리 바뀌고 저리 바뀌는) 세상을 따라 (자신의 원칙을) 바꾸지 않고[不易乎世]"라는 구절은 「자한(子罕)」편에 나오는 일화를 통해 쉽게 알 수 있다.

자공(子貢)이 물었다.

"여기에 아름다운 옥이 있다면 스승님께서는 그것을 궤 속에 넣어 가죽으로 싸서 고이 보관하시겠습니까? 좋은 값을 구하여 그것을 파시겠습니까?"

공자가 말했다.

"팔아야지! 팔아야지! 그러나 나는 좋은 값을 기다리는 사람이다."

세상에 쓰이기를 무조건 거부하는 것은 아니다. 다만 원칙에 따라 임하겠다는 말이다. 여기서는 공자 자신이 바로 잠룡(潛龍)이다. "이름을 내려 하지 않은 채[不成乎名]"라는 구절은 「안연(顏淵)」편의 다음 대화와 직결된다.

자장(子張)이 물었다.

---

35 이 대답을 볼 때 '무슨 뜻인가'는 물에 잠겨 있는 용[潛龍]이란 무엇인가를 물은 것이다. 이어지는 대답도 물용(勿用)보다는 잠룡(潛龍)에 대한 것이다.

"선비는 어떠해야 이르렀다[達] 할 수 있습니까?"

공자가 되물었다.

"무슨 말인가? 네가 말하는 달(達)이란 것이."

자장이 답했다.

"나라에 있어도 반드시 그의 명예에 관한 소문이 나며[聞] 집 안에 있어도 반드시 소문이 나는 것입니다[聞]."

공자가 말했다.

"그것은 이름이 들리는 것[聞]이지 도리에 이른 것[達]이 아니다. 무릇 도리에 이른 사람이란 바탕이 곧고 의리를 좋아하며[質直而好義] 남의 말을 가만히 살피고 얼굴빛을 관찰하며[察言而觀色] 사려 깊게 남에게 몸을 낮추는 것이니[慮以下人], 나라에 있어도 반드시 이르게 되고 집 안에 있어도 반드시 이르게 된다. (이에 반해) 무릇 소문만 요란한 사람이란 얼굴빛은 어진 듯하나 행실은 도리에 어긋나고[色取仁而行違] 평소 자신의 행실에 대해 아무런 의문도 던지지 않으니[居之不疑], 나라에 있어도 반드시 소문이 나고 집 안에 있어도 반드시 소문이 난다."

이어서 "세상을 피해 살아도 근심하지 않으며[遯世无悶]" 또한 『논어』가 제시한 진퇴(進退)의 원칙이다. 『논어』 「태백」편에서 공자는 이 점을 명확하게 밝히고 있다.

독실하게 믿음을 갖고서 배우기를 좋아하며[篤信好學] 죽음으로써 지켜 도리를 잘 닦아 나아가야 한다[守死善道]. 위태로운 나라에는 들어가지 말고[危邦不入] 어지러운 나라에서는 살지 말라[亂邦不居]. 천하에 도리가 있으면 나타나고[天下有道則見] 도리가 없으면 숨어야 한다[無道則隱]. 나라에 도리가 있을 때[邦有道] 가난하면서 또 천하기까지 한 것[貧且賤]은 부끄러운 일이며[恥也], 나라에 도리가 없을 때[邦無道] 부유하면서 또 귀하기까지 한 것[富且貴]도 부끄러운 일이다.

이런 도리를 원칙으로 삼는다면 쓰이지 않는다[不用] 해도 그에 관한 걱정 근심이 있을 수 없다. 그때의 고민 근심이란 자리를 차지하지 못한 것에 대한 근심이나 불안이다. 자리를 얻지 못했을 때 그렇고 그런 사람이라면 고민과 불안에 휩싸이게 마련이다. 많은 사람이 그렇다. 이런 사람의 속마음을 공자는 『논어』 「양화(陽貨)」편에서 생생하게 읽어내고 있다.

> 비루한 사람[鄙夫]과 함께 임금을 섬기는 것이 과연 가능할 수 있을 것인가? 얻기 전엔 그것을 얻어보려고 걱정하고, 이미 얻고 나서는 그것을 잃을까 걱정한다. 정말로 잃을 것을 걱정할 경우 (그것을 잃지 않기 위해) 못하는 짓이 없을 것이다.

용의 다움[龍德], 즉 군자다움을 가진 사람은 바로 이런 마음이 전혀 없는 사람이다. 이어 "남들이 (옳다고) 인정해주지 않아도 번민하지 않아[不見是而无悶]"의 경우 앞서 본 「안연」편의 자장과 공자가 이미 풀어주고 있지만 「학이(學而)」편의 다음 구절은 무민(无悶) 부분까지 포괄한다는 점에서 이에 대한 적절한 풀이가 된다.

> 남들이 알아주지 않더라도 속으로조차 서운한 마음을 갖지 않는다면[不慍] 진실로 군자가 아니겠는가?

온(慍)은 흔히 '성내다[怒]'로 번역하는데 틀렸다. 그 정확한 뉘앙스는 '속으로조차 서운한 마음을 갖지 않는 것'이다. 그래서 '번민하지 않아[无悶]'와도 딱 들어맞는다.

"(도리가 살아 있는 세상이라) 기꺼우면 도리를 행하고[樂則行之] (도리가 없는 세상이라) 근심스러우면 떠나간다[憂則違之]"는 방금 「태백」편 중에 공자가 말한 "천하에 도리가 있으면 나타나고[天下有道則見] 도리가 없으면 숨어야 한다[無道則隱]"는 것이 전반적 풀이의 역할을 하고 있다. 『논어』 「술이」편에서 공자가 안회(顔回)에게 한, 다음과 같은 말도 바로 같은 맥락이다.

> (임금이 인재로) 써주면 일을 행하고 (임금이) 버리면 (도리를 맘에 품고서) 숨어 지내는 것을 오직 너하고 나만이 갖고 있구나!

마지막에는 이러한 뜻의 확고함을 강조하고 있다. "그 누구도 그의 뜻을 뽑아버릴 수 없을 만큼[不可拔] 확고하니[確=固]"에 대해서는 「태백」편에 나오는 증자(曾子)의 말이 보충의 역할을 한다.

> 큰 갈림길에 서서도[臨大節] (그 뜻을) 빼앗을 수 없다면[不可奪=不可拔] 이는 군자다운 사람[君子人]입니다.

생사의 갈림길에 서게 되면 그 뜻을 끝까지 지키는 군자와 그렇지 못한 소인은 확연하게 구분된다.

그런데 공자는 「소상전」에서 "연못 속에 잠겨 있는 용이니 쓰지 말라[潛龍勿用]는 것은 양(陽)이면서 아래에 있기 때문"이라고 풀었다. 아래에 있음을 감안해 함부로 움직이지 말아야 한다는 말이다. 겸손[謙]이 어느 때보다 요구되는 상황이다. 잠(潛)이란 드러나지 못함임과 동시에 나아가 행한다 해도 뜻을 이룰 수 없다는 뜻이기 때문이다. 이로써 초구(初九)의 잠룡(潛龍)에 대한 풀이는 끝났다. 효(爻) 하나하나를 얼마나 정성 들여 풀어야 하는지를 잘 이해했을 것이다.

두 번째인 구이(九二)다.

(주공이) "구이(九二)는 나타난 용이 밭에 있으니 대인을 만나보는 것이 이롭다[見龍在田 利見大人]"라고 한 것은 무슨 뜻인가[何謂]? 공자가 말한다[子曰]. 용의 다움[龍德]을 갖고서 바르게 적중하고 있는[正中] 자다. 평소에 하는 말은 믿음을 주고[庸言之信] 평소에 하는 일은 삼감으로써[庸行之謹] 그릇됨을 막아[閑邪] 그 열렬함을 보존한다[存誠]. 세상에 좋은 일을 하고도 내세워 자랑하지 않고[善世而不伐] 다움을 넓혀 교화를 이뤄낸다[德博而化]. (그 때문에) 역(易)에 이르기를 "구이(九二)는 나타난 용이 밭에 있으니 대인을 만나보는 것이 이롭다[見龍在田 利見大人]"라고 한 것이다. 이는 임금의 다움[君德]이다.

九二曰 見龍在田利見大人 何謂也? 子曰 龍德而正中者也. 庸言之信 庸行之謹 閑邪存其誠. 善世而不伐 德博而化. 易曰 見龍在田利見大人 君德也.

◉

이 구절은 뒤에서부터 풀어가는 것이 그 뜻을 이해하는 데 더욱 효과적이다. 공자는 "이는 임금의 다움[君德]이다"라고 말했다. 앞서 본 바와 같이 다움과 자리[德位]는 서로 합치될 때가 가장 좋은 것이다[至善]. 다움은 있는데 그에 맞는 자리가 없거나 다움은 없는데 높은 자리에 오르는 것은 좋지 않다. 그러나 현실 속에서는 그렇지가 못하다. 다움이 있는데 자리를 얻지 못하고 다움이 없는데 자리를 차지하는 것이 현실 속의 흔한 일이다. 임금의 다움은 있지만 그런 자리를 얻지 못한 사람을 소왕(素王)이라고 하는데 공자 자신이 바로 이런 소왕이다. 흥미롭게도 공자는 『논어』 「옹야」 편에서 이렇게 말하고 있다.

> 공자가 말했다.
>
> "중궁(仲弓)은 군주의 자리를 능히 맡길 만하다[可使南面]."
>
> 중궁이 자상백자(子桑伯子)에 대하여 묻자 공자는 말했다.
>
> "그의 대범 소탈함[簡]도 (군주의 자리를 맡기에) 괜찮다."
>
> 이에 중궁이 말했다.
>
> "마음은 늘 삼가면서 행동은 대범 소탈하게 하여[居敬而行簡] 이로써 그 백성을 대한다면 남면할 만한 자질이 있다고 할 수 있지 않겠습니까? (그런데) 마음을 대충대충 하면서 행동도 대범 소탈하게 한다면[居簡而行簡] 그것은 지나치게 대범 소탈한 것[太簡]이 아니겠습니까?"
>
> 공자는 (자신이 틀렸음을 인정하며) 말했다.
>
> "중궁의 말이 옳다."

여기서 공자가 제자 중궁에 대해 "군주의 자리를 능히 맡길 만하다[可使南面]"라고 했다. 이는 바로 중궁에게 임금의 다움[君德]이 있음을 인정해준 것이다. 그렇다면 중궁에게는 어떤 다움이 있어 그에게 군덕(君德)을 인정해준 것일까? 그 실마리는 중궁의 대답 속에 있다. 즉 행간(行簡)은 좋은 것이지만 마음까지 덜렁덜렁 대충대충[居簡] 해서는 안 된다는 말이다. 결국 거경이행간(居敬而行簡)이 핵심이다. 이것이 임금다움[君德]이다.

처음부터 풀어보자. "용의 다움[龍德]을 갖고서 바르게 적중하고 있는[正中] 자"란 용의 다움이 말이나 행동에서 사리에 딱 적중한다[正中]는 말이다. 이를 학자들은 효

(爻)의 위치로 설명하기도 하는데, 예를 들면 아래 3개의 효 중에 가운데 있다는 말이다. 그러나 양효가 음 자리에 있는 것이니 바르지 않다[不正]. 굳이 효의 위치를 끌어들일 필요가 없고 뜻 그대로 풀이하는 것이 맞는 듯하다. 즉 딱 적중한다[正中]라는 말은 바로 뒤에 이어지듯이 말은 '믿음을 주고' 일을 행하는 것은 '삼가는 것[謹=敬]'을 가리킨다. 이를 함께 말한 것이 바로 『논어』「학이」편에 나온다.

> 공자가 말했다.
>
> "(제후의 나라인) 천승지국을 다스릴 때라도 삼가는 마음으로 일을 해 (백성의) 믿음을 이끌어내야 한다[敬事而信]."

평소 하는 말이 믿음을 주고 평소 일을 할 때 삼가는 법[敬事]에 대해서도 공자는 『논어』에서 곡진하게 말한 바 있다. 「학이」편이다.

> (무릇 군자라면) 일을 할 때는 빈틈없이 하고 말은 신중하게 한다[敏於事而愼於言].

또 「이인(里仁)」편에서 이렇게 말한다.

> (군자는) 말은 어눌하게 하려 애써야 하고 (일을) 행하는 것은 빈틈없이 해야 한다[欲訥於言而敏於行].

같은 말인 듯하면서도 묘한 차이가 있다. 둘의 비교를 통해 우리는 그 뜻을 좀 더 정교하게 할 수 있다. 행(行)은 곧 행사(行事), 즉 일을 한다는 것이고 말을 신중하게 한다는 것은 가능한 한 어눌하려고 노력해 그 말의 내용을 빈틈없이 하라는 말이다. 이 둘은 모두 주어가 군자(君子)다. 『주역』은 군자가 배우는 것이지 소인이 이익을 도모하기 위해 배우는 이치가 아니니다. 이 두 가지, 즉 말의 신뢰성[言信], 일할 때의 삼감[敬事]을 통해 자연스럽게 그릇됨이 자기 안에 들어오려는 것을 막아내고[閑邪] 내 안의 진실함 혹은 열렬함을 보존하는 것[存其誠]이 임금의 다움의 첫 번째다.

이상이 자기를 닦는 일[修己]이라면 다음은 남에게 베푸는 일[治人=施仁]로 나아간다. 먼저 "세상에 좋은 일을 하고도 내세워 자랑하지 않고[善世而不伐]"다. 불벌(不伐)의 문제는 「계사전」에서 다룬 바 있다. 공자가 말했다.

> 수고로움이 있어도 자랑하지 않고[勞而不伐] 공로가 있어도 자기 덕이라고 내세우지 않는 것[有功而不德]은 두터움이 지극한 것[厚之至]이다.

"다움을 넓혀 교화를 이뤄내니[德博而化]"라는 말은 스스로 모범을 보여 다른 사람들도 그에 교화를 입는다는 말이다. 『논어』 「학이」편에 나오는 증자(曾子)의 말이 그 내용을 보여준다.

> (임금이) 부모님의 상을 삼가서 치르고 먼 조상까지도 잊지 않고 추모하면[愼終追遠] 백성의 백성다움이 두터운 데로 돌아갈 것이다[民德歸厚矣].

그래서 공자는 「소상전」에서 "나타난 용이 밭에 있다[見龍在田]라고 한 것은 (지상에 나타나) 다움을 널리 베풀었기 때문"이라고 했던 것이다.

세 번째 구삼(九三)에 대한 공자의 「문언전」 풀이다.

(주공이) "구삼(九三)은 군자가 하루 종일 쉼 없이 힘쓰고 저녁에도 두려워하면 위태로우나 허물이 없다[君子終日乾乾 夕惕若 厲无咎]"라고 한 것은 무슨 뜻인가[何謂]? 공자가 말한다[子曰]. 군자가 다움을 더 나아가게 하고 일을 닦는 것[進德修業]이다. 자기에게 진실함[忠]과 남에게 믿음을 줌[信]이 진덕(進德)하는 방법[所以]이고, 말을 닦아감[修辭]에 있어 그에 맞는 진실함이나 열렬함[其誠]을 세우는 것이 일에 임하는[居業] 요령이다. 가야 할 데를 알아[知至] 거기에 이르니 더불어 기미를 알아차릴[與幾] 수 있고, 마칠 데를 알아[知終] 그 일을 마치니 더불어 마땅함을 보존할[與存義] 수 있다. 이 때문에 윗자리[上位]에 있어도 교만하지 않고[不驕] 아랫자리[下位]에 있어도 근심하지 않는다[不憂]. 그렇기 때문에 쉼 없이 힘쓰고[乾乾] 그 때에 따라 두려워한다면[因其時而惕] 비록 위태로우나 허물이 없는 것이다.

九三曰 君子終日乾乾夕惕若厲无咎 何謂也? 子曰 君子進德修業. 忠信 所以進德也 修辭立其誠 所以居業也. 知至至之 可與幾也 知終終之 可與存義. 是故 居上位

而不驕 在下位而不憂. 故乾乾 因其時而惕 雖危 无咎矣.
이 불교 재 하위 이 불우 고 건건 인 기시 이 척 수위 무구 의

◉

이제 다움을 높이고 일을 하는 능력을 잘 갖춰야 할 때다. 그래서 군자는 진덕수업(進德修業)해야 한다고 했다. 업(業)을 학업(學業)으로 옮기는 경우가 많은데 틀렸다. 일[事=業]이다. 공자가 계속 다움과 일[德業]을 병행해 풀이하고 있음을 안다면 있을 수 없는 번역이다. 앞서 「계사전」에서 공자는 "역(易)은 아마도 지극하다[至][36]고 해야 할 것이다. 무릇 역은 빼어난 이께서 다움을 높이고[崇德] 공업을 넓히신 것이다[廣業]"라고 했다. 바로 진덕수업을 계속 해나가는 것이 『주역』에서 얼마나 중요한 것인지를 보여준다.

먼저 진덕(進德)을 살펴보자. 다움을 앞으로 나아가게 해주는 것[進德]이 충신(忠信)이라고 했다. 그런데 『논어』를 면밀히 읽어보면 다움을 높이는 것[崇德]과 다움을 닦는 것[修德]을 구별하고 있음을 알 수 있다. 다움을 높인다는 것은 나에게는 없는 것들을 가져다가 애써서 내 것으로 만드는 것이다. 반면에 다움을 닦는다는 것은 나에게 있는 안 좋은 요소나 기질들을 깎아내는 것[修慝]이다. 「안연」편에서 자장이 숭덕(崇德)에 관해 묻자 공자는 이렇게 답한다.

> 충(忠)과 신(信)을 바탕으로 해서 마땅함을 실천하는 것[主忠信徙義]이 다움을 높이는 것이다.

같은 「안연」편에서 번지(樊遲)라는 제자가 숭덕을 묻자 공자는 이렇게 답한다.

> 일을 먼저 하고 이득은 뒤로 하는 것[先事後得]이 다움을 높이는 것 아니겠는가?

---

36 이때는 두루 미치지 않는 바가 없다는 뜻이다.

선사후득(先事後得)이란 곧 선공후사(先公後私)다. 따라서 진덕(進德)은 곧 숭덕(崇德)과 같은 말이다. 그러나 수덕(修德)은 뉘앙스가 다르다. 즉 번지가 같은 곳에서 수특(修慝)을 묻는데 이것이 곧 수기(修己)와 통한다. 『논어』에는 별도로 수덕(修德)이란 말은 등장하지 않는다. 공자의 대답이다.

자신 안에 있는 나쁜 점을 다스리고 남의 악은 다스리지 않는 것이 사특함을 없애는 것 아니겠는가?

이어 수업(修業)이다. "말을 닦아감[修辭]에 있어 그에 맞는 진실함이나 열렬함[其誠]을 세우는 것이 일에 임하는[居業] 요령이다." 이는 곧 말을 할 때는 반드시 진실함[忠誠]이 담겨 있어야 한다는 말이다. 「학이」편에서 자하(子夏)가 "말을 하면 반드시 지켜 믿음을 주라[言而有信]"고 했고 「계씨(季氏)」편에서 공자는 "말을 할 때는 반드시 그것이 진실한지를 생각하라[言思忠]"라고 했다.

다움을 갖추고 일을 제대로 할 수 있는 준비[進德修業]를 마쳤으면 이제 실제로 일을 향해 나아간다. 이어지는 내용은 일과 관련된 것이다. 공자가 「계사전」에서 정의한 일의 개념을 다시 떠올려보자. 일이란 '그 달라짐을 통하게 하는 것[通其變]'이다.

가야 할 데를 알아[知至] 거기에 이르니 더불어 기미를 알아차릴[與幾] 수 있고, 마칠 데를 알아[知終] 그 일을 마치니 더불어 마땅함을 보존할[與存義] 수 있다.

여기(與幾) 부분을 좀 더 상세하게 풀어야 할 필요가 있다. 정약용의 『역주 주역사전』(방인·장정욱 옮김, 소명출판)의 번역자는 이를 "(미묘한) 기미(를 감지함으)로써 더불어 (일을) 할 수 있다"라고 풀었다. 여(與)의 중요성, 기(幾)의 의미, 문맥상의 일[事=業]의 문제를 정확하게 파악한 번역이다. 『논어』 「자한」편에서 공자는 더불어 함께[與]하게 될 사람의 유형과 단계를 다음과 같이 나눈다.

더불어 함께 배운다[與共學]고 해서 (그 사람들 모두와) 더불어 도리를 행하는 데로 나아갈[與適道] 수는 없으며, 또 더불어 도리를 행하는 데 나아간다고 해서 (그 사람들 모두와) 더

> 불어 함께 조정에 설[與立] 수는 없으며, 또 더불어 함께 조정에 선다고 해서 (그 사람들 모두와) 더불어 권도(權道)를 행할[與權] 수는 없다.

권도(權道)란 상도(常道)와 대비되는 개념으로, 새로운 상황이 발생했을 때 그에 맞게 일을 제대로 처리하는 것이다. 권도를 발휘하는 것이 곧 시중(時中)이다. 공자는 지금 그 이야기를 하고 있는 것이다. 어느 방향으로 일을 풀어가야 할지를 알아서 거기에 이를 줄 아는 사람이라야 함께 "(미묘한) 기미(를 감지함으)로써 더불어 (일을) 할 수[與幾]" 있는 것이다. 나아가 언제 어디서 일을 마쳐야 할 줄 아는 사람이라야 함께 "더불어 마땅함을 보존할[與存義]" 수 있는 것이다. 이 마땅함[義]에 주목한다면 공자가 시중(時中)을 말하면서 "나는 이들과 달라서 가한 것도 없고 불가한 것도 없다[無可無不可]"(「미자(微子)」편)라고 한 것이나 "군자는 천하의 일에 나아갈 때 오로지 주장함도 없고 그렇게 하지 않음도 없으니, 마땅함[義]에 따라 행할 뿐이다"라고 한 것을 정확히 이해할 수 있을 것이다. "가한 것도 없고 불가한 것도 없고" "오로지 주장함도 없고 그렇게 하지 않음도 없"기 때문에 일을 시작할 때 기미나 조짐[幾]을 깊이 살피는 것이 대단히 중요하다. 기미와 관련해서는 「계사전」에서 공자는 이렇게 말했다.

> 무릇 역(易)이란 빼어난 이가 (일과 사물을) 끝까지 깊게 파고들어[極深] (앞으로 올 일의) 기미나 조짐을 면밀하게 살피는 것[研幾=審幾]이다.

이제 결론이다.

"이 때문에 윗자리[上位]에 있어도 교만하지 않고[不驕] 아랫자리[下位]에 있어도 근심하지 않는다[不憂]. 그렇기 때문에 쉼 없이 힘쓰고[乾乾] 그 때에 따라 두려워한다면[因其時而惕] 비록 위태로우나 허물이 없는 것이다."

즉 권도(權道)를 행해 일을 성공으로 이끄는 데 온 힘을 쏟기 때문에, 윗자리에 있다는 이유로 교만할 필요도 없고 아랫자리에 있으면서 윗사람이 자기를 알아주지 않을까 근심할 시간도 없는 것이다. 특히 뒷부분과 관련해서는 『논어』「헌문(憲問)」편에 나오는 공자의 말을 음미해봐야 한다.

남이 자신을 알아주지 않음을 걱정하지 말고, 자신의 능하지 못함[不能=無能]을 걱정해야 한다.

마지막 문장을 공자가 구삼의 「소상전」에서 "하루 종일 쉼 없이 힘쓴다[終日乾乾][37]라는 것은 도리를 반복하는 것이다[反復道也]"라고 풀이한 것과 비교해볼 경우 그 강조점은 아무래도 '하루 종일 쉼 없이 힘쓴다[終日乾乾]'에 놓여 있음을 알 수 있다. 물론 그렇다고 '그 때에 따라 두려워한다면[因其時而惕]' 부분이 중요하지 않다는 말은 아니다. 다만 건건(乾乾)에 비하자면 비중이 조금은 낮다는 뜻이다.

네 번째 구사(九四)에 대한 공자의 풀이를 보자.

(주공이) 구사(九四)는 혹 (못에서) 뛰어오르거나 그냥 못에 있으니 허물이 없다[或躍在淵无咎]라고 한 것은 무슨 뜻인가[何謂]? 공자가 말한다[子曰]. (군자가) 오르고 내리는 데 일정함이 없는 것[无常]은 그릇된 짓을 하는 것[爲邪]이 아니요, 나아가고 물러남에 일정함이 없는 것[无恒]도 (동료나 백성의) 무리를 떠나려는 것[離群]이 아니다. 군자가 진덕수업(進德修業)하는 것은 때에 맞고자[及時=時中] 함이다. 그래서 허물이 없는 것이다.

九四曰 或躍在淵无咎 何謂也? 子曰 上下无常 非爲邪也 進退无恒 非離群也. 君子進德修業 欲及時也. 故无咎.

◉

권도(權道)를 모르는 사람이 보면 군자는 오르고 내리는 데 일정함이 없어 그릇된 것[邪=不正]처럼 보일 수 있겠지만 그렇지 않다는 것이요, 나아가고 물러남에 일정함이 없어 동료와 떨어지는 것처럼 보일 수 있겠지만 이 또한 그렇지 않다는 것이다. 다만 군자가 처신의 도리로 삼는 "가한 것도 없고 불가한 것도 없고" "오로지 주장함도 없고 그렇게 하지 않음도 없음"을 제대로 이해하지 못해서라는 것이다. 여기서도 때와

37 정약용은 건건(乾乾)을 '마음속으로만 애쓰는 것이 아니라 실제로 어떤 일을 때에 맞춰 사리에 맞게 행하는 것'이라고 보충했다.

상황에 맞음[及時]을 강조하고 있다. 별도의 풀이는 필요 없다. 다만 여기에 말하는 무리를 떠남[離群]의 문제와 관련해 무리를 동료로 볼 것인지 백성의 무리로 볼 것인지에 따라 풀이가 달라질 수 있다. 동료의 무리로 볼 경우, 그 무리란 공자가 『논어』「양화」편에서 밝힌 『시경』을 읽어야 하는 이유와 관련 있다.

> 첫째, 배움을 향한 뜻을 흥기시킬 수 있다[可以興]. 둘째, 사람을 제대로 알아볼 수 있다[可以觀]. 셋째, 뜻이 같은 사람끼리 무리를 지을 수 있다[可以群]. 넷째, 제대로 원망해야 할 사람을 원망할 수 있다[可以怨]. 이렇게 되면 가까이는 어버이를 섬길 수 있고 멀리는 임금을 섬길 수 있다.

여기서 가이군(可以群), 가이원(可以怨)의 문제는 앞서 말했던 여(與)에 대한 풀이도 겸한다.

그런데 군자는 늘 백성을 위한 도리에서 벗어나서는 안 된다는 점을 생각한다면 이 무리를 백성으로 볼 수도 있다. 군자의 근심은 늘 백성을 위한 근심이지 자신만을 위한 근심이 아닌 것도 그 때문이다. 군자가 진덕수업(進德修業)하는 것도 결국 백성을 위해서라는 점을 생각한다면 더욱 그렇다. 이에 대한 공자의 확고한 생각을 보여주는 일화가 「미자」편에 나온다.

> (은둔자인) 장저(長沮)와 걸닉(桀溺)이 나란히 밭을 갈고 있는데, 공자가 그 옆을 지나다가 자로(子路)로 하여금 가서 나루터가 어디인지를 묻게 했다.
>
> 장저가 말하기를 "수레의 고삐를 잡고 있는 저분은 누구인가?"라고 하자 "공구입니다"라고 답했다. 다시 장저가 "저 사람이 노나라의 공구인가?"라고 묻자 자로가 그렇다고 답했다. 그러자 장저는 "저 사람은 나루를 알고 있다"라고 말한다.
>
> 자로가 이번에는 걸닉에게 묻는다. 이에 걸닉은 자로에게 "그대는 누구인가?"라고 물었고, 자로는 "중유라고 합니다"라고 답한다. 그러자 걸닉은 "그대가 노나라 공구의 제자 무리인가?"라고 물었고, 자로는 그렇다고 답한다. 이에 걸닉은 다음과 같이 말한다.
>
> "한번 흘러가서 돌아오지 못하는 것은 천하(의 이치)가 모두 그러하다는 것이다. 누구와 더불어 그것을 뒤집겠는가? 또 그대는 사람을 피하는 선비를 따르기보다 세상을 피하는 선

비를 따르는 것이 어떻겠는가?"

그러고 나서는 씨를 뿌린 다음 흙을 덮는 써레질을 하며 그치질 않았다. 자로가 돌아와서 그 내용을 고하자 공자는 멍하니 있다가 이렇게 말했다.

"짐승과는 함께 무리 지어 살 수 없는 법이다. 내가 이 사람의 무리와 함께하지 않고 누구와 함께하겠는가? 천하에 도리가 있으면 내 더불어 뒤집으려 하지 않을 것이다."

무리를 동지의 무리든 백성의 무리든 어느 쪽으로 봐도 무방하다.

다섯 번째 구오(九五)에 대한 공자의 풀이다.

(주공이) 구오(九五)는 날아가는 용이 하늘에 있으니 대인을 만나보는 것이 이롭다[飛龍在天利見大人]라고 한 것은 무슨 뜻인가[何謂]? 공자가 말한다[子曰]. 같은 성질의 소리는 서로 응하고[同聲相應] 같은 기운은 서로 구하니[同氣相求], 물은 습한 곳으로 흐르고 불은 마른 곳으로 나아가며 구름은 용을 따르고[從龍] 바람은 호랑이를 따르는 법이다[從虎].[38] (그래서) 빼어난 이[聖人]가 일어나면 만인[萬物]이 우러러본다[覩=仰慕]. 하늘에 뿌리를 둔 것은 위를 가까이하고[親上] 땅에 뿌리를 둔 것은 아래를 가까이하니[親下], 이는 곧 각각은 (성질에 따라) 자기의 무리[其類]를 따르는 것이다.

九五曰 飛龍在天利見大人 何謂也? 子曰 同聲相應 同氣相求 水流濕 火就燥 雲從龍 風從虎. 聖人作而萬物覩. 本乎天者親上 本乎地者親下 則各從其類也.

◉

『선조실록(宣祖實錄)』 28년(1595) 1월 8일에는 이와 관련된 흥미로운 대화가 나온다. 선조도 『주역』을 좋아했던 조선 임금 중 하나다.

상이 별전에 나아가 주강(晝講)을 했다. 동지사 이항복(李恒福), 특진관 한효순(韓孝純), 참

---

38 중국의 옛말에 용이 날면 구름이 따라 일어나고 호랑이가 달리면 바람이 따라 불게 된다고 했다.

찬관 정광적(鄭光績), 시독관 신식(申湜), 검토관 정경세(鄭經世) 등이 입시하여 『주역』 건괘(乾卦)를 강했다. 상이 말했다.

"'구름이 용을 따른다[雲從龍]'는 뜻은 알겠으나 '바람이 호랑이를 따른다[風從虎]'는 무엇을 말하는 것인가?"

정경세가 아뢰었다.

"범이 울면 바람이 매섭고 범이 다니면 바람이 저절로 생기니, 이른바 '같은 성질의 소리는 서로 응하고[同聲相應] 같은 기운은 서로 구한다[同氣相求]'는 것이 바로 그것입니다."

상이 말했다.

"'빼어난 이가 일어나면 만인이 우러러본다'는 것은 인류로는 우러러보지 않는 자가 없으니, 소인은 소인이 친하고 군자는 군자가 친하는 것이다."

정경세가 아뢰었다.

"그렇지 않은 게 없습니다. 요(堯)임금의 (재상인) 고요(皐陶)와 탕(湯)임금의 이윤(伊尹)과 당(唐)나라 태종의 위징(魏徵)과 한(漢)나라 유비의 제갈량(諸葛亮)이 바로 이에 해당합니다."

하늘의 성질을 가진 것들은 그것들끼리 가까이하고 땅의 성질을 가진 것들은 그것들끼리 가까이하듯이 사람들은 성향이 비슷한 사람들끼리 가까이하는데, 그중에서도 특히 (하늘의 용이나 땅의 호랑이처럼) 인간 세상에서는 빼어난 이가 왕위에 오르게 되면 만인이 모두 마음을 모으게 된다는 뜻이다.

정경세가 빼어난 임금과 그에 어울리는 뛰어난 재상들을 언급한 것도 그런 맥락이다.

마지막으로 상구(上九)에 대한 공자의 풀이를 보자.

(주공이) 상구(上九)는 끝까지 올라간 용이니 뉘우침이 있다[亢龍有悔]라고 한 것은 무슨 뜻인가[何謂]? 공자가 말한다[子曰]. (신분이) 귀한데도 그에 맞는 자리가 없고[貴而无位] (관직이 임금보다) 높은데도 (다스릴) 백성이 없으며[高而无民] 뛰어난 신하들이 아랫자리에 있는데도 (그들로부터) 아무런 보필을 받지 못한다[賢人在下位而无輔]. 이 때문에 움직이게 되면 뉘우침이 있게 되는 것이다[動而有悔].

上九曰 亢龍有悔 何謂也? 子曰 貴而无位 高而无民 賢人在下位而无輔. 是以動而有悔也.

◉

상구(上九)는 옛날 정치 제도로 말하면 왕의 윗자리, 즉 상왕(上王)에 해당한다. 신분상으로는 임금보다 높으니 가장 귀하기는 해도 그에 맞는 조정 내의 자리가 없고, 벼슬이 가장 높아도 다스릴 백성이 없으며, 당연히 아래에 있는 신하들을 부릴 수 없다. 여기서 공자는 중요한 단어 동(動) 자를 추가한다. 즉 움직이지 않으면[不動則(부동 즉)] 무방하나 "움직이게 되면[動則(동 즉)]" 후회할 일이 생길 수 있다고 말하고 있다. 무위(無爲), 비동(非動)만이 항룡(亢龍)에 이른 자가 명심해야 할 덕목이다.

정약용은 항룡유회(亢龍有悔)를 보다 현실적으로 이렇게 풀었다.

> 항룡(亢龍)은 교만하고 스스로 잘난 척해[自亢(자항)] 조금도 자신을 낮추지[卑降(비강)] 않는 것이니, 그 때문에 따르는 백성이 없는 것이고 보좌하는 신하가 없는 것이다.

일단 여섯 효에 대한 상세한 풀이는 마쳤고, 공자는 다시 각 효에 대한 보충을 시도한다. 그것은 효사의 뜻을 정확하게 이해하기 위함이다. 동시에 그 때[時(시)]에 초점을 맞춰 행동의 지침을 제시하고 있다.

잠룡은 쓰여서는 안 된다(혹은 쓰지 말라)[潛龍勿用(잠룡 물용)]고 한 것은 맨 아래에 있기 때문이다.
나타난 용이 밭에 있다[見龍在田(현룡 재전)]고 한 것은 때에 따라 그치라[時舍=隨時而止(시사 수시 이 지)]는 것이다.
하루 종일 쉼 없이 힘쓰라[終日乾乾(종일 건건)]는 것은 일을 행하는 것[行事(행사)]이다.
혹 (못에서) 뛰어오르거나 그냥 못에 있다[或躍在淵(혹 약 재연)]는 것은 스스로 시험하는 것[自試(자시)]이다.
날아가는 용이 하늘에 있다[飛龍在天(비룡 재천)]는 것은 위에서 다스린다[上治(상치)]는 것이다.
끝까지 올라간 용이니 뉘우침이 있다[亢龍有悔(항룡 유회)]는 것은 궁한 데 이르러 재앙이 찾아온 것이다.

潛龍勿用 下也.
잠룡 물용 하야

見龍在田 時舍也.
현룡 재전 시사 야

終日乾乾 行事也.
종일 건건 행사 야

或躍在淵 自試也.
혹 약 재연 자시 야

飛龍在天 上治也.
비룡 재천 상치 야

亢龍有悔 窮之災也.

◉

초구는 지위가 가장 낮은 곳에 있기 때문에 쓰일 수 없다는 것이다. 이는 때 혹은 상황[時]에 따른 결과다. 구이에서 아직 용이 밭에 있다는 것은 때를 살피며 기다리는 말이다. 이어 구삼의 경우 아주 높지는 않아도 어느 정도 일을 할 수 있는 곳에 나아갔으니 다움을 높이고 일하는 능력을 닦아야 한다. 특히 종일건건(終日乾乾)을 정확히 '일을 행하는 것[行事]'이라고 밝힌 것은, 그것을 그저 마음속의 다짐 정도로 풀이하는 것을 경계한 것이다. 그래서 「소상전」에서도 저녁에 두려워하는 쪽보다는 종일건건(終日乾乾)에 더 비중을 두었던 것이다. 구사에서는 스스로를 시험해 더 높이 나아갈 수 있는지 점검하라는 것이다. 그냥 머물러 있기보다는 나아가라는 쪽에 방점이 있다. 구오는 마침내 용이 임금의 지위를 얻어 다스리는 것이다. 상구에서 이미 뉘우침이 있다[有悔]는 것은 재앙이 벌써 찾아온 것이다. 즉 움직여서는 안 되는데 움직였다가 재앙을 불러온 것이다.

이어서 주공(周公)이 말한 "구(九-양효)를 쓰는 법은 여러 용을 보되 앞장서지 않으면 길하다[用九 見群龍 无首吉]"는 대목에 대해 상세하게 풀이한다. 즉 각각의 뜻을 풀이한다.

건원(乾元)[39]의 양효를 쓴다[用九]는 것은 천하가 잘 다스려진다[治]는 것이다.
잠룡은 쓰여서는 안 된다(혹은 쓰지 말라)[勿用]고 한 것은 양의 기운[陽氣]이 잠기어 감춰져 있기[潛藏] 때문이다.
나타난 용이 밭에 있다[見龍在田]라고 한 것은 천하가 문(文)에 의해 밝아진다[文明]는 것이다.
하루 종일 쉼 없이 힘쓰라[終日乾乾]는 것은 때에 맞춰 함께 일을 해가라[與時偕行]는 것이다.
혹 (못에서) 뛰어오르거나 그냥 못에 있다[或躍在淵]는 것은 건의 도리[乾道]가 마침내 바뀌

39 건(乾)이라고 하지 않고 건원(乾元)이라고 한 것에 대해 주희는 "다른 괘와 같지 않음을 나타낸 것이다"라고 했다.

는 것[革=變革]이다.

날아가는 용이 하늘에 있다[飛龍在天]는 것은 마침내 하늘과도 같은 다움에 자리를 잡았다[位乎天德]는 것이다.

끝까지 올라간 용이니 뉘우침이 있다[亢龍有悔]는 것은 때와 더불어 함께 궁한 데 이르렀다[與時偕極]는 것이다.

乾元用九 天下治也.
潛龍勿用 陽氣潛藏.
見龍在田 天下文明.
終日乾乾 與時偕行.
或躍在淵 乾道乃革.
飛龍在天 乃位乎天德.
亢龍有悔 與時偕極.

◉

이제 공자는 건괘(乾卦)를 총체적으로 풀어낸다. 이는 앞으로 다른 괘를 읽어낼 때도 그대로 미뤄 헤아려야[推] 하기 때문에 깊이 음미하며 읽어야 한다.

건원(乾元)의 양효를 쓰면[用九] 마침내 하늘의 법칙[天則=天道][40]을 보게 된다.

건원(乾元)이란 시작하여 두루 통하는 것[始而亨]이다.[41]

이(利)와 정(貞)은 (건(乾)의) 성정(性情-성질)이다.

건의 시작[乾始=乾元]은 아름다운 이로움[美利]을 갖고서 능히 천하를 이롭게 하면서도 그 이롭게 해주는 바[所利]는 말하지 않으니[42] (참으로 그 이로움과 반듯함이) 크도다.

---

40 곧 강건함의 도리다.

41 여기서 공자는 원(元)과 형(亨)을 이처럼 연결지어 풀어내고 있다.

42 주희는 "천하를 이롭게 하는 것은 이(利)이고 이롭게 해주는 바를 말하지 않는 것은 정(貞)이다"라고 말했다. 그런 점에서 정(貞)은 공로를 세우고도 자랑하지 않음[功而不伐]과 통한다.

위대하도다, 건(乾)이여! 강건중정(剛健中正)은 순수하여 (그릇된 것이) 아무것도 섞이지 않았고[純粹精][43] 여섯 효[六爻]가 발휘돼 사방의 실상과 두루 통하며[旁通情] 때에 맞춰 육룡(六龍)을 올라타고서 하늘을 나니[御天=統天] 구름이 떠다니고 비가 내려 천하는 화평하도다.

乾元用九 乃見天則.

乾元者 始而亨者也.

利貞者 性情也.

乾始能以美利利天下 不言所利 大矣哉.

大哉 乾乎! 剛健中正純粹精也 六爻發揮旁通情 時乘六龍以御天也 雲行雨施天下平也.

◉

여기까지는 원형이정(元亨利貞)과 건도(乾道)에 대한 포괄적인 언급이다. 끝으로 여섯 효를 하나씩, 그러면서도 포괄적으로 풀어낸다.

군자는 다움을 이룸[成德=爲德]으로써 일을 행하니[爲行=行事], 날마나 일을 행하는 데서 그 다움이 이뤄짐을 볼 수 있다.[44]

잠(潛)이란 말은 숨어서 나타나지 않는 것[隱而未見]이고 일을 행하되 아직 이뤄지지 않은 것[行而未成]이다. 이 때문에 군자는 (그를) 쓰지 않는 것이다.[45]

군자는 배움으로써 그것을 모으고[學以聚之] 물음으로써 그것을 가려내고[問以辨之][46] 평

---

43 정이가 말했다. "강(剛)·건(健)·중(中)·정(正)·순(純)·수(粹) 여섯 가지로 건도(乾道)를 형용했다. 정(精)은 이 여섯 가지의 순정함[精]이 지극함을 말한 것이다." 음효가 섞이지 않았다는 말이기도 하다.

44 진덕수는 『대학연의』에서 고요(皐陶)의 구덕(九德)을 풀이하면서 다움과 일의 관계에 대해 이렇게 말했다. "사람의 행실에는 모두 아홉 가지 다움[德]이 있다고 합니다. 우리가 어떤 사람이 다움을 갖고 있다고 말할 때 이는 반드시 그 사람이 일을 행하는 것[行事]이 어떠한지를 살피는 것입니다. 무릇 다움이라는 것은 일의 근본[事之本]이고 일이라는 것은 다움이 베풀어진 것[德之施]일 뿐입니다. 그래서 많은 사람이 '다움은 있는데 일은 제대로 하지를 못한다'고 말하지만 그렇게 되면 그 다움이라는 것은 실은 허망한 말일 뿐입니다."

45 초구(初九)에 대한 최종적인 풀이다.

46 이 말은 『논어』에 여러 차례 등장하는 박문약례(博文約禮)를 통해 풀어낼 수 있다. 그것이 다름 아닌 다움[德]을

소 너그러운 마음을 가지고[寬以居之][47] 어짊으로써 일을 행한다[仁以行之].[48] 역(易)에 이르기를 "나타난 용이 밭에 있으니 대인을 만나보는 것이 이롭다[見龍在田 利見大人]"라고 했으니 이것들은 임금의 임금다움[君德]이다.

---

길러내는 방법이다. 「옹야」편에서 공자는 이렇게 말한다. "군자가 되고자 하는 사람은 옛날의 뛰어난 사람들이 애쓴 바[文]를 통해 배움을 넓히고 그 배운 바를 사리[禮]로써 다잡아 몸에 익힌다면[博學於文 約之以禮] 이는 진실로 (어짊이나 도리에서) 벗어나지 않을 것이다." 박문약례는 공자의 수제자 안회의 말을 통해 이렇게 변주된다. 「자한」편이다. "스승님께서는 차근차근 잘 이끄시어 옛날의 뛰어난 사람들이 애쓴 바[文]로써 나를 넓혀주시고 사리[禮]로써 나를 다잡아주셨다[博我以文 約我以禮]."

47 이 대목은 대단히 중요하다. 정이도 이에 대해서는 그냥 관거(寬居)라고만 말하고 아무런 풀이를 하지 않았다. 그러나 자식의 자식다움[德]이 효(孝)라면 공자는 윗사람, 즉 임금의 임금다움[君德]을 관(寬)이라고 했다. 그런데 관(寬)에는 두 가지 뜻이 있다. 하나는 성품으로서의 너그러움[寬]이다. 예를 들어 『논어』「양화」편에서 자장이 어짊에 관해 묻자[問仁] 공자는 이렇게 답했다. "(다음의) 다섯 가지를 천하에 능히 행한다면 어짊을 행한다[爲仁]고 할 수 있다. 공손함[恭], 너그러움[寬], 믿음[信], 명민함[敏], 은혜로움[惠=愛]이다. 공손하면 남들로부터 업신여김을 당하지 않고, 너그러우면 뭇사람들을 얻게 되고[寬則得衆], 믿음을 주면 사람들이 따르고, 명민하면 (일의) 공이 있게 되고, 은혜로우면 충분히 사람을 부릴 수 있다." 그러나 『논어』에서 중요한 관(寬)의 의미는 일하는 방식으로서의 관(寬), 즉 윗자리에 있는 사람의 다움[德]으로서의 관(寬)이다. 『논어』에서 관(寬)이 처음 등장하는 것은 「팔일(八佾)」편 끝에서다. "윗자리에 있는 사람이 불관(不寬)하고 예를 행하는 사람이 불경(不敬)하고 부모님 상을 당한 사람이 불애(不哀)한다면 나는 뭘 갖고서 그 사람을 판단하겠는가?"

각각 처한 상황에서 반드시 해야 할 일을 말하면, 윗사람은 관(寬)해야 한다고 말하고 있다. 우리가 넓은 의미에서 어질다[仁]고 하지만 구체적인 상황에서는 이처럼 관(寬)하고 경(敬)하고 애(哀)해야 어질다는 말이다. 그러나 이 글만으로는 관(寬)이 정확히 무슨 뜻인지 알 수 없다. 다행히 『논어』의 편집자는 구석구석에 그와 관련된 열쇠들을 배치해놓고 있다. 그 실마리 역할을 하는 것은 「자로(子路)」편의 다음 구절이다. 공자가 말했다. "군자는 섬기기는 쉬워도 기쁘게 하기는 어려우니, 기쁘게 하기를 도리로써 하지 않으면 기뻐하지 아니하고, 사람을 부리면서도 그 그릇에 맞게 부린다[器之]. 소인은 섬기기는 어려워도 기쁘게 하기는 쉬우니, 기쁘게 하기를 비록 도로써 하지 않아도 기뻐하고, 사람을 부리면서도 능력이 다 갖춰져 있기를 요구한다[求備]."

여기서 생각해야 할 부분은 '그릇에 맞게 부린다'와 '능력이 다 갖춰져 있기를 요구하다'가 대조를 이루고 있다는 점이다. 즉 사람을 볼 줄 몰라 다짜고짜 아랫사람에게 모든 것을 다 요구하는 것이 구비(求備)인 것이다. 결국 그릇에 맞게 부린다는 것은 아랫사람에게 제반 능력을 한꺼번에 다 요구하지 않는 것이다. 다행히 「미자」편에 공자가 가장 존경했던 주공이 아들에게 노나라 공(公)으로 봉하면서 당부하는 말이 나온다. "참된 군주는 그 친척을 버리지 않으며, 대신으로 하여금 써주지 않는 것을 원망하지 않게 하며, 선대왕의 옛 신하들을 큰 문제(大故)가 없는 한 버리지 않으며, (아랫사람) 한 사람에게 모든 것이 갖춰져 있기를 바라지 않는다[無求備於一人]." 관(寬)은 다름 아닌 무구비어일인(無求備於一人)이다. 반대로 아랫사람 한 사람에게 능력이 다 갖춰져 있기를 요구하는 것[求備]은 인(吝)이다. 여기서도 바로 무구비어일인(無求備於一人)으로서의 관(寬)을 말하고 있다. 그것은 군덕(君德)이기 때문이다.

48 이상의 네 가지를 포괄적으로 언급하는 구절들이 『논어』에 나온다. 먼저 「술이」편이다. "공자께서는 네 가지를 갖고서 가르치셨으니 문(文)·행(行)·충(忠)·신(信) 넷이다." 문(文)은 옛사람들이 열렬하게 애썼던 바를 말한다. 행(行)이란 행사(行事), 즉 일을 하는 것이다. 이는 곧 삼가는 자세로 일하는 것[敬事]을 말한다. 충(忠)과 신(信)은 각각 자기 자신과 남에게 조금도 거짓이 없도록 하라는 말이다. 「자장(子張)」편에는 비록 공자의 말은 아니지만

구삼(九三)은 굳셈이 거듭됐으나[重剛][49] 가운데 있지 못했으며[50], 위로는 하늘에 있지 않고[51] 아래로는 밭에 있지 않다.[52] 그래서 쉼 없이 힘써[乾乾] 때에 맞춰 두려워하니[惕=恐懼], 비록 위태롭기는 하지만 허물이 없는 것이다[无咎].[53]

구사(九四)는 굳셈이 거듭됐으나[重剛][54] 가운데 있지 못했으며, 위로는 하늘에 있지 않고 아래로는 밭에 있지 않고 가운데로는 사람에 있지도 않다.[55] 그래서 (단정 짓지 않고) 혹지(或之)라고 했으니, 혹지란 의심하는 것[疑之]이다.[56] 그래서 허물이 없다[无咎].

무릇 대인(大人)[57]이란 하늘땅과 그 다움이 합치하고 해와 달과 그 밝음이 합치하며 사계절과 그 질서가 합치하고 귀신(鬼神)과 그 길흉(吉凶)이 합치한다. 하늘보다 앞서도 하늘이 (그를)

---

자하(子夏)라는 제자가 이렇게 말한다. "널리 배우고 뜻을 독실히 하며[博學篤志] 절실하게 묻고 가까이에서 생각하면[切問近思] 어짊은 그 가운데 있다."

49 양의 자리[陽位]에 양효(陽爻)가 있다는 말이다.

50 밑에서 두 번째나 다섯 번째 자리에 있지 않다는 말이다.

51 밑에서 다섯 번째나 여섯 번째 자리에 있지 않다는 말이다.

52 밑에서 첫 번째나 두 번째 자리에 있지 않다는 말이다.

53 「계사전」에서 말했다.
"이(二)와 사(四)는 공로는 같은데[同功] 지위가 달라 그 선(善)이 같지 않으니, 이(二)는 칭송이 많은 데 반해 사(四)는 두려움[懼]이 많은 것은 (군주의 지위인 오(五)와) 가깝기 때문이다. (이(二)의 경우) 부드러움[柔]이라는 도리가 (군주의 지위인 오(五)와) 멀리 떨어져 있어서 이로움이 없으나 그 요구하는 바에 허물이 없는 것은 모두 유중(柔中)을 쓰기 때문이다.
삼(三)과 오(五)는 공로는 같은데[同功] 지위가 달라 삼(三)은 흉함[凶]이 많고 오(五)는 공로가 많은 까닭은 귀함과 천함[貴賤]의 차등 때문이다. 이에 (삼이나 오의 자리에서는) 부드러움은 위태롭고 굳셈은 견뎌낸다[勝=堪]."
즉 삼(三)은 흉함이 많고 사(四)는 두려움이 많다. 그렇기 때문에 경계하는 의미에서 건괘(乾卦)의 세 번째와 네 번째 자리에서는 모두 허물을 잘 보완하다는 뜻에서 '허물이 없다[无咎]'고 한 것이다.

54 구사는 음의 자리[陰位]에 양효가 있으니 굳셈이 거듭됐다고 할 수 없다. 그래서 주희는 "아마도 중(重) 자는 잘못 들어간 것[衍] 같다고 했다."

55 아래에서 세 번째와 네 번째 자리가 사람의 자리[人位]라 했다. 그런데 세 번째는 일반 사람[衆人]의 자리이고 네 번째는 경상(卿相)의 자리다. 따라서 이 말은 일반 사람의 자리에 있지 않다는 말이다.

56 앞서 본 대로 네 번째 자리는 두려움이 많은 자리이기 때문에 의심한다고 한 것이다.

57 정약용은 대인(大人)이란 빼어난 임금[聖君]을 가리키는 것으로 보았다. 『논어』「계씨」편에서 공자는 이렇게 말했다. "군자에게는 두려워해야 할 세 가지가 있다. 천명을 두려워해야 하고, 대인을 두려워해야 하고[畏大人], 빼어난 이의 말씀을 두려워해야 한다. 소인은 천명을 알지 못하기 때문에 천명을 두려워하지 않는다. 게다가 대인을 (알아보지 못하고) 함부로 대하며 빼어난 이의 말씀을 우습게 여긴다."

어기지 않고[弗違][58] 하늘보다 뒤에 있어도 하늘의 때[天時]를 받드니[59], 하늘도 또한 (그를) 어기지 않는데 하물며 사람에 있어서랴, 하물며 귀신에 있어서랴!

항(亢)이란 말은 앞으로 나아가는 것만을 알아서 물러날 줄을 모르며 보존함만을 알아서 망한다는 것을 모르며 얻는 것만 알아서 잃는다는 것을 모른다. 오직 빼어난 이[聖人]라야 나아가고 물러남[進退], 보존하고 망함[存亡]을 알아서 그 바름을 잃지 않으니, 아마도 오직 빼어난 이뿐일 것이다.

君子以成德爲行 日可見之行也.
군자 이 성덕 위행 일 가견 지 행 야
潛之爲言也 隱而未見 行而未成. 是以君子弗用也.
잠 지 위언 야 은 이 미현 행 이 미성 시이 군자 불용 야
君子學以聚之 問以辨之 寬以居之 仁以行之. 易曰見龍在田利見大人 君德也.
군자 학이 취지 문이 변지 관이 거지 인이 행지 역왈 현룡 재전 이 견 대인 군덕 야
九三 重剛而不中 上不在天 下不在田. 故乾乾 因其時而惕 雖危 无咎矣.
구삼 중강 이 부중 상 부 재천 하 부 재전 고 건건 인 기시 이 척 수위 무구 의
九四 重剛而不中 上不在天 下不在田 中不在人. 故或之 或之者 疑之也. 故无咎.
구사 중강 이 부중 상 부 재천 하 부 재전 중 부 재인 고 혹지 혹지 자 의지 야 고 무구
夫大人者 與天地合其德 與日月合其明 與四時合其序 與鬼神合其吉凶. 先天而天
부 대인 자 여 천지 합 기덕 여 일월 합 기명 여 사시 합 기서 여 귀신 합 기 길흉 선천 이 천
弗違 後天而奉天時 天且弗違 而況於人乎 況於鬼神乎?
불위 후천 이 봉 천시 천 차 불위 이 황 어인 호 황 어 귀신 호
亢之爲言也 知進而不知退 知存而不知亡 知得而不知喪.
항 지 위언 야 지진 이 부지 퇴 지존 이 부지 망 지득 이 부지 상
其唯聖人乎! 知進退存亡而不失其正者 其唯聖人乎!
기 유 성인 호 지 진퇴 존망 이 불실 기정 자 기 유 성인 호

◉

주희는 『주역본의(周易本義)』에서 항(亢)을 풀이하며 우리의 관점, 즉 일의 이치[事理]와 일의 형세[事勢]에서 『주역』을 이해하려는 관점과 같은 입장에서 이렇게 말하고 있다.

이치와 형세[理勢]가 이와 같음을 알고 도리로써 대처하면 뉘우침에 이르지 않는 것이지,

---

58 건괘(乾卦, ䷀)에서 아래의 건괘(☰)가 위의 건괘(☰)보다 먼저 성립됐지만, 위의 괘를 어기지 않는다는 말이다.

59 위의 건괘가 아래의 건괘보다 뒤에 성립됐지만, 하늘의 때를 존중한다는 말이다. 이를 송나라 학자 양만리(楊萬里)는 『성재역전(誠齋易傳)』에서 이렇게 풀이했다. "요임금과 순임금은 천명이 바뀌지 않았는데도 선양했으니 하늘보다 앞서 행한 자[先天者]다. 문왕은 상나라를 섬겼고 무왕은 군사를 물러나게 했으니 하늘보다 뒤에 있는 자[後天者]다. (상나라를 세운) 탕왕은 앞서 하지도 뒤에 하지도 않고서 천명을 따른 자[順天者]다."

진실로 사사로움을 계산해 해악을 피하려는 것은 아니다.

여기서 주희는 『주역』이란 사사로운 이익을 구하거나 피해를 회피하는 수단이 아님을 분명히 하고 있다. 혹시라도 사사로운 이익을 구하거나 해악을 피하려는 수단으로 쓰려 한다면 그것은 소인의 태도다. 『주역』은 군자가 하는 공부임을 다시 강조한다.

주공의 효사 맨 마지막에 부록처럼 붙어 있는 구절을 풀어내야 할 차례다.

"구(九-양효)를 쓰는 법은 여러 용을 보되 앞장서지 않으면 길하다[用九 見群龍 无首吉]."

정이는 이를 다음과 같이 풀이한다.

구(九)를 쓰는 법은 건강(乾剛)에 대처하는 방법이다. 양으로 건의 몸통[乾體]에 있으면서 마침내 굳셈에 순수한 자[純乎剛]다. 굳셈과 부드러움[剛柔]이 서로 도와줘야[相濟] 적중한 도리[中道]가 되는데[爲中], 마침내 순전히 굳셈만을 쓰니 이는 굳셈이 너무 지나친 것이다. '여러 용을 보되[見群龍]'라는 것은 모든 양을 살펴본다는 뜻이니, 우두머리[首]가 되지 않는다면 길하다. 굳셈으로 천하의 맨 앞에 서는 것[天下先]은 흉한 도리[凶之道]다.

그래서 공자는 이에 대한 「소상전」에서 다음과 같이 풀어냈다.

구(九-양효)를 쓰는 법은 하늘의 다움을 가진 사람은 우두머리가 돼서는 안 된다는 것이다[用九 天德不可爲首也].

정이천의 풀이를 통해 충분히 이해한 바다. 「문언전」에서 이에 대해 두 차례 언급을 한다.

건원(乾元)[60]의 양효를 쓴다[用九]는 것은 천하(天下)가 잘 다스려진다[治]는 것이다[乾元

60 건(乾)이라고 하지 않고 건원(乾元)이라고 한 것에 대해 주희는 "다른 괘와 같지 않음을 나타낸 것이다"라고 했다.

用九 天下治也].

건원(乾元)의 양효를 쓰면[用九] 마침내 하늘의 법칙[天則=天道][61]을 보게 된다[乾元用九 乃見天則].

효사에서는 "우두머리[首]가 되지 않는다면 길하다"고 했고 공자는 이를 "하늘의 다움을 가진 사람은 우두머리가 돼서는 안 된다"고 했는데, 왜 「문언전」에서는 두 번 다 "천하가 잘 다스려진다[治]"거나 "마침내 하늘의 법칙[天則=天道]을 보게 된다"라고 한 것일까?

이는 괘변(卦變)의 이론을 통해야만 설명이 가능하다. 즉 앞서 보았듯이 건괘(乾卦, ䷀)는 여섯 개의 진(震)으로 이뤄진 것이었다. 마찬가지로 건괘는 곤괘(坤卦, ䷁)로 달라져가는 과정에 있게 되는 것이 바로 역(易-변화)의 사상이다. 즉 건괘는 하늘의 다움[天德]을 갖고 있지만, 시간이 흘러 양효가 하나씩 사라져서 결국 다 사라져버리게 되기에 우두머리로 삼을 수 없다고 한 것이다. 정약용의 풀이를 살펴보자.

'천하가 잘 다스려진다[治]'고 할 때의 천하란 (건(乾)이 아니라) 곤(坤)이다. 본래는 (건괘였기에) 군주의 다움을 가지고 있었는데, 손(巽-음이 맨 처음 나타난 ☴)의 교화를 베풀어 백성들에게 배어들게 만듦으로써 (여섯 개의 양이 차례대로 달라져 음이 돼) 크게 곤(坤-천하)의 백성들을 교화했다. 백성을 교화하는 것을 다스림[治]이라고 하니 '천하가 잘 다스려진다[治]'라고 한 것이다.

이렇게 되니 마침내 '하늘의 법칙[天則=天道][62]을 보게' 되는 것이다. 음효가 처음 나타나서 곤괘에 이르는 과정을 보자.

---

61 곧 강건함의 도리다.

62 곧 강건함의 도리다.

건괘(乾卦, ䷀)-구괘(姤卦, ䷫)-돈괘(遯卦, ䷠)-비괘(否卦, ䷋)-관괘(觀卦, ䷓)-박괘(剝卦, ䷖)-곤괘(坤卦, ䷁)

이는 흔히 소인이 점점 자라나는 모양으로 보기도 하지만 여기서는 겸손함의 도리로서의 음효가 꾸준히 사회 전체에 퍼져나가는 것으로 본다. 정약용이 말한, 천하에 교화가 완성돼가는 과정인 것이다.

건괘를 마치며 마지막으로 짚어야 할 사항이 하나 있다. 괘의 여섯 효는 사회적 혹은 정치적 지위에 배당하는 것이 일반적이다. 맨 아래 초효(初爻)는 일반 평민, 두 번째인 이효(二爻)는 이제 막 실무를 맡은 초급 관리다. 지위는 삼효(三爻)나 사효(四爻)보다 낮지만 아래 괘의 가운데[中] 있으며 위 괘의 가운데인 오효(五爻)와 호응해[應] 나름의 다움을 발휘할 수 있다. 삼효는 책임과 영향력을 갖는 자리로 조선 시대로 치면 판서급에 해당한다. 사효는 제왕의 자리인 오효에 가장 가까이 있으니 재상 혹은 세자나 왕비를 나타낸다. 오효는 위 괘의 가운데 있으니 제왕에 해당하고, 육효(六爻)는 상왕이나 태상왕에 해당한다.

특히 양효 6개로만 이뤄진 건괘는 그것을 특정 사람에 적용할 경우 일반 평민으로 태어나 제왕의 자리에 오른 사람이 이에 해당한다. 중국 역사에서는 순임금이나 한나라를 세운 유방(劉邦), 명나라를 세운 주원장(朱元璋)이 전형적인 경우다. 정이는 『이정집(二程集)』에서 이렇게 말했다.

> 순임금이 누추한 곳에 있었을 때가 물에 잠겨 있을 때[潛龍]이고, 그릇을 굽고 고기를 잡았던 때가 밭에 드러난 때[見龍在田]이며, 다움이 소문났을 때가 쉼 없이 힘쓰던 때[乾乾]이고, 큰 산기슭에 들어갔을 때가 도약하던 때[躍]다.

당연히 요임금으로부터 선위를 받았을 때가 하늘에 있을 때[飛龍在天]다. 우리 역사에서는 대체로 고려를 세운 왕건(王建)이나 이성계(李成桂)가 여기에 해당한다. 다만 이성계는 평민에서 출발한 것은 아니라는 점에서 건괘(䷀)와 딱 맞아떨어지는 것은 아니다.

때로는 괘가 아니라 어느 한 효만 갖고서도 당시의 현실을 설명하던 시도가 조선조에도 있었다. 예를 들어 연산군을 몰아낸 반정으로 왕위에 오른 중종(中宗)을 건괘의 구오(九五)로 풀이하는 것이 그런 경우다. 『중종실록(中宗實錄)』 6년(1511) 1월 12일 자 기사다.

조강에 나아갔다. 기사관(記事官) 이효언(李孝彦)이 아뢰었다.

"『역경(易經-주역)』 건괘(乾卦)의 효사(爻辭)를 선유(先儒)들이 모두 순(舜)의 사실을 가지고 설명했습니다. 신이 성상께서 지내온 일을 보니 구오(九五)[63]에 합치됩니다. 순이 요(堯)에게 선위(禪位)받았으나 노래하는 이, 송사하는 이, 조회하는 이가 귀의한 후에야 임금의 자리[天位]에 앉게 됐으니, 이것은 성상께서 신하와 백성의 추대를 받은 일과 같습니다. 그러나 근래 하시는 일은 순과 크게 다릅니다. 대간이 아뢰는 일은 모두 공론인데도 따르지 않으시니 순이 자신의 의견을 고집하지 않고 남의 좋은 점을 따르며 남에게서 (배울 바를) 취함을 즐거워하던 것과 같지 않으며, 또 폐조(廢朝-연산군 시절)에서 임금의 마음을 고혹(蠱惑)하던 자를 서용하시니 순이 악한 무리를 내쫓고 귀양 보내고 죽이던 정사와 같지 않습니다.[64] 조정에 있는 신하로서 그 누가 우리 임금을 요순 같은 임금으로 만들려 하지 않겠습니까."

참찬관(參贊官) 김세필(金世弼)이 아뢰어 말했다.

"『역경』에 '같은 성질의 소리는 서로 응하고[同聲相應] 같은 기운은 서로 구하니[同氣相求]'[65]라고 한 것은 천하 만물이 모두 같은 종류끼리 서로 따른다는 것입니다. 한 무제(漢武帝)가 육경(六經)[66]을 표장(表章)하니 문학하는 선비가 나오고, 국토를 넓히고 먼 지역을 정복하니 무사[介冑之士]들이 나왔으며, 국내가 공허하게 돼 재용(財用)을 늘리려 하니 이(利)를 말하는 신하들이 나왔습니다. 당 명황(唐明皇)의 개원(開元)[67] 때는 요숭(姚崇)·

---

63 날아가는 용이 하늘에 있을 때[飛龍在天]를 가리킨다.

64 사흉(四凶)을 추방한 일을 가리킨다.

65 건괘 구오(九五)에 대한 공자의 「문언전」 풀이에 나오는 말이다.

66 유가의 경전을 말한다.

67 현종의 전기 연호다.

송경(宋璟)[68]의 무리가 진용(進用)되고 천보(天寶)[69] 때는 임보(林甫-이임보)·국충(國忠-양국충)[70]의 무리가 진용됐으니, 기(氣)가 같으면 감통된다는 말을 조심하지 않을 수 없습니다."

이처럼 괘가 아니라 효 하나로도 그에 해당하는 인물을 찾아 검증하는 작업은 이 책의 중요한 내용 중 하나를 이룬다.

## 2. 중지곤(重地坤)[71]

곤(坤)은 원(元)하고 형(亨)하고 이(利)하고 암말[牝馬]의 정(貞)이다.[72] 군자는 가야 할 곳[攸往=所行][73]이 있다. 앞서가면 헤매고[先迷] 뒤따르면 얻으니[後得] 이로움을 주관한다[主利]. 서남(西南)쪽은 벗을 얻고[得朋] 동북(東北)쪽은 벗을 잃으니[喪朋], 반듯함을 편안히 여겨야[安貞] 길하다.[74]

坤 元亨利牝馬之貞. 君子有攸往. 先迷後得 主利. 西南得朋 東北喪朋 安貞 吉.

초륙(初六)은 서리를 밟으면 단단한 얼음이 이르게 된다[履霜堅氷至].

육이(六二)는 곧고 방정하고 크니, 익히지 않아도 이롭지 않음이 없다[直方大 不習无不利].

육삼(六三)은 (안으로) 아름다움[章=美]을 머금어 반듯할 수 있으니, 혹 왕의 일[王事]에 종사해도 성공을 내세우지 않아야 (좋은) 끝마침이 있을 것이다[含章可貞 或從王事 无成有終].

육사(六四)는 주머니(주둥이)를 묶으면 허물도 없고 기림도 없다[括囊 无咎无譽].

---

68 현신(賢臣)들이다.

69 현종의 후기 연호다.

70 두 사람 다 중국사에서는 간신으로 분류된다.

71 문자로는 곤상곤하(坤上坤下)라고 한다. 또 중첩된 경우 곤위지(坤爲地)라고도 한다.

72 건괘에서는 건원(乾元)이라고 했는데 이번에는 빈마지정(牝馬之貞)이라고 했다. 강조점이 네 다움 중에서 특히 정(貞)에 있음을 시사한 것이다. 정이는 암말은 유순하면서도 튼튼하게 간다[柔順而健行]고 했다.

73 공자는 유왕(攸往)을 소행(所行)으로 풀면서 '가다'를 '행하다'로 바꿔서 풀이한다. 이는 곧 '일을 행하다'라는 뜻이다.

74 여기까지가 곤괘 전반에 대한 문왕(文王)의 판단이 담긴 단사(彖辭)다.

육오(六五)는 노란 치마처럼 하면 으뜸으로 길하다[黃裳元吉].

상륙(上六)은 용이 들판에서 싸우니, 그 피가 검고 누렇다[龍戰于野 其血玄黃].

육(六-음효)을 쓰는 법은 반듯함을 오래도록 지키는 것[永貞]이 이롭다[用六 利永貞].

◉

문왕의 단사, 즉 "곤(坤)은 원(元)하고 형(亨)하고 이(利)하고 암말[牝馬]의 정(貞)이다"로 시작하는 글에 대한 공자의 풀이[「彖傳」]에서 시작한다. 앞서와 마찬가지로 「단전」은 단왈(彖曰)로 시작하는데 이 부분은 생략하고 바로 본문으로 들어가겠다. 건괘의 「단전」은 '크도다[大哉]'로 시작했는데 곤괘의 「단전」은 '지극하도다[至哉]'로 시작한다. 이에 대해 정이는 뉘앙스 차이에 주목해 "지극하다는 뜻은 조금 느슨하니[差緩], 크다는 말이 가진 성대함[盛]보다는 못하다"라고 했다.

지극하도다, 곤괘(坤卦)의 으뜸[坤元]이여! 만물이 그것을 바탕으로 생겨나니[資生][75], 이에 하늘(의 도리)을 고분고분 받든다[順承天].[76] 곤(坤)은 두터워 만물을 싣고 있으니[坤厚載物], 그 (두터움이라는) 다움[德]은 (건괘의 다움인) 끝없음[无疆=無疆]에 부합한다.[77] 품어주고 넉넉하고 사리에 밝고 커서[含弘光大] 온갖 종류의 일과 사물들[品物]이 모두 다 통한다[咸亨]. 암말은 땅에 속하는 부류[地類]이니 땅을 달리는 것이 끝이 없으며[无疆][78] 유순하면서도 이롭게 해주고 반듯하니[柔順利貞], (이는 곧) 군자가 행하는 바[攸行]다. 앞서가면 헤매다가[先迷] 길을 잃고[失道] 뒤에서 고분고분하면[後順] 일정한 도리[常=常道]를 얻는다. 서남(西南)쪽은 벗을 얻는다[得朋]는 것은 곧 같은 무리와 더불어[與類] 길을 가는 것이고, 동북(東北)쪽은 벗을 잃는다[喪朋]는 것은 곧 끝에 가서는 좋은 일이 있다[有慶]는 것이다. 반듯함을 편안히 여

75 건괘에서는 '그것을 바탕으로 시작하니[資始]'라고 했다.

76 건괘에서는 '하늘을 통솔한다[統天]'라고 했다.

77 이 「단전」에는 무강(无疆)이란 표현이 세 차례 등장한다. 정이는 이를 각기 다른 의미로 풀이했다. 여기서는 하늘의 운행이 그치지 않는다는 뜻이다.

78 여기서는 말이 튼튼하게 달린다[健行]는 뜻이다. 여기서도 강하게 달린다는 뜻이 아니라 쉼 없이 달린다는 뜻이다.

김이 길하다[安貞之吉][79]는 것은 땅의 (도리인) 끝없음[地无疆][80]에 호응하는 것이다.

至哉 坤元! 萬物 資生 乃順承天.
지재 곤원 만물 자생 내 순승 천

坤厚載物 德合无疆.
곤후 재물 덕 합 무강

含弘光大 品物 咸亨.
함 홍 광 대 품물 함형

牝馬地類 行地无疆 柔順利貞 君子攸行.
빈마 지류 행지 무강 유순 이정 군자 유행

先迷失道 後順得常. 西南得朋 乃與類行 東北喪朋 乃終有慶.
선미 실도 후순 득상 서남 득붕 내 여류 행 동북 상붕 내 종 유경

安貞之吉 應地无疆.
안정 지 길 응 지 무강

◉

이를 나눠서 풀어보자.

"지극하도다, 곤괘(坤卦)의 으뜸[坤元]이여! 만물이 그것을 바탕으로 생겨나니[資生], 이에 하늘(의 도리)을 고분고분 받든다[順承天]."

건괘는 만물을 시작하게 하고[始] 곤괘는 생겨나게 한다[生=産]. 이를 정이는 각각 "아버지와 어머니의 도리다"라고 했다. 경우에 따라서 "하늘은 만물을 낳아주고[生] 땅은 만물을 길러준다[養]"고 말하기도 한다. 건괘와 곤괘의 관계에 대한 규정은 「계사전」의 언급이 가장 분명하다.

"건의 도리[乾道]가 남자가 되고 곤의 도리[坤道]가 여자가 됐으니, 건은 큰 시작[大始=太初]을 주관하고[知=主=掌][81] 곤은 일과 사물[物][82]을 만들어 이뤄낸다[作成]."

그렇기 때문에 땅의 도리는 하늘의 도리를 고분고분 받드는 것이다.

이어서 "곤(坤)은 두터워 만물을 싣고 있으니[坤厚載物], 그 (두터움이라는) 다움[德]은 (건괘의 다움인) 끝없음[无疆=無疆]에 부합한다"라고 했다. "하늘은 만물을 덮

---

79 안정(安貞)을 각기 분리해 '안정되고 반듯하다'라고 옮긴 책들이 많은 데 따르지 않았다. 여기서 정(貞)은 원형이정(元亨利貞)의 정(貞)이다. 거기에 별도로 안(安) 자가 대등하게 세워질 수는 없다. 정(貞)을 보완하는 의미에 그쳐야 문맥도 더 정밀해진다.

80 말 그대로 땅에 끝이 없다[无窮]는 뜻이다.

81 지(知)는 지사(知事)라고 할 때의 지로, 주관한다는 뜻이다.

82 물(物)은 물건뿐 아니라 일도 포함한다. 말 그대로 사물(事物)을 뜻한다.

어주고[覆(복)] 땅은 만물을 싣고 있다[載(재)]"는 관념은 공자가 즐겨 쓰던 표현이다. 『중용』의 다음 구절은 건(乾)과 곤(坤)을 잘 연결해서 그 실질적 의미를 풀어내고 있다.

그러므로 지극한 열렬함[至誠(지성)]은 쉼이 없다[無息(무식)=不息(불식)]. 쉼이 없으면 오래가고, 오래가면 효험이 나타난다. 효험이 드러나면 아득히 멀어지고, 아득히 멀어지면 널리 두터워지고, 널리 두터워지면 높고 밝아진다.

널리 두텁다는 것[博厚(박후)]은 어떤 일을 싣는 바[載物(재물)]이고, 높고 밝다는 것[高明(고명)]은 어떤 일을 덮는 바[覆物(복물)]이고, 아득히 멀다는 것[悠遠(유원)]은 어떤 일을 이루는 바[成物(성물)=成事(성사)]다. 널리 두텁다는 것은 땅과 짝을 이루고, 높고 밝다는 것은 하늘과 짝을 이루고, 아득히 멀다는 것은 (시간상으로) 그 경계가 없다. 이와 같은 것은 보이지 않지만 빛나고, 움직임이 없는데도 바뀌며, 작위(作爲)가 가해지지 않는데도 이뤄진다.

하늘과 땅의 도리는 단 한마디로 할 수 있다. 일이 돼가는 것[爲物(위물)]은 단 한 가지이나, 그 일이 생겨나는 것[生物(생물)]은 헤아릴 수 없다. (왜냐하면) 하늘과 땅의 도리는 넓고 두텁고[博厚(박후)] 높고 밝고[高明(고명)] 아득히 멀기[悠遠(유원)] 때문이다. 지금 무릇 하늘은 이 밝고 밝음의 많음일 뿐이나, 그 무궁함에 이르러서는 해와 달과 별들이 (모두 거기에) 매달려 있으며 만물이 (하늘에) 덮여 있도다[覆(복)]. 지금 무릇 땅은 한 움큼 흙들의 많음일 뿐이나, 그 넓고 두터움[廣厚(광후)]에 이르러서는 아주 큰 산을 싣고 있으면서도 무겁게 여기지 않고 강과 바다를 거두고 있으면서도 새지 않아 만물이 (거기에) 실려 있도다[載(재)]. 지금 무릇 산은 하나의 자잘한 돌들의 많음일 뿐이나, 그 넓고 큼[廣大(광대)]에 이르러서는 풀과 나무가 나오며 새와 짐승이 살고 (땅속에) 묻혀 있던 보배들이 나오도다. 지금 무릇 물은 한 잔의 물들의 많음일 뿐이나, 그 헤아릴 수 없음[不測(불측)]에 이르러서는 큰 자라, 악어, 교룡, 용, 물고기, 자라가 살고 있고 온갖 재화가 거기서 난다.

여기까지는 곤(坤)의 으뜸[元(원)]됨에 대한 풀이다. 이어서 형(亨)을 풀어낸다.

"품어주고 넉넉하게 해주고 사리에 밝고 커서[含弘光大(함홍광대)] 온갖 종류의 일과 사물들[品物(품물)]이 모두 다 통한다[咸亨(함형)]."

함홍광대(含弘光大) 이 네 가지는 곤의 도리[坤道(곤도)] 혹은 곤의 다움[坤德(곤덕)]을 나타낸다. 앞서 건의 도리에 대해서는 강건중정순수(剛健中正純粹) 여섯 가지로 말한 바 있다.

먼저 함(含)이다. 정이는 '품어준다[包容]'라고 했다. 홍(弘)에 대해서는 '넉넉하게 해준다[寬裕]'라고 했다. 그러나 이것은 단순한 말 풀이에 불과하다. 다행히 『논어』 「자장」편에는 비록 공자의 발언은 아니지만 함(含)과 홍(弘)에 대해서 각각 공자의 생각을 간접적으로 전하는 이야기가 실려 있다.

> 자하(子夏)의 한 제자가 자장(子張)에게 친구 사귐에 대해 물어보자[問友] 자장은 먼저 "자하는 뭐라고 하던가?"라고 되묻는다. 이에 그 제자는 "스승인 자하께서는 '사귈 만한 자는 사귀고 사귈 만하지 못한 자는 물리치라'고 했습니다"라고 답했다.
>
> 이 말을 들은 자장은 이렇게 답한다.
>
> "내가 (스승님께) 들은 것과는 다르다. 군자는 뛰어난 이를 귀하게 여기고[尊賢] 뭇 대중을 포용하며[容衆], 잘하는 이를 아름답게 여기고[嘉善] 능하지 못한 이를 불쌍하게 여기라[矜不能]고 하셨다. 내가 크게 뛰어나다면[大賢] 남들에 대해 누구인들 용납하지 못할 것이며, 내가 뛰어나지 못하다면[不賢] 남들이 장차 나를 물리칠 터이니 어떻게 남을 물리칠 수 있겠는가?"

자하보다는 자장의 말이 공자의 생각에 가깝다. 여기서 "뛰어난 이를 귀하게 여기고[尊賢] 뭇 대중을 포용하며[容衆]"는 정확히 함(含), 즉 포용(包容)에 해당하고 "잘하는 이를 아름답게 여기고[嘉善] 능하지 못한 이를 불쌍하게 여기라[矜不能]"는 홍(弘), 즉 관유(寬裕)와 일치한다. 둘의 뉘앙스 차이에도 주목하며 봐야 한다.

이어서 광(光)은 '사리에 밝다[昭明]'라고 했고 대(大)는 '(다움이) 넓고 두텁다[博厚]'라고 했다. '넓고 두터움[博厚]'은 바로 위에서 인용한 『중용』에서 본 대로 땅의 땅다움[地德=地之爲地]이다. 결국 땅은 함홍광대(含弘光大) 이 네 가지를 갖고서 하늘을 받들어 일을 이뤄낸다[成事=成功]. 이제 이(利)와 정(貞)을 암말을 끌어들여 함께 풀어낸다.

"암말은 땅에 속하는 부류[地類]이니 땅을 달리는 것이 끝이 없으며[无疆] 유순하면서도 이롭게 해주고 반듯하니[柔順利貞], (이는 곧) 군자가 행하는 바[攸行]다."

암말을 끌어들인 이유[柔順]는 곤괘의 효는 모두 음효이기 때문이다. 그러나 '땅을 달리는 것이 끝이 없다'고 했으니, 이는 튼튼함[健]이다. 맨 아래부터 맨 위까지 여섯 효 모두가 음효로 한결같음[一]이 건(健)이다. 이는 건괘의 경우 모두 양효이기 때문에 용(龍)을 끌어들여 굳셈[剛]이라고 했고, 또 맨 아래부터 맨 위까지 여섯 효 모두가 양효로 한결같으니[一] 곧 건(健)이다. 그래서 건괘는 강건(剛健)이 되고 곤괘는 유건(柔健)이 되는 것이다.

정이는 자문자답 형식으로 이와 관련해 "건의 도리는 튼튼함[健]이고 곤의 도리는 고분고분함[順=柔順]인데 어째서 곤의 도리 또한 튼튼함이라고 하는가?"라고 묻고는 "튼튼하지 않다면 어떻게 건(乾)의 짝이 될 수 있는가[配乾]?"라고 했다. 이는 부차적인 답변일 뿐이다. 이미 곤(坤)괘의 모양 자체에서 부드럽고 고분고분함[柔順]과 튼튼함[健]을 함께 읽어낼 수 있기 때문이다.

바로 이 같은 부드럽고 고분고분함[柔順]의 도리로 만물을 이롭게 해주면서 동시에 반듯함을 지켜내는 것[利貞]이 바로 땅의 땅다움[地德]이니 군자는 이를 행하고, 이런 군자의 도리는 곧 땅의 땅다움과 합치돼 하늘의 하늘다움을 받들게 된다. 건도는 임금의 도리이고 곤도는 신하의 도리임을 상기한다면 이는 쉽게 이해할 수 있다. 이제 곤괘의 쓰임[用]에 대해 말한다.

"앞서가면 헤매다가[先迷] 길을 잃고[失道] 뒤에서 고분고분하면[後順] 일정한 도리[常=常道]를 얻는다. 서남(西南)쪽은 벗을 얻는다[得朋]는 것은 곧 같은 무리와 더불어[與類] 길을 가는 것이고, 동북(東北)쪽은 벗을 잃는다[喪朋]는 것은 곧 끝에 가서는 좋은 일이 있다[有慶]는 것이다. 반듯함을 편안히 여김이 길하다[安貞之吉]는 것은 땅의 (도리인) 끝없음[地无疆]에 호응하는 것이다."

앞에서 이끄는 것은 양의 도리[陽道]이고 뒤에서 고분고분한 것이 음의 도리[陰道]다. 지금 우리는 음의 도리를 살피고 있다. 이어지는 부분에 대한 정이의 풀이다.

> 서남쪽은 음의 방위이니[83] 그 부류를 따르는 것이 '벗을 얻음[得朋]'이고, 동북쪽은 양의 방위이니[84] 그 부류에서 벗어나는 것이 '벗을 잃음[喪朋]'이다.

---

83 「설괘전(說卦傳)」에서 공자는 곤(坤)과 태(兌)에 대해서는 따로 방위를 말하지 않았는데, '문왕8괘방위지도(文王八卦方位之圖)'에 따르면 서남쪽은 곤(坤)의 방위이니 음이 된다.

84 「설괘전」에서 공자는 "간(艮-산)은 동북쪽의 괘"라고 했다. '문왕8괘방위지도(文王八卦方位之圖)'에서도 간의 위

곤괘는 음(陰)이니 그 부류를 따라 함께 길을 가는 것이 자연스럽다. 그런데 동북쪽은 벗을 잃음이라고 해놓고 '곧 끝에 가서는 좋은 일이 있다[有慶]'라고 한 것은 어째서일까? 이는 때에 따라서 양(陽)을 따르는 것이 경우에 따라서는 좋은 결과를 가져올 수도 있다는 조심스러운 진단이다. 무조건 양을 따라서는 안 됨은 물론이다. 그래서 정이는 이렇게 말했다.

> 같은 부류의 사람과 함께하는 것이 기본이지만 양을 따르는 것은 현실의 때에 알맞게 적용하는 것이다. 음의 본체[陰體]는 유약하고 조급하므로[柔躁] 양을 따르면 반듯함을 편안히 여길 수 있어[安貞] 길하고 끝없는 땅의 도리에 호응한다. 음(陰)이면서 반듯함을 편안히 여기지 않는다면 어찌 땅의 도리에 호응할 수 있겠는가?

공자의 「상전(象傳)」을 살펴볼 차례다. 그중에 곤괘를 총평한 「대상전(大象傳)」이다. 여기서도 상왈(象曰) 부분은 생략하고 바로 본문을 보자.

땅의 형세[地勢]가 곤(坤)이니, 군자는 그것을 갖고서[以] 다움을 두텁게 함으로써[厚德][85] 만물을 실어준다[地勢坤 君子以 厚德載物].

◉

건괘의 「대상전」은 '하늘의 운행[天行]'으로 시작했는데 곤괘의 「대상전」은 '땅의 형세[地勢]로 시작한다. 내지덕(來知德)은 이를 "하늘은 기운[氣]에 의해 운행하고[運] 땅은 형세[形=地勢]로써 (만물을) 싣고 있다[載]. 그래서 땅의 형세[地勢]라고 한 것이다"라고 풀이했다. 땅의 특질 중 두드러진 것이 바로 '널리 두텁다는 것[博厚]'이다. 그러니 군자는 이를 보고서 땅의 두터움을 본받아 자신의 다움을 두텁게 함으로

---

치는 동북쪽이다.

85 '두터운 다움'이라고 옮길 경우 군자가 애써야 할 부분이 사라진다. 다움을 두텁게 한다고 해야 군자가 힘쓰고 애써야 할 바가 무엇인지가 분명해진다.

써 만물을 실어줄 만한 넉넉함과 너그러움을 갖춰야 한다는 말이다. 건괘에서 튼튼함[健]을 읽어냈다면 여기서는 두터움[厚]을 읽어내 자기 것으로 만들어야 하는 것이다.

『명종실록(明宗實錄)』 11년(1556년) 11월 16일에는 곤괘 「대상전」과 관련된 흥미로운 기사가 등장한다.

> (상이) 승정원에 전교했다.
>
> "평안감사의 서장(書狀)에 땅이 함몰됐다고 하니 [대동강 강가 100보쯤 되는 곳의 큰길이 함몰됐는데 둘레가 25척, 지름이 7척, 깊이가 8척이었다.] 매우 해괴한 일이다. 승정원은 알고 있으라."
>
> 승정원이 아뢰었다.
>
> "신들이 일찍이 『주역』 곤괘(坤卦)의 「대상(大象-대상전)」을 보니 '땅의 형세[地勢]가 곤(坤)이니, 군자는 그것을 갖고서[以] 다움을 두텁게 함으로써[厚德] 만물을 실어준다[載物]'라고 했습니다. 땅은 다움이 두텁기[厚德] 때문에 화악(華嶽-화산과 태산)을 싣고 있으면서도 무겁게 여기지 않고 바닷물을 담아도 새지 않는 것입니다. 그러니 지금 땅이 함몰된 것이 어찌 무서운 재변이 아니겠습니까? 지난 역사를 상고해보면 환하게 알 수 있습니다. 그렇지만 (임금이) 임금다움을 닦게 되면 상상(祥桑)[86]도 해괴한 것이 못 되고 잘못된 일을 바로잡으면 구치(雊雉)[87]도 재앙이 못 됩니다. 상께서 늘 공경하고 두려워하는 마음을 가지시고 정사와 언행에 있어서 천리(天理)의 정도에 맞게 하시고, 곤후(坤厚)의 상(象)을 본받아 깊고 두터운 다움을 닦으시어 모든 일을 포용하고 실어주시면, 지금 땅이 함몰된 일은 재변이 되지 못할 것입니다. 대개 임금들은 재앙을 당하여도 두렵게 여기지 않는데 지금 상께서는 이런 재앙을 만나 문득 두려워하시니, 재앙을 만났을 때 다움을 닦고[修德] 일을 바로잡을 수 있어서[正事] 재앙을 상서로 바꾸기가 어렵지 않을 것입니다."
>
> 사신(史臣)은 논한다. "군신(君臣)이 재앙을 만나 서로 깨우치고 경계하니 말만은 그럴듯하

86 요괴(妖怪)한 뽕나무란 말로, 은(殷)나라 중종(中宗) 때 박(亳) 땅에 뽕나무와 닥나무[穀]가 함께 아침에 나서 해질 녘에 큰 아름드리가 됐는데 이척(伊陟)의 "요괴한 것은 덕(德)을 이기지 못할 것이니 임금께서는 다움을 닦으라"는 청을 따르니 중종이 수정(修政)한 지 2일 만에 그 상상이 말라 죽었다는 고사(故事)를 가리킨다.

87 꿩의 울음소리를 가리키는데, 은나라 고종(高宗-무정(武丁))이 융제(肜祭)를 지내던 날 꿩이 날아와서 솥귀에 앉아 우는 변고가 있자 조기(祖己)의 "임금이 먼저 자신의 잘못을 바로잡으라"는 청에 의해 고종이 그 실례(失禮)한 것을 바루었다는 고사를 가리킨다. 『서경』 「주서·고종융일(高宗肜日)」편에 실려 있다.

다. 그러나 그것도 겉치레로 옛일을 따를 뿐이니 그게 어찌 하늘을 감동시켜 재변을 그치게 할 수 있겠는가. 재변이 오는 것을 어떤 일의 응험이라고 바로 지적할 수는 없지마는 그것이 일어나게 된 원인은 반드시 있는 것이다. 요즈음 들어 겨울 안개가 자욱하고 평지가 함몰된 것은 모두 음양이 조화를 잃고 땅의 도리[地道]가 안정되지 못한 것으로, 재변 중에서도 큰 것이다. 이런 때를 맞아 재앙의 원인을 열거할 수는 없겠지만, 이를테면 모후(母后-문정대비)가 전제(專制)하고 외척들(-윤원형 일파)이 천권(擅權)하고 군자는 숨고 소인들이 세력을 잡고 중들이 함부로 날뛰고 오랑캐가 침략하는 것이 괴기(乖氣-그릇된 기운)를 오게 하고 재변을 불러들일 만한 것이다. 임금과 신하 상하가 이것은 도외시하고 생각조차 않으면서 다움을 닦고 일을 바로잡고 공구 수성하겠다[修德正事恐懼修省]는 헛말만 가지고 재변의 소멸을 바라니, 역시 허무맹랑하지 않은가."

여기서 사신의 평은 모든 「대상전」에 나오는 '그것을 갖고서[以]'라는 부분이 얼마나 긴요한 것인지 잘 보여준다. 실상에서 벗어나 대충 시늉만 해서는[泛泛] 『주역』을 백번 천번 읽어도 아무런 소용이 없음을 단적으로 말해준다.

곤괘의 여섯 효[六爻]에 대한 주공의 말을 풀이한 공자의 「소상전」이다.

(초륙(初六)은) 서리를 밟으면 단단하게 얼음이 이르게 된다[履霜堅氷]라고 한 것은 음(陰-음효)이 처음으로 엉긴 것이니, 그 (얼음이 어는) 도리를 차곡차곡 이뤄 단단한 얼음에 이르게 된다[履霜堅氷 陰始凝也 馴致其道 至堅氷也].

육이(六二)[88]의 움직임[動]이 곧아서 방정하니 익히지 않아도 이롭지 않음이 없다[直以方也 不習无不利]는 것은 땅의 도리가 밝게 빛나는 것이다[六二之動 直以方也 不習无不利 地道光也].

(육삼(六三)은) (안으로) 아름다움[章=美]을 머금어 반듯할 수 있으나[含章可貞] 때에 맞춰 드러나야 할 것이요[以時發也], 혹 왕의 일에 종사한다는 것[或從王事]은 사리에 대한 앎이 밝고 큰 것이다[含章可貞以時發也 或從王事知光大也].

---

88 원문에 나오기 때문에 괄호 안에 넣지 않았다.

(육사(六四)는) 주머니(주둥이)를 묶으면 허물이 없다[括囊无咎]는 것은 조심해서 해롭지 않다는 것이다[括囊无咎 愼不害也].
(육오(六五)는) 노란 치마처럼 하면 으뜸으로 길하다[黃裳元吉]는 것은 열렬하게 애씀이 (도리에) 적중했다는 것이다[黃裳元吉 文在中也].
(상륙(上六)은) 용이 들판에서 싸운다[龍戰于野]는 것은 그 도리가 끝에 도달한 것이다[龍戰于野 其道窮也].
육(六-음효)을 쓰는 법은 반듯함을 오래도록 지키는 것이라는 것은 크게[以大] 끝마침이다[用六永貞 以大終也].

◉

곤괘의 맨 아래 첫 음효에 대해 공자는 "(초륙(初六)은) 서리를 밟으면 단단하게 얼음이 이르게 된다[履霜堅氷]라고 한 것은 음(陰-음효)이 처음으로 엉긴 것이니, 그 (얼음이 어는) 도리를 차곡차곡 이뤄 단단한 얼음에 이르게 된다[陰始凝也 馴致其道 至堅氷也]"라고 풀었다. 양의 자리[陽位]인 맨 아래에 음효가 나타났다는 것은 좋지 않다[不正位]. 그런데 공자는 이런 음효가 처음으로 모습을 드러낸 후[始凝=始見] 차곡차곡해서 단단한 얼음이 된다고 했다. 이는 정이의 말대로 "소인이 처음에는 설사 매우 미미하지만 자라나게 해서는 안 된다. 자라나면 성대함에 이르게 된다"라고 한 것과 같다. 다음 그림을 보면 분명하다.

구괘(姤卦, ䷫)-돈괘(遯卦, ䷠)-비괘(否卦, ䷋)-관괘(觀卦, ䷓)-박괘(剝卦, ䷖)-곤괘(坤卦, ䷁)

신하의 도리를 나타내는 곤괘의 맨 아래 첫 음효를 소인이 자리를 잡으려 함으로 풀이한 것은 의미심장하다. 원래 "서리를 밟으면 단단하게 얼음이 이르게 된다[履霜堅氷]"라는 주공의 효사는 일이 이뤄지기 전에 그 조짐이나 기미를 조심해야 한다는 정도였다. 그런데 공자가 그것을 "음(陰-음효)이 처음으로 엉긴 것이니, 그 (얼음이 어는) 도리를 차곡차곡 이뤄 단단한 얼음에 이르게 된다[陰始凝也 馴致其道 至堅氷也]"라고 푸는 순간 소인이 등장해 애초에는 미미할지 몰라도 그대로 두면 점점 자라나

손쓸 수 없는 지경에 이른다는 뜻으로 확장됐다. 자연 현상의 풀이에서 인간사(人間事)의 풀이로 옮겨온 것이다.

그래서 이런 경우에는 두 가지를 조심해야 한다. 첫째는 일의 처음을 삼가는 것[愼始](신시)이고, 둘째는 소인을 그 싹부터 끊어내야 하는 것이다. 『중종실록』 34년(1539) 10월 20일 이언적(李彦迪, 1491~1553)[89]이 올린 상소의 한 대목은 이 점을 정확하게 이해하고 있음을 보여준다.

> 바라건대 전하께서는 맑은 마음과 한결같은 덕으로 간사한 무리를 억제하시고 올바른 자를 허여하시며 이상(履霜)의 조짐[漸](점)을 막으시고 뱃속으로 들어오는 해독을 경계하소서. 사람을 등용하거나 축출할 때는 언제나 더 한층 어렵게 여기고 신중히 하는 뜻을 가지시어, 반드시 좌우에 질정(質正-묻거나 따져서 바로잡음)하시고 조정과 의논하소서. 또한 반드시 겸허한 마음으로 살피시고 털끝만큼도 어느 한곳으로 치우치는 사사로움을 두지 마시어 혹 지름길을 통해 현혹하려는 사람이 있다면 두말 못 하게 거절하시고 단호히 물리치기를 태양이 사사로이 비침이 없는 것처럼 하시면, 음흉하고 간사한 것들이 틈을 엿볼지라도 음사(陰邪)를 부릴 틈이 없을 것입니다.

즉 임금이 소인이 조정에 등장하려는 때를 맞아 곤괘의 밑에서 첫 번째 효[初六](초륙)를 보면서 '그것을 갖고서[以](이)' 배우고 익혀야 할 바는 바로 이언적이 말한 내용 그 자체다. 곤괘의 초륙(初六)은 매사 그 처음을 조심해야 하는 신하의 도리[臣道](신도)임과 동

89 1514년(중종 9년) 문과에 급제해 이조정랑·사헌부장령·밀양부사를 거쳐 1530년 사간이 됐다. 이때 김안로(金安老)의 등용을 반대하다가 관직에서 쫓겨나 경주 자옥산에 들어가서 성리학 연구에 전념했다. 1537년 김안로 일당이 몰락하자 종부시첨정으로 불려 나와 홍문관교리·응교·직제학이 됐고, 전주부윤에 나가 선정을 베풀어 송덕비가 세워졌다. 이때 조정에 「일강십목소(一綱十目疏)」를 올려 정치의 도리를 논했다. 이조·예조·형조의 판서를 거쳐 1545년(명종 즉위년) 좌찬성이 됐다. 이때 윤원형(尹元衡) 등이 을사사화를 일으키자 선비들을 심문하는 추관(推官)에 임명됐으나 스스로 관직에서 물러났다. 1547년(명종 2년) 윤원형 일당이 조작한 양재역벽서사건(良才驛壁書事件)에 무고하게 연루돼 강계로 유배됐고, 그곳에서 많은 저술을 남긴 후 세상을 떠났다. 이언적은 사화가 거듭되는 사림의 시련기에 살았던 선비로서, 을사사화 때는 좌찬성·판의금부사의 중요한 직책으로 사림과 권력층 간신 사이에서 억울한 사림의 희생을 막으려고 노력하다가 사화의 희생물이 되고 말았다. 후에 이이(李珥)는 이언적이 을사사화에 곧은 말로 항거하며 절개를 지키지 못했다고 비판했으나, 오히려 이언적은 불의와 타협하지 않으면서도 온건한 해결책을 추구했던 인물이다.

시에 임금의 입장에서는 그릇된 신하들이 등장하는 초기에 어떻게 대처해야 하는지를 보여주는 도리다.

곤괘의 밑에서 두 번째 음효에 대해 공자는 "육이(六二)[90]의 움직임[動]이 곧아서 방정하니 익히지 않아도 이롭지 않음이 없다[直以方也 不習无不利]는 것은 땅의 도리가 밝게 빛나는 것이다[六二之動 直以方也 不習无不利 地道光也]"라고 했다. 원칙적으로 두 번째 음효는 음의 자리[陰位]에 음효가 있는 것이니 자리가 바르다[正]. 곧다, 방정하다, 크다[直方大]라고 한 것도 그 바름[正]에서 나온 것이다. 또한 하괘의 정중앙에 있으니 중도를 얻어[得中] 더욱 방정할 수밖에 없다.

그런데 주공의 효사에서는 원래 '곧다, 방정하다, 크다[直方大]'라고 했는데, 공자는 여기서 그것을 '곧아서 방정하니[直以方也]'로 바꿨다. '크다[大]'는 것은 생략하고 '곧음으로써 방정하다'고 한 것이다. 초륙(初六)은 자리가 바르지 않아[不正位] 소인의 생겨남을 경계했다면, 육이(六二)는 바른 신하[直臣]가 나타남을 말한 것이다. 곧음으로써 몸을 방정하게 하면 그것이 곧 훌륭한 것[大]이기 때문에 '크다[大]'는 것은 그 자연스러운 결과물로 보아 빼버리고, 신하 된 자의 마음가짐과 몸가짐에 초점을 맞춰 '곧아서 방정하니[直以方也]'만 표현해서 더욱 강조한 것이다. 공자의 언어 사용은 지극히 정밀하기 때문에 미묘한 의미라도 놓쳐서는 안 된다.

여기서 우리는 효를 풀이할 때 주인[主]이라는 개념을 알아둬야 한다. 괘마다 대부분 그 괘를 주관하는 주인의 역할을 떠맡는 효가 있다. 건괘(䷀)의 경우 상괘(☰)의 가운데[中] 있는 구오(九五)가 양의 자리에 양효가 온 것[正]이니 건괘의 주인이 된다. 마찬가지로 곤괘(䷁)의 경우 하괘(☷)의 가운데[中] 있는 육이(六二)가 음의 자리에 음효가 온 것[正]이니 곤괘의 주인이 된다.

육이(六二)를 주인이 되게 해준 다움[德]이 바로 '곧음으로써 방정한 것[直以方]'이다. 공자는 곤괘에 대한 「문언전」의 풀이에서 "곧음이란 그것이 바르다[正]는 것이고 방정함이란 그것이 마땅하다[義]는 것이다"라고 말한다. 그래서 "삼감으로 내면을 곧게 하고 마땅함으로 외면을 방정하게 한다[敬以直內 義以方外]"라고 이어나간다. 이

---

90 원문에 나오기 때문에 괄호 안에 넣지 않았다.

문제는 「문언전」에서 좀 더 심도 있게 살펴보겠다.

곤괘의 밑에서 세 번째 음효에 대해 공자는 "(안으로) 아름다움[章=美]을 머금어 반듯할 수 있으나[含章可貞] 때에 맞춰 드러나야 할 것이요[以時發也], 혹 왕의 일에 종사한다는 것[或從王事]은 사리에 대한 앎이 밝고 큰 것이다[含章可貞以時發也 或從王事知光大也]"라고 했다.

육삼(六三)이란 그 효만 놓고 볼 때 음효이면서 양의 자리[陽位]에 있으니 자리가 바르지 못하다[不正]. 삼효는 원래 지나친 자리[過位]인데다가 바르지도 못하다. 동시에 하괘(☷) 셋 중에서는 가장 높으니 조정의 지위를 얻은 자라고 할 수 있다. 그나마 다행히 부드럽고 고분고분한 자질의 음효이기 때문에 자신의 장점이나 아름다움[章]을 내세우거나 자랑하지 않고 머금고 있다[含]. 그래야만 반듯할 수가 있다[可貞]. 정이는 그래서 "신하의 도리는 마땅히 그 아름다운 능력을 안으로 감추어, 좋은 일이 있으면 군주에게 그 공을 돌려야 오래도록 직분을 유지하면서 바름을 얻을 수 있다[得正]"라고 했다. 정이의 이 말은 대단히 중요하다. 신하는 말과 일[言事]로 임금을 모시고 섬긴다. 바른말[直言]로 모시고 바르게 일을 해[直事] 섬기는 것이다. 그런데 여기서는 말보다 일이 우선이다. 정이는 직사(直事)란 무엇인가를 설명한 것이다. 이 점은 좀 더 풀어내야 한다.

『열녀전(列女傳)』(이숙인 옮김, 글항아리)이라는 책이 있다. 조선 시대 지조의 여인들을 가리키는 열녀(烈女)와는 다른, 여러 뛰어난 고대 중국의 여인들 이야기다. 한나라 유향(劉向)[91]이라는 유학자가 지은 책인데, 한마디로 말해 사람을 알아보는[知人] 훈련서

91 본명은 갱생(更生)이고, 자는 자정(子政)이다. 초원왕(楚元王) 유교(劉交)의 4세손이고, 유흠(劉歆)의 아버지다. 『춘추곡량(春秋穀梁)』을 공부했고, 음양휴구론(陰陽休咎論)으로 시정(時政)의 득실을 논하면서 여러 차례 외척이 권력을 잡는 일에 대해 경계했다. 선제(宣帝) 때 산기간대부급사중(散騎諫大夫給事中)에 올랐다. 원제(元帝) 때 산기종정급사중(散騎宗正給事中)에 발탁됐다. 이후 환관 홍공(弘恭)과 석현(石顯)이 전권을 휘두르는 것에 반대하면서 퇴진시키려고 했지만, 참언을 받아 투옥됐다. 성제(成帝)가 즉위하자 임용돼 이름을 향(向)으로 바꾸었고, 광록대부(光祿大夫)를 거쳐 중루교위(中壘校尉)에 이르렀다. "인성은 선악을 낳지 않으며, 외부의 일이나 사물에 감응한 뒤에 움직인다"라고 하여 종래의 성선설·성악설을 모두 부정하고, 성 자체에는 선악이 없는데 외부의 자극이 있기 때문에 선악의 이동(異同)이 있게 된다고 주장했다. 궁중 도서의 교감에도 노력해 해제서 『별록(別錄)』을 만들어 중국 목록학의 비조로 간주된다. 춘추 전국 시대로부터 한나라 때까지 사람들의 언행을 분류해 『신서(新序)』와 『설원(說苑)』을 편찬했다. 『시경』과 『서경』에 나타난 여인들 중 모범과 경계로 삼을 만한 사례를 모아 『열녀전(列女傳)』을 저술했다.

로 몇 안 되는 책이다. 거기에 진(晋)나라 범헌자(范獻子)의 아내 이야기가 나온다.

범헌자의 세 아들이 당시 실력자인 조간자(趙簡子)의 집에 놀러 갔다. 그의 정원에는 나무가 많았다. 조간자는 범헌자의 세 아들에게 이 나무들을 어떻게 하면 좋겠냐고 물었다. 이때 첫째와 둘째 아들은 평범한 답변을 했고 막내아들이 귀가 번쩍 띄는 답변을 내놓았다.

"세 가지 덕으로 백성을 부릴 수가 있습니다. 가령 산에 있는 나무를 베라고 명령해도 백성은 할 것입니다만, 먼저 정원을 개방해 나무를 베게 하는 것입니다. 저 산은 멀고 정원은 가까이에 있으니 이것이 백성에게 하나의 기쁨이 될 것입니다. 또 험한 산이 아닌 평지의 나무를 베게 하는 것이 두 번째 기쁨이 될 것입니다. 다 베고 나서 백성에게 싼값으로 판다면 세 번째 기쁨이 될 것입니다."

조간자는 이 말을 듣고서 그대로 시행했다. 과연 백성도 기뻐했다. 여기까지만 놓고 보면 맹자(孟子)가 늘 강조한 여민동락(與民同樂)의 정신을 당대 실력자에게 권해 시행하게 했고 백성마저 기뻐했으니 아무런 문제가 없다. 오히려 칭송받아 마땅하다. 그런데 이 이야기의 주인공은 세 아들의 어머니다. 막내아들은 자신이 내놓은 건의가 못내 자랑스러워 집으로 돌아와 어머니에게 이런 일을 알렸다. 그런데 어머니는 칭찬은 고사하고 크게 탄식하며 이렇게 말한다.

"범씨 집안을 망하게 할 자는 바로 이 아이로구나. 공로를 떠벌려 자랑하면 어짊[仁(인)]을 베풀기 어려운 법이고, 거짓으로 남을 속이는 자는 오래 살지 못한다 했다."

왜 그 어머니는 칭송받아 마땅한 일에 대해 오히려 '집안을 망하게 할 짓'이라 과민 반응했을까? 이유는 『서경』 「군진(君陳)」편에 나온다.

> 네게 만일 좋은 계책[嘉謨(가모)]과 좋은 생각[嘉猷(가유)]이 있거든 곧장[則(즉)=卽(즉)] 들어가 너의 임금에게 아뢰고, 밖으로 네가 그것을 알릴 때는 이 계책과 이 꾀는 오직 우리 임금의 다움 덕분이라고 하라!

그 어머니는 이 구절의 의미를 깊이 알았다고 할 수 있다. 좋지도 않은 계책과 생각, 즉 거짓으로 백성을 동원했고, 심지어 어머니에게이기는 하지만 그것이 임금이 아닌 자신의 공로라고 떠벌려 자랑한 것이다. 실제로 훗날 막내아들 지백(智伯)은 한동안 진나라의 실권을 장악하는 듯했으나 자신이 추대한 애공(哀公) 때 피살됐고 범씨 집안은 망했다. 이에 유향은 군자의 이름을 빌려 "범씨의 어머니는 난이 일어나는 근본을 알고 있었다[知難本]"라고 평가한다. 윗사람을 삼가[敬] 모시는 자세가 그릇됨을 어머니는 일찍 알아차렸고, 결국 그런 그릇됨으로 인해 지백은 죽게 된 것이다. 『논어』에는 이보다 훨씬 구체적인 상하 관계의 미묘함을 전해주는 이야기가 나온다. 「계씨」 편에서 공자는 이렇게 말한다.

> 군자를 모심에 있어 세 가지 허물이 있으니, (윗사람의) 말씀이 미치지 않았는데 먼저 말하는 것을 조급함[躁]이라 하고, 말씀이 미쳤는데도 말하지 않는 것을 의뭉스러움[隱]이라 하고, (윗사람의) 안색을 보지도 않고 말하는 것을 눈뜬장님[瞽]이라 한다[侍於君子有三愆 言未及之而言 謂之躁 言及之而不言 謂之隱 未見顔色而言 謂之瞽].

조선 태종 때 임금을 가까이에서 보필한 재상으로서 하륜(河崙)[92]의 가장 큰 장점

---

92 1365년에는 문과에 합격했다. 이인복(李仁復)·이색(李穡)의 제자로, 1367년에 춘추관검열 공봉(供奉)을 거쳐, 감찰규정(監察糾正)이 됐으나 신돈(辛旽)의 문객인 양전부사(量田副使)의 비행을 탄핵하다가 파직됐다. 곧바로 관직에 복귀했으나 1380년(우왕 6년) 모친상을 당해 관직에서 물러났다. 삼년상을 마친 뒤 우대언·전리판서·밀직제학을 거쳐 1385년에 명나라 사신 주탁(周卓) 등을 서북면에서 영접하는 일을 맡았다. 1388년 최영(崔瑩)이 요동(遼東)을 공격할 때 이를 반대하다가 양주로 유배됐으나, 위화도회군 이후에 복관됐다. 조선이 건국되자 경기좌도관찰출척사가 돼 부역 제도를 개편, 전국적으로 실시하게 했다. 신도(新都)를 계룡산으로 정하는 것을 반대해 중지시켰다. 1394년(태조 3년)에 첨서중추원사(簽書中樞院事)가 됐으나 이듬해 부친상을 당해 사직했다. 그러나 곧 기복(起復)돼 예문춘추관학사가 됐는데, 때마침 명나라와의 표전문(表箋文) 시비가 일어나자 명나라의 요구대로 정도전(鄭道傳)을 보낼 것을 주장하고 스스로 명나라에 들어가 일의 전말을 상세히 보고 납득시키고 돌아왔다. 그러나 정도전의 미움을 받아 계림부윤(鷄林府尹)으로 좌천됐는데, 그때 항왜(降倭)를 도망치게 했다 하여 수원부에 안치됐다가 얼마 뒤 충청도도순찰사가 됐다.
그는 이방원(李芳遠)을 적극 지지해 1차 왕자의 난으로 정종이 즉위하자 정사공신(定社功臣) 1등이 되고 정당문학(政堂文學)으로서 진산군(晉山君)에 피봉됐다. 그해 5월 명나라 태조가 죽자 진위 겸 진향사(陳慰兼進香使)로 명나라에 가서 정종의 왕위 계승을 승인받고 귀국해 진산백(晉山伯)으로 봉해졌다. 이해 태종이 즉위하자 좌명공신(佐命功臣) 1등이 됐으나 병으로 사직했다가 영삼사사(領三司事)로서 지공거(知貢擧)가 되고 관제를 개혁했다. 영사평부사 겸 판호조사(領司評府事兼判戶曹事)로서 저화(楮貨)를 유통시켰다. 1402년(태종 2년)에 의정부좌정승 판이조사(議政府左政丞判吏曹事)로서 등극사(登極使)가 돼 명나라 성제(成帝)의 즉위를 축하하고 조선의 고명인장(誥命印章)을 받아서 돌아왔다. 그리하여 1405년에는 좌정승 세자사(世子師)가 되고, 다음 해에는 중시독권관(重試讀券官)이 돼 변계량(卞季良) 등 10인을 뽑았다. 그 뒤 영의정부사·좌정승·좌의정을 역임하고 1416년에 70세로 치사(致仕), 진산부원군(晉山府院君)이 됐다. 그는 태종의 우익으로 인사 청탁을 많이 받고 통진 고양

은 태종이 여러 차례 말한 대로 "저 사람의 귀로 들어간 것은 쉬이 입으로 나오지 않는 것"이었다. 태종이 수시로 그를 충신이라 극찬한 것은 이 때문이다. 『서경』「군진」편을 다시 읽어보자.

> 네게 만일 좋은 계책과 좋은 생각이 있거든 곧장 들어가 너의 임금에게 아뢰고, 밖으로 네가 그것을 알릴 때는 이 계책과 이 꾀는 오직 우리 임금의 다움 덕분이라고 하라!

그랬기 때문에 지백은 사리를 몰라[不知禮(부지례)] 비명횡사한 반면 하륜은 격랑의 시기에 명예와 권력을 다 누렸음에도 불구하고 천수를 다했다 할 수 있다. 하륜이 『주역』에 밝았음은 물론이다.

여기서 우리는 곧음[直(직)]의 문제를 정리하고 넘어가야 한다. 『논어』에는 곧음[直(직)]의 문제가 표면적으로 드러난 것도 있지만 문장이나 문맥의 배후에도 작동하고 있는 것도 많다. 그것들을 충분히 이해할 때라야 비로소 곧음이 바로 일의 이치[事理(사리)=禮(예)]임을 명확하게 알 수 있다. 정직이나 직언(直言)이라고 할 때의 곧음이 아니기 때문이다. 사리의 측면에서 곧음[直(직)]을 말하는 구절은 세 가지다. 먼저 「공야장(公冶長)」편이다.

> 공자가 말했다. "누가 미생고(微生高)를 곧다고 하는가? 어떤 사람이 식초를 빌리려 하자 그의 이웃집에서 빌려다가 주는구나."

옳은 것은 옳다 하고 그른 것은 그르다 하며, 있으면 있다 하고 없으면 없다고 하는 것이 곧음이다. 그런데 노나라 사람 미생고는 굳이 옆집에까지 가서 빌려다주었다. 남의 평판을 의식하고서 한 행동이기 때문에 공자는 가차 없이 곧지 못하다고 지적한 것이다. 이번엔 「자로」편이다.

---

포(高陽浦)의 간척지 200여 섬지기를 농장으로 착복, 대간의 탄핵을 받았으나 공신이라 하여 묵인됐다. 치사한 뒤에도 노구를 이끌고 함경도의 능침(陵寢)을 돌아보던 중 정평군아(定平郡衙)에서 죽었다. 인품이 중후, 침착, 대범했다. 후대에 그를 한나라의 장자방(張子房-장량(張良)), 송나라의 치규(稚圭)에 비견하기도 했다.

섭공(葉公)이 공자에게 말했다.

"우리 당에 곧게 행동하는 궁이라는 사람이 있으니, 그의 아버지가 양을 훔치자 그는 아버지가 훔쳤다는 것을 증언했습니다."

이에 공자가 말했다.

"우리 당(黨-무리)의 정직한 자는 이와는 다릅니다. 아버지는 자식을 위해 숨겨주고 자식은 아버지를 위해 숨겨주니, 곧음이란 바로 이 가운데 있는 것입니다."

공자의 메시지는 분명하다. 이렇게 하는 것이 사리(事理), 곧 일의 이치라는 말이다. 효(孝)가 곧음[直]의 하나가 되는 것도 그 때문이다. 윗사람에 대한 충(忠) 또한 당연히 곧음이다. 이렇게 돼야 「옹야」편에서 공자가 말한 곧음[直]이 확 다가온다.

사람을 사람이게 해주는 것은 곧음이다. 곧음이 없는 삶은 요행히 죽음을 면한 것에 불과하다.

이런 곧음은 곧 위선(僞善)을 물리치는 것이다. 위선은 결국 남을 의식해서 하는 것이지 본심이 아니기 때문이다. 그래서 「헌문」편의 대화는 사리에서 행동의 지침으로까지 나아간다.

어떤 이가 물었다.

"다움[德]으로 원한[怨]을 갚는 것은 어떻습니까?"

공자가 말했다.

"그러면 다움은 무엇으로 갚을 텐가? 원한은 곧음[直]으로 갚고 다움은 다움으로 갚아야 한다."

그것은 곧 남들이 알아주든 알아주지 않든 스스로의 원칙에 입각해 덕(德)을 기르고 마땅함[義]에 따라 행동하는 문제와 연결되는 것이다. 그렇기 때문에 다음의 유명한 구절이 "학이시습" "유붕자원방래"와 더불어 3대 강령의 하나로 『논어』의 첫머리에 나란히 배치돼 있는 것이다.

남들이 알아주지 않아도 (속으로조차 조금도) 서운해하지 않는다면 정말로 군자가 아니겠는가?

이제 다시 곤괘 육삼(六三)에 대한 공자의 풀이를 읽어보자.

(안으로) 아름다움[章=美]을 머금어 반듯할 수 있으나[含章可貞] 때에 맞춰 드러나야 할 것이요[以時發也], 혹 왕의 일에 종사한다는 것[或從王事]은 사리에 대한 앎이 밝고 큰 것이다[知光大也].

곤괘의 밑에서 네 번째 음효에 대해 공자는 "주머니(주둥이)를 묶으면 허물이 없다[括囊无咎]는 것은 조심해서 해롭지 않다는 것이다[括囊无咎 愼不害也]"라고 했다. 네 번째 음효는 바로 위에 있는 다섯 번째 음효와 가까이 있지만 서로 사이가 좋지 않다. 같은 음효이기 때문이다. 아래 효와도 마찬가지다. 이를 서로 친밀함이 없다고 해서 무비(無比)라고 한다. 이 때문에 정이는 "윗사람과 아랫사람의 교류가 닫히고 막힌 때라 할 수 있다"라고 했다.

네 번째 음효는 음의 자리[陰位]에 있으니 바른 자리[正位]다. 그래서 음효들이 가득한 곳에서 바름[正]으로 자처하니 위태롭고 의심받는 처지다. 참고로 건괘의 네 번째 양효의 경우 "혹 (못에서) 뛰어오르거나 못에 있으니 허물이 없다[或躍在淵 无咎]"라고 했다. 곤괘 육사(六四)도 자신의 지혜를 숨기기를 마치 주머니의 입을 동여매듯이 하여 숨긴다면 허물이 없다고 했다. 당연히 그 반대로 하면 해롭다. 대신 자신의 재능을 감추고서 숨어 지낸다면 칭송을 받을 일도 없다[无譽].

뒤에 공자도 「문언전」에서 말하고 있지만 이런 상황이 되면 뛰어난 이[賢人]는 자신을 숨기고 은둔해야 한다. 원래 육사(六四)는 재상이나 세자의 지위에 해당하니, 그 자리를 떠날 수 없다면 적어도 말을 삼가고 행동을 조심해야[愼言愼行] 한다는 뜻이다.

사리에 눈 밝은 임금[明主]이라면 이런 상황이 오는 것을 막아야 한다. 즉 신하들의 언로(言路)를 맘껏 열어주지 않으면 안 된다. '주머니를 묶다[括囊]'는 그래서 옛날에는 신하들이 입을 닫는다는 뜻으로 쓰였다. 마침 『조선왕조실록(朝鮮王朝實錄)』에서 괄낭(括囊)을 검색해보니 『연산군일기(燕山君日記)』에만 3건이 나오는데, 모두 대간(臺諫)의 간언과 관련된 문제다. 그중 연산군 7년(1501) 1월 30일 사헌부 대사헌 성현(成俔, 1439~1504)[93]이 올린 글이 이 문맥에 가장 적합하다. 연산군 7년이면 연산군이 폭정을 본격화하기 얼마 전이다. 모든 것이 막혀가던 때였음을 감안하며 읽어볼 필요가 있다.

> 신 등이 가만히 듣건대, 임금의 정사 중에 간언(諫言)을 받아들이는 것보다 급한 것이 없고, 신하의 직책 중에 간언을 드리는 것보다 먼저 할 것이 없다 합니다. 이런 까닭으로 신하는 마땅히 간담을 털어놓아 가만히 극간하여 짤막한 말 가운데서도 임금의 뜻을 깨닫게 해야 하며, 임금은 마땅히 말과 얼굴빛을 너그러이 하여 허심탄회하게 간언을 받아들여서 허물없는 처지에 몸을 두시어야 합니다. 그렇지 않으면 임금은 간언을 거절한다[拒諫(거간)]는 이름을 얻어 마침내 그릇됨[非(비)]을 조성하고, 신하는 입을 다문다[括囊(괄낭)]는 이름을 얻어 마침내 불충에 빠지게 되는 것입니다. 무릇 언로(言路)가 세상에 있는 것은 혈기가 사람 몸에 있는 것과 같아서, 혈기가 잠깐이라도 통하지 않으면 온몸이 병을 얻어서 마음이 편안하지 못하며 언로가 하루라도 통하지 않으면 사방이 그 해를 입어서 군주가 편안하지 못할 것이니 두렵지 않겠습니까. (한나라 때) 급암(汲黯)은 무제(武帝)를 가리켜 욕심이 많다고 했는데도 벌을 받지 않았으며, (당나라 때) 위징(魏徵)은 조정에서 태종(太宗)을 욕했는데도 태종이 성내지 않았으니, 제왕의 넓은 도량이 진실로 마땅히 이와 같아야 되는 것입니다. 조정이 곧은 신하를 두면 적국(敵國)이 두려워하고, 선비가 다른 의논이 없으면 식자(識者)가 걱정하는 법입니다. 바른말과 바른 의견을 숭상함은 진실로 군주의 약석(藥石-약이 되

---

93 성현은 세조 8년(1462) 23세로 문과에 급제했다. 홍문관정자를 역임하고 대교(待敎) 등을 거쳐 사록(司錄)에 올랐다. 1468년(예종 즉위년) 29세로 경연관(經筵官)이 됐다. 예문관수찬·승문원교검을 겸임했다. 형 성임(成任)을 따라 북경에 갔는데, 가는 길에 지은 기행시를 엮어 『관광록(觀光錄)』이라 했다. 1488년에 평안도관찰사로 있었다. 조서를 가지고 온 명나라 사신 동월(董越)과 왕창(王敞)의 접대연에서 시를 서로 주고받음으로써 그들을 탄복하게 했다. 이해에 동지중추부사(同知中樞府事)로 사은사가 돼 다시 명나라에 다녀왔다. 그 뒤에 대사헌이 됐다. 1493년에 경상도관찰사로 나갔다. 그러나 음률에 정통해 장악원제조(掌樂院提調)를 겸했기 때문에 외직으로 나감으로써 불편이 적지 않았다. 그래서 한 달 만에 예조판서로 제수됐다. 이해에 유자광(柳子光) 등과 당시의 음악을 집대성해 『악학궤범(樂學軌範)』을 편찬했다. 성현은 성종의 명으로 고려 가사 중에서 「쌍화점(雙花店)」·「이상곡(履霜曲)」·「북전(北殿)」 등의 표현이 노골적인 음사(淫辭)로 됐다고 하여 고쳐 썼다. 한편으로는 관상감·사역원·전의감(殿醫監)·혜민서(惠民署) 등의 중요성을 역설해 그곳에 딸린 관원들을 종전대로 문무관의 대우를 받도록 했다. 연산군이 즉위한 후에 한성부판윤을 거쳐서 공조판서가 됐고 그 뒤에 대제학을 겸임했다. 1504년에 『용재총화(慵齋叢話)』를 저술했다. 죽은 뒤 수개월 만에 갑자사화가 일어나서 부관참시(剖棺斬屍)당했다.

는 돌)입니다. 혹 약석인 곧은 말과 바른 의견을 듣지 않고 자기 마음대로 사정(私情)을 쓴다면 조정의 정치는 장차 피폐하고 해이해져서, 백성이 아래에서 원망해도 임금이 듣지 못하고 일이 아래에서 밀려 있어도 임금이 알지 못할 터이니 어찌 작은 폐단이겠습니까. 세종(世宗)께서는 재위하신 지 30년이나 됐는데도 바른말 구하기를 목마른 것같이 했고 선비의 풍습을 격려해서 후손을 위해 남긴 계책이 매우 원대했습니다. 일찍이 말씀하기를 "내가 날마다 정사를 보살펴 밀리거나 막힘이 없도록 할 것이니, 이 뒤로는 일의 크고 작음을 막론하고 승지[代言 대언]가 모두 조계(朝啓-조정에서 보고하는 것) 때에 직접 말하라" 하셨으니, 그야말로 일의 실상[物情 물정]을 환히 아심이요 깊이 후환을 염려하신 것입니다. 성종(成宗)께서는 언로를 넓게 열어서 간언을 받아들임에 어려움이 없었으며 말이 비록 적중함을 잃었더라도[失中 실중] 너그러이 용서했으므로, 사람마다 충성스러운 마음을 품고 군색한 마음이 없어 모두 강직한 신하가 됐습니다. 이런 것들은 모두 전하께서 마땅히 본받아야 할 것입니다. 근일에 언관들이 혹은 언사한 것으로써 옥에 갇히기도 하고 혹은 공사(公事)로 인하여 파직되기도 했으니, 신 등의 망령된 생각엔 전하의 간언을 따르는 마음이 처음보다 못하다고 여겨집니다. 어찌 성덕(聖德)의 누(累)가 아니겠습니까.

홍미롭게도 곤괘 육사(六四)에 담긴 지혜를 가벼이 여겨 횡액을 당한 인물로는 조선에서 이세좌(李世佐)가 전형적이다. 그는 조선 초 최고의 명문 세가 광주(廣州) 이씨 집안 사람으로, 이극감(李克堪)의 아들이며 1477년(성종 8년) 문과에 갑과로 급제한 뒤 대사간으로 특채됐다. 1485년에 이조참판으로 정조사(正朝使)가 돼 명나라에 다녀와 광양군(廣陽君)의 봉호를 받았다. 1494년 산릉도감제조(山陵都監提調)로 성종의 국장의례 및 능(陵) 축조를 담당했다.

그리고 연산군 시대를 맞았다. 곤괘 육사의 지혜를 깊이 체인(體認)했더라면 이때 그는 관직을 떠났어야 한다. 그는 연산군의 친어머니 폐비 윤씨가 사사될 때 손수 사약을 가져다 바친 승지였기 때문이다. 그러나 계속 벼슬길에 남아 한성부판윤과 호조판서를 거쳐 1496년(연산군 2년) 순변사로 여진족의 귀순 처리와 회유책의 강구를 위해 북방에 파견됐다. 1497년 이조판서에 임명되고, 이듬해 무오사화 때 김종직(金宗直) 및 그 제자를 극형에 처해야 한다고 주장했다. 이어 판중추부사(判中樞府事)를 거쳐 예조판서를 지냈다. 그러나 여기까지였다. 1503년 인정전에서 열린 양로연(養老宴)

에 참석, 어사주를 회배(回盃)할 때 어의(御衣)에 술을 엎지른 실수로 연산군의 분노를 사서 무안에 부처됐다가 다시 온성·평해에 이배됐다. 이듬해 갑자사화 때, 연산군의 생모 윤비(尹妃)를 폐위할 때 극간하지 않았고 이어 형방승지로서 윤비에게 사약을 전했다 하여 다시 거제에 이배되던 중 곤양군 양포역(良浦驛)에서 자살의 명을 받고 목매어 자결했다. 더불어 아들들도 모두 사형에 처해졌다. 말 그대로 멸문지화를 당했다.

곤괘의 밑에서 다섯 번째 음효에 대해 공자는 "노란 치마처럼 하면 으뜸으로 길하다[黃裳元吉]는 것은 열렬하게 애씀이 (도리에) 적중했다는 것이다[文在中也]"라고 했다.

'노랗다[黃]'라는 것은 오행(五行) 중에서 가운데[中]인 토(土)에 해당하는 색깔이다. '치마[裳]'는 위가 아니라 아래에 입는 옷이다. 자신을 낮춘 것이다. 즉 중도(中道)를 지키며 스스로 아랫자리에 처하면서도 육오(六五)이니 임금의 자리에 준하는 것이다. 정이는 신하나 부인으로서 임금에 준하는 자리에 오른 후예(后羿)[94]나 왕망(王莽)[95]을 이 육오에 해당하는 사례로 들었고, 혹은 왕비로서 지존의 자리에 오른 여와(女媧)[96]나 측천무후(則天武后)[97]가 거기에 해당한다고 했다. 우리 역사에서는 고려 때

---

94 후예(后羿) 또는 이예(夷羿)로도 쓴다. 유궁씨(有窮氏) 부락의 수령으로 요임금의 신하였다. 하(夏)나라 임금 태강(太康)을 내쫓고 그 땅을 점령했는데, 나중에 한착(寒浞)에게 살해당했다. 활을 잘 쏘았다고 한다.

95 원제황후(元帝皇后)의 조카다. 권모술수(權謀術數)를 써서 최초로 선양 혁명(禪讓革命)에 의해 전한의 황제 권력을 빼앗았다. 불우하게 자랐지만, 유학을 배웠고 어른을 잘 섬겨 왕봉(王鳳)의 인정을 받았다. 경녕(竟寧) 원년(BC 33) 황문랑(黃門郎)이 되고, 영시(永始) 원년(BC 16) 봉읍 1500호를 영유하는 신야후(新野侯)가 됐다. 원시(元始) 5년(AD 5) 평제를 독살한 뒤 두 살 된 유영(劉嬰)을 세우고, 당시 유행하던 오행참위설을 교묘히 이용해서 인심을 모았다. 스스로 가황제(假皇帝)라 하고, 신하들에게는 섭황제(攝皇帝)라 부르게 했다. 초시(初始) 원년(AD 8) 유영을 몰아내고 국호를 신(新)이라 하여 황제가 됨으로써 선양 혁명에 성공했다. 개혁 정책을 펼쳤지만, 한말(漢末)의 모순과 사회 문제를 해결하지 못한 채 모두 실패했다. 장안(長安)의 미앙궁(未央宮)에서 부하에게 칼에 찔려 죽음으로써 건국한 지 15년 만에 멸망했다.

96 중국 고대 신화에서 인간을 창조한 여신으로 간주된다.

97 당나라 창업에 공헌한 무사확(武士彠)의 딸이다. 일설에는 정관(貞觀) 4년(630)에 태어났다고도 한다. 뛰어난 미모로 열네 살 때 태종(太宗)의 후궁이 됐다가 황제가 죽자 비구니가 됐는데, 고종의 눈에 띄게 돼 다시 불려와 총애를 받았다. 그 후 간계를 써서 황후 왕씨(王氏)를 모함해 쫓아내고 영휘(永徽) 6년(655) 황후가 됐다. 몇 년 뒤 고종의 건강을 핑계로 스스로 정무를 맡아보며 독재 권력을 휘둘렀고, 문예와 이무(吏務)에 뛰어난 신흥 관리를 등용해 세력을 구축하면서 옛 귀족층을 배척했다. 고종과 함께 이성(二聖)으로 불렸다. 홍도(弘道) 원년(683)에 고종이 죽자 아들 중종(中宗)과 예종(睿宗)을 차례로 즉위시키고, 그녀에게 반항해 난을 일으킨 이경업(李敬業)과 당나라의 황족 등을 무력으로 탄압했다. 게다가 어사(御史)와 밀사를 이용해 대규모의 탄압을 자행하는 한편, 불경

의 천추태후(千秋太后)나 조선 때의 중종비이자 명종의 어머니였던 문정왕후(文定王后)가 여기에 해당한다.

그러나 이런 경우는 모두 부정적인 인물들이고, 반대로 주나라 성왕(成王)을 보좌한 주공이 바로 여기에 해당하는 인물이라고 보기도 한다. 효사에서 '으뜸으로 길하다'라고 했고 공자가 '열렬하게 애씀이 (도리에) 적중했다는 것[文在中也]'이라 한 것을 볼 때 부정적 사례보다는 긍정적 사례인 주공의 경우가 여기에 해당한다고 해야 할 것이다.

그런데 건괘 6효가 대체로 순임금의 생애 전체에 부합한다면 뒤에 나오는 겸괘(謙卦) 6효는 대체로 주공의 생애 전체와 합치된다. 여기서 곤괘의 육오는 다만 조카인 성왕을 보필하던 때만 해당한다고 봐야 한다. 물론 이는 특정 인물에 해당하는 것이 아니라 주공처럼 어린 임금을 제대로 보필한 인물이라면 두루 적용될 수 있다.

곤괘의 밑에서 여섯 번째 음효에 대해 공자는 "용이 들판에서 싸운다[龍戰于野]는 것은 그 도리가 끝에 도달한 것이다[其道窮也]"라고 했다. 음(陰)은 기본적으로는 양(陽)을 따르지만, 곤괘의 상륙(上六)처럼 세력이 커져서 가장 위에까지 오르게 되면 오만해진다. 이는 곧 신하가 임금에게 치받으려 한다는 뜻이다. 그래서 용(龍)을 굳이 말한 것인데, 이는 음이 너무 왕성해지면 마치 용처럼 보이게 돼 임금과 신하의 싸움이 용들의 싸움처럼 비치게 된다는 뜻이다. 결국 도리가 다하고 암흑의 시대가 극에 이르렀다는 뜻이다. 공자가 『논어』에서 말했던 방무도(邦無道), 천하무도(天下無道)의 상황이 도래한 것이다. 관련해서 『논어』에서 말하는 방무도, 천하무도가 무슨 뜻인지를 정리해두자.

공자는 기원전 551년(주나라 영왕(靈王) 21년)에 태어나 기원전 479년 73세를 일기로 세상을 떠났다. 소위 춘추(春秋) 시대의 한복판을 살다가 갔다. 공자가 태어나기 100여 년 전 제(齊)나라에는 환공(桓公)이라는 군주가 등장해 대대적인 개혁을 단행하고 국력을 강화해 본격적인 각축전이 벌어졌다. 이 와중에 52개의 나라가 멸망하고

---

(佛經)을 위조하고 부서(符瑞)를 날조해 무씨(武氏)의 천하를 합리화시켰다. 천수(天授) 원년(690) 스스로 성신황제(聖神皇帝)라 칭하며 나라 이름도 주(周)로 고치고(역사에서는 무주(武周)라 한다) 16년 동안 재위했다. 혹리(酷吏)를 임용하기도 했지만, 사람을 잘 써서 명상(名相)이 많이 배출됐다. 만년에는 호사로운 생활에 빠져 폐정(弊政)이 거듭됐다. 신룡(神龍) 원년(705) 재상 장간지(張柬之) 등에 의해 중종에게 황위를 선양(禪讓)했고, 그해 병에 걸려 죽었다.

수많은 제후가 도망쳐 종묘사직(宗廟社稷)이 흔적도 없어지는 일이 비일비재했다. 공자는 이런 실정을 천하무도(天下無道)라고 했다.

국가 간의 상황뿐 아니라 나라 안의 사정도 크게 다르지 않았다. 공자가 태어나기 10년 전인 기원전 562년에는 노(魯)나라의 권력이 공실(公室-王室)을 떠나 삼환(三桓)에게 넘어갔고, 기원전 546년에는 진(晋)나라의 정권이 조한위(趙韓魏) 삼가(三家)에 집중됐으며, 기원전 532년에는 진씨(陳氏)가 강씨(姜氏)를 축출하고 제나라의 실권자로 등장했다. 신하가 임금을 죽이거나 축출하고 다시 다른 신하가 실력자들을 내쫓는 일들이 연쇄적으로 일어났다. 이런 가운데서도 제나라나 진나라는 강한 나라에 속했고, 공자의 고국 노나라는 약소국이었다. 공자는 이런 실정을 방무도라 했다. 한마디로 말해 임금이 임금답지 못하고 신하가 신하답지 못한[君不君 臣不臣] 나라의 상황이 바로 방무도다.

그래서 공자는 『논어』 「안연」편에서 제나라 경공(景公)이 정치하는 법에 관해 묻자[問政] 이렇게 대답했다.

> "임금은 임금다워야 하고 신하는 신하다워야 하며 아버지는 아버지다워야 하고 자식은 자식다워야 합니다[君君臣臣父父子子]."
>
> 이 말을 들은 경공은 이렇게 말한다.
>
> "좋은 말이다. 진실로 임금이 임금답지 못하고 신하가 신하답지 못하고 아비가 아비답지 못하고 자식이 자식답지 못하면 제아무리 곡식이 많이 있다 한들 내가 그것을 먹을 수 있겠는가?"

그런 나라가 바로 도리가 없는 나라[邦無道]다.

육(六-음효)을 쓰는 법[用六]과 관련해 정이는 "곤괘의 음효를 쓰는 것은 건도(乾道-건괘)의 구(九)를 쓰는 법과 같으니, 이는 곧 음(陰)을 현실에 사용하는 방법이다. 음의 도리는 부드러워[柔] 오래 지속하기 어려우니[難常], 육을 쓰는 법은 그 이로움이란 오래오래[常永] 반듯함을 굳게 지키는 것[貞固]에 달려 있다는 것이다"라고 했다. 공자가 풀어낸 "반듯함을 오래도록 지키는 것이라는 것은 크게[以大] 끝마침이다[用六永貞 以大終也]"라는 말은 곧 끝에 가서 큰 결말을 이루려면 무엇보다 반듯함을 오래도록 지키는 것[永貞]이 가장 중요하다는 뜻이다.

여기서도 건괘와 마찬가지로 문언왈(文言曰) 부분은 생략하고 바로 본문을 보자.

곤(坤)이란 지극히 부드러우면서도[至柔] 움직임[動]은 굳세고[剛] 지극히 고요하면서도 [至靜] 다움[德]은 방정하다[方]. 뒤에 있으면서 주관하는 자를 얻어[後得主] 일정한 도리를 갖게 되고[有常] 만물 만사를 품어주니[含萬物] 교화가 빛난다[化光]. 곤의 도리[坤道]여, 이에 고분고분[順]하도다! 하늘을 받들어[承天] 때에 맞게 행하는구나[時行].

坤 至柔而動也剛 至靜而德方. 後得主而有常 含萬物而化光. 坤道其順乎 承天而時行.

◉

"곤(坤)이란 지극히 부드러우면서도[至柔] 움직임[動]은 굳세고[剛] 지극히 고요하면서도[至靜] 다움[德]은 방정하다[方]"라는 말을 정이는 각각 곤의 도리[坤道]와 곤의 본체[坤體]로 나눠서 풀이했다. 즉 "곤의 도리[坤道]는 지극히 부드러우면서도 [至柔] 움직임[動]은 굳세고[剛], 곤의 본체[坤體]는 지극히 고요하면서도[至靜] 다움 [德]은 방정하다[方]"는 것이다. 여기서 키워드는 움직임의 굳셈과 다움의 방정함이다. 다시 정이의 말이다.

> 움직임이 굳세기 때문에 건의 도리[乾道]에 호응해 때에 어긋나지 않고, 다움이 방정하기 때문에 만물을 낳는데 일정한 도리[常道]가 있다. 음의 도리는 양이 부르기를 기다린 다음에 화답하기 때문에 뒤에 자리하면서 지도자를 얻고 이로움을 주관해 만물을 완성시키니, 이것이 곤의 도리[坤道]의 일정한 도리다.

즉 공자는 먼저 곤의 도리의 고분고분함[順=柔]을 칭송했다. 이어서 곤괘의 초륙(初六)을 다음과 같이 풀이한다.

좋은 일을 쌓은 집안[積善之家]에는 반드시 그로 인한 경사[餘慶]가 있고, 좋지 못한 일을 많이 한 집안에는 반드시 그로 인한 재앙[餘殃]이 있다. 신하가 그 임금을 시해하고[弑][98] 자식이 아버지를 시해하는 것은 하루아침 하룻저녁에 일어나는 변고가 아니라, 그렇게 된 원인[所由來=所從來]이 점점 쌓이는데도[漸] 그것을 분별하기를 빨리 분별하지 않았기 때문이다. 역(易)에 이르기를 "(초륙(初六)은) 서리를 밟으면 단단한 얼음이 이르게 된다[履霜堅氷至]"라고 했으니, 이는 대개 이치가 그러함[順=順理][99]을 말한 것이다.

積善之家 必有餘慶 積不善之家 必有餘殃. 臣弑其君 子弑其父 非一朝一夕之故 其所由來者漸矣 由辨之不早辨也. 易曰履霜堅氷至 蓋言順也.

◉

흔히 "서리를 밟는 조짐[履霜之兆]"이라고 칭하는 이 곤괘 초륙(初六)에 대한 공자의 「문언전」 풀이의 핵심은 '점점 이뤄짐[漸]'에 있다. 신하가 위를 범하는 짓[犯上][100]은 갑자기 거창하게 일어나지 않는다. 사전에 임금의 믿음을 얻어내고 눈을 피해가며 점점 도모하기 마련이다. 정이는 그래서 이런 상황을 "모두 일의 형세[事勢]가 차곡차곡 자라서[順長] 그렇게 된 것"이라고 말했다. 그렇기 때문에 임금은 이를 눈 밝게[明] 살펴 찾아내야[察=照] 한다. 송나라 학자 진덕수는 『대학연의』에서 『시경』의 시 2편을 통해 각각 임금이 건도(乾道)를 본받아야 함과 곤도(坤道)의 점점[漸]을 경계해야 함을 절실하게 풀이하고 있다. 해설이 필요 없을 정도다.

『시경』「탁혜(蘀兮)」[101]는 홀(忽)[102]을 풍자한 것이다. 임금은 약하고 신하는 강해 (임금이)

98 아버지를 죽이고 임금을 죽이는 것은 살(殺)이라고 하지 않고 시(弑)라고 했다. 그만큼 나쁘다고 여겼기 때문이다.

99 문맥상 틀린 말은 아니지만 조금 어색한 바가 있다. 그래서 주희는 '옛말에는 순(順)과 신(愼)이 통한다고 보아 일이 미미할 때 마땅히 조심해서 분별해야 한다[愼]'고 풀이했다. 설득력이 있다.

100 『논어』「학이」편에 나오는 유자(有子)의 말이다. "그 사람됨이 효도하고 공순하면서[孝弟] 윗사람을 범하기를 좋아하는 자[好犯上]는 드물다. (또) 윗사람을 범하기를 좋아하지 않으면서 난을 일으키기를 좋아하는 자[好作亂]는 없다. 군자는 근본에 힘쓰니[務本], 근본이 서야 도리가 생겨난다. 효(孝)와 제(弟)는 어짊을 행하는[爲仁] 근본이라 할 만하다."

101 이 시는 정(鄭)나라 시다.

102 소공(昭公)의 이름이다.

선창을 해도 (신하가) 화답하지 않는다.

'마른 잎이여, 마른 잎이여. / 바람이 불어 너를 떨어뜨리려 하는구나. / 숙(叔)이여, 백(伯)이여. / 나를 부르면 내 너희들에게 화답하리라.

마른 잎이여, 마른 잎이여. / 바람이 불어 너를 날려 보내려 하는구나. / 숙(叔)이여, 백(伯)이여. / 나를 부르면 내 너희의 뜻을 이뤄주리라[要=成].'[103]

"신이 가만히 살펴보겠습니다. 『춘추좌씨전』에 따르면 정나라의 소공(昭公)을 왕위에 추대한 채중(祭仲, BC 743~682)[104]은 모든 일을 주도[用事]했습니다. 이른바 신하가 강하다[臣强]는 것은 채중을 가리킨다고 하겠습니다. 말하자면 임금은 높고 신하는 낮은 것[君尊臣卑]이 천하의 정해진 분수[定分]이니, 낮은 자는 마땅히 약해야 하는 데 반대로 강한 자였습니다. 그러니 높은 자는 마땅히 강해야 하는 데 반대로 약한 자였습니다.

높은 자[尊者]가 어찌하여 (이처럼) 약하고 힘없고 여려서[弱柔懦] 스스로 설 수 없고 게으르며 스스로는 떨칠 수 없는 것이겠습니까? 이는 아마도[其] 약하기 때문일 것입니다. 임금이 이미 약하게 되면 위엄과 복[威福]을 주관할 수 있는 권세는 반드시 다른 곳으로 돌아가게 되는데, 이것이 바로 신하가 강한 까닭입니다.

임금이 선창하면 신하가 화답하는 것[君倡臣和]은 천하의 변함없는 이치[常理]입니다만, 일단 임금이 약하면 명령을 내릴 수 있는 권한을 장악하지 못하여 그의 신하들이 자기들끼리 선창하고 화답하지 임금으로부터 (명령을) 받지 않습니다[不稟].

그래서 '마른 잎이여, 마른 잎이여. / 바람이 불어 너를 떨어뜨리려 하는구나'라는 구절은 여러 대부(大夫)가 강한 신하의 위치에 있는 것이 마치 (임금이) 나뭇가지에 겨우 붙어서 떨어질락 말락 하면서도 스스로를 지키지 못하는 것을 풍자하고 있습니다. 이에 강한 신하들[叔伯]은 자기들끼리 의논하며 스스로 선창하고 화답하고 자기들끼리 당파[黨與]를 만들어가면서 재앙을 피해볼 계책으로 삼으니, 이는 대개 그들이 임금을 제대로 신뢰할 수 없다는 것을 잘 알고 있기 때문입니다.

나라의 위세[國勢]가 이 지경에 이르면 이른바 난들 어찌 하랴 할 뿐이니, 임금 된 자는 하

---

103 진덕수는 '요(要)를 본받다[法]'로 푸는데, 여기서는 전통적인 풀이를 따랐다. 숙(叔)이나 백(伯)은 이런저런 신하를 의미하는 것으로 보면 될 듯하다.

104 정나라의 대부로 자신의 필요에 따라 여러 임금을 세웠다가 내쫓았다가 했다.

늘과도 같은 도리의 튼튼함[乾健](건건)으로 스스로를 채찍질하지[自勵](자려) 않을 수 있겠습니까?"
(『시경』) 「교동(狡童)」[105]도 홀(忽)을 풍자한 것이다. 현능한 신하들[賢人](현인)이 더불어 나랏일을 도모하지 못하니 권세를 잡은 신하[權臣](권신)들이 제 마음대로 명령을 내는 것이다.

'저 교활한 아이 / 나하고는 말도 하지 않는도다. / 아! 그대가 그런다고 / 내 밥을 먹지 못하겠는가?
저 교활한 아이 / 나하고는 밥도 먹지 않는도다. / 아! 그대가 그런다고 / 내 편히 쉬지 못하겠는가?'

"신이 가만히 살펴보겠습니다. 앞 장의 시 '마른 잎이여[擇兮](탁혜)'가 풍자한 것은 신하가 강한 것뿐이었지만 이 장에서는 한 나라의 권세가 채중에게 다 돌아가 생사 여탈권을 채중이 마음대로 할 수 있게 되니 신하의 강함이 더욱 심해진 것입니다.

무릇 천하에 일찍이 현능한 자가 없었던 적은 없으니, 아무리 권신이 제 마음대로 일을 좌지우지할 때라고 해도 반드시 권신에게 아부하지 않으려는 신하도 있을 것을 것입니다. 따라서 임금이 능히 이런 사태를 파악하여 일을 도모한다면 그 상황[勢](세)은 오히려 도리를 회복할 수 있는 쪽으로 바뀔 수 있는 것입니다.

예를 들면 제나라의 권세가 전씨(田氏)에게 있었지만 안영(晏嬰)이라는 인물이 있었으니, 경공(景公)이 능히 안영을 자신이 도모하는 바에 참여시킴으로써 전씨는 결국에 가서 나라를 찬탈하려는 뜻을 수행할 수 없었던 것입니다. 또 노나라의 권세가 계씨(季氏)에게 있었지만 자가기(子家羈)가 있었으니, 소공(昭公)이 능히 자가기를 자신이 도모하는 바에 참여시킴으로써 계씨는 결국 임금을 축출하려는 뜻을 이룰 수 없었던 것입니다. 그러니 두 나라가 (그전에) 권력이 바로 될 수 없었던 것은 그 두 신하의 말이 채용되지 못했기 때문입니다.

이 시는 아마 당시의 현자(賢者)가 지었을 것이니, 현자는 임금으로부터 인정을 받지 못했다고 해서 스스로 자신이 먼저 의리를 끊지는 않습니다. 그래서 비록 더불어 말하지 않고 더불어 먹지 않아도 (나라가 잘못된 방향으로 가는 것을) 숨어서 걱정하고 분해하며 밥도 제대로 먹을 수 없고 편히 쉴 수도 없는 지경에 이르렀으니, 그 마음의 충후함이 어떠한 것이겠습니까?

---

105 이 시는 정(鄭)나라 시다.

만일 소공(昭公)으로 하여금 이 같은 사람을 그가 도모하는 바에 참여시키게 했다면 반드시 장차 제나라나 노나라처럼이라도 됐을 터이지만, 소공은 그럴 능력이 없어서 얼마 안 가 채중이 임금의 자리를 몰래 도적질한 다음에 마침내 홀(忽)을 내쫓아버리고 돌(突)[106]을 내세웠으니 임금 바꾸기를 마치 바둑돌 놓듯 쉽게 했습니다. 이를 보면 그 점점 이뤄지는 바[漸]가 단 하루가 아니었습니다.

이런 맥락에서 신이 이 시를 살펴보건대, 분노와 성냄이 담긴 시어를 쓰고 있는데 그 말은 비록 불손해 보이지만 그 마음은 지극히 삼가고 정성을 다하고 있으니[惓惓] 이 시를 읽는 사람은 그 말에 얽매여서 본래 하고자 하는 뜻을 해쳐서는 안 될 것입니다."

이어서 공자가 「소상전」에서 "육이(六二)의 움직임[動]이 곧아서 방정하니 익히지 않아도 이롭지 않음이 없다[直以方也 不習无不利]는 것은 땅의 도리가 밝게 빛나는 것이다[六二之動 直以方也 不習无不利 地道光也]"라고 했던 육이(六二)에 대한 「문언전」의 풀이다.

곧음이란 그 바름이고 방정함이란 그 마땅함이다. 군자는 삼감으로 내면을 곧게 하고 마땅함으로 외면을 방정하게 하니[敬以直內 義以方外], 삼감과 마땅함[敬義]이 서게 되면 다움은 외롭지 않다[德不孤]. (따라서 역(易)의 효사에 이르기를) "곧고 방정하고 크니 익히지 않아도 이롭지 않음이 없다[直方大 不習无不利]"라고 한 것은 그 행하는 바에 대해 의혹을 품지 않는 것이다[不疑].

直 其正也 方 其義也. 君子 敬以直內 義以方外 敬義立而德不孤 直方大 不習无不利 則不疑其所行也.

◉

'다움은 외롭지 않다[德不孤]'는 『논어』 「이인」편에 나오는 구절의 일부다. 이어지

---

106 여공(厲公)이다.

는 뒷부분이 풀이의 실마리를 제공한다.

(다움은 외롭지 않아) 반드시 이웃이 있다[必有隣].

이에 대해서는 정이의 풀이가 상세하다.

삼감과 마땅함을 세우게 되면 그 다움이 성대해져 품어주는 힘이 커지기를 기다리지 않아도[不待] 커지니[大] 다움은 외롭지가 않다. 다움을 쓰는 데 두루하지 않음이 없고 다움을 베푸는 데 남을 이롭게 해주지 않음이 없으니, 어찌 의혹을 품을 것인가?

이어 "(안으로) 아름다움[章=美]을 머금어 반듯할 수 있으니 혹 왕의 일[王事]에 종사해도 성공을 내세우지 않아야 (좋은) 끝마침이 있을 것이다[含章可貞 或從王事 无成有終]"라고 한 육삼(六三)에 대한 「문언전」의 풀이다.

음(陰)이 비록 아름다운 능력[美=章]을 갖고 있다 해도 그것을 (마음속에) 머금고서 (혹시) 왕의 일에 종사하게 되더라도 감히 자신이 이룬 것[敢成]이라고 해서는 안 된다. (이 같은) 땅의 도리[地道]는 아내의 도리[妻道]이며 신하의 도리[臣道]다. 땅의 도리는 일을 이룬 공을 자기 것으로 하지는 않지만 그 대신에 잘 끝마침[終=善終]이 있다.
陰雖有美 含之 以從王事 弗敢成也. 地道也 妻道也 臣道也 无成而代有終也.

◉

이 자체로 아주 곡진하다. 다만 여기서 한 가지 지적해둘 것이 있다. 신하가 신하다운 것, 즉 신하의 다움[臣德]을 우리는 흔히 충(忠)이라고 한다. 그런데 정작 충(忠)을 구체적으로 말하면 무엇인가라고 묻는다면 대답이 쉽지 않다. 여기에 바로 그 답이 나와 있다.

이는 곧바로 우리가 앞에서 보았던 『서경』 「군진」편에 나오는 말이다.

네게 만일 좋은 계책[嘉謨]과 좋은 생각[嘉猷]이 있거든 곧장[則=卽] 들어가 너의 임금에게 아뢰고, 밖으로 네가 그것을 알릴 때는 이 계책과 이 꾀는 오직 우리 임금의 다움 덕분이라고 하라!

이어 육사(六四)에 대한 「문언전」의 풀이다.

하늘과 땅의 도리가 달라지고 바뀌면[變化] 풀과 나무까지도 우거지지만[蕃=衆] 하늘과 땅의 도리가 닫히면[閉] 뛰어난 이들[賢人]이 숨는다. 역(易)에 이르기를 "주머니(주둥이)를 묶으면 허물도 없고 기림도 없다[括囊 无咎无譽]"라고 한 것은 대개 조심해야 함[謹]을 말한 것이다.
天地變化 草木蕃 天地閉 賢人隱. 易曰 括囊无咎无譽 蓋言謹也.

◉

여기서 핵심 포인트는 '하늘과 땅이 닫히면'에 있다. 이는 효의 밑에서 네 번째라는 자리와 연결돼 있다. 정이는 육사(六四)가 상괘(上卦)에 속하며 군주(君主-육오)와 가깝지만, 상대방을 얻으려는 뜻이 없어 단절되고 막혔다고 했다.

이런 때가 바로 천하무도(天下無道), 방무도(邦無道)다. 『논어』 「계씨」편에서 공자는 천하와 나라에 도리가 있는 상황에 대해 이렇게 말했다.

천하에 도리가 (살아) 있다면 예악 시행과 대외 정벌(의 주도권)은 천자(황제)로부터 나오고, 도리가 없다면 천자가 아닌 그 아래의 제후로부터 나온다. 제후로부터 명이 나오게 되면 10대 안에 정권을 잃지 않는 경우가 드물고, 그 아래 대부로부터 나오면 5대 안에, 가신이 나라의 명을 잡으면 3대 안에 잃지 않는 경우가 드물다. 천하에 도리가 살아 있다면 정사(의 주도권)가 대부에게 있지 않고, 천하에 도리가 살아 있다면 (정사가 제대로 될 것이므로) 아랫사람들이 함부로 정사에 대해 의견을 내지 않는다.

천하와 나라에 도리가 없어지면 뛰어난 이들은 숨어야 한다. 자칫하면 비명횡사(非命橫死)하기 때문이다. 『논어』 「태백」편에 나오는 공자의 말은 고스란히 곤괘 육사

(六四)에 대한 풀이다.

위태로운 나라에는 들어가지 말고[危邦不入] 어지러운 나라에서는 살지 말라[亂邦不居]. 천하에 도리가 있으면 나타나고 도리가 없으면 숨어야 한다. 나라에 도리가 있을 때 (준비한 능력이 없어) 가난하면서 또 천하기까지 한 것은 부끄러운 일이며, 나라에 도리가 없을 때 (구차스럽게 벼슬을 해) 부유하면서 또 귀하기까지 한 것도 부끄러운 일이다.

이것이 바로 일의 이치[事理]이자 일의 형세[事勢]를 알아서 처신하는 것이다. 다음은 "노란 치마처럼 하면 으뜸으로 길하다[黃裳元吉]"라고 했던 육오(六五)에 대한 「문언전」의 풀이다.

군자는 황(黃)의 가운데 있으면서 이치에 통달하고[通理] 그 자리를 바르게 하며 몸을 두고 있으니[正位居體], 아름다움이 그 마음속[其中]에 있어 온몸[四支=四肢]으로 펼쳐지고 모든 일[事業]로 드러나니 (다움의) 아름다움이 지극한 것이다.
君子 黃中通理 正位居體 美在其中而暢於四支 發於事業 美之至也.

◉

황(黃)은 노란색으로 땅의 다움[土德]이다. 그런 다움을 마음속에 품고서 이치에 통달한 채 자리를 바르게 하며 몸을 두고 있다고 했다. 그런데 육오(六五)는 상괘의 가운데[中]이기는 하지만 양의 자리[陽位]에 음효가 있는 것이니 부정위(不正位)다. 여기서 정위(正位)라고 한 것은 바른 자리라는 의미가 아니라 말 그대로 자리를 바르게 하고서 그 자리에 몸을 두었다는 뜻이다. 즉 앞서 언급한 바와 같이 주공이 성왕을 대신해 섭정하는 것이 그런 경우에 해당한다.

왕비가 겸손해 제자리를 잘 지키고 있을 때도 '황상(黃裳)'의 다움을 갖췄다고 말할 수 있다.

끝으로 "용이 들판에서 싸우니, 그 피가 검고 누렇다[龍戰于野 其血玄黃]"라고 했던 상륙(上六)에 대한 「문언전」의 풀이다.

음이 양과 (그 세력이) 비슷해지면[疑=擬] 반드시 싸운다. (곤괘라고 해서) 양(陽)이 없다고 여길까 걱정해 (일부러 곤괘임에도) 용(龍)이라고 칭했고, (이렇게 싸워도) 아직 그 부류에서 떠나지 못하기 때문에 피[血]라고 칭했다. 무릇 '검고 누렇다[玄黃]'라고 한 것은 하늘과 땅이 뒤섞인 것이니, (왜냐하면) 하늘은 검고 땅은 누렇기 때문이다.

陰疑於陽 必戰 爲其嫌於无陽也 故稱龍焉 猶未離其類也 故稱血焉. 夫玄黃者天地之雜也 天玄而地黃.

◉

곤괘(☷)는 효의 모양 자체가 음 일색이다. 그래서 음의 세력은 자신들이 얼마든지 양의 세력과 싸울 수 있다고 여기게 된다. 그것은 일의 형세[事勢]다. 게다가 여섯 효가 모두 음효이다 보니 양은 아예 없는 듯이 여길까 걱정해서 주공이 효사를 달 때 굳이 용(龍)을 언급했다는 말이다. 실상은 음과 양이 대등해져서 싸우는 것을 말한다. "음이 양과 (그 세력이) 비슷해지면[疑=擬] 반드시 싸운다"라는 것은 좀 더 구체적으로 말하면 신하가 세력이 커져서 임금에게 맞서려 하면 반드시 싸움이 일어난다는 말이다.

'들판에서 싸우니'라고 한 것은 싸움이 격렬해져 성 밖으로 나가 들판에서까지 싸웠다는 것을 뜻한다. 그만큼 싸움이 치열했다는 뜻이다.

피는 두 가지 의미가 있다. 하나는 여전히 같은 음의 부류를 벗어나지 못했다는 것이고, 또 하나는 상처를 입어 피를 흘린다는 것이다. 그러나 양 또한 상처를 입을 수밖에 없다. 그래서 각각 하늘과 땅을 나타내는 현(玄)과 황(黃)을 통해 그 피의 색을 형용한 것이다. 즉 음과 양 모두 큰 상처를 입었다는 말이다.

곤괘(☷)의 맨 아래 초효(初爻)는 "서리를 밟는 조짐[履霜之兆]"이라는 말로 많이 사용됐다. 우리 역사에서는 대표적으로 조선 시대 태종(太宗)이 처남인 민씨(閔氏) 형제들을 단죄할 때 이 말을 자주 사용했다. 그것은 임금이 신하의 간사함의 씨앗[萌]을 깊이 살피는 문제와 연결돼 있었다. 『태종실록(太宗實錄)』 7년(1407) 9월 18일 자 기사다.

편전(便殿)에 나아가서 정사를 보았다. 일을 아뢰던 여러 신하가 모두 물러가자, 상이 병조판서 윤저(尹柢), 참찬의정부사(參贊議政府事) 유량(柳亮), 호조판서 정구(鄭矩)와 6대언(代

言)을 머물게 하고 여원군(驪原君) 민무휼(閔無恤), 여산군(驪山君) 민무회(閔無悔), 총제(摠制) 노한(盧閈) 등을 불러 앞으로 나오게 했다. 상이 민무휼·민무회를 돌아보며 말했다. "너희 두 형[107]이 죄를 지어 외방에 귀양 가 있는데 그 마음에는 반드시 생각하기를 '내가 무슨 불충한 마음이 있는가?'라고 할 것이고, 너희들 또한 말하기를 '우리 형이 무슨 불충한 죄가 있는가?'라고 할 것이며, 너희 부모의 마음에도 또한 그러할 것이다. 지금 내가 그 까닭을 자세히 말할 것이니 너희들은 마땅히 가서 부모에게 고하도록 하라. 대체로 불충(不忠)이라는 것은 한 가지가 아니다. 예전 사람이 말하기를 '임금의 지친(至親)에게는 장차[<ruby>將<rt>장</rt></ruby>][108]가 없다'고 했으니, 장차[<ruby>將<rt>장</rt></ruby>]가 있으면 이것은 불충인 것이다. 이상(履霜)의 조짐이 있어도 또한 불충이 되는 것을 면치 못하는 것이다. 만일 내가 정안군(靖安君)으로 있었을 때 너희 형들이 나에게 쌀쌀하고 야박하게 굴었다면 이것은 불목(不睦)이 되는 것이고 불충은 아니 되는 것이지만, 지금 내가 일국의 임금이 됐는데 저희가 쌀쌀하고 야박한 감정을 품는다면 이것은 참으로 불충인 것이다."

정확히 『주역』 곤괘 초륙(初六)을 이해한 발언이다. 이처럼 소인의 등장을 미리 경계해야 함을 강조할 때 자주 인용된 『주역』의 효 중에는 또 구괘(姤卦, ䷫) 초륙이 있다.

쇠굄목[<ruby>金柅<rt>금니</rt></ruby>]에 매어놓으면 반듯한 도리가 길하고 가는 바가 있으면 흉한 일을 당하게 되니[<ruby>見凶<rt>견흉</rt></ruby>], 약한 돼지가 마음속으로 실로[<ruby>孚<rt>부</rt></ruby>] 날뛰고 싶어 한다[<ruby>繫于<rt>계우</rt></ruby><ruby>金柅<rt>금니</rt></ruby> <ruby>貞吉<rt>정길</rt></ruby> <ruby>有攸往<rt>유 유왕</rt></ruby> <ruby>見凶<rt>견흉</rt></ruby> <ruby>羸豕<rt>이시</rt></ruby><ruby>孚<rt>부</rt></ruby><ruby>蹢躅<rt>척촉</rt></ruby>].

괘상을 보거나 효사를 읽어봐도 소인이 처음 나타나 설치려고 함을 알 수 있다. 『성종실록(成宗實錄)』 21년(1490) 10월 22일 자 기사다.

사헌부 대사헌(司憲府大司憲) 이계동(李季仝) 등과 사간원 대사간(司諫院大司諫) 이종호

---

107 민무구(閔無咎)·민무질(閔無疾) 형제를 가리킨다.

108 『춘추공양전(春秋公羊傳)』에 나오는 말로, 장차 미래를 도모하려는 마음을 가리킨다. 이런 마음이 있으면 목을 베야 한다고 했다.

(李宗顥) 등이 와서 아뢰었다.

"신 등이 가만히 살펴보건대 말재주에 능하고 간사한 사람[佞邪]의 진퇴(進退)는 국가(國家)의 안위(安危)에 관계되므로, 현명한 군주가 그 영사(佞邪)함을 알아차려 그들을 멀리하면 국가가 편안해지고 중주(中主-중간쯤 되는 군주)나 용군(庸君)이 그 아첨하는 것을 기뻐하여 그들을 가까이하면 국가가 위태로워집니다. 이는 『주역』에서 말한 이상금니(履霜金柅)의 깊은 경계(警戒)이니 전하께서는 마땅히 잘 지켜서 잊지 않으셔야 할 것입니다."

「계사전」에서 하늘과 땅을 함께 논한 대목을 다시 한번 읽고 음미한 다음에 다음 괘로 넘어가자. 건괘와 곤괘는 앞으로 보게 될 나머지 62개 괘처럼 현실 세상의 일이나 물건을 본뜬 괘가 아니라 그 자체가 이치[理]인 괘라는 사실을 잊어서는 안 된다.

(자연 속의) 하늘은 높고 땅은 낮으니[天尊地卑] (『주역』에서의) 건(乾)과 곤(坤)[109]이 정해진다. 낮고 높음[卑高=卑尊]에 따라 늘어서 있으니[陳] (『주역』의 괘의 효의) 귀함과 천함[貴賤]이 (각자의) 자리[位]를 갖게 된다. (만물(萬物) 만사(萬事)의) 움직임과 고요함[動靜]에 일정함[常]이 있으니 (이에 따라 『주역』의 괘의 효의) (양의) 굳셈과 (음의) 부드러움[剛柔]이 결정된다. (『주역』의 괘는) 방향과 위치[方=方所]에 따라 유형별로 모이고[類聚=彙集] (괘가 상징하는) 일이나 사물[物=事]에 따라 무리[群]가 나뉘니 (이 같은 모임과 나뉨에 따라 효에) 길함과 흉함[吉凶]이 생겨난다.

하늘에서는 (해·달·별 등과 같은) 상(象)이 이뤄지고 땅에서는 (산·강·동물·식물 등과 같은) 형체[形]가 이뤄지니 (이 모든 현상에서) 달라짐[變]과 바뀜[化]이 나타나게 된다.[110] 이 때문에 (『주역』의 괘의 효에서도) 굳셈과 부드러움[剛柔]이 서로 비벼대고[相摩] 8괘(八卦)가 서로 섞여서[相盪=相雜] 우레와 번개[雷霆]로 (만물을) 두드려주고[鼓] 바람과 비[風雨]로 적셔준다[潤].

해와 달이 운행하니 한 번은 춥고 한 번은 덥다[一寒一暑]. 건의 도리[乾道]가 남자가 되고

109 건과 곤은 각각 양과 음, 하늘과 땅을 상징하는 괘(卦) 이름이다.

110 음이 달라져 양이 되고 양이 바뀌어 음이 된다는 말이다.

곤의 도리[坤道]가 여자가 된다. 건은 큰 시작[大始=太初]을 주관하고[知=主=掌] 곤은 일과 사물[物]을 이뤄내는데[成物], 건은 평이함[易]으로 (큰 시작을) 주관하고[知] 곤은 간결함[簡]으로 능히 (일을) 해낸다[能]. 평이하면 알기 쉽고 간결하면 (아랫사람들이) 따르기 쉽다[易從]. 알기 쉬우면 제 몸처럼 여기는 사람들이 있게 되고[有親] 따르기 쉬우면 성과가 있게 된다[有功]. 제 몸처럼 여기는 사람들이 있으면 오래 지속할 수 있고[可久] 성과가 있게 되면 (일을) 크게 할 수 있다[可大]. 오래할 수 있으면 (그것이 바로) 뛰어난 이의 다움[賢人之德]이고 크게 할 수 있으면 (그것이 바로) 뛰어난 이의 공적[業]이다.

(건과 곤의) 평이함과 간결함[易簡]에서 천하의 이치가 얻어지고, 천하의 이치가 얻어지면 그 (하늘과 땅) 안에서 (사람의) 자리는 이뤄진다[成位].

## 3. 수뢰준(水雷屯)[111]

곧 우리는 64개 『주역』 봉우리 중에서 세 번째 봉우리 준괘(屯卦, ䷂)[112]를 오른다. 그에 앞서 등반에 필요한 보조 장치를 잘 익혀둬야 한다. 이제부터는 공자의 「문언전」의 도움이 없기 때문이다.

앞에서 가운데[中]와 바른 자리[正位], 즉 중정(中正)의 문제는 살펴본 바 있다. 이제부터 무조건 새로운 괘에 들어갈 때마다 가장 먼저 중정의 문제를 점검해야 한다. 이는 끝까지 예외가 없다. 예를 들어 준괘의 중정을 점검해보자.

초구(初九)는 양위에 양효로 바름, 육이(六二)는 음위에 음효로 바름, 육삼(六三)은 양위에 음효로 바르지 못함[不正位], 육사(六四)는 음위에 음효로 바름, 구오(九五)는 양위에 양효로 바름, 상륙(上六)은 음위에 음효로 바름이다. 이 괘는 가운데를 얻어[得中] 바른 것이 육이와 구오 둘 다다. 늘 중정(中正) 중에 주인[主]이 있게 되는데, 이처럼 둘 다 중정일 경우에는 다른 효들과의 관계를 다시 고려해야 한다.

3획의 괘에서 맨 아래는 불급(不及)효, 가운데는 중(中)효, 맨 위는 과(過)효가 되

111 문자로는 감상진하(坎上震下)라고 한다.

112 둔괘로 읽어도 무방하다.

는데, 이렇게 되면 64괘 384효 중에서 불급효, 중효, 과효가 각각 128개다. 그중에서 양효이면서 중효인 것이 32개, 음효이면서 중효인 것이 32개다. 384개 효에서 중정(中正)은 따라서 64개뿐이다. 남동원(南東園)은 이렇게 말했다.

> 중정을 가진 효가 가장 좋은 효임은 두말할 나위가 없다. 중(中)을 가졌으되 위부정(位不正)이 되는 효가 그다음으로 좋은 효가 되고, 중은 얻지 못해도 위정이 되는 효가 조금 좋지 못한 효가 되며, 중도 못 얻고 위부정이 되는 효가 최악의 효가 된다.

참고할 만한 언급이다. 이제 효 하나하나가 아니라 효들끼리의 영향 관계를 살피는 보조 장치를 익혀야 할 차례다. 괘들의 상호 관계를 살폈던 「서괘전」이나 「잡괘전」 못지않게 효들끼리의 영향 관계를 살피는 것도 일의 형세[事勢(사세)]를 판단하는 데 중요한 작업이다.

효들끼리의 영향 관계를 살피는 첫 장치는 응효(應爻)다. 응효란 6효로 된 대성괘에서 초효와 사효, 이효와 오효, 삼효와 상효 사이에서 성립한다. 이때 서로 음과 양이면 응효(應爻-서로 호응하는 관계)라고 하고 같은 양과 양, 음과 음이면 응효 관계가 성립하지 않는다. 이때 가장 중요한 응효 관계는 이효와 오효의 응효 유무(有無)다. 응효 관계가 성립하면 서로 화순(和順)하고 그렇지 못하면 서로 길항(拮抗)한다. 길항이란 사이가 좋지 못하다는 뜻이다. 유응(有應)과 무응(無應)은 각각 이때 쓰는 말이다. 준괘(䷂)의 경우 초효와 사효는 유응, 이효와 오효는 유응, 삼효와 상효는 무응이다.

두 번째 장치는 비효(比爻)다. 비(比)란 가깝다, 친하다, 친밀하다, 붙어 있다는 뜻이다. 즉 초효는 이효와, 이효는 초효와 삼효, 삼효는 이효와 사효, 사효는 삼효와 오효, 오효는 사효와 상효, 상효는 오효와 비효 여부를 판단해야 하는 관계다. 이것 또한 서로 음과 양이면 유비(有比)라고 하고 효과는 응효만 못하지만, 그와 거의 같다. 이때도 가장 중요한 비효 관계는 사효와 오효다. 임금과 재상의 관계이기 때문이다. 유비(有比)와 무비(無比)는 각각 이때 쓰는 말이다.

새로운 괘를 만날 때마다 중정(中正) 다음으로 반드시 점검해야 하는 것이 바로 응효(應爻) 및 비효(比爻)다.

그 밖에 알아둬야 할 관계는 승승(承乘)이다. 승(承)은 어느 자리든 음효가 밑에 있어 위에 있는 양효를 받든다는 뜻이다. 승(乘)은 반대로 음효가 위에 있어 밑에 있는 양효를 올라탄 것을 말한다. 승(承)은 경우에 따라서 거(據)로 풀이하기도 한다. 양효가 밑에 있는 음효에 기대고 있다는 뜻이기 때문이다.

끝으로 반드시 알아둬야 할 용어가 길흉(吉凶)과 회린(悔吝)이다. 이는 「계사전」에서 살펴본 바 있다. 워낙 중요하기 때문에 다시 한번 읽고 다음으로 넘어가자.

> 빼어난 이[聖人]가 괘(卦)를 만들어 일과 사물의 유형[象][113]을 보고서 말을 달아[繫辭] 길함과 흉함을 밝히니, 굳셈과 부드러움[剛柔]이 서로 미뤄 헤아려[114] 달라짐[變]과 바뀜[化]을 만들어냈다. 이 때문에 길함과 흉함이란 잃고 얻음[失得]을 나타내는 상징[象]이고, 뉘우침과 안타까움[悔吝]이란 근심과 걱정[憂虞]의 상징이다.[115]

이제 수뢰준괘로 들어가 보자.

준(屯)은 원형(元亨)하고 이정(利貞)하다. 함부로 일을 행하는 바가 있어서는 안 되며 후(侯)를 세우는 것이 이롭다.

屯 元亨 利貞. 勿用有攸往 利建侯.

초구(初九)는 주저하고 머뭇거림[磐桓=盤桓]이니 반듯함에 머무는 것이 이롭고 후(侯)를 세우는 것이 이롭다[磐桓 利居貞 利建侯].

육이(六二)는 혼돈스러워[屯如] 나아가질 못하고서[邅如] 말에 올랐다가 내리니[班如], 도적이 아니라면[匪寇] 혼인해 관계를 맺는다[婚媾]. 여자가 반듯한데 임신을 하지 못했다가[不字=不孕] 10년 만에야 마침내 임신한다[屯如邅如 乘馬班如 匪寇婚媾 女子貞 不字 十年乃字].

113 여기서는 주희의 풀이를 따라 상(象)을 괘상(卦象)의 상과 구별해서 이렇게 옮겼다.

114 음과 양이 교차하고 바뀌는 것을 말한다.

115 주희가 말했다. "길함과 흉함은 서로 대척점에 있고, 뉘우침과 안타까움은 그 중간에 위치한다. 뉘우침은 흉함에서 길함으로 나아가는 것이고, 안타까움은 길함에서 흉함으로 향해가는 것이다." 정약용은 뉘우침은 허물을 고치는 것이고 안타까움은 허물을 고치지 않는 것이라고 말했다.

육삼(六三)은 사슴을 좇아가는데[卽=趨] 사냥 안내인이 없어[无虞] (길을 잃고) 그저 숲속 깊숙이 들어갈 뿐이다. 군자가 기미를 알아차려[幾=兆] 그만두는 것만 못하니 (계속) 가면 안타까울 뿐이다[卽鹿无虞 惟入于林中 君子幾 不如舍 往吝].

육사(六四)는 말에 올랐다가 내리니[班如] 혼인하려고 가면 길하여 이롭지 않음이 없다[乘馬班如 求婚媾往 吉无不利].

구오(九五)는 은택[膏]을 베풀기가 어려우니 조금씩 바로잡으면[小貞] 길하고 크게 바로잡으려 하면[大貞] 흉하다[屯其膏 小貞吉 大貞凶].

상륙(上六)은 말에 올랐다가 내리니[班如] 피눈물이 줄줄 흐른다[乘馬班如 泣血漣如].

◉

괘상(卦象)과 효상(爻象)에 대한 문왕이나 주공의 최소한의 언어적 풀이에 들어가기에 앞서 괘상이나 효상 그 자체를 최대한 우리 힘으로 읽어낼 필요가 있다. 『주역』을 스스로의 힘으로 읽어내는 근력을 기르기 위함이다. 먼저 준괘의 중정(中正)을 점검해보았다. 초구(初九)는 양위에 양효로 바름, 육이(六二)는 음위에 음효로 바름, 육삼(六三)은 양위에 음효로 바르지 못함[不正位], 육사(六四)는 음위에 음효로 바름, 구오(九五)는 양위에 양효로 바름, 상륙(上六)은 음위에 음효로 바르다. 이 괘는 가운데를 얻어[得中] 바른 것이 육이와 구오 둘 다다. 늘 중정 중에 주인[主]이 있게 되는데 이처럼 둘 다 중정이면 다른 효들과의 관계를 다시 고려해야 한다. 이럴 경우 일반적으로 이효보다는 오효가 주인이 되는 경우가 대부분이다. 응효 관계는 초효와 사효는 유응(有應), 이효와 오효는 유응, 삼효와 상효는 무응(無應)이다. 나머지 비효(比爻)나 승승(承乘) 관계는 개별 효를 풀이하면서 검토하기로 하고 괘상으로 넘어가자.

대성괘 준괘(屯卦, ䷂)는 소성괘 감괘(坎卦, ☵)와 진괘(震卦, ☳)가 위아래에 있어 만들어진 괘다. 이를 살피기에 앞서 「설괘전」에 있는 8괘의 기본 성질을 상기해보자.

> 우레[雷=震]로 움직이게 하고 바람[風=巽]으로 흩어지게 하고 비[雨=水=坎]로 윤택하게 하고 해[日=火=離]로 따듯하게 하고[烜] 간(艮-산)으로 오래 머물게 하고[止=久] 태(兌-못)로

기쁘게 하고 건(乾-하늘)으로 임금 노릇을 하고 곤(坤-땅)으로 간직한다[藏장].

준괘의 경우 위에 감괘가 있으니 비나 구름이나 물이 있는 것이고, 아래에 진괘가 있으니 우레가 쳐서 진동하는 것이다. 감(坎)은 또 구덩이, 함정, 험난함 등을 뜻한다. 아래에서 움직여 올라가려 하지만 위에서 막혀 올라가지 못한다. 대체로 여기까지는 앞으로도 혼자 힘으로 미뤄 헤아려야[推추] 괘 풀이가 한결 쉬워진다.

이처럼 "음과 양이 서로 만나기는 했으나 감괘에 막혀 진괘가 나아가지 못하는 형세"가 바로 준괘의 모습이다. 「서괘전」의 도움을 받아보자.

> 하늘과 땅이 있게 된 다음에 만물이 생겨나니, 하늘과 땅 사이에 가득한 것[盈영]은 오직 만물이다. 그래서 하늘과 땅의 뒤를 준괘(屯卦)로 받았다. 준(屯)이란 가득한 것[盈영]이고, 준이란 사물이나 일[物물=事사]이 처음 생겨나는 것[始生시생]이다.
>
> 有天地然後 萬物生焉 盈天地之間唯萬物. 故受之以屯. 屯者 盈也 屯者 物之始生也.
> 유 천지 연후 만물 생언 영 천지지간 유 만물 고 수지 이준 준 자 영야 준 자 물 지 시생 야

하늘과 땅은 각각 건위천괘(乾爲天卦, ䷀)와 곤위지괘(坤爲地卦, ䷁)를 말했다. 이 글에 따르면, 하늘과 땅이 생기고 처음 생겨난 것이 준괘(䷂)다. 어째서인가? 하늘과 땅 사이에 가득한 만물을 상징하는 것이 준(屯)이기 때문이라고 했다. 사물이 처음 생겨남[始生시생]이기 때문에 준(屯)이라고 했다. 그러면 하늘과 땅에 가득한 만물과 사물이 처음 생겨남을 왜 하필이면 준(屯)이라고 한 것일까?

실마리는 글자의 모양에 있다. 왼손 좌(屮) 위에 땅을 나타내는 일(一) 자가 얹혀 있으니 풀의 싹이 이제 막 돋아나려는 모양이고, 그래서 어렵다, 힘들다는 뜻도 생겨나고 태초(太初)의 의미도 갖게 된다. 만물이 아무리 하늘과 땅 사이에 가득 찼다 해도 절로 되는 것이 아니라 이같이 처음 생겨나는 고통을 거쳐야만 가능한 일이다. 결국 준괘의 핵심 의미는 가득한 것[盈영]보다는 이제 막 어렵사리 생겨남[始生시생]에 있음을 알아야 한다.

준괘가 처음 생겨남[始生시생]을 나타낸 것은 음(陰)의 감괘와 양(陽)의 진괘가 만난 것에서 볼 수 있다. 또 가득함은 막혀 있음[塞색]과 통한다. 색(塞)은 꽉 차 있음[實실]의 뜻도 있다. 그래서 우레와 구름이 만났는데도 비를 내리지 못한다. 일로 보면 힘차게

노력하는데도 일이 풀리지 않음을 뜻한다. 반면 음의 감괘와 양의 진괘가 위아래를 바꾸게 되면 해괘(解卦, ䷧)가 되는데, 이는 음과 양이 서로 감응해 비가 내리게 된다. 험난했던 어려움이 풀어지는 것이다.

여기서 한 가지 짚어야 할 점이 있다. 음은 그 속성상 내려가려 하고 양은 올라가려 한다. 그래서 서로 접촉하고 섞이며 상호 작용을 불러일으킨다. 준괘는 양이 아래에 있고 음이 위에 있으니 일단 상호 작용은 일어난다. 그러나 그 작용이 미약해 결국은 비를 내리는 데까지 이어지지는 못한 것이다. 반면 비괘(否卦, ䷋)는 위와 아래가 각기 방향을 달리하기 때문에 전혀 상호 작용을 불러일으키지 못한다.

정리하자면 준괘란 일을 크게 시작했으나 큰 어려움에 막혀 돌파구가 절실하게 필요한 상황을 나타낸다.

이제 문왕의 단사(彖辭), 즉 "준(屯)은 원형(元亨)하고 이정(利貞)하다. 함부로 일을 행하는 바가 있어서는 안 되며 후(侯)를 세우는 것이 이롭다[元亨 利貞. 勿用有攸往 利建侯]"에 대한 공자의 풀이[「彖傳」]를 살펴볼 차례다. 「단전」은 단왈(彖曰)로 시작하는데 이 부분은 생략하고 바로 본문으로 들어가겠다.

준(屯)은 굳셈과 부드러움[剛柔][116]이 처음으로 사귀었으나 어려움[難]이 생겨나[117] 험난함[險=坎] 속에서 움직인다[動=震]. 크게 형통할 수 있지만[大亨=元亨] 반듯해야 하는 것[貞]은 우레와 비의 움직임이 (온 세상에) 가득 차 있기[滿盈] 때문이다.[118] 세상의 조화[天造=時運=天運]가 처음에 어두운 때[草昧=荒昏][119]에는 마땅히 후(侯)를 세우되 마음을 놓아서는 안 된다[不寧].

屯 剛柔始交而難生 動乎險中. 大亨貞 雷雨之動 滿盈. 天造草昧 宜建侯而不寧.

116 이는 각각 진괘와 감괘를 가리킨다.

117 주희가 말했다. "처음으로 사귀었다는 것은 (아래의) 진(震)을 가리키고, 어려움이 생겨났다는 것은 (위의) 감(坎)을 가리킨다."

118 그러나 가득 차 있을 뿐 아직 비가 내리지는 않고 있다.

119 '처음에'는 진(震)에서 왔고 '어두운 때'는 감(坎)에서 왔다.

◉

마지막 문장에 대한 정이의 풀이가 곡진하다.

> (이 문장 위까지는) 하늘과 땅이 물건을 낳는 뜻을 말했고 이 문장은 때의 일[時事]을 말한 것이다. 천조(天造)란 때의 운행이나 운수[時運]를 말한다. 초(草)는 (맨 처음에) 어지러워 아무런 질서가 없는 것이고, 매(昧)는 어두워서 밝지 못한 것이다. 이런 때의 운수를 당해 마땅히 보필하여 도와줄 사람[輔助]을 세운다면 어려움을 구제할 수 있을 것이지만, 그러나 설사 후를 세워 스스로를 돕게 하더라도 또한 마땅히 걱정하고 부지런히 하여 늘 조심하면서 잠시라도 편안히 마음을 놓을 겨를이 없어야[不遑=不暇] 하니, 이는 빼어난 이[聖人-공자]의 깊은 경계다.

이는 곧 무질서 속에서 처음으로 정치 질서를 만들고 임금을 세우는 문제를 말한다. 서양에서는 이를 두고서 국가의 기원을 설명하기 위해 사회 계약설이 나오기도 했다. 그것은 곧 정치·임금·국가의 탄생 문제이기도 하다. 하늘과 땅에 이어 가장 먼저 나오는 준괘가 다름 아닌 인간의 질서 중에서 가장 중요한 국가나 군왕의 탄생 문제와 연결된 것은 어쩌면 자연스러운 흐름이다. 이 점은 좀 더 깊이 생각해볼 필요가 있다. 당나라 학자 유종원(柳宗元)은 유명한 「봉건론(封建論)」이라는 글에서 국가의 탄생 혹은 군주를 세움에 관해 이같이 논하고 있다. 거의 준괘에 대한 풀이라 해도 무방할 정도다.

> 하늘과 땅은 과연 처음[初=始]이 없는가? 나는 그것을 알 수가 없다. 사람[生人][120]에게는 과연 처음[初][121]이 있는가? 그렇다면 (그 같은 처음이 있다는 쪽과 없다는 쪽 중에서) 어느 쪽이 (실상에) 가까운 것인가?

---

120 일반적으로는 생민(生民)이라고 쓰는데, 당 태종 이세민(李世民)의 이름자를 피하기 위해[避諱] 민(民)을 인(人)으로 바꿔 쓴 것이다.

121 권력관계가 탄생하기 이전의 원초적 상태를 말한다. 서양의 사회 계약설의 전제 조건을 연상시킨다.

내가 볼 때는 처음의 상태가 있다는 것이 가깝다. 그것을 어떻게 밝힐 수 있는가? 봉건(封建)이라는 것을 단서로 삼아 그것을 밝힐 수 있다. 저 봉건이라는 것은 옛날의 빼어난 임금[聖君]인 요(堯)임금, 순(舜)임금, 우왕(禹王), 탕왕(湯王), 문왕(文王), 무왕(武王)을 거치면서도[更=歷經] 결코 없앨 수가 없었다. 대개 (그들이) 그것을 없애려고 하지 않았던 것이 아니라 형세[勢=情勢]상으로 불가능했기 때문이다. 형세가 그렇게 흘러온 것은 아마도 인간 사회의 처음에서 비롯됐을 것이다. 그 같은 처음 상태[初]가 없었다면 봉건이라는 것은 있을 수 없었을 것이다. 봉건은 빼어난 이들의 본뜻은 아니었다.

사람들이 아마도 처음 상태에서 만물과 다 함께 살 때는 풀과 나무가 무성하게 우거졌고[榛榛=蓁蓁] 사슴과 멧돼지들이 떼 지어 이리저리 몰려다녔으나[狉狉] 사람들은 (힘이 약해 짐승들처럼) 발톱으로 내리치거나 이빨로 물어뜯지를[搏噬] 못했고 또 털이나 깃이 없어 혼자 힘으로 먹을 것을 구하거나 자기 몸을 지킬 수도 없었으니, 순경(荀卿-순자)이 말하기를 "반드시 자기 외부에 있는 도구나 물건(의 힘)을 빌려야만 외부의 물건을 잘 이용할 줄 아는 사람이 될 수 있다"[122]라고 했던 것이다.

무릇 외부 사물의 힘을 빌려야 하는 자들은 반드시 (서로 그 물건들을 더 차지하기 위해) 다투게 되고, 다투었는데도 끝이 나지 않으면 반드시 일의 사정[曲直]을 잘 판단할 줄 아는 자를 찾아가 그의 명을 듣고 따랐다[聽命]. 사람의 일에 대한 지혜가 있고 밝은 자에게는 승복하는 자[伏=服]가 많았는데, 곧은 도리[直=直道]로 일러줬는데도 자신의 잘못을 고치지 않으면 반드시 처벌을 함으로써[痛] 뒤에 두려워하게 만들었다. 이로 말미암아 정치 지도자[君長]와 법률[刑]과 정치[政]도 생겨났다. 그리하여 서로 가까운 사람들끼리 모이면서 집단[群]을 이뤘다.

집단이 나눠지면 그 싸움은 반드시 커지는데, 싸움이 커진 후에야 무력이 있게 되고 다움[德]이 있게 됐다. 또 큰 무력이나 다움을 가진 자가 있게 되면 여러 집단의 우두머리들이 그에게 나아가 명령을 따름으로써 자신의 집단을 안정시켰다. 이에 제후의 반열[諸侯之列][123]

---

122 이 말은 『순자(荀子)』 「권학(勸學)」편에 나오는 "수레와 말을 타면 발이 더 빨라지는 것은 아니지만 천릿길을 갈 수 있고, 배와 노를 이용하면 수영을 잘하는 것은 아니지만 강을 건너갈 수 있다. 군자는 나면서부터 남과 달랐던 것이 아니라 외부의 물건을 잘 이용할 줄 아는 사람이다"라는 말을 압축한 것이다.

123 이는 주나라 때 나눈 공(公)·후(侯)·백(伯)·자(子)·남(男) 다섯 가지 작위를 말한다. 맹자(孟子)에 따르면 공과 후는 봉지가 사방 100리, 백은 사방 70리, 자와 남은 사방 50리였다.

이 생겨났다. 이렇게 되면 그 싸움은 더욱 커졌다. 다움이 더 큰 자가 있으면 제후들은 다시 그에게 나아가 명령을 따름으로써 자신의 봉국(封國)을 안정시켰다. 이에 방백(方伯)이나 연수(連帥)[124] 등이 생겨났다. 이렇게 되면 그 싸움은 더욱 커졌다. 다움이 더 큰 자가 있으면 방백이나 연수들은 다시 그에게 나아가 명령을 따름으로써 자신의 백성을 안정시켰다. 그런 연후에 천하는 하나로 모이게 됐다.

이런 문맥에서 보자면 천지개벽(天地開闢)이라는 말은 서구적 의미의 천지창조와는 무관하고 오히려 하늘과 임금, 땅과 신하의 관계, 즉 군신(君臣) 관계의 탄생이자 국가와 정치의 탄생이라고 이해해야 할 것이다.

공자의 「상전(象傳)」을 살펴볼 차례다. 그중에 준괘를 총평한 「대상전(大象傳)」이다. 여기서도 상왈(象曰) 부분은 생략하고 바로 본문을 보자.

구름과 우레가 준(屯)(이 드러난 모습)이니 군자는 그것을 갖고서[以] (천하를) 경륜(經綸)한다[雲雷屯 君子以 經綸].

◉

감(坎)은 수(水)이니 비·얼음·구름이 다 될 수 있는데 여기서는 굳이 구름이라고 했다. 이는 비를 이루지 못했다는 말이다. 그 점 때문에 준(屯)이라고 했으니, 무엇보다 그 어려움을 지적함과 동시에 그 어려움은 얼마든지 군자가 하기에 따라 구제할 수 있는 것임을 말한 것이다. 그래서 주희는 "막히고 어려운 세상[屯難之世]은 군자가 의미 있는 일을 할 수 있는 때[有爲之時]다"라고 했다. 경륜(經綸)은 곧 경영(經營)이다.

이는 중국 사상의 전통적인 선비의 우환(憂患) 의식과도 연결된다. 오늘날의 말로 하면 시대에 대한 책임 의식이다. 이때의 우환이란 사사로운 근심이 아니라 인간과 자연, 사회에 대한 무한한 책임 의식과도 통한다. 공자는 『논어』「자한」편에서 이렇게 말했다.

---

124 방백은 천하 각국의 제후들을 동서남북으로 나눠 방위마다 배치한 제후들의 수령이고, 연수는 10개국 제후들의 수장이다.

사리를 아는 사람은 미혹되지 않고[知者不惑], 어진 사람은 근심하지 않고[仁者不憂], 용기를 가진 사람은 두려워하지 않는다[勇者不懼].

지자(知者), 인자(仁者), 용자(勇者)를 통칭해서 군자(君子)라고 한다. 즉 『주역』을 읽을 자격이 있는 사람은 소인이 아니라 군자다. 이때 지자란 사리를 알아서 사람을 알아볼 줄 아는 사람이다. 그래서 불혹(不惑)한다. 불혹이란 유혹에 흔들리지 않는다는 뜻이 아니라 사리 분별을 함에 있어 미혹됨이 없다는 뜻이다. 인자란 사사로운 근심이 없는 사람이다. 그래서 불우(不憂)하는 것이다. 용자란 부끄러워할 줄 아는[知恥] 사람이다. 그래서 불구(不懼)한다는 것이다. 그렇다면 인자가 근심이 없다고 할 때는 사사로운 근심이고, 선비의 우환 의식이라고 할 때는 공적인 문제에 관한 관심과 근심이다. 이 점은 맥락에 따라 잘 구별해야 한다.

여기서 공자가 경륜을 말한 것은 「단전」에서 "세상의 조화[天造=時運=天運]가 어두운 때[草昧=荒昏]는 마땅히 후(侯)를 세우되 마음을 놓아서는 안 된다[不寧]"라고 한 것과 정확히 통한다. 특히 '마음을 놓아서는 안 된다'라고 한 것이 우환 의식이다.

준괘의 여섯 효[六爻]에 대한 주공의 말을 풀이한 공자의 「소상전」이다.

(초구(初九)는) 비록 주저하고 머뭇거리고 있지만[磐桓] 뜻은 바른 일을 행하려는 데[行正] 있다. 귀한 몸으로서 낮은 사람에게 몸을 낮추니[下賤=下下] 크게 백성(의 마음)을 얻게 된다[雖磐桓 志行正也. 以貴下賤 大得民也].

육이(六二)의 어려움[難]은 굳셈을 올라타고[乘剛] 있기 때문이다. 10년 만에야 마침내 임신한다는 것은 일정한 도리[常道]로 돌아갔다는 것이다[六二之難 乘剛也. 十年乃字 反常也].

(육삼(六三)은) 사슴을 좇아가는데[卽=趨] 사냥 안내인이 없다[无虞]는 것은 짐승을 탐내어 좇았기[從禽] 때문이다. 군자가 그만둔 것은 가게 될 경우 안타깝고 궁색해지기 때문이다[卽鹿无虞 以從禽也. 君子舍之 往吝窮也].

(육사(六四)는) 뛰어난 이를 구해서 나아가는 것이 눈 밝은 것이다[求而往 明也].

(구오(九五)는) 은택[膏]을 베풀기가 어렵다고 했으니 이는 그 베풂이 아직 빛나고 크지 못했기 때문이다[屯其膏 施未光也].

(상륙(上六)은) 피눈물이 줄줄 흐른다[泣血漣如]고 했으니 어찌 오래갈 수 있겠는가[泣血

漣如 何可長也?

◉

준괘의 맨 아래 첫 양효에 대해 공자는 "(초구(初九)는) 비록 주저하고 머뭇거리고 있지만[磐桓] 뜻은 바른 일을 행하려는 데[行正] 있다. 귀한 몸으로서 낮은 사람에게 몸을 낮추니[下賤=下下] 크게 백성(의 마음)을 얻게 된다[以貴下賤 大得民也]"라고 풀었다. 주공의 효사와 비교해볼 경우 '주저하고 머뭇거림[磐桓=盤桓]이니'라는 부분을 조금 적극적으로 풀어내 '비록 주저하고 머뭇거리고 있지만[磐桓] 뜻은 바른 일을 행하려는 데[行正] 있다'라고 했다. 이어서 '반듯함에 머무는 것이 이롭고'를 보다 구체화해서 '귀한 몸으로서 낮은 사람에게 몸을 낮추니[下賤=下下]'라고 풀어냈다. '후(侯)를 세우는 것이 이롭다'를 '크게 백성(의 마음)을 얻게 된다'라고 풀었다.

'주저하고 머뭇거리는[磐桓]' 이유에 대해 정이는 "양효이면서 맨 아래에 있으니 바로 굳세고 눈 밝은 재주[剛明之才][125]로서 막히고 어려운 세상[屯難之世]을 만나 낮은 자리에 있는 자이니, 당장 가서 막힌 어려움을 구제할 수는[濟屯] 없다. 그래서 주저하고 머뭇거리는 것이다. 바야흐로 막히고 어려운 초창기를 당해 주저하며 머뭇거리지 않고 갑자기 나아가게 되면 더 큰 어려움을 겪게 된다. 그러므로 마땅히 바르게 머물며[居正] 그 뜻을 튼튼히 해야 한다"라고 연결지어 풀어내고 있다. 다만 초구는 자리가 바르다[正位]. 소인들은 어려움에 처하면 바른 도리를 지키기 어려우니 그 같은 튼튼한 지킴이 없이 어찌 세상의 어려움을 구제하겠는가? 어려움에 대처하는 군자의 도리와 소인의 도리는 이처럼 다른 것이다.

공자는 문왕의 단사에 대한 풀이에서 후를 세우는[建侯] 문제를 언급한 때문인지 여기서는 "귀한 몸으로서 낮은 사람에게 몸을 낮추니[下賤=下下] 크게 백성(의 마음)을 얻게 된다[以貴下賤 大得民也]"라고 했다. 이는 후가 되고자 하는 사람에게 그 방책을 제시한 것이다. 이에 대한 정이의 풀이다.

---

125 강명한 재주란 임금이 될 만한 자질이다.

막히고 어려운 세상[屯之世]에 살면서 밑에서 어려움을 당하고 있으니. (백성의 입장에서는) 마땅히 도와주는 사람을 두는 것이 바로 어려움에 처해 어려움을 구제하는 도리[居屯濟屯之道]다. 그러므로 후를 세우는 마땅함을 취했으니, 이는 보필하여 도와줄 사람[輔助]을 구한다는 것을 말한다.

중국의 경우 진(秦)나라 말기의 혼란한 와중에 한나라를 세운 유방이 소하(蕭何)나 장량의 도움을 받은 것이 여기에 해당할 수 있다. 우리나라의 경우 조선을 세운 이성계가 조준(趙浚)이나 정도전의 도움을 받은 것도 비슷한 사례다. 세조가 한명회(韓明澮)의 도움을 이끌어낸 것도 이런 범주에 포함시킬 수 있을 것이다. 그런데 보필해 도와줄 사람이란 백성의 입장에서 보면 신하라기보다 임금이다.

내가 준괘의 초구에 대한 주공의 효사와 공자의 「소상전」을 보면서 떠올린 인물은 태종 이방원이다. 『태종실록』 총서(叢書)에 나오는 청년기 이방원의 모습이다.

남은(南誾, 1354~1398)[126]이 매번 (젊은 시절의) 태종(太宗)을 보면 반드시 다른 사람에게 일러 말했다.

"이 사람은 하늘을 덮을 영기(英氣)다."

태종은 나서부터 신이(神異)했고, 조금 자라자 영명(英明) 예지(睿知)하기가 출중하고, 글

---

126 1374년(공민왕 23년) 성균시에 급제, 1380년(우왕 6년) 사직단직(社稷壇直)이 되고 이어서 삼척지군사(三陟知郡事)가 돼 왜구를 격퇴, 사복시정에 올랐다. 정도전 등과 함께 조정의 신진 사류로서 이성계 일파의 중심 인물이 돼 구세력과 대립했으며 요동 정벌을 반대했다. 1388년(우왕 14년) 요동 정벌 때 이성계를 따라 종군했으며, 조인옥(趙仁沃) 등과 함께 이성계에게 회군할 것을 진언했고, 회군 뒤 이성계의 왕위 추대 계획에 참여했다. 1391년 정몽주(鄭夢周)에 의해 조준·윤소종(尹紹宗)·조박(趙璞)·정도전 등과 함께 탄핵을 받고 멀리 유배됐다. 이듬해 정몽주가 살해되자 풀려나 동지밀직사사(同知密直司事)가 돼 정도전·조준·조인옥 등 52인과 함께 이성계를 왕위에 추대, 조선의 개국에 공을 세웠다. 1393년(태조 2년) 경상도에 파견돼 왜구를 방비하고 군적(軍籍)을 새로이 작성했으며, 지문하부사(知門下府事)가 됐다. 이듬해 참찬문하부사(參贊門下府事)를 거쳐 삼사좌복야(三司左僕射)가 돼 새 도읍지인 한양의 종묘와 궁궐터 등을 정했다. 1395년 부친상을 당했으나 형인 남재와 함께 기복(起復)돼 이듬해 참찬문하부사 겸 판상서사사(參贊門下府事兼判尙瑞司事)가 됐다. 이때 정조사(正朝使)의 표문(表文)이 명나라 태조의 비위를 거슬러 사신 정총(鄭摠)이 살해되고 글의 초안자인 정도전을 명나라에 압송하라는 압력이 가해왔다. 이에 정도전과 은밀히 의논, 군량을 비축하고 진도(陣圖)를 작성하는 등 요동 정벌을 계획하기도 했다. 태조를 도와 이방석(李芳碩)을 세자로 책봉하는 데 적극 간여했다가, 1398년 1차 왕자의 난 때 정도전·심효생(沈孝生) 및 아우 남지와 함께 살해당했다. 좌의정에 추증되고, 1421년(세종 3년) 태조의 묘정에 배향됐다.

읽기를 좋아해 학문이 날로 진보했다. 명(明)나라 홍무(洪武) 15년 임술에 고려(高麗) 진사시(進士試)에 오르고, 이듬해 계해에 병과(丙科) 제칠인(第七人)으로 합격했다. 위성(僞姓)[127]이 나라를 도둑질한 이래로 간신들이 나라의 명맥을 잡아서 정사는 산만해지고 백성은 유리(流離)했다. 태종이 개연(慨然)히 세상을 구제할 뜻이 있어 능히 몸을 굽히어[折節](절절) 선비들에게 몸을 낮췄다[下士](하사). 태조(太祖)께서 대접하기를 여러 아들보다 다르게 하고 현비(顯妃) 강씨(康氏)도 기이하게 여기고 사랑하니, 태종이 또한 효성을 다했다. 하륜(河崙)이 (태종의 장인인) 여흥부원군(驪興府院君) 민제(閔霽-태종의 장인)와 동지(同志)의 친구였는데 하륜이 본래 사람의 상 보기를 좋아하여 민제에게 말했다.

"내가 사람을 상 본 것이 많지만 공(公)의 둘째 사위 같은 사람은 없었소. 내가 뵙고자 하니 공은 그 뜻을 말하여주시오."

민제가 태종에게 말했다.

"하륜이 군(君)을 보고자 한다."

태종이 만나보니 하륜이 드디어 마음을 기울여 섬겼다. 경오년에 공양왕(恭讓王)이 (이방원을) 밀직사 대언(密直司代言) 벼슬에 승진시키어 항상 근밀(近密)한 자리에 두었다. 신미년에 모후(母后)의 상사를 당하여 능(陵) 곁에서 시묘(侍墓)했는데, 매번 태조를 뵙기 위하여 서울에 들어오면 길 위에서 눈물이 비 오듯 하여 끊이지 않았고 태조의 저사(邸舍-사저)에 이르러 느끼는 바가 있으면 문득 통곡했으니, 태조의 좌우가 감창(感愴)하여 마지않는 이가 없었고 태조께서 항상 그의 효성을 칭찬했다. 임신년(壬申年-1392년) 가을 7월에 비밀히 장상(將相)들과 더불어 계책을 정하고 태조께 개국(開國)하기를 권하여 말씀드리는데, 조준(趙浚)이 기뻐하고 경사스럽게 여기어 동렬(同列)들에게 말했다.

"오늘의 일은 공(功)이 한 사람에게 있다."

태종을 가리킨 것이다.

그중에서도 특히 '능히 몸을 굽히어[折節](절절) 선비들에게 몸을 낮췄다[下士](하사)'에 눈길이 간다. 공자가 말한 '귀한 몸으로서 낮은 사람에게 몸을 낮추니[下賤(하천)=下下(하하)]'와 일맥

127 신씨(辛氏)를 말하는데 우왕과 창왕을 조선 초에는 신돈의 자식으로 간주해 이렇게 불렀다.

상통하기 때문이다.

준괘의 밑에서 두 번째 음효에 대해 공자는 "육이(六二)의 어려움[難]은 굳셈을 올라타고[乘剛] 있기 때문이다. 10년 만에야 마침내 임신한다는 것은 일정한 도리[常道]로 돌아갔다는 것이다[十年乃字 反常也]"라고 했다. 육이도 많은 말을 했지만, 공자는 전혀 다른 이야기를 하는 듯이 보인다. 공자는 주공의 효사에 있는 "혼돈스러워[屯如] 나아가질 못하고서[邅如] 말에 올랐다가 내리니[班如], 도적이 아니라면[匪寇] 혼인해 관계를 맺는다[婚媾]. 여자가 반듯한데 임신을 하지 못했다가[不字=不孕]"를 이처럼 한 대목으로 요약했다.

준괘의 육이는 음효로서 음의 자리에 있으니 자리가 바르다[正位]. 그러나 정이는 아래에 있는 초구(初九)의 굳셈[剛]에 주목해 "초강(初剛)과 가까이 있어 핍박을 받고 있기 때문에 막히고 어려워[屯難] 나아가질 못한다[邅如]. 말에 올랐다는 것은 가려고 하는 것이니 정응(正應-구오)을 따르려는 것이지만 다시 말에서 내려 나아가질 않는다"라고 풀이했다. 뜻은 바르지만, 실행을 앞두고 망설임이 심한 것이다. 그러나 전체적으로는 뜻이 바르기 때문에 시간이 걸리기는 하지만 결국은 나아간다. 이때 도적이란 바르지 않은 도리를 행하는 자다. 따라서 도적이 아니라면 바른 도리를 향해 나아감을 '혼인을 해 관계를 맺는다[婚媾]'로 비유해 말한 것이다. 혼인해서도 마찬가지다. 여전히 초강(初剛)의 핍박이 있다. 그러나 이때도 중정(中正)을 굳게 지키니 10년이라는 오랜 시간이 흘러 마침내 일이 풀려 임신하게 된다. 음효는 암말의 튼튼함[健]을 갖고 있으니 뜻과 절의를 한결같이 한다면 시간이 오래 걸리기는 하지만 반드시 일을 이룬다는 것을 여기서 볼 수 있다.

앞서 말한 태종 이방원의 조선 초 왕자로서의 삶을 이로써 풀이할 수 있다. 그는 아들이자 신하이기는 했지만, 아버지 태조가 이복동생 이방석을 세자로 정하는 바람에 8년 동안 어려운 시절을 보내야 했다. 그사이에 아버지는 물론이고 계모 강씨와 정도전 일파로부터 수많은 핍박을 받았다. 그러나 강명(剛明)의 다움을 잘 숨겨 간직하고서 힘겨운 시간을 잘 보냈기에 1차 왕자의 난을 통해 왕위에 오를 수 있었다. 그가 아마도 평범한 사람이었다면 계모 강씨가 살아 있을 때 일을 도모하거나 해서 불행하게 삶을 마감했을지 모른다. 핍박에 해당하는 음효이기는 했으나 중정의 도리를 잃지 않았기에 마침내 왕위에 오를 수 있었던 것이다.

이렇게 해서 자연스럽게 육이는 초구와 연결해서도 풀이할 수 있다.

준괘의 밑에서 세 번째 음효를 주공은 "사슴을 쫓아가는데[卽=趨] 사냥 안내인이 없어[无虞] (길을 잃고) 그저 숲속 깊숙이 들어갈 뿐이다. 군자가 기미를 알아차려[幾=兆] 그만두는 것만 못하니 (계속) 가면 안타까울 뿐이다[卽鹿无虞 惟入于林中 君子幾不如舍 往吝]"라고 했다. 육삼(六三)은 하괘의 맨 위에 있으면서 음효로 양의 자리에 있으니 부정위(不正位)다. 또 위아래가 모두 같은 음이라 무비(無比)이고 호응해야 할 상륙(上六) 또한 같은 음효여서 도움을 받을 여지가 전혀 없다. 고립무원의 신세다. 효의 위치만으로 대략 이런 정보를 얻어낼 수 있다.

음효로 양의 자리에 있는 것에 대해 정이는 "음유(陰柔)로 양의 자리에 머물러 있는데[居剛], 이 음효[柔]는 이미 험난함을 능히 편안히 여기지 못했으며[不能安屯] 또 양의 자리에 있으면서 중정(中正)하지 못했으니 이렇게 되면 망령되이 움직이게 된다[妄動]"라고 풀었다. 또 무비(無比)·무응(無應)의 신세와 관련해 "비록 구하려고 하는 바에 대해 탐욕을 부려보지만 이미 스스로 구제할[自濟] 수가 없고 또 아무런 응원도 받지 못하니 장차 어디로 가겠는가?"라고 진단했다.

사냥 안내인 없이 숲속 깊숙이 들어갈 뿐이라는 것은 이를 비유적으로 표현한 것이다. 그나마 일의 이치[事理]를 아는 군자라면 미리 조짐을 읽어내 사냥감을 포기한다. 그런데 그렇게 하지 않고 계속 욕심을 부려 사냥감을 쫓아가면 곤경에 빠져 부끄러워하게 될 뿐이다. 욕심만 들켜 얻는 바가 아무것도 없다는 것이다.

이에 대한 공자의 풀이, "사슴을 쫓아가는데[卽=趨] 사냥 안내인이 없다[无虞]는 것은 짐승을 탐내어 쫓았기[從禽] 때문이다. 군자가 그만둔 것은 가게 될 경우 안타깝고 궁색해지기 때문이다"라는 것은 다만 사냥 안내인도 없이 사슴을 쫓는 까닭은 욕심이 지나쳤음을 밝히고 군자는 이미 계속 갈 경우 안타깝고 궁색해짐을 알고 있었음을 드러냈다. 여기서도 '간다[往]'라는 것은 일을 행한다[行事]는 뜻이다. 다시 말해 군자는 이미 도리가 아닌 길은 기미를 통해 미리 알고서 나아가지 않는다는 말이다. 사냥 안내인이 없이 사슴을 쫓는다는 것은 임금 된 자가 일정한 도리를 지키지 않고서 자신의 권력욕이나 사사로운 욕심을 마구 드러낸다는 것이다.

『서경』「하서(夏書)」편에 있는 「오자지가(五子之歌)」는 하나라 세 번째 임금 태강(太康)이 사냥에 탐닉하자 형제들이 이를 걱정해서 지은 노래다. 태강은 하(夏)나라의 제3대 왕으로 태강제(太康帝)라고도 부른다. 제2대 왕인 계(啓)의 아들이며, 제4대 왕인 중강(仲康)의 형이다. 사마천의 『사기』 「하본기(夏本紀)」편에는 계임금이 죽은 뒤에 그의 아들인 태강이 왕위에 올랐지만 결국 사냥과 주색에 빠져 나라를 잃어버렸다고 기록돼 있다. 그의 다섯 형제가 낙수(洛水) 북쪽에서 그를 기다리다가 「오자지가」를 지었으며, 태강이 죽은 뒤에는 동생인 중강이 왕위에 올랐다고 돼 있다. 「오자지가」에 따르면, 태강은 왕위에 오른 뒤에 사냥과 놀이에만 탐닉해 국정을 제대로 돌보지 않아 민심을 잃었다. 그가 낙수 남쪽으로 사냥을 가서 100일이 되도록 돌아오지 않자 유궁씨(有窮氏)의 제후인 예(羿)가 백성이 견디지 못함을 내세우며 그가 돌아오지 못하게 막았다. 그래서 그의 다섯 동생이 모친과 함께 낙수 북쪽에서 그를 기다리면서 조부인 우왕(禹王)의 훈계를 노래로 지어 불렀다고 한다.

이는 임금이라 하더라도 그 임금다움을 잃어버릴 경우 백성으로부터 버림을 받을 수 있다는 경계다.

첫째 훈계다. "백성은 가까이[近]할지언정 낮춰보아서는[下] 안 된다. 백성은 나라의 근본이니, 근본이 견고해야 나라가 안녕을 누릴 수 있다."

둘째 훈계다. "안으로 여색에 빠지거나 밖으로 사냥의 즐거움에 빠지거나, 술을 달게 여기거나 음악을 좋아하거나, 궁실을 높이 짓거나 담장을 조각하거나 하여, 이 중에 한 가지라도 있으면 망하지 않는 이가 없다."

셋째 훈계다. "저 요임금으로부터 이 기주(冀州-근거지)를 기반으로 천하를 소유하셨는데, 이제 (태강이) 그 도리를 잃어 기강을 문란하게 해서 끝내 멸망에 이르렀다."

넷째 훈계다. "밝고 밝은 우리 선조께서는 만방의 군주이시니 법전이 있어 자손들에게 남겨주셨건만, (태강이) 그 전통을 폐기하고 실추시켜 종족을 전복시키고 제사를 끊어버렸도다."

다섯째 훈계다. "아! 어디로 돌아갈까, 내 마음의 서글픔이여! 만백성이 나를 원수로 여기니 내 장차 누구에게 의지하겠는가. 슬프도다, 내 심정이여! 낯가죽이 있어 부끄러운 마음이 있노라. 그 다움[德]을 삼가지 않았으니 뒤늦게 뉘우친다 한들 어쩌겠는가!"

사냥 안내인이 조짐을 읽고 경계를 시켰음에도 이를 듣지 않아 불행을 자초한 인물로는 한나라 때 회남왕(淮南王) 유안(劉安, BC 179~122)이 두드러진다. 한고조(漢高祖)의 손자로 회남왕 유장(劉長)의 아들이다. 문제(文帝) 16년(BC 164) 아버지의 작위를 이어받아 회남왕이 돼 수춘(壽春)에 도읍했다. 문장을 잘 지었고, 재사(才思)가 민첩했다. 오초칠국(吳楚七國)이 반란을 일으키자 호응하려고 했지만, 국상(國相-제후국 재상)이 반대해 미수에 그쳤다. 무제(武帝)가 즉위하자 몰래 무비(武備)를 정비했다. 원수(元狩) 원년(BC 122)에 거병했지만 일이 실패해 뜻을 이루지 못하고 자살했다. 이때 연루돼 죽은 빈객(賓客)이나 대신이 수천 명에 이르렀다. 문학 애호가로 많은 문사와 방사(方士)를 초빙해 그 수가 수천에 이르렀다고 한다. 빈객들과 함께 저술한 『회남자(淮南子)』는 「내편(內篇)」 8권과 「외편(外篇)」 19권, 「중편(中篇)」 8권으로 구성됐는데 「내편」 일부분만 현존한다. 노장(老莊)을 주축으로 여러 사상을 통합하려 했다. 반고(班固)의 『한서(漢書)』 「오피전(伍被傳)」편에는 '사냥 안내인' 오피와 '사냥꾼' 유안의 생생한 대화가 실려 있다. 정확히 준괘 육삼의 문맥이다.

> 오피(伍被)는 초(楚)나라 사람이다. 어떤 사람은 그가 오자서(伍子胥)의 후손이라고도 한다. 피(被)는 재능이 있다는 칭송을 들어 회남(淮南) 중위(中尉)가 됐다. 이때 회남왕 안(安)은 (유학의) 학술을 좋아해 자신을 낮춰 선비들에게 겸손하게 하면서 영준(英儁)한 인걸 100여 명을 불러서 오게 했는데[招致=招聘](초치 초빙), 그중에서도 피가 으뜸[冠首](관수)이었다.
>
> 시간이 지나 회남왕은 몰래 간사한 음모를 꾸몄는데, 피는 여러 차례 은밀하게 간언했다[微諫=私諫](미간 사간). 뒤에 왕은 동궁(東宮)에 앉아 피를 불러 함께 일을 계획하려고 그를 불렀다.
>
> "장군(將軍)은 (당으로) 올라오시오."
>
> 피가 말했다.
>
> "왕께서는 어찌[安=焉](안 언) 나라를 망하게 할 말씀을 하십니까? 옛날에 자서(子胥-오자서)가 오왕(吳王)에게 간언했다가 오왕이 듣지 않자[不用=不聽](불용 불청) '신은 이제 (얼마 안 가서) 사슴들이 (황폐해진) 고소대(姑蘇臺-오나라의 대)에서 노는 것을 보게 될 것입니다'라고 했습니다. 신도 이제 마찬가지로 장차 (회남국의) 궁중 뜰에 가시나무가 자라고 이슬에 옷이 젖는 것을 보게 될 것입니다."
>
> 이에 왕은 화가 나서 피의 부모를 잡아 석 달 동안 감옥에 가두었다. 뒤에 다시 피를 불러 말했다.
>
> "장군은 과인의 청을 받아들이겠는가?"
>
> 피가 대답했다.

"못 합니다. 신이 온 까닭은 대왕을 위한 계획을 세워주기 위해서일 뿐입니다. 신이 듣건대 귀 밝은 자[聽者(총자)]는 소리가 없는 곳에서도 듣고 눈 밝은 자[明者(명자)]는 형태가 없는 데서도 본다고 했습니다. 그런 까닭에 빼어난 이는 모든 일에 만전(萬全)을 기합니다. 옛날 주나라 문왕(文王)은 한 번 움직여 공을 천세(千世)에까지 드러내고 그 자신은 삼왕(三王)의 반열에 올랐으니, 이것이 이른바 하늘의 마음을 따라 움직인 것으로 해내(海內-온 나라)가 서로 기약도 하지 않았는데 모두 그를 따랐습니다."

왕이 말했다.

"바야흐로 지금 한나라의 조정은 잘 다스려지고 있는가 아니면 어지러운가?"

피가 말했다.

"천하는 잘 다스려지고 있습니다."

왕은 불쾌해하며 말했다.

"공은 무슨 근거로 천하가 잘 다스려지고 있다고 말하는가?"

피가 대답했다.

"제가 가만히 조정의 정치를 살펴보건대 군신·부자·부부·장유(長幼)의 순서가 모두 도리에 맞고 상의 거동과 조치 또한 옛날의 도리를 따르고 있으며 풍속과 기강에도 아직 결여된 것이 없습니다. 재물을 가득 실은 부유한 상인들이 천하를 두루 다니며, 길이 통하지 않은 곳이 없어 교역의 길도 트여 있습니다. 남월이 귀순해 복종하고 (서쪽의) 강(羌)과 북(僰-서남쪽의 오랑캐)이 입조해 조공을 바치며 동구(東甌)가 입조하고 장유(長楡-요새 이름)를 넓히며 삭방(朔方)을 개척하니, 흉노가 날개가 끊기고 깃이 상했습니다. 비록 옛날의 태평스러운 때는 미치지 못하지만, 그러나 오히려 잘 다스려진다고 할 만합니다."

왕이 화를 내자 피는 죽을죄를 지었다며 사죄했다.

왕은 또 말했다.

"산동(山東)에 지금 당장 변란이 있게 되면 한나라는 반드시 대장군(위청(衛靑))을 장수로 삼아 산동을 제압할 것인데 공은 대장군이 어떤 사람이라고 생각하나?"

피가 말했다.

"신과 잘 아는 황의(黃義)가 대장군을 따라 흉노를 친 일이 있는데, 돌아와 저에게 말하기를 '대장군은 사대부를 예로 대우하고 사졸들에게는 은혜를 베풀어 사람들이 모두 그에 의해서 쓰이는 것을 좋아합니다. 말을 타고 산을 오르내리는 것이 날아다니는 것 같고, 재주는 남보다 뛰어납니다'라고 했습니다. 신이 생각하기에 그는 재능이 그와 같고 또 여러 차례 군사를 통솔하는 것을 익혔다고 하니 쉽게 당해내지는 못할 것입니다. 또 알자(謁者)인 조량(曹梁)이 장안에 사신으로 갔다가 돌아와 말하기를, 대장군은 호령이 분명하고 적을 대적할 때는 용감해 항상 사졸 앞에 서며 휴식을 취할 때는 우물을 파고 나서야 물을 마시고 군대가 정벌을 하고 돌아올 때면 사졸들이 황하를 다 건넌 뒤에야 자신이 건넜다고 합니다. 황태후께서 내려준 금전은 모두 다 군대의 관리들에게 내리니 비록 옛날의 이름난 명장이라고 할지라도 그보다 낫지는 않을 것입니다."

왕이 말했다.

"저 료(蓼) 태자[128]는 지략이 불세출이라 평범한 사람과 다르니 한나라 조정에 있는 공경과 열후들은 죄다 목욕시킨 원숭이[沐猴]가 관을 쓰고 있는 것이나 다름없다고 여긴다."

피가 말했다.

"오로지 대장군을 제거한 다음이라야 마침내 일을 일으킬 수 있을 것입니다."

왕이 다시 피에게 물었다.

"공은 오(吳)나라가 군사를 일으킨 것이 잘못이라고 생각하는가?"

피가 말했다.

"잘못입니다. 저 오왕은 칭호를 하사받아 유씨(劉氏)의 제주(祭酒)가 됐고 궤장을 받아 조회하지 않아도 되는 특권을 누렸습니다. 네 군(郡)의 넓은 지역의 왕이 돼 땅이 사방 수천 리였고 산의 동을 캐서 동전을 만들고 바닷물을 끓여 소금을 만들었으며 강릉(江陵)의 나무를 베어 배를 만들었으니 나라는 부유하고 백성은 많았습니다. 금은보화를 써서 제후들에게 뇌물로 주고 7국과 합종하여 군사를 일으켜 서쪽으로 진군했지만, 그러나 대량(大梁)에서 깨지고 호보(狐父)에서 패배해 패주하여 돌아왔다가 월나라에 붙잡혀 단도(丹徒)에서 살해됐으니 머리와 발은 각각 나뉘고 몸은 없어져 제사도 끊어지고 천하 사람들로부터 벌을 받은 셈입니다. 오나라의 수많은 병졸을 갖고서도 일을 성공시키지 못한 것은 어째서이겠습니까? 진실로 하늘을 거역하고 백성을 거슬러 때를 알지 못했기 때문입니다."

"남자가 (모반을 위해) 죽는다고 했으면 그 한마디뿐이다. 게다가 오왕이 어찌 반란의 방략

128 회남의 태자이며 료는 외가의 성이다.

을 알았겠는가? 한나라의 장수 가운데 성고(成皐)를 지나는 자가 하루에 40여 명이 된다고 한다. 이제 내가 누원(樓緩)으로 하여금 먼저 성고의 입구를 차단하게 하고 주피(周被)로 하여금 영천(穎川)을 공격하게 해, 이로써 병사를 시켜 환원(轘轅)과 이궐(伊闕)의 길을 막게 하고 진정(陳定)으로 하여금 남양(南陽)의 군사를 일으켜 무관(武關)을 지키게 하면 하남 태수는 혼자서 낙양(雒陽)을 지킬 따름이니 무슨 걱정이 있겠는가? 그러나 하남 북쪽에는 오히려 임진관(臨晉關), 하동(河東), 상당(上黨), 하내(河內), 조나라가 있다. 사람들이 말하기를 '성고의 입구를 끊으면 천하가 통하지 않는다'고 한다. 이곳 삼천(三川-이수·낙수·하수)의 험난한 지형에 의지해 산동의 군사를 부르는 것이니, 거사가 이와 같다면 그대는 어떻게 생각하는가?"

피가 말했다.

"신에게는 그 화(禍)는 보이는데 그 복(福)은 보이지가 않습니다."

뒤에 한나라가 회남왕의 손자 건(建)을 체포해 옥에 가둬두고 조사를 진행했다. 왕은 비밀이 누설될까 두려워 피에게 말했다.

"일이 이렇게 된 이상 나는 결국 군대를 발동해야겠다. 천하의 노고(勞苦)라는 것이 간발의 차이다. 제후들에게 조금이라도 잘못된 행실이 있으면 그들은 모두 스스로의 안정을 의심하고 있어, 내가 거병(擧兵)하여 서쪽(-한나라)으로 진격하게 되면 반드시 호응하는 자가 있을 것이다. 만일 아무도 호응하지 않는다면 즉각 돌아와 형산을 공략하라. 형세상으로도 군대를 발동할 수밖에 없다."

피가 말했다.

"형산을 공략해 여강(廬江)을 치고 심양(尋陽)의 배들을 보존하며 하치(下雉)의 성들을 지키고 구강(九江)의 포구들을 연결하며 예장(豫章)의 호구 입구를 끊고 강력한 쇠뇌로 장강(長江)에 임해 지킴으로써, 남군(南郡)의 병사들이 아래로 내려오는 것을 막아 동쪽으로 회계(會稽)를 지키고 남쪽으로 강한 월나라를 통하게 하여 장강과 회수 사이에 세력을 넓히게 되더라도, 1년 남짓 수명을 연장하게 될 뿐 그것이 복이 될지는 알 수가 없습니다."

왕이 말했다.

"좌오(左吳), 조현(趙賢), 주교여(朱驕如)는 모두 복이 있어 열 가운데 아홉은 성공한다고 여기는데 공만이 홀로 화만 있고 복이 없다고 여기는 까닭은 무엇인가?"

피가 말했다.

"대왕의 신하 가운데 가까이 총애하던 자 중에서 평소 무리를 잘 부리던 자는 모두 이미 조옥(詔獄)에 갇혀 있고 그 나머지는 가히 쓸 만한 사람이 없습니다."

왕이 말했다.

"진승과 오광은 송곳을 꽂을 땅 하나 없이도 100여 명을 모아 대택(大澤)에서 일어나니, 팔뚝을 휘둘러 크게 호령하자 천하가 호응하여 서쪽으로 희수(戲水)에 이르자 병사가 120만 명이나 됐다. 지금 우리나라가 비록 작으나 군사로 삼을 수 있는 자가 20만 명에 이르는 데 공은 어째서 화만 있고 복은 없다는 것인가?"

피가 말했다.

"신은 감히 자서(子胥-오자서)와 같은 죽음을 피하려 하지 않을 것이니 바라건대 대왕께서도 오왕처럼 충성스러운 간언을 물리치는 일이 없으셔야 할 것입니다. 옛날에 진(秦)나라는 무도하여 선비들을 죽이고 『시경』과 『서경』을 불태우며 빼어난 이들의 자취를 없애고 예의를 저버렸으며 형벌에 의지했고 동쪽 해변에서 나는 곡식을 운송해 서하(西河)로 보냈습니다. 이런 때를 맞아 남자들은 죽어라 경작해도 술지게미와 겨조차 얻어먹기에 부족했으며, 여자들은 밤낮으로 베를 짰지만 자기 몸을 덮기에도 부족했습니다. 몽염(蒙恬)을 파견해 장성(長城)을 쌓아 동서로 수천 리였습니다. 비바람과 눈서리에 몸을 맡긴 병사와 장수는 항상 수십만에 달하니, 그 와중에 죽은 자는 이루 다 헤아릴 수 없어서 시체가 들판을 가득 채우고 피가 1000리를 흘렀습니다. 이에 백성은 힘이 다해 난을 일으키려고 하는 사람들이 열 집 가운데 다섯 집이었습니다.

또 (진시황은) 서복(徐福)을 바다 쪽으로 보내어 신선의 불로장생약을 얻게 하니 진귀한 보배들을 엄청나게 싸가지고 어린 남녀 아이 3000명과 온갖 종류의 오곡과 백공(百工)을 데리고 갔습니다. 서복은 평원(平原)과 대택(大澤)을 손에 넣고서 그곳에 머물러 돌아오지 않았습니다. 이에 백성은 비통하게 생각하고 근심한 나머지 난을 일으키려고 한 사람들이 열 집 가운데 여섯 집이었습니다.

또 위타(尉佗)로 하여금 오령(五嶺)을 넘어 백월(百越)을 공격하게 하니, 위타는 중국(中國)이 극도로 피폐됐음을 알고 그곳에 머물러 남월의 왕이 돼 돌아오지 않았습니다. 이런 식으로 일단 떠나간 사람은 돌아오지 않으니 백성은 인심이 흩어지고 무너져 난을 일으키려고 한 사람들이 열 집 가운데 일곱 집이었습니다.

만승의 수레를 일으키고 아방궁(阿房宮)을 짓고 백성의 수입 대부분을 부세(賦稅)로 거두고 여좌(閭左-마을에서 무시당하는 백성)를 징발해 수자리를 서게 하니, 아비는 자식을 편안하게 하지 못했으며 형은 동생을 안심하게 하지 못했습니다. 정치는 가혹하고 형벌은 준엄해 백성은 다 목을 길게 빼 들고 갈망하면서 귀를 기울여 듣고 있었으며 비통해하며 하늘을 우러러 부르짖고 가슴을 두드리며 위를 원망했기 때문에 난을 일으키려고 한 사람들이 열 집 가운데 여덟 집이었습니다.

어떤 빈객이 고 황제에게 '이제 때가 됐습니다'라고 하니 고 황제께서는 '기다려라! 빼어난 이가 장차 동남쪽에서 일어날 것이다'라고 했습니다. 1년도 되지 않아 진승(陳勝)과 오광(吳廣)이 크게 외쳤고 유(劉)와 항(項)도 나란히 창화하니 천하가 모두 호응하는 것이 이른바 하흔(瑕釁-틈)에서 뛰는 것과 같았고, 진나라가 망할 때를 맞아 움직인 것은 백성이 원하는 바라 마치 오랜 가뭄에 비를 기다리는 것과 같았습니다. 그랬기 때문에 행군하던 군중에서 일어나 제왕의 공업을 성취한 것입니다. (그런데) 지금 대왕께서는 고조가 천하를 얻게 된 것의 쉬운 면만 보시고 홀로 근세의 오나라와 초나라가 실패하게 된 것은 보지 못하십니다. 지금 폐하께서는 천하에 군림하여 백성을 제어하고 해내(海內)를 통일하여 널리 백성을 사랑하시며 다움을 펴서 은혜를 베풀고 있습니다. 입으로 말하지 않아도 소리가 전파되는 것은 빠른 우레와 같고, 명령을 내지 않아도 덕화(德化)가 이뤄지는 것은 귀신과도 같습니다. 마음에 품고만 있어도 위력이 1000리까지 가게 되고, 아래가 위에 호응하는 것은 마치 그림자나 메아리와 같습니다. 그런 데다가 대장군의 재능은 장한이나 양웅과 비할 바가 아닙니다. 왕께서는 진승과 오광을 끌어들여 일을 논하셨는데 피는 그것을 잘못이라고 생각합니다. 게다가 지금 대왕의 군사 무리는 예전 오·초나라의 10분의 1도 되지 못하며 천하는 진나라 때보다도 만 배나 더 안정돼 있습니다. 바라건대 대왕께서는 신의 계책을 쓰십시오.

신이 듣건대 기자(箕子)가 옛 (은)나라를 지나다가 슬픈 마음에 「맥수지가(麥秀之歌)」를 지었는데 이는 주왕(紂王)이 왕자 비간(比干)의 말을 받아들이지 않은 것을 애통해한 것입니다.

그래서 『맹자(孟子)』에는 '주(紂)는 천자일 때는 존귀했으나 죽어서는 일개 필부(匹夫)만도 못했다'라고 기술돼 있는데, 이는 주왕이 먼저 스스로 천하 사람을 끊어버린 것이 오래됐기 때문이지 그가 죽은 날 천하 하늘이 그를 버린 때문이 아닙니다. 이제 신도 역시 대왕께서 (스스로) 천승(千乘)의 군주를 버리려고 하심을 남몰래 슬퍼하오니, 장차 (조정에서) 목숨을 끊으라는 글을 내리신다면 여러 신하보다 먼저 이 몸이 동궁(東宮)에서 죽겠습니다."

피는 이어 눈물을 줄줄 흘리며 일어났다.

그 후에 왕은 다시 피를 불러 물었다.

"진실로 공의 말대로라면 요행을 바랄 수는 없다는 것인가?"

피가 말했다.

"정 어쩔 수 없다면 피에게 어리석은 계책이 있습니다."

왕이 말했다.

"그것이 무엇인가?"

피가 말했다.

"지금 제후들에게는 딴마음이 없고 백성도 원망하는 기색이 없습니다. 삭방군의 밭과 땅은 넓고 강물과 초목은 아름다우나, 이주하는 백성이 적어 그 땅을 채우기에도 부족합니다. (저의 계책이란) 승상과 어사대부에게 주청하는 문서를 거짓으로 만들어서 군(郡)·국(國)의 호걸과 임협(任俠), 내죄(耐罪) 이상의 죄인을 옮기도록 명을 내려 그 죄를 사면시키며 재산이 50만 이상인 자의 경우 모두 그 가속을 삭방군으로 옮기게 하고, 군사들을 더 보내 그들이 빨리 모여 출발하라고 다그치도록 요청하는 것입니다. 또 좌우 및 도사공(左右都司空)[129], 상림(上林), 중도관(中都官) 등이 칙명에 따라 죄인을 다스리는 문서를 위조하여 제후들의 태자와 총애하는 신하들을 체포하는 것입니다. 이렇게 하면 백성은 원망하게 되고 제후들은 두려워할 것이니, 이때 즉각 변사들을 보내 설득시킨다면 혹시 요행으로 열 가운데 하나는 얻을 수 있을 것입니다."

회남왕은 말했다.

"그것도 좋다. 하지만 나는 그렇게까지는 되지 않을 것이라고 본다. 무조건 군사를 발동해야겠다."

뒤에 일이 발각되자 피는 관리에게 가서 회남왕과 함께 모반했던 사실을 있는 그대로 털어놓았다. 천자는 오피가 평소 한나라의 좋은 점에 대해 여러 차례 언급한 것을 들어 주살하지 않으려 했다. 장탕(張湯)이 나아와 말했다.

"피는 왕을 위해 반란의 계책을 꾸민 자이기 때문에 그 죄를 용서해서는 안 됩니다."

결국 피는 주살됐다.

---

129 좌우 사공은 소부(少府) 소속이고 도사공은 종정(宗正) 소속이다.

준괘의 밑에서 네 번째 음효를 주공은 "말에 올랐다가 내리니[班如] 혼인하려고 가면 길하여 이롭지 않음이 없다[乘馬班如 求婚媾往 吉无不利]"라고 했다. 육사(六四)는 상괘의 맨 아래에 있으면서 음효로 음의 자리[陰位=四位]에 있으니 자리가 바르다[正位]. 응효(應爻)가 초구(初九)이니 음양이 사귀어 유응(有應)이고, 비효(比爻)의 경우 아래로는 같은 음이어서 무비(無比)이지만 위로는 음양이 사귀어 유비(有比)다. 가운데[中]는 아니지만, 나머지 것들을 보아도 나름대로 상당한 호응 내지 응원 세력이 있음을 알 수 있다.

말에 올랐다가 가지 않고서 다시 내린 이유에 대해 정이는 "(음효의) 유순(柔順-부드럽고 고분고분함)으로 임금과 가까운 자리에 있으면서 위로부터 신임을 얻은 자이지만 그 재주는 어려움을 구제하기에 충분치 못하다. 그래서 나아가려다가 다시 멈춘 것이니, 말에 올랐다가 내려온 것이다"라고 풀이한다. 또 유응(有應)에 주목해 이렇게 말했다. "비록 자신은 이미 시대의 어려움을 구제하지 못하지만 만일에 뛰어난 이를 구해[求賢] 자신을 돕게 한다면 구제할 수 있다. 초구(初九)는 양강(陽剛)의 뛰어난 이요 바로 정응(正應)이니, 자신의 혼인 상대[婚媾]다. 만일 이 양강의 혼인 상대를 구해 가서 함께 양강중정(陽剛中正)한 임금을 보필해 시대의 어려움을 구제한다면 길하여 이롭지 않을 이유가 없다는 것이다."

준괘의 네 번째 음효를 재상의 지위에 있는 신하로 보고서 풀어낸 것이다. 재상이면서 널리 인재를 불러 모을 줄 아는 인물을 말한 것이다. 그러나 자질이 좋은 임금을 모시고 있고 주희의 말대로 "뛰어난 이들을 불러 모을 수 있는 지위에 있으면서도 자신은 그럴 능력이 없다면서 결국 그렇게 하지 못하는 자가 있다면 지극히 어두운[至暗] 자"라고 할 것이다.

이 점을 제대로 알아야 『논어』 「위령공」편에서 공자가 한 말을 정확히 이해할 수 있다.

> 장문중(臧文仲)은 지위를 도둑질한[竊位] 자라 할 것이다. 유하혜(柳下惠)가 뛰어나다는 것을 알고서도 더불어 조정에 서지 아니했다.

이에 대해서는 송나라 학자 범조우(范祖禹)의 풀이가 도움이 된다.

> 장문중이 노(魯)나라에서 정사를 책임지고 있을 적에, 만일 뛰어난 이를 알지 못했다면 이는 지혜가 밝지 못한 것이요, 알고도 들어 쓰지 않았다면 이는 뛰어난 이를 엄폐한 것이다. 지혜가 밝지 못한 죄는 작고, 뛰어난 이를 엄폐한 죄는 크다.

간단히 말하면 사람을 볼 줄 모르면서 사람을 쓰는 자리에 머물러 있는 것이 절위(竊位)다. 같은 「위령공」편에 나오는 공자의 다음 말도 깊이 음미해야 한다.

> 더불어 말할 만한 사람인데도 그 사람과 더불어 말을 하지 않는다면 사람을 잃는 것이요 더불어 말할 만한 사람이 아닌데도 그 사람과 더불어 말을 한다면 말을 잃는 것이니, 사람을 볼 줄 아는 사람은 사람도 잃지 않고 말도 잃지 않는다.

이쯤 되면 준괘의 육사(六四)의 효사에 대해 공자가 왜 "(육사(六四)는 뛰어난 이를) 구해서 나아가는 것이 눈 밝은 것이다[求而往 明也]"라고 짧게만 말했는지 충분히 이해할 수 있을 것이다. 굳이 사례를 들 필요도 없다.

준괘의 밑에서 다섯 번째 양효를 주공은 "은택[膏]을 베풀기가 어려우니, 조금씩 바로잡으면[小貞] 길하고 크게 바로잡으려 하면[大貞] 흉하다[屯其膏 小貞吉 大貞凶]"고 했다. 구오(九五)는 상괘의 가운데[中] 있으며 양효로 양의 자리에 있으니 자리가 바르다. 또 중정(中正)인 육이(六二)와 사귀어 유응(有應)이며, 위아래 모두와 유비(有比)의 관계다. 즉 구오만 놓고 보면 아무런 결함이 없으며 도움을 받을 수 있는 주변과의 관계 또한 모두 좋다. 그런데 왜 주공은 '은택[膏]을 베풀기가 어렵다'고 한 것일까?

공자는 다른 말은 하지 않고 주공의 효사에 대해 "이는 그 베풂이 아직 빛나고 크지 못했기 때문이다[施未光也]"라고만 말했다. 이는 무엇보다 임금만이 홀로 굳세고 눈 밝으며[剛明] 그를 도와줄 재상[六四]이나 아래에서 실무를 맡을 신하[六四] 모두 유약한 것과 관련이 깊다. 또한 시대 자체가 막혀 어려운[屯難] 때다. 이 점에 대한 정이의 풀이다.

> 오(五)가 존위(尊位)에 있으면서 바름을 얻었으나[得正=正位] 막힌 때[屯時]를 당했으니, 만일 굳세고 눈 밝은 뛰어난 신하[剛明之賢]가 있어 보필을 받게 된다면 능히 어려움을 구

제할 수 있으나[濟屯(제둔)] 그런 신하가 없으니 그 때문에 '은택을 베풀기가 어렵다[屯其膏(둔 기고)]'고 한 것이다. 임금의 은덕이 아랫사람들에게 내려가지 않는 바가 있으니, 이것이 바로 '은택을 베풀기가 어렵다'는 것이고 임금의 어려움이다. 이미 은덕이 아랫사람들에게 내려가지 못하는 바가 있으면 이는 (임금의) 위엄과 권세[威權(위권)]가 자신에게 있지 않은 것이니, 위엄과 권세가 자기에게서 떠났는데 이것을 갑자기 바로잡고자 함은 흉함을 구하는 길이다.

정이는 크게 바로잡으려다가 흉한 꼴을 당한 사례로 춘추 시대 노(魯)나라 임금 소공(昭公)과 삼국 시대 위(魏)나라 임금 고귀향공(高貴鄕公)을 든다. 소공은 당시 권신(權臣)인 계손씨(季孫氏)를 제거하려다가 계손씨, 맹손씨(孟孫氏), 숙손씨(叔孫氏)의 역공을 받고 국외로 도망쳐 진(晉)나라 땅에 머물다가 죽었고, 고귀향공 조모(曹髦) 역시 권신인 사마소(司馬昭)를 제거하려다가 실패하고 고귀향공으로 강등당했다.

조선 역사에서는 예종(睿宗)이 여기에 가깝다. 내가 쓴 『성종, 조선의 태평을 누리다』(해냄)에서 관련 대목만 추려본다.

> 『예종실록』과 『성종실록』의 전반부를 엄밀하게 비교해서 읽다 보면 정황적으로 맞지 않거나 모순되는 일들이 많이 기록돼 있다는 것을 알게 된다. 예종의 죽음이 석연찮고 성종의 즉위 과정이 의문스럽다. 특히 군데군데 비게 되는 인과 관계의 고리에 한명회를 대입시키면 쉽게 풀리는 일들이 너무 많다. 그럼에도 불구하고 실록에서는 약간의 암시 이상을 전하지는 않는다.
>
> 예종이 세자 시절 아버지 세조가 예종에게 묻는다. "『통감(-자치통감)』은 어느 시대의 것을 읽느냐?" 하니 세자가 한나라 헌제 때라고 답했다. 세조가 묻기를 "헌제는 어째서 망했느냐?" 하니 대답하기를 "참소와 아첨이 행하여져 위엄과 권세가 점점 '신하에게로' 옮겨졌고, 오늘의 편한 것만 알고 후일의 위태할 것을 생각하지 아니하여 기강이 무너진 때문입니다"라고 했다. 이에 세조가 "옳다"고 화답했다.
>
> 실록에는 시대별 기록을 하기에 앞서 '총서'라고 해서 즉위한 국왕을 간략하게 소개하는 난이 있다. 이 일화는 바로 『예종실록』의 총서에 하나의 상징처럼 실려 있다. 예종이 당시 시대와 정치를 어떻게 보고 있었는지를 보여주는 일화인 것이다. 신하에게 옮겨져 있는 위엄과 권세를 되찾는 것만이 망하지 않는 길이라고 어린 예종은 생각했던 것이고, 세조도

그 점을 통찰한 예종을 칭찬했다.

세조는 비교적 신하들을 강력하게 장악하고 있었지만 동시에 한명회를 정점으로 한 공신들에게 포위돼 있었던 것 또한 사실이다. 만일 똑똑한 세자라면 신하들의 그런 행태를 부정적으로 보았을 것이 분명하다. 예종은 자기중심이 분명하게 서 있는 인물이었던 것 같다. 세조가 세자에 대해 "세자가 육예(六藝)에 이미 통하지 아니하는 바가 없다"라며 만족해 했고, 사망하기 1년 전에는 모든 정무에 참여시키면서 "일을 부탁할 사람을 얻었으니 내가 근심이 없다"라고 말할 정도였다.

특히 육예에 이미 통했다고 말한 대목은 중요하다. 육예란 무엇인가? 중국 고대(古代)의 경대부(卿大夫-고급 관료) 이상의 자제라면 필수적으로 익혀야 했던 6종의 교양 과목으로, 조선 시대에도 국왕이나 고위 관리의 자제들은 이를 대부분 심신 단련의 방법으로 생각하고 익혔다. 육예는 예용(禮容-경학), 주악(奏樂-음악), 궁사(弓射-활쏘기), 마술(馬術-말타기), 서사(書寫-서예), 산수(算數-수학)를 의미한다. 어느 한두 가지를 안 했을 수도 있지만, 당시 '6예에 통했다'라고 하는 말은 문무를 겸비했다는 뜻과 같은 것이었다. 결국 예종이 '6예'에 통했다는 것은 심신이 건강했다는 말이다.

한명회와의 관계에서도 별로 거리낄 게 없었다. 어려서 해양대군으로 봉해져 앞서 본대로 상당군 한명회의 딸과 결혼했으나, 그 딸이 일찍 세상을 떠나는 바람에 청천부원군 한백륜의 딸을 왕비로 삼았다. 한명회는 전(前) 장인일 뿐이었다. 세조와 예종의 사랑을 받았던 한명회의 딸 장순왕후는 1461년 원손(元孫) 인성대군을 낳은 후 세상을 떠났고, 더욱이 인성대군 또한 아주 어려서 죽었다. 예종과 한명회 사이의 혈연적인 인연은 완전히 끊어졌다.

예종이 즉위한 것은 1468년 9월 7일이다. 그런데 한 달도 되지 않은 10월 4일 분경(奔競)을 엄단하라는 서슬 퍼런 지시를 승정원·이조·병조·사헌부에 내린다.

"정사는 나라의 큰 권한인데 사(私)에 따라 공(公)이 좌우되는 것은 옳지 않다. 앞으로 세력에 기대어 청탁을 해서 관직을 외람되게 얻으면 이제부터 종친·재추(宰樞-재상과 중추부 고위 관리)·공신일지라도 즉시 잡아들여 수사하고, 만일 숨김이 있으면 마땅히 족주(族誅) 하겠다."

분경이란 분추경리(奔趨競利)의 준말로 벼슬을 얻기 위해 한명회 등과 같은 권문세가의 집에 분주하게 드나들며 엽관 운동을 하는 것을 가리킨다. 고려 시대에도 분경의 폐단이 없지 않았으나 법으로 금지한 일은 없었다. 조선 초기에 와서 행정과 군정의 혼란을 수습하고 나아가 집권 체제를 강화하기 위한 조치의 하나로 태종이 분경 금지법을 세웠다.

따라서 예종의 분경 엄단 지시는 '종친·재추·공신'을 구체적으로 지목해 이야기하는 데서 알 수 있듯이 세조 등극 이래 거칠 것 없이 전횡을 부리고 있던 훈구 공신들을 겨냥한 것이었다. 덧붙여 분경을 하다가 적발되면 종친·재추·공신일지라도 그 행적을 따져 본인은 물론이고 일족을 몰살(族誅)하겠다고 엄명을 내렸다. 그 기세에 놀란 우의정 김질과 영의정 이준(-구성군 이준)은 '일족을 몰살하는 것은 너무 지나친 법'이라고 조심스럽게 건의하여 결국 '본인만 극형에 처한다'라는 수정을 얻어낼 수 있었다. 이같이 다소 완화되기는 했지만, 실제로 분경 금지로 인해 종친이나 공신 등 훈구 세력들의 예종에 대한 공포와 불만은 극에 달할 수밖에 없었다.

예종은 여기서 그치지 않았다. 보름 후인 10월 18일에는 훈구대신인 원상 김국광이 겸하고 있던 병조판서를 그만두게 하고 좌찬성만 맡도록 했다. 겉으로는 "내가 김국광을 믿지 못해 그런 것이 아니다. 대개 병조판서의 일은 오래 잡을 수 없다. 오래 잡으면 폐단이 생기고 말이 많아진다. 물론 호조와 예조에도 겸판서(-다른 보직을 맡고서 판서를 겸하는 것으로 당시 훈구 세력들의 힘이 그만큼 강했다는 것을 보여준다)가 있으나 병조에 비할 것이 아니다. 내가 김국광을 보호하고자 하기 때문에 바꾼 것이다"라고 말하고 있으나 그것을 믿을 사람은 아무도 없었다. 훈구파의 중요한 파워 근거지였던 군권(軍權)을 빼앗아버린 것이다.

분경 금지 파문에 이어 김국광이 병조판서에서 쫓겨나는 등 정신을 차릴 수 없던 훈구 세력에게 3일 후인 10월 21일 또 하나의 청천벽력 같은 소식이 전해진다. 예종이 사헌부에 "각 도의 관찰사·절도사·도사(都事)·평사(評事-병마평사의 약자로 병마절도사의 수하에 있던 정6품 문관직)는 경저인을 거느리지 못하게 하라"고 엄명을 내린 것이다.

경저인(京邸人) 혹은 경저리란 무엇을 하는 사람들이길래 이런 엄명이 내려진 것일까? 또 훈구 공신들은 과연 그것을 청천벽력으로 받아들였을까? 조선 시대 때 중앙과 지방 관청의 연락 사무를 위해 지방관이 서울에 파견한 아전 또는 향리(鄕吏)는 경저인 혹은 경저리, 저인 등으로 불렸다. 경저인의 임무는 공물 상납, 해당 읍의 부세 상납, 공무로 상경하는 관리의 신변 보호 등 서울과 지방 사이의 연락을 담당하면서 지방 관청과 함께 지방 관리들을 견제하기도 했다. 또 중앙과 지방 간의 문서 전달, 기일 내에 도착하지 못한 상납물의 대납(代納)의 책임도 졌다. 이게 핵심이다. 대납 과정에서 서로 결탁하여 미리 공물을 대납한 다음 지방 관청에 몇 배의 이자를 붙여 청구했다. 제도화된 상납이나 마찬가지였다. 이렇게 되면 지방 관리는 농민들을 더욱 수탈해 차액을 메꿔야 했다.

예종의 조치에 대해 훈구 세력들이 경악한 것은 당연하다. 바로 자신들 혹은 친척들이나 심지어 그들의 종이 대납업자가 돼 엄청난 치부를 하고 있었기 때문이다. 경저리는 훈구 공신들의 물적 기반이었다. 결국 예종은 분경 금지로 권력에 제한을 가하려는 데 이어 자신들의 돈줄을 끊어놓으려 하고 있었다. 예종은 이 같은 지시에 덧붙여 공문을 통해 '대납을 금지했는데도 계속하는 수령이 있으면 능지처참으로 다스리겠다'라고 엄포를 놓았다.

예종의 불같은 성격은 그 밖에도 여기저기서 볼 수 있다. 의금부에서 보고하기를 국문하는 과정에서 자백하지 않는 죄인이 있다고 하자 "만일 자복하지 않거든 쇠몽둥이가 부러지더라도 괜찮으니 다시 장을 때려 심문하라"라고 지시를 내린다. 또 여차하면 능지처참이나 교형에 처하라고 명했다. 예종도 진시황 스타일의 법가(法家)에 가까운 이런 엄격한 법 적용의 문제점을 의식하고 있었던 것 같다. 예종 1년(1469)의 기록이다.

"임금이 법을 세운 것은 반드시 행하려고 하는 것이므로 죄를 범한 사람은 용서할 수 없다. 그러나 근래에 형벌을 받는 사람이 자못 많아서 바깥의 어리석은 백성이 다만 사람을 형벌하는 것만 듣고 나를 가지고 새로 임금이 돼 함부로 형벌한다고 하는 자가 반드시 있을 것이니, 내가 깊이 근심한다. 어리석은 백성에게 내 뜻을 자세히 알리도록 하라."

이런 단호함이 훈구파를 직접 향한다면 한명회를 비롯한 원로대신들로서는 여간 고통스러울 수밖에 없었다. 실제로 예종은 선전관이라 해서 암행 감찰 요원을 종친과 공신들의 집에 비밀리에 파견해 고령군 신숙주, 우의정 김질, 구성군 이준, 박중선, 성임 등의 집에 심부름하러 왔던 부하나 하인들을 체포했다. 구성군 이준은 예종에게 사촌 형님이었다. 성임(成任, 1421~1484)은 계유정난에 참여해 형조·이조판서 등을 지낸 인물이었다.

신숙주 등은 즉각 예종을 찾아와서 사죄했다. 당장 죄를 내리기에는 너무나 막강한 거물들이 한꺼번에 걸려든 탓도 있다. 그래서 예종은 일단 편법으로 "분경을 금하지 못한 것은 사헌부에 책임이 있다"라며 사헌부 지평 최경지를 의금부에 가뒀다. 최경지로서는 억울한 일이었다. 그러면서 예종은 대간에게 "요즈음 대소조관(大小朝官)이 경계하여도 믿지 아니하고 죄를 주어도 징계되지 아니하니 나는 매우 잘못이라고 생각한다"라고 말한다. 한마디로 군기를 잡겠다는 것이다.

이런 분위기를 감안한 때문인지 그해 12월 23일 한명회는 조정에서 물러날 것을 청한다. 얼마 전 역적으로 몰린 남이가 그 과정에서 자신을 물고 들어간 것도 한 가지 이유였지만,

훈구파에 대한 예종의 곱지 못한 시선도 작용했을 것이 분명하다. 남이는 친국을 받던 중 갑자기 한명회도 자신과 함께 모의한 적이 있다고 이야기했다. 한명회로서는 여러모로 불안감을 느낄 수밖에 없었다. 그래서 물러나기로 결심한 것이다. 산전수전을 다 겪은 한명회다운 처세술이다. 그렇다고 예종의 입장에서 한명회를 내칠 수는 없었다. 여전히 권력은 훈구파들에게 있었다. 예종은 한명회의 청을 '윤허하지 아니했다.'

이런 흐름 속에서 재위 1년 2개월 만인 1469년 11월 28일 예종은 급서(急逝)했다. 실록은 옥체가 변색했다고만 기록하고 있다. 간접적이나마 독살의 가능성을 암시한 것이다. 그 후 성종이 즉위하게 되는 과정 또한 너무나 신속했고, 이미 모든 것이 준비된 듯했다. 신하들에 의한 독살일 가능성이 농후한 것이다. 더 이상의 추리는 자제한다.

다만 세조와 예종의 생전 대화 중에 『주역』과 관련된 것이 있어 하나 더 소개한다. 『성종실록』 8년(1477) 12월 2일에 종친인 주계부정(朱溪副正) 이심원(李深源)이 올린 차자(箚子-약식 상소)에 이런 말이 나온다.

> 세조대왕(世祖大王)께서 예종(睿宗)에게 훈계하시기를 "나는 준괘(屯卦)에 해당하고 너는 태괘(泰卦)에 해당한다. 일은 세상의 변천에 따를 것이니, 만일 네가 나의 행적에 거리껴서 변통(變通)을 알지 못하면 소위 둥근 구멍에 모난 자루[圓鑿而方柄](원착 이 방병) 격이 된다"라고 하셨습니다.

결국 세조의 우려는 어디로 가고 예종은 비명횡사하고 말았다.

이어서 정이는 반대 사례로 은나라 반경(盤庚)과 주나라 선왕(宣王)을 말한다. "다움을 닦고[修德](수덕) 뛰어난 이를 써서[用賢](용현) 옛 뛰어난 임금들의 정사를 복구해 제후들이 다시 조회하게 만들었으니, 도리로써 점점 길들여[馴致](순치) 갑자기 추진하지 않았다." 반경이나 선왕은 흔히 중흥 군주로 평가된다. 사마천의 『사기』 「은본기(殷本紀)」편에는 반경이 탕왕의 정치를 시행해 은나라를 부흥시켰으며, 그가 탕왕의 덕정(德政)을 준수하자 제후들이 다시 입조했다고 기록돼 있다. 그가 죽은 뒤에는 동생인 소신(小辛)이 왕위를 이었는데, 소신의 재위 기간에 은나라는 다시 쇠퇴했다. 그래서 백성은 반경을 기리며 3편으로 된 「반경」이라는 글을 지었다고 한다. 「반경」은 『서경』의 「상서

(商書)」편에 전해지는데, 반경의 정치에 대해서 "옛일을 전범으로 삼아 법도를 바로잡았다"라고 기록하고 있다. 선왕은 국인(國人)의 폭동으로 쫓겨난 부친 여왕(厲王)의 뒤를 계승한 후 쇠락해가는 서주 왕실의 국운을 되살리기 위해 절치부심했으나 뜻을 이루지 못했다. 내치(內治)에서는 어느 정도 성과를 거두었으나, 동남방과 서북방의 이민족을 물리치기 위해 무리한 군사 원정을 강행했다가 실패함으로써 주나라의 몰락을 부추겼다는 평가를 듣는다. 정이는 내치 회복에만 중점을 뒀기에 그런 평가를 했던 것으로 보인다. 조선 역사로 보자면 왕실과 국가의 중흥을 이룩한 숙종(肅宗)이 여기에 해당한다.

정이는 "아무것도 하지 않기를 당나라의 희종(僖宗)이나 소종(昭宗)처럼 하는 것은 안 된다. 아무것도 하지 않으면 늘 어려워서 결국은 망하게 된다"라고 했다. 조선 시대로 보자면 중종(中宗)이 여기에 해당한다. 신하들의 반정(反正)으로 얼떨결에 왕위에 올랐으나 나라와 백성을 위해 아무것도 하지 않은 임금이기 때문이다.

준괘의 맨 위에 있는 음효를 주공은 "말에 올랐다가 내리니[班如 반여] 피눈물이 줄줄 흐른다[乘馬班如 泣血漣如 승마 반여 읍혈 연여]"라고 했다. 음효로 음의 자리에 있으니 자리는 바르지만, 호응 관계인 육삼(六三)이 같은 음이어서 제대로 도움을 받지 못한다. 그래서 정이는 자기 자리에 가만있어도 안정되지 못하고 움직인다 해도 마땅히 갈 곳이 없다고 했다. 그래서 말에 올랐다가 내리기를 반복하며 결국 나아가질 못하고, 그래서 피눈물까지 줄줄 흘려야 하는 것이다. 위치상으로는 어려움이 극에 이르렀으니, 만일 밑에서 세 번째 자리에 양강(陽剛)이 있었다면 어려움을 구제할 수 있었을 텐데 그렇게 하질 못한다는 것이다.

그래서 공자는 간단히 "피눈물이 줄줄 흐른다[泣血漣如 읍혈 연여]고 했으니 어찌 오래갈 수 있겠는가?"라고 풀이했다.

정이는 준괘의 해설을 마무리하면서 괘(卦)와 효(爻)에 대해 대단히 중요한 말을 한다. 이는 앞으로 만나게 될 괘와 효 모두에 해당하는 말이라는 점에서 별도로 기록해둔다.

> 무릇 괘(卦)란 (전체의) 일[事 사]이요 효(爻)란 일 중의 한때[事之時 사지시]다. 셋으로 나누고 또 이것을 둘로 나누면 여러 가지 이치를 포괄할 수 있으니, 이것을 늘여서 펴고 유형에 닿는 대로

> 키워나간다면 천하의 거의 모든 일을 다 이해할 수 있을 것이다.

여기서 셋으로 나눈다는 것은 3효로 된 소성괘를 가리키고, 또 그것을 둘로 나눈다는 것은 6효로 된 대성괘를 가리킨다. 정이의 이 말은 『주역』을 일의 이치[事理]와 일의 형세[事勢]의 관점에서 일관되게 해석하려는 우리의 관점에 정확히 부합한다.

준괘의 각 효를 풀이할 때는 무엇보다 그 전체 상황이 험난함[屯=難]을 염두에 둬야 한다. 그러나 동시에 그것은 일의 시작이기도 하다. 우리가 앞으로 살피게 될 괘들과 연관된 『성종실록』 8년(1477) 12월 25일 기사다. 이날 주강(晝講)에서 『주역』을 강론하다가 「서괘전」에 나오는 "일이나 사물[物]은 끝까지 통할[終通] 수는 없다. 그래서 태괘(泰卦)의 뒤를 비괘(否卦)로 받았다"라는 구절을 풀이하면서 동지사 이승소(李承召, 1422~1484)는 다음과 같이 말한다. 그는 당대의 문장가로 이름이 높았으며 예악(禮樂)·음양(陰陽)·율력(律曆)·의약(醫藥)·지리(地理) 등 여러 방면에 조예가 깊었다.

> 대개 치세(治世)를 이룬다는 것은 어려운 것이기 때문에 처음에는 준괘(屯卦)·몽괘(蒙卦)·송괘(訟卦)·비괘(比卦)·소축괘(小畜卦)를 말한 뒤에 태괘(泰卦)에 이르렀고, 난세(亂世)를 이루기는 쉽기 때문에 곧바로 비괘(否卦)로써 연계했으니, 성인(聖人)께서 괘를 만든 뜻이 깊습니다. 이는 임금으로 하여금 수성(守成)이 쉽지 않다는 것을 알게 하고자 함입니다.

준괘란 곧 일의 시작이자 어려움이어서 곧바로 태평을 나타내는 태괘에 이르지 못하고 몽괘·송괘·비괘·소축괘의 우여곡절을 잘 이겨내야만 겨우 치세에 도달할 수 있는 데 반해 태괘는 곧장 모든 것이 막혀버린 어지러움을 뜻하는 비괘로 연결됨을 말함으로써 매사 임금이 조심하고 삼가야 함을 강조하고 있다. 괘들 간의 관계를 보는 하나의 시각을 보여준다.

대체로 보자면 준괘는 국가권력의 탄생과 군주가 경계해야 할 바를 집중적으로 다루고 있음을 알 수 있다. 하늘과 땅에 이어지는 첫 괘가 준괘이자 국가의 탄생이라는 점에서; 우리가 흔히 말하는 천지개벽은 실제로 천지창조를 말하는 것이 아니라 국가권력의 탄생과 연결됨을 염두에 둬야 할 것이다.

## 4. 산수몽(山水蒙)[130]

몽(蒙)은 형(亨-형통)하니 내가 어리석은 아이[童蒙]를 찾는 것이 아니라 어리석은 아이가 나를 찾는다. 처음 점치거든[初筮=初問][131] 일러주되 두세 가지로 말하는 것은 (어리석은 아이를) 모독하는 것이다. 모독함은 알려주지 않는 것이니 반듯하게 하는 것이 이롭다.

蒙 亨 匪我求童蒙 童蒙求我. 初筮告 再三瀆. 瀆則不告 利貞.[132]

초륙(初六)은 어리석음을 일깨워주되[發蒙] 사람에게 형벌을 써서 질곡(桎梏)을 벗겨주는 것이 이롭다. 그대로 가면 안타깝다[發蒙 利用刑人 用脫桎梏 以往吝].

구이(九二)는 어리석음을 감싸 안아주면[包蒙] 길하고 부인(의 말)을 받아들이면 길하니 아들이 집안을 잘 다스린다[包蒙吉 納婦吉 子克家].

육삼(六三)은 여자를 취해서는 안 된다. 돈 많은 사내를 보고 자기 몸을 가누지 못하니 이로운 바가 없다[勿用取女 見金夫 不有躬 无攸利].

육사(六四)는 어리석음으로 인해 곤경을 겪게 되니 안타깝다[困蒙吝].

육오(六五)는 어리석은 아이이니 길하다[童蒙吉].

상구(上九)는 어리석음을 쳐서 깨트리는 것[擊蒙]이니 도적이 되는 것은 이롭지 않고 도적을 막는 것은 이롭다[擊蒙 不利爲寇 利禦寇].

◉

몽괘(蒙卦)의 초륙(初六)은 양위에 음효로 바르지 못함[不正位], 구이(九二)는 음위에 양효로 바르지 못함, 육삼(六三)은 양위에 음효로 바르지 못함, 육사(六四)는 음위에 음효로 바름, 육오(六五)는 양위에 음효로 바르지 못함, 상구(上九)는 음위에 양효로 바르지 못하다. 이 괘의 경우는 하괘와 상괘 각각의 가운데[中] 있는 구이(九二)와 육

---

130 문자로는 간상감하(艮上坎下)라고 한다.

131 처음 점을 칠 때의 경건함으로 묻는다는 말이다.

132 원형이정(元亨利貞) 중에 원(元)에 대한 언급은 빠져 있다.

오(六五) 모두 바르지 못해 중정(中正)을 얻은 효는 없다.

대성괘 몽괘(䷃)는 소성괘 간괘(艮卦, ☶)와 감괘(坎卦, ☵)가 위아래에 있어 만들어진 괘다. 「설괘전」에 따르면 '간(艮-산)으로 오래 머물게 하고[止=久]' '비[雨=水=坎]로 윤택하게 한다'고 했다. 그런데 감(坎)은 준괘(屯卦)에서와 마찬가지로 물도 되고 험난함도 된다. 즉 준괘에서 위아래가 뒤집어져 산 아래에 험난함이 있는 모양이니, 험난함을 만나 그쳐서[止] 어디로 가야 할지를 모르는 상(象)이다.

그러면 「서괘전」을 통해 왜 몽괘가 준괘의 뒤를 이어받았는지 확인해보자.

> 일이나 사물이 생겨나면 반드시 어려서 어리석다[蒙]. 그래서 준괘의 뒤를 몽괘(蒙卦)로 받았다. 몽(蒙)이란 어리석은 것[蒙]이고 일이나 사물이 아직 어린 것[穉=幼]이다.
> 物生必蒙 故受之以蒙. 蒙者 蒙也. 物之穉也.
> 물생 필몽 고 수지 이몽 몽자 몽야 물지치야

사람이든 일이든 사물이든 막 생겨났을 때는 아직 어리다. 몽(蒙)이라는 글자의 모양을 보자. 뜻을 나타내는 초두머리 초(艸)와 음을 나타내는 동시에 덮다, 어둡다는 뜻을 가진 몽(冡) 자로 이뤄져 있다. 아직 어리니 사리에 어두운 것은 당연하다. 이런 점을 염두에 두고서 몽괘를 보면, 산수몽괘(山水蒙卦, ䷃)는 감괘(☵)가 아래에 있고 간괘(☶)가 위에 있는 감하간상(坎下艮上)의 모양을 하고 있다. 산은 위에 있고 물은 아래에 있다. 산은 그침[止]이고 물은 험난함[險]이다. 즉 사람이나 일이 험난함을 만나서 그 앞에서 멈춘 것이 몽괘의 상(象-모습)이다. 정이는 "물은 반드시 흘러가는 것이지만 처음 나와서 갈 곳이 없어 몽(蒙)이 된 것"이라고 했다. 뭔가 돌파구가 필요한 상황이다. 그렇지만 준괘와 비교해본다면 좀 더 적극적으로 상황을 타개하려고 나아가는 것이 길하다. 그래서 정이도 "나아가면 형통하다는 뜻"이라고 덧붙였다. 망설여야 했던 준괘보다 조금 나은 때라고 할 것이다.

이번에는 「잡괘전」을 통해 준괘와 몽괘의 관계를 검토해볼 필요가 있다. 두 괘는 서로 뒤집힌 종괘(綜卦)로서 상당히 밀접한 연결성을 갖고 있기 때문이다.

> 준(屯)은 나타나지만[見=現] 그 있어야 할 곳[其居=其所]을 잃지 않고, 몽(蒙)은 (정해진 바

가 없어) 어지러운 가운데 (정해진 바가) 드러난다[雜而著].

屯 見而不失其居 蒙 雜而著.

준괘(䷂)와 몽괘(䷃)는 서로 종괘 관계다. 「서괘전」에서는 준괘의 핵심 의미가 "이제 막 어렵사리 생겨남[始生]에 있음"이라고 했다. 그런데 「잡괘전」에서는 그 부분을 '나타나지만'이라고 압축하고서 '그 있어야 할 곳[其居]을 잃지 않는다'라고 말한다. 이는 준괘의 괘상에서 그 뜻을 추출해낸 것으로 봐야 한다. 준괘는 진괘(震卦, ☳)가 아래에 있고 감괘(☵)가 위에 있는 진하감상(震下坎上)의 모양을 하고 있어 아래에서는 움직이니 겨우 나타나려 하지만 위는 감(坎)이니 험해서 갈 수가 없다[不行]. 그래서 머물러 지키는 것[駐=守=止]이다.

「서괘전」에서 몽괘는 "일이나 사물이 아직 어린 것[穉=幼]"이라고 했다. 어리다 혹은 어리석다는 것은 아직 방향이 정해지지 않아 혼란스럽다[雜=混雜]는 말이다. 그러다 점차 방향이 정해지면서 시야가 밝아지기 시작한다[明]. 몽괘(䷃)는 감괘(☵)가 아래에 있고 간괘(☶)가 위에 있는 감하간상(坎下艮上)의 모양을 하고 있는데, 감괘는 어둡고[幽昧] 간괘는 빛나고 밝음[光明]이다. 그래서 청나라 때 고종(高宗)의 명을 받아 부항(傅恒) 등이 지은 『주역술의(周易述義)』에서는 준괘는 "나타났지만 숨어 있다[顯而隱]"고 하고 몽괘는 반대로 "숨어 있지만 나타나게 된다[隱而顯]"고 했다. 둘의 미묘한 차이에 주목해야 한다. 그래야만 현실 속에서 상황을 판단할 때 보다 정확성을 기할 수 있기 때문이다.

이는 흔히 소인들이 설치던 암흑기를 지난 후에 어느 정도 기대를 해볼 만한 리더십이 막 등장했을 때 쉽게 나타날 수 있는 온건 개혁과 급진 개혁의 대립에 해당한다. 조선사에서 보자면 폭정의 시대라 할 명종(明宗)의 재위가 끝나고 신하들의 추대로 왕위에 오른 후궁 손자 선조(宣祖)의 등장이 그것이다. 연산군이 쫓겨나고 중종이 즉위한 초기도 비슷하다.

선조의 즉위는 사림(士林)들, 특히 신진 사림들에게는 참으로 오랜만에 나라의 앞길에 서광(曙光)이 비치는 사건으로 받아들여졌다. 너무도 지긋지긋했던 척신(戚臣)과 권간(權姦)들의 공포 정치가 마침내 종지부를 찍게 될 것으로 보였기 때문이다.

실제로 1567년 7월 3일 경복궁 근정전에서 열린 선조의 즉위식을 지켜본 조정 대신들은 어린 신왕의 일거수일투족을 보면서 나라의 미래를 점치느라 바빴을 것이다. 열여섯 어린 나이에다가 궐내에서 성장하지 않았음에도 불구하고 행동 하나하나가 법도에 어긋남이 없었다. 어상(御床)에도 처음에는 오르려 하지 않아 대신 이하 모두가 여러 차례 권하니 마지못해 자리에 올랐다. 특히 이날 즉위식이 끝나고 유모가 화려한 가마를 타고 들어와 뭔가를 청탁했다. 그러나 어린 신왕은 청탁을 들어주지 않은 것은 물론이고 '참람되게' 가마를 타고 들어온 것을 꾸짖었다. 그 바람에 유모는 집으로 갈 때 걸어서 가야 했다. 또 선조는 즉위하자마자 환관의 수를 절반으로 줄이고 늘 편전에 묵묵히 앉아 독서에 전념했다. 이에 조정과 재야에서는 "성덕(聖德)이 성취될 수 있으리라는 기대"가 높아만 갔다. 이런 작은 행동 하나하나에도 초미의 관심을 쏟아야 할 만큼 과거 정권에서 폭정의 시간은 너무나 길었고 남긴 상처도 그만큼 깊었다.

실제로 선조 집권 초의 분위기는 그랬다. 물론 영의정 이준경 등을 비롯한 신하들이 올린, 뛰어난 이를 찾아서 중용하라는 건의를 받아들이는 형식이긴 했지만, 그동안 윤원형과 이기(李芑) 등이 일으킨 사화나 모함 등으로 먼 곳에 유배를 갔던 인물들이 하나둘씩 조정으로 돌아오기 시작했다.

선조 즉위년 10월 중순경 노수신(盧守愼), 유희춘(柳希春), 김난상(金鸞祥) 등 중신 10여 명이 사면됐다. 이들은 모두 명종 초 윤원형 세력이 일으킨 을사사화와 뒤이은 양재역벽서사건에 연루돼 20년 가까이 변방 등지에서 유배 생활을 하다가 마침내 조정으로 돌아올 수 있었다. 노수신은 홍문관 교리로, 유희춘·김난상은 성균관 직강으로 복직됐다.

그러나 온건 개혁과 급진 개혁은 점점 서로를 공격하기 시작했다. 당시 정계의 상황을 『선조수정실록(宣祖修正實錄)』은 마치 오늘날의 정치 논평 기사처럼 상세하게 기록해두고 있다.

> 이때 상이 신정(新政) 초기라서 잘 다스려보려는 생각이 매우 절실했다. 그런데 등용된 신진의 선비들이 모두 이황(李滉)을 종주(宗主)로 삼아서 떼 지어 서로 교유하며 학문을 강론하면서 그들 스스로 한 무리가 됐다. 세도(世道)를 만회하고 부정한 것을 제거하고 깨끗한 것을 드러내는 것을 제일로 삼았는데, 당시 사람들이 소기묘(小己卯-요즘 식으로 하자면 '리틀 조광조 무리')라고 지목했다. 따라서 윤원형·이량(李樑)의 무리 중에서 버림을 당해 쓰

이지 못하는 자들이 많았으니, 이들은 원망이 뼈에 사무쳤고 소위 명망이 있는 구신(舊臣)이라는 자들은 비록 많은 세변(世變)을 겪으면서도 지조를 잃지 않았다고 자부하고 있었으나 세태에 따라 부침하면서 오랫동안 부귀와 안일에 젖어 있었다. 그런데 신진들이 선배를 경시하면서 속류(俗流)들이라고 비난하는 것을 보고서는 모두 불평을 품은 채 그들끼리 또 한 무리를 이루고 있었다. 윤원형과 이량의 당류들이 이때를 노려 유언(流言)을 퍼뜨려서 양쪽 사이를 선동하여 조정을 어지럽게 만듦으로써, 기회가 오면 저들에게 분풀이를 하려고 했었다.

물론 『선조수정실록』의 이 같은 평가는 다소 과장되고 왜곡된 것이다. 예를 들어 김개(金鎧, 1504~1569)[133]는 윤원형·이기의 당류가 아니며 "오랫동안 부귀와 안일에 젖어 있었다"라는 것도 지나치다. 지금의 시점에서 보자면 현실 정치를 중시하던 이준경(李浚慶)류의 경륜가들과 새로운 사회를 꿈꾸던 기대승(奇大升)·정철(鄭澈)류의 개혁론자들 간의 갈등일 뿐이었다. 경륜(준괘)과 개혁(몽괘)은 어느 하나 소홀히 할 수 없다는 점에서 한쪽을 일방적으로 택해서는 안 될 것이다.

그러나 선조는 결국 이를 조정하지 못하고 둘 사이를 오가며 일관성을 잃는 바람에 얼마 안 가서 당파가 뿌리를 내리고 당쟁이 고착화되는 불미스러운 전통을 만드는 첫 임금이 되고 말았다. 그것은 조선 역사 전체의 불행으로 두고두고 악영향을 미치게 됐다.

준괘에 이어 몽괘 또한 새로운 정치가 생겨나는 초기에 일어날 수 있는 상황을 다루고 있다고 할 수 있다.

이제 문왕의 단사(彖辭), 즉 "몽(蒙)은 형(亨-형통)하니 내가 어리석은 아이[童蒙](동몽)를 찾는 것이 아니라 어리석은 아이가 나를 찾는다. 처음 점치거든[初筮](초서) 일러주되 두

133 1540년 문과에 급제했다. 이듬해 홍문관정자(弘文館正字)가 된 뒤 1544년 정언(正言), 1546년(명종 1년) 수찬(修撰), 1548년 검상(檢詳)·장령(掌令), 1549년 집의(執義)·응교(應敎), 1550년 선공감정(繕工監正)을 차례로 역임하고 이듬해 구황 겸 선위사(救荒兼宣慰使)로 청홍도(淸洪道-충청도)에 파견됐다. 1552년 동부승지(同副承旨), 1554년 형조참의가 돼 성절사(聖節使)로 명나라에 다녀왔다. 1557년 청홍도관찰사가 됐으며, 이듬해 이조참의를 역임했다. 이어서 대사헌과 한성부판윤을 역임하고, 1563년 형조판서, 1565년에는 호조판서가 됐다. 1569년 기묘사화 때 화를 당한 조광조(趙光祖) 등을 현자로 추대할 때 조광조를 비방한 사실이 드러나 기대승 등의 탄핵을 받고 관직을 삭탈당했다. 시흥으로 낙향해 있다가 울분으로 세상을 떠났다. 관직에 있으면서 매우 청렴해 1552년에 청백리에 녹선(錄選)됐다.

세 가지로 말하면 모독하는 것이다. 모독함은 알려주지 않는 것이니 반듯하게 하는 것이 이롭다[亨 匪我求童蒙 童蒙求我. 初筮告 再三瀆. 瀆則不告 利貞]"에 대한 공자의 풀이[「彖傳」]를 살펴볼 차례다.

몽괘(蒙卦)는 산 아래에 험난함이 있는 것이니[山下有險] 험난해서 그치는 것[險而止][134]이 몽(蒙-어려서 어리석음)이다. "몽(蒙)은 형(亨-형통)하니"라는 것은 형통함으로 일을 행하니 (이는) 때에 적중했기[時中] 때문이다. "내가 어리석은 아이[童蒙]를 찾는 것이 아니라 어리석은 아이가 나를 찾는다"라는 것은 뜻이 응했기[志應] 때문이다. "처음 점치거든[初筮] 일러주고"라고 한 것은 굳세어 사리에 적중했기[剛中] 때문이요, "두세 가지로 말하면 모독하는 것이다. 모독함은 알려주지 않는 것이니"라고 한 것은 (자신이) 어리석은 자를 모독해 혼란스럽게 하는 것[瀆亂]이다. 어리석음으로써 바름을 기르는 것[蒙以養正]이 (바로) 빼어난 이가 어리석은 이를 일깨워주는 공력[聖功]이다.

蒙 山下有險 險而止 蒙. 蒙亨 以亨行 時中也. 匪我求童蒙童蒙求我 志應也. 初筮告 以剛中也 再三瀆瀆則不告 瀆蒙也. 蒙以養正 聖功也.

◉

정이는 몽(蒙)이 형통하다[亨]라는 뜻을 갖는 이유에 대해 "열어서 일깨워주는 이치[開發之理]가 있기 때문"이라고 했다. 때에 적중했다는 것은 몽괘의 때가 바로 열어서 일깨워 형통해야 할 시점이라는 말이다. 그는 또 때에 적중했다[時中]는 말의 뜻을 "때는 군주의 호응을 얻어냈음을 말하고 적중했다는 것은 일에 대처하는 것이 사리에 맞다는 뜻이다"라고 했다.

무엇보다 "'내가 어리석은 아이[童蒙]를 찾는 것이 아니라 어리석은 아이가 나를 찾는다'라는 것은 뜻이 응했기[志應] 때문"이라는 부분에 대한 정이의 풀이는 자세하면서도 정곡을 찌른다.

---

134 주희는 "산 아래에 험난함이 있다"라는 괘의 모양[卦象]으로 풀어낸 것이고 "험난해서 그치는 것"은 괘의 다움[卦德]으로 풀어낸 것으로 보면서 두 가지 뜻[兩義]이 있다고 보았다. 참고할 만하다.

육오(六五)는 몽괘의 주인[主]이고 구이(九二)는 어리석음을 일깨워주는[發蒙] 자다. 따라서 나라고 한 것은 구이를 가리킨다. 구이는 몽괘의 주인은 아니지만, 육오가 이미 구이에게 고분고분 공손하니[順巽][135] 구이는 바로 어리석음을 일깨워주는 자인 것이다. 그래서 (문왕은) 구이를 위주로 해서 말한 것이다. '내가 어리석은 아이[童蒙]를 찾는 것이 아니라 어리석은 아이가 나를 찾는다'라는 것은 육오가 존귀한 자리[尊位=五位]에 머물러 있으면서 부드럽고 고분고분한 다움[柔順之德]이 있고 또한 바야흐로 동몽(童蒙)의 때에 있으니 구이와 바르게 응하고[正應] 중덕(中德)이 또한 같으니[136] 능히 구이의 도리를 써서 그 어리석음을 일깨우는 것이다. 구이는 강중(剛中)의 다움을 가진 채 아래에 있어 임금이 믿고 마음이 향하는 바가 됐으니, 마땅히 도리로써 스스로를 지켜 임금이 지극한 열렬함[至誠]으로 자신을 찾기를 기다린 뒤에야 응하면 (임금이) 능히 그 도리를 쓸 수 있다. 이것이 바로 "내가 어리석은 아이[童蒙]를 찾는 것이 아니라 어리석은 아이가 나를 찾는다"라는 것이다.

이는 「잡괘전」에서 본 바 있는, 『논어』 「학이」편에 나오는 공자 자신의 모습과 정확히 일치한다.

자금(子禽)이 자공(子貢)에게 물었다.
"공자께서는 찾아간 나라에 이르셔서 반드시 그 정사(政事)를 들으시니, 그분이 (정치에 관심이 많아) 그렇게 하려고 구해서[求之] 그런 것입니까, 아니면 제후가 먼저 공자에게 청해서[與之] 그렇게 된 것입니까?"
자공은 이렇게 답했다.
"공자께서는 온화하고 반듯하고 공손하고 검소한 다움[溫良恭儉]을 바탕으로 사양함을 통해 그것, 즉 정치 참여의 기회나 지위를 얻은 것이니, 설사 공자께서 그것을 먼저 원해서 얻었다고 하더라도 다른 사람들이 그것을 구하는 것[求之]과는 근본적으로 다를 것이네."

135 이는 육오가 유순한 다움을 갖는 음효이기 때문에 거기에서 뽑아낸 다움[德]이다.

136 둘 다 바른 자리는 아니지만, 각각 상괘와 하괘의 가운데[中]에 있다는 말이다.

「자한」편에 나오는 일화도 같은 뜻이다. 이번에는 공자가 말한다.

> 자공이 물었다.
>
> "여기에 아름다운 옥이 있다면 스승님께서는 그것을 궤 속에 넣어 가죽으로 싸서 고이 보관하시겠습니까? 좋은 값을 구하여 그것을 파시겠습니까?"
>
> 공자가 말했다.
>
> "팔아야지! 팔아야지! 그러나 나는 좋은 값을 기다리는 사람이다."

이처럼 임금이 신하에 대해 예(禮)를 극진히 하기를 기다려서야 신하가 임금에게 나아간 까닭에 대해 정이는 "스스로를 높이려 한 것이 아니라 임금이 다움[德]이 있는 신하를 높이고 도리를 즐거워함[尊德樂道]이 이와 같지 않을 경우 더불어 뜻있는 일을 할[與有爲] 수 없기 때문이다"라고 했다. 즉 일을 중심으로 생각해야 한다는 것이다.

공자가 '"처음 점치거든[初筮=初問] 일러주고"라고 한 것은 굳세어 사리에 적중했기[剛中] 때문이다'라고 한 것은 그 묻는 바가 절실하고 한결같다는 말이다. 그렇기 때문에 아는 바를 일러주는 것이다. 그러나 두세 가지로 말하는 것은 무성의하고 불경(不敬)한 것이기 때문에 그렇게 일러주지는 않는다.

다행히 이 말의 정확한 의미를 공자 자신이 『예기(禮記)』「표기(表記)」편에서 이렇게 풀어놓고 있다.

> (사리에 맞는) 말이 아니면 서로 사귀지 말고 예(禮)로써가 아니면 서로 보지도 말라는 것은 백성으로 하여금 서로 욕되지 않게 하기 위함이다. 그래서 역(易)에 이르기를 "처음 점치거든[初筮] 일러주되 두세 가지로 말하면 몽매한 자를 모독하는 것이다. 모독함은 알려주지 않는 것"이라고 한 것이다.

사람과 사람의 사귐과 만남은 모두 예(禮), 즉 일의 이치[事理]에 입각해야 한다는 말이다. 이 점은 앞으로도 수없이 강조될 것이다.

공자가 마지막으로 "어리석음으로써 바름을 기르는 것[蒙以養正]이 (바로) 빼어난 이가 어리석은 이를 일깨워주는 공력[聖功]이다"라고 한 것은, 스스로의 빼어남을 어리석음으로 숨기고서 가만히 스스로 바름을 기르게 해주는 것이 바로 빼어난 이가 어리석은 이를 일깨워주는 방법이자 공력이라는 뜻이다. 이 공부법은 결국은 공자가 『논어』「헌문」편에서 말한 하학이상달(下學而上達), 아래로 인간사를 배우고 위로 하늘의 이치에 이르는 공부와 통한다.

몽괘(䷃)에는 2개의 양효와 4개의 음효가 있는데, 이에 대해 정이는 "두 양은 어리석음[蒙]을 다스리는 자이고 네 음은 모두 어리석은 상태에 처해 있는 자들이다"라고 했다. 앞으로 효 풀이를 두고 참고할 만하다.

공자의 「상전(象傳)」을 살펴볼 차례다. 그중에 몽괘를 총평한 「대상전(大象傳)」이다.

산 밑에서 샘물이 나오는 것이 몽(蒙)(이 드러난 모습)이니, 군자는 그것을 갖고서[以] 과감하게 일을 시행하며 다움을 기른다[山下出泉蒙 君子以 果行育德].

◉

이에 대해서는 주희의 풀이가 적실성이 있다.

"샘물이란 물이 처음 새어 나온 것이니 반드시 흘러가서 점점 많아지게 된다[漸]."

즉 샘물을 보고서 이런 이치를 믿는다면 과단성 있게 일을 시행하고 그에 필요한 다움을 길러야 한다는 말이다. 이는 『논어』「자한」편에서 공자가 흘러가는 시냇물을 보고 했던 말과 연관이 깊다.

흘러가는 것이 이와 같구나. 밤낮없이 그치질 않는구나.

이 말은 그 자체로 「대상전」과 닮았다. 자연의 특정한 현상을 보고서 스스로를 성찰하는 것이기 때문이다. 이 구절에 대해 정약용은 『논어고금주(論語古今註)』에서 이렇게 말했다.

오직 우리들 인생은 한 걸음 한 걸음 길게 걸어가며 한순간의 간단(間斷)도 없는 것이다.

이는 마치 가벼운 수레를 타고 비탈길을 내려가면서 물이 흐르듯이 쉴 수 없는 것과 같다. 군자가 안으로 다움[德]에 나아가고 밖으로 공업(功業)을 닦는 데 노력하는 것은 그때그때에 이르러 진퇴(進退)를 잘하고자 하기 위한 것인데, 배우는 이들은 항상 이러한 기미를 잊고 있으므로 공자가 이를 경계한 것이다.

어느 한 글자도 뺄 필요 없이 그대로 몽괘의 「대상전」에 대한 풀이로 봐도 무방하다. 과행(果行)의 뉘앙스와 관련해 정약용은 "어떤 것을 하지 않으려고 해도 않을 수 없는 것"이라고 했다. 단순히 용맹에서 비롯되는, 과감해 다소 무모할 수도 있는 그런 행위와는 구별해야 한다는 것이다. 전적으로 수용한다.

몽괘의 여섯 효[六爻]에 대한 주공의 말을 풀이한 공자의 「소상전」이다.

(초륙(初六)은) 사람에게 형벌을 쓰는 것이 이롭다[利用刑人]라는 것은 법을 바로잡는 것[正法]이기 때문이다[利用刑人 以正法也].

(구이(九二)는) 아들이 집안을 잘 다스린다[子克家]라는 것은 굳셈과 부드러움[剛柔]이 서로 접하기 때문이다[子克家 剛柔接也].

(육삼(六三)은) 여자를 취해서는 안 된다[勿用取女]라고 한 것은 행실이 고분고분하지 않기 때문이다[勿用取女 行不順也].

(육사(六四)는) 어리석음으로 인해 곤경을 겪게 되는 안타까움[困蒙之吝]은 홀로 알찬 사람[實=陽]과 멀리 떨어져 있기 때문이다[困蒙之吝 獨遠實也].

(육오(六五)는) 어리석은 아이의 길함[童蒙之吉]은 고분고분함으로써 공손하기 때문이다[童蒙之吉 順以巽也].

(상구(上九)는) 도적을 막는 것이 이로운 것[利用禦寇]은 위와 아래가 순리를 따르기 때문이다[利用禦寇 上下順也].

◉

몽괘의 맨 아래 첫 음효에 대해 공자는 "(초륙(初六)은) 사람에게 형벌을 쓰는 것이 이롭다[利用刑人]라는 것은 법을 바로잡는 것[正法]이기 때문이다"라고 풀었다. 초륙은 음효로서 맨 아래에 놓여 있으니 어리석음[蒙]의 뜻을 갖게 된 것이다. 효사의 다른 부분, 즉 "질곡(桎梏)을 벗겨주는 것이 이롭다. 그대로 가면 안타깝다[用脫桎梏以往吝]"는 언급하지 않고 다만 '형벌을 쓰는 것이 이로운' 까닭은 그것이 바로 법을 바로잡는 효과가 있기 때문이라고만 한 것은 이 부분이 가장 중요하다고 보았기 때문이다. 법을 바로잡지 않고서는 교화란 불가능함을 강조한 것이다. 그런데 입장에 따라서는 어리석은 아이(에 해당하는 어른)를 열어 일깨워주는 초기에 과연 갑자기 형벌을 쓰는 것이 좋은 것인지에 대해 다른 의견이 있을 수 있다. 게다가 흔히 법치(法治)보다는 덕치(德治)를 강조해온 공자가 초기에 이처럼 법을 바로잡는 것의 중요성을 강조하며 형벌을 써야 한다고 한 데 대해 의아해하는 사람도 있을 것이다. 이 점에 대한 정이의 해명은 간명하다.

> 법을 바로 세우고 형벌을 만드는 것이 바로 가르치려 함[所以敎]임을 알지 못한 것이다.

그러나 주공의 효사를 면밀하게 읽어보면 형벌에만 중점을 둔 것은 아니다. 그렇게 해서 먼저 질곡(桎梏-차꼬)을 벗겨주는 것이 중요하다는 것이다. 질곡이란 그릇됨이다. 먼저 형벌을 통해 위엄을 세워 그릇된 마음가짐을 바로잡아줘야 한다는 것이다. 그런 다음에 단계적으로 도리를 가르친다면 얼마든지 교화로 이어질 수 있다는 것이 바로 주공의 깊은 뜻이다. 여기에도 교화가 궁극적으로 고려되고 있다. 따라서 주공의 효사나 공자의 상전을 그저 형벌만능주의를 주장하는 것으로 읽어서는 안 된다. 이렇게 이해하고 나면 『논어』「위정(爲政)」편에 나오는 공자의 말을 명확하게 이해할 수 있다.

> 백성을 (오로지) 법령으로써 인도하고 형벌로써 가지런히 하면 백성은 법망을 면하려고만 하고 부끄러움이 없게 된다[無恥]. 백성을 다움[德]으로 인도하고 일의 이치[禮]로써 가지런히 하면 부끄러움을 알게 되고[有恥] 또 바르게 될 것이다.

따라서 효사의 '그대로 가면 안타깝다[以往吝]'라는 것은 오히려 계속 형벌만능주의를 고집하게 되면 안 좋은 결과가 생길 것이라는 뜻이다. 특히 새로운 정치를 펼쳐보려는 초기에 과거의 잘못을 법으로만 단죄하려 한다면 바람직하지 못하다는 뜻으로도 볼 수 있다. 정이의 말이다.

> 만일 오로지 형벌만 써서 정치를 하려 하면 몽매한 자가 비록 두려워하나 끝내 몽매함을 개발하지 못할 것이요 구차스럽게 형벌만 면하려 하고 부끄러운 마음이 없어 다스림과 교화를 이룰 수 없다. 그러므로 그대로 가면 안타까운 것이다.

이 점을 단적으로 보여주는 사례가 유방의 법삼장(法三章)이다. 유방은 진(秦)나라 군사를 쳐서 이기고 수도 함양(咸陽) 동쪽에 있는 패상(霸上)으로 진군해서 진왕(秦王) 자영(子嬰)의 항복을 받고, 다시 함양에 입성(入城)했다가 번쾌(樊噲)와 장량(張良)의 권고로 패상으로 돌아왔다. 이때 유방은 진나라의 많은 호걸과 부로를 불러 모아놓고 이렇게 말했다. 반고의 『한서』 「본기(本紀)」편에 나오는 이야기다.

> "어르신들[父老](부로)께서는 진나라의 가혹한 법에 오랫동안 고생하시어, (조정을) 비방하는 자는 멸족을 당했고 모여서 이야기를 나눈 자는 기시(棄市-저잣거리에서의 사형)를 당했습니다. 나는 제후들과 약속하기를 관중에 가장 먼저 들어가는 사람이 왕이 되기로 했으니 내가 마땅히 관중의 왕입니다. 어르신들과 약속하는 바는 법삼장(法三章)뿐입니다. 사람을 죽인 자는 사형에 처하고 남을 다치게 하거나 도둑질한 자는 죄에 맞게[抵=至=當](저 지 당) 처벌할 것입니다. 그 밖에 진나라 법령은 모두 없앨 것입니다. 관리와 백성은 모두 다 예전(-진나라 이전)처럼 안도해도 됩니다. 무릇 내가 이곳에 온 까닭은 어르신들을 위해 해악을 없애고자 해서이지 침략하여 포악한 짓을 하려는 것이 아니니 절대 두려워 마십시오. 또 내가 패상에 주둔한 까닭은 단지 제후들이 오기를 기다려 약속을 정하기 위함일 뿐입니다."
> 이에 사람을 보내 진나라 관리와 더불어 모든 현과 향과 읍을 다니며 이를 알려 일깨워주도록[告諭](고유) 했다. 진나라 백성은 크게 기뻐하며 앞다투어 소와 양고기 그리고 술과 음식을 가지고 와서 군인들에게 바쳤다. 패공이 사양하고서 받지 않으며 "창고에 곡식이 많아 백성에게 폐를 끼치고 싶지 않습니다"라고 하자 백성은 더욱더 기뻐하며 오직 패공이 진나라 임금이 되지 않을까 봐만 걱정했다.

몽괘의 밑에서 두 번째 양효에 대해 공자는 "(구이(九二)는) 아들이 집안을 잘 다스린다[子克家]라는 것은 굳셈과 부드러움[剛柔]이 서로 접하기 때문이다"라고 했다. 그에 앞서 두 가지 사항에 대해서는 언급하지 않고 곧장 '아들이 집안을 잘 다스린다[子克家]'에 대해서만 풀이했다. 물론 이 부분이 중요해서이긴 하겠지만, 두 가지 사항을 이해할 때라야 이 또한 정확히 알 수 있다. 주공의 효사는 이렇다.

"어리석음을 감싸 안아주면[包蒙] 길하고 부인(의 말)을 받아들이면 길하니 아들이 집안을 잘 다스린다[包蒙吉 納婦吉 子克家]."

구이(九二)의 처지와 그 응비(應比)를 점검해보자. 구이는 무엇보다 전반적으로 어리석은 상황[蒙卦]에 속해 있지만, 양효이니 그 자질이 굳세고 눈 밝음[剛明]을 갖고 있으며, 위로 임금 자리에 있는 육오(六五)와는 서로 응하면서 중덕(中德)을 공유하고 있다. 그래서 정이는 이 점을 염두에 두고서 "시대의 임무를 떠맡은 자"라고 했다. 자신의 위아래가 모두 음효이니 유비(有比)다. 양효로 음위에 있어 자리가 바르지 못한 것[不正位]을 제외한다면 대부분의 외부 여건은 좋다. 이제 구이가 이것들을 먼저 품어 안기만[包容] 한다면 일은 잘 풀려갈 수 있다. 정이의 풀이가 지극하다.

> (구이는) 반드시 포용력을 넓혀 어리석은 사람들을 가엾고 불쌍하게 여긴다면 천하의 어리석음을 능히 열어 어리석은 세상을 다스리는 공업을 이룰 수 있다. 그 도리가 넓고 베풀어야 할 바도 광범위하지만 이렇게 한다면 길할 것이다.
>
> 이 몽괘에는 2개의 양효가 있는데 상구(上九)는 굳세기만 해서 지나치고[剛而過][137], 오직 구이만이 굳세게 가운데를 지키는 다움[剛中之德]을 갖고 있어 육오와 응하면서 그때에 등용돼 홀로 사리에 눈 밝은 자[明者]다. (그러나) 만일 자신의 밝음에 기대어 홀로 모든 것을 다할 수 있다며 제 마음대로 한다면 그 다움은 넓어지지 못할 것이다[不弘]. 그래서 비록 부인네의 부드럽고 어두운 자질[柔闇]이라도 오히려 그중에서 좋은 점들을 마땅히 받아들인다면 그 밝음은 더 넓어질 것이다. 또 나머지 효들이 모두 음이기 때문에 그래서 부인이라고 한 것이다. 요순(堯舜) 같은 빼어난 이들은 (그 뛰어남이) 세상 사람들이 미칠 수 있는 바가 아니었지만, 오히려 아래 백성에게까지 잘 묻고서 타인으로부터 (좋은 말이나 장점을)

137 양효이면서 상괘의 맨 위에 있다는 말이다.

취하여 좋은 일을 행했다고 한다.

이때 포용력[寬弘]이란 마음을 열고 귀를 여는 것이다. 『한서』「가의전(賈誼傳)」편에는 요순시대 임금들이 사람들의 말을 널리 들으려는 노력이 태자의 교육에 적용된 사례가 언급되는데 지금의 문맥과 통한다.

> 태자가 관례(冠禮)를 치르고 어른이 돼 보부(保傅)들의 엄격한 관리 통제에서 벗어나게 되면 (그때부터는) 태자의 잘잘못을 낱낱이 기록하는 사관[史]을 두고 또 음식을 줄이는 것을 담당하는 관리[宰]를 두었습니다. 이에 좋은 행동[善]을 권하는 의견을 올리는 깃발[旌]이 설치되고 비판하는 글을 적는 나무를 세우며 감히 북을 두드리며 간언을 올리게 됩니다. 이때 맹인 악사[瞽史]는 시(詩-『시경』에 나오는 시)를 낭송하고 악공(樂工)은 경구[箴諫]를 읊조리며 대부는 계책을 아뢰고 선비들은 백성의 여론[民語]을 전달합니다. 이렇게 하는 가운데 습관과 지혜가 늘어가서 절실해짐에 따라 부끄럽지 않게 되고 교화가 마음속에서 이뤄지니, 마치 타고난 본성처럼 도리에 들어맞게[中道] 됩니다.

공자가 말한 부분을 살펴볼 차례다. 공자는 자식이 집안을 잘 다스릴 수 있는 까닭은 '굳셈과 부드러움[剛柔]이 서로 접하기 때문이다'라고 했다. 이는 자신의 굳셈[剛]과 육오(六五)의 부드러움[柔]이 조화를 이룬 때문이라는 말이다. 육오가 부드러운 마음으로 구이의 굳셈을 믿어주지 않는다면 구이가 아무리 굳셈의 다움을 가졌다고 하더라도 일을 풀어갈 수 없다. 육오는 아버지의 신임이자 임금의 총애다. 그럴 때만 구이는 밑에서 일을 주도할 수 있다.

몽괘의 밑에서 세 번째 음효에 대해 공자는 "(육삼(六三)은) 여자를 취해서는 안 된다[勿用取女]라고 한 것은 행실이 고분고분하지 않기[行不順] 때문이다"라고 풀이했다. 육삼은 전반적으로 어리석은 상황[蒙卦]에 속해 있으면서 음효로 하괘의 맨 위[過位]에 있어서, 가운데 있지도 않고[不中] 양의 자리에 있어 바르지도 않으니[不正] 망령되게 행동하는 여자다.

효사에서 이어지는 내용들은 바로 이 망령된 여자가 흔히 보이게 되는 행태다.

"돈 많은 사내를 보고 자기 몸을 가누지 못하니 이로운 바가 없다[見金夫 不有躬

无攸利(무유리)]."

그 행태 또한 육삼이 처한 다른 효들과의 관계에서 자연스럽게 추출된다. 정이의 풀이다.

> 육삼(六三)이 바르게 응하는 상구(上九)는 위에 있지만 멀어서 능히 따를 수가 없고, 오히려 바로 아래 유비(有比)가 되는 구이(九二)가 여러 어리석은 자들이 귀의하는 바가 돼 당시에 뜻을 얻음이 성대함을 가까이에서 지켜보았다. 그러니 자신의 정응(正應)인 상구를 버리고 구이를 따르게 되는데, 이는 여자가 돈 많은 사내[金夫(금부)]를 보고 기뻐하여 그를 따르는 것이니 결국 그 몸을 지키지 못하는 자다. 그렇기 때문에 어디를 가든 이로움이 있을 수 없는 것이다.

육삼의 이 같은 행태는 마땅한 의리[上九(상구)]보다는 눈앞의 이익[九二(구이)]을 좇는 자의 그것이다. 마땅함을 따르면 군자이고 이익을 따르면 소인이다. 조선 역사에서는 선조 때 정여립이 바로 이런 행태를 보여준 바 있다. 『선조수정실록』 16년(1583) 10월 22일자 기록이다. 다시 이조판서가 돼 조정으로 돌아온 이이를 누구보다 반긴 사람은 선조였다. 선조가 이이를 위로하기 위해 따로 불렀다. 이 자리에서의 대화야말로 당시 선조의 붕당(朋黨) 정국에 대한 인식과 이이에 대한 총애를 극명하게 보여준다. 다소 미안한 마음에서 던진 말이겠지만 선조의 첫 마디는 대단히 인상적이다.

> 내가 마치 한 원제(漢元帝)가 임금 노릇 할 때와 같이 소인배를 멀리 물리치지 못하여 나라가 거의 망해가고 있다.

하지만 국망(國亡)을 언급했다는 것은 당파 싸움에 대한 선조의 인식이 그만큼 절박했다는 뜻이기도 하다. 이에 이이는 동인에 속한 송응개(宋應漑)와 박근원(朴謹元)은 원래 간사한 사람들이지만 허봉(許篈)은 나이가 젊어 경망스러울 뿐 간사한 사람은 아니라고 두둔한다. 이들은 자신과는 반대당인 동인(東人)에 속한 사람들이었다.

> 대체로 지금 서(西)를 옳다고 하는 자라고 하여 그가 다 군자(君子)인 것도 아니요 동(東)

을 옳다고 하는 자라고 하여 반드시 모두 소인(小人)인 것도 아니어서, 지금 구별하여 쓰기란 어려운 일입니다.

이에 선조는 기뻐하며 "이제 경이 있으니 내 마땅히 모든 것을 맡기겠다"라고 말한다. 그런데 이 말이 끝나자마자 이이는 정여립이 남을 업신여기는 병통이 있기는 하지만 많이 배웠고 재주가 있다며 천거를 했다. 이에 선조는 "정여립은 칭찬하는 사람도 있지만 헐뜯는 사람도 많으니 어디 쓸 만한 자라고 하겠는가"라고 그 자리에서 부정적 의사를 밝혔다.

선조 18년 5월에 다른 이야기를 하다가 다시 정여립에 관한 자신의 생각을 밝히는 대목이 나오는데, 역시 그대로였다. 이때는 이이가 세상을 떠난 후였다.

정여립의 사람됨에 관해서는 내가 누차 만나서 그 사람됨을 살펴보니, 기질이 매우 강한 자인 듯하나 실로 그가 어떠한 사람인지 모르겠다.

훗날 드러나는 일이지만 선조의 통찰은 예리했다. 대신 선조가 김우옹(金宇顒)의 인물됨에 관해 묻자 이이는 "착한 사람이라고 할 수 있으나 시비(是非)가 분명치 못한 사람"이라고 폄하했다. 이때 이이가 정여립을 추천한 일은 두고두고 논란의 불씨가 된다.

한편 이이가 죽자 정여립은 이이를 헐뜯었다. 그것도 선조와 함께하는 경연에서 이이를 비방한 것이다. 이이가 살아 있을 때는 이이를 공자에 견주기도 했던 정여립이었다.

정여립(鄭汝立, 1546~1589)은 어떤 인물인가. 그를 비판하는 사람들조차 "총명하고 통솔력이 있었으며 자기주장이 강했던 인물"이었음은 인정한다. 1570년(선조 3년) 문과에 급제했으나 관운(官運)이 별로 없어 한직을 맴돌았고, 1584년에야 홍문관 수찬에 오를 수 있었다. 경사(經史)에 통달했다는 평을 듣는 인물로서는 아주 느린 승진이었다. 여기에는 선조의 부정적 인식이 크게 작용했을 것이다. 경연에서 정여립이 이이를 비방하자 당시 이이에 대해 생각이 비판적으로 바뀌어 있던 선조조차 "정여립은 송나라 때의 형서(邢恕) 같은 사람이다"라고 평했다. 형서란 원래 정명도(程明道)를 따르다가 세상이 바뀌자 가장 먼저 정명도 공격에 나섰던 인물이다. 형서는 철종(哲宗)에게 "신은 정명도를 스승으로 섬겼는데 이제 정명도가 베어져 천 토막이 나더라도 구하지 않겠습니다"라고 말한다. 형서는 이후 사마광(司馬光)의 식객이 됐다가 다시 사마광을 배반하고 장돈(章惇)에게 붙었다가 또 장돈을 배반한 후 다른 사람의 심복이 된다. 그래서 주자 이래로 성리학자들 사이에서 형서라는 인물은 배신의 대명사였다. 선조의 눈이 그만큼 예리했다.

정여립은 원래 이이·성혼의 문하에 있으면서 서인으로 분류됐다. 그러나 이이 사망 후 이발(李潑)에게 선을 댔다. 이발은 동인의 핵심 인물이었다. 아마 경연에서 이이를 비방한 것도 변신의 진실성을 입증하라는 동인 세력의 암묵적인 요구에 따른 것으로 보인다. 일종의 전향 증명이라고 할까? 결국 정여립은 비명횡사했고, 난(亂)으로 비화된 그 사건을 계기로 동인 세력은 초토화돼 역사 속에서 사라지게 된다.

몽괘의 밑에서 네 번째 음효에 대해 공자는 "(육사(六四)는) 어리석음으로 인해 곤경을 겪게 되는 안타까움[困蒙之吝(곤몽지인)]은 홀로 알찬 사람[實(실)=陽(양)=陽剛(양강)]과 멀리 떨어져 있기 때문이다"라고 했다. 이는 어리석음으로 인해 곤경을 겪게 된 안타까움의 원인을 풀어내고 있다. 홀로 좋은 사람과 동떨어져 있기 때문이라는 것이다. 육사(六四)는 구이(九二)나 상구(上九) 모두로부터 멀리 떨어져 있어 도움을 받을 길이 없다. 그래서 자신의 어리석음을 스스로 일깨우지 못하고 어리석음에 빠져 곤경을 겪고 있다. 주희는 이런 처지에 놓인 사람은 "굳세고 눈 밝은 다움을 갖춘 자를 찾아내 가까이하면 거기서 벗어날 수 있을 것"이라고 조언한다. 정이 또한 뛰어난 이[賢者(현자)]를 가까이하지 못해서 이런 곤경에 빠진 것이라고 본다. 그의 곤경에 처함은 스스로 불러들인[自招(자초)] 것이라는 말이다.

사효(四爻)는 재상의 자리다. 그런데 본인의 부드럽고 고분고분함[柔順(유순)]이 지나쳐 바로 위의 군주로부터도 존중을 받지 못하고 초륙과도 호응하지 못해 홀로 고립된 형국이다. 오직 자리가 바르다[正位(정위)]는 것을 제외하고는 호응도 없고 위아래로 친밀함도 없다.

선조 때 정승 노수신은 여러모로 이런 처지와 가까웠다. 정승이 되기 전까지의 노수신은 선조뿐 아니라 여러 신하로부터 큰 기대를 모았던 인물이기도 하다. 사람의 일생은 다면적일 수밖에 없다. 그래서 이 부분에 대한 조명은 뒤에 규괘(睽卦)에서 별도로 할 것이다. 여기서는 '정승 노수신'에만 초점을 맞춘다. 『선조실록』의 한 대목을 보자.

우상 노수신이 이조판서가 됐을 때부터 아우 노극신(盧克愼)의 요청으로 인하여 청렴하지 못하다는 이름을 많이 얻었는데, 재물을 싣고 와 벼슬을 구하는 사람들이 그의 아우의 집 대문에 모여들었다. 태정(台鼎-정승)이 돼서는 조금도 뛰어난 사람을 추천하고 원통한 사람을 펴주는 데는 뜻이 없고 도리어 사섬(邪憸-간사함)하고 간휼(奸譎)하여 사류들을 모함한 5인을 급급하게 으뜸으로 끌어올렸고, 또 무관(武官)인 당상(堂上) 이의(李艤)는 이량에게 아부하며 의롭지 못한 짓과 인륜을 어지럽히는 짓을 많이 했는데도 노수신이 또한 경연에서 거두어 서용하기를 청했었다.

앞서 홍문록(弘文錄)을 작성할 때도 본관(本館)에서 추천한 것이 9인이었는데 2인만 쓰고 7인은 쓰지 않았으며 이조의 낭관이 기록한 3인도 모두 쓰지 않는 등 집요하게 사정(私情)만 따르는 편벽한 면이 있고 공평하게 선(善)을 좋아하고 악(惡)을 미워하는 뜻이 없으므로 사림들이 크게 실망했다고 했으며, 이숙헌(李叔獻-율곡 이이)·정지연(鄭芝衍, 1525~1583)[138]도 모두 지난날에 사림들이 속임을 당해 잘못 믿었다고 한탄했다.

몽괘의 밑에서 다섯 번째 음효에 대해 공자는 "(육오(六五)는) 어리석은 아이의 길함[童蒙之吉]은 고분고분함으로써 공손하기[順以巽] 때문이다"라고 했다. 이는 어리석은 아이가 길한 까닭을 풀어낸다. 한마디로 순리를 따라서 공손했기 때문이라는 것이다. 육오는 음효로 양의 자리에 있으면서 아래로 구이(九二)와 정응(正應)이다. 본인은 유순하면서 가운데 있는데 강명한 구이에게 천하의 어리석음을 다스리도록 한다면 길할 수밖에 없다. 육오를 동몽(童蒙)이라고 한 것은 아직 본인은 어리석음[蒙]을 다 일깨우지 못했기 때문이다. 그러나 정이의 말대로 "임금 된 자가 진실로 지극한 열렬함을 다해 뛰어난 이에게 일을 맡겨 그 공로를 이룩한다면 자기 자신에게서 나온 것

---

138 일찍이 이중호(李仲虎)로부터 학문을 배워 문하에서 가장 명망이 높았으며, 뒤에 이황·서경덕(徐敬德)·성제원(成悌元)의 문하에 출입해 많은 영향을 받았다. 1549년(명종 4년) 사마양시에 모두 합격한 뒤 1566년 선조가 세자로 있을 때 이황의 추천에 의해 왕자사부(王子師傅)가 됐다. 1569년(선조 2년) 의금부도사로 재직 시 나이 45세에 이르러 별시문과에 을과로 급제한 뒤 이조좌랑·지평·부교리·헌납·집의·직제학 등을 지내면서 청론(淸論)을 벌였다는 칭송을 들었다. 그 뒤 대사성·대사간·대사헌을 거쳐 1581년 우의정에 올랐으니, 관직에 나온 지 15년 만에 정승 자리에 오른 예는 흔히 보기 어려운 일이었다. 1583년 신병이 깊어져 거듭 관직에서 물러날 것을 청했으나 허락되지 않았고, 그 역시 병중에서도 글로써 국사(國事)를 논의하다가 그해 59세로 죽었다. 죽음에 이르러 왕이 대신할 인물을 천거하라고 하자 이산해(李山海)를 천거했고, 유소(遺疏)로 이이를 인재로 천거했다. 특히 이이의 장단점을 잘라 말한 다음 그의 기질을 적절히 알아서 쓴다면 나라에 큰 이익이 될 것이라 했다.

과 무엇이 다르겠는가?" 이는 조선의 태조 이성계가 조준과 정도전 등에게 개국의 과업을 맡겨 대업을 이룩한 것을 떠올리게 한다. 고려 말 조준이나 정도전의 지위는 거의 구이에 가까웠기 때문이다.

공자의 「소상전」에 대한 정이의 풀이 또한 핵심을 찌른다.

> 자기를 버리고 남을 따르는 것[舍己從人]이 순종(順從)이요 뜻을 낮춰 아래로 구하는 것[降志下求]이 겸손[卑巽]이니, 능히 이와 같이 할 수 있다면 천하(를 다스리는 데)에 나아가더라도 넉넉할 것이다.

몽괘의 맨 위에 있는 양효를 주공은 "상구(上九)는 어리석음을 쳐서 깨트리는 것[擊蒙]이니 도적이 되는 것은 이롭지 않고 도적을 막는 것은 이롭다[擊蒙 不利爲寇 利禦寇]"라고 했다. 상구는 몽괘의 끝에 있으니 이는 어리석은 상황[蒙時]이 극에 이른 때다. 정이의 풀이다.

> 사람이 극한의 어리석음에 이르러 마치 (요·순임금 때의) 묘족(苗族)의 백성이 다스려지지 않고 도적이 돼 난을 일으킨 것과 같다면 마땅히 그것을 정벌해야만 한다. 그러나 상구는 높은 지위에 자리해 굳셈이 극한에 이르러 가운데 있지 못하므로[不中] 도적처럼 행동하면[爲寇] 이롭지 않다고 경계한 것이다. 백성의 어리석음을 다스리는 것은 곧 도적을 막는 일이다. 그러나 함부로 탐욕을 부리고 폭력을 행사하는 것은 곧 도적이 되는 일이다. 순임금이 묘족을 정벌한 것[139]과 주공이 삼감(三監)을 주벌한 것[140]은 도적을 막은 것이고, 진시황과 한 무제가 병사를 모두 동원해 정벌한 것은 도적이 된 것이다.

이에 대해 공자는 "(상구(上九)는) 도적을 막는 것이 이로운 것[利用禦寇]은 위와 아래가 순리를 따르기[上下順] 때문이다"라고 풀이했다. 이에 대해서는 일반적으로 임

---

139 『서경』 「대우모(大禹謨)」편에 따르면, 순임금은 우(禹)에게 명해 묘족을 정벌하라고 했다.

140 중국 주(周)의 무왕(武王)이 죽은 뒤에 무왕의 동생인 주공은 어린 성왕을 대신해 섭정이 되었고, 자신의 형제들인 관숙(管叔)·채숙(蔡叔)·곽숙(霍叔)이 상(商)의 왕족인 무경(武庚)과 연합해 반란을 일으키자 이를 정벌했다.

금과 신하가 마음을 합친 경우로 보는데, 정이는 좀 독특하게 풀었다.

> 윗사람은 과도하게 폭력을 행사하지 않고 아랫사람은 어리석음을 쳐서[擊蒙 격몽] 없애니 이는 도적을 막는 마땅함이다.

하지만 결과적으로는 왕필(王弼, 226~249)[141]을 비롯한 다른 사람들의 해석과 크게 다르지 않다. 순리(順理)에 맞느냐 아니냐가 도적이 되느냐 도적을 막느냐를 가르는 잣대이기 때문이다. 이는 주로 외국과의 전쟁을 함에 있어 핵심적인 논쟁 사안이다. 예를 들어 조선 세종 때 상왕 태종의 주도로 이뤄진 대마도 정벌은 전형적으로 '도적을 막은 전쟁'이다. 『중종실록』 5년(1510) 4월 16일 기사에는 중종이 경기·충청·강원 3도 관찰사에게 내려보낸 교서가 실려 있다.

> 국가가 태평(太平)한 지 거의 100년이 돼 백성이 전쟁을 알지 못하는데, 왜노가 악을 쌓은 것이 하루가 아니어서 스스로 신인(神人)과 끊으려 하니 왕병(王兵)은 조금도 지체할 수 없다. 어찌 새알을 눌러 깨치기 어렵겠는가. 이에 지나간 옛일을 상고하니, 간편(簡編-경전)에 증거할 수 있다. 『시경』에는 6월(六月)의 사(師)[142]가 있고, 『역경(易經)』에는 어구(禦寇)의 이로움이 나타나 있다. 이것이 어찌 군사를 끝까지 쓰고 함부로 전쟁을 하여 무덕(武德)을 더럽히는 것이겠는가! 실로, 강토를 보전하고 백성을 편안히 하고자 함이다. 준동(蠢動)하는 이 완악한 오랑캐가 우리 조종 때로부터 우리 경토(境土)에 이[蝨 슬]처럼 의탁하여 우

---

141 삼국 시대 위(魏)나라 산음(山陰-산동성) 사람으로 자는 보사(輔嗣)다. 풍부한 재능을 타고난 데다 유복한 학문적 환경에서 자랐기 때문에 일찍 학계에서 두각을 나타냈다. 하안(何晏) 등에게 인정받아 젊은 나이에 상서랑(尙書郞)에 등용됐고, 하안과 함께 위진(魏晉) 현학(玄學-노장학)의 시조로 일컬어진다. 제왕(齊王) 조방(曹芳) 정시(正始) 말에 사마씨(司馬氏)가 정권을 잡아 조상(曹爽)을 폐하자 그도 면직됐다. 유도(儒道)에 대해 논하기 좋아했고, 하안·하후현(夏侯玄) 등과 함께 현학청담(玄學淸談)의 풍조를 열었다. 한(漢)나라의 상수(象數)나 참위설을 물리치고 의(義)와 이(理)의 분석적이고 사변적인 학풍을 창설해 중세의 관념론 체계에 영향을 끼쳤다. 무(無)를 본체로 하고 무위(無爲)를 그 작용으로 하는 체용일원(體用一源)의 본체론(本體論)을 전개해 인지(人知)나 상대 세계를 무한정으로 보는 노자의 무위자연(無爲自然)에 귀일함으로써 현실의 모순을 해결하려고 했다. 저서에 『노자주(老子注)』와 『주역주(周易注)』가 있는데, 육조 시대와 수당 시대 때 성행했다.

142 『시경』 「소아(小雅)·유월(六月)」편의 주에 "오랑캐 험윤(玁狁)이 침범하자 주 선왕(周宣王)이 윤길보(尹吉甫)를 시켜 정벌하게 했다"라고 했다. 여기에서는 침범한 적을 격퇴시키는 것은 무덕을 더럽히는 것이 아니라는 뜻이다.

리 농상(農桑)을 입고 먹었는데, 처음에는 투화(投化) 내항(來降)하여 우리의 무육(撫育)하는 은혜를 우러러보더니, 마침내는 만연히 창궐하여 문득 시호(豺虎)의 흉한 짓을 자행했다. 우리 민족을 죽이고 우리 변장을 했으니 한갓 좀도둑질에 그치지 않을 뿐 아니라, 문득 성을 도륙하고 고을을 점거하여 만족함이 없기에 이르렀다. 생각이 여기에 이르니 내 마음이 아프다. 그러므로 용감한 군사를 일으켜서 흉악한 자를 치고자 한다. 좌의정(左議政) 유순정(柳順汀)을 도원수(都元帥)로 삼으니, 군사를 거느리고 가서 토벌하여 우리의 봉강을 정제하면 아마 변방 백성이 삶을 편안히 할 것이다. 지금 병부(兵符)를 보내어 증험을 합하니, 경기도 내의 각 고을 군사는 4월 18일까지 충주(忠州)에 이르고, 충청도 내의 각 고을 군사는 4월 29일까지 부산(釜山)에 이르며, 강원도 내의 각 고을 군사는 5월 초하룻날까지 안동(安東)에 도착하라. 아아! 제거하고 섬멸하여 전공(戰功)을 한 북소리에 정하고, 만모(慢侮)도 없고 괴려(乖戾)도 없게 하여 백성을 남쪽 변경에 편히 살게 하라.

여기서 "어구(禦寇)의 이로움"을 언급하고 있지만, 이는 외국을 칠 때의 문제다. 국내를 점거한 왜적의 경우에는 마땅히 내쫓는 것이지 도적이 되느냐 도적을 막느냐를 따질 겨를이 없다. 다행히 그때는 한 달여 만에 경상도 가덕도 일대를 점거했던 왜구들을 내쫓을 수 있었다. 하지만 왜국의 조선 해안가 노략질은 그 후에도 점점 심해졌다.

## 5. 수천수(水天需)[143]

수(需)는 미더움이 있어[有孚] 빛나고 형통하며[光亨] 반듯하여 길하니[貞吉] 큰 강을 건너면 이롭다.
(유부 / 광형 / 정길)

需 有孚 光亨 貞吉 利涉大川.[144]
수 유부 광형 정길 이 섭 대천

초구(初九)는 교외에서 기다리는 모습이다. 오래감[恒=常=久]이 이로우니 허물이 없다[需
(항 상 구 / 수)

143 문자로는 감상건하(坎上乾下)라고 한다.

144 원형이정(元亨利貞) 중에 원(元)에 대한 언급은 빠져 있고 원(元)의 자리를 유부(有孚-미더움이 있음)가 차지했다.

于郊 利用恒 无咎].

구이(九二)는 모래밭에서 기다리는 모습이다. 구설수가 조금 있으나 끝내는 길하다[需于沙 小有言 終吉].

구삼(九三)은 진흙탕에서 기다리는 모습이다. 도적을 불러들이는 지경에 이른다[需于泥 致寇至].

육사(六四)는 피를 흘리며 기다리는 모습이다. 동굴에서 나온다[需于血 出自穴].

구오(九五)는 술과 음식을 차려놓고 기다리는 모습이다. 반듯하여 길하다[需于酒食 貞吉].

상륙(上六)은 동굴에 들어가는 모습이다. 부르지 않은[不速=不請] 손님 세 사람이 올 것이니 이들을 공경해 모시면 끝내는 길하다[入于穴 有不速之客三人來 敬之終吉].

◉

수괘(需卦)의 초구(初九)는 양효로 양의 자리에 있으니 바름[正位], 구이(九二)는 양효로 음의 자리에 있으니 바르지 못함[不正位], 구삼(九三)은 양효로 양의 자리에 있으니 바름, 육사(六四)는 음효로 음의 자리에 있으니 바름, 구오(九五)는 양효로 양의 자리에 있으니 바름, 상륙(上六)은 음효로 음의 자리에 있으니 바르다. 하괘의 가운데인 구이(九二)는 바르지 못하니 중정(中正)을 얻지 못했고, 상괘의 가운데인 구오(九五)는 바르니 중정(中正)을 얻었다. 일단 이것만 볼 때 구오는 효사를 보지 않아도 아주 좋다는 것을 알 수 있다. 다만 응효(應爻)인 구이가 같은 양효라 꺼림칙할 뿐이다.

대성괘 수괘(䷄)는 소성괘 감괘(坎卦, ☵)와 건괘(乾卦, ☰)가 위아래에 있어 만들어진 괘다. 「설괘전」에 따르면 '비[雨=水=坎]로 윤택하게 하고' '건(乾-하늘)으로 임금 노릇을 한다'라고 했다. 그런데 여기서 건(乾)은 임금보다는 하늘을 뜻한다. 그래서 구름이 하늘 위에 있다고 할 수도 있고, 감괘를 험난함으로 보아 위로 올라가는 기운을 가진 건괘가 감괘의 험난함에 가로막힌 것으로 볼 수도 있다.

그러면 「서괘전」을 통해 왜 수괘가 몽괘의 뒤를 이어받았는지 확인해보자.

일이나 사물이 어리(석으)면[蒙] 길러주지[養] 않을 수 없다. 그래서 몽괘의 뒤를 수괘(需卦)

로 반았다. 수(需)란 음식의 도리[道]다.

物穉不可不養也. 故受之以需. 需者 飮食之道也.
물치 불가 불양 야 고 수지 이수 수 자 음식 지 도 야

몽괘에서 수괘로 넘어가는 실마리는 길러줌[養]이다. "일이나 사물이 어리면 길러주지[養] 않을 수 없다." 길러줌의 과제를 떠맡은 것이 수괘다. 수(需)라는 글자의 모양을 보자. 그것은 비를 기다리는 모양이다. 그래서 구하다[求]라는 뜻도 있다. 수괘를 보면 수천수괘(水天需卦, ䷄)로, 건괘(☰)가 아래에 있고 감괘(☵)가 위에 있는 건하감상(乾下坎上)의 모양을 하고 있다. 하늘 위에 물이 있어 만물이 그 물이 내려오기를 기다리고 있다. 그만큼 사람이 간절히 기다리고 있는 것인데, 사람들이 필요로 하는 것 중에 음식이 가장 중요하다고 보아 수(需)를 음식의 도리라고 했다. 그러나 조금 넓게는 의식주(衣食住)를 다 필요로 한다고 봐야 할 것이다. 이 점은 정이의 풀이를 통해 좀 더 분명하게 해둘 필요가 있다.

무릇 일이나 사물이 어릴[幼穉] 때는 반드시 길러주기[養]를 기다려서 이뤄지니, 길러줄 때 반드시 필요한 것은 음식이다. 그래서 수(需)는 음식의 도리라고 한다. (또) 구름이 하늘 위로 올라갔다는 것에는 김이 피어오르고[蒸] 윤택한 모양이 있으니, 음식은 사물을 윤택하고 유익하게 해주기 때문이다. 그래서 수괘는 몽괘의 다음이 된 것이다.

이제 문왕의 단사(彖辭), 즉 "수(需)는 미더움이 있어[有孚] 빛나고 형통하며[光亨] 반듯하여 길하니[貞吉] 큰 강을 건너면 이롭다[有孚 光亨 貞吉 利涉大川]"에 대한 공자의 풀이[「彖傳」]를 살펴볼 차례다. 「단전」을 나눠서 살펴보겠다.

수(需)란 기다림[須=待]이다. 험난함이 앞에 있는 것이다. (그러나) 굳세고 튼튼해[剛健] (험난함에) 빠지지 않으니[不陷] 그 의리상으로 곤궁해지지 않는다.

需 須也. 險 在前也. 剛健而不陷 其義不困窮矣.
수 수야 험 재전 야 강건 이 불함 기의 불 곤궁 의

◉

기다려야 하는 이유는 앞에 험난함이 있어서다. 수괘(䷄)를 보면 굳세고 튼튼한 건괘(☰)가 나아가려 하다가 험난한 감괘(☵)를 만나 더는 가지 못하고 기다리는 형국이다. 그래서 주희는 "이는 괘의 다움[卦德]으로 괘의 이름의 뜻을 풀어낸 것이다"라고 했다. 이때 가벼이 움직이게 되면 횡액을 당할 수 있다. 그러나 건괘의 굳세고 튼튼함으로 인내하며 기다렸다가 때를 만나 움직이니 곤궁에 빠지지 않는다는 것이다.

역사적 사례로 보면 먼저 유방을 들 수 있다. 『한서』에 나온 내용을 요약한다.

진(秦)나라 말기에 초(楚) 회왕(懷王)은 장군들을 독려하면서 말했다. "최초로 함곡관에 들어가 관중을 평정하는 자를 그곳의 왕으로 봉하리라."

항우(項羽)는 북로, 유방은 남로를 택해 각기 출진했는데, 항우는 진의 주력군 20만을 거록(鉅鹿)의 전투에서 궤멸시켜 용맹한 이름을 떨쳤다. 그러나 막상 함양(咸陽)에 먼저 당도한 이는 유방이었다. 유방은 기원전 206년 함양에 입성해 진의 허수아비 3대 왕 자영의 항복을 받아내고 한(漢)왕을 칭했다. 그는 모든 재물에 일절 손을 대지 않았으며 군기를 엄정하게 하여 민폐가 없게 했다. 그러고는 앞서 본 대로 단 3조의 법, 이른바 법3장만 남긴 채 일체의 법을 폐지함으로써 백성으로부터 커다란 환영을 받았다. 뒤늦게 관중에 다다른 항우의 분노는 하늘을 찔렀다. 실제로 홍문(鴻門)에 진을 친 항우의 군대는 40만, 유방의 군대는 10만에 불과했다. 만일 양군이 전투를 벌인다면 유방의 군대가 패주할 것은 자명한 일이었다. 냉철한 유방은 현실을 직시하고서 수치를 무릅쓰고 항우를 찾아 홍문에 나아갔다. 항우의 모신(謀臣)인 범증(范增, BC 277~204)[145]은 유방을 제거할 수 있는 절호의 기회라고 판단하고 항장(項莊)에게 명해 검무를 추게 하면서 항우의 결단을 촉구하고 있었다. 바야흐로 유방의 목숨은 풍전등화의 위기를 맞이하고 있었다. 위기감을 느낀 유방의 책사 장량이 유방의 호위무장인 번쾌를 불러들였다. 번개같이 날아든 번쾌는 됫박만 한 술잔으로 술을 벌컥벌컥 마시고 피가 뚝뚝 떨어지는 돼지를 칼로 쓰윽 베어서 모조리 먹어 치운 다음, 유방

145 진(秦)나라 말기 항우의 책사다. 항우는 그를 존경해 '아부(亞父)'라고 불렀다. 기원전 206년 항우를 따라 관중(關中)을 공격할 때 항우에게 유방의 세력을 소멸시키자고 주장했으나 받아들여지지 않았다. 뒤에 홍문연(鴻門宴)에서 여러 차례 항우에게 유방을 죽일 것을 권유했고, 항장으로 하여금 검무(劍舞)로 유방을 죽이라고 했으나 모두 성공하지 못했다. 유방이 형양(滎陽)에서 고초를 겪었을 때 진평(陳平)이 항우와 범증 사이를 이간질해 결국 책사직을 그만두고 고향으로 돌아가다가 병사(病死)했다.

에게 상을 내리지는 못할망정 오히려 죽이고자 하는 항우의 처사가 얼마나 용렬한 것인지 가차 없이 질책했다. 가슴이 뜨거운 항우가 멈칫하고 있는 사이에 유방은 필사적으로 탈출해 위기를 모면했다. 범증이 발을 동동 굴렀으나 허사였다. 이것이 유명한 홍문지회(鴻門之會)다.

이와 비슷한 장면은 왕건(王建)이 궁예(弓裔)의 부하로 있을 때도 있었다. 909년 왕건은 궁예 밑에서 해군대장군으로 활약하고 있었다. 전라도 나주에서 견훤의 군대와 싸우게 됐을 때, 부하 장수들이 수적인 열세를 걱정하며 불안해하자 그는 이렇게 다독였다.

"근심하지 마라. 전쟁에서 이기고 지는 것은 군대의 의지가 통일돼 있느냐 아니냐에 있는 것이지, 그 수가 많고 적은 데 있는 것이 아니다."

결국 왕건의 부대가 대승을 거뒀고, 견훤은 작은 배를 타고 달아나야 했다. 왕건은 이때 일부 장수들이 자신들의 공로를 궁예가 몰라준다고 투덜거리자 이렇게 말했다.

"해이해지지 마라. 지금 임금이 포악해 사람을 많이 죽이고 아첨하는 자들이 득세해 서로 음해를 일삼고 있다. 그래서 중앙에 있는 자들은 자기 신변을 보전하지 못하는 형편이다. 우리처럼 차라리 정벌에 종사함으로써 자기 몸을 보전하는 것이 더 낫다."

유방이나 왕건 둘 다 수괘의 도리를 몸으로 알고 있던 사람들이라 할 것이다.

"수(需)는 미더움이 있어[有孚](유부) 빛나고 형통하며[光亨](광형) 반듯하여 길하니[貞吉](정길)"라고 한 것은 임금의 자리[天位=君位](천위 군위)에 자리하고 있으면서 바르게 가운데[正中](정중) 있기 때문이다. "큰 강을 건너면 이롭다[利涉大川](이섭 대천)"라고 한 것은 가게 되면[往=行](왕 행)[146] 일을 이루는 공로가 있게 된다[有功](유공)는 말이다.

需有孚光亨貞吉 位乎天位 以正中也. 利涉大川 往有功也.
수 유부 광형 정길 위호 천위 이 정중 야 이섭 대천 왕 유공 야

◉

146 간다는 것은 곧 일을 행한다[行=行事](행 행사)는 말이다.

이번에는 효(爻)로 풀어낸다. 구오(九五)는 굳세고 알참[剛實][147]으로 상괘의 가운데 있으니 미더움[孚]의 뜻을 갖는다. 그렇기 때문에 임금의 자리에 있을 수 있다. 정이는 정중(正中)이 구이(九二)를 겸해서 말했다고 했으나, 구이는 자리가 바르지 않기[不正] 때문에 정중(正中)이라 할 수 없다. 구오만을 가리켜 말한 것으로 봐야 한다.

'큰 강을 건너면 이롭다'를 '공로가 있게 된다'로 풀이한 것은 그만큼 적극적으로 일을 감행하라는 촉구의 의미다. 이런 상황에서도 일을 추진하지 못한다면 그것은 곧 일을 망치게 된다는 뜻이다.

이처럼 일을 망친 사례를 보기 위해 『선조실록』 속으로 들어가 보자. 1576년(선조 9년) 선조는 경연관이 추천한 남효온(南孝溫, 1454~1492)[148]의 『육신전』을 읽고 큰 충격을 받아 삼정승을 급히 불렀다.

이제 이른바 『육신전』을 읽어보니 매우 놀랍다. 내가 처음에는 이와 같을 줄은 생각지도 못하고 아랫사람이 잘못 추천한 것이겠거니 여겼는데, 직접 그 글을 보니 춥지 않은데도 떨린다.

선조는 조선 왕실 최초의 방계 승통(傍系承統)이어서 신하들이 알게 모르게 얕보았다. 경연에서 굳이 『육신전』을 읽어야 할 까닭은 없었다. 그보다 중요한 책들이 수도 없이 많기 때문이다. 그런데 신하들이 이것을 추천해 올린 것은 선조를 얕보고 그를 길들이려 한 것이다. 성리학(性理學)에 입각한 신하 중심의 세계관을 심으려 했던 것이다. 다시 본론으로 돌아가자. 선조가 정승들에게 묻는 다음과 같은 발언은 임금으로서 정곡을 찌른 질문이다.

한 가지 논할 것이 있다. 저 육신(六臣)이 충신인가? 충신이라면 어째서 수선(受禪-단종이 세조에게 왕위를 넘겨줌)하는 날 쾌히 죽지 않았으며, 또 어째서 (백이숙제의 고사처럼) 신발을

---

147 실(實)은 양덕이고 허(虛)는 음덕이다. 실(實)은 또한 신실(信實)이고 허(虛)는 허위(虛僞)다.

148 세조에 의해 물가에 이장(移葬)된 소릉(昭陵)의 복위를 상소했으나 도승지 임사홍(任士洪), 영의정 정창손(鄭昌孫)의 저지로 상달되지 못하자 이로부터 세상사에 흥미를 잃고 방랑 생활로 생애를 마쳤다. 1504년(연산군 10년) 갑자사화(甲子士禍) 때 김종직의 문인이었다는 것과 소릉 복위를 상소한 일 때문에 부관참시(部棺斬屍)됐다. 그가 저술한 『육신전(六臣傳)』은 오랫동안 묻혀 있다가 숙종 때 비로소 간행됐다.

신고 떠나가서 서산(西山-수양산)에서 고사리를 캐 먹지 않았단 말인가? 이미 몸을 맡겨 (세조를) 임금으로 섬기고서 또 시해하려 했으니, 이는 두 마음을 품은 것이다. 저 육신은 무릎을 꿇고 아조(我朝-조선 왕실)를 섬기다가 필부(匹夫)의 꾀를 도모하여 자객(刺客)의 술책을 부림으로써 만에 하나 요행을 바랐고, 그 일이 실패한 뒤에는 의사(義士)로 자처했으니 마음과 행동이 어긋난 것이라고 할 만하다. 그런데 열장부(烈丈夫)라고 할 수 있겠는가?

당시 사건 현장으로 돌아갈 경우 성삼문(成三問)은 선조가 지적하는 이런 허점이 한두 가지가 아니다. 특히 그의 아버지 성승(成勝)의 계획대로 일을 추진했다면 거사가 이뤄질 수도 있었지만 결국 성삼문이 머뭇거려 모두가 죽게 된 측면도 있다. 단종 3년(1455) 6월에 세조가 즉위했다. 이듬해 6월 초하루에 세조가 광연루(廣延樓)에서 연회를 베풀었는데, 이개(李塏)·성삼문 등이 이날 큰일을 일으키려고 계획했다. 그런데 한명회가 글을 올려 광연루는 자리가 좁으니 세자는 연회에 참석하지 말 것과 운검(雲劍-경호 부대)의 제장(諸將)도 입시하지 못하게 할 것을 주청하니 세조가 윤허했다. 이때 성삼문의 아버지 성승이 운검을 차고 곧장 들어오자 한명회가 꾸짖어 제지했다. 이에 성삼문 쪽에서는 일이 성공하지 못할 것을 알고 먼저 한명회라도 죽이자고 했는데 성삼문이 제지하며 말했다.

"큰일이 이뤄지지 않았는데 한 모(韓某)를 죽인들 무슨 도움이 있겠는가?"

이튿날 일의 전모가 탄로 나 모두 죽임을 당했다. 이것이 사육신의 죽음이다. 성삼문의 머뭇거림이 일을 그르친 것이다.

공자의 「상전」을 살펴볼 차례다. 그중에 수괘를 총평한 「대상전」이다.

구름이 하늘 위로 올라가는 것이 수(需)(가 드러난 모습)이니, 군자는 그것을 갖고서[以(이)] 음식을 마시고 먹으며 기뻐하고 즐거워한다[雲上於天需 君子以 飮食宴樂].
(운 상어 천 수 군자 이 음식 연락)

◉

이번에는 구름이 하늘 위로 올라간 모습을 단서로 풀어낸다. 그런데 왜 이 모습을 보고서 군자는 '음식을 마시고 먹으며 기뻐하고 즐거워한다'라고 한 것일까? 「계사전」

풀이에서 본 바 있듯이 건(乾, ☰)은 순양(純陽)이고 곤(坤, ☷)은 순음(純陰)이다. 그런데 양의(兩儀-음양)를 기준으로 건과 곤을 제외한 나머지 여섯 괘의 음양을 나눠보면 1양 2음인 진(震, ☳)·감(坎, ☵)·간(艮, ☶)은 양괘가 되고, 1음 2양인 태(兌, ☱)·이(離, ☲)·손(巽, ☴)은 음괘가 된다. 그것은 수가 적은 쪽이 주인 혹은 지배자, 많은 쪽이 손님 혹은 피지배자이기 때문이다.

수괘(䷄)는 건괘(☰)가 아래에 있고 감괘(☵)가 위에 있어 둘 다 양(陽)이다. 하늘에 올라간 구름의 기운이 비가 되려면 음과 양이어야 하는데, 둘 다 양이니 아직 비를 이루지 못한다[不雨](불우). 양의 기운인 군자가 아직 때를 만나지 못한 것이다. 즉 구름이 비가 돼 내릴 때까지는 기다려야 하는 것이다. 아직 일을 할 때가 아닌 것이다. 이럴 때 중요한 것은 기다리면서 몸과 마음을 어떻게 하느냐 하는 것이다. 정이의 풀이다.

> 음식으로 자신의 몸을 기르고 기쁨과 즐거움으로 마음과 뜻을 조화롭게 해야 한다. 이것이 『중용』에서 말한 '편안한 곳에 머물며 천명을 기다린다[居易以俟命](거이 이 사명)'라는 것이다.

'음식'과 '기쁘고 즐거움'을 기다림의 맥락에서 풀어낸 탁견이다. 여기서 『중용』의 관련 구절을 좀 더 폭넓게 살펴봐야 한다.

> 군자는 그가 처해 있는 위치에 따라서 행하고 그 밖의 것은 행하지 않는다. 부귀에 처해서는 부귀에 마땅한 대로 행하고, 빈천에 처해서는 빈천에 마땅한 대로 행하고, 오랑캐에 처해서는 오랑캐에 마땅한 대로 행하고, 환난에 처해서는 환난에 마땅한 대로 행한다. 군자는 (어느 지위에) 들어가서 스스로 얻지 못함이 없다. 윗자리에 있으면 아랫사람을 업신여기지 않고, 아랫자리에 있으면 윗사람을 끌어내리려 하지 않는다. 자기를 바르게 하고 남에게 구하지 아니하면 곧 원망함이 없을 것이니, 위로는 하늘을 원망하지 아니하며 아래로는 다른 사람을 탓하지 않는다. 고로 군자는 편안한 곳에 머물며 천명을 기다리고[居易以俟命](거이 이 사명), 소인은 위험을 행하여 요행을 구한다[行險以徼倖](행험 이 요행). 공자가 말했다. "활쏘기는 군자와 같음이 있으니, 저 정곡을 잃으면 (그 실패의 원인을) 돌이켜 그 자신에서 구한다."

『중용』의 관련 구절을 이렇게 확대해놓고 나니 『논어』 「태백」편에 나오는 공자의 말 또한 수괘 전반에 대한 풀이가 된다.

> 독실하게 믿음을 갖고서 배우기를 좋아하며, 죽음으로써 지켜 도리를 잘 닦아 나아가야 한다. 위태로운 나라에는 들어가지 말고, 어지러운 나라에는 살지 말라. 천하에 도리가 있으면 나타나고, 도리가 없으면 숨어야 한다. 나라에 도리가 있을 때 가난하면서 또 천하기까지 한 것은 부끄러운 일이며, 나라에 도리가 없을 때 부유하면서 또 귀하기까지 한 것도 부끄러운 일이다.

한편 정약용은 "감괘의 험난함은 지나갔고 건괘는 내실을 충실하게 하는 것에 해당하는 까닭에 상의 풀이가 이와 같다"라고 했다. 감괘가 험난함을 지나간 이유는 감괘가 상괘, 즉 외괘의 자리에 있기 때문이다. 참고할 만하다.

수괘의 여섯 효[六爻]에 대한 주공의 말을 풀이한 공자의 「소상전」이다.

(초구(初九)는) 교외에서 기다린다[需于郊]라는 것은 어려움을 범하면서까지 가지는 않는 것[不犯難行][149]이요, 오래감이 이로우니 허물이 없다[利用恒无咎]라는 것은 일정한 도리[常=常道]를 잃지 않는다[未失常]는 것이다[需于郊 不犯難行也 利用恒无咎 未失常也].
(구이(九二)는) 모래밭에서 기다린다[需于沙]라는 것은 여유로움[衍=寬綽]을 갖고서 가운데 있다[在中]는 것이다. (따라서) 구설수가 조금 있으나 길함으로 끝난다[需于沙 衍在中也 雖小有言 以吉 終也].
(구삼(九三)은) 진흙탕에서 기다린다[需于泥]라는 것은 재앙[災=禍]이 밖에 있는 것이다. (그런데) 나에게서 도적이 비롯됐으니 삼가고 조심하면[敬愼] 망치지는 않는다[需于泥 災在外也. 自我致寇 敬愼不敗也].
(육사(六四)는) 피를 흘리며 기다린다[需于血]라는 것은 고분고분하며 (순리를) 따른다[聽=聽從]는 것이다[需于血 順以聽也].
(구오(九五)는) 술과 음식을 즐기면 반듯하여 길하다[酒食 貞吉]라는 것은 가운데 있어 바르

---

149 여기서도 간다[行]는 것은 곧 일을 행한다[行事]는 말이다.

기[中正] 때문이다[酒食貞吉 以中正也].

(상륙(上六)은) 부르지 않은[不速=不請] 손님이 오니 이들을 공경해 모시면 끝내는 길하다[不速之客來敬之終吉]라는 것은 비록 자리는 마땅하지 않으나[不當位] 아직 큰 잘못[大失=大過]은 없기 때문이다[不速之客來敬之終吉 雖不當位 未大失也].

◉

수괘의 맨 아래 첫 양효에 대해 공자는 "교외에서 기다린다[需于郊]라는 것은 어려움을 범하면서까지 가지는 않는 것[不犯難行]이요, 오래감이 이로우니 허물이 없다[利用恒 无咎]라는 것은 일정한 도리[常=常道]를 잃지 않는다[未失常]는 것이다"라고 길고 자세하게 풀었다. 주공의 효사를 먼저 보고서 비교하며 검토해봐야 한다.

교외에서 기다리는 모습이다. 오래감[恒=常=久]이 이로우니 허물이 없다[需于郊 利用恒 无咎].

여기서 교외[郊]란 멀다[遠]는 뜻이다. 험난함으로부터 (구삼이나 구이에 비해) 가장 멀리 떨어져 있다는 말이다. 이럴 때일수록 오래가는 도리나 마음가짐[常道=恒心]을 유지하는 것이 좋다. 그래서 정이는 "오래가는 도리에 편안해할 수 없다면 조급하게 움직여 어려운 일을 저지르니 어떻게 먼 곳에서 기다리면서 허물이 없을 수 있겠는가?"라고 요약했다.

그러나 초구(初九)는 양효이기 때문에 당연히 위로 나아가려고 하는 뜻이 있다. 다만 아직은 가장 낮은 지위에 있음을 감안한다면 마땅히 나아가서는 안 된다. 그렇기 때문에 공자는 아주 간곡하게 '어려움을 범하면서까지 가지는 않는 것[不犯難行]'이라고 강조한 것이다. 정이 또한 이 점을 염두에 두고서 "군자가 때를 기다림에 있어 편안하고 고요하여 스스로의 뜻을 지켜[安靜自守] 기다림에 뜻을 두고도 태연하게[恬然] 죽을 때까지 이대로 살아도 좋다는 마음을 가지니, 이렇게 해야 마침내 오래가는 도리를 쓸 수 있다[用常]"라고 했다. 자꾸 새로운 법을 만들어 일을 벌이지 말라는 뜻도 들어 있다.

군자라면 따라서 자신의 자리를 벗어나서는 안 된다. 『논어』 「태백」편에서 공자는 "그 지위에 있지 않으면 그에 해당하는 정사(政事)를 도모하지 않는다"라고 했고, 「헌문」편에서 공자의 제자 증자(曾子)는 "군자는 생각하는 바가 그 지위를 벗어나서는 안 된다"라고 했으니, 같은 문맥이라 하겠다. 그러나 대체로 신진 세력들은 자신을 길러가며 때를 기다려야 하는 수괘의 시절에 서둘러 자신을 드러내고 구세력을 제거하려 하다가 횡액을 당하곤 했다. 이런 사례들은 동서고금에 수도 없이 많다. 일의 이치[事理=禮]를 모르거나 가볍게 여긴 결과다.

수괘의 밑에서 두 번째 양효에 대해 공자는 "모래밭에서 기다린다[需于沙]라는 것은 여유로움[衍=寬綽]을 갖고서 가운데 있다[在中]는 것이다. (따라서) 구설수가 조금 있으나 길함으로 끝난다"라고 풀었다. 모래밭의 비유는 감괘가 물을 상징하는 것과 관련이 있다. 즉 물에 가까워지니 모래밭이라고 한 것이다. 동시에 험난함에 좀 더 가까워진 것이다. 그래서 구설수가 약간 있을 수 있다고 했다. 여기서 핵심이 되는 말은 '여유로움[衍=寬綽]을 갖고서'다. 정약용은 연(衍)을 "물가에 있는 넓고 평평한 땅"이라고 풀었다. 이 또한 결국 여유를 가져야 한다는 말이다.

일의 험난함은 말과 행동[言行]에서 생겨난다. 구이(九二)는 양효로 음의 자리에 있으니 바르지가 않고[不正], 응효(應爻) 구오(九五)와도 같은 양이라 무응(無應)이며, 위아래 모두 같은 양이라 유비(有比) 또한 없다. 그런 가운데 굳셈의 자질로 가운데 처해 있다[剛中]. 구이란 평민에서 벗어나 벼슬길에 막 들어선 단계이기도 하다. 『논어』 「위정」편에 있는 제자 자장(子張)과 공자의 대화가 정확히 여기에 해당한다.

> 자장이 벼슬자리를 구하는 법을 배우고 싶다고 하자 공자가 말했다.
> "많이 듣고서(듣되) 의심나는 것은 제쳐놓고 그 나머지 것들에 대해서만 신중하게 말한다면 허물이 적을 것[寡尤]이요, 많이 보고서(보되) 사리에 맞지 않는 것은 제쳐놓고 그 나머지를 신중하게 행한다면 뉘우침이 적을 것[寡悔]이니, 말에 허물이 적으며 행실에 뉘우칠 일이 적으면 벼슬자리는 절로 따라오게 될 것이다."

말의 잘못이 허물[尤=過]이요 일을 행한 것의 잘못이 뉘우침[悔]이다. 구이는 아직 일을 본격적으로 행하지 않았을 때이므로 말을 조심해야 한다. 구이는 굳셈의 자질로 가운데 처해 있어[剛中] 종종 말로 인한 어려움[口舌=舌禍]을 겪을 수 있지만, 아직은 험난함에서 떨어져 있어 부지런히 일의 이치[事理]로 자신을 다잡는다면[約禮] 끝내 길할 수 있다고 보았다. 그러기 위해서는 '여유로움[衍=寬綽]'을 잃어서는 안 된다. 주변에 더욱 관대해야 한다는 말이다.

한편 송나라 학자 호원(胡瑗)은 『주역구의(周易口義)』에서 '구설수가 조금 있다[小有言]'를 자신의 잘못이 아니라 소인들의 비방으로 보았다. 강조점에 조금 차이가 있지만, 이 또한 참고할 만한 해석이다.

> 험난함은 소인들의 음험한 행동이다. 자신은 군자의 도리로 그 중정(中正)을 지키면서 소인들과 구차하게 야합하지[苟合] 않으니 소인들이 헐뜯는 말을 일으켜서 자기를 비방한다. 그러나 구이효는 굳센 다움[剛德]으로 움직이고 적중된 도리[中道]에 따라 행동해 속류들의 헐뜯는 말을 신경 쓰지 않으니 소인들의 헐뜯는 말이 있더라도 결국에는 자신에게 해가 될 수 없다.

수괘의 밑에서 세 번째 양효에 대해 공자는 "진흙탕에서 기다린다[需于泥]라는 것은 재앙[災=禍]이 밖에 있는 것이다. (그런데) 나에게서 도적이 비롯됐으니 삼가고 조심하면[敬愼] 망치지는 않는다[不敗]"라고 풀었다. 진흙탕이란 물에 더 가까워져 험난함이 바로 곁에 있음을 뜻한다. 그런데 수괘는 굳세고 가운데를 잃어 지나치니[過剛][150] 위태롭다. 그래서 주공은 효사에서 "도적을 불러들이는 지경에 이른다[致寇至]"라고 했다. 여기서 도적이란 해악이 그만큼 심하다는 말이다. 그런데 공자는 이를 풀면서 '재앙[災=禍]이 밖에 있다'라고 했다. 이는 험난함이 곧 외괘(外卦), 즉 상괘임을 가리킴과 동시에 아직 재앙이 완전히 들이닥치지는 않았음을 의미한다.

'나에게서 도적이 비롯됐으니'라고 말한 것은 구삼 스스로가 나아가려 하다가 화를 불러들였다는 뜻이다. 재앙을 자초(自招)했다는 말이다. 그러니 아직은 기회가 있다. 외환(外患)이 아니라 내우(內憂)이기 때문이다. 그래서 스스로 삼가고 또 조심하라

---

150 양효이면서 하괘의 맨 위에 있다는 말이다.

[敬愼]고 주문한 것이다.

그러나 기본적으로 수괘는 형세상으로 나아가는 상황[事勢]이기 때문에 삼가고 또 조심하되 멈춰서는 안 되고, 때를 보아 계속 나아가야 한다. 정이의 말이다.

> 그 마땅함[義]은 때를 살펴 움직이는 데 있지[相時而動] 나아가지 말라고 경계시킨 것은 아니다. 다만 삼가고 조심하게 해 그 마땅한 때[宜=時宜]를 잃지 않게 한 것일 뿐이다.

수괘의 밑에서 네 번째 음효에 대해 주공은 효사에서 "피를 흘리며 기다리는 모습이다. 동굴에서 나온다[需于血 出自穴]"라고 했고 공자는 「소상전」에서 이를 "피를 흘리며 기다린다[需于血]라는 것은 고분고분하며 (순리를) 따른다[聽=聽從]는 것이다"라고 풀었다. 그런데 왜 공자는 '동굴에서 나온다[出自穴]'라는 부분은 언급하지 않은 채 앞부분만 '고분고분하며 (순리를) 따른다[聽=聽從]'라고 풀이한 것일까? 「소상전」을 읽을 때는 이 같은 질문을 던지고 또 던져야 한다.

육사(六四)는 스스로 음유(陰柔)한 자질로 험난함[坎卦, ☵]의 맨 아랫자리에 있고, 아래로는 초구와 호응하는 유응(有應) 관계이며, 위아래 두 효와도 친밀한 유비(有比) 관계다. 또 음효로서 음의 자리에 있으니 자리가 바르다[正位]. 그런데 주공은 이를 "피를 흘리며 기다린다[需于血]"라고 규정했다. 이에 대해 정이는 "아래로 세 양(☰)이 올라오는 것을 막느라 험난함 속에서 상처를 입었기 때문"이라고 풀었다. 그런데 공자는 이를 "고분고분하며[順以] (순리를) 따른다[聽=聽從]는 것이다"라고 풀었다. 그것은 육사가 자리는 바르기 때문이다. 정이의 풀이다.

> 부드러움[柔=陰柔]으로 음의 자리에 있으니 다툴 수 있는 자가 아니다. 만일 양의 태도로 강경하게 대처했다면 반드시 흉하게 될 것이다. 중정(中正)의 다움도 없는데 오히려 굳센 태도로 험난함 속에서 다투어 경쟁하게 되면 흉함에 이를 뿐이다.

그래서 일의 형세를 고분고분함으로써 잘 따른다고 한 것이다. 즉 음의 자리에 바르게 있으면서 주변에 유응과 유비의 도움을 받게 된다는 말이다.

'동굴에서 나온다[出自穴]'는 부분에 대해서는 풀이가 쉽지 않다. 주희는 "부드러움이 바른 자리를 얻어 기다리고 나아가지 않기 때문"이라고 했고 정이천은 "험난함 속에서 상처를 입었으면 편안히 머물러 있지 못해 반드시 그 거처를 잃을 것이기 때문"이라고 했다. 둘은 정반대로 풀고 있다. 또 정약용처럼 동굴을 험난함으로 보아 피를 흘리며 천명을 기다릴 경우 험난함에서 벗어난다고 보는 해석도 있다. 이는 주희의 풀이에 가깝다. 여기서는 주희와 정약용의 입장을 따른다. 그렇게 될 경우 이는 천명(天命)을 아는 지혜를 가진 재상(宰相)에 해당한다. 조선 역사에서는 어세겸(魚世謙, 1430~1500)이 이에 해당한다.

공자는 스스로 50세에 지천명(知天命)했다고 했다. 이는 무슨 특이한 체험이 아니다. 세상일에는 도리가 있음을 스스로 받아들이고 늘 두려워하는 마음으로 임한다는 뜻이다. 그래서 지천명을 외천명(畏天命)이라고도 한다. 일해야 할 때는 갈고닦은 도리를 펼치고, 물러나서는 편안한 마음으로 자신을 갈고닦는 것이 바로 지천명하는 삶이다.

연산군 2년에 신하로서는 최고의 권좌인 좌의정에 오른 어세겸은 천명을 알아 좌의정까지 오른 인물이라 할 수 있다. 어세겸의 아버지 효첨(孝瞻)은 판서를 지내고 중추부판사에 이르렀으나 의정부의 재상을 지내지는 못했다. 어머니는 태종 때의 좌의정 박은(朴訔)의 딸이다. 이것만으로도 그가 조선 초 명문가 출신임을 짐작할 수 있다.

세조 2년 동생 세공(世恭)과 함께 문과에 급제한 어세겸은 순조롭게 관직 생활을 하며 승진에 승진을 거듭해 세조 말에는 우승지에 올랐다. 이 과정에서 당대의 실력자인 김국광(金國光)이나 한계희(韓繼禧) 등의 천거를 받기도 했다.

실록의 졸기(卒記)는 그의 평소 성품을 이렇게 요약하고 있다.

"천품이 확실(確實)하고 기개와 도량이 크고 넓어 첩(妾)을 두지 않았고, 용모를 가식하지 않았으며, 청탁을 하는 일이 없고 소소한 은혜를 베풀지도 않았다. 천성이 또한 청렴하고 검소해 거처하는 집이 흙을 쌓아 층계를 만들고 벽은 흙만 발랐을 뿐 붉은 칠은 하지 않았다. 경사(經史) 읽기를 즐기고 술 마시기를 좋아해 손이 오면 바로 면접해 종일토록 마셨다. 문장을 만들어도 말이 되기만 힘쓰고 연마(研磨)는 일삼지 않았으나 스스로 일가(一家)를 이뤘으며, 평생 사벽(邪辟)하고 허탄(虛誕)한 말에 미혹(迷惑)되지 아니하여 음양풍수설(陰陽風水說) 같은 것에도 확연(確然)하여 그 마음을 움직이지 않았다."

명문거족 출신임에도 불구하고 할아버지 변갑(變甲)이 집현전 직제학을 지낸 것에서 보이듯이 정통 유학을 공부하고 인격적 수련 또한 겸비한 인물이었음을 알 수 있다. 어쩌면 조선 왕조가 길러내려 했던 전형적인 관리였는지 모른다.

예종 때는 남이의 역모 사건을 처리하는 데 관여해 공신에 책록되고 함종군(咸從君)이라는 봉호까지 받았다. 특별한 잘못을 하지 않는 한 앞길이 보장된 셈이었다.

천운(天運)도 따랐다. 마침 흔히 태평성대로 불리는 성종 시대가 열린 것이다. 성종 2년(1471) 예조참판에 오른 어세겸은 승진을 거듭해 성종 10년 사헌부 대사헌에 이른다. 오늘날로 치면 검찰총장이 된 것이다. 그런데 당시 함께 문과에 급제한 동생 세공이 병조판서로 있었기 때문에 상피법(相避法)에 따라 한성부좌윤으로 자리를 옮기기도 했다.

성종 11년 명나라에 사신으로 다녀온 어세겸은 이후 전라도관찰사, 공조판서, 형조판서, 한성판윤, 호조판서, 병조판서를 두루 거쳤다. 명나라에 사신으로 갈 때의 일화 하나가 지금도 전한다.

> 공이 요동(遼東)에 도착하자 (명나라 관리인) 태감(太監) 및 총병관(摠兵官)·도어사(都御史) 등이 공을 위해 연회석을 마련했는데 공이 읍(揖)만 하고 무릎을 꿇지 않았다. 어사가 "왜 무릎을 꿇고 술을 마시지 않습니까?"라고 하자 공이 대답하기를, "나는 우리 전하(殿下)의 명(命)으로 경사(京師)에 내조(來朝)하는 중인데 대인(大人)들이 특별히 이 자리를 베풀어서 나를 예(禮)로써 위로했을 뿐이거늘 내 어찌 무릎을 꿇고서 술을 마셔야 한다는 말이오?"라고 했다.

이때는 명나라 사신의 파워가 하도 커서 한명회조차 명나라 사신에 기대 자신의 권력을 키워갔다는 점에서 어세겸의 이 같은 대응은 분명 남다른 것이었다. 그것이 전해지자 조정에서도 칭송이 잇따랐다.

더불어 그의 독특한 업무 스타일과 관련해 흥미로운 일화가 또 하나 있다. 형조판서로 있을 때는 출퇴근 시간에 개의하지 않아 '오고당상(午鼓堂上)'이라 불렸지만, 정치를 능률적으로 하여 결송(決訟-소송의 결정)이 지체되지 않았다 한다.

성종 말기에는 홍문관 대제학이 됐다. 이는 조선 초 권근(權近)·윤회(尹淮)·변계량(卞季良)·최항의 뒤를 이어 문형(文衡-대제학의 별칭)이 됐다는 뜻이다. 다시 말해 최고의 글쟁이였다는 말이다. 그는 1483년 서거정(徐居正)·노사신(盧思愼)과 함께 『연주시격(聯珠詩格)』과 『황산곡시집(黃山谷詩集)』을 한글로 번역했다. 1490년에는 임원준(任元濬) 등과 함께 「쌍화점(雙花店)」·「이상곡(履霜曲)」 등의 악사(樂詞)를 개찬(改撰)하기도 했다.

그 후 의정부로 옮겨 좌참찬·우찬성·좌찬성을 지냈다. 이는 정승으로 가는 정규 코스였다. 1495년(연산군 1년) 우의정에 오른 그는 이듬해 좌의정에 오른다. 연산군 초기는 임금과 대간(臺諫)의 충돌이 극에 달해 가운데 낀 대신들의 처신이 쉽지 않았다. 3년 후인 1498년 무오사화가 일어났을 때 그는 탄핵을 받아 좌의정에서 물러났다.

그러나 어세겸은 좌의정으로 있으면서도 임금에 대한 직언을 꺼리지 않았다. 연산군 2년 봄에 좌의정이 된 그는 가을에 경연(經筵)에서 이렇게 말했다.

> 한당(漢唐) 시대는 환관(宦官)들이 권력을 제멋대로 했는데도 인주(人主-임금)가 이를 깨닫지 못하여 끝내 난망(亂亡)에 이르렀던 것입니다. 대저 불은 염염(焰焰-불꽃이 이는 모양)할 때 끄기 쉽고 물은 연연(涓涓-시냇물이 졸졸 흐르는 모양)할 때 막기 쉽습니다.

연산군의 미래상을 예감한 때문일까? 이듬해 경연에서는 후한의 명제(明帝)에 관한 대목을 진강하다가 이렇게 말했다.

> 임금은 성의 정심(誠意正心)으로 학문을 닦은 연후에야 능히 이단에 현혹되지 않을 것입니다. 명제의 학문은 장구(章句)일 뿐이며 대도(大道)를 듣지 못했기 때문에 불교에 현혹돼 만세(萬世) 화근의 기본을 만든 임금이 되고 말았습니다. 우리 성종(成宗)께서는 불교를 엄히 배척(排斥)하여 도승(度僧)을 폐지하도록 명했습니다. 그런데 지금 선릉(宣陵-성종의 능) 곁에 절을 짓는 것은 비록 대비의 명이라 할지라도 전하께서 대의(大義)를 들어 못하도록 청함이 마땅합니다. 내수사(內需司)의 비축은 모두 나라 물건이 아닌 것이 없는데, 이를 사찰(寺刹)의 창건에 쓰고 나라에서 빼낸 것이 아니라고 말하면 어찌 옳겠습니까?

이런 어세겸이었지만 결국 사초(史草) 사건으로 대간의 공격을 받아 좌의정에서 물러났다. 연산군이 직언을 꺼리지 않는 어세겸을 물리친 측면도 있었다. 그의 졸기에는 또 벼슬관과 자식에 대한 태도가 표현돼 있다.

> 젊을 때부터 나아가 벼슬하는 일에는 욕심이 없어 요행으로 이득 보거나 벼슬하는 것과 같은 말은 입 밖에 내지를 않았고, 비록 활쏘기와 말타기 하는 재주가 있었지만, 일찍이 자기 자랑을 하지 않았으며[不伐(불벌)], 일찍이 편지 한 장 하여 자제(子弟)들을 위해 은택(恩澤) 구하는 일을 하지 않았다.

아마도 그가 권신들에게 편지 한 장 하여 자식들을 부탁했다면 그의 자식들은 현달했을지 모른다. 만일 그랬다면 연산군 말기에 어떤 비극을 당했을지 모른다. 어세겸은 이런 점에서도 천명을 아는 사람이었다고 할 수 있다. 어세겸은 연산군 6년(1500)에 71세를 일기로 세상을 떠났다. 천명(天命)을 알아 천수(天壽)를 누린 삶이었다.

수괘의 밑에서 다섯 번째 양효에 대해 공자는 "술과 음식을 즐기면 반듯하여 길하다[酒食(주식) 貞吉(정길)]라는 것은 가운데 있어 바르기[中正(중정)] 때문이다"라고 풀었다. 구오(九五)는 중정(中正)을 얻었고 위아래 모두와 친밀한 유비(有比) 관계에 있다. 다만 응효(應爻)를 얻지 못해 무응(無應)이라는 단점만이 눈에 띈다. 구오가 이처럼 순조로울 수 있는 이유에 대해 공자는 중정을 얻었기 때문이라고 풀이했다. 이로써 수괘의 기다림[須(수)=需(수)]의 도리는 다한 것이 된다.

정약용은 주공의 효사를 "술과 음식을 즐기면서 기다리는 것이니[需于(수우)酒食(주식)] 일을 맡아 처리하면[貞(정)] 길하다"라고 옮겼다.

오효(五爻) 혹은 오위(五位)는 군주의 자리다. '술과 음식을 즐기면서 기다렸다'라는 것은 편안한 마음으로 세자의 도리를 닦으며 기다렸다는 말로 볼 수 있고, '일을 맡아 처리하면 길하다'라는 것은 특별한 어려움 없이 임금의 자리를 수행할 수 있었다는 뜻이 된다. 다만 마땅한 호응 관계의 신하를 얻지 못한 것이 결함이다. 여기에 가까운 임금으로는 조선의 문종(文宗)을 들 수 있다. 그는 무엇보다 훌륭한 부왕 세종 덕에 좋은 세자 교육을 받을 수 있었다. 학문을 좋아하고 인품이 너그럽고 도타웠으며, 1421년(세종 3년) 세자로 책봉돼 약 30년간 세자로 있으면서 아버지를 도와 문무 관리를 고르게 등용하도록 하고 언로(言路)를 넓게 열어 민정 파악에 힘쓰는 등 세종을 보필한 공이 컸다. 1445년 세종이 병들자 그를 대신해 국사를 처리했으며, 1450년 왕에 올랐다. 다만 어린 단종을 맡길 만한 제대로 된 신하를 얻지 못해 결국 동생인 세조가 그의 아들 단종을 죽이는 비극이 훗날 일어났다. 그가 믿었던 김종서(金宗瑞)·황보인(皇甫仁)은 끝내 단종을 지켜주지 못했던 것이다. 무응(無應) 때문일까?

수괘의 맨 위에 있는 양효에 대해 공자는 "부르지 않은[不速=不請] 손님이 오니 이들을 공경해 모시면 끝내는 길하다[不速之客來敬之終吉]라는 것은 비록 자리는 마땅하지 않으나[不當位] 아직 큰 잘못[大失=大過]은 없기 때문이다"라고 풀었다. 상륙(上陸)은 음효가 음의 자리에 있으니 바르고[正位] 구삼과는 음양으로 호응하며 아래에 유비(有比)도 있다. 여기서도 공자는 효사의 첫머리인 '동굴에 들어간다[入于穴]'에 대해서는 풀이를 하지 않았는데, 정이는 "음으로 육의 자리에 머물러 있으니 그 거처함에 편안함을 얻었으므로 동굴에 들어가는 것"이라고 풀었다. 부르지 않은 손님이란 아래에 있는 세 양효(陽爻)를 가리킨다. 원래 그 성질상 세 양효는 위로 올라가려고 하는 것들이니 때를 기다렸다가 마침내 수(需-기다림)가 극에 이르자 위로 나오게 되는 것이다. '부르지 않았다[不速]'는 것은 곧 세 양효가 스스로 찾아왔다는 것이다.

공자의 풀이 중에서 '비록 자리는 마땅하지 않으나[不當位]'라고 한 것은 음의 자리에 음효가 있다는 점에서 정위(正位)를 뜻하는 것은 아니고, 가장 윗자리에 양효가 아닌 음효가 있음을 말한다. 이는 곧 자리는 마땅하지 않으나 굳센 기운을 가진 세 양효가 찾아오거든 맞서지 말고 그들을 공경한다면[敬之] 큰 잘못은 하지 않을 수 있다는 말이다. 상륙의 이 같은 뜻은『논어』에서 공자가 안영(晏嬰)을 칭송한 말과 통한다.

> 안평중(晏平仲)은 사람들과 잘 사귀었다[善交]. 사이가 오래돼도 삼가는 마음을 잃지 않았기 때문이다[久而敬之].

안영은 중국 춘추 시대 제(齊)나라 정치가로 이름은 영(嬰), 자(字)는 중(仲)이다. 시호(諡號)가 평(平)이어서 평중(平仲)이라고도 불렸으며 안자(晏子)라고 존칭(尊稱)되기도 한다. 제나라 영공(靈公), 장공(莊公), 경공(景公) 3대에 걸쳐 몸소 검소하게 생활하며 나라를 바르게 이끌어 관중(管仲)과 더불어 훌륭한 재상(宰相)으로 오래도록 존경을 받았다.

## 6. 천수송(天水訟)[151]

송(訟)은 미더움이 있으나[有孚] 막혀서 두려우니[窒惕], 도리에 적중하면 길하고[中吉] 끝까지 가면 흉하다. 대인을 만나보는 것이 이롭고 큰 강을 건너면 이롭지 않다.

訟 有孚 窒惕 中吉 終凶. 利見大人 不利涉大川.[152]

초륙(初六)은 다투는 일[所事]을 끝까지 이어가지 않는다면[不永] 다소 (다투는) 말은 있겠지만 끝내는 길하다[不永所事 小有言 終吉].

구이(九二)는 제대로 다툴 수가 없으니[不克訟], 돌아서 도망쳐[歸而逋] 고을 사람이 300호인 것처럼 하면 (자신의) 잘못은 없다[不克訟 歸而逋 其邑人 三百戶 无眚].[153]

육삼(六三)은 오래된 은덕[舊德]을 먹고서[食=處] 반듯하면 위태롭긴[厲] 해도 끝내는 길하다[終吉]. 혹 왕의 일에 종사해도 공을 이룰 수 없다[食舊德 貞 厲終吉. 或從王事 無成].

구사(九四)는 제대로 다툴 수가 없으니[不克訟], 돌아와[復] 명에 나아가고[卽命] 마음을 바꿔[渝=變] 안정되고 반듯하면[安貞][154] 길하다[不克訟 復卽命 渝安貞 吉].

구오(九五)는 다투어도 으뜸으로 길하다[訟 元吉].

상구(上九)는 혹 큰 띠[鞶帶]를 하사받아도 하루아침이 끝나기도 전에 세 번이나 빼앗긴다[或錫之鞶帶 終朝三褫之].

◉

송괘(訟卦)의 초륙(初六)은 양위에 음효로 바르지 못함[不正位], 구이(九二)도 음위에 양효로 바르지 못함, 육삼(六三)도 양위에 음효로 바르지 못함, 구사(九四)도 음위에

---

151 문자로는 건상감하(乾上坎下)라고 한다.

152 원형이정(元亨利貞) 중에 원(元)과 형(亨)에 대한 언급은 빠져 있고 원(元)의 자리를 유부(有孚)가, 형(亨)의 자리를 중길(中吉)이 차지했다. 정(貞)에 대한 언급 또한 빠져 있다.

153 호원(胡瑗)은 재앙[災]과 잘못[眚]을 구분해서 이렇게 말했다. "밖에서 온 것이 재앙[災]이고 스스로 불러들인 것이 잘못[眚]이다."

154 주희는 이를 "반듯함을 편안하게 여기면"으로 풀었다.

양효로 바르지 못함, 구오(九五)는 양위에 양효로 바름[正位(정위)], 상구(上九)는 음위에 양효로 바르지 못하다. 이 괘의 경우는 하괘의 가운데인 구이는 바르지 못하고 상괘의 가운데인 구오는 바르다. 따라서 구오만 중정(中正)을 얻었다.

대성괘 송괘(䷅)는 소성괘 건괘(乾卦, ☰)와 감괘(坎卦, ☵)가 위아래에 있어 만들어진 괘다. 「설괘전」에 따르면 '건(乾-하늘)으로 임금 노릇을 하고' '비[雨(우)=水(수)=坎(감)]로 윤택하게 한다'고 했다. 그런데 감(坎)은 수괘(需卦)에서와 마찬가지로 물이나 험난함을 뜻한다. 하늘의 양은 위로 올라가고 물의 성질은 아래로 향하니, 서로 어긋남[相違(상위)]이 심하다. 상괘는 굳세고[剛(강)] 하괘는 험난하다[險(험)]. 이러니 다툴 수밖에 없다. 그러면 「서괘전」을 통해 왜 송괘가 수괘의 뒤를 이어받았는지 확인해보자.

> 수(需)란 음식의 도리[道(도)]다. 음식에는 반드시 송사[訟(송)]가 있다. 그래서 수괘의 뒤를 송괘(訟卦)로 받았다.
>
> 需者 飮食之道也. 飮食必有訟. 故受之以訟.
> 수 자 음식 지 도 야 음식 필유 송 고 수지 이송

그런데 왜 공자는 음식에서 바로 송사로 넘어간 것일까? 여기에는 어떤 일의 형세[事勢(사세)]가 숨어 있는 것일까? 앞서 본 대로 역(易)의 원리 중 하나가 궁즉통(窮則通)이다. 동시에 통즉궁(通則窮)이기도 하다. 먹을 것이 많아지면 자연스레 다툼이 생겨나는 것이다. 소유욕(所有欲)의 문제다. 송(訟)이라는 글자의 모양을 보자. 말로써[言(언)] 욕심이나 욕망을 공공연하게[公(공)] 드러낸다는 뜻이다. 그래서 다투게 되는 것이다. 천수송괘(天水訟卦, ䷅)로, 수괘(需卦)로부터 뒤집혀 있어 서로 종괘 관계다. 감괘(☵)가 아래에 있고 건괘(☰)가 위에 있는 감하건상(坎下乾上)의 모양을 하고 있다.

이번에는 「잡괘전」을 통해 수괘와 송괘의 관계를 검토해볼 필요가 있다.

> 수(需)는 나아가지 않음[不進(부진)]이요, 송(訟)은 친하지 않음[不親(불친)]이다.
>
> 需不進也 訟不親也.
> 수 부진 야 송 불친 야

수괘는 나아가지 않음[不進(부진)]이라고 했으니 이는 (나아가지 않고 그 자리에서) 기다림

[待=俟]이다. 필요로 하는 것들을 간절히 기다린다는 말이다. 송괘는 원래 싸우는 것이니 당연히 친할 수 없다[不親].

문왕의 단사(彖辭), 즉 "송(訟)은 미더움이 있으나[有孚] 막혀서 두려우니[窒惕][155], 도리에 적중하면 길하고[中吉] 끝까지 가면 흉하다.[156] 대인을 만나보는 것이 이롭고 큰 강을 건너면 이롭지 않다[有孚 窒惕 中吉 終吉. 利見大人 不利涉大川]"에 대한 공자의 풀이[「彖傳」]를 살펴볼 차례다.

> 송괘(訟卦)는 위는 굳세고 아래는 험난함이 있는 것이니[上剛下險], (아래가) 험난한데도 (위가) 튼튼한 것[險而健]이 송(訟-쟁송하여 다툼)이다. "송(訟)은 미더움이 있으나[有孚] 막혀서 두려우니[窒惕] 도리에 적중하면 길하다[中吉]"라는 것은 굳셈이 와서[剛來] 적중함을 얻은 것[得中]이요 "끝까지 가면 흉하다[終凶]"라는 것은 다툼이란 끝까지 가서는 안 되기 때문이다. "대인을 만나보는 것이 이롭다[利見大人]"라는 것은 높이는 바가 중정(中正)이기 때문이다. "큰 강을 건너면 이롭지 않다[不利涉大川]"라는 것은 깊은 연못[淵]에 들어가기 때문이다.
>
> 訟 上剛下險 險而健 訟. 訟有孚窒惕中吉 剛來而得中也 終凶 訟不可成也.
> 利見大人 尙中正也.
> 不利涉大川 入于淵也.

◉

먼저 공자는 송괘의 상괘와 하괘의 다움이 각각 굳셈과 험난함이기에 다툼이 불가피하다고 본다. 만일 한쪽이 굳세도 다른 쪽이 험난하지 않고 또 한쪽이 험난해도 다른 쪽이 굳세지 않으면 다툼은 일어나지 않는다.

그런데 다툼에 '미더움이 있다[有孚]'라는 것은 어째서일까? 일단 그 실마리는 공자가 제공하고 있다. '굳셈이 와서 적중함을 얻은 때문'이라고 했으니, 구이(九二)가 밖

---

155 정약용은 有孚窒惕을 연결해서 "미더움을 가득 채워[窒=塞=實] (천명을 삼가) 두려워하니"라고 풀었다. 가능한 해석이다.

156 나는 위태롭고 상대는 강하기 때문이다.

으로부터 와서 다툼이 이뤄졌는데 그 구이가 가운데 있으니 '미더움이 있다[有孚(유부)]'라고 했다. 정이는 "쟁송의 도리는 반드시 미더움과 알참[孚實(부실)], 즉 신실함이 있어야 한다"고 했다. 즉 쟁송을 주관하는 자의 첫 덕목은 쟁송 관련자들로부터의 신뢰[孚(부)]다. 이 점은 『논어』 「안연」편에 나오는 공자의 말을 통해 확인할 수 있다.

> 한 마디도 안 되는 말[片言(편언)]로 판결을 내려도 사람들이 믿고 따르게 할 수 있는 자는 아마도 자로(子路)일 것이다. 자로는 일단 말로 내뱉으면 묵혀두는 일이 없었다.

옥사나 송사(訟事)는 아무래도 관련 당사자들의 입장이 엇갈리기 때문에 양쪽이 모두 흡족할 만한 판결을 내리는 게 쉽지 않다. 그래서 어떤 결정을 내리든 그것은 지루할 정도로 길어지기 마련이다. 그런데 한 마디도 안 되는 짧은 말로 판결을 내려도 사람들이 믿고 따르게 할 수 있는 인물로 공자는 제자 자로를 지목한다. 공자는 자로를 이처럼 높이 평가하는 이유에 대해 "일단 말로 내뱉으면 묵혀두는[宿(숙)] 일이 없었다"라고 말한다. 자로의 말에는 그만큼 강한 믿음을 주는 힘이 있었다는 뜻이다.

그런데 구이(九二)는 두 음효 사이에 양효 하나가 끼어 있으니, 험난함을 뜻하는 감괘(☵)의 한가운데 있다. 자리 또한 바르지 못하다[不正位(부정위)]. 이는 막혀 있어 두려워함과 연결된다. 그렇지만 도리에 적중하는 판결을 내리게 되니 길하다고 한 것이다.

송사란 좋아서 하는 일은 아니고 어쩔 수 없어서[不得已(부득이)] 하는 일이다. 따라서 끝까지 가서는 누구에게든 좋을 것이 없다. 그래서 '끝까지 가면 흉하다[終凶(종흉)]'라고 한 것이다.

"대인을 만나보는 것이 이롭다[利見大人(이견대인)]"라는 것에 대해 공자는 "높이는 바가 중정(中正)이기 때문이다"라고 풀었다. 이때의 대인이란 판결을 공정하게 해줄 사람이다. 그 사람이 높이는 것이 중정이므로 소송 당사자들은 믿고 그 판결을 따르게 될 것이다.

"큰 강을 건너면 이롭지 않다[不利涉大川(불리섭대천)]"라는 것을 공자가 "깊은 연못[淵(연)]에 들어가기 때문이다"라고 푼 것은, 쟁송하는 자가 큰 강을 건너는 것은 위험한 곳[淵(연)=險(험)]에 빠지는 것이나 마찬가지이기 때문이다. 이에 대한 정이의 풀이가 도움이 된다.

> 다른 사람과 다툴 때는 반드시 자기 몸은 안전하고 편안한 곳에 두어야 한다. 만약에 위험

한 곳에 발을 들여놓게 되면 그 위험에 빠질 수 있으니, 이것이 깊은 연못에 빠지는 것이다. 괘 가운데[卦中]에는 중정을 이루면서도 위험에 빠지는 모습[險陷之象]이 있다.

공자의 「상전」을 살펴볼 차례다. 그중에 송괘를 총평한 「대상전」이다.

하늘과 물이 (서로 반대 방향으로) 어긋나게 가는 것이 송(訟)(이 드러난 모습)이니, 군자는 그것을 갖고서[以] 일을 시작하되 그 처음을 (신중하게 잘) 도모한다[天與水違行訟 君子以 作事謀始].

◉

정이는 "무릇 일을 할 때는 반드시 그 처음을 잘 도모해 분쟁의 발단을 일의 시초에서 끊어버리면 쟁송이 그로 말미암아 생겨날 수가 없다"라고 했다. 즉 일을 처음 도모할 때부터 잘해 분쟁이나 쟁송이 생겨나지 않게끔 해야 한다는 말이다. 『논어』 「술이」편이다.

공자가 제자 안연(顔淵-안회)에게 말했다.
"(인재로) 써주면 행하고 버리면 숨어 지내는 것을 오직 너하고 나만이 갖고 있구나!"
이에 자로가 (질투심을 느껴 자신이 잘할 수 있는 주제를 들어) 물었다.
"만일 스승님께서 삼군을 통솔하신다면 누구와 함께하시겠습니까?"
공자가 말했다.
"맨손으로 호랑이를 때려잡고 맨몸으로 강을 건너려 하여[暴虎憑河] 죽어도 후회할 줄 모르는 사람과 나는 함께할 수 없다. 반드시 일에 임하여서는 두려워하고[臨事而懼] 사전에 치밀한 전략을 잘 세워 일을 성공으로 이끄는 사람[好謀而成者]과 함께할 것이다."

일할 때 그 시작을 잘 도모하는 문제[作事謀始]는 일을 잘하는[善行事] 첫걸음이라는 점에서도 대단히 중요하다. 이는 뒤에 끝을 잘 마치는 문제[敬終]와도 짝을 이루게 된다. 이를 신시이경종(愼始而敬終)이라고 한다. 다만 그동안 주자학에서는 일[事]

보다 말[言]을 중시하면서 이 문제를 가볍게 취급했다. 앞서 자로는 한 마디도 안 되는 짧은 말로 판결을 내려도 모두 믿고 따른다고 했지만 『논어』「안연」편에는 바로 이어서 공자의 말이 소개된다.

> 송사를 듣고서 결단을 내리는 일은 나 자신이 한다 해도 다른 사람들과 크게 다르지 않겠지만, 정작 나 자신의 관심은 송사 처결을 잘하는 것보다는 반드시 송사를 처음부터 하지 않도록 하는 데 있다.

이것이 바로 '일을 시작하되 그 처음을 (신중하게 잘) 도모한다[作事謀始]'의 정확한 뜻이다.

송괘의 여섯 효[六爻]에 대한 주공의 말을 풀이한 공자의 「소상전」이다.

(초륙(初六)은) 다투는 일을 끝까지 이어가지 않는 것[不永所事]은 다툼이란 오래 끌어서는 안 되기 때문이니, 비록 다소 (다투는) 말은 있겠지만 그 분별함(판결)은 밝다[不永所事 訟不可長. 雖小有言 其辯明也].

(구이(九二)는) 제대로 다툴 수가 없어[不克訟] 돌아서 도망쳐 숨는다[歸逋竄]. 아랫사람으로서 윗사람과 다투니 근심이 마치 주워 담듯이 찾아온다[不克訟 歸逋竄. 自下訟上 患至掇也].

(육삼(六三)은) 오래된 은덕[舊德]을 먹으니[食=處] 윗사람을 따르더라도 길하다[食舊德 從上吉也].

(구사(九四)는) 돌아와[復] 명에 나아가고[卽命] 마음을 바꿔[渝=變] 안정되고 반듯하다[安貞]는 것은 과실이 없는 것이다[復卽命渝安貞 不失也].

(구오(九五)는) 다투어도 으뜸으로 길하다[訟元吉]는 것은 중정(中正)하기 때문이다[訟元吉以中正也].

(상구(上九)는) 다툼으로 인해 관복을 얻게 된다 하더라도 이는 진실로 공경할 만한 사람이 아니다[以訟受服 亦不足敬也].

◉

송괘의 맨 아래 첫 음효에 대해 공자는 "(초륙(初六)은) 다투는 일을 끝까지 이어 가지 않는 것[不永所事]은 다툼이란 오래 끌어서는 안 되기 때문이니, 비록 다소 (다투는) 말은 있겠지만 그 분별함(판결)은 밝다[雖小有言 其辯明也]"라고 풀었다. 여기서 주목해야 할 점은 결론 부분에 통상적인 권고보다는 사실 판단이 들어 있다는 것이다.

초륙(初六)이란 유약한 음효[柔弱]가 맨 아래에 있으니 다툼을 끝까지 이어갈 힘이 없다. 초륙은 음효로 양의 자리에 있어 바른 자리가 아니다[不正位]. 다만 구사(九四)와 호응 관계인 데다가 바로 위의 구이(九二)와도 친밀한 유비 관계이니 응원 세력이 든든하다. 이 또한 초륙이 소송이나 다툼을 끝까지 끌고 가지 않는 요인이라 할 수 있다. 그렇기 때문에 중도에 그쳐 끝내는 길하다는 것이다. 그래서 공자는 이를 좀 더 명확히 하며 "비록 다소 (다투는 혹은 헐뜯는) 말은 있겠지만 그 분별함(판결)은 밝다[雖小有言 其辯明也]"라고 한 것이다.

송괘의 밑에서 두 번째 양효에 대해 공자는 "(구이(九二)는) 제대로 다툴 수가 없어[不克訟] 돌아서 도망쳐 숨는다[歸逋竄]. 아랫사람으로서 윗사람과 다투니 근심이 마치 주워 담듯이 찾아온다"라고 했다. 다툼은 여기서 일어난다. 주공의 효사와 정밀하게 비교할 필요가 있다. 효사는 다음과 같다.

"제대로 다툴 수가 없으니[不克訟], 돌아서 도망쳐[歸而逋] 고을 사람이 300호인 것처럼 하면 (자신의) 잘못은 없다[不克訟 歸而逋 其邑人 三百戶 无眚]."

이에 대해서는 정이의 풀이가 자세하다.

> 구이와 구오는 서로 호응해야 하는 자리인데 둘 모두 굳세어[剛] 서로 함께하지 못하고[不相與=不親] 서로 다툰다[相訟]. 구이는 밖에서부터 와서[157] 험난함에 처해 다툼의 주인[訟之主]이 돼 마침내 구오에 대적한다. 그러나 구오는 중정(中正)으로 임금의 자리[君位]에 처해 있으니 대적할 수 있겠는가? 이는 다툼이 일어난다 해도 의리상으로 이길 수 없다는 것이다.
>
> 만일 의리상 이길 수 없다는 것을 알고 물러나 돌아가서 도망쳐 피신해 절제하고 자신을 다

157 이는 괘변(卦變)의 원리에 따른 풀이다. 정이는 "감괘(☵)는 상체인 건괘(☰)의 양효가 하체인 곤괘(☷)의 중간에 들어와서 만들어진 것"이라고 말했다.

잡으며[寡約](과약) 스스로 겸손하게 처신한다면 허물이나 잘못은 없을 것이다[无過眚](무과생). 반드시 도망쳐야 하는 것은 적이 되는 자리를 피한 것이다. 300호란 읍 중에서도 지극히 작은 것이다. 그런데도 강하고 크게 대처하면 이는 마치 경쟁하려는 것처럼 보일 것이니 능히 잘못[眚](생)이 없을 수 있겠는가? 생(眚)이란 (스스로 불러들인) 허물[過](과)로서 마땅하지 않은 자리에 처하는 것이니, 나쁜 것임을 알고서도 행하는 것(이를 악(惡)이라 한다)과는 차이가 있다.

"근심이 마치 주워 담듯이 찾아온다"라는 것은 그만큼 쉽게 재앙이 찾아올 수 있음을 강조한 표현이다.

송괘의 구이는 위를 범하는 범상(犯上)의 문제를 다루고 있다. 조선 역사에서 가장 대표적인 범상 사건의 하나는 이른바 한명회의 용봉차일(龍鳳遮日) 사건이다. 내가 쓴 『성종, 조선의 태평을 누리다』에서 관련 대목을 인용한다.

성종 12년(1481년) 6월 24일 상당부원군 한명회가 성종을 찾아와 "중국 사신이 신의 정자 압구정(狎鷗亭)을 구경하려 하는데 이 정자는 매우 좁으니 말리는 것이 좋겠습니다"라고 말한다. 그래서 성종도 우승지 노공필을 시켜 중국 사신에게 "압구정은 좁아서 놀기에 적합지 않다"라고 전했으나 중국 사신은 굳이 "좁더라도 가보겠습니다"라고 말했다. 압구정은 조선을 다녀가던 중국 사신들 사이에서는 소문이 파다해 수시로 찾던 곳이다. 그런데 한명회가 느닷없이 "매우 좁다"며 말려달라고 한 것은 나름의 수 계산이 있었던 것이다. 그 수는 바로 다음날 드러난다. 6월 25일 한명회가 다시 와서 이렇게 말했다.

"내일 중국 사신이 압구정에서 놀고자 하므로 신이 오늘 아침 중국 사신에게 가보았더니, 중국 사신이 신과 점심 식사를 함께하자고 했습니다. 상사(上使-중국 사신)가 말하기를 '내가 얼굴에 종기가 나서 낫지 않았으므로, 가지 못할 듯합니다'라고 하기에 신이 청하기를 '나가 놀며 구경하면 병도 나을 것인데, 답답하게 객관(客館-사신의 숙소)에 오래 있을 필요가 있겠습니까?'라고 하니 상사가 말하기를 '그러면 제가 가도록 하겠습니다'라고 했습니다. 신의 정자는 본래 좁으므로 지금 더운 때를 당하여 잔치를 차리기 어려우니 해사(該司-해당 부서)를 시켜 정자 곁의 평평한 곳에 큰 장막을 치게 하소서."

바로 전날 한명회의 이야기는 결국 중국 사신을 모시지 않겠다는 게 아니라 압구정이 좁다는 이야기였다. 그리고 자신의 개인적인 정자를 임시로 확장하는 데 노골적으로 해당 관서를 시켜 공사하도록 해달라는 주청이었다. 더욱이 그런 큰 장막은 국왕만이 사용하는 용봉차일(龍鳳遮日)밖에 없었다. 예전 같으면 몰라도 국왕으로서의 위신을 세우겠다고 작심하고 있던 이때의 성종으로서는 아무리 옛날의 장인이라 하더라도 그런 요구를 받아들일 수 없었다. 아니 정확하게 말하면 더는 참을 수 없었다.

"경(卿)이 이미 중국 사신에게 정자가 좁다고 말했는데 이제 다시 무엇을 이야기하고자 함인가? 그렇게 좁다고 여긴다면 왕실 정자인 제천정에 잔치를 차려야 할 것이다."

그러자 한명회는 한술 더 떠 성종의 지시는 무시한 채 압구정의 처마를 잇대어 정자를 넓힐 수는 없겠느냐고 묻는다. 한명회는 중국 사신의 위세에 기대어 성종에게 간접적인 협박을 하고 있는 것이다. 그러나 이제 25세의 성인이 된 성종 또한 일국의 어엿한 국왕으로서 한 치도 물러서지 않는다. 한명회는 70을 바라보고 있었다. 예전의 한명회가 아니고, 또 예전의 성종이 아니었다.

"이미 압구정에서 잔치를 차리지 않기로 했는데 무엇 때문에 처마에 잇대는가? 지금 큰 가뭄을 당했으므로 뜻대로 유람할 수도 없거니와, 내 생각으로는 압구정은 이번 기회에 헐어 없애야 마땅하다. 중국 사신이 중국에 가서 이 정자의 풍경이 아름답다는 것을 말하면 뒤에 우리나라에 사신으로 오는 사람이 다 유람하려 할 것이니, 이는 새로운 폐단을 여는 것이다. 또 조정 대신 중에 강가에 정자를 꾸며서 유람하는 곳으로 삼은 자가 많다 하는데, 나는 아름다운 일로 여기지 않는다. 내일 제천정에 사신들을 위한 오찬을 차리고 압구정에는 장막을 치지 말도록 하라."

이렇게 되자 한명회는 "신은 정자가 좁고 더위가 심하기 때문에 아뢴 것입니다. 그러나 신의 아내가 본래 숙질(宿疾-오래된 질병)이 있는데 이제 더 심해졌으므로, 내일 그 병세를 보아서 심하면 제천정일지라도 신은 가지 못할 듯합니다"라며 몽니를 부렸다.

성종은 이번 사신의 유람 문제와 관련된 최종적인 방안을 승정원에 지시한다.

"강가에 정자를 지은 자들이 누구누구인지 모르겠다. 이제 중국 사신이 압구정에서 놀면 반드시 강을 따라 두루 돌아다니면서 놀고야 말 것이고, 뒤에 사신으로 오는 자도 다 이것을 본떠 유람할 것이니, 그 폐단이 어찌 끝이 있겠는가? 우리나라 제천정의 풍경은 중국 사람이 예전부터 알고, 희우정은 세종께서 큰 가뭄 때 이 정자에 우연히 거둥했다가 마침 큰 비를 만났으므로 이름을 내리고 기문(記文)을 지었으니, 이 두 정자는 헐어버릴 수 없으나 그 나머지 새로 꾸민 정자는 일체 헐어 없애어 뒷날의 폐단을 막으라. 또 내일은 제천정에서 오찬과 술자리를 차리고 압구정에는 구경만 하게 하라."

그러나 이것으로 '압구정 사건'은 끝나지 않았다. 이제 시작이었다.

한명회가 물러간 즉시 승정원의 승지들이 들고일어났다. 아내가 아프면 중국 사신이 구경하려고 해도 사양했어야 할 텐데, 중국 사신이 아프다는 데도 유람을 청해놓고 이제 와서 성종이 허락하지 않으니 아내의 병을 핑계 대며 '제천정일지라도 가지 못하겠다'고 한 것은 임금에게 대든 것이라는 것이다. 승지들은 국문해야 한다고 말했다. 성종도 단단히 결심을 굳힌 듯 "그 말이 매우 옳다. 그러나 천천히 분부하겠다"라고 말한다.

다음날 경연에서 당장 이 문제가 쟁점으로 떠올랐다. 신하들은 하나같이 한명회를 벌하여야 한다고 말했다. 이럴 경우 일반적으로 국왕은 무시하거나 "내가 알아서 하겠다"라는 정도로 답한다. 그리고 사헌부와 사간원에서 계속 문제 삼으면 그제야 못 이기는 척 처벌을 하는 게 일종의 관례였다. 그런데 경연자리에서 신하들의 의견을 듣고 성종은 특유의 직설법으로 이렇게 말한다.

"정승(-한명회)이 잘못했다. 전일 북경에 갈 때는 아내의 병이 심하여 거의 죽게 됐어도 갔는데, 이제 하루의 일 때문에 아내가 앓는다고 사양하는 것이 옳겠는가? 내가 어진 임금이 아니라고 해도 신하의 도리가 어찌 이러할 수 있겠는가? 승정원에서 말하기를 '한명회가 청한 대로 허락받지 못했으므로, 분한 마음을 품고 이 말을 한 것이다'라고 했는데, 실정은 알 수 없으나 그 말은 실제로 분한 마음을 품은 듯했다."

그리고 즉각 한명회를 국문하라고 명했다. 즉 사헌부나 사간원의 요청이 없었는데 경연자리에서 한명회의 국문이 결정된 것이다. 조선 시대에 이런 일은 흔치 않았다. 더욱이 그 대상이 천하의 한명회 아닌가? 성종의 분노가 어느 정도였는지 짐작할 수 있다. 즉각 한명회가 와서 변명하는데 한마디로 앞뒤가 맞지 않았다. 성종은 "정승의 뜻을 내가 어찌 모르겠는가"라면서도 단호하게 "그러나 이 일은 정승이 잘못했다"라고 못을 박았다.

한명회에 대한 국문 지시가 내려가고 7월 1일 사헌부에서 조사 결과를 올리자 성종은 "죄는 크지만, 조정에 공이 있는 공신이고 나에게도 구은(舊恩-국왕이 되게 해준 것)이 있으니 직첩을 거두고 성 밖에 나가 살게 하는 게 어떠냐"며 신하들의 의견을 구한다.

여기서 신하들은 확연하게 갈린다. 영의정 정창손, 좌찬성 한계희, 우찬성 강희맹 등 훈구세력들은 "직첩만 거두고 성 밖에 나가 살라는 지시는 거두소서"라고 말한다. 반면 우의정 홍응, 좌참찬 이철견, 우참찬 이승소 등은 성종의 견해대로 직첩을 거두고 성 밖에 나가 살게 하자는 쪽이었다.

결국 성종은 직첩만 회수하는 쪽으로 결정을 내린다. 이렇게 빼앗은 직첩도 4개월여가 지난 11월 17일 채수·변수 등이 복권될 때 함께 돌려주었다. 임금이 강명(剛明)하지 못하면 얼마든지 이런 일이 일어날 수 있다. 구이의 경고와 달리 한명회에게는 '근심이 마치 주워 담듯이 찾아'오지 않았다. 즉 구이의 풀이는 윗자리에 강명한 임금이 있을 때만 가능한 것이라 할 것이다.

송괘의 밑에서 세 번째 음효에 대해 공자는 "(육삼(六三)은) 오래된 은덕[舊德]을 먹으니[食=處] 윗사람을 따르더라도 길하다"라고 했다. 정이는 이를 다음과 같이 풀이했다.

> 자신의 평소 분수를 지켜서 비록 윗사람이 하는 바를 따르더라도 자기로 말미암은 것은 아니다. 따라서 (공로를) 이루는 바는 없지만 끝내는 그 길함을 얻게 된다.

상당히 미묘하다. 그런데 주공의 효사는 제법 길다.

> 오래된 은덕[舊德]을 먹고서[食=處] 반듯하면 위태롭긴[厲] 해도 끝내는 길하다[終吉]. 혹 왕의 일에 종사해도 공을 이룰 수 없다[食舊德 貞 厲終吉. 或從王事 無成].

오래된 다움을 먹는다 혹은 간직한다는 것은 정이의 풀이에 따르면 평소의 분수를 그대로 지킨다는 뜻이다. 만일 그렇게 하게 되면 윗사람이 하는 바를 그대로 따라서 수용하더라도 자신으로 말미암아 생겨난 것이 아니므로 아무것도 이뤄지지 않아 결국은 자신은 길하게 된다는 말이다.

그런데 이런 문맥이 온전하려면 "윗사람이 하는 바[上之所爲]"가 좋은 일이기보다는 그렇지 못한 일이라야 한다. 즉 경우에 따라 그 사람이 자신에게 그릇된 일을 시킬 수도 있는데, 이럴 때 자신의 평소 본분을 지키면서 그 일을 맡아서 처리하게 되면[貞=主幹] 한동안 구사나 구이의 견제나 질투 등으로 인해 위태롭기는 하겠지만 끝내는 윗사람[上九]을 따랐기에 흉하기보다는 길할 수 있다는 말이다. 단, 다툼의 주역이 돼서는 안 되고 한 걸음 뒤에 물러서 있는 것이 음효의 도리다.

여기서 육삼(六三)의 윗사람이란 상구(上九)다. 그래서 왕의 일[王事]이라고 한 것이다. '혹'이라고 한 것은 상구의 경우 맨 위에 있어 힘이 다했는데 그럼에도 굳셈[剛]이라 혹시 다툼을 일으킬 수 있다. 앞서 말했듯이 송괘에서 다툼의 당사자는 구이와 구오다.

주공의 효사에 딱 부합하는 조선 초의 인물이 있다. 이석형(李石亨, 1415~1477)이 바로 그런 사람이었다. 조선 시대 문과 급제자 명단인 『문과방목(文科榜目)』에 따르면 이석형은 1441년(세종 23년) 문과의 장원 급제자다. 게다가 『문과방목』은 "우리 조정에서 생원시와 진사시에서 모두 장원한 사람은 배맹후(裵孟厚), 김구(金絿), 이덕형 세 사람뿐인데 공은 다시 문과에서 장원했다"라고 기록하고 있다. 속되게 말해 조선 초의 '율곡 이이'라고 할 수 있다. 이때 그의 나이 26세였다. 당시 함께 급제한 동료 중에는 양성지(梁誠之), 김국광, 강희안(姜希顔) 등의 이름이 보인다.

이이와는 또 다른 점에서 연결 고리가 있다. 진덕수의 『대학연의』는 조선의 임금이라면 반드시 경연(經筵)에서 읽어야 할 제왕학의 필독서인데 이석형은 뒤에 여기에 고려의 사례를 보충해 『대학연의집략(大學衍義輯略)』을 지었다. 여기에는 중국과는 다른 우리의 제왕학 교본을 만들고자 하는 포부가 있었다. 이석형은 중국이라고 해서 무조건 숭상하는 태도 또한 없었다. 『세조실록』 5년(1459) 7월 17일 자 기록이다.

> 사은사(謝恩使) 행 상호군(行上護軍) 강순(康純)과 행 대호군(行大護軍) 이석형(李石亨) 등이 명(明)나라로부터 돌아왔는데 이석형이 말했다.
>
> "중국(中國)은 다만 성곽(城郭)만 높고 웅장할 뿐 그 나머지 문물(文物)들은 모두 귀중히 여길 것이 없다."
>
> 듣는 사람들이 이를 비난했다.

이처럼 이석형은 생각이 분명했다. 반면 이이는 진덕수의 『대학연의』를 기본으로 하면서도 경학과 역사 중에서 역사 부분은 제거하고 보다 주자학적으로 윤색해서 『성학집요(聖學輯要)』를 지었는데 그 수준이 『대학연의』에 훨씬 못 미친다.

이석형은 급제와 동시에 사간원 좌정언(정6품)에 보임됐다. 이듬해 집현전 부교리에 임명돼 14년 동안 집현전 학사로 재임하면서 집현전의 응교·직전(直殿)·직제학을 두루 역임했다. 그는 무엇보다 학재(學才)였다. 그의 비명(碑銘)에는 아주 흥미로운 일화 하나가 기록돼 있다. 집현전 응교로 재임한 1447년 문과 중시(重試)에 합격했다. 중시란 관리들을 대상으로 한 과거의 일종으로 훗날 승진에 결정적 영향을 끼쳤다.

정묘년(丁卯年-1447년, 세종 29년)의 중시 대책(重試對策)에서 공이 또 합격했는데, 공과 더불어 우등(優等)으로 선발된 여덟 사람을 임금이 시험해 장원을 정할 때 어제(御題)는 "팔준도(八駿圖)"라 하고 여러 가지 체(體)를 임의로 제술하게 했다. 공이 처음에 전문(箋文)을 지었으니 "하늘이 도와 임금의 자리에 오르니 성인(聖人)은 천년(千年)의 운회(運會)에 응했고, 땅에서 이용하는 것은 말[馬]을 당할 것이 없는데 신비로운 물건은 한때의 기능을 발휘했다"라는 글로써 머리 연구(聯句)로 삼았다. 성근보(成謹甫-성삼문)가 남들에게 말하기를 "금번 과장(科場)에서 가장 두려운 자는 이 모(李某)이다"라고 하더니 이 글을 보고 속여 말하기를 "그대가 늙은 학구(學究)의 여문(麗文-화려체 글쓰기)에 일삼는 것을 본받으려 하는가?"라고 했다. 공은 장자(長者-덕이 있는 사람)인지라 그 말을 믿어 전문을 버리고 시(詩)를 쓰게 됐다. 성삼문이 그 기미를 알아차리고 공이 지은 연구를 빼앗아 전문을 지어 마침내 장원을 획득했다. 공이 평소 말하기를 "이 무릎을 일찍이 다른 사람에게 꿇어본 일이 없었다"라고 했고 성삼문은 평소 말하기를 "다른 사람에게 꿇지 않은 무릎을 나는 꿇게 할 수 있다"라고 했으니, 한때의 미담(美談)으로 전해온다.

'장자(長者)'라는 말이 이석형의 삶을 풀어내는 실마리다. 1451년(문종 원년) 이석형은 부친상(父親喪)을 당해 3년 시묘살이를 하게 됐는데, 그로 인해 당시의 정쟁에 거리를 둘 수 있었다. 1455년 세조가 즉위하자 중추부 첨지사가 돼 성균관 사성(司成)을 겸임하면서 드디어 집현전에서 벗어날 수 있었다. 이듬해 전라도관찰사로 나갔다가 곧바로 불려와 형조참의에 올랐다. 공신(功臣)은 아니었지만, 세조가 아꼈다는 뜻이다. 이 무렵 이석형의 행적에 대한 비명의 기록이다.

안평대군(安平大君)이 그 지위에 의지하여 문사(文士) 사귀기를 좋아하더니, 공의 명망을 듣고 여러 차례 사람을 보내어 한 번 보기를 원했으나 공이 마침내 가지 아니하고 보낸 선물도 받지 아니했다. (훗날) 사람들은 공이 선견지명이 있다고 했다. 세조대왕이 즉위함에 공이 선조(先朝)의 중신(重臣)으로서 형적(形跡)이 외롭거늘, 공을 헐뜯는 자들이 백방(百方)으로 틈을 노렸으나 공이 조금도 굽히지 아니하고 어색한 기미를 얼굴에 나타내지 않았으며 권문(權門)에 추종하여 좋은 자리를 도모하려 하지 아니하고 한가한 외직(外職)을 구하여 해치려는 자들을 멀리하기에 힘썼다.

곧은 성품[直]이었기에 공에게도 위기가 있었다. 1456년 6월 이른바 사육신(死六臣) 사건이 전해지자 호남(湖南-전라도관찰사)에 있을 때 육신(六臣)이 참혹하게 죽은 것을 듣고 익산(益山)의 동헌(東軒)에 시(詩)를 써서 이르기를 "순(舜)임금이 창오산(蒼梧山)에서 돌아가매 아황(娥皇)·여영(女英)이 피눈물을 뿌린 소상반죽(瀟湘斑竹)과 진시황(秦始皇)이 비를 피하고 2품 관작을 봉(封)한 소나무는 슬프고 영화로움이 비록 다르나, 어찌 염량세태(炎凉世態)를 따라 권세에 앉아 아부하는 일이야 있을 것인가?"라고 했으니, 이는 슬픈 회포를 시에 붙여 그 뜻을 보인 것이었다. 공을 미워하는 자가 임금에게 이 시를 지적하고 형벌로 다스리기를 청하자 세조는 "이 시는 시인으로서 영물(詠物)한 데 지나지 않는데 깊이 추궁할 필요가 어디 있느냐?" 하고 마침내 묻지 아니했다.

세조는 오히려 그를 예조참의에 올렸다. 공주목사로 나갔다가 다시 불려와 한성부윤에 올랐다. 세조는 평안도 순시를 앞두고 이석형을 황해도관찰사로 삼았다. 이때 모든 준비를 잘 갖춰 세조로부터 '서도(西道-황해도)의 주인'이라는 칭찬을 받기도 했다. 정권의 핵심이 아니면서도 이석형이 고위직에 올라 한성판윤만 7년을 재직할 수 있었던 비결은 무엇일까? 그것은 한명회를 비롯한 정란공신들의 견제가 극심했지만, 세조의 무한한 총애가 있었기 때문이다. 이석형은 분명 양강(陽剛)의 자질로 뛰어난 능력까지 갖춰 험한 세파를 위태위태하게 넘겨온 인물이다. 비명이 전하는 그의 생에 대한 총평이다.

아! 문사(文士)의 배출이 세종조 같은 때가 없었는데, 과장(科場)이 있을 때마다 공이 홀로 여러 선비를 압도하여 당시 인재들이 감히 겨누어볼 생각을 못 했으니, 공의 문학과 명망이 탁월하지 않았으면 어찌 이와 같을 수가 있겠는가? 을해년(乙亥年-1455년, 단종 3년)과 병자년(丙子年-1456년, 세조 2년) 연간에 단종(端宗)이 손위(遜位)할 때를 당하여 같이 추종하는 여러 사람이 혹은 혹화(酷禍)를 입고 혹은 현달하여 부귀공명(富貴功名)과 멸족(滅族)의 참화(慘禍)가 좌단(左袒-왼쪽 소매)과 우단(右袒)에 달려 있었는데, 공이 홀로 정도(正道)를 밟아 의(義)가 아닌 데는 따르지 않았으나 권력을 쥔 자도 굴복시킬 수 없었고 참소를 잘하는 자도 이간시킬 수 없었으니, 만일 공이 수립한 바가 탁월하지 않았으면 화(禍)를 모면하지 못했을 것이다. 공이 비록 삼공(三公)의 지위에는 오르지 못했으나 현달하지 않았다고 볼 수는 없는데 세상 사람들이 오히려 그 재주를 다 쓰지 못했음을 유감으로 생각했으니, 오직 그 재주를 다 발휘하지 못했으므로 그 이름이 더욱 중하게 돼 세상에서 태산교악(泰山喬嶽)과 같이 우러러보고 지금에 이르기까지 부인(婦人)과 어린아이들도 칭송해 마지않는다.

송괘의 밑에서 네 번째 양효에 대해 공자는 "제대로 다툴 수가 없으니[不克訟] 돌아와[復] 명에 나아가고[卽命] 마음을 바꿔[渝=變] 안정되고 반듯하다[安貞]는 것은 과실이 없는 것이다"라고 풀이했다. 이에 대해서는 정이의 풀이가 곡진하다.

구사(九四)는 양강(陽剛)으로 건체(健體, ☰)에 자리해 중정(中正)을 얻지 못했으니 본래부터 다투려고 하는 자다. 위로는 구오(九五)를 받들고[承] 아래로는 육삼(六三)을 밟으며[履=乘] 초륙(初六)과 호응한다. 구오는 임금이니 의리상 다툴 수 없고 육삼은 아래에 있으면서 부드러워[柔] 그와 더불어 다투려 하지도 않는다. 초륙은 바르게 호응하고 있어[正應] 고분고분하니 더불어 다툴 자가 아니다. 이처럼 구사는 비록 굳세고 튼튼해[剛健] 다투려고 하지만 함께 대적할 자가 없어 다툼이 생겨날 이유가 없으니 다툴 수가 없다[不克訟]. 또한 부드러운 자리에 있으며 부드러운 자와 호응하고 있으니 또한 다툼을 그만둔다는 뜻이 된다. (이처럼) 의리상 다툴 수가 없으니 만약에 강하게 분노하고 다투려는 마음을 극복하고서 돌아와 명(命)에 나아가 그 마음을 고치고 기운을 화평하게 해 바뀌어 안정되고 반듯하면[安貞] 길하다. 여기서 명(命)이란 바른 이치[正理]를 말한다. 바른 이치를 잃으면[失正理] 명을 거스르는 것[方命]이 된다. 그렇기 때문에 명으로 나아가는 것을 회복했다[復]고 한 것이다. 방(方)이란 고분고분하지 않음[不順]이다. 『서경』에 이르기를 "왕명을 거역하고 종족을 무너트린다[方命圮族]"라고 했고 『맹자(孟子)』에 이르기를 "왕명을 거역하고 백성을 학대한다[方命虐民]"라고 했다. 무릇 굳세고 튼튼하기만[剛健] 하고 중정(中正)하지 못하면 조급하게 행동하기[躁動] 때문에 안정되지 못하고[不安], 처하는 곳이 중정하지 못하기 때문에 반듯하지 못하다[不貞]. 안정되지 못하고 반듯하지 못한 것이 바로 다툼을 좋아하는 이유다. 의리상 다툴 수 없다면 다투지 않고 도리어 바른 이치로 돌아가 그 안정되지 못함과 반듯하지 못함을 바꾸어 안정되고 반듯함[安貞]을 지키면 길하다.

여기서 언급된 '방명비족(方命圮族)'은 『서경』 「요전(堯典)」편에 나오는 말이다. 그 문맥으로 들어가 보자.

요임금이 말했다.

"아! 사악(四岳)아, 세차게 흘러넘치는 홍수가 두루 산하를 갈기갈기 찢어놓아 널리 광범위하게 산을 에워싸고 언덕을 덮쳐서 넓고 크게 하늘까지 넘쳐흘렀으니 저 아래 백성이 한탄하고 있다. 이에 뛰어난 자가 있으면 그로 하여금 다스리도록 하라."

여러 사람이 말하기를 "아! 곤(鯀-우왕의 아버지)이 적임자입니다"라고 하자 요임금은 "아! 곤란하다. (곤은) 명을 거역하며 친족들을 무너트릴[方命圮族] 인물이다"라고 말했다.

(그러나) 사악이 "그만두더라도 (치수 대책을 세우는 것이) 가능한지를 시험해보고서 이에 (불가능하다는 것이 판명될 경우 그때 가서) 그만두어야 합니다" 하자 요임금은 "가서 삼가는 마음으로 일을 하라"라고 명했다. (하지만 요임금의 지적대로) 9년이 돼도 가시적인 성과가 이뤄지지 못했다.

송괘의 밑에서 다섯 번째 양효에 대해 공자는 "다투어도 으뜸으로 길하다[訟元吉]는 것은 중정(中正)하기 때문이다"라고 풀이했다. 그 길한 까닭이 다름 아닌 중정에 있음을 밝힌 것이다. 존위(尊位)에 있으면서 공명정대[中正]하게 판결을 하니 크게 길하다는 것이다. 이 경우에는 정약용의 풀이를 따라서 원(元)을 임금으로 풀이해 "다투어도 임금이 길하다"로 볼 수도 있다. 중(中)은 판단이 실상에 딱 들어맞는다[中情]라는 뜻이 있다.

송괘의 맨 위에 있는 양효에 대해 공자는 "다툼으로 인해 관복을 얻게 된다 하더라도 이는 진실로 공경할 만한 사람이 아니다"라고 풀었다. 주공의 효사는 "혹 큰 띠[鞶帶=官服]를 하사받아도 하루아침이 끝나기도 전에 세 번이나 빼앗긴다"라고 해서 관복을 받는다 한들 얼마 안 가서 다시 빼앗기게 된다는 데 강조점을 두었다. 반면 공자는 그런 사람은 공경할 가치가 없다는 데 방점을 두었다.

상구(上九)는 양강(陽剛)으로 송괘의 극에 있으니, 이는 다툼을 끝까지 한다는 뜻이다. 그리고 다툼에서 이긴다. 그러니 명으로 관복을 받게 된다는 것이다. 이렇게 해서는 결국 다시 빼앗기고 만다. 재앙이 정신없이 찾아오게 될 것이라는 말이다.

송괘 상구의 이치를 이해하는 데는 조선 시대 당쟁만큼 적확한 사례를 찾기가 어려울 것이다. 참으로 많은 이를 열거할 수 있겠지만, 김자점(金自點, 1588~1651) 한 사람을 들어 여러 사람을 떠올리게 되기를 기대한다. 내 주관적 평가를 배제하기 위해 『한국민족문화대백과』의 정보를 기반으로 약간 손을 봤다.

서인의 원조 중 한 명인 성혼(成渾, 1535~1598)[158]의 문하생인 김자점은 문과가 아닌, 음보(蔭補)로 벼슬길에 나서 병조좌랑까지 이르렀으나 인목대비(仁穆大妃)의 폐비 논의에 반대하는 등 광해군 때 대북 세력에 맞서다가 정계에서 축출당했다. 애초에 최명길(崔鳴吉)·심기원(沈器遠) 등과 함께 사돈 관계에 있는 이귀(李貴)를 중심으로 반정을 모의하던 중 1622년(광해군 14년) 김류(金瑬)·신경진(申景禛) 등과 연결됐다. 1623년 3월 군대를 모아 이귀·김류·이괄(李适) 등과 함께 홍제원(弘濟院)에서 궁궐로 진격해 들어가 반정을 성공시켰다. 인조 즉위 후 박홍구(朴弘耈)·조정(趙挺) 등 광해군 때의 정승들이 인사권을 행사하려는 것을 막고 이귀가 주로 인사를 담당할 수 있게 했다. 반정 직후 호위대장이 된 신경진 휘하의 종사관(從事官)으로 임명됐다가 호조좌랑을 거쳐 동부승지로 승진했다. 같은 해 반정공신인 정사공신(靖社功臣) 1등에

158 백인걸(白人傑)에게 『상서(尙書)』를 배웠으며, 당시 같은 고을에 살던 이이, 송익필(宋翼弼)과 도의지교를 맺었다. 선조 초년에 학행으로 천거돼 참봉(參奉)·현감 등을 제수받았으나 출사하지 않고 파주에서 학문에 전념했다. 동서분당기에는 이이·정철 등 서인과 정치 노선을 함께했다. 1589년 기축옥사(己丑獄事)로 서인이 정권을 잡자 이조참판에 등용됐으며, 이때 북인 최영경(崔永慶)의 옥사 문제로 정인홍(鄭仁弘) 등 북인의 강렬한 비난을 받았다. 1592년 임진왜란 중에는 세자의 부름으로 우참찬이 됐으며, 1594년 좌참찬으로서 영의정 유성룡(柳成龍)과 함께 주화론을 주장했다. 학문 경향은 이이와 1572년부터 6년간에 걸쳐 사칠이기설(四七理氣說)을 논한 왕복 서신에 잘 나타나 있다. 이 서신에서 이황의 이기호발설(理氣互發說)을 지지, 이이의 기발이승일도설(氣發理乘一途說)을 비판했다. 이이는 그의 학문을 평가해 "의리상 분명한 것은 내가 훌륭하지만, 실천에서는 그에 미치지 못한다"라고 했으며, 외손인 윤선거(尹宣擧)는 그가 학문에 있어서 하나하나 실천하는 점을 높이 평가했다. 그의 학문은 이이와 함께 서인의 학문적 원류를 형성했으며, 문인으로는 조헌(趙憲)·황신(黃愼)·이귀·정엽(鄭曄) 등이 있다. 그의 학문은 이황과 이이의 학문을 절충했다는 평가가 있으며, 사위인 윤황(尹煌, 1572~1639), 외손인 윤선거(1610~1669), 외증손인 윤증(尹拯, 1629~1714)에게 계승되면서 서인(西人) 소론의 중심 계보를 형성했다. 기축옥사에 관련된 연유로 삭직됐으나, 1623년 인조반정 이후 복관됐다. 좌의정에 추증, 1681년(숙종 7년)에 문묘에 배향됐다.

녹훈됐다. 공신녹훈을 전후해 반정의 두 주역인 김류와 이귀가 서로 대립하자 김류 쪽에 가담했다. 1624년(인조 2년) 이괄이 반란을 일으켰을 때, 옥에 있던 기자헌(奇自獻) 등 40여 인의 인사들을 만일의 사태에 대비해 죽이자고 주장했다. 1627년 1월 정묘호란이 일어나자 강화도로 인조를 호종했고, 순검사(巡檢事) 임진수어사(臨津守禦使)에 임명됐다. 1630년 한성부판윤을 거쳐 1633년 도원수(都元帥)가 됐다.

1636년 청나라의 움직임에 대비할 목적으로 평안도에 파견돼 수비 체계를 바꾸는 등의 작업을 했다. 그러나 병자호란이 일어나자 적절히 대처하지 못하고 토산(兎山)에서 크게 패했다. 이듬해 전쟁이 끝난 직후 패전에 대한 도원수로서의 책임을 지고 먼 섬으로 유배됐다. 그 이후 공신 세력의 권력 추구와 패전에 대해 심한 공격을 하는 일반 사류에 의해 계속 많은 비난을 받았다. 그러나 반청론자(反淸論者)들에게 염증을 느낀 인조의 후원으로 1639년에 고향으로 풀려나고, 이듬해에는 강화부윤·호위대장에 임명됐다. 이후 김류와의 제휴를 바탕으로 1642년 병조판서, 1643년 판의금부사를 거쳐 같은 해 우의정 및 어영청 도제조에 오르고, 진하 겸 사은사로 중국에 다녀왔다. 1644년에는 경쟁 세력인 심기원 등을 역모 혐의로 도태시키고 낙흥부원군(洛興府院君)에 봉해졌으며, 사은 겸 주청사로 청나라에 다녀왔다. 그 뒤 대부분 공신 세력가들이 죽거나 은퇴하고 일반 반청 사류들은 인조에 의해 거부되는 상황에서 1646년 좌의정을 거쳐 영의정에 올라 최고의 권력을 장악했다. 1645년에는 숙원 조씨(淑媛趙氏)와 결탁해 인조의 의구심을 받던 소현세자(昭顯世子)를 죽이는 데 가담한 듯하다. 이듬해에는 세자빈 강씨(姜氏)에게 인조 시해 혐의를 씌워 사사하게 한 뒤 소현세자의 아들들을 축출하고 강빈의 형제들을 제거했다. 또 인조와 조씨의 소생인 효명옹주(孝明翁主)와 자신의 손자인 김세룡(金世龍)을 혼인시켜 궁중과 유착했다. 한편으로 청나라 사신이나 역관 정명수(鄭命壽) 무리와 결탁해 청나라의 후원을 얻어 권력의 기반을 삼았다. 1646년 청나라가 포로가 됐던 임경업(林慶業)을 보내오자 고문으로 죽게 했다. 인조 말년에는 신면(申冕) 등을 무리로 거느려 낙당(洛黨)이라고 지목됐으며, 원두표(元斗杓)를 중심으로 한 원당(原黨)의 무리와 대립했다. 1649년 거의 유일한 후원자였던 인조가 죽은 뒤 새로 즉위한 효종은 즉시 김집·송시열(宋時烈)·권시(權諰)·이유태(李惟泰)·김상헌 등을 불러들였고, 이들의 공격에 의해 김자점은 1650년(효종 1년) 홍천에 유배당했다. 그곳에서 역관인 심복 이형장(李馨長)을 시켜 청나라에 새

왕이 옛 신하들을 몰아내고 청나라를 치려 한다고 고발하고, 그 증거로 청나라의 연호를 쓰지 않은 장릉지문(長陵誌文)을 보냈다. 청나라가 즉시 군대와 사신을 파견해 조사했으나 이경석(李景奭)·이시백(李時白)·원두표 등의 활약으로 그 기도는 실패하고 광양으로 유배됐다. 1651년에 손부인 효명옹주의 저주 사건이 문제 되고, 아들 김익(金釴)이 수어청 군사와 수원 군대를 동원해 원두표·김집·송시열·송준길을 제거하고 숭선군(崇善君)을 추대하려는 역모가 폭로돼 아들과 함께 복주당했다. 말 그대로 방명비족(方命圮族)의 벼슬살이였다.

중국 역사에서는 한때 생사를 같이할 정도의 사이라 해서 문경지교(刎頸之交)의 표상처럼 불렸던 장이(張耳, ?~BC 202)와 진여(陳餘, ?~BC 205)의 애증 관계도 이를 보여준다.

장이는 위공자(魏公子) 신릉군(信陵君)의 식객이 되고, 일찍이 외황령(外黃令)이 됐다. 진여와 함께 병사를 일으켜 문경지교를 맺었다. 진나라 말에 진섭(陳涉)이 반란을 일으키자 진여와 함께 교위(校尉)가 돼 무신(武臣)을 따라 조(趙) 땅을 정벌했다. 무신이 조왕(趙王)이 되자 우승상(右丞相)에 올랐고, 진여는 대장군(大將軍)이 됐다. 항우를 따라 입관(入關)해 항우가 분봉할 때 상산왕(常山王)에 봉해졌다. 나중에 진여와 사이가 벌어져 진여가 공격하자 고조 유방에게 투항했다. 한신(韓信)과 함께 조나라 군대를 격파하고 지수(泜水)에서 진여를 죽여 조왕(趙王)에 봉해졌다.

이 두 사람에 대해 반고는 『한서』 「장이진여전(張耳陳餘傳)」편에서 이렇게 평했다.

> 장이와 진여는 세상에서 말하는 뛰어난 이[賢]이고 그의 빈객과 병졸들도 모두 천하의 준걸들이어서 그들이 사는 나라에서 경상(卿相)의 자리를 차지하지 않은 자가 없었다. 그렇지만 이와 여는 처음에 모든 것이 부족하고 힘들던 시절[約時] 목숨을 걸고서 신의를 약속했는데 어찌 앞으로 올 일을 알았으랴! 나라를 근거지로 삼아 권력을 다투게 되기에 이르자 결국 서로 멸망했으니, 어찌 옛날에는 서로 그리워하며 서로를 써주던 열렬함[慕用之誠]이 있었는데 뒤에는 서로 등을 돌려 멀어졌는가[盭=戾=違]! 권세와 이욕[勢利]의 사귐에 대해서는 옛 (뛰어난) 사람들이 수치스럽게 여긴다고 했는데, 대개 이를 가리켜 말한 것이리라.

조선 시대 임금들은 대부분 『주역』에 밝았다. 세종은 세자 문종에게 직접 『주역』

을 가르쳤고, 세조는 거의 전문가 수준이었다. 선조와 정조도 지식 면에서는 만만치 않았다. 여기서 조선 초부터 선조 때까지 조선 임금들의 『주역』 공부를 간략히 정리해 보자. 당시 임금들은 당대 최고의 학자들로부터 『주역』을 배웠을 것이기 때문이다.

태조 이성계는 무인이었기 때문에 학문적 깊이를 논하기에는 적절치 못한 점이 있다. 그러나 이성계는 불심이 깊으면서도 '유술(儒術)'을 좋아했다는 기록이 있는 것으로 보아 유학에 관심이 있었다고 봐야 한다. 실제로 유학에 대한 나름의 조예가 없었다면 정도전을 비롯한 신진 사대부들이 추구하던 조선의 건국 이념으로서의 성리학은 애당초 뿌리내리기 힘들었을 것이다.

실록을 근거로 해서 보자면, 『주역』을 처음으로 공부한 국왕은 태종 이방원이다. 문무를 겸비했던 태종은 1407년(태종 7년) 4월 1일 성균관 대사성을 지낸 장덕량이 『주역』에 밝다는 소문을 듣고서 그를 불러 매일 대궐에 나오도록 했다. 이때 태종의 나이 40대 초반이었다. 한 번은 태종이 두보의 시를 읽으려 하자 권근이 나서서 "그것은 임금으로서 배울 만한 것이 못되오니 『주역』을 강습하소서"라고 건의했다. 태종이 『주역』을 읽게 된 것은 권근의 추천 덕분이다.

그러나 태종이 『주역』을 처음 접한 것은 그보다 먼저다. 왕자의 난을 일으키고 형님인 정종을 왕위에 올린 다음 세자(혹은 세제)로 있던 정종 2년 5월 17일 세자 이방원이 좌빈객 이서와 함께 『주역』을 강론했다는 기록이 나온다. 이때 태종이 관심을 가졌던 테마는 『주역』 자체라기보다는 넓은 의미에서 제왕의 학문 연마와 재위 기간 동안의 업적 사이에 어떤 연관 관계가 있는가 하는 것이었다.

이후 태종은 1407년 5월 8일에도 성균관 대사성 유백순을 불러 『주역』과 『춘추(春秋)』를 강론했다. 4년 후인 1411년 6월 6일에는 『주역』을 읽다가 그것에 관한 해설서인 『회통(會通)』이란 책을 구해오라고 명한다.

이것을 통해볼 때 태종은 이미 완숙한 경지에서 『주역』을 독파했던 것으로 보인다. 특히 『회통』을 구해오라고 했다는 사실은, 처음에는 장덕량·유백순 등의 대학자를 통해 도움을 받다가 이때쯤 되면 혼자서 『주역』을 이해했다는 뜻으로 해석할 수 있다.

세종은 왕위에 오른 지 7년째인 세종 7년 12월 12일 경연에서 최초로 『주역』을 강론했다. 그러나 이것은 공식적인 자리에서 처음 강론했다는 뜻이고, 워낙 학문을 좋아했던 세종은 그 이전에 『주역』을 읽어보기는 했을 것이다. 이를 입증해주는 자료는 태종 18년 1월 26일 자다. 바로 이해에 양녕대군이 폐세자되고 충녕대군(훗날의 세종)이 왕위에 오르게 된다. 이날 세종의 친동생인 성녕대군이 병이 나서 위독하게 되자 정탁이라는 인물이 『주역』으로 점을 쳐서 태종에게 올렸는데, 그 뜻을 충녕대군이 너무도 분명하게 풀이하니 세자인 양녕대군도 감복했다는 것이다. 개인적으로는 『주역』을 읽고 어느 정도 이해를 하고 있었다고 볼 수 있다. 특히 세종 8년 7월 4일에 세종이 경연에서 "내가 이미 『주역』을 다 읽었다"라고 밝히고 있는 것을 볼 때 그전부터 『주역』을 읽었다고 추론해볼 수 있다. 그렇지 않다면 정독 스타일이었던 그가 불과 7개월 만에 난해하기로 정평이 나 있는 『주역』을 독파하기란 쉽지 않았을 것이다.

세종 14년 10월 25일 자에는 아주 흥미로운 대목이 나온다. 세종은 경연에서 신하들과 세자의 문제를 이야기하던 중 세자의 건강이 좋지 못함을 걱정하면서 "요사이는 문안할 때마다 내가 세자에게 『주역』을 가르치고 있다"라고 밝히고 있다. 이때 세종의 나이 37세 무렵이었고 세자는 스무 살을 바라보고 있었다. 그런데 태종이나 세종 모두 정확히 어떤 시각에서 『주역』을 이해하고 받아들였는지를 보여줄 만한 구체적인 사례가 실록에 나오지 않는 것은 큰 아쉬움이다.

세종에게 직접 『주역』을 배운 때문인지 문종은 경연 등에서 『주역』을 강론하지 않았다. 그러나 문종은 문과에 급제한 신하들을 대상으로 『주역』에 관한 내용을 물어 우수한 인재들을 선발하곤 했다. 그것은 문종이 『주역』은 충분히 이해하고 있었다는 뜻이다.

세조도 일찍부터 『주역』을 공부했다. 심지어 세종 말년 친동생인 금성대군 이유에게 직접 『주역』을 가르치기도 했다. 당시에는 신하 중에도 『주역』에 정통한 이들이 많이 있었다. 정인지는 세조 3년 4월 9일 경복궁 사정전에서 열린 술자리에서 다른 신하들에게 『주역』을 논해보라고 권유하기도 했다. 그것은 세조가 『주역』을 좋아했기 때문에 비위를 맞추려는 행위로도 볼 수 있다.

세조는 경연을 하지 않은 것으로 유명하다. 그는 신하들에게 배울 것이 더는 없다고 생각했다. 대신 대등하게 토론을 하거나 자신이 일방적으로 강의하는 것을 좋아했다. 세조 11년 9월 26일부터 세조는 당시의 석학들을 불러모아 함께 『주역』을 읽고 읽기 편하도록 구결을 다는 작업을 시작했다. 다음 날 세조는 좌참찬 최항에게 이런 지시를 내린다.

"어제 성균 사예 정자영(鄭自英), 직강 유희익(兪希益) 등과 『주역』의 이치를 강론하고 밤이 깊어서야 파했는데, 그 이치가 무궁하다. 지금 반열에 있는 조신(朝臣) 중에 누가 『주역』의 이치를 아는 사람인가? 이름을 적어서 아뢰라."

그러나 10월 6일 자 실록을 보면 신하 중에 마땅히 세조와 함께 『주역』을 논할 수 있는 인물들은 없었던 것으로 보인다. 정자영이나 유희익은 겨우 장구(章句)를 해석하는 수준이었고, 세조의 명으로 뒤늦게 참여한 직강 구종직이나 주부 유진 등은 그나마 두 사람에 미치지 못했다고 비판하고 있다.

이후 세조는 자신이 주도해 완성한 '주역 구결'을 놓고서 신하들끼리 경쟁을 붙이기도 했다. 또 유생 김구(金鉤)가 『주역』에 능하다는 말을 듣고서는 즉각 불러서 시험해본 후 만족감을 표시하며 그에게 '장악원 장악'이라는 관직을 내렸다. 한마디로 당시에 『주역』만 제대로 파악하고 있었다면 벼락출세도 할 수 있을 만큼 세조는 『주역』 마니아였던 것이다.

세조는 『주역』만 좋아했던 것이 아니다. 세조 13년 6월 22일 세조는 문신 중에서 선발된 107인에게 『주역』을 비롯해 『노자』 『장자』 『열자』 등 노장사상 책과 '두보' '이백' '소동파' 등의 시집 등 10권씩을 선물하고 모두 읽어보도록 명하기도 했다. 열린 사고의 소유자였던 것이다.

임진왜란이 한창이던 선조 27년 10월 10일, 선조는 전란으로 중단됐던 경연을 재개하면서 어떤 책을 읽으면 좋을지를 검토해서 아뢰라고 영의정 유성룡에게 명했다. 이에 유성룡은 아직은 부담스러우니 가볍게 시집을 읽으라고 권했다. 이에 선조는 단호하게 답한다.

"지금 시를 읊는 것은 불가하다. 조강에는 『주역』을 배우고 싶고, 석강에는 『동국통감』이나 『고려사절요』 중 하나를 읽고 싶다."

문제는 궐내에도 『주역』 책 완질본이 하나도 없었다는 것이었다. 수소문 끝에 겨우 책을 구하고 진강을 할 만한 사람도 찾아내 20여 일이 지난 11월 12일 마침내 『주역』에 관한 첫 진강이 이뤄진다. 진강자는 홍문관 부제학 김륵이었다. 김륵(金玏, 1540~1616)은 처음에는 박승임(朴承任)·황준량(黃俊亮)에게, 뒤에는 이황의 문하에서 학문을 닦았다. 선조 9년(1576) 문과에 급제해 홍문관과 사간원에서 관리 생활을 했고, 임진왜란 때는 경상도 안집사와 경상우도 관찰사로 흩어진 민심을 수습하다가 한양이 수복되자 도승지·대사간 등을 지낸 뒤 이때 홍문관 부제학으로 근무하고 있었다.

첫날의 『주역』 강의는 40대 중반을 바라보던 '학자형 군주' 선조에게도 상당히 부담스러웠던 것 같다.

"무릇 글이란 익히 강독한 연후에야 그 이치를 알 수 있는 것이다. 내 잠깐 이 글을 보았으나 문자도 오히려 제대로 이해하지 못하겠는데 하물며 그 이치를 체득하기를 바랄 수 있겠는가. 반드시 깊이 들어앉아 마음을 가라앉히고 완미한 연후에야 배울 수 있는 것이지, 서무를 처리해야 하는 사람이 배울 바가 아니다."

그러면서도 대단한 흥미를 보였다. "길흉화복의 이치가 모두 『주역』에서 나온다고 하니 그 이치의 신묘함을 이루 다 말할 수 없다." "1획을 그어서 3획에 이르고 3획을 그어서 6획에 이르니, 그 방법이 매우 미묘하다."

그런데 이날 경연에서 처음 시작한 『주역』 진강에 대한 사관의 평이 예리하다.

"이처럼 전쟁으로 혼란한 시기를 당하여 당시 경연을 열어 역리를 강론하니, 이는 말[馬]을 멈추고 도리를 논하며 배 안에서 학문을 강론하던(-송나라 말기 한광무의 고사) 아름다운 뜻이어서 족히 난을 평정하여 쇠세(衰世)를 일으킬 수 있겠다. 더구나 『주역』은 바로 성인이 진퇴존망의 이치를 밝혀서 사람으로 하여금 삼가고 조심하여 어려운 일을 해결하고 어지러운 시기를 구제할 수 있는 방법을 알게 한 것이다. 진실로 국가를 다스리는 자로 하여금 이 역리를 강구하여 조심하고 꾸준히 힘써서 자신으로부터 도덕을 오게 하는 뜻을 알아서 군사를 쓰는 데 이용하고 음양의 기미를 살펴서 화란의 조짐을 경계하게 한다면 왕업이 튼튼하게 될 것이니 어찌 무너질 것을 염려하겠는가? 적을 쳐 복수하는 것은 다만 조치 중의 한 가지 일일 따름이다. 애석하다. 당시 신하들이 어리석어 능히 성인이 밝힌 진퇴존망의 이치로 임금을 계발하고 보도(輔導)하지 못하고 더러는 기수(氣數)의 설로써 한갓 임금의 귀를 어지럽히기만 했으니 아, 이것이 어찌 『주역』을 강론하는 본의이겠는가?"

이후 선조의 『주역』 공부는 해를 넘겨 선조 28년에도 계속된다. 이때 곁에서 선조의 『주역』 공부를 가장 크게 도와준 인물은 홍문관 교리 정경세(鄭經世)와 전한 김시헌(金時獻)이었다. 그래서 9월 20일 선조는 당시로서는 큰 선물인 말 한 필과 마장(馬粧) 1부씩을 두 사람에게 상으로 내렸다. 다음은 두 사람이 상을 받고서 답례로 올린 글의 일부다. 여기에 송괘와 관련된 짤막한 언급도 있다.

"예전에 경연을 열 초기에 바야흐로 『주역』을 통독(通讀)하시려는 뜻이 독실하셨는데 4명의 빼어난 이[聖人 성인][159]를 거쳐 이뤄진 괘(卦)·단(彖)·효(爻)·상(象)의 정결(精潔)하고 정미(精微)함을 어찌 일개 말학(末學)이 강구할 수 있는 바이겠습니까. 매번 고문(顧問)하실 적마다 실로 강설(講說)하기 어려움을 걱정했으니, 음훈(音訓)이나 구두(句讀)를 대강 분별하는 것이 성학(聖學-제왕학)의 조예에 무슨 도움이 되겠습니까. 상점(象占)이나 사변(辭變)을 분별할 수 없어 예전에 배운 공부가 엉성함을 스스로 탄식했습니다. 오랫동안 뻔뻔스럽게 시위소찬(尸位素餐)[160]한다는 비방을 받아 항상 분수에 지나쳐 화를 자초하게 될까 두려워했는데, 어찌 성상께서 아름다운 선물로 좋은 말을 내려주시라고 생각이나 했겠습니까. 말이 처음 어구(御廐)에서 나왔을 적에는 궐하(闕下)를 그리워하는 생각을 품은 듯하더니, 화려한 안장을 받고서는 마치 군왕의 은혜를 뽐내는 듯했습니다. 영광됨이 어찌 백붕(百朋)[161]뿐이겠습니까. 분수에 맞지 않아 삼치(三褫)[162]로 돌아갈까 두렵고 떨어진 바지를 받을 만한 공도 없는데, 어찌 용마(龍馬)보다 훌륭한 말을 내리십니까?"

선조의 『주역』 공부가 경연에서 공식적으로 끝나게 되는 것은 선조 30년 6월 8일이다. 장장 3년 동안 『주역』에 몰두했던 것이다.

일단 3년간의 진강을 마친 선조는 『주역』에 매료됐던 것 같다. 이후 그는 『주역』과 관련된 책들을 폭넓게 구해올 것을 지시했다. 그 무렵 적어도 조정 내에서는 선조만큼 『주역』에 통달한 이가 없었다. 선조 34년 3월 17일 선조는 조정 대신들과 국정을 이야기하다가 평소 습관처럼 또 『주역』을 끌어들인다. 당시 선조가 어느 정도의 경지에 올랐는지를 보여주는 대목이 있다. 선조는 영의정 이항복에게 묻는다.

---

159 괘를 지은 복희, 괘사를 지은 문왕, 효사를 지은 주공, 십익을 지은 공자를 가리킨다.

160 반고의 『한서』 「주운전(朱雲傳)」편에 나오는 말이다. 옛날 중국에서는 제사 지낼 때 조상의 혈통을 이은 어린아이를 조상의 신위에 앉혀놓는 풍습이 있었다. 영혼이 어린아이의 입을 통해 마음껏 먹고 마시게 하려는 신앙에서 나온 풍습이었다. 이때 신위에 앉아 있는 아이를 시동이라 한다. 시위(尸位)는 그 시동이 앉아 있는 자리이고, 소찬(素餐)은 맛없는 반찬이란 뜻으로 공짜로 먹는다는 것을 말한다. 즉, 아무것도 모르면서 남이 만들어놓은 자리에 앉아 공짜밥이나 먹고 있다는 뜻으로, 하는 일 없이 국가의 녹을 축내는 관리들을 가리켜 말한 것이다.

161 많은 녹을 말한다. 붕(朋)은 옛날 화폐 이름이다.

162 받았다가 도로 빼앗긴다는 뜻이다. 송괘(訟卦) 상구(上九)의 효사에 나오는 말이다.

"음양(陰陽) 두 자는, 천만 가지 변화와 길흉소장(吉凶消長)이 모두 이 두 자에서 벗어나지 않기 때문에 『주역』에서 음양을 말했다. 음양은 사시(四時)의 운행뿐 아니니, 이 책으로 말하자면 덮는 것은 음이요 펴는 것은 양이며, 사람으로 말하자면 가만히 있는 것은 음이고 말을 하는 것은 양이다. 음양의 이치는 없는 곳이 없어 천지간에 이 이외에는 다른 것이 없다. 영상의 의견은 어떠한가?"

이에 이항복은 "신은 『주역』을 잘 모르지만, 주상의 하교가 지당하십니다"라고 답한다. 이 무렵부터 선조는 『주역』을 재차 경연에서 다루기 시작했다. 1차 경연 때와는 전혀 다른 모습이다. 이제는 신하들의 잘못을 바로잡아줄 정도의 수준에 이르렀다. 선조 34년 8월 18일 삼정승까지 있는 자리에서 『주역』을 논하다가 선조는 좌의정 김명원(金命元)을 가리키며 "좌상은 일찍이 이황에게 『주역』을 배웠으니 필시 독특한 묘리(妙理)를 얻었을 것 아닌가?"라고 기대에 차서 물었다. 이에 김명원은 소싯적에 배우기는 했지만, 과거 공부를 시작한 이후 『주역』을 본 적이 없다고 답한다. 다시 선조는 "이황은 수학(數學)에도 역시 능했는가"라고 묻는다. 『주역』을 명리학의 관점에서 보지는 않았는지를 묻는 것이다. 김명원은 "대략적으로는 알고 있었습니다"라며 얼버무렸다. 이후 서경덕이 수학으로서의 『주역』에 능했다고 하는데 사실인지를 묻자 동지사 성영은 그렇다고 답한다.

이를 통해볼 때 제1차 『주역』 독서는 국난 극복을 위한 지혜를 얻으려 함이었다고 볼 수 있고, 전쟁이 끝나고 어느 정도 안정된 이후에 이뤄진 제2차 『주역』 독서는 오히려 자신의 운명을 읽어보려는 관심과 더 깊이 연결된 것이 아닌가 생각된다. 선조 35년 4월 25일 『주역』의 '이괘(離卦)'를 강한 뒤 선조는 이렇게 말한다.

"죽음과 삶이 갈릴 때가 어려운 것이다. 내가 일찍이 고서(古書)를 보니 소강절(邵康節)은 죽을 때 언어가 착란된 듯했고, 왕수인(王守仁)은 앉아서 죽었고, 육구연(陸九淵)은 자기의 죽을 날을 알고는 목욕하고서 기다렸고, 유자후(柳子厚-유종원)는 별로 도를 아는 사람이 아닌데도 죽을 연도를 미리 알고는 '다음 해에 내가 죽게 될 것이다'라고 했다 한다."

선조의 『주역』 공부는 세상을 떠나기 직전까지 계속됐다. 선조 40년 2월 19일 자가 『주역』 공부와 관련해 맨 마지막으로 나오는 기사다. 이때 선조는 '해괘(解卦)'를 강한 다음 이렇게 말한다.

"지금 남쪽과 북쪽에 대적(大敵)을 맞고 있는데 나라에서는 역사를 크게 일으키고 있으니 가련한 것은 백성이 아니겠는가. 노을가적(老乙可赤-오랑캐 족장 누르하치)이 스스로 왕의 칭호를 사용하고 있으니 그 조짐이 자못 흉악하다. 평안도는 내가 일찍이 보건대 탄탄대로인 데다 천연의 요새가 전혀 없었다. 인삼의 공납 때문에 주민들이 떠나 텅 비었으니, 급한 변이 있게 될 경우 누구와 함께 지키겠는가. 노을가적이 강변(江邊)에서 멀지 않은 곳에 있으니, 필시 우리의 강약(强弱)과 허실(虛實)을 엿보고 있을 것이다. 만일 만여 명의 병력으로 경내에 밀어닥친다면 그 기세를 감당하지 못할 것이니, 이것이야말로 너무도 우려스러운 일이 아니겠는가."

이에 대해 사관은 이렇게 평하고 있다.

"임금이 이처럼 좋은 말을 하는데도 밑에서 깨우쳐 이끌어줄 신하가 없으니 애석하다."

사관의 이 말은 비단 선조의 이 말에만 해당된다기보다 그의 학문 연마 전체, 즉 선조의 재위 기간 전체에 대해 따져 묻는 것이라고 볼 수 있다. 물론 그 큰 책임은 신하보다 선조 자신에게 물어야 할 것이다. 강학(講學)이란 결국은 남이 아니라 자신이 하는 것이기 때문이다.

## 7. 지수사(地水師)[163]

사(師)는 반듯해야 하니 장인(丈人-노련한 장수)이라야 길하고 허물이 없다.

師貞丈人吉无咎.[164]
사 정 장인 길 무구

초륙(初六)은 (장수가) 군사를 출동하되 (엄정한) 군율로 한다. 그렇지 않으면[否(부)] 잘 싸워도 흉하다[師出以律 否 臧凶(사출 이율 부 장흉)].

구이(九二)는 군사의 일에 있어서 적중해 길하고 허물이 없으니 왕이 세 번이나 명을 내린다

163 문자로는 곤상감하(坤上坎下)라고 한다.

164 원형이정(元亨利貞) 중에 정(貞)만이 언급됐다.

[在師中吉 无咎 王三錫命].

육삼(六三)은 군사의 일은 혹시라도 여러 사람이 주장하면 흉하다[師或輿尸 凶].

육사(六四)는 군대가 후퇴해 머무니[左次] 허물이 없다[師左次 无咎].

육오(六五)는 밭에 짐승이 있으며 말을 받들어 잡는 것[執言]이 이로우니 허물이 없다. 장자(長子)가 군사를 거느렸으니[帥師] 동생들 여럿이 주장하면 반듯해도 흉하다[田有禽 利執言 无咎. 長子帥師 弟子輿尸 貞凶].

상륙(上六)은 대군(大君)이 명을 내리는 것[有命]이니 나라를 열어주고 경대부를 삼을 때 소인을 써서는 안 된다[大君有命 開國承家 小人勿用].

◉

사괘(師卦)의 초륙(初六)은 양위에 음효로 바르지 못함[不正位], 구이(九二)도 음위에 양효로 바르지 못함, 육삼(六三)도 양위에 음효로 바르지 못함, 육사(六四)는 음위에 음효로 바름[正位], 육오(六五)는 양위에 음효로 바르지 못함, 상륙(上六)은 음위에 음효로 바르다. 이 괘의 경우는 하괘의 가운데인 구이와 상괘의 가운데인 육오가 모두 바르지 못해 중정(中正)을 얻은 효는 없다.

대성괘 사괘(䷆)는 소성괘 곤괘(☷)와 감괘(☵)가 위아래에 있어 만들어진 괘다. 「설괘전」에 따르면 '곤(坤-땅)으로 간직하고[藏]' '비[雨=水=坎]로 윤택하게 한다'고 했다. 그런데 감(坎)은 수괘(需卦)에서와 마찬가지로 물이나 험난함을 뜻한다. 상괘는 고분고분하고[順] 하괘는 험난하다[險]. 정이는 그래서 "곤괘와 감괘, 이 두 괘의 본체로 말하자면 곤괘가 상징하는 땅 가운데 감괘가 상징하는 물이 있어 무리가 모이는 모습이다. 두 괘의 뜻으로 말하자면 내괘는 감괘이고 외괘는 곤괘이므로 안으로는 험난하고 밖으로는 고분고분해 험난한 길이지만 순리를 따르니, 군사를 움직인다[行師]는 뜻이다"라고 했다. 또 "효(爻)로 말하자면 하나의 양효가 여러 무리인 음효의 주인[主]이 돼 무리를 통솔하는 모습[統衆之象]이다. 반면에 (바로 다음에 이어지는) 비괘(比卦, ䷇)는 (사괘와 위아래가 뒤집혀 있어) 하나의 양효가 여러 무리인 음효의 주인이 돼 윗자리에 있으니 군주의 모습이다. 그러나 사괘는 하나의 양효가 여러 무리인 음효의 주인이 되지만 아래에 있으니 장수(將帥)의 모습이다"라고 했다.

그러면 「서괘전」을 통해 왜 사괘가 송괘의 뒤를 이어받았는지 확인해보자.

> 송사에는 반드시 무리가 일어남[衆起]이 있다. 그래서 송괘의 뒤를 사괘(師卦)로 받았다. 사(師)란 무리[衆]다.
>
> 訟必有衆起. 故受之以師. 師者 衆也.

상황은 점점 더 악화돼간다. 싸움이 시작되면 편이 갈리고 양쪽으로 각각 사람들이 모이게 된다. 점점 큰 싸움이 된다. 그래서 송괘의 뒤를 사괘가 이어받게 된다. 사(師)라는 글자의 모양을 보자.

원래 사(師)란 무리, 많다는 뜻이다. 그래서 옛날에는 수도를 경사(京師)라고 했던 것이다. 사(師)라는 글자의 모양은 왼쪽에 언덕이 있고, 잡(帀)은 주(周)와 같은 뜻으로 두루두루, 많다 등의 뜻을 갖는다. 따라서 언덕 위에 사람이 많이 모여 살고 군대가 주둔하고 있다는 뜻이 됐다. 즉 전쟁하는 군대를 뜻하는 것이다. 사괘를 보면 지수사괘(地水師卦, ䷆)로, 감괘(☵)가 아래에 있고 곤괘(☷)가 위에 있는 감하곤상(坎下坤上)의 모양을 하고 있다. 땅 아래에 물이 가득한 것으로 '많다[衆]'는 뜻을 취했다. 이미 전쟁은 시작됐다.

송괘(訟卦, ䷅)에서 상괘인 건괘(☰)만 곤괘(☷)로 바뀐 것이 사괘(䷆)다. 상괘만의 변화가 괘 전체에 어떤 영향을 주는지 주목하면서 읽어가는 것도 『주역』 읽기의 한 방법이다. 물론 하괘만의 변화가 괘 전체에 어떤 영향을 주는지 주목하는 것 또한 마찬가지다.

문왕의 단사(彖辭), 즉 "사(師)는 반듯해야 하니 장인(丈人)이라야 길하고 허물이 없다[貞 丈人 吉 无咎]"에 대한 공자의 풀이[「彖傳」]를 살펴볼 차례다.

> 사(師)란 무리[衆]이고 정(貞)이란 바름[正]이니 그 바름으로 능히 무리를 바르게 할 수 있다면 왕 노릇을 할 수 있다. 굳셈으로 가운데 있으며 호응하니[剛中而應] 험난한 길을 가지만 순조롭다[行險而順]. 군사의 일로[以此] 천하를 힘들게 하지만[毒=害] 백성이 복종하니 길하다. (그러니) 무슨 허물이 있겠는가?

師衆也 貞正也 能以衆正 可以王矣.
사 중야 정 정야 능 이중 정 가이 왕 의
剛中而應 行險而順.
강중 이 응 행험 이 순
以此毒天下而民從之 吉 又何咎矣.
이차 독 천하 이 민 종지 길 우 하구 의

◉

이는 모두 사괘에서 하나뿐인 양효 구이(九二)에 관한 언급이다. 나머지 다섯 음효는 무리[衆]다. 그들을 지휘 통솔하기를 반듯함[貞=正]으로 한다면 장수는 말할 것도 없고 임금다운 임금[王者]이 될 수 있다는 말이다. 그래서 문왕은 괘사에서 '장인(丈人)이라야 길하고 허물이 없다[丈人 吉 无咎]'라고 했던 것이다.

여기서 덕망에 더 비중을 두는 장자(長者)라고 하지 않고 장인(丈人)이라고 한 것은 군사적인 전략과 재능에 좀 더 비중을 둔 것으로 보인다. 전형적인 장수의 능력을 갖춘 사람을 말하는 것이다. 이에 해당하는 예로 정이는 사마양저와 회음후 한신을 든다.

> 사마양저(司馬穰苴)가 미천한 신분에서 발탁돼 군사들을 통솔하게 됐으나 마침내 군사들이 마음으로 복종하지 않았기 때문에 장고(莊賈, 혹은 장가)를 부장으로 삼기를 청했으니, 이른바 장인(丈人)이란 반드시 높고 귀한 자리에 있는 사람일 필요가 없고 다만 재주와 지모와 다움과 공로가 군중이 두려워하고 복종할 만하면 된다. 이미 양저가 장고를 베어 죽이자 군사들이 두려워하며 복종하게 됐으니 양저가 곧 장인이다. 또 예를 들면 회음후(淮陰侯)가 미천한 신분에서 일어나 드디어 대장군이 됐으니, 이는 대개 그 지모와 하는 일이 사람들로 하여금 존경하고 두려워하게 만드는 점이 있었다고 할 수 있다.

사마양저의 본명은 전양저(田穰苴)이고 춘추 시대 제나라 출신이다. 유년 시절 사마양저의 생활은 몹시 고달팠다. 하지만 가난에 굴하지 않고 뜻을 키웠고, 이를 위해 학문에 정진했다. 특히 당시 안팎으로 혼란에 시달리던 제나라 상황에서 그는 뼈를 깎는 노력으로 국가와 군대를 다스리는 방법을 연구했다. 사마양저는 마침내 제나라 재상 안영의 눈에 들게 됐다. 안영은 경공(景公)에게 양저를 추천하며 이렇게 말했다.

"전양저란 인물은 전씨 집안의 먼 후손이긴 하지만 문장이 특출나고 군사에 관한 조예는 적의 위협이 되기에 충분합니다. 왕께서는 꺼리지 말고 데려다 시험해보십시오."

사마양저는 대장군이란 중책을 짊어지고 즉각 전투에 나섰다. 그는 경공에게 임명받는 자리에서 이렇게 말했다.

"제 신분은 비천합니다. 왕께서 저를 갑자기 하층에서 대부라는 상층에 올려놓으셨기 때문에 사졸들이 복종하려 들지 않을 것이며, 백성도 저를 믿음직스럽게 생각하지 않을 것입니다. 그러니 왕께서 총애하는 권신을 한 사람 보내 감군(監軍)에 충당해주십시오."

경공은 흔쾌히 허락하고는 장고(莊賈)를 감군으로 보내기로 했다. 사마양저는 장고와 다음날 정오에 군영 입구에서 만나기로 약속했다. 다음날 아침 일찍 사마양저는 군영으로 달려갔다. 그러나 교만한 장고는 경공의 총애만 믿고 시간관념 같은 것은 애당초 염두에 두지 않았다. 군기는 말할 것도 없고 사마양저조차 안중에 없었다. 장고에게 국가의 안위나 백성의 고통은 관심 밖이었다. 적군이 국경을 압박해도 전혀 급할 것 없다는 듯이 하루 종일 술에 취해 춤추고 떠들며 놀았다. 경공이 중책을 맡겼음에도 아랑곳하지 않고 먹고 마시는 데만 푹 빠져 있었다.

사마양저는 군영 문 입구에서 정오가 될 때까지 장고를 기다렸다. 그러나 장고는 나타나지 않았다. 그는 즉각 해시계와 물시계를 철수시키고 혼자 군영으로 들어가 말을 준비시킨 다음 기율을 발표했다. 사마양저가 군기를 다 선포하고 나니 날이 벌써 저물고 있었다. 그때 감군 장고가 나타났다. 양저는 장고에게 "어째서 약속한 시각에 오지 못했는가?"라고 물었다. 장고는 "친척과 친구들이 송별회를 베풀어줘 정신이 없었소이다"라고 대답했다. 이에 양저는 엄한 표정을 지으며 이렇게 말했다.

"장군은 명을 받고 출정하는 그날로 식구들을 모두 잊어야 한다. 군에서는 친구나 친척도 잊는다. 북을 울리며 진군할 때는 생사마저 도외시하는 법이다. 지금 적병이 우리 국토를 침범해 백성을 도살하고 있어 군주조차 먹지도 자지도 못하며 걱정하고 있다. 그런데 너는 감군이란 막중한 신분으로 백성의 안위가 네 몸에 달려 있거늘 어찌하여 송별회 따위 때문에 늦을 수 있단 말인가?"

이렇게 말한 양저는 군정(軍正-군법을 담당한 군관)을 불러 "군법에 약속 시각을 어기면 어떻게 처벌한다고 돼 있는가?"라고 물었다. "참수형입니다!" 군정이 큰소리로 대답했다. 이 말에 장고는 소스라치게 놀라며 자기 수하를 시켜 바람같이 경공에게 달려가 자신을 구해달라고 요청하게 했다. 그러나 양저는 말을 마치기 무섭게 장고를 삼군이 보는 앞에서 군법대로 처형했다.

얼마 뒤 경공이 보낸 사자가 군영으로 수레를 몰고 달려왔다. 그러고는 장고를 용서하라는 경공의 명령을 전달했다. 양저는 이에 "장수가 전장에 나가면 군주의 명이라도 듣지 않을 수 있다"라고 말하면서 군정에게 "마차를 몰고 군영에 함부로 들어오는 자는 군법에 어떻게 처리한다고 돼 있는가?"라고 물었다. "참수형입니다!" 군정은 짤막하게 대답했다.

사신은 겁에 질려 온몸을 떨었다. 사마양저는 "군주의 사신을 내 마음대로 목을 벨 수는 없지"라고 말한 다음, 사신이 타고 온 말을 베어 군법의 엄중함을 보여주었다. 양저는 사신을 경공에게 되돌려 보내 보고한 다음 출정에 나섰다.

양저의 군대 통솔은 병사들 모두에게 지지를 받았다. 전군의 상하 모두가 일치단결해 사기가 높았고 전투력은 크게 증가했다. 이로써 그가 군을 이끌고 진·연 두 나라 군대의 침입에 맞섰을 때 병사들은 너나 할 것 없이 앞다투어 용감하게 싸웠다. 심지어 병든 병사들까지 출전을 자원할 정도였다. 이렇게 해서 두 나라 군대를 물리치고 잃었던 땅을 되찾았다.

회음후란 한나라 때 개국공신 한신(韓信)을 말한다. 진 이세(秦二世) 2년(BC 208) 항량(項梁)과 항우를 따라 낭중(郎中)이 됐지만 중용되지 못하다가 한왕(漢王) 유방에게 망명해 연오(連敖)와 치속도위(治粟都尉)에 임명됐다. 소하(蕭何)에게 인정을 받아 그의 추천으로 대장군(大將軍)에 올랐다. 유방에게 동쪽으로 향해 천하를 도모할 것을 건의하고, 군대를 이끌고 위(魏)와 대(代)를 격파한 뒤 연(燕)을 함락시키고 제(齊)를 취했다. 한나라 4년(BC 203) 상국(相國)에 임명되고, 다음 해 제왕(齊王)이 됐다. 이어 유방과 함께 해하(垓下)에서 항우를 포위해 죽였다. 전한이 성립되자 초왕(楚王)이 되고, 하비(下邳)에 도읍을 정했다. 그러나 한제국(漢帝國)의 권력이 확립되자 차차 밀려나, 누군가 그가 모반을 꾀한다고 고발하니 한고조(漢高祖-유방)가 운몽(雲夢)으로 외유(外遊)를 나온 것처럼 꾸며 체포하고 6년(BC 201)에 회음후로 강등시켰다.

다시 문왕의 괘사에 대한 공자의 풀이로 돌아간다.

강중(剛中) 또한 구이를 말하는데, 비록 바른 자리는 아니지만[正位] 가운데 있고 육오(六五)와는 음양으로 호응하니 임금의 신임을 얻고 있다는 것이다. 험난한 길, 즉 전쟁을 향해 나아가지만 순조롭다고 했으니 정이는 이를 "의로운 군대[義兵]"이자 "임금다운 임금의 군대[王者之師]"라고 했다.

"군사의 일로[以此] 천하를 힘들게 하지만[毒=害] 백성이 복종하니 길하다"라는 부분은 좀 더 정교하게 옮겨야 한다. '이것[此]'을 군사의 일, 즉 전쟁으로 볼 수 있지만, 좀 더 풀면 바른 도리에 따라 전쟁을 수행하는 것이라고 할 수도 있다. 그렇기 때문에 천하를 힘들게 하지만 백성은 거부하지 않고 마음으로 따르게 되니 그 결과 길할 수 있다는 말이다. 그래서 공자는 다시 "(그러니) 무슨 허물이 있겠는가?"라고 강조한 것이다. 이는 곧 아무런 허물도 없다는 것이다. 사례로 정이는 동정서원(東征西怨)을 들었다. 이는 『서경』 「중훼지고(仲虺之誥)」편에 나오는 말로, 은나라를 세운 탕왕이 주변 오랑캐들을 정벌하는 과정에서 동쪽 오랑캐들을 정벌하면 서쪽 오랑캐들이 자신들을 먼저 정벌해주지 않는다고 원망하고 남쪽 오랑캐를 정벌하면 북쪽 오랑캐들이 자신들을 먼저 정벌해주지 않는다고 원망하면서 "어찌 우리나라만 뒤에 정벌하는가?"라고 했다는 이야기다. 즉 임금다운 임금이 바른 도리를 써서 다스릴 경우 악정이나 폭정에 시달리던 오랑캐들은 어서 와서 자기 나라부터 정벌해주기를 바란다는 뜻이다.

공자의 「상전」을 살펴볼 차례다. 그중에 사괘를 총평한 「대상전」이다.

땅 가운데 물이 있는 것이 사(師)(가 드러난 모습)이니 군자는 그것을 갖고서[以] 백성을 품어 안고 무리를 모아 기른다[地中有水師 君子以 容民畜衆].

◉

무리[衆]는 여기서 군사[師]다. 옛날에는 일반 백성이 많아야 군사도 키울 수 있었다. 땅이 견실해야 물이 모이듯이 백성이 많아야 강군(强軍)을 길러낼 수 있다. 이 점을 인식해야 『논어』 「자로」편에서 공자가 했던 말의 정확한 의미를 알 수 있다.

공자가 위(衛)나라에 갈 때 염유(冉有)가 수레를 몰았다. 공자가 "인민이 많구나!"라고 하자 염유는 "이미 인민이 많으면 또 무엇을 더해야 합니까?"라고 물었다. 공자는 "그들을 넉넉하게 해주어야 한다"고 답했다. 또 염유가 "이미 부유해지면 또 무엇을 더해야 합니까?"라고 묻자 공자는 "가르쳐야 한다"고 답했다.

공자는 부국강병(富國强兵)을 저버린 인물이 아니다. 오히려 맹자로부터 시작해 성리학·주자학으로 이어지는 계열이 이를 부정하고 도덕주의를 부르짖으면서 공자의 본래 가르침이 희석돼버린 것이다. 다시 「자로」편에서 공자의 말이다.

> 유능한 사람[善人]이 7년 동안 백성을 가르치면 (백성으로 하여금 자발적으로) 또한 전쟁터에 나아가게 할 수 있다.

자신의 공동체를 사랑할 줄 알게끔 가르치는 데 7년 정도 걸릴 것이라는 말이다. 물론 전쟁을 좋아하게 만든다는 뜻은 아니다. 그러나 군사와 전쟁의 문제를 공자가 회피한 것은 아님을 분명히 알 수 있을 것이다.

품어 안음[容]과 무리를 얻음의 문제는 곧장 『논어』 「양화」편에서 말한 '관즉득중(寬則得衆)'을 통해 좀 더 풀어낼 수 있다.

> 자장(子張)이 공자에게 어짊[仁]에 관해 물었다. 이에 공자가 말했다.
>
> "다섯 가지를 천하에 능히 행한다면 어짊을 행한다(혹은 어진 이가 된다)고 할 수 있다."
>
> 이에 자장이 그것이 무엇인지를 묻자 공자는 이렇게 말했다.
>
> "공손함[恭], 너그러움[寬], 믿음[信], 명민함[敏], 은혜로움[惠]이다. 공손하면 남들로부터 업신여김을 당하지 않고, 너그러우면 뭇사람들을 얻게 되고[寬則得衆], 믿음을 주면 사람들이 따르고, 명민하면 일에 성공이 있게 되고, 은혜로우면 충분히 사람을 부릴 수 있다."

사괘의 여섯 효[六爻]에 대한 주공의 말을 풀이한 공자의 「소상전」이다.

(초륙(初六)은) 군사를 출동하되 군율로 한다고 했으니 군율을 잃으면 흉하다[師出以律 失律凶也].

(구이(九二)는) 군사의 일에 있어서 적중해 길하다는 것은 임금[天=王]의 총애를 받는 것이요 왕이 세 번이나 명을 내린다는 것은 온 나라를 품어주는 것이다[在師中吉 承天寵也 王三

錫命 懷萬邦也].

(육삼(六三)은) 군사의 일은 혹시라도 여러 사람이 주장하면 크게 공로를 이룰 수 없다[師或輿尸 大无功也].

(육사(六四)는) 후퇴해 머무는데도 허물이 없다는 것은 아직 일정한 도리를 잃은 것은 아니다[左次无咎 未失常].

(육오(六五)는) 장자(長子)가 군사를 거느렸다[帥師]는 것은 적중된 도리를 갖고서 (일을) 행하는 것[中行]이요 동생들 여럿이 주장하는 것은 부리는 바[使]가 사리에 맞지 않은 것이다[長子帥師 以中行也 弟子輿尸 使不當也].

(상륙(上六)은) 대군(大君)이 명을 내리는 것[有命]은 공로를 바로잡기[正功] 위함이요 (나라를 열어주고 경대부를 삼을 때[開國承家]) 소인을 써서는 안 된다는 것은 (소인은) 반드시 나라를 어지럽게 만들기 때문이다[大君有命 以正功也 小人勿用 必亂邦也].

◉

사괘의 맨 아래 첫 음효에 대해 공자는 "(초륙(初六)은) 군사를 출동하되 군율로 한다고 했으니 군율을 잃으면 흉하다[師出以律 失律凶也]"라고 풀었다. 이는 주공의 효사에 대한 충실한 풀이다. 즉 주공은 군율에 입각해 군대를 출동시키지 않는다면 설사 전쟁에서 이기더라도[臧=勝] 흉하다고 했다. 이때의 군율은 따라서 단순히 글자 그대로 좁게 풀이해서는 안 되고, 오히려 일의 마땅함[事宜]으로 넓혀서 두 가지를 모두 포괄해 풀어야 문맥에도 맞다. 정이도 바로 이 점을 잘 감안해서 공자의 「소상전」보다는 주공의 효사 풀이에 집중한다. 한 글자도 버릴 것이 없다.

> 초(初-초륙)는 군사 출동[師卦]의 시작이므로 군사를 출동시키는 마땅함[出師之義]과 군대를 운용하는 도리[行師之道]를 말했다. (첫째) 나라에서 군사를 일으키는 차원[興師=出師]에서 말하자면 마땅함과 이치[義理]에 부합해야 하니, 이는 율과 법에 따라서 한 것으로써 어지러움을 막고 사나움을 주벌하기[禁亂誅暴] 위해 움직이는 것을 말한다. 만일 마땅함으로 움직이지 않는다면 설사 그 결과가 좋다고 해도 흉한 방법[凶道]이다. 좋다는 것은 곧 전쟁에서 이기는 것이고, 흉하다는 것은 백성에게 재앙을 주고 마땅함을 해치는 것[害義]

이다. (둘째) 군대를 운용하는 차원에서 말하자면 군율은 호령과 통제를 가리킨다. 군사를 운용하는 방식은 호령과 통제를 근본으로 삼으니 이로써 무리를 통제하는 것이다. 군율로 하지 않는다면 그것이 설사 좋은 의도로 한 것이라 해도 흉하며, 승리할지라도 흉한 방법이다. 군사를 통제함에 있어 법도가 없는데도 요행히 패하지 않고 승리하는 경우가 있지만, 이는 빼어난 이가 (바로 여기에서) 경계하는 바다.[165]

이런 문맥에서 1419년(세종 1년) 상왕으로 있던 태종이 대마도 정벌을 결단하면서 내린 가르침[<ruby>教<rt>교</rt></ruby>]은 필독을 요한다. 『세종실록(世宗實錄)』 1년(1419년) 6월 9일 자다.

군사들을 궁지로 몰아넣어 무력을 함부로 쓰는 것[<ruby>窮兵<rt>궁병</rt></ruby><ruby>黷武<rt>독무</rt></ruby>]은 진실로 빼어난 이나 뛰어난 이[<ruby>聖賢<rt>성현</rt></ruby>]들이 경계한 것이요, 죄 있는 이를 다스리려고 군사를 일으키는 것은 제왕으로서 있을 일이 아니니다. 옛적에 (은나라를 세운) 성탕(成湯)이 농사일을 제쳐놓고 하(夏)나라를 정벌했고, 주(周)나라 선왕(宣王)이 6월같이 더운 때 험윤(玁狁-흉노의 일족)을 토벌했다.[166] 그 일에 있어 비록 크고 작은 차이가 있으나 모두가 죄를 토벌하려 했다는 점에서는 한가지일 뿐이다.

대마도는 본래 우리나라 땅인데, 다만 궁벽하게 막혀 있고 또 좁고 누추하므로 왜놈들이 살게 내버려두었다. 그런데 마침내 개같이 도적질하고 쥐같이 훔치는 버릇을 가지고 경인년(庚寅年-1410년)부터 변경에 뛰놀기 시작해 마음대로 군민을 살해하고 부형을 잡아가며 그 집에 불을 질러서 고아와 과부가 바다를 바라보고 우는 일이 해마다 없는 때가 없었으니, 뜻있는 선비와 착한 사람들이 팔뚝을 걷어붙이고 탄식하며 그 고기를 씹고 그 가죽 위에서 자기를 생각함이 여러 해다.

생각건대 우리 태조 강헌대왕이 용이 나는 천운에 응하여 위엄과 다움[<ruby>威德<rt>위덕</rt></ruby>]이 널리 퍼지고 빛나서, 어루만지고 편안하게 해주시는 은덕을 입어 그렇지 않으리라 믿었다. 그러나 그 음흉하고 탐욕 많은 버릇이 더욱 방자하여 그치지 않아, 병자년(丙子年-1396년)에는 동래

165 마지막 문장은 특히 주공의 효사 중에서 "그렇지 않으면[<ruby>否<rt>부</rt></ruby>] 잘 싸워도 흉하다"라는 부분을 들어 강조한 것이다.

166 이는 농번기임에도 정벌이 불가피함을 밝히기 위한 역사적 전거다.

(東萊) 병선 20여 척을 노략하고 군사를 살해했으며 내가 대통을 이어 즉위한 이후 병술년(丙戌年-1406년)에는 전라도에, 무자년(戊子年-1408년)에는 충청도에 들어와서 혹은 운송하는 물품을 빼앗고 혹은 병선을 불사르며 만호를 죽이기까지 하니, 그 포학함이 심하도다. 두 번째로 제주에 들어와 살상함이 많았으니, 대개 사람을 좋아하는 성낸 짐승처럼 간교(姦狡)한 생각을 숨기고 있는 것은 귀신과 사람이 모두 함께 분개하는 바이지마는, 내가 도리어 널리 포용하여 더러움을 참고 교통하지 않았노라. 그 배고픈 것도 구제했고, 그 통상을 허락하기도 했으며, 온갖 구함과 찾는 것을 수응(酬應)하여 주지 아니한 것이 없고, 다 같이 살기를 기약했다. 그런데 뜻밖에 이제 또 우리나라의 허실을 엿보아 비인포(庇仁浦)에 몰래 들어와서 인민을 죽이고 노략한 것이 거의 300명이 넘고, 배를 불사르며 우리 장사(將士)를 해치고 황해에 떠서 평안도까지 이르러 우리 백성을 소란하게 하며 장차 명나라 지경까지 범하고자 하니, 그 은혜를 잊고 의리를 배반하며 하늘의 떳떳한 도리를 어지럽게 함이 너무 심하지 아니한가. 내가 살리기를 좋아하는 마음[好生之心=仁]으로 단 한 사람이라도 살 곳을 잃어버리는 것을 오히려 하늘과 땅에 죄를 얻은 것같이 두려워하거늘, 하물며 이제 왜구가 탐독(貪毒)한 행동을 제멋대로 하여 뭇 백성을 학살해 천벌을 자청하여도 오히려 용납하고 참아서 토벌하지 못한다면 어찌 나라에 사람이 있다 하랴. 이제 한창 농사짓는 달을 당하여 장수를 보내 출병하여 그 죄를 바로잡으려 하는 것은 어쩔 수가 없는 일이다. 아아, 신민들이여, 간흉한 무리를 쓸어버리고 백성을 수화(水火)에서 건지고자 하여 여기에 이해(利害)를 말하여 나의 뜻을 일반 신민들에게 널리 알리노라.

사괘의 밑에서 두 번째 양효에 대해 공자는 "(구이(九二)는) 군사의 일에 있어서 적중해 길하다는 것은 임금[天=王]의 총애를 받는 것이요 왕이 세 번이나 명을 내린다는 것은 온 나라를 품어주는 것이다"라고 풀었다. 사괘에서 양효는 구이 하나뿐이다. 정이의 풀이대로 "오직 구이 한 양이 여러 음의 귀의하는 바가 됐고 (위에 있는) 육오가 임금의 자리에 있는데 구이와 바르게 응하고 있으니[正應], 구이는 바로 사괘의 주인[主]으로 군사의 일을 전적으로 제어하는 자다"라고 했다. 비록 음의 자리에 양효가 있어 바른 자리[正位]는 아니지만, 가운데 있으니 그 도리를 잘 지킨다면 길하지 않을 까닭이 없다. 그런데 여기서 공자는 무엇보다 임금의 총애를 받는 것이 필수임을 강조했다. 육오(六五)는 부드러운 다움[柔德]을 갖고 있어 구이에게 모든 것을 맡긴다. 이

점을 주공은 '왕이 세 번이나 명을 내린다'라고 말했다. 총애가 그만큼 지극하다는 것이다. 이어 공자는 이 부분을 '온 나라를 품어주는 것이다'라고 했으니, 이는 공로를 세워 온 나라의 지지를 받는다는 뜻이다.

그렇다면 이 같은 구이의 역할을 역사에서 했던 인물은 누구일까? 즉 임금 육오의 무한한 총애를 받으며 다른 음효들까지 모두 귀의했고, 심지어 신하로서 정벌의 권한까지 오로지 맡았던 인물은 누가 있을까? 바로 효사를 지은 주공이다.

주공은 무왕을 도와 상나라의 마지막 왕 주(紂)를 패망시키고, 동이(東夷)의 반란을 평정했으며 무왕이 죽은 뒤에는 어린 조카 성왕(成王)을 도와 주나라 왕조의 기틀을 확립했다. 주공은 섭정 초기에 상나라의 잔존 세력을 회유했다. 그러다 상나라 족(族)을 이끌고 있던 주왕의 아들 무경(武庚)과 주공의 동생 관숙과 채숙이 연합해 군사를 일으키자 진압에 나섰다. 이것이 삼감(三監)의 난이다. 이후 동쪽으로 하남(河南)성 낙양(洛陽) 부근의 낙읍에 군사 기지를 설치했다. 이로써 주나라는 반석 위에 오를 수 있었다.

주공은 자신이 마음만 먹는다면 주나라 왕의 자리를 차지할 수 있었다. 형제 관숙과 채숙도 바로 그 점을 의심해 반란을 일으켰던 것이다. 그러나 7년 동안 섭정을 마치고 주공은 그 자리를 조카 성왕에게 돌려주었다. 『논어』「태백」편에서 "육 척 고아를 맡길 만한 사람은 군자다"라고 했을 때 그 육 척 고아는 바로 성왕이며 군자란 바로 주공이다. 이 점은 우리 역사에서 세조가 조카 단종을 내쫓고 왕위를 차지한 사실과 비교해본다면 훨씬 쉽게 이해할 수 있다.

사괘의 밑에서 세 번째 음효에 대해 공자는 "군사의 일은 여러 사람이 주장하면 크게 공로를 이룰 수 없다"라고 했다. 주공의 효사와 비교하면 '흉하다'는 부분의 내용을 '크게 공로를 이룰 수 없다'라고 풀이한 정도다.

육삼(六三)의 효체(爻體)에 대한 정이의 풀이다.

> 육삼은 하괘(下卦, ☵)의 맨 위에 있으니 자리를 차지해 임무를 맡은 자다. 그러나 그 자질이 음유(陰柔)일 뿐 아니라 중(中)도 아니고 정(正)도 아니다. 군대의 일[師旅之事(사려지사)]이란 마땅히 한 사람에게 전권을 맡겨야 한다. (그런데) 구이가 이미 굳세고 가운데 있는[剛中(강중)] 자질을 갖고서 윗사람(-육오)이 믿고 의지하니 반드시 군사적인 일을 홀로 책임지고 공로를 이뤄야

> 성공할 터인데, 만약에 다시 여러 사람이 일을 맡으려 한다면 흉한 길이다. 여시(輿尸)란 여러 사람이 주관한다는 것으로 육삼을 가리킨다.

여시(輿尸)란 원래 군대가 패해 시신을 수레에 싣고 돌아온다는 말이다. 능력 면에서 구이가 출중함에도 육삼의 지위가 높다 해 만일 임금이 육삼에게도 지휘의 권한을 줄 경우 군사의 일은 성공은커녕 패망이 불 보듯 뻔하다. 그런 점에서는 공자의 '크게 공로를 이룰 수 없다'보다는 주공의 '흉하다'가 더 사태의 실상을 잘 드러낸 것이라 할 것이다.

이런 일은 꼭 군대의 일이 아니더라도 일반 조직에서 능력은 없이 윗자리에 있다 하여 뛰어난 아랫사람의 일을 가로막으려 하는 사례를 통해 흔히 쉽게 볼 수 있다. 임금 자리에 있는 사람이 눈 밝지 못할 경우[不明](불명) 얼마든지 일어날 수 있는 일이기도 하다. 즉 육삼에 대한 효사와 공자의 풀이를 새겨들어야 할 사람은 육삼 자신이 아니라 임금 자리[五](오)에 있는 사람이다.

우리 역사에서는 이런 사례가 너무 많아 부끄러울 지경이다. 임진왜란 때 선조가 바로 이런 여시를 자초했다. 1597년 명나라와 일본 사이의 강화 회담이 결렬되자, 본국으로 건너갔던 왜군이 다시 침입해 정유재란이 일어났다. 그러자 이순신은 적을 격멸할 기회가 다시 왔음을 기뻐하고 싸움에 만전을 기했다. 그러나 원균의 모함과 왜군의 모략으로 옥에 갇히는 몸이 됐다.

고니시 유키나가[小西行長](소서행장)의 부하이며 이중 간첩인 요시라(要時羅)라는 자가 경상우병사 김응서(金應瑞)에게 가토 기요마사[加藤清正](가등청정)가 어느 날 바다를 건너올 것이니 수군을 시켜 이를 사로잡을 것을 은밀히 알려오자, 조정에서는 통제사 이순신에게 이를 실행하라는 명령을 내렸다. 이순신은 이것이 적의 흉계인 줄 알면서도 부득이 출동했으나, 가토는 수일 전에 서생포(西生浦)에 들어온 뒤였다. 이때 마침 조정에서도 영의정 유성룡을 몰아내려는 자들이 있었다. 이순신은 유성룡이 전라좌수사로 추천한 사람이라 이를 구실로 먼저 모함당하게 됐다. 그중에서도 경상우수사 원균 같은 이는 한층 더 노골적인 불만을 가졌던 터라 이순신을 모함하는 소를 올리게 됐다. 상소를 받은 선조는 돌아가는 실정을 정확하게 파악하지 못해 원균의 상소만 믿고 크게 노해, 이순신이 명령을 어기고 출전을 지연했다는 죄를 들어 벌을 주고 원균으로 하여금 그 직을 대신하게 했다. 그러나 유성룡은 끝까지 "통제사의 적임자는 이순신밖에 없으며, 만일 한산도를 잃는 날이면 호남 지방 또한 지킬 수 없습니다"라고 간청했지만, 정세 판단에 어두운 선조는 이를 받아들이지 않았다. 이때 이순신은 전선(戰船)을 거느리고 가덕도 앞바다에 있었는데, 이러한 소식을 듣고 바로 본영인 한산도로 돌아와 진중을 정리하고 원균에게 직위를 인계했다. 당시 한산도에는 밖에 있는 군량미를 제외하고도 9914석의 군량이 있었으며 화약은 4000근, 총통은 각 선척에 적재한 것을 제외하고도 300자루나 됐다.

이때 영남 지방을 순시하던 도체찰사 이원익(李元翼)은 이순신이 체포됐다는 소식을 듣고 "왜군이 두려워하는 것은 우리의 수군인데, 이순신을 바꾸고 원균을 보내서는 안 된다"라고 반대하는 치계(馳啓-긴급 보고)를 올렸지만 허사였다. 이순신이 서울로 압송되자, 지나는 곳곳마다 남녀노소 할 것 없이 백성이 모여들어 통곡하며 "사또는 우리를 두고 어디로 가십니까. 이제 우리는 모두 죽었습니다"라고 했다. 서울로 압송된 이순신은 해전에서 혁혁한 공을 세워 나라를 위기에서 구했지만, 그러한 공로도 아랑곳없이 1차 신문(訊問) 때 한 달여 동안 혹독한 조사를 받았다.

그러나 남을 끌어들이거나 헐뜯는 말은 한마디 없이 자초지종을 낱낱이 고했다. 1차 신문으로 몸이 쇠약해지자 우의정 정탁(鄭琢)의 적극적인 변호로 인해 추가 신문을 받지 않게 됐다. 도원수 권율(權慄)의 막하(幕下)로 들어가 두 번째 백의종군하게 됐다.

남해안으로 향하던 이순신은 중도에서 어머니의 부고를 받고 "세상천지에서 나 같은 일을 겪는 수도 있을까. 일찍이 죽는 것만 같지 못하다"라고 한탄하면서 잠시 들러 성복(成服)을 마친 다음 슬픔을 이기고 다시 남쪽으로 향했다. 그해 7월 삼도수군통제사 원균이 적의 유인 전술에 빠져 거제 칠천량(漆川梁)에서 전멸에 가까운 패배를 당함으로써 이순신이 힘써 길러온 무적함대는 그 형적조차 찾아볼 수 없게 됐고, 한산도의 군비는 그 형체를 알아볼 수 없었다. 이순신은 초계(草溪)에서 이 소식을 듣고, "우리가 믿는 것은 오직 수군인데 그같이 됐으니 다시 희망을 걸 수 없게 됐구나"라며 통곡했다.

한편 원균의 패보가 조정에 이르자 조야(朝野)가 놀라서 어찌할 바를 몰랐고, 왕은 비국대신(備局大臣-비변사 대신)들을 불러 의논했으나 당황해 아무도 대답을 하지 못했다. 오직 병조판서 이항복(李恒福)만이 이순신을 다시 통제사로 기용할 것을 주장했을 뿐이었다. 이리하여 조정을 기만하고 임금을 무시한 죄, 적을 토벌하지 않고 나라를 저버린 죄, 다른 사람의 공을 빼앗고 모함한 죄, 방자해 꺼려 함이 없는 죄 등의 많은 죄명을 뒤집어씌워 죽이려고까지 했던 이순신을 다시 통제사로 기용할 수밖에 없었다. 이에 선조도 변명할 말이 궁했던지 교서(敎書)에서 "지난번에 경의 관직을 빼앗고 죄를 주게 한 것은 사람이 하는 일이라 잘 모르는 데서 나온 것이오. 그래서 오늘날 패전의 욕을 보게 된 것이니 그 무엇을 말할 수 있겠소" 하며 얼버무렸다.

통제사에 재임용돼 남해 등지를 두루 살폈으나 남은 군사 120인에 병선 12척이 고작이었다. 그러나 실망하지 않고 조정의 만류에도 불구하고 수전에서 적을 맞아 싸울 것을 결심했다. 명량해전(鳴梁海戰)에 앞서 장병에게 필승의 신념을 일깨운 다음, 8월 15일 13척(일설에 12척)의 전선과 빈약한 병력을 거느리고 명량에서 133척의 적군과 대결해 31척을 부수는 큰 전과를 올렸다. 이 싸움은 재차 통제사로 부임한 뒤 최초의 대첩이며, 수군을 재기시키는 데 결정적인 구실을 한 싸움이었다.

사괘의 밑에서 네 번째 음효에 대해 공자는 "후퇴해 머무는데도 허물이 없다는 것은 아직 일정한 도리를 잃은 것은 아니다"라고 풀었다. 이 또한 주공의 효사와 비교하면 '허물이 없다'라는 부분의 내용을 '아직 일정한 도리를 잃은 것은 아니다'라고 풀이한 정도다. 과연 효의 자질과 주변 상황이 어떻길래 이런 풀이가 나온 것일까?

육사(六四)는 음효로 음의 자리에 있다. 우선 음효는 유약하니 능히 나아가 용맹스럽게 싸울 재질은 아니다. 그래서 후퇴해 머물러 있는 것이다. 그러나 바른 자리[正位(정위)]이니 일단은 그 자리에 머물러 있더라도 허물은 없다고 한 것이다. 우리가 흔히 말하는 작전상 후퇴라는 것도 여기에 해당한다. 패배가 분명한데도 앞으로 전진만 한다면 그것은 무능한 지휘관이 수많은 부하의 생명을 빼앗는 불인(不仁)이 된다. 이런 점에서 정이의 풀이는 참 예리하다.

> 승리할 수 없음을 미리 헤아려서 군대를 완전히 보존해 후퇴한다면 무리하게 나아갔다가 몰살당하는 것보다 훨씬 낫다. 다만 전진할 수 있는데도 후퇴한다면 이는 허물이 된다. 『주역』에서 이런 뜻을 밝혀 후세에게 보여주었으니 그 어짊[仁(인)]이 깊다.

사괘의 밑에서 다섯 번째 음효에 대해 공자는 "장자(長子)가 군사를 거느렸다

[帥師]는 것은 적중된 도리를 갖고서 (일을) 행하는 것[中行]이요, 동생들 여럿이 주장하는 것은 부리는 바[使]가 사리에 맞지 않은 것이다"라고 풀이했다. 원래 주공의 효사는 이렇다.

> 밭에 짐승이 있으며 말을 받들어 잡는 것[執言][167]이 이로우니 허물이 없다. 장자(長子)가 군사를 거느렸으니[帥師] 동생들 여럿이 주장하면 반듯해도 흉하다[田有禽 利執言 无咎. 長子帥師 弟子輿尸 貞凶].

그런데 공자는 앞의 문장에 대해서는 언급을 하지 않았다. 앞부분은 곧 군사를 일으켜야 하는 상황을 말한 것이고 뒷부분은 군대를 일으켰을 때 장수를 임명하는 도리를 말한 것이다. 앞서 구이나 육삼과도 살짝 겹치는 부분이 있다.

공자가 언급하지 않은 앞부분부터 풀어보자. 정이는 먼저 "군사를 일으킬 때는 반드시 오랑캐가 중원을 괴롭히고 도적들이 나쁜 짓을 저질러 백성이 해를 입게 돼 더는 회유할 수 없을 때에야 명을 받들어 토벌해야 한다. 이는 마치 짐승들이 밭 가운데 들어와 농작물을 침해할 때 의리상으로 마땅하게 사냥해서 잡아야 한다면 사냥해 잡는 것과 같으니, 이런 식으로 군대를 움직인다면 허물이 없다. 그러나 가벼이 군대를 움직여 세상에 고통을 준다면 그 허물은 크다"라고 했다. 앞서 본 조선 태종의 가르침의 문맥과도 통한다. 공자는 아마도 군사를 일으키는 초기 단계와 관련된 부분이라 이에 대해서는 별도의 풀이를 하지 않은 것으로 보인다.

공자의 풀이 부분에 대해 정이는 이렇게 말한다.

> 장수를 임명해 군사를 맡기는 도리는 마땅히 맏아들이 군사를 거느리게 해야 한다. 구이가 아래의 자리에서 군사의 주인이 되니 맏아들이다. 그러나 만약에 동생들 여럿이 주장하게 되면 하는 일이 바르더라도 진실로 흉하다. 여기서 제자(弟子)란 맏아들이 아닌 사람들이다. 예로부터 장군을 임명할 때 전권을 주지 않아 패망을 이룬 것은 (춘추 시대) 진(晉)나

167 천자의 명을 받든다는 말이다.

라 순임보(荀林父)의 필(邲) 땅 전투와 당나라 곽자의(郭子儀)가 상주(相州)에서 패한 것이 이런 경우다.

순임보는 춘추 시대 진나라의 경(卿)으로 필 전투 때 대장을 맡았으나 지휘권의 분열로 전투에서 패하고 진나라가 쥐고 있던 패권을 초나라 장왕에게 넘겨주었다. 곽자의는 당나라 현종·숙종·대종·덕종 4대에 걸친 명장이었으나 상주 전투 때 마찬가지로 지휘권의 분열로 전투에서 패했다.

이를 보면 장자(長子)는 맏아들임과 동시에 무재(武才)가 출중한 장수를 말하는 것임을 알 수 있다.

사괘의 맨 위에 있는 음효에 대해 공자는 "대군(大君)이 명을 내리는 것[有命]은 공로를 바로잡기[正功] 위함이요, (나라를 열어주고 경대부를 삼을 때[開國承家]) 소인을 써서는 안 된다는 것은 (소인은) 반드시 나라를 어지럽게 만들기 때문이다"라고 풀었다.

이제 전쟁은 끝났다. 논공행상(論功行賞)의 문제가 남아 있다. 공로를 바로잡는다는 것은 공로에 맞게 포상함을 말한다. 이 과정에서 소인들의 움직임을 막아내는 것이 중요하다. 공자는 바로 그 점을 말했다. 정이는 이를 훨씬 강도 높게 말한다. 즉 논공행상에서 가장 조심해야 할 것이 소인들이 이를 계기로 높은 자리에 올라가는 것이다.

> 군대를 일으켜 성공하는 데는 한 가지 길이 아니니 반드시 모두 군자인 것은 아니다. 그러므로 소인은 공로가 있더라도 쓰지 말라고 경계한 것이다. 금은보화로 상을 주는 것은 가능하지만 나라를 소유하고 정사를 다스리게 해서는 안 된다. 소인은 평시에도 교만한데 하물며 그 공로를 깔고 앉아 세력을 과시함에랴! 한나라의 영포(英布)와 팽월(彭越)은 이 때문에 망한 것이니, 빼어난 이의 깊은 생각과 원대한 경계다.

영포(英布, ?~BC 195)는 경포(黥布)라고도 한다. 법을 어겨 경형(黥刑)을 당해 경포로 불렸다. 유방을 도와 전한을 세운 장군이다. 진나라 말 무리를 이끌고 파군(番君)에 붙었다가 나중에 항량에게 의탁했다. 항량이 죽자 항우에게 속했다. 전투 때마다 항상 적은 병력으로 많은 적군을 물리쳤다. 항우를 따라 입관(入關)한 뒤 구강왕(九江王)에 봉해졌다. 일찍이 항우의 명령에 따라 형산왕(衡山王) 오예(吳芮)와 함께 의제(義帝)를 죽였다. 초한(楚漢) 전쟁 중에 한나라가 수하(隨何)를 보내 그를 설득하자 한나라로 귀순했다. 회남왕에 봉해졌고, 유방을 따라 해하 전투에서 항우를 격파했다. 한나라가 세워진 뒤 한신과 팽월 등 개국 공신들이 피살되자 반란을 일으켰다가 실패하고 강남(江南)으로 달아났다가 장사왕(長沙王)에게 유인돼 주살(誅殺)당했다.

팽월(彭越, ?~BC 195)은 거야(鉅野)의 연못에서 고기를 잡으며 살았다. 진(秦)나라 말에 진승(陳勝)과 항우가 병사를 일으키자 산동 지역 거야에서 거병했다. 초한 전쟁 때 병사 3만여 명을 이끌고 한나라에 귀순해 유방을 도왔다. 위상국(魏相國)이 돼 양(梁) 땅을 공략 평정했다. 한나라를 도와 초나라를 공격해 여러 차례 초나라의 식량 보급로를 끊었다. 병사를 인솔해 해하에서 항우를 격멸하고 양왕(梁王)에 봉해졌다. 진희(陳豨)가 반란을 일으키자 고조(高祖-유방)가 직접 정벌에 나섰는데, 한단(邯鄲)에 이르러 양나라 병사를 징발하니 그가 병을 이유로 장령(將領)을 대신 한단으로 보냈다. 양나라 장수 호첩(扈輒)이 반란을 권유했지만 따르지 않았다. 양태복(梁太僕)이 고발하자 고조가 사람을 보내 체포하고 서인(庶人)으로 강등시켰다. 촉(蜀)으로 옮겨졌다가 여후(呂后)의 말을 들은 고조가 삼족(三族)을 멸해버렸다. 유방이 어려운 경우를 당했을 때도 변심하지 않았지만, 항우가 죽고 천하가 평정된 다음에 모반을 꾀했다가 발각돼 죽임을 당하고 말았다.

우리 역사에서 영포나 팽월과 비슷한 길을 걸었던 사람으로는 인조반정에 참여했던 이괄(李适, 1587~1624)을 꼽을 수 있다. 이괄은 선조 때 무과에 급제한 뒤 형조좌랑·태안군수를 지냈다. 1622년(광해군 14년) 함경북도 병마절도사에 임명돼 임지로 떠날 준비를 할 즈음, 평소 친분이 있던 신경유의 권유로 광해군을 축출하고 새 왕을 추대하는 계획에 가담해 1623년 3월의 인조반정 때 큰 공을 세웠다. 그러나 반정 과정에서 주도 세력인 거의대장(擧義大將) 김류(金瑬)의 우유부단한 처사에 크게 반발하면서 불화가 생겨, 반정 뒤에 겨우 한성부판윤이 되자 불만이 많았다. 1623년(인조 1년) 포도대장을 지낸 뒤 평안병사 겸 부원수에 임명됐다. 평안도 영변에 출진해 군사 훈련에 힘쓰는 한편 그 지방의 성책(城柵)을 보수해 진의 방비를 엄격히 했다. 이는 당시 후금과의 국제 관계가 긴박해지면서 불의의 사태에 대비하기 위해서였다. 이해 윤10월 반정에 참가한 공신들의 공훈을 책정할 때 정사공신(靖社功臣) 2등의 첫째가 됐다. 1624년 정월에 외아들 이전(李栴)이 한명련(韓明璉)·정충신(鄭忠信)·기자헌(奇自

獻)·현집(玄楫)·이시언(李時言) 등과 함께 반역을 꾀한다는 무고를 받았다. 이어 서울에서 선전관과 의금부도사 등이 이괄의 군중(軍中)에 머물던 아들 이전을 붙잡아 사실 여부를 조사한다는 명목으로 영변에 내려오자, 이들을 죽이고 반란을 일으켰다. 신속한 행군으로 한때 서울을 점령, 기세를 떨쳤으나 곧 관군에 대패해 피신 중 부하 장수에게 살해됐다.

'소인을 써서는 안 된다'라는 말은 기제괘(既濟卦, ䷾) 구삼(九三)에도 나온다. "고종(高宗)[168]이 귀방(鬼方-먼 지방)을 쳐서 3년 만에 이겼으니 소인은 쓰지 말아야 한다"라고 했다.

## 8. 수지비(水地比)[169]

비(比)는 길하니 근원적으로 판단하되[原筮] 으뜸이 되고 오래가며 반듯하면[元永貞] 허물이 없다. 편안하지 못해야 바야흐로 올 것이니, 뒤로 미루면 장부라도 흉하다.

比 吉 原筮 元永貞 无咎. 不寧方來 後 夫 凶.[170]
비 길 원서 원영정 무구 불녕 방래 후 부 흉

초륙(初六)은 미더움을 갖고서 친밀하게 해야 허물이 없다. 미더움을 질그릇에 가득 채우면 끝내는 뜻하지 않은 길함[他吉]이 온다[有孚比之 无咎. 有孚 盈缶 終來有他吉].

육이(六二)는 친밀하게 하기를 자기 안에서부터[自內] 하니 반듯하여 길하다[比之自內 貞吉].

육삼(六三)은 부적절한 사람[匪人]과 친밀하게 하는 것이다[比之匪人].

육사(六四)는 밖으로 친밀하게 하니 반듯하여 길하다[外比之 貞吉].

구오(九五)는 친밀함을 드러나게 하니, 왕이 세 방향으로 몰아서 앞에 있는 짐승을 놓아주며 마을 사람들을 경계하지 않으니 길하다[顯比 王用三驅 失前禽 邑人不誡 吉].

상륙(上六)은 친밀하게 함에 있어 시작함이 없으니[无首] 흉하다[比之无首 凶].

---

168 은(殷)나라를 중흥(中興)한 임금인 무정(武丁)을 말한다.

169 문자로는 감상곤하(坎上坤下)라고 한다.

170 원형이정(元亨利貞) 중에 형(亨)과 이(利)에 대한 언급은 없다.

◉

비괘(比卦)의 초륙(初六)은 양위에 음효로 바르지 못함[不正位], 육이(六二)는 음위에 음효로 바름[正位], 육삼(六三)은 양위에 음효로 바르지 못함, 육사(六四)는 음위에 음효로 바름, 구오(九五)는 양위에 양효로 바름, 상륙(上六)은 음위에 음효로 바름이다. 이 괘의 경우는 하괘의 가운데인 육이와 상괘의 가운데인 구오 모두 중정(中正)을 얻었다. 중정을 모두 잃은 사괘(師卦)와는 그런 점에서 우선 대비가 된다.

대성괘 비괘(䷇)는 소성괘 감괘(☵)와 곤괘(☷)가 위아래에 있어 만들어진 괘다. 「설괘전」에 따르면 '비[雨=水=坎]로 윤택하게 하고' '곤(坤-땅)으로 간직한다'라고 했다. 그런데 여기서 감(坎)은 앞서 험난함을 뜻했던 것과 달리 그냥 물을 뜻한다. 땅 위에 물이 있는 모양이다.

그러면 「서괘전」을 통해 왜 비괘가 사괘의 뒤를 이어받았는지 확인해보자.

> 무리가 있으면 반드시 어깨를 나란히 하는 바[所比]가 있게 마련이다. 그래서 사괘의 뒤를 비괘(比卦)로 받았다. 비(比)란 서로 친해지는 것[比=親比]이다.
>
> 衆必有所比. 故受之以比. 比者 比也.

싸움은 결국 화해로 이어진다. 끝까지 싸울 수는 없는 노릇이기 때문이다. 그래서 서로 친해진다는 의미에서 사괘의 뒤를 비괘가 받게 된 것이다. 사람이 모이게 되면 거기에는 친밀함이 생겨난다. 비(比)라는 글자의 모양은 두 사람이 나란히 서 있는 모양이라고 한다. 그래서 '비교하다'도 되고 '친해진다'도 된다. 여기서는 친해진다는 뜻이다. 곤괘(☷)가 아래에 있고 감괘(☵)가 위에 있는 곤하감상(坤下坎上)의 모양을 하고 있다. 땅에 고인 물은 땅과 친밀한 관계라서 그 뜻을 취했다고 한다.

이번에는 「잡괘전」을 통해 사괘와 비괘의 관계를 검토해볼 필요가 있다.

> 비(比)는 즐겁고[樂] 사(師)는 근심한다[憂].
>
> 比樂師憂

비괘(䷇)와 사괘(䷆)는 서로 종괘 관계다. 비괘는 서로 가까이하며 아껴준다[親愛=親比]는 뜻이고 사괘는 많은 사람이 몰려들다[衆]는 뜻이라고 했다. 그런데 여기에서 왜 "비(比)는 즐겁고[樂] 사(師)는 근심한다[憂]"라고 한 것일까?

즐겁다[樂]나 근심하다[憂]에는 여러 뜻이 있다. 낙(樂)은 '즐겁다' 외에도 '즐기다'라는 뜻이 있다. 그러나 여기서는 다른 사람들과 더불어 함께하는 것이 즐겁다는 말이다. 이는 『논어』「학이」편에서 말한 "뜻을 같이하는 벗이 있어 먼 곳으로부터 오니 진정으로 즐겁지 아니한가?"라고 할 때의 즐거움과 정확히 통한다. 그러나 그냥 벗들과 함께한다고 해서 즐거운 것은 아니다. 벗을 사귀는 데도 도리가 있다. 『논어』「계씨」편에 나오는 공자의 말이 그것이다.

> 유익한 세 가지 벗 삼음[三友]이 있고 손해 보는 세 가지 벗 삼음이 있다. 곧음을 벗 삼고[友直] 진실함을 벗 삼고[友諒] 견문이 넓음을 벗 삼는 것[友多聞]이 유익함 세 가지이고, 겉치레만 중시함을 벗 삼고[友便辟] 좋은 말만 하는 아첨을 벗 삼고[友善柔] 말만 번드레하게 함을 벗 삼는 것[友便佞]이 손해 보는 세 가지다.

우(憂)에도 사사로운 근심 걱정 외에 공적인 문제를 걱정하는 좋은 의미의 우환 의식이 있다. 여기서는 사사로운 근심보다 공적인 우환 의식에 가깝다.

정리하면 뜻을 같이하는 좋은 사람들과 잘 사귀니 즐거운 것이고 무리가 몰려들어 분쟁이나 갈등으로 이어지니 근심이 생겨나는 것이다. 「잡괘전」에서는 비괘를 먼저 말하고 사괘를 뒤에 말했으니 즐거움이 다하자 근심이 찾아오는 형국[興振悲來]이지만, 여기서는 근심이 다하고 즐거움이 찾아오는 형국[苦盡甘來]이다.

이제 문왕의 단사, 즉 "비(比)는 길하니 근원적으로 판단하되 으뜸이 되고 오래가며 반듯하면[元永貞] 허물이 없다. 편안하지 못해야 바야흐로 올 것이니, 뒤로 미루면 장부라도 흉하다[比 吉 原筮 元永貞 无咎. 不寧方來 後 夫 凶]"[171]에 대한 공자의 풀이

---

171 정약용은 이를 전혀 다르게 풀어냈다. "(군주가 신하를) 친하게 하면 길하다. 거듭 점을 쳐서 오랜 시간이 걸리는 일을 시작함[元=始]이니, 허물이 없다. (열심히 일하느라) 편안히 쉴 틈이 없으면 (백성이) 바야흐로 돌아올 것이니, 개가하여 만난 남편은 흉할 것이다." 그러나 결국 중요한 것은 공자의 「단전」이기에 참고삼아 소개한다.

[「彖傳」]를 살펴볼 차례다.

비(比)란 길하며 비(比)는 도와서 바르게 해주는 것[輔]이니 아랫사람이 고분고분 따르는 것[順從]이다. "근원적으로 판단하되 으뜸이 되고 오래가며 반듯하면[元永貞] 허물이 없다"라고 한 것은 (구오가) 굳세며 가운데 자리하고 있기[剛中] 때문이다. "편안하지 못해야 바야흐로 온다"라고 한 것은 위와 아래가 호응하기 때문이다. "뒤로 미루면 장부라도 흉하다"라고 한 것은 그러한 길은 (결국) 곤궁해지기 때문이다.

比 吉也 比 輔也 下順從也. 原筮元永貞无咎 以剛中也.
不寧方來 上下應也.
後夫凶 其道窮也.

◉

공자는 이번에는 문왕의 단사를 차근차근 풀어낸다. 사괘에서 하나뿐인 양효 구이(九二)에 관해서만 집중적으로 언급했던 것과는 딴판이다. 여기서 공자의 글쓰기의 치밀함에도 주목하게 된다. 공자는 문왕의 단사에서 언급된 '비(比)는 길하다'를 반복한 다음 '비(比)는 도와서 바르게 해주는 것[輔]'이라고 덧붙인다. 즉 길함의 내용은 바로 도와서 바르게 해주는 데 있다는 말이다.

'비(比)는 길하다'라는 판단은 비괘의 모양 자체에서 나온 것이다. 양효 하나가 임금의 자리[五]에 있고 나머지 다섯 음효는 부드럽고 고분고분해[柔順] 이 구오(九五)를 따르니 길하다고 한 것이다. 따라서 "비(比)는 도와서 바르게 해주는 것[輔]이니 아랫사람이 고분고분 따르는 것[順從]이다"라는 것은 길함에 대한 보충 설명이다.

이어서 공자는 '"근원적으로 판단하되 으뜸이 되고 오래가며 반듯하면[元永貞] 허물이 없다"라고 한 것은 (구오가) 굳세며 가운데 자리하고 있기[剛中] 때문이다'라고 했다. 원서(原筮)를 '근원적으로 판단한다'로 옮긴 것은 정이의 풀이에 근거한 것이다.

사람이 서로 친밀히 할 때는 반드시 그에 맞는 도리가 있으니, 만약에 그런 도리로 친밀히 하지 않는다면 뉘우침과 허물[悔咎]이 있게 된다. 그렇기 때문에 반드시 근원적으로 판단하고 결단해 그럴 만한 사람과 친밀하게 지내야 한다. 서(筮)란 시초점이나 거북점을 말하는 것이 아니다.

즉 점(占)은 말할 것도 없고 정이는 여기서의 서(筮) 또한 흔히 말하는 '점치다'가 아니라 '앞으로 올 일을 깊이 미뤄 헤아려보는 것[知來=推來]'으로 이해해야 함을 강조하고 있다. 이어서 정이는 원영정(元永貞) 각각의 의미를 아주 구체적으로 풀어낸다. 대단히 중요한 대목이다.

> 원(元)이란 군장(君長)의 도리고 영(永)이란 꾸준히 오래감[常久]이고 정(貞)이란 바른 도리[正道]다. 윗사람이 아랫사람을 친밀하게 대할 때는 반드시 이 세 가지로 해야 하고 아랫사람이 윗사람을 따를 때도 반드시 이 세 가지를 갖춘 사람인지를 잘 가려야만 허물이 없다.

이는 사람을 친밀히 하며 사귀는 도리를 제시하고 있다. 그것이 바로 원(元)·영(永)·정(貞)이다. 원(元)을 군장의 도리라고 했다. 이를 좀 더 구체화하는 데 도움을 주는 구절이 『논어』「학이」편에 나오는 유자(有子)의 말이다.

> 개인적인 신의가 (공적인 차원의) 마땅함[義]에 가까울 경우 약속했을 때의 말은 이행될 수 있다. 공손한 태도가 사리[禮]에 가까우면 치욕을 당할 일은 멀어진다. 그렇게 하면서 그 주변의 친지를 잃지 않고 있다면 그 사람을 종주(宗主)나 주인으로 삼을 수 있다.

정확히 이 문맥이다. 이어 영(永)을 꾸준히 오래감이라고 했다. 『논어』「이인(里仁)」편에 나오는 공자의 말이다.

> 어질지 못한 사람은 (어짊이나 사리를 통해 자신을) 다잡는 데 (잠시 처해 있을 수는 있어도) 오랫동안[久] 처해 있을 수 없고, 좋은 것을 즐기는 데도 (조금 지나면 극단으로 흘러) 오랫동안[長] 처해 있을 수 없다. 어진 자[仁者]는 어짊을 편안하게 여기고[安仁], (그보다 아래 단계인) 사리를 아는 자[知者]는 어짊을 이롭게 여긴다[利仁].

정(貞)은 바른 도리라 했으니 별도의 풀이가 필요 없다. 이어서 "'편안하지 못해야 바야흐로 온다'라고 한 것은 위와 아래가 호응하기 때문이다"라는 부분을 풀어야 할 차례다. 이 풀이는 「잡괘전」을 뒤집어볼 때 더욱 분명하다.

사(師)는 근심하고[憂 우] 비(比)는 즐겁다[樂 낙].

괘의 순서상으로도 사괘가 먼저이니 근심이 있어 사람을 찾게 되는 것이다. 근심은 홀로 풀 수 없다. 결국 다른 사람들과 친밀해져야 근심에서 벗어날 수 있다는 말이다. 특히 일반 백성은 스스로 보존하기 쉽지 않다. 그래서 임금을 세우려 한다. 공자의 풀이는 이런 문맥을 말한 것이다. 물론 임금도 백성의 도움을 필요로 한다. 비괘는 모양 자체가 나머지 다섯 음효가 구오와 친밀하고자 하고 구오도 이들을 도우려 한다. 그런데 만일 임금이나 백성 모두 서로를 찾아 도움을 얻으려 하지 않고 홀로 서겠다면서 미적거리면 그 결과는 좋지 않다.

"'뒤로 미루면 장부라도 흉하다'라고 한 것은 그러한 길은 (결국) 곤궁해지기 때문이다."

정이의 한마디가 정곡을 찌른다.

대체로 사람의 정이란 서로 구하면 화합하고[相求則合 상구 즉 합] 서로 버티면 멀어진다[相持則睽 상지 즉 규].

공자의 「단전」을 마치기에 앞서 『중종실록』 6년(1511) 3월 2일 자에 있는 임금과 신하들의 대화가 우리에게 도움을 준다.

조강(朝講-아침 경연)에 나아갔다. 『주역』 비괘(比卦)의 원영정(元永貞)이라는 말에 이르러 시강관 이항(李沆, ?~1533)[172]이 아뢰어 말했다.

---

172 1500년(연산군 6년) 홍문관 정자(弘文館正字)로 관직에 올랐으나 아비의 일로 사직하고 고향으로 돌아갔다. 1502년(연산군 8년)에 급제했다. 1533년(중종 28년) 심정(沈貞)과 함께 사약을 받았다. 기묘사화(己卯士禍)를 일으켜 젊은 선비들을 많이 죽이고 권세를 부린 까닭에 김극핍·심정과 함께 3간(三奸) 또는 3흉(三兇)이라는 비판을 받았다.

"땅 위에 물이 있는 것이 비(比)인데, 이는 서로 친비(親比)함을 말합니다. 그런데 그 친비란 실로 도리가 있고서야 원영정(元永貞)이라 할 수 있습니다. 임금의 신하에 대한 관계 또한 땅에 물이 있는 것과 같으니, 반드시 서로 감화하여 성의로 서로 믿은 뒤라야 또한 원영정이라 할 만하여 장치구안(長治久安)의 법을 이루는 것이니, 임금 된 이로서는 깊이 생각하지 않을 수 없습니다. 삼대(三代-하은주) 위로는 임금과 신하가 서로 믿고, 삼대 아래로는 임금과 신하가 서로 어그러져서 하나도 원영정의 의리를 가지지 못했습니다. 오직 한(漢)나라의 선주(先主)[173]가 능히 이 도리를 체득하여 원영정이란 말에 가까웠는데, 그 말에 '나[孤](고)에게 공명(孔明-제갈공명)이 있는 것은 고기에게 물이 있는 것과 같다'라고 했으니 임금과 신하가 서로 가까이하는 뜻을 대개 볼 수 있는 것입니다. 이것이 이른바 '물이 땅 위에 있으니 친비하여 틈이 없다'는 것의 뜻입니다."

설경(說經) 유돈(柳墩)이 아뢰어 말했다.

"상하가 서로 믿는다는 것은 천지(天地)가 서로 화합하는 뜻입니다. 인사(人事)로 말하자면 임금은 하늘과 같고 신하는 땅과 같으니, 임금과 신하가 서로 가까이해야 교화를 이룰 수 있습니다. 만일 서로 가까이하지 않으면 건도(乾道-임금의 도리)가 비록 바르더라도 반드시 혼자서 이뤄질 이치가 없습니다. 또 그사이에 혹 소인이 들어가 틈을 내어 벌어지고 어그러지게 하면[疎戾](소려) 원영정이라 할 수 없습니다. 우순(虞舜-순임금)이 신하와 주고받으며 노래할 때 임금과 신하를 원수(元首-머리)와 고굉(股肱-팔다리)에 비유했으며, (은나라 중흥 군주) 고종(高宗)이 정승을 임명하는 날에 또한 이르기를 '네 마음을 열어서 짐의 마음에 대어달라'라고 했습니다. 이는 마땅히 가까이할 만한 사람을 알고 또 원영정의 뜻을 얻은 것입니다. 그 후에는 한 무제(漢武帝)가 급암(汲黯)을 칭찬해 '사직(社稷)의 신하'라 했지만 끝내 등용하지 못했습니다. 이는 비록 가까이할 만한 사람을 알았다고는 할 것이지만 (실제로 등용하지 못했으니) 원영정이라고는 할 수 없습니다. 그러므로 임금 된 이는 상하가 서로 믿고 가부를 서로 도와서[可否相濟](가부 상제) 원영정을 가져와야 하는데, 역시 그 가까이할 사람을 선택하지 않을 수 없습니다. 또 조정으로 말하자면 재상과 대간이 모두 서로 화합하고 협력한 뒤라야 원영정을 이룰 수 있습니다."

---

173 촉한(蜀漢) 소열제(照列帝) 유비(劉備)를 말한다.

장령(掌令) 김협(金協)이 아뢰어 말했다.

"이른바 '비(比)'라는 것은 반드시 임금과 신하가 함부로 대하지[比昵=親狎]하지 않은 뒤라야 '비'라고 말할 수 있는 것이니, 다만 마땅히 가한 것을 가지고 가하지 못한 것을 보완하며 상하가 서로 믿을 따름입니다. 만일 다만 서로 가까이하기만 한다면 이것은 '동(同)'이라 할 것이요 '화(和)'라 할 수는 없습니다. 또 임금과 신하 사이에 뜻이 서로 소원하면 상하가 서로 화비(和比)하지 못하고 천지 또한 그 자리를 얻지 못하며 만물 역시 질서 있게 되지 못할 것입니다."

사간(司諫) 허굉(許硡)이 아뢰어 말했다.

"'화'라는 것은 뇌동(雷同)함을 말함이 아닙니다. 가와 부가 서로 보완하여, 동심협력함을 이름입니다."

자연스럽게 『논어』「자로」편에 나오는 유명한 구절로 연결된다.

군자라면 중화를 지키되 동화되지 아니하고[和而不同], 소인은 동화될 뿐 중화를 지키지 못한다[同而不和].

원래 화(和)와 동(同)은 『춘추좌씨전』에 실린 다음 일화에서 나온 것이다. 그것이 곧 화(和)와 동(同)에 대한 풀이가 된다.

제(齊)나라 경공(景公)이 사냥에서 돌아오자 안자(晏子-안영)가 천대(遄臺)에서 임금을 모시고 있었다. (그때) 자유(子猶-제나라의 대부)가 말을 달려왔다. 경공이 말하기를 "오직 자유만이 나와 기분이 화합한다[和]"라고 하니, 안자가 대답하기를 "자유는 경공께 또한 기분을 같게 하는 것[同]일 뿐인데, 어찌 이것이 화합[和]이 될 수 있겠습니까"라고 했다. 이에 경공이 "화(和)와 동(同)이 다른가?"라고 하니 안자는 이렇게 대답했다. "다릅니다. 화(和)란 국을 끓이는 것과 같아서, 물·불·초·젓갈·소금·매실에다 삶은 생선이나 고기를 넣고 나무로 불을 때서 요리사가 그것들을 조화시켜 맛을 고르게 해서 모자라는 것은 더 넣고 많은 것은 덜어내 국을 만듭니다. 그런 뒤에 군자는 이를 먹고는 기분 좋아 마음을 화평하게 가집니다. 임금과 신하 사이도 그러합니다. 임금이 옳다고 한 것도 그것이 잘못됐으면 신하가 그 잘못을 말씀드려 옳게 만들어나가고, (반대로) 임금이 그르다고 한 것도 그것이 옳으면 신하가 그 옳은 것을 말씀드려 틀린 것을 고쳐나가야 합니다. 이렇게 해야 정치가 공평해져서 서로 충돌이 없고 백성도 다투는 마음이 없어집니다. 그러므로 『시경』에 이르기를 '또한 조화된 맛의 국이 있어, 이미 경계하고 이미 고르게 했네'라고 했습니다. 그런데 지금 자유는 그렇지 않아, 임금이 옳다고 하면 자신도 옳다고 하고 임금이 그르다고 하면 자신도 그르다고 하니, 이는 마치 물에 물을 더 타는 격이니 누가 그 음식을 먹겠으며 거문고의 조화가 없는 한 가지 소리만 켜는 것과 같은 격이니 누가 그 소리를 듣겠습니까? 동(同)이란 것이 옳지 않음이 이와 같습니다"라고 했다.

공자의 「상전」을 살펴볼 차례다. 그중에 비괘를 총평한 「대상전」이다.

땅 위에 물이 있는 것이 비(比)(가 드러난 모습)이니, 선왕(先王)[174]은 그것을 갖고서[以] 만국을 세우고 제후들을 제 몸처럼 여겼다[地上有水比 先王以 建萬國 親諸侯].

◉

이번에는 군자가 아니라 선왕(先王)이다. 선왕이란 옛날의 뛰어난 임금이다. 따라서 이는 과거의 일을 말하는 형식을 취했다. 땅 위에 물이 있는 것은 가장 가깝다는 뜻이다. 옛날의 뛰어난 임금들은 그런 마음으로 온갖 나라들을 세워주고[建國=封國] 그 나라의 제후들을 제 몸처럼 여겨주었다[親]는 뜻이다. 이는 곧 공후백자남(公侯伯子男)의 봉국을 세워준다는 뜻이고, 더불어 그 봉국의 주군들을 잘 보살펴주었다는 말이다. 좀 더 넓히면 비괘는 임금과 신하 사이에는 틈이나 간격이 있어서는 안 된다는 메시지를 품고 있다. 정약용은 "제 몸처럼 여겨서 그사이에 빈틈이 없는 것으로는 물과 흙(의 관계) 같은 것이 없다"라고 했다.

비괘의 여섯 효[六爻]에 대한 주공의 말을 풀이한 공자의 「소상전」이다.

---

174 여기서는 군자라고 하지 않고 선왕이라고 했다.

비괘(比卦)의 초륙(初六)은 뜻하지 않은 길함이 있을 것이다[比之初六 有他吉也].

(육이(六二)는) 친밀하게 하기를 자기 안에서부터[自內] 한다는 것은 스스로 절조를 잃지 [自失] 않는 것이다[比之自內 不自失也].

(육삼(六三)은) 부적절한 사람과 친밀하게 하니[比之匪人] 진실로 해롭지 않겠는가[比之匪人 不亦傷乎]!

(육사(六四)는) 밖으로 뛰어난 이와 친밀하게 한다는 것은 윗사람을 (잘) 따른다는 것이다[外比於賢 以從上也].

(구오(九五)는) 친밀함을 드러나게 하는 것이 길한 까닭은 자리가 바르게 가운데[正中] 있기 때문이요, 거스르는 자를 버리고 고분고분하는 자를 취하는 것이 (바로) 앞에 있는 짐승을 놓아주는 것이요 마을 사람들을 경계하지 않는 것은 윗사람의 부림[上使]이 도리에 적중했기 [中=中道] 때문이다[顯比之吉 位正中也 舍逆取順 失前禽也 邑人不誡 上使中也].

(상륙(上六)은) 친밀하게 함에 있어 시작함이 없다[无首]는 것은 잘 끝마치는 바[所終]가 없다는 것이다[比之无首 无所終也].

◉

비괘의 맨 아래 첫 음효에 대해 공자는 "비괘(比卦)의 초륙(初六)은 뜻하지 않은 길함이 있을 것이다"라고 풀었다. 이는 두 가지 점에서 의미심장하다. 그냥 '길하다'라고 하지 않고 '뜻하지 않은 길함이 있을 것이다'라고 했다. 면밀하게 읽어보면 이러저러해야만 생각지 못했던 길함이 있을 수도 있다는 말이다. 그렇다면 어떠해야만 생각지도 못한 뜻밖의 길함이 찾아올 수 있을까? 그 답은 주공의 효사 중에서 공자가 생략한 부분에 있다. 주공의 효사를 보자.

> 초륙(初六)은 미더움을 갖고서 친밀하게 해야 허물이 없다. 미더움을 질그릇에 가득 채우면 끝내는 뜻하지 않은 길함[他吉]이 온다[有孚比之 无咎. 有孚 盈缶 終來有他吉]

첫째는 그냥 친밀하게 해서는 안 되고 '미더움을 갖고서' 해야 한다고 했다. 둘째는 그런 '미더움을 질그릇에 가득 채우면' 당장은 아니겠지만 '끝내는[終]' 뜻밖의 좋은 결과를 얻을 수도 있다는 말이다. 강조해두지만 공자는 언어의 달인이자 뉘앙스 구사의 천재다. 해야 할 말은 꼭 하고 불필요한 말은 한마디도 하지 않는다.

미더움[孚]이란 참되고 믿음직하다[誠信]는 뜻이다. 조금도 거짓됨이 없는 신실함을 갖고서 친밀해야 한다는 것이다. 미더움이 없는 친밀함이란 거짓된 친밀함이며 그러면 당연히 허물이 있게 된다. 이 점을 『논어』「위정」편에 나오는 공자의 말을 실마리로 해서 풀어가 보자.

> 군자는 마음으로 친밀하되 세력을 이루지 않으며[周而不比], 소인은 세력을 이루되 마음으로 친밀히 하지 않는다[比而不周].

여기서 주의해야 할 점은 비괘의 비(比)는 오히려 『논어』에서 말하는 주(周)이고, 『논어』에서 말하는 비(比)는 방금 위에서 보았던 "미더움이 없는 친밀함"이자 "거짓된 친밀함"이라는 사실이다. 이 점을 염두에 두고서 『논어』「자로(子路)」편의 다음 구절을 보면 군자와 소인의 차이는 더욱 명확하며, 앞서 보았던 화(和)와 동(同), 여기서의 주(周)와 비(比)의 차이를 훨씬 분명하게 이해할 수 있다.

> 군자는 섬기기는 쉬워도 기쁘게 하기는 어려우니, 기쁘게 하기를 도리로써 하지 않으면 기뻐하지 아니하고 사람을 부리면서도 그 그릇에 맞게 부린다[器之=寬]. 소인은 섬기기는 어려워도 기쁘게 하기는 쉬우니, 기쁘게 하기를 비록 도리로써 하지 않아도 기뻐하고 사람을 부리면서도 한 사람에게 모든 능력이 다 완비되기를 요구한다[求備=吝].

여기서 말하는 도리란 다름 아닌 미더움[孚=誠信]인 것이다. 다음으로 '미더움을 질그릇에 가득 채우면'이라는 부분을 풀어야 할 차례다. 정이의 풀이가 명료하다.

> 부(缶-질장구)란 꾸미지 않은 질박한 그릇이다. 마치 질그릇 속에 물건이 가득 찬 것과 같아서 (그렇게 계속한다면) 겉으로 더 꾸미지 않더라도 결국에는 뜻하지 않은 길함이 올 수 있다는 것이다.

미더움은 처음 시작할 때부터 가득해야 그 친밀함이 오래갈 수 있다. 뒤에서 보게 되겠지만, 상륙(上六)을 '흉하다'라고 한 것은 이 같은 미더움이 처음부터 없었기 때문이다. '뜻하지 않은[他]'이라고 한 것은 내가 주도적으로 할 수 있는 것이 아니라 상황에 따라 그럴 수 있음을 조심스레 표현한 것이다. 정이는 '뜻하지 않은 길함'을 "미더움이 마음속에 가득 차 있으면 다른 외부 사람이라도 모두 감동해 와서 따르는 것"이라고 풀었다.

정리하면 비괘의 초륙은 음효로 양위에 있으니 바르지 못하고[不正] 가운데[中] 있지도 못하며 지위도 맨 아래로 가장 낮다. 위로 육사는 같은 음효이니 호응하는 바도 없고[無應], 바로 위의 육이도 같은 음효이니 무비(無比)다. 결점투성이다. 보기에 따라서는 최악이다. 초륙에서 그나마 긍정적 요소를 끄집어낼 수 있는 것은 바른 자리에 있지는 못하지만, 음효의 부드러운 다움[柔德]으로 처한 상황을 묵묵히 받아들일 수 있다는 점 정도뿐이다. 그렇기 때문에 주공도 별도로 '미더움'을 추가해서 잘 기다리다 보면 혹시 '뜻하지 않게' 길할 수 있다고 풀어낸 것이다. 만약에 조금이라도 미더움을 잃는다면 그 즉시 허물을 짓거나 흉하게 될 수 있다는 점을 잊어서는 안 될 것이다.

비괘의 밑에서 두 번째 음효에 대해 공자는 "친밀하게 하기를 자기 안에서부터[自內] 한다는 것은 스스로 절조를 잃지[自失] 않는 것이다"라고 풀었다. 이는 주공이 '반듯하여 길하다'라고 한 부분 중에서 특히 반듯함[貞]을 '스스로 절조를 잃지[自失] 않는 것'이라고 풀어낸 것이다.

육이는 음효로 음위에 있으니 바르고 가운데 있어 중정(中正)을 얻었다. 게다가 위로 구오와 호응한다. 육이는 외괘가 아니라 내괘에 있으니 '자기 안에서부터[自內]'라는 의미를 띨 수 있다. 이는 곧 어떤 판단이나 결정을 남이 아니라 자기 자신이 한다는 말이며, '스스로 절조를 잃지[自失] 않는 것'과도 연결된다. 이는 효의 몸체[爻體]에서도 읽어낼 수 있다. 즉 육이는 그 자질이 중정(中正)하면서도 부드러움[柔]이니 나서지 않는다. 그러므로 육이는 임금 자리에 있는 구오가 일의 이치로써 대우[禮待]하기를 지극히 한 다음에야 부름에 응해 나아간다. 대표적인 것이 바로 유비가 자신의 초막에 세 번이나 찾아와 정중하게 부르자[三顧草廬] 마침내 군사(軍師)의 자리에 나아간 제갈량(諸葛亮)의 경우다.

또 『맹자(孟子)』 「공손추장구(公孫丑章句)」편에 나오는 다음 구절이 바로 여기에 해당하는 사례라 할 것이다.

> 장차 큰일을 하게 될 임금은 반드시 앉아서 불러서는 안 되는 신하가 있게 마련이니, 뭔가를 (크게) 도모하려는 바가 있으면 (그 신하를 직접) 찾아가야 합니다. 다움[德]이 있는 사람을 높이고 도리를 행하는 것을 즐기기를 이와 같이 하지 않으면 (그런 사람과) 함께 훌륭한 일을 할 수가 없는 것입니다.
>
> 그렇기 때문에 탕왕(湯王)은 이윤(伊尹)에게 가서 배운 뒤에야 그를 신하로 삼았습니다. 그래서 힘들이지 않고 천하를 통일한 임금이 될 수 있었던 것입니다. (제나라) 환공(桓公)은 관중(管仲)에게 가서 배운 뒤에야 그를 신하로 삼았습니다. 그래서 힘들이지 않고 천하의 패권자가 될 수 있었던 것입니다.
>
> 지금의 천하를 보면 (크다는 나라들도) 영토가 다 그만그만하고 임금들의 임금다움도 엇비슷해서 어느 한 나라가 특히 뛰어나다고 할 수 없는데, 이는 다른 이유 때문이 아니라 (이들 나라의 임금들이) 자신이 가르칠 수 있는 사람을 신하로 삼기를 좋아하고 자신이 가르침을 받을 수 있는 사람을 신하로 삼기를 좋아하지 않기 때문입니다.

비괘의 밑에서 세 번째 음효에 대해 공자는 "부적절한 사람과 친밀하게 하니[比之匪人] 진실로 해롭지 않겠는가"라고 풀었다. 육삼은 음효로 양위에 있으니 바르지 못하고 내괘(혹은 하괘)의 맨 위에 있어 지나치다[過]. 상륙과는 같은 음효여서 응하는 바가 없고, 위아래 모두 같은 음효여서 무비(無比)다. 주희는 한마디로 "크게 흉함[大凶]"이라고 했다. 이런 사람과 가까이하게 될 경우 무슨 일이 생길지 알 수 없다. 그래서 주공은 이런 사람과 사귀게 될 경우 생겨날 폐해에 대해 한마디도 하지 않았고, 공자도 간단하게 '진실로 해롭지 않겠는가'라고 했던 것이다. 정이의 짤막한 풀이다.

> 사람이 서로 친밀하게 지내려는 것은 편안함과 길함[安吉]을 구하기 위해서인데, 부적절한 사람과 가까이한다면 반드시 장차 도리어 뉘우침과 부끄러움[悔吝]에 이르게 될 것이다.

한나라 무제가 강충(江充)을 가까이하는 바람에 당한 횡액을 보면 무제에게는 바로 이 강충이 육삼(六三)에 해당하는 인물이었다. 성군(聖君)은 아니어도 명군(明君)

혹은 영군(英君)으로 불리기에 손색없는 한 무제도 나이가 많아 병이 들자 판단력이 흐려졌다. 그것이 빌미가 돼 일어난 비극적 사건을 흔히 중국사에서는 '무고(巫蠱)의 화(禍)'라 부른다. 무고란 무축(巫祝)의 주법(呪法)으로 사람을 죽이는 것을 말한다. 이 화의 희생자가 다름 아닌 다음 황위를 이을 태자였기에 이 사건은 두고두고 조명을 받았다. 반고의 『한서』를 중심으로 그 사건을 정리했다.

기원전 92년 병으로 눕게 된 말년의 무제는 당시 강충(江充)이라는 인물을 절대 신임하고 있었다. 유가(儒家)의 덕치(德治)를 기본으로 하면서도 엄격한 법 집행을 강조했던 무제는 강충의 고지식할 정도의 엄격한 일 처리를 좋아했다. 그런데 태자 유거(劉據)는 강충과 사이가 틀어져 있었다. 예전에 강충이 황제의 명을 직접 받드는 직지사자(直指使者)였을 때 태자의 집안 수레가 황제만이 다니는 치도(馳道) 위를 올라간 적이 있는데, 태자가 없었던 일로 해줄 것을 부탁했으나 강충은 들어주지 않았다. 바로 이런 점 때문에 오히려 무제는 강충을 곧은 자[直 직]라고 여겼다.

강충은 무제가 병석에 눕자 걱정에 휩싸였다. 무제가 세상을 떠나고 나면 태자에게 주살될 것이 분명했기 때문이다. 때마침 무고(巫蠱)의 일이 일어나자 강충은 이를 이용해 간사한 짓을 벌이기로 한다. 사전에 준비해둔 함정에 태자를 빠트리려고 한 것이다. 이때 강충은 무고의 일을 재판하는 일을 맡고 있었는데, 무제의 뜻을 알아차리고서 궁중에 무고의 기운이 있다고 건의한 다음에 궁궐에 들어가 어좌가 있는 곳을 무너트려 땅을 팠다. 무제는 안도후(按道侯) 한열(韓說), 어사 장당(章贛), 황문(黃門-환관) 소문(蘇文) 등으로 하여금 강충을 돕게 했다. 강충은 드디어 태자궁에 이르러 고(蠱)를 파내어 오동나무로 만든 인형을 찾아냈다. 이때 무제는 병에 걸려 감천궁(甘泉宮)으로 더위를 피해 가서 있었기 때문에 황후와 태자만이 (경사에) 있었다. 태자가 소부(少傅) 석덕(石德)을 부르니 석덕은 사부로서 함께 주살될 것을 두려워해 태자에게 이렇게 말했다.

"전 승상 부자와 두 공주 그리고 위씨(衛氏)가 모두 이 사건에 연루됐는데, 지금 무당과 사자(使者)가 땅을 파 증거물까지 얻었다고 합니다. 따라서 이는 무고를 갖다둔 간사스러운 짓이 혹시 실제로 있었는지 모르겠지만 스스로 밝힐 방법이 없으니, 부절을 칭탁해 강충 등을 체포하여 옥에 가두고서 그의 간사함을 끝까지 다스려야 할 것입니다."

태자는 위급한 상황이라 석덕의 말이 옳다고 여겼다. 정화(征和) 2년(BC 91) 7월 임오일(壬

午日)에 마침내 (태자는) 빈객으로 하여금 사자인 척하고 가서 강충 등을 잡아들였다. 안도후 한열 등이 사자에게 속임수가 있다고 의심해 기꺼이 조서를 받으려 하지 않자 빈객은 한열을 쳐 죽였다. 어사 장당은 부상을 입고 겨우 탈출해 직접 감천궁으로 달려갔다. 태자는 사인(舍人) 무차(無且)를 시켜 미앙궁 궁전의 장추문(長秋門)으로 들어가게 해 장어(長御-여자 시위대장) 의화(倚華)를 통해 황후에게 전말을 갖추어 고백하게 하고, 황실의 마구간에 있는 수레를 내어 활 쏘는 병사들을 싣고 가서 무기고의 병기를 꺼내고 장락궁(長樂宮)의 위졸들을 출동시켰으며, 백관들로 하여금 강충이 반란을 일으켰다고 말하게 했다. 그리고 강충의 목을 벴다.

여기에 태자의 잘못도 있었다. 먼저 아버지 무제를 찾아가 자초지종을 설명해야 했다. 그런데 황후에게만 통고하고 일을 일으킨 것은 분명 무제의 의심을 키우기에 충분했다.

한편 강충을 따랐던 무리는 감천궁으로 달려가 "태자가 난을 일으켰다"라고 보고했다. 이에 무제 자신의 조카이기도 한 승상 유굴리(劉屈氂)가 그것에 대해 어떻게 처리하고 있는지 보고하도록 했다. 그런데 유굴리는 이 사건을 어떻게 처리해야 할지 방향을 잡지 못한 채 우왕좌왕하고 있었다. 이에 무제는 크게 화가 나서 이렇게 전했다.

"승상에게는 주공(周公)의 풍모가 없도다. 주공은 관채(管蔡)를 토벌하지 않았던가!"

관채란 관숙과 채숙으로 주나라 주공과는 형제인데, 주공은 자신이 보필하던 조카 성왕(成王)에 맞서 그들이 반란을 일으키자 형제임에도 토벌을 한 일이 있다. 사실상 태자를 토벌하라는 명이었다. 이에 유굴리는 군대를 출동시켰다. 부자간의 일전이 벌어진 것이다. 닷새의 혈전 끝에 수만 명이 사망했다. 태자의 군대가 패하자 태자는 달아났다.

그에 앞서 장안에서 태자의 반란이 막 전해졌을 때 무제는 크게 화가 났기 때문에 여러 신하는 두려워만 할 뿐 어떤 계책을 내야 할지 몰랐다. 이때 (상당군) 호관현(壺關縣)의 삼로(三老-교육 담당관) 무(茂)라는 사람이 글을 올려 말했다.

"옛날에 순(舜)임금은 효심이 지극했는데도 (아버지인) 고수(瞽叟)의 마음에 들지 않았습니다. 또 (은나라 고종의 아들인) 효기(孝己)는 (계모에게) 비방과 모략을 당했고 백기(伯奇)도 (계모에게) 추방을 당했으니, 골육을 함께한 지친이면서도 아버지와 자식이 서로 의심한 것은 어째서이겠습니까? 비방[毁(훼)]이 오래 쌓이면서 생겨난 것입니다. 이로 말미암아 보건대 자식은 결코 불효하지 않는데도 아버지는 그것을 미처 다 살피지 못하기 때문입니다."

그러면서 서둘러 태자를 용서해줄 것을 청했다. 『한서(漢書)』는 "천자는 느끼고 깨닫는 바가 있었다"라고 적고 있지만, 적극적 조치는 취하지 않았다. 오히려 진압을 명한 것이다.

난이 실패로 돌아가자 태자는 동쪽으로 도망쳐서 호현(湖縣)에 이르러 그곳의 천구리(泉鳩里)에 숨었다. 주인집은 가난해서 늘 짚신을 만들어 팔아 태자의 먹을거리를 댔다. 태자와 옛날부터 알던 사람이 호현에 있었는데, 그가 부유해 넉넉하다는 말을 듣고서 사람을 시켜 그를 부르려다가 발각됐다. 관리들이 태자를 둘러싸 잡으려 하자 태자는 더는 벗어날 곳이 없다는 것을 스스로 헤아리고서 곧바로 방에 들어가 문틀에서 자살했다. 무제는 태자를 잃었다. 강충의 말을 믿은 결과는 너무도 처참했다.

1년이 지난 정화 3년(BC 90) 9월경 무고의 사건이 대부분 믿을 수 없는 것이라는 사실이 드러났다. 무제는 태자가 두려워서 그랬던 것이지 다른 뜻이 있었던 것은 아니라는 것을 알게 됐는데, 당시 한고조 유방의 사당을 관리하던 고침랑(高寢郎) 거천추(車千秋)[175]가 다시 태자의 원통함에 대해 말하자 무제는 드디어 거천추를 발탁해 승상으로 삼고 강충의 집안은 족멸시켰으며 태자에게 아무런 잘못이 없었음을 가련하게 여겨 사자궁(思子宮)을 짓고 호현에 귀래망사지대(歸來望思之臺)[176]를 세우니 천하 사람들이 이를 듣고서 다 슬퍼했다.

여기서 『논어』 「옹야」편에 나오는 공자의 말을 떠올리게 된다.

재아(宰我)가 물었다.

"어진 사람은 비록 (누가 와서) 사람이 함정에 빠져 있다고 와서 말해주더라도 따라 들어가야겠습니다!"

공자가 말했다.

"어찌 그렇게 하겠는가? 군자를 (함정까지) 가게 할 수는 있으나 빠지게 할 수는 없으며, 속일[欺 기] 수는 있으나 옭아 넣을[罔 망] 수는 없다."

---

175 원래 그의 이름은 전천추(田千秋)인데 나이가 많아 천자는 그가 작은 수레를 타고 대궐에 들어올 수 있도록 특별히 허락해주었다. 그래서 거(車)를 붙여 거천추 혹은 차천추라고 하는 것이다.

176 이는 태자의 혼령이라도 돌아오기를 바라고 생각한다는 뜻이다. 이 사건은 흔히 우리나라 역사에서 사도세자의 일과 비교된다.

이런 맥락에서 보자면 그 뛰어난 무제도 강충의 말에 속았을 뿐 아니라 옭아 매였다고 할 수 있다. "태자가 두려워서 그랬던 것이지 다른 뜻이 있었던 것은 아니라는 것"을 태자가 죽고 나서야 깨달은 무제는 적어도 이 점에서 사리에 밝지 못했다[不明(불명)]고 할 수 있다.

강충의 부자 이간질은 이것이 처음이 아니었다. 『한서』「강충전(江充傳)」편에는 이와 관련된 이야기가 짤막하게 실려 있다.

> 강충(江充)은 자(字)가 차천(次倩)으로 조(趙)나라 한단(邯鄲) 사람이다. 충(充)의 본래 이름은 제(齊)였는데, 북과 비파를 잘 연주하고 가무에 능한 여동생이 있어 조나라 태자 단(丹)에게 시집을 갔다. 제는 경숙왕(敬肅王)에게 총애를 얻어 상객(上客)이 됐다.
>
> 얼마 후에 태자는 제가 자신의 은밀한 사생활을 왕에게 아뢰었다고 의심해 틈이 생겨 관리를 보내 제를 쫓아가 체포하려 했는데, (이미 달아나) 붙잡지를 못하자 그의 아버지와 형을 감옥에 넣고 조사해 모두 기시(棄市)했다. 제는 드디어 종적을 감추고 도망쳐 서쪽으로 함곡관에 들어가 이름을 충(充)이라 고치고, 대궐에 나아가 태자 단이 친여동생 및 왕의 후궁과 간통하고 군국의 간활한 토호들과 교통하며 백성을 겁주면서 온갖 못된 짓을 하고 있는데도 관리들이 제대로 통제를 못 하고 있다고 고했다. 글이 올라가자 천자(무제(武帝))는 화가 나서 사자를 보내 군(郡)에 조서를 내려, 관리와 병사들을 발동해 조나라 왕궁을 포위하게 하고 태자 단을 붙잡아 위군(魏郡)의 조옥(詔獄)에 옮겨서 집어넣고 정위(廷尉)와 함께 다스리도록 하니 법적으로는 사형에 해당됐다.

무제는 이 점을 간과했다. 강충의 이 같은 굽은 마음씨[枉(왕)=曲(곡)]를 오히려 곧다[直(직)]고 보아 절대 신임을 보였다.

비괘의 밑에서 네 번째 음효에 대해 공자는 "밖으로 뛰어난 이와 친밀하게 한다는 것은 윗사람을 (잘) 따른다는 것이다"라고 풀었다. 주공은 효사에서 '밖으로 친밀하게 하니 반듯하여 길하다[外比之(외비지) 貞吉(정길)]'라고 했는데, 공자는 그 친밀하게 지내는 대상을 구체적으로 '뛰어난 이[賢(현)=賢者(현자)]'라고 했고 반듯한 까닭[貞(정)]은 '윗사람을 (잘) 따르기 때문'이라고 했다. 육사는 음효로 음위에 있어 바른 자리에 있다. 강명(剛明)하며 중정(中正)을 얻은 뛰어난 임금[賢君(현군)]을 재상의 자리[四(사)]에서 보필하니, 바른 도리[正道(정도)=

貞]만 지킨다면 길하지 않을 까닭이 없다.

비괘의 밑에서 다섯 번째 양효에 대해 공자는 "친밀함을 드러나게 하는 것이 길한 까닭은 자리가 바르게 가운데[正中] 있기 때문이요, 거스르는 자를 버리고 고분고분하는 자를 취하는 것이 (바로) 앞에 있는 짐승을 놓아주는 것이요 마을 사람들을 경계하지 않는 것은 윗사람의 부림[上使]이 도리에 적중했기[中=中道] 때문이다"라고 아주 길고 자세하게 풀었다. 그런데 주공의 효사를 정확하게 이해하지 않고서는 공자의 풀이 또한 모호해질 수 있다.

> 구오(九五)는 친밀함을 드러나게 하니, 왕이 세 방향으로 몰아서 앞에 있는 짐승을 놓아주며 마을 사람들을 경계하지 않으니 길하다[顯比 王用三驅 失前禽 邑人不誡 吉].

구오는 중정(中正)을 얻어 나머지 다섯 음효에 대해 친밀하게 하는 도리를 다하려 한다. 즉 '친밀함을 드러나게 한다[顯比]'를 정이는 "친밀하게 하는 도리를 드러내는 것"이라고 말하고서 그 도리란 "열렬한 뜻[誠意]으로 모든 일을 대하고 자신에게 미뤄 헤아려 그것을 남에게 베풀며[恕己以及人] 정사를 통해 어짊을 베풀어[發政施仁] 세상이 그 혜택을 입도록 하는 것"이라고 말했다. 이는 쉬운 일이 아니다. 정이가 말한 이 세 가지는 고스란히 『논어』「헌문」편에 나오는 대화와 그대로 조응한다.

> 자로가 군자가 되려면 어떻게 해야 하느냐고 물었다. 공자가 말했다.
> "삼가는 마음으로 자신을 닦는 것이다[修己以敬]."
> 자로가 물었다. "그렇게만 하면 됩니까?"
> 공자가 말했다.
> "자신을 닦아 사람들을 편안하게 해주는 것이다[修己以安人]."
> 자로가 물었다. "그렇게만 하면 됩니까?"
> 공자가 말했다.
> "자신을 닦아 백성을 편안하게 해주는 것이다[修己以安百姓]. 자신을 닦아 백성을 편안하게 해주는 일은 요임금과 순임금도 오히려 실천하기에 힘겹다고 여겼다."

이는 곧 그대로 『대학』에서 말하는 격물치지성의정심(格物致知誠意正心)해 수신제가치국평천하(修身齊家治國平天下)하는 것과 통한다.

이어서 '왕이 세 방향으로 몰아서 앞에 있는 짐승을 놓아주며'다. 『예기(禮記)』「왕제(王制)」편에 이르기를 "천자는 사방을 에워싸지 않으며 제후는 짐승 떼를 덮치지 않는다[天子不合圍 諸侯不掩群]"라고 했다. 사냥할 때 세 방향은 에워싸되 한 방향은 터놓아 짐승들이 도망칠 수 있도록 한다는 뜻이다. 이는 사람은 말할 것도 없고 짐승까지 살려주기를 좋아하는 어짊[好生之仁]이다.

사마천의 『사기』「은본기」편에는 사냥을 간 탕왕의 이야기가 실려 있다.

> 탕이 교외로 나갔다가 사방에 그물을 치고 "천하의 모든 것이 모두 내 그물로 들어오게 하소서"라며 축원하는 사람을 만났다. 그러자 탕은 "아! 한꺼번에 다 잡으려고 하다니!"라며 세 방면의 그물을 거두게 하고 다음과 같이 축원하게 했다. "왼쪽으로 가고 싶은 것은 왼쪽으로 가게 하고 오른쪽으로 가고 싶은 것은 오른쪽으로 가게 하소서. 내 명을 따르지 않는 것만 내 그물로 들어오게 하소서." 제후들은 이 소식을 듣고서 "탕의 다움[德]이 지극하도다! 그 다움이 짐승들에까지 이르렀도다"라고 감탄했다.

약간의 차이는 있지만 결국 세 방향은 에워싸고 앞으로 달려가는 것은 놓아주었다는 뜻이다. 이는 곧 자신을 찾아오는 사람을 받아들이되 구차스럽게까지 하면서 친밀하게 하려고 하지는 않았다는 뜻이다. 뜻이 다른 자들을 몰아세울 때도 그들이 도망칠 여지를 두고서 몰아야 한다는 말이다.

'마을 사람들을 경계하지 않는다'는 것에 대해 정이는 "모든 것이 지극히 공정하고 사사롭지 않아 멀고 가깝고 친하고 소원한 관계의 구별이 없었다"라고 풀이했다. 공명정대한 도리로 백성에게 임했다는 뜻이다. 이를 공자는 '윗사람의 부림[上使]이 도리에 적중했기[中=中道] 때문'이라고 한 것이다.

비괘의 맨 위에 있는 음효에 대해 공자는 "친밀하게 함에 있어 시작함이 없다[无首]는 것은 잘 끝마치는 바[所終]가 없다는 것이다"라고 풀었다. 즉 주공이 '흉하다'라고 한 것의 내용을 '잘 끝마치는 바[所終]가 없다'로 풀어낸 것이다. 이는 곧 시작할 때 제대로 미더움을 주지 않았기에 그 끝 또한 좋을 수 없다는 말이다. 그 시작을 삼가라[愼始]라는 말인 셈이다. 그래야 끝도 좋을 수 있기 때문이다. 물론 그 중간이나 끝에서도 삼감을 유지하는 것 또한 시작 못지않게 중요하다. 그래서 예전에는 늘 일을 할 때는 신시경종(愼始敬終), 신시여종(愼始慮終)을 강조했다.

이는 송괘(訟卦)의 「대상전」에서 공자가 했던 말과도 그대로 이어진다.

> 하늘과 물이 어긋나게 가는 것이 송(訟)(이 드러난 모습)이니, 군자는 그것을 갖고서[以] 일을 시작하되 그 처음을 (신중하게 잘) 도모한다[天與水違行訟 君子以 作事謀始].

준괘부터 여기까지를 보면 일관되게 군왕이 나라를 세우고 안정시킨 다음에 번영을 향해 나아가는 과정에서 생겨나는 일들을 극복해가는 과정과 지혜를 말하고 있다. 이런 흐름은 태괘(泰卦)까지 계속 상승하며 이어진다. 주목해야 할 요소 중 하나다.

## 9. 풍천소축(風天小畜)[177]

소축(小畜)은 형통하니, 구름이 빽빽이 모였으나 비가 돼 내리지 않는 것[密雲不雨]은 나의 서쪽 교외에서 왔기 때문이다.

小畜 亨 密雲不雨 自我西郊.[178]

초구(初九)는 돌아옴[復]이 도리로부터 비롯됐으니 무슨 허물이 있겠는가? 길하다[復 自道 何其咎. 吉].

구이(九二)는 서로 이끌어 돌아옴[牽復]이니 길하다[牽復 吉].

구삼(九三)은 수레에서 바큇살이 빠진 것이니 부부가 반목한다[輿說輻 夫妻反目].

육사(六四)는 미더움이 있으면 피가 제거되고[血去] 두려움에서 벗어나니 허물이 없다[有孚 血去 惕出 无咎].

177 문자로는 손상건하(巽上乾下)라고 한다.

178 원형이정(元亨利貞) 중에 형(亨)에 대한 언급뿐이다.

구오(九五)는 미더움이 있다. 사람들을 이끌어[攣如] 부자가 그 이웃들을 돕는다[有孚. 攣如 富以其隣].

상구(上九)는 이미 비가 오고 이미 그침[處=止]이다. 이는 그 다움을 높여[尙德=崇德] 쌓은 것이니 부인이 깐깐하면[貞] 위태롭다. 달이 거의 찼으니 군자가 움직이면 흉하다[旣雨旣處 尙德載 婦貞 厲. 月幾望 君子征 凶].

◉

소축괘(小畜卦)의 초구(初九)는 양위에 양효로 바름[正位], 구이(九二)는 음위에 양효로 바르지 못함[不正位], 구삼(九三)은 양위에 양효로 바름, 육사(六四)는 음위에 음효로 바름, 구오(九五)는 양위에 양효로 바름, 상구(上九)는 음위에 양효로 바르지 못함이다. 이 괘의 경우는 하괘는 구이가 중정(中正)을 얻지 못했고 상괘는 구오가 중정을 얻었다.

대성괘 소축괘(䷈)는 소성괘 손괘(☴)와 건괘(☰)가 위아래에 있어 만들어진 괘다. 「설괘전」에 따르면 '바람[風]으로 흩어지게 하고' '건(乾-하늘)으로 임금 노릇을 한다'고 했다. 강건한 건괘(☰)가 겸손한 손괘(☴)에 의해 저지당한[畜=止] 것으로 본다. 이는 곧 소음(小陰, ☴)이 태양(太陽, ☰)을 저지한 형국이다. 효 전체를 보면 하나뿐인 음효인 육사가 나머지 다섯 양효를 저지하고 있는 것이기도 하다.

그러면 「서괘전」을 통해 왜 소축괘가 비괘의 뒤를 이어받았는지 확인해보자.

> 비(比)란 서로 친해지는 것[比=親比]이다. 어깨를 나란히 하는 바가 있으면 반드시 길러주는 바[畜]가 있게 마련이다. 그래서 비괘의 뒤를 소축괘(小畜卦)로 받았다.
>
> 比者 比也. 比必有所畜. 故受之以小畜.

친해지면 키워주고 싶다. 인지상정이다. 그래서 비괘의 뒤를 소축괘가 받은 것이다. 축(畜)은 길러준다는 뜻 외에 머물게 한다[止], 쌓아둔다는 뜻도 있다. 그치거나 머물러야 모일 수 있기 때문이다.

참고로 64괘 중에는 소축괘 외에 대축괘(大畜卦)도 있다. 대축괘는 산천대축괘(山天大畜卦, ䷙)로 상괘가 간괘(☶)이고 하괘는 소축괘와 마찬가지로 건괘(☰)다. 하늘이 산속에 들어 있는 모양이니 모인 바가 지극히 크다는 뜻이다.

여기서 대축(大畜)이 아니고 소축(小畜)인 이유에 대해 정이는 "손(巽)은 음이라서 그 몸체가 부드럽고 고분고분하니[柔順], 오직 이런 유순함으로 강건함[乾卦]을 회유한 것이요 능히 힘으로 저지한 것은 아니어서 '저지해 모이게 해주는 도리[畜道]' 중에서는 작은 것이기 때문"이라고 풀어냈다.

문왕의 단사(彖辭), 즉 "소축(小畜)은 형통하니, 구름이 빽빽이 모였으나 비가 돼 내리지 않는 것[密雲不雨]은 나의 서쪽 교외에서 왔기 때문이다[亨 密雲不雨 自我西郊]"에 대한 공자의 풀이[「彖傳」]를 살펴볼 차례다.

소축(小畜)은 부드러움[柔=六四]이 지위를 얻어 위와 아래가 (모두) 그것에 호응하기 때문에 이를 일러[曰] 소축(小畜)이라고 한 것이다. 튼튼하면서도 공손하고[健而巽] 굳세고 가운데 있으면서[剛中] 행함에 뜻을 두어[志行] 마침내 형통하다. "구름이 빽빽이 모였으나 비가 돼 내리지 않는다[密雲不雨]"라고 한 것은 여전히 (양이) 가려고[尙往] 하기 때문이요, "나의 서쪽 교외에서 왔다[自我西郊]"라는 것은 아직 (공로의) 베풂이 행해지지 못했기 때문이다.

小畜 柔得位而上下應之 曰小畜.
소축 유 득위 이 상하 응지 왈 소축

健而巽 剛中而志行 乃亨.
건이손 강중 이 지행 내 형

密雲不雨 尙往也 自我西郊 施未行也.
밀운불우 상 왕 야 자 아 서교 시 미행 야

◉

먼저 소축이라는 이름이 생겨난 연유를 설명한다. 부드러움이 지위를 얻었다는 것은 육사(六四)가 음효로서 바른 자리에 있고 상괘에 있음을 말한다. 게다가 육사는 아래로 초구와 음양으로 호응하고 있고[有應], 위아래 효가 양효라 모두 유비(有比) 관계다. 그래서 '(모두) 그것에 호응'한다고 한 것이다. 그런데 왜 그것이 소축이라는 이름을 얻었는가? 정이는 "하나의 음이 다섯 양을 제지해 묶어놓기는 했으나 견고할 수 없으니, 이 때문에 소축(小畜)이라고 했다"라고 한다. 따라서 소축이란 작은 것[小]이 큰 것을 제지하고 있다[畜=止]는 뜻이다. 혹은 작은 것[小]이 큰 것을 길러준다[畜=養]고 볼 수 있고, 조금만 길러준다[小畜]는 뜻으로도 볼 수 있다. 괘의 이름에 대(大)나 소(小)가 붙은 것은 거의 다 이런 여러 가지 해석의 가능성이 있다.

예를 들면 신하[小]가 간언(諫言)을 통해 임금이 하고자 하는 바를 저지시키는 것[畜=止]이 전형적인 소축의 행위다. 신하의 간언을 따르면, 체면을 손상당하는 것 같지만 임금의 임금다움[德]이 조금 길러지기 때문이다. 『한서』「장석지전(張釋之傳)」편에 나오는 문제(文帝)의 일화다.

(장석지가 임금의) 행차를 따라갔는데, 상(上-문제)이 호권(虎圈-범 등을 방사한 동물원)에 올라 상림위(上林尉-상림원 호위 책임자)에게 금수의 명단에 대해 10여 가지를 물으니 위가 좌우를 쳐다보았지만 어느 누구도 대답을 못 했다. 호권을 돌보는 색부(嗇夫-잡역부)가 곁에서 위를 대신해 상이 질문한 명부에 대해 남김없이 모두 대답했는데, 그는 이를 계기로 자신의 말솜씨가 마치 메아리처럼 무궁하게 반응할 수 있음을 과시하려고 했다. 문제가 말했다.

"관리란 마땅히 저 색부와 같아야 되지 않겠는가? 위는 신뢰할 수가 없다."

석지를 불러 그 색부를 제배해 상림령(上林令)으로 삼으라고 했다. 석지가 앞으로 나와 말했다.

"폐하께서는 강후(絳侯) 주발(周勃)을 어떤 인물이라고 여기십니까?"

상이 답했다.

"장자(長者-덕망을 갖춘 인격자)다."

또다시 물었다.

"동양후(東陽侯) 장상여(張相如)는 어떤 사람입니까?"

상은 다시 말했다.

"장자(長者)다."

석지가 말했다.

"저 강후나 동양후를 장자라고 하셨는데, 이 두 사람은 일에 관해 말할 때 일찍이 제대로 자기 생각을 표현하지 못하는데 어찌 색부의 수다스러운 말재주를 본받으라고 하시는지요! 진나라는 도필리(刀筆吏)를 임용했기 때문에 아전들이 다투면서 서둘러 일을 처리하고 사소한 것을 자질구레하게 따지는 것을 갖고서 서로 뛰어나다고 뽐내곤 했습니다. 그러나 그와 같은 행동으로 인해 일을 형식적으로 처리할 뿐 백성을 가엾게 여기는 실상이 없는 폐단이 생겨났습니다. 그리하여 (진나라 황제는) 자신의 허물을 들을 수 없었고 나라는 쇠퇴해 2세(二世)에 이르러 천하는 흙더미가 무너지듯 허물어지고 말았습니다. (그런데) 지금 폐하께서는 색부의 말솜씨가 좋다고 여기시어 파격적으로 승진시키려고 하시는데, 신은 천하의 사람들이 모두 풀이 바람에 흔들려 쓰러지듯 서로 말솜씨에만 지나치게 힘써 다투고 실제적인 것을 추구하지 않을까 두렵습니다. 또 아랫사람이 윗사람을 본받는 것은 그림자가 형체를 따르거나 메아리가 소리에 답하는 것보다 신속하니, 폐하께서는 모든 언행[擧措]을 잘 살피지 않으면 안 됩니다."

문제가 말했다.

"좋다."

마침내 그만두고 색부를 제배하지 않았다.

이어서 공자는 소축괘가 형통한[亨] 까닭을 말한다. '튼튼하면서도 공손하고[健而巽] 굳세고 가운데 있으면서[剛中] 행함에 뜻을 두기[志行]' 때문이라는 것이다. 튼튼하다[健]는 것은 건괘(☰)를 말한 것이고 공손하다[巽=遜]는 것은 손괘(☴)를 말한 것이다. '굳세고 가운데 있다[剛中]'는 것은 구이(九二)와 구오(九五)를 가리킨다. '행함에 뜻을 둔다'라는 것은 건괘가 비록 아래에 있지만 원래 위를 향하는 성질이기 때문에 위로 올라가려 함을 가리킨다. 이때 중요한 것은 '마침내[乃]'다. 이는 때를 얻어[得時] 뜻을 행동으로 옮길 경우 형통하게 된다는 뜻이다.

그러면 공자는 왜 "구름이 빽빽이 모였으나 비가 돼 내리지 않는다[密雲不雨]"를 '여전히 (양이) 가려고[尙往] 하기 때문'이라고 풀었을까? 미묘한 상황이다. 길러줌이 크지 못해[小畜] 결국은 비를 이루지 못한 것이다. 그렇지만 주희의 말대로 동시에 "제지함이 크지 못하기 때문에 아래의 강한 기운이 계속 위로 나아가려 한다." '나의 서쪽 교외[我西郊]'를 정이는 나의 음방(陰方)의 기운이라고 보았다. 즉 서쪽 교외에서 온 구름은 비를 내릴 수 없다는 것이다.

쌓은 것이 많지 않으니 아직은 베풀 형편이 되지 않는다. 그래서 '아직 (공로의) 베풂이 행해지지 못했기 때문'이라고 했다.

공자의 풀이를 보면 소축괘의 경우 일의 형세[事勢]가 큰 곤경에 빠진 상황은 아니지만, 뭔가가 막혀서 제대로 풀리지 않고 있는 형국이라고 할 수 있다. 『중종실록』 38년(1543) 11월 3일 석강(夕講-저녁 경연)에서 중종과 신하들이 소축괘를 두고서 나누는 대화는 소축괘 전반에 대한 이해를 도와준다.

> 석강에 나아갔다. 『역경(易經-주역)』 소축괘(小畜卦)를 강독했다. 참찬관(參贊官) 구수담(具壽聃, 1500~1549)[179]이 아뢰어 말했다.
>
> "축(畜) 자의 뜻을 『춘추좌씨전(春秋左氏傳)』에서는 멈추는 것[止]이라 했고, 『맹자(孟子)』에도 그 임금의 욕심을 멈추게 하는 것[畜止]이라 했습니다. 대개 임금은 위엄이 천둥 같고 세력이 1만 균(萬鈞-30만 근) 같아서 사냥과 성색(聲色)의 욕심이 폭주하면 형세로 보아 작은 신하[微細之臣]가 말릴 수 없을 듯합니다. 그러나 그 뜻이 서로 맞으면 임금을 사랑하는 뜻이 이미 도타운 데다 위에서도 작다고 소홀히 여기지 않고 그 말을 받아들이므로 욕심을 멈추게 할 수 있습니다. 역리(易理)가 미묘하다고는 하나 치란(治亂)·흥망(興亡)·진퇴(進退)·소장(消長)의 이치가 매우 밝으니 깊이 살펴야 할 것입니다. 또 하늘에 있어서는 음양(陰陽)이 되고 사람에게 있어서는 군자와 소인이 되는 것이니, 다만 군자는 안에 있고 소인은 밖에 있게 함으로써 양을 높이고 음을 누르며 간사한 자를 물리치고 바른 자를 가까이하면 될 것입니다. 한꺼번에 모조리 없애려 하면 난(亂)이 일어날 것입니다."
>
> 특진관 신거관(愼居寬, 1498~1564)[180]이 아뢰어 말했다.

---

179 조광조의 조카사위이자 문인이다. 1528년 문과에 급제해 저작(著作)·박사·정언(正言)을 역임했다. 1533년 부수찬(副修撰)으로서 경연검토관(經筵檢討官)이 돼 기묘사화 때 화를 당한 사림파의 서용(敍用)을 주장하다가 파직당하고, 김안로의 모함으로 용천에 유배됐다. 1537년 김안로가 사사되자 다시 서용돼 홍문관 응교·직제학(直提學)·부제학 등을 지냈다. 1534년 대사간에 올라 윤임(尹任)의 대윤과 윤원형의 소윤이 각기 당여를 이뤄 대립함을 지적했다. 이것이 문제가 돼 1546년(명종 1년)에 일시 파직됐다가 전라감사로 재서용된 뒤 1548년에 대사헌이 돼 권신 이기를 탄핵하다가 삭직, 갑산에 유배됐다. 1550년 일찍이 유관(柳灌)을 변호한 바 있다고 해 윤원형의 사주를 받은 대간의 탄핵으로 사사됐다. 1567년(선조 즉위년)에 신원(伸冤-억울하게 지어진 죄가 회복됨)됐다. 어려서부터 성리학에 몰두해 명망이 있었고, 강직한 언론을 통해 기묘사림파에 대한 신원의 길을 열어놓았다.

180 1525년 문과에 급제해 성균관학유(成均館學諭)가 됐다. 이어 봉상시봉사(奉常寺奉事)가 됐다가 도제조 정광필(鄭光弼)의 신임을 받아 직장으로 승직됐고, 그 뒤 호조좌랑이 돼서는 국고의 수지(收支)를 정밀하게 처리하므로 노련한 벼슬아치들도 감히 신거관을 속이지 못했다. 이때 호조판서 신공제(申公濟)는 신거관을 가리켜 뒷날 판서가 될 인재라고 칭찬했다. 1534년에 이조정랑이 된 뒤 종부시첨정(宗簿寺僉正)·동부승지·대사간·도승지·한성부좌윤을 거쳐 경기도관찰사를 역임하고 이조참판·대사헌을 거쳐 호조판서에 이르렀다. 1545년(명종 즉위년)에 을사사화가 일어나자 윤원형에 의해 관작을 삭탈당하고, 1550년에 평해로 유배됐다. 1551년 양주로 이배됐다가

“『맹자』에 ‘축군(畜君-임금을 저지하는 것)이 어찌 허물이 되랴’라고 했습니다. 축군이란 그 임금의 악(惡)을 멈추게 하는 것이니 임금을 사랑한다[愛君]는 것입니다. 아래에 있는 사람으로서 그 임금이 하고자 하는 것을 멈추게 하는 것은 그 형세가 어렵다는 것을 모르지는 않으나, 대개 임금을 깊이 사랑해 좋지 않은 곳에 들어가지 않게 하려는 것입니다.”

상이 말했다.

“소인이 없는 시대가 없으므로 당우(唐虞-요순) 때에도 사흉(四凶)이 있었다. 일음(一陰)이 처음 생겨서 마침내 육음(六陰)까지 되거니와, 기미가 한 번 움직이면 점점 이뤄지니 소인이 등용돼 치성(熾盛-왕성)하게 하지 말아야 한다. 소인이 치성하게 되면 제거하기 어려울 것이다.”

구수담이 아뢰었다.

“다스려진 세상[治世]이라도 소인이 없을 수 없으니, 오직 임금이 그 실상을 분명히 변별하기에 달려 있습니다. 잘 알고서 대해야 할 것입니다. 인물을 진퇴(進退)하는 것은 국가에 가장 중요하게 관계되므로 ‘어진 사람과 뛰어난 사람[仁賢]을 신임하지 않으면 나라가 텅 비게 된다’라고 했습니다. 나라의 다스림은 사람을 근본으로 삼으니, 참으로 인재가 없으면 나라가 나라답지 못하게 됩니다.”

소축괘를 군자를 나아오게 하고 소인을 물러가게 하는 도리의 차원에서 강론하고 있다. 염두에 둘 필요가 있다. 공자의 「상전」을 살펴볼 차례다. 그중에 소축괘를 총평한 「대상전」이다.

바람이 하늘 위로 불어가는 것이 소축(小畜)(이 드러난 모습)이니, 군자(君子)는 그것을 갖고서[以] 애씀과 다움[文德]을 아름답게 한다[風行天上 小畜 君子以 懿文德].

◉

1553년에 석방돼 1555년에 여주목사로 재등용되고, 그 뒤 지중추부사(知中樞府事)에 이르렀다.

문덕(文德)을 정이는 문장과 재예(才藝)라고 풀었으나 한마디로 잘못 짚은 것이다. 말 그대로 애씀[文]과 다움[德]을 갈고닦아야 한다는 말이다. 바람은 기운이지만 실체가 없다. 공자의 용어로 하자면 문(文)은 있지만, 질(質-바탕)은 없다. 다움[德]은 한결같아야 한다. 한결같음, 쉼이 없음은 곧 하늘의 다움이다. 문과 덕은 따라서 각각 바람과 하늘에서 취한 것으로 볼 수 있다. 이 말은 다른 사람의 문덕(文德)이 아니라 군자 혹은 임금 자신의 문덕(文德)을 기르고 닦아야 한다는 뜻이다. 그런데 정이가 "문덕은 도의(道義)에 비하면 작은 것"이라고 한 것은 성리학자의 좁은 소견이 드러난 것일 뿐이다. 공자에게는 오히려 도의(道義)보다 문덕(文德)이 훨씬 비중이 컸다.

애씀[文]을 풀어보자. 그에 앞서 알아둬야 할 것이 있다. 내가 2016년부터 논어등반학교를 만들어 『논어』를 가르치며 핵심 도구로 활용하고 있는 말이 '형이상중하(形而上中下)'라는 말이다. 형이상(形而上), 형이하(形而下)라는 말은 원래부터 있던 말이고 형이중(形而中)은 교육 목적상 내가 만들어낸 말이다. 원래 형이상, 형이하는 「계사전」에 나오는 공자의 말이다.

형이상을 일러 도리[道]라 부르고 형이하를 일러 그릇[器]이라 부른다.

이 말은 풀자면 형이상은 추상적인 것, 형이하는 구체적인 것이라는 뜻이다. 여기에 그 중간 단계로 형이중을 만들어 넣은 이유는, 그래야만 『논어』에서 사용하는 공자의 언어가 생생하게 생명력을 얻게 되기 때문이다.

『논어』에 자주 등장하는 호학(好學)이라는 말을 예로 들어보겠다. 그냥 호학이라고 해서는 무슨 말인지 알 수 없다. 그런데도 우리는 호학군주 운운하면 조선 시대의 세종이나 정조를 거론하는 경우가 많다. 형이상중하의 원리를 모르는 데서 빚어지는 우스꽝스러운 상황이라고 하겠다. 자, 호학이라는 키워드를 들고 잠시 『주역』은 잊고 『논어』의 텍스트 속으로 풍덩 들어가서, 이번 기회에 『논어』에 등장하는 호학이라는 말을 대거 만나보자. 그렇게 하지 않고서는 그 명확한 뜻을 안다는 것은 거의 불가능하다. 「학이」편에 이 말이 등장한다. 공자의 말이다.

일을 할 때는 민첩하게(혹은 주도면밀하게) 하고 말을 할 때는 신중하게 하며 도리를 깨우쳐 아는 사람[有道]이 있으면 서슴지 않고 그에게 나아가 배움을 구하려 한다면 배우기를 좋아한다[好學]고 이를 만하다[敏於事而愼於言 就有道而正焉 可謂好學也已].

상당히 구체적인 내용이 제시돼 있다. 즉 형이하에서 바로 형이상에 해당하는 호학을 풀어냈다고 할 수 있다. 그러나 어디에도 책 읽기를 좋아한다는 말은 없다. 다음은 「공야장」편이다.

자공이 공자에게 물었다.

"위나라 대부인 공문자(孔文子)에게 문(文)이라는 시호를 내린 이유는 무엇입니까?"

이에 대해 공자는 말했다.

"공문자가 (일을) 행하는 데 주도면밀하고[敏] 배우기를 좋아하며[好學] 아랫사람에게 묻기를 부끄러워하지 않아 문(文)이라 일렀다."

子貢問曰 孔文子何以謂之文也 子曰 敏而好學不恥下問 是以謂之文也.

이번에는 문(文)이라는 형이상을 설명하는 데 형이하 차원에서 호학이란 개념이 동원된 경우다. 여기서는 아직 호학의 뜻이 모호할 수밖에 없다. 다만 눈여겨봐야 할 부분은 일과 관련된 민(敏)이 호학과 결부돼 있다는 점이다. 이 말은 곧 일을 주도면밀하게 하면서 묻기를 좋아했다[好問=好學]는 말이다. 그랬기에 아랫사람에게 묻는 것도 부끄러워하지 않았다. 열린 마음과 겸손함이 없이는 불가능한 행동이다. 다시 「공야장」편 끝부분에서 공자는 바로 자기 자신이 호학하는 사람임을 강조한다.

10가구 정도 되는 작은 마을에도 나만큼 충신한 사람은 반드시 있겠지만, (그런 사람들도) 나만큼 배우기를 좋아하지는 못할 것이다[十室之邑必有忠信如丘者焉 不如丘之好學也].

유감스럽게도 여기서는 호학이 서술어로 사용돼 구체적 내용을 알 수 없다. 다행히 바로 그 앞에 호학하는 사람의 모습이 어떤 것인지를 보여주는 내용이 나온다.

공자가 말했다.

"다 끝나버렸구나! 나는 아직 (나만큼) 자기 허물을 발견하여 마음속으로 송사를 하듯이 맹렬하게 (고치려) 하는 자를 보지 못했다[已矣乎 吾未見能見其過而內自訟者也]."
이 의호 오 미견 능견 기과 이 내 자송 자 야

즉 이렇게 하는 것이 호학이라고 하여 그것을 중간 단계, 즉 형이중 차원에서 풀어내고 있다. 이어서 「옹야」편이다.

애공(哀公)이 물었다.

"제자 중에서 누가 배우는 것을 좋아하는가?"

공자가 말했다.

"안회라는 자가 있어 배우기를 좋아하여 분노를 다른 데로 옮기지 않고 잘못을 두 번 다시 반복하지 않았는데, 불행하게도 명이 짧아 죽었습니다. 지금은 그가 가고 없으니 아직 배우기를 좋아하는 자를 들어보지 못했습니다."

哀公問 弟子孰爲好學 孔子對曰 有顏回者好學不遷怒不貳過 不幸短命死矣 今也則亡未聞好學者也.
애공 문 제자 숙 위 호학 공자 대왈 유 안회 자 호학 불 천로 불 이과 불행 단명 사 의 금야 즉 망 미문 호학자 야

노나라 임금 애공의 호학에 관한 물음에 공자는 "분노를 다른 데로 옮기지 않고[不遷怒] 잘못을 두 번 다시 반복하지 않았는데[不貳過]"라고 답한다. 이렇게 하는 것이 호학이라는 말이다. 호학의 내용을 형이중 혹은 형이하로 풀어냈다고 할 수 있다.
불천노 불이과

이 정도면 공자가 말하는 호학의 뜻을 알아차렸을 것이다. 그런데 지금 우리는 이것을 '학문을 좋아한다'로 풀이하고 있다. 심지어는 '책을 좋아한다'라고 우스꽝스럽게까지 풀이한다. 이렇게 해서는 공자의 본뜻에 접근조차 할 수 없다. 배우기를 좋아한다는 것은 겸손하게 부지런히 스스로를 바꿔나간다는 뜻이라고 봐야 한다. 이렇게 되면 우리는 「학이」편의 첫 구절을 제대로 이해할 수 있는 길을 만나게 된다.

(옛 뛰어난 이들의 애씀이나 애쓰는 법을) 배워서 시간 나는 대로 그것을 익히니 진실로 기쁘지 않겠는가[學而時習之 不亦說乎]?
학 이 시 습지 불역 열 호

풀이의 실마리는 그것[之]에 있다. 기존의 번역들은 대부분 이것을 놓쳤다. 뭔가를
지

배우고 그 뭔가를 시간 나는 대로 익혀야 한다는 말이다. 그 뭔가란 곧 보게 되겠지만 문(文)을 배우라는 것이다. 일부 책들은 일본 학자들의 영향을 받아서 예(禮)를 배우라고 풀이하는데, 그럴 이유가 없다. 『논어』에서 배운다고 할 때는 십중팔구 문(文)을 배우라는 것이기 때문이다. 「술이」편에 나오는 대로 공자가 제자들에게 가르친 네 가지는 문(文)·행(行)·충(忠)·신(信)이었고, 그중에 가장 먼저 나오는 것은 문(文)이었다. 가장 중요하기 때문에 가장 앞에 내세운 것이다.

문(文)만 알면 거의 다 아는 셈이다. 글월 문이라고 배웠다 해서 문(文)을 글로 옮긴 번역서들이 많다. 공자는 글선생이 아니다. 『논어』를 가장 크게 왜곡한 주희(朱熹, 1130~1200)는 『논어집주』에서 문(文)을 『시경』 『서경』 『주역』 『예기』 『악기』 『춘추』 등 6경(經)의 글이라고 보았다. 한마디로 공자의 사상을 문(文)이라고 본 듯한데, 이를 틀렸다고는 할 수 없지만 맞는 것도 아니다. 6경의 글들은 옛 뛰어난 인물들의 열렬히 애썼던 흔적[文]을 모아서 편집해놓은 것이 분명하지만, 문(文)은 그 범위에 한정되지 않는다. 우리가 노력하기에 따라 '지금 이곳'에서도 얼마든지 문(文)을 찾아 배울 수 있기 때문이다. 그러면 과연 문(文)은 무엇일까? 앞서 공문자에게 시호로 내린 그 문(文) 말이다.

내가 5년간(2007~2012) 『논어』를 파헤치고 나서 맨 마지막에 풀어낸 숙제는 바로 문(文)을 '애쓰다' '애씀' '애쓰는 법'으로 풀어야 한다는 것이었다. 그런데 사서(四書) 풀이 작업을 마치고 도전한 송나라 학자이자 정치가 진덕수(1178~1235)의 『대학연의』 번역 작업에서 웃어야 할지 울어야 할지 모를 상황에 마주쳤다. 거기에 바로 답이 나와 있었다.

『서경』 「요전」편에서는 요임금의 자질과 능력을 넉 자로 "흠명문사(欽明文思)"라고 표현했다. 이는 중국에서 옛사람들이 사람을 평하던 넉 자 인물평[四德]의 원조 격이기도 하다. 문제는 이 한 자 한 자의 뜻을 정확히 새기는 것이다. 진덕수는 이 흠명문사를 다음과 같이 풀어냈다. 이는 앞으로 『논어』를 제대로 풀어가는 데도 많은 시사를 던져준다는 점에서 꼭 주목해둬야 한다.

> 요임금의 제왕다움[德]을 말하는 것입니다. 흠(欽)이란 삼가지[敬] 않음이 없다는 뜻이고, 명(明)이란 환하게 밝히지 않음이 없다는 뜻이며, 문(文)이란 (꽃부리) 안에 잠재돼 있던 것

을 밖으로 남김없이 드러내 보여주는 것[英華之發見]이고, 사(思)은 뜻하고 생각하는 바가 깊고 멀다는 것입니다.

경어체인 이유는 『대학연의』란 책이 진덕수가 송나라 황제에게 제왕학을 가르치기 위해 경서(經書)와 사서(史書)를 인용한 다음 그것을 풀어낸 것이기 때문이다. 진덕수에게 『대학』은 곧 제왕학이다. 다시 본론이다. 여기서 진덕수는 명확하게 "문(文)이란 (꽃부리) 안에 잠재돼 있던 것을 밖으로 남김없이 드러내 보여주는 것[英華之發見]"이라고 말하고 있다. 이는 형이상의 문(文)을 전형적으로 형이중의 차원에서 풀어낸 것이다. 물론 그보다 좋은 말이 있으면 양보하겠지만, 현재로서 이를 나타낼 수 있는 적합한 우리말은 내가 볼 때 곧 '열렬하게 애쓰는 것'이다. 문(文)에 대해서는 앞으로도 계속 다룰 것이므로 일단 이 정도에서 마치고 다음으로 넘어갈까 한다.

학이시습지(學而時習之), 애씀을 배워서 시간 나는 대로 그것을 익힌다는 말이다. 이로써 그것[之]에 대한 궁금증도 풀렸고, 따라서 학이시습지는 온전히 파악됐다. 기존의 『논어』 풀이는 유감스럽게도 여기서 그치고 만다. 배우다[學]의 목적어는 어렵사리 찾았지만, 아직 주어는 찾지 못했는데도 말이다.

누가? 과연 학이시습지라고 했을 때 문(文), 즉 애씀이나 애쓰는 법을 배우는 주체는 누구일까? 줄여서 학습(學習)이 되다 보니 흔히 어린아이들을 『논어』를 배우는 주체나 주어로 생각하는 경향이 일반적이다. 그러나 10년 동안 씨름한 결과 『논어』는 어린아이들을 위한 책이 아니다. 이렇게 딱 끊을 수 있을지 모르겠지만 20대 중반까지 이 책을 읽어도 그 깊은 뜻을 알 수 없다. 『논어』는 조직의 최고 지도자 혹은 최고 지도자가 되려는 사람을 위한 책이기 때문이다.

이 말을 하는 도중에 주어가 나와버렸다. 군자(君子), 즉 군주가 주어다. 군주 된 자 혹은 군주가 되고자 하는 자가 바로 학이시습지의 주어다. 그렇게 되면 이제 不亦說乎, 즉 '진실로 기쁘지 않겠는가?'와 연결지어 풀 수 있는 마지막 단계에 이르렀다. 참고로 不亦~乎는 ~를 강조하기 위한 상투적인 표현법이다. 亦은 여기서는 흔히 오역하듯이 '또한'이 아니다. '진실로' '정말로'라는 뜻이다.

어린 학생도 아니고 일반 학자도 아니고 군자가 과연 (옛 뛰어난 이들의 애씀이나 애쓰는 법을) 배워서 시간 나는 대로 그것을 익히는 것을 진실로 기뻐할까? 『논어』를 군주론 혹은 제왕학의 텍스트로 볼 때라야 이런 식의 질문은 생생한 활력을 갖는다. 학생들의 계몽서로, 선비 혹은 군자가 되고자 하는 자의 도덕 함양서 정도로 보는 기존의 관점으로는 이런 활력 있는 질문에 이를 수 없다. 그 질문을 던져서 얻어내게 되는 답도 차원이 다르다.

군주란 나라의 규모가 크든 작든 한 나라의 모든 권력을 장악한 사람이다. 가장 경계해야 할 것은 무엇일까? 교만[驕]이다. 이만하면 됐다는 어설픈 만족감이다. 이런 사람들은 새로운 것을 배우려 하지 않고 당연히 익히려 하지 않는다. 귀찮고 번거롭고 지겹기 때문이다. 여기서 문제는 나아가려 하지 않는 지도자에게는 새로운 길을 인도해줄 스승 같은 신하[師臣]가 가까이 갈 수 있는 여지가 없다는 사실이다. 앞으로 나아가기를 멈춰버린 지도자에게 꼬이는 것은 아첨하는 신하[佞臣]뿐이다. 이 같은 기로에서 다시 한번 음미해보기 바란다.

(옛 뛰어난 이들의 애씀이나 애쓰는 법을) 배워서 시간 나는 대로 그것을 익히니 진실로 기쁘지 않겠는가?

결국은 "진실로 기쁘지 않겠는가?"를 한 글자로 압축하면 호(好)이고 "배워서 시간 나는 대로 그것을 익히니"가 학(學)이므로, 『논어』라는 책의 첫출발이 바로 호학(好學)이었다.

결론이다. 지도자가 바로 이런 기쁜 마음을 진심으로 가질 때라야 새로운 길을 열어 밝혀줄 수 있는 스승 같은 신하[師臣]가 곁으로 나아올 수 있다. 이 구절의 핵심 메시지는 겸손한 마음가짐[謙]이다.

이처럼 호학의 정확한 의미를 알고 나면 황희를 스승과 같은 신하로 가까이했던 세종은 호학군주라 할 수 있지만, 스스로를 '임금이자 스승[君師]'이라 불렀던 정조는 결코 호학군주라 할 수 없다.

이어서 다움[德]의 의미를 정확히 알아야 한다. 『논어』「옹야」편에서 공자는 이렇게 말한다.

공자가 말했다. "중용이 다움[德]을 이뤄냄이 지극하다고 할 것이다. (그런데) 사람들 가운데는 중용을 오래 지속하는 이가 드물다."

子曰 中庸之爲德也 其至矣乎 民鮮久矣.
자왈 중용 지 위덕 야 기 지 의 호 민 선 구 의

공자는 다움[德]을 이뤄내는 것이 '중용'이라고 말한다. 덕을 이뤄낸다는 것[爲德=成德]은 임금이 임금다워지고 신하가 신하다워지고 부모가 부모다워지고 자식이 자식다워지는 것이다[君君臣臣父父子子]. 크게 말해 사람이 사람다워지는 것[人人]이 바로 그 다움[德]을 이루는 것이다.

여기서 우리는 질문을 던져야 한다. 기존의 해석에 따를 때 '지나치거나 치우침이 없음'이 어떻게 해서 다움을 이뤄낼 수 있을까? '적절한 균형을 잡는다'라고 해서 임금이 임금다워지고 신하가 신하다워질까? 이래서는 무슨 말인지 알 길이 없다. 그래서 일반인들은 이 단계에 이르면 '아, 내가 한문이 약해서 이해를 못 하는구나'라며 지레 포기하고 만다.

결론부터 말하면 중용(中庸)은 한 단어가 아니라 '중하고[中] 용하다[庸]'는 두 단어다. 여기서 중(中)은 가운데 운운하는 것과는 전혀 상관이 없고, 오히려 적중(的中), 관중(貫中)이라고 할 때의 그 중이다. 『서경』에 나오는 '문제의 핵심을 잡아 쥔다'라고 할 때의 집중(執中)이 바로 '중하는 것[中]'이다. 아직 도달하지는 못했지만 뭔가 사안의 본질이나 핵심에 닿기 위해 갖은 애를 다 쓰는 것이 바로 '중하는 것[中]'이다.

용(庸)도 떳떳함과는 상관이 없고, 오래 지속하는 것[久止]이다. 즉 열과 성을 다해 어렵사리 중하게 된 것을 가능한 한 유지하는 것이 바로 '용하는 것[庸]'이다. 임금이 절로 임금이 되는 것은 아니다. 관대함, 판단력, 위엄 등을 조금씩 조금씩 갖춰나감으로써 처음에는 어설펐던 임금도 훗날 임금다운 임금이 될 수 있다. 그러면 어떻게 해야 하겠는가? 임금의 다움을 배우고 익혀 최대한 자기 몸에 남도록 해야 한다. 즉 다움의 가치[德]를 정확히 찾아내[中] 내 몸에 익혀야[庸] 한다.

아마도 눈 밝은 독자라면 벌써 눈치챘으리라 본다. 그렇다. 중하고 용하는 것[中庸]은 『논어』 첫머리에 나오는 학이시습과 정확히 통한다. 각자 자신이 갖춰야 할 다움[德]을 열렬히 애써[文] 배워서 그것을 시간 나는 대로 열심히 몸에 익히는 것이 바로 중하고 용하는 것[中庸]이다. 이렇게 되면 문(文)과 덕(德), 애씀과 다움은 별개로 동떨어져 있는 것이 아니라 서로 밀접하게 연결된 것임을 알 수 있다. 여기까지 이해한 다음에 『논어』 「태백」편을 읽어보자.

> 공자가 말했다. "(뭔가를) 배울 때는 마치 내가 (거기에) 못 미치면[不及(불급)] 어떡하나 하는 마음으로 해야 하고, 또 (그것에 미쳤을 때는) 혹시 그것을 잃으면[失之(실지)] 어떡하나 두려워하는 마음으로 해야 한다[學如不及猶恐失之(학여불급유공실지)]."

여기서 자연스럽게 배움과 중하고 용하는 것이 만나고 있다. '내가 거기에 못 미치면 어떡하나 하는 마음으로 하는 것'이 중하는 것[中(중)]이고, '그것을 잃으면 어떡하나 두려워하는 마음으로 하는 것'이 용하는 것[庸(용)]이다. 결국 중하는 것이나 용하는 것이나 전심전력을 기울여야지 조금만 방심해도 중하지 못하고 설사 중했다 하더라도 그것을 잃어서 용하지 못하는 것이다.

적어도 이 정도까지는 이해가 돼야 『논어』 「옹야」편에서 공자가 말한 뒷부분을 쉽게 이해할 수 있다.

> (그런데) 사람들 가운데는 중용을 오래[久(구)] 지속하는 이가 드물다[民鮮久矣(민선구의)].

핵심은 '오래[久=恒=常(구 항 상)]'다. 순간적으로는 누구나 중할 수 있고 용할 수 있다. 그러나 그것을 오래 끌고 가는 것은 쉽지 않다. 이로써 우리는 문덕(文德)을 아름답게 하라[懿(의)]는 것의 정확한 의미를 파악했다. 즉 공자의 「대상전」은, 하늘 위로 바람이 불어갈 때 임금이 그것을 보게 될 경우 문득 깨닫고서 널리 애쓰는 바를 배우고[學文(학문)] 다움을 갈고닦고[修德(수덕)] 높이라[崇德(숭덕)]는 말이다. 문덕의 의미를 이렇게 정확히 이해할 때라야 반고가 『한서』 「형법지(刑法志)」편에서 말한 다음의 구절을 제대로 알 수 있다.

> 문덕(文德-애씀과 다움)은 제왕의 예리한 도구[利器(이기)]이고, 위무(威武-위엄과 무력)는 문덕을 보조하는 것이다. 무릇 문(文)이 더해지는 바가 깊으면 무(武)가 거기에 굴복하는 바는 커지고, 덕(德)이 베풀어지는 바가 넓으면 위(威)가 통제하는 바는 광대해진다. (하은주) 삼대의 융성한 시대에는 형벌이 폐기되고 군사가 사용되지 않는 차원에까지 이르자 그 본말이 차례를 갖게 됐고 제왕의 공로와 업적도 지극했다.

소축괘의 여섯 효[六爻]에 대한 주공의 말을 풀이한 공자의 「소상전」이다.

(초구(初九)는) (양의) 돌아옴[復]이 도리로부터 비롯됐다는 것은 그 마땅한 의리[義]로 볼 때 길하다[復自道 其義吉也].

(구이(九二)는) 서로 이끌어 돌아온다[牽復]는 것은 가운데 있어[在中] 역시 스스로를 잃지[自失] 않았기 때문이다[牽復 在中 亦不自失也].

(구삼(九三)은) 부부가 반목한다는 것은 집안을 바로잡지 못했기 때문이다[夫妻反目 不能正室也].

(육사(六四)는) 미더움이 있으면 두려움에서 벗어난다는 것은 윗사람과 뜻이 합치됐기 때문이다[有孚惕出 上合志也].

(구오(九五)는) 미더움이 있어 사람들을 이끈다[攣如]는 것은 혼자서 부유함을 차지하지 않는다는 말이다[有孚攣如 不獨富也].

(상구(上九)는) 이미 비가 오고 이미 그쳤다[既雨既處]는 것은 다움이 쌓여 가득한 것이고, 군자가 움직이면 흉하다는 것은 의심스러운 바[所疑]가 있기 때문이다[既雨既處 德積載 君子征凶 有所疑也].

◉

소축괘의 맨 아래 첫 양효에 대해 공자는 "(양의) 돌아옴[復]이 도리로부터 비롯됐다는 것은 그 마땅한 의리[義]로 볼 때 길하다"라고 풀었다. 이때 돌아왔다는 것은 위로 다 올라갔다가 처음 자리로 돌아왔다는 말이다. 초구(初九)는 양효로 양위에 있어 자리가 바르다[正位]. 육사(六四)와 음양의 관계로 호응하고 있다. 초구의 결점은 지위가 낮다는 것과 무비(無比)라는 것뿐이다. 유비(有比)라는 것만 제외하면 복괘(䷗)의 초구와 상황이나 처지가 비슷하다. 참고로 복괘의 초구는 "으뜸으로 길하다[元吉]"다.

게다가 (양이) 돌아오는 과정이 도리에 맞았다[自道=由道]고 했다. 가장 위에까지 올라갔다가 바른 자리로 돌아왔다는 뜻이다. 그렇기 때문에 주공은 효사에서 '무슨 허물이 있겠는가? 길하다'라고 했고, 공자도 이를 받아서 "그 마땅한 의리[義]로 볼 때 길하다"라고 부연 설명을 한 것이다.

역사 속의 기록 하나를 읽어보자. 『숙종실록』 12년(1686) 윤 4월 22일에 이이명(李頤命, 1658~1722)[181]은 주강(晝講-낮 경연)에서 숙종에게 이렇게 말했다.

주강에 나아갔다. 소축괘(小畜卦)를 강의하는데, 시독관 이이명이 글 뜻을 설명하며 아뢰어 말했다.

"초구(初九)는 양효(陽爻)로서 양위(陽位)에 있어 정도(正道)를 지키고, 또 앞의 음효(陰爻-육사)와 거리가 멀기 때문에 제지하는 바[所畜(소축)][182]로부터 영향을 받지 않고 앞으로 나아가 회복이 되는 것입니다. 국가의 일로 말하더라도, 병자년(丙子年-1636년, 인조 14년)·정축년(丁丑年-1637년, 인조 15년)[183] 이후 오늘날까지 점점 음유(陰幽-시련기)로 들어가서 양복(陽復-국권 회복)을 기약하기 어려우니, 군신(君臣)·상하(上下)가 다 같이 위로 나아가겠다는 뜻을 잊지 않은 뒤에야 국사를 할 수 있을 것입니다. 신의 조부 고 상신(相臣) 이경여(李敬輿)가 효종조에 차자를 올려 국사를 말하자 효종께서 비답하시기를 '공리(功利-실리 추구)가 나쁘다는 것을 알지 못하는 것은 아니나, 참으로 사무친 아픔이 가슴에 맺혀 있어 날은 저물고 길은 멀기 때문에 그렇게 하지 않을 수 없다'라고 하셨습니다. 오늘날 성조(聖祖)의 이 교지를 본받아 힘써 일을 만들어서 양복(陽復)의 뜻을 저버리지 마셔야 합니다."

---

181 세종의 아들 밀성군(密城君)의 8대손으로, 할아버지는 영의정 이경여(李敬輿)이고 아버지는 대사헌 이민적(李敏迪)이다. 송시열·김석주(金錫胄) 등의 지원 아래 이선(李選)·이수언(李秀言) 등과 함께 노론의 기수로 활약했다. 1686년 사헌부의 집의로 있으면서 문과 중시에 병과로 급제, 이듬해 1월 강원도관찰사에 특제(特除)됐다. 이후 강원도관찰사로 나간 지 8개월 만에 승정원의 승지가 되는 등 남다른 승진을 거듭했다. 그러나 1689년 기사환국으로 영해로 유배됐다가 남해로 이배되는 곤욕을 치르기도 했다. 유배 생활 5년 만에 갑술옥사가 일어나 호조참의로 조정에 돌아온 뒤, 승지를 거쳐 1696년(숙종 22년) 평안도관찰사로 뽑혔지만 늙은 어머니의 병을 이유로 극구 사절하고 강화부유수로 나갔다. 그러다가 2년 만에 대사간이 돼 돌아왔다가 형 이사명(李師命)의 죄를 변호하다 다시 공주로 유배되고 말았다. 이듬해 2월에 유배는 풀렸으나 2년간 기용되지 못하다가 1701년 예조판서로 특임됐다. 이어 대사헌·한성부판윤·이조판서·병조판서 등을 거쳐 1706년 우의정에 올랐다. 1708년 숙종의 신임을 한몸에 받으면서 좌의정에 올랐고, 이후 세제(世弟-뒤의 영조)의 대리청정을 추진하다 실패해 다시 남해로 유배되기까지 15년간을 노론 정권의 핵심적 존재로 활약했다. 이 동안 숙종의 죽음으로 고부사(告訃使)가 돼 연경(燕京)에 갔을 때, 독일 신부 쾨글러(戴進賢, Ignatius Koegler, 1680~1746)와 포르투갈 신부 사우레즈(蘇霖, Joseph Saurez) 등과 교유하면서 천주교와 천문, 역산에 관한 서적을 얻어와 이를 소개했다고 전한다. 1721년(경종 1년) 세제의 대리청정이 실패하자 주모자 김창집(金昌集) 등과 함께 관작을 삭탈당하고 남해에 유배돼 있던 중 목호룡(睦虎龍)의 고변으로 이듬해 4월 서울로 압송, 사사(賜死)됐다.

182 동시에 신하들이 제지하는 바라고 할 수 있다.

183 병자호란을 가리킨다.

상이 말했다.

"이 말은 매우 좋다. 내가 깊이 유념하리라."

청나라로부터 국권을 회복하려는 노력을 해야 한다는 말에 숙종이 긍정적인 답변을 한 것이다.

소축괘의 밑에서 두 번째 양효에 대해 공자는 "서로 이끌어 돌아온다[牽復]는 것은 가운데 있어[在中] 역시 스스로를 잃지[自失] 않았기 때문이다"라고 풀었다. 이는 "서로 이끌어 돌아옴이니 길하다[牽復 吉]"는 주공의 효사에서 '길하다'라고 한 부분의 이유를 말한 것이다. 정이의 풀이다.

> 양이 (초구에 이어서) 돌아옴에 그 형세가 반드시 강하다. 구이는 가운데[中] 처해 있어 비록 나아감이 강하더라도 또한 지나치게 강함에는 이르지 않는다. 지나치게 강하게 되면 곧 스스로 도리를 잃는 것이다. 효사(爻辭)에서는 다만 서로 이끌어 돌아와 길한 뜻만 말했고, (공자의) 「소상전」에서는 다시 중도(中道)에 처하는 아름다움을 밝혔다.

소축괘의 밑에서 세 번째 양효에 대해 공자는 "부부가 반목한다는 것은 집안을 바로잡지 못했기 때문이다"라고 풀어 반목의 이유만 밝혔다. 그렇다면 주공의 효사에서 '수레에서 바큇살이 빠진 것[輿說輻]'이란 무엇을 비유한 것인가? 정이는 "구삼은 양효로 그 자리가 (하괘의 맨 위에 있어) 가운데를 얻지 못했고 육사와 매우 가까이에 있다. 음과 양은 그 마음이 서로 구하는 것인데 가까이 있으면서 적중한 도리[中]를 얻지 못했으니 음에게 저지당하는 것이다. 그래서 앞으로 나아가지 못하니, 이는 마치 수레에 바큇살이 빠진 것과 같아서 뜻을 행하지 못하는 것과 같다"라고 했다. '부부가 반목한다'라는 것도 고분고분해야 할 아내가 남편에게 순종하지 않고 오히려 남편을 제지하려 드니 반목하게 되는 것이다. 그런데 정이는 남편이 남편으로서의 도리를 잃지 않았는데 아내가 남편을 제지하려 드는 경우는 없다고 했다. 결국 일차적으로는 남편의 잘못이라는 것이다. 다시 정이는 공자의 「소상전」 풀이에 대해 이렇게 말했다.

> 구삼은 스스로 그런 처지에 놓이는 것이지 도리에 따라서 그렇게 되는 것이 아니다. 그래서

육사(六四-아래에서 네 번째 음효)가 제재하여 나오지 못하게 하니, 이는 마치 남편이 집안을 바로잡지 못했기 때문에 반목이 생겨나는 것과 같다.

송나라 진덕수는 『대학연의』에서 굳센 다움[剛德]을 갖고서도 부인에게 휘둘린 황제가 바로 소축괘의 구삼에 해당한다며, 사례로 당나라 태종의 측천무후와 수나라 문제(文帝)의 독고황후(獨孤皇后)를 들었다. 독고황후는 수 문제를 독점하려고 했다. 제국을 통일한 황제였음에도 수 문제에게는 후궁이 없었고 다섯 아들은 독고황후에게서 얻은 자식이었다. 이는 독고황후의 질투를 감당할 수 없었기 때문이다. 한 번은 수 문제가 몰래 한 여인을 궁중에 들이자 황후가 이를 알고 수 문제가 없는 틈에 그녀를 죽여버렸다. 그 사실을 안 수 문제는 노해서 홀로 말을 잡아타고 산속으로 깊이 들어갔다고 한다. 신하들의 만류로 겨우 궁궐로 돌아온 수 문제에게 황후가 사과함으로써 일이 마무리됐다는데 그것은 정사의 기록이고, 야사에서는 황후에게 혼날 것이 겁난 나머지 말을 타고 달아난 것이라고 돼 있다. 그녀의 최대 실수는 수 문제의 후계자 선택이었다. 그녀는 맏아들로 태자에 봉해진 양용(楊勇)보다 둘째 아들인 진왕(晋王) 양광(楊廣)을 더 사랑했는데, 태자가 그녀가 싫어하는 축첩을 했기에 더욱 마음이 멀어졌다. 이를 알고 있었던 양광은 어머니 눈앞에서는 늘 온유하고 검소한 체 연극을 했다. 사실은 태자 이상으로 많은 여인을 거느렸으면서도 그것을 감추고 어쩌다 후실들이 아이를 낳으면 곧바로 죽여버리는 식으로 비밀을 지켰다. 이런 낌새를 눈치챈 신하들도 양광 편에 붙어 태자를 중상모략하고 양광을 치켜세우는 일을 함으로써 수 문제 부부는 태자를 갈아야겠다는 생각을 굳히게 된다. 600년에 양용을 폐하고 양광을 새 태자로 삼았는데, 그가 뒷날 나라를 망친 수양제(隋煬帝)다.

소축괘의 밑에서 네 번째 음효에 대해 공자는 "미더움이 있으면 두려움에서 벗어난다는 것은 윗사람과 뜻이 합치됐기 때문이다"라고 풀었다. 주공은 효사에서 "미더움이 있으면 피가 제거되고[血去] 두려움에서 벗어나니 허물이 없다[有孚 血去 惕出 无咎]"라고 했다. 효사에 대한 정이의 풀이가 상세하다.

육사는 강함을 제지해 길들이는 때[畜時=小畜]에 임금과 가까운 자리에 있으면서 임금을 제지하고 길들이는 자다. 마음속에 미더움과 열렬함[孚誠]이 있으면 구오가 마음속으로 그를 믿고서 그의 저지를 따를 것이다. 소축괘의 이 유일한 음효는 여러 양효를 제지하고 길들이는 자이니, 여러 양효의 뜻이 육사에 매여 있다. 육사가 만일 힘으로 저지하려고 한다면 하나의 부드러움[柔]이 여러 굳셈[剛]과 대적하게 돼 반드시 상해를 당할 것이요, 오직 미더움과 열렬함을 다해 응하면 감동시킬 수 있다. 그렇게 되면 그 피해를 멀리하고 위험과 두려움을 면할 수 있다. 이와 같이 하면 허물이 없고, 그렇게 하지 않는다면 피해를 면할 수 없다. 이것이 부드러움이 굳셈을 제지하고 길들이는 방도다. 위엄을 지닌 군주일지라도 미천한 신하가 임금의 욕심을 제지하고 길들일 수 있는 것은 미더움과 열렬함으로 감동시키기 때문이다.

미더움과 열렬함을 다해 임금에게 응해 감동시키는 문제를 짚어보자. 이는 다름 아닌 『논어』 「학이」편에 나오는 "유붕자원방래 불역낙호(有朋自遠方來不亦樂乎)"다. 살펴본 바 있는 학이시습(學而時習)만큼이나 엉뚱하게 오역되고 있는 것이 이 말이다. 기존의 통상적인 번역은 "벗이 있어 먼 곳에서 찾아오니 즐겁지 아니한가?"다. 오역이다. 이 오역의 방점은 '먼 곳'에 찍혀 있다. 물론 먼 곳에서 벗이 찾아오면 반갑다. 그러나 이런 정도의 내용이 『논어』의 첫머리 세 가지 중의 두 번째를 차지할 수는 없다. 만일 이런 번역이 맞다고 한다면 반문을 해보겠다. 가까이에서 자주 보는 친구가 찾아오면 즐겁지 않다는 말인가. 공자가 기껏 가까이에서 자주 보는 친구보다는 먼 곳에서 오랜만에 찾아온 벗에게 즐거운 마음을 가지라는, 『명심보감(明心寶鑑)』만도 못한 처세의 노하우를 던졌고, 『논어』의 편집자는 그 뜻을 받아 『논어』의 첫머리 세 가지 중의 두 번째 자리에 두었겠는가? 당연히 아니다.

이런 오역에서 벗어나는 첫 번째 실마리는 붕(朋)에 있다. 붕은 그냥 친구가 아니다. 뜻을 같이하는 친구[同志之友]가 붕이다. 두 번째는 원(遠)이다. '멀다'라는 뜻밖에 모르면 우리는 한 걸음도 나아갈 수 없다. 여기서 원(遠)은 '멀다'가 아니라 '공정하다[公=明=正=大]'는 뜻이다. 『논어』 「안연」편에 나오는 다음 구절에서 원(遠)이 무슨 뜻인지 살펴보기 바란다.

> 자장이 밝음[明]에 관해 묻자 공자가 말했다.
>
> "점점 젖어 드는 (동료에 대한) 참소와 살갗을 파고드는 (친지들의 애끓는) 하소연을 (단호히

끊어) 행해지지 않게 한다면 그것이야말로 밝다고 말할 수 있다. (그 같은) 점점 젖어 드는 (동료에 대한) 참소와 살갗을 파고드는 (친지들의 애끓는) 하소연을 (단호히 끊어) 행해지지 않게 한다면 그것이야말로 (어리석음과 어두움으로부터) 멀다[遠]고 말할 수 있다."

子張問明 子曰 浸潤之譖 膚受之愬 不行焉 可謂明也已矣 浸潤之譖 膚受之愬 不行焉 可謂遠也已矣.

요즘은 참소나 참언[譖=讒]이란 말보다 중상모략, 무고, 헐뜯기 등이 더 자주 사용된다. 공자의 이 말도 군주나 지도자를 향해서 하는 말이다. 리더가 미리 알아서[先覺] 신하 간에 실상과 동떨어진 중상모략이 행해지지 않게 하고 주변 사람들의 사사로운 청탁을 끊어낼 때 그 리더십은 공명정대하다[明=遠]는 평가를 들을 수 있다는 말이다. 붕(朋)과 원(遠)을 풀면 거의 다 된 셈이다.

유붕자원방래(有朋自遠方來).

신하 중에 신뢰하며 뜻을 같이하는 신하가 있는데 먼 곳에 가서, 즉 군주 주변의 사사로운 측근이나 근신 또는 후궁들이 있는 익숙한 세계[近]에서 벗어난 곳에 가서 공정하고 비판적이며 때로는 귀에 거슬릴 수도 있는, 불편하지만 곧은 이야기들을 듣고서 바야흐로 돌아온다는 말이다. 그러면 당연히 어떤 식으로든 그런 이야기를 다양한 방식으로 임금에게 전할 수밖에 없다. 그랬을 때 군주로서는 불편한 정도를 넘어 불쾌하고 크게 화가 날 수 있다. 그러나 만일 그렇게 한다면 아무리 신뢰를 공유하고 뜻을 같이한다 해도 신하 입장에서 쉽게 말을 꺼내기가 어렵다. 그것은 온전히 군주의 마음 자세에 달렸다. 그것이 바로 앞의 불역열호(不亦說乎)와 마찬가지로 불역낙호(不亦樂乎), 즉 '진실로 즐겁지 않겠는가'에 직결된다. 겉으로만 즐거워해서도 신하는 입을 떼기 어렵다. 진실로[亦] 그러할 때라야 신하는 조심스럽게 군주의 허물들을 피하지 않고 전달할 수 있다. 눈 밝은 독자라면 벌써 알아차렸을 것이다. 고대 중국으로부터 우리 조선 시대까지 면면하게 이어진 언관(言官)의 간쟁(諫爭) 정신은 바로 이 같은 임금의 열린 마음이 전제될 때 제대로 발휘될 수 있었다. 다시 음미해보기 바란다.

뜻을 같이하는 벗이 있어 (먼 곳에 갔다가) 먼 곳으로부터 바야흐로 돌아오니 진실로 즐겁지 않겠는가?

군주가 자신의 과오를 지적하는 신하에 대해 이처럼 뜻을 같이하는 벗[朋]과 같은 신하[友臣]로 대할 때라야 주변에 그런 신하들이 포진해 군주의 눈 밝음[明]을 유지시켜줄 수 있다.

이번에는 힘으로 저지하려고 했다가 하나의 부드러움[柔]이 여러 굳셈[剛]과 대적하게 돼 상해를 당한 경우를 보자. 조선 중종 때의 대표적인 권간(權姦) 김안로(金安老, 1481~1537)의 행적이 그 전형이다.

김안로는 1506년(중종 1년) 문과에 장원으로 급제했다. 전적(典籍)에 처음 임명된 뒤 수찬(修撰)·정언(正言)·부교리(副校理) 등 청환직(淸宦職-학식과 문벌이 높은 사람에게 내리는 관직)을 두루 역임했다. 1511년 유운(柳雲)·이항(李沆) 등과 함께 사가독서(賜暇讀書)했고, 직제학(直提學)·부제학·대사간 등을 거쳤으며 일시 경주부윤으로 나갔다. 1519년 기묘사화로 조광조(趙光祖) 일파가 몰락한 뒤에 발탁돼 이조판서에 올랐다. 아들 김희(金禧)가 효혜공주(孝惠公主)와 혼인해 중종의 부마(駙馬)가 되자 이를 계기로 권력을 남용하다가 1524년 영의정 남곤(南袞), 심정(沈貞), 대사간 이항 등의 탄핵을 받고 경기도 풍덕(豊德)에 유배됐다. 남곤이 죽자 1530년 유배 중이면서도 대사헌 김근사(金謹思)와 대사간 권예(權輗)를 움직여 심정의 탄핵에 성공하여, 이듬해 유배에서 풀려나 다시 서용돼 도총관(都摠管)·예조판서·대제학을 역임했다. 그 뒤 이조판서를 거쳐 1534년 우의정이 됐으며, 이듬해 좌의정에 올랐다. 1531년 다시 임용된 이후부터 동궁(東宮-인종)의 보호를 구실로 실권을 장악해 허항(許沆)·채무택(蔡無擇)·황사우(黃士佑) 등과 함께 정적(政敵)이나 뜻에 맞지 않는 자를 축출하는 옥사(獄事)를 여러 차례 일으켰다. 정광필(鄭光弼)·이언적(李彦迪)·나세찬(羅世纘)·이행(李荇)·최명창(崔命昌)·박소(朴紹) 등 많은 인물이 이들에 의해 유배 또는 사사됐으며, 경빈 박씨(敬嬪朴氏)와 복성군(福城君) 이미(李嵋) 등 종친도 죽임을 당했다. 왕실의 외척인 윤원로(尹元老)·윤원형도 실각당했다. 1537년 중종의 제2계비인 문정왕후(文定王后)의 폐위를 기도하다가 발각돼 중종의 밀령을 받은 윤안인(尹安仁)과 대사헌 양연(梁淵)에 의해 체포, 유배됐다가 곧이어 사사됐다. 중종의 신임을 잃은 결과였다.

소축괘의 밑에서 다섯 번째 양효에 대해 공자는 "미더움이 있어 사람들을 이끈다[攣如]는 것은 혼자서 부유함을 차지하지 않는다는 말이다"라고 풀었다. 정이의 풀이가 명확하다.

> 소축괘(小畜卦)는 여러 양이 음에게 제지당하는 때다. 구오는 중정(中正)으로 존귀한 자리에 있고 미더움을 가지고 있어 같은 부류의 사람들이 모두 그에 응한다. 그래서 '이끈다[攣如]'라고 했으니, 서로 이끌고 연합해 서로 따르는 것을 말한다. 구오는 반드시 사람을 이끌어 서로 도와 문제를 해결할 것이니, 이것이 '부자가 그 이웃들을 돕는다[富以其隣]'는 뜻이다. 구오는 존귀한 자리에 있는 세력이니, 부자가 그 재력을 써서 이웃 사람과 함께 나누는 것과 같다.
>
> 군자가 소인에 의해 곤란을 당하고 바른 사람[正人]이 그릇된 무리에 의해 곤경을 당하면 아랫자리에 있는 사람은 반드시 윗사람을 잡아끌어 함께 나아가려 하고 윗자리에 있는 사람은 반드시 아랫사람을 잡아끌어 함께 나아가려 하니, 이는 홀로 자기의 힘만 가지고 다른 사람들에게 영향을 미치려는 것이 아니라 진실로 아랫사람들의 도움에 기대어 그 힘을 이루는 것이다.

소축괘의 맨 위에 있는 양효에 대해 공자는 "이미 비가 오고 이미 그쳤다[既雨既處]는 것은 다움이 쌓여 가득한 것이고, 군자가 움직이면 흉하다는 것은 의심스러운 바[所疑]가 있기 때문이다[既雨既處 德積載 君子征凶 有所疑也]"라고 풀었다. 주공은 효사에서 이렇게 말했다.

> 이미 비가 오고 이미 그침[處=止]이다. 이는 그 다움을 높여[尙德=崇德] 쌓인 것이니 부인이 깐깐하면[貞] 위태롭다. 달이 거의 찼으니 군자가 움직이면 흉하다[既雨既處 尙德載 婦貞厲. 月幾望 君子征 凶].

둘을 잘 비교하며 숨은 의미를 찾아내야 한다. 효사에 대한 정이의 풀이다.

> 상구는 공손하고 고분고분함의 끝[極]으로서 괘의 가장 위에 있으며 제지하는 때[畜時]의

마지막에 처해 있으니 저지함으로 인해 멈춘 자인데, 육사에게 저지당한 것이다. 이미 비가 왔다는 것은 조화를 이루었다는 것이고, 이미 그쳤다는 것은 멈췄다는 것이다. 음이 양을 저지할 때 조화를 이루지 못하면 저지하지 못하지만 이미 조화를 이루었다면 저지하게 되니, 길러주는 도리[畜之道]가 이뤄진 것이다. 대축(大畜)은 쌓인 것이 크므로 끝에 이르면 흩어지고, 소축(小畜)은 쌓인 것이 작으므로 끝에 이르면 이뤄진다.

'다움을 높여 쌓는다[尙德載]'는 것은 육사가 부드럽고 공손한 다움을 써서 가득 쌓아 이룸에 이른 것이다. 음유(陰柔)가 강양(陽剛)을 저지하는 것은 하루아침에 이뤄지는 것이 아니라 오래도록 쌓여서 이뤄지는 것이니 경계하지 않을 수 있겠는가! 재(載)란 쌓여서 가득한 것이니, 『시경(詩經)』에 이르기를 '그 소리가 길에 가득하다[厥聲載路]'라고 했다.

'부인이 깐깐하면[貞] 위태롭다[厲]'에서 부인은 음(陰)을 가리킨다. 음으로 양을 저지하고 부드러움으로 굳셈을 제지하는 도리는 부인이 만약에 깐깐하게 고집하여 지킬 경우 위태로운 도리다. 부인이 남편을 제지하고 신하가 군주를 제지하고서 능히 편안할 수 있겠는가?

달이 차서 보름달이 되면 해에 대적할 것이니 '달이 거의 찼다[幾望]'는 것은 그 성대함이 양과 장차 대등해진다는 말이다.

"군자가 움직이면 흉하다"라는 것은 보름달이 될 정도가 됐다면 섣불리 음에 맞서려 하다가는 역공을 당해 패망할 수 있다는 뜻이다. 그런데 이 부분과 관련해 공자는 '의심스러운 바[所疑]가 있기 때문이다[有所疑也]'라고 덧붙였다. 정이는 이를 "사전에 의심하고 염려할 줄 알아 경계하고 두려워해서 제어할 수 있는 방법을 찾는다면 흉함에 이르지는 않을 것이다"라고 풀었다. 공자는 나라에 도리가 없는 세상[邦無道]을 우려해 군자에게 소인의 침해로부터 벗어날 수 있는 길을 일러준 것이다. 그 길이란 공자가 「대상전」에서 했던 바로 그 말이다.

바람이 하늘 위로 불어가는 것이 소축(小畜)(이 드러난 모습)이니, 군자(君子)는 그것을 갖고서[以] 애씀과 다움[文德]을 아름답게 한다.

애씀과 다움을 길러 미리 음의 성대해짐을 사전에 잘 막아야 한다는 뜻이다. 이런 도리를 모르고 커질 대로 커진 음의 세력을 우습게 여겨서 무리하게 음을 발본색원하려다가 역공을 당한 대표적인 인물이 당나라 문종(文宗)이다.

문종은 목종(穆宗)의 둘째 아들이고 경종(敬宗)의 동생이다. 초명은 함(涵)인데, 나중에 앙(昂)으로 고쳤다. 경종 보력(寶曆) 2년(826) 환관 왕수징(王守澄) 등이 옹립해 제위에 올랐다. 처음에는 올바른 정치를 하고자 고민해 궁녀 3000명을 출궁(出宮)시키고 오방응견(五坊鷹犬)을 방출하며 불필요한 관료 1200여 명을 내보내 정치가 청명하다는 소리를 들었다. 나중에 환관이 정권을 쥐고 흔들자 이훈(李訓)과 정주(鄭注) 등을 등용해 감로지변(甘露之變)을 발동시켜 환관들을 모두 죽일 계획을 세웠다. 그러나 일이 실패해 이훈과 정주 등은 피살당하고, 본인 역시 연금됐다.

중국 한(漢)나라는 원제(元帝) 때부터 권력이 외척인 왕씨(王氏)에게로 넘어가기 시작해 성제(成帝)와 애제(哀帝)를 거쳐 결국 평제(平帝) 때 왕망(王莽)에 의해 멸망했다. 그것은 마치 조선이 정조 이후 권세가 외척인 안동 김씨에게 넘어갔다가 결국은 망한 것을 연상시킨다. 『한서』 「오행지(五行志)」편에는 소축괘와 관련해 다음과 같은 글이 실려 있다. 참조할 만하다.

> 성제(成帝) 건시(建始) 원년 8월 무오일에 시간을 알려주는 물시계가 아직 3각(刻)[184]을 다 하지 않았을 때 두 개의 달이 겹쳐서 보이는 일이 있었다. 경방(京房)의 『역전(易傳)』에 이르기를 "'부인이 깐깐하면[貞] 위태롭다. 달이 거의 찼으니 군자가 움직이면 흉하다'[185]라고 했는데 이는 임금이 약하고 부인이 강해 몰래[陰] 올라타니 달이 나란히 나온 것이다. 그믐날인데 달이 서쪽에 보이는 것을 조(朓-그믐달)라고 하고 초하루인데 달이 동쪽에서 보이는 것을 측특(仄慝)이라 하는데, 측특이면 후와 왕이 엄숙해서[肅] 그런 것이고 조면 후와 왕이 (느슨하게) 펴져 있어서[舒] 그런 것이라고 했다"라고 했다. 유향(劉向)이 볼 때 조(朓)란 급한 것으로, 임금이 펴져 있어 느슨하면[舒緩] 신하들이 교만하니 그 때문에 해의 운행이 느리고 달의 운행이 빨라지는 것이라고 했다. 또 측특(仄慝)이란 나아가지 못한다는 뜻으로, 임금이 엄숙하고 급하면 신하들이 두려움에 떨게 되니 그 때문에 해의 운행이 빠르고

184 하루를 100각으로 나눴으니 1각은 14~15분쯤 된다. 춘분과 추분은 낮과 밤이 각각 50각이고, 동지는 낮이 40각, 밤이 60각이며 하지는 그 반대다.

185 소축괘(䷈)의 맨 위에 있는 양효에 대한 풀이다.

달의 운행이 느려져 감히 임금을 가까이에서 압박할 수 없다는 것이다. 또 펴져 있지도 않고 급하지도 않아 바름[正]으로 운행함을 잃게 되는 것은 초하루에 일식이 일어나는 것이라고 했다. 유흠(劉歆)이 볼 때 펴져 있다[舒]라는 것은 후와 왕이 뜻을 펼쳐 일을 제 마음대로 하니 신하가 내몰리게 돼 그 때문에 달의 운행이 빨라지는 것이라고 했다. 엄숙하다[肅]라는 것은 왕과 후가 움츠러들어[縮朒] 일을 제대로 감당하지 못해 신하들이 풀어져서 제 마음대로 하게 되니 그 때문에 달의 운행이 느려지는 것이라고 했다. 춘추 시대 때는 후와 왕이 대부분 위축돼 일을 제대로 맡아 하지 못해 그 때문에 2일에 일식이 일어나 측특한 것이 18차례이고 그믐날에 일식이 일어나 조(朓)한 것이 1차례이니, 이것이 그 효험이다. 한나라 시대[漢家]를 고찰해보면 그믐날에 일식이 일어나 조(朓)한 것이 36차례이고 2일에 일식이 일어나 측특한 것은 없으니, 유흠의 설이 믿을 만하다. 이상은 모두 다 해와 달의 운행이 어지러웠던 것[亂行]에 관한 것이다.

## 10. 천택리(天澤履)[186]

호랑이 꼬리를 밟더라도 사람을 물지 않으니[不咥] 형통하다.

履虎尾 不咥人 亨.[187]

초구(初九)는 평소 (길을) 밟는 대로 가면[往] 허물이 없다[素履 往 无咎].

구이(九二)는 밟아가는 길[履道]이 평탄하니 속마음이 그윽한 사람[幽人]이라야 반듯하고 길하다[履道坦坦 幽人 貞吉].

육삼(六三)은 애꾸눈[眇]이 보고 절름발이[跛]가 밟아가는 것이다. 호랑이 꼬리를 밟아 사람을 무니 흉하고, 무인(武人)이 대군(大君)이 됐다[眇能視 跛能履. 履虎尾 咥人凶 武人爲于大君].

구사(九四)는 호랑이 꼬리를 밟았으나 두려워하고 또 두려워하면[愬愬] 끝내는 길하다[履

186 문자로는 건상태하(乾上兌下)라고 한다.

187 원형이정(元亨利貞) 중에 형(亨)에 대한 언급뿐이다.

虎尾 愬愬 終吉].
호미 색색 종길

구오(九五)는 견결하게 밟아가니 반듯해도 위태롭다[夬履 貞厲].
쾌리 정 려

상구(上九)는 밟아가는 것을 보아[視履] 상서로울지를 고찰하되[考祥] 그 주선하는 바가 잘
시리 고상
갖춰지면 으뜸으로 길하다[視履 考祥 其旋 元吉].
시리 고상 기선 원길

◉

이괘(履卦)의 초구(初九)는 양위에 양효로 바름[正位], 구이(九二)는 음위에 양효로
정위
바르지 못함[不正位], 육삼(六三)은 양위에 음효로 바르지 못함, 구사(九四)는 음위에
부정위
양효로 바르지 못함, 구오(九五)는 양위에 양효로 바름, 상구(上九)는 음위에 양효로 바르지 못함이다. 이 괘의 경우 하괘는 구이가 중정(中正)을 얻지 못했고 상괘는 구오가 중정을 얻었다.

대성괘 이괘(䷉)는 소성괘 건괘(☰)와 태괘(☱)가 위아래에 있어 만들어진 괘다. 「설괘전」에 따르면 '건(乾-하늘)으로 임금 노릇을 하고' '태(兌-못)로 기쁘게 한다'고 했다. 하늘이 위에 있고 연못이 아래에 있다.

그러면 「서괘전」을 통해 왜 이괘가 소축괘의 뒤를 이어받았는지 확인해보자.

> 사물(혹은 일)이 쌓인 다음에야 예(禮)가 있게 마련이다. 그래서 소축괘의 뒤를 이괘(履卦)로 받았다.
>
> 物畜然後有禮. 故受之以履.
> 물 축 연후 유례 고 수지 이이

『논어』 「자로」편에 나오는 자로와 공자의 다음과 같은 대화는 곧바로 "사물이 쌓인 다음에야 예(禮)가 있게 마련이다"에 대한 풀이가 된다.

> 자로가 물었다.
>
> "위(衛)나라 군주가 스승님을 기다려 정치에 참여시키려고 하니, 스승님께서는 정치를 하시게 될 경우 무엇을 우선시하시렵니까?"

공자가 말했다.

"반드시 이름부터 바로잡겠다[正名]."

이에 자로가 말했다.

"황당합니다. 그렇게 해서야 어떻게 정치를 바로잡으시겠습니까?"

이에 공자가 말했다.

"한심하구나, 자로야! 군자는 자기가 알지 못하는 것은 비워두고서 말을 하지 않는 법이다. 이름이 바르지 못하면 말이 순리에 맞지 못하고, 말이 순리에 맞지 못하면 일이 이뤄지지 못하고, 일이 이뤄지지 못하면 예악이 흥하지 못하고, 예악이 흥하지 못하면 형벌이 알맞지 못하고, 형벌이 알맞지 못하면 백성이 손발을 둘 곳이 없게 된다."

다시 말해 이름이 바르게 되면[正名] 말이 순리에 맞고[言順], 말이 순리에 맞으면 일이 이뤄지고[事成], 일이 이뤄지면 예악이 일어나게 된다는 것이다[禮興]. 이(履)라는 글자의 모양을 보자. 사람을 나타내는 시(尸)와 실천하다를 뜻하는 복(復)이 합쳐진 것으로, 원래는 밟다, 신발 등인데 사람이 밟아가야 할 길이라는 점에서 예(禮)라는 뜻도 갖게 됐다. 맨발과 신발을 신는다는 것의 차이를 생각해보면 예(禮)라는 뜻이 왜 생겨났는지 알 수 있을 것이다. 의식주가 충족되고 일이 잘 이뤄지니 예로서의 이(履)가 있게 되는 것이다. 이괘(履卦)를 보면 천택리괘(天澤履卦, ䷉)로, 태괘(☱)가 아래에 있고 건괘(☰)가 위에 있는 태하건상(兌下乾上)의 모양을 하고 있다. 하늘이 위에 있고 못이 아래에 있으니 위아래의 구분이 명백하다. 그래서 예를 상징하는 것이다. 예는 조화로움[和]이 중요하다. 조화를 빚어내는 것이 바로 예이기 때문이다. 그렇다고 마냥 화(和)로만 가서도 안 되는 것이 예의 본질이다. 이와 관련해서는 『논어』「학이」편에 나오는 유자의 말이 결정적이다. 유자는 공자의 제자로 예에 특히 밝았다.

예(禮)의 쓰임[用]은 화(和-조화로움)를 귀하게 여긴다. 옛 임금들의 도리도 바로 이런 예의 조화로움을 중요하게 생각했으니, 상하가 통용돼 잘 행해졌다. (그러나) 해서는 안 되는 일이 있다. 조화로움만을 알아서 조화나 화합에만 힘쓰고 예(禮)의 본체[體]로써 그것을 마디마디 매듭지어주지[節之] 않는다면 그 또한 역시 제대로 행해질 수 없다.

그것이 예다. 모든 것이 조화로워 두루 통하게 되면 사회는 안정된다. 이번에는 「잡괘전」을 통해 소축괘와 이괘의 관계를 검토해볼 필요가 있다.

> 소축(小畜)은 적음[寡]이요, 이(履)는 일정한 거처가 없는 것[不處=行進]이다.
> 小畜寡也 履不處也.

소축괘(䷈)와 이괘(䷉)는 서로 종괘 관계다. 이때 소축괘가 적다[寡]라는 것은 아직 그 세력이 적다는 뜻이고, 이괘가 일정한 거처가 없다는 것은 오히려 도리를 밟아 계속 나아간다[行進]는 뜻이다.

「계사전」에서 '이(履)는 다움의 바탕[德之基]이요' '이(履)는 억지로 사람들에게 힘쓰게 하지 않으면서도 지극하고[和而至]' '이(履)로써 일을 행하는 바를 조화시키고[和行]'라고 했다. 이는 곧 일의 이치[事理=禮]를 따라서 잘 밟아가는 것[履=踐]이다.

문왕의 단사(彖辭), 즉 "호랑이 꼬리를 밟더라도 사람을 물지 않으니[不咥] 형통하다[履虎尾 不咥人 亨]"에 대한 공자의 풀이[「彖傳」]를 살펴볼 차례다.

> 이괘(履卦)는 부드러움[柔]이 굳셈[剛]에 밟힌 것이니, 건(乾)에 기뻐하면서 호응하는 것이다[說而應]. 이 때문에 호랑이 꼬리를 밟더라도 사람을 물지 않아서 형통한 것이다. 굳세고[剛] 중정(中正)함으로 제왕의 자리를 밟았으니[履帝位] 하자가 없으면[不疚] 훤히 빛난다[光明].
> 履 柔履剛也 說而應乎乾. 是以履虎尾不咥人 亨.
> 剛中正 履帝位而不疚 光明也.

◉

부드러움이란 아래의 태괘(☱)이고 굳셈이란 위의 건괘(☰)다. 부드러움이 굳셈에게 밟힌 형상이니, 이는 기꺼이 음이 아래에서 양을 받드는 모양이다. 이래서 사리가 마땅하니[事宜] 형통할 수밖에 없다. '호랑이 꼬리를 밟는다'라는 것은 오히려 이처럼 사리가 마땅할 경우 호랑이 꼬리를 밟아도 그 사람을 물지 않을 만큼 형통함을 강조하기 위해 끌어들인 장치일 뿐이다. 따라서 이 장치에 중점을 두어 유이강(柔履剛)을 단순히 '부드러움이 굳셈을 밟는다'로 반대로 해석하는 것은 잘못이다. 오히려 사리에 맞게 일을 해나갈 경우 그만큼 크게 형통하다는 것이다.

"굳세고[剛] 중정(中正)함으로 제왕의 자리를 밟았다[履帝位]"는 것은 구오(九五)의 다움과 위치를 풀어낸 것이다. 따라서 특별한 하자나 병통[疚=瑕疵]만 없다면 다움이 성대해 모든 것이 두루 잘될 것이라는 뜻이다. 그 병통이란 정이에 따르면 '견결하게 밟아가는 것[夬履]'이다. 지나치게 일을 통쾌하게 처리하려 할 경우에는 오히려 설사 반듯해도 일이 위태로워질 수 있다는 것이다. 이 점은 구오(九五)를 풀이할 때 자세히 보자.

공자의 「상전」을 살펴볼 차례다. 그중에 이괘(履卦)를 총평한 「대상전」이다.

위로 하늘이 있고 아래에 연못이 있는 것이 이(履)(가 드러난 모습)이니, 군자(君子)는 그것을 갖고서[以] 위와 아래를 분별해 백성의 뜻을 안정시킨다[上天下澤履 君子以 辨上下 定民志].

◉

이(履)는 곧 예(禮)다. 그런데 우리는 전통적으로 '위와 아래를 분별한다[辨上下]'를 지나치게 신분 제도에만 국한해서 풀어왔다. 그러나 『예기』 「곡례」편을 정밀하게 읽어보면 이는 지나치게 협소한 해석이다. 예(禮)를 어떻게 말하는지 잘 살펴보자.

예(禮)란 마땅함을 따르고[從宜] 사신은 그 나라의 풍속을 따른다[從俗].

무릇 예라는 것은 친근하고 소원한 것[親疏]을 정하는 것이고, 미심쩍고 의심스러운 것[嫌疑]을 결단하는 것이고, 같고 다른 것[同異]을 구별하는 것이고, 옳고 그른 것[是非]을 밝히는 것이다.

예는 쓸데없이 다른 사람을 기쁘게 하는 것이 아니고[不妄說人], 쓸데없이 말을 허비하는 것이 아니다[不辭費].

예는 절도를 뛰어넘지 않고, 남을 침범해 업신여기지 않으며, 함부로 남을 좋아하는 것이

> 아니다.

> 자신을 닦고 자기가 한 말을 실천하는 것을 좋은 행동[善行]이라 하고, 닦은 것을 행하고 도리를 말하는 것이 예의 바탕[質]이다.

물론 이것만으로 예(禮)의 모든 것을 말할 수는 없다. 그러나 일의 이치[事理]로서의 예가 어떤 것인지 일단 어느 정도 감을 잡을 수 있다. 그래야만 지나치게 상하 윤리(上下倫理)로 좁혀서 생각하는 예의 관념에서 벗어날 수 있다.

"예(禮)란 마땅함을 따른다[從宜]"라고 했다. 마땅함이란 당연히 일의 마땅함[事宜=事理]이다. 이를 가장 쉽고 명확하게 드러내주는 사례가 바로 『논어』 「계씨」편에 나오는 구사(九思)다.

> 군자는 아홉 가지 염두에 두어야 할 것이 있다. 볼 때는 밝음을 먼저 생각하고[視思明], 들을 때는 귀 밝음을 먼저 생각하고[聽思聰], 얼굴빛은 온화함을 먼저 생각하고[色思溫], 몸가짐을 할 때는 공손함을 먼저 생각하고[貌思恭], 말할 때는 진실함을 먼저 생각하고[言思忠], 일할 때는 삼감을 먼저 생각하고[事思敬], 의심스러울 때는 물음을 먼저 생각하고[疑思問], 분할 때는 어려움을 먼저 생각하고[忿思難], 얻음을 보면 마땅함을 먼저 생각해야 한다[見得思義].

여기서 생각하라[思]는 것은 마땅함을 생각하라는 뜻이다. 즉 어떤 일을 볼 때는 밝게 처리하는 것이 마땅함이다. 어떤 일을 아랫사람으로부터 들을 때는 귀 밝게 듣는 것이 마땅함이다. 그 나머지 또한 마찬가지다. "사신은 그 나라의 풍속을 따른다[從俗]"는 것은 상대방을 인정하고 배려하는 어짊[仁=愛人]이다. 이 또한 마땅함이다.

"예라는 것은 친근하고 소원한 것[親疏]을 정하는 것이다"라고 했다. 이는 그 관계의 마땅함에 맞게 사람을 대해야 한다는 말이다. 예를 들어 『맹자(孟子)』 「진심장구(盡心章句)」편에 나오는 다음과 같은 말이 그것이다.

> 군자(君子)가 외부의 사물이나 일[物]을 대하는 태도를 보면 아껴주기만[愛] 하지 사랑하

> 지는[仁] 않는다. 백성(혹은 사람)을 대함에 있어서는 사랑하기만 하지 내 몸과 같이 여기지는[親] 않는다. (결국 군자가 내 몸과 같이 여기는 것은 부모 형제와 친족이다.) 부모 형제와 친족을 내 몸과 같이 여긴[親親] 후라야 백성을 사랑할 수 있고, 백성을 사랑한 후라야 사물을 아껴줄 수 있다.

이어 "미심쩍고 의심스러운 것[嫌疑]을 결단하는 것이다"라고 했다. 일을 하다 보면 미심쩍거나 의심스러운 사안들이 생기게 마련이다. 이때 그것을 사리에 맞게 결단해야 한다는 말이다. 그것이 예다. "옳고 그른 것[是非]를 밝히는 것" 또한 마땅함에 따라야 하는 것은 물론이다.

"예는 쓸데없이 다른 사람을 기쁘게 하는 것이 아니다"라는 말은 『논어』 「자로」편에 나오는 구절의 도움을 받아야 정확히 알 수 있다.

> 군자는 섬기기는 쉬워도 기쁘게 하기는 어려우니, 기쁘게 하기를 도리로써 하지 않으면 기뻐하지 아니하고 사람을 부리면서도 그 그릇에 맞게 부린다. 소인은 섬기기는 어려워도 기쁘게 하기는 쉬우니, 기쁘게 하기를 비록 도리로써 하지 않아도 기뻐하고 사람을 부리면서도 능력이 완비되기를 요구한다.

"쓸데없이 말을 허비하는 것이 아니다"라는 말 또한 『논어』 「위령공」편에 나오는 다음 구절의 도움이 필수적이다.

> 더불어 말할 만한 사람인데도 그 사람과 더불어 말을 하지 않는다면 사람을 잃는 것[失人]이요 더불어 말할 만한 사람이 아닌데도 그 사람과 더불어 말을 한다면 말을 잃는 것[失言]이니, 사람을 볼 줄 아는 사람은 사람도 잃지 않고 말도 잃지 않는다.

그 이하는 별도의 풀이가 필요 없으니 다음으로 넘어가자. 다시 『예기』 「곡례」편이다. 여기에서는 예(禮)를 어떻게 활용하는지 간접적으로 보여준다.

> 도리·다움·어짊·마땅함[道德仁義]은 예가 아니면 이뤄지지 않는다[不成].

가르치고 일깨울 때나 풍속을 바로잡을 때도 예가 아니면 갖춰지지 않는다[不備].

다툼을 말리고 송사를 판별할 때도 예가 아니면 결단할 수 없다[不決].[188]

임금과 신하, 윗사람과 아랫사람, 아버지와 아들, 형과 아우도 예가 아니면 (그 차례가) 정해지지 않는다[不定].

벼슬하고 배우고 스승을 섬기는 일도 예가 아니면 친밀해지지 않는다[不親].

조정의 반열을 가지런히 하고 군사를 다스리고 관직에 나아가 법을 시행하는 것도 예가 아니면 위엄이 행해지지 않는다[威嚴不行].

사당에 기도하고 조상에게 제사를 드리며 귀신에게 제물을 바치는 것도 예가 아니면 정성스럽지 못하고 장엄할 수 없다[不誠不莊].

이 때문에 군자는 공손하고 삼가며[恭敬] 절도를 지키고 물러나 사양함으로써[退讓] 예를 밝게 드러내는 것이다[明禮].

그럼에도 우리는 전통적으로 예(禮)라고 하면 신분 질서의 강화에만 집중하고 일의 이치[事理]로서의 예(禮)는 등한시해왔다. 주자학으로 인해 공자의 근본정신에서 벗어난 결과라 할 것이다.

이괘의 여섯 효[六爻]에 대한 주공의 말을 풀이한 공자의 「소상전」이다.

(초구(初九)는) 평소 (길을) 밟는 대로 간다는 것은 오직 (자신이) 바라는 바를 행하는 것[行願]이다[素履之往 獨行願也].

---

188 이는 앞서 말한 "미심쩍고 의심스러운 것[嫌疑]을 결단하는 것"과 관련돼 있다.

(구이(九二)는) 속마음이 그윽한 사람이라야 반듯하고 길하다[幽人貞吉]라는 것은 마음속[中=心中]이 스스로 어지럽지[自亂] 않기 때문이다[幽人貞吉 中不自亂也].

(육삼(六三)은) 애꾸눈이 본다는 것은 밝게 볼 수가 없음이요, 절름발이가 밟아간다는 것은 더불어 갈[與行] 수 없음이다. 사람을 물어 흉한 것은 지위가 마땅하지 않기 때문이요, 무인이 대군이 된다는 것은 뜻만 굳세기 때문이다[眇能視不足以有明也 跛能履不足以與行也 咥人之凶位不當也 武人爲于大君志剛也].

(구사(九四)는) 두려워하고 또 두려워하면 끝내는 길하다[愬愬終吉]는 것은 (일을) 행하려는 데 뜻이 있다는 말이다[愬愬終吉 志行也].

(구오(九五)는) 견결하게 밟아가니 반듯해도 위태롭다[夬履貞厲]는 것은 자리가 딱 그러하기 때문이다[夬履貞厲 位正當也].

(상구(上九)는) 으뜸으로 길하다[元吉]는 것은 맨 위에 있으니 크게 좋은 일이 있다는 뜻이다[元吉在上 大有慶也].

◉

이괘(履卦)의 맨 아래 첫 양효에 대해 공자는 "평소 (길을) 밟는 대로 간다는 것은 오직 (자신이) 바라는 바를 행하는 것[行願]이다"라고 풀었다. 이는 '평소[素]'에 초점을 맞춰 억지로[力=勉強] 하거나 구차스럽게[苟=偸] 하지 않고서 자신이 마음속에서 진정으로 바라는 바나 생각하는 바[所願=所安]를 행할 뿐이라는 것이다. 게다가 이를 강조하기 위해 다시 한번 '오직[獨]'이라고 했다. 그렇다면 왜 이괘의 초구는 이 점을 강조한 것일까? 「잡괘전」에서 이(履)는 일정한 거처가 없는 것이고 앞으로 나아가는 것[不處=行進]이라고 했다. 문제는 어떻게 나아가느냐 하는 것이다. 정이의 풀이는 정곡을 찌르고 있다.

초구는 가장 낮은 곳[初]에 처해 본래부터 아래에 있는 자이지만 양강(陽剛)의 자질을 가져 위로 나아갈 수 있으니, 만약에 본래 그 낮은 지위의 소박함[素]을 편안히 여기면서[安] 일을 해간다면 허물이 없다. 사람이 빈천한 본래 지위의 소박함에 스스로 편안해하지[自安] 못하면 그 나아감이 탐욕스럽고 조급하게 움직이게 돼 빈천함에서 벗어나려고만 할 뿐 세상을 위한 유의미한 일[有爲]을 하려고 하지 않는다. 그래서 이미 자리에 나아가게 되면 반드시 교만하고 분수에 넘칠[驕溢] 것이니, 나아가면 허물이 있다. (반면에) 뛰어난 이[賢者]는 그 본래의 지위에 편안해하면서 평소의 소박함을 밟아가서[履] 어디에 처하더라도 도리를 즐기고[樂=樂道][189] 자리에 나아갈 경우는 유의미한 일을 도모해 좋지 않음이 없으니, 이것이 바로 그 평소 밟아가는 길[素履]을 지키는 것이다.

『논어』「술이」편에서 공자가 제자 안회에게 했던 말이 바로 정이가 말한 뛰어난 이의 모습이다.

(임금이 인재로) 써주면 (나아가 도리를) 행하고, 버리면 (도리를 즐기며) 숨어 지내는 것을 오직 너하고 나만이 갖고 있구나!

임금이 자신을 써줄 때는 기꺼이 나아가 도리를 행하고, 써주지 않을 때는 굳이 나서서 자신을 드러내려 하지 않고 도리를 닦으며 숨어 지내는 것은 일반 사람이 쉽게 이를 수 있는 경지가 아니다. 써주면 도리를 행하기보다 자신을 드러내려 하고, 써주지 않을 때도 어떻게 해서든 자신을 드러내려는 것이 소인들의 평범한 마음이기 때문이다. 사리를 알아[知禮] 수신(修身)을 잘 갖추지 않고서는 도달하기 힘든 경지다.

특히 예(禮)를 다루는 이괘(履卦)의 첫 효에서 우리는 다시 한번 공자와 안회의 대화를 가져와야 한다. 『논어』「안연」편이다.

안연(=안회)이 어짊[仁]에 관해 묻자 공자가 말했다.
"자기(의 사사로운 바)를 이겨내고 예로 돌아가는 것[克己復禮]이 곧 어짊(을 행하는 것)이니, 단 하루라도 극기복례(克己復禮)를 행한다면 천하도 그런 사람을 어질다고 인정해줄 것이다. 어짊을 행하는 것은 자기 자신에서 비롯되는 것이지 어찌 남에게서 비롯되겠는가?"

---

189 기존의 번역은 이 부분을 '그 처함에 즐겁고' 혹은 심지어 '빈천한 지위에 처하면 즐겁고'라고 했는데 이는 잘못이다. 공자는 빈천(貧賤)은 누구나 싫어하는 바라고 했다. 가난을 즐길 수는 없다. 가난하더라도 도리를 즐겨야 한다는 뜻이다. 이는 공자의 수제자 안회가 몸소 보여준 바 있다.

안연은 이 점에 대해 보다 구체적인 사항들을 쉽게 설명해줄 것을 정중하게 청한다. 이에 공자는 다음과 같이 말했다.

"예가 아니면 '절대' 보지도 말고 듣지도 말며 말하지도 말고 움직여서도 안 된다[非禮勿視 非禮勿聽 非禮勿言 非禮勿動]."

이에 안연이 말했다.

"회(回=안연)가 비록 불민하지만, 그 말씀을 따르도록 노력하겠습니다."

이에 대해 진덕수는 『대학연의』에서 이렇게 풀어냈다.

무릇 이른바 귀·눈·입·코[耳目口鼻]와 사지(四肢)가 원하는 바를 보면 눈은 빛깔[色]을, 귀는 소리[聲]를, 입은 맛[味]을, 코는 냄새[臭]를 욕구하고 사지는 편안함[安佚]을 추구한다는 것이[190] 이것입니다. 귀·눈·입·코 넷의 욕구를 이겨내지 못해 욕망이 이기게 되면 이치[理]는 지리멸렬해질 것이니 어찌 어짊[仁]이 있을 수 있겠습니까? 이 때문에 (유가에서는) 이기는 것[克]을 대단히 중요하게 생각하는 것입니다.

이긴다는 것은 전쟁에서 이기기 위해 (상대방을) 공격하고 빼앗는 것을 말합니다. 사사로운 욕심[私欲]이 사람을 해치는 것은 도적의 무리보다 훨씬 심합니다. 그래서 반드시 (이기려면) 용기를 발휘하고 힘을 써서 이겨내고 물리치는 것입니다. (『논어』「헌문(憲問)」편에서) 원헌(原憲)[191]이 "남을 이기려는 것[克][192], 자랑하는 것[伐], 원망하는 것[怨], 욕심내는 것[欲], 이 네 가지를 행하지 않는다면 이런 사람을 어질다[仁]고 할 수 있습니까?"라고 묻자 공자는 이렇게 답합니다.

"그렇게 하는 것만도 쉬운 일은 아니지만, (그렇다고 해서) 그렇게 하는 사람이 어진 사람[仁者]인지는 내 알지 못하겠다."

원헌은 일단 그것들을 억제하여 행하지 않는 것만으로도 자기 마음대로 어질다 할 수 있다고 보았습니다. 그러나 공자는 그것을 인정하지 않았습니다. 자신을 이긴다는 것[克己]

---

190 이 말은 맹자가 했다.

191 공자의 제자이며 고지식할 만큼 절개와 청빈을 지킨 인물이다. 일부에서는 공자의 손자인 자사(子思)로 보기도 한다.

192 이때의 극은 자신의 욕망을 이긴다는 의미의 이기다[克]와는 다르다.

은 단번에 결정적으로 그것을 제거한다는 뜻이지, (그때그때) 그것을 누르고 막아서[抑遏] 행하지 않는 것이라면 이는 마치 잘못 자란 나무를 제거할 때 일단 나뭇가지만 잘라내고 그 뿌리는 뽑아버리지 않는 것과 같기 때문입니다. 그래서 안회 같은 큰 용기를 가진 사람[大勇]이 아니라면 공자가 쉽게 그것을 허락해주지 않았을 것입니다.

인(仁)이라는 글자 한 자가 경전에 등장한 것은 「중훼지고(仲虺之誥)」[193]에서 말하기를 "능히 너그럽고 능히 어질어 백성으로부터 큰 믿음을 받으셨습니다[克寬克仁 彰信兆民]"라고 한 데서부터이니, 이윤(伊尹)이 그것을 이어 "백성은 오래도록 그리워할 사람이 없었기에 어짊이 있는 사람을 그리워한다[民罔常懷 懷于有仁]"[194]고 했습니다. 이 둘에 (시기적으로) 앞서 (『서경』) 「우서(虞書)」의 이른바 "(죽이기보다는) 살리기를 좋아하는 다움[好生之德]" "백성을 편안케 해주면 (그것이 바로) 은혜를 베푸는 것이다[安民則惠]"가 다름 아닌 어짊[仁]을 말하는 것인데, 다만 그때는 인(仁)이라는 명칭이 없었을 뿐이고 「상서(商書)」에 이르러서야 명칭이 비로소 드러나게 됐지만 「우서」에서 말하려는 내용은 대체로 다 어짊[仁]의 쓰임[用]이라 할 수 있습니다.[195]

안자(顔子-안회)의 질문이나 공자의 답은 바로 어짊[仁]의 본체[體]입니다. 이제삼왕(二帝三王)이 비록 (더는) 이겨내야 할 사욕(私欲)이 없었지만[無己之可克] 순임금이 말한 "사람의 마음이란 오직 위태위태한 반면 도리는 오직 잘 드러나지 않으니, (그 도리를 다하려면) 정밀하게 살피고 한결같음을 잃지 않아야 한다[人心惟危 道心惟微 惟精惟一]"는 것과 성탕이 말한 "(임금은) 음탕한 음악과 여색을 가까이해서는 안 되고 재물을 늘리려 해서도 안 되며 예제(禮制)를 통해 늘 그 마음을 처음과 같이 써야 한다"는 것은 안자의 말과 다를 바가 없습니다.

무릇 반드시 안자의 어짊이 있은 다음에야 이제삼왕의 어짊도 있는 것이니, 이것이 자신을 완성하고 외부의 일이나 사물도 완성시켜주는 시작과 끝입니다.

천하를 소유한 자라고 해서 어찌 일찍이 어짊을 좋아하는 마음을 갖지 않았을 것이며 어

---

193 『서경』 「상서(商書)」의 편(篇) 이름이다.

194 이 말은 이윤이 『서경』 「상서」의 「태갑(太甲) 하(下)」에서 한 것이다.

195 진덕수는 체(體)와 용(用)의 이분법을 통해 어짊의 개념과 실제 용례를 나누지만, 결과적으로 둘 다 어짊과 직접 관련됨을 보여준다.

젊의 어려움을 겪지 않았겠습니까만, 도리어 배우는 사람[學者]보다 물욕에 의해 휘둘리기 쉬운 것이 대부분입니다.

시인(반고(班固))이 마침내 이걸 갖고서 부(賦)를 지었는데, 한나라(후한) 광무제를 인정하여 말하기를 "극기복례했으니 진실로 한나라(전한) 효문제보다 공경해야 할 것"이라고 했고 이렇게 볼 때 광무제는 진실로 뛰어나다[賢]고 노래했습니다. 그러나 본부인을 폐하고 태자를 바꾼 것은 다 사사로운 욕심에서 나온 것이니 과연 이런 칭송이 합당하다고 할 수 있습니까?

당나라 태종이 세상을 가지런히 하고 백성을 안정시킨 것[濟世安民]은 어젊을 잘 쓴[用] 덕택이라고 아니할 수는 없지만, 원래 그 뿌리를 들여다보면 그것은 신하들의 간언을 잘 따라서 지난 잘못을 고쳤기 때문에 그런 것이지 스스로를 이겨내는 법[自克]을 잘 알아서 그렇게 한 것은 아닙니다. 물론 그가 이룩한 공효는 다 가릴 수 없을 만큼 큽니다만, 스스로를 이겨낸 공은 적고 스스로 방만해져서[自縱] 저지른 잘못은 많습니다.

그래서 (우리 같은 사람들은) 겨우[僅] 당 태종의 어젊은 그런대로 따라 할 수 있지만, 이제삼왕의 어젊을 따라 하기는 매우 힘든 것입니다. 그러니 오직 빼어나게 밝은 임금이 뜻을 세우고 힘써 배우는 것을 제왕의 목표로 삼아서 한나라와 당나라의 황제처럼 스스로 안주하지 않고 공자와 그 제자가 말한 극기복례에 자신의 모든 힘을 다한다면 반드시 하늘과도 같은 이치에 온전히 이르고 사람의 욕심은 사라져 천하가 다 어젊으로 돌아가는 날이 있을 것이니, 신이 보건대 임금은 이루 다 삼가고 또 삼가지 않을 수 없습니다.

또 정이는 이를 갖고서 유명한 사물잠(四勿箴)을 지었다.

안연이 극기복례의 세세한 조목을 묻자 공자는 "예가 아니면 '절대' 보지도[視] 말고 듣지도[聽] 말며 말하지도[言] 말고 움직여서도[動] 안 된다"고 말했다. 이 네 가지는 사람의 몸의 쓰임[用]인데, 속[中=心]을 근거로 삼아 밖[外]에 응하는 것이니 밖에 제어를 가하는 것은 그 속을 기르는 까닭이 된다. 안연이 그 말씀을 따르겠다고 한 것은 성인(聖人)으로 나아가기 위함이었다. 배우는 사람이라면 마땅히 이를 가슴속에 묻어두고서 잃어버려서는 안 된다. 그래서 이를 바탕으로 잠(箴-송곳이나 바늘 같은 경계의 말)을 지어 스스로 경계하고자 한다.

먼저 시잠(視箴)이다. "마음이여! 원래는 텅 비어 있으니 일과 사물[物]에 응하여도 자취가 없다. 마음을 잡아서 부리는[操] 데는 반드시 필요한 것들이 있는데, 우선 보는 것[視]이 모범이 된다. 눈앞에서 가려지면 속의 마음은 (다른 데로) 옮겨가게 되니, 밖에 제어를 가함으로써 그 안을 편안하게[安] 해야 한다. 그래서 극기복례를 오래하면[久=長] 열렬해[誠]지는 것이다."

청잠(聽箴)이다. "사람은 마땅히 쥐고 놓아서는 안 되는 바[秉彛=良心][196]를 갖고 있는데, 그런 마음은 원래 하늘의 본성[天性]에 뿌리를 두고 있지만 (사람의) 앎은 유혹에 이끌려서 그 일이나 사물[物]에 동화돼 마침내 그 (마음의) 바름[正]을 망치게 된다. 그러나 저 탁월한 선각자들이 (마음이 오래) 머물러야 할 데[止]를 알아서 가야 할 방향을 정함[定]으로써 사사로움을 막고 열렬함을 보존하여[閑邪存誠] 예가 아니면 결코 귀 기울여 듣지 않았도다[非禮勿聽]."

언잠(言箴)이다. "사람의 마음이 움직이는 것은 말로 인해 밖으로 표현되는 것이니, 말을 할 때는 조급함[躁]과 망령됨[妄-거짓과 허위]을 막아야 안[內=心]이 고요하고 한결같게 된다. 하물며[矧=況] 말은 모든 일의 중추[樞機]여서 전쟁을 일으키고 우호를 만들어내니 길흉영욕(吉凶榮辱)이 오직 이 말로 인해 생겨난다. 그래서 말을 지나치게 쉽게 하면 (행실이) 엉성해지고 지나치게 (복잡하다 못해) 번잡하면 지리멸렬해진다. 또 말을 도리에 어긋나게 하면 돌아오는 말도 어그러진다. 도리[法=理]가 아니면 말을 하지 말아서 삼가 그 가르침을 공경해야 할 것이다."

끝으로 동잠(動箴)이다. "지혜로운 사람[哲人]은 조짐[幾]을 알기에 생각을 함에 있어 열렬하고, 뜻이 있는 사람[志士]은 힘써 행하고 그 행함에 있어 뜻을 지켜낸다. 이치를 고분고분 따르면[順] 부드러워지고 사람의 욕심을 그냥 따르면[從] 위험에 빠질 뿐이니, 급박할 때[造次]도 능히 깊이 생각하고 두려울 때도 자신을 잘 지켜내야 한다. 이를 몸에 익혀 본성처럼 되게 한다면 빼어난 이나 뛰어난 이[聖賢]와 같이 될 수 있으리라!"

이괘의 밑에서 두 번째 양효에 대해 공자는 "속마음이 그윽한 사람이라야 반듯하고 길하다[幽人貞吉]라는 것은 마음속[中=心中]이 스스로 어지럽지[自亂] 않기 때

196 병이(秉彛)라는 말은 원래 『시경』「대아(大雅)·증민(蒸民)」편에 나오는 말인데 『맹자』「고자장구(告子章句) 상」편에도 병이(秉夷)라는 표현으로 등장한다.

문이다"라고 풀었다. 구이(九二)는 가운데 있지만, 음의 자리라 자리는 바르지 않고 [不正位], 육삼과는 유비(有比)이지만 초구와는 무비(無比)다. 바른 자리에 있는 구오(九五)와는 둘 다 양효라 호응하지 않는다. 이런 점을 감안해 풀어가 보자.

공자는 효사 중에서 '밟아가는 길[履道]이 평탄하니[坦坦]'라는 부분에 대해서는 아무런 언급도 하지 않았다. 그렇다면 이런 풀이는 이괘의 어떤 모습에서 추출한 것일까? 정이의 풀이다.

> 구이는 (양강의 자질이긴 하지만) 부드러운 자리에 있어[居柔=居陰] 너그러움과 넉넉함[寬裕]이 적중함을 얻었다[得中].

가능한 한 좋은 요인들에 초점을 두고서 이괘를 풀이한 것이다. 그렇기 때문에 그 밟아가는 바[所履]가 평탄해 평온하고 쉬운[平易] 도리를 얻었다는 것이다. 이렇게 되면 공자의 풀이의 깊은 뜻을 알 수 있다. 겉으로는 양강(陽剛)이지만 반드시 속마음은 그윽한[幽] 사람이라야 반듯하고 길하다고 한 것인데, 공자는 '속마음이 그윽한 사람'이란 '마음속[中=心中]이 스스로 어지럽지[自亂] 않은 사람'이라고 곡진하게 풀어냈다.

그렇다면 마음속이 어지러운 사람이란 어떤 사람인가? 그것은 소인의 마음이다. 소인은 여러 요인으로 마음속이 어지럽다. 이 점은 반대로 군자에 대한 공자의 정의(定義)를 통해 알아낼 수 있다. 『논어』「헌문」편에 나오는 공자의 말이다.

> 군자의 길에는 세 가지가 있는데 나는 그 어느 것에도 능하지 못하다. 어진 사람[仁者]은 근심하지 않고[不憂], 사리를 알아 사람을 볼 줄 아는 사람[知者]은 미혹되지 않고[不惑], 용기를 가진 자[勇者]는 두려워하지 않는다[不懼].

여기서 공자는 군자(君子)의 세 가지 유형을 논한 것이다. 이 말을 전해 들은 제자 자공(子貢)은 "스승께서 스스로를 낮추신 것[自道=自謙]"이라고 말한다.

「태백」편에서 공자의 제자 증자도 군자의 세 가지 도리에 관해 이야기한 바 있다. 그런데 내용을 비교해보면 증자가 말한 것과 공자가 말하는 것 사이에는 분명한 차이가 있다. 증자는 '군자라면 반드시 귀하게 여기는 도리 세 가지'라고 했다.

> 용모를 움직일 때는 거칠고 태만함을 멀리하며, 얼굴빛을 바르게 할 때는 성실함에 가깝게 하며, 말과 소리를 낼 때는 비루함과 도리에 위배되는 것을 멀리하여야 한다.

적어도 군자가 되려면 이 세 가지를 모두 갖춰야 한다는 뜻이다. 반면 여기서 말한 군자의 세 가지 도리라는 것은 말 그대로 세 가지 길, 세 가지 유형이다. 따라서 셋 중 어느 하나만 제대로 해도 군자의 범위에 들 수 있다. 이와 관련된 구절은 「자한」편에 나온 바 있다. 거기서 공자는 말했다.

> 사리를 알아 사람을 볼 줄 아는 사람[知者]은 미혹되지 않고[不惑], 어진 사람[仁者]은 근심하지 않고[不憂], 용기를 가진 자[勇者]는 두려워하지 않는다[不懼].

논리적으로 보자면 어진 사람도 군자, 사리를 알아 사람을 볼 줄 아는 사람도 군자, 용기를 가진 자도 군자라는 뜻이다. 인자(仁者)의 판별 기준으로 우(憂)/불우(不憂), 지자(知者)의 기준으로 혹(惑)/불혹(不惑), 용자(勇者)의 기준으로 구(懼)/불구(不懼)를 제시하고 있다. 하나씩 검토해보자.

어진 자는 근심이 없다고 했다. 무슨 뜻인가. 무슨 근심이나 걱정이 없다는 뜻일까? 첫째는 「학이」편에 나온 "남이 나를 알아주지 못할까 봐 걱정하는 것"이다. 「팔일」편에서 공자는 "임금을 섬김에 있어 예를 다하는 것[盡禮]을 사람들은 아첨한다고 말하는구나"라고 했다. 사람들이 자신을 아첨꾼이라고 손가락질할까 봐 근심한다면 그 사람은 임금에 대한 예를 다하지 못할 것이며, 이런 사람은 결코 어질 수 없다. 지위가 없음을 걱정하는 것도 같은 유형의 근심이라 할 수 있다. 「이인」편에서 공자는 "지위가 없음을 걱정하지 말라" "자신을 알아주는 이가 없음을 걱정하지 말라"고 했다.

둘째로 어질지 못한 자가 근심하고 걱정하는 것은 오랫동안 어진 마음을 스스로 다잡아야 하는 상황에 처하는 것이다(「이인」편). 공자가 자신 있게 뛰어나다[賢]고 평했던 제자 안회는 바로 가난을 전혀 걱정하지 않고 "3개월 동안 어짊을 떠나지 않았던"(「옹야」편) 인물이다. 「옹야」편에서 공자는 이렇게 말한다.

> 뛰어나도다, 안회여! 한 대그릇의 밥과 한 표주박의 물로 누추한 시골에 있는 것을 딴 사람들

은 그 근심[憂]을 견뎌내지 못하는데, 안회는 그 즐거움을 변치 않으니, 뛰어나다! 안회여!

「술이」편에서 공자가 "군자는 마음이 평온하여 여유가 있고[坦蕩蕩] 소인은 항상 근심한다[長戚戚]"라고 한 것도 같은 맥락에서다. 탄탕탕(坦蕩蕩)은 바로 구이에서 말한 탄탄(坦坦)이다. 「위령공」편에서 공자는 군자에 대해 이렇게 말한다.

군자는 도리를 얻지 못할까 근심할 뿐 가난을 근심하지는 않는다[君子 憂道 不憂貧].

이번에는 "사리를 알아 사람을 볼 줄 아는 사람[知者]은 미혹되지 않고[不惑]"라는 구절을 살펴볼 차례다. 공자가 말하는 불혹(不惑)의 의미를 명확하게 하려면 역시 『논어』에서 사용되는 혹(惑)의 맥락부터 살펴야 한다. 다행히 『논어』에는 두 번에 걸쳐 혹(惑)을 규명[辨惑]하는 대목이 나온다. 모두 「안연」편에 있다. 이를 통해 우리는 형이상에서 형이중으로 나아가게 된다. 제자 자장이 혹(惑)에 관해 묻자 공자는 이렇게 답한다.

사랑할 때는 그 살기를 바라고 미워할 때는 그 죽기를 바라니, 이미 그 살기를 바랐다가 또 죽기를 바라는 것이 바로 혹(惑)이다.

사랑하고 미워하는 것은 그때그때 바뀔 수 있는데 그렇다고 그것을 생사(生死)와 결부 짓는다는 것은 사랑과 미움의 감정을 적절하게 조절하지 못한다는 뜻이다. 사랑하고 미워하는 것은 사람의 소관이지만 죽고 사는 것은 인간의 능력 범위를 넘어서는 것인데, 그 경계선을 오락가락하는 것이 바로 혹(惑)이라는 것이다.

「안연」편에서 제자 번지가 혹(惑)에 관해 묻자 공자는 좋은 질문이라고 평한 다음 이렇게 말한다.

하루아침의 분노를 다스리지 못하고 자신을 잊어 그로 인한 화가 부모에게까지 미치게 하는 것이 바로 혹(惑) 아니겠는가?

불혹(不惑)하라는 것은 자신의 성질이나 감정부터 다스리라는 뜻이다. 결국 이 둘은 사람의 일과 사람이 할 수 없는 일을 분간하지 못하는 것을 혹(惑)이라고 보고 있다. 바로 이어지는 구절에서, 공자로부터 소인(小人)이라는 지목을 받은 바 있는 번지가 인(仁)에 관해 묻자 공자는 "사람을 사랑하는 것[愛人]"이라고 답하고 지(知)에 관해 묻자 "사람을 아는 것[知人]"이라고 답한다.

끝으로 "용기를 가진 자[勇者]는 두려워하지 않는다[不懼]"를 살펴볼 차례다. 공자는 용(勇)에 대해 자주 언급하지 않는다. 제자 자로의 용기와 관련된 이야기를 할 때도 대체로 부정적인 입장을 취한다. 그러나 여기서 공자는 긍정적인 의미에서 용(勇)을 말하고 근본 특징으로 두려워하지 않는다[不懼]를 말하고 있다. 여기서 용자(勇者)는 용맹스러운 자라기보다 내면의 용기를 가진 자를 말한다. 자로는 전형적으로 용맹스러운 자였다. 「공야장」편의 다음 구절은 이런 자로에 대한 공자의 평을 담고 있다.

> 공자가 말했다.
> "세상에 도가 행해지지 않는다. 뗏목을 타고 바다를 건너갈까 하는데 나를 따를 사람은 아마도 저 자로뿐일 것이다."
> 자로는 이를 전해 듣고 무척 기뻐했다. 이에 공자는 말했다.
> "자로는 용맹을 좋아하는 것이 나보다 나아, 사리를 헤아려 분별하려 하지도 않고 나를 따르려 한다."

자로가 용맹하기만 하고 사리 분별이 없음을 지적한 것이다. 여기서 말하는 내면적 용기를 가진 용자(勇者)는 세상의 도리에 대한 믿음이 굳건해 눈앞에 닥친 위험 앞에서도 당당한 자를 말한다. 『논어』「술이」편에서는 공자가 이런 모습을 보여준다.

> 공자가 말했다.
> "하늘이 나에게 다움[德]을 주셨으니 (나를 해치려 했던) 환퇴라 하더라도 나에게 어찌겠는가?"

「자한」편에도 위기 상황에 처한 공자의 모습이 나온다. 여기서도 공자는 처음에는 두려움[畏]을 품었지만 결국은 도리에 대한 굳건한 믿음을 통해 두려움을 털어버리는

[不懼] 모습을 보여준다.

> 공자가 광이라는 곳에서 두려워하는 마음을 품었다. 그때 공자가 말했다.
>
> "문왕이 이미 세상을 떠나셨으니 문왕이 이 몸에 있지 않겠는가? 하늘이 아마도 이 문(文-애쓰는 바)을 없애려 했다면 뒤에 죽는 사람(공자 자신)이 이 문을 체득하지 못했을 것이다. (그런데 이미 나는 이 문을 체득했으니) 하늘이 이 문을 없애지 않으려 하는데 광 땅 사람들이 나를 어찌하겠는가?"

이때의 문(文)이란 우리가 앞에서 문덕(文德)을 살필 때 보았던 바로 그 문(文)이다.

이괘의 밑에서 세 번째 음효에 대해 공자는 "애꾸눈이 본다는 것은 밝게 볼 수가 없음이요, 절름발이가 밟아간다는 것은 더불어 갈[與行] 수 없음이다. 사람을 물어 흉한 것은 지위가 마땅하지 않기 때문이요, 무인이 대군이 된다는 것은 뜻만 굳세기 때문이다"라고 풀었다. 이는 효사를 4개로 나눠 하나하나 풀어낸 것이다.

앞의 2개에 대해 정이는 이렇게 풀었다.

> 육삼은 음효로 양의 자리에 있어, 뜻은 강해지려는 데 있으나 몸체[體]가 음효인 데다가 부드러우니[陰柔] 어찌 그 밟아가는 바[所履]를 굳건히 할 수 있겠는가? 그러니 장님이나 애꾸눈이 보는 것과 같아서 그 보는 바가 밝지 못하고[不明], 절름발이가 길을 가는 것과 같아서 그 가는 곳이 멀지 못하다[不遠].

정이는 공자가 말한 '더불어 갈[與行] 수 없음'을 "그 가는 곳이 멀지 못하다[不遠]"고 풀었다. 멀리 갈 수 없다는 말이다. 여기까지 풀고 나면 이 말은 고스란히 앞서 살펴본 바 있는 『논어』 「안연」편에 나오는 다음 내용과 정확히 일치한다.

> 자장(子張)이 밝음[明]에 관해 묻자 공자가 말했다.
>
> "서서히 젖어 드는 참소(讒訴)와 살갗을 파고드는 하소연[愬]이 행해지지 않는다면 그 정사는 밝다[明]고 할 만하다. 그런 참소와 하소연이 행해지지 않는다면 그 정사는 멀다[遠=遠大]고 할 만하다."

밝다[明]는 것의 뜻에 관한 자장의 물음에 공자는 다음과 같은 두 가지, 즉 서서히 젖어 드는[浸潤] 참소(讒訴)와 피부에 와닿는[膚受] 하소연[愬]이 행해지지 않는다면 그 정사는 밝다[明]고 할 만하다고 했다. 군주의 경우, 신하들끼리의 정적(政敵)에 대한 교묘한 참소와 정당한 비판을 구별하기 어려우며 동시에 주변 친지의 애절한 민원(民願)과 간특한 청탁을 구별하기 또한 어렵다. 군주가 아무리 공명정대(公明正大)하려는 뜻이 있더라도 실제로 이 둘을 구분하지 못한다면 암군(暗君)이 될 가능성이 높다. 자장은 명군(明君) 혹은 명정(明政)의 길을 물은 것이다. 공자의 답은 이런 맥락에서 봐야 한다. 이는 군주뿐 아니라 정사를 맡아 하는 사람이라면 다 경계해야 할 일이다.

그런데 공자는 그것을 원(遠)과 연결지었고, 정이 또한 풀이를 하면서 원(遠)을 덧붙였다. 송나라 학자 양시(楊時)는 그것을 이렇게 설명했다.

> 멀다는 것은 밝음이 지극한 것이다. 『서경(書經)』의 「태갑(太甲)」편에 이르기를 시원유명(視遠惟明), 즉 먼 곳을 본다는 것은 오직 밝음이라고 했다.

당장의 이해관계보다는 멀리 있는 공공의 이익을 앞에 세우면서 사리사욕에서 나오는 것들을 제대로 물리쳐야 한다는 것이다. 사(私)는 가깝고 공(公)은 멀다. 가까운 것[利]은 어둡고[暗] 먼 것[義]은 밝다[明]. 공간적 의미에서의 '멀다'나 '멀리하다'를 제외한 공도(公道)로서의 원(遠)이라는 뜻이 분명한, 『논어』에서의 또 다른 사례를 살펴보는 것으로 원(遠)에 대한 풀이를 마치겠다. 「위령공」편이다.

> 공자가 말했다.
> "사람이 멀리 내다보는 생각[遠慮]이 없으면 반드시 가까운 데서 근심이 있다."

멀리 내다본다는 것은 개인의 사사로운 이익이 아니라 국가와 공의(公義)의 차원에서 문제를 바라본다는 뜻이다.

이어서 공자는 "사람을 물어 흉한 것은 지위가 마땅하지 않기 때문"이라고 했다. 음효로서 밝지 못한 자[不明]가 양의 자리에 있으면서 호랑이에 해당하는 상괘인 건괘에 맞서려는 형국이라 호랑이가 사람을 물었다고 한 것이다. 호환(虎患)은 옛날부터 흉한 일 중에서도 흉한 일로 여겨졌다. 무인(武人)의 비유도 자질은 안 되면서 뜻만 강한 자를 염두에 둔 것이다. 그런 사람이 대군(大君)이 됐다는 것은 사리는 모르고 뜻만 강한데 요행히 높은 자리에 올랐다는 말이다. 이는 곧 패망이 얼마 남지 않은 것이나 마찬가지다. 자리[位]와 다움[德]은 서로 조화를 이뤄야 오래갈 수 있기 때문이다. 정이는 그래서 이를 "중정을 얻지 못했으면서 뜻만 굳세어 여러 양과 함께하니, 결국 굳세고 조급하게 행동하다가 위험에 빠져 흉하게 된다"라고 했다. 주희는 이에 해당하는 인물로 진시황과 항우를 들었다. 그러나 항우는 몰라도 진시황이 이에 해당하는지 개인적으로 의문이다. 오히려 수양제가 이에 해당한다고 할 수 있을 것이다. 우리 역사에서는 아마도 궁예나 견훤(甄萱)이 여기에 해당하는 인물이라고 할 것이다. 조선 역사의 연산군이나 광해군(光海君)도 이 범주에 넣을 수 있다.

이괘의 밑에서 네 번째 양효에 대해 공자는 "두려워하고 또 두려워하면 끝내는 길하다[愬愬終吉]는 것은 (일을) 행하려는 데 뜻이 있다는 말이다"라고 풀었다. 즉 주공의 효사 중에서 '호랑이 꼬리를 밟았으나[履虎尾]' 부분은 생략하고 뒷부분만 풀어낸 것이다. 효의 몸체와 자리만 놓고 보면 대단히 흉하다. 양효로서 음위에 있으니 자리가 바르지 못하고, 비록 아래로는 유비 관계이나 바로 위의 임금 자리에 있는 구오와는 무비(無比)인 데다, 아래의 초구와 같은 양효여서 무응(無應)이다. 이런 제반 부정적 요소들이 한데 모여 '호랑이 꼬리를 밟았다[履虎尾]'는 풀이가 나온 것이다.

그러나 여기에 머물지 말고[不處] 일의 이치를 밟아 조심하고 또 조심하며 일을 행한다면[行=履] 당장은 아니어도 끝에 가서는 길할 수 있다는 조건부 긍정일 뿐이다.

임진왜란이 소강상태에 접어든 1596년(선조 29년) 1월 17일 자 『선조실록』은 바로 이 부분을 주제로 이야기를 나누는 장면을 전해준다.

상이 말했다.

"여기에 '호랑이 꼬리를 밟았다[履虎尾]'라고 이른 것은 위태함을 말한 것인가?"

영사(領事) 유성룡(柳成龍, 1542~1607)이 아뢰어 말했다.

"처음에는 비록 몹시 위태한 것 같으나 끝내 피해를 보는 데는 이르지 않는 것이라, 마치 한고조(漢高祖)의 홍문연(鴻門宴)[197] 같은 것이 곧 그것입니다."

시독관(侍讀官) 정경세(鄭經世)가 아뢰어 말했다.

"만약 이 호랑이의 꼬리를 밟는 상(象)을 만났을 경우 공구수성(恐懼修省)의 도리를 다하지 않으면 능히 화(禍)를 바꾸어 복(福)으로 만들지 못합니다. 하물며 오늘날의 형세는 호랑이의 꼬리를 밟는 것보다 더한 때이겠습니까."

성룡이 아뢰어 말했다.

"한갓 일신만 수성(修省)하는 것이 아니라, 온갖 일을 시행할 때 공구(恐懼)의 마음을 다하여 군신 상하가 함께 협력하며 감히 조금도 게을리 아니하여 백폐(百廢)를 소생케 하는 것이 모두 수성의 도리인 것입니다. 옛사람의 말에 '지금 국가가 한가하니 이때 그 정형(政刑)을 밝혀야 한다'라고 했습니다. 하물며 지금처럼 위급한 때이겠습니까. 지금 중외의 인심이 모두 해이해져서 죽음 속에서 삶을 구하여 보수(保守)할 계책을 생각하지 않으니, 적이 만약 재침하게 되면 반드시 무너지고 말 형편입니다."

이괘의 밑에서 다섯 번째 양효에 대해 공자는 "견결하게 밟아가니 반듯해도 위태롭다[夬履貞厲]는 것은 자리가 딱[正] 그러하기 때문이다"라고 풀었다. 주공의 효사 부분을 보자. 이괘의 구오는 중정(中正)을 얻었는데 왜 이처럼 '반듯해도 위태롭다[貞厲]'라는 부정적 판단을 내린 것일까? 그 실마리는 쾌(夬)에 있다. 쾌는 지나치게 강하게 결단하는 것[剛決]이다. 이런 부정적 해석을 하게 되는 것은, 구오는 아래위로 무비(無比)인 데다 구이와도 같은 양효로 무응(無應)이다. 전형적으로 홀로 똑똑함을 내세우는 임금의 모습이다. 공자의 '자리가 딱 그러하기 때문'이라는 말은 바로 이런 독불장군 임금의 모습을 지적한 것이다. 앞에서 본 대로 스스로 임금이자 스승[君師]이라 불렀던 정조가 바로 여기에 해당하는 조선의 임금이다. 묘하게도 묘호(廟號) 정(正)은 정(貞)과 통한다는 점에서 '반듯해도 위태롭다'라는 말의 의미가 새삼 와닿는다. 게다가 공자의 풀이에서 정(正)은 '바르다'보다 '딱'의 의미로 사용되고 있다. 내가 쓴 책 『정조, 조선의 혼이 지다』(해냄)에 썼던 정조에 대한 총평의 일부를 싣는다.

정조(正祖), 그러나 원래는 정종(正宗)이었다. 영조(英祖)도 원래는 영종(英宗)이었다. 원칙

---

197 유방이 항우와 홍문에서 회합했을 때 범증이 항장을 시켜 유방을 죽이려 했는데, 항백(項伯)과 번쾌의 도움으로 위기를 모면했다.

적으로는 공(功)이 있으면 조(祖), 덕(德)이 있으면 종(宗)이라 했다. 이런 원칙은 조선의 경우 지켜지기도 했고 그렇지 않기도 했다. 아무래도 종보다는 조가 위라고 생각했기 때문에 처음에는 종이라고 했다가 다시 조로 바뀐 경우가 적지 않다. 특히 이런 시호 인플레는 선조 이후 후궁의 자식들이 반정 등으로 왕위에 올랐을 경우 심했다.

선조(宣祖) 이후 조가 붙은 임금들을 살펴보자. 선종(宣宗)이었던 것이 광해군의 명에 따라 선조가 됐다. 인조(仁祖)는 반정의 주역이었기 때문에 곧바로 인조라는 묘호(廟號)를 받았다. 이후 효종·현종·숙종은 정상적 즉위를 거쳤기 때문에 굳이 조가 붙지 않았다. 사실 영조도 영종이라고 해야 한다. 영의정 김상철이 올린 묘호가 영종이었다. 또 그게 정상이다. 고종 28년(1889) 나라를 되살린 공이 있다는 이유로 영조로 승격됐다.

정조도 마찬가지다. 원래는 정종이었는데 광무 3년(1899) 정조로 승격되고 대한제국 성립과 함께 선황제로 추증된다. 흥미로운 것은 우리가 별로 관심을 갖지 않는 편인 정조의 아들 순조의 경우 순종(純宗)이 순조(純祖)로 바뀐 게 영조나 정조보다 훨씬 빠른 1857년(철종 8년)이었다는 점이다. 그 이후는 모두 헌종·철종·고종·순종이다.

'순종은 순조로 올리면서 정종은 정조로 올리지 않았다.' 그렇다면 철종 때 사람들은 어떤 이유에서든 순조가 정조보다 더 공이 많았다고 생각했다는 뜻이다. 당혹스러울 수밖에 없다. 당시 순종을 순조로 높이게 된 계기는 철종 8년에 순종비였던 순원왕후 김씨가 세상을 떠난 때문이다. 8월 10일 하루 만에 논의하고 결정했다. 따라서 정종을 어떻게 해야 할 것인가 등에 관한 의논은 전혀 없었다.

다시 정조 말년의 기록으로 거슬러 올라가 보자. 순조 22년 정조의 묘를 옮기면서 올린 천릉지문의 한 대목이다.

"왕은 늘, 요순(堯舜)을 본받으려면 당연히 조종(祖宗)을 본받아야 한다고 해왔는데, 왕으로 말하면 도량이 넓기는 태조(太祖)를 닮았고, 찬란한 문장은 세종(世宗)을 닮았으며, 영무(英武)하기는 광묘(光廟-세조)와 같고, 지극한 행실은 효릉(孝陵-인종)과 같았으며, 자나 깨나 국운이 기운 것을 슬피 여겨 대의(大義)를 늘 앞세웠던 것은 효묘(孝廟-효종)와 같았다. 현자를 등용하고 간사한 자를 몰아내는 데 위엄과 용단이 있었던 것은 숙조(肅祖-숙종)의 그것이었으며, 만민이 우러러보는 표준을 세우고 세신(世臣)들을 잘 보호했던 것은 영고(英考-영조)의 마음 그대로였다. 『서경(書經)』에 이르기를 '위대하여라 문왕의 교훈이여, 잘도 계승했다 무왕의 빛남이여'라고 했는데, 그것은 왕을 두고 한 말이었다."

상투적인 상찬(賞讚)이 담길 수밖에 없는 천릉지문(遷陵誌文)이지만 조금은 도에 지나치다. 정말 그랬다면 정조는 재론의 여지가 없는 조선 최고의 국왕일 뿐 아니라 그 시대는 조선 백성이 최고의 태평성대를 누린 때가 된다. 정말 그러한가? 지문에 어울리지 않겠지만 조금 거리를 두고서 객관적으로 정리하면 이 정도는 되지 않을까?

"왕은 늘, 요순(堯舜)을 본받으려면 당연히 조종(祖宗)을 본받아야 한다고 해왔는데, 왕으로 말하면 겉으로는 도량이 넓어야 한다고 강조하면서도 실제로는 폭넓게 사람을 쓰지 못한 것이 몇몇 암군에 비견될 만하다. 찬란한 문장은 세종을 능가한다고 할 수 있지만, 다변(多辯)과 다작(多作)으로 임금이 칭찬을 받아야 할 일은 없다. 영무(英武)하기는 광묘(光廟-세조)와 같고, 지극한 행실은 효릉(孝陵-인종)과 같았으며, 자나 깨나 국운이 기운 것을 슬피 여겨 대의(大義)를 늘 앞세웠던 것은 효묘(孝廟-효종)와 같았다. 다만 효에 지나치게 집착해 공론을 무시한 것은 두고두고 왕의 결함으로 남는다. 숙종의 결단력과 영조의 세심한 통치력의 절반이라도 갖췄더라면 실험적인 학자군주에 머물지 않고 성군(聖君)의 반열에 올랐을 텐데 그 점이 두고두고 아쉽다."

정종(正宗), 묘호를 정(正)이라고 한 것은 '올바름으로 백성을 감복'시켰기 때문이다. 정조는 처음부터 끝까지 반듯한 사람이었다. 행실이 반듯했고 학문도 정학(正學)에서 한 걸음도 옆으로 나아가지 않았다. 정학은 정통 성리학, 송시열이 숭상했던 주자학이다. 만일 조선 초나 중반에 즉위했더라면 정조는 성군(聖君)의 칭호를 받기에 조금도 부족함이 없었던 인물이다. 세종에 이어 다시 한번 요순의 정치를 꿈꾼 정조는, 그러나 시대와의 불화(不和)를 넘어서거나 비켜가지 못했다. 11세 때 아버지 사도세자가 할아버지에 의해 뒤주에 죽는 처참한 광경을 목격함으로써 개인적 불행(不幸)과 불운(不運)은 평생 그를 괴롭히는 업(業)이 되고 말았다. 그 고통의 깊이는 친어머니의 죽음을 뒤늦게 알게 된 연산군의 그것과 비할 바가 아니었다. 폭군(暴君)이 되지 않은 것만으로도 정조는 분명 높은 평가를 받아야 한다.

그럼에도 불구하고 '영정조 르네상스'라는 정체불명의 역사 평가에 의해 과도하게 높이 평가되고 있는 정조 해석에 필자는 동의하지 않는다. 그는 결코 개인적인 피해 의식에서 자유롭지 못 했다. 그것은 결국 정조를 공(公)보다는 사(私)에 집착하도록 만들었다. 그러면서도 우유부단(優柔不斷)했다. 사도세자를 추숭(追崇)하려면 전격적으로 할 일이고, 그렇지 않으면 국왕 개인의 영역에 머물러 있도록 내버려둬야 했다. 그러나 정조는 집권 내내 아버지 추숭 문제를 관철하지도 못하면서 이 문제로 조정 신하들과 참으로 불필요한 쟁론들을 만들어내고 갈등을 빚었다. 죽는 그날까지 결국 추숭을 하지도 못했다.

이 점은 선대왕들의 경우를 살펴보면 분명 해답이 나온다. 성종은 신하들과의 논쟁을 통해 친아버지 의경세자(세조의 장자)를 덕종으로 추존했다. 선조는 스스로의 결정에 의해 아버지 덕흥대원군을 추존왕으로 추숭하지 않았다. 인조는 아버지 정원군을 원종으로 추존했다. 성종이나 인조처럼 하든가 선조처럼 하든가 하면 될 일을 집권 24년 내내 조정을 들끓게 하는 중대 사안으로 몰아간 장본인이 바로 정조다. 흔히 그의 업적으로 거론되는 화성 신도시 건설이나 장용영 설치 등은 모두 이런 흐름의 한복판에 놓여 있다.

정조는 성장 과정으로 인해 포용의 정치보다는 불신(不信)의 정치로 나아갔다. 마치 정조를 기득권 노론과 대결했던 개혁의 화신처럼 보려는 도식은 그저 도식일 뿐이다. 정조 자신의 정신세계가 노론이었다. 왕권 강화를 통해 나아가려는 세상이 관리들의 세상이 아니라 백성의 세상이었다면 왕권 강화 노력은 긍정적 평가의 대상이 될 수 있다. 숙종의 경우가 그랬다. 그러나 정조의 왕권 강화 노력은 좀 심하게 이야기하면 오로지 사도세자 추숭을 향한 것이었다. 국왕이 이런 문제에 집착하는 한 백성은 도탄에 빠지게 마련이다.

정조의 집권과 함께 10년 이상 계속된 역모와 반란은 단순한 권력층 내의 파워 게임이 아니었다. 백성의 한 무리는 천주학에 마음을 빼앗겼고, 또 한 무리는 『정감록』 등과 같은 전통적인 예언 사상에 기대려 했다. 나라, 임금, 조정에 대해 더는 희망을 갖기 어려웠기 때문이다. 이런 상황에서 학식이 뛰어났다고 해서 그 임금을 성군(聖君)이라 한다면 그것은 역사 인식의 기본을 잃은 태도다. 백성의 고통을 내 고통으로 여겼다면 25년이라는 짧지 않은 집권 기간을 개인적인 문제로 보낼 수는 없는 노릇이다.

정조가 정말 학계 일각에서 주장하듯 뛰어난 국왕이었다면 그다음 임금부터 곧바로 나라의 운명이 쇠퇴해버리는 명백한 역사적 사실을 어떻게 설명할 수 있을까? 물론 '정조가 그처럼 개혁하려 했음에도 불구하고 노론 벽파의 저항을 넘어서지 못했기 때문에 그렇게 됐다'라는 다소 허술한 변명이 없는 것은 아니다. 그러나 실록을 통해 들여다보면 정조 그 자신이 바로 세도 정치의 문을 연 장본인이다. 국가라는 공적 기구를 자신의 것으로 하지 못하자 사적인 기구 설치를 통해 공적 기구를 통제하려다가 결국은 실패한 결과가 세도 정치의 폐단을 크게 열어놓은 것이다.

정조라는 인물을 통해 배워야 할 것이 있다면 선정(善政)의 치적이 아니라 '퇴계·율곡을 뛰어넘는 학식을 갖춘 인물이 정치적으로 실패할 수 있다'라는 사실이다. 이 점은 곤혹스럽다. '수신제가치국평천하(修身齊家治國平天下)'라는 『대학(大學)』의 핵심 가르침에 회의를 품게 만들기 때문이다. 정조의 일생을 추적하면서 이 가르침에 대한 해석을 달리하게 된 것이 나름의 망외(望外) 소득이라면 소득이다.

과거에는 수신(修身)하면 제가(齊家)되고, 제가하면 치국(治國)되고, 치국하면 평천하(平天下)된다고 보았다. 그러나 이제는 바뀌었다. 수신해도 제가에 실패할 수 있고, 제가해도 치국에 실패할 수 있으며, 치국해도 평천하에 실패할 수 있다는 때늦은 깨달음이다. 생각해 보니 수신의 원리, 제가의 원리, 치국의 원리, 평천하의 원리는 다 다르다. 예를 들어 앞의 것은 뒤의 것을 위한 필요조건일 뿐 충분조건이 아니었던 것이다.

정조는 분명 수신이나 제가의 측면에서는 타의 추종을 불허할 만큼 뛰어났다. 특히 자기 억제력과 직결되는 수신(修身)은 성인(聖人)의 경지에 이르렀다고 볼 수 있을 만큼 자기 수양에 피나는 노력을 했다. 제가(齊家) 또한 하나도 흠잡을 데가 없다. 그런데도 치국(治國)에서 정조는 요즘 식으로 표현하자면 아마추어리즘의 한계를 고스란히 드러냈다. 사람을 보는 눈에 치명적인 약점을 드러냈고, 선공후사(先公後私)의 리더십을 몸으로 보여주지 못했다. 머리로 정치를 하려다 보니 마음으로 다스려야 하는 부분이 얼마나 중요한지 간과했다. 생각이 너무 많았기 때문인지 모른다. 정조 때 신하들 사이에 면종복백(面從腹背)이 만연했던 것도 따지고 보면 정조의 책임이 크다.

정조는 자신이 임금이자 스승이고자 했다. 현종이나 숙종이 늘 송시열을 염두에 두며 신하들에게 '그대들은 임금이 중한가 스승이 중한가?'라고 따지던 때에 비하면 말할 수 없이 국왕의 권력은 커진 듯하다. 하지만 그것은 착각이다. 군사(君師)는 말로만 존재했을 뿐 실질이 없었다. 그럴수록 정조는 더욱 말에 집착했다. 급기야 말년이 되면 정조는 50세도 되지 않아 스스로에게 '만천명월주인옹(萬川明月主人翁)'이라는 호를 붙인다. 자신이 온 천하를 밝히는 밝은 달 같은 존재라는 뜻이다. 상당히 당혹스러웠다.

나라의 최고 지도자는 개인적인 성품이 어떠하든 간에 백성의 고통을 자신의 고통으로 여기는 데 뛰어나야 한다. 그래서 백성이 무엇을 원하는지 절감하고서 그것을 위해 자기에게 부여된 최고의 권력을 사용해야 한다.

이괘의 맨 위에 있는 양효에 대해 공자는 "으뜸으로 길하다[元吉]는 것은 맨 위에 있으니 크게 좋은 일이 있다는 뜻이다"라고 풀었다. 일단 주공의 효사 중에서 앞부분, 즉 '밟아가는 것을 보아[視履] 상서로울지를 고찰하되[考祥] 그 주선하는 바[旋=周旋]가 잘 갖춰지면'에 대해서는 언급하지 않았다. 이는 시작을 삼가고 이어서 일의 진행을 빈틈없이 잘 처리해서[周旋] 그 끝을 잘 마쳤을 경우에는 크게 좋은 일이 될 것이라는 말이다. 정이는 이를 짧게 "사람이 일을 행함에 있어 좋은 끝마침이 있음[有終]을 귀하게 여긴다"라고 풀었다.

앞서 본 바 있는 당나라 때의 명신(名臣) 위징이 당 태종에게 올린 「간태종십사소(諫太宗十思疏)」를 떠올릴 수밖에 없다. 태종에게 열 가지 반드시 명심해야 할 내용을 간언하는 상소라는 뜻이다. 그중에 끝을 잘 마치는 것[敬終]과 관련된 부분이다.

> 처음에 시작을 잘하는 사람은 많지만, 능히 끝을 잘 마치는 자는 거의 없습니다.

> 나태하고 게을러질까 봐 두려울 때는 반드시 일의 시작을 신중히 하고 일의 끝을 잘 삼가야 한다[愼始而敬終]는 것을 떠올려야 합니다.

시작을 잘하기도 어렵지만 잘 진행하기도 힘들고 잘 마치기도 쉽지 않다는 것을 염두에 둬야 한다는 말이다.

우리가 앞으로 살피게 될 괘들과 연관해 『성종실록』 8년(1477) 12월 25일 자 기사다. 이날 주강(晝講)에서 『주역』을 강론하다가 「서괘전」에 나오는 "일이나 사물[物]은 끝까지 통할[終通] 수가 없다. 그래서 태괘(泰卦)의 뒤를 비괘(否卦)로 받았다"라는 구절을 풀이하면서 동지사 이승소는 다음과 같이 말했다.

> 대개 치세(治世)를 이룬다는 것은 어려운 것이기 때문에 처음에는 준괘(屯卦)·몽괘(蒙卦)·송괘(訟卦)·비괘(比卦)·소축괘(小畜卦)를 말한 뒤에 태괘(泰卦)에 이르렀고, 난세(亂世)를 이루기는 쉽기 때문에 곧바로 비괘(否卦)로써 연계했으니, 성인(聖人)께서 괘를 만든 뜻이 깊습니다. 이는 임금으로 하여금 수성(守成)이 쉽지 않다는 것을 알게 하고자 함입니다.

또 그에 앞서 『성종실록』 8년(1477) 12월 2일에 종친인 주계부정 이심원이 올린 차자(箚子-약식 상소)에 이런 말이 나온다.

세조대왕(世祖大王)께서 예종(睿宗)에게 훈계하시기를 "나는 준괘(屯卦)에 해당하고 너는 태괘(泰卦)에 해당한다. 일은 세상의 변천에 따를 것이니, 만일 네가 나의 행적에 거리껴서 변통(變通)을 알지 못하면 소위 둥근 구멍에 모난 자루[圓鑿而方柄] 원착 이 방병 격이 된다"라고 하셨습니다.

그러나 세조의 우려는 어디로 가고 예종은 비명횡사하고 말았다. 예종은 1450년(세종 32년) 수양대군(세조)의 둘째 아들로 출생했다. 해양대군(海陽大君)에 봉해졌다가 첫째 아들 의경세자(懿敬世子)가 사망하자 1457년(세조 3년) 왕세자에 책봉됐고, 1468년에 즉위했으나 재위 13개월 만에 사망했다. 첫 부인으로 한명회의 딸인 한씨를 맞이했으나 첫 원자를 출산하고 사망했으며, 얼마 후 원자마저 사망했다. 둘째 부인으로 한명회와 인척인 한백륜(韓伯倫)의 딸(안순왕후(安順王后))을 맞이했다. 재위 중 직전수조법(職田收租法)을 제정해 둔전(屯田)의 민경(民耕)을 허락했다. 세조의 총애를 받았던 무관이자 병조판서였던 남이(南怡)를 겸사복장으로 강등시키며 왕권을 강화하기 위한 조치를 단행했다. 하지만 남이와 강순(康純) 등이 연루된 역모 사건이 일어나자 이들을 처형했는데, 이를 남이의 옥사(獄事)라 불렀다. 예종은 어린 나이에 등극했지만, 법치주의에 입각한 강력한 왕권을 만들고자 엄격한 통치를 지향했으며, 선왕의 치적에 힘입은 훈구파 세력과 대립해 개혁 정책을 펼치고자 했다. 하지만 이런 그의 의도는 신숙주(申叔舟), 한명회를 중심으로 한 훈구파의 견제를 받았으며, 더구나 모친인 정희왕후마저 예종을 지지하지 않았다. 원손으로 제안대군을 두었으나 어린 나이 때문에 왕위에 오르지 못했고, 의경세자의 아들 잘산군(성종)이 예종을 이어 보위에 올랐다. 갑작스러운 예종의 죽음을 두고 훈구파에 의해 독살됐다는 설이 제기됐다.

## 11. 지천태(地天泰)[198]

태(泰)는 소인이 가고 대인이 오니 길하여 형통하다.

---

198 문자로는 곤상건하(坤上乾下)라고 한다.

泰小往大來吉亨.[199]

초구(初九)는 띠풀의 엉켜 있는 뿌리를 뽑는 것과 같아서 그 무리[其彙=其類]와 함께 가니[征] 길하다[拔茅茹 以其彙征 吉].

구이(九二)는 더러운 것들을 품어주고[包荒] 그렇게 함으로써 황하를 맨몸으로 건너고 멀리 있는 것을 버리지 않고 붕당을 없애면 적중된 도리를 쓰는 것[中行]에 합치할 수 있다[包荒用馮河 不遐遺 朋亡 得尙于中行].

구삼(九三)은 평평한 것 중에 기울어지지 않는 것[不陂]은 없고 나아간 것 중에 돌아오지 않는 것은 없으니, 어렵게 여기고 반듯하면[艱貞] 허물이 없어 근심하지 않아도[勿恤] 이에 미더워 먹는 데 복이 있다[无平不陂 无往不復 艱貞 无咎 勿恤 其孚 于食 有福].

육사(六四)는 빨리 날아 아래로 내려가서 부유하지 않은데도 그 이웃들과 함께하니, 경계하지 않아도 미덥다[翩翩 不富以其隣 不戒以孚].

육오(六五)는 제을(帝乙)이 딸을 시집보내는 것이니[歸妹], 그로써 복을 받아 으뜸으로 길하다[帝乙歸妹 以祉 元吉].

상륙(上六)은 성이 (무너져) 다시 해자[隍=垓字]로 돌아가는 것이다. 군사를 쓰지 말고 읍으로부터 명을 고하는 것[告命]이니 반듯해도 안타깝다[城復于隍. 勿用師 自邑告命 貞吝].

◉

태괘(泰卦)의 초구(初九)는 양위에 양효로 바름[正位], 구이(九二)는 음위에 양효로 바르지 못함[不正位], 구삼(九三)은 양위에 양효로 바름, 육사(六四)는 음위에 음효로 바름, 육오(六五)는 양위에 음효로 바르지 못함, 상륙은 음위에 음효로 바름이다. 이 괘의 경우 구이나 육오 모두 중정(中正)을 얻지 못했다.

대성괘 태괘(䷊)는 소성괘 곤괘(☷)와 건괘(☰)가 위아래에 있어 만들어진 괘다. 「설

---

199 원형이정(元亨利貞) 중에 형(亨)에 대한 언급뿐이다.

괘전」에 따르면 '곤(坤-땅)으로 간직하고' '건(乾-하늘)으로 임금 노릇을 한다'고 했다. 괘의 모양을 보면 곤음(坤陰)이 위에 있고 건양(乾陽)이 아래에 있어, 아래로 내려가려는 곤음과 위로 올라가려는 건양이 서로 사귀어 화합하면 만물이 살아나고 이뤄진다[生成].

그러면 「서괘전」을 통해 왜 태괘가 이괘의 뒤를 이어받았는지 확인해보자.

> 예(禮-사리)가 행해져 태평스럽게 된 후에야 편안해지게 마련이다. 그래서 이괘의 뒤를 태괘(泰卦)로 받았다. 태(泰)란 두루두루 통한다[通]는 말이다.
>
> 履而泰然後安. 故受之以泰. 泰者 通也.
> 이이태 연후 안 고 수지 이태 태자 통야

모든 것이 조화로워 두루 통하게 되면 사회는 안정된다. 태(泰)라는 글자의 모양을 보자. 물 수(水)와 두 손을 모은 모양인 대(大)가 합쳐져 양손으로 물을 떠낸다는 말이며 매끄럽다, 편안하다는 뜻 외에 태(太)에서 크다, 거만하다는 뜻도 나온다. 여기서는 태평(泰平=太平)의 태(泰)로 평안하다는 뜻이다. 태괘를 보면 지천태괘(䷊)로 건괘(☰)가 아래에 있고 곤괘(☷)가 위에 있는 건하곤상(乾下坤上)의 모양을 하고 있다. 얼핏 보면 건괘가 위에 있고 곤괘가 아래에 있어야 정상인 듯 보인다. 그러나 여기서는 땅의 기운이 아래로 내려오고 하늘의 기운이 위로 올라가 천지 음양의 기운이 서로 사귀어 화합을 이루었다는 뜻이다. 그러나 그것이 오래갈 수는 없다. 태(泰)란 두루두루 통한다[通]는 말이라고 했으니, 통즉궁(通則窮)이라는 바뀜[易]의 원리가 작동할 수밖에 없다.

문왕의 단사(彖辭), 즉 "태(泰)는 소인이 가고 대인이 오니 길하여 형통하다[小往大來 吉亨]"에 대한 공자의 풀이[「彖傳」]를 살펴볼 차례다.

> 태괘(泰卦)는 "소인이 가고 대인이 오니 길하여 형통하다[小往 大來 吉亨]"라고 했는데, 이는 하늘과 땅[天地]이 사귀어 만물이 통하는 것이고 위아래가 사귀어 그 뜻이 같아지는 것이다. 안으로 양(陽)이 있고 밖으로 음(陰)이 있으며 안으로 튼튼하고[內健] 밖으로 고분고분하며[外順] 안으로 군자가 있고 밖으로 소인이 있어, 군자의 도리가 자라나고[長] 소인의 도리가 쪼그라드는 것[消=息]이다.
>
> 泰小往大來吉亨 則是天地交而萬物通也 上下交而其志同也.
> 태 소왕 대래 길형 즉 시 천지 교 이 만물 통야 상하 교 이 기지 동야

內陽而外陰 內健而外順 內君子而外小人 君子道長 小人道消也.
내양 이 외음 내건 이 외순 내 군자 이 외 소인 군자도 장 소인도 소야

◉

태괘는 흔히 다음에 이어지는 비괘(否卦, ䷋)와 비교해 언급되곤 했다. 『현종개수실록(顯宗改修實錄)』 1년(1660) 7월 16일 홍문관부교리 이민서(李敏敍, 1633~1688)[200]가 올린 사직 상소에는 이에 대한 사실상의 풀이가 잘 정리돼 있다.

> 전하께서도 임금과 신하가 서로 힘을 합쳐야 치공(治功)을 완성시킬 수 있다는 것을 알고 계실 것입니다. 위세(威勢)로 말하자면 군상(君上)은 지극히 존엄하고 신하는 지극히 낮은 것이어서, 이는 마치 하늘과 땅이 정해진 위치가 있는 것과 같습니다. 그래서 공자(孔子)가 말하기를 "하늘은 높고 땅은 낮으니 건(乾)과 곤(坤)이 정해진다. 낮고 높음[卑高=卑尊]에 따라 늘어서게 되니[陳] 귀함과 천함[貴賤]이 각자의 자리를 갖게 된다"[201]라고 했으니, 그 분수의 엄정함이 이처럼 확연합니다. 그런데 문왕(文王)이 역(易)을 만들면서 하늘을 위에 두고 땅을 아래에 둔 것을 비괘(否卦)로 만들고, 땅을 위에 두고 하늘을 아래에 둔 것을 태괘(泰卦)로 만든 것[202]은 무슨 까닭에서입니까. (건괘와 곤괘를) 서로 뒤바꾸어 (건괘를) 아래에다 둔 것은 바로 서로 마음을 교통(交通)시킨다는 뜻입니다. 그러므로 하늘과 땅이 교합해야 만물이 형통되고 위와 아래가 교합돼야 지의(志意)가 같게 된다고 한 것입니다.
>
> 천지는 정해진 위치가 있지만 하나의 기(氣)가 오르내리기 때문에 세공(歲功)을 이루고, 임금과 신하는 정해진 분의(分義-분수와 마땅함)가 있지만 하나의 마음이 서로 미덥게 되기

200 송시열의 제자다. 1652년 문과에 급제한 뒤 검열·정언·지평·교리 등을 역임했다. 현종 초 수찬으로 있을 때 허적(許積)을 탄핵하다가 병조좌랑에 전직됐고, 검상·헌납·응교·사인·나주목사 등을 역임했다. 이조와 호조의 참의를 거쳐 광주목사(光州牧使)로 있을 때 병으로 사직했다. 그 뒤 승지·대사간·대제학에 이어 공조·이조·병조·호조의 참판을 거쳐 1683년(숙종 9년) 강화부유수가 되었고, 예조·호조·이조의 판서를 차례로 역임한 뒤 지돈녕부사(知敦寧府事)가 됐다. 문장과 글씨에 뛰어나 많은 시문을 남겼으며, 김수항(金壽恒)·이단하(李端夏)·남구만(南九萬) 등과 교유가 깊었다.

201 「계사전」의 첫 문장이다.

202 문왕이 이렇게 단사(彖辭)를 달았다는 뜻이다.

때문에 왕공(王功)을 일으킵니다. 대기(大氣)는 한없이 드넓은 것으로서 만물을 발육시키는 것이므로 천지 사이에 차 있는 것들은 모두 그 대기를 받아서 힘입어 살아가는 것입니다. 새·물고기·동물·식물이 각기 본성대로 살고, 어둡고 밝고 춥고 더움이 각기 질서를 이루지만 하늘이야 무슨 작위(作爲)가 있었겠습니까. 역시 하나의 기가 오르내리는 과정에서 그렇게 됩니다.

성인(聖人-빼어난 임금)은 등극(登極)하여 하늘을 본받을 뿐입니다. 그러므로 임금이 위에서 손을 모으고 단정히 앉아만 있어도 뭇 신하들은 아래에서 직무를 수행하게 되고 지혜가 있는 자는 그 사려를 다 기울이게 되고 용기가 있는 자는 그 힘을 분발하게 되며 재능이 있는 자는 그 재주를 다 바치게 되는 것은 물론이거니와 어리석은 필부필부에 이르러서도 위의 신임을 받지 않는 사람이 없게 돼 사공(事功)이 홍발(興發)되고 덕업(德業)이 창명(彰明)되니, 성인이 어찌 자신의 귀 밝음과 눈 밝음[聽明]을 쓴 적이 있었겠습니까. 한마음으로 서로 미덥게 돼 뭇 신하들이 교화를 받든 효험입니다.

이런 때문에 태(泰)의 반대가 비(否)인데, 비가 이뤄지는 이유는 상하가 서로 교통되지 않는 데 연유된 것입니다. 따라서 그에 대한 상(象)이 천지에 있어서는 소락(消落)·폐장(閉藏)·음한(陰寒)·참각(慘刻) 같은 상이 되는 것이고, 국가에 있어서는 임금과 신하가 서로 어그러지고 사정(邪正)이 자리가 뒤바뀌고 온갖 직무가 해이해지고 백성이 원망하여 반란을 일으키는 상이 되는 것입니다. 전하께서 『역경(易經)』 가운데서 비(否)·태(泰) 두 괘를 취하여 성인이 괘를 만든 본뜻과 제유(諸儒)들이 경문(經文)을 해석한 훈설(訓說)을 살펴보신다면 반드시 음양의 소장(消長)과 국가의 치란(治亂)에 대한 기미를 환히 알 수 있게 될 것입니다.

소공(召公)[203]의 고문(誥文)에 "태어난 아들의 선악은 그가 태어난 처음에 어떻게 가르치느냐에 달려 있다"[204]라고 했는데, 방금 새로운 정치가 시작됨에 만방(萬方)이 눈을 씻고 기대에 차 있습니다. 이것이 또 군신 상하가 지성으로 서로 감동시키고 한마음으로 서로 호

---

203 주무왕(周武王)과 같은 성씨의 종실(宗室)로 일찍이 주무왕을 도와 상(商)나라를 멸망시키고, 연(燕)의 땅을 하사받아 연나라의 시조(始祖)가 됐다. 처음에 도읍을 소(召)로 삼았기 때문에 소공(召公) 혹은 소백(召伯)으로 불렸다. 주성왕(周成王) 때 태보(太保)가 됐고, 주공 단(周公旦)과 섬원(陝原)을 경계로 나눠 다스렸다. 즉 섬원의 동쪽 지방은 주공 단이, 섬원의 서쪽 지방은 소공이 관리했다. 그는 주공 단의 반란 평정을 지지했다.

204 『서경』 「주서·소고」편에 나오는 말이다.

응하여 사람들의 뜻을 흥기시키고 사람들의 마음을 위로하고 기쁘게 하여 좋은 정치를 베풀어 아름다운 교화를 완성시킬 하나의 큰 기회입니다. 이런 때를 당하여 전하의 한마음이 형통해지면 이것이 곧 만물이 형통해질 수 있는 기회이고, 전하의 한마음이 비색해지면 이것이 곧 만물이 궁색해지게 되는 계기가 됩니다. 궁색을 꺼리고 형통을 구하는 것은 만물의 대정(大情)인 것이니, 조정에서 누군들 전하의 부성(孚誠-미더움과 열렬함)을 바라지 않겠으며 사방의 백성 가운데 누군들 전하의 덕음(德音)을 바라지 않겠습니까. 빼어난 임금이 천하의 뜻을 통달시키고 만물의 마음을 극진히 하는 방법은 단지 감응(感應)시키는 이치 하나뿐입니다. 이것이 신이 비태(否泰)에 대한 이야기에 정성을 기울이는 이유입니다.

신이 삼가 살피건대 전하께서 즉위하신 이래 선정(善政)을 베푼 것이 많기는 합니다만 그래도 신하들의 기대에는 석연치 못한 점이 있습니다. 신처럼 어리석고 졸렬한 자질로도 깊이 우려하고 크게 걱정하는 것은 전하께서 혹 교태(交泰)의 뜻을 어겨 점차 비폐(否閉)의 상(象)이 이뤄지지 않을까 하는 그것입니다. 전하께서는 대소 신료들에 대하여 지성으로 도와주기를 구하는 뜻이 없어, 대신(大臣) 가운데는 고굉(股肱)의 임무를 부탁할 사람이 없고 근신(近臣) 가운데는 심복(心腹)의 직임을 맡길 만한 사람이 없습니다. 그러므로 사람마다 억지로 편안하고 구차스럽게 용납되기만을 생각하여 마음을 다하는 이가 없게 됐습니다. 나라를 보전하고 백성을 편안하게 할 방책이 묘당(廟堂-의정부)에서 강론되지 않고, 얼굴을 바로 하여 과감히 말하는 기풍이 대각(臺閣-사헌부와 사간원)에서 행해지지 않고 있습니다. 계옥(啓沃)하여 선언(善言)을 진달하는 직무도 경연에서 끊어졌는가 하면, 백관과 유사에 이르기까지 모두 태만하여 직무를 폐기하고 있습니다. 그래서 상하가 그럭저럭 세월만 보내어, 만사는 날로 실추되고 풍속은 날로 투박해지고 조론(朝論)은 날로 비하되고 사기(士氣)는 날로 저상되며 민생(民生)은 날로 곤궁해지고 국세(國勢)는 날로 떨어집니다. 당당한 만승(萬乘)의 나라가 누적된 병이 오래돼 쇠하여진 탓으로 혈맥이 시들어 금방 목숨이 끊길 것 같은 사람과 같이 돼 청명하고 성대하게 분발하고 진작시키는 상(象)이 없게 됐습니다. 전하께서 오늘날의 기상을 살피시건대 형통에 가깝습니까, 아니면 비색에 가깝습니까. 그러나 이것이 어찌 여러 신하만의 죄이겠습니까. 실로 전하께서 호오(好惡)를 치우치게 따르심에 따라 이런 상황을 초래하게 된 것입니다.

옛날 송 인종(宋仁宗)[205]은 태평한 정치를 이루는 데 크게 뜻을 두고 있었는데, 어느 날 천장각(天章閣)을 열고 보신(輔臣)을 불러 입대(入對)하게 한 다음 필찰(筆札)을 지급해주고서 당연히 해야 할 일을 조목별로 진달하게 했습니다. 이에 범중엄(范仲淹, 989~1052)[206]은 치무(治務) 열 가지 일을 올리고 부필(富弼, 1004~1084)[207]은 당대의 급무 10여 조항과 변방을 안정시키는 데 관한 열세 가지 방책을 올렸는데, 인종이 모두 채용했습니다. 구양수(歐陽修, 1007~1072)[208] 등은 간관(諫官)으로 있으면서 날마다 일에 대해 아뢰었습니다. 전하께서도 일찍이 이런 조치를 해보셨습니까. 전하께서 인종과 같은 일을 했는데도 신하들이 응하지 않는다면 이는 여러 신하가 전하를 저버리는 것이 됩니다만, 전하께서 주춤거리면서 잘 다스려지기를 구하는 뜻이 없다면 이는 전하께서 신민(臣民)을 저버린 것이 됩니다. 신하들이 전하께 말을 아뢰어도 써주지 않는다고 하여 마음을 다하지 않는다면 이는 아랫사람이 윗사람을 믿지 않는 것이고, 전하께서 신하들 가운데 내 뜻에 합당하게 할 만한 사람

---

205 북송(北宋)의 제4대 황제다. 중앙 집권적 관료 지배도 안정되고 과거 제도도 정비돼 사마광 등의 명신이 정치를 맡았으며 주돈이·이정자 등의 유학자도 나와서 '경력(慶曆)의 치(治)'라는 북송의 최전성기를 맞았다.

206 인종의 친정(親政)이 시작되자 부름을 받아 간관이 됐다. 경우(景祐) 3년(1036) 곽황후(郭皇后)의 폐립 문제를 놓고 찬성파 여이간(呂夷簡)과 대립하다가 지방으로 쫓겨났다. 요주(饒州)와 윤주(潤州), 월주(越州)의 지주(知州)를 맡았다. 그 뒤 구양수와 한기(韓琦) 등과 함께 여이간 일파를 비판했으며, 스스로 군자의 붕당이라고 자칭해 경력당의(慶曆黨議)를 불러일으켰다. 보원(寶元) 원년(1038) 이원호(李元昊)가 서하(西夏)에서 제위에 오르자 섬서경략안무초토부사(陜西經略安撫招討副使)가 돼 서하 대책을 맡고 침입을 막았다. 그 공으로 경력(慶曆) 3년(1043) 추밀부사(樞密副使)가 되고 이어 참지정사(參知政事)로 승진해 십사소(十事疏)를 올리는 등 내정 개혁에 힘썼다. 그러나 그를 미워하는 하송(夏悚) 일파의 저항이 강해 지방관을 지내다가 병으로 죽었다.

207 인종 천성(天聖) 8년(1030) 무재(茂才)로 천거(薦擧)됐다. 경력 2년(1042) 지제고(知制誥)가 돼 거란(契丹)으로 사신을 가 영토를 할양하는 일을 강력히 항의하고 대신 세폐(歲幣)를 늘리는 것으로 합의했다. 다음 해 추밀사로 옮겨 범중엄 등과 함께 경력신정(慶曆新政)을 추진했다. 지화(至和) 2년(1055) 중서문하평장사(中書門下平章事)가 돼 일을 잘 처리해 현상(賢相)으로 불렸다. 신종(神宗)이 변방의 일에 대해 묻자 "20년 동안 병사에 대해 입에 담지 않기를 바랍니다"라고 대답했다. 다음 해 재상이 됐다. 왕안석(王安石)과 의견이 일치하지 않아 박주(亳州)로 나갔는데, 다시 청묘법(青苗法)을 억제하려다 탄핵을 받아 강관(降官)당했다. 한국공(韓國公)으로 치사(致仕)했다.

208 열 살 때 당나라 한유(韓愈)의 전집을 읽은 것이 문학의 길로 들어선 계기가 됐다. 인종 천성 8년(1030) 진사가 돼 서경추관(西京推官)을 지냈는데, 윤수(尹洙)·매요신(梅堯臣)과 함께 시가(詩歌)를 창화(唱和)했다. 경우(景祐) 연간에 관각교감(館閣校勘)이 돼 글을 지어 범중엄을 변호하다가 이릉령(夷陵令)으로 폄적(貶謫)됐다. 경력 연간에 불려가 간원(諫院)을 맡았고, 우정언(右正言)과 지제고(知制誥)가 돼 신정(新政)을 도왔다. 신정이 실패하자 글을 올려 범중엄을 문책하는 일을 반대했고, 저주(滁州)와 양주(揚州), 영주(潁州)의 지주로 나갔다. 다시 부름을 받아 한림학사(翰林學士)가 됐다. 가우(嘉祐) 2년(1057) 지공거(知貢擧)가 돼 고문(古文)을 제창하고 태학체(太學體)를 배척하자 문풍(文風)이 크게 변했다. 가우 5년(1060) 추밀부사에 올랐고, 다음 해 참지정사(參知政事)가 됐다. 영종(英宗) 초에 영종의 아버지 복왕(濮王)을 추존해 황(皇)으로 삼아야 한다는 복의지쟁(濮議之爭)을 일으켰다. 신종(神宗)이 즉위하자 자원해 박주(亳州)와 청주(青州), 채주(蔡州)의 지주로 나갔다. 왕안석(王安石)의 신법(新法)을 반대해 치사했다.

이 없다고 하여 하찮게 여기신다면 이는 윗사람이 아랫사람을 신임하지 않는 것이니, 이것이 임금과 신하가 서로 교통되지 않는 것에 대해 신이 논하는 이유입니다.

공자의 「상전」을 살펴볼 차례다. 그중에 태괘를 총평한 「대상전」이다.

하늘과 땅이 사귀는 것이 태(泰)(가 드러난 모습)이니, 임금[后]은 그것을 갖고서 하늘과 땅의 도리[道]를 마름질하여 이뤄내고[財成=裁成] 하늘과 땅의 마땅함[宜]을 법으로 만들어[輔相] 백성을 돕는다[天地交泰 后以 財成天地之道 輔相天地之宜 以左右民].

◉

정이는 재성(財成)을 "하늘과 땅의 도리를 체화하여 마름질하고 제어하는 것"이라고 했고 보상(輔相)을 "법과 제도를 만들어 백성으로 하여금 하늘의 때[天時]를 쓰고 땅의 이점[地利]을 따라서 화육(化育)의 공업을 보조해 풍성하고 아름다운 이로움을 이뤄내는 것"이라고 했다. 임금의 역할이란 한마디로 하늘과 땅의 도리를 인간 사회에 잘 적용해서 백성을 잘 살아가게 돕는 것뿐이라는 말이다. 그것이 곧 태평성대다.

태괘의 여섯 효[六爻]에 대한 주공의 말을 풀이한 공자의 「소상전」이다.

(초구(初九)는) 띠풀을 뽑아서 가니 길하다고 한 것은 뜻이 밖에 있기 때문이다[拔茅征吉 志在外也].

(구이(九二)는) 더러운 것들을 품어주어[包荒] 적중된 도리를 쓰는 것[中行]에 합치된다는 것은 그 도리가 빛나고 크기 때문이다[包荒得尙于中行 以光大也].

(구삼(九三)은) 나아간 것 중에 돌아오지 않는 것이 없다는 것은 하늘과 땅이 교제하는 것이다[无往不復 天地際也].

(육사(六四)는) 빨리 날아 아래로 내려가서 부유하지 않다는 것은 모두 그 알맹이[實]를 잃었기 때문이요, 경계하지 않아도 미덥다는 것은 마음속에서[中心] 바라기 때문이다[翩翩不富 皆失實也. 不戒以孚 中心願也].

(육오(六五)는) 그로써 복을 받아 으뜸으로 길한 까닭은 적중된 도리[中=中道]로 바라는 바를

행하기[行願] 때문이다[以祉元吉 中以行願也].

(상륙(上六)은) 성이 (무너져) 다시 해자로 돌아가는 것은 그 명이 어지럽기 때문이다[城復于隍 其命亂也].

◉

태괘의 맨 아래 첫 양효에 대해 공자는 "띠풀을 뽑아서 가니 길하다고 한 것은 뜻이 밖에 있기 때문이다"라고 풀었다. 공자는 주공이 효사에서 "띠풀의 엉켜 있는 뿌리를 뽑는 것과 같아서 그 무리[其彙=其類]와 함께 가니[征] 길하다[拔茅茹 以其彙征吉]"라고 길게 말한 것을 그냥 '띠풀을 뽑아서 가니 길하다고 한 것'이라고 압축하고서 그 길한 까닭은 바로 뜻을 밖에 두어 위로 오르고자 하기 때문이라고 풀어냈다. 이는 초구(初九)가 양효로 양위에 바르게 있고 위의 육사(六四)와도 호응하며 굳세고 튼튼하기[剛健] 때문에 위로 나아가려 한다는 것이다. 세상을 향해 뜻을 펼치려 한다는 말이다. 효사 부분에 대한 정이의 풀이를 보자.

> 초구는 양효로 가장 낮은 자리에 있으니 굳세고 눈 밝은 재능[剛明之才]을 갖고서도 맨 아래에 처해 있는 자다. 때가 꽉 막혀 있을 때[否-否塞]면 군자는 물러나서 곤궁한 처지에 머물지만, 때가 이미 크게 열리는 때[泰]가 되면 뜻은 위로 나아가려는 데 있다. 군자가 (세상을 향해) 나아갈 때는 반드시 그 뜻을 같이하는 부류들[朋類]과 서로 이끌고 연대하는 것이 마치 띠풀의 뿌리와 같아서, 하나를 뽑으면 함께 연결돼 일어나게 된다. 여(茹)란 뿌리가 서로 얽혀 연결돼 있는 것이므로 그 모습[象]을 따왔다. 휘(彙)는 동류들이다. 뛰어난 이들[賢者]은 그 부류들을 데리고 나아가며 뜻을 같이하여 그 도리를 행하니, 이 때문에 길하다. 군자는 나아갈 때 반드시 같은 부류들과 함께하니, 이는 자신의 뜻을 서로 앞세워 주장하려고만 하는 것이 아니라 함께 좋은 목표를 행하는 것을 즐겁게 실천하려는 것이어서 진실로 서로 믿고 의지해 뜻을 이룬다. 따라서 군자든 소인이든 혼자 서서 붕우의 도움에 의지하지 않는 자는 없다. 예로부터 군자가 지위를 얻으면 천하의 뛰어난 이들이 조정에 모여 마음을 함께하고 힘을 합쳐 천하의 태평을 이루지만, 소인이 지위에 있으면 불초한 자들이 함께 몰려나온 뒤에 그 당파가 기승을 부려 천하가 꽉 막히게 되니, 이는 대개 (군자와 소인

은) 각각 그 부류를 따르기 때문이다.

정이의 풀이를 놓고 볼 때 태괘의 때에는 군자들이 머뭇거리거나 물러서서는 안 된다. 공자도 이 점을 촉구하려는 차원에서 "뜻이 밖에 있기 때문이다"라고 한 것이다.

마침 반고의 『한서』「초원왕전(楚元王傳)」편에 유향이 원제(元帝)에게 올린 글이 실려 있는데, 거기에 이와 관련된 내용이 있다.

> (뛰어난 이가) 아랫자리에 있으면 같은 생각을 하는 사람들이 모두 조정에 나아올 것이니, 『주역』에 이르기를 "(밑에서 첫 번째 양효[初九]의) 띠풀[茅]은 그 부류[彙=類]에 따라 뽑는 것이니 가면[征=行] 길하다"[209]라고 했던 것입니다. 그래서 (은나라를 세운) 탕왕(湯王)이 이윤(伊尹)을 들어 쓰자 어질지 못한 자들은 멀어졌고 많은 뛰어난 이가 와서 같은 부류끼리 모이게 됐습니다.
>
> 그런데 지금은 거짓되고 간사한 자들이 뛰어난 신하들과 나란히 조정에 있다 보니 안에서 겨루고 있으면서[交戟] 당파를 이루고 모의를 함께해, 좋은 일들을 저버리고 나쁜 일들을 도모하며 한 덩어리로 (뛰어난 이들을) 비방하느라 시끄럽고 수시로 위태롭고 험한 말을 지어내 주상의 마음을 (자신들 쪽으로) 기울어지게 하려고 낑낑거리고 있습니다. 그런데 그런 자들을 느닷없이 쓰신다면 이것이야말로 하늘과 땅이 먼저 경계를 시킨 까닭이자 재이가 거듭해서 나타나는 까닭이라 할 것입니다.

그러나 과연 누가 누구를 정확히 군자라 하고 소인이라 할 수 있을까? 원칙적으로는 강명(剛明)한 임금만이 신하 중에 누가 군자형이고 소인형인지를 가려서 군자형 신하를 들어 쓰고 소인형 신하를 내칠 수 있다. 임금이 유암(柔闇)하면 신하들은 서로 자신들이 군자당이고 상대방이 소인당이라고 주장하며 조정을 어지럽히게 된다. 선조 이후 조선의 조정이 그러했다. 조선의 경우 적어도 외형적으로는 적통(嫡統)이 이어지던 명종(明宗) 때까지 신하들이 스스로를 군자라고 하고 정적(政敵)을 소인이라고 지

209 정씨(鄭氏)가 말했다. "띠풀은 임금이 결백한 다움을 갖고 있는 것을 비유한 것이다."

목하는 일이 없었다. 다만 성종 때 한 차례 이와 관련된 사건이 있었다. 당시 성종이 어떤 태도와 발언을 보이는지를 주목하며 이를 살펴보자. 내가 쓴 『성종, 조선의 태평을 누리다』에서 인용한다.

> 1476년(성종 7년) 1월에 성종이 마침내 친권을 행사하기 시작한 것을 감안한다면 성종 7년이 즉위년에 해당하고 성종 8년(1477년)은 성종 1년인 셈이다. 그해 9월 5일 경연을 마치고 성종은 경연에 참여했던 사헌부 지평 김언신과 격렬한 논쟁을 벌인다. 김언신의 직분 '사헌부 지평'이란 국왕에게 간할 수 있는 직위로서는 가장 낮았다. 그런 김언신이 경연이 끝난 자리에서 형조판서에 오른 현석규를 비판했다. 현석규가 동료 신하들과 국사를 논의하다가 자기 말을 듣지 않는다고 눈을 부라리고 팔뚝을 내밀어 위압적 행동을 보였다는 것이다. 현석규는 동료들에게는 거만하게 행동하면서 성종 앞에서는 늘 겸손한 척해서 출세한 인물로 실록에 묘사돼 있다. 그러나 성종은 현석규를 두둔하며 "그대는 현석규가 음험하다고 말하니 소인으로 여기는 것이냐?"라고 반문한다. 김언신은 단호하게 "사람됨이 음험하면 간사한 소인입니다"라고 답한다. 이렇게 해서 성종과 김언신 사이에 소위 '군자 소인 논쟁'이 시작된다.
>
> 유학의 나라 조선에서 군자냐 소인이냐 하는 것은 단순한 성품의 문제를 떠나 그의 총체적 인격을 규정하는 잣대였다. 유교의 경우 군자라 함은 도덕적으로 완성된 인격자라 할 수 있다. 유학에서는 궁극적으로 성인(聖人), 즉 천인합일의 경지에 이른 사람을 이상으로 삼지만, 그것은 현실적으로 불가능하고, 그다음 단계로 군자가 있다. 여기서 군자가 되는 데 중요한 것은 다움[德]이다. 그에 반해 부덕하고 간사하고 자신의 이익만을 추구하는 사람을 유학에서는 소인 혹은 소인배라 부르며 멸시했다.
>
> 이런 군자와 소인의 이분법은 명분 위주의 사림파가 정치를 장악하는 조선 중기에 이르면 더욱 강화된다. 그래서 군자냐 소인이냐에 따라 출세 여부는 말할 것도 없고 경우에 따라서는 삶과 죽음의 갈림길에 서는 일까지 생겨났다. 특히 군자 소인 논쟁은 마침내 친권을 행사하게 된 성종에 대한 충성도 문제와 연결돼 있어 사태는 더욱 복잡했다. 이와 유사한 논쟁은 성종이 친권을 행사하기 시작한 직후인 성종 7년 3월 7일 경연을 마친 직후에 지평 성건과의 간략한 논란에서 처음 불거졌다. 성건은 "정사를 되돌리는 초기(친권 행사 초기)는 곧 군자를 나오게 하고 소인을 물리쳐야 할 때"라고 말하자 성종은 성난 목소리로 "지

금 누가 군자이고 누가 소인이란 말인가"라고 반박한다. 이때 성건은 원상인 한명회·유자광·정창손·윤자운 등을 지목하며 '소인'이라고 밝혔고, 이에 깜짝 놀란 성종은 "군자와 소인의 구분은 비록 성인(聖人)이라도 이를 어렵게 여겼으니 망언을 많이 하지 말라"고 다그쳤다. 성건(成健, 1439~1496)은 1462년(세조 8년) 사마시에 합격하고 주로 사헌부에서 활약했다. 1486년 도승지를 거쳐 경기도 관찰사, 대사헌에 이르고 성종의 각별한 총애 속에 여러 판서직을 거치게 되는 인물이다. 성숙·성준·성건 3형제의 막내로 모두 명재상으로 이름을 날리게 되는 명문가 출신이었다. 특히 둘째 성준은 훗날 영의정에까지 오르게 된다.

김언신과의 논쟁을 보면 성종은 성건 때와 달리 1년 사이에 많이 성숙한 모습을 보여주고 있다. 다시 한번 성종이 "그대가 현석규를 소인이라고 하느냐"고 묻자 김언신은 "참으로 소인입니다"라고 답한다. 이에 성종은 "그것을 어떻게 아느냐"고 군자·소인을 가르는 판단 기준에 대해 보다 구체적으로 질문을 던진다. 이건 쉽지 않은 문제다. 다분히 주관적일 수밖에 없기 때문이다. 그래서인지 김언신의 대답이 약간은 궁색하다.

"근일 행사의 자취로 보아서 압니다. 맹자가 '그 눈동자를 보면, 사람이 어찌 숨기랴'라고 했습니다. 현석규의 용모를 보면 또한 음험한 것을 알 수 있습니다."

"사람을 용모로 판단할 수 있느냐? 중국의 주열은 얼굴이 추하기가 귀신 같으나 마음은 맑기가 물 같았으니, 얼굴을 보고 마음을 아는 것은 성인도 어려운데 하물며 김언신 네가 알 수 있단 말이냐?"

이에 대해 김언신은 다른 고사를 인용하며 용모로도 족히 심술이 숨겨져 있는 것을 알 수 있다고 맞섰다. 성종은 김언신이 괘씸했을 것이다.

"그대가 '현석규는 소인이고 내가 현석규에게 농락당했다'라고 말하는 것 같은데, 그러면 왜 일찍 그 말을 하지 않았느냐?"

"신이 그때는 언관이 아니어서 감히 말하지 못했습니다. 그러나 현석규가 소인인 것을 좌우의 신하로서 누가 알지 못한다 하겠습니까?"

이제 불똥이 다른 신하들에게로 튄다. 그때 심회는 조심스럽게 "아마도 현석규가 받은 벼슬이 너무 높기 때문에 그렇게 말하는 듯합니다"라며 김언신을 두둔했다. 그러나 홍응은 "현석규가 소인이라는 것을 신은 알지 못합니다"라고 성종을 거든다. 홍응(洪應, 1428~1492)은 1451년(문종 1년) 생원시에 합격하고 그해 문과에 장원급제했다. 사간원 우정언, 집현전 수찬, 응교 등을 거쳐 1460년에 승정원 동부승지에 이르고 1463년에 도승지가 됐다. 이후 이조참판, 형조판서(1465), 우찬성 등을 거쳐 1479년에 우의정에 올랐다.

결국 성종은 "대신이 모두 현석규가 소인이라고 하지는 않으니, 이것은 김언신이 먼저 스스로 임금을 속인 것이다. 정승들에게 두루 물어서 만일 그대 말이 사실이 아니라면 그대는 임금을 속인 죄를 받아야 할 것이다"라고 크게 화를 낸다. 다행히 사헌부와 사간원이 공동으로 "김언신에게 죄주면 우리도 함께 벌을 받겠다"라고 나서는 바람에 성종도 "내가 거듭 생각해보니 김언신을 반드시 죄줄 필요는 없다"라고 한 걸음 물러섰다.

문제의 현석규는 분이 덜 풀렸던지 바로 다음날인 9월 6일 글을 올려 사직을 청했다. 그러면서 김언신의 뒤에는 유자광이 있다고 말한 뒤 함께 하옥시켜달라고 초강수를 뒀다. 이 말에 다시 화가 난 성종은 의금부에 지시를 내린다.

"현석규는 소인이 아니어서 내가 임용했고 대신들도 모두 소인이라 하지 않는데, 지평 김언신이 현석규를 소인이라 하고 '만일 소인이 아니면 신이 극형을 받겠습니다'라며 강변했으니 김언신을 추국하라."

이때 신숙주의 아들이자 태종의 사위이기도 했던 이조참판 신정이 나서 간하는 신하를 벌하는 것은 심하다며 재고해줄 것을 요청했다. 그러나 성종은 일언지하에 거절한다. 9월 8일에는 예문관 부제학 이맹현 등도 상소를 올려 "언로를 열어서 총명을 넓히셔야 하는데, 말하는 자를 죄준다면 이것은 언로를 막고 이목(耳目)을 가리는 것"이라고 비판했다. 중추부 동지사 김유도 같은 뜻의 상소를 올렸다. 이런 가운데 얼마 후 김언신이 포박을 당한 채 승정원 뜰에 끌려 나왔다. 내시 안중경이 오가며 말을 전하는 가운데 성종의 친국이 시작됐다.

"그대가 처음에 자신이 극형을 당하겠다고 말했는데, 지금 죄가 죽기에 이르렀어도 현석규를 소인으로 여기느냐? 당초에 고집한 것이 잘못이냐?"

"신이 처음부터 죽기를 두려워한 것이 아니고, 잘못 고집한 것도 아닙니다. 현석규는 참으로 소인입니다."

"그대가 죽기에 임하여서도 끝까지 현석규를 소인이라 하고 나를 중국의 덕종·신종이 소인을 쓴 데 견주느냐?"

"사람을 보는데 어찌 큰일에서만 보겠습니까? 덕종은 한 사람의 노기를 쓰고 신종은 한 사람의 왕안석을 썼으나, 현석규는 두 사람의 음험과 간사를 겸했는데 전하께서 쓰셨으니 신은 과하다고 생각합니다. 신이 현석규를 소인이 아니라고 한다면, 이것은 임금을 속이고 죽는 것입니다."

"내가 그대를 죽이면 걸주(桀紂) 같은 임금이 되겠다. 그대가 죽어도 용봉(龍逄), 비간(比干)과 더불어 지하에서 놀고자 하느냐?"

"신은 죽는 것을 다행으로 여깁니다."

"그대가 죽음에 임하여 말을 바꾸지 않는 것은 신(信)이라는 말 때문에 그러는 모양이다. 간하는 신하를 죽인 것은 오직 걸주뿐이다. 어찌 임금으로서 간하는 신하를 죽이겠느냐? 내가 그대를 옥에 가둔 것은 그대가 고집을 부렸기 때문이다. 당 태종은 간언(諫言)을 듣는 것이 점점 처음만 같지 못했다 하는데, 내가 어찌 그와 같겠느냐? 금후로 말할 만한 일이 있거든 숨기지 말고 극진히 말하라. 내가 가상하게 여겨 받아들이겠다. 그대가 강개하고 굴하지 않는 것을 내가 대단히 기뻐한다. 그대의 원래 직책으로 돌아가 일을 보도록 하여라."

성종은 승정원에 명하여 김언신에게 술을 먹이고 예우하여 보냈다.

사림 세력은 점차 주자학의 세례를 받으며 왕권을 제압하려는 신권(臣權) 중심의 이론을 갖춰갔고, 연산군의 패악 정치를 거쳐 중종반정 이후 반정 공훈 세력이 연로해지자 다시 조광조(趙光祖, 1482~1519)[210]를 중심으로 결집하기 시작했다. 따라서 엄밀

---

210 17세 때 어천찰방(魚川察訪)으로 부임하는 아버지를 따라가서, 무오사화로 화를 입고 희천에 유배 중이던 김굉필(金宏弼)에게 수학했다. 학문은 『소학』·『근사록(近思錄)』 등을 토대로 해 이를 경전 연구에 응용했으며, 이때부터 성리학 연구에 힘써 김종직(金宗直)의 학통을 이은 사림파(士林派)의 영수가 됐다. 이때는 사화 직후라 사람들은 그가 공부에 독실함을 보고 '광인(狂人)' 혹은 '화태(禍胎)'라 했다. 친구들과도 자주 교류가 끊겼으나 전혀 개의하지 않고 학업에만 전념했다. 1510년(중종 5년) 사마시에 장원으로 합격, 진사가 돼 성균관에 들어가 공부했다. 1506년 중종반정 이후 당시 시대적인 추세는 정치적 분위기를 새롭게 하고자 하는 것이 전반적인 흐름이었다. 이러한 가운데 성균관 유생들의 천거와 이조판서 안당(安瑭)의 적극적인 추천으로 1515년(중종 10년) 조지서 사지(造紙署司紙)라는 관직에 초임됐다. 그해 가을 문과에 급제해 전적·감찰·예조좌랑을 역임했고, 이때부터 왕의 두터운 신임을 얻게 됐다. 그는 유교로써 정치와 교화의 근본을 삼아야 한다는 지치주의(至治主義)에 입각한 왕도정치의 실현을 역설했다. 이와 함께 정언이 돼 언관으로서 그의 의도를 펴기 시작했다. 이해 장경왕후(章敬王后-중종의 제1계비)가 죽자 조정에서 계비 책봉 문제가 거론되었다. 이때 순창군수 김정(金淨), 담양부사 박상(朴祥) 등은 중종의 정비(正妃-폐위된 신씨(愼氏))를 복위시킬 것과 신씨의 폐위를 주장했던 박원종(朴元宗)을 처벌할 것을 상소했다가 대사간 이행(李荇)의 탄핵을 받아 귀양을 가게 됐다. 이에 대해 조광조는 대사간으로서 상소자를 벌함은 언로를 막는 결과가 되므로 국가의 존망에 관계되는 일이라 주장, 오히려 이행 등을 파직하게 해 그에 대한 왕의 신임을 입증받았다. 이 일은 원로파(元老派), 즉 반정공신과 신진 사류(新進士類)의 대립으로 발전했다. 이후 기묘사화의 발생 원인이 됐다. 그 뒤 수찬을 역임하고 곧이어 정랑이 됐다. 1517년 교리로 경연시독관·춘추관기주관을 겸임했으며, 향촌의 상호부조를 위해 『여씨향약(呂氏鄉約)』을 8도에 실시하도록 했다. 주자학이 우리나라에 들어온 것은 고려 말이었으나 널리 보급되지는 못했다. 조선 초기에도 사장(詞章)의 학만이 높이 숭상됐기 때문에 과거에도 이것에만 치중했고 도학(道學)은 일반적으로 경시됐다. 그러나 조광조의 도학 정치에 대

하게 조광조의 사림 세력을 곧 군자의 부류라고 볼 수는 없다. 다만 그들로서는 분명 스스로를 군자당으로 여겼을 것이고, 특히 태괘의 초구(初九)를 읽는 느낌은 각별했을 것이 분명하다. 이 점을 『중종실록』 13년(1518) 2월 2일 자 기사는 생생하게 전해준다. 동시에 초구에 대한 풀이를 겸하고 있다.

조강(朝講-아침 경연)에 나아갔다. 상이 글을 읽다가[臨文(임문)] 일러 말했다.

---

한 주창은 대단한 것이었다. 이러한 주창을 계기로 당시의 학풍은 변화돼갔으며 뒤에 이황·이이 같은 학자가 탄생할 수 있었다. 그의 도학 정치는 조선 시대의 풍습과 사상을 유교식으로 바꿔놓는 중요한 동기가 됐다. 즉, 조선 시대에 일반 서민까지도 주자의 『가례(家禮)』를 지키게 돼 상례(喪禮)를 다하고 젊은 과부의 재가도 허락되지 않게 됐다. 1518년 부제학이 돼서는 유학의 이상 정치를 구현하기 위해 사문(斯文)의 흥기를 자신의 임무로 자부했고, 이를 실현하기 위해서는 인주(人主)의 마음을 바로잡아야 한다고 생각했다. 그리하여 미신 타파를 내세워 소격서(昭格署) 폐지를 강력히 주청, 많은 반대에도 불구하고 마침내 혁파하는 데 성공했다. 그해 11월 대사헌에 승진돼 부빈객을 겸하게 됐다. 그는 한편으로 천거시취제(薦擧試取制)인 현량과(賢良科)를 처음 실시하게 해 김식(金湜)·안처겸(安處謙)·박훈(朴薰) 등 28인을 발탁했다. 이어 김정(金淨)·박상(朴尙)·이자(李耔)·김구(金絿)·기준(奇遵)·한충(韓忠) 등 소장 학자들을 뽑아 요직에 안배했다. 그는 이같이 현량과를 통해 신진 사류들을 정계에 본격적으로 진출시키는 실마리로 삼고 신진 사류들과 함께 훈구 세력의 타도와 구제(舊制)의 개혁 및 그에 따른 새로운 질서의 수립에 나섰다. 그리하여 이들은 1519년(중종 14년)에는 훈구 세력인 반정공신을 공격하기에 이르렀다. 즉, 그들은 정국공신(靖國功臣)이 너무 많음을 강력히 비판했다. 성희안(成希顔) 같은 인물은 반정하지 않았는데도 뽑혔고, 유자광은 척족들의 권귀(權貴)를 위해 반정했는데 이러한 유의 반정 정신은 소인들이나 꾀하는 것이라며 신랄하게 비난했다. 그러나 신진 사류들의 주장은 쉽게 받아들여지지 않았다. 반정공신들은 기성 귀족이 돼 있었고, 현실적으로 원로가 된 훈구 세력을 소인배로 몰아 배척하려는 급격한 개혁의 주장은 중종도 그리 달가워하지 않았기 때문이다. 마침내 2·3등 공신의 일부, 4등 공신 전원, 즉 전 공신의 4분의 3에 해당하는 76인의 훈작이 삭탈당한다. 이러한 급진적인 개혁은 훈구파의 강한 반발을 야기했다. 훈구파 중 홍경주(洪景舟)·남곤(南袞)·심정(沈貞)은 경빈 박씨(敬嬪朴氏) 등 후궁을 움직여 왕에게 신진 사류를 무고하도록 했다. 대궐 나뭇잎에 과일즙으로 '주초위왕(走肖爲王)'이라는 글자를 써 벌레가 파먹게 한 다음 궁녀로 하여금 이를 따서 왕에게 바쳐 의심을 조장시키기도 했다. 한편 홍경주와 공조판서 김전(金詮), 예조판서 남곤, 우찬성 이장곤(李長坤), 호조판서 고형산(高荊山), 심정 등은 밤에 신무문(神武門)을 통해 비밀리에 왕을 만나고는 조광조 일파가 당파를 조직, 조정을 문란하게 하고 있다고 탄핵했다. 이에 평소부터 신진 사류를 비롯한 조광조의 도학 정치와 과격한 언행에 염증을 느껴오던 왕은 훈구 대신들의 탄핵을 받아들였다. 그 결과 조광조는 김정·김구·김식·윤자임(尹自任)·박세희(朴世熹)·박훈 등과 함께 투옥됐다. 처음 김정·김식·김구와 함께 그도 사사(賜死)의 명을 받았으나, 영의정 정광필(鄭光弼)의 간곡한 비호로 능주에 유배됐다. 그 뒤 정적인 훈구파의 김전·남곤·이유청(李惟清)이 각각 영의정·좌의정·우의정에 임명되자 이들에 의해 그해 12월 바로 사사됐다. 이때가 기묘년이었으므로 이 사건을 '기묘사화'라고 한다. 결국 신진 사류들이 기성 세력인 훈구파를 축출, 새로운 정치 질서를 이루려던 계획은 실패하고 말았다. 이들의 실패 원인은 그들이 대부분 젊고 정치적 경륜도 짧은 데다가 개혁을 급진적이고 과격하게 이루려다가 노련한 훈구 세력의 반발을 샀기 때문이다.

"당고(黨錮)[211]의 논란은 혼란한 시대에 생겼다. 군자가 뜻이 같고 도리가 합치하는 것을 소인이 당(黨)이라고 지적하여 일망타진한 예[212]가 있으니, 이것은 고금의 근심거리로 항상 삼가야 할 것이다."

참찬관(參贊官)[213] 조광조(趙光祖)가 아뢰어 말했다.

"당고의 화(禍)는 모두 혼란한 시대의 일입니다. 한(漢)나라 환제(桓帝)·영제(靈帝) 당시 조정에는 공론(公論)이 없으므로 호오(好惡)와 시비(是非)가 문란하고 전도됐습니다. 이와 같이 되자 환시(宦寺-환관)들이 그 틈을 타서 논란을 선동했으니, 비단 난세에만 그런 것이 아닙니다. 송 인종(宋仁宗)은 참으로 뛰어난 임금[賢主](현주)임에도 불구하고 사마광(司馬光) 등의 무리가 화를 면하지 못했습니다. 예부터 소인들이 군자를 배척하고자 할 때는 그 명분을 찾기 어려우므로 반드시 당(黨)이란 한 글자를 가지고 죄를 꾸며 끌어넣으며 '이들이 붕당(朋黨)을 만들어 조정을 비난한다'라고 했습니다. 그런 후에는 임금이 그 말을 받아들이게 되고 그들은 술책을 부리게 된 것입니다. (조선) 성종(成宗) 초년에는 뛰어난 이를 좋아하고 간언(諫言)을 받아들이므로[好賢納諫](호현 납간) 당시의 뛰어난 선비들은 요순(堯舜)의 정치를 다시 볼 수 있을 것이라 했습니다. 그리하여 숨김없이 다 말하여 권세를 가진 자라도 꺼리지 않았는데, 음흉한 대신(大臣)이 원한을 품고 남몰래 도모할 생각을 품었다가 마침 폐주(廢主-연산군)를 만나 그가 품고 있던 뜻을 실천하므로 뛰어난 이와 훌륭한 선비들이 일망타진돼 남아 있는 이가 없습니다.[214] 이를 생각할 때면 뼈가 오싹하고 간담이 서늘해집니다. 근래에 와서 조정이 좀 맑아지고자 하나 외부의 의논이 흉흉합니다. 이는 대개 조정이 맑아지면 소인들이 그 뜻을 펴지 못하기 때문입니다. 오직 (전하의) 성학(聖學-제왕학)이 고명하시고 뜻을 세움이 독실하심에 힘입은 것입니다. 그러나 한 번이라도 태만하면 물이 젖어

---

211 당으로 말미암아 일어난 형벌이다. 관직의 진출 길이 막히는 것을 말한다. 후한(後漢) 말기에 환관(宦官)이 정권을 잡자 이를 분개해 공박하던 지사(志士)들이 환관에게 미움을 받아 종신금고(終身禁錮)의 형을 받았다.

212 후한 환제(桓帝)와 영제(靈帝) 때의 환관 후람(侯覽)은 조정 신하 장검(張儉) 등을 무고해 "당파를 지었다[鉤黨](구당)" 고 지목했다.

213 경연의 정3품 관직이다. 조선 태조 때는 5인이었다가 태종 때 승지가 6인으로 늘면서 참찬관도 6인이 됐다. 성종 때 홍문관을 설치한 뒤 부제학 역시 정3품으로 참찬관을 겸하게 돼 정원 7인으로 『경국대전』에 법제화됐다.

214 연산군 때 일어난 두 차례의 사화를 말한다.

드는 듯한 참소[浸潤之譖 침윤 지 참][215]가 들어갈 것입니다. 그러므로 반드시 조정이 당당하여야만 이러한 걱정이 없을 것입니다. 바라건대 상께서부터 더욱 심지(心志)를 굳혀 아랫사람들의 추향(趨向)을 정하게 하소서."

검토관(檢討官) 기준(奇遵, 1492~1521)[216]이 아뢰어 말했다.

"군자가 군자를 사귐에는 자연 성기상통(聲氣相通)하여 비록 천 리 밖이나 천고의 옛사람이라 해도 모두 서로 사귈 수 있습니다. 하물며 같은 시대에 태어나 같은 임금의 신하가 됐음에이겠습니까! 그 모의하는 일이 어찌 다른 데 있겠습니까? 안에서는 부모를 섬기고 밖에서는 임금을 섬기며 자신을 닦고 남을 다스리는 것이 그 일상생활이거늘, 흉험한 사람들이 붕당으로 지적하여 시기하고 헐뜯는 것은 참으로 괴이할 것이 없습니다. 예로부터 군자와 소인은 서로 용납될 수 없는 형세라, 동한(東漢) 말에 환시(宦寺)가 횡행하여 조정의 정사가 모두 그들의 손에서 나오므로 호오(好惡)와 시비(是非)가 밝지 못했으되 정직한 사람과 군자들은 밑에서 선행만을 닦고 있었습니다. 저들의 생각에는 선인(善人)이 등장하면 그 형세가 반드시 자신들을 물리칠 것이라고 여겼기 때문에 온갖 방법으로 모함하여 죽이고 말았습니다. 삼대(三代) 이상에는 고요(皐陶)·직(稷)·설(契)[217]과 난신십인(亂臣十人)[218]이 모두 서로 벗이었습니다. 임금이 밝았기 때문에 붕당(朋黨)이라는 이름이 없이 훌륭한 정치를 이루었으나, 후세에 와서는 그렇지 못하여 임금이 밝지 못했고 따라서 소인들이 그 술책을 쓰게 됐던 것입니다. 송(宋)나라 때는 올바른 사람과 군자가 줄지어 배출돼 도학(道學)을 밝히고 인륜(人倫)을 세우는 것을 자신의 임무로 삼았습니다. 그러나 소인이 항상 안에 있고 군자는 밖으로 내쫓기어 하루라도 조정에 편히 있을 수 없었으므로 그 배운 것을

---

215 이는 『논어』「안연」편에 나오는 공자의 말이다. 자장(子張)이 밝음[明 명]에 관해 묻자 공자가 말했다. "서서히 젖어드는 참소와 살갗을 파고드는 하소연이 행해지지 않는다면 그 정사는 밝다고 이를 만하다."

216 조광조 문하에서 수학했고 1514년(중종 9년) 문과에 급제했다. 이후 사관(史官)을 거쳐 1516년 저작(著作)으로 천문예습관(天文隸習官)을 겸했고, 홍문관박사(弘文館博士)·검토관(檢討官)·수찬(修撰)·시강관(侍講官) 등을 거쳐 1519년 응교가 됐다. 1519년(중종 14년) 기묘사화에 연루돼 아산을 거쳐 온성(穩城)에 유배되었고, 모친상을 당해 고향에 돌아갔다가 1521년 신사무옥(辛巳誣獄)으로 다시 유배지에 가서 교살됐다.

217 모두 요임금과 순임금 때의 뛰어난 신하들이다.

218 난(亂)은 다스림[治 치]의 뜻으로 주무왕(周武王)의 명신 10인을 가리킨다. 10인은 주공(周公)·소공(召公)·태공망(太公望)·필공(畢公)·영공(榮公)·태전(太顚)·굉요(閎夭)·산의생(散宜生)·남궁괄(南宮适)·문모(文母)라 한다. 『논어』「태백」편에 나오는 말이다.

천하에 펴지 못하게 됐으니, 이 어찌 애석한 일이 아니겠습니까?"

조광조가 아뢰어 말했다.

"이제 성명(聖明-임금)이 위에 있어 붕당의 이론(異論)을 일으키는 자를 마치 그 폐간(肺肝)을 보듯 하시므로 반드시 붕당의 화를 일으키지 못할 것입니다. 『주역』 태괘(泰卦)에 '띠풀의 엉켜 있는 뿌리를 뽑는 것과 같아서 그 무리[其彙(기휘)=其類(기류)]와 함께 간다'라고 했으니, 대체로 군자가 군자를 사귐은 도리가 같아 한 무리가 되는 것이 이치상으로 마땅한 것입니다. 범방(范滂)이 '중니(仲尼)는 선을 보면 미치지 못하면 어떻게 하나 하는 마음으로 하고 악을 보면 끓는 물에 손을 넣는 것처럼 하라고 했는데, 나는 선한 사람끼리 모여 그 맑음을 같이하고 악한 사람끼리 모여 그 더러움을 같이하게 하는 것이 당세의 소원이었으나 이것이 당(黨)이 되는 것은 모르겠다'라고 했으니, 예로부터 강개(慷慨)한 선비들은 한갓 고인(古人)을 배울 줄만 알았지 시세(時勢)에 부합하는 것의 어려움은 생각하지 않았던 것입니다. 위로는 군심(君心)의 그릇됨을 염려하고 중간으로는 조정을 높이지 못함을 염려하며 아래로는 민생의 고난을 두려워하는 것인데, 이러한 마음을 사람들은 혹시 붕당(朋黨), 혹은 청류(淸流), 혹은 곡학(曲學)이라 하여 모함하니, 만일 대현(大賢)의 재주로서 입지(立志)가 굳은 자가 아니면 머무적거리며 두려워하여 끝내 용렬한 사람이 되지 아니할 자가 드뭅니다. 자신과 처자를 보전할 계책이 이미 마음에 간절한 것인데, 아비가 아들에게 가르치고 형이 아우에게 가르치는 것 등이 모두 그런 것입니다. 그 누가 선을 닦고 자신을 잊어 화에 걸려들기를 즐겨 하겠습니까? 간혹 뜻이 높고 악한 사람을 심히 미워하는 군자가 있더라도 당시 사람들이 믿어주지 않고 임금이 믿어주지 아니함을 알지 못한 채 한갓 옛날의 도를 지금 세상에 회복하려고만 하니, 중용(中庸)을 지키는 빼어난 이가 아니면 이런 병통이 없지 못할 것입니다. 그 시대의 임금과 대신은 의당 이를 알아서 처리해야 할 것입니다."

상이 일러 말했다.

"이 말이 매우 좋다. 대신이 만약 마음속으로 그르게 여기면서도 밖으로 드러내지 아니하면 어떻게 정의(情意)가 상통될 수 있겠는가? 항상 관심을 가지고 조정이 올바른 길로 돌아가게 함이 필요하다."

조광조가 아뢰어 말했다.

"재상이 대간(臺諫)을 두려워하고 대간이 재상을 헐뜯는다면 어떻게 좋은 정치를 이루겠습니까? 재상·대간·시종이 서로 믿어 한집안같이 화목하다면 천지가 서로 화통하며 만물이 생성할 것입니다. 세종조(世宗朝)에 대신 황희(黃喜)·허조(許稠) 등이 집현전 학사(集賢殿學士)들과 서로 책선(責善)[219]함으로써 그 심지(心志)가 일치됐던 것입니다. 그 당시 불당(佛堂)의 건설이 있었는데 대신이 이를 간언했으나 받아들여지지 않았습니다. 그리하여 집현전 학사들이 또 간언했으나 청허되지 않으므로 모두 그 직책에서 물러났습니다. 그러자 세종께서 황희를 불러 이르기를 '시종들이 모두 물러나니 어찌하랴?'라고 하니 황희가 아뢰기를 '신이 불러오겠습니다'라고 하고서 드디어 여러 학사의 집을 편력하여 그들을 데려왔던 것입니다. 만약에 세종 임금이 아니고 황희 정승이 아니었다면, 임금은 반드시 노하여 시종들이 나를 버리고 달아났다고 할 것이며, 정승이 된 이 역시 자신을 굽혀 여러 학사 집에 찾아가 청해 들이지 않았을 것입니다. 태학(太學)의 유생(儒生)이 길에서 황희를 만나 임금에게 잘 간언하지 못한다고 책망했으나 황희는 그 책망을 듣고도 노하지 아니하고 도리어 기쁜 표정을 지었으니, 대신의 도리는 마땅히 이와 같아야 합니다. 성종(成宗) 때의 대신은 그러하지 못했습니다. 중국 사신 동월(董越)은 우리나라 허종(許琮)에게 말하기를 '너의 나라에는 임금은 있어도 신하가 없다'라고 했습니다. 그 당시에는 대신이 뛰어나지 못했기 때문에 비록 빼어난 임금이 위에 있어도 능히 옛날 제왕의 다스림을 회복하지 못했습니다."

조광조의 말은 마치 자신의 불행한 미래를 예감하고 있는 듯하다. 실제로 그의 실패는 예고된 것이었다. 그 이유는 다음 효를 통해 알 수 있다.

태괘의 밑에서 두 번째 양효에 대해 공자는 "더러운 것들을 품어주어[包荒(포황)] 적중된 도리를 쓰는 것[中行(중항)]에 합치되는 것은 그 도리가 빛나고 크기 때문이다"라고 풀었다. 공자는 '더러운 것들을 품어주어[包荒(포황)]'라고만 했으나 주공은 효사에서 좀 더 많은 처방을 제시했다. "더러운 것들을 품어주고[包荒(포황)] 그렇게 함으로써 황하를 맨몸으로 건너고 멀리 있는 것을 버리지 않고 붕당을 없애면"이라고 했다. 이는 하나하나가 보다 상세한 풀이를 필요로 하는 것들이다.

태괘의 구이(九二)는 자리는 바르지 못하지만[不正位(부정위)] 굳셈[剛(강)]으로 가운데 있으며 육오의 부드러움[柔(유)]과 응하고 있다. 임금의 절대 신임을 받는다. 다만 위아래가 모

---

219 더 잘하라고 꾸짖는 것이다.

두 같은 양이라 무비(無比)임을 조심해야 한다. 태괘의 주인[主]은 바로 이 구이다. 방금 살폈던 조광조가 처했던 상황이 정확히 이 구이에 해당한다. 구이가 세상을 제대로 바꾸려면 네 가지 조건이 있다. 그것이 바로 주공이 제시한 "더러운 것들을 품어주고[包荒] 그렇게 함으로써 황하를 맨몸으로 건너고 멀리 있는 것을 버리지 않고 붕당을 없애면"이다. 과연 조광조는 이 네 가지를 어떻게 했는지를 염두에 두면서 하나씩 살펴보자. 정이는 이 네 가지를 "태괘에 대처하는 도리[處泰之道]"라고 했다.

첫째, '더러운 것들을 품어줌'의 문제다. 태평한 시대라고는 하나 세상에는 여전히 낡은 사고에 젖어 자신들의 권세와 부(富)만 유지하는 데 급급해하며 새로운 시대의 움직임을 거부하는 사람이나 세력이 강고하게 남아 있기 마련이다. 물론 거기에는 어질지 못하거나 불초한 자들도 포함돼 있다. 이에 대한 정이의 풀이다.

> 사람의 마음이란 편안해서 풀어놓게 되면[安肆] 정치도 느슨해져[舒緩] 법도가 무너지고 해이해져서 모든 일이 절도를 잃게 된다[无節]. 이를 다스리는 방법에 반드시 더러운 것[荒穢]을 품어 안는[包含] 도량이 있게 된다면, 그것을 베풂[施爲]이 너그럽고 넉넉하되[寬裕] 상세하고 치밀해져서[詳密] 폐단이 고쳐지고 일이 잘 다스려지며 사람들이 그것을 편안하게 여긴다. 만일 크게 품어 안아주는 도량이 없이 분노하고 미워하는 마음만 있다면 깊고 멀리 사려하지 못하기 때문에 갑작스레 어지러워지는 근심이 생겨나, 뿌리 깊은 폐단을 제거하기도 전에 가까운 데서 근심이 생겨날 것이다. 그렇기 때문에 더러운 것들을 품어주는 데 (개혁의 성공이) 달려 있다.

공자는 『논어』 「태백」편에서 "사람이 어질지 못하다고 하여 너무 미워하는 것도 난을 일으킨다"라고 했는데 정확히 여기에 해당하는 말이다. 불인(不仁)을 미워하되 거기에도 절도가 있어야 한다는 말이다. 「위령공」편에서 공자가 말한 "사람이 멀리 내다보는 생각[遠慮]이 없으면 반드시 가까운 데서 근심이 있다"라는 말도 이와 관련된다.

다음은 '황하를 맨몸으로 건너고[用馮河]'다. 이는 원래 『논어』 「술이」편에 나오는 말이다. 자로가 "만일 스승님께서 삼군을 통솔하신다면 누구와 함께하시겠습니까?"라고 묻자 공자가 말하기를 "맨손으로 호랑이를 때려잡고 맨몸으로 강을 건너려 하면서[憑河] 죽어도 후회할 줄 모르는 사람을 나는 함께할 수 없다"라고 말했다. 앞뒤 재지 않고 용맹만 앞세우려는 자로를 공자가 비판하는 대목이다. 따라서 『논어』에서 빙하(馮河)는 분명 부정적 의미다. 그런데 정이의 풀이를 보자.

> 태평하고 안녕한 세상[泰寧之世]에서는 사람의 마음이 오래도록 편안함에 익숙하고 평소의 관습을 지키는 안일함에 빠져서 기존의 풍습들을 그냥 따르는 타성에 젖어 바꾸고 고치는 것[更變]을 꺼리게 되니, 이런 때 맨몸으로 황하를 건너는 용기나 용맹스러움이 없으면 큰일[有爲]을 할 수가 없다.

정이는 빙하를 상당히 긍정적 의미에서 사용했다. 그래서 정이의 풀이를 따를 경우, 자칫 더러움도 품어 안으라고 했던 앞의 관용의 권고와 모순처럼 보일 수 있다. 이 때문에 정이는 이 점을 의식해 스스로 질문을 던져 "앞에서는 포용과 관대함을 말하고 여기서는 맹렬하고 신속하게 개혁하라는 것이니 서로 반대되는 것 아닌가"라고 하고서는 "이런 생각은 넓게 포용하는 도량으로 굳세고 과감한[剛果] 다움을 쓰는 것이 빼어난 이와 뛰어난 이가 일을 행하는 방식이라는 것을 알지 못하는 데서 나온 것"이라고 했다. 반면 호원(胡瑗)은 『주역구의(周易口義)』에서 정반대로 풀이한다.

> 맨몸으로 황하를 건넌다는 것은 포악하고 사나운 사람을 말한다. 구이가 중요한 지위에 자리해 중요한 권력을 잡았고 천자로부터 신임을 받아 그 기량을 넓게 펼 수 있으니, 이렇게 맨몸으로 황하를 건널 만큼 포악하고 사나운 사람일지라도 또한 등용해야 한다. 왜 그러한가? 좋은 장인은 재료를 버리지 않고 그 장단과 대소에 따라서 그것을 적절하게 사용하는데, 하물며 세상이 널리 태평한 세상에서랴! 설사 이렇게 포악하고 사나운 사람일지라도 (나라에 필요한 재주를 갖고 있다면) 또한 등용해야 한다.

그런데 실록의 사례들을 보면 대부분 정이의 풀이를 따랐다. 『예종실록(睿宗實錄)』 1년(1469) 2월 6일 대사헌 양성지 등이 올린 상소문 중 일부다.

> 신 등이 삼가 『역경(易經)』의 태괘(泰卦) 구이(九二)를 상고하니, 임금은 백성을 태평하게 다스리는 자입니다. 주공(周公)은 계사(繫辭)에 치태(治泰)의 도(道-도리)를 논하여 말하

기를 "맨몸으로 황하를 걸어서 건너간다"라고 했는데 정자(程子-정이)는 이를 풀이하기를 "사람의 마음이 오래도록 편안함에 익숙하고 평소의 관습을 지키는 안일함에 빠져서 기존의 풍습들을 그냥 따르는 타성에 젖어 바꾸고 고치는 것[更變]을 꺼리니, 맨몸으로 황하를 건너는 용기나 용맹스러움이 없으면 분발(奮發)하여 그 폐단을 고칠 수 없다" 하여 용빙하(用馮河)라고 했습니다.

다른 실록들도 사정은 마찬가지다. 우리도 일단은 정이의 입장을 따르자. 이어서 '멀리 있는 것을 버리지 않고[不遐遺]'를 풀어볼 차례다. 정이의 풀이다.

태평한 때 사람들의 마음이 편안함에 익숙해지면 구차스럽게 안일하려고 할 뿐이니, 어찌 다시 깊게 사고하고 멀리 생각해[深思遠慮] 먼 미래의 일에까지 미칠 수 있겠는가? 태평한 때를 다스리는 자는 마땅히 주도면밀하게[周=周密=周到綿密] 모든 일을 다 챙겨야 하니, 설사 먼 곳의 일이라도 버려서는 안 되는 것이다.

그러면서 먼 곳의 일이란 "일이 아직 미미해 드러나지 않은 것[微隱]이나 뛰어나거나 재능 있는 인재[賢才]가 미천하고 누추한 곳에 방치돼 있는 것도 모두 먼 곳에 해당한다. 태평한 때는 이런 것들을 소홀히 하게 된다"라고 보다 구체적으로 지적했다. 네 번째는 '붕당을 없애는 것[朋亡]'이다. 다시 정이의 풀이다.

태평스러울 때는 편안함에 익숙해져 그 마음이 안일해지고 절도를 잃게 되니, 장차 이를 다잡아 바로잡으려 한다면[約而正] (먼저) 붕당의 사사로운 감정부터 끊어내지 않고서는 불가능하다. 예로부터 법을 세워 일을 제어함에 있어 사사로운 정에 이끌려 끝내는 실행하지 못하는 경우가 많았다.

조선 시대에 이 네 항목은 늘 다스리는 도리의 요체[治道之要]라 하여 강조돼왔다. 『영조실록(英祖實錄)』 21년(1745) 1월 3일 부제학 원경하(元景夏) 등이 올린 글은 이 점을 명확하게 보여준다.

삼가 상고하건대, 지천(地天) 한 괘(卦-태괘)는 정월(正月)의 상(象)에 해당되고 (그중의) 구이(九二) 한 효(爻)는 강중(剛中)으로 군덕(君德)과 서로 응합니다. 거기에 '포황(包荒)'이라 말한 것은 널리 포용(包容)하는 도량을 힘쓰고 분질(忿疾)의 마음을 경계하기에 힘쓰라는 것이요, 거기에 '용빙하(用馮河)'라고 말한 것은 강과(剛果)의 뜻을 가다듬고 위축되려는 폐단을 바로잡으라는 것이요, 거기에 '불하유(不遐遺)'라고 말한 것은 안일(安逸)한 데 빠지는 것을 경계하고 먼 곳을 잊기가 쉬움을 염려한 것이요, 거기에 '붕망(朋亡)'이라 한 것은 음비(淫比)를 경계하고 당사(黨私)를 버리기에 힘쓰라는 것입니다. 태괘(泰卦)의 구이(九二)는 실로 때에 따른 정사의 요체에서 나온 것인데 오늘날의 정사는 한결같이 희효(羲爻-복희의 효)와 반대되니, 흰 무지개가 해를 꿰뚫은 변이 이에서 나온 것이라 하지 않을 수 없습니다.

우리는 공자가 구이를 풀이해 "더러운 것들을 품어주어[包荒(포황)] 적중된 도리를 쓰는 것[中行(중항)]에 합치되는 것은 그 도리가 빛나고 크기[光大(광대)] 때문이다"라고 한 말의 뜻을 충분히 이해할 수 있다.

태괘의 밑에서 세 번째 양효에 대해 공자는 "나아간 것 중에 돌아오지 않는 것은 없다는 것은 하늘과 땅이 교제하는 것이다"라고 풀었다. 주공은 효사에서 "평평한 것 중에 기울어지지 않는 것[不陂(불피)]은 없고 나아간 것 중에 돌아오지 않는 것은 없으니, 어렵게 여기고 반듯하면[艱貞(간정)] 허물이 없어 근심하지 않아도[勿恤(물휼)] 이에 미더워 먹는 데 복이 있다[无平不陂(무평불피) 无往不復(무왕불복) 艱貞(간정) 无咎(무구) 勿恤(물휼) 其孚(기부) 于食(우식) 有福(유복)]"라고 아주 길게 말했는데, 공자는 그중에서 '나아간 것 중에 돌아오지 않는 것은 없다'만을 취해 '하늘과 땅이 교제하는 것'이라고 그 의미를 풀어냈다. 이 또한 둘을 정밀하게 비교해볼 때 공자가 이렇게 짤막하게 풀이한 까닭을 알아낼 수 있다.

구삼(九三)은 양효로 양위에 있으니 자리도 바르고, 비록 아래와는 무비(無比)이지만 위와는 유비(有比)다. 가운데를 지나 태평의 성대함이 극에 이른 것이다. 통즉궁(通則窮)의 형세가 장차 기다리고 있다. 괘의 모양을 봐도 이제 위로는 음효 3개로 이뤄진 곤괘(☷)가 있을 뿐이다.

주공이 "평평한 것 중에 기울어지지 않는 것[不陂(불피)]은 없고 나아간 것 중에 돌아오지 않는 것은 없다"라고 한 것은 바로 통즉궁(通則窮)을 풀어낸 것이다. 그것은 일의 형세[事勢]다. 이때 중요한 것은 그 형세를 제대로 파악해 처신에 조심을 더하는 일이다. 그렇게 하면 군자이고 그렇게 하지 못하면 소인이다.

'어렵게 여기고 반듯이 하여[艱貞]' 군자의 길을 잘 가려서 갈 경우 허물이 없다. 게다가 근심하지 않아도 자연스럽게 복록을 누리게 된다고 했다. 이런 상황에 처했을 때 스스로 조심만 한다면 궁지에 빠지는 일은 없고 오히려 큰 복을 누릴 수 있다.

이런 상황을 공자는 '하늘과 땅이 교제하는 것[際]'이라고 짧게 말했다. 양의 도리가 다하고 음의 도리가 다가오고 있음을 알린 것이다. 이는 비관도 낙관도 아니다. 음의 도리가 다하면 양의 도리가 다시 오기 때문이다. 담담한 톤으로 받아들이면 된다.

태괘의 밑에서 네 번째 음효에 대해 공자는 "빨리 날아 아래로 내려가서 부유하지 않다는 것은 모두 그 알맹이[實]를 잃었기 때문이요, 경계하지 않아도 미덥다는 것은 마음속에서[中心] 바라기 때문이다"라고 풀었다. 이번에는 주공의 효사를 거의 다 차곡차곡 풀어내고 있다. 정이의 풀이가 상세하다.

> 육사(六四)는 태평한 시대의 중간을 지나간 때에 처해 있고 음(陰)으로 상괘에 있으니 그 뜻은 아래로 다시 내려가려고 하는 데 있고, 그 위의 두 음 또한 뜻이 아래로 내려가는 데 있다. 편편(翩翩)은 빨리 나는 모습[疾飛之貌]이니 육사가 빠르게 아래로 내려가서 그 이웃과 함께하려는 것이다. 이웃이란 같은 부류이니 육오와 상륙을 가리킨다. 사람이 부유해서 무리가 따르게 되는 것은 이익 때문이고, 부유하지 않은데도 무리가 따르게 되는 것은 뜻이 같기[志同] 때문이다. 세 음은 모두 (원래는) 아래에 있어야 하는 것들인데 위에 있으니 원래 자리[實=實地]를 잃은 것이라 그 뜻이 모두 아래로 내려가려 하므로, 부유하지 않은데도 서로 따르니 경계하고 권고하지 않더라도 열렬한 뜻[誠意]이 서로 합치한 것이다.

구삼에서 공자는 담담하게 '하늘과 땅이 교제하는 것[際]'이라고 사실상 경고를 했다. 만약 이때 계속 '어렵게 여기고 반듯이 하여[艱貞]' 스스로를 다잡았다면 태평한 시절이 좀 더 이어졌겠지만, 구삼에서 육사로 넘어왔다는 것은 모든 것이 막히는 시절[否塞]이 막 시작됐다는 뜻이다. 그것이 바로 육사가 뜻하는 시대 상황이다. 그것은 군자들이 수세에 몰리고 소인들이 기지개를 켜기 시작하는 초기이기도 하다. 『경종수정실록(景宗修正實錄)』 즉위년(1720) 7월 18일 자에서는 조태구(趙泰耉,

1660~1723)[220]가 이조판서에 임명됐다는 짤막한 기사를 실은 다음에 실록을 편찬한 사관(史官)이 다음과 같이 길게 그에 대해 논평을 했다. 당쟁이 극에 달해 서로 상대방은 소인당, 자신은 군자당이라 부를 때였음을 감안하면서 읽어볼 필요가 있다.

> 신이 삼가 살펴보건대, 성인(聖人)이 『주역』에서 음양(陰陽) 굴신(屈伸)[221]의 이치와 군자(君子)·소인(小人)의 진퇴(進退)의 기미를 밝혀서 후세를 경계했습니다. 그러므로 태괘(泰卦)의 육사(六四)에 말하기를 "빨리 날아 아래로 내려가서 부유하지 않은데도 그 이웃들과 함께하니 경계하지 않아도 미덥다"라고 한 것입니다. 이는 삼양(三陽)이 중(中)에 지나니 삼음(三陰)이 훌쩍 날아옴을 말한 것입니다. 숙종(肅宗)께서 나라를 다스린 지 40년, 승평(升平-태평)이 극도에 달했는데 신축년(辛丑年-1721년)·임인년(壬寅年-1722년)의 큰 화(禍)가 장차 일어나려 할 무렵에 조태구가 들어와 이조판서(吏曹判書)가 됐으니, 또한 『주역』에 말한 "빨리 날아 아래로 내려가서 부유하지 않은데도 그 이웃들과 함께하는" 형상인 것입니다. 삼양이 극도에 달하여 삼음이 장차 아래에 회복하려 하니 어찌 천도(天道)가 아니겠습니까?

이는 조태구가 이조판서가 돼 노론(老論)을 위협하기 시작했음을 지적하는 사평

---

220 1720년(경종 즉위년) 복상(卜相) 때 우의정에 올랐다. 당시 영의정은 김창집, 좌의정은 이건명(李健命)이었다. 신임사화로 노론 4대신을 사사(死賜)하게 한 뒤 영의정에 올랐다. 1710년 동지사(冬至使)로 청나라에 다녀왔다. 당시 소론의 영수로서 노론과 대립하던 중 1721년 정언 이정소(李廷熽)의 건저상소(建儲上疏-세자를 세우자는 상소)와 김창집·조태채·이이명·이건명 등 노론 4대신의 주청에 의해 연잉군(延礽君-뒤의 영조)이 세제(世弟)로 책봉되자 유봉휘(柳鳳輝)에게 반대의 소를 올리게 했다. 이후 세제의 대리청정이 실시되자 최석항(崔錫恒)·조태억·박태항(朴泰恒)·이광좌(李光佐)·한배하(韓配夏)·이조(李肇) 등과 함께 이를 반대, 대리청정의 환수를 청해 실현시켰다. 같은 해 12월 전 승지 김일경(金一鏡)·이진유(李眞儒)·윤성시(尹聖時)·박필몽(朴弼夢)·서종하(徐宗廈)·정해(鄭楷)·이명의(李明誼) 등이 상소해 건저를 주장하던 노론 4대신을 4흉(四凶)으로 몰아 탄핵한 뒤 결국 4대신의 사사를 관철시키고 영의정에 올랐다. 이어 소론 정권을 수립, 최석항·김일경 등과 국론을 주도했다. 이후 소론은 과격파와 온건파로 나뉘어 정책 결정에 논란이 많았는데, 그는 윤순(尹淳)과 함께 온건파의 수장이 됐다. 성격은 온아하고 위풍이 있었으며, 평소 검소한 생활을 해 여러 번 외직에 나갔어도 재물을 쌓아두지 않았다. 다만 강인한 성격이 못 돼 남의 부탁을 잘 받아들였기 때문에 잘 다스렸다는 치성(治聲)은 얻지 못했다. 1725년(영조 1년) 신임사화의 원흉으로 탄핵을 받고 관작이 추탈됐다.

221 양(陽)이 극도에 이르면 음(陰)이 생기고, 음이 극도에 이르면 양이 다시 돌아온다. 한 번 굽히면 한 번 펴고[一屈(일굴) 一伸(일신)] 한 번 전진하면 한 번 후퇴하는 것은 법칙의 일정함이다. 복이 지나치면 화(禍)가 장차 오게 되고, 뉘우침이 깊으면 길조(吉兆)가 가장 싹트게 된다.

(史評)이다. 노론에 대한 찬반을 떠나 스스로를 군자당으로 생각하는 노론의 입장에서 나올 수 있는 사평이다. 이는 『경종수정실록』이 편찬되게 한 당쟁의 배경을 이해하면 훨씬 정확히 알 수 있다. 원래 『경종실록(景宗實錄)』은 소론(少論)이 득세했던 1732년(영조 8년)에 이집(李㙫), 조문명(趙文命) 등이 주관해 편찬한 것이어서 노론 측의 반대가 많았다. 이에 1755년 영조의 당쟁에 대한 단안(斷案)으로 노론이 국권을 완전히 장악한 이후부터 『경종실록』이 특히 신임사화(辛壬士禍)[222]에 관한 시비순역(是非順逆)이 전도(顚倒)됐음을 이유로 들어 그 수정을 논의한 끝에 『영조실록』을 편찬할 때의 총재관(摠裁官) 정존겸(鄭存謙)의 주재 아래 개편에 착수, 1781년(정조 5년) 7월 수정을 완료하고 실록청(實錄廳)에서 간행했다.

태괘의 밑에서 다섯 번째 음효에 대해 공자는 "그로써 복을 받아 으뜸으로 길한 까닭은 적중된 도리[中=中道]로 바라는 바를 행하기[行願] 때문이다"라고 풀었다. 이는 주공이 효사에서 말한 앞부분을 통째로 생략한 풀이다. 앞부분이란 "제을(帝乙)이 딸을 시집보내는 것이니[歸妹]"다. 이에 대해 정이는 "제을이라는 사람이 누구인지 알 수는 없지만, 효(爻)의 뜻으로 살펴볼 때 제을은 공주를 시집보내는 예법을 제정한 사람일 것이다"라고 했다. 이는 비유다. 즉 육오는 음효로 임금의 자리에 있으면서 아래로 구이(九二)의 강명하고 가운데 있는 다움에 응하니, 마치 딸을 시집보내듯이 자신의 권력을 낮춰 구이에게 권한을 넘긴 것이다. 그러니 "그로써 복을 받아 으뜸으로 길한 까닭은 적중된 도리[中=中道]로 바라는 바를 행하기[行願] 때문이다"라고 한 것이다.

태괘의 맨 위에 있는 음효에 대해 공자는 "성이 (무너져) 다시 해자로 돌아가는 것은 그 명이 어지럽기 때문이다"라고 풀었다. 이 자체는 풀이가 어렵지 않다. 이런 상황에서는 아무리 명을 내린다 한들 먹혀들지 않는다는 말이다. 중요한 것은 어쩌다가 이런 지경에 이르렀는가 하는 것이다. 그 점을 알려면 주공의 효사를 면밀하게 검토해야 한다.

성이 (무너져) 다시 해자[隍=垓字]로 돌아가는 것이다. 군사를 쓰지 말고 읍으로부터 명을

---

222 신축년(辛丑年)과 임인년(壬寅年)에 일어났으므로 신임사화라 한다. 임인년에 주로 일어났으므로 '임인옥'이라고도 한다. 이 사건은 왕위 계승 문제를 둘러싼 노론과 소론 사이의 당파 싸움에서 소론이 노론을 역모(逆謀)로 몰아 소론이 실권을 잡은 사화다.

고하는 것[告命]이니 반듯해도 안타깝다[城復于隍. 勿用師 自邑告命 貞吝].

정이의 해설이 곡진하다.

태평의 때가 극에 이르러 다시 정체[否塞]의 때로 돌아가는 것이 마치 성이 무너져 흙으로 되돌아가는 것과 같다. 상륙(上六)에서 상(上)이란 태평의 때가 극에 이른 상황을 말하고 육(六)이란 소인의 도리로 처신하는 것이니, 그대로 시행하면 막히게 된다. '군사를 쓰지 말라'는 것은, 임금이 무리를 쓸 수 있는 까닭은 위와 아래가 마음이 통해 마음으로 따르기 때문인데 지금은 태평의 시절이 극에 이르렀고 태평의 때에 대처하는 방도도 잃었으며 윗사람과 아랫사람의 속마음이 통하지 않아 흩어지고 단절돼 그 윗사람을 따르지 않는데 어떻게 군사를 쓸 수 있는가라는 뜻이다. 혹시라도 쓰게 되면 어지러움이 일어나게 될 것이다. 무리를 쓸 수 없다면 바야흐로 가까운 곳에서부터 명을 내려야 하는데, 이렇게 될 경우 명을 내려야 하는 것이 반듯하더라도 부끄러운 일이다. 읍(邑)이란 사람들이 거주하는 곳으로 친근한 곳을 칭하니, 대개 명을 내리는 것은 반드시 가까운 곳에서부터 시작해야 한다.

현대 정치로 보자면 흔히 대통령의 임기 말에 나타나는 레임덕이 이에 해당한다.

## 12. 천지비(天地否)[223]

비(否)는 사람(의 길)이 아니니 군자가 반듯해도 이롭지 않아, 대인이 가고 소인이 온다.

否之匪人 不利君子貞 大往小來.[224]

초륙(初六)은 띠풀의 엉켜 있는 뿌리를 뽑는 것과 같아서 그 무리[其彙=其類]와 함께 반듯하니[貞] 길하고 형통하다[拔茅茹 以其彙貞 吉亨].

---

223 문자로는 건상곤하(乾上坤下)라고 한다.

224 원형이정(元亨利貞) 중에 불리(不利)와 정(貞)에 대한 언급뿐이다.

육이(六二)는 이어 받드는 것을 품고 있으니[包承], 소인은 길하고 대인은 막히지만 형통하다[包承 小人吉 大人否亨].
육삼(六三)은 부끄러움을 품고 있는 것이다[包羞].
구사(九四)는 군주의 명이 있으면 허물이 없어 같은 무리가 모두 복을 누린다[有命无咎 疇離祉].
구오(九五)는 막힘을 그치게 하니 대인이 길하다. 망하면 어떻게 하나 망하면 어떻게 하나 염려해야 더부룩하게 자란 뽕나무에 매어놓은 듯할 것이다[休否 大人吉. 其亡其亡 繫于苞桑].
상구(上九)는 막힘이 기울어지니, 처음에는 막히고 뒤에는 기쁘다[傾否 先否後喜].

◉

비괘(否卦)의 초륙(初六)은 양위에 음효로 바르지 못함[不正位], 육이(九二)는 음위에 음효로 바름[正位], 육삼(六三)은 양위에 음효로 바르지 못함, 구사(九四)는 음위에 양효로 바르지 못함, 구오(九五)는 양위에 양효로 바름, 상구는 음위에 양효로 바르지 못함이다. 이 괘의 경우 육이나 구오 모두 중정(中正)을 얻었다.

대성괘 비괘(䷋)는 소성괘 건괘(☰)와 곤괘(☷)가 위아래에 있어 만들어진 괘다. 「설괘전」에 따르면 '건(乾-하늘)으로 임금 노릇을 하고' '곤(坤-땅)으로 간직한다'라고 했다. 괘의 모양을 보면, 건양(乾陽)이 위에 있고 곤음(坤陰)이 아래에 있어 위로 올라가려는 건양과 아래로 내려가려는 곤음이 서로 등을 돌리고 불화하는 모습이다.

그러면 「서괘전」을 통해 왜 비괘가 태괘의 뒤를 이어받았는지 확인해보자.

> 일이나 사물[物]은 끝까지 통할[終通] 수는 없다. 그래서 태괘의 뒤를 비괘(否卦)로 받았다.
> 物不可以終通. 故受之以否.

말 그대로 통즉궁(通則窮)이다. 태평의 시대가 계속될 수는 없다. 쇠퇴해 막히는 비색(否塞)의 시대가 찾아오게 된다. 비(否)라는 글자의 모양을 보자. 아니다[不]라고 말하다[口=言]라는 뜻이다. 비괘를 보면 천지비괘(天地否卦, ䷋)로 태괘(泰卦)와 종괘 관계이기도 하고, 음양이 서로 바뀌어 있어 착괘(錯卦) 관계이기도 하다. 곤괘(☷)가 아래에 있고 건괘(☰)가 위에 있는 곤하건상(坤下乾上)의 모양을 하고 있다. 이 또한 위치로만 보면 정상으로 보이나, 사귐[交](교)의 관점에서 보면 하늘은 위에 그냥 머물러 있고 땅은 자기 자리만 지키며 하늘을 고분고분 받들지 않기 때문에 하늘과 땅이 서로 막혀 있는 것[否塞](비색)으로 본다. 사귐은 좋은 것[善](선)이고 막힘은 나쁜 것[惡](악)이다. 태괘와 비괘는 결국 흥망성쇠의 자취다. 한나라 유학자 유향은 이를 군자와 소인의 진퇴(進退)와 연결지어 『한서』 「초원왕전」편에서 이렇게 말했다.

> 이렇게 된 근원을 거슬러 올라가 보면 그것이 그렇게 된 까닭은 참소꾼과 간사한 자들이 (충직하고 바른 신하들과) 아울러 조정에 나아온 때문입니다. 참소꾼과 간사한 자들이 이처럼 아울러 나아올 수 있었던 까닭은, 상께서 의심이 많아 뛰어난 인물을 써서 좋은 정사를 행하다가 혹시라도 누군가가 그를 참소하면 그 뛰어난 인물을 물리치고 좋은 정사를 도로 거둬들이십니다. 무릇 여우와 같은 의심하는 마음을 갖고 있는 사람은 (그 스스로) 참소하고 해치는 입을 불러들이고, 단호하지 못한 뜻을 가진 사람은 여러 굽은 자들[群枉](군왕)[225]이 들어올 수 있는 문을 열어줍니다. 참소꾼과 간사한 자들이 조정에 나아오면 여러 뛰어난 이들[群賢](군현)은 물러나고, 여러 굽은 자들이 성하면 바른 선비는 쇠합니다. 그래서 『주역』에는 비괘(䷋)와 태괘(䷊)가 있어, 소인의 도리가 자라고 군자의 도리가 스러지면 정치는 날로 어지러워지니 그래서 비(否)라고 한 것입니다. 비(否)란 닫혀서 어지러워진다[閉而亂](폐이난)는 뜻입니다. (반대로) 군자의 도리가 자라고 소인의 도리가 스러지면 정치는 날로 다스려지는 것이니 그래서 태(泰)라고 한 것입니다. 태(泰)란 두루 통해서 다스려진다[通而治](통이치)는 뜻입니다. 『시경(詩經)』에 이르기를 "함박눈 펄펄 내려도 햇빛을 보면 죄다 녹아내리리"[226]라고 했으니, 이는 방금 『주역』에서 말한 것과 같은 뜻입니다.

이번에는 「잡괘전」을 통해 태괘와 비괘의 관계를 검토해볼 필요가 있다.

---

225 굽음(枉)(왕)은 곧음[直](직)의 반대말이다.

226 「소아(小雅)·각궁(角弓)」편에 나오는 구절이다.

비태(否泰)는 그 무리를 뒤집어놓은 것이다.

否泰反其類也.
비태 반 기류 야

비괘는 하늘과 땅이 각기 자기 자리에 머물러 있어 서로 막혀 있고, 태괘는 하늘과 땅이 서로 기운을 사귀어 화합을 이루고 있다. 태괘와 비괘는 결국 흥망성쇠의 자취라고 했다.

문왕의 단사, 즉 "비(否)는 사람(의 길)이 아니니 군자가 반듯해도 이롭지 않아, 대인이 가고 소인이 온다[否之匪人 不利君子貞 大往小來]"에 대한 공자의 풀이[「彖傳」]를 살펴볼 차례다.

"비(否)는 사람(의 길)이 아니니 군자가 반듯해도 이롭지 않아, 대인이 가고 소인이 온다"라는 것은 하늘과 땅이 사귀지 못하고[不交=不際] 만물이 서로 통하지 않아[不通] 위아래가 사귀지 못하고[不交] 천하에 나라가 없는 것이다. 음이 안에 있고 양이 밖에 있으며 부드러움이 안에 있고 굳셈이 밖에 있으며 소인이 안에 있고 군자가 밖에 있으니, 소인의 도리는 자라나고 군자의 도리는 꺼져간다.

否之匪人不利君子貞 大往小來 則是天地不交而萬物不通也 上下不交而天下无邦也.
비지 비인 불리 군자 정 대 왕 소 래 즉 시 천지 불교 이 만물 불통 야 상하 불교 이 천하 무방 야

內陰而外陽 內柔而外剛 內小人而外君子 小人道長 君子道消也.
내음 이 외양 내유 이 외강 내 소인 이 외 군자 소인도 장 군자도 소야

◉

비괘(否卦)는 사람의 길이 아니라고 했다. 하늘과 땅이 사귀지 못하는데 사람의 길이 생겨날 수는 없다. 그러다 보니 군자가 바른 도리를 취해도 이로울 수 없다. 대인이 가고 소인이 온다는 것은 양이 가고 음이 오는 것이다. 참으로 한순간에 태평한 세상에서 막힌 세상이 찾아온 것이다. 공자의 풀이는 정확히 태괘 때와 정반대다. 태괘(泰卦)에서 삼가지 못할 경우[不敬] 비괘에 이르는 것은 한순간[須臾]이다. 소인 득세의 세상에서 군자는 어떤 도리를 취하며 살아내야 할 것인가. 이 물음을 간직하고서 괘의 모습과 여섯 효를 살펴보자.

공자의 「상전」을 살펴볼 차례다. 그중에 비괘를 총평한 「대상전」이다.

하늘과 땅이 사귀지 않는 것이 비(否)(가 드러난 모습)이니, 군자(君子)는 그것을 갖고서 다움을 다잡고[儉德=約德] 어려움을 피해[辟難=避難] 복록으로 영화를 누리지는 않는다[天地不交否 君子以 儉德辟難 不可榮以祿].

◉

한순간에 모든 것이 바뀌었다. 이때의 '군자'에는 군주라는 뜻이 전혀 없다. 검덕(儉德)이란 자신의 다움을 최대한 다잡고 채비해야 한다[儉=檢]는 말이다. 몸을 낮추는 것 또한 여기에 들어간다. 어려움 또한 피해야 한다. 이 문제는 『논어』에서 여러 차례 공자가 강조했던 바이기도 하다. 「헌문」편에 나오는 공자의 말이다.

뛰어난 이[賢者]는 세상을 피하고[辟世], 그다음으로는 나라를 피하고[辟地], 그다음은 안색을 피하고[辟色], 그다음은 말을 피한다[辟言].

세상을 피하는 것은 겉으로 이름을 드러내지 않고 숨어 지내는 것이고, 나라를 피하는 것은 다른 나라로 옮겨가는 것이고, 안색을 피하는 것은 임금의 거동을 보고서 떠나는 것이고, 말을 피하는 것 또한 임금이 하는 말을 보고서 장차 난이 다가올 수 있음을 알아차리고 미리 떠나는 것이다. 반드시 은둔으로 볼 필요는 없다.

이런 세상에서는 복록을 영예로 여겨서는 안 된다는 말은 『논어』 「태백」편에서 한 바 있다.

나라에 도리가 있을 때 (능력이 없어 관직에 나아가지 못해) 빈천(貧賤)한 것은 부끄러운 일[恥]이며, 나라에 도리가 없을 때 (그냥 관직에 남아 있어) 부귀(富貴)한 것 또한 부끄러운 일이다.

비괘의 여섯 효[六爻]에 대한 주공의 말을 풀이한 공자의 「소상전」이다.

(초륙(初六)은) 띠풀을 뽑는 것이 반듯하니 길하다고 한 것은 뜻이 임금에게 있어서다[拔茅貞吉 志在君也].

(육이(六二)는) 대인은 막히지만 형통하다고 한 것은 (소인의) 무리와 어지러이 섞여 있지 않았기 때문이다[大人否亨 不亂群也].

(육삼(六三)은) 부끄러움을 품고 있다고 한 것은 자리가 마땅하지 않기 때문이다[包羞 位不當也].

(구사(九四)는) 군주의 명이 있으면 허물이 없다고 한 것은 그 뜻이 실행된다는 말이다[有命无咎 志行也].

(구오(九五)는) 대인이 길하다고 한 것은 자리가 마땅하기 때문이다[大人之吉 位正當也].

(상구(上九)는) 막힘이 끝나면 기울어지니 어찌 오래갈 수 있겠는가[否終則傾 何可長也].

◉

비괘의 맨 아래 첫 음효에 대해 공자는 "띠풀을 뽑는 것이 반듯하니 길하다고 한 것은 뜻이 임금에게 있어서다"라고 풀었다. 그런데 초륙에 대한 공자의 「소상전」을 풀어보기에 앞서 초륙에 대한 주공의 효사를 태괘의 초구에 대한 주공의 효사와 비교해보는 것이 필수적이다. 둘 다 '띠풀의 엉켜 있는 뿌리를 뽑는 것과 같아서 그 무리[其彙=其類]와 함께'까지는 똑같고, 다만 태괘의 초구는 '가니[征=往]'라고 했고 비괘의 초륙은 '반듯하니[貞]'라고 했다. 그래서 태괘의 초구는 그냥 '길하다[吉]'였지만, 비괘의 초륙은 '길하고 형통하다[吉亨]'라고 했다. 이 점을 염두에 두면서 주공의 효사에 대한 정이의 풀이를 보자.

> 태괘와 비괘가 모두 띠풀을 취해서 상징으로 삼은 것은 여러 양과 여러 음이 함께 아래에 있으면서 서로 이끄는 모습이 있기 때문이다. 태평한 때는 함께 가는 것을 길하다고 했고, 막힌 때는 함께 반듯함을 지키는 것[爲貞]을 형통하다고 했다. 처음에 소인이 안에 있고 군자는 밖에 있어 막힘[否塞]의 뜻을 취했는데 다시 초륙이 막히어 아래에 있는 것을 군자의 도리로 삼았으니, 역(易)은 때에 따라 뜻을 취해 달라지고 움직임[變動]에 일정함이 없다. 막힌 시절에는 아래쪽이 군자다. 비괘의 세 음효는 위에 모두 호응하는 효들이 있으나

[有應] 막히고 단절된[否隔] 때는 서로 가로막혀 통하지 못하기 때문에 서로 호응하는 의리는 없다. 초륙은 동료들과 더불어 그 절의를 반듯하고 굳게 지키니, 이는 막힌 때에 대처하는 길함이어서 그 도리가 형통한 것이다. 막힌 때를 맞아서는 나아갈 수 있는 자가 소인이고 군자의 경우에는 그 도리를 펴면서도[伸道] 재앙을 면할 뿐이니, 군자는 나아가고 물러남에 있어 동지들과 더불어 함께하지 않는 적이 없다.

이제야 공자가 "띠풀을 뽑는 것이 반듯하니 길하다고 한 것은 뜻이 임금에게 있어서다"라고 한 까닭을 이해할 수 있다. 정이의 말대로 "군자가 그 절도를 굳게 지키면서 아래 위치에 처해 있는 것은 벼슬길에 나아가지 않고 홀로 선하게 지내는 것을 즐거워해서가 아니라 도리가 막혀 나아갈 수 없기 때문에 그런 상황을 편안히 받아들일 뿐이지, 그 마음이 일찍이 천하에 있지 않았던 것은 아니다. 그 뜻은 언제나 좋은 임금을 만나[得君] 벼슬길에 나아가 천하를 편안히 하고 구제함에 있다." 이런 공자의 마음을 가장 잘 표현한 것이 바로 『논어』 「술이」편에서 공자가 수제자 안회에게 했던 말이다.

(임금이 인재로) 써주면 행하고 버리면 (편안한 마음으로 도리를 즐기며) 숨어 지내는 도리를 오직 너하고 나만이 갖고 있구나!

소인이 득세하게 되는 형국이 됐을 때 무리하게 그것을 바꾸려 하다가는 횡액을 당할 수 있다. 따라서 일의 형세[事勢]에 대한 정확한 판단이 때로는 일의 이치[事理]보다 앞서야 할 때가 있는 것이다.

비괘의 밑에서 두 번째 음효에 대해 공자는 "대인은 막히지만 형통하다고 한 것은 (소인의) 무리와 어지러이 섞여 있지 않았기 때문이다"라고 풀었다. 육이에 대한 주공의 효사는 "이어 받드는 것을 품고 있으니[包承] 소인은 길하고 대인은 막히지만 형통하다"다. 효사부터 풀어야 공자의 풀이를 정확히 알 수 있다. 위에서 정이는 비괘의 하괘, 즉 곤괘(☷)를 군자 쪽이라고 했으나 효사는 소인일 수도 있고 군자일 수도 있음을 보여준다. 즉 소인의 입장에서 육이를 보자면 위에 있는 구오와 호응하니 이는 곧 임금을 받들려는 마음이 있어 그 소인은 길하다고 했다. 그럴 수 있는 것은 육이는 가운데 있고 음효로 음위에 있으니 자리도 바르기[正位] 때문이다. 소인 중에서 그나마 괜찮은 소인이라는 풀이는 여기에서 나온 것이다. 반면 군자의 입장에서 보면 몸은 비색하지만 도리는 지켜내는 것을 말한다. 형통하다는 것은 따라서 몸이 아니라 군자의 도리가 지켜진다는 뜻이다.

그래서 공자는 소인의 경우는 언급하지 않고 군자의 경우만 염두에 두고서 "대인이 막혀 있으면서도 형통할 수 있는 까닭은 무리와 어지러이 섞여 있지 않았기 때문"이라고 했다. 이는 육이가 중정(中正)을 얻었음을 염두에 둔 풀이다. 소인들의 무리에 속해 있기는 하지만 그 안에서도 적중된 도리를 지키고 있다는 말이다.

육이는 마치 조선사에서 유성룡이 말년에 정적들의 비방으로 내몰려 몸이 비색했지만 『징비록(懲毖錄)』을 써서 도리를 지키려 했던 장면을 떠올린다.

중종 37년(1542) 관찰사를 지낸 중영(仲郢)의 아들로 태어난 유성룡은 25세 때인 명종 21년(1566) 문과에 급제해 일찍 벼슬길에 들어섰다. 그에 앞서 21세 때 도산서원의 퇴계 이황을 찾아갔다. 이때 유성룡을 만나본 이황은 "하늘이 낸 사람"이라고 그를 극찬했다. 유성룡 또한 이황을 평생 스승으로 섬겼고, 자연스럽게 유성룡은 훗날 당쟁 시대가 열리면서 동인(東人)을 거쳐 남인(南人)의 영수가 된다.

유성룡은 어려서부터 조정과 화합의 달인이었다. 유명한 일화가 있다. 그가 홍문관 수찬으로 있을 때인 선조 2년(1569) 한창 제왕학 수업에 열중이던 어린 선조가 신하들에게 물었다.

"나는 옛날의 군주 중에서 누구를 닮았는가?"

정이주라는 신하가 "전하의 다스림은 요순과 같습니다"라고 답하자 이를 지켜보던 강직한 성품의 김성일(金誠一)이 말했다.

"전하는 요순(堯舜)도 될 수 있지만, 걸주(桀紂)도 될 수 있습니다."

성군도 될 수 있고 하나라의 마지막 임금 걸이나 은나라의 마지막 임금 주처럼 폭군도 될 수 있다는 말이었다. 명민하긴 했으나 포용력이 부족했던 선조는 낯빛이 바뀌었다. 이때 유성룡이 나섰다.

"정이주가 요순 같다고 한 것은 그런 임금을 만들겠다는 뜻이고 김성일이 그렇게 말한 것은 걸주 같은 임금이 되지 않도록 하겠다는 뜻이니, 둘 다 임금을 사랑하는 마음에서 나온 것이 아니겠습니까?" 그러나 유성룡은 자기 생각을 굽혀가면서까지 조정을 하는 인물은 아니었다. 어찌 보면 율곡 이이가 서인 입장에서 다른 당색을 어느 정도 포용하려 했다면 그 반대편에 유성룡이 있었다고 해야 할 것이다. 두 사람 다 마치 당색을 넘어서서 조정자의 역할을 하려 했다는 식의 기존 설명은 왜곡에 가깝다. 이는 두 사람의 문제였다기보다는 당쟁이 격화되던 시기를 살아야 했던 조선 사대부들의 운명이었는지 모른다.

선조 5년(1571) 영의정 이준경이 세상을 떠나면서 올린 유언 상소는 조정을 뒤흔들어놓았다. 붕당의 조짐이 있다고 한 때문이다. 이에 가장 발끈한 사람은 이이였다. 자신을 비롯한 성혼, 심의겸 등을 염두에 둔 지적이었기 때문이다. 이이는 당장 이렇게 말했다.

"사람이 죽을 때면 그 말이 선하다고 했는데 이 대감은 죽으면서도 그 말이 악하기 그지없습니다. 관직을 삭탈해야 합니다."

이에 유성룡이 나서 "부당한 말이 있으면 그 말만 바로잡으면 되지 관직을 추탈할 것까지야 있습니까?"라고 해서 유언 상소 파동은 더는 확대되지 않을 수 있었다. 그럼에도 3년 후에 실제로 붕당이 본격화됐으니 이이는 사안을 제대로 보지 못했던 것이다.

두 사람의 대결은 또 하나가 있다. 소위 말하는 '10만 양병'을 둘러싼 논란이다. 선조 16년 병조판서 이이는 서얼허통과 '10만 양병' 육성 방안을 보고한다. 원래 10만 양병은 선조가 호조판서로 있던 이이에게 "지금 우리의 국방력이 전조(前朝-고려)만도 못하다"라며 군대를 강화할 수 있는 방안을 올리라 한 데서 비롯됐는데, 이때 이이는 재주 있는 노비들의 속량(贖良)과 서얼허통 등을 통해 노력하면 10년쯤 지나 전조의 절반 정도 될 수 있다고 말했다. 고려의 절반이란 고려 말 홍건적이 쳐들어왔을 때 이를 반격하기 위해 고려가 동원한 군사력이 20만이었다는 기록이 있었기 때문에 거기에 기반을 두고서 했던 말이다.

그러나 이는 유성룡에 의해 좌절된다. 유성룡은 "나라에 아무 일도 없는 평화로운 때 군사를 양성하는 것은 화란의 단서를 만드는 것"이라는 논리로 반박했다. 그러나 10년 후 임진왜란이 일어나자 유성룡은 오히려 뛰어난 리더십을 발휘해 전란 극복에 큰 기여를 하게 된다.

당쟁은 격화되고 있었지만, 인재를 좋아했던 선조는 한편으로는 이이를, 한편으로는 유성룡을 중용하며 나름대로 당파 싸움을 조정하려고 애썼다. 당시 선조가 유성룡을 얼마나 좋아했는지 보여주는 일화가 있다.

얼마 후에 예조판서로 승진 임명하고 동지경연사(同知經筵事) 홍문관 제학(弘文館提學)을 겸하게 하니 글을 올려 힘껏 사임했다. 이에 임금은 수찰(手札) 십행(十行)을 내렸는데 그 내용은 이러했다.

"옛 임금 가운데는 신하에게 신하로 대하는 자도 있었고 벗으로 대하는 자도 있었으며 스승으로 대하는 자도 있었다. 이 뜻은 비록 후세에 전하진 않으나 경이 10년 동안 경악(經幄-경연)에 나오면서 한결같은 덕으로 아무런 흠이 없었으니, 의리로는 비록 임금과 신하라 하나 정의로는 붕우(朋友)와 같다. 그 학문을 논하면 장구(章句)에 편집(偏執)을 갖는 선비가 아니요, 그 재능을 말하면 족히 큰일을 감당할 만하다. 나만큼 경을 아는 사람이 없다."

이런 총애에 힘입어 49세 때인 1590년 우의정에 올랐고 이듬해에는 이조판서를 겸직했다. 그가 우의정으로 있을 때 영의정은 이산해, 좌의정은 정철이었다. 이산해는 동인이었고 실권은 서인인 정철이 쥐고 있었던 것이다. 이때 유명한 사건이 일어난다. 이른바 건저의(建儲議), 즉 세자를 세우자고 했다가 한순간에 정철을 비롯한 서인들이 몰락하게 되는 일을 말한다.

이때 우의정에 막 오른 유성룡은 정철을 찾아가 비어 있던 세자를 세울 것을 함께 임금에게 청하자고 했고 정철은 별생각 없이 그렇게 하자고 했다. 그런데 경연 자리에서 정철이 그 문제를 꺼내자 이산해와 유성룡은 입을 다물어버렸다. 선조는 분노가 폭발했다.

"지금 내가 살아 있는데 경은 무엇을 하자는 짓인가?"

이 일로 서인은 몰락했다. 이 사례는 유성룡이 정치 술수에도 만만치 않은 능력을 갖췄음을 보여준다. 얼마 후 좌의정에 오르는데, 이때 역시 이조판서를 겸했다. 그에 대한 선조의 총애가 얼마나 컸는지 단적으로 보여주는 장면이다.

그러나 정승의 자리에 오른 유성룡을 기다리고 있던 것은 조선 건국 200년 만에 찾아온 최대의 위기, 임진왜란이었다. 전쟁이 발발하자 오히려 유성룡의 활약은 눈부시다는 말만으로는 다할 수 없을 만큼 국난 극복에 온 힘을 쏟았다. 물론 그것은 고난의 연속이기도 했다. 전란의 와중에도 당쟁은 멈추기는커녕 더욱 격화됐기 때문이다.

전쟁 발발 직후 병조판서를 겸하고 도체찰사로 군무(軍務)를 총괄했다. 이어 영의정이 돼 왕을 호종(扈從)했으나, 평양에 이르러 나라를 그르쳤다는 반대파의 탄핵을 받고 면직됐다. 다시 의주에 이르러 평안도 도체찰사가 되고, 이듬해 명나라의 장수 이여송(李如松)과 함께 평양성을 수복, 그 뒤 충청·경상·전라 3도의 도체찰사가 돼 파주까지 진격했다. 이해에 다시 영의정에 올라 4도의 도체찰사를 겸해 군사를 총지휘했다.

그해 10월 선조를 호위하고 서울에 돌아와서 훈련도감의 설치를 요청했으며, 변응성(邊應星)을 경기좌방어사로 삼아 용진(龍津)에 주둔시켜 반적(叛賊)들의 내통을 차단시킬 것을 주장했다. 물론 이순신의 후원자 역할을 맡아 남해를 지켜낸 공 또한 빠트릴 수 없다.

전란 내내 명나라 군대를 지원하고 국방력을 강화하는 등의 힘을 쏟았으나, 전쟁이 끝나가던

> 1598년 명나라 경략(經略) 정응태(丁應泰)가 조선이 일본과 연합해 명나라를 공격하려 한다고 본국에 무고한 사건이 일어났다. 이에 이 사건의 진상을 변명하러 가지 않는다는 북인들의 탄핵으로 관작을 삭탈당했다가 1600년에 복관됐으나, 다시 벼슬을 하지 않고 은거했다. 평생을 조선, 그것도 선조(宣祖)를 위해 봉사했으나 그에게 돌아온 것은 불명예였다. 그로서는 참으로 억울했을 것이다. 지금도 그가 남긴 책 『징비록(懲毖錄)』을 읽어보면 그 원통함이 행간에 남아 있는 듯하다.

비괘의 밑에서 세 번째 음효에 대해 공자는 "부끄러움을 품고 있다[包羞(포수)]고 한 것은 자리가 마땅하지 않기 때문이다"라고 풀었다. 음유(陰柔)한 자질로 자리도 바르지 않고 중도를 잃었으니, 늘 위와 가까워 도리를 편안히 여기는 자가 아니다. 그래서 정이는 "궁하면 이에 넘칠 것[窮斯濫矣(궁사남의)]이니 소인의 모습이 극에 이른 자"라고 했다. 원래 "궁하면 이에 넘친다"라는 말은 『논어』 「위령공」편에 나오는 공자의 말이다.

> 위(衛)나라 영공이 공자에게 진법에 관해 묻자 공자는 이렇게 말했다.
> "제사 지내는 일에 관해서는 일찍이 들어본 적이 있지만, 군사를 다루는 일은 배우지 못했습니다."
> 다음날 위나라를 떠났다. 진(陳)나라로 가서 머물렀는데 그때 먹을거리가 떨어졌다. 그 바람에 그를 따르던 제자들이 병이 들어 제대로 일어설 기력도 없었다. 자로가 불만이 가득한 얼굴로 말했다.
> "군자도 궁할 때가 있습니까?"
> 이에 공자가 말했다.
> "군자는 궁함을 편안히 여기지만[固窮(고궁)=安窮(안궁)] 소인은 궁하면 이에 넘친다[窮斯濫矣(궁사남의)]."

그래서 정이는 공자의 풀이를 "하는 짓이 부끄러워할 만한 것은 처해 있는 바가 마땅하지 않기 때문이다. 자리가 마땅하지 않다는 것은 하는 짓이 도리를 따르지 않기 때문이다"라고 풀어냈다. 조선사에서 이런 인물을 꼽자면 유자광(柳子光, 1439~1512)이 전형적이다.

갑사(甲士)로서 경복궁의 건춘문(建春門)을 지키다가 1467년(세조 13년) 이시애(李施愛)의 난이 일어나자 자원하여 종군했으며, 임금의 총애를 받아 특별히 선략부호군(宣略副護君)이 됐고 서얼로서 벼슬길을 허통(許通)받게 됐다. 돌아와서 종군하는 데 작은 공로가 있다고 하여 병조정랑이 됐다.

1468년에 세조가 세자와 더불어 온양으로 행차할 때 총통장(總筒將)으로 호위했고, 온양별시문과(溫陽別試文科)에 장원하여 병조참지(兵曹參知)가 됐다. 이어 호송관(護送官)으로 유구국(琉球國-오키나와) 사자를 호송했다. 이해에 예종이 즉위하자 남이(南怡) 등이 모반한다고 무고해 익대공신(翊戴功臣) 1등 무령군(武靈君)에 봉해졌다. 예종은 유자광을 익대공신으로서 각(閣)을 세워 형상을, 비를 세워 공을 기록했다. 그 후에 유자광의 반인(伴人)이 난언을 고함으로써 서소(西所)에 구금될 처지에 놓였으나 대왕대비의 비호로 풀려났다. 그 뒤 숭정대부 무령군(武靈君)에 봉해졌다. 1476년(성종 7년)에는 한명회를 모함한 것이 드러났으나 임금이 죄를 묻지 않았고, 1477년에는 대신들이 서얼인 유자광을 도총관(都摠管)에 임명할 수 없다고 반대하는데도 불구하고 도총관으로 삼을 정도로 왕의 총애를 받았다.

1478년(성종 9년)에는 임사홍(任士洪)·박효원(朴孝元) 등과 함께 현석규를 배제하려다 실패하여 동래로 유배됐다가, 얼마 뒤에 "유자광은 사직에 공이 있으니 공신 녹권을 특별히 돌려주라"라는 명에 의해 공신의 봉작만은 회복되었다. 1485년에 행지중추부사(行知中樞府事)가 되었고, 이듬해에는 정조사(正朝使)로 명나라에 다녀왔고, 1487년에는 한성부판윤이 됐으며, 등극사(登極使)의 부사로 다시 명나라에 다녀왔다. 1497년(연산군 3년)에는 무령군에 봉해지고, 이듬해에는 겸도총부도총관, 숭록대부 무령군에 제수됐다. 이극돈(李克墩)이 실록청 당상(實錄廳堂上)이 돼 『성종실록(成宗實錄)』을 편찬할 때 김일손(金馹孫)이 쓴 사초에 자신의 나쁜 일을 쓴 것과 세조 때의 일을 쓴 것을 보고 유자광에게 의논하자 곧바로 연산군에게 고했다. 연산군이 이 말을 듣고 "이 나라에 충성한다"라는 말로써 특별히 칭찬한 뒤에 남쪽 빈청에서 죄인을 국문하도록 명했고, 이에 옥사를 직접 맡았다. 「조의제문(弔義帝文)」에 직접 주석을 달아 글귀마다 해석하여 연산군이 알기 쉽게 했고, 김종직(金宗直)의 문집을 걷어다가 빈청 앞뜰에서 불사르게 했다. 나아가 1498년에는 사초 사건과 관련지어 김종직과 제자들을 크게 제거하는 무오사화를 일으켰다. 이후부터 유자광의 권세가 조정과 민간에 군림하게 됐다. 1504년(연산군 10년)에는 한때 이극균과 사귀었다는 이유로 임사홍과 함께 직첩을 몰수당하고 경기도에 충군(充軍-군대에 편입함)됐으나 곧바로 취소됐다. 1506년(중종 1년) 중종반정 때는 성희안(成希顔)과 인연이 있어 다시 훈열(勳列)에 참여하게 돼 정국공신(靖國功臣) 1등, 무령부원군(武靈府院君)에 봉해졌고 겸영경연사(兼領經筵事)로 제수됐다. 이듬해에는 대광(大匡)으로 제수돼 충훈부당상이 됐으나 계속되는 대간과 홍문관·예문관의 잇단 탄핵으로 중법에 처해져 마침내는 훈작을 삭탈당하고 광양으로 유배됐다. 이어 평해로 옮겨졌고, 정국공신의 호(號)마저 삭제당했으며, 그 자손도 먼 지방으로 유배됐다. 1512년(중종 7년)에 눈이 멀었고 유배지에서 죽었다.

비괘의 밑에서 네 번째 양효에 대해 공자는 "군주의 명이 있으면[有命] 허물이 없다고 한 것은 그 뜻이 실행된다는 말이다"라고 풀었다. 주공의 효사는 "군주의 명이 있으면 허물이 없어 같은 무리가 모두 복을 누린다[有命无咎 疇離祉]"였다.

태괘의 네 번째 음효가 마침내 태평을 지나 막히던 시절로 접어들던 초창기였다면 비괘의 네 번째 양효는 마침내 막힌 시절을 지나 서서히 거기에서 벗어나는 시기다. 양강(陽剛)의 자질로 재상의 자리에서 임금을 보좌한다. 그의 양강은 곧 막힌 시대를 구제할 수 있는 능력이기도 하다.

그런데 주공은 '군주의 명이 있으면[有命]'이라고 했다. 이 말의 의미를 잘 이해해야 한다. 이 말은 정확히 풀이하면 '군주의 명이 있도록 하면'이다. 재상이 너무 강하게 자신의 발언권을 내세울 경우 군주의 명은 없게 된다. 이를 가장 잘 풀이한 것이 『서경』「군진(君陳)」편에 나온다.

> 네게 만일 좋은 계책[嘉謨]과 좋은 생각[嘉猷]이 있거든 곧장[則=卽] 들어가 너의 임금에게 아뢰고, 밖으로 네가 그것을 알릴 때는 이 계책과 이 꾀는 오직 우리 임금의 다움 덕분이라고 하라!

조선 초 태종의 시각에서 보자면 아버지 태조의 시절은 정도전, 남은 같은 신하들이 음의 세력으로 권력을 행하던 비괘의 시절이었다고 할 수 있다. 이런 때 그는 하륜을 얻어 세상을 구제하고 태평의 기초를 다질 수 있었다. 실록에 실린 하륜에 관한 사관의 평의 일부다.

> 천성적인 자질이 중후하고 온화하고 말수가 적어 평생에 빠른 말과 급한 빛이 없었으나, 관복[端委](단위) 차림으로 묘당(廟堂-의정부 집무실)에 이르러 의심을 결단하고 계책을 정함에는 남들이 조금 헐뜯거나 칭송한다고 해도 그 마음을 움직이지 않았다. 정승이 돼서는 되도록 대체(大體)를 살리고 아름다운 모책과 비밀의 의논을 계옥(啓沃-건의)한 것이 대단히 많았으나, 물러 나와서 일찍이 남에게 누설하지 않았다. 몸을 가지고 외부의 일이나 물건을 접할 때는 한결같이 성심으로 하여 허위가 없었으며, 종족(宗族)에게 어질게 하고 붕우(朋友)에게 신실(信實)하게 하여 아래로 동복(僮僕)에 이르기까지 모두 그 은혜를 잊지 못했다. 인재(人材)를 천거하기를 항상 제대로 된 데 못 미치면 어떻게 하나 하는 듯이 했고, 조금만 착한 것이라도 반드시 취하고 그 작은 허물은 덮어주었다.

그렇기 때문에 하륜과 함께했던 무리도 복록을 누릴 수 있었다. 공자가 말한 '그 뜻이 실행된다'는 것 또한 막힌 시절을 구제하려는 뜻이라는 점에서 뒤에 이어진 세종시대가 우연이 아님을 알 수 있다.

비괘의 밑에서 다섯 번째 양효에 대해 공자는 "대인이 길하다고 한 것은 자리가 마땅하기 때문이다"라고 풀었다. 주공의 효사는 "막힘을 그치게 하니 대인이 길하다. 망하면 어떻게 하나 망하면 어떻게 하나 염려해야 더부룩하게 자란 뽕나무에 매어놓은 듯할 것이다[休否(휴비) 大人吉(대인 길). 其亡其亡(기망 기망) 繫于苞桑(계우 포상)]"다. 정이의 풀이다.

> 구오는 양강(陽剛)의 자질로 중정(中正)의 다움을 갖고서 존귀한 지위에 있다. 그러므로 천하의 막힘을 종식시킬 수 있으니 대인의 길함이다. 대인이 지위를 맡아 도리로써 천하의 비색함을 종식시켜 태평한 때를 점차 이르게 하지만[循致](순치) 아직 막혀 있는 때에서 벗어나지 못했으므로 망하면 어떻게 하나[其亡](기망)라는 염려가 있는 것이다.

다른 요인은 필요 없고, 오직 스스로 경계하고 두려워함을 늦추지만 않는다면 뽕나무 무더기에 매어놓은 듯이 편안할 것이라는 말이다. 이는 우리 역사로 보자면 고스란히 태종에 해당한다. 태종 18년(1418년) 8월 10일 태종이 세종에게 왕위를 전하며 내린 교서의 일부다.

왕(王)은 말하노라. 내가 부덕(否德)한 몸으로 태조의 홍업(洪業)을 이어받아 아침저녁으로 삼가고 두려워하여 정성을 가다듬어 잘 다스리기를 도모한 지 대개 이미 지금 18년이 됐다. 은택이 백성에게 미치지 못하여 여러 번 재변(災變)이 일어났고, 또 몸에 숙질(宿疾)이 있었는데 근일에 이에 심하여 청정(聽政)을 감당할 수 없게 됐다. 세자가 영명(英明)·공검(恭儉)하고, 효제(孝悌)·관인(寬仁)하여 대위(大位)에 오르기에 합당하므로 영락(永樂) 16년 무술(戊戌) 8월 초8일에 친히 대보(大寶)를 주어 기무(機務)를 오로지 맡아보게 하고, 오직 군국(軍國)의 중요한 일만은 내가 친히 청단(聽斷)하겠다. 아아! 너희 중외(中外) 대소신료(大小臣僚)들은 모두 나의 지극한 마음을 몸 받아 한마음으로 협력하고 도와서 유신(維新)의 경사를 맞이하게 하라. 그러므로 이에 교시(敎示)하니, 생각하여 마땅히 그리 알라.

태종이 임금 자리에 오른 것이 마땅하지 않았다면 세종의 치세(治世) 또한 불가능했을 것이다. 공자는 「계사전」 하 5장에서 비괘의 구오에 대해 보다 상세한 언급을 한 바 있다.

위태로움(을 걱정하는 것)[危]은 그 자리를 편안케 해주는 것이고, 망함(을 걱정하는 것)[亡]은 그 잘 지냄[存]을 보호해주는 것이고, 어지러움[亂](을 걱정하는 것)은 그 다스려짐을 있게 하는 것이다. 이 때문에 군자는 편안할 때 위태로움을 잊지 않고, 잘 지낼 때 망함을 잊지 않고, 다스려질 때 어지러워짐을 잊지 않는다. 이리하여 몸은 편안하고[身安] 국가는 보존될 수 있다. 역(易)에 이르기를 "망하면 어떻게 하나 망하면 어떻게 하나 염려해야 더부룩하게 자란 뽕나무에 매어놓은 듯할 것이다"라고 했다.

뽕나무와 관련된 『시경』의 구절이다.

장마가 지기 전에 뽕나무 뿌리를 주워 얽는다.

이는 「빈풍(豳風)」에 있는 시의 구절로, 치효(鴟鴞-솔개의 일종)가 뽕나무 뿌리를 물어다가 견고하게 집을 엮어 장마에 대비한다는 뜻이니 어려움이 닥치기 전에 미리 잘 대비해야 한다는 말이다. 실제로 조선의 선비들은 비괘의 구오와 이 시를 함께 언급하며 임금들에게 장차 다가올 어려움에 늘 대비해야 함을 역설하곤 했다. 『광해군일기(光海君日記)』 2년(1610) 5월 7일 의병장으로 유명한 곽재우(郭再祐)가 올린 상소의 일부다.

> 신은 듣건대 "장마가 지기 전에 뽕나무 뿌리를 주워 얽는다"라고 했고, 또 "망하면 어떻게 하나 망하면 어떻게 하나 염려해야 더부룩하게 자란 뽕나무에 매어놓은 듯할 것이다"라고 했습니다. 삼가 바라건대 전하께서는 적을 헤아리고 자신을 헤아릴 줄 알아야 명철한 것이니, 일에 앞서서 준비하고 근심을 헤아려서 예방하셔야 할 것입니다. 가령 강화도와 같이 반드시 지켜야 할 곳에 곡식을 쌓아두어 군사와 백성의 하늘로 만들어 예측할 수 없는 수요에 대비하소서.

비괘의 맨 위에 있는 양효에 대해 공자는 "막힘이 끝나면 기울어지니 어찌 오래갈 수 있겠는가"라고 풀었다. 주공의 효사는 "막힘이 기울어지니 처음에는 막히고 뒤에는 기쁘다[傾否(경비) 先否後喜(선비후희)]"이다. 공자의 풀이부터 보자. 결국 막힌 시절 또한 끝날 수밖에 없다는 말이다. 다만 그것은 가만히 있는다고 해서 저절로 되는 것이 아니다. 정이의 말대로 "위태로움을 편안하게 바꾸고 어지러움을 다스림으로 바꾸려면 반드시 양강(陽剛)의 자질이 있은 뒤라야 가능하다."

그래서 비괘(䷋)의 상구(上九)는 막힌 시절을 기울게 해서 종식시킬 수 있지만 준괘(䷂)의 상륙(上六)은 천하가 고난에 허덕이며 형통하지 못 하는 때임에도 그것을 기울게 해 종식시킬 수가 없다는 것이다. 이런 경우 오랜 기다림의 시간을 견뎌내지 않고서는 불가능하다.

## 13. 천화동인(天火同人)[227]

다른 사람과 함께하기를 들판에서 하면 형통하니 큰 강을 건너면 이롭고 군자로서 반듯하면

---

227 문자로는 건상이하(乾上離下)라고 한다.

이롭다.

同人于野亨 利涉大川 利君子貞.[228]
동인 우야 형 이 섭 대천 이 군자 정

초구(初九)는 다른 사람과 함께하기를 문밖에서 하니 허물이 없다[同人于門 无咎].
동인 우문 무구

육이(六二)는 다른 사람과 함께하기를 집안사람들과 하니 안타깝다[同人于宗 吝].
동인 우종 인

구삼(九三)은 병사를 수풀 속에 감추어두고 높은 언덕에 올라가 3년 동안 일어나지 않는다[伏戎于莽 升其高陵 三歲不興].
복융 우망 승 기 고릉 삼세 불흥

구사(九四)는 담장에 올라가지만 제대로 공격할 수가 없으니 길하다[乘其墉 弗克攻 吉].
승 기용 불극 공 길

구오(九五)는 다른 사람과 함께하면서 처음에 울부짖지만, 나중에는 웃으니 큰 군사로 이겨야 서로 만난다[同人 先號咷而後笑 大師克 相遇].
동인 선 호도 이 후소 대사 극 상우

상구(上九)는 다른 사람과 함께하기를 교외에서 하니 뉘우침이 없다[同人于郊 无悔].
동인 우교 무회

◉

동인괘(同人卦)의 초구(初九)는 양위에 양효로 바름[正位], 육이(六二)도 음위에 음효로 바름, 구삼(九三)은 양위에 양효로 바름, 구사(九四)는 음위에 양효로 바르지 못함[不正位], 구오(九五)는 양위에 양효로 바름, 상구는 음위에 양효로 바르지 못함이다. 이 괘의 경우 육이나 구오 모두 중정(中正)을 얻었다.

대성괘 동인괘(䷌)는 소성괘 건괘(☰)와 이괘(☲)가 위아래에 있어 만들어진 괘다. 「설괘전」에 따르면 '건(乾-하늘)으로 임금 노릇을 하고' '불[火=離]로 따뜻하게 한다[烜]'라고 했다. 괘의 모양이 건(乾)이 위에 있고 이(離)가 아래에 있어, 두 모양을 가지고 말하자면 하늘은 위에 있는 것인데 불의 성질이 타고 올라가서 하늘과 함께하기 때문에 동인(同人)이라고 한 것이다.

그러면 「서괘전」을 통해 왜 동인괘가 비괘의 뒤를 이어받았는지 확인해보자.

228 원형이정(元亨利貞) 중에 원(元)을 제외하고는 모두 나온다.

(그러나) 일이나 사물은 끝까지 막힐[否] 수는 없다. 그래서 비괘의 뒤를 동인괘(同人卦)로 받았다.

物不可以終否. 故受之以同人.
물 불가이 종 비 고 수지 이 동인

마찬가지로 비색의 시대가 계속될 수는 없다. 사람이 사는 세상이기 때문에 그러하다. 비색을 걱정하는 사람들이 하나둘씩 모여 함께 걱정하기 시작하는 것이다. 동인(同人)이란 말 그대로 뜻을 함께하는 사람들이 모여 함께 일을 해나가는 것이다. 동인괘를 보면 천화동인괘(天火同人卦, ䷌)로, 이괘(☲)가 아래에 있고 건괘(☰)가 위에 있는 이하건상(離下乾上)의 모양을 하고 있다. 아래에 있는 불이 위를 향해 타고 올라가 하늘과 함께한다는 뜻이 담겨 있다. 여기서 핵심이 되는 효는 아래에서 두 번째 떨어진 효[六二]와 다섯 번째 붙은 효[九五]다. 아래에서 두 번째 떨어진 효[六二]는 이괘의 가운데 있어 중심이 되고 음의 자리에 있으니 중정(中正)이다. 다섯 번째 붙은 효[九五]는 천괘의 가운데 있어 중심이 되고 양의 자리에 있으니 중정이다. 이 둘은 서로 응효(應爻)이기 때문에 위아래에서 주체가 되고 있으니 서로 뜻이 맞아떨어진다.

문왕의 단사, 즉 "다른 사람과 함께하기를 들판에서 하면 형통하니 큰 강을 건너면 이롭고 군자로서 반듯하면 이롭다[同人于野亨 利涉大川 利君子貞]"에 대한 공자의 풀이[「彖傳」]를 살펴볼 차례다.

동인(同人)이란 부드러움[柔=六二]이 바른 자리를 얻었으며 가운데를 얻어[得中] 건(乾)[九五]에 호응하므로 말하기를 다른 사람과 함께하기[同人]라고 한 것이다. 다른 사람과 함께하기를 들판에서 하면 형통하니 큰 강을 건너는 것이 이롭다는 것은 건(乾)이 (일을) 행하기 때문이다. 문명(文明)함으로써 튼튼하고 중정(中正)하여 호응하니 군자가 바른 것[正]이다. 오로지 군자라야 능히 천하의 뜻과 통할 수 있을 것이다.

同人 柔得位 得中而應乎乾 曰同人.
동인 유 득위 득중 이 응호 건 왈 동인

同人于野亨 利涉大川 乾行也.
동인 우야 형 이 섭 대천 건행 야

文明以健 中正而應 君子正也.
문명 이건 중정 이 응 군자 정 야

唯君子 爲能通天下之志.
유 군자 위 능통 천하 지 지

◉

단사(彖辭)를 보자. 들판이란 모두가 함께 지켜보는 장소다. 공공의 공간이다. 즉 공명정대한 도리에 따라 다른 사람과 함께한다는 말이다. 그래서 형통하고, 따라서 어떤 어려움을 극복하려 시도해도 이롭다는 것이다. 군자로서 반듯하다는 것은 마찬가지로 공명정대한 도리에 따른다는 말이다. 사사로운 결당(結黨)은 말할 것도 없이 해롭다.

동인괘는 무엇보다 '다른 사람과 함께하기[同人]'의 의미가 깊다. 정이의 풀이다.
동인

괘의 모습은 건괘가 위에 있고 이괘가 아래에 있다. 이 두 괘의 상(象)으로 말하면 건괘가 상징하는 하늘이 위에 있는데 이괘가 상징하는 불의 성질이 타올라가서 하늘과 함께하므로 다른 사람과 함께한다고 했다. 이 두 괘의 체(體)로 말하면 구오가 바른 자리에 있어 건괘의 주인이 되고 육이가 이괘의 주인이 돼 두 효가 중정(中正)으로 호응해 서로 함께하니. 다른 사람과 함께한다는 뜻이다. 또 괘에는 오직 하나의 음이 있는데 다른 모든 양이 이 음과 함께하려고 하니 다른 사람과 함께한다는 뜻이다. 다른 괘에도 하나의 음이 있는 경우가 있지만, 다른 사람과 함께하는 때에 있어서는 육이와 구오가 서로 호응하고 하늘과 불이 서로 함께하므로 그 뜻이 큰 것이다.

공자가 "건(乾)이 (일을) 행하기 때문"이라고 한 것은 공명정대한 강명(剛明)으로 일을 하기 때문에 큰 강을 건너도 위험하지 않고 이롭다는 말이다. 문명(文明)이란 이괘(離卦)를 염두에 둔 발언이고, 중정(中正)이란 육이와 구오가 서로 호응하면서 둘 다 중정을 얻었다는 말이다. 그렇기 때문에 이런 도리와 다움[道德]을 체화한 군자는 얼마든지 천하의 뜻과 통할 수 있다고 했다.
도덕

공자의 「상전」을 살펴볼 차례다. 그중에 동인괘를 총평한 「대상전」이다.

하늘이 불과 함께하는 것이 동인(同人)(이 드러난 모습)이니 군자(君子)는 그것을 갖고서 같은 무리끼리 분류해[類族] 일과 사물을 가려낸다[天與火同人 君子以 類族辨物].
유족 천 여 화 동인 군자 이 유족 변물

◉

괘의 모양을 풀이하면서 불이 하늘 아래에 있음에도 그렇게 말하지 않고 '하늘이 불과 함께[天與火]'라고 한 것은, 불이 올라가서 하늘과 함께하며 위에서 아래를 밝게 내려다본다는 뜻이다. 하늘도 위로 향하고 불도 위로 향한다는 점에서 같은 성질이다. 따라서 군자의 무리와 소인의 무리를 가려내는 것을 비롯해 선악, 사리[禮] 등을 분별하는 것 등이 모두 여기에 속한다. 이 「대상전」은 앞에서 본 바 있는 『논어』「안연」편에 나오는 다음 내용과 정확히 일치한다.

자장(子張)이 밝음[明]에 관해 묻자 공자가 말했다.
"서서히 젖어 드는 참소(譖訴)와 살갗을 파고드는 하소연[愬]이 행해지지 않는다면 그 정사는 밝다[明]고 할 만하다."

결국 이는 임금의 눈 밝음[明=離] 문제다. 그러나 그것이 말처럼 쉬운 것은 아니다. 허술해도 안 되고 지나치게 들여다보려는 것 또한 문제다. 이때 중요한 것은 지극히 공정한 마음[至公]을 유지하는 것이다. 사람을 알아보는 법[知人之鑑=觀人之法]과 관련해 『논어』에서 가장 중요한 구절은 「위정」편에 나온다.

공자가 말했다.
"(사람을 알고 싶을 경우) 먼저 그 사람이 행하는 바[所以=所爲=所行]를 잘 보고[視] 이어 그렇게 하는 까닭이나 이유[所由=所從]를 잘 살피며[觀] 그 사람이 편안해하는 것[所安=所存]을 꼼꼼히 들여다본다면[察], 사람들이 어찌 그 자신을 숨기겠는가, 사람들이 어찌 그 자신을 숨기겠는가?"

진덕수는 이를 『대학연의』에서 체계적으로 풀어내고 있다.

이것은 성인의 문하[聖門]에서 사람을 살펴보는 법[觀人之法]입니다.
대개 사람이 행하는 바는 다 뜻하지 않게[偶] 좋은 것[善者]과 맞아떨어지는 경우가 있으니, 반드시 그 사람이 의리를 위해 그렇게 한 것인지 이익을 위해 그렇게 한 것인지를 잘 살펴보아야[觀] 합니다. 만약 그 본마음이 실제로 의리에 있었다면 그 좋음은 진실함[誠]에서 나온 것이니 좋다[善]고 할 수 있습니다. (그러나) 만약 그 본마음이 실제로 이익에 있었다면 그 (뜻하지 않은) 좋음은 진실함에서 나온 것이 아니니 어찌 좋다고 할 수 있겠습니까?

그런데 그 따르는 바[所從=所由]가 좋다고 해도 그 마음이 편안해하는 바[所安]가 아니라면 진실로 아직은 능히 편안해한다고 할 수 없을 것입니다.

왜냐하면 (지금은 안 그런 것 같지만) 부귀를 갖게 될 경우 황음(荒淫)에 빠질 수 있고 빈천해질 경우 나쁜 마음을 품을 수 있고 (당당한 듯해 보이지만) 위압과 무력 앞에서 굴종할 수도 있으니, 늘 변하지 않는 마음을 계속 지켜내지 못할 수도 있기 때문입니다.

그러면 어떻게 해야 '편안해한다[安]'고 말할 수 있겠습니까? (그것은) 물의 차가움이나 불의 뜨거움처럼 스스로 그러해서[自然] 바꿀 수 없어야 하며 음식(을 안 먹었을 때)의 배고픔이나 물(을 안 마셨을 때)의 갈증처럼 반드시 그러해서 내버릴 수 없어야 합니다. 모름지기 그런 연후라야 그것을 일러 '편안해한다[安]'고 할 수 있을 것입니다.

무릇 공자의 빼어남[聖]으로 사람을 볼 때도 잘 보는 것[視]만으로 모자라면 다시 잘 살폈고, 잘 살피는 것[觀]으로 모자라면 다시 꼼꼼히 들여다보았습니다[察]. 그런 다음에도 사람의 진실됨과 거짓됨은 여전히 다 드러나지 않을 수 있는데, 하물며 그 탁월함이 공자에 미치지 못하는 사람들이 사람을 안다는 것[知人]이 쉬울 수 있겠습니까?

그럼에도 불구하고 잘 보는 것[視], 잘 살피는 것[觀], 꼼꼼히 들여다보는 것[察]은 다 나에게서 시작돼 나오는 것입니다. 만약에 나의 마음이 공적이고 사사로움이 없는 데[公而無私] 다다르지 못하고 또 밝고 혹하지 않는 데[明而不惑] 이르지 못한다면 다른 사람의 마음이 그릇된 것인지를 어찌 볼 수 있겠습니까? 특히 임금의 경우에는 그 한 몸으로 백관을 비추며 다스리고 있어, 거기에는 바름과 사특함[正邪], 진실함과 거짓됨[忠佞]이 본인 앞에서 뒤섞여 있을 테니 어찌 쉽게 판별할 수 있겠습니까?

반드시 임금이 깨끗한 거울이나 고요한 물처럼 맑아져서 아랫사람이나 일들에 임할 때도 그 밑바탕을 꿰뚫어볼 수 있게 된 이후에야 사람들이 어디에 기대어 행동하는지를 훤히 알 수 있게 될 것입니다.

『영조실록』 7년(1731) 사헌부 지평 유건기(兪健基)가 올린 상소문을 통해 이 문제에 관해 다소 지나쳤던[過] 영조의 모습을 간접적으로나마 볼 수 있다.

> 신이 삼가보건대 전하께서는 예지(睿智)가 고금(古今)에 탁월하고 성학(聖學-제왕학)이 날로 고명(高明)한 데 이르러 규모와 기대는 반드시 왕도(王道)를 목표로 삼고 계십니다. 하지만 시행하시는 바가 과연 편벽(偏僻)된 잡념(雜念)을 모조리 제거하셨는지요? 허식(虛飾)을 혁파하지 못하여 혹 이름을 좋아하는 허물이 있는가 하면, 지키는 바가 쉽게 흔들려 혹은 오래 견디는 덕(德)이 모자라기도 합니다. 정령(政令)을 시행하는 즈음에 혹 신기(新奇)한 공(功)을 숭상한 나머지 도리어 장원(長遠)한 경영(經營)을 소홀히 하시는가 하면, 일을 처리하고 사람을 대하는 즈음에 연못 속의 물고기를 살피듯 너무 찬찬한 바가 없지 않습니다. 이쪽저쪽을 섞어 쓰는 즈음에는 반드시 양쪽에서 싫어하여 배척하는 자를 안배해 아울러 써서 건극(建極)의 다스림을 이루고자 하시니 『주역』의 동인괘(同人卦)의 뜻으로 보자면 비록 그렇게 하지 않을 수가 없으나, 다만 (인재를) 부억(扶抑)하고 취사(取舍)하는 방법이 실로 지공지평(至公至平)하는 도리에 합당한지를 모르겠습니다. 나라의 흥망은 오로지 언로가 통하느냐 막히느냐에 달려 있는데 전하께서는 당론(黨論)이 나라를 망칠 것을 깊이 징계하고 혹 대각(臺閣)이 소란을 일으킬까 염려하여 이동(異同)을 조제(調劑)하고 잘못을 바로잡는 데에 약간 지나치며, 신료(臣僚)를 접대함에 영기(英氣)를 너무 드러내십니다. 전폐(殿陛) 위에서 조금이라도 혹 실의(失儀)를 하면 책망이 너무 엄하시고, 장주(章奏) 사이에 성지(聖旨)를 조금만 거슬러도 견책이 따릅니다.

그러나 설사 영조의 이 같은 꼼꼼함이 지나쳤는지 모르지만 허술하게 방치하는 잘못보다 그나마 이게 나을지 모른다. 즉 군자 혹은 군주는 동인괘를 보게 되면 무엇보다 진덕수가 말한 명이불혹(明而不惑)을 잊어서는 안 될 것이다.

동인괘의 여섯 효[六爻]에 대한 주공의 말을 풀이한 공자의 「소상전」이다.

(초구(初九)는) 문밖에 나가서 다른 사람과 함께하는 것을 더욱이[又] 누가 허물하겠는가[出門同人 又誰咎也]?

(육이(六二)는) 다른 사람과 함께하기를 집안사람들과 하는 것은 안타까운 도리다[同人于宗吝道也].

(구삼(九三)은) 병사를 수풀 속에 감추어두는 것은 적이 강하기 때문이요, 3년 동안 일어나지 않으니 어찌 일을 실행할 수 있겠는가[伏戎于莽 敵剛也 三歲不興 安行也]?

(구사(九四)는) 담장에 올라갔다는 것은 의리상 공격할 수 없기 때문이요, (그래도) 길하다고 한 것은 곤란에 빠져 법칙으로 돌아오기 때문이다[乘其墉 義弗克 其吉則困而反則也].

(구오(九五)는) 다른 사람과 함께하면서 처음에 울부짖는 것은 마음속이 곧기[直] 때문이요, 큰 군사로 이겨야 서로 만난다는 것은 결국에는 서로 이길 수 있다는 말이다[同人之先 以中直也 大師相遇 言相克也].

(상구(上九)는) 다른 사람과 함께하기를 교외에서 한다는 것은 뜻을 이루지 못한 것이다[同人于郊 志未得也].

◉

동인괘의 맨 아래 첫 양효에 대해 공자는 "문밖에 나가서 다른 사람과 함께하는 것을 더욱이[又] 누가 허물하겠는가"라고 풀었다. 주공의 효사는 원래 '문에서[于門]'라고 했는데 공자는 좀 더 구체적으로 '문밖에 나가서[出門]'라고 했다. 안은 사사로운 공간이고 밖은 공적인 공간이다. 사람들과 연결을 맺기를 사사로움이 아니라 공적인 일을 바탕으로 하니 사사로이 기울거나 치우치는 바가 없다는 것이다. 『논어』「위정」편에서 공자가 말한 것이 바로 이것이다.

군자는 두루 공평한 마음으로 친밀히 하되 사사로이 세력을 이루지 않으며[周而不比], 소인은 사사로이 세력을 이루되 공평한 마음으로 친밀히 하지 않는다[比而不周].

또 「옹야」편에는 이런 일화가 실려 있다.

(제자) 자유(子游)가 노나라의 무성이라는 읍을 다스리는 읍재가 됐다. 이에 공자는 자유에게 너는 사람을 얻었느냐고 묻는다. 자유는 이렇게 답한다.

"담대멸명(澹臺滅明)이라는 자가 있는데, 길을 다닐 때 지름길로 다니지 않고 공무(公務)가 아니면 한 번도 우리 집에 온 적이 없습니다."

이 짧은 일화에 대해 진덕수는 『대학연의』에서 이렇게 풀었다.

자유는 지름길로 다니지 않고 공무가 아니면 자신의 집에 오지 않는다는 점을 들어 담대가 현능하다[賢]는 것을 알아차렸습니다. 대체로 이 두 가지는 아주 작은 행실[細行]이기는 하지만 그것으로 미뤄 헤아려보아서, 첫째 길을 다닐 때는 지름길로 다니지 않았으니 이는 굽은 길을 피하고 빨리 하려 욕심을 내지 않는 것을 살펴낸 것이고, 둘째 공무가 아니면 한 번도 사사로이 윗사람의 집에 오질 않았으니 이는 윗사람을 섬기는 데 아첨으로 기쁘게 하려는 마음이 없었다는 것을 살펴낸 것입니다.

자유는 일개 읍재일 뿐이었는데도 그 사람을 취하는 것을 이처럼 (최선을 다해) 했습니다. 따라서 그 이상의 지위에 있는 경우 재상이 천자를 위해 백료(百僚)를 고르고 임금이 천하를 위해 재상을 고를 때 반드시 이처럼 잘 살펴야 할 것입니다. 그래서 (송나라의 명신) 왕소(王素)는 재상을 임명하는 문제를 논하면서 환관이나 궁첩은 후보자들의 이름을 알아서는 안 된다고 강조했고, 『자치통감』을 쓴 사마광(司馬光)은 간관(諫官)을 쓸 때는 권간들과 밑으로 통교하지 않는 자를 써야 한다고 했으니, 반드시 이와 같이 한 이후에야 강직하고 바르며 공명정대한 인사가 관직에 진출하게 되고 반면에 인사청탁을 다투어 하고 아첨을 일삼는 풍조는 사라지게 될 것입니다.

동인괘의 밑에서 두 번째 음효에 대해 공자는 "다른 사람과 함께하기를 집안사람들과 하는 것은 안타까운 도리다"라고 풀었다. 이 또한 주공의 효사에 있는 '안타깝다[吝]'를 '안타까운 도리[吝道]'로 약간 보충한 수준이다. 이는 내용상 초구와 정반대다. 사사롭게 종당(宗黨)을 가까이하니 부끄럽고 안타까울 수밖에 없다. 둘 다 사람을 알아보는 문제[知人之鑑] 혹은 사람을 쓰는 도리[用人之道]를 말하고 있음에 주목해야 한다. 동인괘 전체가 다 지인(知人)이나 용인(用人)의 문제다.

그런데 왜 육이(六二)에서 이 같은 부정적 의미를 추출해냈는가 하는 문제를 짚어봐야 한다. 이는 우리 스스로 괘체(卦體)를 읽어내는 능력을 기르는 일과 연관돼 있기 때문이다. 육이는 음효로 음위에 있으니 자리가 바르고[正位] 위아래 모두 유비 관계인 데다가 구오(九五)와도 음양이 서로 호응하고 있다. 모두의 응원과 후원을 받고 있다고 할 수 있다. 심지어 하괘의 가운데 있으니 중정(中正)의 다움까지 갖고 있다. 좋은 조건은 다 갖췄다고 할 만하다. 홀로 음효여서 다른 다섯 양효에 대한 주인[主]의 역할도 맡고 있다. 그런데 어째서 이런 부정적 해석이 나온 것일까?

그렇다면 동인괘의 육이와 거의 조건이 비슷한 가인괘(家人卦, ䷤) 육이의 효사와 그에 대한 정이의 풀이를 보자. 먼저 효사다.

이루려는 바가 없으니 집 안에서 음식을 장만하면 반듯하고 길하다.

가인괘의 육이는 음효로 음위에 있어 집안도 제대로 다스릴 수 없는 자다. 이루려는 것이 없으니 할 수 있는 일이 없다. 무릇 영웅의 자리를 갖고서도 정이나 사랑에 빠져 스스로 원칙을 지킬 수 없는 자가 있는데 하물며 유약한 사람이 처와 자식의 정을 이길 수 있겠는가? 육이와 같은 자질은 부인의 도리를 행한다면 바르다[正].

그래서 효사에서 주공은 집 안에서 음식이나 장만하는 사람이라면 반듯하고 길할 것이라고 한 것이다. 동인괘의 육이도 사정이 비슷하다. 종족의 범위 안에 들어오는 사람들에 대해서만 최선을 다할 뿐이다. 사사로운 감정을 넘어서지 못한다는 것이다. 이 또한 부인의 경우라면 그나마 길하다거나 허물이 없다고 했겠지만, 군자의 도리라는 측면에서 본다면 안타까운 것이다.

여기서 구오는 군주의 뜻이 없다. 군주란 원칙적으로 사사로움으로 관계를 맺는 자리가 아니기 때문이다.

육이는 따라서 인재를 쓰는 데 있어 순혈주의(純血主義)에 대한 비판으로 봐야 한다. 그것은 국가든 기업이든 마찬가지다. 그런 점에서 이사(李斯, ?~BC 208)[229]가 진(秦)나라 임금에게 올린 글로 흔히 「축객서(逐客書)」로 불리는 명문을 읽어볼 필요가 있다. 사마천의 『사기』 「이사열전(李斯列傳)」편에 나온다. 내가 직접 옮겼다.

---

229 순자(荀子)에게 배운 법가류(法家流)의 정치가로서, 진(秦)나라로 가서 승상 여불위(呂不韋)에게 발탁돼 객경(客卿)이 됐다. 정국거(鄭國渠)라는 운하를 완성하는 데 노력했으며, 시황제(始皇帝)가 6국을 통일한 후에는 봉건제를 없애고 군현제(郡縣制)를 실시할 것을 진언해 정위(廷尉)에서 승상으로 진급했고, 분서갱유(焚書坑儒)를 단행시켰다. 통일 시대 진나라의 정국을 담당한 실력자로, 획기적인 정치를 추진했다. 시황제가 죽은 후 환관 조고(趙高)와 공모해 시황제의 막내아들 호해(胡亥)를 2세 황제로 옹립하고 시황제의 장자 부소(扶蘇)와 장군 몽염(蒙恬)을 자살하게 했는데, 얼마 후에 조고의 참소(譖訴)로 투옥돼 함양의 시장터에서 처형됐다.

이사가 진나라의 객경(客卿)이 됐는데, 마침 한(韓)나라 사람 정국(鄭國)이 와서 진나라를 이간질할[間] 목적으로 논밭에 물을 대는 큰 도랑[渠]을 만들려다가 발각되자 진나라 왕실 사람들과 대신들이 모두 진나라 임금에게 이렇게 말했다.

"다른 제후들에게 있다가 와서 진나라를 섬기는 자들은 대체로 자기 임금을 위해 유세해[遊] 진나라(임금과 신하 사이)를 이간시킬 뿐입니다. 청컨대 빈객들은 다 내쫓아야 합니다."

이사도 그 대상에 포함되자 이에 이사는 글을 올려 이렇게 말했다.

"신이 듣건대 관리들이 빈객을 내쫓는 문제를 토의했다고 하는데 가만히 보면[竊] 그것은 잘못된 일입니다.

옛날에 목공(穆公)은 인재를 구해 서쪽으로는 융(戎)에서 유여(由余)를 데려왔고 동쪽으로는 완(宛)에서 백리해(百里奚)를 얻었으며 송(宋)나라에서는 건숙(蹇叔)을 맞이했고 진(晉)나라에서는 비표(丕豹)·공손지(公孫支)를 불러왔습니다. 이 다섯 사람은 진나라에서 태어나지 않았지만, 목공은 이들을 써서 20개국을 병합하고 서융(西戎)의 패권을 장악했습니다.

(또) 효공(孝公)은 상앙(商鞅)의 법을 써서 풍속을 바꿔 백성을 번영케 하고 나라를 부강하게 만들었습니다. 그래서 백성은 나라의 부역에 나가는 것을 즐거워했고 제후들은 몸소 복종했으며 초나라와 위나라의 군사를 사로잡아 넓힌 땅이 1000리가 넘어 지금까지도 잘 다스려지고 부강한 것입니다.

혜왕(惠王)은 장의(張儀)의 계책을 써서 삼천(三川)의 땅을 차지하고 서쪽으로 파와 촉을 병탄하며 북쪽으로 상군(上郡)을 차지하였고 남쪽으로 한중을 공략하고 아홉 오랑캐[九夷][230]를 포용해 언(鄢)과 영(郢)을 제압하였으며 동쪽으로 성고(城皐)의 험준함을 발판으로 삼아 기름진 땅을 빼앗아 마침내 여섯 나라의 합종 맹약을 깨트려 그들이 서쪽으로 진나라를 섬기게 했으니, 그 공적이 지금까지도 베풀어지고 있습니다.

소왕(昭王)은 범수(范睢)를 얻어 양후(穰侯)를 폐하고 화양군(華陽君)을 내쫓아 진나라 왕실을 튼튼히 했고 대신들의 세력이 커지는 것을 막았으며 제후의 땅을 먹어 들어가 진나라가 황제의 대업[帝業]을 이룰 수 있도록 해주었습니다.

이 네 임금은 모두 빈객들의 공적으로 업적을 이룰 수 있었습니다. 이런 것들로 말미암아

---

230 남쪽 초나라 땅에 있던 여러 오랑캐를 포괄해서 부르는 명칭이다.

보건대 빈객이 어찌 진나라에 짐이 됩니까? 만약에 이 네 임금이 일찍이 빈객을 물리쳐 받아들이지 않고 좋은 선비들을 멀리하고서 쓰지 않았다면 진나라는 부강해지는 실익을 얻지 못했을 것이고 강대하다는 명성도 얻지 못했을 것입니다.

(그런데) 지금 폐하께서는 곤륜산[昆山](곤산)의 옥(玉)을 손에 넣고 수씨(隨氏)와 화씨(和氏)의 보배로운 구슬을 갖고 있으며 명월주를 드리우고서 명검 태아(太阿)를 차고 섬리(纖離)의 준마를 타며 취봉(翠鳳)의 깃발을 세우고 영타(靈鼉)의 북을 가지고 있습니다. 이 수많은 보배는 진나라에서 단 하나도 나지 않는데 폐하께서는 그것을 좋아하시니 어째서입니까? 반드시 진나라에서 나는 것이어야 좋아하신다면 이 야광주는 조정을 꾸밀 수 없으며 코뿔소 뿔이나 상아로 만든 물건을 즐길 수는 없을 것입니다. 또 정(鄭)나라와 위(衛)나라의 미녀들이 후궁으로 채워질 수 없으며 결제(駃騠) 같은 준마들이 바깥 마구간에 가득할 수 없을 것이며 강남의 금과 주석은 쓸 수 없고 서촉의 단청 안료로 채색할 수도 없을 것입니다. 후궁을 꾸미고 희첩을 가꿔서 마음을 기쁘게 하고 눈과 귀를 즐겁게 하는 것들이 반드시 진나라에서 난 것이어야 한다면 완주(宛珠)의 비녀, 부기(傅璣)의 귀걸이, 아호(阿縞)의 옷, 금수(錦繡)의 장식도 폐하 앞에 있을 수 없고 세상 풍습에 따라 우아하고 아름답게 꾸민 조나라의 요조숙녀는 폐하 곁에 설 수 없을 것입니다. 물동이를 치고 물그릇을 두드리며 쟁(箏)을 퉁기고 넓적다리를 치면서 목청껏 노래를 불러 귀를 즐겁게 하는 것이 진짜 진나라의 음악입니다. 정(鄭)나라 음악, 위(衛)나라 음악, 상간(桑間), 소(昭), 우(虞), 무(武), 상(象)은 다른 나라의 음악입니다. 지금 물동이를 치고 물그릇을 두드리는 것을 버리고 정나라와 위나라의 (난잡한) 음악을 연주하며 쟁을 퉁기는 것을 물리치고 소와 우의 음악을 받아들인 것은 어째서입니까? 그것은 당장 마음을 즐겁게 하고 보기에도 좋기 때문입니다.

(그런데) 지금 사람을 뽑아 쓰면서는 그렇지가 않습니다. 그 사람이 괜찮은지 아닌지[可否](가부) 묻지도 않고 그 사람이 굽은지 곧은지[曲直](곡직) 따지지도 않은 채 그저 진나라 사람이 아니라는 이유로 내치고 빈객이라는 이유로 내쫓습니다. 그러니 이는 여색이나 음악이나 주옥은 중하게 여기면서 사람은 가벼이 여기는 행위입니다. 이는 천하를 올라타고[跨](과) 제후들을 제압할 수 있는 방법이 아닙니다.

신이 듣건대 땅이 넓으면 곡식이 많이 나고 나라가 크면 사람이 많고 군대가 강하면 병사들이 용맹하다고 했습니다. 큰 산은 흙 한 덩어리도 양보하지 않았기에 그처럼 커질 수 있었고, 큰 바다는 작은 물줄기 하나도 가리지 않고 다 받아주었기에 그처럼 깊어질 수 있었던 것입니다. (마찬가지로) 임금다운 임금[王者]은 어떤 사람이라도 버리지 않아야 그 (임금)다움을 밝힐 수 있습니다. 이리하면 땅에는 사방의 구분이 따로 없고 백성에게는 다른 나라 출신이라는 이유로 차별이 없게 돼, 사계절이 때에 맞아 아름답고 귀신은 복록을 내리게 됩니다. 이것이 바로 오제와 삼왕에게 당할 자가 없었던 까닭[所以無敵]입니다.

(그런데) 지금 진나라는 백성[黔首]을 버려 적국을 이롭게 하고, 빈객을 내쳐 제후들을 도와 공적을 세우게 하며, 천하의 선비들을 물리쳐 감히 서쪽으로 오지 못하게 하고 발을 묶어 진나라로 들어오지 못하게 하고 있습니다. 이는 이른바 도적에게 군사를 빌려주고 도적에게 식량을 건네주는 것입니다. 무릇 진나라에서 나지 않는 물산들 가운데 보배로운 것이 많으며 진나라에서 태어나지 않은 선비들 가운데 충성을 바치고자 하는 자들이 많습니다. (그런데) 지금 빈객들을 내쫓아 적국을 이롭게 하고 자기 백성을 덜어내 원수에게 더해주고, 이리하여 안으로는 텅 비게 하고 밖으로는 제후들에게 원한을 심는다면 나라가 아무리 위태롭지 않기를 바란다 한들 그럴 수 없습니다."

진나라 임금은 마침내 빈객을 내쫓으라는 명령을 거두어들이고 이사에게 다시 관직을 내렸다.

동인괘의 밑에서 세 번째 양효에 대해 공자는 "병사를 수풀 속에 감추어두는 것은 적이 강하기 때문이요, 3년 동안 일어나지 않으니 어찌 일을 실행할 수 있겠는가"라고 풀었다. 이는 주공의 효사를 두 부분으로 나눠 풀어낸 것이다. 효사에 대해서는 정이의 풀이가 곡진하다.

구삼은 양의 자질로 굳센 자리에 있으면서 가운데를 얻지 못했으니[不得中=過], 이는 강하고 사나운[剛暴] 사람이다. 다른 사람과 함께해야 하는 때 그의 뜻도 남들과 함께하려는 데 있다. 그러나 이 괘에는 오직 하나의 음만 있어 여러 양의 마음이 이 하나의 음과 함께하려 하고 구삼은 육이와 (거리상으로) 아주 가깝다. 그러나 육이는 중정(中正)의 도리로 구오와 서로 호응하니 구삼은 강강(剛强)한 자질로 육이와 구오 사이에 자리하고서 질투심이 일어나 육이의 권능을 빼앗아 함께하려고 한다. 그러나 그 이치가 곧지 못하고 의리상으로도 이길 수 없다. 그러므로 그 마음을 겉으로 드러내지 못하고 병사를 수풀 속에 감추어둔 것처럼 증오하는 마음을 속에 숨기고 안으로 올바르지 못한 생각을 품고 있다. 그리하여 또 두려워하고 근심하면서 때때로 높은 언덕에 올라가 살피고 관망하니, 이와 같이 하기를

3년 동안 지속하지만 끝내 감히 그 마음을 드러내 일으키지 못한다. 이 효는 소인의 있는 그대로의 속마음[情狀(정상)]을 깊게 드러냈으나 흉하다고까지 말하지 않은 것은, 이미 감히 속마음을 드러내지 못해 흉함에는 이르지 않았기 때문이다.

「소상전」에서 공자가 '적이 강하다'고 한 것은 구오(九五)를 가리킨다. 주희의 말대로 굳세면서도 가운데 있지 못하고, 위에는 정응(正應)이 없어 육이와 함께하고자 하나 정응이 아니고, 구오에게 공격을 당할까 두려워하므로 이런 상(象)이 있는 것이다.

이런 점에서 조선 태종 때 정승에까지 올랐던 이무(李茂, 1355~1409)라는 인물은 여기에 가깝다. 결국 그런 마음을 읽어낸 태종은 처남인 민무구·민무질 형제를 제거하면서 그의 당여라 하여 이무의 목을 벴다. 그의 간략한 생애 정보는 다음과 같다.

고려 공민왕 때 문과에 급제해 우왕 때 밀직사사가 됐으나 이인임(李仁任)의 당으로 몰려 곡주(谷州)로 유배됐다. 조선이 건국되자 다시 등용돼 1393년(태조 2년) 개성부윤이 됐으며, 조정의 특명으로 경상도의 군사를 점검했다. 1398년 참찬문하부사·판예조사·의흥삼군부좌군절제사(義興三軍府左軍節制使)가 됐다. 그해 여름에 세자 이방석을 보필하던 정도전·남은 등이 남은의 첩의 집인 송현(松峴)에 모여 반란을 모의한다는 정보를 이방원에게 밀고해 그들을 급습, 평정한 공로로 정사공신(定社功臣) 2등에 책훈됐다. 1400년(정종 2년) 7월에는 남은·정도전과 친교가 두터운 불충지당으로 지목돼 강릉으로 유배됐으며, 곧 근기(近畿)에 안치됐다가 9월에 풀려났다. 1402년(태종 2년) 우정승이 됐으며 단산부원군(丹山府院君)에 봉해지고, 이듬해 영승추부사(領承樞府事)가 됐다.

1409년 태종의 처남들인 민무구·민무질의 옥사에 관련돼 창원으로 유배됐다가 안성군 죽산(竹山)에 옮겨져 그곳에서 사형당했다. 사형 집행에 앞서 10월 1일 태종은 창덕궁 인정전으로 의정부 관리와 3공신을 불렀다. 진선문 앞에 이무를 불러 세워두고 신하들에게 말한다. 변형된 형태로 태종과 이무가 일종의 대질 신문을 하는 자리임과 동시에 변형된 행태로 태종이 이무에게 일종의 사형 선고를 내리는 자리이기도 했다. 태종은 단도직입적으로 이야기를 시작한다. 사안별로 육성을 들어보자.

【태종과 이무와의 첫 만남】

무인년(1차 왕자의 난이 일어난 1398년)에 부왕(-태조)의 병환이 위독하여 오래 끌 때 내가 형제들과 경복궁에서 시병(侍病-병수발)하고 있었는데, 그때는 내가 이무의 이름만 들었을 뿐이지 서로 몰랐다. 이에 이무가 민무질을 통하여 나와 교분을 맺었다. 하루는 내게 고하기를 "남은과 정도전이 주상의 병환이 위독한 것을 엿보아 정적(正嫡-신의왕후 한씨의 아들들)에게 불리(不利)하게 하기를 꾀하니, 공은 미리 도모하라"라고 했다. 5~6일 뒤에 다시 와서 내게 말하기를 "오늘 저녁에 정도전 등이 거사하려고 하니 이때를 놓칠 수 없다"라고 했다. 내가 말하기를 "그대가 먼저 그들이 모인 곳에 가서 그 계획을 늦추도록 하라"고 했다.

【1차 왕자의 난 때 이무의 행적】

드디어 정도전이 모여 있는 곳에 갔는데, 길에서 10여 인이 모여 있는 것을 만났다. 마천목이 쏘라고 청하여 화살 네다섯 대를 쏘고 모인 곳에 들어가니, 정도전 등이 이미 도망했다. 이에 마음이 놀라고 두려웠었는데 길에서 이무와 박포를 만났다. 이무가 말하기를 "어째서 약속을 어기었소? 내가 화살을 맞았소!" 했다. 내가 대답하기를 "내 병사들에게 '이무와 박포의 이름을 들으면 쏘지 말라' 했는데 어찌하여 '나는 이무'라고 소리치지 않았는가?" 하고, 박포를 시켜 조준을 청해오게 했다. 그러나 오래돼도 돌아오지 않고, 거의 새벽이 되고 군사는 약했다. 조금 뒤에 박포가 이르러 말하기를 "조준이 오지 않을 것 같으니 친히 가서 청하는 것이 좋겠다"라고 했다.

【대치 중 보여준 이무의 기회주의적 행위】

이때 궐내에서는 박위가 병사들을 지휘하고 있었기 때문에, 사람을 보내 세 번이나 불렀으나 나오지 않았다. 내 군사가 오히려 그쪽보다 적었다. 이무가 바로 내 뒤에 있었는데, 나의 형세가 약한 것을 보고 거짓말로 말 위에 엎드려 내게 말하기를 "정신이 몽롱하니 군(君)은 나를 구제해주시오"라고 말했다. 내가 급히 사람들을 시켜 이를 부축해 말에서 내려놓게 했다. 조금 뒤에 조온과 이지란이 궐내에서 나와 우리 쪽에 붙으면서 우리 쪽 병사들이 훨씬 많아졌다. 이무가 곧 다시 왔기에, 내가 말하기를 "그대의 병이 급한데 왜 갑자기 왔는가?" 하니, 이무가 말하기를 "장 국물을 마셨더니 곧 나았다"라고 했다. 이무가 중립을 지키며 변(變)을 관망하고 두 가지 마음을 품은 것이 여기에서 드러난 것이다.

【세자 옹립 주도】

내가 정권을 잡은 뒤에 그를 공신 1등으로 정하자 한두 사람이 말하기를 "이무가 무슨 공이 있느냐?"라고 했으나, 내가 그 체력과 풍채가 볼 만하기 때문에 듣지 않았다. 뒤에 또한 나타난 큰 허물이 없기에 드디어 정승에 이르렀다. 임오년(1402)에 내가 종기가 나서 매우 위독하니, 민씨 네 형제와 신극례가 민씨의 사가(私家)에 모여 어린 자식을 세우자고 의논했는데, 그 꾀가 실상은 이무에게서 나왔다.

고사에 능한 태종은 공신들을 돌아보며 "한나라 고조는 공신을 보전하지 못했고 광무는 능히 보전했다"라며 "그래서 나는 어떻게든 공신들을 보전하려고 했는데, 일이 이 지경에 이르렀다"라고 한탄한다. 이무를 죽이겠다는 결심을 밝히는 것이다. 그러면서 방법까지 제시했다. "자고로 대신은 사사(賜死-사약을 내리는 것)하는 것이지 육욕(戮辱-능지처참이나 참수처럼 신체를 절단하는 사형) 하는 것은 불가하다."

실록에는 정확히 무슨 말을 했는지 나오지 않지만 "하륜이 본래 민 씨(민제)와 사귀었기 때문에 그가 하는 말이 이무를 비호하는 듯했다"라고 돼 있다. 워낙 태종이 총애하는 하륜의 말이어서 그런지 태종은 점잖게 경고한다. "이무의 처리 문제는 왕자와 종실 문제를 어떻게 할 것인지와 직결돼 있다." 하륜은 두려워 땀만 뻘뻘 흘리면서도 다시 한번 이무를 죽이지 말 것을 건의했으나 태종은 말이 없었다.

다음은 순금사에서 최종적으로 올린 이무와 관련된 보고서다.

윤목이 평양에 있을 때 이무가 명나라 수도 금릉으로 가는 세자를 따라 지나다가 (자신의 친척인) 윤목에게 이르기를 "너는 잘 있으니 좋지만, 민무구·민무질은 죄를 얻었다"라고 했고, 이빈이 서곡에 있을 때 이무가 윤인계를 시켜 이빈에게 뜻을 전달하여 민무질에게 후하게 했고 이빈 또한 후일(後日)을 생각하여 자주 가서 만나보았습니다. 이빈이 상제를 마치고 서울에 도착하니 이무가 이빈에게 이르기를 "민무질이 내게 향하는 것이 어떻더냐?" 하니 이빈이 말하기를 "은혜를 감사히 여깁니다" 했고, 또 이빈에게 이르기를 "민무구 형제가 비록 귀양 중에 있으나 반드시 후하게 대접하라"라고 했습니다. 또 조희민이 윤목에게 이르기를 "여강군과 여성군은 그 공이 사직에 있는데 하루아침에 몰락했으니 애석한 일이다. 그러나 국가에서 죄를 논하여 죽는 데 이르지 않는다면 후일에 등용될 운명은 알 수 없는 일이다"라고 했고, 강사덕은 윤목을 보고 탄식하기를 "민무질이 외방에 귀양 가 있으나 혹시 만일 다시 서울로 돌아오게 된다면 늙기 전에 더불어 함께 놀겠다"라고 했습니다. 이무가 유기에게 이르기를 "근일에 부산하게 민 씨의 죄를 청하는데 나는 그 의미를 알지 못하겠다. 안순 등의 무리가 붕당을 맺어 매양 민 씨의 일을 선동해 죄를 가하려고 하는데, 상감께서 이를 어찌 알겠는가?" 하자 유기가 대답하기를 "공은 어찌하여 이런 말을 하는가? 조심하여 다시는 말하지 말라" 했으니, 실상은 친구의 정으로 민 씨가 죄를 당하게 된 것을 불쌍히 여긴 것입니다. 위의 이무 등 여섯 사람은 사사로이 서로 도모하고 의논하여 사직을 위태롭게 하기를 꾀했으니 주범 종범을 나눌 것 없이 마땅히 능지처참해야 합니다.

결국 권력을 두려워하고 행동에 조심함이 모자랐던 이무는 정승이라는 높은 벼슬에 오르고서도 비명횡사했다. 구삼(九三)의 경계는 이처럼 엄중한 것인지 모른다.

동인괘의 밑에서 네 번째 양효에 대해 공자는 "담장에 올라갔다는 것은 의리상 공격할 수 없기 때문이요, (그래도) 길하다고 한 것은 곤란에 빠져 법칙으로 돌아오기 때문이다"라고 풀었다. 주공의 효사에 대한 충실한 풀이다.

구사의 처지는 구삼과 비슷해, 육이와 함께하려고 하면서 구오와 맞서는 형국이다. 그래서 풀이도 매우 비슷하다. 담장에 막혀 곤경에 처해 있는 것이다. 그래서 담장에 올라가 공격하려고 하지만 의리상으로 바르지 못하기 때문에 공격할 수 없다. 당연히 만약에 공격을 하게 될 경우 패망은 불 보듯 뻔하다. 그나마 구사는 하괘의 맨 위에 있던 구삼과 달리 상괘의 맨 아래에 있어 부드러운 자리에 있으니 조심하기만 한다면 크게 곤경에 처할 일은 없다. 그래서 자신의 처지를 정확히 파악하고 법도를 회복한다면 길하다고 한 것이다.

동인괘의 밑에서 다섯 번째 양효에 대해 공자는 "다른 사람과 함께하면서 처음에 울부짖는 것은 마음속이 곧기[直] 때문이요, 큰 군사로 이겨야 서로 만난다는 것은 결국에는 서로 이길 수 있다는 말이다"라고 풀었다. 주공의 효사는 "다른 사람과 함께하면서 처음에 울부짖지만, 나중에는 웃으니 큰 군사로 이겨야 서로 만난다[同人 先號咷而後笑 大師克 相遇]"다. 공자의 「소상전」의 경우 전반부는 효사의 이유를 말했고 후반부는 효사의 내용을 풀었다. 이는 정이의 효사 풀이만 봐도 알 수 있다.

구오는 육이와 함께하려 하는데 구삼과 구사 두 양효에 의해 가로막히니, 구오는 본래 스스로의 의리가 곧고 이치가 우세하다고 여기기 때문에 분함과 억울함[憤抑]을 이기지 못해 울부짖게 된다. 그러나 그릇됨[邪]은 바름[正]을 이길 수 없으니, 지금은 비록 두 효에 의해 가로막혀 있다 해도 끝내는 반드시 함께하게 돼 나중에는 웃게 된다.

"큰 군사로 이겨야 서로 만난다[大師克 相遇]"라고 한 것은 구오와 육이가 바른 호응 관계이기는 하지만 두 양효가 이치가 아닌 방법으로 가로막고 빼으려 하니 반드시 큰 군사를 동원해 이겨야 서로 만날 수 있다는 말이다. 대사(大師)라 하고 극(克)이라고 한 것은 두 양효가 그만큼 강하다는 뜻이다.

그런데 군주 자리인 구오가 이런 상황에 처하게 된 것은 스스로가 불러온 것이다. 신하들에 대해 공적으로 대하지 않고 사사로이 친밀함을 보여 특정 신하에게만 노골적이고 과도한 총애를 보일 경우, 그 신하보다 지위가 높은 신하들은 처음에는 그 신하만 미워하다가 끝내는 임금에 대한 충성심도 거둬들이게 된다. 따라서 구오가 육이를 친밀하게 하는 것 또한 도리에 따라야 한다. 그래야 군주도 거기서 큰 힘을 얻게 된다. 「계사전」 상 8장에서 공자가 특히 이 동인괘 구오를 언급한 것도 그 때문이다.

> "다른 사람과 함께하면서[同人] 처음에 울부짖지만[號咷] 나중에는 웃는다[同人 先號咷而後笑]." 공자가 말하기를 "군자의 도리란 혹은 나아가고 혹은 머물러 있고[處=居] 혹은 입을 다물고[默] 혹은 말을 하는데, 두 사람이 마음을 같이하니 그 날카로움[利]이 쇠를 자른다[斷金]. 마음을 똑같이 하는 말[同心之言]은 그 냄새가 난초와 같다"라고 했다.

동인괘의 맨 위에 있는 양효에 대해 공자는 "다른 사람과 함께하기를 교외에서 한다는 것은 뜻을 이루지 못한 것이다"라고 풀었다. 그런데 주공의 효사는 "다른 사람과 함께하기를 교외에서 하니 뉘우침이 없다[同人于郊 无悔]"다.

서로 어긋나 보이지만 '뉘우침이 없다[无悔]'에 대한 정이의 정곡을 찌르는 풀이를 보면 쉽게 이해할 수 있다.

교외란 밖에 있어 먼 곳이다. 남과 함께하려고 하는 사람은 반드시 서로 친하고 매사를 함께해야 하는데, 상구는 밖에 있는 데다가 호응이 없어 끝내 더불어 함께하는 자가 없다. 애초부터 함께하는 사람이 있어야 뒤에 가서 일이 잘못되거나 해서 뉘우침이 있을 텐데, 홀로 먼 곳에 자리하여 함께하는 사람이 없으므로 뉘우칠 일도 없다. 그래서 함께하려는 뜻을 이루지는 못하지만, 끝에 가서 뉘우칠 일도 없는 것이다.

결과적으로 효사와 「소상전」을 함께 풀어냈다. 애당초 일에 참여할 기회조차 없는 사람은 성취감도 없지만 뉘우칠 일도 없는 것이다. 원나라 학자 호병문(胡炳文)은 동인괘의 상구를 은둔자로 풀었다.

상구효는 나라 사람과 연대하지 않아서 나라 밖으로 나가 거칠고 외지며 사람이 없는 곳에서 함께 응하는 사람이 없는 자이니, 은둔자[荷蕢(하궤)]의 무리가 바로 이런 사람이다. 그래서 흉하다고 말하지 않고 다만 뉘우침이 없다고 한 것이다.

여기서 하궤(荷蕢)란 『논어』 「헌문」편에 나오는 말이다. 상구에 대한 풀이와도 직접 연결이 된다.

공자가 위나라에서 경쇠를 쳤는데 마침 삼태기를 메고서[荷蕢(하궤)] 공자의 문 앞을 지나가는 사람이 이를 듣고서 말했다.

"마음이 있구나! 경쇠를 두드림이여!"

잠시 후에 또 말했다.

"비루하구나! 너무도 확고함이여! 나를 알아주지 않거든 그만둘 뿐이니, 물이 깊으면 옷을 벗고 건너고 얕으면 옷을 걷고 건너야 하는 것이다."

이를 들은 공자는 이렇게 말했다.

"과연 그렇구나! 힐난할 말이 없도다!"

일반적으로 공자는 은둔자에 대해 부정적 시각을 갖고 있었지만, 이 삼태기를 멘 은둔자에 대해서는 깊은 공감을 표하기도 했다. 정약용의 풀이다.

삼태기를 짊어진 사람의 한마디 말은 본래 서로 사랑하는 뜻이었으므로 공자가 수용하고 거절하지 않은 것이며, 자신의 의사와 분명히 서로 부합했기 때문에 '과연 그렇구나! 힐난할 말이 없도다!'라고 한 것이다.

## 14. 화천대유(火天大有)[231]

크게 소유하는 것은 으뜸으로 형통하다.

大有元亨.[232]

초구(初九)는 해로움과 관련이 없으니 아직 허물이 없고, 어렵게 여기면 (앞으로도) 허물이 없다[无交害 匪咎 艱則无咎].

구이(九二)는 큰 수레로 (무거운 물건을) 실었으니, 나아가야 할 바가 있어 허물이 없다[大車以載 有攸往 无咎].

구삼(九三)은 공(公)이 자신의 부(富)를 써서 천자(天子)를 형통하게 하는 것이니, 소인은 그럴 수가 없다[公用亨(用享)于天子 小人弗克].

구사(九四)는 지나치게 성대하지 않으면 허물이 없다[匪其彭 无咎].

육오(六五)는 그 미더움이 서로 교류하니, 위엄이 있으면 길하다[厥孚交如 威如 吉].

상구(上九)는 저절로 하늘이 도와주니, 길하여 이롭지 않음이 없다[自天祐之 吉无不利].

◉

대유괘(大有卦)의 초구(初九)는 양위에 양효로 바름[正位], 구이(九二)는 음위에 양효로 바르지 못함[不正位], 구삼(九三)은 양위에 양효로 바름, 구사(九四)는 음위에 양효로 바르지 못함, 육오(六五)는 양위에 음효로 바르지 못함, 상구는 음위에 양효로

---

231 문자로는 건상이하(離上乾下)라고 한다.

232 원형이정(元亨利貞) 중에 원(元)과 형(亨)이 나온다.

바르지 못함이다. 이 괘의 경우 구이나 육오 모두 중정(中正)을 얻지 못했다.

대성괘 대유괘(䷍)는 소성괘 이괘(☲)와 건괘(☰)가 위아래에 있어 만들어진 괘다. 「설괘전」에 따르면 '불[火=離]로 따듯하게 하고[烜]' '건(乾-하늘)으로 임금 노릇을 한다'라고 했다. 괘의 모양이 이(離)가 위에 있고 건(乾)이 아래에 있어, 두 모양을 가지고 말하자면 불이 하늘 위에 있으니 불이 높은 곳에 있으면 밝음이 먼 곳에까지 미쳐 만물의 무리가 비춰 보이지 않음이 없다.

그러면 「서괘전」을 통해 왜 대유괘가 동인괘의 뒤를 이어받았는지 확인해보자.

> 다른 사람과 함께하는 자에게는 반드시 물자들이 모일 것이다. 그래서 동인괘의 뒤를 대유괘(大有卦)로 받았다.
>
> 與人同者 物必歸焉, 故受之以大有.
> 여인 동자 물 필 귀언 고 수지 이 대유

사람들이 함께하게 되면 일도 잘 풀리고 물자가 많이 모여들어 풍부하게 된다. 그래서 동인괘 다음에 대유괘(大有卦)가 온다고 했다. 대유괘를 보면 화천대유괘(火天大有卦, ䷍)는 건괘(☰)가 아래에 있고 이괘(☲)가 위에 있는 건하이상(乾下離上)의 모양을 하고 있어 천화동인괘(天火同人卦, ䷌)와는 종괘 관계를 이루고 있다. 모양을 보면 하나의 음 육오(六五)가 나머지 다섯 양을 거느리고 있는 형상이다. 그래서 많이 소유하고 있다는 뜻이 나왔다. 높은 지위에 있으면서도 부드러운 다움[柔德]을 갖고 있기 때문에 모든 것이 모여든다. 그래서 대유(大有)는 크게 소유하고 있다고도 하고 많이 모여든다고도 한다. 「잡괘전」에서 말했다.

> 대유(大有)는 많음 혹은 풍부함[衆=富]이요, 동인(同人)은 친밀함[親]이다.
>
> 大有衆也 同人親也.
> 대유 중야 동인 친야

이제 문왕의 단사(彖辭), 즉 "크게 소유하는 것은 으뜸으로 형통하다[大有元亨]"에 대한 공자의 풀이[「彖傳」]를 살펴볼 차례다.

크게 소유하는 것[大有]이란 부드러움[柔=六五]이 존귀한 자리를 얻고 크게 적중해[大中] 위아래가 그에 호응하므로 크게 소유하는 것[大有]이라고 한 것이다. 그 다음이 굳세고 튼튼하면서도[剛健] 문명(文明)하고 하늘에 호응하며 때에 맞게 시행해[時行] 이 때문에 으뜸으로 형통하다[元亨].

大有 柔得尊位 大中而上下應之 曰大有.
대유 유 득 존위 대중 이 상하 응지 왈 대유

其德 剛健而文明 應乎天而時行 是以元亨.
기덕 강건 이 문명 응호 천 이 시행 시이 원형

◉

밝혀둘 것이 있다. 대유괘에서 크게 소유한다는 것은 기존의 풀이들이 잘못을 저지르고 있듯이 재물을 많이 소유한다는 뜻이 아니라, 좋은 사람을 많이 거둬 얻게 된다는 뜻이다. 공자는 「단전」에서 그렇게 할 수 있는 이유로 두 가지를 들고 있다.

첫째, 부드러움이 존귀한 자리를 얻었다는 것이다. 이때의 부드러움이란 다름 아닌 너그럽고 부드럽다[寬柔]는 뜻이다. 이렇게 되면 『논어』와 직결된다. 「팔일」편이다.

> 공자가 말했다.
>
> "윗자리에 있는 사람이 너그럽지 못하고[不寬], 예를 행하는 사람이 삼가지 못하고[不敬], 상을 당한 사람이 진정으로 슬퍼하지 않는다면[不哀] 내가 과연 무엇으로써 그 사람됨을 알아보겠는가?"

즉 윗자리에 있는 사람은 반드시 마음속에 너그러움을 품고 있어야 하고 예를 행하는 사람은 삼가야 하며 상을 당한 사람은 진정으로 슬퍼해야 제대로 된 사람이라는 말이다. 이를 정교하게 이해할 수 있게 해주는 공자의 말 역시 「팔일」편에 나온다.

> 사람이 어질지 못한데[不仁] 예를 행한들 무엇할 것이며 사람이 어질지 못한데[不仁] 음악을 행해서 무엇할 것인가?

이 둘을 연결지으면, 임금이 갖춰야 할 어짊[仁]은 곧 너그러움이고 예를 행하는 사람이 갖춰야 할 어짊은 삼감[敬]이며 상을 당한 사람이 갖춰야 할 어짊은 진정으로 슬퍼함[哀]이다. 여기서 우리의 초점은 너그러움[寬]이다. 이 점은 「양화」편에서 다시 확인할 수 있다. 제자 자장이 어짊[仁]에 대해 묻자 공자는 "공손함[恭], 너그러움[寬], 믿음[信], 명민한 일 처리[敏=敏於事], 은혜로움[惠]"이라고 말한 다음 다시 "너그러우면 뭇사람을 얻게 된다[寬則得衆]"라고 말한다. 말 그대로 대유(大有)다. 풍부한 인재들을 얻어 거느리게 된다는 말이다.

둘째, 크게 적중해[大中] 위아래가 그에 호응하게 된다는 것이다. 정이는 이를 둘로 나눠 풀었다. 즉 크게 적중했다는 것과 위아래가 그에 호응한다는 것을 별개로 보았다는 말이다. 그러나 원문이 대중이상하응지(大中而上下應之)인 데서도 알 수 있듯이 위아래가 서로 호응할 수 있는 결정적인 이유가 바로 대중(大中)이다. 그러면 대중이란 무엇인가? 그것은 적중함[中]의 문제를 충분히 이해할 때 저절로 알 수 있는 것이다. 유학(儒學)의 고전에 등장하는 몇몇 사례를 살펴보자.

『논어』「요왈(堯曰)」편에서 요임금이 말했다.

> "아! 너 순(舜)아. 하늘의 뜻[曆數]이 마침내 너에게 있으니, (너는 왕위에 올라) 진실로[允] 그[厥=其] 중화(中和)[中]를 잡도록[執] 하라[允執厥中]."
> 순임금도 이 말씀으로 우왕(禹王)을 일깨웠다.

『서경』에서 말했다.

> 탕(湯)임금은 백성에게서 중화[中和=中=中道]를 세우셨다.

『맹자』에서 맹자가 말했다.

> 탕왕은 중도를 잡았다[執中].

이상의 세 가지 사례를 묶어 진덕수는 『대학연의』에서 이렇게 풀어냈다.

요임금, 순임금, 우왕, 탕왕이 하늘의 뜻을 서로 전수해준 것은 오로지 중도(中道) 하나입니다. 중(中)이라는 것은 무엇입니까? 그 명(命)이 하늘과 땅에서 나와 백성이 그것으로 인해 살아가게 되는 것이고, 그 이치가 온갖 일마다 사물마다 그사이에 퍼져 마땅히 그러한 것이 하나도 없지 않은 것의 법칙이니, 지나쳐서도[過] 안 되는 것이고 못 미쳐서도[不及] 안 되는 것, 이것이 바로 적중함[中=中和=中道]입니다.

빼어난 인물들이 서로 이어가며 바로 이 적중함을 통치의 표준과 목표[準的]로 삼았으니, 잡는다[執]고 하는 것은 그것을 잡아 쥐고서[操] 일을 해가는 잣대로 삼는다는 것이고, 세운다[建]고 하는 것은 그것을 세움[立]으로써 백성이 모범으로 삼을 수 있게 해준다는 것입니다. 그것의 본체[體]는 하늘과도 같은 이치의 바름[天理之正]을 극대화하는 것[極]이니 이를 이름하여 큰 적중[大中]이라 하고, 그것의 쓰임[用]은 그 때의 상황에 맞는 마땅함[時措之宜]을 딱 잡아내는 것[酌]이니 이를 이름하여 때에 적중함[時中]이라 합니다. 그렇기 때문에 빼어나고 현명한 이[聖賢]들이 서로 전해주고 전해 받은 도리의 큰 줄기[道統]는 각각의 경전에서 강조되고 있는 것입니다. 그렇지만 반드시 "(사람의 마음이란) 오직 위태위태한 반면 도리는 오직 잘 드러나지 않으니 (그 도리를 다하려면) 정밀하게 살피고[精] 한결같음[一]을 잃지 않아서[危微精一]"[233] 그 공력을 다 쓴 연후에야 비로소 적중함의 근본[中之本]을 잡을 수 있는 것입니다. 따라서 빼어나고 밝은 이[聖明]만이 그것을 이룩해낼 수 있을 것입니다.

마지막 부분은 뒤에서 왜 대유괘의 상괘가 '밝음'을 나타내는 이괘(離卦)이며, 그와 관련해서 문명(文明)을 이야기하게 되는지를 이해하는 데 결정적인 도움을 주게 된다.

'그 다움이 굳세고 튼튼하면서도[剛健] 문명(文明)하고'라고 한 것은 각각 하괘인 건괘(☰)의 다움과 상괘인 이괘(☲)의 다움을 말한 것이다. 건괘의 다움은 건괘에서 보았기 때문에 다시 살필 필요가 없고, 다만 이괘는 30번 이괘(䷝)에서 보게 되겠지만 기본적인 의미는 밝음[明] 혹은 사방을 비춤[照于四方]에 있다.

이어지는 부분도 마찬가지다. '하늘에 호응하고 때에 맞게 시행해[時行]'라고 한 것 역시 각각 건괘(☰) 및 이괘(☲)와 관련된 것이다. 건괘가 '하늘에 호응하고'에 연결

233 『서경』「대우모(大禹模)」편에 나오는 말이다.

되는 것은 별도의 풀이가 필요 없다. 문제는 '때에 맞게 시행해[時行]'가 왜 이괘에 연결되는가 하는 점이다. 일을 때에 맞게 시행하려면 일의 이치[事理]에 밝아야 한다[明=離]. 그것은 곧 천문(天文)·지리(地利)·인사(人事)에 밝아야 한다는 말이다. 일단은 이 정도만 해두고 넘어가자. 그런 점에서 막연히 "육오효가 건의 행함에 따르고 호응하는 것은 천시(天時)를 따르는 것이므로 '하늘에 호응하고 때에 맞게 시행해[時行]'라고 했다"라는 정이의 풀이는 공자의 본뜻을 놓쳤고, 그것은 결국 문명(文明)의 정확한 의미를 이해하는 데로 나아가지 못한 이유를 보여준다.

공자의 「상전」을 살펴볼 차례다. 그중에 대유괘를 총평한 「대상전」이다.

불이 하늘 위에 있는 것이 대유(大有)(가 드러난 모습)이니, 군자(君子)는 그것을 갖고서 못하는 사람(이나 일)을 누르고 잘하는 사람(이나 일)을 끌어올려 하늘의 아름다운 명을 고분고분 따른다[火在天上 大有 君子以 遏惡揚善 順天休命].

◉

이 「대상전」은 대유(大有)가 재물이 아니라 사람을 많이 거둬 얻게 된다는 뜻임을 단적으로 보여준다. '알악양선(遏惡揚善)'은 『논어』의 도움을 받으면 아주 명료하다. 선악(善惡)은 착하고 나쁨도 아니고 선과 악도 아니다. 유능한 사람과 무능한 사람이다. 이 점을 명확히 보여주는 내용이 「위정」편에 나온다.

계강자가 물었다.

"어떻게 하면 백성이 윗사람을 공경하고 나라와 군주에 충성을 다하도록 권장할 수 있겠습니까?"

공자가 말했다.

"백성을 대할 때 정령(政令)을 경솔하거나 거만하게 내리지 않으면 공경하게 되고, 스스로 부모에게 효도하고 자식을 사랑하는 모습을 보이면 백성은 나라(군주)에 충성하게 되며, 잘하는 자를 들어 쓰고 능력이 없는 자는 가르친다면[擧善而敎不能] 절로 경충(敬忠)에 힘쓰게 될 것입니다."

여기서 보듯 공자는 선(善)을 불능(不能)과 대비해서 쓰고 있다. 물론 불능(不能)이란 무능(無能)이다. 거선(擧善)은 곧 양선(揚善)이다. 잘하는 사람은 끌어올리고, 문제가 있는 사람은 중요한 자리에 이르지 못하게 하고 대신 가르쳐야 한다는 말이다. 물론 이는 능력이나 재주에 초점을 맞춘 것이고, 다움[德(덕)]에 초점을 맞춰서 하는 이야기도 있다. 같은 「위정」편이다.

노나라 군주 애공(哀公)이 물었다.

"어떻게 하면 백성이 복종하는가?"

공자가 대답했다.

"곧은 사람[直(직)]을 뽑아서 쓰고 나머지 굽은 사람[枉(왕)=曲(곡)]들은 그에 맞는 자리에 두면 백성이 마음에서 우러나 따를 것이고, 그 반대가 되면 백성은 복종하지 않을 것입니다."

「안연」편에는 마치 공자의 이 말에 대한 사례를 제시하는 듯한 이야기가 나온다.

번지(樊遲)가 어질다는 것[仁(인)]이 무엇이냐고 묻자 공자는 "사람을 사랑하는 것[愛人(애인)]"이라고 답한다. 이어 안다는 것[知(지)]은 무엇이냐고 묻자 "사람을 아는 것[知人(지인)]"이라고 말한다. 그런데 번지가 이 말을 미처 이해하지 못하자 공자는 말했다.

"곧은 사람을 들어 쓰고 모든 굽은 사람을 제자리에 두면, 굽은 자로 하여금 곧아지게 할 수 있다."

번지는 공자 앞을 물러 나와 자하(子夏)를 찾아가 물었다.

"지난번에 내가 부자를 뵙고서 안다는 것이 무엇인지 묻자 부자께서는 '곧은 사람을 들어 쓰고 모든 굽은 사람을 제자리에 두면, 굽은 자로 하여금 곧아지게 할 수 있다'라고 하셨다. 무엇을 말함인가?"

자하는 공자의 말뜻을 알아차렸다는 듯이 "풍부하도다! 그 말씀이여!"라고 말한 다음 구체적인 사례를 들어 번지의 궁금증을 풀어준다.

"순(舜)임금이 천하를 소유함에 여러 사람 중에서 선발하여 고요(皐陶)를 들어 쓰시니 어질지 못한 자들이 멀리 사라졌고, 탕(湯)왕이 천하를 소유함에 여러 사람 중에서 선발하여 이윤(伊尹)을 들어 쓰시니 어질지 못한 자들이 멀리 사라졌다."

사람을 볼 줄 아는 순임금과 탕왕이 각각 곧고 뛰어난 인물인 고요와 이윤을 들어 쓰니 나머지 굽은 마음을 가진 신하들이 저절로 떠나갔다는 말이다. 두 사람은 고대 중국의 명재상을 대표하는 인물들이다.

여기서도 '못하는 사람(이나 일)을 누르고 잘하는 사람(이나 일)을 끌어올려'는 이괘에 해당하고, '하늘의 아름다운 명을 고분고분 따른다'라는 건괘에 해당한다.

그래서 하늘과도 같은 이치[天理=天道]에 비춰 인사(人事)를 공명정대하게 할 수도 있고, 일의 이치[事理]나 일의 형세[事勢]를 잘 살펴 늘 삼가며 일을 하는 것[敬事] 자체가 바로 하늘과도 같은 이치를 따르는 길이기도 한 것이다. 천리(天理)는 하늘의 이치가 아니라 여기서처럼 앞으로도 대부분 '하늘과도 같은 이치나 도리[天理=天道]'로 옮길 것이다. 그것이 본래의 뜻이다. 진덕수의 말대로 하늘은 대부분 그저 비유[喩]일 뿐이기 때문이다. 물론 여기서 '하늘의 아름다운 명을 고분고분 따른다' 같은 경우는 그냥 '하늘의'로 하는 것이 마땅하다.

대유괘의 여섯 효[六爻]에 대한 주공의 말을 풀이한 공자의 「소상전」이다.

크게 소유한 초구(初九)는 해로움과 관련이 없다[大有初九 无交害也].

(구이(九二)는) 큰 수레로 (무거운 물건을) 실었다는 것은 가운데 제대로 실어[積中] 무너지지 않는다는 것이다[大車以載 積中不敗也].

(구삼(九三)은) 공(公)이 자신의 부(富)를 써서 천자(天子)를 형통하게 한다는 것은 소인에게는 해롭다는 것이다[公用亨(用享)于天子 小人害也].

(구사(九四)는) 지나치게 성대하지 않으면 허물이 없다는 것은 밝게 판별하는 지혜로움이기 때문이다[匪其彭无咎 明辨晳].

(육오(六五)는) 그 미더움이 서로 교류한다는 것은 신뢰로 뜻을 불러일으키는 것이다. 위엄이 있으면 길하다는 것은 그렇지 않을 경우 아랫사람이 소홀히 해서[易=忽] 대비함이 없을 것이기 때문이다[厥孚交如 信以發志也 威如之吉 易而无備也].

(상구(上九)는) 대유괘의 상(上)이 길한 까닭은 저절로 하늘이 도와주기 때문이다[大有上吉 自天祐也].

◉

대유괘의 맨 아래 첫 양효에 대해 공자는 "크게 소유한 초구(初九)는 해로움과 관련이 없다"라고 풀었다. 많이 모호하다. 주공의 효사에서는 "해로움과 관련이 없으니 아직 허물이 없고, 어렵게 여기면 (앞으로도) 허물이 없다'라고 말했는데 공자는 대유괘의 초구는 해로움과 관련이 없다는 말만 한 셈이기 때문이다.

정이는 "초구는 대유괘의 맨 처음에 자리하고 있어 아직 풍성함에 이르지 못했고 가장 낮은 자리에 처해 있으면서 아무런 호응도 없으니 아직 교만함이나 오만함이 없으므로 해로움과 관련이 없다"라고 했다.

부유함과 원망의 문제는 『논어』 「학이」편에 명확하게 나온다.

> 자공(子貢)이 말했다.
>
> "가난하지만 비굴하게 아첨을 하지 않는 사람과, 부유하지만 교만하지 않는 사람은 어떠합니까?"
>
> 공자가 말했다.
>
> "그것도 좋다. 하나 가난하지만 즐거이 살 줄 아는 사람과, 부유하지만 예를 좋아하는 사람에는 비할 바가 못 된다."

이 대화에는 일반적으로 가난하면 비굴하게 행동하고 부유하면 교만하게 행동한다는 일반적인 행태가 전제로 깔려 있다. 그것은 재물을 많이 소유하든 사람을 많이 갖게 되든 마찬가지다. 그러나 초창기에는 별로 가진 것이 없기에 원망을 살 일이 드무니 허물도 아직 없는 것이다.

이렇게 해서 아직은 허물이 없고 또 나아가 매사를 어렵게 여긴다면 앞으로도 허물이 없을 것이라고 했다. 즉 풍족한 상황일 때 오히려 처신에 있어서 어렵게 여길 줄 안다면[艱=知難] 허물이 생겨날 까닭은 없다. 그것은 인지상정(人之常情)이다. 다른 사람의 질투심을 자극하지 않는 지혜이기 때문이다. 사람은 자기보다 말이 많아도 원망하는 마음을 품게 돼 있다. 『논어』 「공야장」편이다.

> 어떤 이가 말하기를 "염옹(冉雍-중궁(仲弓))은 어질기는 하나 말재주가 없습니다[仁而不佞]"라고 했다.

이에 공자가 말했다.

"말재주 부리는 것을 어디에다 쓰겠는가? 말재주로 남의 말을 막아서 자주 남에게 미움만 받게 될 뿐이다. 그가 어진지는 모르겠으나 말재주 부리는 것을 어디에다 쓰겠는가?"

따라서 공자가 "크게 소유한 초구(初九)는 해로움과 관련이 없다"라고 짧게 풀이한 것은 이런 일의 이치[禮=事理]를 잘 알아서 그 처음부터 조심하고 삼가라[愼始]는 말이다.

대유괘의 밑에서 두 번째 양효에 대해 공자는 "큰 수레로 (무거운 물건을) 실었다는 것은 가운데 제대로 실어[積中] 무너지지 않는다는 것이다"라고 풀었다. 주공의 효사 "큰 수레로 (무거운 물건을) 실었으니 나아가야 할 바가 있어 허물이 없다[大車以載 有攸往 无咎]"에서 뒷부분은 무엇을 행하든 허물이 없이 잘될 것이라는 말이다. 따라서 앞부분의 뜻풀이가 중요하다. 과연 어떻길래 무슨 일을 하든 잘될 수 있다고 말했는지 궁금하다. 공자의 풀이는 바로 이 점을 풀어준다. 적중(積中)은 곧 일의 핵심에 적중(的中)했다는 비유적 표현이다. 이 정도까지 풀고 정이의 풀이를 읽어보면 한결 쉽다.

> 구이는 양강(陽剛)으로 (음의 자리인) 이(二)에 자리하고서 육오의 임금이 의지하고 신임하는 사람이 됐다. 굳세고 튼튼하니 재주가 특출하고[才勝], 부드러운 자리에 있으니 겸손하고 고분고분하며[謙順], 가운데를 얻었으니 지나침이 없다. 그 자질이 이와 같으니 크게 소유하는 임무를 떠맡을 수 있어 (그것은) 마치 큰 수레의 재질이 강건하고 장대하여 무거운 물건을 능히 실을 수 있는 것과 같은 것이다. 무거운 짐을 맡아서 멀리까지 갈 수 있으니[任重行遠], 나아가야 할 바가 있어 허물이 없는 것이다. 크게 소유하여[大有] 풍성한 때 소유하되 극단에 이르지 않았다[有而未極]. 그래서 육이의 재능으로 일을 진행해가기 때문에 허물이 없는 것이니, (만약에) 성대함이 극에 이르게 된다면 더는 일을 진행해갈 수 없다.

여기서도 가다[往]는 곧 행하다[行]와 같은 뜻으로 쓰여 일을 한다[行事]는 의미다. 효사의 "큰 수레로 (무거운 물건을) 실었으니 나아가야 할 바가 있다"를 정이는 '임중행원(任重行遠)'이라고 했다. 이 말은 『논어』「태백」편에 있는 증자의 말을 염두에 둔 표현이다.

선비[士]는 도량이 넓고 뜻이 굳건하지[弘毅] 않으면 안 되니, 맡은 바가 무겁고 가야 할 길이 멀기[任重而道遠] 때문이다. 인(仁)을 자신의 맡은 바로 삼으니 진실로 무겁지 않겠는가? (그 길은) 죽은 뒤에라야 끝나니 진실로 멀지 않겠는가?

이때의 선비는 곧 군자다. 이 무거운 짐을 제대로 떠맡는 것이 군자다. 그것은 단순히 재질이 강하다고 해서 떠맡을 수 있는 것이 아니다. 이 점에서 공자는 참 예리하다. 그렇게 하려면 어떻게 해야 하는지를 "가운데 제대로 실어[積中] 무너지지 않는다"라고 짧은 한마디로 보여주기 때문이다. 중(中)은 물리적인 의미의 중간이나 가운데가 아니라 바로 무게중심을 말한다. 이런 의미의 중(中)이 바로 적중함으로서의 중이다.

『서경』「중훼지고」편[234]에서 (중훼가 탕왕에게) 아뢰었다.

임금다움[德]이 날로 새로워지면 사방 각국이 다 흠모하고 (반대로) 뜻이 자만해지면 구족(九族)이 그 즉시 떠나버릴 것이니, 왕께서는 힘써 큰 다움[大德]을 밝히시어 백성에게 중도(中道=極=標準)를 세우십시오. 의로움[義]을 잣대로 일을 처리하시고 예(禮)로 마음을 다스리셔야 후손들에게 넉넉함[裕]을 드리울 수 있을 것입니다. 제가 들은 바를 말씀드리자면 "능히 스스로 스승을 얻는 자는 왕(王)이 되고, 다른 사람들이 자기보다 못하다고 깔보는 자는 망한다"라고 했고 옛말에도 "묻기를 좋아하면 여유가 있고 자기의 지혜만 고집하면 작아진다"라고 했습니다.

이를 진덕수는 『대학연의』에서 이렇게 풀어냈다.

이는 중훼(仲虺)가 탕왕으로 하여금 사양할 줄 아는 마음[辭]을 갖도록 하는 데 힘을 쓴 것입니다. 즉 사양지심(辭讓之心)이 몸에 배도록 하여 마음이 그 공효(功效)를 나타낼 수 있도록 한 것입니다.

몸에 (임금)다움[德]을 닦아 배도록 하는 것을 날로 새로워지게 하고 그치지 않는다면 사

234 중훼는 탕왕을 돕던 재상으로, 이를 지어 성탕(탕왕)에게 올렸다.

방 각국이 다 흠모하게 됩니다. 이른바 도와주는 사람이 많은 경우에 (워낙 따르려는 자들이 많기 때문에) 그 으뜸은 천하가 순종하는 것이라 했습니다. 마음이 가는 데[心之所存=志]가 교만으로 넘치고 자만하면 구족이 그 즉시 떠나버린다고 했습니다. (반면) 이른바 도와주는 사람이 적어질 경우에는 친척마저 배반한다고 했습니다. 날로 새로워지려고 하루하루 앞으로 나아간다는 것은 요순(堯舜)도 늘 삼가며 이룩했던 일입니다. 스스로 만족하면 하루하루 태만해져서 후세의 임금들은 제대로 일을 끝맺지 못하게 된다고 했습니다. 다스림[治=治世]과 어지러움[亂=亂世]이 나뉘는 것도 결국은 여기서 비롯될 뿐입니다. '힘써 큰 다움을 밝힌다[懋昭大德=明明德]'는 것은 곧 그 다움을 나날이 새롭게[日新] 한다는 뜻입니다. 무(懋)라는 말은 늘 힘쓰려고 한다는 뜻이고, 소(昭)라는 것은 늘 밝히려고 한다는 뜻입니다. 이런 것들이 이미 갖춰져 있는 마음은 어느 때고 힘쓰지 않음이 없으니 그 다움도 늘 밝게 밝혀지지 않음이 없습니다. 따라서 무(懋) 한 자 속에 '힘써 큰 다움을 밝힌다[懋昭大德]'는 뜻이 다 들어가 있는 셈입니다. 『대학』에서 탕왕의 반명(盤銘-목욕통에 새긴 글)을 인용한 것이 바로 그것입니다. '힘써 큰 다움을 밝힌다[懋昭大德]'는 말은 곧 몸을 닦는 수신(修身)을 뜻하는 것으로, 『대학』에서 말하는 '밝은 다움을 밝힌다[明明德]'가 바로 그 뜻입니다.

'백성에게 중도를 세운다[建中于民]'라는 것은 수신하는 몸을 보여줌으로써 사람들을 이끈다는 것으로 『대학』에서 말하는 '백성을 새롭게 한다[新民]'가 바로 그 뜻입니다. 적중함[中]이라는 것은 백성의 본성의 근본입니다. 따라서 거기서 시작해야만 사물이나 일[物]에 변화가 일어날 수 있습니다. 고로 (백성이) 바름[正=中道]을 잃을 경우에 성인이나 성군은 자기 한 몸을 통해 백성을 위한 표준[極]을 세움으로써 백성이 그것을 바로보며 따르게 만드니, 모든 것은 결국 중(中)[235]으로 돌아가게 됩니다. 이것이 이른바 '백성에게 중도를 세운다[建中于民]'의 본뜻입니다.

그러나 그것을 세우는 도리에는 나름대로 차이[它]가 있습니다. '의로움이나 마땅함을 잣대로 일을 처리하다[以義制事]'와 '예로 마음을 다스리다[以禮制心]'가 바로 그것입니다. 무릇 세상일[事]에는 만 가지 단서[端]가 있습니다. 이를 다 헤아려 처리하는 것은 쉽지 않으

235 가운데 중(中)이 아니라 목표나 표적에 적중한다고 할 때의 중이다.

> 니, 오직 당연한 이치를 법도[揆]로 삼아야만 그 조치들이 적당하여 단 하나의 일도 중도에서 벗어나지 않게 되는 것입니다. 마찬가지로 사람 마음에는 만 가지 걱정[慮]이 있습니다. 그때마다 그 걱정들을 다 바로잡는다는 것은 쉽지 않으니, 오직 내면을 경건함[敬]이 지배토록 하여 보고 듣고 말하고 행동하는 것이 감히 경솔하거나 방자하지 않게 돼야만 그 두루 마음 쓰는 바[周旋]가 예와 맞아떨어져 단 하나의 생각도 중도에서 벗어나지 않게 될 것입니다.
>
> 임금의 중도는 다름 아닌 백성의 중도가 생겨나는 원천입니다. 무릇 임금[王]이란 후세가 본받는[法] 모범이 됩니다. 의로움[義]과 예(禮)가 바로 그것입니다. 이런 도리[道]가 몸에 갖춰져서 더는 아무런 흠이나 허물이 없는 경지에 이르게 되면 후대에 모범이 되고도 남음이 있습니다. 다만 그렇더라도 자신의 선함을 너무 자랑해서는 안 될 것입니다. 사람의 선함이란 무릇 자질[資]에 의해 흥할 수도 있고, 그 반대로 갈 경우 사람을 망치는 첩경이 될 수도 있습니다.
>
> 깨끗한 마음[虛心]으로 묻기를 좋아한다면 그것은 천하의 좋음[善]이니 모두 다 나에게로 귀착됩니다. 이 어찌 넉넉하다 하지 않겠습니까? (반면에) 자신이 모든 것을 다 할 수 있다고 자만한다면 그것은 자기 혼자만의 좋음[善]이니, 그런 좋음이 설사 몇 개가 된다 한들 그 어찌 작다고 하지 않겠습니까? 성탕(成湯=탕왕)은 성인(聖人)입니다. 그런데도 중훼는 (여기서 만족하지 않고 다시) 배움을 통해 탕왕을 성인으로 인도하려고 힘썼습니다. 정녕코 그 절절함이 이와 같았으니, 후대의 임금들이 어찌 그 말을 깊이깊이 음미하지 않을 수 있겠습니까?

공자가 말한 적중(積中)의 무게감을 충분히 느낄 수 있었을 것이다.

대유괘의 밑에서 세 번째 양효에 대해 공자는 "공(公)이 자신의 부(富)를 써서 천자(天子)를 형통하게 하는 것은 소인에게는 해롭다는 것이다"라고 풀었다. 구삼을 공(公)으로 풀었다. 하괘의 가장 위에 있으니 중국 제도상으로 보자면 오(五)는 천자, 사(四)는 천자국의 재상, 삼(三)은 봉국의 제후나 왕이다. 그러나 이들은 자신의 존귀함과 부를 '천자의 덕분'으로 알아야지 자신의 것으로 삼아서는 안 된다. 그런데 소인은 그렇게 하지를 못 한다. 내용은 간단하다.

여기에 딱 해당하는 인물이 있다. 한나라 문제(文帝) 때 회남왕 유장이 바로 그런 경우다. 반고의 『한서』에서 관련 부분을 발췌했다.

한나라 효문제가 즉위한 초에[236] 회남왕(淮南王) 유장(劉長)[237]은 스스로 황제와 가장 가깝다며[238] 교만을 부리고 전횡하여 여러 차례 법을 받들지 않았지만, 천자는 너그럽게 용서해주었다. 이때 천자를 조현(朝見)하고서 천자를 따라 원유(苑囿)에 들어가 사냥을 하는데, 천자와 함께 수레를 타면서 늘 천자를 대형(大兄)이라고 불렀다. 그리고 자기 나라로 돌아가서는 더욱 방자해져서 한나라 법을 쓰지 않았다.

전6년(BC 174)에 모반이 발각돼 처음으로 사신을 보내 유장을 소환했는데, 그가 장안에 이르자 (승상) 장창(張蒼) 등이 주문(奏文)을 올려 불궤(不軌-역모나 반란)를 범했으니 그 죄는 기시(棄市)에 해당한다면 법대로 처분할 것을 청했다.

이에 천자는 (조(詔)보다 등급이 높은) 제(制)[239]를 발하여 말했다.

"회남왕을 차마 법대로 처분할 수 없으니 열후(列侯)와 2000석 관리들[240]이 의논해보라."

이에 열후와 2000석 관리들이 의논한 결과 모두 다 "마땅히 법대로 해야 한다"라고 의견을 모았다. 제를 발하여 말했다.

"유장의 죽을죄를 사면하되 폐하여 왕위에서 내쫓도록 하라."

유사에서는 촉(蜀)의 엄도(嚴道)에 있는 공우(邛郵)로 유배 보낼 것을 청했고, 이에 역모에 가담했던 자들을 빠짐없이 주살하고 유장은 치거(輜車-수레)에 실어 여러 현으로 하여금 차례로 그를 이송토록 했다. 얼마 후 원앙(袁盎)이 간언을 올렸다.

"상께서는 평소 회남왕을 교만하게 내버려두고 곁에 엄한 승상과 사부를 두지 않아서 그 때문에 이 지경에 이르게 됐습니다. 또 회남왕은 사람됨이 강한데 지금에 와서 갑자기 그를 꺾어버리면 신은 그가 안개와 이슬을 만나 길에서 죽을까 두려우니, 폐하께서 아우를 죽였다는 이름을 얻게 되면 어떻게 되겠습니까?"

---

236 문제 전3년으로 기원전 177년이다.

237 고조 유방의 아들이자 효문제의 동생이다.

238 당시 유방의 아들은 문제와 회남왕 둘뿐이었다.

239 진나라 때 명(命)은 제(制)로 높였고 령(令)은 조(詔)로 높였다.

240 제후 이하 중앙에서 임명하는 내외 조정 관리들을 말한다.

천자가 말했다.

"나는 다만 그를 좀 고생시키고자 할 뿐이고 이제 그를 회복시켜주려 한다."

한편, 이때 유장은 그를 모시는 자들에게 말했다.

"내가 교만하여 허물을 막지 못하다가 이렇게 됐구나!"

그러고는 음식을 먹지 않다가 곧 죽었다. 현들에서 이송하는 자들은 감히 치거를 둘러친 포장을 걷지 못했는데, 옹(雍)에 이르러서야 옹현의 현령이 포장을 걷어보니 그 안에 죽어 있었다. (이 소식을 들은) 천자는 슬프게 곡한 다음 원앙에게 말했다.

"내가 공의 말을 듣지 않아 끝내 회남왕을 죽게 했소."

원앙이 말했다.

"폐하께서는 (죽이려 했던 것이 아니라) 고생을 하게 하여 그의 과오를 고치려 했을 뿐입니다. 그런데 유사가 숙위를 게을리하여 병으로 죽게 된 것입니다."

천자가 이내 표정이 나아지며 말했다.

"장차 어떻게 하면 되겠소?"

원앙이 말했다.

"승상과 어사를 참하여 천하에 용서를 비는 것이 좋을 것입니다."

천자는 즉각 승상과 어사에게 명을 내려 여러 현에서 회남왕을 이송하면서 수레의 포장을 열어 음식을 제공하지 않은 자들을 모두 잡아들여 기시하게 하고, 회남왕을 (복위시켜) 열후(列侯)로써 옹에 장사를 지내고 무덤을 지키는 30호를 두었다. 그 후 유장의 아들 4명을 후(侯)로 봉했다. 백성은 이런 노래를 지어 불렀다고 한다.

"베 한 척이라도 꿰매 입을 수 있고 / 곡식 한 말이라도 찧어 나눌 수 있건만 / 형제 두 사람은 서로를 용납하지 못했네."

천자가 이를 전해 듣고는 한탄하듯 말했다.

"요순 두 임금도 골육을 내쫓았고 주공은 동생 관숙과 채숙을 죽였음에도 천하는 그들을 성인이라 부르는데, 이는 사사로운 이유로 공(公)을 해친 것이 아니기 때문이다. 그런데 천하는 어찌 내가 회남왕의 땅을 탐냈다고 하는가?"

그러고는 즉시 죽은 회남왕에게 여왕(厲王)이라는 시호를 추존했고 능원을 조성해 제후의 위엄을 갖추도록 했다. 전16년(BC 164) 천자는 회남왕이 한나라 법을 폐하고 불궤를 저지르다가 나라를 잃고 일찍 세상을 떠난 것을 가슴 아파하여 그의 세 아들을 회남의 옛 땅에

(땅을 삼등분하여) 왕으로 세워주었다.

이에 대한 진덕수의 풀이다.

회남왕 유장이 죽게 된 것은 문제(文帝)의 본뜻은 아니었습니다. 애당초 승상과 어사가 주문을 올려 법대로 그 죄를 다스릴 것을 청했고 다시 열후와 2000석 관리들이 의논하여 또한 법대로 논죄할 것을 청하자 비로소 (사형을 위해) 잡아들이지는 않고 다만 왕을 폐하여 촉으로 유배를 보냈으니, 천자의 본래 생각이 (회남왕이) 스스로 고치기를 바랐던 것이지 어찌 그를 죽이려는 데 뜻이 있었겠습니까?
회남왕이 죽었다는 소식이 전해지자 천자는 깊이 슬퍼하고 애도하여 즉시 수레의 포장을 열어 제대로 회남왕을 모시지 않았던 관리들을 주살했고, 그를 예로써 장사지내고 무덤을 지키는 30호를 설치했으며, 그의 아들들을 후(侯)로 봉해주었습니다. 그 후에 백성의 베와 곡식의 노래를 들었을 때 천하에 부끄러움이 없다는 것을 스스로 알고 있으면서도 천자는 그러나 오히려 (죽은 회남왕을 위해) 능원을 조성해 제후의 위엄을 갖추도록 했으니, 이로써 본다면 효문제는 친족을 내 몸같이 여기는 마땅한 도리[誼(의)]를 얻었다고 할 수 있을 것입니다.
그렇지만 황제가 회남왕을 (살아 있을 때) 대한 것을 보자면 허물이 없었다고 할 수는 없습니다. 『주역』에서 말하기를 "송아지[童牛(동우)]에 (뿔이 잘 자랄 수 있도록) 가로지르는 막대[牿(곡)]를 댔으니 으뜸으로 길하다"[241]라고 했습니다. 이는 곧 소가 아직 어릴 때는 제대로 뿔로 들이받지 못하기 때문에 그때 그것을 (막대로) 제어하면 힘들이지 않고 쉽게 뿔을 바로잡을 수 있다는 뜻입니다. 바야흐로 유장(劉長)이 열후를 제멋대로 죽였을 때[242] 이미 그의 성정이 거칠고 사나워 제어하기 힘들었습니다. 황제가 이때에라도 마땅히 관리를 그의 나라에 보내 통치하게 하고 유장은 장안에 남도록 하여 뛰어난 유학자 중에서도 경술에 능통하고 행실이 바른 자를 골라 아침저녁으로 보필케 하면서 선왕의 도리를 담은 책들을 통해 인도하고 황실의 엄정한 법도를 익히게 했어야 합니다. 그래서 다행히 깨닫는 바가 있다면 그 나

---

241 산천대축괘(山天大畜卦)의 육사효(六四爻-아래에서 네 번째 음효)에 대한 풀이다.

242 문제 전3년 조현하러 도성에 들어왔다가 벽양후(辟陽侯) 심이기(審食其)를 철퇴로 쳐서 죽였다.

라를 다스리게 하고, 만일 그렇지 못할 경우 혹 더 작은 나라를 맡기거나 혹 통후(通侯-통치는 못 하고 봉록만 받는 후)로 강등시켰다면 유장은 반드시 후회하여 깨달았을 것이고 생각이 바르게 돌아왔을 것입니다.

그런데 황제는 그때 사면하여 벌하지 않았고 선왕의 도리 또한 베풀지 않은 채 자기 나라로 돌아가게 해주었으니, 이에 유장은 더 교만해지고 제멋대로 행동하게 됐던 것입니다. 따라서 이는 (사실상 황제가) 유장을 악(惡)에 빠트린 것이나 다름없습니다. 그 후에도 가생(賈生-賈誼)의 간언을 따르지 않고 왕의 자식들(황제의 조카들)이 사치를 부릴 때도 그냥 내버려두었습니다.

전체적으로 보면 유장은 죄가 없지 않은 상태에서 죽었으니 황제는 그에 대해 진실로 연민의 정은 갖되 (그에게 억울하게 희생된) 벽양후의 아들도 제사를 모실 수 있게 했어야 합니다.[243] 그러면서도 회남의 땅을 나누어 유장의 세 아들에게 나누어주었습니다.[244]

이것이 바로 가의(賈誼)가 말한바 원수를 제멋대로 죽임으로써 한(漢)나라를 위험에 빠트린 것이니, 결국 뒤에 가서 회남왕과 형산왕의 재앙으로까지 이어지게 된 것입니다. 이는 중도(中道)를 잃어도 크게 잃은 것입니다. 특히 순임금이 (동생인) 상(象)을 대한 것을 보면 어짊과 의리[仁義 인의] 모두 지극했으니 어떻게 됐습니까?

신은 그래서 말씀 올립니다. 후세에 불행하게도 친척의 변란을 맞게 되는 자가 있다면 오로지 위대한 순임금을 모범으로 삼아 대처해야 할 것입니다.

그래서 공자는 효사에서 한 걸음 더 나아가 명확하게 '소인에게는 해롭다'라고 말한 것이다. 크게 소유하는 것이 겸손을 아는 군자에게는 허물이 안 되지만 소인에게는 큰 해로움을 가져다주는 화태(禍胎)가 되는 것이다.

대유괘의 밑에서 네 번째 양효에 대해 공자는 "지나치게 성대하지 않으면 허물이 없다는 것은 밝게 판별하는 지혜로움이기 때문이다"라고 풀었다. 고스란히 주공의 효사에 대한 풀이다. 이번에는 겸손보다는 '밝게 판별하는 지혜[明辨晳 명변석]'에 초점을 두었다.

---

243 한나라의 열후는 그 조세만 받아먹을 뿐 난을 일으킬 수 있는 아무런 힘도 갖고 있지 않았다.

244 왕은 열후와 달리 독자적으로 큰 땅과 백성을 거느리기 때문에 그 권세는 난을 일으킬 수 있다.

구사는 임금과 가까운 자리이니 지나치게 성대할 경우 임금의 견제를 받아 쉽게 흉함이나 허물에 빠진다. 따라서 일의 이치를 밝게 판별하는 지혜를 가진 사람이라면 마땅히 '성대하면 허물을 짓는다'라는 이치를 잘 알게 마련이다. 그러니 그에 앞서 지나치게 성대해지지 않으려고 스스로 자제하고 덜어내려는 노력을 해서, 아예 처음부터 가득 차서 극에 이르는 위험[盈極]에 자신을 노출시키지 않는다.
영극

이런 지혜를 우리는 조선 시대 명종(明宗) 때의 정승 상진(尙震, 1493~1564)에게서 읽어낼 수 있다.

중종과 명종 때면 적어도 사대부들 사이에는 성리학이 극성기를 이루던 때였다. 목천 상씨(尙氏)라는 성(姓)에서 알 수 있듯 상진은 아버지가 종6품 찰방이었던 한미한 집안 출신이었다. 기묘사화가 터지기 전 사마시에 급제해 성균관에서 공부할 때 동료들이 유난히 선비 정신 운운하며 위선을 부리자 상진은 오히려 그것을 못마땅하게 여겨 몽니를 부린 듯하다. 『실록』이 전하는 그의 모습이다.

"상진은 성균관에서 공부할 때 일부러 관(冠)을 쓰지 않고 다리도 뻗고 앉아서 동료들을 조롱하고 업신여겼다."

얼마 후에 문과에 급제해 당대의 명재상 정광필(鄭光弼)을 찾아가 인사를 하자 지인지감(知人之鑑)이 뛰어났던 정광필은 그를 보고서 주변 사람들에게 "게으른 정승감이 나왔다"라고 극찬을 했다고 한다.

그렇다고 그가 다른 사람을 무시하는 안하무인(眼下無人)의 성품의 소유자는 아니었다. 이수광은 『지봉유설』에서 "정승 상진은 인품과 도량이 넓고 커서 일찍이 남의 장단점을 말하는 일이 없었다"라고 적고 있다. 『대동기문』이라는 야사에 전하는 그의 일화도 이수광의 평과 일맥상통한다.

"어떤 사람이 다리 하나가 짧아서 절뚝거렸는데 사람들은 혹 그를 가리켜 절름발이라고 했다. 그러나 공은 말했다. '짧은 다리는 딴 사람과 같으나 한 다리가 길다고 하라.' 평생에 남의 단처(短處)를 말하지 않는 것이 이와 같았다."

이는 『예기(禮記)』「곡례(曲禮)」편에서 "무릇 예란 자기를 낮추고 다른 사람을 높이는 것[自卑而尊人]"라고 말한 뒤에 덧붙인 보충 설명과도 맥을 같이한다. "비록 등짐을 짊어진 천
자비 이 존인
한 자라도 반드시 높이 보아줘야 할 점이 있는데 하물며 부와 귀를 겸한 사람임에랴!"

그렇기 때문에 공자는 『논어』 「학이(學而)」편에서 자공(子貢)이 "가난하지만 비굴하게 아첨(諂)을 하지 않는 것(사람)과 부유하지만 교만하지 않는 것(사람)은 어떠합니까?"라고 묻자 이렇게 말했던 것이다. "그것도 좋다. 하나 가난하지만 도리를 즐기며 살 줄 아는 사람과, 부유하지만 예를 좋아하는 사람에는 비할 바가 못 된다."

상진은 예, 즉 사리를 아는 사람이었기에 위태로움에 빠지지 않았다. 그렇다고 한 몸이나 지키려는 보신주의자는 아니었다. 오히려 겸손하되 당당한 현실주의자였다고 봐야 한다. 두루 요직을 거친 상진은 이조·병조판서를 거쳐 명종 6년에 마침내 좌의정에 올랐다. 우리에게는 「면앙정가」로 유명한 사림 계열의 벗 송순(宋純)이 윤원형 세력과 맞서다 힘든 세월을 보내고 있을 때였다. 상진이 송순에게 물었다.

"자네는 어찌 이리 침체되고 불우한가?"

이에 송순은 "내가 자네처럼 목을 움츠리고 바른말을 하지 않았다면 벌써 정승의 지위를 얻었을 것이네!" 이에 상진이 웃으며 말했다.

"자네가 바른말을 하지 않는 나를 비난하는 것은 참으로 옳네. 그러나 불평스러운 말을 많이 하다가 이리저리 귀양 다니는 것은 무슨 재민가?"

상진은 누가 뭐래도 사리로서의 예(禮)를 아는 사람이었다.

한편 유방이 한나라를 건국하는 과정에서 절대적 공로를 세운 사람은 소하와 장량이다. 그런데 두 사람이 대유괘 구사의 처지에서 보여준 처신에 미묘한 차이가 있다. 이 점 또한 유념해야 한다.

소하(蕭何)는 유방과 마찬가지로 패(沛) 사람이다. 법조문을 갖고서 다른 사람을 해치지 않았기 때문에 패현의 주리(主吏)의 연(掾)[245]이 됐다. 고조(高祖-유방)가 벼슬하지 않았던 [布衣(포의)] 시절에 여러 차례 직무상의 일로 고조를 지켜주었다. 고조가 정장(亭長)이 됐을 때도 늘 그를 도왔다. 『한서(漢書)』 「소하전(蕭何傳)」편에 나오는 그의 모습 중 하나다.

"고조가 봉기해 패공(沛公)이 되자 하는 일찍이 그의 승(丞)이 돼 제반 일을 감독했다. 패공

245 주리는 군(郡) 소속 관리이고, 연은 하급 관리다.

이 함양(咸陽)에 이르렀을 때 여러 장수는 다투어 금과 비단과 재물이 있는 창고[府]로 달려가 그것들을 나누어 가졌지만, 하만이 먼저 (궁궐에) 들어가 진나라 승상부와 어사부의 율령과 도서들을 거두어 감추었다. 패공이 천하의 험준한 요새, 인구의 많고 적음, 지역의 강점과 약점, 백성이 힘들어하고 고통 받는 바 등을 다 갖추어 알게 된 것은 하가 진나라의 도서들을 얻었기 때문이다."

우여곡절 끝에 고조는 초나라 항우를 꺾고 천하를 통일하며 한나라를 세웠다. 이제 남은 것은 논공행상(論功行賞)이다. 유방은 소하의 공로가 가장 성대하다고 여겨 가장 먼저 봉하여 찬후(酇侯)로 삼았고 식읍은 8000호였다. 당시 전장을 누볐던 장수들은 후방에서 편안하게 지낸 소하가 일등 공신이 될 수 없다 반대하자 유방은 이렇게 말했다.

"무릇 사냥할 때 사냥감을 쫓아가서 죽이는 것은 사냥개이지만 사냥개를 풀어 짐승이 있는 곳을 가리키는 것은 사람이다. 지금 그대들은 그저 짐승을 뒤쫓아 가서 잡았을 뿐이니 사냥개의 공을 세운 것이다. 그러나 소하는 사냥개를 풀어 사냥감이 있는 곳을 가리켰으니 사람의 공을 세운 것이다. 또 그대들은 혼자의 몸으로 나를 따랐거나 많아야 두세 사람이었지만, 소하는 집안의 수십 명을 내게 딸려 보냈으니 그 공로를 잊어서는 안 되는 것이다."

눈여겨볼 대목은 유방의 마지막 말이다. 시간을 2년여 거슬러 올라가야 한다. 아직 항우와의 싸움이 한창일 때의 일이다. 유방은 경현(京縣)과 삭성(索城) 땅 사이에서 항우와 서로 대치하고 있을 때 여러 차례 사자를 보내 후방에 있던 승상 소하의 노고를 위로해주었다. 이때 포생(鮑生)이라는 한 식견 있는 선비가 소하에게 조언했다.

"지금 왕께서 햇볕에 그을리고 벌판에서 이슬을 맞고 지내면서도 여러 차례 사자를 보내 당신을 위로하는 것은 당신의 마음을 의심하고 있기 때문입니다. 당신을 위해 계책을 생각해보니 당신의 자손과 형제 중에서 싸울 수 있는 자들은 모두 뽑아 상이 있는 군영으로 보내는 것이 낫습니다. 그러면 상은 당신을 더욱 신임할 것입니다."

포생의 말을 듣지 않았다면 소하는 일등 공신에 오르지 못했을지 모른다. 그런데도 유방은 소하에 대한 의심을 거두지 않았다. 한나라가 세워진 후에 한신(韓信)이 관중에서 반란을 모의했다. 한신은 소하가 유방에게 천거했던 인물이기도 하다. 당시 유방은 진희(陳豨)의 반란을 제압하기 위해 도성을 떠나 있었기 때문에 부인 여후(呂后)가 소하의 계책을 써서 한신을 주살했다. 유방은 한신이 주살됐다는 소식을 듣고서 사자를 보내 (하를) 승상에 제배해 상국으로 삼고 5000호를 더 봉해주었으며 병졸 500명과 1명의 도위를 보내 상국의 호위병으로 삼았다. 이때 여러 제후가 다 축하했는데 소평(召平)이라는 사람만이 홀로 소하에게 걱정을 털어놓았다.

"재앙은 이로부터 시작될 것입니다. 상은 밖에서 햇볕에 노출돼 이슬을 맞았는데 그대는 안에서 궁궐을 지키면서 화살이나 돌을 맞는 어려움을 겪지 않았는데도 봉읍은 더해지고 호위 부대까지 두게 됐으니, 지금 회음후가 안에서 막 반란을 일으킨 점을 볼 때 그대의 마음을 (상이) 의심하는 것입니다. 무릇 호위 부대를 두어 그대를 호위하는 것은 그대를 총애하는 것이 아닙니다. 바라건대 그대는 봉읍을 사양하여 결코 받지 마시고 그대의 재산을 모두 내어 군대에 내놓으십시오."

즉 소하가 혹시라도 변란을 일으킬까 두려워 유방은 그에게 호위 부대를 붙여주었다는 말이다. 그 즉시 소평의 말을 따랐고 이에 유방은 의심을 거뒀다.

장량(張良)은 자(字)가 자방(子房)이고 선조는 한(韓)나라 사람이다. 한나라가 망했을 때 량의 집에는 노비가 300명이었는데, 동생이 죽었을 때 장례도 치르지 않고 집안의 재산을 털어 진왕(秦王-진시황)을 찌를 자객을 구해서 한나라의 원수를 갚으려 했다. 그 과정에서 우연히 유방을 만났다. 그의 유방에 대한 첫인상이다. "패공은 거의[殆=近] 하늘이 내리신 분이다." 그래서 드디어 패공을 따르며 곁을 떠나지 않았다. 병법에 밝았던 장량은 고비마다 결정적인 조언을 통해 마침내 유방이 천하를 통일할 수 있게 해주었다. 당연히 장량도 소하와 더불어 일등 공신의 자리에 이름을 올렸다. 그런데 처신이 장량과 달랐다.

공신을 정하면서 유방이 말했다. "장막 안에서 계책을 부려 1000리 밖 승부를 결정지은 것은 자방의 공로다. 스스로 제나라 3만 호를 고르라!"

이에 장량이 말했다. "처음에 신이 하비(下邳)에서 일어나 상과 유(留-현)에서 만났는데 이는 하늘이 신을 폐하께 주신 것입니다. 폐하께서 신의 계책을 쓰셨고 다행히 때에 들어맞았습니다[時中]. 신은 바라건대 유(留)에 봉해지는 것으로 만족합니다. 감히 3만 호는 맡을 수가 없습니다."

이에 장량을 유후(留侯)에 봉했다. 소하를 상국(相國)에 천거한 장본인도 장량이었다.

결국 소안(所安)에 있어 장량은 소하를 훨씬 앞질렀다. 그렇기에 「장량전(張良傳)」에는 유방이 장량을 의심했다는 일화가 전혀 나오지 않는다. 그러나 소안(所安)에서는 뒤졌던 소하도 귀 밝음[聰]이 있었기에 주변의 좋은 조언을 즉각 받아들여 천수와 명예를 함께 누릴 수 있었다.

대유괘의 밑에서 다섯 번째 음효에 대해 공자는 “그 미더움이 서로 교류한다는 것은 신뢰로 뜻을 불러일으키는 것이다. 위엄이 있으면 길하다는 것은 그렇지 않을 경우 아랫사람이 소홀히 해서[易=忽(이 홀)] 대비함이 없을 것이기 때문이다”라고 아주 상세하게 풀었다. 내용은 공자의 말 그대로다. 구오는 임금의 자리다. 임금이 먼저 신뢰를 주어 신하들에게 뜻을 불러일으킬 때 상하 간에 미더움이 교류하게 되는 것이고, 임금이 먼저 위엄을 갖춰야만 아랫사람들이 함부로 오만에 빠져들지 않는다. 공자는 『논어』「위령공」편에서 위엄[威=莊(위 장)]의 중요성을 다음과 같이 말한다.

앎이 도리에 미치더라도 어짊이 그것을 뒷받침해줄 수 없다면 설사 도리를 (순간적으로는) 얻었다 하더라도 결국 자기 것이 되지 못하고 반드시 잃게 된다. 앎이 거기에 미치고 어짊이 그것을 지킬 수 있다 하더라도 장엄으로써 백성에게 임하지 않으면 백성이 공경하지 않는다. 앎이 거기에 미치고 어짊이 그것을 지킬 수 있고 장엄함으로써 백성에게 임할 수 있더라도 백성을 예(禮)로써 분발시키지 않는다면 그것을 좋다고 할 수 없다.

도리를 배우고 어진 마음을 갖춘다 해도 반드시 장엄함으로 백성과 신하들에게 임해야 하며, 끝으로 백성을 분발시킬 때는 예(禮), 즉 일의 이치[事理(사리)]로써 해야지 지위나 힘으로 누르려 해서는 안 된다는 말이다. 이 구절의 의미를 정확히 이해했던 것으로 보이는 조선의 군주 영조는 『영조실록』 12년(1736) 11월 22일 경연에서 이 구절을 읽고 나서 당쟁(黨爭)을 해결할 수 없는 자신의 심경을 이렇게 토로했다.

내가 이 괘(卦)에서 느끼는 점이 있다. 사람이 어찌 자신을 모르겠는가? 나는 지성으로 아랫사람을 대하고 있으므로 서로 미덥게 하는 도리에 있어서 스스로 부끄러울 것이 없고, 부족한 것은 위엄을 견지하는 기상이라고 생각하고 있다. 그러므로 기강이 날로 퇴폐해지고 있으므로 비록 성심을 다하여 감화되는 바가 있기를 기대했으나, 여러 신하는 당습(黨習)에 얽매여 뜻을 거스르며 받아들이기를 어렵게 여기고 있다. 나는 매양 ‘망(忘)’ 자로 스스로 면려하고 있고 여러 신하에게도 면려하고 있는데, 여러 신하는 이런 당습(黨習)을 버리려고 하지 않고 있다. 진실로 갑자기 버리기는 쉽지 않겠지만, 이런 마음을 오래도록 지키게 된다면 효험이 있을 것이다. 그러나 후손에 이르러서야 가능할 것이요 나의 몸에서는 보기가 어려울 것 같다.

어찌 보면 무수리 출신 후궁의 자식이라는 자신의 한계를 인정하는 듯해 안쓰러움마저 느껴진다.

대유괘의 맨 위에 있는 여섯 번째 양효에 대해 공자는 "대유괘의 상(上)이 길한 까닭은 저절로 하늘이 도와주기 때문이다"라고 풀었다. 상구는 자리의 끝에 있어 존귀하지만, 실권은 없는 자리다. 그래서 사람을 소유할 수 없다. 대신 이괘(離卦)의 맨 위에 있으니 눈 밝음[明]이 지극한 자다. 아래의 육오와는 음양으로 유비(有比)이니 관계가 나쁘지 않다. 그러니 효사에서는 '길하여 이롭지 않음이 없다'라고 했고 공자는 그 이유가 '저절로 하늘이 도와주기 때문'이라고 풀었다.

「계사전」 상의 마지막 장인 12장이다.

> 역(易)에 이르기를 "하늘에서 이를 도우니 길하고 이롭지 않음[不利]이 없다"라고 했다. 공자가 말하기를 "하늘이 도와주는 것은 고분고분한 것[順]이고 사람이 도와주는 것은 믿을 만한 것[信]이니, 믿음을 행하여 고분고분함을 생각하고[履信思乎順] 나아가 그것으로 뛰어난 이를 높인다[尙賢]. 이 때문에 하늘에서 이를 도우니 길하고 이롭지 않음이 없는 것이다"라고 했다.

역(易)에서 했다는 말은 대유괘(䷍)의 맨 위에 있는 붙은 효[上九]에 대한 풀이[爻辭]다. 그런데 이 말과 그에 대한 공자의 풀이를 유심히 비교해볼 필요가 있다. 공자는 하늘에서 돕는다는 말은 사람이 스스로 최선을 다할 때 하늘이 도와주는 것이라고 풀이한다. 즉 실제로 무슨 하늘이 돕는 것이 아니라 사람이 일에 정성을 다해 믿음을 얻어내고 또한 늘 삼가고 겸손한 태도로 뛰어난 이를 뽑아 쓸 때 일이 성공을 이루게 된다는 말이다. 이는 천리(天理)나 천도(天道)에서의 하늘을 진짜 하늘이 아니라 비유라고 보았던 진덕수의 생각과도 통한다. 즉 하늘의 이치, 하늘의 도리가 아니라 하늘과도 같은 명명백백한 이치나 도리라는 말이다. 이 점은 구체적으로 천체로서의 하늘을 지칭할 때를 제외하고는 일관되게 유지돼야 할 것이다.

## 15. 지산겸(地山謙)[246]

겸(謙)은 형통하니 군자가 잘 끝마침이 있다.

謙 亨 君子有終.[247]

초륙(初六)은 겸손하고 또 겸손한 군자이니 (그런 맘으로) 큰 강을 건너도 길하다[謙謙君子 用涉大川 吉].

육이(六二)는 울어대는 겸손[鳴謙]이니 반듯하고 길하다[鳴謙 貞吉].

구삼(九三)은 공로가 있는데도 겸손함[勞謙]이니 군자가 잘 끝마침이 있어 길하다[勞謙 君子有終 吉].

육사(六四)는 두루 겸손을 베푸니[撝謙] 이롭지 않음이 없다[无不利 撝謙].

육오(六五)는 부유하지 않은데도 이웃을 얻으니 남을 침략하는 것이 이롭고 (또) 이롭지 않음이 없다[不富以其隣 利用侵伐 无不利].

상륙(上六)은 울어대는 겸손[鳴謙]이니 군대를 출동시켜 읍국(邑國)을 정벌하는 것이 이롭다[鳴謙 利用行師 征邑國].

◉

겸괘(謙卦)의 초륙(初六)은 양위에 음효로 바르지 못함[不正位], 육이(六二)는 음위에 음효로 바름[正位], 구삼(九三)은 양위에 양효로 바름, 육사(六四)는 음위에 음효로 바름, 육오(六五)는 양위에 음효로 바르지 못함, 상륙은 음위에 음효로 바름이다. 이 괘의 경우 육이는 중정(中正)을 얻었으나 육오는 중정을 얻지 못했다.

대성괘 겸괘(䷎)는 소성괘 곤괘(☷)와 간괘(☶)가 위아래에 있어 만들어진 괘다. 「설

246 문자로는 곤상간하(坤上艮下)라고 한다.

247 원형이정(元亨利貞) 중에 형(亨)에 대한 언급뿐이다. 그러나 잘 끝마침이라는 말 속에 이(利)의 뜻도 포함돼 있다고 볼 수 있다.

괘전」에 따르면 '곤(坤-땅)으로 간직하고' '간(艮-산)으로 오래 머물게 한다[止=久]'라고 했다. 괘의 모양이 곤(坤)이 위에 있고 간(艮)이 아래에 있으니 땅 가운데 산이 있는 것이다. 원래 땅은 평지에 있고 산은 위로 솟은 것인데 땅의 아래에 있으니 이는 겸손한 모습이다.

그러면 「서괘전」을 통해 왜 겸괘가 대유괘의 뒤를 이어받았는지 확인해보자.

크게 소유한 자[有大]는 가득한 척[盈=驕慢]해서는 안 된다. 그래서 대유괘의 뒤를 겸괘(謙卦)로 받았다.

有大者 不可以盈. 故受之以謙.

많이 소유하게 되면 사람은 쉽게 거만해진다[盈]. 여기서 『논어』 「학이」편에 나오는 공자와 자공의 대화를 깊이 음미해야 한다.

자공이 말했다.

"가난하지만 비굴하게 아첨[諂]을 하지 않는 것(사람)과 부유하지만 교만하지 않는 것(사람)은 어떠합니까?"

공자가 말했다.

"그것도 좋다. 하나 가난하지만 즐거이 살 줄 아는 것(사람)과 부유하지만 예를 좋아하는 것(사람)에는 비할 바가 못 된다."

자공이 말했다.

"『시경(詩經)』에 '잘라내 문지르듯, 갈듯, 쪼고 다듬듯, 그리고 또 갈듯[切磋琢磨]'이라 했으니 바로 그 스승님께서 말씀하시려는 바를 말하는 것입니다."

공자가 말했다.

"사(賜-자공)야! 비로소 (너와) 더불어 시를 말할 수 있게 됐구나! 이미 지나간 것을 일깨워주자 앞으로 올 것도 아는구나!"

여기에 그 핵심이 들어 있다. 교만하지 않은 정도에 머물러서는 안 되고 일의 이치를 따르는 것을 좋아하는 쪽[好禮]으로 나아가야 한다. 그것이 바로 겸(謙)으로 나아가는 것이다. 이렇게 나아가며 자신의 다움을 닦지[修德] 않는다면 『주역』의 이치와 형세를 아무리 머릿속으로 암기한다 한들 소용이 없다.

겸(謙)이라는 글자의 모양을 보자. 말[言]과 모자라다[兼]가 합쳐진 것으로 '말을 적게 하다'라는 뜻도 되고 '스스로 모자란 사람이라고 말하다'라는 뜻도 된다. 지산겸괘(地山謙卦, ䷎)는 간괘(☶)가 아래에 있고 곤괘(☷)가 위에 있어, 높은 산이 낮은 땅속에 들어가 있는 형상이다. 즉 높은 다움[高德]을 갖고서도 스스로 아주 낮은 곳에 처한다는 뜻이다. 당연히 이렇게만 한다면 좋을 수밖에 없다. 그래서 겸괘의 효사들은 대부분 '길하다'라고 한 것이다. 흔히 『주역』은 아버지의 가르침이 아니라 어머니의 가르침이라고 한다. 그것은 매사에 고분고분하고 겸손하고 조심해야 한다는 뜻이다. 이제부터 겸괘에 이어 예괘(豫卦), 수괘(隨卦), 고괘(蠱卦)를 살펴보게 되는데 대체로 이 4개의 괘를 관통하는 정신은 겸손이다.

「계사전」에서 "겸(謙)은 다움의 자루[德之柄]요" "겸(謙)은 (자신을 낮춤으로써 결과적으로) 스스로를 높이면서 빛나게 하고[尊而光]" "겸(謙)으로써 일의 이치를 제정하고[制禮]"라고 했다. 자신을 낮추고 남을 높이는 것[自卑而尊人]이 겸(謙)이다. 일을 사리에 맞게 행하려는[行禮] 사람은 일단은 자신을 낮추지 않고서는 일을 성공적으로 할 수 없다. 그래서 다움의 자루[德之柄]라고 한 것이다. 자루를 잡지 않고서는 칼을 쓸 수 없는 것과 같다.

문왕의 단사(彖辭), 즉 "겸(謙)은 형통하니 군자가 잘 끝마침이 있다[亨 君子有終]"에 대한 공자의 풀이[「彖傳」]를 살펴볼 차례다.

겸(謙)은 형통하다는 것은, 하늘의 도리는 아래로 교제해[濟=際] 밝게 빛나고[光明] 땅의 도리는 낮은 곳에서 위를 향해 나아간다[上行]. 하늘의 도리는 가득 찬 것을 이지러지게 하고[虧盈] 겸손함을 더해주며[益謙] 땅의 도리는 가득 찬 것을 바꿔[變盈] 겸손한 쪽으로 흐르게 한다[流謙]. 귀신은 가득 찬 것을 해치고[害盈] 겸손한 것에는 복을 준다[福謙]. 사람의 도리는 가득 찬 것을 미워하고[惡盈] 겸손함을 좋아한다[好謙]. 겸손은 높이 있으면서 빛나고[尊而光] 낮은 곳에 있어도 뛰어넘을 수 없으니[卑而不可踰] 이것이 군자의 잘 끝마침이다.

謙亨 天道下濟而光明 地道卑而上行.
겸형 천도 하제 이 광명 지도 비 이 상행

天道 虧盈而益謙 地道 變盈而流謙 鬼神 害盈而福謙.
천도 휴영 이 익겸 지도 변영 이 유겸 귀신 해영 이 복겸

人道 惡盈而好謙.
인도 오영 이 호겸

謙 尊而光 卑而不可踰 君子之終也.
겸 존이광 비 이 불가 유 군자 지 종야

◉

이에 대한 세부적인 풀이에 앞서 「단전」의 전반적인 내용과 관련해 『영조실록』 45년(1769) 11월 27일 영조가 훗날의 정조가 되는 손자에게 타이르는 내용의 일부를 살펴보자.

> 아! 순(舜)임금이 빼어난 임금이 된 것은 사람을 잘 뽑아서 쓴 데 불과하고, 『서경(書經)』에 이르기를 "묻기를 좋아하면 넉넉해지고 자기의 뜻만 쓰면 좁고 막히게 된다[好問則裕 自用則小(호문 즉 유 자용 즉 소)]"[248]라고 했으니, 사람이 어떻게 자족(自足)하여 자만(自滿)할 수 있겠는가? 그래서 『주역』 겸괘(謙卦)는 육효(六爻)가 모두 길(吉)하며 주공(周公)의 삼토삼악(三吐三握)[249] 또한 이 뜻인 것이다. 너의 할아비가 비록 부덕(否德)하나 일찍이 이 뜻을 알고 항상 마음속으로 포의(布衣)처럼 여겨 이러한 마음으로써 위로 동조(東朝-동쪽 조정, 즉 조선)를 받들고 아래로 신린(臣隣-신하)을 접견했는데 지금까지 이 마음은 한결같다. 무릇 마음에 해롭고 정사에 해로운 것이 두 가지가 있는데, 하나는 교만이고 하나는 쾌락(快樂)이다. 그 유폐(流弊)는 홍수(洪水)와 맹수(猛獸)보다 심하니, 이것은 너의 할아비가 밤낮으로 경계하던 것이었다. (『소학(小學)』의) 「제자직(弟子職)」편에 이르기를 "온순하고 공손하여 스스로 겸허(謙虛)해야 한다"라고 했고 또 이르기를 "삼가는 마음으로 공경해야 한다"라고 했으니, 이것이 바로 충자(沖子-손자)가 더 힘써야 할 부분이다.

공자의 「단전」은 형통한 까닭과 잘 마침의 내용을 소상하게 풀어냈다. 문제는 '마침

---

248 「상서 · 중훼지고」편에 나오는 말이다.

249 주공이 찾아오는 선비를 만나보기 위해 한 번 목욕할 동안에 세 번 머리를 거머쥐고 나왔으며, 한 번 식사(食事)할 동안에 세 번 식사를 중지하고 나와서 그들을 만나보았다는 고사(故事)다. 그만큼 자신을 낮추고 널리 좋은 인재를 구하는 데 온 힘을 다했다는 뜻이다.

[終]'의 의미다. 하나는 일을 잘 끝마친다는 것이고 또 하나는 자신의 삶을 잘 마친다는 것이다. 여기서는 두 가지 다 의미하면서도 후자에 좀 더 방점이 있는 것으로 보인다.

하늘의 도리는 아래에 모범이 되고 땅의 도리는 위를 고분고분 받드는데, 형(亨)은 바로 이 두 도리가 잘 어우러지는 것을 말한 것이다. 이어서 하늘의 도리, 땅의 도리, 귀신(의 도리), 사람의 도리가 각각 가득 찬 것[盈]을 어떻게 각기 다른 방식으로 겸손[謙]으로 이끌어가는지 보여주었다. 『정조실록』 22년(1798) 8월 26일 사간원 헌납 임장원(任長源)이 올린 상소 중에 이와 관련된 부분이 있다.

> 겸손함이란 자랑하지도 않고 내세우지도 않으며 자신을 깎아내리고 맞추는 것을 말합니다. 하늘보다 높은 것이 없는데도 하늘은 아래로 땅에서 일을 이루고, 바다보다 깊은 것이 없는데도 바다는 옆으로 물방울까지 포용하니, 이것이 바로 옛적의 성인과 철인들께서 더욱 덕이 높아지고 도가 융성해질수록 그 당시 세상에 복을 내려줌은 물론 후대에까지 은택을 입게 한 이유인 것입니다. 일찍이 『주역』의 괘(卦)를 보건대 육효(六爻) 모두 길(吉)한 것은 오직 지산겸괘(地山謙卦)밖에는 없었습니다. 대개 귀신이 해치려고 하는 대상이 가득 찬 것이고 보면 도와주려 하는 대상은 무엇이겠습니까. 인도(人道)로 볼 때 미움의 대상이 가득 찬 것이고 보면 좋아함의 대상은 무엇이겠습니까. 본래 부유하고 지위가 높은 사람이 만약 이런 겸손한 마음을 견지하지 않는다면 그 찬 것이 날로 더욱 차게 될 것이니 끝에 가서 어떻게 될지를 알 수가 있습니다. 어찌 가슴 떨리는 일이 아니겠습니까.

그래서 결론적으로 겸은 높아서 만물을 비춤과 동시에 낮추더라도 그의 다움이 넓고 커서 남들이 함부로 그것을 뛰어넘을 수 없다고 했다. 이 때문에 군자는 자신의 끝을 잘 마칠 수 있다는 것이다.

공자의 「상전」을 살펴볼 차례다. 그중에 겸괘를 총평한 「대상전」이다.

땅속에 산이 있는 것이 겸(謙)(이 드러난 모습)이니, 군자는 그것을 갖고서 많은 쪽에서 취해 적은 쪽에 더해주고[裒多益寡] 일과 사물을 저울질해[稱物] 공평하게 베푼다[地中有山謙 君子以裒多益寡 稱物平施].

◉

정이는 먼저 공자의 말에 담긴 뉘앙스에 주목한다.

> 산이 땅속에 있다고 하지 않고 땅속에 산이 있다고 한 것은, 낮추는 모습 속에 그 숭고함을 안으로 쌓고 있음을 말한 것이다. 숭고함이 낮추는 모습 속에 있다고 말하게 되면 말의 조리가 순조롭지 않다. 여러 모습이 모두 그러하니 그 말의 조리를 보면 알 수 있다.

군자는 이런 모습을 보면 무엇보다 많은 것을 덜어 적은 것을 채워주고 높은 것을 누르고 낮은 것은 부추겨주며 균형 감각을 유지한다. 겸손한 마음이 없고서는 골고루 함[均]의 태도 또한 생겨날 수 없다. 무엇보다 겸손함을 골고루 함으로 연결지은 공자의 생각에 주목할 필요가 있다. 『논어』「계씨」편에서 공자는 이렇게 말했다.

> 나라를 가진 자, 다스릴 집안을 가진 자는 (백성이나 식구가) 적음을 근심하지 않고 서로 고르지 못함[不均]을 근심한다.

정확히 대유괘에 이어지는 문제의식에서 골고루 함[均]의 중요성을 던지고 있다. 그 해법은 다름 아닌 겸손함[謙]이다.

겸괘의 여섯 효[六爻]에 대한 주공의 말을 풀이한 공자의 「소상전」이다.

(초륙(初六)은) 겸손하고 또 겸손한 군자라고 한 것은 낮춤으로써 스스로를 길러가기[自牧=自養] 때문이다[謙謙君子 卑以自牧也].
(육이(六二)는) 울어대는 겸손이니 반듯하고 길하다[鳴謙貞吉]라고 한 것은 마음속 깊은 곳에서 얻었기 때문이다[鳴謙貞吉 中心得也].
(구삼(九三)은) 공로가 있는데도 겸손한 군자[勞謙君子]라는 것은 만백성이 복종한다는 뜻이다[勞謙君子 萬民服也].
(육사(六四)는) 두루 겸손을 베푸니 이롭지 않음이 없다[无不利撝謙]라고 한 것은 법도를 어기지 않기 때문이다[无不利撝謙 不違則也].

(육오(六五)는) 남을 침략하는 것이 이롭다[利用侵伐]라는 것은 복종하지 않는 자를 정벌하는 것이다[利用侵伐 征不服也].

(상륙(上六)은) 울어대는 겸손[鳴謙]이란 뜻을 아직 얻지 못함이니 군대를 출동시켜 읍국(邑國)을 정벌해도 된다[鳴謙 志未得也. 可用行師 征邑國也].

◉

건괘의 육효(六爻)가 대체로 순임금의 생애를 단계적으로 나타내고 있다면 이 겸괘의 육효는 대체로 (주나라) 주공의 생애를 단계적으로 나타내고 있다. 따라서 사마천의 『사기』 「주본기(周本紀)」편이 전하는 주공의 생애 일부를 먼저 보고서 효 풀이에 들어가면 더욱 생생하게 겸괘를 파악할 수 있을 것이다.

> 무왕(武王)이 (문왕의 뒤를 이어) 즉위하여 태공망(太公望-강태공)을 사(師)로 삼고 주공(周公) 단(旦)을 보(輔)로 삼았다. 소공(召公)과 필공(畢公) 등은 왕의 좌우에서 문왕의 위업을 배우고 넓히게 돕도록 했다.
>
> 뒤에 상나라(혹은 은나라)를 정벌하게 되자 상나라 마지막 임금 주(紂)의 아들 녹보(祿父)를 봉해 은의 유민을 다스리게 했다. 무왕은 은이 이제 막 평정돼 결집되지 않았다고 생각해서 동생 관숙(管叔) 선(鮮)과 채숙(蔡叔) 탁(度)에게 녹보를 도와 은을 다스리게 했다. 다음으로 소공에게 명하여 기자를 석방시키고, 필공에게 명하여 백성을 석방시켰으며, 상용의 마을을 표창했다. 남궁괄(南宮括)에게 명하여 녹대의 재물과 거교의 곡식을 풀어서 가난하고 약한 백성을 구제하게 했다. 남궁괄과 사일(史佚)에게 명하여 구정(九鼎)과 보옥을 전시하게 했고, 굉요에게 명하여 비간의 무덤에 봉토를 씌우도록 했다. 종축(宗祝)에게 명하여 군에서 제사를 올리도록 했다. 군대를 해산하고 서쪽으로 돌아왔다. 순시하면서 갔고 정사를 기록한 「무성(武成)」을 지었다.
>
> 제후를 봉하고 (은의) 제기를 고루 하사하고는 「분은지기물(分殷之器物)」을 지었다. 무왕은 성스러운 선조들을 기리는 의미에서 신농의 후손을 초(焦)에, 황제의 후손을 축(祝)에, 요의 후손을 계(薊)에, 순의 후손을 진(陳)에, 우(禹)의 후손을 기(杞)에 각각 봉하고 포상했다. 공신과 모사를 봉했는데 사상보가 가장 먼저 봉해졌다. 사상보는 영구(營丘)에 봉하고

제(齊)라고 하고, 동생 주공 단은 곡부(曲阜)에 봉하고 노(魯)라 했다. 소공 석을 연(燕)에, 동생 숙선을 관(管)에, 동생 숙탁을 채(蔡)에 봉했다. 나머지도 각각 순서에 따라 봉했다.

무왕은 구목(九牧-천하)의 우두머리들을 소집하여 빈(豳) 언덕에 올라 상읍을 내려다보았다. 무왕이 주에 와서도 밤늦게 잠을 자지 못했다. 주공 단이 왕이 있는 곳으로 가서 "어째서 주무시지 못하고 계십니까"라고 묻자 왕은 이렇게 말했다. "너에게 말하마. 하늘이 은의 제사를 받지 않고 버렸네. 이 발이 태어나기 전부터 지금까지 60년 동안 미록(麋鹿-사슴)이 출몰하고 비홍(蜚鴻-메뚜기)이 벌판에 가득 찼지.[250] 하늘이 은의 제사를 돌보지 않았기 때문에 지금의 성공이 있게 된 것이네. 은이 천명을 받아 나라를 막 세웠을 때만 해도 현인이 360명이나 등용됐으나 그들의 업적은 그다지 두드러지지도 않았고 없어지지도 않은 채 지금에 이르렀다. 하늘이 (우리 주나라를) 돕고 지키시려는 것인지 아직 확신할 수 없으니 어찌 잠이 오겠는가?"

무왕은 또 말했다.

"하늘이 (우리 주나라를) 지키신다는 것이 확정되면 백성을 따르게 하고 천명을 따르지 않는 자들을 전부 잡아 은왕처럼 벌할 것이다. 밤낮없이 힘을 써서 나의 서쪽 땅을 안정시키고 백성을 위로할 것이다. 내가 현명하고 지혜롭게 일을 해야 덕과 교화를 세상에 드러낼 수 있다. 낙수에서 이수까지는 땅이 고르고 험하지 않아 하나라가 정착했었다. 남으로 삼도(三塗)를 바라보고 북으로 악(嶽) 언저리를 보며 황하를 살피고 다시 낙수와 이수를 바라보니, 서로 멀지 않은 것이 하늘의 집(도읍)이다."

낙읍에 주의 도성을 조성한 다음 떠났다. 화산의 남쪽에다가는 말을 놓아기르고, 도림(桃林)의 들판에다가는 소를 놓아길렀다. 무기와 병사를 거두어 군대를 해산함으로써 다시는 이를 쓰지 않을 것임을 천하에 알렸다.

무왕은 은을 물리친 지 2년 뒤(무왕 13년) 기자에게 은이 망한 까닭을 물었다. 기자는 차마 은의 죄악을 말할 수 없어 국가 존망의 이치를 말했다. 무왕도 난처해져 천도(天道)에 대해서만 묻고 말았다.

무왕이 병이 났다. 천하가 마저 안정되지 않은 터라 대신들은 두려워하며 경건하게 점을 쳤

250 흉년이 이어졌다는 말이다.

다. 주공이 목욕재계하고 스스로를 인질로 삼아 자신이 무왕을 대신하여 죽거나 병들겠다고 하자 무왕의 병세가 호전됐다. 그 후 무왕이 세상을 뜨고 태자 송(誦)이 이어서 즉위했다. 이가 성왕(成王)이다.

성왕이 어리고 주가 막 천하를 평정했기에 주공은 제후가 주를 배반할까 두려웠다. 주공은 이에 섭정으로 국정을 맡았다. 동생들인 관숙과 채숙이 주공을 의심해 무경(武庚)과 함께 반란을 일으켜 주를 배신했다. 주공은 성왕의 명을 받들어 무경과 관숙을 토벌하여 죽이고 채숙은 추방했다. 미자(微子) 개(開)로 하여금 은의 후손을 대신하여 송(宋)에 나라를 세우게 했다. 은에 남은 유민을 모두 거두어 무왕의 막냇동생 봉(封)을 위강숙(衛康叔)에 봉했다. 진(晉) 당숙(唐叔)이 좋은 곡식을 얻어 성왕에게 바치자 성왕은 그것을 병영에 나가 있는 주공에게 보냈다. 주공은 동쪽 땅에서 곡식을 받고는 천자의 뜻을 알렸다. 당초에 관숙과 채숙이 주를 배반하자 주공이 그들을 토벌하여 3년 만에 완전히 평정됐다. 그래서 처음에는 「대고(大誥)」를, 그다음으로 「미자지명(微子之命)」을, 그다음으로 「귀화(歸禾)」를, 그다음으로 「가화(嘉禾)」를, 그다음으로 「강고(康誥)」「주고(酒誥)」「자재(梓材)」를 지었다. 주공이 섭정한 지 7년, 성왕이 장성하자 주공은 정권을 성왕에게 돌려주고 북면하는 신하들의 자리로 돌아갔다.

성왕이 풍(豐)에 머무르며 소공에게 낙읍을 다시 경영하여 무왕의 뜻을 잇도록 했다. 주공이 다시 점을 치고 잘 살펴서 마침내 도읍을 건설하여 구정(九鼎)을 그곳에 잘 모셨다. 그러고는 "여기가 천하의 중심으로 사방에서 공물을 바치러 오는 거리가 모두 같아졌다"라 하고는 「소고(召誥)」「낙고(洛誥)」를 지었다. 성왕이 은의 유민을 그곳으로 옮기자 주공은 왕명을 알리기 위하여 「다사(多士)」「무일(無逸)」을 지었다. 소공은 태보(太保)에, 주공은 태사(太師)에 임명돼 동으로 회이(淮夷)를 정벌하고 엄(奄)을 멸한 후 그 군주를 박고(薄姑)로 옮겼다. 성왕이 엄에서 돌아와 종주(宗周)에 이르러 「다방(多方)」을 지었다. 은의 명을 끊고 회이를 습격하고 풍으로 돌아와 「주관(周官)」을 지었다. 예악을 바로잡고 제도를 개혁하니 인민은 화목하고 칭송의 노래가 울렸다.

보다 상세한 내용은 효 풀이에서 살펴보자.

겸괘의 맨 아래 첫 음효에 대해 공자는 "겸손하고 또 겸손한 군자라고 한 것은 낮춤으로써 스스로를 길러가기[自牧(자목)=自養(자양)] 때문이다"라고 풀었다. 공자는 주공의 효사

중에서 '겸손하고 또 겸손한[謙謙]'이라고 한 까닭은 '낮춤으로써[卑以] 스스로를 길러가기[自牧]'라고 풀어냈다.

육효는 양의 자리에 있기는 하지만 부드러운 자질로 가장 아랫자리에 있으니 가장 낮은 곳에서 부드럽게 처신하고 있다. 겸(謙)을 두 번 말한 것도 그 때문이다.

그런데 과공(過恭)도 그렇지만 과겸(過謙) 또한 지나치다는 지적을 받을 수 있다. 공자의 풀이는 바로 이 점을 염두에 둔 풀이다. 즉 남을 의식해서 잘 보이기 위해 과공, 과겸한다면 그것은 비례(非禮), 즉 사리에 맞지 않는 것이다. 그러나 스스로를 길러가기 위해 자신을 낮춘 것이라면 아무리 낮춰도 잘못된 것이 아니다. 따라서 '낮춤으로써[卑以] 스스로를 길러가기[自牧]'란 그 의미가 깊다.

자목(自牧)과 관련해서 정이는 『시경』에 나오는 시 한 구절을 언급한다.

> 스스로 길러주기를 띠 싹이 움트듯이 하도다[自牧歸荑].

띠 싹이란 띠 풀이 막 처음 싹터 올라오는 것이다. 얼마나 부드럽겠는가? 조심하고 또 조심해야 한다. 이는 예를 들면 맹자식으로 스스로 길러주기를 호연지기 따위로 해서는 안 된다는 말이다. '낮춤으로써[卑以]' 스스로를 길러야 한다. 사마천의 『사기』 「노주공세가(魯周公世家)」편이 전하는 어린 시절 주공의 모습이다.

> 주공 단(旦)은 주나라 무왕의 동생이다. (아버지) 문왕이 자리에 있을 때부터 단은 아들로서 효도를 다했고 독실했으며 뛰어나 여러 아들과는 달랐다.

그런 겸손을 어려서부터 갈고닦았으니 효사에서도 '큰 강을 건너도 길하다'라고 했던 것이다. 무슨 일을 하든 어디로 가든 걱정할 것은 없다는 말이다.

겸괘의 밑에서 두 번째 음효에 대해 공자는 "울어대는 겸손이니 반듯하고 길하다[鳴謙貞吉]라고 한 것은 마음속 깊은 곳에서 얻었기 때문이다"라고 풀었다. 초륙과 비교하면 이제 음위로 자리까지 바르다[正位]. 게다가 가운데 자리했다. 울어대는 겸손이란 속에서 기르던 겸손이 도리에 맞게 밖으로 표출돼 나오는 것이다. 그런데 중정(中正)을 얻었으니 이는 마음속 깊이에 겸손한 다움이 자리하고 있다는 말이다. 정이는

‘울어대는 겸손’이 억지로 힘써 노력해 얻은 것이 아님을 강조한다.

겸괘의 밑에서 세 번째 양효에 대해 공자는 “공로가 있는데도 겸손한 군자[勞謙(노겸) 君子(군자)]라는 것은 만백성이 복종한다는 뜻이다”라고 풀었다. 주공은 효사에서 “공로가 있는데도 겸손함[勞謙(노겸)]이니 군자가 잘 끝마침이 있어 길하다[勞謙(노겸) 君子(군자)有終(유종) 吉(길)]”라고 했다. 이 효사는 대개 주공이 형 무왕을 도와 은나라를 정벌하던 시기와 조응한다. 사마천의 『사기』 「노주공세가」편이 전하는 이 시기 주공의 모습이다.

> 무왕 9년(BC 1048), 동방 정벌에 나서 맹진(孟津)에 이르렀을 때 주공도 무왕을 보필하여 나섰다.
>
> 11년, 주왕(紂王)을 정벌하여 목야(牧野)에 이르렀을 때 주공은 무왕을 보좌했고 「목서(牧誓)」를 지었다. 은(殷)나라를 멸망시키고 그 궁에 들어갔다. 주왕을 죽이고 주공은 큰 도끼를, 소공(召公)은 작은 도끼를 들고 무왕의 양옆에서 희생의 피로 토지신에게 제사를 올리며 주왕의 죄를 하늘에 고하여 은나라의 백성이 알게 했다. 갇혀 있던 기자(箕子)를 풀어 주었다. 주왕의 아들 무경녹보(武庚祿父)를 제후로 봉하고 관숙(管叔)과 채숙(蔡叔)을 사부로 삼아 은의 제사를 잇게 했다. 공신들과 같은 성을 가진 인척들을 두루 제후로 봉했다. 주공 단을 소호(少昊)의 옛 땅인 곡부(曲阜)에 봉하여 노(魯) 지역의 공(公)으로 삼았으나, 주공은 봉지로 가지 않고 남아서 무왕을 보좌했다.
>
> 무왕이 은을 이기고 2년이 지나도록 천하는 안정을 찾지 못했다. 무왕이 병이 나서 편치 않자 대신들이 모두 몹시 두려워했다. 태공(太公)과 소공이 조심스럽게 점을 봤는데, 주공은 “우리 선왕을 걱정시켜드려서는 안 된다”라고 했다. 이에 주공은 바로 자신을 제물로 삼아 세 층의 단을 마련했다. 주공은 북쪽을 향해 서서 벽옥(碧玉)을 머리에 이고 홀을 손에 들고 태왕(太王), 왕계(王季), 문왕(文王)에게 고했다. 사관이 축문을 읽었다.
>
> “오, 당신들의 현손인 국왕 발(發)이 국사에 지쳐 병이 나서 힘들어하나이다. 당신들 세 왕께서 자손을 하늘에 바치려 하신다면 이 단(旦)이 국왕 발의 목숨을 대신하겠나이다. 이 단은 영민하게 일을 처리하고 다재다능하여 귀신을 잘 섬길 수 있습니다. 하나 국왕 발은 이 단만큼 다재다능하지 못하여 귀신을 제대로 섬길 수 없습니다. 그러나 그는 하늘의 명을 받아 두루 사방을 지키고 이 세상에 당신 자손들을 정착시키니 천하 백성이 다 존경하고 두려워합니다. 하늘이 내리신 고귀한 명령을 저버리지 않아야만 선왕들도 돌아와 종묘

의 제사를 영원히 받을 수 있습니다. 이제 이 단이 바로 큰 거북으로 명을 받들겠습니다. 당신들께서 저를 받아주신다면 벽옥과 홀을 가지고 돌아가 당신들의 명을 기다릴 것이고, 당신들께서 저를 받아주시지 않는다면 벽옥과 홀을 감출 것입니다."

주공이 사관에게 태왕, 왕계, 문왕께 무왕 발을 대신하겠다는 축문을 고하게 하고는 바로 세 왕을 향해 점을 쳤다. 점을 담당한 복인(卜人)들이 모두 "길조입니다" 하고는 점을 친 글을 보이며 길조를 확인케 했다.

주공이 기뻐하며 상자를 열어 글을 보고 길조를 확인했다. 주공이 들어가 무왕에게 축하를 드리며 "왕께는 어떤 재해도 없을 것입니다. 이 단이 세 왕께 새로운 명을 받았사오니 오로지 '어떻게 하면 오래 통치할 것인가?' 이 생각만 하십시오. 이 길은 오로지 천자 한 사람에게만 주어진 것입니다"라고 말했다. 주공은 축문을 금실로 묶은 금등궤(金縢匱)에 간직하고 이를 지키는 자에게 함부로 말하지 못하게 주의를 주었다. 이튿날 무왕의 병이 나았다.

이에 대한 정이의 풀이다.

구삼은 양강(陽剛)의 다움으로 하체(혹은 하괘)에 자리 잡아서 여러 음효의 종주가 되고 본분을 이행함으로써 바른 지위를 얻어 아래 위치에서 가장 높은 지위에 있으니, 이는 위로 군주의 신임을 얻고 아래로 군중의 복종을 얻었으며 공로가 있으면서도 겸손한 다움을 유지하는 자이므로 공로가 있는 데도 겸손한 사람이라고 했다.

그런데 정이는 곧장 이 효에 해당하는 인물이 주공이라며 조카 성왕을 보필할 때까지의 일을 여기에 해당시켰다. 그러나 구삼은 형인 무왕을 섬길 때의 일에 해당하고 조카 성왕을 섭정하던 일은 육사(六四)에 해당시켜야 일의 실상과 부합한다.

겸괘의 밑에서 네 번째 음효에 대해 공자는 "두루 겸손을 베푸니 이롭지 않음이 없다[无不利撝謙]라는 것은 법도를 어기지 않기 때문이다"라고 풀었다. 이 말은 함축하는 바가 크다. 즉 겸손을 베푸는데 교언영색(巧言令色)하며 사사로운 목적을 염두에 두고서 도리에 어긋나게 된다면, 그런 겸손은 베푼다고 해서 이로울 것이 없다. 그렇기 때문에 공자가 '법도를 어기지 않기 때문'이라고 한 것은 주공이 어린 성왕을 대신해 섭정할 때 형제들의 오해에도 불구하고 오직 일의 이치[事理]에만 입각해서 일을 풀어갔기에 마침내 이롭지 않음이 없었다는 말이 된다. 사마천의 『사기』 「노주공세가」편이 전하는 이 시기 주공의 모습이다.

> 그 후 무왕이 일찍 세상을 떠났다. 성왕은 어려서 아직 강보에 싸여 있었다. 주공은 무왕이 세상을 떠난 소식을 천하 사람들 모두가 알고 배반할까 두려웠다. 주공은 바로 동쪽 섬돌에 올라서서 성왕을 대신하여 섭정했다. 관숙과 그 동생들은 나라 안에 "주공은 성왕에게 이롭지 못할 것이다"라는 말을 퍼뜨렸다. 주공은 바로 태공망과 소공 석(奭)에게 "내가 피하지 않고 섭정하는 것은 천하가 주(周)를 배반하지 않을까 두렵기 때문입니다. 그래서 우리 선왕들이신 태왕, 왕계, 문왕께 고하지 않았던 것입니다. 세 왕께서 오래도록 천하를 걱정하고 애를 쓰셨기에 지금 같은 성취가 있게 된 것입니다. 무왕이 일찍 세상을 뜨셨고 성왕께서는 어립니다. 주의 대업을 완수해야 하기에 내가 이렇게 하는 것입니다"라고 말했다. 그리하여 함께 성왕을 돕기에 이르렀고, 아들 백금(伯禽)을 봉지인 노(魯)로 대신 가도록 했다. 주공이 백금에게 다음과 같이 주의를 주었다.
>
> "나는 문왕의 아들이자 무왕의 동생이며 성왕의 숙부로서 천하에 낮은 신분이 결코 아니다. 하지만 나는 한 번 목욕하다가 머리카락을 세 번 움켜쥐고 한 번 밥을 먹다가 세 번 뱉어내면서 일어나 인재를 맞이하면서도 천하의 유능한 인재를 잃을까 걱정했다. 네가 노로 가거든 나라를 가졌다고 사람들에게 교만하게 굴지 않도록 하여라."

마지막에 주공은 아들 백금에게도 "교만하게 굴지 않도록 하라"라며 겸손을 강조하고 있다.

겸괘의 밑에서 다섯 번째 음효에 대해 공자는 "남을 침략하는 것이 이롭다[利用侵伐]라는 것은 복종하지 않는 자를 정벌하는 것이다"라고 풀었다. 주공의 효사는 "부유하지 않은데도 이웃을 얻으니 남을 침략하는 것이 이롭고 (또) 이롭지 않음이 없다[不富以其隣 利用侵伐 无不利]"며 길게 말했는데 공자는 간단하게 '복종하지 않는 자를 정벌하는 것이다'라고 말했다.

부유하지 않은데도 이웃을 얻었다는 것은 곧 겸손한 다움 때문이다. 그렇다고 마냥 겸손함만으로 세상을 다스릴 수 없다. 『서경』 「고요모(皐陶謨)」편에서 고요는 아홉 가지 다움[九德]에 대해 이렇게 말했다.

> 너그러우면서 엄정하고[寬而栗(관이율)], 부드러우면서 꿋꿋하고[柔而立(유이립)], 삼가면서 공손히 하고[愿而恭(원이공)], 다스리는 능력이 뛰어나면서 경외하는 마음을 잃지 않고[亂而敬(난이경)], 순하면서 과단성이 있고[擾而毅(요이의)], 곧으면서 온화하고[直而溫(직이온)], 털털하면서 예리하고[簡而廉(간이렴)], 굳세면서 독실하고[剛而塞(강이색)], 힘이 세면서도 의리에 맞게 행동하는 것[彊而義(강이의)]입니다. 이 같은 다움이 오랫동안 이어지는 사람을 드러내어 쓴다면 길할 것입니다.

이 중에 "너그러우면서 엄정하고[寬而栗(관이율)], 부드러우면서 꿋꿋하고[柔而立(유이립)] 순하면서 과단성이 있고[擾而毅(요이의)]"에 주목해야 한다. 위엄이 없는 관용과 겸손은 세상을 품어 안지도 못하고 복종시킬 수도 없다. 육오는 특히 주공이 형제들의 반란을 진압한 문제와 직결된다. 『사기』 「노주공세가」편의 기록이다.

> 관숙, 채숙, 무경 등이 과연 회이(淮夷)를 거느리고 반란을 일으켰다. 주공은 바로 성왕의 명을 받들어 군사를 일으켜 동방 정벌에 나섰고, 「대고(大誥)」를 지었다. 마침내 관숙을 베어 죽이고, 무경을 죽이고, 채숙을 추방했다. 은나라의 유민을 거두어들이고 강숙(康叔)을 위(衛)나라에, 미자(微子)를 송(宋)나라에 봉하여 은나라의 제사를 받들게 했다. 회이 동쪽 땅을 정벌한 지 2년 만에 모두 평정됐다. 제후들은 모두 복종하여 주를 주인으로 받들었다.

겸괘의 맨 위에 있는 음효에 대해 공자는 "울어대는 겸손[鳴謙(명겸)]이란 뜻을 아직 얻지 못함이니 군대를 출동시켜 읍국(邑國)을 정벌해도 된다"라고 풀었다. 정이의 풀이다.

> 상륙은 부드러운 자질로 부드러운 자리에 처했으니 고분고분함이 극에 이른 것이다. 또 겸괘의 맨 위에 처했으니 지극히 겸손한 자다. 그러나 지극한 겸손함을 지녔는데 도리어 높은 자리에 있어 그 겸손한 뜻을 이행할 수가 없어 목소리에서 드러난다. 또 유약함이 겸손의 극단에 처하여 반드시 목소리와 안색에서 드러나므로 '울어대는 겸손'이라고 했다. 지위가 없는 자리에 있어서 세상의 일을 책임진 것은 아니지만 자신을 행하는[行己(행기)] 데는 반드시 굳셈과 부드러움이 조화를 이뤄야 한다.

다시 정이의 말이다.

맨 윗자리는 겸손의 끝으로 지나치게 심한 겸손에 이르면 오히려 지나치게 된다. 그래서 강한 무력으로 스스로를 다스리는 것이 이롭다. 읍국이란 자신의 사적인 소유다. 읍국을 정벌한다는 것은 사사로운 것을 스스로 다스리는 것을 말한다.

『광해군일기』 5년(1613) 7월 9일 정인홍이 자신을 불러올리는 명을 사양하는 소(疏)를 올렸는데 그중에 이런 내용이 포함돼 있다.

> 삼가보건대 전하께서 자모형제(子母兄弟)의 변을 당하신 것이 순(舜)임금과 정 장공(鄭莊公)이 당한 것보다 더 심한 점이 있으니 전하의 심정이 어떠하시겠습니까. 지금 이 역적이 그 흉악한 꾀를 펼친 것은 간악함을 묘사하는 괴수로서 서로 연결하여 나라 안에 일이 있기를 바란 것이 아침저녁의 일이 아닙니다. 수단과 방법을 가리지 않고 연결하여 인목대비의 세력을 의지하고 영창을 가담시켜 명분을 세웁니다.
>
> 아, 당요(唐堯-요임금)의 세상에도 사흉(四兇)의 죄는 오히려 귀양을 가고 주벌을 당함을 면하지 못했는데 지금이 어느 때이며 이것이 어떤 죄인데 도리어 이 사흉 같은 죄를 아끼십니까. 『주역』 겸괘(謙卦) 육오(六五)에 "남을 침략하는 것이 이롭다[利用侵伐(이용 침벌)]라는 것은 복종하지 않는 자를 정벌하는 것이다"라고 했으니, 제왕(帝王)은 한결같이 겸공(謙恭)만 덕으로 삼아서는 안 됩니다. 겸겸(謙謙)의 극치는 반드시 복종하지 않은 자를 정벌하는 경우가 있는 것입니다. 성인이 시의(時義)를 명시하여 이런 형상이 있으므로 이런 말을 한 것이지 어찌 후세 사람을 속이려고 했겠습니까. 이 점이 전하께서 심사숙고해보셔야 할 부분입니다.

이를 제대로 이해하려면 정인홍(鄭仁弘, 1535~1623)이 어떤 사람인지부터 살펴봐야 한다. 정인홍은 조식(曺植)의 수제자로서 최영경·오건(吳健)·김우옹(金宇顒)·곽재우 등과 함께 경상남도의 남명학파(南冥學派)를 대표했다. 1573년(선조 6년) 학행으로 천거돼 6품직에 오르고, 1575년 황간현감에 나가 선정을 베풀었다. 이듬해 지평을 거쳐 1581년 장령에 승진했다. 당파가 동서로 양분되자 다른 남명학파와 함께 동인 편에 서서 서인 정철·윤두수(尹斗壽) 등을 탄핵하려다가 도리어 해직당하고 낙향했다. 1589년 정여립옥사(鄭汝立獄事)를 계기로 동인이 남북으로 분립될 때 강경파인 북인에 가담해 영수(領首)가 됐다. 1592년 임진왜란이 일어나자 합천에서 성주에 침입한 왜군을 격퇴하고, 10월 영남의병장의 호를 받아 많은 전공을 세웠다. 이듬해 의병 3000명을 모아 성주·합천·고령·함안 등지를 방어했으며, 의병 활동을 통해 강력한 재지적(在地的) 기반을 구축했다. 1602년 대사헌에 승진, 동지중추부사·공조참판 등을 역임했다. 유성룡이 임진왜란 때 화의를 주장했다는 죄를 들어 탄핵해 파직하게 한 다음 홍여순(洪汝諄)·남이공(南以恭) 등 북인과 함께 정권을 잡았다. 이어 유성룡과 함께 화의를 주장했던 성혼(成渾) 등 서인을 탄핵했다. 북인이 선조 말년에 소북·대북으로 분열되자, 이산해(李山海)·이이첨(李爾瞻) 등과 대북을 영도했다. 선조의 계비 인목대비에게서 영창대군(永昌大君)이 출생하자 적통(嫡統)을 주장해 영창대군을 옹립하려는 소북에 대항해 광해군을 적극 지지했다. 1607년 선조가 광해군에 양위하고자 할 때 소북의 영수 유영경(柳永慶)이 이를 반대하자 탄핵했다가 이듬해 소북 이효원(李效元)의 탄핵으로 영변에 유배됐다. 이어 광해군이 즉위하자 유배 도중 풀려나와 대사헌에 기용돼 소북 일당을 추방하고 대북 정권을 수립했다. 대북 정권의 고문 내지 산림(山林)의 위치에 있던 그는 유성룡계의 남인과 서인 세력을 추방하고 스승 조식의 추존 사업을 적극 추진하는 한편, 문묘종사 문제를 둘러싸고 이언적과 이황을 비방하는 소를 올려 두 학자의 문묘 종사를 저지시키려 하다가 8도 유생들로부터 탄핵을 받았다. 성균관 유생들에 의해 청금록(靑襟錄-유적(儒籍))에서 삭제되는 등 집권을 위한 싸움으로 정계에 큰 파문을 일으켰다. 1612년(광해군 4년) 우의정이 되고, 1613년 이이첨과 계축옥사를 일으켜 영창대군을 제거하고 서령부원군(瑞寧府院君)에 봉해졌다. 같은 해 좌의정에 올라 궤장(几杖)을 하사받고, 1618년 인목대비 유폐 사건에 가담해 영의정에 올랐다. 그는 광해군 때 대북의 영수로서 1품(品)의 관직을 지닌 채 고향 합천에 기거하면서 요집조권(遙執朝權-멀리서 조정의 권세를 좌지우지함)하는 위치에 있었다. 그러나 1623년 인조반정으로 참형되고 가산이 적몰(籍沒)당했으며, 끝내 신원되지 못했다.

정인홍이 올린 위의 상소는 바로 계축옥사와 직결된 글 중의 하나다. 공자는 『논어』「태백」편에서 "곧기만 하고 사리를 알지 못하면 강퍅해진다[直而無禮則絞 직이무례즉교]"라고 했다. 정인홍이 딱 그런 사람이었다.

그는 소에서 순임금과 정나라 장공을 언급하고 있다. 순임금을 언급한 이유는 이렇다. 『맹자』의 기록이다.

만장(萬章)이 물었다.

"(전하는 바에 따르면) 아버지와 계모는 순(舜)으로 하여금 곳간을 손보도록 해놓고는 (순이 수리를 위해 곳간 지붕에 올라가자) 사다리를 치워버리고 아버지 고수(瞽瞍)가 곳간에 불을 질렀습니다. (이때 순은 미리 준비해간 대삿갓을 이용해 안전하게 뛰어내려 목숨을 구했다.) (또 그 부모는) 순에게 우물을 파라고 하고는 (순이 일을 마치고) 나오려 할 때 (이미 순이 몰래 파놓은 다른 구멍으로) 벗어난[從]지도 모르고 흙으로 우물을 메워버렸습니다[揜]. (아버지와 계모 사이에서 난 이복동생) 상(象)은 이렇게 말했습니다. '형님[都君]을 우물에 생매장시키는 꾀는 온전히[咸] 나의 공로이니, (그동안 순이 길렀던) 소와 양과 곳간은 부모님께 드리고 (순이 사용하던) 방패와 창, 거문고와 활은 모두 내 것이며 두 형수(-요임금의 두 딸)는 내가 데리고 살[棲] 것이다.' (그리고 나서) 상은 (자신이 말한 것들을 가지러) 순이 거처하던 집으로 갔는데 그때 순은 평상[牀]에 앉아 거문고를 타고 있었습니다. (죽은 줄 알았던 형이 버젓하게 살아 있으니 당연히 깜짝 놀란) 상은 '마음도 답답하고 울적해서[鬱陶] 형님 생각이 나길래'라며 둘러댔으나 자신도 모르게 부끄러워하는 모습[忸=怩]이 역력했습니다. (그런데 정작) 순은 '나는 이 신하와 백성[臣庶]을 (어떻게 하면 잘 다스릴 수 있는지를) 생각하고 있었다. 너는 나의 다스림에 기여하도록[其=寄] 해라'라고 말했습니다. 저는 잘 모르겠습니다. 당시 순임금은 상이 자신을 죽이려 했다는 것을 알지 못했습니까?"

이에 맹자가 답했다.

"어찌 알지 못했겠는가? (다만 상은 이복(異腹)이라 할지라도 아버지가 같은 자신의 동생이었기 때문에) 상이 근심하면 자신도 근심하셨고 상이 기뻐하면 자신도 기뻐하셨던 것이다."

만장이 다시 물었다.

"그렇다면 순은 거짓으로[僞] 기뻐한 것입니까?"

맹자가 답했다.

"그렇지 않다. 저 상(象)이 형을 사랑하는 도리[愛兄之道]로써 찾아왔기 때문에 순도 진실로 그런 줄 알고서 기뻐했던 것이지, 어찌 거짓으로 기뻐한 것이겠는가?"

이 내용은 당시 조선의 임금이든 신하든 모두가 아는 내용이었다. 정나라 장공의 이야기는 『춘추좌씨전』에 나온다.

노나라 은공(隱公) 원년(元年-BC 722) 애초에 정(鄭)나라 무공(武公)이 신(申-작은 나라)에서 부인을 맞아들였는데 이름하여 무강(武姜)[251]이라 했다.

(두 사람은) 장공(莊公)과 공숙단(共叔段)을 낳았는데, 장공을 낳을 때 역산(逆産-혹은 난산(難産))을 하여[寤産(오산)=牾産(오산)] 강 씨가 많이 놀랐다. 그래서 이름을 오생(寤生)이라 짓고 마침내 그를 미워했다. (대신 아우인) 공숙단을 아껴 태자로 세우고 싶어서 자주 무공에게 청했지만, 무공은 허락하지 않았다. (훗날) 장공이 즉위하기에 이르러 (무강이 공숙단을 위해) 제(制)읍을 (봉해줄 것을) 청하자 장공이 말했다.

"(그곳은) 지세가 험한 읍이어서 괵숙(虢叔)[252]도 그곳에서 죽었습니다. 다른 읍을 청하신다면 명대로 하겠습니다."

그래서 경성(京城)을 청하니 공숙단을 거기서 살게 하고 경성대숙(京城大叔)이라고 불렀다. (정나라 대부인) 제중(祭仲)이 말했다.

"도성이 (수도를 제외하고서) 백치(白雉)를 넘게 되면 장차 나라에 큰 해악을 입힐 수 있습니다. 옛 임금의 제도에 대도(大都)는 수도의 3분의 1, 중도(中都)는 5분의 1, 소도(小都)는 9분의 1을 넘지 못하도록 돼 있습니다. 지금 경성은 법도에 맞지 않으니 바른 제도를 따랐다고 할 수 없습니다. 임금께서는 장차 감당하실 수 없을 것입니다."

이에 장공이 말했다.

"강 씨가 저리도 바라니 어찌 해악을 피하겠는가?"

제중이 대답했다.

"강 씨는 어떻게 해도 만족하지 않을 것입니다. 초기에 조치를 취하여 더는 뻗어나지 못하게 하는 것만 못합니다. 일단 뻗어나가면 도모하기가 어려워집니다. 뻗어나면 풀도 제거하기가 힘든데 하물며 임금의 총애하는 아우야 어떻겠습니까?"

장공이 말했다.

"불의한 짓을 많이 저지르다 보면 반드시 절로 패망할 것이니 그대는 지켜보도록 하라."

얼마 후 대숙이 정나라 서쪽 변방과 북쪽 변방에 명하기를 (정나라뿐 아니라) 자신도 섬기라

---

251 강씨(姜氏)는 신나라의 대표 성이다.

252 주나라가 봉해준 동괵의 임금이다. 괵숙은 그곳의 험난한 지형만 믿고 방자하게 굴다가 정나라로부터 토벌을 당했다.

고 하자 (정나라 대부인) 공자려(公子呂)가 말했다.

"한 나라에 두 임금은 감당할 수 없습니다. 임금께서는 장차 이를 어쩌시렵니까? 만일 (이 나라를) 태숙에게 주실 뜻이 있으시다면 신은 그를 섬기겠다고 말씀드릴 수 있지만, 만일 주실 뜻이 없으시다면 그를 제거하여 백성이 다른 마음을 품을 수 없도록 하기를 청합니다."

이에 장공이 말했다.

"그럴 것 없다. 장차 (화가) 절로 미칠 것이다."

얼마 후 대숙이 또 양쪽에 다 속해 있던 땅을 거두어들여 자기 읍으로 만들고, 자신의 영토를 늠연(廩延-정나라의 읍)까지 확장하자 자봉(子封-공자려)이 말했다. "이제는 가능한 때입니다. (그냥 둘 경우) 그의 영토가 넓어져서 많은 백성까지 얻게 될 것입니다."

이에 장공이 말했다.

"임금에 대한 의리를 지키지 않고 형에 대한 친애하는 마음이 없으니 영토가 아무리 넓어진다 한들 절로 붕괴할 것이다."

태숙이 성곽을 튼튼히 쌓아 백성을 모으고 갑옷과 무기를 손질하고 군사와 전차들을 갖추어 장차 정나라를 치려 했고 부인(夫人)이 (안에서) 성문을 열어주기로 돼 있었다. 장공은 그 소식을 듣고서 "이제 가능한 때가 됐다"라며 자봉에게 명을 내려 군사와 전차 200승을 거느리고 경성을 치게 했다. 경성 사람들은 대숙단을 배반했고, 단은 달아나 언(鄢) 땅으로 들어갔다. 장공이 그 언 땅을 치니 (다시) 공(共) 땅으로 달아났다.

(공자가 편찬한) 『춘추』에 이르기를 "정백(鄭伯)이 언(鄢)에서 단(段)을 이겼다"라고 기록했으니, 이는 단이 아우답지 못했기 때문에 아우라고 말하지 않았고 (형제가 싸운 것이) 두 나라 임금이 싸우듯 했기에 이를 그냥 '이겼다[克]'[253]라고 썼다. (장공이라 하지 않고 그냥) 정백(鄭伯)이라 칭한 것도 동생을 잘못 가르친 것을 나무란 것이다.

둘 다 어머니 및 동생과 관련된 이야기라 정인홍은 이를 언급한 것으로 보인다. 그러나 순임금은 바른 도리로 대처했고 정나라 장공은 그릇된 도리로 대처했다. 그런데 정인홍은 이를 구분하지 않고 그저 광해군이 처한 어머니와 동생과의 관계로만 언급

253 정벌했다고 쓸 수 없었다는 뜻이다.

한 뒤에 『주역』 겸괘 육오(六五)의 "남을 침략하는 것이 이롭다[利用侵伐]라는 것은 복종하지 않는 자를 정벌하는 것이다"라는 구절을 들어 오히려 어머니를 유폐하고 동생을 죽이라고 요구하고 있다.

겸겸(謙謙)의 극치는 반드시 복종하지 않은 자를 정벌하는 경우가 있는 것입니다.

결국 인목대비를 서궁에 유폐하고 동생 영창대군을 죽이는 계축옥사(癸丑獄事)는 현실이 되고 말았다. 그러나 이 위의 두 예는 모두 진덕수의 『대학연의』에도 혈친을 가까이해야 하는 중요한 사례로 인용돼 있고, 광해군은 재위 2년과 3년에 걸쳐 『대학연의』를 경연에서 강독했다. 그러면 순임금 사례에 대해 진덕수가 뭐라고 평했는지 보자.

상이 순을 죽이려 했던 자취가 너무나도 명백한데 순은 어찌 그것을 몰랐겠습니까? 상에게서 근심하는 모습이 보이면 자신도 근심했고 상에게서 기뻐하는 모습이 보이면 자신도 기뻐했던 것이니 (순의) 그 진실된 마음[中=忠心=衷心]에는 털끝만 한 사소한 응어리[芥蔕]도 없었던 것입니다. 그래서 후세의 골육지친들 사이에서 아주 작은 의심의 틈이 있으면 뒤에 가서 시기심이 만 가지 (좋은) 단서들을 가로막기 때문에 서둘러 일찍 그 의심의 틈을 제거하지 못하는 것을 두려워하는 것입니다. 이런 단계에 이른 연후에야 (우리는) 빼어난 사람[聖人]의 마음이 하늘과 똑같다는 것을 알 수 있습니다.
세속의 유자들은 요임금이 윗자리에 있으면서 두 딸을 빈으로 내려주었기 때문에 우상(虞象)이 순을 죽일 수 없었다고 말합니다. 그래서 이 때문에 맹자는 상의 마음을 제대로 알지 못했다는 의심을 받기도 했습니다. 그러나 맹자가 특히 저 위대한 순임금의 마음을 그런 식으로 논한 것은 (순임금과 상이 처한) 그때의 처지가 그러했기 때문이지 어찌 반드시 진실로 상의 마음을 몰라서였겠습니까?

또 진덕수는 정나라 장공의 사례에 대해서는 이렇게 평했다.

선배 유학자 호안국(胡安國, 1074~1138)[254]이 말했습니다.
"용병(用兵)은 큰일이라 반드시 임금과 신하가 함께 모의한 후에 발동한다면 마땅히 국(國)

이라 칭하고 공자려(公子呂)에게 명하여 군사권을 갖도록 하면 마땅히 장(將)이라 칭하고 전차 200승을 거느리고 출전했으니 마땅히 사(師)라 칭한다. 그런데 이 세 가지를 다 칭하지 못하게 하고서 오로지 정백의 뜻대로 했으니 죄는 정백에게 있는 것이다. 무릇 임금의 부모는 군사력을 동원해 응징해서는 안 되는 것이니 공숙단은 장차 아우로서 형의 자리를 찬탈하고 신하로써 임금을 치려 했으니[伐] 반드시 그 죄를 물어야 할 것이요 또 장공(莊公)은 특히 어머니를 이길 수 없으니 어찌 공숙단을 응징하지 못하고 법을 들어 쓰는 것이 이처럼 경중(輕重)을 잃었던 말인가?"

호안국은 또 말했습니다.

"강 씨는 무공(武公)이 살아 있을 때부터 일찍이 공숙단을 후계 임금으로 세우고 싶어 했다. 무공이 세상을 떠났을 때 강 씨는 나라의 임금의 적모(嫡母)로서 집안에만 신경을 쓰고 공숙단은 형의 사랑받은 유능한 동생으로 도성 밖에 머물렀으면 백성도 다 기뻐했을 것이니 장차 갈등이 생겨나 후환이 있을 것을 두려워했겠는가? 그래서 큰 읍을 봉지로 받고서도 그곳에는 가지도 않은 채 연이어 도리를 잃는 짓을 계속했으니 반역은 마침내 토벌당했고 백성은 공숙단을 따르지 않았으며 강 씨는 아무것도 할 수 없었고 대숙은 형제간의 혈육이 끊어도 두 번 다시 부모의 나라에 돌아와 살 수 없었다. 이것이 바로 정백(鄭伯)의 뜻이었다.

왕도 정치[王政]란 사람들을 잘 기르고 그들로 하여금 백성에게 나아가 어짊을 행하게 함으로써 백성 사이에도 어짊이 퍼지고 서로 야박해지지 않도록 하는 것인데 하물며 천륜을 어기고서 죄에 빠지고 형제의 인연마저 끊어져버렸구나. 『춘추』가 은공의 시대를 서술하면서 첫머리에 이 이야기를 둔 까닭은 사람의 마음을 바로잡음으로써 천하에 사사로운 난을 통해 공(公)을 이룰 수는 없다는 것을 보여주려는 것이다. 그 후에도 임금이 죽고 나면 적자는 축출되고 서자가 왕위를 차지하고 왕자들끼리 다투고 무력 충돌이 그치지를 않았으니 비통할 뿐이다."

난(亂)이라는 것도 그것이 처음 생겨날 때는 좋지 않은 마음 그 하나에서 비롯되는 것이니, 나라를 소유한 사람이 반드시 하늘과도 같은 이치[天理]를 따라야 하는 것은 그 때문이며

---

254 왕안석(王安石)이 『춘추(春秋)』를 폐해 학관(學官)의 대열에 끼지 못하게 한 데서부터 『춘추』의 학문이 쇠퇴해졌음을 탄식하고, 이 책을 연구하는 데 20여 년을 보내며 『춘추호씨전(春秋胡氏傳)』 30권을 저술했다.

따라서 그 같은 이치를 결코 (임금 된 자의) 사사로운 욕심[私欲=人欲]으로 없애려 해서는 안 될 것입니다.

진덕수의 이 풀이의 정확한 의미를 광해군이 경연에서 제대로 파악했다면 정인홍이 올린 소에 대해 "그대는 내가 순임금이 아니라 정나라 장공이 되라 하는구나!"라고 꾸짖고 『주역』을 끌어들여 "겸겸(謙謙)의 극치는 반드시 복종하지 않은 자를 정벌하는 경우가 있는 것입니다"라고 했을 때 "어찌 영창이 관숙이나 채숙만큼 악한 행위를 했다는 말인가?"라고 했어야 한다. 그것이 굳세고 눈 밝은[剛明] 임금의 언행이다.

그러나 광해군은 정인홍의 위협에 굴복해 유약하고 어두운[柔闇] 임금의 길을 걸었다. 결국 인조반정으로 광해군은 쫓겨나 제주도로 유배를 가야 했고, 정인홍은 비명횡사했다. 정인홍의 『주역』 인용은 상황[時]에도 맞지 않았고 일의 이치[事理=禮]에도 맞지 않았다. 그렇다면 광해군은 왜 정인홍의 위협에 굴복한 것일까? 그것은 자리를 잃을까 근심한[患失位] 때문이다.

## 16. 뇌지예(雷地豫)[255]

예(豫)는 후(侯)를 세우고 군사를 출동하는 것이 이롭다.

豫 利建侯行師.[256]

초륙(初六)은 울어대는 즐거움[鳴豫]이니 흉하다[鳴豫 凶].

육이(六二)는 절개가 돌과 같아 하루도 되지 않아 (단호하게) 행동하니 반듯하고 길하다[介于石 不終日 貞吉].

육삼(六三)은 우러러보며 즐거워함[盱豫]이니 뉘우치게 되고, 머뭇거려도 뉘우침이 있다[盱豫悔 遲有悔].

---

255 문자로는 진상곤하(震上坤下)라고 한다.

256 원형이정(元亨利貞) 중에 이(利)에 대한 언급뿐이다.

구사(九四)는 말미암아 즐거워함[由豫]이니 크게 얻음이 있고, 의심하지 않으면 뜻이 같은 벗[朋=同志之友]들이 모여든다[由豫大有得 勿疑 朋盍簪].
육오(六五)는 반듯하되 병이 있고 늘 앓지만 죽지는 않는다[貞疾 恒不死].
상륙(上六)은 즐거움에 빠졌으니[冥豫], 이뤄져 달라짐이 있으면[有渝=有變] 허물이 없다[冥豫 成有渝 无咎].

◉

예괘(豫卦)의 초륙(初六)은 양위에 음효로 바르지 못함[不正位], 육이(六二)는 음위에 음효로 바름[正位], 육삼(六三)은 양위에 음효로 바르지 못함, 구사(九四)는 음위에 양효로 바르지 못함, 육오(六五)는 양위에 음효로 바르지 못함, 상륙은 음위에 음효로 바름이다. 이 괘의 경우 육이는 중정(中正)을 얻었으나 육오는 중정을 얻지 못했다.

대성괘 예괘(䷏)는 소성괘 진괘(震卦, ☳)와 곤괘(坤卦, ☷)가 위아래에 있어 만들어진 괘다. 「설괘전」에 따르면 '우레[雷=震]로 움직이게 하고' '곤(坤-땅)으로 간직한다'라고 했다.

그러면 「서괘전」을 통해 왜 예괘가 겸괘의 뒤를 이어받았는지 확인해보자.

> 크게 소유하고서도 능히 겸손하면 반드시 즐겁다[豫]. 그래서 겸괘의 뒤를 예괘(豫卦)로 받았다.
>
> 有大而能謙 必豫. 故受之以豫.

여기서의 예(豫)는 '미리'라는 뜻보다는 즐겁다, 기쁘다, 편안하다는 뜻이다. 그래서 임금이 몸이 편찮은 것을 불예(不豫)라고 했다. 겸손이 뒷받침되니 모든 것이 즐겁고 편안한 것이다. 뇌지예괘(雷地豫卦, ䷏)는 곤괘(☷)가 아래에 있고 진괘(☳)가 위에 있어 순리에 맞다. 그래서 편안하고 즐거운 것이다. 계절로는 봄철이다. 정이(程頤-정이천(程伊川))의 보충이다.

우레가 땅 위로 나오니, 양이 처음에는 땅속에 잠기고 갇혀 있다가 움직여서[震=動] 땅으로 나오게 되니 통창(通暢)하고 화예(和豫)하다.

이번에는 「잡괘전」을 통해 겸괘와 예괘의 관계를 살필 차례다. 그 의미에 주의해야 할 필요가 있다.

> 겸(謙)은 가벼이 여기는 것[輕]이요 예(豫)는 게으름[怠]이다.
>
> 謙輕而豫怠也.
> 겸 경 이 예 태야

겸괘(謙卦, ䷎)와 예괘(豫卦, ䷏)는 서로 종괘 관계다. 겸괘는 간괘(☶)가 아래에 있고 곤괘(☷)가 위에 있어, 높은 산이 낮은 땅속에 들어가 있는 형상이다. 즉 높은 다움[高德]을 갖고서도 스스로 아주 낮은 곳에 처한다는 뜻이다. 즉 자신을 낮춘다[自輕=自謙=自下]는 뜻이다. 그런데 「서괘전」에서 예괘는 곤괘(☷)가 아래에 있고 진괘(☳)가 위에 있어 순리에 맞다고 했는데 왜 여기서는 게으름[怠]을 말한 것일까? 편안할 때 경계해야 할 것이 바로 나른함, 게으름[安逸]이다.

문왕의 단사(彖辭), 즉 "예(豫)는 후(侯)를 세우고 군사를 출동하는 것이 이롭다[利建侯行師]"에 대한 공자의 풀이[「彖傳」]를 살펴볼 차례다.

> 예(豫)는 굳셈[剛-양효]이 (다른 모든 음효에) 호응해 뜻이 실행되고 고분고분함으로써 움직이는 것[順以動]이니 즐거움[豫]이다. 즐거움이란 고분고분하게 움직인다. 그래서 하늘과 땅도 이와 같은데 하물며 후(侯)를 세우고 군사를 출동하는 것에 있어서이겠는가? 하늘과 땅은 고분고분하게 움직이기 때문에 해와 달이 어긋남이 없고[不過=不違] 사계절이 한 치의 오차도 없다[不忒=不乖]. (이와 마찬가지로) 빼어난 이[聖人]도 고분고분하게 움직이기 때문에 형벌이 맑게 집행돼 백성이 복종한다.
>
> 예(豫)의 때와 마땅함[時義=時宜]이 크도다!
>
> 豫 剛應而志行 順以動 豫. 豫 順以動 故天地如之 而況建侯行師乎!
> 예 강응 이 지행 순이 동 예 예 순이 동 고 천지 여지 이 황 건후 행사 호
> 天地以順動 故日月不過而四時不忒.
> 천지 이순 동 고 일월 불과 이 사시 불특
> 聖人以順動 則刑罰淸而民服.
> 성인 이순 동 즉 형벌 청 이 민복

豫之時義大矣哉!

◉

예괘(䷏)는 구사만이 양효이고 나머지는 모두 음효다. 공자는 예괘를 풀어가는 실마리를 구사로 삼았다.

> 굳셈[剛-양효]이 (다른 모든 음효에) 호응해 뜻이 실행된다.

그런데 그 실행 또한 "고분고분함으로써 움직이는 것[順以動]"이라고 했다. 즉 이치를 거스르지 않고 이치에 고분고분하면서[順理] 일을 풀어간다는 것이다. 여기서 고분고분함은 땅[地]에서 온 것이고 움직임은 우레[雷]에서 온 것이다. 그러니 후를 세워주고 군사를 출동시키는 중요한 일 또한 순조롭게 진행된다. 백성이 기뻐하지 않고서는 둘 다 불가능한 일이다. 여기서 중요한 것은 백성이 힘에 굴복하는 것이 아니라 마음속에서부터 우러나 따르는 것[心服]이다. 여기서 우리는 한 가지 질문을 던져야 한다. 어떻게 하는 것이 '고분고분함[順]'인가? 『논어』 「자로」편이다.

> 윗사람이 마땅함을 좋아하면[好義] 백성 중에 감히 복종하지 않는 이가 없다.

마땅함이란 곧 순리에 따라 일을 풀어가는 것이다. 이어서 하늘과 땅의 고분고분한 움직임을 말한 다음 그것을 세상사에 적용해 후를 세우고 군사를 출동하는 일의 마땅함을 이야기했고, 이어서 빼어난 이가 일을 하는 방식 또한 고분고분하게 진행하는 것임을 강조한다. 그렇게 되면 형벌이 바르게 돼 백성은 모두 마음속에서 우러나 복종하게 된다고 했다. 마지막에 "예(豫)의 때와 마땅함[時義=時宜]"을 찬미했다. 그만큼 때와 마땅함이 중요하다는 것이다. 여기서 정이는 대단히 중요한 사항 한 가지를 지적한다.

> 여러 괘에 때와 마땅함과 쓰임[用]이 큰 것은 모두 '크도다[大矣哉]!'라고 칭찬했다. 예괘(豫卦), 돈괘(遯卦), 구괘(姤卦), 여괘(旅卦)는 때와 마땅함을 말했고, 감괘(坎卦), 규괘(睽卦), 건

괘(蹇卦)는 때와 쓰임[時用]을 말했으며, 이괘(頤卦), 대과괘(大過卦), 해괘(解卦), 혁괘(革卦)는 때를 말했다. 각각 그 중요한 것을 갖고서 말한 것이다.

그런데 마땅함이란 바로 명칭이 바른 것[正名]과도 통한다. 『논어』 「자로」편이다.

자로가 물었다.

"위(衛)나라 군주가 스승님을 기다려 정치에 참여시키려고 하니 스승님께서는 정치를 하시게 될 경우 무엇을 우선시하시렵니까?"

공자가 말했다.

"반드시 이름부터 바로잡겠다[正名]."

이에 자로가 말했다.

"그렇게 해서야 어떻게 정치를 바로잡으시겠습니까?"

이에 공자가 말했다.

"한심하구나, 자로야! 군자는 자기가 알지 못하는 것은 비워두고서 말을 하지 않는 법이다. 이름이 바르지 못하면 말이 순리에 맞지 못하고, 말이 순리에 맞지 못하면 일이 이뤄지지 못하고, 일이 이뤄지지 못하면 예악이 흥하지 않고, 예악이 흥하지 못하면 형벌이 알맞지 못하고, 형벌이 알맞지 못하면 백성이 손발을 둘 곳이 없게 된다."

형벌과 예악, 백성의 복종 문제가 함께 이야기된다. 그런데 이괘(履卦)가 제례(制禮)의 문제였다면 예괘(豫卦)는 작악(作樂)의 문제로 연결된다. 비슷하면서도 약간의 차이가 있는 것이다.

공자의 「상전」을 살펴볼 차례다. 그중에 예괘를 총평한 「대상전」이다.

우레가 땅에서 나와 떨치는 것이 예(豫)(가 드러난 모습)이니, 선왕(先王)은 그것을 갖고서 음악을 짓고 다움을 높여[作樂崇德] 그것을 상제(上帝)께 성대하게 올림으로써[殷薦] 조상을 배향한다[雷出地奮豫 先王以 作樂崇德 殷薦之上帝 以配祖考].

정이의 풀이부터 보자.

우레는 양의 기운[陽氣(양기)]이 떨치는 것이니, 음과 양이 서로 부딪쳐 소리를 이룬다[成聲(성성)]. 양이 처음에 땅속에 잠기고 갇혀 있다가 그것이 움직이게 되면 땅을 나와 분발하고 진동하니, 처음에는 답답하게 갇혀 있다가 분발함에 이르면 통창(通暢)하고 화예(和豫)하게 된다. 그래서 예(豫)라고 한 것이다. 땅은 고분고분하고 우레는 발하니, 화순(和順)함이 속에 쌓여서 소리로 나타나는 것이 바로 음악의 상(象)이다.

제례작악(制禮作樂)의 문제에 대해서는 반고의 『한서』 「예악지(禮樂志)」편의 들어가는 말이 아주 상세하다.

육경(六經)[257]의 도리는 같은 곳으로 귀결되지만 (그중에서도) 예와 악의 쓰임은 긴요하다[爲急(위급)]. 몸을 다스리는 자가 잠깐이라도[斯須(사수)=須臾(수유)] 예를 잊는다면 사납고 거만함[暴慢(폭만)]이 몸에 들어오고, 나라를 다스리는 자가 하루아침에 예를 잃는다면 거칠고 어지러움[荒亂(황란)]이 나라에 미치게 된다. 사람은 하늘과 땅, 음과 양의 기운을 머금고 있어 기뻐하고 성내고 슬퍼하고 즐거워하는[喜怒哀樂(희노애락)] 정(情)을 갖고 있다. 하늘은 사람의 본성을 내려주었지만, 그 마디를 갖춰줄[節(절)] 수는 없고, 빼어난 이[聖人(성인)]는 능히 그 마디를 갖춰주었지만 (나쁜 점들을) 온전히 끊어낼 수는 없다. 그래서 하늘과 땅을 본떠[象(상)=法(법)] 예와 악을 제정한 까닭은 (하늘과 땅의) 신명(神明)과 통하고 인륜을 세우며 본성과 정감을 바로잡고 만사에 마디를 갖춰주기 위함이다.
사람의 본성에는 남자와 여자의 정과 질투하며 시기하는[妬忌(투기)] 차별이 있어 그 때문에 혼인의 예를 만들고, 서로 만나고 위와 아래가 사귀는 질서가 있어 그 때문에 향음(鄕飮)의 예를 만들며, 죽음을 슬퍼하고 먼 선조를 그리워하는 정이 있어 상제(喪祭)의 예를 만들고, 윗사람을 높이고 임금을 높이 공경하는 마음이 있어 조근(朝覲)[258]의 예를 만든다. 슬픔

---

257 안사고(顔師古)가 말했다. "육경이란 『주역』·『시경』·『서경』·『춘추』·『예기』·『악기』를 말한다."

258 조현(朝見)하는 것을 말한다.

에는 곡하고 발 굴리는[哭踊] 절도가 있고 악(樂)에는 노래와 춤의 용모가 있어, 바른 사람[正人]은 그것으로 열렬함을 충분히 드러내고 간사한 사람[邪人]은 그것으로 자신의 잘못이나 허물을 충분히 막아낸다.

그래서 혼인의 예가 폐기되면 부부의 도리가 힘들어지고 음란하고 편벽된 죄가 많아진다. 향음(鄕飮)의 예가 폐기되면 윗사람과 아랫사람[長幼]의 차례가 어지러워져 서로 다투고 싸우는 소송 사태가 많아진다. 상제(喪祭)의 예가 폐기되면 혈육[骨肉] 간의 은혜가 엷어져서 죽은 자를 배반하고 선조를 잊어버리는 사람이 많아진다. 조빙(朝聘)의 예가 폐기되면 임금과 신하의 (각자에 맞는) 자리를 잃게 돼 위를 넘보고 능멸하는 자가 점점 늘어나게 된다. 그래서 공자는 말하기를 "위를 편안케 하고 백성을 다스리는 데는 예보다 좋은 것이 없고, 기풍을 바꾸고 풍속을 교화하는 데[移風易俗]는 악보다 좋은 것이 없다"[259]라고 한 것이다. 예는 백성의 마음을 절제시키고[禮節民心] 악은 백성의 소리를 조화시키며[樂和民聲] 정치로 백성(의 선행)을 행하게 하고 형벌로써 백성(의 악행)을 막는다. 예와 악과 정치와 형벌[禮樂政刑]이 사방에 이르게 돼[四通] 어그러짐이 없게 되면[不誖=不乖] 임금다운 통치의 도리[王道]는 갖춰진 것이다.

악은 그것으로 안을 다스려 조화로움을 이뤄내고[同=和樂], 예는 그것으로 밖을 닦아 높고 낮음[尊卑]을 구별한다. 조화로움을 이뤄내면 어우러져 서로를 제 몸과 같이 여기게 되고[和親], 높고 낮음을 구별하게 되면 두려워하고 삼가게 된다[畏敬]. 어우러져 서로를 제 몸과 같이 여기게 되면 원망함이 없게 되고[無怨], 두려워하고 삼가게 되면 다툼이 없게 된다[不爭]. 서로 공손히 절하며 양보하여[揖讓] 천하가 다스려지는 것, 그것이 바로 예악이 지향하는 바다. 이 둘은 나란히 가다가 합하여 한 몸이 된다. 삼감의 뜻을 (겉으로) 드러내기는 어려우나, 예를 올리고[享獻] 사양하며 받거나[辭受] 당(堂)을 오르내리고 무릎 꿇고 절하는[跪拜] 가운데서 드러나게 된다. 또 어우러짐의 기쁨을 (겉으로) 드러내기는 어려우나, 시가(詩歌)와 영언(詠言), 종석(鐘石)과 관현(管絃)[260]에서 드러나게 된다. 대개 그 삼가는 뜻[敬意]을 가상하게 여기더라도 그 재물에까지 미치지는 않으며, 그 기뻐하는 마음[歡心]

---

259 안사고가 말했다. "이는 『효경(孝經)』에 실려 있는 공자의 말이다."

260 노래나 악기를 통해 드러나게 된다는 것이다.

을 아름답게 여기더라도 소리에 탐닉하지는 않는 법이다. 그래서 공자는 말하기를 "예다 예다 하지만 그것이 옥과 비단을 이르는 것이겠는가? 악이다 악이다 하지만 그것이 종과 북을 이르는 것이겠는가?"[261]라고 했던 것이니, 이것이 바로 예악의 근본이다. 그래서 말하기를 "예악의 정(情)을 아는 사람이라야 능히 지을 수 있고[能作] 예악의 문(文)을 알고 있는 사람이라야 능히 풀어낼 수 있다[能述]. 짓는 사람을 빼어나다[聖]고 하고 풀어내는 사람을 일에 밝다[明]고 한다. 명성(明聖)이란 (따라서) 풀어내고 짓는다는 뜻이다"[262]라고 했다. 임금다운 임금[王者]은 반드시 선대의 (훌륭한) 임금들의 예를 이어받아 때에 맞게 마땅함을 베풀고[順時施宜] (현 상황에 맞도록) 덜어내고 더하는 바[所損益]가 있으며, 백성의 마음에 맞춰[卽=就] 점차로[稍稍] 만들고 지어[制作] 태평성대에 이르도록 모든 것을 크게 갖춘다[大備=完備]. 주나라는 하나라와 은나라 2대(二代)에 비추어 예제와 문화[禮文]를 점점 더 갖춰[263], 큰일[事]에는 이 제(制)를 만들어냈고 작은 일[曲]에는 이 방(防)을 만들어냈다. 그래서 예경(禮經) 삼백, 위의(威儀) 삼천이라고 했던 것이다.[264] 이에 교화(教化)가 구석구석 퍼져나가[浹洽=徹霑], 백성이 그것을 통해 화목해졌고 재해가 일어나지 않았으며 화란(禍亂)이 생겨나지 않았고 감옥[囹圄]은 40여 년 동안 텅 비었다. 공자는 이를 아름답게 여겨 말하기를 "찬란하도다! 문(文-문화)이여! 내 주나라를 따르리라"[265]라고 했다. (그러나) 주나라가 쇠퇴기에 이르자 제후들은 법도를 마구 뛰어넘었고[踰越] 예제는 해악을 끼칠 뿐이라 하여 증오의 대상으로 삼았으며 그와 관련된 책들[篇籍]은 없애버렸다.[266] 진(秦)

---

261 안사고가 말했다. "『논어』「양화(陽貨)」편에 실려 있는 공자의 말이다. 이는 예로써 사람을 절제시키는 것이 중요하고 악으로써 사람을 어우러지는 게 근본적이라는 것이며, 옥과 비단과 종과 북은 곧 지엽적이라는 뜻이다."

262 『예기(禮記)』「악기(樂記)」편에 나오는 말이다. 이때 정(情)은 실상이나 근본을 뜻하고 문(文)은 그것의 무궁무진한 표현 방식을 뜻한다. 당연히 짓는 것[作]이 풀어내는 것[述]보다 윗길이다. 이런 맥락에서 『논어』「술이(述而)」편에서 공자가 말한 "술이부작(述而不作)"의 의미도 풀어야 한다. 안사고는 "작(作)이란 처음으로 창작해내는 바가 있는 것이고, 술은 그 뜻을 명확하게 풀어내고 순조롭게 행하는 것"이라고 풀이했다.

263 주나라는 하·은 두 나라를 보고서 덜어낼 것은 덜어내고 더할 것은 더했다는 말이다.

264 바로 앞의 문장과 연결된다. 제를 만들었다는 것은 예경(禮經) 삼백을 만들었다는 것이고 방을 만들었다는 것은 위의(威儀) 삼천을 만들었다는 것이다. 큰 예법과 세세한 예법을 만들어 그때마다의 일에 빈틈없이 임했다는 말이다. 『예기』에서는 "경례(經禮) 삼백 곡례(曲禮) 삼천"이라 했고 『중용(中庸)』에서는 "예의(禮儀) 삼백 위의(威儀) 삼천"이라고 했다. 『중용』도 원래는 『예기』에 있던 하나의 편이다.

265 『논어』「팔일(八佾)」편에 나오는 구절이다.

266 이는 『맹자(孟子)』「만장장구(萬章章句)」편에 나오는 말을 풀어쓴 것이다.

나라가 학문을 절멸시키는 때를 만나 드디어 어지러워지고 끊어지게 됐다.

예괘의 여섯 효[六爻]에 대한 주공의 말을 풀이한 공자의 「소상전」이다.

초륙(初六)은 울어대는 즐거움[鳴豫]이라고 한 것은 뜻이 궁색해 흉한 것이다[初六鳴豫 志窮凶也].

(육이(六二)는) 하루도 되지 않아 (단호하게) 행동하니 반듯하고 길하다고 한 것은 중정(中正)하기 때문이다[不終日貞吉 以中正也].

(육삼(六三)은) 우러러보며 즐거워함[盱豫]이 뉘우침이 있다는 것은 자리가 마땅하지 않기 때문이다[盱豫有悔 位不當也].

(구사(九四)는) 말미암아 즐거워함[由豫]이니 크게 얻음이 있다는 것은 뜻이 크게 행해지기 때문이다[由豫大有得 志大行也].

육오(六五)는 반듯하되 병이 있다고 한 것은 굳셈을 올라탔기[乘剛] 때문이고, 늘 잃지만 죽지는 않는다고 한 것은 중(中)을 잃지 않았기 때문이다[六五貞疾 乘剛也 恒不死 中未亡也].

(상륙(上六)은) 즐거움에 빠져 위에 있으니 어찌 오래 그럴 수 있겠는가[冥豫在上 何可長也]?

◉

예괘의 맨 아래 첫 음효에 대해 공자는 "초륙(初六)은 울어대는 즐거움[鳴豫]이라고 한 것은 뜻이 궁색해 흉한 것이다"라고 풀었다. 여기서는 흉한 이유를 구체적으로 밝혔다. '뜻이 궁색해'라는 것이다. 정이에 따르면 이는 음유한 자질로 맨 아래에 있으면서도 뜻은 너무 커서 그 즐거움을 누르지 못하고 소리를 내는 데까지 이른 것을 가리킨다. 그것은 결국은 교만과 방자함[驕肆] 때문이다.

초륙은 한마디로 소인이다. 그러면서 예괘의 주인[主]인 구사와 호응하고 있으니, 이는 낮은 지위의 소인이 권력을 가진 재상의 총애를 받아 설쳐대는 모습이다. 그 기쁨을 견디지 못하고 겉으로 소리를 질러대는 것이다. 한마디로 경박한 인간이 분수에 넘치는 권세를 갖게 되자 환호를 내지르는 모양[鳴豫]이니, 그래서 '뜻이 궁색해'라고 한 것이고 '흉하다'라고 한 것이다.

『순자(荀子)』「예론(禮論)」편에 이런 말이 나온다.

사람이 구차스럽게 삶만을 구한다면 반드시 죽게 될 것이다. 구차스럽게 이익만 찾는다면 반드시 손해를 볼 것이다. 구차스럽게 게으름 피우고 놀고먹는 것을 편안하게 여긴다면 반드시 위태로워질 것이다. 구차스럽게 감정의 쾌락만을 즐거움으로 삼는다면 반드시 멸망할 것이다.

그래서 사람이 예와 의로움[禮義 예의]에 입각해 한결같이 한다면 두 가지를 다 얻게 되고 감정에만 내맡길 경우 두 가지를 다 잃게 된다. (진정한) 유자(儒者)란 사람들로 하여금 이 두 가지를 다 얻게 해주는 사람이다.

그렇다면 구차함 혹은 구차스러움이란 무엇인가? 『논어』「양화」편에서 공자는 정곡을 찌른다.

비루한 사람[鄙夫 비부]과 함께 임금을 섬기는 것이 과연 가능할 수 있을 것인가? (벼슬을) 얻기 전엔 그것을 얻어보려고 걱정하고, 이미 얻고 나서는 그것을 잃을까 걱정한다. 정말로 잃을 것을 걱정할 경우 (그것을 잃지 않기 위해) 못하는 짓이 없을 것이다[無所不至 무소부지].

무소부지(無所不至)는 엄격히 풀이하면 도달하지 못할 곳이 없다는 말인데, 즉 자신의 것을 지키기 위해서라면 물불 안 가리고, 못 할 짓이 없다는 뜻이다. 『논어』에서 예가 있는 사람과 없는 사람을 나누는 척도 중의 하나인 유소불위(有所不爲), 무소불위(無所不爲)와 그대로 통한다. 뭔가 하지 않는 바가 있는 사람이 예를 아는 사람[知禮者 지례자]이고, 못할 것이 없는 사람이 예를 알지 못하는 사람[不知禮者 부지례자]이다. 공자는 "부지례자(不知禮者) 비명횡사(非命橫死)"라 했다.

임금이 아닌 재상이나 권간(權姦)의 밑에서 마구 위세를 부려대는 소인들이 바로 여기에 해당한다. 조선의 중종과 명종 시대를 살다간 진복창(陳復昌, ?~1563)이 그 전형적 인물로, 그의 생애는 비루함이 무엇인지 보여주기에 충분하다. 또 중국 한나라 때의 경방(京房, BC 77~37)은 역(易)에 능통하면서도 그런 삶을 살다가 비명횡사했다. 그들의 삶을 통해 예괘 초륙의 의미를 살펴보자.

진복창은 1535년(중종 30년) 문과에 장원으로 급제해 화려하게 벼슬길에 들어섰다. 이듬해 봉상시 주부라는 하급 관리에 임명됐는데 실록의 사관은 그에 대해 부정적인 평을 남기고 있다. 말단 관리에 대해 사관이 평을 실었다는 것 자체가 이례적이다. 1536년 3월 21일 자 실록이다.

김안로가 권세를 휘두를 때 이팽수(李彭壽)가 봉상시 참봉이었는데, 안로가 개고기구이를 좋아하는 줄 알고 날마다 개고기구이를 만들어 제공하며 마침내 안로의 추천을 받아 청현직(淸顯職)에 올랐다. 그 뒤에 진복창이 봉상시 주부가 돼서도 개고기구이로 안로의 뜻을 맞추어 온갖 요사스러운 짓을 다 하는가 하면 매번 좌중(座中)에서 안로가 개고기를 좋아하는 사실까지 자랑삼아 설명했으나 오히려 크게 쓰이지 못했으므로, 남의 구미(口味)를 맞추어 요행을 바라는 실력이 팽수만 못해서 그랬다고 말하는 이도 있었다.

그 후 진복창은 중종 때는 줄곧 사헌부 관리로 남아 있었다. 크게 나쁘지 않은 상황이었다고 할 수 있다.

명종 시대가 열리고 명종의 외삼촌 윤원형이 권세를 휘두르는 시절이 찾아왔다. 그냥 있을 진복창이 아니었다. 공자의 말대로 "이미 얻고 나서는 그것을 잃을까 걱정한다"라는 단계에 접어든 것이다. 명종 1년(1546) 4월 26일 진복창은 사헌부 장령(정4품)에 오르는데, 이때도 특이하게 사관의 평이 실려 있다.

진복창이 스스로 하료(下僚)에 침체되고 있는 것을 한스럽게 여기고 현달하는 길로 나가려는 꾀를 달성하기 위하여 당시 득세한 무리에게 붙어서 온갖 방법으로 매달린 끝에 얻어내고야 말았다. 헛된 명예가 전파되자 식자들은 그 간교(奸巧)함이 말할 수 없어서 끝내는 반드시 나라를 그르치고 말 것이라는 것을 알면서도 그를 추천한 자가 많아서 필경 막지를 못하고, 드디어 풍헌(風憲)을 맡는 자리에 들어가게 된 것이다. 이로부터 그는 교만하게 한 세상을 살면서 인물(人物)을 해치는 데 조금도 꺼리는 바가 없었다. 그러나 사람들은 그의 해독이 무서워서 감히 입을 열지 못했다.

훗날 그가 죽었을 때 사관은 그를 '독사(毒蛇)'라고 불렀는데, 실제로 명종 때 진복창이 보인 행적을 추적해보면 오히려 '독사'라는 별명도 칭찬에 가까울 정도다. 그는 사헌부와 사간원의 요직을 오가며 정적을 무자비하게 탄핵하고 퇴출시켰다. 그 뒤에는 윤원형이라는 당대 실세가 든든하게 버티고 있었다. 이후에도 홍문관 응교와 부제학을 거친 진복창은 명종 3년 2월 3일 마침내 사간원의 최고위직인 대사간에 오른다. 당시 실록의 사관은 "진복창은 권간(權奸) 이기(李芑)의 심복이 돼 그들의 지시에 따라 선한 사람을 마구 공격했는데, 그를 언론의 최고 책임자로 두었으니 국사(國事)가 한심스럽다"라고 평하고 있다. 이기는 윤원형의 최측근이다. 그해 4월 19일 대사헌 구수담이 당대의 실력자인 좌의정 이기의 부정부패를 정면으로 탄핵하고 나섰다. 구수담은 사림으로 내외의 신망이 두터운 인물이었고 진복창도 구수담에게 학문을 배운 바 있었다. 이때 대사간인 진복창도 구수담을 거들고 나섰다. 한때는 이기에게 빌붙어 영화를 누렸지만 이기가 윤원형의 견제를 받기 시작하자 미련 없이 배반한 것이다.

명종 4년 5월 진복창은 홍문관 부제학을 거쳐 마침내 대사헌에 오른다. 사람을 죽이고 살리는 자리를 맡은 것이다. 진복창은 대사간 때도 그랬지만 대사헌이 돼서도 적시에 여러 차례 사의를 표명하며 강직함을 과시했다. 문정왕후는 말할 것도 없고 명종도 여차하면 미련 없이 사직서를 내던지는 진복창의 이런 제스처에 감복할 수밖에 없었다. 사심이 없는 신하라고 오판했던 것이다.

진복창의 권력욕은 그칠 줄 몰랐다. 당시 병조판서 이준경은 윤원형도 함부로 못할 만큼 내외의 큰 신망을 얻는 인물이었다. 마침 사는 집도 가까워 진복창은 이준경과 친해지려고 무진 애를 썼다. 한번은 이준경의 친척인 이사증이 잔치를 베풀었는데 진복창이 이준경의 곁에 앉게 됐다. 이때 진복창은 술에 취해 이준경에게 "왜 구수담이 나를 저버렸는가?"라며 원망의 말을 했다. 이준경과 구수담은 아주 가까운 사이였다. 그런데 이날 잔치에 구수담의 며느리 집 여종이 일을 거들기 위해 왔다가 진복창이 하는 이야기를 엿듣고 구수담에게 전했다. 이에 구수담은 "조만간 나에게 큰 화가 닥칠 것"이라고 걱정했고, 얼마 지나지 않아 실제로 구수담은 진복창의 모함에 걸려 목숨을 잃게 된다.

게다가 뒤늦게 구수담이 자신이 한 말을 알게 됐다는 것을 전해 들은 진복창은 필시 이준경이 그 말을 흘린 것이라고 단정하고 이준경까지 미워하게 돼, 결국 이준경도 형 이윤경과 함께 일시적이나마 병조판서에서 쫓겨나 귀양살이를 해야 했다. 공자의 말대로 "정말로 잃을 것을 걱정할 경우 (그것을 잃지 않기 위해) 못하는 짓이 없을 것이다[無所不至]"라는 단계에 이른 것이다.

그러나 과유불급(過猶不及)이라 했던가? 과(過)도 구차함이다. 과공비례(過恭非禮)가 전형적이다. 사림의 존경을 받고 있던 사람들이 진복창의 공작에 의해 화를 입게 되자 홍문관 직제학 홍담을 비롯한 뜻있는 젊은 신료들이 들고일어났고, 이것이 계기가 돼 그동안 진복창의 손발 노릇을 하던 사헌부, 사간원까지 돌아섰다. 조정 대신들도 진복창을 멀리 내쳐야 한다는 의견을 계속 올렸다. 문정왕후의 통제하에 있던 명종은 한사코 "진복창은 강직하고 나라를 위하는 신하"라며 감싸려고 했지만, 현실 정치가이기도 했던 윤원형은 진복창을 더는 보호하다가는 화가 자신과 누님 문정왕후에게 미칠 것을 예감하고 진복창을 삼수로 유배 보냈다. 삼수갑산 하는 그 삼수다. 그곳에서 얼마 후 진복창은 젊은 나이로 생을 마쳤다. 비명횡사한 것이다.

역(易)으로 일가를 이뤘던 경방(京房)의 최후 또한 의미심장하다.

경방(京房)은 역(易)을 배웠고 양(梁)나라 사람 초연수(焦延壽)를 섬겼다. 그런데 연수(延壽)는 평소에 늘 이렇게 말했다.

"나의 도리를 배워서 그 때문에 자기 몸을 망칠 자는 분명 경생(京生-경방)이다."

연수의 학설은 특히 재변에서 뛰어났는데, 이는 『주역』의 64괘(卦)를 배분해 다시 하나의 효(爻)를 하루에 해당시켜 바람·비·추위·더위를 짚어보는 것으로 각각에는 점의 징험이 있었다. 방(房)은 그 방법을 쓰는 것이 훨씬 더 정교했다.

영광(永光), 건소(建昭) 연간에 서강(西羌)이 반란을 일으키고 일식이 일어났으며 또 태양이 오랫동안 푸른색이면서도 빛이 나지 않았고 흐리고 안개가 끼어 날씨가 맑지 않았다. 방이 여러 차례 소를 올려 장차 이런 일을 일어날 것임을 미리 앞서서 말한 바가 있었는데, 가깝게는 수개월, 멀게는 1년 정도면 그의 말이 여러 차례 적중하니 천자는 이에 감복했다. 여러 차례 불러서 만나보며 물었는데 이에 방은 다음과 같이 대답했다.

"옛날의 제왕들은 공로가 뛰어난 이를 들어 쓰니 만 가지 일이 다 성취되고 상서로운 호응이 나타났는데, 말세에는 비방을 받는지 칭찬을 받는지를 가지고 사람을 쓰니 공로와 업적은 폐기돼 재이가 나타나게 되는 것입니다. 마땅히 백관으로 하여금 각자 그 공로를 시험해 보게 한다면 재이는 멈출 수 있을 것입니다."

이때 중서령(中書令) 석현(石顯)이 권세를 마음대로 하고 있었는데[顓權=用事], 현의 친구 오록충종(五鹿充宗)이 상서령(尙書令)에 있으면서 방(房)과 같이 『주역(周易)』을 공부한 사람으로 이를 논의하면서 서로를 비난했다.

애초에 회양헌왕(淮陽憲王)의 외숙인 장박(張博)이 방에게 수학하고는 딸을 경방에게 시집보냈다. 방이 매번 조회에서 상을 뵙고 물러 나오면 번번이 박(博)에게 그 말을 전했다. 박은 그래서 상의 뜻은 방의 의견을 쓰려고 하는 것인데 여러 신하는 그것이 자신들에게 해롭다고 여겨 싫어했기 때문에 방을 배척하고 있다고 생각했다. 박이 말했다.

"회양왕은 상의 친동생으로 사람됨이 민첩하고 통달했으며 정치를 좋아해 나라를 위해 충성을 하고 싶어 하네, 그런데 지금 왕에게 글을 올리게 해 입조할 것을 요구하게 한다면 자네에게 도움이 될 것이야."

방이 말했다.

"불가능하지 않을까요?"

박이 말했다.

"전에 초왕(楚王)은 입조해 선비를 추천했는데 뭘 못하겠는가?"

박은 방으로부터 그의 다양한 재이의 학설을 적고서 방으로 하여금 회양왕이 올릴 상주문의 초안을 짓게 해 그것을 회양왕에게 주었다. 석현은 몰래 이 모든 것을 알아차리고도 방이 주상과 가까웠기 때문에 감히 아직은 발설하지 않고 있었다. 방이 도성을 떠나 군의 태수로 나가게 되자 현은 방과 장박이 서로 통모(通謀)해 정치를 비방하고 나쁜 일을 천자의 탓으로 돌리며 제후왕을 속여 오도했다고 고발했다. 역공을 당한 것이다. 결국 방과 박은 모두 기시됐다. 방이 죽었을 때 나이 41살이었다.

『한서(漢書)』를 지은 반고(班固)는 이런 경방에 대해 다음과 같은 평가를 남겼다.

"경방(京房)은 구차스럽게 총애를 얻기는 했으나 일의 얕고 깊음을 헤아리지 못하고 위태로운 말로 기롱을 하다가 강한 신하들에게 원망을 품게 만들어, 큰 죄가 아니었음에도 결국 주도면밀하지 못해 몸을 잃었으니 슬프도다!"

반고의 평을 곱씹어야 하는 이유는 "주도면밀하지 못해 몸을 잃었다"라는 말 때문이다. 이 말은 바로 경방이 그토록 파고들었던 『주역』「계사전」에 나오는 말의 일부다. "임금이 주도면밀하지 못하면 (좋은) 신하를 잃게 되고[失臣], 신하가 주도면밀하지 못하면 몸을 잃게 된다[失身(실신)]."

다시 조선으로 돌아가자. 태종 9년(1409) 8월 19일의 일이다.

> 정도복(鄭道復)을 인녕부 사윤(仁寧府司尹)[267]으로 삼았다. 도복(道復)은 정도전(鄭道傳)의 아우인데 바야흐로 도전(道傳)이 나랏일을 맡아 그 세력이 조야(朝野)를 누를 때 (그 아우) 도복을 불러 서울에 오게 하니 도복이 사양하며 말했다.
>
> "세력과 지위는 오래가기 어려우니 믿을 수 없는 것입니다. 또 우리는 한미(寒微)한 가문(家門)인데 영화(榮華)가 이미 지극합니다. 다시 무엇을 바라겠습니까? 마땅히 낚시질하고 밭을 갈며 내 천년(天年)을 마치겠습니다. 청컨대 형(兄)은 (저를 부르느라) 번거롭게 하지 마소서."
>
> 뒤에 (경상도) 성주(星州) 유학 교수관(儒學教授官)이 돼 7년이나 있어 오래됐으므로 부름을 받았다.

정도복이야말로 예괘 초륙에 담긴 경계의 의미를 제대로 알고 실행한 인물이라 할 것이다.

예괘의 밑에서 두 번째 음효에 대해 공자는 "하루도 되지 않아 (단호하게) 행동하니 반듯하고 길하다고 한 것은 중정(中正)하기 때문이다"라고 풀었다. 예(豫)란 즐거움[樂(낙)]이다. 즐거움은 적절함[中(중)]을 유지하는 것이 중요하다. 『논어』 「팔일」편에서 낙이불음(樂而不淫), 즉 즐기되 어지러워지는 지경에는 빠지지 말라고 했다. 이 점을 염두에 두고 "절개가 돌과 같아 하루도 되지 않아 (단호하게) 행동하니 반듯하고 길하다[介于石(개우석) 不終日(부종일) 貞吉(정길)]"라고 한 주공의 효사에 대한 정이의 풀이부터 보자. 조금 길지만, 그 뜻이 깊다.

> 편안하게 즐기는 도리[逸豫之道(일예지도)]는 풀어놓을 경우 바름을 잃게 되니[失正(실정)], 그래서 예괘의 여러 효는 바름을 얻지 못했다. 이는 음효의 자질들이 그 상황[時(시)]과 부합하기 때문이다. 오로지 육이 하나의 효만이 중정(中正)에 처해 있고 또 (육오도 같은 음효라) 호응하는 바

267 사윤(司尹)은 조선 시대 경흥부(敬興府)·경승부(敬承府) 등에 두었던 정3품 벼슬이다.

도 없어[無應] 스스로 절도를 지키고 있는[自守] 모습이다. (대부분이) 즐기는 때[豫之時]를 맞아 홀로 중정함으로 자신을 지켜내니 말 그대로 우뚝 서 있는 지조라 할 만하다. 이는 그 절개가 마치 돌처럼 견고한 것이다. '절개가 돌과 같아[介于石]'라고 한 것은 그 절개가 돌과 같다는 것이다. 대부분 사람은 즐거움 속에 있게 되면 마음속으로 기뻐하게 되니, 그래서 조금씩 조금씩 그쪽으로 가서[遲遲=漸漸] 드디어 탐욕에 빠지고 연연하게 돼[耽戀] 그칠 수가 없다. (그런데) 육이는 중정의 다움을 갖고서 스스로를 지켜내는 것이 돌과 같아 그 향락의 도가니에서 벗어나기를 하루가 끝나기를 기다리지 않으므로 반듯하고 바르며[貞正] 길하다고 한 것이다. 즐거움에 처했을 때는 안일함으로 빠져서도 안 되고 더욱이 오래 빠져 있어도 안 된다. 오래 지속하면 탐욕에 빠진다.

여기서 잠깐, 마지막 문장을 음미하자. 즐거움에 처했을 때 일반적으로 오래 지속하다 보면 그 즐거움을 적정 수준에서 계속 유지하지 못하고 지나쳐[過] 탐욕과 쾌락에 빠지게 된다. 『논어』「이인」편에 나오는 공자의 말이 바로 그것이다.

어질지 못한 사람[不仁者]은 (인이나 예를 통해 자신을) 다잡는[約] 데 (잠시 처해 있을 수는 있어도) 오랫동안[久] 처해 있을 수 없고, 좋은 것을 즐기는[樂] 데도 (조금 지나면 극단으로 흘러) 오랫동안[長] 처해 있을 수 없다.

정확히 이 문맥이다. 다시 정이의 풀이로 돌아가자. 보다 중요한 이야기가 시작된다. 즉 기미와 관련된 이야기다. 이미 공자는 「계사전」에서 이렇게 말한 바 있다.

무릇 역(易)이란 빼어난 이가 (일과 사물을) 끝까지 깊게 파고들어[極深] (앞으로 올 일의) 기미나 조짐을 면밀하게 살피는 것[研幾=審幾]이다.[268]
아! 깊도다, 그 때문에 능히 천하의 뜻[天下之志]과 통할 수 있다.
아! 은미하도다[幾=微], 그 때문에 능히 천하의 일[天下之務]을 이뤄낼 수 있다.

---

268 주희가 말했다. "끝까지 깊게 파고드는 것이 '지극히 정밀한 것[至精]'이고 기미나 조짐을 면밀하게 살피는 것이 '지극히 달라질 줄 아는 것[至變]'이다."

아! 신묘하도다, 그 때문에 서두르지 않아도 빠르고[不疾而速] 가지 않는데도 이르게 된다[不行而至].

이 점을 염두에 두고서 정이는 풀이를 이어간다.

육이의 경우에는 이른바 조짐이나 기미[幾=兆]를 보고서 일어나 떠나가는 사람[見幾而作者]이라고 할 수 있다. 공자는 육이가 조짐을 보는 모습을 갖고서 기미를 알아차리는 도리[知幾之道]에 대해 「계사전(繫辭傳)」에서 극진하게 말했다.
"공자가 말했다. 기미나 조짐을 안다[知幾]는 것은 아마도 신묘하다[神]고 할 수 있으리라! 군자는 위와 사귐에 있어 아첨하지 않고[不諂] 아래와 사귐에 있어 함부로 하지 않으니[不瀆][269], 아마도 기미나 조짐을 안다고 할 수 있을 것이다. 기미나 조짐[幾=幾微]이란 (일을 하기 위해) 움직임에 있어서의 은미함[微=隱微]이자 길함(이나 흉함)이 먼저 나타나는 것이다. 군자는 기미를 보고서 일어나지[作=去], 하루를 마칠 때까지[終日] 기다리지 않는다. 역(易)에 이르기를 '절개가 돌과 같아 하루도 되지 않아 (단호하게) 행동하니 반듯하고 길하다[貞吉]'라고 했다. 절개가 돌처럼 확고한데 어찌 하루 종일 기다리겠는가? 단연코 알 수 있다. 군자는 기미를 알고[知微] 훤히 드러나 있는 것을 알며[知彰] 부드러움을 알고[知柔] 굳셈을 알고 있으니[知剛], 모든 장부[萬夫]가 우러러본다."

기미를 알아차린다는 것은 조짐을 미리[豫] 알아차린다는 뜻이다. 미리라는 의미로서의 예(豫)가 여기서는 강조되고 있다. 기미를 미리 알아차리고 미련 없이 떠나는 모습은 공자 자신이 『논어』 「미자(微子)」편에서 보여준다.

제나라의 군주 경공(景公)이 공자를 대우하려는 마음으로 이렇게 말했다.
"만일 계씨처럼 해야 한다면 내 불가능하겠지만 계씨와 맹씨의 중간으로는 대우할 수 있다."
그리고 또 말했다.

---

269 위와 아래에 대해 늘 이런 마음을 갖고 있는 사람이라야 기미를 잘 읽어낼 수 있다.

"내가 늙어서 쓸 수는 없다."

이에 공자는 일어나 떠나버렸다.

이는 대우의 경중(輕重) 때문이 아니고 '공자의 말씀'을 쓰지 못할 것으로 미리 판단했기 때문에 떠나간 것이다. 경공의 말이 너무도 쉽게 오락가락하는 것을 보고서 기미를 읽어낸 것이다. 다시 정이의 풀이다.

일의 기미를 볼 줄 아는 것은 신묘하다 할 것이다. 군자가 윗사람과 교제하는 데 아첨에 이르지 않고 아랫사람과 교제하는 데 함부로 함[瀆=侮]에 이르지 않는 것은 기미를 알기 때문이다. 기미를 알지 못하면 지나침에 이르러도 그치지 않으니, 윗사람을 사귈 때 공손함으로 하는 것이 지나치면 아첨이 되고 아랫사람을 사귈 때 화합하고 쉽게 대하는 것이 지나치면 함부로 함[冒瀆]이 된다. 군자는 기미를 알기 때문에 과도함에 이르지 않는다.

이 말은 대단히 중요하다. 공자는 윗사람을 섬길 때는 '예를 다하라[盡禮]'고 했고 아랫사람을 대할 때는 '예로써 대우하라[禮待]'고 했다. 위아래는 권력이나 부가 아니라 일의 이치[事理=禮]로 맺어진 관계라고 보았기 때문이다. 『논어』「팔일」편에 나란히 나오는 두 대화다.

임금을 섬기는 데는 예를 다하라.

정공(定公)이 물었다.

"임금은 신하를 어떻게 부려야 하고 신하는 임금을 어떻게 섬겨야 하는가?"

공자가 대답했다.

"임금은 신하를 예로써[以禮] 부리고 신하는 군주를 충(忠)으로 섬겨야 합니다."

다시 정이의 풀이다.

이른바 기미란 처음 움직일 때의 미묘함[始動之微]이니, 이를 통해 길함과 흉함의 실마리를 먼저 볼 수 있으나[先見(선견)] 아직은 드러나 있지 않은 것이다. 오직 길함만을 말했으니, 드러나기 전에 미리 알아차렸다면 어찌 다시 흉함에 이르겠는가? 군자는 눈 밝고 지혜로워[明哲(명철)] 일의 기미를 보기 때문에 그 절도가 돌과 같을 수 있다. 그것을 지키는 데 견고할 수 있다면 미혹되지 않고, 눈 밝아[不惑而明(불혹 이 명)] 기미를 보고서 움직이니 어찌 하루가 가기를 기다리겠는가? 단호함[斷(단)]이란 판별하는 것[別(별)]이다. 그것이 판이하게 구별됨을 볼 수 있는 것이다. 은미함과 드러남, 부드러움과 굳셈은 서로 대립되는 것이다. 군자는 은미함을 보고서 드러남을 알며 부드러움을 보고서 굳셈을 아니, 기미를 보는 것이 이와 같아서 모두가 우러러보므로 "모든 장부[萬夫(만부)]가 우러러본다"라고 한 것이다.

『논어』에서 공자가 기미를 보고서 일어나 떠나는 장면 하나를 더 살펴보자. 「위령공(衛靈公)」편이다.

위나라 영공이 공자에게 진법에 관해 묻자 공자는 이렇게 말했다.
"제사 지내는 일에 관해서는 일찍이 들어본 적이 있지만, 군사를 다루는 일은 배우지 못했습니다."
그리고 다음 날 위나라를 떠났다.

정약용은 이렇게 말했다.

당시 위(衛)나라가 무도하여 진(晉)나라와 사이가 나빴는데, 해를 이어 군사를 결합하고 진법을 물어 장차 원한을 갚으려 했다. 공자는 이 계략의 모주(謀主)가 되고 싶지 않았기 때문에 임기응변의 말로 모면한 것이다.

문맥을 보면 공자가 진법(陣法)을 정말로 전혀 몰랐다기보다는 무도한 영공(靈公)에게 조금이라도 도움을 주고 싶지 않아서 이렇게 말했다고 봐야 한다. 이에 대한 윤돈(尹焞)의 풀이다. "위령공은 무도한 군주인데 또 전쟁하고 정벌하는 일에 뜻을 두었다. 그러므로 배우지 못했다고 답하고 떠나신 것이다."

공자는 모른다[不知(부지)]고 하지 않고 배우지 못했다[不學(불학)]고 했다. 거짓말은 하지 않은 것이다.

이번에는 『춘추좌씨전』에 나오는 기미를 알아 미래를 판단하는 사례를 살펴보고 다음 효로 넘어가자.

> 『좌전(左傳)』에서 이렇게 말했다. "진나라 군대가 주나라 북문을 지나갈 때 (천왕에게 경의를 표하기 위해) 좌우 사람들이 투구를 벗고 수레에서 내렸다가 뛰어올라 타는[超乘초승] 수레의 수가 300승(乘)이었다. 왕손만은 아직 어렸는데 그것을 지켜보다가 왕에게 말했다. '진나라 군대가 가볍고[輕경] 예가 없으니 반드시 패할 것입니다. 가벼우면 계책이 모자라고 예가 없으면 생각이 치밀하지 못한 것이니, 험한 곳에 들어가서 치밀하지 못하고 또 계책도 없다면 어찌 패전하지 않을 수 있겠습니까?'"

두예(杜預)가 말했다. "천자의 왕성 문을 지나면서 갑옷을 벗어 말고 무기를 한군데 모아 싸울 뜻이 없다는 것을 보이지[卷甲束兵권갑속병] 않고서 수레에 뛰어오른 것은 용맹을 과시하려 한 것이다." 진나라 군대의 교만함을 통해, 즉 무례함을 통해 그 군대가 전쟁에서 패하게 될 것임을 미리 읽어낸 것이다.

예괘의 밑에서 세 번째 음효에 대해 공자는 "우러러보며 즐거워함[盱豫우예]이 뉘우침이 있다는 것은 자리가 마땅하지 않기 때문이다"라고 풀었다. 육삼은 하괘의 맨 위에 있으니 지나친 자리[過位과위]이며, 음효로 양위에 있으니 자리 또한 바르지 않다. 그러면서 '우러러본다'라고 했는데, 이는 바로 위의 구사(九四)를 올려다보는 것이다. 구사는 예괘의 주인이라 했다. 효사에서 '머뭇거려도 뉘우침이 있다'라는 말은 어차피 구사가 받아주지 않을 것이니 서둘러 뉘우쳐야 하는데, 그런 뉘우침마저 머뭇거리다가는 더 크게 후회하게 된다는 말이다. 왜 구사가 받아주지 않을까? 구사는 같은 값이면 초륙을 받아주지 바로 아래에서 치받으려 하고 또 하괘의 맨 위라 하여 거만한 육삼을 받아줄 이유가 없다.

이런 상황에 처했을 때, 혹은 이런 처지에 있는 사람은 조심하고 또 조심하며 서둘러 바른 도리로 나아가야 그나마 뉘우칠 일이 줄어든다. 한마디로 아첨을 하는데도 위로부터 총애를 못 얻는 사람을 상징하는 효(爻)라고 하겠다.

예괘의 밑에서 네 번째 양효에 대해 공자는 "말미암아 즐거워함[由豫유예]이니 크게 얻음이 있다는 것은 뜻이 크게 행해지기 때문이다"라고 풀었다. 주공의 효사는 "말미암아 즐거워함[由豫]이니 크게 얻음이 있고, 의심하지 않으면 뜻이 같은 벗[朋=同志之友]들이 모여든다[由豫大有得 勿疑 朋盍簪]"다. 이는 자기로 말미암아 천하를 즐겁게 하는 것이다. 과연 스스로 어떻게 해야 천하가 즐거워하고 붕우들이 몰려들까? 이 점에 초점을 맞춰 효사에 대한 정이의 풀이부터 살펴보자.

> 예괘가 즐거움[豫=樂]이 된 까닭은 바로 구사로 말미암아[由]서다. 움직임이나 일을 행함의 주인[主]이 돼 일단 움직이게 되면 여러 음효가 기뻐하면서 고분고분하니 예(豫)의 뜻이 되고, 구사는 재상이나 대신의 자리이니 육오의 군주가 순종하고 자신은 양강(陽剛)으로서 임금의 일을 떠맡으니 즐거움이 이로 말미암아 일어난다. 이 때문에 '말미암아 즐거워함[由豫]'이라고 한 것이다.
>
> '크게 얻음이 있다'라는 것은 그 뜻을 크게 행해 천하를 모두 즐겁게 한다는 뜻이다.

"의심하지 않으면 뜻이 같은 벗[朋=同志之友]들이 모여든다"에 대해서는 두 가지 상반된 해석이 있다. 하나는 물의(勿疑)를 '의심받지 않는 것'으로 보는 입장이고, 또 하나는 '의심하지 않는 것'으로 보는 입장이다. 정이는 전자의 입장이다.

> 구사는 대신의 지위에 있고 유약한 군주를 받들어 세상의 소임을 담당하기 때문에 위태롭고 의심을 일으킬 수 있는 자리다. 홀로 윗사람의 신임을 감당하면서도 아래로 다움이 같은 사람[同德]들의 도움이 없기 때문에 의심을 받게 되지만, 오직 마땅히 그 지극한 열렬함[至誠]을 다해 의심과 우려를 없애면 동료들이 저절로 모여들 것이다. 윗사람과 아랫사람의 신임을 얻고자 하면 오직 지극한 진실과 정성을 다할 뿐이다. 지극한 열렬함을 다한다면 도움이 없는 것을 어찌 근심하겠는가? 잠(簪)이란 모이는 것이다. 잠이 비녀를 뜻하는 것도 머리를 묶어주는 물건이기 때문이다.

또 하나는 호원의 해석이다.

> 구사효는 천하를 기쁘고 즐겁게 할 수 있는 권세를 가지고 군중이 자기에게 와서 따르지

만, 반드시 천하의 여러 재능 있는 사람들을 의지하여 세상의 사업을 함께 이뤄야 한다. 여러 재능 있는 사람이 자신을 따랐다면 자신은 반드시 지극한 열렬함을 다해 신임하되 조금도 의혹하는 마음을 가지지 않는다면, 그들은 동지들을 이끌고 귀한 사람들과 합치하러 올 것이다.

크게 중요한 것은 아니다. 학자들의 해석 싸움일 뿐이다. 우리 역사에서 바로 이 예괘의 구사(九四)에 해당하는 인물은 논란의 여지 없이 '난세의 명재상' 이준경(李浚慶, 1499~1572)이다.

오랜 폭정이 난무하면서 썩어 문드러진 명종(明宗) 시대를 지나면서도 인재는 남아 있었다. 영의정 이준경이 대표적인 경우다. 그는 말 그대로 진흙탕 속의 진주였다. 이준경은 세조와 성종 때 크게 번성했던 광주(廣州) 이씨의 후손이었다. 증조할아버지 이극감은 형조판서를 지냈고 할아버지 이세좌도 중추부 판사를 역임했던 조정 대신이었다. 그의 아버지 이수정은 홍문관 부수찬을 지냈다.

그의 나이 6세 때, 즉 연산군 10년(1504) 갑자사화가 일어났다. 할아버지와 아버지가 이에 연루돼 유배를 갔으나 2년 뒤 중종반정이 일어나는 바람에 풀려날 수 있었다. 어려서부터 집안의 분위기가 어떠했으리라는 것은 쉽게 짐작할 수 있다. 실록은 "준경은 어릴 때부터 뜻이 높고 비범했으며 체격이 웅대하여 많은 선비 사이에 이름이 있었다"라고 평하고 있다.

다른 사람들에 비해 다소 늦은 중종 26년(1531) 문과에 급제해 주로 홍문관에서 경력을 쌓았다. 1533년에는 1519년에 일어난 을묘사화로 화를 당한 사림들의 신원(伸寃)을 주장하다가 파직돼 5년 동안 독서를 하며 지내기도 했다. 강직하기로는 그의 형 이윤경이 한 수 위였다. 두 사람 모두 관리로서 청렴과 엄중함이 뛰어나 두 봉황새라는 뜻에서 '이봉(二鳳)'으로 불렸다.

1537년 호조좌랑으로 복직한 후 홍문관과 사헌부 등의 요직을 두루 거쳤고 성균관 대사성에까지 올랐다. 흥미로운 점은 이런 강직한 성품에도 불구하고 문정왕후와 윤원형이 설쳐대던 명종 정권하에서도 승승장구했다는 것이다. 명종 3년에는 요직 중의 요직인 병조판서까지 올랐다. 한때 윤원형과 가까운 이기의 모함을 받아 충청도 보은으로 유배를 가기도 했지만, 이듬해 풀려났고 그 후 형조·병조·이조·공조판서 등을 두루 역임한다. 명종 10년(1555) 을묘왜변이 일어났을 때는 도순찰사를 맡아 성공적으로 왜적을 물리쳤다. 이 공으로 우찬성에 올랐고, 이후 좌찬성·우의정·좌의정을 거쳐 1565년(명종 20년) 마침내 영의정까지 이른다.

여기서 의문이 든다. 이런 강직한 인물이 어떻게 윤원형의 공세를 피할 수 있었을까? 그것은 을사년(1545) 인종이 사망한 직후로 거슬러 올라간다. 이때 신하들은 문정왕후에게 알리지도 않고 윤원형의 형 윤원로를 제거하기로 했다. 그러나 당시 한성부 우윤이던 이준경은 "대비가 위에 계시는데 어찌 품의도 하지 않고 마음대로 그 동기를 주살할 수 있겠는가?"라고 반대해 논의를 중단시켰다. 이 일이 아니었으면 그도 을사사화의 희생자가 됐을 것이 분명하다. 그러나 이 일을 윤원형이 고맙게 생각해 평안감사로 좌천시키는 선에서 마무리했고, 그 후 정승에까지 오를 수 있었다. 물론 그렇다고 해서 이준경이 윤원형에게 아부하거나 하지는 않았다. 실록은 "준경은 조정에서 꼿꼿하게 집정(執政)하며 끝내 굽히는 일이 없었다"라고 적고 있다. 윤원형으로서도 함부로 할 수 없는 대단한 카리스마의 소유자였던 것이다.

이준경을 기억해야 하는 첫 번째 이유는 명종이 급서(急逝)하는 바람에 왕위에 공백이 생길 뻔했으나 영의정으로서 공평무사하게 새 임금을 뽑아 올린 점 때문이다. 이런 경우 흔히 신하들은 자신들이 즉위 과정에서 세운 공로를 내세우려 하지만 이준경은 당연한 일 처리라 여겨 조금도 자신을 내세우지 않았다. 그렇게 해서 명종의 뒤를 이은 인물이 문제의 선조(宣祖)다.

선조의 집권에 결정적인 공을 세운 이준경은 원상(院相)이 돼 미숙한 선조가 국왕으로서 자리 잡는 데 결정적인 도움을 준다. 그는 선조 1년 기묘사화로 화를 입은 조광조의 관작(官爵)을 늦게나마 추증했고 노수신·유희춘 등 을사사화의 피해자들을 유배에서 풀어주고 관작을 회복시켜주었다.

선조를 왕으로 추대한 것, 훈구 세력을 내몰고 그 자리에 사림 세력을 세운 것이 과연 조선 역사를 더 빛나게 했는지 분명 논란이 있겠지만 그것은 당시로서는 누구나 바라던 일이었고 이준경은 강한 의지와 노련함으로 그 문제를 해결했다.

선조 정권을 안정시키는 임무는 전적으로 영의정 이준경의 손에 놓이게 됐다. 이준경은 가장 먼저 이황을 선조의 스승으로 삼아 학문을 전수하려 했다. 이황을 예문관 대제학에 제수했다. 그러나 이황은 처음에는 한사코 사양했다. 자신은 병약하고 현실 정치를 모른다는 이유였다. 계속되는 강청에 결국 이황은 한양으로 올라온다. 이때의 일화가 있다.

이황이 한양에 들어왔을 때 사대부가 아침저녁으로 그의 문전을 찾아가니, 이황은 한결같이 모두 예로 접대했다. 최후에 준경을 찾아가 인사하자 준경이 말하기를 "도성에 들어오신 지 오래됐는데 어찌 이제야 찾아오십니까?" 하니 이황이 사대부들을 응접하느라 그럴 틈이 없었다고 하자, 이준경이 언짢아하며 "지난 기묘년에도 선비의 풍조가 이러했으나 그 가운데도 염소 몸에 호랑이 껍질을 뒤집어쓴 자가 있었으므로, 사화가 이로 인하여 일어났습니다. 조정암(趙靜庵-조광조) 이외에 그 누구도 나는 인정하지 않습니다"라고 말했다. 사림들의 패거리 짓기에 대한 경고의 말이었다. 그 의미를 이황이 모를 리 없었다.

선조 5년 7월 영의정에서 물러나 있던 이준경도 눈을 감는다. "이 늙은이 흙 속으로 돌아가며 전하께 4건을 당부드립니다"로 시작하는 유명한 유언을 남긴다. 거기에는 자신이 국왕으로 만든 선조에 대한 이준경의 솔직한 인식과 앞으로 예상되는 문제가 적나라하게 드러나 있다.

> 첫째, 제왕은 무엇보다도 학문하는 일이 가장 큽니다. 정자(程子)가 "함양 공부는 경(敬)으로 해야 하고 학문을 진취시키려면 치지(致知)해야 한다" 했습니다. 전하의 학문은 치지의 공력 면에서는 보통 이상의 수준이라고 하겠지만 함양의 힘은 미치지 못하는 점이 많습니다. 그래서 말을 하는 것이 매우 준엄하시고 아랫사람을 대할 때 포용하고 공순한 기상이 적으시니, 전하께서는 이 점에 더 노력하소서.
>
> 둘째, 아랫사람을 대할 때는 위의(威儀)가 있어야 합니다. 신은 듣건대 "천자는 목목(穆穆-단정하고 엄숙한 모습)하고 제후는 황황(皇皇-활달하고 생기가 넘치는 모습)하다" 했으니, 위의를 차리시는 일을 삼가지 않아서는 안 됩니다. 신하가 진언하는 경우에는 마땅히 너그러이 포용하여 예우해주셔야 합니다. 아무리 뜻에 거슬리는 말이 있더라도 때로 영기(英氣)를 드러내 주의를 환기시키는 일은 있으실지언정, 사사건건 직설적으로 드러내면서 스스로 잘난 체하는 것을 아랫사람들에게 보여서는 안 됩니다. 계속 지금처럼 하신다면 백관이 맥이 풀려 수없이 터지는 잘못을 이루 다 바로잡지 못할 것입니다.
>
> 셋째, 군자와 소인을 분간하는 일입니다. 신은 듣건대 군자와 소인은 본디 정해진 명분이

있어 숨길 수 없다고 했습니다. 옛날 당 문종(唐文宗)이나 송 인종(宋仁宗)은 애당초 군자와 소인을 모르지는 않았으나 사당(私黨)에 이끌려 그들을 분간하여 쓰지 못했기 때문에, 마침내 시비에 어두워져 조정이 불안정한 결과를 초래했습니다. 참으로 군자라면 아무리 소인이 공격하는 일이 있더라도 뽑아 써 의심하지 마시고, 참으로 소인이라면 비록 사정(私情)이 있으시더라도 단호히 물리쳐 멀리하여야 합니다. 이와 같이 한다면 어찌 하북 조정(河北朝廷-당파 싸움이 심했던 중국의 북송) 같은 어려움이 있겠습니까.

넷째, 사사로운 붕당을 깨뜨려야 합니다. 신이 보건대, 오늘날 사람들은 간혹 잘못된 행실이나 법에 어긋난 일이 없는 사람이 있더라도 말 한마디가 자기 뜻에 맞지 않으면 배척하여 용납하지 않으며, 행검을 유의하지 않고 독서를 힘쓰지 않더라도 고담대언(高談大言)으로 붕당을 맺는 자에 대해서는 고상한 풍치로 여겨 마침내 허위 풍조를 빚어내고 말았습니다. 군자는 모두 조정에서 집정(執政)하게 하여 의심하지 말고 소인은 방치하여 자기들끼리 어울리게 해야 하니, 지금은 곧 전하께서 공정하게 듣고 두루 살펴 힘써 이 폐단을 없앨 때입니다. 그렇지 않으면 끝내는 반드시 국가의 구제하기 어려운 걱정거리가 될 것입니다.

하나하나가 다 인간 선조를 꿰뚫어본 조언(助言)이었다. 어쩌면 선조가 5년여의 집권 기간을 통해 보여주고 있는 병폐였는지 모른다. 다른 사람이 이런 글을 올렸더라면 죽음을 면치 못했을 것이다.

중국 역사에서 예괘의 구사(九四)에 해당하는 인물은 한나라 때의 곽광(霍光, ?~BC 68)이다.

무제(武帝)는 만년에 간신들의 험담을 믿고 태자 유거(劉据)를 죽였다. 나중에 이를 매우 후회했으나 소용이 없는 일이었다. 하는 수 없이 구익부인(鉤弋夫人)의 소생인 유불릉(劉弗陵)을 태자로 올려놓았는데, 나이가 겨우 일곱 살이었다. 아무래도 믿음직한 충신을 골라 태자를 보필하게 해야겠다고 생각한 무제는 화공을 불러 '주공이 성왕을 업고 제후들을 만나는 그림'을 한 폭 그리게 하여 곽광(霍光)에게 주었다. 그리고 후궁이 나라 정사에 함부로 간섭하고 권력을 휘두르던 선례를 밟지 않기 위해 구익부인에게 스스로 목숨을 끊게 했다. 기원전 87년 무제는 병이 위중해지자 곽광을 불러 새 왕을 보필할 것을 당부했다. 곽광은 눈물을 흘리며 어명을 받았다.

무제가 세상을 떠난 후 소제 유불릉이 즉위했는데 나이가 겨우 여덟 살이었다. 그래서 조정 대사는 모두 곽광이 결정했다. 당시 상관걸(上官桀)과 곽광은 모두 무제의 유명을 받아 어린 왕을 보필하는 보정대신(補政大臣)들이었다. 그런데 상관걸은 곽광이 모든 권력을 틀어쥐고 내놓지 않아 자신이 허수아비가 됐다고 생각하여 소제의 큰누이인 개장공주와 함께 곽광을 몰아낼 계책을 밀모했다. 또한 연왕 유단(劉旦-황제의 형)과 야합해 천방백계(千方百計)로 곽광을 모해하려고 했다.

기원전 81년, 곽광은 우림군(羽林軍)을 검열했다. 검열이 끝난 다음에 그는 교위 한 사람을 자기 부중으로 불렀다. 이때가 절호의 기회라고 생각한 상관걸은 거짓으로 연왕 유단의 상주서를 올려서 곽광이 반역을 꾀하고 있다고 고했다. 소제는 상주서를 몇 번 자세히 읽어 보고는 아무 말 없이 용상 옆에 놔두었다. 이튿날 조회에 나간 소제는 곽광이 보이지 않자 "대장군은 어디 있소?" 하고 물었다. 그러자 상관걸이 속으로 기뻐하면서 이렇게 아뢰었다. "연왕이 대장군을 고발했다는 소식을 듣고 지금 편전(偏殿)에서 감히 조회에 나오지 못하고 있습니다."

그때 곽광은 자기를 고발했다는 것을 알고 금란전(金鑾殿-황제가 조회를 보는 궁궐)에는 감히 들어가지 못하고 편전에서 서성거리고 있었다. 소제는 내시를 불러 곽광을 금란전으로 불러들였다. 곽광은 관을 벗고 머리를 조아리며 죄를 빌었다. 그러자 소제는 "대장군은 어서 일어나시오" 하고는 상주서를 가리키면서 "이 상주서는 가짜요. 대장군을 모함하려고 만든 것이오" 하고 말했다. "폐하께서는 어떻게 아십니까?" 곽광이 기뻐하며 물었다. "대장군께서 우림군을 검열한 곳은 장안 부근이고, 교위를 부른 일도 열흘도 안 되는 요사이 일이오. 그런데 연왕은 연경에 있지 않소? 연경과 장안은 몇천 리나 멀리 떨어져 있는데 그사이에 연왕이 어떻게 이 일을 안단 말이오. 알았다 해도, 그래서 즉시 파발마를 띄웠다고 해도 그사이 어떻게 여기 장안까지 올 수 있단 말이오. 또 하나, 대장군이 반란을 일으키려면 그런 교위를 불러야 할 필요가 뭐 있겠소? 이것은 누군가가 대장군을 모해하려고 연왕의 상주서를 조작한 것이 분명하오. 짐이 비록 나이는 어리지만 그렇게 쉽게 남에게 기만당하지는 않소."

상관걸은 이 계책이 실패로 끝나자 아예 곽광을 암살하려 했다. 그는 개장공주와 밀모하여 미리 도부수(刀斧手)들을 숨겨놓고 곽광을 연회로 불렀다. 곽광이 술이 거나하게 취했을 때 도부수들이 몰려나와 살해하려 했던 것이다. 그런데 다행히도 간의대부 두연년(杜延

> 年)이 이를 알고 급히 곽광에게 알려주었다. 곽광은 즉시 소제에게 이 일을 아뢰었다. 소제는 승상에게 명해 군사를 거느리고 가서 상관걸과 그의 무리를 모두 잡아 죽이게 했다.
>
> 기원전 74년, 어려서부터 총명했던 소제가 병으로 죽었다. 그때 나이 겨우 21세였다. 소제는 아들이 없었다. 곽광을 비롯한 대신들과 황후가 논의한 끝에 무제의 손자인 창읍왕(昌邑王) 유하(劉賀)를 황제로 세우기로 했다. 사신이 창읍에 이르렀을 때는 한밤중이라 유하는 잠을 자고 있었다. 조서를 받은 그는 황제가 됐다는 사실에 기뻐서 어쩔 줄을 몰라 했다.
>
> 유하는 경성으로 올라오는 길에서부터 음탕한 행동을 했고, 황위에 오른 다음에는 더 말할 나위도 없이 음탕한 생활을 했다. 그것을 본 곽광은 애가 탔고, 대사농(大司農) 전연년(田延年)과 의논하여 마침내 유하를 폐위시키기로 했다. 이렇게 하여 유하를 폐위시킨 다음에 무제 유철의 증손자 유순(劉詢)을 황위에 올려놓았는데, 그가 바로 선제(宣帝)다. 선제는 무릇 조정의 공무는 우선 대장군 곽광에게 청한 다음 황상에게 다시 청하라는 어명을 내렸다. 이렇게 해서 곽광의 지위는 더욱 높아졌다.

흥미로운 것은 이준경이 올린 임금이 선조(宣祖), 곽광이 올린 천자가 선제(宣帝)라는 사실이다.

예괘의 밑에서 다섯 번째 음효에 대해 공자는 "반듯하되 병이 있다고 한 것은 굳셈을 올라탔기[乘剛](승강) 때문이고, 늘 앓지만 죽지는 않는다고 한 것은 중(中)을 잃지 않았기 때문이다"라고 풀었다. 정이의 풀이다.

> 음유(陰柔)의 자질로 군주의 자리에 있으니, 즐거워하는 때[豫之時](예지시)를 당해 기쁨에 빠져 스스로 설 수 없는 자다. 권력을 주도하고 사람들의 마음이 귀의하는 바는 모두 구사다. 구사는 양강(陽剛)의 자질로 군중의 마음을 얻었으니 탐욕과 미혹에 빠진 유약한 군주가 제어할 수 있는 사람이 아니다. 유약하고 자립할 수 없는 군주는 권력을 주도하는 신하에게 통제를 받고 있으니, 군주의 자리에 번듯하게[貞](정) 있기는 해도 아래 신하의 제재를 받아 (병을 앓는 것처럼) 고통스럽다.
>
> 육오가 존귀한 자리에 있어 비록 권력은 잃었지만, 지위는 잃지 않았기 때문에 '늘 앓지만 죽지는 않는다'라고 한 것이다. 예를 들어 한나라와 위(魏)나라 말세의 군주들과 같다.

왕망(王莽)에게 휘둘린 애제(哀帝)나 평제(平帝)가 그런 경우다. 조선 후기 안동 김씨 세도에 휘둘렸던 조선의 순조·헌종·철종 등도 여기에 해당하고, 아버지나 부인에게 휘둘린 고종도 여기서 벗어난다고 할 수 없다.

물론 육오가 바른 구사의 도움을 받아 천하를 편안케 한 경우도 있다. 앞서 본 대로 주공의 보필을 받은 주나라 성왕(成王)이 대표적인 경우이고, 상나라의 태갑(太甲)도 비슷하다. 『사기』「은본기」편에 따르면 탕왕이 죽은 뒤에 태갑의 아버지인 태정이 왕위에 오르기로 돼 있었으나 그는 왕위에 오르기 전에 죽었다. 그래서 태정의 동생인 외병(外丙)이 왕위에 올랐고, 외병이 3년 만에 죽자 외병의 동생인 중임(中壬)이 왕위를 이었다. 그러나 중임도 왕위에 오른 지 4년 만에 죽었고, 탕왕을 도와 상나라 왕조를 세우는 데 큰 공을 세운 이윤(伊尹)은 태정의 아들인 태갑을 왕으로 세웠다.

태갑이 왕위에 오른 뒤에 이윤은 「이훈(伊訓)」「사명(肆命)」「조후(徂后)」라는 글을 지어 교훈을 전하려 했다. 『서경』의 「상서(商書)」편에는 이윤이 태갑 원년에 선왕(先王)에게 제사를 지내면서 태갑과 제후, 관리들에게 훈계했다는 '이훈'이 전해지는데, 여기에서 이윤은 위정자(爲政者)가 피해야 할 세 가지 바람인 '삼풍(三風)'과 열 가지 허물인 '십건(十愆)'에 관해 논하고 있다. 그러나 태갑은 왕위에 오른 지 3년이 되도록 깨닫지 못하고 포악해졌고, 탕왕의 법도를 지키지 않고 다움을 어지럽혔다[亂德(난덕)]. 그러자 이윤은 그를 동궁(桐宮)으로 내쫓고 3년 동안 자신이 섭정하면서 제후의 조회를 받았다. 『사기』「은본기」편에는 태갑이 3년 동안 동궁에 머무르며 자신의 잘못을 뉘우치자 이윤이 다시 태갑을 맞이해 정권을 돌려주었다고 기록돼 있다. 태갑이 다움으로 다스리자 제후가 모두 상나라에 복종하고 백성도 평안하게 됐고, 이윤은 이를 기뻐하며 「태갑훈(太甲訓)」 3편을 짓고 태갑을 기려서 태종(太宗)이라고 칭했다 한다.

예괘의 맨 위에 있는 음효에 대해 공자는 "즐거움에 빠져 위에 있으니 어찌 오래 그럴 수 있겠는가"라고 풀었다. 여기서 '어찌 오래 그럴 수 있겠는가'라는 말의 뜻부터 분명히 해야 한다. 그래서는 안 되고 빨리 바뀌어야 한다는 뜻이다. '즐거움에 빠져 맨 위에 있다'라는 것은 아주 안 좋은 상황이다. 주공의 효사에 대한 정이의 풀이가 명확하다.

상륙은 즐거움의 끝에 있으니 군자라도 이런 상황에 놓이게 되면 경계하고 두려워해야 하는데, 하물며 음유한 자질을 가진 사람은 어떠해야 하겠는가? 그러나 상륙은 즐거운 때 탐욕과 방자함에 빠져 혼미하여 스스로를 돌이킬 줄 모르는 사람이다. 즐거움의 끝자리에 있으니 혼미한 어리석음[昏冥(혼명)]이 이미 이뤄진 것[已成(이성)]이다. (그러나) 만약 바뀔 수 있다면 허물이 없을 수 있다. (다행히) 즐거움의 끝에 있어 바뀌려는 뜻이 있다. 사람이 잘못했더라도 스스로 바뀔 수 있다면 허물이 없을 수 있으므로, 기쁨에 빠졌더라도 바뀔 수 있다면 좋은 것이다. 빼어난 이가 이런 뜻을 일으켜 개과천선(改過遷善)을 권면했으므로 더는 명예(冥豫)의 흉함을 말하지 않고 오로지 변하면 허물이 없다고 말한 것이다.

앞서 본 태갑이 바로 개과천선의 전형이다. 반면 공자의 「소상전」을 '즐거움에 빠져 위에 있으니 어찌 오래갈 수 있겠는가'라고 풀어 패망의 조짐으로 읽을 경우, 우리 역사에서는 고려 임금 우왕(禑王)이 상륙에 그대로 부합한다. 고려의 32대 왕(재위 1374~1388)으로 아명은 모니노(牟尼奴)다. 신돈의 시녀 반야(般若)의 소생으로 공민왕이 신돈의 집에 미행(微行)해 낳은 아들이라 해서 1371년(공민왕 20년) 신돈이 복주(伏誅)된 후 궁중에 들어가 태후궁(太后宮-명덕태후(明德太后)의 거소(居所))에 있었으며, 1373년 우(禑)라는 이름을 받고 강령부원대군(江寧府院大君)에 봉해지고 태후의 명에 의해 궁인(宮人) 한씨(韓氏) 소생으로 발표됐다. 이듬해 왕이 최만생(崔萬生)·홍륜(洪倫) 등에게 시해(弑害)되자 수시중(守侍中) 이인임 등의 주장에 따라 새로 즉위했다. 즉위 초 이무방(李茂方)·홍중선(洪仲宣)·권중화(權仲和) 등을 사부(師傅)로 경연(經筵)을 열어 학문을 청강하고 명덕태후의 훈계를 받아 국사를 잘 처리했다. 이후 점차 성장하면서 이인임·임견미(林堅味) 등이 다퉈 오락으로 꾀어냈고, 1380년 명덕태후가 사망하자 방종하기 시작하여 사냥과 음주가무(飮酒歌舞)로 소일하며 음탕한 도색을 즐겨 더욱 총명을 잃었다. 그를 옹립한 이인임이 임견미·염흥방(廉興邦)과 일당이 돼 뇌물을 받고 횡포를 자행하는 등 기강(紀綱)이 극도로 문란해 내외로 국정이 소란해지면서 신흥 세력인 이성계 일파가 차츰 두각을 나타냈다. 즉위 초 채빈(蔡斌) 등 명나라 사신의 피살 사건을 계기로 여명 관계가 험악해지고 이인임의 친원배명책(親元排明策)으로 더욱 신흥 국가인 명나라와의 외교 관계가 긴장되자 1377년 이후 여러 차례 사신을 보내 사대(事大)의 예를 닦았으나, 누차 명나라의 과중한 세공(歲貢)의 강요로 불만을 품었다. 특히 1388년 명나라가 철령위(鐵嶺衛) 이북을 요동(遼東)에 속하게 하고 사신을 보내 철령위의 설치를 통고해오자 배명 정책을 굳게 하는 한편, 최영(崔瑩) 등과 상의해 요동 정벌을 꾀하고 원정군을 편성, 출진케 했는데 이때 그는 몸소 평양까지 나가 독전했다. 그러나 이성계 등이 위화도(威化島)에서 회군함으로써 구세력이 몰락하고 우왕은 이성계에 의해 폐위, 강화(江華)에 유배되고, 이어 여흥(驪興)을 거쳐 강릉(江陵)에 이배(移配)됐다가 공양왕이 보낸 서균형(徐均衡)에게 살해당했다.

## 17. 택뢰수(澤雷隨)[270]

수(隨)는 으뜸으로 형통하니[元亨] 반듯해야 이롭고[利貞] 허물이 없다.
隨 元亨 利貞 无咎.[271]

초구(初九)는 주관하여 지킴[官=主守]에 달라짐이 있으니[有渝=有變] 반듯하면 길하고, 문을 나가서 사귀면 공로가 있다[官有渝 貞吉 出門交 有功].
육이(六二)는 작은 사람에 얽매이면 장부를 잃는다[係小子 失丈夫].
육삼(六三)은 장부에 얽매여 작은 사람을 잃으니, 따라가서[隨] 구하는 바를 얻지만 반듯하게 머물러 있는 것[居貞]이 이롭다[係丈夫 失小子 隨有求得 利居貞].
구사(九四)는 따라가서 얻은 바가 있으며[有獲] 반듯해도 흉하다. 미더움이 있고 도리에 처해 있으며[在道] 밝게 처신하면 무슨 허물이 있겠는가[隨有獲 貞凶. 有孚在道以明 何咎]?
구오(九五)는 아름다움[嘉]에 미더움을 갖고 있으니 길하다[孚于嘉 吉].
상륙(上六)은 붙잡아 묶어두고서 마침내 따라서 동여매니 왕이 그로 인해[用=以] 서산(西山)에서 형통하다[拘係之 乃從維之 王用亨于西山].

◉

수괘(隨卦)의 초구(初九)는 양위에 양효로 바름[正位], 육이(六二)는 음위에 음효로

---

270 문자로는 태상진하(兌上震下)라고 한다.

271 원형이정(元亨利貞)에 대한 언급이 다 나오지만 조금씩 뉘앙스별 차이가 있다.

바름, 육삼(六三)은 양위에 음효로 바르지 못함[不正位], 구사(九四)는 음위에 양효로 바르지 못함, 구오(九五)는 양위에 양효로 바름, 상륙은 음위에 음효로 바름이다. 6효 중에서 4효가 바르다. 이 괘의 경우 육이와 구오 모두 중정(中正)을 얻었다.

대성괘 수괘(䷐)는 소성괘 태괘(兌卦, ☱)와 진괘(震卦, ☳)가 위아래에 있어 만들어진 괘다. 「설괘전」에 따르면 '태(兌-못)로 기쁘게 하고' '우레[雷=震]로 움직이게 한다'라 했다. 또 진(☳)은 첫 번째로 구해[一索=一求] 아들을 얻었으니[得男] 그것을 일러 장남(長男)이라 하고[272], 태(☱)는 세 번째로 구해 딸을 얻었으니 그것을 일러 소녀(少女)라 한다.[273] 그래서 소녀가 아래에 있는 장남을 따르는 것[隨=從]이 수괘의 뜻이다.

그러면 「서괘전」을 통해 왜 수괘가 예괘의 뒤를 이어받았는지 확인해보자.

> 즐거우면[豫=樂] 반드시 따르는 사람들[隨]이 있다. 그래서 예괘의 뒤를 수괘(隨卦)로 받았다.
> 豫必有隨 故受之以隨.

즐거워하는 사람들에게는 따르는 사람이 많다. 현대적으로 말하면 정치인들에게 추종자들이 생겨나고 연예인들에게 팬들이 생겨나는 것과도 같다. 수(隨)라는 글자의 모양을 보자. 언덕[阝=阜]은 곧 기댄다는 뜻이다. 수(遀)는 따른다는 뜻이다. 즉 기대거나 따르는 사람들이 많아진다는 뜻이다. 택뢰수괘(澤雷隨卦, ䷐)는 진괘(☳)가 아래에 있고 태괘(☱)가 위에 있다. 태괘가 위에서 기뻐하니 진괘가 아래에서 움직이는 형상이다. 기뻐하며 따른다는 뜻이 녹아들어 있는 것이다.

문왕의 단사(彖辭), 즉 "수(隨)는 으뜸으로 형통하니 반듯해야 이롭고[利貞] 허물이 없다[元亨 利貞 无咎]"에 대한 공자의 풀이[「彖傳」]를 살펴볼 차례다.

수(隨)는 굳셈[剛-양효]이 내려와[來] 부드러움[柔-음효]에게 몸을 낮추고서[下] 움직여서 기뻐

---

272 건(☰)의 초효가 곤(☷)의 맨 아래에 들어가 진괘가 됐다.

273 곤괘의 상효가 세 번째로 건괘의 상효와 맞바뀌 태괘가 됐다.

하는 것[動而說]이니, 따른다는 것이다. 그렇기 때문에 크게 형통하고[大亨] 반듯하여 허물이 없어 천하가 때를 따른다[隨時]. 때를 따르는 것의 마땅함[隨時之義]이 크도다!

隨 剛來而下柔 動而說 隨.
大亨貞 无咎而天下隨時.
隨時之義 大矣哉!

◉

전반적으로 신하의 도리를 나타내는 수괘(䷐)는 잘 들여다보면 흥미롭다. 하괘에는 맨 아래에 양효가 하나 있고 상괘에는 맨 위에 음효가 하나 있다. 이렇게 된 이유에 대해 정이는 "건괘(乾卦)의 상구(上九)가 내려와서 곤괘(坤卦)의 맨 아래에 있고, 곤괘의 초륙(初六)이 올라가서 건괘의 맨 위에 머무르게 된 것"이라고 말한다. 이를 괘끼리 변하는 괘변(卦變)이라고 하는데 여기서는 그 결과물만 취한다.

결국 이렇게 되면 양강(陽剛)이 와서 음유(陰柔)에게 자신을 낮추는 것이니, 윗사람이 아랫사람에게 자신을 낮추고 귀한 사람이 천한 사람에게 낮추는 것이 돼[謙] 사람들이 기뻐하며 따르게 된다[說隨]. 그래서 크게 형통하고 반듯해지며 허물이 없으니 천하 사람들이 그 도리를 따르게 된다.

그런데 중요한 것은 늘 그런 것은 아니라는 것이다. 공자가 '때를 따른다[隨時]'라고 말한 것에 주목하고, 다시 '때를 따르는 마땅함이 크도다!'라고 한 것에 더욱 주목해야 한다. '따른다[隨]'는 것은 다른 사람을 따른다는 뜻도 있지만, 도리를 따른다, 때를 따른다 등의 의미를 가질 수도 있는데, 공자가 여기서 말하는 것이 바로 '때를 따른다[隨時]'라는 의미다. 정이도 "예괘(豫卦) 등에서는 때와 마땅함 두 가지를 나눠 말했는데 여기서는 때를 따르는 것의 마땅함[隨時之義]을 찬미했다"라고 말한다. 이는 공자가 말하는 시중(時中)과 연결되는 것으로 봐야 한다.

그런데 주희는 왕숙본(王肅本)에 근거를 두고서 시(時)를 그냥 지(之)로 봐야 한다고 말한다. 천하가 그것을 따른다는 정도로 봐야 한다는 말이다. 수괘의 효사에 대한 풀이에서 수시(隨時)의 문제가 등장하지 않는다는 점을 감안하면 충분히 주장할 수 있는 의견이다. 이 문제는 전문학자에게 맡긴다.

공자의 「상전」을 살펴볼 차례다. 그중에 수괘(隨卦)를 총평한 「대상전」이다.

연못 가운데 우레가 있는 것이 수(隨)(가 드러난 모습)이니, 군자(君子)는 그것을 갖고서 날이 어두워지면[嚮晦] 방 안에 들어가 편안히 쉰다[澤中有雷隨 君子以 嚮晦入宴息].
향회 택중 유뢰 수 군자 이 향회 입 연식

◉

낮에는 열심히 일하고 밤에는 편안히 쉬라는 말이다. 정이도 『예기』를 인용해 간단하게 "군자는 낮에 집 안에 머물지 않고 밤에 집 밖에 있지 않는다"라고 했다며 다시 한번 때를 따르는 도리임을 강조한다.

『영조실록』 24년(1748) 7월 1일 자 기사는 이에 대한 풀이 역할을 하기에 충분하다. 판결사(判決事) 권굉(權宏)이 소를 올려 말했다.

『주역(周易)』에 이르기를 "어두워지면 방 안에 들어가 편안히 쉰다"라고 했는데, 정자(程子-정이)가 풀이하기를 "군자(君子)가 낮에는 쉬지 않고 스스로 힘쓰다가 날이 어두워지게 되면 휴식을 취하면서 그 몸을 편안하게 하여 기거(起居)를 때에 따라 알맞게 하는 것이다"라고 했습니다. 대개 '기(起)' 자는 움직일 때의 공부에 속하는 것이고 '거(居)' 자는 조용할 때의 공부에 속하는 것이니, 성인(聖人-공자)이 상(象)을 살펴보고 설교(設敎)한 뜻이 어찌 평범한 것이겠습니까? 근래 성후(聖候-임금의 몸 상태)가 잇달아 정섭(靜攝) 중에 계시는데도 잘 다스리기를 구하는 정성이 해이하지 않으시고 걱정하는 생각이 너무 지나치시어 신료(臣僚)들을 접함에 있어 번번이 밤중이 되기 일쑤이고 정망(政望)을 출납함에 있어 혹 밤을 새우기도 하니, 자신도 모르는 사이에 정신이 피로하여 지치는 조짐이 없다는 것을 어떻게 보장할 수 있겠습니까? 신은 전하의 평일 공부가 항상 움직이는 쪽에만 지나쳐서 상(象)에 따라 날이 어두워지면 휴식을 취한다는 뜻에 이르러서는 오히려 소홀히 하는 점이 있지 않으신가 합니다. 삼가 바라건대 전하께서는 지금부터 조용하게 하시어 움직임을 억제하고 간략하게 하시어 번거로움을 다스려 새벽의 청명(淸明)한 기운으로 하여금 조금도 간단(間斷)이 없게 하시며, 성궁(聖躬-임금의 옥체)의 기거를 때에 따라 알맞게 하여 일을 절제하고 건강을 보존하는 방법을 극진히 하소서.

수괘의 여섯 효[六爻]에 대한 주공의 말을 풀이한 공자의 「소상전」이다.

(초구(初九)는) 주관하여 지킴[官=主守]에 달라짐이 있는데[有渝], 바른길을 따르니[從正] 길하다. 문을 나가서 사귀면 공로가 있다는 것은 잘못을 하지 않는다는 것이다[官有渝 從正吉也. 出門交有功 不失也].

(육이(六二)는) 작은 사람에 얽매이면 더불어 함께할[兼與] 수 없다[係小子 弗兼與也].

(육삼(六三)은) 장부에 얽매인다는 것은 뜻이 아래를 버리는 것이다[係丈夫 志舍下也].

(구사(九四)는) 따라가서 얻은 바가 있다[有獲]는 것은 그 마땅함으로 볼 때 흉하다. 미더움이 있고 도리에 처해 있다는 것은 밝은 공로[明功]다[隨有獲 其義凶也. 有孚在道 明功也].

(구오(九五)는) 아름다움[嘉]에 미더움을 갖고 있으니 길하다[孚于嘉吉]는 것은 자리가 바르고 가운데 있기[正中] 때문이다[孚于嘉吉 位正中也].

(상륙(上六)은) 붙잡아 묶어두는 것[拘係]은 궁극에 올라가는 것[上窮]이다[拘係之 上窮也].

◉

수괘의 맨 아래 첫 양효에 대해 공자는 "주관하여 지킴[官=主守]에 달라짐이 있는데[有渝], 바른길을 따르니[從正] 길하다. 문을 나가서 사귀면 공로가 있다는 것은 잘못을 하지 않는다는 것이다"라고 풀었다. 주공은 효사에서 "초구(初九)는 주관하여 지킴[官=主守]에 달라짐이 있으니[有渝=有變] 반듯하면 길하고, 문을 나가서 사귀면 공로가 있다[官有渝 貞吉 出門交 有功]"라고 다소 길게 말했는데, 공자는 두 부분으로 나눠서 풀이했다.

먼저 주관하여 지킴에 변화가 있는데 그 변화가 바른길을 따르니 길하다는 것이다. 만일 그 따르는 바가 바르지 못하면 뉘우침과 안타까움[悔吝]이 뒤따르게 된다.

이어서 문을 나가서 사귄다는 것은 앞에서 본 것처럼 사사로움이 아니라 공적인 사귐이다. 그래서 반드시 바를 것이니 잘못이 없고, 따라서 좋은 성과가 있게 된다[有功]는 것이다. 따름의 도리와 그에 따른 결과를 원칙적으로 말한 것이다.

수괘의 밑에서 두 번째 음효에 대해 공자는 "작은 사람에 얽매이면 더불어 함께할[兼與] 수 없다"라고 풀었다. 주공은 효사에서 "작은 사람에 얽매이면 장부를 잃는다

[係小子 失丈夫]"라고 했다. 둘의 차이는 무엇인가?

'장부를 잃는다'는 뜻에 대해 정이는 육이가 놓인 처지를 바탕으로 이렇게 풀었다.

> 육이는 구오와 응하면서 또 초구와 가까이 있다[有比]. 따를 때[隨]는 가까운 것을 먼저 하게 되고, 또 부드러움은 능히 굳건하게 지키지 못한다. 그래서 경계하여 "작은 사람에 얽매이면 장부를 잃는다"라고 한 것이다. 초양(初陽-초구)은 아래에 있으니 작은 사람이고 구오는 정응(正應)으로 위에 있으니 장부다. 육이가 만일 뜻이 초구에 매여 있으면 구오의 정응을 잃으니, 이는 장부를 잃는 것이다.

이는 확정된 것이 아니라 육이가 어떻게 하느냐에 달려 있다. 물론 정이의 말대로 재질이 부드러워 우유부단할 수도 있으나, 자리가 가운데이고 바르니[中正] 바른 도리로 나아갈 수도 있다. 공자의 "더불어 함께할[兼與] 수 없다"는 말은 장부를 잃게 되는 까닭을 말한 것이다.

우리 역사에서 육이의 장면은 한명회(韓明澮, 1415~1487)와 맞섰던 한 인물을 통해 보다 생생하게 알 수 있다. 수양대군에게 한명회가 있었다면 안평대군에게는 이현로(李賢老)라는 책사(策士)가 있었다. 이현로는 문과 급제자 출신으로 세종 때는 촉망받는 문신이기도 했다. 세종 29년(1447) 2월 16일 자에 그의 이름이 처음 등장하는데, 이때 그의 관직은 집현전 부교리였다. 종5품에 해당하는 관직이다. 당시 성삼문이 정6품 수찬으로 그의 바로 아래에 있었다. 곧바로 이현로는 정5품 병조정랑으로 승진한다. 하지만 이현로는 이 자리에 있으면서 뇌물을 받았다가 세종의 노여움을 받아 전라도 순창, 경상도 사천 등지로 유배를 떠나게 된다. 그가 받은 뇌물의 규모는 대단히 컸던 것 같다. 그는 '장리(贓吏)'라는 처벌을 받았는데, 이는 조선 시대 때 40관 이상의 뇌물을 받았을 때 해당하는 것으로 원래는 참형에 처해지게 돼 있었다. 그러나 세종은 이현로가 공신의 후손이라는 이유로 사형은 감해주었다. 이후 이현로는 세종이 재위하는 동안에 관직에 복귀할 수 없었다.

이현로는 당대의 대표적인 풍수지리 전문가이기도 했다. 세종도 막내아들인 영응대군의 집을 마련할 때 이현로를 불러서 터를 보도록 할 정도였다. 세종이 죽고 문종이 즉위하면서 이현로에게 다시 기회가 찾아오기 시작했다. 문종은 세자의 책봉일을 정하면서 은밀하게 이현로를 불러 택일을 부탁했다. 이현로가 다시 관직에 복귀하는 길을 열어준 인물은 다름 아닌 김종서였다. 문종 1년(1451) 1월 13일 평안도 도체찰사로 떠나게 된 김종서는 "군에서는 부대의 출동 여부를 결정하는 데 방위의 점을 아는 것이 매우 중대한데, 이현로가 그런 재주가 있으니 고신을 돌려주고 관직에 복귀시키는 것이 좋겠다"라고 문종에게 건의했고, 문종은 이를 받아들였다.

이현로는 술학(術學)뿐 아니라 시문(詩文)에도 능했다. 그래서 예술을 좋아하던 안평대군 이용의 눈에 들어 일찍부터 안평의 사람으로 분류돼 있었다. 실록에는 안평과 이현로가 서로 시로 묻고 답하는 장면도 여러 차례 나온다. 당시 부사직으로 관직에 복귀한 이현로가 맡은 임무는 왕실에 보관 중인 풍수 관련 지리서를 열람하고 공부하는 일이었다. 문종 때 그가 주로 한 일도 왕실의 풍수와 관련된 자문이었다. 병약한 문종이 세상을 떠나고 어린 단종이 즉위하자 김종서와 안평이 하나의 세력을 형성했고, 수양이 대항 세력이 됐다. 김종서와 안평의 연결 고리가 다름 아닌 이현로였다. 단종 1년(1452) 6월 6일 동생 안평대군의 집을 방문한 수양대군은 이런저런 이야기를 하다가 이현로와 가까이하지 말 것을 권유하며 "장차 이현로와 얽혀들게 될지 모르니 내 말을 절대 잊지 말라"고 경고성 당부를 하기도 했다. 그러나 김종서와 안평대군을 등에 업은 이현로의 앞길을 가로막을 수 있는 사람은 아무도 없어 보였다.

이 무렵 이현로는 조선 왕실의 아킬레스건과도 같은 문제를 풍수 입장에서 제기하고 있었다. "궁을 백악산 뒤에 짓지 않으면 정룡(正龍)이 쇠하고 방룡(傍龍)이 반드시 일어날 것이다." 원래 이 풍수설은 김보명이란 사람이 처음 제기한 것으로 경복궁이 들어앉은 자리로 인해 조선 왕실은 적장자가 아닌 자식이 연이어 왕위를 맡게 될 것임을 암시한 것이었다. 보기에 따라서는 풍수를 빌려 수양의 뜻을 꺾어보려 한 것일 수 있었다. 이현로는 수양대군과 정면 대결을 벌이기 시작했다. 안평대군이 과연 수양대군처럼 단종을 내몰고 왕위를 찬탈하려 했는지는 정확히 알 길이 없다. 그러나 적어도 당시 상황은 단종을 둘러싼 김종서와 안평이 유리한 입장에 있었고, 수양은 수세 정도가 아니라 궁지에 몰린 지경이었다. 이 무렵 권람과 한명회가 나섰다. 한명회는 일찍부터 이현로의 권유를 받은 적이 있다. 안평 쪽에 줄을 서라는 요청이었다. 그만큼 이현로는 한명회의 잠재력을 알아보고 있었다. 그러나 한명회는 당시 막강한 힘을 갖고 있던 김종서와 안평 쪽을 버리고 수양대군에게 '올인'한다. 친구인 권람을 찾아가 수

양대군과 만남을 주선해줄 것을 요청했고, 결국 거사를 향한 책사 역할을 맡게 된다.

당시 단종의 즉위 승인을 명나라로부터 받아오는 고명사은사로 누가 갈 것인지를 놓고 수양대군과 안평대군은 치열한 신경전을 벌였다. 처음에는 대수롭지 않게 생각했던 안평도 이현로의 이야기를 듣고 나서는 그 중요성을 깨달아 자신이 가려고 무진 애를 썼지만 좌절되고 말았다. 당시 쿠데타를 꿈꾸던 수양으로서는 사전에 명나라와 면식을 갖는 것이 절실했다. 그 점을 이현로도 알았지만 그것을 막지 못함으로써 자신의 운명도 위태로운 상황에 빠지게 된다. 게다가 치밀함에서 수양과 한명회 쪽이 앞섰다. 북경(北京)행을 앞둔 수양대군은 자기가 없는 동안 무슨 짓을 할지 모르는 이현로의 기를 미리 꺾어둘 필요가 있었다. 여기서 그 유명한 이현로 구타 사건이 발생한다. 외형적으로만 보면 왕실 인사가 조정의 문신을 구타한 것이니 큰 문제가 아닐 수 없었다. 김종서 쪽에서는 그 같은 논리로 수양을 몰아세웠다. 그러나 수양은 "이현로는 조신(朝臣)이 아니라 안평의 가노(家奴)일 뿐"이라고 맞받아쳤다. 이에 사헌부와 사간원에서도 "이현로가 맞을 짓을 했기 때문일 것"이라며 오히려 이현로를 국문해야 한다고 나왔다. 이현로의 거들먹거리는 행태를 평소 좋지 않게 보았던 양사에서 수양을 거들었던 것이다. 이현로 구타는 효과 만점이었다. 김종서가 "이현로는 정직한 사람"이라며 거들었지만 결국 관직에서 내쫓겼다. 이듬해 4월 이현로는 북경에서 돌아온 수양대군을 찾아온다. 그러나 수양은 "내 당장 포박해 사헌부에 보내리라"라고 협박해 내쫓아버렸다. 자신의 동태를 살피기 위해 찾아온 것임을 수양은 꿰뚫어보고 있었다.

세종과 문종의 각별한 인정을 받을 만큼 풍수와 지리에 뛰어났지만, 자신의 명운은 보지 못한 탓일까? 그해 10월 10일 수양대군이 선수를 쳤고 안평대군과 김종서 일파는 죽임을 당했다. 이현로도 반역죄로 효수를 당했다. 역사는 이현로에게 가혹했다. 실록은 동료였던 강희안의 이름을 빌려 이렇게 매도하고 있다. 강희안은 늘 자식들에게 이현로를 거론하며 이렇게 경계시켰다고 한다. "이 녀석을 가까이하지 말라. 종국에 가서는 자기 집에서 죽을 자가 못 된다. 내가 일찍이 이 녀석의 두상을 보니 피에 얼룩진 형상이다." 정말 그랬던 것인지, 아니면 뛰어난 재예에도 불구하고 패자가 됨으로써 당하게 된 매도인지 알 길이 없다. 수양대군은 정란 직후 이현로의 집에 있는 모든 책과 글을 태워버리도록 명했다. "신비하고 괴상한 글이 많았기 때문"이라고 했다.

수괘의 밑에서 세 번째 음효에 대해 공자는 "장부에 얽매인다는 것은 뜻이 아래를 버리는 것이다"라고 풀었다. 이는 위를 선택하고 아래를 버렸다는 뜻이다. 별로 풀이의 의미가 없다. 이는 오히려 주공의 효사 "장부에 얽매여 작은 사람을 잃으니, 따라가서[隨] 구하는 바를 얻지만 반듯하게 머물러 있는 것[居貞]이 이롭다[係丈夫 失小子 隨有求得 利居貞]"를 직접 풀어보는 것이 뜻이 깊다.

육삼(六三)의 경우에는 바로 위의 구사(九四)와 유비(有比)로 가까워 얽매이고, 같은 하괘에 있는 저 아래의 초구와 떨어져 있다. 육삼에게는 구사가 장부이고 초구가 작은 사람이다. 정이의 풀이다.

> 대개 음유(陰柔)는 스스로 서지[自立] 못해 늘 가까운 효와 친하고 그것에 얽매인다. 위로 구사에 매이기 때문에 아래로 초구를 잃는 것이다. 초구를 버리고 위에 있는 구사를 따르는 것은 따름의 마땅함[隨之宜]을 얻은 것이니, 위를 따르는 것이 좋다.

그런데 여기서 위를 따르되 도리로 따르냐 구차하게 도리가 아닌 것으로 따르냐가 관건이다. 육삼은 음유로 하괘의 맨 윗자리[過位]에 있어 자신을 크게 낮춰 도리를 따를 수도 있고, 과공비례를 심하게 해서 아첨으로 위를 따를 수도 있다. 여기서 군자와 소인의 길이 갈린다. 『논어』「자로」편의 다음 구절을 다시 음미해보자.

> 군자는 섬기기는 쉬워도 기쁘게 하기는 어려우니, 기쁘게 하기를 도리로써 하지 않으면 기뻐하지 아니하고 사람을 부리면서도 그 그릇에 맞게 부린다[器之]. 소인은 섬기기는 어려워도 기쁘게 하기는 쉬우니, 기쁘게 하기를 비록 도리로써 하지 않아도 기뻐하고 사람을 부리면서도 한 사람에게 모든 능력이 완비되기를 요구한다[求備].

그렇다면 수양대군을 찾아간 한명회는 어떻게 처신했을까? 수양과 한명회의 첫 만남에 대해 『단종실록(端宗實錄)』 1년(1453) 3월 21일 자 기사는 다음과 같이 기록하고 있다. 만남의 장소는 남산골 청학동 권람의 집에 있는 정자인 후조당(後凋堂)에서였다. 한명회를 처음 보는 순간 수양은 "옛 친구같이 여겼다"라고 실록은 기록하고 있다. 수양이 먼저 조심스럽게 운을 뗐다.

"역대 왕조(王朝)의 운수는 혹은 길기도 혹은 짧기도 하여 비록 고르지는 아니하지만, 그러나 모두 말엽의 임금이 덕을 잃고 정사를 어지럽게 하며 마땅하지 않은 사람을 임용함으로 말미암아 백성이 도탄에 빠져 하늘이 노하고 백성이 원망한 연후에 곧 멸망하는 데 이르렀다. 지금 주상께서 나이는 비록 어리다고 하지만 이미 큰 도량이 있으니, 만약 잘 보좌만 한다면 족히 수성할 것이다. 다만 한스러운 것은 대신이 간사하여 어린 임금을 믿고 맡길 수 없으며, 도리어 두 마음을 품어 선왕(先王-문종)이 부탁한 뜻을 저버리는 것이다. 지난번에 권람을 통해 그대가 이 세상에 뜻이 있음을 알았으니 나를 위하여 주책(籌策-책략을 설계함)을 하라."

"두루 옛날의 일을 보건대, 국가에 어린 임금이 있으면 반드시 옳지 못한 사람이 정권을 잡았고, 옳지 못한 사람이 정권을 잡으면 여러 사특한 무리가 그림자처럼 붙어서 화(禍)가 항상 일어났습니다. 그때 충의로운 신하가 일어나 반정(反正)을 한 뒤에야 그 어려움이 곧 형통해졌습니다. 안평대군이 대신들과 결탁하여 장차 반역을 도모하려 하는 것은 길 가는 사람들도 아는 것이나 실상의 증거를 포착해 그 역모를 드러낼 수 없으니, 비록 즉시 거의(擧義)하려고 하여도 이루기 어려울 듯합니다."

그 후의 이야기는 역사가 전하는 그대로다.

수괘의 밑에서 네 번째 양효에 대해 공자는 "따라가서 얻은 바가 있다[有獲]는 것은 그 마땅함으로 볼 때 흉하다. 미더움이 있고 도리에 처해 있다는 것은 밝은 공로[明功]다"라고 풀었다. 이는 주공의 효사 "따라가서 얻은 바가 있으며[有獲] 반듯해도 흉하다. 미더움이 있고 도리에 처해 있으며[在道] 밝게 처신하면 무슨 허물이 있겠는가[隨有獲 貞凶. 有孚在道以明 何咎]?"에 대한 충실한 풀이다.

두 부분 중에서 앞부분부터 살펴보자. 공자는 왜 "따라가서 얻은 바가 있다[有獲]는 것은 그 마땅함으로 볼 때 흉하다"라고 한 것일까? 효사에서 '반듯해도 흉하다'를 풀어낸 것이다.

따르다[隨]라는 것은 기본적으로 신하의 도리다. 수괘(隨卦)는 곧 신하의 바른 도리를 말하고 있다. 그렇기 때문에 따라가서 얻은 바란 다름 아닌 천하의 민심이다. 신하의 도리는 모든 것이 다 임금에게서 나왔다고 해야 한다. 그런데 천하의 민심을 임금이 아닌 자기 것으로 만든다면 마땅히 흉할 수밖에 없다.

뒷부분은 그래서 이에 대한 처방이다. 즉 마음속 깊이 미더움을 지키면서 행하는 바 하나하나가 도리에 부합한다면 허물이 있을 수 없고, 오히려 그것은 밝은 공로가 될 수 있다는 것이다. 정이의 말대로 중국 역사에서 이윤, 주공, 제갈량 등이 그런 경우다. 정이의 풀이다.

> 이 때문에 아랫사람들이 믿고 윗사람이 의심하지 않아 지위가 지극하면서도 위를 핍박하는 혐의가 없고 권세가 무거우면서도 제멋대로 강하게 한 허물이 없었으니, 빼어난 이나 크게 뛰어난 이[大賢(대현)]가 아니고서는 불가능하다. 당나라의 곽자의(郭子儀, 697~781) 같은 이는 위엄이 군주를 진동했으나 군주가 의심하지 않았으니 이 또한 마음속 깊이 미더움이 있고 처신함에 있어 이렇다 할 잘못이 없었다. 명철한 자가 아니라면 어찌 능히 이렇게 할 수 있겠는가?

곽자의는 당나라 현종 천보(天寶) 연간(742~756)에 북경(北境) 방위를 맡아 삭방절도사(朔方節度使) 휘하에 있었는데, 안녹산(安祿山)의 난이 일어나자 삭방의 군사를 거느리고 하동절도사(河東節度使) 이광필(李光弼)과 함께 중원(中原)의 반란군을 토벌했다. 756년에 숙종이 서북의 영무(靈武)에서 즉위한 후에는 황태자 광평왕(廣平王-대종(代宗)) 밑에서 부원수(副元帥)가 돼 관군의 총지휘를 맡았으며, 위구르의 원군을 얻어 장안과 낙양을 수복했다. 그러나 그 같은 공로에도 불구하고 환관(宦官) 어조은(魚朝恩) 등의 배척으로 한때 실각했다. 그 후 대종의 광덕(廣德)·영태(永泰) 연간에 토번(吐蕃-티베트)이 복고회은(僕固懷恩) 등과 연합해 장안을 치려고 하자 다시 기용돼 위구르를 회유(懷柔)하고 토번을 무찔러 당나라를 구했다. 그의 무공은 비할 데가 없다고 칭송돼 상보(尙父)의 칭호를 받고 분양왕(汾陽王)에 봉해졌으며, 당나라 최대의 공신으로서 영광을 누렸다.

우리 역사에서 이런 인물을 찾는다면 단연 이원익(李元翼, 1547~1634)이다. 한마디로 그는 당쟁이 극에 달했던 시기에 당파를 뛰어넘어 3명의 임금을 바른 도리로 모신 재상이다.

"강정(剛正), 청고(淸苦)했다."

서인(西人)이 집필을 주도한 『인조실록(仁祖實錄)』에서 남인(南人) 계통의 정승 이

원익이 졸(卒)했을 때 그의 사람됨과 생활 모습을 이렇게 표현했다. 굳세고 바른 성품에 지나칠 정도로 깨끗함을 지켰다는 말이다. 태종의 아들 익녕군(益寧君) 이치의 4세손이며, 수천군(秀泉君) 이정은(李貞恩)의 증손으로, 할아버지는 청기수(靑杞守) 이표(李彪)이고 아버지는 함천정(咸川正) 이억재(李億載)다. 여기서 흥미로운 것은 조상의 직함인데, 군(君)·수(守)·정(正)은 모두 왕실 사람들에게 내리는 작호다. 정(正)을 끝으로 친진(親盡)이 된다. 친진이란 왕실과의 친척 관계가 다 끝난다는 뜻이다. 그럼으로써 마침내 일반 선비들과 마찬가지로 과거에 응시할 수 있게 된다.

1547년(명종 2년)에 태어난 이원익은 23세 때인 1569년(선조 2년) 별시 문과에 병과로 급제해 이듬해 승문원 권지부정자로 활동했다. 사람과 번잡하게 어울리기를 좋아하지 않았고 공적인 일이 아니면 외출도 잘 하지 않는 성품이었다 한다. 유성룡이 일찍부터 이원익의 비범함을 알고 있었고, 두 사람은 훗날 같은 남인으로 활동하게 된다.

그러나 젊은 시절의 이원익은 호연지기를 품은 청년이었다. 그의 비명(碑銘)은 청년 이원익의 모습을 이렇게 전한다.

> 젊었을 때 기품이 자못 호방했다. 집이 낙산(駱山) 아래 있었는데, 번번이 거문고를 가지고 산에 올라 스스로 타고 노래했으며 옛사람의 악부(樂府)까지도 소리를 길게 끌며 소리 높여 읊으면 다 곡조에 맞았다. 때로는 삼각산(三角山)의 백운대(白雲臺)와 개성(開城)의 성거산(聖居山)과 영동(嶺東)의 풍악(楓岳-금강산)과 영변(寧邊)의 묘향산(妙香山) 등 기승(奇勝)이며 유명한 곳에는 모두 얽매임 없이 홀로 가서 즐겼다.

벼슬길에 들어서서는 중앙과 지방의 여러 요직을 두루 거치며 승승장구했다. 일차적으로 그의 관리로서 뛰어난 면모가 발휘된 때는 임진왜란 시기였다. 임진왜란이 발발하자 이조판서로서 평안도도순찰사의 직무를 띠고 먼저 평안도로 향했고, 평양마저 위태로워지자 영변으로 옮겼다.

이때 평양수비군이 겨우 3000여 명이었는데, 당시 총사령관 김명원(金命元)의 통솔이 잘 안 되고 군기가 문란함을 보고는 먼저 당하에 내려가 김명원을 원수(元帥)의 예로 대해 군의 질서를 확립했다. 그러나 평양이 함락되자 정주로 가서 군졸을 모집하고, 관찰사 겸 순찰사가 돼 왜병 토벌에 나서 전공을 세웠다. 1593년 정월 이여송(李如

松)과 합세해 평양을 탈환한 공로로 숭정대부(崇政大夫)에 가자(加資)됐고, 선조가 환도한 뒤에도 평양에 남아서 군병을 관리했다. 1595년 우의정 겸 4도체찰사로 임명됐으나 주로 영남체찰사영에서 일했다. 마침내 정승의 반열에 오르긴 했으나 모든 것이 어수선할 때였다.

이때 명나라의 정응태(丁應泰)가 경리(經理) 양호(楊鎬)를 중상모략한 사건이 발생해 조정에서 명나라에 보낼 진주변무사(陳奏辨誣使)를 인선하자, 당시 영의정 유성룡에게 "내 비록 노쇠했으나 아직도 갈 수는 있다. 다만 학식이나 언변은 기대하지 말라"며 자원했다.

그는 선조 때 좌의정·영의정에 올라 당쟁이 극심하던 상황에서 정도(正道)를 고수하며 물러나기를 여러 차례 했다. 이를 통해 그는 극소수 당파를 제외한다면 범 당파의 지지를 받는 거의 유일한 재상으로 자리 잡았다. 이는 광해군 즉위 후 북인(北人) 세력이 정권을 잡았음에도 그가 불려가 다시 영의정이 된 것에서 알 수 있다. 영의정으로서 그의 관심은 일차적으로 정쟁이 아니라 민생(民生)이었다. 전쟁 복구와 민생안정책으로 국민의 부담을 경감하기 위해 호조참의 한백겸(韓百謙)이 건의한 대동법(大同法)을 경기도 지방에 한해 실시해 토지 1결(結)당 16두(斗)의 쌀을 공세(貢稅)로 바치도록 했다. 백성의 고통을 덜어주기 위함이었다.

시간이 흘러 광해군이 점점 난폭해지자 신변의 위험을 무릅쓰고 대비에 대한 효도, 형제간의 우애, 여색에 대한 근신, 국가 재정의 절검 등을 극언으로 간쟁했고, 임해군(臨海君)의 처형에 극력 반대하다가 실현되지 못하자 병을 이유로 고향으로 내려갔다. 그 후에 다시 이이첨 등이 모후(母后)를 폐하려 하자 소장을 올려 자전께 효성을 다할 것을 청하니, 광해군이 크게 노해 말하기를 "내가 효성을 다하지 못한 일이 없는데 원익이 어찌 감히 근거 없는 말을 지어내 군부(君父)의 죄안(罪案)을 만들 수 있단 말인가"라고 말하고서 마침내 홍천(洪川)으로 귀양 보냈다. 그런데 실록에서는 이렇게 덧붙였다.

> 대체로 그의 명망을 중하게 여겨 심한 형벌을 가하지는 못했던 것이다.

즉 광해군은 죽이고 싶어 했지만 그의 명망 때문에 그럴 수 없었다는 말이다. 결국

1623년 봄 인조반정이 일어나 광해군은 권좌에서 내려왔다. 『인조실록』 3월 16일 자는 거사가 성공한 직후의 한 모습을 이렇게 전하고 있다. 유명한 장면이다.

> 이원익을 영의정으로 삼았다. 원익은 충직하고 청백한 사람으로 선조(先朝)부터 정승으로 들어가 일국의 중망을 받았다. 혼조 시절 임해군의 옥사 때 맨 먼저 은혜를 온전히 하는 의리를 개진했고 폐모론이 한창일 때 또 상차하여 효를 극진히 하는 도리를 극력 개진했으므로, 흉도들이 몹시 그를 미워하여 목숨을 보전하지 못할 뻔했다. 5년 동안 홍천(洪川)에 유배됐다가 전리에 방귀됐다. 이때 와서 다시 수규(首揆-영의정)에 제수되니 조야가 모두 서로 경하했다. 상이 승지를 보내 재촉해 불러왔는데, 그가 도성으로 들어오는 날 도성 백성은 모두 머리를 조아리며 맞이했다.

광해군 초에 북인 정권이었음에도 영의정으로 부름을 받았던 것과 마찬가지로 인조 초에는 서인 정권이었음에도 다시 영의정으로 부름을 받은 것이다. 이로써 이원익은 선조·광해군·인조 세 조정에 걸쳐 정승을 지내는 특이한 이력을 갖게 됐다.

1634년(인조 12년) 정월 29일에 서거하니 향년 88세였다. 비명이 전하는 그의 처신에는 조금의 과장도 없다.

> 공은 금도(襟度)가 정명(精明)하고 표리(表裡)가 순일(純一)하며 평소에 사기(辭氣)가 온화하고 부드러운 낯빛으로 웃으며 말하는 것이 사랑스러웠으나, 일에 임하면 독립하여 산처럼 동요하지 않았다. 관직에 있어 일을 처리하면 순전히 『시경(詩經)』 『서경(書經)』을 인용하고 고사(古事)를 참고하여 절로 이치에 맞았으므로, 어떤 재신(宰臣)이 남에게 말하기를 "누가 금세에는 성인(聖人)이 없다 하던가? 완평은 참으로 성인이다"라고 했다. 이때는 일이 많았는데, 묘당에 큰 논의가 있으면 반드시 공이 한마디 말하기를 기다려서 결정했으므로 오성(鰲城-이항복(李恒福))이 일찍이 말하기를 "나는 일마다 행수(行首)의 재처(裁處)를 따른다"라고 했고, 신흠(申欽) 공도 그렇게 말했다. 공도 오성을 언급하면서 반드시 말하기를 "위인(偉人)이다"라고 했고, 일찍이 말하기를 "정치는 반드시 만물에 미쳐야 하고 지론(持論)은 되도록 두터워야 한다"라고 했다.

그는 글을 지으면 조리를 중요하게 여기고 꾸미는 것을 일삼지 않았지만, 체제를 갖춰서 보기에는 간단하고 담박한 듯하나 의미가 심장 했다고 한다. 그는 문장의 화려한 것을 자기 일로 삼은 적이 없으므로 글을 지으면 짓는 대로 곧장 버려서 집에 감춘 사고(私稿-문집)가 없었다. 이런 재상이 있었기에 혼란한 시기를 지나면서도 조선이 그나마 지탱할 수 있었는지 모른다.

수괘의 밑에서 다섯 번째 양효에 대해 공자는 "아름다움[嘉]에 미더움을 갖고 있으니 길하다[孚于嘉吉]는 것은 자리가 바르고 가운데 있기[正中] 때문이다"라고 풀었다. 주공의 효사가 그러한 까닭을 풀이했는데, 핵심은 중정(中正)이다. 여기서 아름다움이란 곧 선(善)이다. 선한 도리에 최선을 다하니 길하다는 말이다.

수괘의 맨 위에 있는 음효에 대해 공자는 "붙잡아 묶어두는 것[拘係]은 궁극에 올라가는 것[上窮]이다"라고 풀었다. 이것만으로는 알 수가 없고, 주공의 효사부터 살펴봐야 한다. 효사에서는 "붙잡아 묶어두고서 마침내 따라서 동여매니 왕이 그로 인해[用=以] 서산(西山)에서 형통하다"라고 했다. 무슨 말인가? 정이의 풀이다.

> 상륙은 유순(柔順)한 자질로 수괘의 맨 위에 있으니 따름[隨=從]이 극에 이른 자다. '붙잡아 묶어두고서'라는 것은 따름의 지극함이 마치 붙잡아 묶어두는 것과 같다는 말이요, '마침내 따라서 동여매니'라는 것은 따르기를 굳게 하는 바가 마치 이와 같다는 것이다. '왕이 그로 인해[用=以] 서산(西山)에서 형통하다'라는 것은 따름의 지극함이 이와 같은 것이다. 옛날에 태왕(太王)이 이 도리를 써서 왕업을 서산에서 형통하게 했다. 태왕이 적(狄)의 난을 피해 빈(豳) 땅을 버리고 기산(岐山)으로 오자 빈 땅의 늙은이와 어린이가 붙들고 잡고 따르기를 시장으로 몰려가듯 했으니, 인심의 따름의 굳게 맺음이 이와 같았다. 이 때문에 그 왕업을 서산에서 형통하고 창성하게 한 것이다.

공자의 풀이 중에서 "궁극에 올라가는 것[上窮]"이란 따름의 도리[隨道]를 지극히 했다는 뜻이다. 태왕(太王/大王)은 주나라 문왕(文王)의 할아버지인 고공단보(古公亶父)의 존호(尊號)다. 공류(公劉)의 9세손(九世孫)인데, 고공(古公)은 태왕의 본호(本號)고, 단보(亶父)는 태왕의 이름이다. 기산 기슭에서 덕을 닦아 주나라의 기반을 이룬 사람이다. 사마천의 『사기』 「주본기」편이 전하는 고공단보의 일화 한 토막이다.

고공단보가 다시 후직과 공류의 일을 일으키고 덕을 쌓고 의를 행하자 국인(國人)이 모두 그를 받들었다. 훈육(薰育-흉노의 일파)과 융적(戎狄)이 공격해와 재물을 얻으려 하자 주었다. 다시 공격해와 땅과 인민을 요구하자 인민이 모두 노하여 싸우려 했다.

고공은 "인민이 군주를 세우는 것은 이롭기 때문이오. 지금 융적이 공격하여 싸우려는 것은 우리 땅과 인민 때문이오. 인민이 내게 있든 저들에게 있든 뭐가 다르겠소? 인민들이 나를 위해서 싸우면 그들의 아버지와 아들을 죽여서 그들의 군주가 되는 것이니, 나는 차마 그렇게는 못 하겠소"라 했다. 그러고는 자신에게 속한 사람들과 함께 빈을 떠나서 칠수, 저수를 건너고 양산을 넘어서 기산 아래 머물렀다. 빈에 있던 사람들은 나라 전체로 노약자를 부축하고 이끌어 모두 다 기산 아래 있는 고공에게로 돌아왔다. 이웃한 다른 나라들도 고공이 어질다는 소문을 듣고 많이 귀순해왔다. 이에 고공은 융적의 풍속을 없애고 성곽을 쌓고 집을 지어 읍에다 나누어 살게 했다. 다섯 개의 관직과 담당관을 두었다. 인민이 모두 즐겁게 노래 부르며 그 다움을 칭송했다.

## 18. 산풍고(山風蠱)[274]

고(蠱)는 으뜸으로 형통하니[元亨] 큰 강을 건너면 이롭다. 먼저 갑(甲)으로 사흘을 하고 뒤에 갑으로 사흘을 한다.
원형

蠱 元亨 利涉大川 先甲三日 後甲三日.[275]
고 원형 이 섭 대천 선갑 삼일 후갑 삼일

초륙(初六)은 아버지의 일[父之蠱]을 주관하니[幹] 좋은 아들이 있으면 아버지의 허물이 없고 위태롭게 여기면 끝내 길하다[幹父之蠱 有子 考无咎 厲終吉].
부지고 간
간 부지고 유자 고 무구 여 종길

구이(九二)는 어머니의 일을 주관하니 반듯해서는 안 된다[幹母之蠱 不可貞].
간 모지고 불가 정

구삼(九三)은 아버지의 일[父之蠱]을 주관하니 다소 뉘우침이 있으나 큰 허물은 없다[幹父之蠱 小有悔 无大咎].
부지고 간
부지고 소 유회 무 대구

---

274 문자로는 간상손하(艮上巽下)라고 한다.

275 원형이(元亨利)에 대한 언급이 나온다.

육사(六四)는 아버지의 일[父之蠱]을 넉넉하게 처리하는 것이니 계속하면 부끄럽다[裕父之蠱 往見吝].

육오(六五)는 아버지의 일[父之蠱]을 주관하니 기림을 받는다[幹父之蠱 用譽].

상구(上九)는 왕후를 섬기지 않으니 자기 일을 높이 숭상한다[不事王侯 高尙其事].

◉

고괘(蠱卦)의 초륙(初六)은 양위에 음효로 바르지 못함[不正位], 구이(九二)는 음위에 양효로 바르지 못함, 구삼(九三)은 양위에 양효로 바름[正位], 육사(六四)는 음위에 음효로 바름, 육오(六五)는 양위에 음효로 바르지 못함, 상륙은 음위에 양효로 바르지 못함이다. 6효 중에서 4효가 바르지 않다. 하지만 이 괘의 경우 육이와 구오 모두 중정(中正)을 얻지 못했다.

대성괘 고괘(䷑)는 소성괘 간괘(☶)와 손괘(☴)가 위아래에 있어 만들어진 괘다. 「설괘전」에 따르면 '간(艮-산)으로 오래 머물게 하고[止=久]' '바람[風]으로 흩어지게 한다'고 했다. 괘는 산 아래에 바람이 부는 모양이다. 바람이 산 아래에서 불게 되면 산 속의 만물을 뒤흔들어놓는다.

그러면 「서괘전」을 통해 왜 고괘가 수괘의 뒤를 이어받았는지 확인해보자. 따르는 사람이 많다 보면 반드시 이런저런 일이 생겨난다. 그런데 일이 없으면 누가 제대로 일을 다스릴 수 있는지 없는지 가릴 수 없다. 난세(亂世)에 영웅이 나는 것도 그와 무관치 않다. 치세(治世)에는 누가 제대로 된 인물인지 가릴 방도가 없다. 따라서 일이 생겨나는 것이 반드시 나쁜 것은 아니라 하겠다.

> 기뻐하면서 다른 사람을 따르게 되면 반드시 일이 있게[有事] 마련이다. 그래서 수괘의 뒤를 고괘(蠱卦)로 받았다.
>
> 以喜隨人者必有事. 故受之以蠱.

보통은 바로 앞의 괘만 받는데 여기서는 '기뻐하면서[喜=豫] 다른 사람을 따르게 되면[隨]'이라고 해서 앞의 두 괘를 받아 고괘가 생겨났음을 보게 된다. 고(蠱)는 일이 생겨난 것[有事]이니 뭔가 사고가 터졌다는 뜻이다. 고(蠱)란 원래 그릇 안에 있는 벌레들을 뜻한다. 그래서 독한 기운, 안 좋은 기운 혹은 의심 등의 뜻을 갖는다. 더불어 일[事]을 뜻하기도 한다. 산풍고괘(山風蠱卦, ䷑)는 손괘(☴)가 아래에 있고 간괘(☶)가 위에 있어 산 아래 바람이 있는 모양이다. 정이는 "바람이 산 아래에 있다가 산을 만나 돌면 사물이 어지러워진다"라고 했고, 남동원은 "산은 부동(不動)을 의미하고 바람은 손순(巽順-고분고분함)을 의미한다. 산이 위에 있어 움직이지 않듯 상부의 위정자는 태만해서 노력하지 않고, 아래 백성은 거역하지 않고 손순할 뿐이다. 이런 사회는 점점 부패하게 된다. 태평성세가 오랫동안 계속되면 사람들은 오로지 안이한 일락(逸樂)에 취하기 쉽다"라고 했다. 공통점은 둘 다 어지러워진다는 점이다.

위에 있는 군주는 게을러서는 안 된다. 무일(無逸)해야 하는 것이다. 처음부터 끝까지 조금도 게을러서는 안 된다는 말이다. 그러나 그것은 여간 어려운 일이 아니다. 원래 무일은 주나라 때 주공(周公)이 섭정을 마치고 나서 조카인 성왕(成王)에게 전권을 넘겨줄 때 경계해야 할 딱 한 마디로 "게을러서는 안 된다[無逸]"는 뜻을 담아 써준 글의 제목이다. 그런데 군주가 게으르다는 것은 과연 무슨 뜻일까? 백성의 삶이 얼마나 힘든지 진실로 안다면 군주는 게으를 수 없다는 뜻이다. 그래서 주공은 "군주는 늘 무일(無逸)을 마음 한가운데 오랫동안 두어야 합니다"라고 했던 것이다.

여기서 무일 못지않게 중요한 말이 "오랫동안"이다. 잠깐 하다 말면 무일이라고 할 수 없다. 그런 마음으로 시종일관할 때라야 제대로 된 군주가 될 수 있다.

바로 이런 점에서 다시 한번 당나라 때의 명신 위징이 당 태종에게 올린 「간태종십사소」를 떠올릴 수밖에 없다. 태종에게 열 가지 반드시 명심해야 할 내용을 간언하는 상소라는 뜻이다. 그중에 무일(無逸)과 관련된 부분이 흥미롭고 상세하다.

> 처음에 시작을 잘하는 사람은 많지만, 능히 끝을 잘 마치는 자는 거의 없습니다.

> 나태하고 게을러질까를 두려울 때는 반드시 일의 시작을 신중히 하고 일의 끝을 잘 삼가야 한다[愼始而敬終]는 것을 떠올려야 합니다.

사람이 하는 일은 시작이 있으면 끝이 있게 마련이다. 그렇기 때문에 신시경종(愼始敬終)은 작은 조직이든 큰 조직이든 사람을 부리는 자리에 있는 사람이라면 잠시도 잊어서는 안 되는 경구라 할 수 있다. 일[蠱=事]은 시련이다. 시련은 사람들을 위험에 빠트릴 수도 있지만, 단련시키기도 한다.

문왕의 단사(彖辭), 즉 "고(蠱)는 으뜸으로 형통하니[元亨] 큰 강을 건너면 이롭다. 먼저 갑(甲)으로 사흘을 하고 뒤에 갑으로 사흘을 한다[元亨 利涉大川 先甲三日 後甲三日]"에 대한 공자의 풀이[「彖傳」]를 살펴볼 차례다.

> 일이 있다[蠱]는 것은 굳셈[剛-양효]이 올라가고[上] 부드러움[柔-음효]이 내려간[下] 것이라 공손하면서도 그치는[巽而止] 것이니, 그래서 일이 있다는 것이다. 고(蠱)는 으뜸으로 형통하니[元亨] 천하가 다스려지고, 큰 강을 건너는 것이 이롭다는 것은 가서 일을 도모하는 것[往有事]이다. 먼저 갑(甲)으로 사흘을 하고 뒤에 갑으로 사흘을 한다는 것은 끝마치면 시작이 있다[終則有始]는 것으로, 하늘의 운행[天行=天道]이다.
> 
> 蠱 剛上而柔下 巽而止 蠱.
> 蠱 元亨而天下治也 利涉大川 往有事也.
> 先甲三日後甲三日 終則有始 天行也.

◉

일은 그 처음에 조심하고[愼始] 진행 과정에서도 두려워함을 잃지 말고[戰戰兢兢=兢兢業業] 끝마칠 때도 삼가야 한다[敬終]. 『논어』에는 이와 관련된 구절들이 많이 나오지만, 특히 「위령공」편에 나오는 공자의 말은 이를 전반적으로 다 보여준다는 점에서 참고할 만하다.

> 군자는 마땅함[義]을 바탕으로 삼아 사리[禮]로써 일을 행하고[行] 겸손[孫=遜]으로 언행을 드러내며[出] 믿음[信]으로 일을 이뤄내니[成], 이러해야 바로 군자라 할 수 있다.

"먼저 갑(甲)으로 사흘을 하고 뒤에 갑으로 사흘을 한다"는 것은 바로 이런 마음으로 일에 임하니 그 일은 좋은 결과를 낼 수밖에 없다. 이런저런 풀이가 있으나 기본적으로 선갑(先甲)이란 일이 그렇게 된 원인이나 까닭을 탐구하는 것이고, 후갑(後甲)이란 앞으로 일이 진행될 방향을 깊이 사려하는 것이다. 선갑해야 과거의 잘못을 제대로 고칠 수 있고, 후갑해야 일을 계속 좋은 방향으로 이끌고 갈 수 있다. 후한(後漢)의 학자 응소(應劭)는 이렇게 풀이했다.

> 이는 임금 된 자가 재계(齋戒)하기를 반드시 스스로 새롭게 해야 하고[自新 자신] 일에 임해서는 반드시 스스로 빈틈없이 해야 한다[丁寧 정녕]는 말이다.

『성종실록(成宗實錄)』 23년(1492) 12월 3일 사헌부 대사헌 이세좌(李世佐, 1445~1504)[276] 등이 올린 소(疏)는 자연스럽게 이에 대한 풀이가 된다.

> 『주역(周易)』 고괘(蠱卦)에 이르기를 '선갑삼일 후갑삼일(先甲三日後甲三日)'[277]이라 했고, 손괘(巽卦)의 구오(九五)에 이르기를 '선경삼일 후경삼일(先庚三日後庚三日)'[278]이라고 했으니, 성인(聖人)이 정교(政敎)를 제작할 적에는 먼저 그 선후를 잘 생각해서 폐단을 구제하고, 행할 만한 도(道)가 되면 명령을 발하여 시행하고 또 변경한 뒤에는 그 변경한 것을

---

276 1477년(성종 8년) 문과에 갑과로 급제한 뒤 대사간으로 특채됐다. 1485년에 이조참판으로 정조사(正朝使)가 돼 명나라에 다녀와 광양군(廣陽君)의 봉호를 받았다. 1494년 산릉도감제조(山陵都監提調)로 성종의 국장 의례 및 능(陵) 축조를 담당했다. 이어 한성부판윤·호조판서를 거쳐 1496년(연산군 2년) 순변사로 여진족의 귀순 처리와 회유책의 강구를 위해 북방에 파견됐다. 1497년 이조판서에 임명되고, 이듬해 무오사화 때 김종직 및 그 제자를 극형에 처해야 한다고 주장했다. 이어 판중추부사(判中樞府事)를 거쳐 예조판서를 지냈다. 1503년 인정전에서 열린 양로연(養老宴)에 참석, 어사주를 회배(回盃)할 때 어의(御衣)에 술을 엎지르는 실수로 연산군의 분노를 사서 무안에 부처됐다가 다시 온성·평해에 이배됐다. 이듬해에 갑자사화 당시 연산군의 생모 윤비(尹妃)를 폐위할 때 극간하지 않았고 이어 형방승지로서 윤비에게 사약을 전했다 하여 다시 거제에 이배되던 중 곤양군 양포역(良浦驛)에서 자살의 명을 받고 목매 자결했다. 이세좌의 손자가 이준경이다.

277 법령(法令)을 새로 만드는 것을 갑(甲)이라 하는데, 백성이 익숙하지 않기 때문에 새로운 법령을 선포하기에 앞서 3일 동안 은근하게 말하고 법령을 선포한 뒤에도 다시 3일 동안 정녕(丁寧)하게 말한다는 뜻이다. 즉 주의 깊게 신중히 대처한다는 것이다.

278 법령을 펴는 것을 경(庚)이라 하는데, 백성이 암미(暗迷)한 지 오래돼 법령을 갑자기 펼 수 없으므로 앞서 3일 동안 거듭 알리고 편 뒤에 다시 3일 동안 알린 뒤에 위반자를 처벌하는 것을 말한다. 역시 주의 깊게 신중히 대처한다는 것이다.

잘 헤아려서 이롭고 오래 행할 만한 방법으로 삼았으니 지극하다고 하겠습니다. 만약 한 사람의 말로써 오늘에 한 가지 법을 세웠다가 한 사람의 말로써 내일 한 가지 법을 허물어뜨리면 성인의 '선갑후갑(先甲後甲)·선경후경(先庚後庚)'의 뜻이 아닙니다. 전하께서 백성이 역(役)을 피하여 중이 되는 것을 지극히 우려하여 별도로 금령(禁令)을 세웠으니 진실로 행할 만하고 오래 전할 만한 군국(軍國)의 큰 계책인데, 뜻밖에 간사하고 아첨하는 무리가 자기들에게 불리함을 싫어하여 인심이 소요스러움을 핑계 대어 대내(大內)에 전해지게 하고 듣게 해서, 마침내 이미 이뤄진 법을 폐해 조정의 정령(政令)이 번복(飜覆)되는 것이 무상(無常)하기가 아이들의 장난과 같음이 있으니 어찌 국가 체면에 손상됨이 있지 아니하겠습니까?

공자의 「단전(彖傳)」을 보자. "일이 있다[蠱(고)]는 것은 굳셈[剛(강)-양효]이 올라가고[上(상)] 부드러움[柔(유)-음효]이 내려간[下(하)] 것"이라고 했다. 이는 괘(卦)의 형성 과정을 설명한 것인데, 굳셈이 올라갔다는 것은 건괘의 초구가 올라가서 고괘의 상구가 됐다는 말이고 부드러움이 내려갔다는 것은 곤괘의 상륙이 내려와 초륙이 됐다는 뜻이다. 한마디로 제자리를 찾아간 것이다. 그래서 정이는 이를 난세를 다스리는 방법으로 풀어낸다.

남(男)은 비록 어리지만 위에 있고 여(女)는 비록 어른이지만 아래에 있어 높고 낮음[尊卑(존비)]이 바름을 얻고 위아래가 이치를 고분고분 따르니, 이는 곧 고(蠱)를 다스리는 도리다.

간(艮)은 산으로 그치는 것이고 손(巽)은 고분고분함이다. 고분고분하게 함으로써 다스려진다는 뜻이 그 안에 들어 있다. 「단전」의 나머지는 사실상 다 해명됐다. 꼼꼼하게 「단전」을 다시 읽어보고서 다음으로 넘어가자.

공자의 「상전」을 살펴볼 차례다. 그중에 고괘(蠱卦)를 총평한 「대상전」이다.

산 아래 바람이 있는 것이 고(蠱)(가 드러난 모습)이니, 군자(君子)는 그것을 갖고서 백성을 떨치고[振民(진민)] 자신의 다움을 기른다[山下有風蠱 君子以 振民育德(산하 유풍 고 군자 이 진민 육덕)].

◉

산에 바람이 거세게 불면 만물이 다 흩어져 어지럽게 된다. 이는 만사(萬事)가 혼란스러워진다는 뜻이다. 군자는 이런 장면을 보게 되면 가장 먼저 백성을 구제하고자[振民=賑民] 하고 동시에 자신의 다움을 기른다는 것이다. 한마디로 세상을 구제할 만한 큰 뜻을 품고서 준비를 한다는 말이다. 난세에 영웅이 나게 되는 것도 이 같은 일의 이치[事理] 때문이다. 『태종실록(太宗實錄)』 총서에는 고려 말 혼란기 때 태종 이방원의 젊은 시절을 묘사한 대목이 있다.

> (고려 말에) 정사는 산만해지고 백성은 유리(流離)했다. 태종이 개연(慨然)히 세상을 구제할 뜻이 있어 능히 몸을 굽혀[折節] 선비들에게 겸손했다[下士].

짧지만 진민육덕(振民育德)이란 무엇인지 정확하게 보여준다.

고괘의 여섯 효[六爻]에 대한 주공의 말을 풀이한 공자의 「소상전」이다.

(초륙(初六)은) 아버지의 일을 주관한다는 것은 그 뜻이 아버지의 일을 잇는[承考] 데 있다는 뜻이다[幹父之蠱 意承考也].

(구이(九二)는) 어머니의 일을 주관한다는 것은 적중된 도리[中道]를 얻었기 때문이다[幹母之蠱 得中道也].

(구삼(九三)은) 아버지의 일을 주관한다는 것은 끝내는 허물이 없다는 것이다[幹父之蠱 終无咎也].

(육사(六四)는) 아버지의 일을 넉넉하게 처리한다는 것은 (감당하지 못할) 일을 계속해도 얻는 바가 없다는 뜻이다[裕父之蠱 往未得也].

(육오(六五)는) 아버지의 일을 주관해 기림을 받는다는 것은 다움으로 이어받기 때문이다[幹父用譽 承以德也].

(상구(上九)는) 왕후를 섬기지 않는다는 것은 뜻이 본받을 만하다는 것이다[不事王侯 志可則也].

◉

고괘의 맨 아래 첫 음효에 대해 공자는 "아버지의 일을 주관한다는 것은 그 뜻이 아버지의 일을 잇는[承考] 데 있다는 뜻이다"라고 풀었다. 주공은 효사에서 "아버지의 일[父之蠱]을 주관하니[幹] 좋은 아들이 있으면 아버지의 허물이 없고 위태롭게 여기면 끝내 길하다[幹父之蠱 有子 考无咎 厲終吉]"라고 했다. 유자(有子)란 좋은 아들이 있다는 뜻이다. 좋은 아들이 있어 아버지의 일을 잘 잇게 되면 아버지도 허물이 없을 것이고, 그렇지 못하면 아버지도 허물을 짓게 된다.

그런데 초륙은 낮은 자리에 있고 호응 관계도 없으며 음효로 양위에 있으니 자리가 바르지도 못하다[不正位]. 가진 것이라고는 바로 위와의 유비(有比) 관계뿐이다. 이처럼 보잘것없는 처지에서 아버지의 일을 주관하게 됐으니 그 상황을 위태롭게 여길 때라야 마침내 길하다. 공자의 풀이는 바로 이 점에 초점을 맞춘 것이다. 즉 '그 상황을 위태롭게 여기려면' 진정으로 '그 뜻이 아버지의 일을 잇는[承考] 데 있어야만' 가능하기 때문이다.

고괘를 잘 들여다보면 여섯 효사 중에서 5개가 다 부모의 일을 이어받는 것이다. 이때의 일[蠱]이란 대부분 좋은 일보다는 안 좋은 일[有事]을 뜻한다. 즉 아버지 세대가 저질러놓은 일을 이어받아 잘 극복하느냐의 문제라 할 수 있다. 조선사에서 끝내 흉하게 된 사례와 바람직하게 극복한 사례를 대비해서 살펴보자.

첫째는 선조의 뒤를 이은 광해군의 경우다. 내가 쓴 책 『선조, 조선의 난세를 넘다』(해냄)에서 관련 부분을 발췌한다.

> 선조 33년(1600) 6월 24일 선조는 의관을 불러 중궁, 즉 의인왕후 박씨의 몸이 불편하다며 치료를 명했다. 그리고 사흘 후인 6월 27일 숨을 거둔다. 사실 의인왕후는 자식을 낳지 못했기 때문에 세자(훗날의 광해군)를 아들로 삼아서 친아들 이상으로 대해주었다. 그런 의인왕후가 죽었다는 것은 세자와 그를 둘러싸고 있던 세력에게는 치명타였다. 살아서 아무런 정치적 역할을 하지 못했던 의인왕후는 그러나 죽음으로써 이후 조선 정치의 진로를 완전히 바꿔놓게 된다.
>
> 실록에서는 아주 드물게 의인왕후 박씨에 대한 선조의 애틋한 글이 그대로 남아 있다. 7월 9일 그는 의인왕후의 행실에 대한 자신의 소감을 담은 비망기를 내렸다.
>
> "대행(大行-고인)이 내전에 있으면서 두 대비(大妃)를 받들어 섬김에 그 성효(誠孝)를 다했

고 나를 섬김에도 공경을 다하여 한결같이 어김이 없었다. 외가(外家)의 사삿일로 요구하는 일이 없었으며, 빈어(嬪御-후궁들)를 대함에도 은애가 지극하여 그들 보기를 수족같이 할 뿐이 아니었다. 여러 아이를 어루만지기를 자기 소생보다 지나치게 하여 항상 자신의 곁에 두기에, 내가 간혹 그 소행을 시험하여 여러 아이를 장난삼아 질책하면 문득 대행의 뒤로 도망가 숨곤 했는데, 대행은 곧 치마폭을 당겨 그들을 가려주었다. 평생 조급히 서두르는 언행과 표정을 나타내지 않으며, 궁인과 여종에 대해서도 일찍이 노기를 내어 꾸짖지 않았다. 그리고 투기하는 마음, 의도적인 행동, 수식(修飾)하는 말 같은 것은 마음속에 두지 않았을 뿐 아니라 비록 권하여도 하지 않았으니, 대개 그 천성이 이와 같았다. 인자하고 관후하며 유순하고 성실한 것이 모두 사실로 저 푸른 하늘에 맹세코 감히 한 글자도 과찬하지 않는다. 아, 하늘은 착한 사람에게 복을 주어 대덕(大德)은 반드시 장수하는 법이건만, 불행히도 자식을 두지 못하고 수명 또한 길지 못했으니, 천도는 과연 지각이 있는 것인가. 운명이란 이처럼 일정하지 않은 것인가. 누구도 따를 수 없는 덕행으로도 자식을 두지 못했고 또 장수하지 못했다. 내 이에 하늘을 원망하지 않을 수 없다."

그래서일까, 의빈왕후는 선조의 존중은 받았지만 사랑은 받지 못했다. 선조는 광해군의 어머니인 공빈 김씨와 인조의 할머니인 인빈 김씨를 각별히 사랑했다. 그런데 여기서 잠깐, 선조의 학자다운 꼼꼼함을 보여주는 일화가 있다. 비망기를 내린 지 이틀 후 선조는 의도적인 행동은 '감정을 속이는 행위'로, 수식하는 말은 '가식적인 말'로 바꿀 것을 명한다. 보다 정확하게 표현하기 위해서라는 것이었다. 이런 일은 종종 있었다. 자기가 했던 말이나 글이 틀렸다고 생각되면 시간이 지난 후에라도 반드시 바로잡았다. 좋게 말하면 철저함이다.

의빈왕후 박씨의 상중에 충격적인 사건이 발생한다. 선조와 순빈 김씨 사이에서 태어난 외동아들 순화군 이보가 패륜을 저지른 것이다. 선조 33년 7월 16일 순화군이 박씨의 빈전 바로 옆에 있는 여막(廬幕)에서 순빈 김씨의 몸종을 강간하는 일이 일어났다. 선조는 바로 그날 비망기를 내려 순화군을 법에 따라 처리할 것을 지시했다. 신하들이 직접 판결하기는 어려웠다. 그러자 선조는 왕실 문제를 주관하는 종부시로 하여금 처리 방안을 내놓을 것을 명했고, 사흘 후 종부시는 교수형이나 '장 100대, 3000리 먼 곳에 유배' 중 하나에 해당한다고 보고했다. 결국 선조는 7월 20일 후자를 선택한다. 그러나 감시를 철저히 해야 하기 때문에 유배지는 수원으로 정해졌다.

이 무렵 선조의 일상적인 통치 행위는 정상적으로 이뤄지고 있었다. 혹시 있을지 모르는 일본의 재침입에 대비해 국방력을 강화하는 데 전력을 다하는 한편 민생 구제와 청렴한 관리 선발을 위해 최선을 다했다. 실록은 곳곳에서 선조의 이 같은 통치 방향에 대해 "훌륭하도다, 군왕이여!"를 연발하고 있을 정도다.

한 인물의 전기(傳記) 작업을 할 때 그의 일생을 처음부터 추적하다 보면 몇 차례 전기(轉機)가 나온다. 사실 이런 전기, 즉 모멘트를 정확하게 포착하지 못하면 어떤 인물의 삶을 그 자체에서 이해하는 일은 그만큼 어려워지게 된다.

이런 전기(轉機)에는 외적인 것과 내적인 것이 있다. 선조의 경우 어려서 이준경 등에 의해 국왕으로 '선발'된 것은 일생일대의 전기라고 할 것이다. 임진왜란을 당한 것 또한 중대한 전기다. 이것들은 모두 외적인 전기다. 그러나 내적인 전기도 있다. 그것은 물론 외부 상황과 연결된 것이겠지만, 때로는 나이 들어가는 데서 오는 자연 발생적인 것도 있다.

대체로 유학의 '철인왕' 내성외왕(內聖外王)을 척도로 삼을 때 선조는 내성에서는 성공한 반면 외왕에는 실패한 왕이라고 할 수 있다. 묘하게도 1601년 이 한 해에는 외왕에 실패하게 되는 여러 사건이 집중해서 일어났다. 내성을 기초로 한 잠재적 성군(聖君)이 점차 범군(凡君) 내지 혼군(昏君)으로 나아가는 결정적인 일들이 이때 몰려 있다. 선조의 경우 소극적 권력 의지에 머물러 있을 때 오히려 빛나다가 적극적 권력 의지를 보이려 하면서 퇴행의 늪에 빠져든 것은 아닌가 하는 느낌을 지울 수 없다.

아마도 그 계기는 의인왕후 박씨의 죽음과 무관치 않았을 것이다. 비록 살가운 애정은 다른 사람에게 쏟았지만, 왕후의 빈자리는 시간이 갈수록 컸다. 그것은 국왕이라는 자신의 자리를 갉아먹는 것과 같았다. 왕후 없는 왕좌는 퇴락해가는 자신의 모습과도 같다고 느꼈을지 모른다. 이렇게 되면 일반적인 경우 마음속의 방어 기제가 강해지기 마련이다. 선조 또한 평범한 인간이었다. 1601년은 바로 이런 국왕으로서의 정체성 위기를 벗어나기 위한 방어 작용들이 극단적으로 표출된 시기였다.

그해 2월 23일 경기도관찰사 남이신이 글을 올려 수원부사의 순화군에 대한 보고서를 선조에게 전했다. 유배지에서의 횡포가 극에 달해 무고한 여성을 때려죽이기까지 했다는 것이었다. 심지어 수원 근처의 농민들이 두려워서 농사일을 포기하고 달아나버리는 일까지 생겼다. 불과 몇 달 전 사형을 시키라고까지 했던 선조가 이때는 전혀 다른 모습을 보인다. 이번에는 사헌부·사간원 등에서 처벌을 건의했지만, 선조는 왕자를 하옥시킨 전례가 어디에도 없다며 처벌 건의를 묵살한다. 결국 이 일은 흐지부지되고 만다. 이미 선조의 판단력은 흐려지고 있었다.

이 무렵 예조에서는 명나라에 사신을 보내 계속 지연되고 있는 광해군 책봉 문제를 재차 요청할 것을 상소했다. 여러 차례 주청할 때마다 명나라에서는 장자인 임해군이 있는데 둘째인 광해군을 책봉하는 것은 장차 분쟁의 소지가 있기 때문에 곤란하다는 입장이었다. 그러나 임진왜란이 일어나던 1592년 왕세자로 책봉된 이래 광해군이 세자라는 것은 적어도 조선 내에서는 불변의 사실이었다.

그런데 예조의 상소를 받은 선조는 "그대들은 왕비의 자리가 오랫동안 비어 있음에도 왕비를 책봉해야 한다는 주장은 하지 않으면서 왕세자만 책봉해야 한다고 하는 이유가 무엇인가?"라고 평소의 선조답지 않은 반응을 보였다. 이때 선조의 나이 50세를 맞고 있었다. 10월 7일 예조에서는 건의의 형태로 '곤궁(坤宮)'을 맞아들일 것을 청했고 선조는 그 자리에서 받아들였다.

한편 선조는 10월 2일 서얼허통을 다시 금한다고 명했다. 그 스스로 왜란을 맞아들인 이유 중의 하나가 경직된 신분제라며 서얼허통을 명해놓고 다시 거두어들인 것이다. "서얼허통은 법전상 할 수 없는 것이다. 왜란 중에 처음 시행했으나 곧 중지시켰다." 선조는 점차 수구(守舊)가 돼가고 있었다.

선조 34년(1601) 12월 11일 처녀 10명이 대궐에 들어와 면접을 보았다. 그중 6명이 선발됐다. 같은 해 10월 예조에서 처녀 간택에 관한 보고를 올렸을 때 선조는 "사치스러운 옷을 입지 말고 평상복을 입고서 입궐토록 하라"고 명을 내린 바 있다. 그것은 평소 선조의 사치를 싫어하는 성품 때문이다.

이후 처녀 간택을 위한 선발 작업은 계속 진행됐다. 마침내 선조 35년 2월 3일 선조는 행중추부판사 이덕형, 영의정 이항복, 좌의정 김명원을 불러 "이조좌랑 김제남의 딸과 대혼(大婚)하겠다"라는 뜻을 밝힌다.

김제남(金悌男, 1562~1613)은 남곤·심정과 함께 기묘사화를 일으켜 조광조 세력을 축출한 중종 때의 영의정 김전(金詮)의 증손자로, 선조 30년(1597) 문과에 급제한 후 이때 이조좌랑으로 있었다. 남들에 비해 관직 진출은 늦은 편이었다.

인사권을 가진 이조좌랑 김제남에 대해 실록은 "성품은 유약하여 사람들과 친밀하게 지내지 못했다"라고 평한다. 특히 당시에는 사림들의 힘이 위축돼 있을 때였는데, 주변에서 김제남이 힘을 써서 사림들을 중앙의 요직에 진출토록 해야 한다고 말하자 김제남은 "자신들이 물러나겠다고 하는데 난들 어떻하겠느냐"라며 사람들이 외직으로 나가도록 방치해 사림의 비난을 받았다고 적고 있다. 그러나 딸이 왕비로 간택되자 그는 하루아침에 돈녕부 영사로 품계가 뛰어올랐다. 정6품이 하루아침에 정1품이 된 것이다.

그 후 딸이 인목왕후가 돼 영창대군을 낳자 그가 누린 영광은 끝이 없었다. 그러나 광해군의 즉위는 그에게는 불행의 시작이었다. 결국 광해군 5년(1613) 이이첨 등이 영창대군을 왕위에 추대하려 했다는 계축옥사가 일어나 김제남은 서소문 밖 자택에서 사약을 받게 된다. 3년 후에 다시 김제남은 부관참시됐고 세 아들이 모두 화를 입었다. 가족 중에서는 손자 김천석과 부인 노씨만이 목숨을 부지할 수 있었다. 그 후 인조반정이 일어나고 나서야 명예를 회복하게 된다. 특히 제주도로 유배를 간 부인은 그곳에서 술집을 해서 연명했다고 한다. 그러나 이는 훗날의 일이고 당장은 집안의 일대 경사였다.

50세의 늙은 신랑 선조와 열아홉 꽃다운 신부 인목왕후의 국혼(國婚)은 간택 5개월 후인 7월 13일 거행됐다. 그런데 당시 신하들은 노골적으로 표현은 못 하지만, 이 혼례를 탐탁잖게 여겼던 것 같다. 실록은 바로 전날 백성이 선조의 친영(親迎)을 위해 지금의 덕수궁과 태평관 사이에 있던 언덕에 길 공사를 하다가 흙이 무너져 내리는 바람에 10여 명의 사상자가 났다며 "많은 사람이 괴이하게 여겼다"라고 적고 있다.

혼례를 올리던 날에도 비가 쏟아졌다. 이에 선조는 신부를 직접 맞이하는 친영례를 연기할 것을 명했다. 그러나 예조판서 유근을 비롯한 대신들이 강행을 건의하자 친영례는 예정대로 진행됐고, 이후 본격적인 대례(大禮)가 우장(雨裝)을 갖춘 가운데 계속됐다. 묘하게도 대례가 끝나자 날씨는 쾌청해졌다.

다음날 왕비에 오른 인목왕후는 왕세자와 백관, 2품 이상 공신과 6승지의 부인들로부터 하례를 받았다. 문제는 그 장소가 정전(正殿)이었다는 데 있다. 당시에는 지금의 덕수궁 자리에 있던 행궁을 사용하고 있어 마땅한 공간이 없었기 때문이라고 할 수 있지만, 그것은 정도를 잃은 처사였다. 사관은 말한다. "훗날 국정에 간여할 조짐이 여기에서 단서가 열리지 않으리라고 보장할 수 없다." 실제로 인목왕후는 어린 나이에 정쟁의 한복판에 휩쓸려 들어가 멸족(滅族)의 화를 입게 된다.

국혼 준비가 한창이던 선조 35년 4월 22일 예조에서 세자 책봉을 주청할 사신단의 명단을 올리자 선조는 화를 내며 그 명단을 돌려보냈다

"중궁의 책봉을 즉시 주청했어야 하는데 이 점에 대해서는 해당 부서가 계품을 하지 않고

세자 책봉 문제만 서두르니 이는 일이 전도된 듯하다. 먼저 국모를 바르게 한 뒤에야 인륜의 기강이 서게 되는 것이니, 어찌 국모 없는 나라가 있겠는가? 살펴서 하라."

사실 대례를 행한 후에 주청을 해도 문제가 될 것이 없었다. 그랬기 때문에 신하들은 광해군 책봉은 서두르면서도 중궁의 책봉은 시간을 두고 기다렸던 것이다. 문제는 선조가 이런 말을 했다는 사실 자체다. 뭔가 심기에 큰 변화가 있다는 조짐이었기 때문이다. 당시 선조의 권력은 정점에 달해 있었기 때문에 신하들은 선조의 작은 변화라도 예의주시할 때였다. 그런데 이런 큰 변화의 조짐이 생겼으니 각 당파의 신료들은 나름대로 대응책을 세우느라 분주해질 수밖에 없었다. 특히 이 말은 듣기에 따라서는 '광해군의 세자 책봉을 서두르지 말라'는 뜻으로 해석할 수도 있다.

여기서 우리는 훗날 광해군의 든든한 후원자 역할을 하게 되는 정인홍의 문제를 짚고 넘어갈 필요가 있다. 대례를 열흘 정도 앞둔 선조 35년 7월 2일 선조는 영의정 이덕형, 좌의정 김명원, 우의정 유영경 등 삼정승을 불러들여 정인홍의 사람됨에 관해 깊이 있는 토론을 한다. 거기에는 나름의 이유가 있었다.

정인홍(鄭仁弘, 1535~1623)은 조식의 제자로 선조 6년(1573) 학행이 있다 하여 문과를 거치지 않고 곧바로 사헌부 지평, 장령 등을 지냈다. 선조 초반 사림을 중시하던 분위기에서 있을 수 있는 일이었다. 그러나 성품이 워낙 직선적이었기 때문에 1581년 서인의 정철과 윤두수를 탄핵하다가 오히려 본인이 해직돼 낙향했다. 정인홍이 중앙 정치의 중요한 인물로 다시 부상하게 된 것은 경상도 의병장으로서 그가 남긴 혁혁한 전공 때문이다.

이런 공을 높이 사 선조는 1602년(선조 35년) 2월 정인홍을 오늘날의 검찰총장 격인 대사헌으로 발탁했다. 파격(破格)이었다. 이때 정인홍의 나이는 70을 바라보고 있었다. 결국 정인홍은 1년도 되지 못한 11월경 본인의 건강과 반대파의 견제를 넘지 못하고 대사헌에서 물러나야 했다. 그러나 그것은 시작에 불과했다.

선조가 삼정승을 불러 정인홍 문제를 이야기한 것은 그에 관한 논란이 절정에 이를 때였다. 삼정승은 하나같이 정인홍의 과격함을 들어 조정에 두기에 부적절하다는 의견을 밝혔다. 그러나 선조의 생각은 달랐다. 인재를 보는 눈이 남달리 뛰어났던 선조의 면모는 이날 삼정승과의 대화에서도 두드러진다. 삼정승의 의견을 충분히 듣고 난 선조는 자신의 의견을 이렇게 밝힌다.

"인홍에 대해 혹자는 과격하다고 하고 혹자는 말에 병통이 있다고도 하지만, 그 사람은 다른 이와 같지 않아서 빌붙는 일은 결코 하지 않을 것이다. 그의 굳센 절조(節操)는 백번 꺾으려 해도 꺾지 못할 것이다. 불러온 이상 쓰임이 있도록 해야지 어찌 몰아낼 수 있겠는가."

선조가 이처럼 아꼈던 정인홍도 결국은 11월 조정에서 물러날 수밖에 없었다. 한편 인목왕후는 국혼 이듬해 첫딸 정명공주를 낳았다. 문제는 3년 후인 1606년(선조 39년) 아들 영창대군을 낳으면서 불거지기 시작했다. 서손(庶孫) 출신이던 선조가 마침내 왕실의 정통성을 높일 수 있는 계기가 마련됐기 때문이다. 늦은 나이에 본 유일 적자 영창대군에 대한 선조의 사랑은 극진할 수밖에 없었다. 그것은 뒤집어보면 서자 출신 세자 광해군에 대한 외면으로 이어진다는 뜻이었다.

이 무렵 유영경의 정치적 부상이 눈에 띈다. 선조 37년 5월 22일 선조는 영의정에 윤승훈, 좌의정에 유영경, 우의정에 기자헌을 임명했다. 마침내 유영경이 최고의 권력 실세 자리에 오른 것이었다. 이날 실록은 윤승훈에 대해서는 "능력은 뛰어나지만, 성미가 급하고 쉽게 화를 내는 인물"로, 기자헌에 대해서는 "당파에 물들지 않고 마음가짐이 공평한 인물"로 표현하고 있다. 특히 기자헌과 관련해서는 "그가 정승이 됐으니 조정도 편안해지고 만백성도 편안해지겠다"라고까지 극찬을 하고 있다. 그러나 유영경에 대해서는 아무런 평을 하지 않고 있다.

유영경(柳永慶, 1550~1608)은 선조 5년 문과에 급제해 사간원 정언 등 청요직을 두루 거쳤다. 임진왜란 때 의병 모집에 공을 세웠고 황해도관찰사에 올랐다. 원래는 유성룡과 함께 동인에 속해 있다가 동인이 남인과 북인으로 나뉠 때 이발과 함께 북인에 몸을 담았다. 1599년 대사헌으로 있을 때 다시 북인이 대북과 소북으로 갈리자 남이공·유희분 등과 함께 소북의 편에 섰다. 당시에는 대북파가 득세할 때였기 때문에 한동안 소외돼 있다가 1602년 이조판서를 거쳐 우의정으로 화려하게 정계에 복귀했다. 그는 당파에 의존하기보다는 선조의 심기를 미리 살핌으로써 단계단계 주도권을 잡아나갔다. 선조는 관리로서의 능력이 뛰어났던 점을 들어 그를 중용했다. 물론 적극적으로 선조의 마음을 미리 헤아리는 그의 행태가 싫지도 않았던 것으로 보인다. 자연스럽게 그는 소북의 지도자가 돼 허욱·이효원·송준·성이문 등을 거느리면서 기자헌·정인홍으로 대표되는 대북파와 치열한 암투를 전개했다. 적어도 선조가 죽기 직전까지 유영경은 탄탄대로를 달리는 듯했다. 무엇보다 그는 광해군에서 영창대군으로 마음이 바뀌고 있던 선조의 속마음을 미리 알아차렸다. 다시 말해 광해군 입장에서 볼 때 유영경은 인목왕후보다 더 큰 걸림돌이 아닐 수 없었다.

선조 38년 8월 1일 선조는 3년 동안 실어증을 비롯한 오랜 질병으로 인하여 경연을 중단했다가 재개하게 됐으니 왕세자가 신하들과 함께 하례를 해야 하는 것 아니냐고 넌지시 꾸짖는 내용의 비망기를 내렸다. 물론 이것은 원래의 예법에 있는 것이기는 했다. 그 점을 미리 살피지 못한 예조가 잘못을 저지른 것이었다. 그러나 동시에 선조는 약해지고 있었다. 심신이 지칠 대로 지친 그는 누군가로부터 위로를 받고 싶어 했다. 거기에 바로 유영경이 있었다.

다음날 영의정 유영경, 좌의정 기자헌, 우의정 심희수 등 삼정승이 하례를 하겠다고 말했다. 세자와 예조에서까지 나서고 심지어 사헌부는 진하의 예를 미리 살피지 못한 예관들을 처벌하겠다고까지 했다. 그제야 선조는 마지못한 듯 진하를 받아들인다. 이를 주도한 인물이 유영경이었다.

유영경은 바로 다음 해인 1606년(선조 39년) 1월 1일이 되자 즉위 40년이 됐다며 진하할 것을 주청했다. 이때도 선조는 처음에는 그럴 필요까지는 없다고 짐짓 거부했다. 그때까지 조선의 국왕 중에서 40년을 넘긴 임금은 한 명도 없었다. 중종이 재위 39년을 기록한 것이 최고였다. 실은 40년을 기념하자면 다음 해에 하는 것이 정상이었다. 선조는 1567년(정묘년)에 즉위했지만, 이해는 명종 22년이므로 1568년(무진년)이 선조 원년이다. 따라서 1606년은 즉위 39년이 되는 해였다. 그러나 영의정 유영경은 이를 밀어붙였고, 결국 1월 15일 하례와 함께 대대적인 사면이 단행됐다.

그리고 3월 7일 문제의 대군, 영창대군이 세상에 나왔다. 영의정 유영경은 즉각 좌부승지 최염을 시켜 "세종 때도 광평대군과 임영대군이 태어났을 때 하례를 올렸다"라며 "대군 탄생을 축하하는 하례를 올려야 한다"고 건의했다. 이에 좌의정 허욱과 우의정 한응인은 "대군 1명을 낳았다고 반드시 하례할 것까지 있겠느냐"고 반대 의견을 표명했다. 이건창은 『당의통략』에서 유영경은 선조의 뜻이 대군에게 가 있다는 것을 알고서 대군의 지위를 튼튼히 하기 위해 이처럼 하례를 해야 한다고 주장한 것이라고 해석했다. 결국 하례는 이뤄졌다.

회복되는 듯하던 선조의 건강은 선조 39년(1606) 4월을 지나면서 급속하게 나빠지기 시작한다. 세자와 약방 도제도 유영경의 문안 인사가 이어졌고 매일 침을 맞아야 했다. 증상은 왼팔에 마비 증세가 오고 다리에서부터 어깨를 거쳐 귀밑까지 통증이 간헐적으로 찾아오는 것이었다. 한의학에 조예가 깊었던 선조는 자기의 증상을 스스로 진단하고 때로는 적절한 처방을 제시하기도 했다. 9월이 되면서 병세가 조금씩 악화돼갔다. 당시 선조의 치료를 담당했던 어의 중에는 『동의보감』의 저자인 허준도 포함돼 있었다. 이런 증세는 큰 차도를 보이지 않고 1년 이상 계속됐다.

선조 40년(1607) 10월 9일 새벽 선조는 잠자리에서 일어나 문을 열고 나가려다가 갑자기 기가 막히면서 쓰러졌다. 궁중 나인이 달려와 이 같은 사실을 세자에게 알렸고, 곧바로 세자를 비롯해 유영경, 허준 등이 달려왔다. 이들이 왔을 때 선조는 의식을 차리지 못하고 있었다. 숨 막히는 정적만이 편전을 짓누르고 있었다. 허준 등이 각종 약을 번갈아 먹인 끝에 마침내 약간 의식이 돌아온 선조는 "이 어찌 된 일인가, 이 어찌 된 일인가"라는 말만 반복할 뿐이었다. 이날 하루 만에도 여러 차례 의식이 멀어졌다가 돌아왔다가를 반복했다. 의원들은 '한기엄습(寒氣掩襲)'이 원인이라고 진단했다. 의식이 잠깐 돌아오자 선조는 임해군, 정원군, 인성군, 의창군 등 아들들을 궐내에 들어와 머물도록 명한다. 죽음이 임박했음을 예감한 때문일 것이다. 임해군은 공빈 김씨와의 사이에서 난 큰아들로 광해군의 형이었고, 정원군과 의창군은 인빈 김씨 사이에서 난 아들들이다. 정원군은 다름 아닌 인조의 아버지이기도 하다. 인성군은 정빈 민씨와의 사이에서 난 아들이다.

이날 밤부터 세자 광해군이 선조의 곁에서 시병(侍病)에 들어갔다. 흥미로운 것은 무슨 약을 써야 할지를 선조 자신이 일일이 지시하고 있었다는 점이다. 어의들은 중풍이라고 진단한 반면 선조 자신은 심질(心疾), 즉 마음의 병이라고 보았다. 이틀 후인 10월 11일 선조는 삼정승을 빈청에 모이도록 한 다음 비망기를 내렸다.

"나는 본디 질병이 많아서 평일에도 만기(萬機)의 정무는 절대로 감당하기 어려웠다. 더구나 지금은 병에 걸린 지 1년이 다 돼가는데 조금도 차도가 없어 정신이 혼암하고 심병이 더욱 침중하다. 이러한데도 왕위에 그대로 있을 수 있겠는가? 세자 나이가 장성했으니 고사에 의해 전위(傳位)해야 할 것이다. 만일 전위가 어렵다면 섭정(攝政)하는 것도 가하다. 군국(軍國)의 중대사는 이처럼 하지 아니할 수 없으니 속히 거행하는 것이 좋겠다."

당연하고도 적절한 조치였다. 그런데 영의정 유영경은 좌의정 허욱, 우의정 한응인과 함께 전위 의사를 거두어줄 것을 청했다. 자신은 그 뜻을 받들 수 없다는 것이었다. 이날 인목왕후도 한글로 된 문서를 통해 선조의 명을 따를 것을 삼정승에게 지시했다. 그것이 어린 영창대군을 살리는 길이라고 보았기 때문일 것이다.

11월 13일 사간 송석경이 허준이 너무 독한 약을 써서 치료에 효과가 없다며 허준을 탄핵했다. 그러나 송석경의 타깃은 허준 뒤에 있는 인물, 즉 약방 도제조를 겸하고 있는 영의정 유영경이었다. 그 배경에 대해 이건창은 "이산해와 이이첨은 유영경에게 쫓겨나서 오래도록 쓰이지 못했는데, 광해군의 은밀한 부탁으로 다음날 계획을 세우고 광해군 빈(嬪)의 오빠 유희분과 밤낮으로 모여 의논했다라"고 쓰고 있다. 즉 송석경의 허준 탄핵은 유영경을 제거하기 위한 이산해와 이이첨의 계략의 일환이었다는 것이다. 당시 유희분은 종3품인 사헌부 집의였다.

처음에는 이들의 계략이 적중되는 듯이 보였다. 이틀 후 유영경이 허준에 관한 탄핵은 결국 자신의 책임이라며 대죄(待罪)했다. 그러나 이에 대한 선조의 대답은 아주 명쾌했다. "송석경을 비롯한 대간들이 허준을 논죄하고자 하는 진의를 모르겠다. 이는 그에게 약을 쓰지 못하게 하려는 것이고, 또 나로 하여금 정양(靜養)하지 못하게 하려는 것이다. 허준은 별로 잘못된 약을 함부로 쓴 죄가 없다. 그대는 사직하지 말라." 누구보다도 한의학을 잘 아는 선조였기에 이 같은 판단을 할 수 있었다.

결과적으로 이에 힘을 얻은 유영경은 역공(逆攻)에 나선다. 유영경은 자기 사람인 송단을 시켜 다른 문제로 송석경을 탄핵토록 했고, 선조는 송석경을 파면시켜버렸다. 자신들의 계략이 실패로 돌아가자 대북파의 이산해와 이이첨은 먼저 이성과 이담을 보내 영남의 정경세를 움직이려고 시도했다. 정경세라면 선조의 마음을 움직일 수 있으리라는 계산에서였다.

정경세(鄭經世, 1563~1633)는 유성룡의 제자로 1586년(선조 19년) 문과에 급제해 요직을 두루 거쳤고 1598년 승지를 거쳐 경상도관찰사를 지냈다. 재임 중 진휼과 교화에 힘써 좋은 평가를 받았다. 이때는 대구에 머물고 있을 때였다. 이성과 이담은 유영경이 왕세자를 위태롭게 하려고 한다면서 이를 비판하는 상소를 올릴 것을 권했다. 그러나 스승의 정적인 이산해의 계략을 모를 리 없는 정경세는 정중하게 사양했다. "길이 같지 않으면 서로 꾀하지 않는 법이다." 그는 유성룡의 제자로 원래는 퇴계학파의 남인이었지만 당색을 강하게 드러내지 않았다. 오히려 정경세는 율곡학파의 서인들과 친했고 특히 김장생과 가까웠으며 훗날 송시열과 함께 서인 노론의 양대 산맥을 이루게 되는 송준길을 사위로 맞아들이기까지 했다.

이후 정경세는 광해군 집권과 함께 성균관 대사성, 전라도관찰사 등을 지내지만 광해군 2년 정인홍 일파의 탄핵을 받아 광해군 정권 내내 어려운 시절을 보내야 했다. 그러나 1623년 서인들이 주도한 인조반정이 성공하면서 모든 것이 바뀌었다. 경학과 예학에 깊은 조예를 갖고 있던 그는 정계에 복귀해 대사헌, 도승지, 형조·예조·이조판서와 대제학 등을 두루 역임하게 된다. 애당초 이산해 일파와는 함께할 수 없는 인물이었다.

여기서 그만둘 이산해와 이이첨이 아니었다. 어떻게 해서라도 재기를 꿈꾸던 두 사람은 대사헌에서 물러나 고향에 머물고 있던 정인홍을 움직이기로 했다. 정인홍으로서도 피할 이유가 없었다. 1월 18일 올린 상소에서 정인홍은 성품대로 직격탄을 쏘았다. 선조가 당초 약속한 대로 전섭(傳攝-왕권을 전위하고 세자로 하여금 섭정케 함)을 하고 선조는 몸조리에 전념하면 되는데 유영경이 권세를 장악해 이를 가로막고 있으니 앞날이 걱정된다는 내용이었다.

"신이 보건대 전하의 부자(父子)를 해치는 자도 영경이고 전하의 종사(宗社)를 망치는 자도 영경이며 전하의 나라와 백성을 해치는 자도 또한 영경입니다."

너무 나갔다. 선조는 격분했다. 사흘 후 유영경이 사직을 청하는 상소를 올리자 선조는 만류하며 이렇게 말한다.

"정인홍의 상소를 보니 극히 흉악하나 다만 이해하지 못하겠다. 내가 심병(心病)이 있어 똑바로 보지 못하고 슬쩍 보아 넘겼을 뿐이다. 그중에 나에게 관계된 말이 있었으나 또한 말한 까닭을 모르겠으니 더욱 음흉하다. 인홍이 이유 없이 임금의 마음을 동요시키고 영상을 모함했으니, 여러 소인 중에 영상을 모함하려는 자가 유언비어를 조작하여 남쪽 지방에 전파시킨 것을 인홍이 주워 모아 이 상소를 한 것인가. 그 말을 비록 따질 만한 것이 못되지만 무사(無事)한 중에 일을 만들어내어 지친 간에 부득불 이로 인하여 의심하고 틈이 생겨 조정이 혹 조용하지 못하면 큰 불행이다."

병중에 있었지만, 선조는 정인홍의 상소가 이산해 무리의 움직임과 연결돼 있다는 것을 꿰뚫어보고 있었다. 다음날 승정원에 내린 비망기에는 선조의 본심이 정확하게 드러나 있다.

"정인홍이 세자로 하여금 속히 전위(傳位)를 받게 하려고 했으니, 그 스스로 모의한 것이 세자에게 충성을 다하는 것이라고 여겼겠지만 실은 불충함이 극심하다. 제후의 세자는 반드시 천자의 명을 받은 뒤에 비로소 세자라고 할 수 있다. 지금 세자는 책명을 받지 못했으니 이는 천자도 허락하지 않은 것이고 천하도 알지 못한다. 하루아침에 갑자기 전위를 받았다가 만일 중조(中朝)에서 힐문하기를 '그대 나라에서 말하는 세자는 중조에서 책봉을 허락하지도 않았는데 그대들 임금이 사적으로 스스로 전위했다. 그대들 임금 자리도 천자의 벼슬이나 그대들 임금이 마음대로 할 바가 아닌데 세자도 어찌 감히 사사로이 스스로 받겠는가. 중간에 그렇게 된 까닭이 있는가' 하고 불측(不測)한 누명을 세자에게 더하고 대신에게 힐문하면 어떻게 결말을 짓겠는가."

결국 선조는 정인홍을 비롯해 이이첨과 이산해의 아들인 이경전 등을 귀양 보내라고 명했다. 그 바람에 광해군의 입장은 더욱 곤란해졌다. 결국 가만히 있을 수 없게 된 광해군은

1월 25일 자신의 곤란한 입장을 솔직하게 밝혔다.
"뜻밖에 정인홍이 입에 담지 못할 말을 만들어 위로 천청(天聽)을 번거롭게 했습니다. 성상의 하교에 '지친 간에 부득불 이로 인해 의심하여 틈이 생기겠다'라고 하셨으니 천하에 어찌 이런 일이 있겠습니까. 신은 만 번 죽는 것 이외에는 다시 상달할 바가 없으니 땅에 엎드려 황공할 뿐입니다."
흔히 선조를 폄하할 목적으로 이때 선조가 광해군을 박대했다고 쓴 글들이 종종 있다. 그러나 단 한 차례 선조가 광해군의 세자 지위를 놓고 중국의 책봉을 받지 못한 것과 관련해 부정적 의사를 밝힌 적이 있었지만, 그것은 이때의 문제와 전혀 관련이 없었다. 오히려 이때 선조는 광해군을 위로하고 있다.
"근래 인심이 극히 흉하여 기필코 조정에 일을 일으키려고 불측한 말을 만들어 이르지 않는 바가 없으니 마음이 몹시 아프다. 세자는 명위(名位)가 이미 결정돼 내가 세자와 조금도 틈이 없는 것은 하늘이 아는 바이다. 누가 감히 흉역한 마음을 두겠는가. 저 소인들이 스스로 흉악한 계책을 만들고 일망타진의 계책을 꾸며 조정을 괴란시키고 부자(父子)를 이간시키려고 했으니 그 마음이 몹시 흉참하다. 그러나 이는 입에 담을 것도 못 되니 세자는 안심하고 그 일을 마음에 두지 말라."
이렇게 해서 이산해의 계략은 실패로 돌아가는 듯했다. 세자 건저의 문제로 정철을 나락에 밀어넣었을 때와는 사정이 달랐다. 선조는 이미 그것을 꿰뚫어보고 있었다. 그러나 이 일이 있은 지 며칠 후인 2월 1일 선조는 세상을 떠나고 만다.
1608년 2월 1일 아침 선조는 약방의 문안 인사에 "지난밤에는 편히 잘 잤다"라고 답한다. 오전에는 이이첨과 이경전을 따르던 무리의 귀양을 청하는 사헌부 지평 신광립의 보고를 받는 등 통상적인 집무를 행하기까지 했다. 그런데 오후 2시경 갑자기 선조의 건강은 악화돼 위급한 지경에 이른다. 곧바로 왕세자가 달려왔고 이어 완평부원군 이원익, 중추부 영사 이덕형, 오성부원군 이항복 등 원로대신들이 들어왔다.
어의 허준의 노력에도 불구하고 결국 선조는 더 이상 눈을 뜨지 못했다. 얼마 후 인목왕후는 미리 써놓은 선조의 유언을 공개했다.
"형제 사랑하기를 내가 있을 때처럼 하고 참소하는 자가 있어도 삼가 듣지 말라. 이로써 너에게 부탁하니 모름지기 내 뜻을 몸 받아라."
보기에 따라서는 영창대군을 부탁한다는 뜻으로도 읽힌다. 그리고 인목왕후는 옥새를 광해군에게 넘겼다. 물론 광해군은 처음에는 받을 수 없다고 여러 차례 사양했다. 그러나 왕위는 결국 광해군에게 가도록 돼 있었다. 묘호는 선종(宣宗), 능호는 목릉(穆陵)으로 정해졌다.

바로 다음날 오늘날의 덕수궁 자리에 있던 정릉동 행궁에서 광해군은 보위에 올랐다. 임진왜란의 난리 통에 왕세자가 된 지 16년 만이었다. 이때 광해군의 나이 34세였다.

광해군이 왕위에 오르고 처음으로 한 주요 국사는 묘호를 선종에서 선조로 바꾼 것이었다. 2월 8일 대신들이 의견을 모아 광해군에게 건의했다.

"신들의 의견은 모두 '대행대왕께서는 나라를 빛내고 난(亂)을 다스린 전고에 없던 큰 공렬이 있으니 진실로 조(祖)라고 일컫는 것이 마땅하다'라고 했습니다. 예로부터 제왕이 공을 세운 경우에는 조(祖)라고 일컫고 덕(德)이 있는 경우에는 종(宗)이라고 일컫는 뜻이 이 때문인 것입니다. 지금 묘호를 조라고 일컫는 것이 온당할 것 같습니다."

이렇게 해서 우리는 '그'를 선종이 아니라 선조라 부르게 됐다.

그러나 광해군 집권은 결과적으로 선조의 꿈을 물거품으로 만들고 만다. 그것은 선조가 멀리했던 '소인배들'의 득세와 더불어 찾아왔다. 선조의 죽음과 광해군의 즉위는 정치적 역학관계의 대역전극을 예고하고 있었다.

최대의 관심은 역시 영의정 유영경의 처리 문제였다. 유영경은 일단 2월 10일 사직서를 제출했다. 광해군은 윤허하지 않았다. 그러나 정치의 초보자라도 유영경이 궁지에 몰린 쥐 신세가 돼버린 것을 알아차릴 수 있었다.

홍문관·사헌부·사간원 등에서 들고일어났다. 유영경이 광해군에게 가한 아홉 가지 죄목을 거론하며 목을 베야 한다는 주장까지 나왔다. 충성 경쟁이 시작됐고, 그 대열에는 한때 유영경에게 붙었던 자들도 다수 포함돼 있었다. 그러나 유영경은 표변해버린 세상 인심을 탓할 여유가 없었다. 벌써 목에 칼이 닿은 상황이었기 때문이다. 일단 유영경은 영의정에서 물러났다. 후임은 조정 내외의 신망이 컸던 이원익이었다. 결국 유영경은 함경도 경흥으로 유배를 갔다가 그곳에서 사약을 받았다.

광해군 집권 열흘은 마치 혁명이 난 듯했다. 하루아침에 친형 임해군이 대역죄인으로 내몰리고, 영의정 유영경은 파직당하고, 정인홍은 영웅이 돼 돌아왔다. 당시 상황에 대해 실록은 "조야가 마음 아파했다"라고 적고 있다. 형제를 사랑하라는 선조의 유교는 휴짓조각으로 변했다. 특히 소인배들을 물리치고 군자를 가까이하려 했던 선조의 오랜 노력은 하루아침에 물거품이 돼버렸다.

물론 여기서 유영경이 군자였는지는 판단을 유보한다. 그러나 적어도 선조가 오랜 경험을 통해 배척하려 했던 이산해나 이이첨은 광해군으로서는 가까이해서는 안 되는 인물이었다. 정인홍 또한 군자인지 소인배인지는 모르겠으나 국가 경영을 논할 수 있는 경륜과는 거리가 먼 인물이었다. 원상으로 화려하게 복귀했던 이산해야 광해군 집권 직후 얼마 안 가서 세상을 떠났으니 알 수 없지만, 훗날 광해군을 폐주로 만든 양대 인물이 결국은 이이첨과 정인홍이었다는 점에서 선조의 판단은 정확했다고 할 수 있다.

그러나 선조는 죽었다. 대북의 세상이었다. 이들은 먼저 광해군의 친형인 임해군을 죽이고 이어 진릉군, 영창대군, 능창군, 연흥군을 차례로 죽였다. 이어 인목대비를 폐모시켰다. 대북파가 '중립 외교'를 했다 하여 광해군 시대를 재평가하자는 움직임이 우리 학계에는 일부 있다. 그러나 선조와 광해군의 인사 원칙과 정책을 조금이라도 비교해본다면 그런 주장은 한 치의 설 자리도 없다. 내성외왕(內聖外王)에 다가가려 했던 선조의 꿈은 결국 아들 광해군이 산산조각 내버리고 말았다. 그 자신도 어이없이 신하들의 정변, 즉 인조반정에 의해 권좌에서 쫓겨났다. 그로 인해 온갖 악명을 선조가 덮어써야 했다.

고괘 초륙의 경고 그대로다. 둘째는 현종(顯宗)의 뒤를 이은 숙종(肅宗)의 경우다. 내가 쓴 책 『숙종, 조선의 지존으로 서다』(해냄)에서 관련 부분을 발췌한다.

자신의 집권 초기 1차 예송 논쟁[279]으로 조정 신하들이 남인과 서인으로 갈려 끝없는 논

---

279 1차 예송은 효종이 죽은 뒤 그의 계모인 자의대비(慈懿大妃)가 효종의 상(喪)에 어떤 복을 입을 것인가를 두고 일어난 논란이었다. 조선 사회의 지배 이념인 성리학에 근거한 예론(禮論)에서는 자식이 부모에 앞서 죽었을 때 그 부모는 그 자식이 적장자(嫡長子)인 경우는 삼년상을, 그 이하 차자일 경우에는 일년상을 입도록 규정했다. 인조는 첫째 아들인 소현세자가 죽은 뒤 그의 아들이 있었음에도 차자인 봉림대군(鳳林大君)을 세자로 책봉해 왕통을 계승하게 했다. 효종의 왕위 계승은 비록 왕통은 인조-효종으로 이어졌지만, 적장자(적장자가 유고 시 적장손)가 왕위를 승계하는 관념에서는 벗어난 일이었다. 여기에 1차 예송의 예론적 배경이 있다. 즉, 왕가라는 특수층의 의례가 종법(宗法)에 우선할 수 있는가 그렇지 않은가 하는 관점의 차이가 반영돼 있었다. 효종의 즉위 같은 왕위 계승에 나타나는 종통의 불일치를 성서탈적(聖庶奪嫡)이라고 표현했는데, 기왕의 적통이 끊어지고 새로운 적통에 의해 왕위가 이어지게 됐음을 의미하는 말이다. 이때 왕위 계승이 종법의 원리에 맞지 않더라도 이를 종법 체계 내에서 이해해야 한다는 주장이 제기됐는데, 이는 왕가의 의례라 할지라도 원칙인 종법으로부터 벗어나서는 안 된다는 관념의 표현이었다. 따라서 이러한 규정에 의거할 경우, 효종은 왕통상으로 인조의 적통을 이었지만, 종법상으로 인조의 둘째 아들이므로 효종의 계모인 자의대비는 당연히 종법에 따라 일년상을 입어야 할 일이었다. 하지만 자의대비가 1년 상복을 입게 되면 효종이 인조의 왕위를 계승한 적장자가 아니라 차자라고 인정한 일이 됐다.

란을 벌이자 현종은 "만일 다시 복제를 가지고 서로 모함하는 자가 있으면 중형을 쓰리라"고 금지령을 내렸다. 그런데 현종 15년(1674) 2월 효종의 비이자 현종의 모친인 인선왕후 장씨가 세상을 떠났다. 행인지 불행인지 그때까지 1차 예송 논쟁을 촉발시킨 장본인이었던 인조의 계비 자의왕대비가 여전히 생존해 있었다. 1차 예송 논쟁 때는 아들의 사망에 따른 복제(服制) 문제였다면 이번에는 며느리의 사망에 따른 복제 문제였다. 그러나 구조적으로는 동일했기 때문에 이미 예송 논쟁의 재촉발은 예정된 것이나 마찬가지였다.

1차 때만 해도 현종이 어렸지만, 그사이에 15년이라는 세월이 흘렀다. 현종도 이제 나름의 관점을 갖고 있을 때였다. 세자도 열서너 살이었으므로 조정에서 돌아가는 문제에 대한 최소한의 의식을 갖추고 있었다.

현종 15년(1674) 2월 23일 대비(인선왕후) 장씨가 56세를 일기로 승하했다. 예조판서 조형과 참판 김익경 등은 당초 사흘 후인 2월 26일 자의왕대비의 상복과 관련해 기년복을 입어야 한다는 의견을 올렸다. 그것은 곧 대비를 인조의 큰며느리로 본다는 뜻이고, 이는 곧 효종도 장자로 본다는 뜻이었다. 그런데 15년 전에 있었던 1차 예송에서는 효종은 사실상 장자가 아닌, 둘째 아들로 간주돼 자의왕대비는 당시 삼년복(참최복)이 아닌 일년복(기년복)을 입은 바 있다. 송시열이 이끄는 서인의 예론에 따른 것이었다. 결과적으로 이번 예조의 의견을 송시열의 예론을 뒤집은 것이다.

문제는 바로 다음날 터진다. 예조에서 자신들의 의견을 스스로 번복하는 입장을 아뢴 것이다. "신들이 어제 복제(服制)의 절목 가운데 왕대비께서 입을 복제에 대해 기년복으로 헤아려 정해 재가를 받았습니다. 그런데 '가례복도(家禮服圖)' 및 명나라 제도에 며느리의 복은

---

송시열을 중심으로 한 서인 계열에서 일년상을 주장한 데 반해 남인 계열의 윤휴·허목(許穆)·윤선도 등이 그러한 주장을 반박하고 나옴으로써 1차 예송이 본격화됐다. 남인 측의 주장은 차자로 출생했더라도 왕위에 오르면 장자가 될 수 있다는 허목의 차장자설에서 잘 드러난다. 이러한 논리는 천리(天理)인 종법이 왕가의 의례에서는 변칙적으로 적용될 수 있다는 것이었다. 이러한 남인 측의 주장은 "왕자례 부동사서(王者禮不同士庶)"라는 말로 표현된다. 이러한 논리에 따르면 효종은 당연히 장자가 되는 것이며, 자의대비는 효종을 위해 3년의 복을 입어야 할 것이었다. 서인과 남인의 왕실 전례에 대한 이러한 입장의 차이는 단순한 예론상의 논란이 아니라 그들이 우주 만물의 원리로 인정한 종법의 적용에 대한 해석의 차이였으며, 이는 현실적으로는 권력 구조와 연계된 견해 차이였으므로 민감한 반응으로 대립한 것이다. 1차 예송은 예론상으로는 종통 문제를 변별하는 것이 핵심을 이뤘으나, 결국 『경국대전』에 장자와 차자의 구분 없이 일년복을 입게 한 규정(국제기년복)에 의거하는 것으로 결말지어졌다. 결과적으로는 서인의 예론이 승리를 거두었으므로 서인 정권은 현종 연간에 계속 유지될 수 있었다. 그러나 종법 질서에서 효종의 위상에 대한 논란은 결론을 보지 못했으며, 이 문제는 결국 2차 예송의 빌미가 됐다.

기년복과 대공복(大功服-9개월)의 구분이 있었으며, 기해년 국상 때도 왕대비께서 기년복을 입으셨습니다. 이로 본다면 이번 복제는 대공복이라는 게 의심할 것이 없는데, 다급한 사이에 자세히 살피지 못하여 이처럼 경솔히 하다 어긋나게 한 잘못이 있었으니 황공함을 금하지 못하겠습니다." 이에 현종은 일단 "알았다"라고 짧게 답한다. 그러나 이미 속으로는 10년 이상 참아왔던 분노의 불길이 타오르고 있었다. 분위기는 이날 기사에 대한 사관의 평을 통해 어느 정도 엿볼 수 있다.

"기해년의 복제를 처음 정할 때 송시열이 의논을 수렴하면서 국가의 복제는 기년이라고 핑계 대었는데, 그 뜻은 사실 가공언(賈公彦)의 주소(注疏) 중에서 서자를 세워 후사를 삼았을 경우에 해당하는 설을 위주로 한 것이었다. 이때 이르러 예조가 애초에 국가의 복제는 기년이라고 의논을 정해 올리자, 당시 선비의 이름으로 행세하며 송시열에게 편당 지은 자들이 송시열의 의논과 크게 차이가 나는 것을 미워해 옥당 사람들에게 편지를 보내 위협하니 예조판서 조형 등이 여론에 죄를 얻을까 두려워서 기년복을 다시 대공복으로 고쳐서 올렸다."

『현종실록』의 편찬을 주로 남인이 맡은 것을 감안하더라도 사관의 이 지적은 사실과 크게 다르지 않은 것으로 보인다. 당시 '여론'이란 공론이 아니라 송시열당의 당론 혹은 송시열의 의견이었다.

침착한 성품의 현종은 일단 기년복이냐 대공복이냐를 떠나 대비의 장례 절차에 차질을 빚었다는 이유로 예조판서 조형, 참판 김익경, 참의 홍주국, 정랑 임의도 등을 잡아다가 심문할 것을 명했다. 본질적인 문제는 일단 남겨두고 우회하려는 뜻이었다. 아직은 때가 아니라고 판단한 것이다. 여기서는 조형이 어떤 인물인지 알아둘 필요가 있다. 그가 남인이라면 의도적인 도발을 한 것이고, 서인이라면 (서인들의 입장에서 볼 때는) 정말로 어처구니없는 실수를 한 것이기 때문이다. 더욱이 서인이라면 많은 서인이 송시열이 세운 당론과 달리 무의식중에 현종을 장자로 보고 있었다는 뜻이기도 하다는 점에서 조형의 인물됨과 당파는 대단히 중요하다. 서인은 기본적으로 왕의 권위를 부정하는 당파였다.

경력부터 보자. 조형(趙珩, 1606~1679)은 승지를 지낸 조희보(趙希輔)의 아들로 인조 8년(1630) 문과에 급제했고 1636년 병자호란 때 남한산성에 들어가 독전어사(督戰御史)가 됐으며, 인조의 환도 후 병조좌랑에 올랐다. 이후 이조좌랑, 승지, 충청감사, 대사간, 도승지 등을 두루 지냈으며 이어 형조판서와 공조판서를 거쳐 대사헌을 지냈다. 1665년 의금부지사, 우참찬을 거쳐 이듬해 공조판서, 좌참찬, 예조판서, 의금부 판사 등을 지내고 예조판서로 있다가 고초를 겪게 된 것이다. 이때 그의 나이 70을 바라보고 있었다. 그는 당파와는 일정하게 거리를 두는 입장이었고, 굳이 말하자면 대세에 따라 서인의 입장을 따르는 편이었다고 할 수 있다. 그러나 당쟁의 시대였다. 어느 한쪽에 온 몸을 던지지 않는 인물들이 설 자리는 거의 없었다. 이는 그가 숙종 5년 6월 18일 세상을 떠났을 때 서인 쪽에서 쓴 『숙종실록』의 졸기를 보아도 알 수 있다.

"전 판서 조형(趙珩)이 졸(卒)했다. 조형이 조금 간약(簡約)하다는 평이 있었으나, 사람됨이 느슨하고 무능하기 때문에 요직에 등용되지 못한 데다 또 사당(邪黨-남인)들이 그가 일찍이 예론(禮論)에 가담했다 하여 여러 해 동안 폐치했는데, 이때 와서 죽으니 나이 74세였다. 뒤에 충정(忠貞)이란 시호가 내려졌다."

즉 자신들의 편에 섰음에도 불구하고 자의왕대비의 복제를 처음에 기년제로 올리는 등의 '잘못'을 저지른 데 대해 "사람됨이 느슨하고 무능하다"라고 통박하고, 그로 인해 훗날 양주에 유배를 가게 된 것 또한 깎아내리고 있다. 조형은 서인과 남인 모두로부터 환영받지 못했다. 이유는 적극적 당파주의자가 아니라는 이유에서였다. 한편 입장을 바꿔 대공복설을 올렸다 하여 훗날 조형과 함께 유배를 가게 되는 참판 김익경은 철저한 서인으로 송시열의 문인이었다. 특히 그는 김장생의 셋째 아들 김반의 여섯째 아들로 세자(훗날 숙종)의 장인인 김만기의 아버지 김익겸의 막냇동생이었다. 숙종에게는 처 작은 할아버지였던 셈이다.

자의왕대비의 복제를 둘러싼 논쟁은 조형 등이 유배를 가는 것으로 일단락되는 듯했다. 자의왕대비의 복제는 대공복으로 결정됐다. 적어도 중앙 조정에서는 현종이나 중신들도 더는 그 문제는 언급하지 않았기 때문이다. 그러나 중대 현안 앞에서 이뤄진 과도한 침묵은 더 큰 폭풍우를 부르는 조짐이었다.

인선왕후가 세상을 떠나고 자의왕대비의 복제가 대공복으로 정해져 5개월이 흐른 현종 15년 7월 6일 남인 계통의 대구 유생 도신징(都愼徵)이 문제의 상소를 올렸다. 이 상소는 남인들의 논리를 일목요연하게 정리해 보여줄 뿐 아니라 이 당시 현종의 생각을 거의 그대로 대변하고 있었다.

"신이 비록 보잘것없으나 그래도 없어지지 않는 이성이 있으므로 충정에 격동돼 어리석고 미천한 신분을 헤아려보지도 않은 채 천 리 길을 달려와 엄한 질책을 받게 되더라도 신의 소견을 말씀드리려고 했습니다. 그런데 나이 60이 넘어 근력이 쇠약한 데다 불꽃같은 더위를 무릅쓰고 오다가 중도에서 병이 나 지체하는 바람에 집에서 떠난 지 한 달이 넘어서야 간신히 도성으로 들어와 보니, 말씀드릴 기회는 벌써 지나 이미 발인한 뒤였습니다. 전하의 지극하신 효성에 감동돼 하늘과 사람이 순조롭게 도와 대례(大禮)를 완전하게 마쳤으니 이는 오늘날의 큰 다행이긴 하나, 사실 후세에 보일 원대한 계책은 아닙니다. 그러나 '지나간 일이므로 말하지 않는다'고 공자가 말씀하셨으므로 지금 이에 대해서는 논하지 않겠고, 예(禮)가 잘못된 점만 들어 말씀드리겠습니다.

왕대비께서 인선왕후를 위해 입는 복에 대해 처음에는 기년복으로 정했다가 나중에 대공복으로 고쳤는데 이는 어떤 전례를 따라 한 것입니까? 대체로 큰아들이나 큰며느리를 위해 입는 복은 모두 기년의 제도로 돼 있으니 이는 국조 경전에 기록돼 있는 바입니다. 기해년 국상 때 왕대비께서 입은 기년복의 제도에 대해 '국조 전례에 따라 거행한다'라고 했는데, 오늘날 정한 대공복은 또 국조 전례에 벗어났으니, 왜 이렇게 전후가 다르단 말입니까.

만약 주공(周公)이 제정한 '큰며느리를 위해서는 대공복을 입어준다'라는 예에 따라 행했다고 한다면, 『주례(周禮)』 가운데 '시아버지와 시어머니를 위해서는 기년복을 입고 큰며느리를 위해서는 대공복을 입는다'라는 것은 증명할 수 없는 것으로, 모두 후세에서 준행하지 않고 있습니다. 당나라 위징(魏徵)이 건의하여 이 부분을 고쳤고, 송나라 주자도 고전을 모아 『가례(家禮)』를 편찬하면서 '큰며느리를 위해서는 기년복을 입어준다'라고 했고, 명나라 구준(丘濬)이 『가례의절(家禮儀節)』을 편찬할 적에도 변동하지 않고 그대로 따랐습니다. 본조(-조선)의 선정신(先正臣-옛 명신) 정구(鄭逑)가 만든 『오복도(五服圖)』 가운데 『주례』의 '큰며느리는 대공복을 입어준다'라는 것을 버리지 않고 그대로 둔 것은, 의심스러운 것은 그대로 전하는 『춘추』의 예를 지킨 것일 뿐이지 후세에서 따라 하라고 한 것이 아닙니다.

그러고 보면 큰며느리에게 기년복을 입어주는 것은 역대 여러 선비가 짐작해 정한 것으로서 성인이 나오더라도 개정할 수 없다는 것이 이처럼 명백합니다. 그런데 지금 사사로운 견해로 참작해 가까운 명나라가 제정한 제도를 버리고 저 멀리 삼대(三代)의 옛날 예를 취했으니 전도된 것이 아닙니까. 더구나 일찍이 국가에서 제정한 예에 따라 기해년에는 큰아들에게 기년복을 입어주었는데, 반대로 지금에 와서는 국가에서 제정한 뭇 며느리에게 입어주는 복을 입게 하면서 예경(禮經)에 지장이 없다고 했으니, 그 의리가 후일에 관계됩니다. 왜냐하면 왕대비의 위치에서 볼 때 전하가 만일 뭇 며느리한테서 탄생한 것으로 친다면 전하는 서손(庶孫)이 되는데, 왕대비께서 춘추가 한이 있어 뒷날 돌아가셨을 경우 전하께서 왕대비를 위해 감히 중대한 대통을 전해 받은 적장손(嫡長孫)으로 자처함이 불가할 수 있지 않겠느냐는 것입니다. 예로부터 지금까지 중대한 대통을 이어받아 종사의 주인이 됐는데도 적장자나 적장손이 되지 못한 경우가 과연 있었습니까. 전하께서 적장손으로 자처하신다면 양세(兩世)를 위해 복을 입어드리는 의리에 있어서 앞뒤가 다르게 됐으니 천리의 절문에 어긋나지 않습니까.

무릇 혈기가 있는 사람치고 어느 누가 놀라고 분개하지 않겠습니까. 그런데 안으로는 울분을 품고도 겉으로는 서로가 경계하고 주의시키면서 아직까지도 누구 하나 전하를 위해 입을 열어 말하는 사람이 없으니, 이러고도 나라에 사람이 있다고 할 수 있겠습니까. 예라는 한 글자가 세상 사람들이 기피하는 바가 돼 사람마다 제 몸을 아끼느라 감히 입을 열지 못하더니, 더없이 중대하여 말하지 않을 수 없는 이러한 때를 당해서도 일체 침묵을 지키는 것을 으뜸으로 여기어 조정에 공론이 없어지고 재야의 사기가 떨어지고 말았습니다. 국사가 이 지경에 이르렀으니 어찌 한심하지 않겠습니까.

전하께서 참으로 선뜻 깨닫고 즉시 반성하여 예관으로 하여금 자세히 전례를 상고토록 분명하게 지시해서 잘못된 것을 고치고 올바른 제도로 회복시킨 다음에 후회한다는 전교를 널리 내려 안팎의 의혹을 말끔히 씻어준다면, 상례 치르는 예에 여한이 없을 것이고 적장손의 의리도 밝혀질 것입니다. 떳떳한 법을 바로잡아 도에 합치되게 하는 것이 참으로 이 일에 달려 있으며, 말 한마디로 나라를 일으켜 세울 수 있는 기회가 바로 오늘입니다. 이렇게 했는데도 능히 백성의 마음을 기쁘게 하지 못하고 국시를 확실히 정하지 못하게 된다면, 망령된 말을 한 죄로 벌을 받는다 하더라도 신은 실로 달게 여기겠습니다.

신이 대궐문 앞에서 이마를 조아린 지 반 달이 지났는데도 시종 기각을 당하기만 했으니, 국가의 언로가 막혔으며 백성의 목숨이 장차 끊어지게 됐습니다. 신이 말하려 하는 것은 오늘날 복을 낮추어 입은 잘못에 대한 것일 뿐인데, 승정원이 금지령을 어기고 예를 논한다는 말로 억압하면서 받아주지 않고 물리쳤습니다. 아, 기해년의 기년복에 대해서는 경상도 선비들이 올린 소로 인해 이미 교서를 반포하고 금령을 만들어놓았습니다. 그러나 오늘날의 대공복에 대해서는 금령을 만들지도 않았는데 지레 막아버리니 정원의 의도가 아무래도 이상합니다.

과거에 기년복으로 정할 때 근거로 한 것은 국조 전례였는데 지금 대공복으로 정한 것은 상고해볼 데가 없으니, 맹자가 이른바 '예가 아닌 예'란 것이 이를 두고 한 말입니다. 대공복이 잘못됐다는 것은 미천한 자들도 알 수 있는데 잘 알고 있을 정원으로서 이렇게까지 막아

가리고 있으니, 전하께서 너무 고립돼 있습니다. 재야의 아름다운 말이 어디에서 올 수 있겠습니까. 진(秦)나라는 시서(詩書)를 읽지 못하도록 금령을 만들었다가 결국 나라를 망치고 말았습니다. 그런데 어찌 성스러운 이 시대에 예경을 논하지 말라는 금령을 새로 만들 줄이야 생각이나 했겠습니까. 신이 소를 올려 한번 깨닫게 되기를 기대했는데 안에서 저지하니 뜻을 못 펴고 되돌아가다 넘어져 죽을 뿐입니다만, 국가가 장차 어느 지경에 놓일지 모르겠습니다. 마음이 조여들고 말이 움츠러들어 뜻대로 다 쓰지 못했습니다. 대궐을 향해 절하고 하직하면서 통곡할 뿐입니다."

읽고 또 읽었다. 어렵사리 도신징의 상소를 전해 받은 현종은 한 구절 한 구절 읽을 때마다 분노가 머리끝까지 솟구치는 것을 느껴야 했다. 어느 하나 자신의 속뜻과 다를 바가 전혀 없었다. '도대체 서인이란 자들은 뭐하자는 사람들인가?' '송시열, 그대는 과연 무슨 생각으로 일을 이 방향으로 끌어왔으며 지금은 도대체 무슨 생각을 하고 있는가?' '대신이란 자들은 나를 임금이라고 생각이나 하는가?' 끝 모를 분노의 의문들이 머릿속을 복잡하게 만들었다. '나는 그동안 뭘 했던 건가?' 자책과 함께 향후 대처 방안에 대해 고민하지 않을 수 없었다. 일전불사(一戰不辭). 현종의 마음은 이미 확전 쪽으로 잡혀가고 있었다. 평소의 그답지 않은 면모였다. 하지만 그러지 않고서는 나라가 더는 나라가 아닐 것이기 때문이다. '한창 잘 자라고 있는 세자에게 뭘 물려주겠는가?'

도신징의 상소는 크게 두 가지로 구성돼 있다. 하나는 송시열을 필두로 한 예론이 실은 효종을 서자(庶子)로 취급하는 논리라는 것이고, 또 하나는 자신의 상소를 승정원에 포진된 서인 세력이 반 달 동안이나 가로막았다는 것이다. 국왕을 가장 가까이에서 모셔야 하는 승지들까지 자기편이 아니라는 데 현종은 경악했다. 도신징의 말대로 자신은 고립돼 있었다.

도신징의 상소가 올라오자마자 대사간으로 임명된 전 예조참판 김익경이 현종을 찾아와 인피(引避)하겠다는 의사를 밝혔다. 인피란 어떤 사건이 발생했을 때 직간접적으로 연루된 사람이 관직을 내놓고 물러나 처벌을 기다리겠다는 뜻을 말한다.

"삼가 듣건대, 어떤 유생이 소를 올려 왕대비께서 입은 복제에 대해 예조에서 정한 것이 예에 맞지 않다고 논했다 들었습니다. 그러나 그 소가 하달되지 않아 어떻게 말했는지 자세히 알 수 없는 데다가 또 옳고 그름과 잘잘못에 대해 지레 논해 가릴 필요는 없습니다만, 신은 그 당시 예관의 한 사람이었는데 어떻게 태연히 있을 수 있겠습니까."

일종의 선수를 치고 나온 것이다. 그런데 여기서 중요한 것은 두 가지다. 하나는 도신징의 상소가 현종에게 전달되자마자 승정원에 포진된 서인 계통의 승지들이 김익경을 비롯한 서인의 핵심 인사들에게 그 같은 사실을 전달했다는 것이다. 또 하나는 현종이 그 내용을 공개하지 않았다는 점이다. 서인 진영은 불안과 공포에 빠져들기 시작했다. 전전긍긍(戰戰兢兢). '과연 주상은 이 일을 어떤 방향으로 끌고 가려고 하는가?'

김익경이 인피하자 사간원의 사간 이하진, 정언 안후태 등이 엄호 사격에 나섰다. "이미 지나간 일인데 그 일로 인피할 것까지야 뭐가 있겠습니까. 김익경으로 하여금 출사하게 하소서." 그러나 서인의 입장에서 보자면 이하진이나 안후태의 지원 논리는 무성의한 것이었다. '이미 지나간 일'이 아니라 '잘못된 일'이라고 했어야 하는 것이다. 결국 닷새 후인 7월 11일 사헌부 장령 이광적이 나서 "상복 제도는 이미 정해져 있는 것인데 유생이 올린 소는 망령되고 그릇된 것입니다. 그런데도 그것을 제대로 분변하지 못하여 공론으로부터의 비난을 면치 못하게 됐습니다. 이하진과 안후태는 좌천시키고 김익경은 출사하게 하소서"라고 소를 올렸다. '공론으로부터의 비난을 면치 못하게 됐다? 또 공론인가?' 현종이 볼 때 서인들이 '노는 꼴'이 가관이었지만 일단은 이광적의 상소를 받아들여 이하진과 안후태를 체차했다. 체차란 현직에서 내쫓았다는 뜻이다.

이때 현종은 몸이 좋지 않은 데다가 치통에 시달리고 있었다. 그러면서도 그동안 틈틈이 공부하고 연마해온 예론 탐구를 바탕으로 도신징의 상소에 대한 치밀한 검토에 들어갔다. 검토 결과 도저히 묵과할 수 없다는 결론을 내린 현종은 7월 13일 영의정 김수흥을 비롯한 대신들을 부른다.

현종은 먼저 영의정 김수흥에게 질문을 던진다.

"왕대비께서 입을 상복 제도에 대해 예조가 처음엔 기년복으로 의논해 정하여 들였다가 뒤이어 대공복으로 고친 것은 무슨 곡절 때문에 그런 것인가?"

이 말을 듣는 순간 김수흥은 '올 것이 오고야 말았구나!'라고 생각했을 것이다. 현종과 김수흥의 예론 쟁론에 앞서 먼저 김수흥에 대해 알아둘 필요가 있다. 김수흥(金壽興, 1626~1690)은 좌의정을 지낸 김상헌(金尙憲)의 손자로 원래는 중추부 동지사 김광찬(金光燦)의 아들인데 동부승지를 지낸 김광혁(金光爀)에게 양자로 입적됐다.

무엇보다 눈여겨봐야 할 사실은 그가 병자호란 당시 척화파의 선봉장이었던 김상헌의 손자라는 사실이다. 김상헌의 형 김상용도 호란 때 일부 종실을 호종하여 강화도로 피난했다가 1637년(인조 15년) 1월 청군이 강화도를 함락시킬 때 남문 누각에 올라가 화약을 터트려 분사(焚死)한 절의의 인물이었다. 청나라 태종에게 굴욕을 당한 인조로서는 절의의 두 형제가 아무래도 부담스러웠겠지만, 의문의 죽임을 당한 형 소현세자를 이어 왕위에 오른 효종은 정당성 강화 차원에서 두 사람의 절의(節義)가 필수불가결했다. 특히 김상헌은 70 노구를 이끌고 청나라에 인질로 끌려갔다가 다시 돌아오면서 대로(大老)라는 극찬을 받으며 하늘을 찌를 듯한 명망을 이뤘다. 송시열은 예론이라는 이론 면에서는 김장생·김집의 정신을 계승했다면 절의의 현실 정치에서는 김상헌을 이었다. 송시열에게 김장생·김집 부자가 마음이었다면 김상헌은 몸이었다. 송시열은 1645년(인조 23년) 경기도 모처에 은거하고 있던 김상헌을 직접 찾아가서 아버지 송갑조의 묘갈명을 부탁하기도 했다. 당시 산림들 사이에 묘갈명을 부탁한다는 것은 그만큼 존경을 표시한다는 뜻이었다. 김상헌 또한 송시열을 '태평책을 품은 경세가' '주자를 이은 종유(宗儒)'라며 극찬을 아끼지 않았다. 이때 김상헌은 75세였고 송시열은 38세였다. 두 사람의 만남은 이후 3년 동안 이어졌다고 한다.

김수흥은 바로 이 무렵인 1648년(인조 26년) 사마시를 거쳐 1655년(효종 6년) 문과에 급제했다. 이듬해에는 아우 김수항과 함께 문과 중시에서도 거듭 급제했다. 송시열이 김상헌의 손자인 김수증·김수흥·김수항 삼형제에게 건 기대는 각별했다. 특히 양자 입적을 통해 김상헌의 종지(宗旨)를 계승한 김수흥에게 모든 애정을 쏟아부었다. 이런 지원에 힘입어 김수흥은 대사간·도승지 등을 거쳐 현종 3년에는 34살의 나이로 예조판서에 오른다. 송시열을 비롯한 서인의 지원이 절대적이었음은 물론이다. 부친상을 당해 한동안 중앙 정계를 떠나 있던 김수흥은 1672년(현종 13년) 우의정으로 복귀했는데, 이때 좌의정이 바로 송시열이었다. 2년 후 송시열이 배후로 물러나고 김수흥이 영의정에 올랐을 때 자의왕대비의 복제 문제가 점차 커져가고 있었던 것이다.

김수흥의 입장에서 보자면 효종을 서자로 보려는 서인의 예론은 단순한 왕권에 대한 반대를 넘어 할아버지의 절개를 드높이 숭상하는 사안이기도 했다. 현종의 질문에 김수흥은 간단하게 답한다.

"기해년에 이미 기년복을 입으셨기 때문입니다."

그러나 이는 현종을 너무 얕잡아본 대답이 아닐 수 없었다. 이미 현종은 예론에 관한 이론 무장을 거의 끝낸 상태였기 때문이다.

"그때의 이야기를 다 기억은 못 하지만 중국 고대의 예법(古禮)이 아닌 국제(國制)에 따라 일년복으로 정한 것으로 안다. 그렇다면 이번 왕대비의 대공복도 국제에 따른 것인가?"

여기서 약간의 설명이 필요하다. 고례란 주나라 예법인 주례(周禮)를 의미하고 국제란 「경국대전」에 명문화돼 있는 예법을 말한다. 주례에 따르면 장자(長子)의 상에는 참최복(삼년복)을 입어야 하고 나머지 아들(衆子)의 상에는 기년복을 입어야 한다. 반면 국제에 따르면 장자와 중자는 구별 없이 그 상에는 기년복을 입어야 한다.

명확한 사실은 효종이 승하한 기해년 때 자의왕대비는 기년복을 입었다. 그런데 현종은 국제에 따랐다고 생각하고 있었고 송시열을 비롯한 서인들은 '내심' 고례를 따른 것으로 간주하고 있었다. 문제는 다시 인선왕후가 죽자 자의왕대비의 복제 문제가 불거지면서 이 점을 분명히 하지 않을 수 없게 됐다는 데 있었다. 서인들도 외형적으로는 국제를 따랐다고 이야기를 해오고 있었기 때문에 이번에도 자의왕대비의 복제는 두말할 것도 없이 국제에 따라 기년복을 입어야 했다. 하지만 서인들도 내심을 숨기고 있을 수만은 없었다. 그래서 무리수를 써가며 기년복을 대공복으로 바꾼 것인데, 도신징의 상소가 계기가 돼 자신들의 의도가 만천하에, 그것도 현종 앞에서 드러나게 돼버린 것이었다.

김수홍은 "고례에 따르면 대공복입니다"라고 정면 돌파를 시도했다. 문제는 이럴 경우 자기모순에 빠진다는 것이다. 이 점을 현종은 놓치지 않았다.

"기해년에는 국제를 사용하고 오늘날에는 옛날의 예를 쓰자는 말인데 왜 앞뒤가 다른가?"

김수홍은 "기해년에도 고례와 국제를 함께 참작해 사용했고 지금도 그렇게 한 것"이라고 얼버무리며 넘어가려 하자 현종은 평소와 달리 단호함을 보였다.

"그렇지 않다. 그때는 분명 국제를 썼던 것이고 그 뒤 문제가 돼 고례대로 하자는 다툼이 있었을 뿐이다."

김수홍이 수세에 몰리자 같은 서인 계열의 행 호조판서 민유중이 거들고 나섰다. "기해년에는 고례와 국제를 함께 참작해 인용했습니다." 그러나 현종은 들은 척도 아니하고 다시 김수홍에게 따져 물었다.

"자, 그러면 국제에 따를 경우 이번에는 어떤 복이 되는가?"

김수홍은 "국제에는 맏며느리의 복은 기년으로 돼 있습니다"라고 답한다. 이에 현종의 목소리는 점점 커져가고 얼굴에도 노기(怒氣)가 나타나기 시작했다.

"그렇다면 지금 왕대비께서 거행하고 있는 대공복은 국제와 무슨 관계가 있는가? 이건 놀라운 일이다. 기해년에 사용한 것은 국제였지 고례가 아니다. 만일 경들의 주장대로 기해년에 고례와 국제를 함께 참작해 사용했다고 한다면 오늘날 대공복은 국제를 참작한 것이 뭐가 있는가? 내 실로 이해가 안 간다."

맏며느리라면, 즉 효종을 장자로 간주했다면 국제로 하더라도 기년복이 아닌가 하는 정면 반박이었다. '효종을 적장자로 삼을 수 없다'라는 서인들의 묵계(默契)는 하나둘 허물어지기 시작했다. 현종이 다시 한번 "기해년에 조정에서 결정한 것은 국제를 따른 것"이라고 못 박으려 하자 결국 김수홍은 본심을 드러낸다. "그렇지 않습니다. 고례를 따랐기 때문에 따지는 자가 그렇게 많은 것입니다." 너무 나갔다. 현종은 확실하게 논의의 주도권을 잡았다.

"고례에서 장자의 복은 어떻게 되는가?"

김수홍으로서는 "참최 삼년복입니다"라고 답할 수밖에 없었다. 자기모순의 덫에 단단히 걸려들었다. 자기 입으로 기해년에는 국제가 아닌 고례를 따랐다고 해놓고 장자의 복은 참최 삼년복이라고 말해버렸으니, 당시 현종은 장자가 아닌 중자(衆子) 취급을 받았다는 것을 스스로 인정한 꼴이 돼버린 것이다. 상황은 끝났다. 그제야 현종은 도신징의 상소를 김수홍에게 내보이며 읽어볼 것을 권한다. 김수홍과의 논쟁을 통해 현종은 자기 아버지가 서인들로부터 정통성을 인정받지 못하고 인조의 서자 취급을 당하고 있다는 것을 분명하게 알았다. 더불어 도신징의 상소가 한 치 어긋남도 없이 정확했다는 확신을 갖게 됐다.

이후 현종은 자의왕대비의 복제를 기년복으로 바꾸고 영의정 김수홍을 춘천으로 귀양 보냈다. 또 예론의 주무 부서인 예조의 판서·참판 등을 하옥한 다음 귀양을 보냈다. 충주에 물러나 있던 남인의 영수 허적을 불러올려 영의정으로 삼았다. 전광석화 같은 조치를 통해 정권 교체를 추진한 것이다. 훗날 숙종이 여러 차례 보여주게 되는 환국(換局)의 모델이라고 할 수 있다. 그런데 예송 논쟁 불과 한 달여 만인 8월 10일 갑작스러운 복통을 호소하던 현종이 위독한 상태에 빠진다. 허적이 명을 받고 한양에 들어온 것은 8월 16일. 영의정 허적은 남인이었지만 좌의정 김수항, 우의정 정지화 등은 서인이었다. 병환의 와중에도 이들 3상(相)과 함께 처사촌인 우승지 김석주 등을 두루 인견하고 세자를 부탁한 현종은 8월 18일 창덕궁에서 숨을 거둔다. 이때 현종의 나이 34세였다. 그로써 서인 세력을 숙청하려는 계획은 일단 전면 중단될 수밖에 없었고 예송 논쟁도 미완으로 남았다. 숙종이 즉위했을 때 조정의 상황은 이랬다. 앞으로 숙종이 풀어야 할 숙제들이었다.

처음에는 모든 게 순조로운 듯했다. 1674년(숙종 즉위년) 8월 21일 아버지 현종이 세상을 떠난 지 사흘밖에 안 됐고 자신은 아직 왕위에도 오르지 않은 14살 세자는 송시열을 원상(院相)으로 삼기로 했다. 원상이란 어린 임금이 즉위했을 때 주요 정무를 삼정승과 공신들이 함께 처결하는 제도로, 조선에서는 세조 말기에 처음 생겨 성종의 경우처럼 어린 임금이 즉위하면 국왕이 친정(親政)을 펼치기 전까지 한시적으로 운용되던 제도였다. 이미 현종이 승하한 다음날인 8월 19일 영의정 허적, 좌의정 김수항, 우의정 정지화 등 3상이 원상을 맡기로 했는데, 이틀 후 원상인 허적 등이 전임 대신 중에서 덕망이 있는 인물을 원상으로 삼는 사례가 있었으니 송시열도 원상에 명하는 것이 좋겠다고 하자 세자가 기꺼이 승낙했던 것이다. 그러나 마침 서울 도성 밖에 머물고 있던 송시열은 거부의 의사를 보내왔다.

"범죄(犯罪)를 한 것이 지극히 중하여 한양 가까운 곳에서 대죄(待罪)한 지가 이미 한 달이 됐습니다. 선침(仙寢-현종의 시신)이 아직 식지도 않았는데 어찌 차마 갑자기 무죄(無罪)로 자처하면서 임금 계신 곳에 드나들 수가 있겠습니까?"

이런 가운데 원상을 비롯한 신하들의 즉위 요청은 이어졌고, 마침내 8월 22일 대비전의 강청(强請)을 수용하는 형식으로 세자는 왕위에 오르게 된다. 즉위식은 다음날 창덕궁 인정전에서 열렸다. 즉위식이 있던 날 성균관 유생 이심 등은 송시열이 도성 밖에 머물러 있는 것은 도리에 맞지 않다며 신정(新政) 초기에 송시열을 중용해야 한다는 상소를 올렸다. 숙종은 바로 다음날 사람을 보내어 송시열을 당장 한양으로 들어오도록 명했으나 송시열은 수원으로 내려가버렸다. 어린 숙종의 호의(好意)에 대한 두 번째 거부였다.

숙종이 내민 세 번째 손길은 능지(陵誌), 즉 현종의 묘지문을 지어 올리라는 명이었다. 그러나 송시열은 상소문을 올려 간곡하게 거절했다. 숙종의 반응은 "경의 상소를 보고 내가 매우 놀랐다"였다. 송시열은 9월 8일 재차 상소를 올려 능지를 지을 수 없는 자신의 입장을 밝혔다. 숙종의 독촉이 이어지자 송시열은 한강을 건너와 도성에는 들어오지 않고 다시 자신을 처벌해줄 것을 청하는 상소를 올렸다. 송시열로서는 남인이 득세하고 있는 정국에서 현종과의 사이에 있었던 '애매한 문제'가 명료하게 풀리기를 기대했는지 모른다. 사실 그 문제가 모호하게 남아 있는 가운데 조정에 복귀한다는 것은 남인들의 덫에 걸리는 죽음의 길일 수도 있다는 것을 송시열이 몰랐을 리 없다.

9월 17일 숙종은 정치화를 중추부 영사로 임명하면서 송시열에게도 중추부 판사라는 관직을 제수했다. 숙종의 네 번째 손길이었다.

송시열의 중추부 판사 임명은 남인들을 위기감 속으로 몰아넣기에 충분했다. 남인들이 정국을 장악한 것은 아직 두 달도 되지 않았다. 서인의 영의정 김수흥이 예론을 잘못 쓴 책임을 지고 귀양을 떠나야 했던 것이 현종 15년(1674) 7월 16일이었다. 이때부터 현종은 송시열의 문인들을 제거하려고 결심을 했고, 막 실행에 옮기려던 초창기에 세상을 떠나버린 것이다. 남인의 허적이 김수홍의 뒤를 이어 영의정이 되긴 했으나, 김수홍의 동생인 좌의정 김수항, 전 영의정 정태화의 사촌 동생인 우의정 정지화 등이 모두 서인의 핵심인 데서 알 수 있듯이 남인의 세상이라고 하기에는 아직 일렀다. 이런 상황에서 송시열의 복귀는 곧 남인의 몰락이었다. 서로 먼 인척 관계이기도 한 김수항과 정지화에 대해 간략히 알아둘 필요가 있다. 특히 김수홍 집안은 다음 대까지도 숙종의 첫 번째 장인인 김만기의 집안과 함께 서인 노론의 핵심을 형성한다는 점에서 주목을 요한다.

김수항(金壽恒, 1629~1689)은 효종 2년(1651) 문과에 장원급제해 청요직을 두루 거쳤으며 효종 능비를 전서(篆書)로 쓴 공을 인정을 받아 도승지와 이조참판 등을 지냈고, 자의대비 복상 문제 때 기년설을 지지해 윤선도를 귀양 가게 하는 데 큰 공을 세웠다. 이후 현종 때 예조판서와 이조판서 등을 지내고 현종 13년 44세의 나이로 우의정에 올랐으며 이어 좌의정에 제수되기도 했으나, 현종 말년 인선왕후가 죽었을 때 형 김수홍과 함께 대공설을 주장하다가 남인의 기년설이 채택되자 벼슬에서 물러났다. 숙종 즉위와 함께 남인 정권이 들어서자 원주·영암·철원 등을 떠돌다가 숙종 6년 경신환국으로 중추부 영사로 복귀해 얼마 후 영의정에 올라 8년 동안 재임했다. 그러나 다시 기사환국이 일어나자 남인을 가혹하게 다스렸다는 죄명을 입어 전라도 진도로 유배됐다가 사사됐다.

정지화(鄭知和, 1613~1688)는 영의정 정태화의 사촌 동생으로 인조 15년(1637) 문과에 장원급제했다. 세자시강원 사서로 있으면서 심양으로 파견돼 소현세자를 보필했으며, 이후 대사간과 관찰사를 거쳐 현종 5년(1664) 형조판서에 올랐다. 이후 6조 판서와 대사헌을 지내고 여러 차례 사신으로 북경을 다녀왔으며, 1674년 좌의정에 서용됐으나 사양하다가 중추부 판사로 전임됐다. 숙종 즉위와 함께 남인 정권이 들어섰으나 당색이 강하지 않았기 때문에 특별한 화를 입지 않았고, 숙종 6년 경신환국 이후에도 좌의정에 임명됐으나 비교적 무난한 처신으로 적을 만들지 않았다는 평을 듣는다.

9월 25일 남인의 전통이 강한 진주의 유생 곽세건이라는 인물이 총대를 멨다.

"기해복제(1차 예송) 때 효종이 서자라는 말을 주창한 것이 송시열인데, 이 사론(邪論)에 동조한 김수홍은 유배를 갔거늘 송시열이 무사하다는 것은 법에 맞지 않습니다. 게다가 이런 조정의 죄인으로 하여금 능지를 짓게 한다는 것은 있을 수 없는 일입니다. 적통을 바로잡은 것은 선왕의 최대 업적 중 하나인데, 만일 송시열이 사실대로 기록한다면 그것은 서자를 주장한 자신의 잘못을 자복하는 것이 되고, 또 선왕의 미덕을 은폐하려 한다면 그 업적을 인멸하는 결과가 되기 때문에 송시열은 능지를 쓰는 붓을 잡기가 어려울 것입니다."

일언가파(一言可破), 단칼에 정곡을 찔렀다. 일개 유생의 상소에 조정 대신들이 보인 반응을 보면 곽세건 상소의 파괴력을 짐작하고도 남는다. 곽세건 상소는 도신징의 상소에 버금가는 폭발력을 갖고 있었다. 다음날 대사헌 민시중과 지평 신완이 곽세건에 대한 엄한 국문을 요청한 것을 시발로 사간 이무도 곽세건의 단죄를 주청했다. 이어 좌의정 김수항은 곽세건의 상소가 자신의 형 김수흥을 배척한 것이라는 이유로 사직을 청했고, 우의정 정지화도 사직 의사를 밝혔다. 조정 내 서인이 모두 들고일어난 것이다.

이 정도 되면 아무리 대담한 국왕이라도 섬뜩할 수밖에 없다. 조선 국왕의 왕권은 세조를 끝으로 쇠락의 길에 들어섰고, 신하들이 이렇게 나오면 십중팔구 없었던 일로 하면서 덮어버렸다. 더욱이 서인들에게는 송시열이라고 하는 태산과도 같은 인물이 버티고 있지 않은가?

그러나 오판(誤判)이었다. 숙종은 100년에 한 번 나올까 말까 하는 권력왕(權力王), '호모 폴리티쿠스(Homo politicus)'였다. 날 때부터 임금이 될 사람이었다. 조선에서 날 때부터 임금이 될 사람이 실제 왕위에 오른 경우는 문종과 연산군에 이어 숙종이 세 번째였다. 이들은 무엇보다, 또 누구보다 강한 왕권을 추구하는 성향을 보이기 마련이다. 게다가 정변을 통하지 않았기 때문에 신세를 져야 할 공신들도 없었다. 군주로서 본인의 능력만 탁월하다면 왕권 강화를 추구하기에는 더없이 좋은 조건이 바로 '날 때부터 임금이 될 사람의 즉위'였다. 문종은 병약했고 연산군은 문란했지만, 숙종은 달랐다. 뒤에 보게 되겠지만 숙종은 태종에 버금갈 정도의 정치력을 갖춘 인물이다. 그러나 14살 소년 왕에게서 그런 모습을 미리 읽어낸다는 것은 불가능에 가깝다. 그저 품행이 방정하고 똑똑한 세자라는 정도로만 생각해왔을 테니까.

곽세건의 상소가 올라온 지 이틀 후 숙종은 영의정 허적, 중추부 영사 정치화, 좌의정 김수항, 승지 김석주를 불러 각자의 의견을 들어본다. 허적의 입장이 가장 애매할 수밖에 없었다. 자신은 당파가 다른 김수항과 함께 원만한 국정 운영을 위해 힘쓰고 있는데 그 같은 괴이한 상소가 올라와 당혹스럽다는 것이었다. 그러니 유생이 상소를 올렸다는 이유로 중벌을 가하는 것은 옳지 않으니 유생의 자격을 박탈하는 선에서 처벌이 이뤄지면 좋겠다고 말한다. 이중 플레이였다.

김수항도 자신은 당파를 떠나 허적과 협력에 최선을 다하고 있는데 자신의 형이 연루되는 이 같은 일이 터져 입장이 곤란하다고 했고, 정치화와 김석주는 강력한 처벌을 주장했다. 결국 곽세건 문제는 그의 과거 시험 자격을 박탈하는 '정거(停擧)' 조치를 취하는 선에서 마무리됐다. 처벌이 너무 약했다. 서인의 완패였다. 대신 송시열이 능지를 쓰는 일은 계속 추진하기로 했다.

다음날 다시 서인들이 벌떼처럼 들고일어났다. 대사헌 민시중과 대사간 윤심 등이 곽세건을 먼 곳으로 유배 보내야 한다고 주청했다. 10월 2일에는 성균관 유생 한석우를 비롯한 180명이 연명으로 상소를 올려 곽세건을 처벌하고 송시열의 억울함을 풀어줄 것을 청하는 상소가 올라왔다. 이에 대한 숙종의 반응은 "이들을 벌주고자 하는데 어떤가?"였다. 허적과 김수항의 만류로 그냥 넘어갔지만 이미 눈 밝은 조정 대신들은 머리를 갸웃거리기 시작했다. 남인과 서인에 대한 어린 임금의 태도가 확연히 다르지 않은가?

이런 상황에서 송시열에게 계속 능지를 쓰도록 한다는 것은 송시열의 입장에서 보자면 도저히 받아들일 수 없는 조치였다. 자신을 모욕하는 자는 봐주고 자신을 옹호하는 자는 처벌하려 하면서 또 자신에게는 능지를 맡기려 한다? 주상 혼자의 뜻인가? 아니면 뒤에 누가 있는가? 있다면 허적인가 아니면 주상의 모친인 대비인가? 일단 송시열은 다시 한양을 떠났다. 10월 6일 숙종은 능지를 짓는 일을 송시열이 아닌 김석주에게 맡긴다.

숙종은 여기서 그치지 않았다. 연이어 송시열을 옹호하고 곽세건을 처벌해야 한다고 주장했던 사헌부지평 이수언(10월 5일), 예조정랑 김광진(10월 6일), 홍문관수찬 강석창(10월 7일) 등에 대해 10월 7일 파직을 명하고 "앞으로 상소를 올려 예(禮)를 논하고 선왕에 대해 말하는 자는 역률(逆律)로 다스리겠다"라고 선포했다. 원상이던 허적조차 깜짝 놀라 "역률이란 말은 함부로 써서는 안 되니 중률(重律)로 고쳐줄 것"을 청했으나 숙종은 비망기를 통해 '일죄(一罪)'로 고쳐서 답했다. 일죄란 사형으로, 사실상 역률로 다스리겠다는 뜻이었다. 허적이 재차 글을 올리자 숙종은 마지못해 '역(逆)' 자를 '중(重)' 자로 바꿔주었다. 실제로 경기도 유생 이필익이라는 인물은 10월 29일 곽세건을 공격하는 상소를 올렸다가 그 즉시 함경도 경흥으로 유배를 가야 했다. 이때도 영의정 허적의 중재로 유배지가 강원도 안변으로 조정되기는 했지만, 송시열을 중심으로 한 서인 세력에 대한 숙종의 태도는 점점 강경해지고 있었다.

다음날인 11월 1일 대제학 이단하가 대행대왕(-현종)의 행장(行狀)을 지어 올렸다. 실은 송시열의 핵심 제자인 이단하로 하여금 능지 못지않게 중요한 행장을 지어 올리게 한 것은 대단한 정치적 함의를 갖는 행위였다. '너는 과연 스승 송시열의 행적을 어떻게 기록할 것인가?'를 보겠다는 숙종의 치밀한 계산이 깔려 있었기 때문이다.

숙종과 이단하의 논쟁은 불과 몇 개월 전에 있었던 현종과 영의정 김수홍의 논쟁을 연상시키기에 충분했다. 이단하가 지은 행장을 꼼꼼하게 읽어본 숙종은 먼저 얼핏 보기에 '사소한' 문제부터 시비를 걸었다. 현종이 복제를 바로잡은 후에 복제 문제에 책임이 있는 대신과 예관을 처벌했는데, 이단하의 글은 '대신과 예관을 처벌한 후 국가의 전례(典禮)가 바로잡혔다'라고 거꾸로 서술해놓았다는 것이다. 이단하는 곧바로 이 부분을 바로잡아 다시 행장을 올렸다. 이에 대한 숙종의 반응은 더욱 싸늘했다. 이단하로서는 당혹스러울 수밖에 없었다. 명을 받아 고치라고 해서 고쳤는데 오히려 추고(推考)할 것을 명하는 것 아닌가? 추고란 조선 시대 때 벼슬아치의 죄과를 조사하는 것을 말한다.

이단하의 불길한 예감은 이어지는 숙종의 말을 들으면서 조금씩 분명해져갔다. "선왕(현종)께서는 친히 예경(禮經)의 본의(本意)를 상고하셔서 한결같이 예경에 따라 복제를 바로잡으셨다. 그런데 지금 이 행장에서 '특별히' 바로잡았다고 말한 것은 마치 선왕께서 예경에 의거하지 아니하고 억지로 정한 것처럼 됐으니, 속히 고쳐서 다시 들이라."

두 차례의 가벼운 공방전을 지켜보는 주변의 신하들도 목이 바싹바싹 타오르고 있었다. 어린 임금이 지향하는 바를 알아차린 대신들도 많았다. 걱정은 과연 이 어린 임금이 어디까지 이 문제를 몰아갈 것인지였다. 무엇보다 서인(西人) 계열의 신하들은 극도의 공포감에 빠져들 수밖에 없었다.

제3라운드, 어렵사리 고쳐서 다시 들고 간 이단하의 행장에 대해 숙종은 이번에는 영의정 김수홍을 처벌한 이유를 두고 다시 문제를 제기했다. 행장에 김수홍이 벌을 받게 된 이유를 '실대(失對)'라고 적어놓았는데. 잘못 대답해서 그런 게 아니라 다른 의논을 냈기 때문에 처벌을 받았다는 것이었다. 아버지 현종이 영의정의 실수를 이유로 처벌을 할 만큼 옹졸한 인간이라는 말이냐는 질책과 함께 김수홍을 포함한 누군가, 즉 송시열이 주도한 '다른 의논'에 대해 책임을 물으려 했던 현종의 본뜻을 왜 왜곡하고 있는가라는 정면 추궁이었다.

그러나 행장에 '송시열' 이름 석 자를 자신의 손으로 쓰는 순간 이단하는 그 자리에서 목숨은 부지하겠지만 이미 사림 세계에서는 송장이나 마찬가지였다. 생물학적 생명을 포기할 것인가 사회적 생명을 포기할 것인가?

일단 이단하는 애초에 행장 작성을 명 받을 때 자신이 김석주와 함께 '다른 의논을 부탁했다'라는 대목을 도로 거두어달라고 청했더니 전하께서도 그르다고는 하지 않으셨잖느냐고 되물었다. 그것은 사실이었다. 그러나 여기서 물러설 숙종이 아니었다. "그렇지만 실대(失對)라고 한 것은 온당치 못하니 속히 다시 적어 올리라!" 이렇게 해서 이단하가 드디어 '예경(禮經)을 잘못 인용했으므로 대사(大事)를 당하여 대신(大臣)의 직임을 잘못 행했다'라는 뜻으로 고쳐서 올렸다. 그나마 이단하로서는 스승 '송시열' 이름 석 자를 행장에 기록하지 않을 수 있게 된 것으로 위안을 삼으려 했는지 모른다.

그러나 이미 단 한 마디로 정곡을 찌르는 일언가파(一言可破)의 숙종은 제4라운드를 준비하고 있었다. 이단하의 수정본을 읽은 숙종은 "(영의정 김수흥이) 선왕(先王)의 은혜를 망각하고 (송시열이 제기한) 다른 의논을 부탁했다는 말이 『승정원일기(承政院日記)』에 실려 있는데 지금 이 행장에는 끝내 싣지 않았으니, 이는 무슨 뜻이냐?" 마침내 이단하로서는 피할래야 피할 데가 없었다.

숙종은 『승정원일기』를 근거로 '다른 의논을 부탁했다'라는 말을 추가할 것을 명했고, 이단하는 그것만은 절대로 할 수 없다고 버텼다. 결국 사태를 불안하게 지켜보던 영의정 허적이 중재에 나섰다. '예경을 잘못 인용했고 대사를 당하여 대신의 직임을 잘못 행했다'라는 정도의 말이면 '실대'와는 비교할 수 없는 큰 책임을 김수흥에게 물은 것이니 이 정도에서 그치는 것이 조정의 화합을 위해서도 좋겠다는 논리였다. 허적의 오랜 설득 끝에 결국 이단하는 '不從禮經而從他人之議罪首相(예경을 따르지 아니하고 타인의 예론을 따랐다 하여 수
부종 예경 이 종 타인 지 의 죄 수상
상(영의정)을 죄주었다)'이라는 13자를 첨입하고 일단 '사지(死地)'에서 몸을 피할 수 있었다. 문제는 '타인(他人)'이라는 대목이 포함됐다는 사실이다. 타인은 바로 송시열이었기 때문이다. '타인'이라고 적은 것만으로도 이미 이단하는 스승에게 큰 죄를 지은 셈이었다.

숙종이나 이단하나 일단 이 정도로 행장 문제는 일단락된 줄 알았다. 그런데 한 달도 지나지 않은 11월 29일 박봉상이라는 진사가 "타인이란 누구를 가리키는 것입니까?"라며 정곡을 찌르는 상소문을 올렸다. 이 점을 분명히 하고 나서 행장을 완성해도 늦지 않다는 것이었다. 실은 숙종 자신이 원하던 바였다. 일개 진사의 상소였음에도 불구하고 숙종이 해당 문장을 즉각 고치겠다고 반응한 데서 그의 의중이 드러난다. 숙종은 바로 그날 이단하에게 문제의 대목을 개정할 것을 지시했다. 박봉상이 던진 불씨로 인해 거의 꺼져가던 짚단에 다시 불이 붙기 시작했다.

이단하로서도 물러설 수 없었다. 다음날 이단하는 개정된 행장 대신 상소를 올렸다. 이에

숙종은 즉시 이단하를 불러들였다. 직접 말해보라는 취지였다. 역시 송시열의 문제였다. "선조(先朝-현종)께서 수상을 죄주라는 전지(傳旨) 가운데 다만 다른 예론(他論)에 붙었다는 하교만 있었고, 당초에 사람 이름은 지적하지 아니하셨습니다. 지금 신(臣)이 만약 모인(某人)을 가리켜서 말한다면, 이는 신 스스로 내리는 말이 되고 선왕(先王)의 전지가 아닌 것입니다. 어떻게 감히 이렇게 하겠습니까?" 타론(他論)이 아니라 타인지의(他人之議)로 고쳐야 했던 대목이 아무리 생각해도 마음에 걸렸던 것이다. 그래서 이단하는 더 이상 고쳐 쓰는 것은 불가하다는 입장을 보였다.

제4라운드는 이단하가 먼저 시작하고 있었다. 숙종도 "선왕의 뜻은 판부사(判府事)가 예경(禮經)을 그릇되게 논했다고 여기셨는데, 어찌하여 이렇게 고치지 않느냐?"며 맞받아쳤다. 이제 숙종이 '판부사(중추부 판사)'라고 특칭을 함으로써 '타인'이 누구인지가 보다 분명해졌다. 사정이 이렇게 되자 이단하의 입에서도 '송시열' 이름 석 자가 나오지 않을 수 없었다. "선왕(현종)께서 그 사람을 모르시는 것이 아니었는데 그 이름을 구체적으로 거명하지 아니하신 것은, 양조(兩朝-효종·현종)에서 빈사(賓師-스승)로 예대(禮待)하시던 신하인지라 차마 갑자기 그 이름을 지적하여 현저하게 배척하시는 뜻을 나타낼 수가 없었기 때문이 아니겠습니까? 비록 그 이름을 쓰지 아니한다 하더라도 후인(後人)이 어찌 이 일을 알지 못하겠습니까? 선왕의 포용하시는 덕(德)이 더욱 빛날 것입니다. 신이 끝내 봉명(奉命)하지 못하는 것은 이 때문입니다."

현종도 알면서 지나간 일을 굳이 자신이 이름을 거론한다는 것은 현종의 뜻과도 배치되는 것 아니냐며 숙종의 약점을 넌지시 건드려보는 논법이었다. 사실 이단하로서 펼칠 수 있는 논리도 어쩌면 그것밖에 없었는지 모른다. 천성이 그런지 어려서 그런지 몰라도 아직 우회의 묘(妙)를 모르는 숙종이었다.

"장자(長子)를 위하여 응당 3년을 입어야 할 것인데 기년(朞年-1년)으로 내렸기 때문에, 선왕께서 그 잘못을 아시고 고치신 것이다."

자신의 아버지를 거론하며 책임을 회피하지 말라는 경고였다. 이에 이단하는 자신은 더는 고쳐 쓸 수 없으니 다른 사람에게 행장 개수 책임을 맡기는 게 좋다며 배수의 진을 쳤다. 급기야 숙종의 입에서도 '송시열' 이름 석 자가 튀어나온다.

"송시열이 나라의 전례(典禮)를 그릇되게 논했기 때문에 선왕께서 특별히 바로 고치시고 그 뒤에 수상이 송시열의 뜻에 따랐다는 이유로 죄주신 것이니, 이러한 뜻으로 고쳐서 말을 만들어 들이게 하라."

일단 탑전(榻前-어전)을 물러 나온 이단하는 아무리 생각해도 숙종의 명을 받들 수가 없었다. 고민 끝에 그는 다시 상소를 올려 다른 사람으로 하여금 개수 책임을 맡겨달라고 청했다. 숙종은 진노했다. "내가 어린 임금이라고 하여 무시하는 소치이니 중률로 다스리겠다." 이에 놀란 승정원에서 중재에 들어갔고, 오랜 설득 끝에 이단하도 나름의 방법을 찾아내 이런 대목을 추가시켰다. '宋時烈所引禮(송시열 소인 례)', 즉 송시열이 예론을 이끌었다는 뜻이다. 이단하로서는 스승의 이름을 노출은 시켰지만 '예를 이끌었다'라는 말은 적어도 송시열이 기년복을 주장했다는 점은 지적하지 않았기 때문에 스승에 대한 도리는 지킬 수 있다고 본 것이었다. 이 점을 숙종이 모를 리 없었다. '잘못 이끌었다'로 고쳐 넣으라는 엄명이 떨어졌다. 소(所) 자를 오(誤) 자로 바꾸라고 명한 것이다. 이단하로서는 따르지 않을 수 없었다.

이단하로서도 넘어서는 안 될 선을 넘어버렸다. 이단하의 고민은 깊었다. 12월 18일 그사이 '이조참판'으로 승진한 이단하는 장문의 상소를 올렸다. 그중에 이런 대목이 포함돼 있었다.

"신은 송시열에게 스승과 제자의 의(義)가 있습니다. 행장을 고쳐 올릴 때 엄명(嚴命)에 핍박돼 이미 그의 성명(姓名)을 썼으며, 또 성교(聖敎)를 받고 오(誤) 자를 그 이름 아래에 썼습니다. 신이 마땅히 문생의 의리로 인피(引避)하고 다시 다른 사람에게 고쳐 명하시도록 청했어야 할 것인데, 생각이 여기에 미치지 못했으니 후회막급일 뿐입니다."

이를 본 숙종의 분노는 극에 달했다.

"한갓 사표(師表-스승)만 알고 군명(君命)이 있음은 알지 못한 것이니, 신하로서 임금을 섬기는 도리가 어찌 이와 같은가?"

곧바로 이단하는 삭탈관작 문외출송을 당했다. 송시열을 정점으로 하는 서인 세력에 대한 본격적인 선전 포고가 시작되는 시점이었다. 당시 분위기에 대해 이건창은 『당의통략』에서 "이때 숙종의 나이 14세였는데 온 조정에서 두려워 떨지 않는 사람이 없었다"라고 적고 있다. 비록 현종의 급서로 중단되기는 했지만, 현종의 입에서 "임금에게 박하게 하고 누구에게는 후하게 하는가"라는 말이 나온 직후 영의정 김수홍은 귀양길에 올라야 했다. 그때 중단된 서인의 숙청 작업은 불과 몇 달 후 숙종의 입에서 "한갓 사표(師表-스승)만 알고 군명(君命)이 있음은 알지 못한 것이니, 신하로서 임금을 섬기는 도리가 어찌 이와 같은가?"라는 말이 나온 직후 급속하게 재개됐다.

이단하의 삭탈관작 문외출송 명이 떨어진 12월 18일 사헌부와 사간원에 포진해 있던 남인

계통의 장령 남천한, 지평 이옥, 헌납 이우정, 정언 목창명이 합동으로 계를 올려 송시열 파직을 청하자 숙종은 그 자리에서 "아뢴 대로 하라"고 답한다. 당시 송시열은 중추부 영사라는 직함을 갖고 있었다. 그러나 다음날 대사간 이합은 구차스럽게 송시열 파직 합동 상소에 참여할 수 없다며 하명을 기다리겠다는 상소를 올렸다. 이에 대한 숙종의 불같은 반응이다.

"당을 비호하면서 공갈 협박하는 작태가 아닌 것이 없으니 진실로 놀라울 따름이다."

이렇게 시작된 송시열의 파직을 둘러싼 논쟁 과정에서 남인과 서인의 치열한 정치 투쟁이 진행됐고, 숙종은 서인들이 송시열의 파직을 반대하는 족족 삭탈관직을 명했다. 이합은 그 첫 희생물에 불과했다. 서인이 떠난 자리에는 속속 남인이나 김석주와 가까운 인물들로 채워졌다. 12월 20일 대사간에 임명된 이지익도 '척리(戚里)'와 가깝다는 이유로 그 자리에 임명됐다. 한마디로 그는 서인이면서도 당파에 크게 구애되지 않는 인물이었다.

이지익(李之翼, 1625~1694)은 효종 3년(1652) 문과에 급제했다. 바로 김석주와 동방(同榜), 즉 과거 동기였다. 1616년 사헌부지평으로 있을 때 공조판서 이일상(李一相)의 뇌물 문제를 탄핵하다가 호남의 한직으로 좌천당했고 이듬해 남구만(南九萬)의 구론(救論)으로 다시 대직(臺職)에 돌아왔다. 이후 성주목사, 동래부사, 광주부윤, 황해도관찰사 등 외직을 두루 맡으며 크게 치적을 올렸다. 숙종 원년(1674), 이때 김석주의 천거로 대사간에 오른 그는 송시열의 파당성과 예론에는 반대하면서도 송시열이 두 조정의 융숭한 대접을 받은 사실을 고려하여 조정을 편하게 할 것을 주장하다가 여의치 않자 얼마 후 사임하게 된다.

이듬해 다시 대사간에 복직해 사은부사(謝恩副使)로 청나라에 다녀오고, 1676년 예조판서로 승진하고 이어 대사헌, 우참찬, 중추부지사 등을 거쳐 형조판서에 오르지만 앞서 송시열을 변호한 일로 파직당했다. 1678년 공조판서에 다시 기용돼 두 번째 형조판서가 되고, 개성부 유수와 함경도·전라도·평안도 관찰사 등을 두루 역임하지만 기사환국 때 파직을 당하게 된다. 그는 조정에 있는 40년 동안 여러 차례 환국이 진행됐음에도 불구하고 당파에 얽매이지 않고 자기 신념대로 일관했다는 평을 들었다.

송시열의 파직이 정해지자 서인들의 반격이 거세게 시작됐다. 12월 20일 중추부판사 정지화가 나서 16년 전의 일로 구신(舊臣)들을 조정에서 내쫓는다면 현재의 조정을 위해 좋을 일이 없다고 말했고, 22일에는 사간 이헌이 "사화(士禍)가 박두하고 있다"라며 자신을 교체해줄 것을 청했다. 이미 칼을 뽑은 숙종은 바로 다음날 이헌을 사간에서 체직시켜버렸다.

"이헌이 감히 (내가) 사론(邪論)을 주워 모았다느니 갑자기 참소 무함하는 말을 따른다느니라고 한 말은 극히 참람하다. 예(禮)를 그르친 잘못을 완전히 엄폐하고 그른 것을 옳다고 하면서 방자하게 당(黨)을 비호하는 모습을 보니 극히 놀랍다."

숙종의 서인 숙청 의지가 워낙 강해 김석주의 주선으로 대사간에 오른 이지익조차 12월 25일 사직 상소를 올렸다. 송시열의 예론에는 동의하지 않지만 그렇다고 지금처럼 처벌하려는 것은 온당치 못하다는 취지였다. 이미 이지익은 서인과 남인 모두로부터 부정적 평가를 받고 있었다. 당파의 시대에 자기의 길을 걷는 것은 그만큼 험난했다.

송시열의 파직을 이끌어냈던 남인의 장령 남천한, 지평 이옥, 헌납 이우정, 정언 목창명 등은 다시 12월 26일 송시열의 삭탈관작과 문외출송을 청하는 상소를 올렸고, 숙종은 기다렸다는 듯이 그 자리에서 "아뢴 대로 하라"고 답했다. 문외출송이란 한양 밖으로 추방하는 벌이다. 점점 처벌의 수위가 강해지고 있었다.

다음날 야대에서 『논어』를 진강한 다음 시독관 윤지완이 나서 송시열의 억울함을 호소하자 숙종은 그 자리에서 윤지완의 체직을 명한다. 그 자리에 있던 동지사 남구만도 나서 송시열을 옹호하려 하자, 말을 제대로 시작도 안 했는데 숙종은 말허리를 끊으며 "본분에 넘치는 말을 하지 말라"고 호통을 쳤다. 왕권(王權)에 대한 추호의 도전도 용납지 않겠다는 의지가 흘러넘치고 있었다. 반면 서인들로서는 이현의 걱정대로 사화(士禍)를 걱정했을 수도 있다.

해가 바뀌어 숙종 1년(1674) 1월 2일 장령 남천한과 정언 이수경이 합계하여 이번에는 송시열뿐 아니라 송준길, 이유태 등을 모두 벌할 것을 청했다. 그런데 송준길은 이미 이 세상 사람이 아니었다. 송시열과 이유태는 먼 곳으로 귀양을 보내자는 것이었고, 송준길의 경우에는 생전의 관직을 삭탈하자는 것이었다. 예송 논쟁이 말 그대로 남인과 서인의 대결로 본격화하는 순간이었다. 여기서는 숙종도 일단 숨 고르기를 한다. 마침 이날 숙종은 남인의 양대 이론가인 허목과 윤휴의 경연 출입을 특명으로 내렸다. 이때 허목은 이조참판, 윤휴는 사헌부 장령으로 경연에 참석하기에는 직급이 너무 낮았다.

당시 송시열에 대한 숙종의 인식은 단순명료했다. "송시열은 효종의 예우를 입었는데도 보답하려고 생각하지 않고 도리어 서자(庶子)라는 폄칭(貶稱)을 가했으니, 어찌 죄가 없을 수 있겠는가?" 그것은 분명한 사실(史實)이자 사실(事實)이었다. 그러나 동시에 인조 이래 조선은, 아니 조선 왕실은 뜻있는 신하들이 선뜻 받아들이기에는 정통성을 크게 상실하고 있었다. 이 또한 부정할 수 없는 사실(史實)이자 사실(事實)이었다. 사실(史實)과 사실(史實), 사실(事實)과 사실(事實)이 충돌하는 상황에서는 힘만이 지배하게 된다. 15살 소년 왕의 권력이 68세 대로(大老)의 권력을 제압하고 있었다.

1월 5일 우의정 김수항이 사직서를 제출했고, 다음날에는 남구만이 사직서를 올렸다. 1월 9일에는 좌의정 정치화가 열한 번째 상소를 올렸으나 윤허하지 않았다. 영의정 허적을 제외하고 좌우의정 모두 사직하겠다는 일종의 스트라이크를 벌이고 있었다. 이런 가운데 마침내 1월 12일 숙종은 "송시열을 멀리 귀양 보내라"는 명을 내린다.

"올 것이 오고야 말았다." 당시 충청도 진천 길상사에 머물고 있던 송시열은 유배 소식에 "청풍 김씨의 참소가 드디어 실행되는구나. 지금까지 더뎌진 것은 임금께서 많이 참으신 것이다"라며 담담하게 현실을 받아들였다. 청풍 김씨는 김육의 집안을 말한다. 결국 68세의 대로 송시열은 함경도 덕원으로 유배를 떠나야 했다.

당시 병조판서 이상진은 송시열의 귀양을 뒤늦게라도 취소해보려고 숙종에게 이런 상소를 올리기도 했다. "효종임금께서는 일찍이 담비 갖옷을 송시열에게 하사했는데 과분하다고 사양하자 '경은 나의 뜻을 깨닫지 못하는가. 머지않아 요동의 풍설 속에서 더불어 원수를 갚을 때 쓸 물건이오'라고 깨우쳐주셨습니다. 당시 군신의 사이가 이와 같았습니다. 비록 중도에 원통한 일을 만나 이 담비 갖옷을 요동 벌판에서 쓰지는 못했으나, 어찌 오늘날 풍설 속에서 재를 넘어 다닐 때(즉 귀양을 갈 때) 쓰이리라고 생각이나 했겠습니까?" 그러나 어린 숙종은 한 치의 동요도 보이지 않았다. 아마도 숙종은 "그렇게 잘 대해준 효종임금을 서자 취급했단 말이냐"라고 더 분노했을지 모른다.

즉위 당시 숙종의 나이가 14세밖에 안 됐기 때문에 수렴청정을 하는 것이 관례였다. 정확히 비슷한 나이에 왕위에 오른 성종이 그랬다. 성종은 수렴청정과 원상제의 도움을 동시에 받았다. 20세가 될 때까지 친정(親政)은 미뤄졌다.

그러나 숙종은 달랐다. 수렴청정은 처음부터 없었고, 허적을 중심으로 한 원상들의 도움으로 국정을 이끌어갔다. 그러나 송시열 문제를 놓고서 이단하와 대결하는 모습에서 보듯 숙종은 탁월한 정치력을 일찍부터 드러냈다. 숙종 즉위년 12월 25일, 이제 즉위한 지 4개월밖에 안 된 숙종에게 승정원에서 원상제 혁파를 건의한 것도 그 때문이다. 충분히 홀로서기를 할 수 있다고 많은 신하가 생각했던 것이다. 이날 승정원에서 원상제를 없애자는 건의를 올리자 처음에는 숙종도 "그대로 두어 나의 부족한 점을 돕도록 하라"며 반대 의사를 나타냈다. 이에 허적이 입대하여 다시 한번 원상제 폐지를 청했다.

"원상은 으레 공제(公除)[280] 후에는 파출하는 법인데, 그때 특별히 그대로 머물러 있게 하라고 명령하셨으므로 신 등이 감히 굳이 사직하지 못했습니다. 근래에 성상께서 독단(獨斷) 하시는 일 중에 합당하지 아니한 것이 없는데, 무엇을 신들에게 의뢰하시겠습니까? 또 세상 인심이 각박하여 근래에는 대신들이 승지 노릇을 한다는 비난이 일고 있는 실정인데, 지금 또 그대로 머물러 있게 되면 끝날 기한도 없고 사체(事體)도 합당하지 못합니다."

이에 대해서도 숙종은 "내 나이 어려 모든 일에 부족한 점이 많기 때문에 경들이 빈청에 있으면서 그때그때 도움을 주는 것이 바로 나의 소망이다"라며 거부 의사를 밝혔다. 그러나 허적이 또 다른 대신이 병이 들어 지금처럼 숙직(宿直)을 계속하는 것은 무리라고 하자 숙종은 "그러면 그렇게 하라"고 답했다. 적어도 형식적으로는 14살 국왕이 불과 4개월 만에 홀로서기에 나서게 된 것이다.

이 같은 숙종의 눈 밝은 일 처리 덕분에 아버지 현종(顯宗)은 현군(賢君)으로 칭송을 받기까지는 못했어도 암군(暗君)으로 매도당하는 일은 당하지 않을 수 있었다. 여기서 『논어』 「학이(學而)」편에 나오는 공자의 말을 새삼 다시 새기게 된다.

> (아버지가 돌아가시고) 3년이 지나도록 아버지가 살아 있을 때 보여준 도리를 조금도 잊지 않고 따른다면 그것은 효라고 이를 만하다.

고괘의 밑에서 두 번째 양효에 대해 공자는 "어머니의 일을 주관한다는 것은 적중된 도리[中道(중도)]를 얻었기 때문이다"라고 풀었다. 그런데 주공은 왜 효사에서 어머니의 일을 주관할 때는 '반듯해서는 안 된다[不可貞(불가 정)]'고 한 것일까?

구이의 처지를 살펴보자. 양효로 음위에 있으니 자리가 바르지 않고, 아래로는 유비(有比), 위로는 무비(無比)이며, 양강(陽剛)의 자질로 음유(陰柔)한 육오와 호응하고 있다. 임금이 모후를 섬기는 모습이기도 하고, 강건한 신하가 유약한 임금을 모시는 모습이기도 하다. 이럴 때는 반듯해서는[貞(정)] 육오의 마음을 상하게 할 가능성이 크다. 그래서 정이는 이렇게 풀어낸다.

---

280 왕이나 왕비가 훙(薨)한 후에 26일 동안 공무를 중단하고 조의를 표하는 일을 말한다.

아들은 어머니를 대함에 있어 마땅히 부드럽고 공손하게 돕고 인도하여 의리에 맞도록 해야 한다. 만일 고분고분하지[順] 못하여 일을 그르치는 데 이른다면 그것은 아들의 죄다. 조용하게 받들어 순종하는데 어찌 도리가 없겠는가? 부인(婦人)이라고 말했다면 (어머니도) 음유(陰柔)임을 알 수 있으니, 아들이 만약에 자신의 굳센 양기[剛陽]의 도리를 펴서 갑자기 강하게 (어머니의 뜻을) 어긴다면 (어머니와 자식 간의) 은혜를 상하게 하여 해로운 바가 클 것이니 진실로 어떻게 (자식의 뜻이) 제대로 들어갈 수 있겠는가? 몸을 굽히고 뜻을 낮추며 공손하고 고분고분하게 받들어 마음가짐을 바르게 하고 일이 다스려질 수 있도록 함에 있을 뿐이다. 그러므로 '반듯해서는 안 된다[不可貞]'라고 한 것이니, 이는 반듯함을 강하게 고집해 강직한 도리를 지나치게 드러내서는 안 된다는 말이다. 바로 이와 같이 하는 것이 곧 중도(中道)이다.

그러나 모후인 대비(大妃)가 정사에 관여했을 경우에 임금은 어떻게 해야 할까? 이때도 중도를 지키며 고분고분 따르는 것이 도리일까, 아니면 고괘의 구이를 어겨가면서 반듯함[貞=正]을 지켜야 할까? 숙종 초에 이런 문제를 깊게 고민해볼 수 있는 사건이 터졌다.

숙종의 즉위와 더불어 남인이 집권했지만, 서인 집권 50년 동안 늘 소수파로 머물렀기 때문에 남인은 국정을 운영할 만한 경륜을 갖춘 인재 풀이 턱없이 부족했다. 그러다 보니 어설픈 정책 실험들이 이뤄지다가 얼마 안 가 폐지되는 일이 잦았다. 또 사실상 처음으로 권력을 잡다 보니 제대로 권력을 다룰 줄도 몰랐다. 권력은 불과 같다. 자칫하면 덴다. 조심조심 다뤄야 원하는 대로 쓸 수 있는 것이 바로 불과 같은 권력이다.

남인의 집권과 더불어 힘을 갖게 된 왕실 인물은 남인과 가까웠던 복창군 이정(李楨)의 형제들이었다. 인조와 인열왕후 한씨 사이에는 6남이 있었다. 첫째가 일찍 죽는 바람에 소현세자가 사실상 장남이었고, 이어 봉림대군(효종), 인평대군, 용성대군이 있었고, 여섯째도 일찍 죽었다. 그중 봉림대군과 인평대군의 자질이 뛰어났고, 소현세자가 죽자 봉림대군이 대통을 이었다.

봉림대군보다 3살 아래였던 인평대군(麟坪大君, 1622~1658) 이요는 인조 8년(1630) 대군에 봉해졌다. 한양의 종로구 이화동 27번지의 석양루(夕陽樓)에 거처했으며, 1640년 볼모로 심양에 갔다가 이듬해 돌아왔고, 효종 1년(1650)부터 네 차례에 걸쳐 사은사에 임명돼 청나라에 다녀왔다. 서인들로부터 몇 차례 불온한 혐의의 무고를 받기도 했으나 친형 효종의 끔찍한 사랑을 받아 목숨을 부지할 수 있었다. 학문에 소양이 있어 제자백가(諸子百家)에 정통했고 시·서·화에도 능했다. 그래서 사람들은 종종 그를 세종의 아들 안평대군에 비유하기도 했다. 그는 오단의 딸과 혼인해 4남 2녀를 두었는데 네 아들은 각각 복녕군(福寧君)·복창군(福昌君)·복선군(福善君)·복평군(福平君)이었다. 그중 장남인 복녕군 이욱은 숙종이 즉위하기 전인 현종 11년(1670) 32세의 나이에 세상을 떠났다.

숙종에게 복창군 삼형제는 종친 중에서는 가장 가까웠다. 특히 효종도 인선왕후 장씨와의 사이에 1남 6녀를 두어 현종이 외아들이었기 때문에 사촌인 복창군 형제들을 친형제처럼 대했고, 청나라에 사신으로 파견하는 등 조정의 중대사에도 참여시켰다. 게다가 숙종도 외아들이었기 때문에 '삼복(三福)'으로 불리던 복창군 형제들은 오촌 아저씨들이기는 하지만 가장 가까운 집안 어른들인 셈이었다.

숙종 1년 3월 12일 숙종은 외할아버지인 청풍부원군 김우명이 올린 상소라며 영의정 허적에게 검토해볼 것을 명한다. 상소의 내용은 복창군 형제들이 궁인들과 내통했다는 것이었다. 문제가 된 형제는 복창군 이정과 복평군 이연(李㮒)이었다. 이들은 궁녀들과 관계를 가졌을 뿐 아니라 자식까지 낳은 것으로 조사 결과 밝혀졌다. 이들과 관계를 가진 나인은 각각 군기시의 서원(書員) 김이선의 딸 상업과 내수사의 종 귀례였다. 다음날 의금부에서 이들을 문초했으나 승복하지 않자 숙종은 이들을 풀어줄 것을 명했다. 이렇게 되면 김우명이 무고(誣告)를 한 셈이다. 급기야 숙종의 어머니인 명성왕후 김씨가 나선다. 이미 남편인 현종도 복창군과 복평군의 일을 알고 있었지만, 형제와 같이 여겨 크게 문제 삼지 않았을 뿐 그 일은 명백한 사실이라고 허적 등을 불러 이야기했다. 숙종은 어려서 궁궐 내의 일을 몰랐을 뿐이라는 것이다. 그리고 죽이지는 않더라도 먼 곳으로 유배를 보내야 한다며 처벌 방향까지 제시했다. 자전(慈殿-대비)이 국정에 관여하는 것은 있을 수 없는 일이었다. 그러나 자기 아버지의 일이기도 했기 때문인지 이날 자전은 숙종과 신하들이 옆방에 머물고 있는데도 큰소리로 울고불고했기 때문에 숙종이나 신하들은 자전의 청을 들어주지 않을 수 없었다. 결국 복창·복평과 두 나인은 유배를 가야 했다. 이때 복창군 이정은 31세, 복평군 이연은 28세였다. 그러나 불과 몇 달 후에 복창군과 복평군은 석방돼 한양으로 돌아온다. 그만큼 복창군 형제들에 대한 숙종의 애정은 각별했고 남인들의 비호도 만만치 않았다.

'삼복'은 모두 남인들과 가까웠다. 특히 이때의 사건에 연루되지 않은 복선군 이염은 셋 중에서 지략과 권모술수가 가장 뛰어났다. 그리고 현실 정치와 관련해 외형적으로는 김석주가, 내부적으로는 복선군이 숙종에게 가장 큰 영향을 주고 있었다.

【서인 송시열과 남인 '삼복' 사이에 낀 명성왕후 김씨 집안】

숙종의 어머니 명성왕후 김씨의 집안은 송시열과 같은 서인임에도 불구하고 대동법을 비롯해 여러 가지 문제로 송시열과 갈등을 빚어왔다. 그가 사촌오빠 김석주와 함께 남인들이 추진한 송시열 제거에 동의했던 것도 그런 맥락에서였다. 그렇다고 서인과는 서로 죽여야 할 정도의 원수는 아니었다. 명성왕후 김씨와 김석주는 어떻게 보면 송시열과 '삼복' 사이에 끼어 있는 형국이었다.

시아버지인 효종은 세자빈 시절의 명성왕후 김씨에게 이런 걱정을 한 적이 있다. 송시열계의 민유중(훗날 숙종의 두 번째 장인)이 김육의 묘를 조성하면서 길을 낸 문제로 논란을 벌였을 때 효종은 자신이 죽고 나면 현종의 장인으로서 힘을 얻게 될 김씨 집안에서 송시열을 죽이려 할지 모른다는 우려를 김씨에게 전했다.

"너의 큰아버지(김좌명)는 총명하니 염려될 것이 없을 듯하지만, 너의 아버지(김우명)는 반드시 보복할 마음을 가질 것이니 너는 이를 알아야 한다."

자기 집안을 생각하면 송시열에게 좋은 마음을 가질 수 없지만, 시아버지나 남편은 누구보다 송시열을 중하게 생각했다. 그런데 남인들이 복창군 형제들을 중심으로 힘을 얻어가면서 서인들이 몰락한 것은 물론이고, 점차 송시열의 목숨까지 위협하는 사태로 나아가고 있었다.

실록의 기록이 얼마나 사실인지 모르지만, 이 무렵 궁궐의 실권자는 숙종과 명성왕후 김씨가 아니라 복선군 이남이라는 소리까지 있었다고 한다. 실제로 복창군 형제를 벌하려다가 취소하자 명성왕후 김씨가 울고불고 난리를 피운 것을 보면 힘의 저울은 복선군 쪽으로 기울어 있었던 것 또한 분명한 사실이었던 것으로 보인다. 숙종이 처벌 의사를 밝혔다가 하루 만에 취소한 배경에는 복선군의 작용이 결정적이었다.

김씨 집안 입장에서는 범을 쫓아내려다가 사자를 불러들인 꼴이었다. 사실 송시열을 축출할 때까지만 해도 김우명과 복창군 형제는 같은 배를 타고 있었다. 그러나 막상 송시열이 유배를 떠나고 나자 조정에서는 영의정 허적이, 궁궐에서는 복창군 형제가 무서운 속도로 남인들을 등용시키기 시작했다. 굳이 창평부원군 김우명이 복창군·복평군을 고발하는 상소를 올린 것도 상황의 긴박성 때문이다. 명성왕후 김씨까지 나서 복창군 형제들을 내쫓는가 했으나, 결국 7월 9일 두 사람은 유배에서 풀려나고 말았다. 원래의 상태로 돌아간 것이다.

흥미로운 것은 복창군 형제를 유배 보낸 직후인 4월 1일 홍문관 부제학 홍우원(洪宇遠)이 올린 소의 내용이다. 『숙종실록(肅宗實錄)』이 전하는 그날의 모습이다.

"신이 듣건대 『역경(易經)』의 가인괘(家人卦) 단사(彖辭)에 이르기를 '여자는 안에서 위치를 바르게 하고 남자는 밖에서 위치를 바르게 한다'라고 했습니다. 무릇 남자의 자리는 바깥에 있고 여자의 자리는 안에 있기 때문에, 부인(婦人)은 안에서 위치를 바르게 하여 바깥의 일을 간섭하지 않아서 전제(傳制)하는 뜻이 없고 삼종(三從)[281]의 도리가 있습니다. 진실로 이 도리를 어기면 『역경』의 여자가 안에서 위치를 바르게 하고 남자가 바깥에서 위치를 바르게 한다는 뜻에 어그러짐이 있는 것입니다.

지금 이정(李楨)과 이연(李橝) 등의 더러운 행위는 참으로 근고(近古)에 없었던 변고(變故)였습니다. 그를 치죄(治罪)하는 데 진실로 법률을 잘못 쓴 점이 있으면 대신(大臣)들은 마땅히 진달해야 할 것이고, 대관(臺官)들은 반드시 쟁집(爭執)해야 할 것입니다. 그런데 자성(慈聖-대비)께서 갑자기 전실(殿室)에 납시어 친히 창문을 사이에 두고 계시니 신하들이 전도(顚倒)돼 모두 어찌할 바를 모릅니다. 먼 지방에서 보고 들으면 어찌 놀라지 않겠습니까? 무릇 어버이에게 과실이 있음에도 이를 간(諫)하여 중지시키지 못하고서 마침내 의리(義理)에 어긋난 데 귀착(歸着)하게 하는 것은 자식의 허물이라 하겠습니다. 『역경』의 고괘(蠱卦)의 구이효(九二爻)에 이르기를 '어머니의 일을 주관하니 반듯해서는 안 된다[幹母之蠱不可貞]'라고 했는데, 정이(程頤)의 전(傳)에 이르기를 '자식은 어머니에게 마땅히 유순함으로써 보좌 인도하여 의리에 맞게 하여야 하는데 고분고분하지 못해 패고(敗蠱)를 초래하는 것은 자식의 죄다'라고 했습니다. 이는 참으로 옳은 말이므로 어버이를 섬기는 자들이 마땅히 가슴에 새겨 잃어버리지 말아야 할 것입니다. 바라건대 전하(殿下)께서 '어머니의 일을 주관하니 반듯해서는 안 된다'라는 뜻을 깊이 생각하시어 일이 의리에 맞고 이치에 해

281 어려서는 아버지를 따르고, 출가해서는 남편을 따르고, 남편이 죽으면 아들을 따르는 것을 말한다.

로움이 없도록 처리하시면, 자성(慈聖)께서 허물을 두 번 저지르지 않으시는 덕(德)이 장차 태임(太姙)[282]·태사(太姒)[283]의 아름다운 덕과 같이 될 것입니다."

이에 상이 답했다.

"내가 어린 나이로 자성께 성의를 다하지 못했기 때문이니, 깊이 부끄러움만 더할 뿐이다."

홍우원(洪宇遠)은 젊을 때 조행(操行)으로 이름이 났는데, 효종조(孝宗朝)에 바른말을 올려서 죄를 받은 것이 청의(淸議)에 높이 인정(認定)됐기에 송시열(宋時烈) 등이 전조(銓曹)의 장(長)으로 있을 적에 옥당(玉堂-홍문관)에 끌어들였다. 그러나 조경(趙絅)이 상소(上疏)를 올리자 홍우원이 잇달아 일어나서 윤선도(尹善道)를 편들어 당시의 사람들에게 배척을 당했었다. 이때 이르러 윤휴(尹鑴)가 당(唐)나라 장간지(張柬之, 625~706)[284]에게 비견하여 급히 등용(登用)하기를 주청(奏請)했다. 홍우원이 아직 이르지 않았을 적에 사람들은 그가 본래 바른말 하기로 이름이 있었기에 논의(論議)함이 응당 기울어지고 위험한 데는 이르지 않을 것으로 여겼다. 그러나 그가 이르게 되자 쌓인 분한(忿恨)이 마음속에 있었기에 허목(許穆)·윤휴 등과 어울려서 자기들끼리의 참혹한 의론을 내세워 주장하지 않는 것이 없었다.

서인 입장에서 서술한 『숙종실록』임을 감안하고 볼 때, 홍우원이 원래는 서인 송시열의 천거로 요직에 나아갔기 때문에 자신들의 편이라고 믿었는데 이때 자신들과 다른 입장을 진술하게 되자 이를 서인의 시각으로 비판하고 있는 것이다. 그래서 기사 말미에 사관의 평[史評(사평)]을 실어 홍우원의 소를 조목조목 비판한다. 고쾌의 구이와 관련된 부분만 살펴보자.

모후(母后)가 나랏일에 간섭을 하고는 국가에 화(禍)를 끼치지 않음이 드물기 때문에 『춘

---

282 주나라 왕계(王季)의 비(妃)이며 문왕(文王)의 어머니다. 상(商)나라 사람으로 지국(摯國)의 중녀(仲女)로서 임(任)씨 성을 가졌다. 태임의 성품은 바르고 곧으며 참되고 엄격해 오로지 덕(德)을 행했다고 한다. 문왕을 임신했을 때는 눈으로는 나쁜 것을 보지 않았으며 귀로는 음란한 소리를 듣지 않았으며 입으로는 거만한 소리를 내지 않았다고 하여 태교(胎教)를 말할 때 자주 인용됐다.

283 문왕(文王)의 비(妃)다.

284 중국 당(唐)의 정치가로서 705년 정변을 일으켜 측천무후를 퇴위시키고 당(唐)의 국호를 회복했다.

추(春秋)』의 뜻이 매우 엄중했다. 여치(呂雉)와 무조(武曌)의 일[285]은 차마 말할 수 없다. 그러나 한 가지만 고집해 말할 수도 없으니, 송(宋)나라 조후(曹后)·고후(高后) 등의 여러 후비(后妃)의 어진 덕은 칭송(稱頌)이 자자하여 진실로 지적하여 비난할 수가 없었고, 군왕후(君王后)가 고리를 풀었으므로[解環 해환][286] 전씨(田氏)[287]가 나라를 보전했고, 오부인(吳夫人)이 우물에 기대서서 기다렸으므로 손랑(孫郎)[288]이 왕업(王業)을 정했음은 어찌 훌륭하지 않은가? 아! 예나 이제나 집과 나라의 사변(事變)은 한(限)이 없으므로 혹 상도(常道)를 가지고 처리할 수 없는 것이 있다.[289] 만약 불행하게 위기(危機)를 만났을 때 다만 부인으로서 상행(常行)만 행하여 궁중에 깊이 파묻혀서 팔짱 끼고서 이를 구원하지 않는다면 사직(社稷)이 무너지고 말 것이다. 그러기에 원후(元后)가 옥새(玉璽)를 잡은 것을 후세(後世)에서 찬탄한 바이고, 목영(穆嬴)이 조정에서 통곡한 것[290]을 군자(君子)들이 헐뜯지 아니했다. 이제 자성(慈聖)께서 조정에 친히 임(臨)하여 여러 신하를 개유(開諭)한 것은 참으로 전대(前代)에서는 드문 일이지마는, 또한 마땅히 처치(處置)한 일이 어떠했는가를 살펴보아야 할 것이다. 그것이 만일 정(楨)과 연(梗)의 사건을 밝힘으로써 김우명(金佑明)을 위하려고 이러한 하루아침의 허둥지둥한 거조(擧措)를 행했다면 이는 진실로 너무 지나친 짓이라 하겠다. 그러나 여러 소인(小人)이 김우명을 몰아세워 임금을 속인 죄를 뒤집어씌우려 한다면 자성의 마음이 어찌 편안했겠는가? 더구나 이 일뿐이 아니다. 임금께서 나이 어린데 왕손(王孫)들이 발호(跋扈)하여 안으로는 환관(宦官)과 궁인(宮人)들을 결탁하고 밖으로 당

---

285 여치는 한고조(漢高祖)의 황후인 여후(呂后)이고 무조(武曌)는 당 고종(唐高宗)의 황후인 무후(武后)이니, 둘 다 여인으로서 황제가 돼 나라의 정사를 마음대로 행사했다.

286 전국 시대 진 소왕(秦昭王)이 사자를 제(齊)나라에 보내 군왕후에게 옥련환(玉連環)을 주면서 "제(齊)나라는 지혜 있는 사람이 많으니 이 고리를 풀 수가 있는가?" 하자, 군왕후가 망치를 가지고 부수고는 진나라 사자에게 풀었다고 말한 고사(故事)다.

287 전국 시대 전제(田齊)를 말한다.

288 삼국 시대 손책(孫策)을 말한다.

289 권도(權道)를 써야 할 때가 있다는 것이다.

290 춘추 시대 진 헌공(晉獻公)의 딸로서 진 목공(秦穆公)의 부인이 된 목희(穆姬)의 이름이다. 진(秦)나라와 진(晉)나라가 싸워서 진 혜공(晉惠公)을 사로잡아 돌아오니, 목희가 울면서 진 목공에게 고하기를 "진(晉)나라 임금이 아침에 들어오면 저는 저녁에 죽겠으니 임금님은 이를 도모하시오"라고 하니, 목공이 두려워해 진 혜공을 잘 대접해 보낸 고사(故事)다.

여(黨與)를 만들어서 양궁(兩宮)의 사이를 흘겨보며 장차 무슨 짓이든지 못할 것이 없는데도, 전계(殿階)에는 칼을 비껴든 무신(武臣)이 없고 우수(盂水-임금의 사발)에는 먹을 뿌리는 문신 재상이 없어서 뭇사람의 마음이 근심되고 두려워 그 끝 가는 데를 헤아릴 수가 없었다. 이러한 때 있어서 진실로 시변(時變)에 대처(對處)하는 권도(權道)가 없었다면 나랏일이 마침내 어떻게 될지 알 수 없었을 것이니, 대개 부득이(不得已)한 데서 나온 일이지만 어찌 큰 불행(不幸)이 아니겠는가?

고괘의 밑에서 세 번째 양효에 대해 공자는 "아버지의 일을 주관한다는 것은 끝내는 허물이 없다는 것이다"라고 풀었다. 주공의 효사에서는 '다소 뉘우침이 있으나 큰 허물은 없다'를 공자는 '끝내는 허물이 없다'로 풀어낸 것이다. 뭔가 이중성이 있다는 말이다. 정이는 철저하게 구삼이 놓인 처지만으로 이렇게 풀어낸다.

구삼은 양강(陽剛)의 재질로 하괘의 가장 위에 자리하여 주간(主幹)하는 자이니, 자식이 아버지가 남긴 일을 주관하는 것이다. 양효로 굳센 자리에 있어[處剛=陽位] 가운데를 지나쳤으니[不中] 굳셈이 지나친 자다. 그러나 겸손한 몸통[巽體=巽卦]에 자리하고 있어 비록 굳셈이 지나치기는 해도 고분고분함이 없는 것은 아니다. 고분고분함[順]이란 부모를 섬기는 근본이고 또 바른 자리에 있어 큰 허물은 없다. 강양(剛陽)으로 그 일을 주관할 수 있으니 굳셈이 지나쳐 소소한[小小] 뉘우침은 있겠지만 끝내는 큰 잘못이나 허물이 없다. 그렇지만 작은 뉘우침이 있으니 이미 부모를 잘 섬기는 것은 아니다.

이 풀이는 아마도 조선의 세조(世祖)가 봤다면 그 자신의 삶을 나타낸다고 보았을지 모른다. 그러나 좀 더 깊이 들어가서 보면 실상은 조금 다르다. 세종 32년(1450) 미리 죽음을 예감한 세종은 문종과 수양대군(首陽大君-훗날의 세조)을 불러 유언을 남기듯 이렇게 말했다.

내 이제 너희 두 사람에게 말하거니와, 대저 신하들이란 임금이 죽는 그날로 즉시 그 형제들의 허물을 공격하는 법이다. 내가 죽는 날에는 너희 형제의 허물을 말하는 자가 반드시 많을 것이니, 너희들은 모름지기 내 말을 잊지 말고 항상 친애하는 마음을 위주(爲主)로 하면 밖의 사람들이 능히 이간(離間)하지 못할 것이다. 만약 부득이해서 비록 죄를 주더라도 재삼(再三) 생각하고 그 정리(情理)를 익히 헤아려서 속을 도려내는 듯한 아픔을 느껴야 옳을 것이다. 내가 처음 즉위했을 때 효령대군(孝寧大君) 등을 공격하는 자가 많았는데, 내가 아니었던들 능히 보전하지 못했을 것이다.

그러나 세조는 결국 정란을 성공하고서 정치적으로 대립했던 동생 안평대군을 죽였고, 이어 금성대군을 죽이고 또 조카인 단종까지 죽였다. 그런 점에서 스스로는 그것을 소소한 뉘우침 정도로 여겼겠지만 혈친을 제 몸과 같이 여겨야 할[親親] 도리를 너무도 심하게 잃었다. 세조는 어떤 임금보다 『주역』을 좋아했다. 준괘(屯卦)에 대한 설명에서 본 대로 세조는 예종에게 "나는 준괘(屯卦)에 해당하고 너는 태괘(泰卦)에 해당한다"라고 말했다. 이는 자신은 일을 시작하는 임금이고 너는 태평을 이루도록 하라는 당부였다. 그러나 예종 또한 신하들의 손에 비명횡사하고 말았다.

물론 세조의 자질은 뛰어났다. 또 그가 맞아야 했던 현실은 특수한 상황이었다. 그럼에도 불구하고 태종이 자신과 칼부림까지 했던 이방간(李芳幹)을 끝까지 살린 것과 비교해보더라도 세조가 친형제와 단종을 죽인 것은 결코 사람의 도리라 하기 어렵다. 따라서 고괘의 구삼으로 그의 삶을 조명하는 데는 한계가 있다.

고괘의 밑에서 네 번째 음효에 대해 공자는 "아버지의 일을 넉넉하게 처리한다는 것은 (감당하지 못할) 일을 계속해도 얻는 바가 없다는 뜻이다"라고 풀었다.

넉넉하게 처리하다[裕]라는 말은 크게 좋은 뜻이 아니다. 육사는 음효로 음위에 있으니 부드럽다. 기본적으로 아버지의 일을 무난히 이어받아 그럭저럭[裕] 처리한다는 말이다. 오히려 여기서 더 나아가 뭔가 자신의 일을 해보려 한다면 부끄러워진다. 게다가 초륙도 같은 음이라 호응해서 도와줄 리 만무하다. 정이의 말대로 "감당하지 못할 일을 계속해나가면 어떻게 일을 해결할 수 있겠는가?"

이는 정확히 숙종의 아버지 현종을 가리킨다. 순조(純祖)는 그나마 이 정도도 되지 못하고 안동 김씨 세도 정권하에서 시달리다가 왕권을 거의 잃다시피 했다.

고괘의 밑에서 다섯 번째 음효에 대해 공자는 "아버지의 일을 주관해 기림을 받는다는 것은 다움으로 이어받기 때문이다"라고 풀었다. 정이의 풀이를 보자.

육오는 존귀한 지위에 있지만 음유한 자질로 군주의 자리에 있으며 아래로 구이와 호응하고 있으니, 이는 강양(剛陽)한 신하를 등용할 수 있는 자다. 강양하고 뛰어난 신하에게 자신을 낮추어 호응하며 그를 의지하고 신임하지만, 자신의 실제 자질은 음유하여 왕조를 개창하는 일은 할 수가 없으니, 옛 가업을 계승하는 것이 좋으므로 아버지의 일을 주관한다. 왕조를 개창하고 왕통을 후세에 내리는 일은 강명한 자질을 가진 사람이 아니라면 할 수 없다. 대를 잇는 군주의 자질이 유약할지라도 강명하고 뛰어난 신하를 등용해 신임하면 왕조를 잘 계승해 아름다운 명예를 이룰 수 있다. 주나라 성왕(成王)은 훌륭한 신하를 써서 명예를 얻은 자다.

대체로 조선사에서 여기에 해당하는 임금은 성종(成宗)이다. 그러나 신하들에게 휘둘렸고 본부인을 사사(賜死)했으며 자식 교육에 실패해 연산군의 폭정을 가져온 책임은 피할 수가 없다. 오늘날 성종에 대한 칭송은 실상과는 많이 동떨어져 있다는 것이 내가 『성종실록』을 읽어본 솔직한 소감이다.

고괘의 맨 위에 있는 양효에 대해 공자는 "왕후를 섬기지 않는다는 것은 뜻이 본받을 만하다는 것이다"라고 풀었다. 주공은 효사에서 "왕후를 섬기지 않으니 자기 일을 높이 숭상한다[不事王侯 高尚其事]"라고 했다. 왜 공자는 '자기 일을 높이 숭상하는 것'을 '뜻이 본받을 만하다는 것이다'로 풀어낸 것일까? 정이는 이를 은둔자의 도리로 풀어낸다.

상구는 고괘의 끝에 자리하여 아래로 얽매이거나 호응하는 사람이 없고, 일의 밖에 있어 일을 해야 할 자리도 없다. 강명한 재능을 가지고 있지만 호응하여 도와주는 사람도 없고 일도 없는 곳에 처했으니, 이는 현인군자가 때를 만나지 못해 고결하게 스스로를 지키면서 세속의 일들에 얽매이지 않는 것이다. 옛사람 가운데 이렇게 행한 자들이 있는데, 이윤(伊尹)·태공망(太公望)으로부터 시작해 증자(曾子)와 자사(子思)의 무리다. 자신의 도리를 굽혀 시류를 따르지 않으며, 천하에 자신의 도리를 시행할 수 있는 기회를 얻지 못하면 스스로 자신의 몸을 잘 지켜서 자신의 일을 높이고 독실하게 숭상하며 지조와 절개를 지킬 따름이다.

그래서 공자는 "뜻이 본받을 만하다"라고 했다는 것이다. 그러나 호원은 "집안일이든 나랏일이든 자식으로서 신하로서 충심과 전력을 다해 공로를 이루었다면 물러나 쉬어야 한다"라고 보았다. 그저 관직을 버리고 물러나 귀향한다는 정도의 의미라는 것이다. 이는 『예기』「표기(表記)」편에서 공자가 이 상구를 직접 풀이한 것과도 통한다.

임금을 섬김에 있어, 군대의 일의 경우 어려운 일을 피하지 않아야 하고 조정의 일의 경우 욕된 일을 사양하지 않아야 한다. 그 지위에 처하여 그 일을 이행하지 않는다면 이는 도리를 어지럽히는 것이다. 그러므로 임금이 신하를 부리는 데 있어 신하가 뜻을 얻으면, 신중하게 생각해서[愼慮](신려) 임금의 명령을 따르고 아니면 깊게 생각해서[熟慮](숙려) 그것을 따르다가 일을 마치고 물러나는 것이 신하로서의 두터운 도리다.

어느 쪽이든 여기에 가장 부합하는 인물은 유방을 도와 한나라를 건국한 장량의 말년 처신이다. 반고의 『한서』「장량전(張良傳)」편이 전하는 장량의 말년 모습이다.

장량은 이에 늘 이렇게 말했다.
"집안 대대로 한(韓)나라의 승상을 지냈는데, 한나라가 멸망하자 만금의 재물을 아끼지 않고[不愛](불애) 한나라를 위해서 강력한 진나라에 복수를 해 천하를 진동시켰다. 지금은 세 치의 혀로 황제를 위한 스승이 돼 1만 호에 봉해지고 지위는 열후이니, 이는 평민으로서는 끝까지 간 것이라 나 량은 만족한다. 바라건대 세속의 일을 버리고 적송자(赤松子)[291]를 따라 노닐고 싶을 뿐이다."
마침내 도인술을 배워 곡식을 먹지 않았고 몸을 가볍게 했다. (때마침) 고제가 붕하자 여후(呂后)는 (아들 혜제가 유방의 뒤를 이을 수 있게 해준) 장량의 은혜에 감사해 그에게 억지로 음식을 먹이며 말했다.
"한 번 사는 인생이란 흰 망아지가 좁은 틈을 지나가는 것과 같은데 어찌 스스로에게 이렇게 고통을 준단 말이오?"

291 신농씨(神農氏) 때의 우사(雨師)로 뒤에 곤륜산으로 들어가 신선이 됐다는 전설상의 인물이다.

장량은 어쩔 수 없이 그 말을 듣고서 억지로 음식을 먹었다. 6년 후에 훙하자 시호를 내려 문성후(文成侯)라 했다.

더불어 『논어』 「공야장(公冶長)」편에서 공자는 영무자에 대해 이렇게 평한다.

영무자는 나라에 도리가 있을 때는 지혜로웠고 도리가 없을 때는 어리석었다 하니, 그 지혜[其知]는 따를 수 있으나 그 어리석음[其愚]에는 미칠 수 없다.

영무자(甯武子)는 위(衛)나라 대부로 이름은 유(兪)다. 공자는 영무자의 경우 나라에 도리가 있을 때는 지혜로웠고 도리가 없을 때는 어리석었다고 말한다. 먼저 영무자가 어떤 사람이며 실제 역사 속에서 어떻게 처신했는지를 살펴볼 필요가 있다. 그래야 여기서 말하는 지(知)나 우(愚)의 의미를 정확하게 파악할 수 있기 때문이다.

주희는 『춘추좌씨전』에 나오는 내용을 바탕으로 이렇게 설명한다. 영무자는 위나라에서 문공(文公) 때와 성공(成公) 때 벼슬을 했다. 문공 때는 나라를 다스리는 도리가 있었고, 성공 때는 그런 도리가 없어 나라가 망할 지경에 이르렀다.

이와 관련해서는 정약용의 풀이가 보다 상세하다. "위나라는 성공(成公) 3년부터 나라가 어지러워 군주가 도망갔는데, 무릇 3년 만에 안정됐다. 이로부터 나라에 큰 혼란이 없었던 것이 27년 동안이었다가 위 성공이 이에 죽었다. 나라에 도리가 없다는 것은 3년 사이를 가리키며 나라에 도리가 있다는 것은 국사가 안정된 뒤를 가리킨다."

그런데 도리가 있던 문공 때 영무자는 이렇다 할 만한 것을 보여주지 못했다. 그런데도 공자는 지혜로웠다고 평하고 있다. 도리가 잘 행해질 때는 굳이 나서지 않는 것도 지혜로운 처신으로 본 것이다. 그래서 공자는 그런 정도의 지혜는 자신도 따라갈 수 있다고 말한다.

반면 도리가 무너져 내린 성공 때 영무자는 "그 한복판에서 주선하여 몸과 마음을 다 바쳐서 어려움과 험난함을 피하지 않았으니, 모든 그의 처한 바가 지혜롭고 재주 있는 사람들이 모두 극구 피하고 즐겨 하지 않는 것이었는데, 마침내 자기 몸을 보전하고 그 임금을 구제했으니 이는 그의 어리석음을 따를 수 없는 것"이라고 주희는 풀이한다.

이 구절의 관건은 어리석음[愚]이다. 분명 이것은 일상적으로 우리가 사용하는 '어리석다'와는 다르다. 영무자에 대한 극찬이다. 그 뜻을 본받을 만한 사람인 것이다.

## 19. 지택림(地澤臨)[292]

임(臨)은 크게 형통하고[元亨] 반듯함이 이롭다[利貞]. 8월이 되면 흉함이 있다.

臨 元亨 利貞 至于八月 有凶.[293]

초구(初九)는 감동시켜 다가감[咸臨]이니 반듯해서 길하다[咸臨 貞吉].

구이(九二)는 감동시켜 다가감[咸臨]이니 길하여 이롭지 않음이 없다[咸臨 吉无不利].

육삼(六三)은 달콤하게 다가감[甘臨]이니 이로운 바는 없으나 이미 근심하고 있어 허물이 없다[甘臨 无攸利 既憂之 无咎].

육사(六四)는 지극히 다가감[至臨]이니 허물이 없다[至臨 无咎].

육오(六五)는 지혜로 다가감[知臨]이니 이는 대군의 마땅함[宜]이므로 길하다[知臨 大君之宜吉].

상륙(上六)은 도탑게 다가감[敦臨]이니 길하여 허물이 없다[敦臨 吉无咎].

◉

임괘(臨卦)의 초구(初九)는 양위에 양효로 바름[正位], 구이(九二)는 음위에 양효로 바르지 못함[不正位], 육삼(六三)은 양위에 음효로 바르지 못함, 육사(六四)는 음위에 음효로 바름, 육오(六五)는 양위에 음효로 바르지 못함, 상륙은 음위에 음효로 바름이다. 이 괘의 경우 구이와 육오 모두 중정을 얻지 못했다.

---

292 문자로는 곤상태하(坤上兌下)라고 한다.

293 원형이정(元亨利貞)이 모두 있으나 문맥에 맞게 나눠서 옮겨야 한다.

대성괘 임괘(䷒)는 소성괘 곤괘(☷)와 태괘(☱)가 위아래에 있어 만들어진 괘다. 「설괘전」에 따르면 '곤(坤-땅)으로 간직하고' '태(兌-못)로 기쁘게 한다'라고 했다. 괘의 모양이 곤(坤)이 위에 있고 태(兌)가 아래에 있으니, 연못 위에 땅이 있는 것이다. 연못 위에 있는 땅이란 곧 절벽이다. 물과 바로 접해 있어서 임(臨)이라고 한 것이다. 참고로 땅 위에 물이 있는 것은 비괘(比卦, ䷇)다. 임(臨)한다는 것은 곧 일에 임하고 백성에게 임하는 것을 말한다.

그러면 「서괘전」을 통해 왜 임괘가 고괘의 뒤를 이어받았는지 확인해보자.

> 고(蠱)란 일[事]이다. 일이 있는 다음에야 커질 수 있다. 그래서 고괘의 뒤를 임괘(臨卦)로 받았다. 임(臨)이란 크다[大]라는 뜻이다.
>
> 蠱者 事也. 有事而後可大. 故受之以臨. 臨者 大也.
> 고자 사야 유사 이후 가대 고 수지 이임 임자 대야

일[蠱=事]은 시련이다. 시련은 사람들을 위험에 빠트릴 수도 있지만, 단련시키기도 한다. 고괘(蠱卦)를 임괘가 이어받는 것은 그런 점에서 의미심장하다. 임(臨)이란 눈[臣=目]으로 위에서 내려다보며 분별한다[品=品評]는 뜻이다. 다스린다는 뜻이 대표적인 것이다. 그런데 여기서는 그 뜻을 크다[大]고 했다. 일이 커지거나 인물이 크게 자란다는 뜻을 다 포함하고 있다. 지택림괘(地澤臨卦, ䷒)는 태괘(☱)가 아래에 있고 곤괘(☷)가 위에 있어, 땅에서 아래에 있는 연못을 내려다보는 모양이다. 즉 임금이 백성에게 임(臨)하고 일에 임하는 것이다. 대업(大業)은 결국 일에서 생겨난다. 괘의 모양에서 성대하다는 뜻도 추출해낼 수 있다. 복괘(復卦, ䷗)가 처음으로 양(陽)이 회복된 것이라면 임괘(䷒)는 아래에 두 양이 있어 성대하게 자라나는 모양을 상징한다. 역사적으로는 시대의 교체에 따른 격변기가 여기에 해당한다.

문왕의 단사(彖辭), 즉 "임(臨)은 크게 형통하고[元亨] 반듯함이 이롭다[利貞]. 8월이 되면 흉함이 있다[元亨 利貞 至于八月 有凶]"에 대한 공자의 풀이[「彖傳」]를 살펴볼 차례다. 참고로 앞에서 본 수괘(隨卦)가 신하의 따르는 도리라면 임괘는 임금이 백성에게 임하는 도리다.

임(臨)은 굳셈[剛]이 점점[浸=漸] 자라나는 것[浸而長]이고 기뻐하며 고분고분한 것[說而順]

이고 굳셈이 가운데서 호응하여[中而應]중이응 크게 형통함[大亨]대형으로써 바르니, (이는 곧) 하늘의 도리[天之道]천지도다. 8월이 되면 흉함이 있다는 것은 (양이) 사그라질 날이 머지않다는 것이다.

臨 剛浸而長 說而順 中而應 大亨以正 天之道也.
임 강 침이장 열이순 중이응 대형 이정 천지도 야

至于八月有凶 消不久也.
지우 팔월 유흉 소 불구 야

◉

괘의 모양을 보고서 한 말이다. 괘의 모양이 아래에서 두 양효가 잘 자라 오르고 있다. 그래서 공자도 이를 각각 나눠 두 양이 잘 올라오는 모습을 "점점 자라나는 것[浸而長]침이장"이라 했고 아래에 태괘(兌卦)가 있고 위에 곤괘(坤卦)가 있는 것을 가리켜 "기뻐하며 고분고분한 것[說而順]열이순"이라고 했으며 구이(九二)가 가운데 있으며 위에 있는 육오(六五)와 호응 관계에 있는 것을 염두에 두고서 "크게 형통함으로써 바르다"라고 했다. 이를 하늘의 도리라고 했으니 곧 군왕의 도리라는 말이다.

그런데 곧바로 문왕은 "8월이 되면 흉함이 있다"라며 경계의 말을 던졌다. 괘의 모양을 봐도 위로 나머지 4개의 효는 모두 음유(陰柔)다. 비록 양의 기운이 왕성하다 해도 바로 이럴 때 미리 조심해야 한다.

왜 하필이면 "8월이 되면 흉함이 있다"라고 한 것일까? 여기서 우리는 한(漢)나라 맹희(孟喜)가 주장한 12벽괘(辟卦)[294]를 정리해보자. 그는 1년 12월을 64괘 중에서 12개의 괘로 골라 나타냈다. 반고의 『한서』 「유림전(儒林傳)」편에 실린 맹희에 대한 소개다.

맹희(孟喜)는 자(字)가 장경(長卿)으로 동해(東海) 난릉현(蘭陵縣) 사람이다. 아버지는 맹경(孟卿)[295]이라고 불렸는데, 예(禮)와 춘추(春秋)[296]를 잘 알았고 이를 후창(后蒼)과 소광(疏廣)에게 전수해주었다. 세상에 전해지는 『후씨예(后氏禮)』와 『소씨춘추(疏氏春秋)』는 모두 맹경으로부터 나왔다. 맹경은 『예경(禮經)』은 너무 많고 『춘추(春秋)』는 번잡하다고 생각해

294 정약용에 따르면 벽(辟)이란 임금이나 주인을 말한다.

295 안사고가 말했다. "당시 사람들이 경(卿)이라고 부른 것은 (일반적 경칭으로) 공(公)이라고 부른 것과 같다."

296 이는 반드시 『예기』나 『춘추』를 가리키는 것은 아니기에 책 표시(『 』)는 하지 않았다.

이에 희(喜)로 하여금 전왕손을 섬겨 역을 배우게 했다. 희는 스스로를 뽐내기를 좋아했는데, 역가(易家)에서 음양(陰陽)과 재변(災變)을 알아차리는[候(후)] 책을 얻었다면서 거짓으로 스승 전생(田生)이 장차 죽음을 앞두고 자신의 무릎을 베고 누워 오직 자신에게만 전수한 것이 있다고 하니 여러 유생이 그것을 희의 영광으로 여겼다. 동문(同門)인 양구하는 분별을 해[疏通(소통)] 증거를 갖고서 밝히며 말했다.

"전생께서는 시수의 손에서 절명하셨으며 이때 희는 동해군으로 돌아가 있었는데 어찌 그럴 수가 있겠는가?"

또 촉(蜀)사람 조빈(趙賓)은 하찮은 술수[小數(소수)]의 책을 좋아했고 뒤에 역을 배워 역의 글로 꾸며서 말하곤 했는데, 한 번은 "기자(箕子)의 명이(明夷)에서 음양의 기운이 기자를 망하게 했다. 기자란 만물이 바야흐로 그 뿌리가 번성한다[荄兹(해자)]는 뜻이다"라고 했다. (이러한) 빈(賓)의 지론이 정교하고 지혜로워 역을 전공한 사람들도 제대로 논파하지는 못한 채 모두 그냥 "옛 법도가 아니다"라고만 했다. 그러면서 말하기를 맹희로부터 배웠다고 했고, 희는 (명성을 얻고 싶어) 그 말이 맞다고 했다. 뒤에 빈이 죽자 어느 누구도 그 학설을 지지할 수 없었기 때문에 희는 제대로 인정을 받지 못했고 그로 인해 불신을 받았다. 희가 효렴(孝廉)으로 천거돼 낭(郎)이 돼 곡대전(曲臺殿)의 서장(署長)이 됐는데, 병으로 면직됐다가 승상 연(掾)이 됐다. 박사 자리에 결원이 생기자 많은 사람이 희를 천거했다. 상은 희가 스승의 법도를 고쳤다는 말을 듣고서는 결국 희를 쓰지 않았다. 희는 같은 군의 백광소자(白光少子)와 패군의 적목자형(翟牧子兄)에게 (역을) 전수했는데 모두 박사가 됐다. 이로부터 적목, 맹희, 백광의 학파가 있게 됐다.

맹희의 설에 따라 12벽괘를 정리하면 다음과 같다.

"8월이 되면 흉함이 있다"라고 한 것은, 이를 8개월로 볼 경우 복괘에서 돈괘까지 말한다. 복괘로부터 양이 자라나지만 구괘에서 다시 음이 자라나 돈괘에 이르러 왕성해지기 시작한다는 뜻이다. 그러나 8개월이 아닌 8월로 볼 경우라면 이는 8월괘, 즉 관괘를 가리킨다. 관괘에 이르면 임괘와 대조를 이루며 드디어 음이 더 왕성해지게 된다. 이것이 곧 공자의 말대로 "8월이 되면 흉함이 있다는 것은 (양이) 사그라질 날이 머지않다는 것이다"라는 뜻이다. 결국 양이 생겨난 지 8개월이 됐든 음이 더욱 세력을 떨치는 8월이 됐든, '8월이 되면 흉함이 있는' 것은 마찬가지다.

| 11월 | 12월 | 정월 | 2월 | 3월 | 4월 |
|---|---|---|---|---|---|
| 복괘<br>(復卦, ䷗) | 임괘<br>(臨卦, ䷒) | 태괘<br>(泰卦, ䷊) | 대장괘<br>(大壯卦, ䷡) | 쾌괘<br>(夬卦, ䷪) | 건괘<br>(乾卦, ䷀) |
| 자월(子月) | 축월(丑月) | 인월(寅月) | 묘월(卯月) | 진월(辰月) | 사월(巳月) |

| 5월 | 6월 | 7월 | 8월 | 9월 | 10월 |
|---|---|---|---|---|---|
| 구괘<br>(姤卦, ䷫) | 돈괘<br>(遯卦, ䷠) | 비괘<br>(否卦, ䷋) | 관괘<br>(觀卦, ䷓) | 박괘<br>(剝卦, ䷖) | 곤괘<br>(坤卦, ䷁) |
| 오월(午月) | 미월(未月) | 신월(申月) | 유월(酉月) | 술월(戌月) | 해월(亥月) |

마침 『선조실록』 7년(1574)에 유희춘(柳希春, 1513~1577)[297]이 선조에게 이 부분을 진강하는 내용이 들어 있어 설명으로 삼을 만하다.

앞서 올린 십이벽괘(十二辟卦)에 보면, 중동(仲冬)은 복괘(復卦)로 1양(陽)이 생기는 달이고, 납월(臘月)은 임괘(臨卦)로 2양이 생기는 달이고, 정월(正月)은 태괘(泰卦)로 3양이 생기는 달이고, 2월은 대장괘(大壯卦)로 4양이 생기는 달이고, 3월은 쾌괘(夬卦)로 5양이 생기는 달이고, 4월은 건괘(乾卦)로 순양(純陽)이 되는 달이고, 5월은 구괘(姤卦)로 1음(陰)이 생기는 달이고, 6월은 돈괘(遯卦)로 2음이 생기는 달이고, 7월은 비괘(否卦)로 3음이 생기는 달이고, 8월은 관괘(觀卦)로 4음이 생기는 달이고, 9월은 박괘(剝卦)로 5음이 생기는 달이고, 10월은 곤괘(坤卦)로 순음(純陰)이 되는 달이니, 선악(善惡)과 사정(邪正)이 사라지거나 성대해지는 것[消長(소장)]이나 치란(治亂)과 길흉(吉凶)이 서로 인연이 돼 생겨나고 숨는 것[倚伏(의복)]

297 1538년 별시 문과에 급제했다. 1544년(중종 39년) 사가독서(賜暇讀書)한 뒤 수찬·정언 등을 역임했다. 1546년(명종 1년) 을사사화 때 김광준(金光準)·임백령(林百齡)이 윤임(尹任) 일파 제거에 협조를 요청했으나 호응하지 않았다. 1547년 양재역벽서사건에 연루돼 제주도에 유배됐다가 곧 함경도 종성에 안치됐다. 그곳에서 19년을 보내면서 독서와 저술에 몰두했다. 이때 국경 지방의 풍속에 글을 아는 사람이 적었는데, 교육을 베풀어 글을 배우는 선비가 많아졌다 한다. 1565년 충청도 은진에 이배됐다가 1567년 선조가 즉위하자 삼정승의 상소로 석방됐다. 직강·응교·교리 등을 거쳐 지제교(知製敎)를 겸임했으며, 이어 장령·집의·사인·전한·대사성·부제학·전라도관찰사 등을 지냈다. 1575년(선조 8) 예조·공조의 참판을 거쳐 이조참판을 지내다가 사직해 낙향했다. 경전에 널리 통했고 제자(諸子)와 역사에도 능했다. 시강원설서 재임 시에 세자(후의 인종)의 학문을 도왔고, 선조 초에는 경연관으로 경사(經史)를 강론했다. 왕위에 오르기 전에 유희춘에게 배웠던 선조는 항상 "내가 공부를 하게 된 것은 희춘에게 힘입은 바가 크다"라고 했다 한다. 만년에는 왕명으로 경서(經書)의 구결언해(口訣諺解)에 참여해 『대학』을 완성하고, 『논어』를 주해하다가 마치지 못한 채 죽었다.

이나 모두 이와 같습니다. 복괘의 1양은 선과 길이 막 싹트는 때이고 구괘의 1음은 악과 흉이 막 싹트는 때로서, 1음이 구괘에서 시작돼 박괘에 이르면 재해(災害)가 절박해지는데 이는 곧 반경(盤庚)[298]이 수해(水害)를 염려하던 그 때입니다. 이때 천도하지 않는다면 곤괘 순음의 때가 돼 물에 빠져들게 됩니다. 반경이 옮기고자 한 것은 곧 복괘의 1양이 되니, 옮기고 나면 2양이 되고 3양이 돼 드디어 순양의 길한 때가 됩니다. 무릇 일이란 모두 그런 것이므로 임금이 알지 않아서는 안 됩니다.

왜 정약용이 벽괘의 벽(辟)을 임금이나 주인으로 봐야 한다고 했는지 알 수 있다. 공자의 「상전」을 살펴볼 차례다. 그중에 임괘를 총평한 「대상전」이다.

연못 위에 땅이 있는 것이 임(臨)(이 드러난 모습)이니, 군자는 그것을 갖고서 가르치려는 생각[教思]이 끝이 없고 백성을 품어 안고 보호하려는 마음이 한이 없다[澤上有地臨 君子以教思無窮 容保民無疆].

◉

교화와 포용, 보호는 임금 된 자의 본분이다. 이는 임괘가 전형적인 군주의 괘임을 보여준다. 정이의 풀이다.

군자(혹은 군주)가 친히 다가가는 모습을 살펴보게 되면 교화하려는 생각이 끝없이 일어나니, 백성에게 친히 다가가는 것은 교화하여 인도하려는 뜻이 있기 때문이다. '끝이 없다

---

298 은나라 임금이다. 반경은 형인 양갑이 죽자 그의 뒤를 이어 왕위에 올랐다. 왕위에 오른 반경은 탕왕 때의 도읍인 박(亳)으로 다시 천도하고, 혼란스러운 정치를 바로잡으려 했다. 상나라는 제10대 왕인 중정(中丁) 때 오(隞)로 천도한 뒤 제12대 왕인 하단갑(河亶甲)과 제13대 왕인 조을(祖乙) 때에 상(相)과 경(耿)으로 잇달아 도읍을 옮겼다. 그러다 반경 때에 다시 황하 남쪽의 박 지역으로 도읍을 옮기려 한 것이다. 『사기』「은본기」편에는 다섯 차례나 천도했기 때문에 상나라 백성이 걱정과 원망을 하며 천도에 반대했다고 기록돼 있다. 그러나 반경이 제후와 대신들에게 탕왕의 정치를 본받아야 한다고 설득해 천도하게 됐다고 한다. 지금의 하남성(河南省) 안양(安陽) 지역으로 도읍을 옮긴 반경은 도읍인 박을 다시 정돈하고 그곳을 은(殷)이라고 불렀다. 이곳은 오늘날 상나라 시대의 유적지인 은허(殷墟)가 발견된 곳으로, 상나라를 은나라로도 부르는 것은 이 때문이다.

[無窮]'라는 것은 지극한 열렬함[至誠]이 끝이 없다는 뜻이다. 포용하고 품어주는 모습을 살펴보게 되면 백성을 포용하고 보호하려는 마음이 있게 된다. '한이 없다[無疆]'라는 것은 광대하고 한계가 없다는 뜻이다.

임괘의 여섯 효[六爻]에 대한 주공의 말을 풀이한 공자의 「소상전」이다.

(초구(初九)는) 감동시켜 다가감이니 반듯해서 길하다[咸臨貞吉]는 것은 뜻이 바른 도리를 행하려 하기 때문이다[咸臨貞吉 志行正也].
(구이(九二)는) 감동시켜 다가감이니 길하여 이롭지 않음이 없다[咸臨吉无不利]는 것은 아직 명에 고분고분하려 하지 않기 때문이다[咸臨吉无不利 未順命也].
(육삼(六三)은) 달콤하게 다가감[甘臨]이라는 것은 자리가 마땅하지 않기 때문이요, 이미 근심하고 있으니 허물이 오래가지 않는다[甘臨 位不當也 旣憂之 咎不長也].
(육사(六四)는) 지극히 다가감이니 허물이 없다[至臨无咎]는 것은 자리가 마땅하기 때문이다[至臨无咎 位當也].
(육오(六五)는) 대군의 마땅함이라는 것은 적중된 도리를 행함[行中]의 마땅함 때문이다[大君之宜 行中之謂也].
(상륙(上六)은) 도탑게 다가감[敦臨]이니 길하다[敦臨吉]라고 한 것은 뜻이 안을 향해 있기 때문이다[敦臨之吉 志在內也].

◉

임괘의 맨 아래 첫 양효에 대해 공자는 "감동시켜 다가감이니 반듯해서 길하다[咸臨貞吉]는 것은 뜻이 바른 도리를 행하려 하기 때문이다"라고 풀었다. 초구(初九)의 처지를 살펴보자. 양효로 양위에 있으니 자리가 바르고 바로 위의 구이(九二)와는 같은 양효로 무비(無比)이지만 낮은 자리에서 굳센 자질을 갖고서 육사(六四)와 호응한다. 그런데 육사 또한 음효로 음위에 있으니 바른 자리에 있다. 호응을 넘어 감동[咸=感]이라고 한 것은 바로 이 육사와의 호응 관계가 그만큼 두텁고 좋다는 뜻이다. 게다가 초구와 육사 모두 정위(正位)이니, '반듯하다[貞]'라고 한 것은 바로 그 때문이다.

정이의 풀이다.

> 육사는 군주와 가까운 자리이고 초구는 바른 자리를 얻어서 육사효와 서로 감응하니, 이 때문에 바른 도리로써 지위를 담당한 사람에게 신임을 받게 돼 자신의 뜻을 행할 수 있게 된 것이다. 이처럼 윗사람의 신임을 얻어 자신의 바른 도리를 행할 수 있기 때문에 길하다. 다른 괘의 경우에는 초효와 상효에서는 지위를 얻었는지 잃었는지를 말하지 않았는데, 이는 처음과 끝의 의미가 중요하기 때문이다. 그러나 임괘에서는 초효가 지위를 얻고 바른 자리에 있는 것을 중요하게 생각했다. '정길(貞吉)'이라고 했을 때는 이미 '반듯하고 또 길하다'일 수도 있고 '바름을 얻으면 길하다'일 수도 있으며 '반듯함을 굳게 지키면 길하다'일 수도 있는데 각각 그 일에 따라서 봐야 한다.

공자는 이를 간단하게 "뜻이 바른 도리를 행하려 하기 때문"이라고 말했다. 일을 하고자 함에 있어 사리사욕에 휘둘리지 않았다는 말이다. 조선 세종 때는 뛰어난 정승들이 많았지만, 그중에서도 임괘의 초구에 해당하는 인물은 하연(河演, 1376~1453)이라고 할 수 있다. 그에 관해서는 많이 알려지지 않아 그의 생생한 인물됨을 살피기 위해 『단종실록』 1년(1453) 8월 15일 자에 실린 졸기를 통해 그 당시 하연이란 인물에 대한 평가를 있는 그대로 살펴보고자 한다.

> 영의정(領議政)으로 치사(致仕-은퇴)한 하연(河演)이 졸(卒)했다. 하연의 자(字)는 연량(淵亮)인데, 진주(晉州) 사람이다. 병자년(丙子年-1396년)에 과거에 올라 봉상 녹사(奉常錄事)에 보직(補職)했다가 뽑혀서 직예문 춘추관 수찬관(直藝文春秋館修撰官)이 되고, 여러 관직(官職)을 더하여 사헌부 집의(司憲府執義)에 이르렀다가 승정원 동부대언(承政院同副代言)에 발탁(拔擢) 제수됐다. 태종(太宗)이 하연의 손을 잡고 말했다.
> "경은 이 벼슬에 이른 까닭을 아는가?"
> "알지 못합니다."
> 이에 태종이 말했다.
> "경이 대간(臺諫)에 있을 때 의연(毅然)하게 일을 말했으므로 내가 곧 경(의 사람됨)을 알았다."
> 세종이 내선(內禪-왕위 계승)을 받자 지신사(知申事)에 제수했다. 이때 나라에 일이 많았는

데, 하연이 조심하고 근신(謹愼)하여 그 사이에서 주선(周旋)하니 두 임금의 은우(恩遇)가 매우 융숭했다. 이에 예조참판에 제수하고 대사헌(大司憲)에 옮겼는데, 부도(浮屠-불교)의 일을 논하니 세종이 기꺼이 받아들여서 조계종(曹溪宗) 등 7종(宗)을 혁파(革罷)하여 단지 선(禪)·교(敎) 2종만 두고 아울러 주군(州郡)의 사사(寺社)와 토지를 헤아려 줄였다. 뒤에 평안도관찰사(平安道觀察使)가 됐다가 어떤 일로 파면돼 천안군(天安郡)으로 귀양 갔는데, 얼마 안 돼 불러서 병조참판에 제수했다. 이어 형조판서(刑曹判書)·이조판서(吏曹判書)에 승천(陞遷)하고, 의정부참찬(議政府參贊) 겸 판이조사(判吏曹事)에 천전(遷轉)했다. 여러 번 승진하여 좌찬성(左贊成)과 좌의정(左議政)에 이르렀고, 나이 70에 궤장(几杖)[299]을 하사받았다. 영의정으로 있을 때, 문종(文宗)이 대자암(大慈庵)을 중수하고자 하니 하연이 불가함을 고집했다. 신미년(辛未年-1451년)에 늙고 병듦으로써 물러가기를 청한 것이 두 번이었으나 본직(本職)으로 잉령치사(仍令致仕)[300]하게 했다. 유명(遺命)으로 불사(佛事)를 하지 못하게 했다.

나이는 78세이나, 성품이 간고(簡古)하고 어버이 섬기기를 효성으로 하며, 친족에게 화목하기를 인으로써 하고 옛 친구를 버리지 아니하며, 경축(慶祝)과 조위(弔慰)를 폐하지 아니하고 글을 보기를 즐기고 시(詩)를 읊기를 좋아하며, 가산(家産)에 힘쓰지 아니하고 성색(聲色)을 기르지 아니하여 가정이 화목했다. 관(官)에 있어서 일을 처리하는 데 밝게 살피기를 힘쓰고, 새로운 일을 일으키기를 좋아하지 아니했다. 두 어버이가 모두 80수를 누렸는데, 무릇 그 마음을 기쁘게 하는 것이면 하지 않는 것이 없었다. 구경당(具慶堂)을 지어서 세시복랍(歲時伏臘)[301]에 반드시 술잔을 받들어 올려서 수(壽)를 칭송하니, 사람들이 모두 영광으로 여겨서 그 일을 노래하고 읊조리기까지 했다. 어버이가 죽으니 나가고 들어올 때는 반드시 사당(祠堂)에 고하였고, 또 구경당을 그 선인(先人-돌아가신 부모)의 거처하던 곳이라고 하여 해마다 수리하고 이엉을 덮어서 이름을 영모(永慕)라고 고쳤는데 자질(子姪)들이 기와로 바꾸기를 청하니 하연이 탄식해 말했다.

"선인의 예전 살던 집을 어찌 고치리요. 또한 우리 후세로 하여금 선인의 검소함을 본받게

---

299 70세가 넘은 나라의 원로에게 주는 안석과 지팡이를 말한다.

300 연로해 은퇴했으나 벼슬에 그대로 머물게 하는 것을 말한다.

301 설·삼복·납향(臘享)을 말한다.

> 함이 족하다."
>
> 묘당(廟堂-의정부 정승)에 있은 지 전후 20여 년에 사대부를 예(禮)로 대접하고, 문(門)에서 사알(私謁-사사로운 청탁)을 받지 아니하고, 처음에서 끝까지 근신(謹愼)하며 법을 잡고 굽히지 아니했으니, 태평 시대의 문물(文物)을 지킨 정승이라고 이를 만하다. 그러나 그 논의가 관후(寬厚)함을 숭상하지 아니하여 대신의 체면을 조금 잃었고, 늘그막에는 일에 임하여 어둡고 어지러웠으나 오히려 한가롭게 세월을 보내면서 물러가지 아니하다가 치사(致仕)하기에 이르렀다. 또 급하지 않은 일을 가지고 상서(上書)하니 이때 사람들이 이로써 그의 사람됨을 작게 여겼다. 그러나 처음부터 끝까지 온전함을 지키기를 하연과 같이한 이도 적었다.

"감동시켜 다가감이니 반듯해서 길하다[咸臨貞吉(함림 정길)]"라는 주공의 효사 그대로의 삶이다.

임괘의 밑에서 두 번째 양효에 대해 공자는 "감동시켜 다가감이니 길하여 이롭지 않음이 없다[咸臨吉无不利(함림 길 무불리)]는 것은 아직 명에 고분고분하려 하지 않기 때문이다"라고 풀었다. 구이(九二)는 처지가 초구와는 좀 다르다. 구이는 양효로 음위에 있어 자리가 바르지 않고, 위의 육삼(六三)과는 유비(有比)이지만 초구와는 같은 양이라 무비(無比)다. 그런데 가운데 있으면서 고분고분한[中順(중순)] 육오(六五)와 호응하고 있으니 둘 사이가 아주 가깝다. 그래서 주공은 효사에서 "길하여 이롭지 않음이 없다"라고 비교적 좋게 풀었다. 그런데 공자는 그럴 수 있는 이유가 "아직 명에 고분고분하려 하지 않기 때문"이라고 했다. 미(未)라는 글자에 뭔가 뜻이 담겨 있는 것이다. 정이도 이 점에 주목해 풀이한다.

> 미(未)란 단정적으로 확정할 수 없다는 말이다. 맹자(孟子)는 어떤 사람이 연(燕)나라를 치도록 권유한 적이 있었느냐고 묻자 "아직 없다[未也(미야)]"라고 했고 또 맹자는 "중자(仲子)가 먹은 곡식은 백이(伯夷)가 심은 것인가 아니면 도척(盜跖-큰 도둑)이 심은 것인가? 이는 아직 알 수가 없다[未可知(미 가지)]"라고 했다. 『사기(史記)』에 후영(侯嬴)이 말하기를 "사람은 진실로 알기가 쉽지 않다[未易知(미 이지)]"라고 했다. 옛사람들이 글자를 쓴 뜻이 모두 이와 같은데 지금 사람들은 대체로 이미[已(이)]라는 글자와 상대적으로 사용하니, 뜻이 다른 듯하나 실제로는 다르지 않다.

그러고 나서 구이의 풀이에 나선다.

> 구이는 육오와 감응해 아랫사람들에게 다가간다[臨下 임하]. 이는 대개 굳센 다움[剛德 강덕]이 자라나고 또 중도를 얻어서 지극한 열렬함으로 서로 감응하니 단지 윗사람의 명령에 고분고분해서만은 아니므로, 그래서 길하고 이롭지 않음이 없는 것이다. 육오는 고분고분한 몸통[順體 순체]이고 구이는 기뻐하는 몸통[說體 열체]인데, 또 음과 양이 서로 호응하기 때문에 (공자의) 「상전(象傳)」에서는 다만 기뻐하며 고분고분함 때문만은 아님을 밝힌 것이다.

아마도 공자가 이처럼 다소 부정적인 뉘앙스를 남긴 것은 무엇보다 구이나 육오 모두 바른 자리[正位 정위]를 얻지 못했기 때문일 것이다. 호원(胡瑗)은 미(未) 자는 잘못 들어간 것으로 보는데 여기서는 받아들이지 않는다. 이 구이에 딱 해당하는 조선 초의 인물은 두말할 것 없이 정인지(鄭麟趾, 1396~1478)다. 호원이 미(未) 자를 잘못 들어간 것으로 보는 견해를 내가 받아들이지 않는 것도 이 때문이다.

정인지는 조선이 세워진 후인 1396년 경상도 하동에서 났다. 태종 14년 문과에 장원으로 급제했다. 18세 때였다. 이해 3월 11일 자 춘추관 영사 하륜, 지사 정탁, 예조판서 설미수 등이 의논해 급제자들의 답안지 중 가장 뛰어난 3인을 태종에게 올렸다. 태종이 다시 한번 "3개의 시권(試券-답안지) 중에는 잘되고 못된 것을 가릴 수 없는가"라고 묻자 신하들은 "두 개는 비슷하고 하나는 조금 처집니다"라고 답했다. 태종은 "그렇다면 내가 집는 것이 장원이다"라며 두 개의 시권을 내밀게 한 다음 하나를 골라 집었다. 정인지의 시권이었다.

세종 즉위년인 1418년 8월 27일 상왕 태종은 직접 세종에게 "크게 될 인물이니 중용하라"라며 정인지를 병조좌랑에 임명한다. 그러나 세종 1년(1419) 1월 19일 병조좌랑 정인지는 명나라로부터 세종의 즉위를 승인하는 외교 문서 고명(誥命)을 맞는 의식을 행할 때 황색 의장(儀仗)을 빼놓았다가 예조좌랑 김영, 병조정랑 김장 등과 함께 의금부에 투옥됐다. 주 책임자로 밝혀진 인지는 열흘 후 장 40대를 맞고 병조좌랑에 복귀한다. 세종 3년 3월 28일에 정5품 병조정랑 정인지는 또다시 투옥된다. 상왕 태종의 지시였다. 비상조치에 대비한 병사들의 출동 훈련을 지시했는데, 정인지가 이를 태만하게 했다가 처벌을 받은 것이다. 이후에도 정인지는 사소한 잘못으로 자주 견책을 당하곤 했다. 이는 정인지에게 관리로서의 재주, 즉 이재(吏才)가 약했음을 보여주는 대목이다.

그런데 학문적 재능, 즉 학재(學才)가 뛰어난 정인지는 집현전이 자리를 잡아가면서 자신의 존재를 드러낸다. 세종은 종종 극비를 요하는 심부름을 자신의 비서실장인 지신사 대신 신뢰하는 집현전 관원에게 시키기를 좋아했는데, 실록을 보면 세종 7년부터 정인지가 주로 그 임무를 맡았다. 이런 점에서 아버지 태종의 신하가 아니고 세종이 키워낸 신하로 정인지는 김종서와 더불어 제1세대의 대표 주자였다. 세종 9년 3월 20일 정인지는 이미 관직에 나온 신하들을 대상으로 하는 중시(重試)에서 문과 장원 급제자의 문재(文才)를 다시 한번 보여줌으로써 정4품 직전(直殿)을 뛰어넘어 종3품 직제학에 오른다. 9월 7일, 세자(훗날의 문종)의 교육을 맡는 좌필선으로 임명된다. 세종 10년 12월 20일에는 집현전 전담 관리 중에서는 최고위직인 정3품 부제학에 오른다. 당상관이 된 것이다. 그의 승진 배경에는 이처럼 고비마다 학재가 큰 역할을 했다.

반면 관리로서의 재능은 여전히 문제가 있었다. 세종 17년 6월 29일 충청도관찰사가 돼 지방 행정을 맡은 적이 있었다. 그해 12월 17일 영의정 황희는 "충청도 감사와 수령들이 농정에 실패하고 현장 조사를 제대로 하지 않아 과거에 비옥했던 땅들을 황폐하게 했으니 징계하지 않을 수 없다"라고 말한다. 이에 세종은 "인지는 내직에 있을 때도 문학만 전담했고 정사에 경험이 없어 그렇게 됐다. 인지도 백성을 사랑하는 마음이 많다고 하니 죄를 묻지 말라"라고 답한다. 다음 해 7월 21일 정인지가 나름대로 흉년 구제책을 올렸는데, 황희는 현실성이 없음을 조목조목 지적하며 정인지의 구제책을 기각시켜버렸다. 이렇게 되면 정승은 물론이고 판서에 오르는 데도 큰 약점이 될 수밖에 없다. 그러나 충청도관찰사에서 예문관제학과 집현전제학을 거쳐 1440년(세종 22년) 5월 형조판서에 오른다. 그러나 판서 중에서 요직인 이조나 병조판서는 아니었다.

1450년 2월 17일 세종이 훙(薨)했다. 5일 후 문종이 즉위했다. 다음 해인 문종 1년 10월에 라이벌 김종서는 우의정에 제수되고, 같은 날 김종서의 콤비인 황보인은 영의정에 오른다. 반면 정인지는 좌찬성으로 김종서의 바로 아래 직급이었다.

문종이 즉위 2년 만인 1452년 5월 14일 훙하고 4일 후 단종이 왕위에 올랐다. 단종 즉위년(1452)에 정인지는 병조판서에 오르지만, 당대의 실력자였던 영의정 황보인과 좌의정 김종서의 배척을 받아 한직인 중추부판사로 밀려나게 된다. 1년 후인 1453년

10월 8일 수양대군이 쿠데타를 일으켜 황보인과 김종서 등을 죽이고 정권을 잡는다. 계유정난(癸酉靖難)이다.

아마도 이 정난이 없었다면 정인지는 그 후 한직을 맴돌다가 관직을 마쳤을 것이 분명했다. 그러나 정난은 모든 것을 바꿔놓았다. 자신을 억압하던 김종서는 죽어 대역 죄인이 됐고, 정난공신에 오른 정인지는 하동부원군에 봉해지면서 좌의정이 됐다. 정인지는 정난에 관여하지 않았고 신망이 있는 중신(重臣)으로 반대하지 않은 공로였다고 할 것이다. 2등 공신에 책록된 것도 그 때문일 것이다. 이 대목이 바로 공자가 말한 "아직 명에 고분고분하려 하지 않기 때문"과 관련된다.

좌의정이라고는 하나 실권은 한명회를 중심으로 한 정난 공신들이 쥐고 있었다. 1458년(세조 4년) 공신연(功臣宴)을 베풀 때 세조의 불서 간행을 반대한 일로 노여움을 사서 논죄되면서 고신(告身)이 몰수됐으나, 곧 고신을 환급받고 하동부원군에 제수됐다. 이런 점에서 정인지는 유학자로서의 기개를 잃지 않았다고 할 수 있다. 1459년에는 취중에 직간한 일이 국왕에게 무례를 범했다고 논죄되면서 다시 고신을 몰수당하고 외방에 종편(從便)됐다. 그러나 그해에 다시 소환돼 고신을 환급받고, 그 이듬해 하동부원군에 복직됐다. 조금은 위태로운 처신이었다.

성종 9년에 83살의 나이로 천수를 누리고 세상을 떠났다. 흥미로운 것은 실록 졸기에 그의 행적과 관련해서는 주로 세종 때의 일만 기록돼 있고 세조·예종·성종 때의 일은 거의 없다는 점이다. 아부를 몰라 심지어 취중이긴 하지만 임금 세조에게 "너[爾]"라고 했다가 봉변을 당할 뻔하기도 했던 성품의 소유자였으니, 세상과 비켜 지낸 것으로 보인다.

임괘의 밑에서 세 번째 음효에 대해 공자는 "달콤하게 다가감[甘臨]이라는 것은 자리가 마땅하지 않기 때문이요, 이미 근심하고 있으니 허물이 오래가지 않는다"라고 풀었다. 육삼(六三)의 처지부터 점검해보자. 음효로 양위에 있으니 자리가 바르지 않다[不正位]. 자신에게는 버거운 자리에 있는 것이다. 이런 경우 겸손하면 무탈하겠지만, 위아래 눈치나 살피게 되면 아첨이나 간사함으로 이어질 우려가 높다. 아래로는 유비(有比)이지만 위로는 무비(無比)다. 아첨을 하게 될 경우 아랫사람들을 향하게 될 것이라는 말이다. 그런 데다가 더 버거운 것은 태괘(☱)의 맨 위에 있으니 지나침[過]인데, 하필이면 아래에 있는 두 효가 다 양강(陽剛)이기 때문이다. 공자가 '자리가 마땅하지 않다'라고 한 것은 이중적 의미에서 그렇다는 것이다.

여기서 군자와 소인의 길이 갈린다. 이 점은 『논어』 「자로」편에 나오는 다음 구절을 음미한 다음에 짚어가야 한다.

> 군자는 섬기기는 쉬워도 기쁘게 하기는 어려우니, 기쁘게 하기를 도리로써 하지 않으면 기뻐하지 아니하고 사람을 부리면서도 그 그릇에 맞게 부린다[器之]. 소인은 섬기기는 어려워도 기쁘게 하기는 쉬우니, 기쁘게 하기를 비록 도리로써 하지 않아도 기뻐하고 사람을 부리면서도 한 사람에게 모든 능력이 완비되기를 요구한다[求備].

군자는 도리로 하고 소인은 도리가 아닌 것으로 한다는 것이 핵심이다. 소인의 행태를 보자. 이는 정이가 "달콤하게 다가감[甘臨]"을 풀어내는 것과 직결된다.

> 처신하는 데 중정(中正)을 이루지 못하니, 아첨하며 기쁜 낯으로 다른 사람에게 다가가는[臨] 자다. 윗자리에 있으면서 아첨과 기쁜 낯으로 아랫사람에게 다가가면 다움을 잃기가 매우 쉽기 때문에 이로운 바가 없다. 태괘의 성질은 기뻐하는 것인데 또 두 양효 위에 타고 있으니[承=乘], 양이 자라나 위로 올라가려 하니 불안을 느껴 더욱더 기쁜 낯으로 대하지만 위태로움과 두려움을 알고서 근심하니 겸손하고 바른 태도를 지켜 지극한 열렬함으로 자처할 수 있다면 허물이 없을 것이다.

그렇게 한다면 뒤늦게라도 군자의 길을 갈 수 있지만 그렇게 되지 못할 경우 소인 중에서도 비루한 사람이 되고 만다. 『논어』 「양화」편에서 이런 사람의 속마음을 공자는 생생하게 읽어내고 있다.

> 비루한 사람[鄙夫]과 함께 임금을 섬기는 것이 과연 가능할 수 있을 것인가? (지위를) 얻기 전엔 그것을 얻어보려고 걱정하고, 이미 얻고 나서는 그것을 잃을까 걱정한다. 정말로 잃을 것을 걱정할 경우 (그것을 잃지 않기 위해) 못하는 짓이 없을 것이다.

군자 입장에서 이런 사람을 만났을 경우 경계하고 조심해야 한다. 실제로 초구와 구이의 신진 군자들은 바로 이런 사람의 먹잇감이 될 수도 있다. 오늘날 기업 조직으로 말하자면 부원들에게 겉으로는 아첨하며 비위를 맞추되 속으로는 해악을 주려고 도모하는 부장쯤 되겠다. 삼(三)은 딱 그런 자리다.

임괘의 밑에서 네 번째 음효에 대해 공자는 "지극히 다가감이니 허물이 없다[至臨无咎]는 것은 자리가 마땅하기 때문이다"라고 풀었다. 육사(六四)의 처지는 위아래로 비(比)는 없지만 앞서 본 대로 초구(初九)와 호응하고 음효로 음위에 있으니 자리가 바르다[正位]. 또 상괘의 맨 아래에 있으니 자신을 낮출 줄 알고, 바로 위의 임금과 가까이 있으면서 바른 도리를 지켜 겸손하다. 그래서 주공은 효사에서 '허물이 없다'라고 했고 공자는 「상전」에서 '자리가 마땅하기 때문'에 허물이 없다고 풀어낸 것이다. 이는 재상이 임금에게도 지극한 열렬함을 다하고 아래의 초구에 대해서도 지극한 열렬함을 다하는 모양이다. 그래서 '지극한 다가감[至臨]'이라고 한 것이다. 여기에 해당하는 인물로는 조선의 재상 중에 정광필(鄭光弼, 1462~1538)만 한 정승이 없을 것이다.

연산군 시대는 성격상 명재상이 나올 수 없었다. 혼군(昏君) 아래 명상(名相)은 있을 수 없는 법이기 때문이다. 연산군의 뒤를 이은 중종(中宗)은 40년 넘는 재위 기간에도 불구하고 이렇다 할 족적을 남기지 못한 용군(庸君)이다. 그저 그런 임금이었다는 말이다. 반정으로 왕위에 올랐지만, 중종은 태종·세조와 달리 인사권이 없었다. 반정공신들이 스스로의 인사를 좌우했기 때문이다. 하긴 중종은 공신들의 강압에 의해 이혼까지 당한 임금이다.

그러나 인물은 시대가 만드는 법이다. 중종 시대를 대표하는 정승 하면 두말할 나위 없이 정광필이다. 과연 그는 어떤 인물이며 어떤 재상이었나?

정광필의 아버지는 성종 때 의정부 좌참찬(議政府左參贊)을 지낸 난종(蘭宗)이다. 정승 바로 앞에서 좌절된 인물인 셈이지만 배경은 그리 나쁘지 않았다. 1462년(세조 8년)에 태어난 광필은 유복한 가정에서 자라 어려서부터 배움에 힘써서 경전(經傳)과 자사(子史)를 독송(讀誦)해 은미한 말과 심오한 뜻을 묵묵히 이해하고 환하게 연구해 널리 통하지 않음이 없었다고 한다. 특히 그의 신도비에 따르면 "『좌씨춘추(左氏春秋-춘추좌씨전)』와 『주자강목(朱子綱目-자치통감강목)』을 좋아해 손에서 잠시라도 놓는 일이 없었으니, 속유(俗儒)가 다른 사람의 글귀를 표절하여 필요할 때 써먹거나 과거에 응시하기 위해 공부하는 것과는 같지 않았다"라고 한다.

1492년(성종 23년)에 진사시를 거쳐 문과에 급제해 벼슬길에 들어섰다. 그러나 초급 관리 시절이 끝나기도 전에 성종이 세상을 떠나고 연산군 시대를 맞이했다. 속 깊고 학식이 넓은 전도유망한 인재 광필은 과연 연산군 시대를 어떻게 살아냈을까?

여러 관직을 두루 거친 그는 1503년(연산군 9년)에 등급을 뛰어넘어 홍문관 직제학에 제수됐다가 이조참의(吏曹參議)로 옮겼다. 이때부터 폭군이 기미를 보이기 시작한 연산(燕山)은 자신에 대해 간언(諫言)하는 자를 원수처럼 미워했다. 그럼에도 광필은 일찍이 소(疏)를 올려 연산이 사냥에 탐닉하는 것을 간언했다가 이듬해 아산현(牙山縣)으로 귀양 갔다.

> 이때 법령(法令)이 준엄하여 귀양 처벌을 당한 자는 자유롭게 지내지 못했는데, 공은 빗자루를 들고 관문(官門)을 지키면서도 짜증 내거나 싫어하는 기색이 없었다.

1506년 반정이 일어나 광필도 유배에서 풀려나 날개를 달았다. 훈구와 사림 모두에게 신망이 컸던 그는 중종 초기 진급에 진급을 거듭했다. 1507년(중종 2년) 특별히 이조참판(吏曹參判)에 제수됐고, 1508년(중종 3년)에 병조(兵曹)로 전직됐으며, 사헌부 대사헌을 거쳐 등급을 뛰어넘어 한성부판윤에 제수되고, 얼마 있다가 예조판서로 옮겼다. 이조에서 예조까지 항상 경연춘추관을 겸직했다. 그에 앞서 정광필은 초급 관리임에도 『성종실록』 편찬에 참여한 바 있었다.

그의 이런 빠른 승진은 무엇보다 반정공신의 한 사람인 성희안(成希顔)의 지원에 힘입은 바 크다. 희안은 일찍부터 광필이 정승감임을 알아보고서 계속 초탁(超擢)해 마침내 광필은 1513년 우의정을 거쳐 좌의정에 오른다. 말수가 적은 광필이었지만 국가의 중대사에 대해서는 자기 의견을 굽히지 않았다. 1515년 장경왕후(章敬王后)가 죽고 중종의 총애를 받던 후궁이 자기의 소생을 끼고 왕비의 자리에 오르려 하자 홍문관 동료들을 이끌고 경전(經傳)을 인용, 극간해 새로이 왕비를 맞아들이게 한 것은 그 한 가지 예일 뿐이다. 이듬해 정치에서 한 걸음 물러서 영의정이 됐다.

무난해 보였던 중종 시절 관리 생활 중에서 첫 위기가 1519년에 찾아왔다. 기묘사화가 일어난 것이다. 당시 상황을 신도비는 잘 압축해서 기록하고 있다.

> 기묘년(己卯年-1519년, 중종 14년)에 두세 명의 신하가 거짓으로 벌레 먹은 나뭇잎과 참서(讖書)를 만들고는 액정(掖庭-후궁 경빈 박씨)을 통해 몰래 아뢰어 천총(天聰)을 의혹시켰다. 그리고는 밤에 신무문(神武門)을 열고 편전(便殿)에 입대(入對)하자 천위(天威-임금의 위엄)가 진동하여 앙화(殃禍)를 장차 예측할 수 없었는데, 어떤 이가 말하기를 "조정의 대사(大事)를 수상(首相-영의정 정광필)이 알지 못하게 해서는 안 됩니다"라고 하자 마침내 공을 불렀다. 공이 상(上) 앞에 이르러 만 번 죽기를 무릅쓰고 구원하여 화해시키려 하자 상이 진노하여 일어나버렸다. 이에 공이 상의 옷자락을 붙잡고 따라가면서 눈물이 말을 따라 흐르자 상 또한 느껴 깨닫고서 부월(斧鉞-사형의 형벌)을 너그러이 했으니, 이는 공의 힘이었다.

국량(局量)이 크고 바른 재상이었다. 두 번째 위기는 당대의 권간(權奸) 김안로(金安老)와의 충돌에서 찾아왔다. 처음에 안로가 아직 현달하지 않았을 때 광필이 그를 '간사한 사람[憸人(섬인)]'으로 지목한 바 있었다. 그가 임금과 인척이 되자 내전(內殿) 세력에 의지해 호곶(壺串)의 목장을 차지해 전답(田畓)을 만들려고 했다. 공이 태복시 제조(太僕寺提調)로 재임하면서 법을 끌어대 허락하지 않자 또 임금의 명령이라고 일컬으면서 반드시 그곳을 얻으려고 했다. 그러나 광필이 굳게 거부하고 따르지 않자 안로가 앙심을 품었다. 안로가 폄척(貶斥)돼 지방에 있을 적에 그를 방환(放還)하려는 자가 있었는데, 광필이 또 자주 그 일을 중지시켰다. 이윽고 안로가 권력을 쥐게 되자 사사로운 원한을 복수하고자 꾀해 조정에 화근(禍根)을 빚어냈는데, 공이 재상인 이행(李荇)에게 말하기를 "김안로는 결코 착한 사람이 될 수 없다"라고 하니 이로 말미암아 원한을 쌓아 온갖 방법으로 공을 함정에 빠뜨렸다. 결국 광필은 영의정에서 물러나 중추부 영사가 됐다. 실권이 완전히 사라진 것이다. 1537년 안로의 계략에 의해 유배를 떠나야 했다.

다행히 6개월 만에 안로 세력이 패망하는 바람에 한양으로 돌아와 다시 중추부 영사를 맡았는데, 그가 한양으로 돌아올 때의 모습과 더불어 그가 세상을 떠난 사실을 신도비는 이렇게 묘사하고 있다.

> 서울로 들어오던 날에 도성 사람들이 발돋움하여 구경하느라 저잣거리가 텅 비었으니, 마치 사마광(司馬光)이 낙양(洛陽)에서 궁궐로 나아오던 때 조야(朝野)가 목을 빼고서 그가

재상으로 복직하는 것을 바라보던 것과 같았다. 그러나 갑자기 질병에 걸려 일어나지 못했으니, 무술년(戊戌年-1538년, 중종 33년) 12월 갑신일(甲申日)로 춘추는 77세였다.

광필은 바르고 곧았으며 이재(吏才)와 인품을 겸비해 굽은 자를 물리치고 곧은 자를 치켜 올리려 했다. 나라의 중대한 일을 당해서는 자신의 안위를 돌보지 않았다.

임괘의 밑에서 다섯 번째 음효에 대해 공자는 "대군의 마땅함이라는 것은 적중된 도리를 행함[行中]의 마땅함 때문이다"라고 풀었다. 그런데 이는 주공의 효사부터 살펴봐야 한다.

지혜로 다가감[知臨]이니, 이는 대군의 마땅함[宜]이므로 길하다[知臨 大君之宜吉].

여기서 대군(大君)이란 큰 임금 혹은 위대한 임금이다. 육오의 처지를 보면 부정적 요인들은 위아래로 비(比)가 없다는 것이고 음효로 양위에 있으니 자리 또한 바르지 않다[不正位]. 그러나 가운데 자리하고 있고 아래의 구이와 좋은 호응 관계다. 스스로 부드럽고 고분고분하다[柔順]는 것을 알아서 내세우려 하지 않고, 또 아래로 굳세고 바른 인재[剛正]를 중용한다면 그릇될 까닭이 없다. 그래서 공자도 "대군의 마땅함이라는 것은 적중된 도리를 행함[行中]의 마땅함 때문"이라고 풀었던 것이다. 그것은 임금이 마땅한 신하를 쓰는 것과 통한다. 『논어』 「태백(泰伯)」편의 다음 이야기는 인재를 잘 구해야 하는 문제와 직결된다.

순임금에게는 (어진) 신하 다섯 명이 있어 천하가 다스려졌고, 무왕은 말하기를 "나는 다스리는 신하[亂臣] 십 인을 두었다"라고 했다. 공자가 말했다.
"인재 얻기가 어렵다[才難]. 그렇지 않은가? 요순 때의 (성군과 현신의) 만남이 주나라 무왕 때 와서 더욱 번성했는데도 부인이 한 사람 끼어 있었으니, (남자는) 아홉 명일 뿐이었다. 천하를 삼분하여 그 둘을 소유하고도 은나라에 복종하여 섬겼으니, 주나라 (문왕)의 다움은 지극한 다움[至德]이라고 이를 만하다."

그러면 효사에서 "지혜로 다가감[知臨]"이라고 한 것은 무슨 뜻인가? 정이의 풀이가 명료하다.

한 사람의 몸으로 넓은 세상에 다가가는 데 구구절절 모든 것을 스스로 자임하여 처리하려고 한다면 어찌 모든 일을 두루 해낼 수 있겠는가? 자신의 지혜만을 자임하는 자는 오히려 지혜롭지 못한 자가 될 뿐이다.

제아무리 부귀를 가진 천자라 할지라도 몸은 하나일 뿐이다. 결국 다스림[臨]은 좋은 신하들을 얻어야 가능한 법이다. 육오는 그 점을 한눈에 볼 수 있게 해준다.

임괘의 맨 위에 있는 음효에 대해 공자는 "도탑게 다가감[敦臨]이니 길하다[敦臨吉]라고 한 것은 뜻이 안을 향해 있기 때문이다"라고 풀었다. 여기서 '뜻이 안을 향해 있기 때문'이라고 한 것은 주로 내괘(內卦), 그중에서도 초구와 구이와 관계하려 할 뿐 다른 뜻은 없다는 말이다. 그래서 길하다고 한 것이다. 정이도 이에 대해서는 "상륙(上六)은 곤괘의 끝이니 고분고분함이 지극한데, 임괘의 마지막에 있게 됐으니 그 다가감이 도타운 것이다"라고 말했다.

## 20. 풍지관(風地觀)[302]

관(觀)은 손만 씻고 제사 음식을 올리지 않았을 때처럼 하면 (백성이) 미더움이 있어 우러러본다.

觀 盥而不薦 有孚顒若.[303]
관 관이 불천 유부 옹약

초륙(初六)은 어린아이가 지켜보는 것[童觀]이니 소인은 허물이 없고 군자는 안타깝다[童觀小人无咎 君子吝].

육이(六二)는 (문틈으로) 엿보는 것[闚觀]이니 여자의 반듯함이 이롭다[闚觀 利女貞].

육삼(六三)은 내가 저지른 것[我生]을 지켜보고서 나아가고 물러간다[觀我生 進退].

---

302 문자로는 손상곤하(巽上坤下)라고 한다.

303 원형이정(元亨利貞)이 하나도 언급되지 않았다.

육사(六四)는 나라의 빛남[國之光]을 지켜보는 것이니 왕에게 손님 대접을 받는 것이 이롭다[觀國之光 利用賓于王].

구오(九五)는 내가 저지른 것[我生]을 지켜보는데 군자다우면 허물이 없다[觀我生 君子无咎].

상구(上九)는 그것이 저지른 것을 지켜보는데 군자다우면 허물이 없다[觀其生 君子无咎].

◉

관괘(觀卦)의 초륙(初六)은 양위에 음효로 바르지 못함[不正位], 육이(六二)는 음위에 음효로 바름[正位], 육삼(六三)은 양위에 음효로 바르지 못함, 육사(六四)는 음위에 음효로 바름, 구오(九五)는 양위에 양효로 바름, 상구(上九)는 음위에 양효로 바르지 못함이다. 이 괘의 경우 육이와 구오 모두 중정을 얻었다.

대성괘 관괘(䷓)는 소성괘 손괘(☴)와 곤괘(☷)가 위아래에 있어 만들어진 괘다. 「설괘전」에 따르면 '바람[風]으로 흩어지게 하고' '곤(坤-땅)으로 간직한다'라고 했다. 괘의 모양이 손(巽)이 위에 있고 곤(坤)이 아래에 있어, 바람이 땅 위를 다니며 온갖 종류의 일과 사물을 접촉하는 것이니 두루 보는 것[周觀]이다. 괘의 모양을 보면, 두 양이 위에 있고 네 음이 아래에 있어 양강(陽剛)이 높은 자리에 있으니 여러 아랫사람이 우러러본다[仰觀]는 뜻이다. 그리고 여러 효에서는 본다[觀]는 뜻만 취하고 있다.

그러면 「서괘전」을 통해 왜 관괘가 임괘의 뒤를 이어받았는지 확인해보자.

> 일이나 인물[物]이 커진 뒤라야 볼 만하다[可觀]. 그래서 임괘의 뒤를 관괘(觀卦)로 받았다.
>
> 物大然後 可觀. 故受之以觀.

그런데 여기서는 관(觀)의 의미부터 좀 더 자세히 살피지 않으면 안 된다. 이는 임괘(臨卦)에 연결돼 위에서 아래를 두루 살핀다는 뜻도 있고, 아래에 보여준다는 뜻도 된다. 또한 위에서 모범이 되는 모습을 보여 아래에서 우러러볼 만하게 된다는 뜻도 있다. 이 점을 염두에 두고서 괘상(卦象)을 살펴보자. 풍지관괘(風地觀卦, ䷓)는 임괘를 뒤집어놓은 모양을 하고 있다는 점에서 임괘와는 종괘 관계를 갖는다. 곤괘(☷)가 아래에 있고 손괘(☴)가 위에 있어, 바람이 위에서 땅에 있는 만물을 두루 살펴보는 모습이다. 괘의 모양으로 보자면 두 양이 높은 곳에 있어 나머지 네 음이 아래에서 우러러보는[仰觀] 형상이기도 하다. 관(觀)에는 그래서 우러러본다는 의미도 담긴다. 일에 임해서 그 일을 잘 해냄으로써 우러러보는 사람들이 나오게 되는 것이다.

「잡괘전」에는 임(臨)과 관(觀)의 관계에 대해 대단히 의미심장한 언급이 나온다.

> 임과 관의 뜻[義]은 혹은 내가 가서 구하거나[與] 혹은 남이 와서 나에게 구한다[求]는 뜻이다.
>
> 臨觀之義 或與或求
> 임관 지의 혹여혹구

주희는 "내가 남에게 임하는 것을 여(與)라고 하고 남이 와서 나를 보는 것을 구(求)라고 한다"라고 했다. 그러나 이는 정반대인 듯하다. 『논어』「학이」편에는 이를 보여주는 정확한 용례가 나온다. 자금과 자공의 대화다.

> 자금(子禽)이 자공(子貢)에게 물었다.
> "공자께서는 찾아간 나라에 이르셔서 반드시 그 정사(政事)를 들으시니, 그분이 (정치에 관심이 많아) 그렇게 하려고 구해서[求] 그런 것입니까, 아니면 제후가 먼저 공자에게 청해서[與] 그렇게 된 것입니까?"
> 자공은 이렇게 답했다.
> "공자께서는 온화하고 반듯하고 공손하고 검소하고 겸손한 성품과 태도를 통해 그것, 즉 정치 참여의 기회나 지위를 얻은 것이니, 설사 공자께서 그것을 그분이 먼저 원해서 얻었다고 하더라도 다른 사람들이 그것을 구하는 것과는 근본적으로 다를 것이네."

즉 이 둘을 종합해보면 윗사람이 먼저 청하는 것이 여(與)이고 아랫사람이 먼저 찾아가는 것이 구(求)다. 예를 들면 조선 초 하륜이 이방원을 찾아가 정변을 권유한 것은 전형적인 구(求)라고 할 수 있다.

문왕의 단사(彖辭), 즉 "관(觀)은 손만 씻고 제사 음식을 올리지 않았을 때처럼 하면 (백성이) 미더움이 있어 우러러본다[盥而不薦 有孚顒若]"에 대한 공자의 풀이[「단전(彖傳)」]를 살펴볼 차례다.

크게 보이는 것[大觀]이 위에 있어 고분고분하면서도 공손하고[順而巽], 중정(中正)으로 천하를 지켜본다. 관(觀)은 손만 씻고 제사 음식을 올리지 않았을 때처럼 하면 (백성이) 미더움이 있어 우러러본다[盥而不薦有孚顒若]라는 것은 아랫사람들이 올려다보고서 교화가 되는 것이다. 하늘의 신묘한 도리[天之神道]를 살펴보면 사계절이 어긋나지 않으니[不忒=不乖], 빼어난 이가 이 신묘한 도리로 가르침을 베풀어[設教=施教] 천하를 복종하게 한다.

大觀在上 順而巽 中正以觀天下.
觀盥而不薦有孚顒若 下觀而化也.
觀天之神道而四時不忒 聖人以神道設教而天下服矣.

◉

먼저 단사의 "손만 씻고 제사 음식을 올리지 않았을 때처럼 한다"를 풀어야 한다. 이때는 재계(齋戒)를 막 마치고 마음의 정성이 극에 이르렀을 때다. 정작 제사 음식을 올리게 되면 제사가 시작돼 모든 것이 번잡스럽고 다시 마음이 흩어진다. 이는 모든 일의 처음, 즉 초심(初心)을 말한다. 그렇게 되면 그것을 지켜보는 사람들도 모두 믿음을 갖게 돼 우러러보게 된다. 『논어』 「학이」편에 나오는 증자(曾子)의 말이 그것이다.

(임금이) 부모님의 상을 삼가서 치르고 먼 조상까지도 잊지 않고 추모하면[愼終追遠] 백성의 백성다움이 두터운 데로 돌아갈 것이다[民德歸厚矣].

특히 임금의 장엄함은 백성의 존경심을 불러일으키는 문제와 직결돼 있다는 점에서 공자가 『논어』 「위령공」편에서 말한 위엄[威=莊]의 중요성은 대단히 중요하다.

앎이 도리에 미치더라도 어짊이 그것을 뒷받침해줄 수 없다면 설사 도리를 (순간적으로는) 얻었다 하더라도 결국 자기 것이 되지 못하고 반드시 잃게 된다. 앎이 거기에 미치고 어짊이 그것을 지킬 수 있다 하더라도 장엄으로써 백성에게 임하지 않으면 백성이 공경하지 않는다. 앎이 거기에 미치고 어짊이 그것을 지킬 수 있고 장엄[莊]으로써 백성에게 임할[涖=臨] 수 있더라도 백성을 예(禮)로써 분발시키지 않는다면 그것을 좋다고 할 수 없다.

여기서 "백성을 예로써 분발시키지 않는다면"은 "임금이 사리에 따라 행동을 하지 않는다면"으로 옮겨도 무방하다.

공자의 풀이를 검토할 차례다. "크게 보이는 것[大觀]이 위에 있어"라는 것은 말 그대로 관괘의 위에 두 양효가 자리하고 있다는 말이다. 또 "고분고분하면서도 공손하고[順而巽]"라는 것은 아래에 곤괘가 있고 위에 손괘가 있다는 말이다. "중정(中正)으로 천하를 지켜본다"라는 것은 구오가 중정에 있으면서 아래로부터 우러러봄을 받는다는 뜻이다.

"아랫사람들이 올려다보고서 교화가 되는 것이다"라는 것은 이미 풀어냈고, 그 이후는 하늘과도 같은 도리에 따라 일을 풀어가니 천하 사람들이 복종하게 된다는 말이다. 임괘에 이어 여전히 군주의 도리를 강조하고 있다.

공자의 「상전」을 살펴볼 차례다. 그중에 관괘(觀卦)를 총평한 「대상전」이다.

바람이 땅 위에서 부는 것이 관(觀)(이 드러난 모습)이니, 선왕(先王)은 그것을 갖고서 사방을 다니며 살펴 백성을 살펴보아 가르침을 베푼다[風行地上觀 先王以 省方觀民 設敎].

◉

정이의 풀이다.

천자가 사방을 순행하며 백성의 풍속을 살피고 정치와 가르침[政敎]을 베푸니, 사치하면 검소함으로 다잡고 검소하면 예를 보여주는 것이 바로 이것이다. '사방을 다니며 살핀다'라는 것은 백성을 살펴보는 것[觀民]이고, '가르침을 베푼다'라는 것은 백성에게 보여주는 것[爲民觀]이다.

여기서 관(觀)이란 결국은 교화(教化)의 매개다. 즉 억지나 강제가 아니라 위에서 모범을 보이면 백성은 저절로 그것을 보고서[觀] 따라 하게 돼 있고, 위에서 악행을 보이면 어느새 백성은 그것을 보고서 따라 하게 돼 있다는 말이다. 이는 공자의 핵심 생각이기도 하다. 『논어』 「안연」편에 연이어져 나오는 당시의 실력자 계강자와의 대화다.

계강자(季康子)가 정치에 관해 묻자 공자는 간단하게 "바로잡는 것[正]입니다. 대부께서 바로잡는 것으로 다스린다면 감히 누가 바르게 되지 않겠습니까?"라고 말했다.

계강자가 도둑을 걱정하여 공자에게 대책을 묻자 공자는 이렇게 답했다.

"진실로 대부께서 백성의 도적이 되려고 하지 않는다면 설사 그들에게 상을 주면서 도둑질을 하라고 하여도 결코 도둑질[竊]을 하지 않을 것입니다."

계강자가 공자에게 정치에 관해 물으면서 이런 질문을 던졌다.

"만일 무도한 자를 죽여 없애 나라가 도(道)가 있는 데로 나아간다면 그것은 어떻습니까?"

공자가 말했다.

"대부여! 정치를 하면서 어찌 죽임을 쓸[用殺] 수 있겠습니까? 대부께서 선하고자 한다면 자연스레 백성이 선해질 것이니, 군자의 다움은 바람이요 소인의 다움은 풀입니다. 풀에 (죽임과 같은) 거센 바람이 가해지면 풀은 반드시 쓰러지고 말 것입니다."

관괘의 여섯 효[六爻]에 대한 주공의 말을 풀이한 공자의 「소상전」이다.

초륙(初六)은 어린아이가 지켜보는 것[童觀]이니 소인의 도리다[初六童觀 小人道也].

(육이(六二)는) (문틈으로) 엿보는 것[闚觀]은 여자의 반듯함이니 역시[亦] 부끄러워할 만하다[闚觀女貞 亦可醜也].

(육삼(六三)은) 내가 저지른 것[我生]을 지켜보고서 나아가고 물러간다면 아직은 도리를 잃는 데까지 이르지는 않은 것이다[觀我生進退 未失道也].

(육사(六四)는) 나라의 빛남[國之光]을 지켜보는 것은 손님을 높이는 것이다[觀國之光 尙賓也].

(구오(九五)는) 내가 저지른 것[我生]을 지켜보는 것은 백성을 살펴보는 것이다[觀我生 觀民也].

(상구(上九)는) 그것이 저지른 것을 지켜보는 까닭은 마음이 아직 편안하지 못하기 때문이다 [觀其生 志未平也].

◉

관괘의 맨 아래 첫 음효에 대해 공자는 "초륙(初六)은 어린아이가 지켜보는 것[童觀]이니 소인의 도리다"라고 풀었다. 주공이 효사에서 "소인은 허물이 없고 군자는 안타깝다[小人无咎 君子吝]"라고 한 것을 공자는 한마디로 '소인의 도리'라고 압축했다. 그러면 동관(童觀)이란 무엇인가?

먼저 초륙의 처지를 점검해보자. 음효로 양위에 있으니 자리가 바르지 못하고[不正位] 바로 위와는 무응(無應)이며 육사도 같은 음효로 호응 관계도 없다. 게다가 음유(陰柔)한 자질로 맨 아래에 있으면서 두 양효와는 가장 멀리 떨어져 있어 매사에 밝지 못하다[不明]. 좋은 요소가 하나도 없다. 정이의 풀이가 핵심을 찌른다.

> 소인은 일반 백성이니, 보는 바가 어리석고 얕아서 군자의 도리를 깨닫지 못하는 것이 그들의 일반적인 본분이니 잘못이나 허물이라고 말할 수는 없다. 그러나 만약에 군자가 이러하다면 비루하고 안타깝다[鄙吝]고 할 만하다.

소인은 여러 가지 특징이 있다. 예를 들어 도리가 아닌 것에 휘둘리고 사사로움으로 편당을 이룬다. 그러나 무엇보다 소인은 공명정대(公明正大)함이 결여돼 시야가 한정되고 두루 하지 못한다. 흔히 소인은 행태나 마음가짐으로 판별하는데, 여기서는 그의 시야 자체를 문제 삼고 있다. 이는 이치나 도리를 도무지 이해하려 하지 않고 이해할 줄도 모르는 유치함과도 연결된다. 그래서 '어린아이가 지켜보는 것[童觀]'이라고 했다.

공자는 『논어』에서 이를 고(固)라고 했다. 고(固)란 앞뒤가 꽉 막혀 있으면서 볼 줄 아는 게 없어 조금도 앞으로 나아가려 하지 않고 스스로를 새롭게 하려[自新] 하지 않는 사람이다. 「학이」편이다.

> (애쓰는 법[文]을) 배우면 고(固)에 빠지지 않는다[學則不固].

『논어』「술이」편의 다음 구절도 고(固)한 인간형에 대한 비판이다.

스스로 힘쓰고 분발하지 않으면 굳이 일깨워 열어 밝혀주지 않았고, 뭔가 표현하려고 진정 애를 태우지 않으면 그 사람의 말문이 터지도록 해주지 않았으며, 네 귀퉁이가 있는 물건을 갖고서 한 귀퉁이를 들어 보여주었을 때 나머지 세 귀퉁이를 미뤄 알아차리지 못한다면 다시 반복해서 가르쳐주지 않았다.

공자가 자주 눈뜬장님[瞽]의 비유를 드는 것 또한 같은 문맥이다. 눈은 가졌으나 제대로 밝게 보지 못한다면[不明=惑] 그것은 장님과 다를 바 없다고 보았기 때문이다. 『예기』「중니연거(仲尼燕居)」편에서 공자는 이렇게 말하고 있다.

예(禮)란 무엇인가? 그것은 일에 임해서 그것을 다스리는 것[治事]이다. 군자는 자신의 일이 생기면 그것을 다스리게 되는데, 나라를 다스림에 있어 예가 없으면 비유컨대 장님에게 옆에서 돕는 자가 없는 것[無相=無助]과 같다.

관괘의 밑에서 두 번째 음효에 대해 공자는 "(문틈으로) 엿보는 것[闚觀]은 여자의 반듯함이니 역시[亦] 부끄러워할 만하다"라고 풀었다. 여기서 '역시[亦]'라고 한 것은 초륙에 이어 육이 또한 군자로서는 부끄러워할 만한 도리라는 말이다.

육이의 처지를 점검해보자. 육이는 음효로 음위에 있으니 자리가 바르지만, 위아래 모두 같은 음이라 무비(無比)다. 하괘의 가운데 있으면서 자리가 바르니 중정(中正)을 얻었다. 상괘에서 중정을 얻은 구오와 호응하니 나쁠 것은 없다. 그런데 주공은 효사에서 이를 '(문틈으로) 엿보는 것[闚觀]'이라고 했다. 아예 보지 못하던 초륙보다는 낫지만, 여전히 문틈으로 봐서는 전모를 제대로 볼 수 없다. 정이의 풀이다.

보는 것이 그다지 분명하지는 못해도 고분고분 따를 수 있는 것이 여자의 도리이니, 여자에게서는 반듯함이 된다.

이 말은 곧 군자 입장에서는 초륙과 마찬가지로 부끄럽고 추할 수 있다는 말이다.

이 초륙과 육이를 함께 말한 것이 바로 『논어』 「양화」편에 나오는 공자의 말이다.

> 오직 여자와 소인은 기르기가 어려우니, 가까이하면 불손하고 멀리하면 원망한다.

이때 여자란 교육받지 못한 여성을 가리키는 것이니 여성 전반으로 봐서는 안 된다. 신하 중에 이런 행태를 보인다면 그런 신하를 예신(隸臣)이라고 불렀다. 한나라 무제(武帝) 때 태자를 무고해 죽게 만든 강충(江充)이 이런 신하의 전형이다.

무제 말기 위후(衛后)에 대한 총애가 시들어갈 때 강충이 실권을 쥐고 정사를 좌우했다. 강충은 태자 및 위씨 집안과 틈이 있었기에 늘 상이 안가(晏駕-황제의 죽음)한 후에 태자에게 죽임을 당할 것을 두려워했는데, 때마침 무고(巫蠱)의 사건[304]이 일어나자 강충은 이를 빌미로 간교(奸巧)를 부렸고 드디어 태자궁에 가서 땅을 파내 오동나무로 만든 인형들을 찾아냈다. 정화(征和) 2년(BC 91) 7월 임오일(壬午日)에 (태자는) 마침내 빈객으로 하여금 사자로 삼아 강충 등을 체포했고 (태자가 직접) 강충의 목을 쳤다. 드디어 (태자는) 따르는 빈객들을 장졸로 삼아 승상 유굴리(劉屈氂) 등과 교전을 벌였다. 장안(長安) 시내가 동요해 소란해지자 (백성은) "태자가 반란을 일으켰다"라고 말했다. 태자의 군대는 패했고 태자는 도망쳤는데 황군은 태자를 붙잡지 못했다. 상이 크게 화를 내자 여러 신하는 근심과 걱정으로 어찌해야 할 바를 몰랐다. 이때 호관(壺關-산서성 호관현)의 삼로(三老-교육 담당 관리)인 영호무(令狐茂)가 글[305]을 올려 다음과 같이 말했다.

> 지금 황태자께서는 한나라의 적사(嫡嗣)이시며 만세의 대업을 이으시고 조종의 위중함을 온몸으로 짊어지셔야 하며, 가깝기로는 황제의 적장자[宗子(종자)]이십니다. 강충은 일개 포의(布衣)를 입은 사람으로 여염집의 노비 같은 신하[隸臣(예신)]일 뿐인데 폐하께서 그를 드러내어

---

304 무제 말년에 방사(方士)와 무당 등이 궁인들을 유혹해 나무 인형을 땅속에 파묻게 하고서 제사를 지낸 것에서 일어난 사건이다. 고(蠱)란 사악한 방법을 써서 사람을 혹하게 하는 술법이다.

305 이 글은 『한서』 「무오자전(武五子傳)」편에 실려 있다. 무제에게는 6명의 아들이 있었는데. 위(衛)황후가 여(戾)태자를 낳고 조(趙)첩여가 소제(昭帝)를 낳고 왕(王)부인이 제회왕(齊懷王) 유괴(劉閎)을 낳고 이희(李姬)가 연자왕(燕剌王) 유단(劉旦)과 광릉여왕(廣陵厲王) 유서(劉胥)를 낳고 이(李)부인이 읍애왕(邑哀王) 유박(劉髆)을 낳았다.

[顯] 쓰시니, 지존의 명을 받들어[銜=奉] 황태자를 핍박하며 발길질했고[迫蹴] 간사한 거짓을 만들고 꾸며대어 여러 사악한 무리를 이리저리 연결지음으로써 친척들끼리 통하는 길을 틀어막아[鬲塞=隔塞] 통할 수 없게 만들었습니다. (이로 인해) 태자께서는 나아가도 상을 알현할 수가 없었고 물러나면 난신들에게 곤욕을 당하니 홀로 원한이 맺혀도 아뢸 길이 없었고, 그러다 보니 분하고 분한 마음을 참아내지 못하고 일어나 강충을 죽이고 그것이 두려워 도망쳤습니다. 아들이 아버지의 군사를 훔친 것은 그렇게라도 해서 어려움을 벗어나 스스로 면해보고자 한 것일 뿐이니, 신이 남몰래 볼 때 거기에 간사한 마음[邪心]은 없었다고 생각합니다. 『시경(詩經)』에 이르기를 "앵앵거리는 쉬파리 떼 울타리에 앉았구나. 점잖은 군주께서는 참소하는 말을 믿지 마소서[營營靑蠅止于藩 愷悌君子無信讒言]"라고 했고 또 "참소꾼들이 그치질 않아 사방의 나라들이 교대로 어지럽도다[讒言罔極交亂四國]"[306]라고 했습니다. 예전에 강충이 조(趙)태자를 참소해 죽게 만든 것은 천하에서 듣지 못한 이가 아무도 없습니다. 그 죄는 진실로 마땅하다고 하겠습니다. 폐하께서는 이런 점들을 깊이 성찰하지 않으시고 (오히려) 태자를 심하게 탓하시며 엄청난 분노를 발하시어 대병을 동원해 태자를 잡으려 하시어 삼공(三公)이 직접 대병을 거느렸는데, 일을 아는 사람[智者]은 감히 아무도 말을 하지 않고 변론가들도 아무런 유세를 하지 않으니 신은 남몰래 이를 마음 아파하고 있습니다.

강충은 앞서 비괘(比卦)의 육삼에 해당하는 인물로도 살펴본 바 있다.

관괘의 밑에서 세 번째 음효에 대해 공자는 "내가 저지른 것[我生]을 지켜보고서 나아가고 물러간다면 아직은 도리를 잃는 데까지 이르지는 않은 것이다"라고 풀었다. 주공의 효사에서는 '나아가고 물러간다[進退]'라고 한 부분을 조건으로 해석하고서 아직은 가능성이 있음을 시사했다.

육삼의 처지부터 점검해보자. 음효로 양위에 있으니 자리가 바르지 않다[不正位]. 자신에게는 버거운 자리에 있는 것이다. 그런데 임괘의 육삼과 다른 까닭은, 임괘 육삼은 태괘(兌卦)의 맨 위에 있었지만, 관괘의 육삼은 고분고분한 곤괘(坤卦)의 맨 위에

306 둘 다 『시경(詩經)』 「소아(小雅)·청승(靑蠅)」편에 나오는 구절들이다.

있다. 그래서 나아가고 물러나는 것이 이치에 맞을 수 있다[順理].

나에게서 생겨난 것이란 곧 내가 한 행동은 모두 나에게서 비롯됐다는 말이다. 이미 중도를 지나쳐[過] 있으니 바른 도리를 지키지는 못하지만, 그러나 고분고분하려 하니 '아직은 도리를 잃는 데까지 이르지는 않은 것'이다. 이 말은 곧 이때부터 조심하고 또 조심해야 흉함에 빠지지 않는다는 경고이기도 하다. 아직은 위태위태한 상황인 것이다. 이때 군자의 태도를 가지려면 『논어』 「위령공」편에 나오는 조언을 잊어서는 안 된다.

> 군자는 (허물이나 잘못의 원인을) 자신에게서 찾고 소인은 남에게서 찾는다.

관괘의 밑에서 네 번째 음효에 대해 공자는 "나라의 빛남[國之光]을 지켜보는 것은 손님을 높이는 것이다"라고 풀었다. 주공은 효사에서 "나라의 빛남[國之光]을 지켜보는 것이니 왕에게 손님 대접을 받는 것이 이롭다[觀國之光 利用賓于王]"라고 말했다. 두 풀이는 뒷부분에 묘한 차이가 있다. 이 점에 주목하며 효사부터 풀어가 보자.

먼저 육사의 처지부터 점검해보자. 음효로 음위에 있으니 자리가 바르다[正位]. 아래로는 같은 음효라 무비(無比)이지만 위로는 굳세고 중정을 얻은 구오와 유비(有比) 관계다. '나라의 빛남'을 본다는 것은 바로 아래에서 친밀한 관계[比=親比] 속에 구오와 가까이 있다는 말이다.

효사는 신하 입장에서 '왕에게 손님 대접을 받는 것이 이롭다'라고 했고 「상전」은 임금의 입장에서 '손님을 높이는 것이다'라고 했다. 결국 내용은 임금이 뛰어난 신하를 손님의 예[賓禮]로 극진하게 대우하는 것을 말한다. 태종 때 지신사 등 요직을 두루 거치고 마침내 세종의 치세를 보좌한 황희(黃喜, 1363~1452)가 바로 관괘의 육사다.

실록을 통해 황희를 직접 접했을 때 받은 인상은 당혹감이었다. "이것도 옳고 저것도 옳고" 식의 능수능란, 우유부단의 황희는 없었기 때문이다. 그것은 그저 결과론적인 초상화의 한 단면으로, 위인전식 인물 서술의 폐단에 지나지 않는다. 당혹감의 이유는 다름 아닌 그의 지나칠 정도의 과단성 혹은 곧은 성품 때문이다.

황희는 27세 때인 1389년 문과에 급제해 관리의 길에 들어섰다. 남들보다는 조금 늦은 나이였다. 아직 어렸기 때문에 개국 과정에서의 격랑에는 휩쓸리지 않았고, 잠깐 벼슬길에서 물러났던 그는 1차 왕자의 난이 일어나기 직전에 언관으로 있었는데

1398년 7월 5일 태조 이성계가 "직책에 충실하지 않고 사사로이 나랏일을 의논했다"라며 함경도 경원의 교수관으로 내쫓았다. 거의 유배에 가까운 좌천이다. 이때까지만 해도 아부와 거리가 멀었던 성품이 그대로 드러났기 때문에, 아마 당시 실세이던 정도전이나 남은에게 살갑게 처신하지 못한 탓인지 모른다.

1차 왕자의 난은 결국 그의 인생을 바꿔놓았다. 그와 가까운 박석명(朴錫命)이 태종의 심복으로 지신사(知申事-비서실장)로 있다가 병이 들자 자신을 대신할 인물로 황희를 천거하고서 얼마 안 가 세상을 떠났기 때문이다. 태종 5년(1405) 6월 지신사에 오른 황희는 얼마 안 가서 박석명 못지않은 총애를 태종으로부터 받았다. 황희로서는 처음으로 지우(知遇), 즉 자신을 알아주는 이를 만난 것이다. 실록은 당시 모습을 이렇게 전하고 있다.

> 후하게 대우함이 비할 데가 없어서 기밀 사무(機密事務)를 오로지 다하고 있으니, 비록 하루 이틀 동안이라도 임금을 뵙지 않는다면 반드시 불러서 뵙도록 했다.

그런데 그의 졸기에는 앞서 그가 정도전이나 남은에게 살갑게 처신하지 않았을 가능성이 크다는 것을 보여주는 중요한 언급이 나온다.

> 훈구 대신(勳舊大臣)들이 좋아하지 아니하여 혹은 그 간사함을 말하는 사람이 있기도 했다.

하륜도 그를 좋아하지 않았고 태종의 처남인 민무구·민무질 또한 마찬가지였다. 그는 오직 임금에게만 충성을 바쳤다. 결국 처남들을 제거할 때 비밀리에 일을 처리한 인물들로 실록은 이숙번(李叔蕃)·이응(李膺)·조영무(趙英茂)·유량(柳亮)과 더불어 황희도 포함시키고 있다. 정치적으로 민감한 사안에도 깊이 간여했던 것이다.

4년 후인 태종 9년 황희는 의정부 참지사(參知事)로 자리를 옮긴다. 본격적으로 의정 활동을 하는 정승을 향한 첫걸음을 내디딘 것이다. 곧바로 의정부 지사로 승진했다. 태종 11년 전후에는 형조판서, 대사헌, 병조판서 등을 지냈다. 이건 누가 봐도 태종이 황희를 키우고 있는 것이다. 그 후 예조판서로 옮겼고, 한성부 판사로 있을 때인 태종 18년(1418) 그의 생애에서 가장 큰 위기가 찾아온다. 폐세자를 전면에서 반대하다가 결국 세자에게 아첨하려 한다는 죄를 얻은 것이다. 평소 그를 못마땅하게 봐온 조정 대신들은 거의 그를 죽일 듯이 탄핵 공세를 했다. 그러나 구상은 이미 태종의 머릿속에 들어 있었다.

> 사람들이 모두 황희(黃喜)를 간사하다고 하나 나는 간사하다고 생각하지 않고 심복(心腹)에 두었는데, 이제 김한로의 죄가 이미 발각되고 황희도 또한 죄를 면하지 못하니 지금이나 뒷날에 곧 그 사실을 알게 될 것이다. 황희는 이미 늙었으니 오로지 세자에게 쓰이기를 바라지는 않겠으나, 다만 자손(子孫)의 계책을 위해서 세자에게 아부하고 묻는 데 바른대로 대답하지 않았기 때문에 이제 폐(廢)하여 서인(庶人)으로 삼았으니 인신(人臣)으로서 어찌 두 가지 마음을 가지고 있겠느냐?

그럼에도 태종은 "그대의 간사함을 미워한다"라며 경기도 교하로 유배를 보냈다가 끝내 충녕대군으로 세자가 교체되자 전라도 남원으로 멀리 내쫓았다. 4년 후인 세종 4년 2월 상왕 태종은 황희를 한양으로 불러올리고 복직시켰다. 게다가 어린 세종에게 "황희를 중용하라"라고 당부하고 그해 5월 태종은 세상을 떠났다.

세종 입장에서 황희는 불쾌한 존재였다. 어떤 이유에서든 자신의 세자 즉위를 앞장서서 반대한 신하였기 때문이다. 10월에 세종은 황희를 의정부 참찬에 임명했다. 한직이었다. 이런 황희에게 뜻밖의 기회가 찾아왔다. 이듬해 7월 강원도에 혹심한 기근이 들었는데 당시 관찰사 이명덕이 구황과 진휼의 계책을 잘못 써서 백성의 고통이 심화됐다. 이에 세종은 당시 61살이던 황희를 관찰사로 임명해 기근을 구제하라는 특명을 내렸다. 놀라울 정도로 단기간에 강원도 민심을 안정시켰다. 이때부터 황희는 일을 통해 세종의 신임을 차곡차곡 쌓아갔다.

당시 그가 맡았던 관직이 이를 말해준다. 판우군도총제(判右軍都摠制)에 제수되면서 강원도관찰사를 계속 겸직했다. 1424년(세종 6년) 의정부 찬성, 이듬해에는 대사헌을 겸대했다. 1426년(세종 8년)에는 이조판서와 찬성을 거쳐 우의정에 발탁되면서 병조판사를 겸직했다. 이제 건강만 허락한다면 그가 최고의 실세인 좌의정이 되는 것은 시간문제였다.

여기서 우리는 이원(李原)이라는 인물을 떠올려야 한다. 만일 그가 계속 좌의정으로서 업무를 잘 해냈다면 어쩌면 '명재상 황희'는 없었을지 모르겠다.

이원은 아버지 태종의 신하이자 세종 또한 크게 신뢰했던 인물이었다. 세종 1년 인사권을 장악하고 있던 상왕 태종은 좌의정에 박은, 우의정에 이원을 임명했다. 이런 체제는 계속 이어지다가 세종 4년 태종이 세상을 떠나기 하루 전날 박은이 먼저 떠났기 때문에 홀로서기를 시작한 세종은 이원을 좌의정으로 올리고 우의정은 정탁, 유관 등이 번갈아 맡기는 했지만 비워둔 채 병조판서 조말생(趙末生), 이조판서 허조(許稠)의 삼두마차 체제로 정국을 이끌면서 젊은 신왕으로서의 입지를 굳혀가고 있었다.

그런데 세종 8년(1426) 3월 15일 이원은 많은 노비를 불법으로 차지했다는 혐의로 사헌부의 탄핵을 받아 공신녹권(功臣錄券-공신에게 주는 공훈사령장)을 박탈당하고 여산(礪山)에 안치됐다가 배소에서 죽었다. 복권의 기회는 없었다. 그로부터 1년도 안 된 세종 9년 1월 25일 잠시 우의정을 거쳤던 황희는 마침내 좌의정에 오른다. 그를 좌의정으로 임명하면서 세종이 그에게 했다는 말이 실록의 황희 졸기에 실려 있다.

> 경(卿)이 폄소(貶所)에 있을 적에 태종(太宗)께서 일찍이 나에게 이르시기를, "황희는 곧 한(漢)나라의 사단(史丹)과 같은 사람이니, 무슨 죄가 있겠는가?"라고 하셨다.

사단(史丹)은 중국 한(漢)나라 원제(元帝) 때 시중(侍中-재상)을 지낸 명신(名臣)이다. 원제가 가장 사랑하는 후궁 부소의(傅昭儀)의 소생 공왕(恭王)이 총명하고 재주가 있어 세자를 폐하고 공왕을 후사로 삼으려 하자 극력 간(諫)해 마침내 폐하지 않게 했던 인물이기도 하다. 그 후 20여 년간 재상으로서의 황희의 업적은 우리가 아는 바 그대로다. 중국 한나라에서는 소하(蕭何)가 여기에 해당하는 인물이다.

관괘의 밑에서 다섯 번째 양효에 대해 공자는 "내가 저지른 것[我生]을 지켜보는 것은 백성을 살펴보는 것이다"라고 풀었다. 뒷부분은 "군자다우면 허물이 없다[君子无咎]"를 풀어낸 것이다.

구오는 임금의 자리다. 한 시대의 다스림과 어지러움은 결국은 임금 한 몸에 달려 있다. 그래서 주공은 "군자다우면 허물이 없다"라고 했는데, 공자는 이때 군자다움의 잣대로 '백성을 살펴보는 것[觀民]'을 제시한 것이다. 그것은 친민(親民)이기도 하고 여민동락(與民同樂)이기도 하다. 『맹자』「양혜왕장구(梁惠王章句)」편이다.

맹자가 위나라 혜왕을 만나뵈었을 때 왕은 연못가에 서서 크고 작은 기러기와 다양한 종류의 사슴들을 살펴보면서 물었다.

"뛰어난 이[賢者]들도 이런 것들을 즐기는가?"

맹자가 답했다.

"뛰어난 이가 되고 난 후에 이런 것을 즐길 수 있지요. 뛰어난 이가 아니라면 비록 이런 것들을 갖고 있다고 하여도 즐길 수 없습니다.

『시경』에 이르기를 '(주나라 문왕이) 영대(靈臺-신령스러운 대)를 세우려고 할 초창기에 큰 그림을 그리고 이리저리 궁리하자 수많은 백성이 몰려와 합심하여 하루도 안 돼 완성시켰네. 일을 하는 초창기에 너무 서두르지 말라고 해도 백성은 자식들이 아버지 일을 위하는 듯 달려왔도다. 문왕이 영대가 완성된 동산에 계실 때 암수사슴들은 자기 자리에 가만히 엎드려 있는데 잘 먹어 여유로운 모습이었고, 백조들은 눈부시게 하얀빛을 띠었도다. 왕이 연못가에 계시니, 아아! (연못) 가득하게 물고기들이 뛰어놀도다'라고 했습니다.

(그 뜻은 이렇습니다.) 문왕께서 백성의 힘으로 대(臺-누각 형태의 높은 건물)를 만들고 연못을 만들었습니다. 그러나 백성은 그것을 기쁘고 즐겁게 여겨 그 대를 이름 붙여 신령스러운 대라 부르고 신령스러운 못이라고 불렀으며, (이에 그치지 않고) 그곳에 크고 작은 암수사슴들과 물고기와 자라들이 자라고 있는 것마저 즐거워했으니, 옛사람들은 (이처럼) 백성과 더불어 모두 함께 즐겼습니다[與民偕樂]. 그랬기 때문에 진정한 즐거움을 누릴 수 있었던 것입니다.

(이와 반대로) 『서경』 「탕서(湯誓)」편에는 이런 말이 있습니다. '이놈의 태양은 언제나 없어질 것인가? 내 너와 더불어 함께 없어지리라!' (이처럼) 백성이 (태양과) 더불어 함께 없어지고 싶어 한다면 아무리 좋은 대와 연못과 새와 짐승들을 소유하고 있다고 한들 어찌 (왕께서) 능히 혼자서 즐거워할 수 있겠습니까?"

한나라 역사에서 이런 모습을 보인 임금은 문제(文帝)다. 반고의 『한서』 「문기(文紀)」편에서 반고는 문제를 평해 이렇게 말했다.

효문황제(孝文皇帝)는 자리에 나아간 지[卽位=在位] 23년인데 궁실이나 정원, 거기(車騎)나 복식 등에서 더 늘린 바가 없었다. (백성에게) 불편한 것이 있으면 즉시 없애어[弛=廢] 백성을 이롭게 해주었다. 일찍이 노대(露臺)를 짓고 싶어서 장인을 불러 (비용을) 계산토록 해보니 값이 100금(金)이나 됐다. 상이 말하기를 "100금이면 중인(中人)[307] 열 가정이 생산하는 것이다. 내가 선제(先帝)의 궁실을 받들게 돼 항상 이마저 두려워하고 부끄러워했는데 어찌 (새로이) 대(臺)를 짓겠는가[爲=建]?"라고 했다. (문제는) 몸에 검은색의 두꺼운 명주옷[弋綈]을 입었고[308] 총애하는 신부인(愼夫人)은 옷을 땅에 끌지 않게 했으며 (천자의) 휘장[帷帳]에는 무늬와 수를 그려 넣지 않아 도타움과 소박함[敦朴=敦樸]을 보임으로써 천하에 솔선수범했다. 패릉(霸陵-문제의 능)을 조성할 때는 모두 와기(瓦器)만 쓰고 금·은·동이나 주석으로 꾸미지 않았으며 기존의 산을 이용했기 때문에 별도의 무덤[墳]을 만들지 않았다.

임금이 나라의 재물을 아끼는 것 자체가 바로 백성 사랑[愛民=仁]이다. 그래서 공자는 『논어』 「학이」편에서 이렇게 말했다.

> 재물을 쓸 때는 절도에 맞게 하여 (사치를 멀리함으로써) 백성을 사랑해야 한다[節用而愛人].

관괘의 맨 위에 있는 양효에 대해 공자는 "그것이 저지른 것을 지켜보는 까닭은 마음이 아직 편안하지 못하기 때문이다"라고 풀었다. 여기서도 마찬가지로 뒷부분은 "군자다우면 허물이 없다[君子无咎]"를 풀어낸 것이다. 왜 공자는 같은 부분을 구오의 경우에는 '백성을 살펴보는 것이다'라고 했는데 여기서는 '마음이 아직 편안하지 못하기 때문'이라고 풀어낸 것일까?

구오와 달리 상구는 양효로 음위에 있어 자리가 바르지 못하고[不正位] 상체가 손괘라고는 하지만 맨 위에 있어 위태롭다. 게다가 아래에서는 4개의 음이 자랄 대로 자랐다. 그나마 편안치 못한 마음으로 늘 조심한다면 허물이 없을 수도 있다는 말이다. 그렇지 않을 경우 건괘의 상구 항룡유회(亢龍有悔)처럼 될 수 있다.

참고로 반고의 『한서』 「오행지」편에는 한나라 때 최고의 주역 전문가 경방(京房, BC

---

307 안사고가 말했다. "중(中)이란 부유하지도 가난하지도 않은 것이다."

308 여순(如淳)이 말했다. "익(弋)은 검다[皂]는 말이다. 가의(賈誼)가 말하기를 '몸에 검은색의 명주옷을 입었다[身衣皂綈]'라고 했다."

77~37)이 관괘(䷓)의 가장 위에 붙은 양효인 상구(上九)를 풀어내는 대목이 나온다.

> 경(經-『주역』)에서 "그것이 저지른 것을 살핀다[觀其生(관 기생)]"[309]라고 했으니, 이는 대신의 의로움[義(의)]이란 마땅히 뛰어난 이를 살펴서 그 성품과 행실을 알아내어 그것을 미뤄 헤아려서 앞으로 나아오게 하는 것이다. 그렇지 않을 경우에는 좋은 점을 듣고서도 참여시키지 않으니, 이를 사람을 볼 줄 모른다[不知(부지)][310]라고 한다.

관괘는 구오를 제외하고는 대부분 신하의 유형을 제시하고 있다. 하지만 신하의 따르는 도리를 주로 말한 수괘(隨卦)와는 조금 차이가 있다. 여기서는 주로 임금을 살피는 것[觀(관)]으로 신하의 유형을 나눴다.

## 21. 화뢰서합(火雷噬嗑)[311]

서합(噬嗑)은 형통하니 형벌을 쓰는 것이 이롭다.

噬嗑(서합) 亨(형) 利(이)用獄(용옥).[312]

초구(初九)는 나무 차꼬를 채워 발꿈치를 상하게 하니 허물이 없다[屨校(구교) 滅趾(멸지) 无咎(무구)].

육이(六二)는 살을 깨물어 코가 없어질 정도이니 허물이 없다[噬膚(서부) 滅鼻(멸비) 无咎(무구)].

육삼(六三)은 말린 고기를 씹다가 독을 만났으니 조금 안타까우나 허물은 없다[噬(서)腊肉(석육) 遇毒(우독) 小吝(소린)无咎(무구)].

구사(九四)는 말린 갈빗살을 깨물어 금과 화살을 얻었으나 어렵게 여겨 반듯하면 이롭고 길하다[噬(서)乾胏(건자) 得(득)金矢(금시) 利(이)艱貞(간정) 吉(길)].

육오(六五)는 말린 고기를 깨물어 황금을 얻었으니 반듯하게 하여 위태롭게 여기면[貞厲(정려)] 허

---

309 안사고가 말했다. "『주역』 관괘(觀卦, ䷓)의 가장 위의 붙은 효[上九(상구)]에 대한 풀이다."

310 안사고가 말했다. "부질없이 그 사람이 뛰어나다는 것만 알뿐 그를 나아오도록 돕지 못하는 것을 말한다."

311 문자로는 이상진하(離上震下)라고 한다.

312 형(亨)과 이(利)가 언급됐다.

물이 없다[噬乾肉 得黃金 貞厲 无咎].

상구(上九)는 차꼬를 목에다 차서 귀를 상하게 하니 흉하다[何校 滅耳 凶].

◉

서합괘(噬嗑卦)의 초구(初九)는 양위에 양효로 바름[正位], 육이(六二)는 음위에 음효로 바름, 육삼(六三)은 양위에 음효로 바르지 못함[不正位], 구사(九四)는 음위에 양효로 바르지 못함, 육오(六五)는 양위에 음효로 바르지 못함, 상구(上九)는 음위에 양효로 바르지 못함이다. 초구와 육이를 제외하고는 모두 바르지 못하다. 이 괘의 경우 육이는 중정을 얻었지만, 육오는 중정을 얻지 못했다.

대성괘 서합괘(䷔)는 소성괘 이괘(離卦, ☲)와 진괘(震卦, ☳)가 위아래에 있어 만들어진 괘다. 「설괘전」에 따르면 '해[日=火=離]로 따듯하게 하고[烜]' '우레[雷=震]로 움직이게 한다'라고 했다. 괘의 모양이 이(離)가 위에 있고 진(震)이 아래에 있으니 위에서 밝게 비추고 아래에서 위엄으로 진동하는 모습으로, 형벌을 쓰는[用刑] 상(象)이다.

그러면 「서괘전」을 통해 왜 서합괘가 관괘의 뒤를 이어받았는지 확인해보자.

(그리고) 볼 만한[可觀] 다음이라야 합쳐지는 바[所合]가 있다. 그래서 관괘의 뒤를 서합괘(噬嗑卦)로 받았다.

可觀而後有所合. 故受之以噬嗑.

이처럼 우러러볼 만한 인물들이 나오게 되면 그와 마음을 합쳐 일하고자 하는 사람들도 생겨나기 마련이다. '합쳐지는 바'란 우뚝 선 인물에게 찾아와서 따르며 뜻을 합치려는 사람들이 있다는 말이다. 흔히 역사에서 보게 되는 추종 세력이다.

이런 식으로 위아래가 만나 뜻을 합치는 것이 서합(噬嗑)이다. 원래 뜻부터 알아보자. 정이가 말했다.

서(噬)는 '씹다' '깨물다'이고 합(嗑)은 '입을 다물다' '합치다'다. 입속에 물건이 있으면 그것을 깨문 뒤에 합치게 된다.

화뢰서합괘(火雷噬嗑卦, ䷔)는 진괘(☳)가 아래에 있고 이괘(☲)가 위에 있다. 그런데 서합괘에 대해서는 일반적으로 불이나 우레의 관계에서 뜻을 구하지 않고 괘의 모양에서 의미를 취한다. 맨 위와 맨 아래의 양효는 이빨[齒]을 상징하고 밑에서 네 번째 붙은 효는 일종의 입속의 방해물에 해당한다. 나머지 음효는 입속의 빈 공간을 뜻한다. 결국 입속의 방해물을 씹어 없애야 위아래가 화합한다는 점에서 방해물을 처치하는 형벌을 상징하는 괘가 된다.

문왕의 단사(彖辭), 즉 "서합(噬嗑)은 형통하니 형벌을 쓰는 것이 이롭다[亨 利 用獄]"에 대한 공자의 풀이[「彖傳」]를 살펴볼 차례다.

두 턱 사이[頤中]에 (방해하는) 물건[313]이 있어 서합(噬嗑)이라고 불렀다. 깨물어서 합치니[噬嗑] 형통한 것이다. 굳셈과 부드러움[剛柔]이 (반반씩) 나뉘고 진동하여 밝으며[動而明] 우레와 번개[雷電]가 합쳐서 광채를 낸다[章=光]. 부드러움이 가운데를 얻어 위로 나아가니, 비록 자리는 마땅하지 않지만, 형벌을 쓰는 것[用獄=用刑]이 이롭다.

頤中有物 曰噬嗑.

噬嗑而亨.

剛柔分 動而明 雷電合而章.

柔得中而上行 雖不當位 利用獄也.

◉

'굳셈과 부드러움이 나뉜다'라는 것은 곧 일의 이치[事理]를 분명하게 판별한다는 말이다. '진동하여 밝다'라는 것은 위엄으로 진동하고 훤히 밝게 판단한다는 말이다. "우레와 번개[雷電]가 합쳐서 광채를 낸다[章=光]"는 것은 그것을 다시 한번 보충

---

313 구사를 가리킨다.

한 말이다. 번개는 빛이다. "부드러움이 가운데를 얻어"라는 것은 육오가 부드러운 자질로 비록 자리는 바르지 않지만, 중도를 얻었다는 뜻이다. "위로 나아가니"란 오위(五位)에 나아갔다는 뜻이다. 그런데 왜 구오가 아닌, 육오가 형벌을 쓰는 것이 이로운 것일까? 정이의 풀이다.

> 형벌을 다스리는 도리는 전적으로 굳세게만 하면 엄격하고 사나워져 문제가 생겨날 수 있고 지나치게 부드럽게만 하면 너그럽고 풀어져 잘못을 저지르게 된다. 반면 육오는 옥사를 다스리는 주체로서 부드러운 자질로 굳센 자리에 있으면서 중도를 얻었으니 옥사를 처리하는 마땅함을 얻은 것이다.

『선조실록』 30년(1597)에는 바로 이 「단전(彖傳)」을 선조와 신하들이 읽고서 강론을 하는 대목이 나온다.

> 상이 별전(別殿)에 나아갔다. 영사(領事) 유성룡, 동지사(同知事) 이항복, 시강관(侍講官) 윤돈(尹暾) 등이 입시했다. 윤돈이 『주역』을 진강했는데, 서합괘(噬嗑卦)의 서괘(序卦-「서괘전」)에서부터 괘사(卦辭)를 해석하고는 그 대문(大文)을 재차 읽고 해석했다. 상도 읽기를 마치자 윤돈이 아뢰어 말했다.
> "『주역』에서 상(象)을 취함에 있어 서합(噬嗑)이라 한 것은 멀리는 사물(우레와 해)에서 취하고 가깝게는 사람의 몸에서 취한 뜻입니다. 입안에 단단한 물질이 있으면 반드시 깨문 다음에야 입이 다물어집니다. 본래 뜻은 여기에 그치지만 『정전(程傳-정이의 역전)』의 비유는 해당되지 않는 곳이 없습니다. 윗사람으로서는 당연히 본받아 생각해야 할 점입니다. 하늘과 땅 사이에 간격이 생기면 반드시 뇌성벽력이 쳐 이를 제거시키고, 입안에 간격이 생기면 사람은 반드시 깨물어 입이 다물어지게 하고, 천하에 간격이 생기면 군주는 반드시 형벌을 내려 제거합니다. 이것을 모든 일에 미뤄보면 모두가 그렇지 않은 것이 없습니다. 군주와 신하, 아버지와 아들, 친척 간이나 친구 간에 간격이 생기는 것은 참소나 올바르지 못한 일들이 있어서 그러한 것입니다. 반드시 시작을 조심해서 간격이 생겨나지 않게 해야 할 것입니다."
> 상이 일러 말했다.

"'형벌을 쓰는 것이 이롭다[利用獄]' 한 것은 공연한 말이 아니다. 우레와 같이 위엄스럽고 태양과 같이 비추기 때문에 이처럼 말한 것일 것이다."

유성룡이 아뢰어 말했다.

"어떤 물건이 틈을 만들면 반드시 형벌을 내려야 하는데, 형벌을 내리는 방법은 밝음과 위엄에 있습니다. 밝지 못하고 위엄스럽지 못하면 형벌은 내릴 수 없습니다."

상이 일러 말했다.

"왜 서합(噬嗑)이라 했는가?"

윤돈이 아뢰어 말했다.

"그 뜻을 선유(先儒-송나라 성리학자)들은 '가까이 사람의 몸에서 취한 것이다'라고 말했습니다. 계사(繫辭-「계사전」)에는 '한낮[日中]에 시장을 만들어 천하의 백성이 오게 하고 천하의 재화를 모이게 해 서로 사고판 다음에 물러가게 하자 각자가 그 원하는 바[其所]을 얻었으니, 이는 대개 서합괘(噬嗑卦, ䷔)에서 취한 것이다'라고 했습니다. 서합괘는 상괘(上卦)는 이괘(離卦)이고 하괘(下卦)는 진괘(震卦)이니, 이(離)는 태양이 한가운데 있는 상(象)이고 진(震)은 움직이는 상입니다. 상괘는 밝고 하괘는 움직이는 까닭에 '한낮에 시장을 여는 것은 서합괘에서 얻은 것'이라 한 것입니다."

공자의 「상전」을 살펴볼 차례다. 그중에 서합괘를 총평한 「대상전」이다.

우레와 번개가 서합(噬嗑)(이 드러난 모습)이니, 선왕(先王)은 그것을 갖고서 형벌을 밝히고 법을 엄히 했다[雷電 噬嗑 先王以 明罰勅法].

◉

우레는 위엄이고 번개는 빛이다. 우레는 소리이니 귀 밝게 들어야 하고[聰], 번개는 빛이니 눈 밝게 봐야 한다[明]. 이는 곧 총명(聰明)의 문제와 연결된다. 선왕은 이를 보면서 형벌을 분명히 하고 법령을 엄격하게 한다는 것이다. 정이는 "법이란 일의 이치를 밝혀 예방하는 것"이라고 했다. 서합괘가 형벌과 관련된다는 것은 반고의 『한서』 「예문지(藝文志)」편에서 법가(法家)를 설명하는 대목에서 명확하게 알 수 있다.

법가(法家)의 부류란 대개 이관(理官-옥을 다스리는 관리)에서 나왔기 때문에 신상필벌(信賞必罰)을 통해 예제(禮制)를 보완한다. 『주역(周易)』에 이르기를 "선왕(先王)은 그것을 갖고서 형벌을 밝히고 법을 엄히 했다"[314]고 했으니, 이것이 법가의 장점이다. 법조문에 밝은 각자(刻者-각박한 관리)가 이를 행하게 되면 교화는 없어지고 어짊과 사랑[仁愛]은 버리며 모든 것을 오직 형법에만 맡겨 그것으로 다스리려 하다 보니 지친(至親)에게까지 잔혹한 형벌이 이르게 돼 은혜를 해치고 두터움과 엷음이 뒤바뀐다.[315]

서합괘의 여섯 효[六爻]에 대한 주공의 말을 풀이한 공자의 「소상전」이다.

(초구(初九)는) 나무 차꼬를 채워 발꿈치를 상하게 한다[屨校滅趾]는 것은 가지 못하게 한 것이다[屨校滅趾 不行也].
(육이(六二)는) 살을 깨물어 코가 없어질 정도인 것[噬膚滅鼻]은 굳센 자를 올라탔기 때문이다[噬膚滅鼻 乘剛也].
(육삼(六三)은) 독을 만난 것[遇毒]은 자리가 마땅하지 않기 때문이다[遇毒 位不當也].
(구사(九四)는) 어렵게 여겨 반듯하면 이롭고 길하다[利艱貞吉]는 것은 아직 빛나지 못한 것이다[利艱貞吉 未光也].
(육오(六五)는) 반듯하게 하여 위태롭게 여기면 허물이 없다[貞厲无咎]는 것은 마땅함을 얻었기 때문이다[貞厲无咎 得當也].
(상구(上九)는) 차꼬를 목에다 차서 귀를 상하게 한다[何校滅耳]는 것은 귀 밝음[聰]이 제대로 밝지 못하기 때문이다[何校滅耳 聰不明也].

◉

서합괘의 맨 아래 첫 양효에 대해 공자는 "나무 차꼬를 채워 발꿈치를 상하게 한

314 서합괘(噬嗑卦, ䷔)의 상(象) 풀이다. 서합이란 깨물어 합친다는 것이다.

315 두터이 해야 할 사람에게 엷게 하고 엷게 해도 될 사람에게 두터이 한다는 뜻이다.

다[屨校滅趾]는 것은 가지 못하게 한 것이다"라고 풀었다. 주공이 효사에서 '허물이 없다'라고 했는데 공자는 "가지 못하게 한 것[不行]"이라고 푼 까닭은 무엇일까?

우선 초구(初九)의 처지를 점검해보자. 양효로 양위에 있으니 자리가 바르고 위의 음효와 유비(有比)이며 구사(九四)와는 같은 양효로 무응(無應)이다. 그런데 초구란 가장 아래에 있는 미천한 사람이다. 서합괘에서 초효나 상효는 형벌을 받는 사람이고 나머지 4개 효는 다 형벌을 주는 사람이다. 정이의 풀이다.

> 이는 일반 백성의 모습이자 형벌을 받는 사람이다. 형벌을 쓸 초창기에는 죄가 작고 형벌이 가볍다. 교(校)란 나무로 만든 차꼬이니 허물이 적기 때문에 발에 차꼬를 채워 그 발을 손상시킨다. 이렇게 되면 징계가 되고 두려워해 감히 더는 악행을 저지르지 않으므로 허물이 없게 되는 것이다.

「계사전」에서 공자는 서합괘 초구에 대해 이렇게 풀이한 바 있다.

> 공자가 말했다. "소인은 어질지 못함[不仁]을 부끄러워하지 않고[不恥] 마땅하지 못함[不義]을 두려워하지 않고[不畏] 이익을 보지 않으면 힘쓰지 않고[不勸] 위협하지 않으면 징계되지 않는다. (그러나) 조금 징계하여 크게 경계시키는 것, 이것이 소인에게는 복(福)이다. 역(易)에 이르기를 '나무 차꼬를 채워 발꿈치를 상하게 하니 허물이 없다'라고 한 것은 이를 말한 것이다."

서합괘의 밑에서 두 번째 음효에 대해 공자는 "살을 깨물어 코가 없어질 정도인 것[噬膚滅鼻]은 굳센 자를 올라탔기 때문이다"라고 풀었다. 여기서 굳센 자를 올라탔다는 것은 매우 강한 사람에게 형벌을 쓴다는 말이다. 굳센 자란 양효인 초구다. 그렇기 때문에 자신의 코가 없어질 정도로 강한 죄수의 살을 깨문다는 뜻이니 강한 형벌을 쓴다는 뜻이다. 음효임에도 이처럼 강한 형벌을 쓸 수 있는 이유는 육이가 중정(中正)을 얻었기 때문이다.

서합괘의 밑에서 세 번째 음효에 대해 공자는 "독을 만난 것[遇毒]은 자리가 마땅하지 않기 때문이다"라고 풀었다. 주공의 효사는 "말린 고기를 씹다가 독을 만났으니 조금 안타까우나 허물은 없다[噬腊肉 遇毒 小吝无咎]"이다. 효사에 대한 정이의 풀이를 보자.

> 육삼은 음의 자질로 삼이라는 양의 자리에 있으므로 마땅한 자리에 처한 것이 아니다. 이처럼 스스로 마땅함을 얻지 못한 채 다른 사람에게 형벌을 가하면 그 사람이 복종하지 않고 원망과 원한을 품고 어기며 저항하는 것이 마치 말린 고기처럼 단단하고 질긴 것을 씹다가 독하고 나쁜 맛을 만나 도리어 입을 상하게 되는 것과 같다. 형벌을 쓰는데 사람들이 복종하지 않고 도리어 원망하고 상처를 입는 데 이른다면 이는 비루하고 안타깝다[鄙吝]고 할 만하다.
>
> 그럼에도 형벌을 쓰는 것이 마땅하지 않은 것은 아니므로, 비록 부끄러울 수는 있지만, 또한 하찮은 부끄러움이니 깨물어 합하면[噬嗑] 허물이 있지는 않다.

그러나 정당성을 잃어 말이 많이 궁색하다. 그래서 공자는 효사 중에서 독을 만난 부분만 콕 집어내 풀이를 한 것이다. 이는 정리하자면 나라의 법에 따라 죄인을 처리하니 적임자는 아니지만, 허물은 없다는 것이다. 이는 조선 시대 기축옥사(己丑獄事) 때의 정철(鄭澈, 1536~1593)에게 해당되는 효다. 54세 때인 1589년(선조 22년) 정여립의 모반사건(기축옥사)이 일어나자 우의정으로 발탁돼 서인의 영수로서 최영경(崔永慶) 등을 다스리고 철저히 동인들을 추방했다. 이로 인해 정철은 두고두고 반대파로부터 원성과 원망의 대상이 됐다.

서합괘의 밑에서 네 번째 양효에 대해 공자는 "어렵게 여겨 반듯하면 이롭고 길하다[利艱貞吉]는 것은 아직 빛나지 못한 것이다"라고 풀었다. 주공은 효사에서 "말린 갈빗살을 깨물어 금과 화살을 얻었으나 어렵게 여겨 반듯하면 이롭고 길하다[噬乾胏 得金矢 利艱貞 吉]"라고 했다. 먼저 주공이 말한 '말린 갈빗살을 깨물어 금과 화살을 얻었으나'라는 부분을 풀어야 한다. 씹어 먹는 고기의 비유를 보자. 처음에는 그냥 살[膚=膚肉]이었다가 말린 고기[腊肉]라고 했고, 이번에는 말린 갈빗살[乾胏]이다. 범죄가 점점 그 강도를 더하고 있다. 정이의 풀이다.

> 구사는 군주와 가까운 위치에 있으면서 형벌을 맡아서 실행하는 자다. 구사는 중(中-2위)

> 을 이미 지났으니 이는 틈이 더욱 커져 사용하는 형벌이 더욱 심하게 된 것이다. 그래서 '말린 갈빗살을 깨물었다'라고 했다. 자(胏)란 고기에서 뼈가 연결된 부위이므로 말린 고기에 뼈까지 있어 매우 단단해 깨물기가 힘들다. 매우 단단한 것을 깨물어 금과 화살을 얻었다고 했으니, 금은 굳셈[剛]의 뜻을 취했고 화살은 곧음[直]의 뜻을 취했다. 구사는 양의 다움으로 굳세고 곧아[剛直] 굳세고 곧은 도리를 얻었는데, 이런 굳세고 곧은 도리를 쓸 때 그 일을 어렵게 여기고 반듯하고 견고하게 절도를 지키는 것이 이로우니 이렇게 한다면 길하다는 것이다.
>
> 구사는 굳세지만, 이괘(離卦)가 상징하는 명철한 체질이고 양효이지만 부드러운 자리에 있다. 그래서 강명하게 행하면 지나치게 과감한 잘못을 저지르기 쉽기 때문에 어려움을 알라고 경계시킨 것이고, 부드러운 자리에 있어 마냥 유연하게 일을 처리하면 절도를 지키는 것이 굳건하지 못할 수 있기 때문에 바르고 견고하게 지키라고 경계시킨 것이다.

그러면서 정이는 "굳세면서도 반듯하지 못한 경우가 있지만 굳셈을 잃으면 모든 것이 반듯하지 못하니 형벌을 쓰는[噬嗑] 데 있어서는 구사가 가장 좋다[最善]"라고 했다. 그러나 정이 자신이 공자의 「상전」을 풀이한 데서 드러나듯이 공자는 구사를 마냥 좋다고는 보지 않았다. 미광(未光)이란 한마디로 아직 중정(中正)에 이르지는 못했다는 뜻이기 때문이다.

서합괘의 밑에서 다섯 번째 음효에 대해 공자는 "반듯하게 하여 위태롭게 여기면 허물이 없다[貞厲无咎]는 것은 마땅함을 얻었기 때문이다"라고 풀었다. 말린 고기[乾肉]는 앞서 말한 말린 고기[腊肉]나 말린 갈빗살[乾胏]보다는 훨씬 부드럽다. 그것은 육오의 경우 비록 자리는 바르지 않아도 임금 자리에 있고 중도를 얻어 아랫사람에게 형벌을 가하는 것이니 그만큼 쉽다는 뜻이다. 황금(黃金)이란 각각 황색이 중앙의 색이고 금은 굳셈이니 중강(中剛)을 얻었다는 뜻이다. 중도를 얻었고 구사를 거느리고 있다는 뜻이다. 그렇기 때문에 "반듯하게 하여 위태롭게 여기면[貞厲] 허물이 없다"라고 한 것이다. 이는 기축옥사에 대처하는 선조의 입장을 고스란히 반영하고 있다. 내가 쓴 책 『선조, 조선의 난세를 넘다』 중에서 관련 대목을 발췌한다.

> 1589년, 기축년 새해가 밝았다. 선조도 즉위 22년을 맞아 나이 마흔을 바라보고 있었다. 일

단 권력이 한쪽으로 쏠린 탓인지 정치적으로 이렇다 할 큰 사건은 없었다. 다만 작년 연말 평안도와 황해도에서 발생한 역질(疫疾)이 걱정거리였다. 새해 초에 신하들은 재변이 있으니 선조가 수성(修省)할 것을 권했다. 4월이 되면 역질은 경기도, 함경도, 충청도로 확산된다.

한편 조정 일로는 1월 25일 좌승지 윤선각이 세자 책립 문제를 이야기했으나 선조는 그냥 알았다고만 하고 지나갔다. 닷새 후 윤선각은 상주목사로 좌천당했다. 더 이상의 논란은 일어나지 않았다. 5월 5일에는 변함없이 이이와 정철의 복권 및 복직을 요구하던 조헌을 함경도 길주로 유배를 보내버렸다. 선조는 원래부터 조헌을 좋아하지 않았다. 그런데도 조헌의 동인 규탄 상소가 거듭되자 "조헌이 아직도 무서운 것을 알지 못하는 것 같다. 다시 마천령을 넘어보고 싶은가?"라고 위협했다. 결국 조헌은 마천령을 넘어야 했다.

당시 조정은 영의정 유전, 좌의정 이산해, 우의정 정언신이 이끌고 있었다. 유전(柳琠, 1531~1589)은 1553년(명종 8년) 23살의 나이로 문과에 급제해 주로 병조와 형조 등의 요직을 두루 거친 관리형 인사로, 선조 즉위 후에도 사림들과는 거리를 두며 예조와 병조의 판서를 거쳐 1585년 우의정, 1588년 좌의정이 되고 기축년에 영의정에 올랐다. 애당초 동서 붕당에는 관심을 쏟지 않았던 중립적인 인물이라 할 수 있다. 선조는 유전이 죽었을 때 "나의 팔다리를 잃었으니 마음의 아픔을 이길 수가 없다"라며 애통해했다고 한다. 반면 우의정 정언신은 이산해와 함께 동인(東人)이었고 정여립과는 9촌지간이었다. 즉 기축년 정권은 전형적인 동인 정권이었다.

8월경에는 일본에서 계속 통신사를 보내줄 것을 요구했다. 9월 21일 좌상과 우상을 비롯한 종2품 이상 신하들이 모여 일본이 요구하는 통신사를 보내야 할 것인지 여부를 놓고 논란이 벌어진다. 대체로 다 보내야 한다는 주장이었고 이산보만이 불가하다고 했으나 결국은 보내는 쪽으로 결론이 난다. 이 무렵 동인 일색의 조정에서 이산보의 존재는 특이했다. 이산보(李山甫, 1539~1594)는 이산해와는 사촌 간이면서 동갑이었다. 어려서는 이산해와 함께 삼촌 이지함에게서 학문을 익혔고 명종 23년(1568) 문과에 급제했다. 홍문관, 사헌부, 이조와 병조 등의 요직을 두루 거친 그는 동서분당 자체에 관해 비판적이었으며, 따라서 이이의 입장을 줄곧 따랐다. 선조 18년에는 한때 이이와 가까웠던 동인의 핵심 인물 김우옹이 이이와 정철을 논박하자 두 사람을 옹호함으로써 선조의 신임을 크게 얻었다. 이 무렵 이이를 비난하다가 선조의 미움을 더하게 된 정여립과는 정반대다. 선조는 이런 이산보를 높게 평가해 대사헌으로 임명하기도 했다. 이후 동인들의 견제 속에도 조정에 남을 수 있었던 것은 선조의 각별한 배려와 함께 당시 최고 실권자 이산해와 사촌지간이라는 점도 어느 정도는 작용했을 것이다. 훗날 임진왜란이 일어나자 대명 외교에서 큰 공을 세우게 된다. 이산보의 반대론은 대체로 서인들의 의견이었다고 할 수 있다.

기축년 한 해는 이처럼 그저 그렇게 저물어가는 듯했다. 10월 2일 황해도관찰사의 밀계(密啓)가 없었다면 정말 그랬을 것이다. 밀계란 비밀리에 올리는 장계(狀啓)로 극비 보고서였다. 10월 2일 황해도 관찰사 한준이 올린 밀계로 조정은 발칵 뒤집혔다. 이 밀계에는 황해도의 안악군수 이축, 재령군수 박충간, 신천군수 한응인이 연명을 했다. 밀계의 골자는 홍문관 수찬을 지낸 전주의 정여립이 모반의 괴수로 한강이 얼게 되면 황해도와 호남에서 동시에 한양으로 쳐들어가 장군 신립과 병조판서를 살해하고 쿠데타를 일으키자는 것이었다. 그런데 역모에 가담했던 안악의 조구라는 사람이 자복하는 바람에 역모 사실을 알게 돼 보고한다고 돼 있었다.

장장 1년 가까이 끌게 되는 기축옥사의 서막이 열렸다. 5일 후 정여립이 도망쳤다는 의금부 도사 유담의 보고가 올라왔다. 10월 11일 4년째 낙향해 있다가 맏아들의 장례를 치르기 위해 경기도 고양에 와 있던 정철이 나름의 정보망을 동원해 조사한 내용을 바탕으로 선조에게 밀계를 올렸다. 실록에는 그 내용에 대해 "역적을 체포하고 한양과 지방의 경계를 더욱 철저히 해야 한다"는 것이었다고 기록하고 있다.

먼저 황해도 쪽에서 관련 혐의자들이 속속 잡혀 들어왔다. 이들의 입에서는 정여립과의 공모 사실이 하나둘 드러났다. 10월 17일 정여립이 진안의 죽도에 숨어 있다가 관군에게 발각돼 포위되자 스스로 칼자루를 땅에 꽂고 엎어져 자기 목을 찔러 죽었다. 그 자리에 함께 있던 아들 정옥남은 한양으로 압송됐다. 이틀 후 선조는 창경궁 선정전에서 정옥남을 친국했다. 10월 27일 백관이 차례로 서서 보는 가운데 역모 관련자들은 능지처참을 당해 저잣거리에 머리가 내걸렸다. 그러나 피바람은 이제 시작이었다.

옥사가 진행되는 동안 동인의 이산해, 정언신은 의정부에 포진해 있었고 이발, 백유양 등은 언론을 장악하고 있었다. 이들은 처음에는 정여립의 역모를 이이의 문인들의 모함으로 보았다. 심지어 정여립은 역적질할 사람이 못 된다고까지 거들었다. 오판(誤判)이었다. 관련자들의 증언을 통해 정여립의 모반 계획은 움직일 수 없는 사실로 드러났다. 적어도 이에 관해서는 동인 입장에서 서술된 『선조실록』이나 서인 입장에서 서술된 『선조수정실록』이나 견해를 같이한다. 두 실록의 서술이 큰 차이를 보이기 시작하는 것은 그 이후부터다.

『선조실록』은 그 정도에서 끝날 일을 엄청나게 확대한 인물로 정철을 지목한다. 유감스럽게도 이 점은 사실이다. 10월 28일(『선조수정실록』 11월 1일) 양천회라는 생원이 글을 올린다. 역모 관련자들이 불귀의 객이 된 바로 다음날이다. 양천회의 글 중에 이런 대목이 있다.

"조정의 신하들이 처음에는 이 변을 듣고 도리어 역적 구출에 전력하여, 혹자는 이이의 제자들이 무고하여 사건을 야기시켰다 하고, 혹자는 여립의 사람됨은 충성이 태양과 같다 했고 심지어 한준을 그르다고까지 했습니다. 조정의 논의가 그러했기 때문에 의금부 도사 유담 등이 감히 출동에 태만하고 포착(捕捉)에 소극적으로 임했던 것입니다. 신이 지난 4일 오후에 유담 등을 이산현(尼山縣) 앞에서 만났는데, 휘장을 쳐놓고 휴식하는 모습이 평일과 다름없었으며 나팔이 계속 울리고 뒤따르는 자들이 길을 메웠습니다. 그는 미관(微官)인 무부(武夫)로서 조정의 뜻을 받들고 시의(時議)에 부합할 줄만 알 뿐이니, 어찌 역적을 토벌하는 의리를 알겠습니까. 이뿐만이 아닙니다. 태학(太學)의 많은 제생(諸生)도 구출론을 제의하여 상소를 올려 구출하려고까지 한 자가 있었습니다. 추관(推官-수사 책임자) 또한 사실대로 심문하지 아니하므로 외부 여론이 자자하여 심지어 억수(億壽)의 초사(招辭)에, 경중(京中)의 가까운 친족 중에 정여립과 서로 가깝게 왕래한 사람이 나뿐만이 아니었다고 하자 정언신(鄭彦信)이 속히 곤장을 세게 치라 하고 심문하는 바가 전혀 없었고, 추관 중에 힐문(詰問)하려는 이가 있으면 정언신은 문득 언짢아하는 기색을 보였다는 말까지 있습니다."

이것은 누가 보아도 이산해와 정언신, 즉 좌의정과 우의정을 겨냥한 것이었다. 『선조실록』은 그래서 "이 소(疏)는 정철 등이 자기들과 의견이 다른 사람들(즉 동인들)을 모조리 죽이기 위하여 양천회를 사주하여 올린 것"이라고 평하고 있다.

11월 4일에는 예조정랑 백유함이 상소를 올려 김우옹·이발·이길 등이 정여립과 친밀하게 지냈던 사실을 보고했다. 백유함은 이이의 후견자였던 백인걸의 아들로 백유양과는 다른 길을 걷고 있었다. 선조의 마음은 급속하게 동(東)에서 서(西)로 돌아섰다. 11월 7일 우의정 정언신과 이조참판 정언지가 파직됐다. 두 사람은 형제로 정언지가 형이었고 정여립과는 먼 친척 간이었다. 다음날 정철이 우의정, 성혼이 이조참판으로 바뀌었고 백유함은 사간원 헌납, 최황은 대사헌에 임명됐다. 조사는 이어졌고, 이발·백유양도 새롭게 관련자 명단에 포함돼 유배길을 떠나야 했다. 이런 혼란의 와중에 당초 계획한 대로 11월 18일 일본으로 보내는 통신사로 정사 황윤길, 부사 김성일, 서장관 허성을 선발했다. 황윤길은 서인, 김성일은 동인이었다.

지금까지의 경과에서 볼 수 있듯이 선조의 조처는 뜻밖에 '관대'했다. 그는 사화(士禍)의 비극을 잘 이해하고 있는 인물이었다. 어려서 공부할 때부터 거의 모든 신하가 사림들의 죽임을 가볍게 해서는 안 된다고 누누이 강조했다. 선조 22년 12월 1일 선조의 다음과 같은 비망기는 그런 점에서 눈여겨 봐둘 필요가 있다.

"역적의 문도(門徒) 중에 적당(賊黨)의 진술에 관련되지 않은 자는 중한 율(律)로 다스리지 말라. 차라리 형벌이 적절하지 못하는 한이 있더라도 참작해서 처리하는 것이 옳다. 경들은 나의 이 뜻을 알아야 한다."

막연한 소문이나 비방을 근거로 하지 말고 물증주의에 입각해 피해자를 최소화할 것을 명하고 있는 것이다. 서인의 입에 의존해 동인을 몰살시키는 우를 범해서는 안 되겠다는 선조의 구상이라고 할 수도 있다. 실제로 서인들은 여세를 몰아 동인들이 떠난 자리를 서인으로 채우는 세력 교체의 일환으로 조헌을 성균관 전적(典籍-정6품)으로 추천했으나, 선조는 정여립을 대할 때만큼 단호했다. "경솔하게 벼슬을 임명할 수 없다." 선조는 조헌에게서 어떤 모습을 보았길래 이처럼 정여립 못지않게 조헌을 꺼린 것일까? 조헌은 그 후 끝내 관직에 오르지 못했지만, 임진왜란 때 의병을 일으켰고 금산에서 전라도를 향하던 왜군에 맞서 싸우다가 700명의 의병과 함께 금산전투에서 사망했다. '700의총(義冢)'의 주인공 조헌이 바로 이 조헌이다.

한편 선조는 사태의 확산을 우려하고 있었다. 12월 7일 선조는 좌의정 이산해를 불러 다음과 같이 당부한다. 아직 이산해에 대한 총애를 버리지 않고 있다는 뜻이기도 했다.

"이번 역적의 변이 진신(搢紳-고위직 관리) 사이에서 발생했으니, 이는 대변(大變) 가운데도 큰 불행이다. 지금 언관이 역적과 결교(結交)한 사람들을 논란하는 것도 사실 옳은 일이다. 그러나 요즘의 양상을 살펴보면 사건이 번져갈 조짐이 있으니, 이는 내가 매우 좋아하지 않는 바다. 역적과 결교한 사람들은 그 서찰이 남아 있어 정상이 뚜렷하니, 아무리 중죄를 입더라도 그들에게 무슨 유감이 있으며 무슨 할 말이 있겠는가. 다만 역적이 조정의 반열에 끼어 있어, 평범하게 서로 만나 알게 되는 것은 사람의 상사(常事)인데 만약 이번 기회를 타서 평소 언론이 같지 않은 사람들을 모조리 적의 무리로 지척(指斥)한다면 그 해독은 이루 말할 수 없을 것이다. 인재(人才)란 아껴야 하고 언론하는 즈음에는 공평 정직해야만 인심을 복종시킬 수 있다. 우리나라 사람은 성격이 편급(偏急)하여 예로부터 언론이 중도(中道)를 얻지 못하는 경우가 많았다. 혹 조정에 강개(慷慨)하고 과격한 사람이 있어 적변(賊變)

에 대해 분개한 기(氣)를 이기지 못하여 과도한 논란이 미치지 않아야 할 사람에게까지 미친다면 어찌 온당한 일이겠는가. 만약 그러한 경우가 있을 적에는 경이 힘써 말려야 할 것이요, 말려도 듣지 않으면 면대(面對)해서 바로 아뢰어라. 이것이 경이 오늘날 이리저리 주선해서 사태를 진정시켜야 할 일이다. 또한 사람을 쓰는 데는 가장 적합한 사람만 쓸 뿐 다른 사정은 알아볼 필요가 없다. 나와 함께 국사를 처리할 사람은 오직 경뿐이니 내가 감히 무엇을 경에게 숨기겠는가. 나는 요즘 심기(心氣)가 크게 상하여 처사가 어긋나고 언어가 전도(顚倒)되니 이 말 또한 옳은지 모르겠다. 경이 잘 참작하여 나의 본의에 어긋나지 않게 이해하도록 하라."

이번에는 서인들이 복권을 서두르고 있었고 선조는 이 같은 사태 진행에 우려하고 있었다. 그래서 동인의 영수인 이산해에게 힘을 실어줌으로써 어느 정도 완급 조절을 시도하려고 했다. 예를 들어 동인의 예조판서 유성룡의 이름도 백유양의 조서에 언급됐다. 그러나 이발과 홍종록의 경우에는 정여립과 관련된 정도가 심하다고 해서 먼 곳으로 유배를 보냈지만, 유성룡에게는 면죄부를 줬다. 사안에 따라 판단을 내리고 있었다. 선조의 이 같은 적절한 속도 조절은 과거의 극단적인 사화(士禍)에 비추어볼 때 높은 평가를 받아야 할 대목이다. 여기서 선조가 어느 한쪽에 극단적인 혐의나 의심을 했다면 참으로 많은 사람의 목숨이 날아가야 했을 것이기 때문이다. 결국 이때부터 한동안 좌의정 이산해, 우의정 정철의 불안한 동거 정권이 이어지게 된다.

서합괘의 맨 위에 있는 양효에 대해 공자는 "차꼬를 목에다 차서 귀를 상하게 한다[何校滅耳]는 것은 귀 밝음[聽]이 제대로 밝지 못하기 때문이다"라고 풀었다. 이에 대해서는 공자가 「계사전」에서 명확하게 풀었다.

좋은 것[善]을 쌓지 않으면 이름을 이룰[成名] 수 없고, 나쁜 것[惡]이 쌓이지 않으면 몸을 없앨 수 없다[滅身]. 소인은 자그마한 좋은 일[小善]은 도움이 되지 않는다고 여겨 하지 않으며, 자그마한 나쁜 일[小惡]은 해롭지 않다고 여겨 내버리지 않는다. 그 때문에 나쁜 것이 쌓여 가릴 수도 없고 죄가 커져 풀 수도 없다. 역(易)에 이르기를 "차꼬를 지고[何校=荷校] 귀를 없애니[滅耳] 흉하다"라고 했다.

중죄인은 결국 작은 악을 쌓은 결과다. 귀를 없앤다는 것은 큰 형구에 덮여 귀가 보이지 않는다는 말이다. 이는 그가 듣고 아는 바가 없어 그런 중죄에 빠졌음을 경계시켜서 그렇게 한 것이다. 귀 밝지 못함에 대한 징계인 것이다.

앞의 관괘의 초륙은 눈 밝지 못함[童觀=不明]으로 시작했고 서합괘의 상구는 귀 밝지 못함[滅耳=不聰]으로 끝을 맺었다.

## 22. 산화비(山火賁)[316]

비(賁)는 형통하니 나아갈 바가 있는 것이 조금 이롭다.

賁 亨 利小利有攸往.[317]

초구(初九)는 그 발을 꾸미는 것이니 수레를 버리고 도보로 걷는다[賁其趾 舍車而徒].

육이(六二)는 그 수염을 꾸민다[賁其須].

구삼(九三)은 꾸미는 것이 촉촉하니 오래도록 반듯하면 길하다[賁如濡如 永貞 吉].

육사(六四)는 꾸미는 것이 하얗고 흰말이 나는 듯하니 도적이 아니면 청혼한다[賁如皤如 白馬翰如 匪寇婚媾].

육오(六五)는 언덕 정원에서 꾸미는 것이니, 묶어놓은 비단이 재단돼 있듯이 하면 안타깝지만 끝내는 길하다[賁于丘園 束帛戔戔 吝終吉].

상구(上九)는 꾸밈을 희게 하면 허물이 없다[白賁 无咎].

◉

비괘(賁卦)의 초구(初九)는 양위에 양효로 바름[正位], 육이(六二)는 음위에 음효로 바름, 구삼(九三)은 양위에 양효로 바름, 육사(六四)는 음위에 음효로 바름, 육오

316 문자로는 간상이하(艮上離下)라고 한다.

317 형(亨)과 이(利)가 언급됐다.

(六五)는 양위에 음효로 바르지 못함[不正位], 상구(上九)는 음위에 양효로 바르지 못함이다. 상구와 육오를 제외하고는 모두 바르다. 이 괘의 경우 육이는 중정을 얻었지만, 육오는 중정을 얻지 못했다.

대성괘 비괘(䷕)는 소성괘 간괘(艮卦, ☶)와 이괘(離卦, ☲)가 위아래에 있어 만들어진 괘다. 「설괘전」에 따르면 '간(艮-산)으로 오래 머물게 하고[止=久]' '해[日=火=離]로 따듯하게 한다[烜]'고 했다. 괘의 모양이 간(艮)이 위에 있고 이(離)가 아래에 있으니, 산 아래에 불이 있어 산에 있는 온갖 초목과 물건을 밝게 비춰준다.

그러면 「서괘전」을 통해 왜 비괘가 서합괘의 뒤를 이어받았는지 확인해보자.

> 일[物]은 그저 합칠[苟合] 뿐이어서는 안 된다. 그래서 서합괘의 뒤를 비괘(賁卦)로 받았다. 비(賁)란 꾸민다[飾]는 뜻이다.
>
> 物不可以苟合而已. 故受之以賁. 賁者 飾也.

화합을 통해 사회가 만들어지면 처음에는 질박할[質] 수밖에 없다. 구합(苟合)이란 말이 여기서 일의 형세[事勢]를 풀어가는 실마리가 된다. 구합은 그저 겨우 합쳐져 있기만 할 뿐이라는 뜻이다. 이래서는 오래갈 수 없다. 여기에 꾸민다는 뜻의 비(賁)가 오게 되는 것도 그 때문이다. 그것이 일의 형세다. 이는 고스란히 『논어』 「옹야(雍也)」편에서의 문질빈빈(文質彬彬)과 직결된다. 공자가 말했다.

> 바탕[質]이 꾸밈[文]을 이기면 거칠고[野] 꾸밈이 바탕을 이기면 번지레하니[史], 바탕과 꾸밈이 잘 어우러진[文質彬彬] 뒤에야 군자가 될 수 있다.

이는 개인에게 적용될 뿐 아니라 국가의 역사에까지 적용될 수 있는 큰 개념이기도 하다. 『논어』 「위령공」편에 있는 안회와 공자의 대화를 이해하려면 문질빈빈의 사전 이해는 필수적이다. 안회가 나라를 잘 다스리는 방책[爲邦=治邦]에 관해 묻자 공자는 이렇게 답했다.

하나라의 책력을 시행하고 은나라의 수레를 타고 주나라의 면류관을 써야 한다.

첫째, 하나라의 책력이 농사 주기에 딱 들어맞아 책력은 하나라의 것을 시행해야 한다는 말이다. 지금 사용하는 음력 또한 하나라 책력이다. 그만큼 천체의 흐름과 딱 들어맞았다[衷=忠]. 둘째, 은나라는 수레뿐 아니라 그 밖의 다른 기술들도 뛰어났다는 의미로 읽힌다. 그것은 튼튼했다[質]는 말이다. 여기까지가 구합(苟合)이다. 셋째, 주나라의 문물제도[文]를 써야 한다는 말이다. 정확히 비괘(賁卦)의 '꾸민다'에 해당한다.

이어서 「잡괘전」을 통해 서합괘와 비괘의 관계를 볼 차례다.

서합(噬嗑)은 먹는 것[食]이요 비(賁)는 색깔이 없는 것[无色]이다.

噬嗑食也 賁无色也.

서합괘(噬嗑卦, ䷔)와 비괘(賁卦, ䷕)는 서로 종괘 관계다. 서합괘는 입속의 방해물들을 씹어 먹어 화합을 이뤄내는 것이라고 했다. 그런데 비괘를 왜 색깔이 없는 것이라고 했을까? 원래 비괘는 "광채가 나는 것[文飾]"이라고 했다. 광채를 내려면 온갖 색을 다 모아야 한다. 색깔이 없다는 것은 딱히 정해진 색이 없다는 뜻이다. 즉 가장 화려한 색을 다 모아서 쓰게 된다는 말이다.

문왕의 단사(彖辭), 즉 "비(賁)는 형통하니 나아갈 바가 있는 것이 조금 이롭다[亨小利有攸往]"에 대한 공자의 풀이[「彖傳」]를 살펴볼 차례다.

꾸미는 것이 형통하다[賁亨]는 것은 부드러움이 와서 굳셈을 꾸미는 것[柔來而文剛]이니, 그래서 형통하다. 굳셈을 나눠[分剛] 위로 올라가 부드러움을 꾸미고[上而文柔], 그래서 나아갈 바가 있는 것이 조금 이롭다라고 했으니, (음양이 서로 교차하는 것이니)[318] 천문(天文)이다. 문명(文明)함으로써 (오래) 머무르니[以止] 인문(人文)이다. 천문(天文)을 살펴보아 그것으로 때의 달라짐[時變]을 관찰하고, 인문(人文)을 살펴보아 그것으로 천하를 바꾸고 이뤄낸다

---

318 이는 주희의 해석에 입각해 추가해서 넣었다. 천문과 인문이 대구를 이루는데 천문에 대한 풀이 부분이 빠져 있기 때문이다.

[化成].
화성

賁亨 柔來而文剛 故亨.
비형 유래 이 문강 고형

分剛 上而文柔 故小利有攸往 天文也.
분강 상 이 문유 고 소리 유 유왕 천문 야

文明以止 人文也.
문명 이지 인문 야

觀乎天文 以察時變 觀乎人文 以化成天下.
관호 천문 이찰 시변 관호 인문 이 화성 천하

◉

우리는 지금까지 앞에서 건괘(乾卦), 동인괘(同人卦), 대유괘(大有卦)에서 잠깐씩 문명(文明)의 문제를 만나본 적이 있다. 그러나 그 문제에 대한 본격적인 탐색은 뒤로 미뤘었는데, 바로 여기서 우리는 이 문제를 집중적으로 파고들어야 한다. 실마리는 문(文)이다. 그런데 이에 대해서는 소축괘에서 거의 남김없이 살펴보았다.

특히 열렬히 애쓰다[誠]보다는 꾸미다[文彩=文飾]라는 의미의 문(文)에 초점이 맞춰진다. 그것이 바로 비(賁)의 의미이기 때문이다. 형통하다는 것은 일이 다 잘 풀어진다는 뜻이다. 즉 일은 꾸밈이 없이는 제대로 잘 풀어질 수 없다는 말이다. 그래서 그것은 바로 일의 이치[事理]와 통하며 곧 예(禮)와도 연결된다. 그런 점에서는 이괘(履卦)와 밀접하다고 할 수 있다. 그런데 공자의 「단전」이 만만치 않다. 하나씩 빈틈없이 풀어야 비괘(賁卦)를 제대로 이해할 수 있는 지름길이 열릴 것이다.

먼저 "부드러움이 와서 굳셈을 꾸미는 것[柔來而文剛]이니, 그래서 형통하다"라고 했다. 즉 잘 꾸며졌기에 형통하다는 것인데 '부드러움이 와서 굳셈을 꾸미는 것[柔來而文剛]'이 무슨 뜻인가? 핵심은 '내(來)' 자다. 유(柔)가 대체 어디서 왔다는 말인가. 이는 괘변(卦變)에 대한 초보적인 이해가 필수적이다. 이에 대해서는 그러나 「계사전」 10장에서 초보적으로나마 살펴본 바 있다.

> 건(乾, ☰)은 하늘[天]이라 그래서 아버지[父]라 부르고, 곤(坤, ☷)은 땅[地]이라 그래서 어머니[母]라 부른다. 진(震, ☳)은 첫 번째로 구해[一索=一求] 아들을 얻었으니[得男] 그래서 그것을 일러 장남(長男)이라고 하고[319], 손(巽, ☴)은 첫 번째로 구해 딸을 얻었으니 그래서 그것을 일러 장녀(長女)라고 하고[320], 감(坎, ☵)은 두 번째로 구해[再索] 아들을 얻었으니

그래서 그것을 일러 중남(中男)이라 하고[321], 이(離, ☲)는 두 번째로 구해 딸을 얻었으니 그래서 그것을 일러 중녀(中女)라 하고[322], 간(艮, ☶)은 세 번째로 구해[三色] 아들을 얻었으니 그래서 그것을 일러 소남(少男)이라 하고[323], 태(兌, ☱)는 세 번째로 구해 딸을 얻었으니 그래서 그것을 일러 소녀(少女)라 한다.[324]

그러면 이번에는 산화비괘(山火賁卦, ䷕)의 괘변(卦變)을 살펴보자. 이 경우에 아래에 있는 이괘(☲)는 원래 건괘(☰)였는데 곤괘(☷)의 부드러움[柔=陰爻] 하나가 가운데로 들어가 굳센 괘인 건괘를 꾸며서[文=賁] 이괘(☲)가 탄생한 것으로 본다. 공자가 '부드러움이 와서 굳셈을 꾸미는 것[柔來而文剛]'이라고 한 것은 바로 이 뜻이다. 위에 있는 간괘(☶)도 마찬가지로 풀어낼 수 있다. 즉 원래는 곤괘(☷)였는데 건괘(☰)의 굳셈[剛=陽爻] 하나가 위로 올라가 부드러운 괘인 곤괘를 꾸며서 간괘(☶)가 탄생했다는 것이다. 그래서 공자는 "굳셈을 나눠[分剛] 위로 올라가 부드러움을 꾸미고[上而文柔]"라며 상(上) 자를 썼다. '굳셈을 나눠'라는 것은 건괘의 효 하나가 분리돼 나가 곤괘의 위로 올라가서 꾸미니 간괘가 만들어졌다는 것이다. 건괘와 곤괘는 현실 속의 괘가 아니라 이상적인 괘이기 때문에 나머지 62개의 괘는 모두 이런 방식으로 풀어낼 수 있다.

좀 더 정교한 분석을 해야 한다. 꾸밈이 이뤄져 문질빈빈하게 되면 이제는 밖으로 나아가 일을 시작해야 한다. 이때 하나는 천문(天文)을 살펴가며 해야 하고, 또 하나는 인문(人文)을 살펴가며 해야 한다. 그래서 "(음양이 서로 교차하는 것이니)[325] 천문(天文)이다. 문명(文明)함으로써 (오래) 머무르니[以止] 인문(人文)이다"라는 말이 이어진다. 천문이란 해와 달, 별들의 운행과 사계절의 교체 등이다. 이는 이괘(離卦)에 해당한

---

319 건(乾, ☰)의 초효가 곤(坤, ☷)의 맨 아래에 들어가 진괘가 됐다.

320 곤괘의 초효가 먼저 양을 구해 건괘의 맨 아래에 들어가 손괘가 됐다.

321 건괘의 중효가 두 번째로 곤괘의 중효와 맞바꿔 감괘가 됐다.

322 곤괘의 중효가 두 번째로 건괘의 중효와 맞바꿔 이괘가 됐다.

323 건괘의 상효가 세 번째로 곤괘의 상효와 맞바꿔 간괘가 됐다.

324 곤괘의 상효가 세 번째로 건괘의 상효와 맞바꿔 태괘가 됐다.

325 이는 주희의 해석에 입각해 추가해서 넣었다. 천문과 인문이 대구를 이루는데 천문에 대한 풀이 부분이 빠져 있기 때문이다.

다. 인문(人文)에 대해서는 “문명(文明)함으로써 (오래) 머무르니[以止]”라고 했다. 오래 머문다는 것은 바로 간괘(艮卦), 즉 산의 성질에서 나온 표현이다. 그런데 여기서는 문명(文明)을 나눠서 풀어야 한다. 영어식의 문명, 즉 Civilization으로 간주해서는 문맥에서 이탈한다. 문(文)으로써 밝히며 오래 머무는 것, 이것이 바로 공자가 생각한 인문(人文)이다. 당연히 이때의 문은 빼어난 이나 뛰어난 이[聖賢]들이 열렬하게 보여주거나 밝혀낸 사람다운 도리[人道]다. 앞서 소축괘에서 길게 살펴보았던 바로 그 애씀으로서의 문(文)이다. 그렇다면 인문이란 사람이 사람다워지려고 애쓰며 노력하는 도리를 말하는 것이다.

이렇게 되면 나머지 부분은 절로 풀린다. 천문을 살펴 시간의 변화를 이해하고 그에 맞게 일을 하며 또한 인문을 살펴 그것을 통해 천하를 교화해서 이뤄내는 것이다.

공자의 「상전」을 살펴볼 차례다. 그중에 비괘를 총평한 「대상전」이다.

산 아래에 불빛이 있는 것이 비(賁)(가 드러난 모습)이니, 군자(君子)는 그것을 갖고서 제반 정사를 밝히되 감히 함부로 옥사를 결단하지 않는다[山下有火 君子以 明庶政 无敢折獄].

◉

문왕(文王)은 단사(彖辭)에서 “비(賁)는 형통하니 나아갈 바가 있는 것이 조금 이롭다[亨小利有攸往]”라고 했다. 여기서 핵심은 ‘조금[小]’이다. 모든 일에 다 꾸밈[賁=文飾]을 쓸 수는 없다. 문(文)이 지나치면 질(質)을 소홀히 하게 된다. 이때의 질(質)이란 실질(實質) 혹은 실상(實狀)이다. 공자도 이 점을 『논어』에서 여러 차례 경계했는데 그 전형적인 구절을 보자. 「선진(先進)」편이다.

옛사람들은 예악에 있어 촌스러운 사람[野人]들이고 요즘 사람들은 예악에 있어 군자답다[君子]고 한다. 만일 내가 예악을 쓸 일이 있으면 옛사람의 것을 따를 것이다.

여기서 촌스러운 사람은 질(質), 군자답다는 문(文)을 상징한다. 정이는 이를 다음과 같이 풀이했다.

옛사람은 예악(禮樂)에 있어 문(文=외양)과 질(質=바탕 근본)이 마땅함을 얻었는데 이제 와서 도리어 그것을 질박하다고 말하면서 촌스러운 사람이라 하고, 요즘 사람들은 예악에 있어 문(文)이 그 질(質)을 넘는데 이제 도리어 빈빈(彬彬=적절히 배합된 모습)하다고 말하여 군자라고 한다. 이는 주나라 말기에 문(文)에 치우쳤으므로 당시 사람들의 말이 이와 같아서 문(文)에 치우쳐 있음을 스스로 알지 못한 것이다.

즉 예와 악에서 있어서도 공자는 둘을 조화시키되 질(質) 쪽에 조금 더 비중을 두는 입장이었는데, 하물며 형벌에 있어서는 마땅히 실상[情 정]에 강조점을 둔 것이 아주 당연하다. 그래서 "감히 함부로 옥사를 결단하지 않는다"라고 경계시킨 것이다.

비괘(賁卦)의 위아래 괘는 풀이하는 시각에 따라서는 빛이 아래에 잠겨 있고 위로는 산의 험난함이 가로막고 있다고 볼 수도 있다. 그렇기 때문에 옥사와 같은 중대한 일에서는 함부로 비괘를 써서는 안 된다고 봤을 수 있다. 『중종실록』 6년(1511) 12월 6일 자에는 아직 어린 중종 앞에서 신하들이 비괘를 두고 강하는 장면이 실려 있다.

사정전에 나아가 전경문신(專經文臣)의 진강을 받았다. 예조좌랑 박전(朴佺)이 『역경(易經)』 비괘(賁卦) 「대상(大象)」을 진강했다. 김수동이 물었다.

"'서정을 밝게 살피되 절옥(折獄)을 함부로 하지 않는다'라고 했으니, 절옥과 서정은 다른 점이 있습니까? 어찌하여 정(政)은 밝히되 옥(獄)은 함부로 하지 말라고 했습니까?"

박전이 말했다.

"일 가운데 크기로는 형옥 같은 것이 없으므로 임금이 그것을 신중히 하는 것입니다. 그러므로 함부로 하지 말라고 이른 것입니다."

유숭조가 말했다.

"이괘는 산 밑에 불이 있는데, 불이 밑에 있으면 밝음이 멀리 미치지 못하므로 '절옥을 함부로 하지 말라'고 한 것입니다."[326]

---

326 여기서 박수동의 대답이나 유숭조의 발언은 모두 주희가 한 말을 답습한 것이다.

비괘의 여섯 효[六爻]에 대한 주공의 말을 풀이한 공자의 「소상전」이다.

(초구(初九)는) 수레를 버리고 도보로 걷는다[舍車而徒]는 것은 의리상으로 수레를 탈 수 없기 때문이다[舍車而徒 義弗乘也].
(육이(六二)는) 그 수염을 꾸민다[賁其須]는 것은 윗사람과 함께 시작하는 것이다[賁其須與上興也].
(구삼(九三)은) 오래도록 반듯하면 길하다[永貞之吉]는 것은 끝내 아무도 능멸하지 않기 때문이다[永貞之吉 終莫之陵也].
(육사(六四)는) 당면한 자리가 의심스러우니 도적이 아니면 청혼한다[匪寇婚媾]는 것은 끝내는 탓할 것이 없다는 것이다[當位疑也 匪寇婚媾 終无尤也].
육오(六五)가 길한 까닭은 기쁨이 있기 때문이다[六五之吉 有喜也].
(상구(上九)는) 꾸밈을 희게 하면 허물이 없다[白賁无咎]는 것은 위에 있으면서 뜻을 얻었기 때문이다[白賁无咎 上得志也].

◉

비괘의 맨 아래 첫 양효에 대해 공자는 "수레를 버리고 도보로 걷는다[舍車而徒]는 것은 의리상으로 수레를 탈 수 없기 때문이다"라고 풀었다. 초구의 처지부터 점검해보자. 초구는 양효로 양위에 있어 자리가 바르고 육이와 유비(有比), 육사와 유응(有應) 관계다. 굳세고 밝은 다움을 갖고 있지만, 지위가 맨 아래에 있다. 효사에서 '그 발을 꾸미는 것'이라고 했는데, 발이란 가는 것 혹은 행하는 것[行]이니 행실이다. 지위를 얻지 못한 군자는 자신의 행실을 닦을 뿐이다. 구차스럽게[苟] 부귀를 도모하지 않는다. 정이의 풀이가 흥미롭다.

군자는 의리에 마땅하지 않으면 수레를 버리고 차라리 도보로 걸어간다. 이는 대부분 사람이 부끄럽게 여기지만 군자는 오히려 그것을 꾸밈[賁=修飾]으로 여긴다. 수레를 버리고 도보로 걷는다는 뜻은 비(比)와 응(應)을 겸하여 취한 것이다. 초구는 육이와 가까이 있으면서 육사와 응하니, 육사와 응하는 것은 바른 도리이지만 육이와 어울리는 것은 바른 도리가 아니다.

즉 강명한 초구는 쉽게 육이와 어울리지 않고 어렵게 멀리 육사와 호응해 도리를 지키며 살아간다는 말이다. 그래서 군자의 꾸밈이란 곧 그 마땅함을 지키는 것[守義 수의]이라 했다. 대체로 조선 초의 절의파(節義派)가 이런 길을 걸었다고 할 수 있다. 예를 들면 길재(吉再, 1353~1419)가 그런 경우다.

길재는 1370년 상산사록(商山司錄) 박분(朴賁)에게서 『논어』와 『맹자』 등을 배우며 성리학을 접했다. 아버지를 뵈려고 개경에 이르러 이색(李穡)·정몽주(鄭夢周)·권근(權近) 등 여러 선생의 문하에서 지내며 학문의 지극한 이론을 듣게 됐다.

1374년 국자감에 들어가 생원시에 합격하고, 1383년(우왕 9년) 사마감시(司馬監試)에 합격했다. 1386년 진사시에 제6위로 급제해 그해 가을 청주목사록(淸州牧司錄)에 임명됐으나 부임하지 않았다. 이때 이방원과 한마을에 살면서 서로 오가며 함께 학문을 강론하고 연마했다. 1387년 성균학정(成均學正)이 되고, 이듬해 순유박사(諄諭博士)를 거쳐 성균박사(成均博士)로 승진됐다. 당시 공직에 있을 때는 태학(太學)의 생도들이, 집에서는 양반 자제들이 모두 그에게 모여들어 배우기를 청했다. 1389년(창왕 1년) 문하주서(門下注書)가 됐으나, 나라가 장차 망할 것을 알고서 이듬해 봄 늙은 어머니를 모셔야 한다는 핑계로 벼슬을 버리고 고향인 선산으로 돌아왔다. 1391년(공양왕 3년) 계림부(鷄林府)와 안변(安邊) 등의 교수(敎授)로 임명됐으나 모두 부임하지 않았으며, 우왕의 부고를 듣고 채과(菜果)와 혜장(醯醬) 따위를 먹지 않고 삼년상을 행했다. 1400년(정종 2년) 가을 세자 방원이 그를 불러 봉상박사(奉常博士)에 임명했으나 글을 올려 두 왕을 섬기지 않는다는 뜻을 펴니, 그 절의를 갸륵하게 여겨 예를 다해 대접해 보내주고 세금과 부역을 면제해주었다. 1403년(태종 3년) 군사 이양(李楊)이 그가 사는 곳이 외지고 농토가 척박해 살기에 마땅하지 못하다 하여 오동동의 전원(田園)으로 옮겨 풍부한 생활을 누리도록 했다. 그러나 그는 소용에 필요한 만큼만 남겨두고 나머지는 모두 돌려보냈다. 그를 흠모하는 학자들이 사방에서 모여들어 항상 그들과 경전을 토론하고 성리학을 강해(講解)했으며, 오직 도학(道學-성리학)을 밝히고 이단(異端)을 물리치는 것으로 일을 삼으며 후학의 교육에만 힘썼다. 그의 문하에서는 김숙자(金叔滋) 등 많은 학자가 배출돼 김종직-김굉필·정여창-조광조로 그 학통이 이어졌다.

비괘의 밑에서 두 번째 음효에 대해 공자는 "그 수염을 꾸민다[賁其須 비 기수]는 것은 윗사람과 함께 시작하는 것이다"라고 풀었다. 정이의 풀이다.

> 이 괘가 비괘가 된 까닭은 두 효의 변화 때문이지만 문명(文明)한다는 의미가 중요하다. 육이는 실질적으로 비괘의 주인[主]이므로 여기서 주로 꾸밈의 도리를 말했다. 수염이란 턱을 따라서 움직이는 것이므로 그 움직임과 멈춤이 오직 붙어 있는 턱에 달려 있으니, 선과 악이 꾸민 장식으로부터 말미암을 수 없는 것과 같다.

즉 선과 악은 바탕이고 꾸밈은 겉치레, 장식을 넘어설 수 없다는 말이다. 공자가 '윗사람과 함께 시작하는 것이다'라고 말한 것도 같은 맥락에서 풀어낼 수 있다. 자신이 주도적일 수 없으며 윗사람, 즉 질(質)이 움직인 다음에야 문(文)이 따라간다는 말이다.

비괘의 밑에서 세 번째 양효에 대해 공자는 "오래도록 반듯하면 길하다[永貞之吉]는 것은 끝내 아무도 능멸하지 않기 때문이다"라고 풀었다. 그런데 주공의 효사에서는 앞부분에 "꾸미는 것이 촉촉하니[賁如濡如]"라고 했다. 구삼은 문명(文明-이괘)의 맨 위에 있으면서 육이와 육사 사이에 있어 서로 꾸며주니 꾸밈이 성대하다. 그래서 비여(賁如)라고 했고, 또 그 성대함이 반짝거리니 유여(濡如)라고 했다.

그런데 꾸밈이 오래가지 못하고 바른 도리가 아니면 사람들에게 능멸을 당하게 된다. 그래서 경계의 의미를 담아 '오래도록 반듯하면 길하다'라고 한 것이다. 본인이 어떻게 하느냐에 달려 있다는 뜻이다.

『선조실록』 34년(1601) 3월 19일 자에는 「대상전」부터 여기까지 강독을 하고서 선조가 신하들과 토론을 벌이는 장면이 상세하게 실려 있다. 경연(經筵) 속으로 들어가자.

> 조강(朝講-아침 경연)이 있었다. 상이 전에 수강한 것을 한 번 읽고, 시독관(侍讀官) 박동열(朴東說, 1564~1622)[327]이 '상왈산하유화(象曰山下有火)'부터 '수능능지호(誰能陵之乎)'[328]까지 강했다. 상이 새로 수강한 것을 한 번 읽고 나서 일러 말했다.
>
> "산하유화괘(山下有火卦)에 어찌하여 절옥(折獄)을 말했는가?"
>
> 박동열이 아뢰었다.
>
> "비괘(賁卦)는 바로 과병(戈兵-전쟁)의 상(象)으로 살벌(殺伐)의 의미가 있기 때문에 절옥을 말한 것입니다."

검토관(檢討官) 홍서봉(洪瑞鳳, 1572~1645)[329]이 아뢰었다.

"불이 산 위에 있는 것은 여괘(旅卦)가 됩니다. 여괘는 남아 있는 옥사가 없지만, 이 괘는 산 아래에 불이 있으므로 경솔하게 할까 염려되기 때문에 '감히 말라'고 한 것입니다."

상이 일러 말했다.

"나의 생각으로는 필시 상(象)에서 취함이 있어서 그러한 것이라 여겨진다. 그렇지 않고서야 이 괘에서 하필 옥(獄)의 의미를 취했겠는가."

영사 김명원(金命元, 1534~1602)[330]이 아뢰어 말했다.

---

327 다섯 살에 글을 읽을 줄 알았고, 1585년(선조 18년) 진사가 됐으며, 1594년 문과에 장원으로 급제, 성균관전적에 제수됐다. 이어 정언·병조좌랑·사서 등을 지냈다. 1601년 홍문관의 수찬·교리를 거쳐 이조정랑에 올랐다. 1603년 검상(檢詳)·사인(舍人)을 거쳐 사성(司成)·상례(相禮)·통례(通禮)를 역임했다. 뒤에 황주목사로 나가 부역(賦役)을 고르게 하고 민폐를 없애는 등 선정을 베풀어 칭송이 자자했으며, 어사(御使)의 추천으로 옷감을 하사받았다. 1606년 예조참의·동부승지 등을 지내고 우부승지에 올랐다. 그 뒤 황해도관찰사를 거쳐 형조참의가 됐다. 1608년(광해군 즉위년) 충주목사가 되고 이어서 대사성이 됐다. 이듬해 정인홍이 이황을 문묘에 배향하는 것이 부당하다고 소를 올리자, 이에 분격한 유생들이 정인홍을 유적(儒籍)에서 삭제하는 일이 일어났다. 이 말을 듣고 광해군이 크게 노해 유생들을 투옥시킬 때, 이를 말리다가 뜻을 이루지 못하고 자진해 나주목사로 나갔다. 나주는 원래 다스리기 어려운 고장이었으나 유풍(儒風)으로 잘 다스렸다. 1613년 폐모론(廢母論)이 일어나자 이를 적극 반대하다 박동량과 함께 옥에 갇히게 됐으나, 마침 중풍으로 석방됐다.

328 정이의 『역전』 중에서 비괘 구삼에 대한 풀이의 마지막 문장이다. 즉 "누가 능히 능멸하겠는가?"라는 뜻이다.

329 1594년 별시문과에 병과로 급제했다. 1600년 사서가 된 뒤 정언·부수찬에 이어 1602년 이조좌랑과 성주목사를 역임했다. 경기도암행어사로 다녀와 1606년 사예가 됐다. 1608년(광해군 즉위년) 중시문과에 갑과로 급제한 뒤 사성·응교 등을 역임하고, 사가독서(賜暇讀書)했다. 1610년 강원도관찰사를 거쳐, 이듬해 동부승지 재직 중 김직재옥사(金直哉獄事)에 장인인 황혁(黃赫)이 연루돼 삭직당했다. 그러나 1623년 인조반정을 주동, 정사공신(靖社功臣) 3등에 책록되고 익녕군(益寧君)에 봉해졌다. 병조참의·이조참의·대사간·동부승지·부제학·대사헌·병조참판 등을 차례로 역임한 뒤 1626년에는 도승지가 됐다. 1628년 유효립(柳孝立)의 모반을 고변, 영사공신(寧社功臣) 2등에 책록되고 지의금부사가 됐다. 예조판서를 거쳐 1630년 대사헌으로 재직 중 흉년으로 안팎이 곤궁할 때 사치가 심함을 지적, 이의 시정을 진언했다. 이어서 우참찬·이조판서·좌빈객·병조판서 등을 두루 역임한 뒤 1634년 예조판서와 부묘도감제조(祔廟都監提調)를 겸했다. 이듬해 좌참찬·대제학을 지내고, 1636년 우의정을 거쳐 좌의정에 올랐다. 마침 그해 겨울 병자호란이 일어나자 화의(和議)를 주장, 최명길(崔鳴吉)·김신국(金藎國)·이경직(李景稷) 등과 청나라 군사 진영을 내왕하며 화의를 위한 실무를 수행했다. 1639년 부원군(府院君)에 봉해지고, 이듬해 영의정에 올랐다. 한편 한재(旱災)로 인한 기민(饑民)의 구제를 위해 부민(富民)들에게 실직(實職)을 주어 모속(募粟)할 것을 주장했다. 1640~1645년 영의정과 좌의정을 번갈아 역임하며 국왕을 적극적으로 보필했다.

330 1579년 의주목사가 되고 이어 평안병사·호조참판·전라감사·한성부좌윤·경기감사·병조참판을 거쳐, 1584년 함경감사·형조판서·도총관을 지냈다. 1587년 우참찬으로 승진했는데, 이때 왜구가 녹도(鹿島)를 함락하자 도순찰사(都巡察使)가 돼 이를 퇴치했다. 이어 형조판서·경기감사를 거쳐 좌참찬으로 지의금부사를 겸했다. 1589년 정여립의 난을 수습하는 데 공을 세워 평난공신(平難功臣) 3등에 책록되고 경림군(慶林君)에 봉해졌다. 1592년 임진왜란이 일어나자 순검사에 이어 팔도도원수가 돼 한강 및 임진강을 방어했으나 중과부적으로 적을 막지 못하고

"비(賁)가 형옥(刑獄)의 상이 됩니다."

상이 일러 말했다.

"나는 형옥의 상(象)이 되는 이치에 대하여 듣고 싶어 하는 것이다. 대체로 『주역』을 읽을 때는 반드시 먼저 그 상을 알아야 한다."

김명원이 아뢰었다.

"대개 절옥은 국가와 인명의 사생이 달려 있는 것이니 상께서는 체념(體念)하셔야 합니다."

특진관 성영(成泳)이 아뢰었다.

"상을 말하자면 불이 산 아래에 있어 밝지 못하기 때문에 절옥으로 경계를 삼은 것입니다."

상이 일러 말했다.

"중국 사람들이 (주희의) 『본의(本義)』만 간행하고 (정이의) 『정전(程傳)』을 버린 이유가 무엇인가? 과장(科場)에서 『본의』만을 취하기 때문이 아닌가?"

박동열이 아뢰어 말했다.

"중국 조정의 과거는 『본의』만을 취한다고 합니다."

홍서봉(洪瑞鳳)이 아뢰어 말했다.

"『정전(程傳)』이 먼저 나왔기 때문에 주자가 『본의』만 지은 것입니다. 만일 『정전』이 없었다면 주자가 반드시 전의(傳義)를 지었을 것입니다."

박동열이 아뢰어 말했다.

"주자가 말하기를 '그 부족한 것을 보충했다'라고 했습니다. 대체로 『본의』는 『정전』의 뜻을 밝힌 것입니다. 초구(初九)에 '수레를 버리고 도보로 간다'라고 했는데, 그 뜻은 사군자(士君子)는 의롭지 않으면 도보로 갈 뿐만이 아니라 죽음에도 흔들리지 않는다는 것입니다. 이를테면 왕망(王莽) 때 현재(賢才)들이 서촉(西蜀)에 많이 있었는데, 공손술(公孫述)이 안거사마(安車駟馬)로 초치하니 약을 마시고 죽거나 도피하여 나타나지 않다가 광무(光武) 때에 가서야 벼슬했습니다. 이러한 사람들의 마음 씀과 행동은 바로 이 괘의 뜻을 잃지

---

적의 침공만 지연시켰다. 평양이 함락된 뒤 순안에 주둔해 행재소(行在所) 경비에 힘썼다. 이듬해 명나라 원병이 오자 명나라 장수들의 자문에 응했고, 그 뒤 호조·예조·공조의 판서를 지냈다. 1597년 정유재란 때는 병조판서로 유도대장(留都大將)을 겸임했고, 좌찬성·이조판서·우의정을 거쳐 1601년 부원군에 봉해지고 좌의정에 이르렀다. 유학에 조예가 깊었고, 병서와 궁마(弓馬)에도 능했다.

않은 것입니다."

김명원이 아뢰어 말했다.

"강명(剛明)한 군자가 아래에 있어 천하에 능력을 발휘하지 못한다면 이는 국가의 불행이니 유념하셔야 할 일입니다."

상이 모두 답하지 않았다. 한참 있다가 일러 말했다.

"상(象)을 모르고서 읽으면 아무리 그 뜻을 알았다 하더라도 헛일이다. 만일 행실을 바르게 하고 절의를 지키며 의로운 처사를 하도록 가르치려거든 『논어』나 『맹자』와 같이 하면 될 것인데 하필 괘를 그어 육효(六爻)를 만들어서 보여줄 필요가 있겠는가."

김명원이 아뢰어 말했다.

"만일 『정전(程傳)』이 아니었다면 어찌 '비지(賁趾)'의 뜻을 알겠습니까. 때문에 '어떤 일을 보더라도 모두 대응하여 안다'라고 했습니다."

상이 일러 말했다.

"만일 음양(陰陽)으로 따지는 사람의 말로 한다면 건(乾)이 아래이고 곤(坤)이 위인 괘가 태괘(泰卦)로서 이보다 더 길한 괘가 없다. 그런데 옛날 어떤 사람이 아비가 병이 들어 복서(卜筮)하는 자에게 점을 쳐 태괘를 얻었는데, 복서하는 자가 말하기를 '곤(坤)은 흙이고 건(乾)은 아버지인데, 아버지가 흙 아래에 있는 상이니 너의 부친은 죽을 것이다'라고 했다고 한다. 이 어찌 길흉이 도치(倒置)된 것이 아니겠는가. 그 이치가 천만 가지로 변화하니 쉬이 알 수가 없다. 육이효(六二爻)의 뜻은 어떠한가? 수(須)는 수(鬚)와 같은가?"

박동열이 아뢰어 말했다.

"수(須)는 바로 '수(鬚-수염)' 자인데, '수유(須臾-한순간)'라고 할 때의 '수' 자를 여기에 차용(借用)한 것입니다. 비괘의 효사(爻辭)는 문(文)이 지나친 것을 경계하고 질(質)을 소중히 여겼습니다. 구삼효(九三爻)는 양효(陽爻)로서 두 음효(陰爻) 가운데 있어서 비록 서로 꾸며주는 것 같지만, 이는 바로 감괘(坎卦)의 형상으로 함정에 빠질까 염려하는 뜻이 있기 때문에 '영정(永貞)한 뒤에야 길하다' 했습니다. 『주역』은 한 글자라도 다 뜻이 있다고 하지만 『정전(程傳)』의 뜻으로만 보는 것이 합당합니다."

비괘의 밑에서 네 번째 음효에 대해 공자는 "당면한 자리가 의심스러우니 도적이 아니면 청혼한다[匪寇婚媾](비구 혼구)는 것은 끝내는 탓할 것이 없다는 것이다"라고 풀었다. 주공의 효사는 "꾸미는 것이 하얗고 흰말이 나는 듯하니 도적이 아니면 청혼한다[賁如皤如 白馬翰如 匪寇婚媾]"다. 정이의 풀이다.

> 육사는 초구와 호응해 서로 꾸미는 자이니, 본래 마땅히 꾸며야 하지만 구삼에 막혀 서로 꾸미지를 못해 흰 것이다. 희다는 것은 꾸미지 못한 것이다. 말이란 아래에서 움직이는 것인데, 서로 꾸밈을 얻지 못해 흰말이라고 했다. 그런데 바른 호응 관계를 따르려는 뜻이 날아가는 것과 같으므로 '나는 듯하니'라고 했다. 원수인 구삼에 의해 막히지만 않았다면 청혼을 해서 서로 그 친밀함을 이뤘을 것이다. 초구와 육사는 바른 호응[正應]의 관계이니 끝내는 반드시 친밀함을 얻게 된다. 다만 처음에 막혀서 그럴 뿐이다.

공자가 '당면한 자리가 의심스럽다'라고 한 것은 삼으로 인해 초구와 육사가 그런 의심을 처음에 품을 수 있다는 말이다.

비괘의 밑에서 다섯 번째 음효에 대해 공자는 "육오(六五)가 길한 까닭은 기쁨이 있기 때문이다"라고 풀었다. 즉 "언덕 정원에서 꾸미는 것이니 묶어놓은 비단이 재단돼 있듯이 하면 안타깝지만 끝내는 길하다[賁于丘園 束帛戔戔 吝終吉]"라고 한 주공의 효사를 공자는 한마디로 '기쁨이 있기 때문'이라고 했다. 효사부터 보자. 정이의 풀이다.

> 육오는 음유의 자질로 강양의 뛰어난 사람인 상구와 은밀한 관계를 맺는다. 음은 양과 친하게 지내는 것인데 지금 관계하고 호응하는 사람이 없어 호응 관계가 아닌 상구를 따르는 자이므로 상구로부터 꾸밈을 받는다. 언덕 정원[丘園]이란 밖에 있으면서도 가까운 것을 말하니 상구를 가리킨다.

그래서 "언덕 정원에서 꾸미는 것"이라고 했다는 것이다. "묶어놓은 비단이 재단돼 있듯이"란 상구의 제재를 받게 되고 스스로의 자질로는 유약해 뜻을 펼치지 못하지만 결국은 상구의 도움으로 그나마 꾸밈을 이룰 수 있게 돼 길하니 만족스럽지는 못해도 기쁨이 있게 된다는 말이다. 정이의 맺음말이 재미있다.

> 타인에게 도움을 받는 것은 몽괘(蒙卦)와 같지만, 몽괘에서는 안타깝다[吝]는 말을 하지

않은 것은, 어리석은 어린아이가 타인에게 도움을 청하는 것은 당연하기 때문이다. 그런데 어린아이가 아닌데도 타인에게서 꾸밈을 받는 것은 안타까워할 만하지만, 그 공로를 누릴 수 있어 끝내는 길한 것이다.

구차스러운 길함이라 하겠다. 옛날에 주로 정란(靖亂) 등에는 참여하지 않고서도 인맥을 동원해 정식 공신이 아닌 원종공신(原從功臣) 명단에 올라 복록을 누린 자들이 대체로 여기에 해당한다고 하겠다. 공자가 다른 말은 하지 않고 그냥 '기쁨이 있기 때문'이라고 한 것도 이유 여하를 막론하고 그냥 그렇다는 뉘앙스다.

비괘의 맨 위에 있는 양효에 대해 공자는 "꾸밈을 희게 하면 허물이 없다[白賁(백비)无咎(무구)]는 것은 위에 있으면서 뜻을 얻었기 때문이다"라고 풀었다. '꾸밈을 희게 한다'는 것은 본래의 질박함을 잃지 않는 범위에서 적절하게 꾸밈을 가한다는 뜻이다. 문(文)이 질(質)을 넘지 않도록 하는 것이다. 『논어』 「옹야」편에서 공자가 한 말이 지침이다.

> 바탕이 꾸밈을 이기면 거칠고[質勝文則野(질승문즉야)] 꾸밈이 바탕을 이기면 번지레하다[文勝質則史(문승질즉사)].

정이는 '위에 있으면서 뜻을 얻었기 때문'이라는 구절에 대해서는 "육오의 군주가 상구의 꾸밈을 받아들여주기 때문"이라고 풀었다. 물론 자칫하면 가장 높은 자리에서 뜻을 얻고 꾸밈의 극한에 처했으니, 지나친 화려함과 거짓된 꾸밈에 빠져 본바탕의 실상을 잃는 허물을 지을 수 있으니 한결같이 질박함을 잃어서는 안 된다.

비괘의 상륙을 마치며 떠오른 인물은 양녕대군(讓寧大君, 1394~1462)이다. 그가 세상을 떠났을 때 실록은 그의 졸기를 이렇게 남겼다.

> 양녕대군(讓寧大君) 이제(李禔)가 졸(卒)했다. 제는 태종(太宗)의 맏아들로서 영락(永樂) 2년 갑신년(1404)에 세자에 봉해졌고 무자년(1408)에 명나라에 갔다 왔는데, 무술년(1418)에 죄로 인하여 세자에서 양녕대군으로 강봉(降封)됐으며 이천(利川)에 나가서 살았다. 세종 18년 병진년(1436)에 과천(果川)에 양이(量移-감형)되고 정사년(1437)에 서울 집으로 돌아왔는데, 이에 이르러 병으로 졸(卒)하니 나이가 69세다. 부음(訃音)을 듣고 3일 동안 철조(輟朝)했다. 성품이 어리석고 곧으며 살림을 다스리지 아니하고 활쏘기와 사냥으로 오락

을 삼았다. 세종이 우애가 지극했고 제(禔)도 다른 마음을 가지지 아니하여 능히 처음부터 끝까지 보전함을 얻었다. 광산군(光山君) 김한로(金漢老)의 딸에게 장가들어서 3남 4녀를 낳았는데 아들은 이개(李諧)·이포(李誧)·이혜(李譓)이고, 측실(側室)에서 6남 10녀를 두었다. 시호(諡號)를 내려 강정(剛靖)이라 했으니, 굳세고 과감(果敢)한 것을 강(剛)이라 하고 너그럽고 즐거워하여 제 명(命)대로 편안히 살다 죽은 것을 정(靖)이라 한다.

## 23. 산지박(山地剝)[331]

박(剝)은 가는 바가 있으니 이롭지 않다.

剝 不利有攸往.[332]
박 불리 유 유왕

초륙(初六)은 평상을 깎되 다리부터 하니 반듯함을 없애 흉하다[剝牀以足 蔑貞 凶].
박상 이족 멸정 흉

육이(六二)는 평상을 깎아 가로댄 나무에 이르니 반듯함을 없애 흉하다[剝牀以辨 蔑貞 凶].
박상 이변 멸정 흉

육삼(六三)은 깎아 없앨 때 허물이 없다[剝之无咎].
박 지 무구

육사(六四)는 평상을 깎아 살갗에까지 이르니 흉하다[剝牀以膚 凶].
박상 이부 흉

육오(六五)는 물고기를 꿰듯이 해 궁인(宮人)이 총애를 받듯이 하면 이롭지 않음이 없다[貫魚 以宮人寵 无不利].
관어 이 궁인 총 무불리

상구(上九)는 큰 과일은 먹히지 않는 것이니 군자는 수레를 얻고 소인은 집을 허문다[碩果不食 君子得輿 小人剝廬].
석과 불식 군자 득여 소인 박려

◉

박괘(剝卦)의 초륙(初六)은 양위에 음효로 바르지 못함[不正位], 육이(六二)는 음위에 양효로 바름[正位], 육삼(六三)은 양위에 음효로 바르지 못함, 육사(六四)는 음위에
부정위 정위

---

331 문자로는 간상곤하(艮上坤下)라고 한다.

332 이(利)만이 부정어 형태로 있다.

음효로 바름, 육오(六五)는 양위에 음효로 바르지 못함, 상구(上九)는 음위에 양효로 바르지 못함이다. 이 괘의 경우 육이는 중정을 얻었고 육오는 얻지 못했다

대성괘 박괘(䷖)는 소성괘 간괘(☶)와 곤괘(☷)가 위아래에 있어 만들어진 괘다. 「설괘전」에 따르면 '간(艮-산)으로 오래 머물게 하고[止=久]' '곤(坤-땅)으로 간직한다[藏]'고 했다. 괘의 모양이 간(艮)이 위에 있고 곤(坤)이 아래에 있다. 정이는 이에 대해 "산이란 땅 위에 높이 솟아 있어야 하는데 땅에 붙어 기대어[附] 있으니 산이 무너져 내린 것[頹剝]"이라고 괘체(卦體)의 의미를 풀었다.

그러면 「서괘전」을 통해 왜 박괘가 비괘의 뒤를 이어받았는지 확인해보자.

> 다 꾸민[賁] 다음에 형통하면 남김없이 다하게 된다[盡]. 그래서 비괘의 뒤를 박괘(剝卦)로 받았다. 박(剝)이란 깎여서 다 없어진다[剝]는 말이다.
>
> 致飾然後亨則盡矣. 故受之以剝. 剝者 剝也.

문질빈빈도 시간이 흐르면 내용은 사라지고 껍데기만 남게 된다. 주나라도 춘추 시대로 접어들자 문물이 쇠퇴해 겉치레만 남게 됐다. 『논어』 「선진」편에 나오는 공자의 다음과 같은 말은 바로 그 폐단을 지적하고 있다.

> 옛사람들은 예악에 있어 촌스러운 사람들[野人]이고 요즘 사람들은 예악에 있어 뺀질뺀질한 사람들[君子=史人]이다. 만일 내가 예악을 쓸 일이 있으면 옛사람의 것을 따를 것이다.

옛사람들이란 곧 문물이 갖춰져 있을 때의 주나라 사람들을 말하고, 요즘 사람들이란 바로 모든 것이 허물어져 내린 춘추 시대 사람들을 말한다. 그래서 "다 꾸민[賁] 다음에 형통하면 남김없이 다하게 된다[盡]. 그래서 비괘의 뒤를 박괘(剝卦)로 받았다"라고 한 것이다.

문왕의 단사(彖辭), 즉 "박(剝)은 가는 바가 있으니 이롭지 않다[不利有攸往]"에 대한 공자의 풀이[「彖傳」]를 살펴볼 차례다.

박(剝)이란 다 없애버리는 것[剝]이니 부드러움이 굳셈을 달라지게 한다[柔變剛]. 가는 바가 있으니 이롭지 않다[不利有攸往]는 것은 소인들이 자라나기 때문이다. 고분고분하여 그것을 멈추게 하는 것[順而止之]은 (박괘의) 상(象)을 살펴본 때문이다. 군자가 자라남과 줄어듦[消息], 가득 참과 텅 빔[盈虛]을 중요시하는 것은 그것이 하늘의 운행[天行=天道]이기 때문이다.

剝 剝也 柔變剛.
박 박야 유변강
不利有攸往 小人長也.
불리 유 유왕 소인 장 야
順而止之 觀象也.
순 이 지지 관상 야
君子尙消息盈虛 天行也.
군자 상 소식 영허 천행 야

◉

"부드러움이 굳셈을 달라지게 한다[柔變剛]"는 것은 양이 하나씩 음으로 바뀌어 이제 맨 위의 상구만 남고 모두 음으로 되어버린 것을 말한다. 음은 소인의 도리고 양은 군자의 도리다. 이처럼 소인의 도리가 왕성하게 되면 군자가 일할 때 이로울 일이 없는 것이다. 처음 맨 아래에 음이 생겨나 박괘에 이르는 과정은 아래와 같다.

| 5월 | 6월 | 7월 | 8월 | 9월 |
|---|---|---|---|---|
| 구괘 (姤卦, ䷫) | 돈괘 (遯卦, ䷠) | 비괘 (否卦, ䷋) | 관괘 (觀卦, ䷓) | 박괘 (剝卦, ䷖) |
| 오월(午月) | 미월(未月) | 신월(申月) | 유월(酉月) | 술월(戌月) |

박괘의 상황이 되면 군자는 이를 잘 살펴 도리에 순응해서 나아가는 바를 멈춰야 한다. 이는 곧 하고자 하는 일이 있어도 일단은 멈추라는 뜻이다. 군자가 이런 도리를 알게 되는 것은 다름 아닌 하늘의 운행을 통해 지혜를 얻어야 한다는 말이다. 천문(天文)을 살펴 인사(人事)에 대처하라는 것이 바로 그 말이다.

공자의 「상전」을 살펴볼 차례다. 그중에 박괘를 총평한 「대상전」이다.

산이 땅에 붙어 기대어[附] 있는 것이 박(剝)(이 드러난 모습)이니, 상(上)은 그것을 갖고서 아래를 두텁게 해주어 집을 편안케 한다[山附於地剝 上以 厚下安宅].
산 부어 지박 상이 후하 안택

◉

산이 무너졌을 때는 그 원인을 살펴야 한다. 그것은 바로 아래가 무너졌기 때문이다. 그래서 아래를 튼튼하게 하고 백성의 삶을 편안케 해줘야 한다. 나라의 근본은 백성이기 때문이다.

『순조실록(純祖實錄)』 25년(1825) 11월 19일 우의정 심상규가 백성의 고통을 헤아려줄 것을 절절하게 호소하는 소(疏)를 올렸는데, 그 논거가 바로 이 공자의 「대상전」에 근거를 두고 있다. 관련 부분을 발췌한 것이다.

> 신이 가만히 생각건대, 하늘이 이 백성을 내어 임금을 세워 백성을 다스리게 했으니 이 임금은 백성을 위해 세운 것이지 임금을 위해 백성을 준 것이 아닙니다. 세대를 계승(繼承)한 임금의 입장에서 보자면 이 백성이 또 모두가 조종(祖宗)께서 남겨주어 우리에게 부탁한 것입니다. 그래서 자고로 성철(聖哲)한 임금은 하늘이 백성을 위해 임금을 세운 것임을 알고 천심(天心)이 백성에게 매우 은혜롭고 매우 사랑함을 알아서 반드시 하늘을 받들어 백성을 길렀으니, 바로 『서경(書經)』에서 말하는 "오직 하늘은 백성에게 은혜로우니 임금은 하늘을 받들어야 한다"라고 한 것이 이것입니다.
> 『주역』 박괘(剝卦)의 상(象)에 말하기를, "산이 땅에 붙어 기대어[附(부)] 있는 것이 박(剝)(이 드러난 모습)이니, 상(上)은 그것을 갖고서 아래를 두텁게 해주어 집을 편안케 한다"라고 했고, 익괘(益卦)의 단(彖)에 말하기를 "익(益)은 위를 덜어 아래에 보태는 것이니 백성의 기뻐함이 끝이 없다"라고 했습니다. 주자(朱子)는 이를 해석하기를 "산이 땅에 붙어 있다고 했지만, 오직 땅이 두텁기 때문에 산이 편안하게 붙어 있어 흔들리지 않는다. 인군(人君)도 아래를 두텁게 하여 백성의 마음을 얻으면 그 지위 역시 편안해서 흔들리지 않는다"라고 했습니다. 위를 덜어서 아래에 보태는 것이 익(益)이며 아래를 덜어서 위에 보태는 것을 손(損)이라 하는데, 그렇게 된 까닭은 나라의 근본이 두터우면 나라가 편안하고 임금도 편안하기 때문에 익이 되는 것이며, 그렇지 않으면 이와 반대가 되는 것입니다. 대개 산의 높음이 땅에서 나온 것이지만 도리어 땅에 붙어 있는 것은 마치 임금이 백성의 위에 자리하지

만 도리어 백성에게 의지하는 것과 같습니다. 임금이 임금 된 까닭은 백성이 있기 때문이니, 임금이면서 백성이 없다면 어디에 의지해서 임금 노릇을 하겠습니까? 임금 된 자가 참으로 그 지위를 편안하게 함이 백성이 있음으로 말미암은 것을 안다면 백성의 삶을 두텁게 하여 그들을 편안하게 해주기를 생각하지 않을 수 있겠습니까? 익(益)이라는 말은 증가하는 바가 있음을 말한 것입니다. 이제 손(損)인데도 익이라고 말하는 것은 무엇 때문입니까? 위에서 자신을 검약(儉約)하여 남을 여유 있게 하면 사람들이 반드시 기뻐하여 위를 받들 것이니, 어찌 익이라고 말하지 않겠습니까? 위에서 다른 사람의 것을 빼앗아서 자기를 두텁게 하면 사람들이 반드시 위를 배반하게 될 것이니, 어찌 손이라 말하지 않겠습니까? 위를 덜어서 아래를 두텁게 하는 것이 익이 되고 편안함이 되니, 인군이 백성에게 이렇게 하기를 힘쓰는 것은 그렇게 함이 스스로 익이 되고 스스로 편안함이 되기 때문입니다. 대개 외로운 한 몸이 억조 백성 위에 붙어 있는데, 참으로 덕정(德政)으로 이 억조의 백성을 길러서 생업(生業)에 편안하고 즐겁게 하여 그들 마음을 후히 맺어두지 않는다면 썩은 새끼줄로 6마리의 말을 이끄는 것도 그 위태로움을 비유하기에 부족합니다. 그런데 혹 이 억조의 백성을 자기를 받드는 자들로 여겨서 그 위에서 함부로 하고 돌볼 줄을 모른다면 반드시 위태롭고 망하게 됨은 말하기를 기다리지 않고도 알 수 있습니다. 그러므로 순(舜)임금이 우(禹)왕에게 고하기를 "두려워해야 할 자는 백성이 아니겠는가?"라고 했고, 소공(召公)이 성왕(成王)에게 경계하기를 "백성의 어려움을 돌보고 두려워해야 합니다"라고 했으며, 오자(五子)는 노래를 지어 황조(皇祖)의 훈계를 계술하기를 "백성은 가까이는 해도 얕잡아 보아서는 안 되며, 백성은 나라의 근본이니 근본이 튼튼해야 나라가 편안하다"라고 했고, 무왕(武王)은 군사들에게 맹세하면서 고인(古人)의 말을 인용하기를 "우리를 어루만져주면 임금이요 우리를 학대하면 원수이다"라고 했으며, 맹자(孟子)는 걸주(桀紂)의 일에 대해 말하기를 "걸주가 천하를 잃은 것은 그 백성을 잃었기 때문이니 그 백성을 잃었다는 것은 그 마음을 잃은 것이다"라고 했습니다. 임금은 지극히 높고 소민(小民)은 지극히 낮으며 임금은 지극히 강하고 소민은 지극히 약해서, 임금이 백성을 살리고자 하면 살릴 수가 있고 죽이고자 하면 죽일 수도 있으니 이는 두려워할 자로서 임금보다 더할 자가 없는 것입니다. 그런데도 순임금은 말하기를 "두려워할 자는 백성이 아닌가?"라고 했고 소공은 말하기를 "백성의 어려움을 돌보고 두려워해야 합니다"라고 했습니다. 참으로 백성은 두렵고 험(險)함을 안다면 스스로 길러 편안하게 해주고 은혜로써 온화하게 하지 않을 수 없으며, 감히 쉽게 여기거나 소홀하게 할 수 없고 더욱 감히 학대하거나 괴롭게 할 수 없습니다. 명주(明主)는 그 백성을 두려워하고 암주(闇主)는 백성으로 하여금 자신을 두려워하게 하는데, 선유(先儒)가 말하기를 "그 백성을 두려워하는 자는 창성(昌盛)하고, 백성으로 하여금 자기를 두렵게 하는 자는 망한다"라고 했습니다. 또 임금과 백성은 세력으로 말하자면 하늘과 땅처럼 현격하여 짝이 될 수 없으나 정으로 말하자면 신체(身體)가 서로 의지하여 살아가는 것과 같습니다. 형세가 성글게 되면 헤어지고 정이 친하면 합하게 되는데, 친하기 때문에 가깝다고 말하는 것이요 성글기 때문에 낮추어본다고 말한 것이니 친하게는 해도 성글게 해서는 안 된다는 말입니다. 백성은 나라의 근본인데, 근본이 튼튼하지 못한 것을 선유는 말하기를 "비록 강함이 진(秦)나라와 같고 부(富)함이 수(隋)나라와 같다 하더라도 마침내는 멸망하게 된다"라고 했습니다. 고인(古人)의 말이란 바로 선민(先民) 사이에 전해온 말인데 무왕(武王)이 인용하며 백성의 상정(常情)이 이와 같음을 밝힌 것이니, 군민(君民)의 분의에 있어 어찌 나를 학대한다고 하여 마침내 원수로 여길 수 있겠습니까? 그러나 군민의 분의는 믿을 수 없고 백성의 상정은 살피지 않을 수 없습니다. 비유하자면 임금은 배가 되고 백성은 물이 되는데, 물은 배를 떠다니게 하지만 역시 배를 뒤엎기도 하니 선유(先儒)가 말하기를 "배는 군도(君道)요 물은 민심이다"라고 했습니다. 배가 물의 도리에 따르면 뜨지만 어기면 침몰하듯이 임금이 민심을 얻으면 굳게 되지만 잃으면 위태롭습니다. 그러므로 옛날 성왕(聖王)들은 그 마음으로 천하의 마음을 따르고 감히 천하 사람으로 하여금 그의 욕심을 따르게 하지 않았으며, 두려워하고 조심하면서 감히 스스로 높은 형세를 믿지 않고 오직 하민(下民)들의 마음을 혹시라도 잃을까 두려워했습니다. 경전(經傳)의 뜻과 성철(聖哲)의 가르침이 정녕 돈독하여 권계(券契)처럼 미덥습니다. 이제 우리 전하의 인성(仁聖)하심으로 조종(祖宗)의 큰 유업(遺業)을 받아 생민의 임금이 되셨는데, 덕(德)이 선하지 않은 것은 아닌데도 정사에 혹 법(法)이 없고, 정사에 법이 없으므로 백성 기름이 잘못돼 육부(六府)가 닦이지 않고 삼사(三事)를 모두 빠뜨리어 마침내는 팔도의 백성으로 하여금 곤췌(困瘁)함이 자심하게 하여 신음하는 소리가 여기저기 들립니다.

참으로 바라건대 전하께서는 성지(聖志)를 분발하여 끊임없이 노력하시어 현부(賢否)를 구별하고 출척(黜陟)을 밝히시며, 공과 죄를 조사하여 형상(刑賞)을 공정하게 하시며, 대공지정(大公至正)의 마음을 넓히시고 편사사설(偏私邪屑)의 해를 끊으시며, 충성스럽고 곧은 신하를 가까이하여 의리를 강명하고 자신이 조심스럽게 조림(照臨)하여 크게 경칙(警勅)

하소서. 먼저 궁중의 환첩(宦妾)과 설어(褻御) 등 좌우에서 받드는 무리와 액례(掖隸)·금병(禁兵) 등 부리는 무리로부터 모두 충근외신(忠勤畏愼)해야 보존되고 방자하고 범람하면 반드시 죽을 것을 환히 알게 하며, 궐문 안팎을 엄히 하여 문지기는 출입(出入)의 금지(禁止)를 조심스럽게 하고, 궁중(宮中)과 부중(府中)을 통개(洞開)하여 감히 엿보거나 가리지 못하게 하며, 옛날에 물든 것을 통렬하게 고쳐서 일체 숙청(肅淸)해야 하니, 이것이 안에서 기강이 선다는 것입니다.

지금 읽어도 가슴속이 서늘한 이 소를 올린 심상규(沈象奎, 1766~1838)는 1789년(정조 13년) 춘당대 문과에 병과로 급제했고 강제문신(講製文臣)에 선임됐다. 1796년에 문체가 순수하고 바르지 못하다 하여 웅천현감(熊川縣監)에 외보되기도 했다. 그러나 이는 심상규의 재주가 지나치게 나타나는 것을 걱정한 정조의 배려로서 후일 크게 쓸 재목을 만들려는 의도였다고 한다. 아버지 심염조에 이어 사명(賜名)을 받을 정도로 총애를 받았다. 정조가 죽은 뒤 신유년(1801) 정치 파동 때 채지영(蔡趾永) 등의 무고로 홍원(洪原)·남원(南原)에 잠시 유배되기도 했다. 1804년(순조 4년) 안동 김씨 세도 정권이 들어서자 『정조실록』 편수당상관에 임명됐다. 이조·호조·형조참판과 전라도 관찰사를 거쳐서 1809년 예조판서·홍문관직제학에 올랐다. 2년 뒤에는 병조판서로서 홍경래(洪景來)의 난을 수습했다. 다음 해 성절사(聖節使)로서 연경(燕京)에 다녀왔고, 1821년 대제학이 됐다. 그 뒤 예조·이조·공조판서를 거치면서 궁방전(宮房田)의 면세지 5000결을 감축하기도 했다. 1825년 우의정이 돼 백성을 다스리는 방법으로 기강과 풍속 교정을 말해 경장(更張)보다 운영의 측면을 강조했다. 1827년 세자(익종(翼宗)으로 추존됨)의 대리청정 시, 대사간 임존상(任存常)의 탄핵으로 면직돼 풍양 조씨의 세도 정치 기간 동안 장단에 퇴거했다. 1832년 다시 우의정으로 기용돼 절검과 사치 금지·공시 규제 정책(貢市規制政策)을 시행했다. 순조가 죽자 원상(院相)[333]으로서 헌종 초년의 정사를 관장했다. 『순조실록』 편찬총재관을 지내고 정조·순조·익종의 어제(御製)를 찬진했다. 평생을 김귀주(金龜柱) 당여와 반대 입장을 지켰다. 어릴

333 임시 관직으로, 국왕이 병이 나거나 어린 왕이 즉위했을 때 원로대신이 승정원에 주재하면서 국정을 대신 맡았다.

때부터 뛰어난 재질을 보였는데, 시문의 내용이 깊고 치밀해 18세에 타인의 입에 오르내렸다고 한다. 문장은 간결하고 자연스러웠는데, 이는 아버지가 모은 수만 권의 장서를 어려서부터 즐겨 읽은 덕분이라 한다. 이용후생(利用厚生)의 중요성을 강조했으며, 백성의 생활 근본을 제작(製作)에 둬야 한다고 늘 말했다고 한다.

박괘의 여섯 효[六爻]에 대한 주공의 말을 풀이한 공자의 「소상전」이다.

(초륙(初六)은) 평상을 깎되 다리부터 한다[剝牀以足]는 것은 밑에서부터 (양을) 없앤다는 것이다[剝牀以足 以滅下也].
(육이(六二)는) 평상을 깎아 가로댄 나무에 이르렀다[剝牀以辨]는 것은 아직 (호응해) 함께하는 사람이 없기 때문이다[剝牀以辨 未有與也].
(육삼(六三)은) 깎아 없앨 때 허물이 없다[剝之无咎]는 것은 위와 아래의 여러 음과 차이가 있기 때문이다[剝之无咎 失上下也].
(육사(六四)는) 평상을 깎아 살갗에까지 이르렀다[剝牀以膚]는 것은 재앙에 매우 가깝다는 것이다[剝牀以膚 切近災也].
(육오(六五)는) 궁인(宮人)이 총애를 받듯이 하는 것[以宮人寵]은 끝내는 허물이 없다는 말이다[以宮人寵 終无尤也].
(상구(上九)는) 군자는 수레를 얻었다는 것은 백성에게 실린다는 것이고, 소인은 집을 허문다는 것은 끝내는 쓸 수가 없다는 것이다[君子得輿民所載也 小人剝廬終不可用也].

◉

박괘의 맨 아래 첫 음효에 대해 공자는 "평상을 깎되 다리부터 한다[剝牀以足]는 것은 밑에서부터 (양을) 없앤다는 것이다"라고 풀었다. 주공의 효사에서 "반듯함을 없애 흉하다[蔑貞凶]"라고 한 것을 보다 구체적으로 풀어낸 것이다.

먼저 박괘 초륙의 처지를 보자. 음효로 양위에 있어 자리가 바르지 못하고 바로 위도 음효여서 무비(無比)이며 육사와도 호응 관계가 없다. 음유한 자질로 가장 낮은 자리에 처해 있다. 무원고립의 음흉한 소인이 소인의 도리를 맨 아래에서부터 펼쳐낼 가능성이 높다. 정이의 풀이다.

음이 양을 깎아내는 것은 밑에서부터 위로 올라간다. 평상[牀]을 상징물로 삼은 것은 몸이 처해 있는 곳을 취한 것이다. 밑에서부터 깎아서 점점[漸] 몸에까지 이르게 되는 것이다.

이렇게 해서 음이 양을 박살 내고 소인이 군자를 소멸시키고 그릇된 도리가 바른 도리를 잠식해 들어간다. 대체로 이 단계에서 발본색원하지 못할 경우 소인의 세력은 무섭게 자라나기 마련이다.

박괘의 밑에서 두 번째 음효에 대해 공자는 "평상을 깎아 가로댄 나무에 이르렀다[剝牀以辨]는 것은 아직 (호응해) 함께하는 사람이 없기 때문이다"라고 풀었다. 이 또한 주공의 효사에서 "반듯함을 없애 흉하다[蔑貞凶]"라고 한 것을 보다 구체적으로 풀어낸 것이다. '반듯함을 없앤다'라는 것은 바른 도리를 말하고 행하는 군자들을 내몰았다는 말이다. 그 처음에 막지를 못하니 점점 소인들의 활동이 왕성해지는 것이다. 가로댄 나무[辨]란 평상의 위아래를 나누는 것으로, 평상의 근간이다. 즉 군자들의 근간까지 파고들었다는 뜻이다. 공자는 이렇게 되는 이유가 군자들과 뜻을 같이하는 사람들의 호응이 없었기 때문이라고 본다. 그나마 아직은 그래도 소인들을 꺾어볼 기회가 있다는 말이기도 하다. '아직'이라고 한 것은 그 때문이다.

일이 이렇게 되는 까닭은 임금의 책임이다. 초륙이 나타났을 때만 해도 아직 미미해서 그랬다고 할 수 있겠지만 육이는 이미 조직 속에서 현저하게 모습을 드러낸다. 게다가 육이는 군위(君位)와 호응하는 자다. 이때 단호하게 끊고 소인을 응징한다면 더는 자랄 수 없다. 그런데 역사를 보면 대부분 임금은 이런 육이의 활동을 '충성'으로 봐서 오히려 더 길러주기도 한다. 그러면 조정 안을 소인으로 채우는 것은 시간문제다. 이는 현대 정치사에서도 크게 다르지 않다. 반고의 『한서』 「영행전(佞幸傳)」편을 보자. 대표적으로 군자가 소인에게 당하는 사례다.

> 석현(石顯)은 자(字)가 군방(君房)으로 제남(濟南) 사람이다. 홍공(弘恭)은 패군(沛郡) 사람이다. 둘 다 어려서 법에 걸려 부형(腐刑)을 당해 중황문(中黃門-환관)이 됐는데, 뽑혀서 중상서(中尙書)가 됐다. 선제(宣帝) 때 중서관(中書官)이 됐는데, 공(恭)은 법령과 고사에 밝아 주청을 잘 했고 그 직무를 잘 처리했다. 공은 (중서)령(令)이 됐고 현(顯)은 복야(僕射)가 됐다. 원제(元帝)가 즉위하고 몇 년이 지나 공이 죽자 현이 그 자리를 이어 중서령이 됐다.

이때 원제(元帝)는 병치레를 자주 하는 바람에 직접 정사를 챙기지 못했고 바야흐로 음악을 너무 좋아해 현이 오랫동안 일을 관장했는데, 중인(中人-궐내의 환관)이어서 밖으로 추종하는 무리[黨]를 만들지 않고 오직 일에만 전념해 신임을 받을 수 있었다. (원제가 잦은 병치레로 인해) 마침내 정사를 전부 맡겼다. 크고 작은 일을 가리지 않고 현이 도맡아서 상주하고 결정해 귀한 총애를 받게 되니 조정이 그에게로 기울었고 모든 관리가 다 현을 삼가며 섬겼다. 현은 그 사람됨이 재주가 많고 머리가 좋아 일을 익혀서 임금의 작은 뜻까지도 능히 깊이 알아차렸고, 속으로는 도적과도 같은 생각을 깊이 하면서 궤변으로 다른 사람들을 중상모략하고 자신을 고깝게 본[睚眦] 사람들에게는 반드시 원한을 품어 번번이 법으로 보복을 가했다.

초원(初元) 연간에 전장군 소망지(蕭望之) 및 광록대부 주감(周堪), 종정 유경생(劉更生) 등이 모두 급사중(給事中)으로 있었다. 망지(望之)는 상서사를 통솔하고 있었는데, 현이 전권을 휘두르며 간사한 짓을 한다는 것을 알고서 건의를 올려 말했다.

"상서(尙書)는 백관의 뿌리로 나라의 기틀이니 마땅히 공명정대하게 일을 처리해야 합니다. 무제(武帝)께서는 후궁에서 놀이를 즐기셨기에 환자를 썼지만, 이는 옛 제도는 아닙니다. 마땅히 중서(中書) 환관은 폐지해 옛 법도에 따라 형벌을 당한 자를 가까이에 두어서는 안 될 것입니다."

원제는 들어주지 않았고, 이로 말미암아 망지 등은 현과 크게 틀어졌다. 뒤에 모두 해를 당했는데, 망지는 자살했고 감(堪)과 경생(更生)은 폐고(廢錮)돼 두 번 다시 나아갈 수 없었다.

박괘의 밑에서 세 번째 음효에 대해 공자는 "깎아 없앨 때 허물이 없다[剝之无咎]는 것은 위와 아래의 여러 음과 차이가 있기 때문이다"라고 풀었다. 말의 뜻이 미묘하다. 정이의 풀이다.

여러 음이 양을 깎아 없앨 때 육삼 홀로 굳센 자리[陽位]에 있어 (하나밖에 없는) 상구와 호응하니 위아래에 있는 음들과는 다르다[失=差]. 뜻이 바른 도리를 따르는 데 있으니 박괘의 때에 있기는 하지만 허물이 없을 수 있다. 그런데 왜 길하다고 하지 않고 허물이 없다고만 한 것인가? 여러 음이 양을 박살 내고 여러 소인이 군자를 해치는 때를 당해, 육삼이 비록 바른 도리를 따른다 해도 형세가 고립돼 힘이 없고 호응하는 자가 지위가 없는 처지에 있으니 이런 때는 화를 면하기 어렵다. 그런데 어찌 길하겠는가? 그 의리상 허물이 없다는 정도에 그칠 뿐이다. 그나마 허물이 없다고 한 것은 선(善)을 권면한 것이다.

소인과 맞서려다가 치밀하지 못해 오히려 화를 입은 대표 인물이 잠시 언급됐던 한나라 원제 때의 소망지다. 사마광의 『자치통감(資治通鑑)』에 나오는 관련 기록이다.

(한나라 원제(元帝) 초원(初元) 2년(BC 47)) 4월 조서를 내려 소망지에게 관내후(關內侯) 급사중(給事中)의 자리를 하사하고 매달 초하루와 보름에 조회에 참석하게 했고, 주감과 유경생을 다시 불러 간대부(諫大夫-800석 관직)로 삼으려 하자 홍공과 석현이 (반대) 건의를 하는 바람에 두 사람 다 중랑(中郎-600석 관직)으로 삼았다.

상은 소망지를 그릇으로 중하게 여기기를 그치지 않았고, 그에 의지하는 바가 커서 재상으로 삼으려 하자 홍공, 석현, 허씨와 사씨[334] 자제들은 모두 다 소망지 등을 흘겨보았다[側目(측목)]. 유경생이 마침내 자신의 외척으로 하여금 변고(-지진)가 일어난 데 대해 상에게 글을 올리도록 했다.

"지진[地動(지동)]이 일어난 것은 거의 홍공 등 때문이며, (신은) 마땅히 홍공과 석현을 물리치오니 그들이 선한 일을 숨기려 한 죄를 물으시고 소망지 등을 올리시어 현능한 이들의 길을 크게 열어주셔야 합니다."

글이 올라가자 홍공과 석현은 유경생이 한 짓이라고 의심하고서 건의하기를 그것이 간사한 짓인지 여부를 살펴보라고 청했고, 실제 조사 결과 과연 자복했다. 그래서 유경생은 체포돼 감옥에 갇혔다가 파면돼 서인(庶人)이 됐다.

때마침 소망지의 아들 소급(蕭伋)도 소망지가 과거에 관련됐던 사건을 쟁송하는 글을 올리자 상은 그 글을 유사(有司)에 내려보냈고, 얼마 후 답하는 글이 올라왔다.

"소망지가 아들을 시켜[教(교)] 글을 올리게 했으니 대신으로서의 체모를 잃고 불경을 저질렀기에 청컨대 체포토록 해주십시오."

홍공과 석현 등은 소망지가 평소에 높은 절개를 가졌고 굴욕을 받지 않는다는 것을 알고

---

334 허씨와 사씨는 다 외척이다.

서 건의했다.

"소망지는 과거의 사건에 다행히 연좌되지 않아 작위와 식읍[爵邑(작읍)]이 회복됐음에도 허물을 후회하지 않고 죄도 자복하지 않은 채 아들을 시켜 글을 올리고 잘못을 황상께 돌리면서, 스스로 상의 사부라는 데 기대어 끝까지 반드시 연좌되지 않을 것이라 여기고 있습니다. 이에 소망지를 감옥에 가두어 그 원망하는 마음[怏怏心(앙앙심)]을 (미리) 틀어막지 않으면 성스러운 조정에서 은혜를 베풀 수가 없을 것입니다."

상이 말했다.

"소태부(蕭太傅)는 평소 굳센 사람인데 어떻게 옥리(獄吏)를 보낼 수 있겠는가?"

석현 등이 말했다.

"사람의 목숨은 극히 중한 것이며 소망지가 연좌된 것은 그의 말이 야박했다[薄(박)]는 죄이니 반드시 근심하실 바는 아닙니다."

상은 드디어 그 주문에 대해 "그렇게 하라"고 했다. 석현은 조서(詔書)를 봉하여 알자에게 보냈고 칙령으로 소망지를 불렀다. 그리고 급히 집금오(執金吾)[335]의 거기(車騎)를 발동하여 그의 집을 둘러쌌다. 사자가 와서 소망지를 불렀고, 소망지는 독이 든 술을 마시고 자살했다. 천자는 이 소식을 듣고 놀라서 손으로 땅을 치며 말했다.

"이전에 진실로 그는 감옥에 나아가지 않을 것이라고 의심했었는데, 과연 내가 현명한 스승을 죽인 꼴이 됐구나!"

이때 태관(太官)[336]이 바야흐로 점심을 올리자 상은 식사를 물리친 채 눈물을 펑펑 흘리며 울었다. 이에 석현 등을 불러 꾸짖으며 물으니[責問(책문)] 그들은 조사가 자세하지 못했다며 모두 모자를 벗고 사죄하다가 한참 지난 후에야 멈추었다.

이에 대해 진덕수는 『대학연의』에서 이렇게 평했다.

간사한 신하의 종류는 많지만, 권모술수는 대략 그 수를 알 수 있고, 특히 분명한 것은 그

335 대궐문을 지키며 비상사태에 대비하는 무관직이다.

336 황제의 식사를 주관하는 관직이다.

들이 마음먹은 바가 바르지 않다는 것입니다. 따라서 선은 행할 수 없지만, 악은 행할 수 있고 충성은 할 수 없지만 속일 수 있는 것을 잣대로 삼아 홍공과 석현을 살펴보자면, 그들은 소망지의 높은 절개와 굽힐 줄 모르는 성품을 알고서 능히 굴욕을 참아내지 못하리라고 보았던 것입니다. 그래서 이들은 소망지가 감옥에 가게 되면 이것이 그를 격분시켜 자살하기를 기대했던 것이고, 소망지는 실제로 자살을 했습니다.

또 그들은 원제가 쉽게 속임수에 넘어간다는 것을 알고서 처음에는 소망지를 불러서 정위에게 넘기는 것만 공사(供辭)에 넣었지만 실제로는 감옥에 넣었고, 또 뒤에는 감옥에서 약간의 굴욕만 줄 것이라고 공사에 넣었지만 실제로는 그의 자살을 겁박한 것이나 마찬가지였습니다. 석현이 한 짓을 보면 (원제가) 지혜가 중간 정도만 되는 군주였어도 진실로 감히 그런 짓을 꾸미려고 생각도 하지 못했을 것입니다.

원제의 아둔함과 유약함은 필시 그것을 다스릴 수 없었을 것입니다. 그 때문에 일이 그렇게 흘러간 것이고 원제는 과연 다스리지를 못했습니다. (석현의) 미래를 헤아리는 재능과 일을 꾸며대는 기교가 맞아떨어지지 않은 것이 없었으니, 만일 이것을 충과 선을 위해 썼다면 그 유익함은 이루 다 끝이 없었을 것입니다. 따라서 소인이 재주를 품고서 악을 저지르면 그 악이 닿지 못할 곳이 없다고 했던 사마광(司馬光)의 말은 (참으로) 믿을 만합니다.

무릇 황제의 스승을 죽게 만든 것은 죄가 큰 것이고, 관을 벗어 머리 숙여 사죄하는 것은 예가 작은 것입니다. 이처럼 작은 예로 큰 죄를 막으려 했고, 원제 역시 더는 문책하지 못하고 헛되이 식사만 물린 채 눈물만 흘릴 뿐이었습니다. 석현은 이때 비록 겉으로는 두려움에 떨며 죄를 비는 모양을 해 보였지만 마음속으로는 사실 웃으면서 경멸하고 있었을 것이 분명합니다.

따라서 임금 된 자가 건건이명(乾健離明)[337]의 다움[德(덕)]을 갖추지 못한 채 아녀자의 어짊[婦仁(부인)][338]에 구애된다면 간신의 농간이 행해지지 않는 바가 거의 없게 되는 것입니다.

박괘의 밑에서 네 번째 음효에 대해 공자는 "평상을 깎아 살갗에까지 이르렀다

---

337 『주역』 대유괘(大有卦, ䷍)는 아래의 건괘(乾卦)는 강건하고 위의 이괘(離卦)는 밝다는 뜻이다.

338 앞의 것이 남성적이고 강건한 어짊이라면 이것은 그에 대비되는 어짊이라는 뜻이다.

[剝牀以膚(박상 이부)]는 것은 재앙에 매우 가깝다는 것이다"라고 풀었다. 이는 재앙이 곧 임금 자리인 오위(五位)에 거의 이르렀다는 뜻이다. 소인의 발호로 인해 비교적 뛰어난 재주를 가진 임금이 자리에 있었음에도 순식간에 망한 나라로는 수(隋)나라가 대표적이다. 사마광의 『자치통감』에 나오는 관련 기록이다.

애초 제(齊)나라 말기에 어룡(魚龍)이니 산거(山車)니 하는 놀이가 있었는데 이를 산악(散樂)이라 불렀다. 수(隨)나라 고조(高祖-수 문제 양견)가 황위를 선양받아 옥좌에 오르자 우홍(牛弘)에게 명하여 (나라를 위한) 음악을 제정하게 했는데, 정성(正聲)이 아닌 것[339]은 모두 내보내도록 했다. (그러나) 수 양제(煬帝)는 (돌궐의 제10대) 가한(可汗-임금)인 계민(啓民)이 장차 들어와 조현(朝見)하겠다고 하자 풍부한 음악을 그에게 과시하고 싶어 했다. 이때 태상소경(太常少卿) 배온(裴蘊)이 황상의 비위를 맞추려고 청을 올렸다.

"천하의 주(周-북주), 제(齊-북제), 양(梁), 진(陳)의 음악가 집안의 자제들을 모아서 모두 악호(樂戶)로 삼는데, 그 6품 이하의 관리와 일반 백성에 이르기까지 음악을 잘하는 사람이 있으면 모두 다 태상에 직속시켜주십시오."

이에 (황제는) 사방에 있는 산악을 동경(東京)에 대거 결집시키고 그것을 방화원(芳華苑) 적취지(積翠池) 옆에서 관람했다. 그 후 (이들을) 모두 태상에 배치하고 박제자들을 두게 했으며 서로 전수케 하니 악공이 (대거 양성돼) 3만여 명에 이르렀다.

(한편) 서역의 여러 오랑캐족이 대부분 장액(張掖-감숙성 장액시)에 이르러 교역을 하고 있었는데, 황제가 이부시랑 배구(裴矩)를 시켜 그것을 관장토록 했다. 배구는 황제가 원대한 계략을 좋아한다는 것을 알고서 오랑캐나라에서 온 여러 장사꾼에게 그쪽 여러 나라의 산천과 풍속과 왕과 일반 백성의 문화와 복식을 책으로 짓도록 꾀어서 『서역도기(西域圖記)』(전 3권)를 편찬토록 했다. 조정에 들어가 그것을 황제에게 올렸다. 또 (배구는) 말했다.

"여러 나라가 나란히 상인들을 통하여 비밀리에 정성(精誠)을 보내오는 데 목을 늘이고 바라기를 우리의 신첩(臣妾)이고자 합니다. 만약 그들을 굴복시키고 달래어 편안하게 살 수

---

339 정성(正聲)은 궁중에서 사용하는 정악(正樂)을 가리키니, 정성(正聲)이 아닌 것이란 곧 정(鄭)나라 음악 같은 속악(俗樂)을 말한다. 춘추 때부터 정나라 음악은 위(衛)나라 음악과 더불어 음탕하다고 하여 공자도 정나라 음악은 물리쳐야 한다고 강조했다.

있도록 하는 데 힘써준다면 저들은 우리와 하나가 될 수 있습니다."

황제는 크게 기뻐하며 날마다 배구를 이끌어 어좌에 가까이 오라 이르고, 직접 서역에 관한 일들을 질문하면 배구는 큰소리치며 말했다.

"오랑캐족 중에는 여러 진귀한 보물이 많은데 토욕혼(吐谷渾)[340]은 쉽게 집어삼킬 수 있을 것입니다."

황제는 이에 감격해하면서 진나라 시황제와 한나라 무제의 공로를 그리워하며 장차 서역과 통교(通交)하는 달콤한 꿈을 꾸었고, 네 방면의 오랑캐[四夷(사이)]를 경략하는 일을 모두 배구에게 일임했다. 그래서 배구를 황문시랑으로 삼아 다시 장액으로 보내 여러 오랑캐를 이끌어서 그들에게 이권을 제공함으로써 수나라에 들어와 조현(朝見)하도록 권유했다. 이때부터 서역에 있는 여러 오랑캐와의 왕래가 서로 이어지며 군현을 지나는 곳마다 피폐하여 없애버린 비용이 억[萬萬(만만)]을 헤아리게 됐고, 결국 중국(-수나라)으로 하여금 피폐하게 만들어 멸망에까지 이르렀으니 이는 모두 배구가 앞장서 주장하며 이끈 것[唱導(창도)]이다.

어사대부 배온은 배구와 우세기(虞世基)와 더불어 기밀을 관장하는 데 참여했다. 배온은 군주의 작은 뜻을 잘 살펴 죄를 주고자 하는 사람이라면 법조문을 굽혀서라도 죄상을 꾸며 만들었으며 사면해주고자 하는 사람이라면 가벼운 조항을 좇아서 적용하고 이어서 그를 풀어주었다.

이후로 크고 작은 옥사는 모두 배온에게 넘겨졌고, 배온은 임기응변의 재주를 갖고 있었고 말을 하는 것이 마치 폭포수같이 유창하여 혹 무겁게 하거나 혹 가볍게 하거나 하는 것이 모두 그의 입에서 비롯됐는데 당시 사람들은 이를 따질 수가 없었다.

애초 내사(內史)시랑 설도형(薛道衡)이 재주와 학식으로 이름을 떨쳐 오랫동안 추요(樞要-핵심 기밀 업무)를 담당했다. 수 양제가 즉위하자 설도형은 「고조문황제송(高祖文皇帝頌)」[341]을 지었는데 양제는 이를 보고서 기분 나빠하며 (측근에게) 말했다.

"설도형은 아버지 때의 조정을 지극히 찬양하고 있는데 이것을 보니 「어조(魚藻)」[342]의 의미가 있다."

---

340 이는 돌궐(突厥)의 양대 나라 중 하나다.

341 양제의 아버지 고조 문황제 양견을 칭송한 시가다.

342 이는 『시경』「소아」의 편 이름이다. 이 시는 주나라 임금 유왕(幽王)을 풍자하고 무왕(武王)을 그리워한 것이다.

(양제가) 장차 설도형을 죄에 걸어 넣으려고 했고, 마침 그때 새로운 법령을 논의하는데 제대로 결정을 하지 못했다. 이에 설도형이 조정 신하들에게 말했다.

"옛날에 고경(高熲)[343]을 죽이지 않았다면 율령은 벌써 결정돼 마땅히 시행된 지가 오래됐을 것이요."

어떤 사람이 이를 상주하니 양제가 화가 나서 법을 집행하는 자에게 맡겨 이를 추죄토록 했다. 배온이 주청했다.

"설도형은 재주에 의지해 옛 황제와 관계가 있다는 것을 믿고서 지금의 군주를 무시하는 마음[無君之心]을 갖고 있으니, 그 죄명을 논의한다면 마치 숨어 있어 안 보이는 듯하지만[隱昧] 근본적으로 그 정황의 의도를 보면 깊이 패역(悖逆)을 행하고 있다고 하겠습니다."

양제가 말했다.

"공의 논의는 그의 패역함의 본래 마음을 정묘(精妙)하게 파악한 것이다."

결국 설도형에게 자진(自盡)하라는 명을 내렸고 천하의 사람들은 다 그것을 원통하게 생각했다.

황제는 배구의 능력을 칭찬하며 여러 신하에게 말했다.

"배구는 짐의 뜻을 잘 알고 있어 무릇 진술하고 상주하는 것[陳奏]이 모두 다 짐의 머릿속에는 있으나 아직 입으로 내지 않았을 때도 배구를 통해 그 내용을 듣게 되니, 스스로 나라를 받들고 온 마음을 다하지 않는다면 누가 능히 이처럼 하겠는가?"

이때 배구는 좌익위(左翊衛)대장군 우문술(宇文述), 내사시랑 우세기(宇世基), 어사대부 배온(裴蘊), 광록대부 곽연(郭衍)과 더불어 모두 아첨으로 총애를 받고 있었다. 우문술은 공봉(供奉)[344]하는 데 능했고 용모와 행동거지는 편벽됐으나 곁에서 모시는 자들이 다 그를 본받으려 했다. 곽연은 일찍이 황제에게 닷새에 한 번씩만 조회를 열라고 권했다.

"고조를 본받지 마셔야 합니다. 헛되이 부지런히 하시면 몸만 고생입니다."

황제는 더욱 충성스럽다고 여기며 이렇게 말했다.

"곽연은 그 마음이 짐과 똑같도다."

---

343 그는 수 문제 때의 현능한 재상으로 양제가 죽였다.

344 임금의 말을 받아서 명령서를 짓는 등의 일이다.

황제가 가까이에서 모시는 신하들에게 도적에 관해 묻자 우문술이 "점점 줄어들고 있습니다"라고 답했다.

황제가 "종래에 비해 줄어든 것이 어느 정도인가?"라고 묻자 "10분의 1이 안 됩니다"라고 대답했다.

(황제가 불러서 말하게 하자) 납언(納言-일종의 비서) 소위(蕭威)가 말했다.

"신이 맡은 소관 업무가 아니어서 많고 적은지는 정확히 모르지만 다만 점점 가까워지고 있는 것은 걱정입니다."

"그게 무슨 말인가?"

"예전에는 도적이 장백산(長白山-산동성 추평현)을 점거했지만, 지금은 가까이 사수(汜水-하남성 형양현)에 있습니다. 또 옛날에 있었던 조세와 전부(田賦)(내던 사람들) 그리고 부역하던 남정네들은 지금 모두 어디에 있습니까? 그 사람들이 모두 바뀌어 도적이 된 것 아니겠습니까? 근래에 도적에 관한 주문(奏文)을 보건대 모두 사실대로 아뢰지 않아 마침내 지원하는 계책에서 빠트려 때에 맞추어 자르고 없애지 못했습니다. 또 옛날에 안문(鴈門-산서성 대현)에서 요동 정벌을 철수하는 것을 허락하셔놓고서 지금 다시 징발하니 도적이 무엇으로 그칠 수 있겠습니까?"

황제는 불쾌해하며 회의를 파했다.

뒤에 다시 황제가 고려(고구려)를 정벌하는 문제에 관해 묻자 소위는 황제로 하여금 천하에 도적이 많다는 것을 일깨워주고 싶어서 말했다.

"이번 정벌에서 바라건대 군사들을 징발하지 않고 다만 여러 도적을 사면하신다면 절로 수십만 명을 얻을 수 있으니, 그들을 보내 동쪽(고구려)을 정벌하십시오. 저들은 죄를 사면받을 것을 기뻐하며 다투어 공로를 세우기에 힘쓸 것이니 고려를 멸망시킬 수 있을 것입니다."

황제는 불쾌해했다. 소위가 나가자 어사대부 배온이 말했다.

"이것은 크게 불손한 발언입니다. 천하의 어느 곳에 그렇게 많은 도적이 있다는 말입니까?"

황제가 말했다.

"저 늙은 가죽[老革(노혁)][345]이 아주 간사스럽게도 도적을 빙자하여 나를 협박하는구나! 저 주

345 원래는 늙은 군인[老兵(노병)]을 가리키는데, 여기서는 노인을 가리키는 욕이다.

둥아리를 때리고 싶지만, 또다시 내 이런 마음을 숨기고 참는다."

배온은 황제의 속마음을 알고서 사람을 보내 소위의 죄를 무고토록 했고, 결국 옥사가 이뤄지자 소위를 관직에서 내쫓아 서민으로 삼았다.

내사시랑(內史侍郞) 우세기는 황제가 도적에 관한 소식을 듣는 것을 싫어한다는 것을 알고서 여러 장수와 군현에서 패배를 알리고 구원을 요청하는 것이 있으면 표문에 있는 상황을 모두 완화하고 훼손하여 사실대로 보고하지 않고 다만 이렇게 말했다.

"쥐가 훔치고 개들이 도둑질하여 군과 현에서 잡아서 내쫓고 있으니 마땅히 다 없어질 것입니다. 원컨대 폐하께서는 개의치 마옵소서."

황제는 정말 그런 줄로 알고서 혹 실상을 전하는 자가 있으면 매질을 하며 거짓말을 했다고 여겼다. 이로 인해 도적들이 전국적으로 두루 퍼졌고 군현은 함락돼 없어졌으나 황제는 그것을 전혀 알지 못했다.

양의신(楊義臣)이 황하 북쪽에 있는 도적 수십만을 깨트려 항복시키고 상황을 자세히 보고하자 황제가 탄식하며 말했다.

"나는 애초에 소식을 들은 바가 없는데 도적이 갑자기 이와 같으니, 의신이 항복시킨 도적이 어찌 이리도 많단 말인가?"

우세기가 대답했다.

"소소한 도적들이 비록 많기는 하지만 아직 걱정할 만큼 많지는 않습니다. 그리고 양의신이 이겼고 그가 거느린 병사가 적지 않으며 오랫동안 경사(京師-수도) 밖에 있으니, 이것은 바람직한 일이 아닙니다."

황제가 말했다.

"경의 말이 옳도다."

급히 양의신의 뒤를 쫓아가서 그의 군사들을 해산시키니 도적들이 이로 말미암아 다시 번성했다.

수 양제는 이미 강도(江都-강소성 양주시)로 몽진을 갔다. 이때 그의 아들 월왕 양동(楊侗)을 동도(東都-낙양)유수로 삼았다. 이밀(李密)[346]이 수많은 군사를 이끌고 동도를 압박하자

---

346 반란을 일으킨 신하다.

수나라는 군대를 보내 막았지만, 번번이 패하여 달아났다. 이에 이밀은 격문을 돌려 수 양제의 열 가지 죄를 하나하나 열거했다.

(궁지에 몰린) 월왕 양동은 태상승 원선달(元善達)을 (아버지 수 양제가 있는 강도로) 파견했는데, 원선달은 적들이 있는 곳을 샛길로 가로질러 가서 상주(上奏)했다.

"이밀이 무리 백만을 이끌고서 동도를 포위하고 압박하니. 만일 폐하께서 빨리 돌아오신다면 저 까마귀 무리는 반드시 흩어질 것이지만 그렇지 않다면 동도는 결국 함락되고 말 것입니다."

인하여 원선달이 흐느끼며 오열하자 황제는 용모를 고쳤다. 이때 우세기가 나서며 말했다.

"월왕이 어리다고 해서 이런 무리가 월왕을 속이고 있는 것입니다. 만일 원선달의 말이 사실이라면 원선달은 어떻게 해서 여기에 올 수 있었겠습니까?"

황제는 마침내 발끈 화를 내며 말했다.

"선달 같은 소인이 감히 나를 조정에서 욕보이는가?"

이어서 도적이 있는 곳을 거쳐서 동양(東陽-절강성 금화시)을 향하여 양식을 운반토록 재촉하니, 원선달은 결국 그곳을 지나다가 도적 떼에게 피살됐다. 이후 사람들은 입을 다물고 아무도 감히 도적의 소식을 올리지 않았다.

우세기는 용모가 침착하고 생각이 깊어 말하는 것이 대부분 황제의 뜻과 맞으니 황제가 특별히 가까이하며 아꼈으니 조정 신하 중에는 그에 비견될 만한 사람이 없었다. 그와 가까운 패거리[親黨(친당)]는 그에 의지해 관직을 팔고 옥사(獄事)를 팔아 뇌물이 공공연하게 행해지면서 그의 문은 마치 시장통과 같았다. 이로 말미암아 조정과 지방에 있는 (뜻있는) 사람들은 모두 그를 미워하고 원망했다.

내사사인(內史舍人) 봉덕이(封德彝)가 우세기에게 아첨하여 붙었다. 우세기가 관리 업무에 익숙하지 않자 아무도 모르게 꾸며서 조서의 명령을 널리 행하고 황제의 뜻에 아첨하여 무조건 따랐으며, 신하들이 올린 표문 가운데 황제의 뜻을 거스를 수 있는 것은 모두 차단하여 아예 올리지 않았다. 심문하고 재판할 때는 법을 엄격하게 써서 심하게 죄를 물었으며, 논공행상할 때는 억누르고 깎아서 더욱 야박하게 했다. 그래서 그에 관한 우세기의 총애는 날로 융성해졌으니, 수나라의 정치가 날로 무너져내린 것은 다 봉덕이의 소행이다.[347]

347 훗날 우문화급 등이 반란을 일으켜 수 양제를 시해할 때 우세기와 배온도 함께 살해당했다.

이에 대해 진덕수는『대학연의』에서 이렇게 평했다.

수 양제는 무도하여 그 죄가 상나라 주(紂)왕 위에 뜬다면 배온, 배구, 우세기 등 여러 신하는 (상나라의) 비렴(飛廉)과 그의 아들 악래(惡來)[348] 위를 날아다니는 수준이었다고 할 수 있습니다.
하지만 지금에 와서 고찰해보면 배온 등이 임금을 현혹한 방법은 애초부터 다른 기술이 아니라 오직 하나 황제의 뜻에 무조건 맞추는 것[逢迎 봉영]뿐이었습니다.
(첫째) 황제가 음악을 심하게 좋아한다는 것을 알게 되자 온 천하의 산악과 백희들을 대거 경사에 집결시키도록 청하여 악공 3만 명이 경사에 들어왔으니, 이에 황제의 마음은 정나라와 위나라의 음란한 음악과 연이은 질펀한 연회 등에 빠져 그칠 줄을 몰랐습니다.
(둘째) 황제가 원대한 계략을 좋아하고 큰 공을 세우고 싶어 한다는 것을 알게 되자 서역의 여러 나라에 진귀한 보배들이 풍부하다고 말하고서는 그들을 초치하거나 이끌어 들일 것을 청하여 그들이 입조케 하니, 이에 황제의 마음이 문득 진시황이나 한 무제의 정복 사업을 그리워하게 돼 중국은 피폐해졌고 날로 망하는 길을 향해 달려갔습니다.
(셋째) 황제가 설도형이 올린 송(頌)에 자신을 풍자한 뜻이 있다는 것에 화를 내고 있다는 것을 알게 되자 즉각 죄를 지어내어 "근본적으로 그 정황의 의도를 보면 깊이 패역(悖逆)을 행하고 있다고 하겠습니다"라고 말했습니다. 황제는 과연 그 말에 기뻐하면서 "공의 논의는 그의 패역함의 본래 마음을 정묘(精妙)하게 파악한 것이다"라고 했으니, 이로써 능히 황제가 싫어하는 바를 제거할 수 있었던 것입니다.
(넷째) 황제가 정사에 게으르다는 것을 알게 되자 닷새에 한 번씩만 조회를 열라고 권했습니다. "고조를 본받지 마셔야 합니다. 헛되이 부지런히 하시면 몸만 고생입니다." 황제는 과연 그 말에 기뻐하면서 "곽연은 그 마음이 짐과 똑같도다"라고 했으니, 이로써 능히 황제가 원하는 바에 무조건 맞춘 것입니다.
(다섯째) 그 후에 사방에서 도적 떼가 일어났을 때 황제의 뜻이 도적에 관한 소식을 듣는 것을 아주 싫어한다는 것을 알게 되자 사방에서 올라오는 보고서[表奏 표주]를 무시하고 황제

348 이 부자는 주왕의 총애를 받았던 신하로 상나라가 망하는 데 결정적으로 기여한 인물들이다.

에게 올리지 않은 채 말하기를 "천하의 어느 곳에 그렇게 많은 도적이 있다는 말입니까?"라고 했고 또 "쥐가 훔치고 개들이 도둑질하여 군과 현에서 잡아서 내쫓고 있으니 마땅히 다 없어질 것입니다"라고 했습니다. 이에 황제는 그 말에 (그간 보고들에 대해) 의심을 품고서 소위에게 화를 냈고 양의신을 의심했으며 원선달에게 분노를 품어, 결국 도적 떼가 크게 번성하여 더는 통제를 할 수 없게 됐고 한두 해도 안 돼 수나라는 드디어 멸망했습니다. 원래 이들이 그렇게 했던 것은 그저 총애와 봉록을 좀 더 얻어보려는 것이었을 뿐 나랏일이 이미 망해가고 있다는 것은 몰랐을 것입니다. 이제 몸조차 둘 곳도 없어졌는데 어디서 자신들의 총애와 봉록을 지킬 수 있겠습니까?
여러 사람을 논했지만, 그중에서도 우세기가 간사함의 우두머리라 하겠습니다. 그래서 위징(魏徵)은 일찍이 말하기를 "양나라 무제는 주이(朱异)를 지나치게 믿다가 대성(臺城)의 모욕을 당하게 됐고 수나라 양제는 우세기를 지나치게 믿다가 강도(江都)의 화를 당한 것이다"라고 했습니다. 무릇 이 두 임금이 그들을 지나치게 믿게 된 까닭은 누군가가 무조건 자기 뜻에 맞춰주기를 바라는 욕심 때문입니다. 그러나 과연 자기 뜻에 맞추려 하는 것이 끝에 가서 결국 화가 될 줄이야 누가 알겠습니까? 옛날에 이윤(伊尹)이 태갑(太甲)에게 고하여 이렇게 말했습니다.
"어떤 말이 마음에 거슬리면 반드시 그것이 도리에 맞는 것인지를 살펴보고, 어떤 말이 마음에 딱 들어맞거든 반드시 그것이 도리가 아닌 것[非道]인지를 살펴보십시오."[349]
대개 충성스러운 말과 지극한 논의[忠言至論]는 종종 임금의 마음을 거스르지만, 이치로 따져보아 옳다면 마음에는 불편하더라도 마땅히 따라야 하는 것이고, 간사스러운 말과 사특한 언설[姦言邪說]은 종종 임금의 마음을 고분고분 따르지만, 이치로 따져보아 어그러진 것이라면 뜻에는 맞더라도 마땅히 깊이 살펴야 합니다. 임금 된 자가 이것을 안다면 온갖 꾀를 써서 남의 마음을 알아내려는[揣摩] 간사함은 뜻을 얻지 못할 것이고 끊임없이 임금의 작은 것까지도 살피려는[窺伺] 계책은 시행될 수 없을 것입니다.

조선 역사에서는 이에 해당하는 인물로 중종 때의 권간 김안로를 들 수 있다. 물론

349 이 말은 이윤이 태갑을 내쫓았다가 다시 불러들여 왕위에 앉힌 후에 경계로 삼으라고 해준 것으로, 『서경』「상서」편에 나온다.

그에게 놓아난 중종의 책임 또한 면할 길이 없다.

박괘의 밑에서 다섯 번째 음효에 대해 공자는 "궁인(宮人)이 총애를 받듯이 하는 것[以宮人寵]은 끝내는 허물이 없다는 말이다"라고 풀었다. 주공이 효사에서 말한 "물고기를 꿰듯이 해[貫魚]"의 뜻부터 알아보자. 물고기란 음(陰)이다. 소인들을 마치 물고기를 꿰듯이 하여 정리한다는 뜻이다. 그렇게 해서 위에 있는 양에게 총애를 받으려 하기를 마치 후궁들처럼 하게 만든다면 허물이 없을 수 있다는 말이다.

특이하게도 임금 자리에 해당하는 육오로 하여금 나머지 네 음을 이끌고 상구의 뜻을 따르도록 하라고 말하고 있다. 어쩌면 이렇게 하는 길만이 음이 극에 이른 상황을 큰 희생 없이 좋은 쪽으로 바꿀 수 있는 길이라고 본 때문인지 모르겠다.

음과 양은 소인과 군자도 되지만 신하와 임금도 되고 왕비와 임금의 관계에도 적용된다. 중국 역사에서는 이에 해당하는 것이 한나라 유방이 죽고 부인 여후(呂后)가 권력을 장악했을 때다. 사마광의 『자치통감』에 나오는 관련 기록이다.

> 한나라 혜제 5년(BC 190) 조참이 죽자 이듬해 왕릉을 우승상으로, 진평을 좌승상으로 삼았고 주발은 태위로 삼았다. 7년 혜제가 붕어하자 태후(여태후)가 조정에 임하여 칭제(稱制)[350]했다.
>
> 고황후(高皇后) 원년(元年-BC 187) 태후가 여러 여씨(呂氏)를 왕으로 세우고자 신하들에게 논의를 시키니 우승상 왕릉이 말했다.
>
> "고제께서는 백마를 죽여 맹세하며 말씀하셨습니다. '유씨(劉氏)가 아니면서 왕이 되면 천하는 힘을 모아 이를 쳐야 한다.' 지금 여씨를 왕으로 삼으시려는 것은 애초에 약속된 바가 아닙니다."
>
> 태후는 불쾌해하면서 (좌승상) 진평과 (태위) 주발에게 물었더니 두 사람은 가능하다고 대답했다. 이에 태후는 기뻐하면서 조회를 파했다. 왕릉이 진평과 주발을 꾸짖으며[讓] 이렇게 말했다.
>
> "애초에 고제와 더불어 삽혈(歃血-짐승의 피로 서약함)하며 맹세했건만 그대들은 그 자리에

---

350 스스로 황제임을 칭하지는 않았지만 제(制)는 황제만이 내릴 수 있는 명령이기 때문에 사실상 칭제(稱帝)한 것으로 볼 수 있다.

없었던가? 지금 여씨를 왕으로 삼으려 하는데 무슨 면목으로 지하에 계신 고제를 뵈올 것인가?"

진평이 말했다.

"면전에서 (윗사람의 뜻을) 꺾고 조정에서 간행하는 것은 저희[臣(신)][351]가 그대만 못하겠지만, 사직을 온전하게 지키고 유씨의 후예들을 보호하는 일에서는 그대 또한 저희만 못하다 하겠습니다."

왕릉은 이에 더는 응답할 수가 없었다. 곧 태후는 왕릉을 태부(太傅-황제의 스승으로, 실권은 없다)로 삼아 사실상 재상으로서의 권력을 빼앗았고, 왕릉은 결국 병을 이유로 면직돼 (그의 봉지 하북성 안국현으로) 돌아갔다.

고황후 7년(BC 181) 여러 여씨가 권력을 마음대로 하고 일을 꾸며대자 진평은 여러 여씨를 걱정했지만, 힘으로 제어할 수가 없어 일찍이 홀로 머물며 깊은 생각에 잠겨 있는데, 육가(陸賈)가 진평을 보고서 말했다.

"천하가 평안하면 재상을 주목하고 천하가 위태로우면 장수를 주목한다고 했습니다. (하물며) 장수와 재상이 화합하여 조화를 이루면 선비들은 평소에도 잘 따르고, 이리되면 변란이 일어난다고 해도 권력은 나눠지지 않을 것입니다. 그대는 어찌하며 태위와 사귀면서 서로 더 깊이 사귀지를 못하는 것입니까?"

진평은 육가의 계책을 써서 (태위) 주발과 깊이 신뢰 관계를 맺어 단결하니 여씨의 음모는 갈수록 시들해졌다.[352]

고황후 8년(BC 180) 태후가 세상을 떠나자 여러 여씨가 난을 일으키고자 했다. 이런 때를 맞아 조왕(趙王) 여록(呂祿)과 양왕(梁王) 여산(呂産)은 군사를 거느리고 남군과 북군에 있었다. 태위 주발은 군사를 주관할 수 없었다. (곡주후) 역상(酈商)의 아들 역기(酈寄)는 여록과 사이가 좋았다. 강후(絳侯-주발)는 마침내 승상 진평과 더불어 모의해 사람을 시켜서 역상을 겁박하여 그 아들 역기로 하여금 여록에게 가서 잘 둘러대도록 명했다. 결국 장군의 인새

---

351 한나라 초에는 전국 시대의 관습을 이어받아 자기보다 신분이 높은 재상에게 말할 때 스스로 신(臣)이라고 칭하기도 했다.

352 이는 박괘 육이에서 말한 호응의 문제와 연결된다. 군자를 대변하는 신하들 사이에 호응이 있자 소인을 대변하는 여씨 세력이 위축됐던 것이다.

[印]가 돌아왔고 군사는 태위에게 소속돼, 태위가 장차 북군에 이르니 아직 남군도 남아 있었다. 승상 진평이 마침내 주허후(朱虛侯) 유장(劉章)을 불러 태위를 돕게 하니, 태위는 드디어 여러 여씨를 주살하고 (대왕(代王) 유항(劉恒)을 황제로 삼아) 문제(文帝)를 옹립했다.

여기서 보듯 주발이 바로 여러 신하를 물고기 꿰듯 하여 상구에 해당하는 문제에게 뜻을 몰아 그를 옹립함으로써 한나라는 한순간에 중흥을 향한 길을 열 수 있었다. 자연스럽게 상구와 이어진다.

박괘의 맨 위에 있는 양효에 대해 공자는 "군자는 수레를 얻었다는 것은 백성에게 실린다는 것이고, 소인은 집을 허문다는 것은 끝내는 쓸 수가 없다는 것이다"라고 풀었다. 먼저 주공의 효사에서 "큰 과일은 먹히지 않는 것이니"를 풀어야 한다. 이 말은 『주역』이란 책의 근본 성격을 보여준다는 점에서 대단히 중요하다. 이것만 풀면 오히려 공자의 「상전」은 간단하다. 정이는 그것이 바로 "다시 생겨날 이치를 보는 것과 같다"라고 했다. 깊은 통찰이다.

상구도 달라지면 순음(純陰)이 되겠지만 (역의 원리상) 양이 다할 리가 없다. 위에서 달라지면 밑에서는 생겨나 조금도 쉬는 바가 있을 수 없다.

실제로 여러 번 말했지만, 순양(純陽)의 건괘나 순음(純陰)의 곤괘는 현실에서 존재하는 것이 아니다. 그러면 어떻게 되겠는가? 맨 위에 남은 양효 하나가 사라지는 순간 맨 아래에서 양효가 다시 생겨날 수밖에 없는 것이 역리(易理)다. 잠시 후에 보게 되겠지만 그래서 복괘(復卦, ䷗)가 박괘의 뒤를 잇게 되는 것이다. 말 그대로 통즉궁, 궁즉통인 것이다.

공자가 「상전」에서 말한 '백성에게 실린다는 것'라는 것은 백성의 추대를 받는다는 것이다. 문제가 신하들의 추대를 받아 임금의 자리에 나아간 것이 바로 그 사례다. 소인은 끝내 여씨 집안이 보여주듯 집 한 채 없이 족멸됐다.

## 24. 지뢰복(地雷復)[353]

복(復)은 형통하여 들고나는 데 아무런 해로움이 없고 벗이 와야 허물이 없다. 그 도리를 되돌려 7일 만에 와서 회복하니 가는 바가 있는 것이 이롭다.

復 亨 出入无疾 朋來无咎. 反復其道 七日來復 利有攸往.[354]
복 형 출입 무질 붕래 무구 반복 기도 칠일 내복 이 유 유왕

초구(初九)는 멀리 가지 않고 돌아오니[不遠復], 뉘우침에 이르지 않아서 으뜸으로 길하다[不遠復 无祇悔 元吉].
(불원 복) (불원 복 무 지회 원길)

육이(六二)는 아름다운 돌아옴[休復]이니 길하다[休復 吉].
(휴복) (휴복 길)

육삼(六三)은 자주 돌아옴[頻復]이니 위태로우나 허물이 없다[頻復 厲无咎].
(빈복) (빈복 여 무구)

육사(六四)는 음들 사이를 가지만[中行] 홀로 돌아온다[中行獨復].
(중행) (중행 독복)

육오(六五)는 도탑게 돌아옴[敦復]이니 뉘우침이 없다[敦復 无悔].
(돈복) (돈복 무회)

상륙(上六)은 혼미하게 돌아옴[迷復]이어서 흉하니, 재앙과 허물[災眚]이 있어 군사를 쓰게 되면 끝내는 크게 패하고 나라를 다스리게 되면 임금이 흉해 10년이 지나도 능히 나아갈 수가 없다[迷復凶 有災眚 用行師 終有大敗 以其國 君凶 至于十年 不克征].
(미복) (재생) (미복 흉 유 재생 용 행사 종 유 대패 이 기국 군 흉 지우 십년 불극 정)

◉

복괘(復卦)의 초구(初九)는 양위에 양효로 바름[正位], 육이(六二)는 음위에 양효로 바름, 육삼(六三)은 양위에 음효로 바르지 못함[不正位], 육사(六四)는 음위에 음효로 바름, 육오(六五)는 양위에 음효로 바르지 못함, 상륙(上六)은 음위에 음효로 바름이다. 이 괘의 경우 육이는 중정을 얻었고 육오는 얻지 못했다.
(정위) (부정위)

대성괘 복괘(䷗)는 소성괘 곤괘(☷)와 진괘(☳)가 위아래에 있어 만들어진 괘다. 「설

---

353 문자로는 곤상진하(坤上震下)라고 한다.

354 형(亨)과 이(利)가 있다.

괘전」에 따르면 '곤(坤-땅)으로 간직하고[藏]' '우레[雷=震]로 움직이게 한다'라고 했다. 괘의 모양이 곤(坤)이 위에 있고 진(震)이 아래에 있다. 땅속에서 움직임이 있는 것이다. 효의 배열을 보면 한 개의 양이 다섯 개의 음 아래에 있어 양이 처음으로 회복되는 때다.

그러면 「서괘전」을 통해 왜 복괘가 박괘의 뒤를 이어받았는지 확인해보자.

> 일이란 (대체로 완전히 없어져버리는 것이 아니어서) 끝내 다 없어질[終盡=終末] 수가 없으니 깎여나가는 것이 위에서 끝에 이르게 되면 (다시) 아래로 돌아온다[反]. 그래서 박괘의 뒤를 복괘(復卦)로 받았다.
>
> 物不可以終盡 剝窮上反下. 故受之以復.
> 물 불가이 종진 박 궁상 반하 고 수지 이복

우리는 이 말만으로도 복괘의 모양을 그려낼 수 있다. 지뢰복괘(地雷復卦, ䷗)는 진괘(☳)가 아래에 있고 곤괘(☷)가 위에 있어, 마침내 음(陰)의 강성함을 뚫고 양(陽)이 맨 아래에서 하나 생겨나게 된다. 「계사전」에서 "복(復)은 다움의 근본[德之本]이다"라고 했다. 일양래복(一陽來復)의 모양으로 본래의 이치를 회복한다는 뜻이기 때문이다. 주희는 "마음이 밖으로 달리지 않고 좋은 마음이 보존되는 것"이라고 했다. 그래서 다움의 근본[德之本]이라고 한 것이다.

우리 역사로 보자면 신라 말에 왕건을 비롯한 신흥 세력들이 새롭게 일어나고 고려 말에 이성계를 중심으로 신진 사대부들이 새롭게 일어나는 것이 바로 여기에 해당한다.

이번에는 「잡괘전」을 볼 차례다.

> 박(剝)은 썩어 문드러짐[爛]이요 복(復)은 되돌아옴[反]이다.
>
> 剝爛也 復反也.
> 박 난야 복 반야

박괘(䷖)와 복괘(䷗)는 서로 종괘 관계다. 박괘는 모양 자체가 마지막 하나 남은 맨 위의 양[上九]을 나머지 다섯 음이 내몰려[剝] 하고 있다. 소인들이 득세한 썩어 문드러진 시절이다. 복괘는 반대로 마침내 음(陰)의 강성함을 뚫고 양(陽)이 맨 아래에서 하나 생겨났으니, 그래서 "복(復)은 다움의 근본[德之本]이다"라고 한 것이다. 두 괘는 한 시대가 가고 새로운 시대가 오는 것을 연결지어 말하는 것이다. 동서고금을 막론하고 음이 강성했던 시대가 마침내 끝나고 양이 비로소 등장하는 때나 상황이다.

문왕의 단사(彖辭), 즉 "복(復)은 형통하여 들고나는 데 아무런 해로움이 없고 벗이 와야 허물이 없다. 그 도리를 되돌려 7일 만에 와서 회복하니 가는 바가 있는 것이 이롭다[亨 出入无疾 朋來无咎. 反復其道 七日來復 利有攸往]"에 대한 공자의 풀이[「彖傳」]를 살펴볼 차례다.

복(復)이 형통하다고 한 것은 굳셈[剛-양효]이 돌아왔기 때문이다. 움직임에 있어 고분고분함으로써 행하니[動而以順行], 이 때문에 "들고나는 데 아무런 해로움이 없고 벗이 와야 허물이 없"게 되는 것이다. "그 도리를 되돌려 7일 만에 와서 회복"한다는 것은 하늘의 운행[天行=天道]이요, "가는 바가 있는 것이 이롭다"라는 것은 굳셈이 자라나기 때문이다. (그래서) 복괘에서 아마도 하늘과 땅의 마음[天地之心]을 볼 수 있는 것이리라!

復亨 剛反.
복 형 강 반

動而以順行 是以出入无疾朋來无咎.
동 이 이순 행 시이 출입 무질 붕래 무구

反復其道七日來復 天行也 利有攸往 剛長也.
반복 기도 칠일 내복 천행 야 이 유 유왕 강 장야

復 其見天地之心乎!
복 기 견 천지지심 호

◉

움직임은 진괘, 고분고분함은 곤괘에서 나온 것이다. 그 도리가 7일 만에 회복한다는 것은 일곱 번 바뀌는 것을 말한다. 즉 음이 처음 나타나는 구괘(姤卦, ䷫)에서 출발해 돈괘(遯卦, ䷠)·비괘(否卦, ䷋)·관괘(觀卦, ䷓)·박괘(剝卦, ䷖)·곤괘(坤卦, ䷁)를 지나 복괘에 이르는 데 일곱 단계가 있어 7일이라고 한 것이다. 그것은 하늘의 운행이다. 가는 바[攸往]란 곧 행하는 바[攸行=所行]로, 일을 시작해도 된다는 말이다. 즉 군자는 하늘의 이치를 살펴 사람의 일에 나서야 할 시점을 제대로 판단해야 한다는 말이다. 『효종실록(孝宗實錄)』 8년(1657) 11월 17일 송준길(宋浚吉, 1606~1672)[355]이 올린 소(疏)에 지금 우리의 문맥에 시사하는 바가 큰 내용이 담겨 있다.

선유(先儒)의 말을 살펴보건대, 박괘(剝卦)는 9월의 괘가 되고 곤괘(坤卦)는 10월의 괘가 된다고 합니다. 박괘가 다하고 곤괘가 되면 하늘과 땅 사이에는 음(陰)의 기운이 충만하게 쌓여 일원(一元)이 만물을 낳는 마음이 거의 없어지는 듯합니다. 그러나 양(陽)은 다 없어질 리가 없으니, 위에서 변하면 아래에서 생겨납니다. 11월 동짓날이 되면 하나의 양이 다시 땅속에서 생겨납니다. 그러므로 복괘(復卦)의 단사(彖辭)에 "복괘에서 아마도 하늘과 땅의 마음[天地之心]을 볼 수 있는 것이리라"라고 했고, 소자(邵子)의 시에 "동짓날 밤 자시(子時) 반에 천심은 변함이 없도다. 하나의 양이 처음 움직이는 곳이요, 만물이 아직 생기지 않은 때이다"라고 했으며, 정자(程子-정이)의 말에 "음의 도리가 극성할 때는 그 어지러움을 알 만하다. 혼란이 극에 달하면 스스로 마땅히 다스려지기를 생각하니, 『시경(詩經)』의 「비풍(匪風)」편과 「하천(下泉)」편이 변풍(變風)의 끝에 놓인 까닭이다"라고 했고 또 말하기를 "양은 군자의 도리다. 양이 소멸해 극에 달하면 다시 돌아오고, 군자의 도리도 소멸하여 극에 달하면 다시 자라난다. 그러므로 선으로 돌이킨다는 뜻이 된다"라고 했으며, 주자(朱子)의 말에 "사람에 있어서는 정(靜)이 극에 달하면 동(動)하고 악이 극에 달하면 선하게 되듯이 본심이 거의 없어졌다가 다시 나타나는 단서가 된다"라고 했습니다. 신이 매번

---

355 어려서부터 이이를 사숙(私淑)했고, 20세 때 김장생의 문하생이 됐다. 1624년(인조 2년) 진사가 된 뒤 학행으로 천거 받아 1630년 세마(洗馬)에 제수됐다. 이후 효종이 즉위할 때까지 내시교관(內侍教官)·동몽교관(童蒙教官)·시직(侍直)·대군사부·예안현감·형조좌랑·사헌부지평·한성부판관 등에 임명됐으나 대부분 관직에 나가지 않았고, 단지 1633년에만 잠깐 동몽교관직에 나갔다가 장인 정경세의 죽음을 이유로 사퇴했다. 1649년 김장생의 아들로 산당(山堂)의 우두머리인 김집이 이조판서로 기용되면서 송시열과 함께 발탁돼 부사직(副司直)·진선(進善)·사헌부장령 등을 거쳐 사헌부집의에 올랐고 통정대부로 품계가 올랐다. 이해에 인조 말부터 권력을 장악한 김자점·원두표 등 반정공신 일파를 탄핵해 몰락시켰으나, 김자점이 효종의 반청 정책을 청나라에 밀고해 송준길도 벼슬에서 물러났다. 그 뒤 집의·이조참의 겸 찬선 등으로 여러 번 임명됐으나 계속 사퇴했으며, 1658년(효종 9년) 대사헌·이조참판 겸 좨주를 거쳤다. 1659년 병조판서·지중추원사(知中樞院事)·우참찬으로 송시열과 함께 국정에 참여하던 중 효종이 죽고 현종이 즉위하자 자의대비의 복상 문제로 이른바 예송(禮訟)이 일어났는데, 송시열이 기년제(朞年祭-일년상)를 주장할 때 송시열을 지지했다. 이에 남인(南人)인 윤휴·허목·윤선도 등의 3년설과 논란을 거듭한 끝에 일단 기년제를 관철시켰다. 이해에 이조판서가 됐으나 곧 사퇴했다. 이후 우참찬·대사헌·좌참찬 겸 좨주·찬선 등에 여러 차례 임명됐으나, 기년제의 잘못을 규탄하는 남인들의 거듭되는 상소로 계속 사퇴했다. 1665년(현종 6년) 원자의 보양(輔養)에 대해 건의해 첫 보양관이 됐으나, 이 역시 곧 사퇴했다. 1673년 1월 영의정에 추증됐으나, 1674년 효종의 왕비인 인선대비(仁宣大妃)가 죽자 또 한 차례 자의대비의 복상 문제가 일어나게 됐다. 그런데 이번에는 남인의 기년제설이 서인의 대공설(大功說)을 누르게 되면서 남인이 정권을 장악했다. 이에 1675년(숙종 1년) 허적(許積)·윤휴·허목 등의 공격을 받아 관작을 삭탈당했다. 이어 1680년 경신환국으로 서인이 재집권하면서 관작이 복구됐다. 송시열과 동종(同宗)이면서 학문 경향을 같이한 성리학자로 이이의 학설을 지지했다. 특히 예학(禮學)에 밝아 일찍이 김장생이 예학의 종장(宗匠)이 될 것을 예언하기도 했다. 문장과 글씨에도 능했다.

글을 읽다가 이 대목에 이르러서는 세 번 반복하여 탄식하며 눈물을 흘릴 뻔하지 않은 적이 없었습니다. 대체로 천도(天道)에 있어서는 음이 소멸하고 양이 회복하는 이치가 있고, 시운(時運)에 있어서는 난이 극에 달해 다스려지기를 생각하는 운수가 있으며, 인사(人事)에 있어서는 선으로 돌이켜 자신을 새롭게 향상하는 뜻이 있습니다. 하늘을 잘 살피는 자는 그 이치를 다스리고, 시운을 잘 아는 자는 그 운수를 미뤄 알며, 인사를 잘 닦는 자는 그 뜻을 살핍니다. 아, 오늘날 세 가지 책임이 우리 성상(聖上-임금)에게 달려 있습니다. 천도로 말하면 음기가 극에 달해 양기가 돌아오는 것이 이때이고, 시운으로 말하면 큰 혼란이 극에 달해 인정이 다스려지기를 생각하는 때입니다.

공자의 「상전」을 살펴볼 차례다. 그중에 복괘를 총평한 「대상전」이다.

우레가 땅속에 있는 것이 복(復)(이 드러난 모습)이니, 선왕(先王)은 그것을 갖고서 동짓날에 관문을 닫아걸고 상인과 여행자들이 다니지 못하게 했고 임금은 사방을 시찰하지 않았다[雷在地中復 先王以 至日閉關 商旅不行 后不省方].
뇌 재 지중 복 선왕 이 지일 폐관 상려 불행 후 불성 방

◉

이때는 아직 양이 막 나와서 미미할 때다. 그래서 옛날의 뛰어난 임금[先王]들은 그 도리에 고분고분해 동짓날 처음 양이 생겨날 때는 관문을 닫아서 사람들의 움직임을 제한하고 임금 또한 지방을 돌아보러 다니지 않았다. 그만큼 조심조심한 것은 앞으로 양(陽)을 더욱더 길러주기 위함이었다. 『춘추좌씨전』 문공(文公) 원년에 나오는 말이다.

선왕(先王-옛날의 훌륭한 임금)이 때를 바로잡을[正時] 때는 역(曆)의 실마리를 동지[始]에서부터 추산하고[履=推算] 때에 적중함에서 달을 정했으며[正=定] 나머지는 연말[終]로 돌렸다. 실마리를 동지에서부터 하니 차례가 어긋나지 않았고 적중함에서 달을 정하니 백성이 의혹을 품지 않았으며 나머지는 연말로 돌리니 일이 어그러지지 않았다.

그만큼 동지가 중요했고, 이렇게 해서 사계절이 제자리를 얻으면 일에 혼란스러움

이 없다는 뜻이다. 한편 『연산군일기(燕山君日記)』 8년(1502) 10월 27일의 기록에 따르면 정언 오익념(吳益念)이 연산군에게 이렇게 아뢰어 말했다.

> 『주역』 복괘(復卦)에 "우레가 땅속에 있는 것이 복(復)(이 드러난 모습)이니, 선왕(先王)은 그것을 갖고서 동짓날에 관문을 닫아걸고 상인과 여행자들이 다니지 못하게 했고 임금은 사방을 시찰하지 않았다"라고 했습니다. 그것은 동지에 일양(一陽)이 처음 생기는 까닭으로 조용하게 지킴으로써 천도(天道)에 순응하고자 한 때문입니다. 지금은 동지에도 하례(賀禮)를 받고 풍악을 울리며 혹은 서로 문안(問安)을 하고 상려(商旅)들이 떼 지어 다니니, 천도에 순응하는 뜻이 전혀 아닙니다. 동지와 설날에 바치는 방물을 그만두게 하소서.

대답하지 않았다. 이때부터 이미 도리를 어기는 것을 가볍게 여기는 연산군의 모습을 보게 된다.

복괘의 여섯 효[六爻]에 대한 주공의 말을 풀이한 공자의 「소상전」이다.

(초구(初九)는) 멀리 가지 않고 돌아왔다[不遠之復]는 것은 몸을 닦기[修身] 때문이다[不遠之復 以修身也].

(육이(六二)는) 아름다운 돌아옴이 길한 것[休復之吉]은 어진 사람에게 자신을 낮추기[下仁] 때문이다[休復之吉 以下仁也].

(육삼(六三)은) 자주 돌아옴이 위태로운 것[頻復之厲]은 의리상 허물이 없기 때문이다[頻復之厲 義无咎也].

(육사(六四)는) 음들 사이를 가지만 홀로 돌아온다[中行獨復]는 것은 도리를 따르기 때문이다[中行獨復 以從道也].

(육오(六五)는) 도탑게 돌아옴이 뉘우침이 없다[敦復无悔]는 것은 적중함으로써 스스로를 이뤄가기[自考=自成] 때문이다[敦復无悔 中以自考也].

(상륙(上六)은) 혼미하게 돌아옴이 흉하다[迷復之凶]는 것은 임금의 도리[君道]에 반하기 때문이다[迷復之凶 反君道也].

복괘의 맨 아래 첫 양효에 대해 공자는 "멀리 가지 않고 돌아왔다[不遠之復]는 것은 몸을 닦기[修身] 때문이다"라고 풀었다. 앞에서도 우리는 "복(復)은 다움의 근본[德之本]이다"라는 점을 거듭해서 보았다. 이 점을 염두에 두고서 풀어가 보자. 먼저 주공은 효사에서 "멀리 가지 않고 돌아오니[不遠復] 뉘우침에 이르지 않아서 으뜸으로 길하다[不遠復 无祗悔 元吉]"라고 했는데 공자는 다른 부분은 그냥 두고 '멀리 가지 않고 돌아오니[不遠復]'에 초점을 맞춰 '몸을 닦기[修身] 때문'이라고 했다. 수신(修身)은 곧 수덕(修德)이다. 이괘(履卦)와 마찬가지로 극기복례(克己復禮)와 밀접하게 연결되는 효다. 다움을 닦는다[修德]는 것은 자기 안에 조금의 허물이라도 있으면 마치 불에 델 것처럼 그것을 털어내는 것이다. 「계사전」에서 공자는 바로 이 복괘 초구와 관련해 이렇게 말한 바 있다.

공자가 말했다. "안씨(顔氏)의 아들은 거의 (도리를 아는 데) 가까웠다고 할 것이다. (자기 자신에게) 좋지 못한 점[不善]이 있으면 일찍이 알지 못한 적이 없었고, 그것을 알게 되면 일찍이 다시는 그 잘못을 행하지 않았다. 역(易)에 이르기를 '머지않아[不遠] 회복하고 뉘우침에 이르는 일[祗悔=至悔]이 없었으니 으뜸으로 길하다[元吉]'라고 했다."

안씨(顔氏)의 아들이란 바로 안회(顔回)다. 공자의 이 말은 『논어』 「옹야」편에 나오는 이야기와 직결된다.

(노나라 임금) 애공(哀公)이 물었다. "제자 중에서 누가 배우는 것을 좋아하는가[好學]?"
공자가 말했다. "안회라는 자가 있어 배우기를 좋아해 분노를 다른 데로 옮기지 않고[不遷怒] 잘못을 두 번 다시 반복하지 않았는데[不貳過], 불행하게도 명이 짧아 죽었습니다. 지금은 그가 가고 없으니 아직 배우기를 좋아하는 자[好學者]를 들어보지 못했습니다."

공자가 호학(好學)의 뜻을 풀이하면서 안회를 끌어들였는데, 그 두 가지 근거 중 하나가 바로 여기서 언급된 불이과(不貳過)다.

복괘의 밑에서 두 번째 음효에 대해 공자는 "아름다운 돌아옴이 길한 것[休復之吉]은 어진 사람에게 자신을 낮추기[下仁] 때문이다"라고 풀었다. 육이의 처지를 보자. 중도(中道)를 얻어 초구와 가깝다. 이때 어진 사람이란 바로 초구다. 자신이 위에 있음에도 아랫사람에게 낮추는 자세를 보였기 때문에 아름답다[休]고 한 것이다. 정이는 "극기복례(克己復禮)가 곧 어짊을 행하는 것[爲仁]"이라고 했던 공자의 말을 그대로 받아 "초구가 어짊으로 돌아왔고 육이는 그에게 몸을 낮추니 아름답고 길하다"고 말한다.

복괘의 밑에서 세 번째 음효에 대해 공자는 "자주 돌아옴이 위태로운 것[頻復之厲]은 의리상 허물이 없기 때문이다[頻復之厲 義无咎也]"라고 풀었다. 주공의 효사와 거의 비슷한 문장 같으나 초점이 '자주 돌아옴이 위태로운 것'에 맞춰진다. 육삼의 처지를 볼 때 음의 조급함[躁]을 갖고서 움직이는 하괘의 맨 위에 있으니 자주 돌아온다는 것이다. 그러면 일정함과 오래감이 없으니, 돌아옴[復]을 자연스럽고 편안하게 받아들이지 못한다. 이는 개과천선(改過遷善)의 미덕을 강조한 것이다. 즉 자주 떠나가는 것은 위태로우나 그나마 자주 돌아오기 때문에 허물이 없을 수 있다는 것이다. 초구에서 봤던 안회에 비한다면 많이 떨어지지만, 우리 주변에서 흔히 볼 수 있는 사람들이다. 그나마 아예 돌아오려 하지 않는 사람보다는 낫기 때문에 공자는 이런 사람을 고무 격려하기 위해 이렇게 풀이했다고 볼 수 있다. 『논어』「술이」편에서 공자는 이런 사람을 어떻게 대해야 하는지 명확하게 보여준다.

> 호(互)라는 마을의 사람들과는 더불어 (도리나 선을) 말하기 어려웠는데, 공자가 그 마을의 동자를 만나자 제자가 이상하게 여겼다. 이에 공자는 말했다. "사람이 자기 몸을 깨끗이 해서 나아오면 그 깨끗한 것을 받아들여주고 지나간 것을 두고두고 간직하지 않으니, 그 진취적인 것을 받아들여주고 퇴보하는 것을 받아들여주지 않으면 되지 오직 어찌 그리 야박하게 하겠는가?"

복괘의 밑에서 네 번째 음효에 대해 공자는 "음들 사이를 가지만 홀로 돌아온다[中行獨復]는 것은 도리를 따르기 때문이다[中行獨復 以從道也]"라고 풀었다. 이에 대해서는 정이의 풀이가 절실하다.

> 이 효의 뜻은 가장 상세하게 음미해보아야 한다. 육사는 여러 음효 중에서 행동하지만 홀로 회복할 수가 있어 바름에 자처하고, 아래로 양강의 초구에 호응하니 그 의지가 좋다고

할 만하다. '길하다' 혹은 '흉하다'라고 말하지 않은 것은 육사가 부드러운 자질로 여러 음효 사이에 자리하고, 바른 호응 관계인 초구가 매우 미약해 서로 도움을 주기에는 부족하니 세상을 구제할 수 있는 이치가 아직은 드러나지 않았기 때문이다. 그래서 성인은 단지 그는 홀로 회복할 수 있다고만 칭찬했지 그가 홀로 도리를 따르다가 반드시 흉하게 됐다고 말하려 하지 않았다.

결국 이 육사에 대한 정이의 진단은 비관적이다.

음한 자질로 음의 위치에 있어 매우 나약하기 때문에 양을 따르려는 의지가 있다고 해도 결국은 세상을 구제할 수가 없으니, 허물이 없는 것은 아니기 때문이다.

오랜 소인의 세상을 견뎌내며 장차 신진 군자들의 마땅한 행동을 도우려 했으나 새로운 세상을 맞아 끝내 망설이다가 일을 그르칠 수도 있는 유약한 기성세대라 하겠다.

우리 역사에서 복괘의 육사에 해당하는 인물은 아마도 이색(李穡, 1328~1396)일 것이다. 고려 말 소인들 사이에서 수많은 신진 인사를 길러냈으나 정작 본인은 망설이다가 뜻을 이루지 못했기 때문이다.

이색은 1341년(충혜왕 복위 2년)에 진사(進士)가 되고, 1348년(충목왕 4년) 원나라에 가서 국자감(國子監)의 생원(生員)이 돼 성리학을 연구했다. 1351년(충정왕 3년) 아버지상을 당해 귀국했다. 1352년(공민왕 1년) 전제(田制) 개혁, 국방 계획, 교육 진흥, 불교 억제 등 당면한 여러 정책의 시정 개혁에 관한 건의문을 올렸다. 이듬해 향시(鄕試)와 정동행성(征東行省)의 향시에 1등으로 합격해 서장관(書狀官)이 됐다. 원나라에 가서 1354년 제과(制科)의 회시(會試)에 1등, 전시(殿試)에 2등으로 합격해 원나라에서 응봉 한림문자 승사랑 동지제고 겸 국사원편수관을 지냈다. 귀국해 전리정랑 겸 사관편수관 지제교 겸 예문응교 등을 역임했다. 이듬해 원나라에 가서 한림원에 등용됐으며, 다음 해 귀국해 이부시랑 한림직학사 겸 사관편수관 지제교 겸 병부낭중이 돼 인사 행정을 주관하고 개혁을 건의해 정방(政房)을 폐지하게 했다.

1357년 우간의대부(右諫議大夫)가 돼 유학에 의거한 삼년상 제도를 건의해 시행하도록 했다. 이어 추밀원 우부승선, 지공부사(知工部事), 지예부사(知禮部事) 등을 지내고 1361년 홍건적의 침입으로 왕이 남행할 때 호종해 1등 공신이 됐다. 그 뒤 좌승선(左承宣), 지병부사(知兵部事), 우대언(右代言), 지군부사사(知軍簿司事), 동지춘추관사(同知春秋館事), 보문각(寶文閣)과 예관(禮官)의 대제학(大提學) 및 판개성부사(判開城府事) 등을 지냈다. 1367년 대사성(大司成)이 돼 국학의 중영(重營)과 더불어 성균관의 학칙을 새로 제정하고 김구용(金九容)·정몽주(鄭夢周)·이숭인(李崇仁) 등을 학관으로 채용해 신유학(주자학·정주학·성리학의 이칭)의 보급과 발전에 공헌했다. 1373년 한산군(韓山君)에 봉해지고 이듬해 예문관대제학, 지춘추관사 겸 성균관대사성에 임명됐으나 병으로 사퇴했다. 1375년(우왕 1년) 왕의 요청으로 다시 벼슬에 나아가 정당문학(政堂文學)·판삼사사(判三司事)를 역임했다. 1377년에 추충보절동덕찬화공신의 호를 받고 우왕(禑王)의 사부(師傅)가 됐다. 1388년 철령위 문제가 일어나자 화평을 주장했다. 1389년(공양왕 1년) 위화도회군(威化島回軍)으로 우왕이 강화로 쫓겨나자 조민수(曺敏修)와 함께 창왕(昌王)을 옹립, 즉위하게 했다. 판문하부사(判門下府事)가 돼 명나라에 사신으로 가서 창왕의 입조와 명나라의 고려에 대한 감국(監國)을 주청해 이성계 일파의 세력을 억제하려 했다. 이해에 이성계 일파가 세력을 잡자 오사충(吳思忠)의 상소로 장단(長湍)에 유배됐다. 이듬해 함창(咸昌)으로 옮겨졌다가 이초(彝初)의 옥(獄)에 연루돼 청주의 옥에 갇혔는데, 수재(水災)가 발생해 함창으로 다시 옮겨 안치(安置)됐다.

1391년에 석방돼 한산부원군(韓山府院君)에 봉해졌으나, 1392년 정몽주가 피살되자 이에 연루돼 금주(衿州-현재 서울시 금천구 시흥)로 추방됐다가 여흥(驪興-현재 경기도 여주)·장흥(長興) 등지로 유배된 뒤 석방됐다. 1395년(태조 4년)에 한산백(韓山伯)에 봉해지고, 이성계의 출사(出仕) 종용이 있었으나 끝내 고사하고 이듬해 여강(驪江)으로 가던 도중에 죽었다.

복괘의 밑에서 다섯 번째 음효에 대해 공자는 "도탑게 돌아옴이 뉘우침이 없다[敦復无悔(돈복 무회)]는 것은 적중함으로써 스스로를 이뤄가기[自考(자고)=自成(자성)] 때문이다"라고 풀었다. 육오는 군주의 자리에 있고 중도의 자리에 있으나 함께 뜻을 같이해 도와줄 사람이 아무도 없다. 도탑다는 것은 중도의 자리에 있음을 염두에 둔 것이다. 그러나 이런 비교적 좋은 여건에도 '뉘우침이 없다'라는 것은 이렇다 할 일을 하지 못한다는 것이다. 그래서 공자도 묘하게 '적중함으로써 스스로를 이뤄가기[自考(자고)=自成(자성)] 때문'이라고 했다. 어려운 상황에서 조심조심 몸 하나 건진다는 정도의 뉘앙스다. 『현종실록(顯宗實錄)』 5년(1664) 11월 5일 대사간 남구만(南九萬, 1629~1711)[356]이 복괘 육효의 뜻을 추론해 아뢰어 말했다.

이 괘의 뜻은 모두가 지극한 가르침이지만, 육오(六五)의 '돈복(敦復)'은 전하께서 오늘날 부지런히 행해야 할 것이고 육삼(六三)의 '빈복(頻復)'은 전하께서 오늘날 걱정하여 경계해야 할 것입니다. 예로부터 임금치고 누가 선(善)을 회복하고자 하지 않았겠습니까만, 혹은 끝내 미혹된 채 회복하지 못하거나 혹 이미 회복했다가 도로 잃어버렸던 것은 다만 사욕이 가렸기 때문입니다. 지금 전하께서 비록 선의 실마리를 회복하고 하늘의 마음을 보기는 했으나 오히려 누적된 폐단을 일소하여 백성의 소망을 크게 위로하지 못하고 계시는 것도, 사사로움을 말끔히 극복하지 못하고 욕심을 모조리 제거하지 못했기 때문입니다.

바라건대 전하께서는 항상 "임금이 천하를 먹여 살려 다스리는 것이지 천하 사람들이 임금 한 사람을 받들어 먹여 살리지 않는다"는 뜻을 마음에 두고 잊지 않은 뒤에야 육오의 '돈복무회(敦復無悔)'에 대해 말할 수 있을 것입니다.

---

356 송준길 문하에서 수학, 1651년(효종 2년) 진사시에 합격하고, 1656년(효종 7년) 별시 문과에 을과로 급제해 가주서·전적·사서·문학을 거쳐 이듬해 정언이 됐다. 1659년(효종 10년) 홍문록에 오르고 곧 교리에 임명됐다. 1660년(현종 1년) 이조정랑에 제수됐고, 이어 집의·응교·사인·승지·대사간·이조참의·대사성을 거쳐 1668년(현종 9년) 안변부사·전라도관찰사를 역임했다. 1662년 영남에 어사로 나가 진휼 사업을 벌였다. 1674년(현종 15년) 함경도 관찰사로서 유학(儒學)을 진흥시키고 변경 수비를 튼튼히 했다. 숙종 초 대사성·형조판서를 거쳐 1679년(숙종 5년) 좌윤이 됐으며, 같은 해 윤휴·허견(許堅) 등의 방자함을 탄핵하다가 남해(南海)로 유배됐다. 이듬해 경신대출척(庚申大黜陟)으로 남인이 실각하자 도승지·부제학·대사간 등을 역임했으며, 1680년(숙종 6년)과 1683년(숙종 9년) 두 차례 대제학에 올랐다. 병조판서가 돼 폐한 사군(四郡)의 재설치를 주장, 무창(茂昌)·자성(慈城) 2군을 설치했으며, 군정(軍政)의 어지러움을 많이 개선했다. 1684년(숙종 10년) 우의정, 이듬해 좌의정, 1687년(숙종 13년) 영의정에 올랐다. 이즈음 송시열의 훈척비호를 공격하는 소장파를 주도해 소론의 영수로 지목됐다. 1689년(숙종 15년) 기사환국으로 남인이 득세하자 강릉에 유배됐다가 이듬해 풀려났다. 1694년(숙종 20년) 갑술옥사(甲戌獄事)로 다시 영의정에 기용되고, 1696년(숙종 22년) 영중추부사가 됐다. 1701년(숙종 27년) 희빈 장씨(禧嬪張氏)의 처벌에 대해 중형을 주장하는 김춘택(金春澤)·한중혁(韓重爀) 등 노론의 주장에 맞서 경형(輕刑)을 주장하다가 숙종이 희빈 장씨의 사사를 결정하자 사직, 낙향했다. 그 뒤 부처(付處)·파직 등 파란을 겪다가 다시 서용됐으나, 1707년(숙종 33년) 관직에서 물러나 봉조하(奉朝賀)가 됐다가 기로소에 들어갔다. 당시 정치 운영의 중심인물로서 정치·경제·형정·군정·인재 등용·의례(儀禮) 등 국정 전반에 걸쳐 경륜을 폈을 뿐 아니라 문장에 뛰어나 책문(冊文)·반교문(頒教文)·묘지명 등을 많이 썼다. 또한 국내외 기행문과 우리 역사에 대한 고증도 많이 남기고 있다. 서화에도 뛰어났으며, 시조 「동창이 밝았느냐」가 『청구영언(靑丘永言)』에 전한다.

이에 대해 실록은 "이날이 동짓날이었기 때문에 상소의 내용이 이러했다"라고 덧붙이고 있다.

복괘의 맨 위에 있는 음효에 대해 공자는 "혼미하게 돌아옴이 흉하다[[迷復之凶]는 것은 임금의 도리[君道]에 반하기 때문이다"라고 풀었다. 원래 주공의 효사는 "혼미하게 돌아옴[迷復]이어서 흉하니, 재앙과 허물[災眚]이 있어 군사를 쓰게 되면 끝내는 크게 패하고 나라를 다스리게 되면 임금이 흉해 10년이 지나도 능히 나아갈 수가 없다[迷復凶 有災眚 用行師 終有大敗 以其國 君凶 至于十年 不克征]"라고 해서 매우 길었는데 '혼미함에 돌아오니 흉함[迷復凶]'에 초점을 맞춰 간단하게 '임금의 도리[君道]에 반하기 때문이다'라고 단정적으로 말했다.

끝까지 혼미하니 사실상 회복을 하지 못하는 자다. 먼저 '재앙과 허물[災眚]이 있어'라고 했다. 여기서 재(災)는 외부에서 오는 것이고 생(眚)은 자신이 빚어내는 것이다. 하는 일마다 잘못과 허물을 빚어내고 외부에서 재앙까지 찾아오니, 이는 결국 모두 자신이 자초한 것이다. 그런 다음으로 군대를 동원해봤자 백전백패이고 나라를 다스린다 한들 10년도 지탱할 수 없다. 정이에 따르면 "10년이란 수의 끝이다. 10년이 돼도 나아갈 수 없다는 것은 끝내 시행할 수 없다"라는 것이다. 임금이 임금 자리에 있으면서 임금의 도리를 따르는 것은 마땅하다. 이런 회복(回復)의 도리에 실패한 임금을 들자면 조선의 연산군이나 광해군, 고려의 공민왕(恭愍王, 1351~1374)이다. 흔히 '개혁군주' 운운하며 잘못 가르치고 있는 공민왕의 생애를 일별해보자.

몽고식 이름은 바얀테무르(伯顔帖木兒)다. 아버지인 충숙왕(忠肅王)과 어머니인 명덕태후(明德太后) 홍씨(洪氏) 사이에 둘째 아들로 태어났다. 비(妃)는 원나라 위왕(魏王)의 딸 노국대장공주(魯國大長公主)이며, 그 밖에 혜비 이씨(惠妃李氏)·익비 한씨(益妃韓氏)·정비 안씨(定妃安氏)·신비 염씨(愼妃廉氏)가 있다. 일찍이 강릉대군(江陵大君)에 봉해졌고 1341년 원나라에 가서 숙위(宿衛)했으며 1344년(충목왕 즉위년)에는 강릉부원대군(江陵府院大君)으로 봉해졌다. 1349년 원나라에서 노국대장공주를 비로 맞이했다. 1351년 원나라가 외척의 전횡과 국정 문란의 책임을 물어 충정왕(忠定王)을 폐위시키자, 공주와 함께 귀국해 왕위에 올랐다. 공민왕은 14세기 후반, 원명 교체(元明交替)라는 대륙 정세를 이용해 많은 개혁을 추진했다. 대외적으로는 적극적인 배원 정책(排元政策)을 펴서 몽고의 잔재를 일소하고 실지(失地)의 회복을 위해 북진

정책을 실시했다. 대내적으로는 고려 왕실을 약화시킨 친원권문세족(親元權門勢族)을 제거하고 국가 기강을 재정립하기 위해 일곱 차례에 걸친 관제 개혁을 실시했다. 1352년에는 변발(辮髮)·호복(胡服) 등의 몽고 풍속을 폐지했다. 1356년 몽고의 연호(年號)·관제(官制)를 폐지해 문종(文宗) 때의 제도를 복구하는 한편 내정을 간섭하던 원나라의 정동행중서성이문소를 폐지하고, 원나라의 황실과 인척 관계를 맺고 권세를 부리던 기철(奇轍) 일파를 숙청했다. 100년간이나 존속해온 쌍성총관부(雙城摠管府)를 폐지해 원나라에 빼앗겼던 영토를 회복했다. 1368년 명나라가 건국되자 이인임을 보내 명나라와 합동으로 요동(遼東)에 남아 있던 원나라의 잔여세력을 공략했다. 2년 뒤 이성계로 하여금 동녕부(東寧府)를 치게 해 오로산성(五老山城)을 점령하고 국위를 떨쳤다. 내정에서는 1352년 폐단이 많았던 정방(政房)을 폐지하고 전민변정도감(田民辨正都監)을 설치해 귀족들이 겸병한 토지를 원래의 소유자에게 환원시키는 한편, 불법으로 노비가 된 사람들을 해방시켰다.

그러나 그의 선정은 여기까지였다. 홍건적과 왜구의 잦은 침입, 1363년 찬성사 김용(金鏞)의 반란, 1364년 덕흥군(德興君)을 옹립하려고 했던 부원파(附元派) 최유(崔濡)의 반란 등으로 국력이 소모되기도 했다. 더구나 1365년 노국대장공주가 죽자 실의에 빠져 국사를 모두 신돈(辛旽)에게 맡기고 불사(佛事)에만 전념했다. 그러나 신돈은 실정을 거듭하고 왕을 해치려 했으므로, 그를 수원으로 귀양보낸 뒤 사사(賜死)했다. 1372년 명문자제들로 구성된 자제위(子弟衛)를 설치했고, 1373년 반야와의 사이에서 나은 모니노(훗날의 우왕)에게 우(禑)라는 이름을 하사하고 강녕부원대군(江寧府院大君)으로 봉했다. 그런데 자제위 소속 홍륜(洪倫)이 익비를 범해 임신시키자 그것을 은폐할 목적으로 홍륜과 밀고자인 환관 최만생(崔萬生) 등을 죽이려고 시도했지만 도리어 그들에게 살해당했다. 한때의 개혁 정책을 거둬들이고 폭정과 난정(亂政)을 일삼다가 공자의 말대로 10년 만에 신하의 손에 목숨을 잃게 된 것이다. 그로 인해 고려의 회복은 불가능하게 됐고 패망의 수순을 밟게 된다. 그만큼 회복의 도리[復之道 복지도]는 쉽지가 않은 것인지 모른다.

복괘를 마치면서 『논어』 「안연」편의 다음 내용을 다시 한번 음미해보기 바란다.

안연(안회)이 어짊[仁 인]에 관해 묻자 공자가 말했다.

"자기(의 사사로운 바)를 이겨내고 예로 돌아가는 것[克己復禮]이 곧 어짊(을 행하는 것)이니, 단 하루라도 극기복례(克己復禮)를 행한다면 천하도 그런 사람을 어질다고 인정해줄 것이다. 어짊을 행하는 것은 자기 자신에서 비롯되는 것이지 어찌 남에게서 비롯되겠는가?"

안연은 이 점에 대해 보다 구체적인 사항들을 쉽게 설명해줄 것을 정중하게 청한다. 이에 공자는 다음과 같이 말했다.

"예가 아니면 '절대' 보지도 말고 듣지도 말며 말하지도 말고 움직여서도 안 된다[非禮勿視 非禮勿聽 非禮勿言 非禮勿動]."

## 25. 천뢰무망(天雷无妄)[357]

무망(无妄)은 크게 형통하고 반듯하면 이롭다. 그것이 바르지 못하면 허물이 있고[有眚] 가는 바가 있어도 이롭지 않다.

无妄 元亨 利貞 其匪正有眚 不利有攸往.[358]

초구(初九)는 거짓이 없으니[无妄] 가면 길하다[无妄往吉].

육이(六二)는 밭을 갈지 않고도 수확이 있고 땅을 일구지 않고도 옥토가 되니, 가는 바가 있어 이롭다[不耕穫 不菑畬 則利有攸往].

육삼(六三)은 거짓 없는 재앙[无妄之災]이니, 설혹 소를 매어놓았다 해도 길 가는 사람이 얻는 것은 마을 사람들의 재앙이다[无妄之災 或繫之牛 行人之得 邑人之災].

구사(九四)는 반듯할 수 있으니 허물이 없다[可貞 无咎].

구오(九五)는 거짓 없는 질병이니 약을 쓰지 않으면 기쁜 일이 있다[无妄之疾 勿藥有喜].

상구(上九)는 거짓 없음이 더 가면 허물이 있어 이로운 바가 없다[无妄行 有眚 无攸利].

◉

357 문자로는 건상진하(乾上震下)라고 한다.

358 원형이정(元亨利貞)이 다 있다.

무망괘(无妄卦)의 초구(初九)는 양위에 양효로 바름[正位](정위), 육이(六二)는 음위에 양효로 바름, 육삼(六三)은 양위에 음효로 바르지 못함[不正位](부정위), 구사(九四)는 음위에 양효로 바르지 못함, 구오(九五)는 양위에 양효로 바름, 상구(上九)는 음위에 양효로 바르지 못함이다. 이 괘의 경우 육이와 육오 모두 중정을 얻었다.

대성괘 무망괘(䷘)는 소성괘 건괘(☰)와 진괘(☳)가 위아래에 있어 만들어진 괘다. 「설괘전」에 따르면 '건(乾-하늘)으로 임금 노릇을 하고' '우레[雷=震](뇌 진)로 움직이게 한다'고 했다. 괘의 모양이 건(乾)이 위에 있고 진(震)이 아래에 있다.

그러면 「서괘전」을 통해 왜 무망괘가 복괘의 뒤를 이어받았는지 확인해보자.

> 회복되면 거짓됨이 없다[不妄](불망). 그래서 복괘의 뒤를 무망괘(无妄卦)로 받았다.
>
> 復則不妄矣. 故受之以无妄.
> (복 즉 불망 의 고 수지 이 무망)

천뢰무망괘(天雷无妄卦, ䷘)는 진괘(☳)가 아래에 있고 건괘(☰)가 위에 있으니, 복괘(復卦)와 비교하면 상괘만 곤괘(☷)에서 건괘(☰)로 바뀐 것이다. 복괘에서 무망괘로 진행되는 것이 어느 한순간일 수는 없다. 오랜 시간 꾸준하고 바른길을 걸어야만 위에서 양이 늘어나 마침내 양이 음을 누르는 무망괘에 이르게 되는 것이다. 위가 건괘(☰)라는 것은 하늘과도 같은 이치[天理](천리)를 따라서 움직인다[雷=震](뇌 진)는 말이다. 그렇기 때문에 거짓됨이 없는 것이다. 동이천리(動以天理)란 이를 두고 하는 말이다.

문왕의 단사(彖辭), 즉 "무망(无妄)은 크게 형통하고 반듯하면 이롭다. 그것이 바르지 못하면 허물이 있고[有眚](유생) 가는 바가 있어도 이롭지 않다[元亨 利貞 其匪正有眚 不利有攸往](원형 이정 기 비정 유생 불리 유 유왕)"에 대한 공자의 풀이[「彖傳」](단전)를 살펴볼 차례다.

무망(无妄)은 굳셈이 밖에서부터 와서[剛自外來](강 자외 래) 안에서 주인[主](주)이 된다. 움직일 때는 튼튼하고[動而健](동이건) 굳셈이 가운데 있으면서 호응하여[剛中而應](강중 이 응) 크게 형통함으로써 바르니, 하늘의 명[天之命](천지명)이다. "그것이 바르지 못하면 허물이 있고[有眚](유생) 가는 바가 있어 이롭지 않다"라고 했는데, 거짓 없이 가는 것이 어디로 가겠는가? 하늘의 명이 돕지 않는 것을 행할 수 있겠는가!

无妄 剛自外來而爲主於內.
무망 강 자외 래 이 위주 어내

動而健 剛中而應 大亨以正 天之命也.
동이건 강중 이 응 대형 이정 천지명 야

其匪正有眚不利有攸往 无妄之往 何之矣?
기 비정 유생 불리 유 유왕 무망 지 왕 하지 의

天命不祐 行矣哉!
천명 불우 행 의재

◉

이는 일의 형세[事勢(사세)]를 중시하며 풀어가야 한다. 무망(无妄)이란 저절로 그러한 것[自然(자연)]이며 조금도 거짓이 없는 상태[眞實至誠(진실 지성)]를 말한다. 이는 흔히 하늘의 도리[天道(천도)]로 간주된다. 하늘은 쉼이 없고[不息(불식)] 거짓이 없기[无妄(무망)] 때문이다. 먼저 『논어』의 도움을 빌려 하늘의 도리와 무망(无妄)의 문제를 점검해보자.

> 왕손가(王孫賈)는 (자신의 임금 영공을 알현하고 나오는) 공자에게 이런 질문을 던졌다.
>
> "아랫목 신에게 잘 보이는 것보다는 차라리 부뚜막 신에게 잘 보이라는 말이 있는데 무슨 뜻입니까?"
>
> 공자가 말했다.
>
> "그렇지 않습니다. 하늘에게 죄를 얻게 되면 어디 가서 빌 곳도 없습니다."

여기에는 약간의 설명의 필요하다. 왕손가는 위나라 영공의 신하이자 병권을 쥐고 있던 대부다. 공자가 임금을 만나고 나오자 왕손가는 공자에게 넌지시 이런 말을 던졌다. 실속 없는 아랫목 신보다는 실속 있는 부뚜막 신, 즉 자신에게 붙을 생각이 없냐는 것이다. 그런데 공자는 이렇게 답했다. 조금도 거짓을 행할 뜻이 없다는 것이다. 공자에게 하늘은 곧 무망이었음을 보여주는 전형적인 사례다.

여기에 정이는 한 가지 의미를 추가했다. 바름[正(정)=眞(정)]이다.

> 정정(眞正)을 잃는 것이 망(妄)이다. 비록 그릇된 마음[邪心(사심)]이 없다 해도 바른 이치에 합치하지 않는다면 망(妄)이니 곧 그릇된 마음이다. 따라서 바르지 않으면 허물이 된다.

공자의 「단전」을 짚어보자. "굳셈이 밖에서부터 와서[剛自外來] 안에서 주인[主]이 된다"고 했다. 이는 초구(初九)를 가리킨다. 진괘(☳)는 원래 곤괘(☷)에서 초효가 바뀌어 진괘가 된 것이다. 그래서 굳셈이 밖에서부터 왔다고 한 것이다. 진괘의 주인은 바로 이 하나밖에 없는 양효다. 초구는 자리도 바름[正位]이다.

이어서 "움직일 때는 튼튼하고[動而健]"는 하괘는 움직이고 상괘는 굳세고 튼튼하다는 말이다. 결국 무망괘의 움직임이 굳세고 튼튼하다는 말이다. "굳셈이 가운데 있으면서 호응하여[剛中而應]"란 구오가 굳셈으로 중정을 얻었고 육이가 바로 이 구오와 호응하고 있다는 말이다. 그래서 크게 형통하고, 이는 곧 하늘의 명이라는 것이다. 하늘의 도리이니 거짓이 없다[无妄].

하늘의 도리란 바를 수밖에 없다. 그래서 조금이라도 여기서 벗어나면 허물이 있게 되니, 그것이 바로 망(妄), 즉 거짓이 된다. 유난히 천명(天命)을 강조한다. 이런 천명을 두려운 마음으로 받아서 사람의 일[人事]을 다스리려 했던 임금 중의 하나가 은나라를 세운 탕왕이다. 『논어』 「요왈(堯曰)」편에 실린 탕왕의 말이다.

> (탕왕이) 말했다.
>
> "나 소자 이(履)는 검은 희생을 써서 감히 거룩하신 상제께 밝게 아뢥니다. 죄지은 자[有罪]를 감히 (내 마음대로) 용서하지 못하며 상제의 신하(帝臣)를 제가 감히 숨길 수 없으니, 인물을 간택하는 것은 (내 마음대로 하는 것이 아니라) 상제의 마음(帝心)에 있는 것입니다."
>
> (또 제후들에게 말씀하셨다.) "내 몸에 죄가 있음은 만방(萬方) 때문이 아니요, 만방에 죄가 있음은 그 책임이 내 몸에 있다."

공자의 「상전」을 살펴볼 차례다. 그중에 무망괘를 총평한 「대상전」이다.

하늘 아래에 우레가 쳐서[雷行] 일과 사물마다 거짓 없음을 부여해주니, 선왕(先王)은 그것을 갖고서 천시(天時)에 성대하게 맞추어 만물만사를 길러준다[天下雷行 物與无妄 先王以茂對時 育萬物].

◉

이는 고스란히 『중용』에 나오는 다음 구절을 떠올린다.

오직 천하제일의 지극한 열렬함[誠]이 있어야 그 본성[性]을 다할 수 있다. 그 본성을 능히 다할 수 있어야 사람의 본성을 다할 수 있다. 사람의 본성[人之性]을 다할 수 있어야 세상 만사만물의 본성[物之性]을 다할 수 있다. 세상 만사만물의 본성을 다할 수 있으면 하늘과 땅의 화육(化育)을 도울 수 있게 될 것이고, 하늘과 땅의 화육을 도울 수 있으면 하늘과 땅에 더불어 참여할 수 있게 될 것이다.

무망괘의 여섯 효[六爻]에 대한 주공의 말을 풀이한 공자의 「소상전」이다.

(초구(初九)는) 거짓 없이 간다[无妄之往]는 것은 뜻을 얻은 것이다[无妄之往 得志也].
(육이(六二)는) 밭을 갈지 않고도 수확이 있다[不耕穫]는 것은 미처 부자가 되고자 욕심을 가지지 않았다는 것이다[不耕穫 未富也].
(육삼(六三)은) 길 가는 사람이 소를 얻은 것이 마을 사람들에게는 재앙이 된다[行人得牛 邑人災也].
(구사(九四)는) 반듯할 수 있으니 허물이 없다[可貞无咎]는 것은 그것을 견고하게 지키고 있기[有=守] 때문이다[可貞无咎 固有之也].
(구오(九五)는) 거짓 없음의 약은 시험 삼아 쓸 수 있는 것이 아니다[无妄之藥 不可試也].
(상구(上九)는) 거짓 없음이 더 나아가는 것은 궁함이 극에 달한 재앙이다[无妄之行 窮之災也].

◉

무망괘의 맨 아래 첫 양효에 대해 공자는 "거짓 없이 간다[无妄之往]는 것은 뜻을 얻은 것이다"라고 풀었다. 초구는 굳센 양효[剛陽]로 양의 자리에 있으니 바르고[正位] 육이와는 유비(有比)인데, 구사와는 같은 양효라 호응이 없다.

거짓 없이 간다는 것은 일을 행함에 있어 무망(无妄)이라는 하늘의 도리를 잃지 않고서 한다는 말이다. 그래서 효사에서는 '길하다'라고 한 것이고 공자는 '뜻을 얻은 것'이라고 했다. 다만 문왕의 단사(彖辭)에서 "가는 바가 있어도 이롭지 않다[不利有攸往]"라고 한 것은 이미 무망(无妄)이면 충분한데 더 가봤자 새로이 더 얻을 것은 없다는 말이다. 지나침[過]에 대한 경계가 깊다.

『인조실록』 12년(1634) 윤8월 9일 자 기사에 이 초구를 보다 쉽게 풀어낼 수 있는 언급이 들어 있다. 『주역』에 조예가 깊었던 장현광(張顯光, 1554~1637)[359]이 올린 소(疏)의 일부다. 그는 초구와 상구를 연결해 알기 쉽게 풀어내고 있다. 특히 무망을 어짊[仁] 및 일의 이치[事理=禮]로 연결지어 풀어낸다는 점에서 탁월하다.

> 살피건대 문왕은 『역』 무망(无妄)괘 괘사에서 "무망은 크게 형통하고 반듯하면 이롭다. 그것이 바르지 못하면 허물이 있고[有眚] 가는 바가 있어도 이롭지 않다"라고 했고, 공자는 「단전」에서 "거짓 없이 가는 것이 어디로 가겠는가? 하늘의 명이 돕지 않는 것을 행할 수 있겠는가"라고 했고, 주공은 상구(上九) 효사에서 "거짓 없음이 더 가면 허물이 있어 이로운 바가 없다"라고 했고, 공자가 다시 「소상전」에서 "거짓 없음이 더 나아가는 것은 궁함이 극에 달한 재앙이다"라고 했습니다. 대개 천하의 이치는 일단 무망이 되면 끝입니다. 그런데 만약 다시 가는 바가 있으면 도리어 바른 것이 못 되고 이치를 해치게 됩니다. 그렇다면 어짊[仁]이야말로 무망의 이치인데, 일에 닥쳐 어느 것 하나도 빠뜨리지 않고 (어짊으로) 포괄할 때 모두가 자연히 마땅한 법칙을 얻게 마련입니다. 그런데 만약 어짊을 행하는 자가 혹시라도 사의(私意)에 구속됨을 면치 못해 털끝만큼의 지나침이라도 있어 마땅한 법칙을 잃게 되면 그 일이 비록 좋더라도 어질다[仁]라 말할 수 없게 됩니다. 이것이 『주역』 괘사의 "가는 바가 있어도 이롭지 않다"라는 뜻과 상구 효사의 "허물이 있어 이로운 바가 없다"라는 뜻이 아니겠습니까.
>
> 또 공자가 맹무자(孟武子)의 효에 대한 질문에 답한 말을 보건대 "효는 어기지 않는 것을 귀하게 여긴다"라고 했는데, 그것은 예(禮)를 어김이 없어야 한다는 것입니다. 공자가 이어서 번지(樊遲)에게 이르기를 "아버지 살아 계실 적에는 예로써 섬기고 돌아가시면 예로써

---

359 일생을 학문과 교육에 종사했고 정치에 뜻을 두지 않았으나, 당대 산림의 한 사람으로 왕과 대신들에게 도덕 정치의 구현을 강조했고 인조반정 직후에는 공신들의 횡포를 비판하고 함정 수사를 시정하게 하는 등의 영향력을 행사하기도 했다. 저서로는 『여헌집』·『성리설(性理說)』·『역학도설(易學圖說)』 등이 있다.

장례를 치르면 효(孝)라 할 수 있다"라고 했는데, 이는 대개 예가 지나치면 도리어 효에 해를 끼치기 때문입니다. 전하께서 친부모에게 효도를 바친 것이 이미 극진합니다만 그것에 대해서도 사람들은 너무 지나치다고 의아하게 여기고 있는데, 더구나 다시 태묘에 올려 모시는 일이겠습니까. 이는 옛날의 근거가 없는 도리로서, 그야말로 무망에서 다시 행하는 것이 되는 것입니다. 그리하여 효도하려 했다가 도리어 효도에 해를 끼치고 어짊을 행하려 했다가 도리어 어짊에 해를 끼치게 되니, 이는 마땅히 정밀하고 한결같이[精一](정일) 따져보아야 될 중요한 부분입니다. 삼가 원하건대 전하께서는 엄밀히 살피소서.

뒤에 언급한 부분은 고스란히 『논어』 「위정」편에 나오는 말이다.

> 맹의자(孟懿子)가 효에 관해 묻자 공자는 말했다.
> "어기지 않는 것이다[無違](무위)."
> 번지가 공자가 타는 수레를 몰고 있을 때였다. 이때 공자는 문득 맹의자와의 문답이 떠올랐다. 그래서 공자가 일러 말하기를 맹의자가 자신에게 효를 묻길래 답하기를 "어기지 않는 것"이라고 했노라고 한다. 번지가 다시 "어기지 않는다는 것은 무슨 뜻입니까"라고 묻자 공자는 말했다.
> "아버지 살아 계실 적에는 예로써 섬기고, 돌아가시면 예로써 장사지내고, 예로써 제사를 지내는 것을 말한다."

무망(无妄)은 하늘의 도리이고 그것을 사람이 이어받은 것이 어짊[仁](인)과 예(禮)라는 점에서 장현광의 이 풀이는 한 걸음 나아간 것이다.

무망괘의 밑에서 두 번째 음효에 대해 공자는 "밭을 갈지 않고도 수확이 있다[不耕穫](불경 수)는 것은 미처 부자가 되고자 욕심을 가지지 않았다는 것이다[未富也](미부 야)"라고 풀었다. 이는 "땅을 일구지 않고도 옥토가 되니"에도 그대로 해당한다. 먼저 뭔가를 하려는 작위(作爲), 즉 사람으로서의 욕심이 앞서지 않았다는 말이다. 주공의 효사에 대한 정이의 풀이가 곡진하다.

> 무릇 이치가 그러한 것[所然](소연)은 망(妄)이 아니요, 사람이 욕심을 내어 그렇게 하는 것이 곧

망(妄)이다. 그래서 밭을 가는 일과 땅을 일구는 일로 비유했다. 육이는 가운데 자리하고 바름을 얻었으며 구오의 중정(中正)과 호응하고 진괘(震卦, ☳)가 상징하는 움직임의 몸통에 자리하면서 부드럽고 고분고분해[柔順 유순] 중정함에 순종할 수 있으니, 이것이 곧 중정(中正)한 자다. 그래서 무망(无妄)의 뜻을 극진하게 말하고 있다. 밭을 간다는 것은 농사의 시작이고 거둔다는 것은 농사를 이뤄 마침[成終 성종]이다. 밭이 1년 묵은 것을 치(菑)라고 하고 3년 묵은 것을 여(畬)라고 한다. 밭을 갈지 않았는데 거두고 1년 묵은 밭을 만들려고 하지 않았는데 3년 묵은 밭이 된다는 것은, 먼저 어떤 일을 조장하지 않고서 그 일의 마땅한 이치를 따르는 것을 말한다.

뭔가를 얻고자 염두에 두고서 그렇게 하는 것과 그저 깨끗하고 맑은[純靜 순정=无妄 무망] 마음으로 그렇게 하는 것은 큰 차이가 있다. 이는 공자가 늘 강조했던 바이기도 하다. 『논어』「태백」편에서 공자는 순임금과 우왕이 천자가 되는 과정에서 그것을 차지하려는 데 조금을 욕심을 두지 않고 지극한 다움[至德 지덕]을 행하다 보니 자연스럽게 천하를 차지하게 됐음을 이렇게 찬양했다.

> 높고 크도다! 순임금과 우임금이 천하를 소유하면서 그 과정에 조금도 개입하지 않음[不與 불여=不欲 불욕]이여!

공자가 말하는 부(富)는 부자의 부가 아니라 천하의 부를 가리킨다. 따라서 이 말은 천자가 되고자 욕심을 애초부터 갖지 않았음에도 지극한 다움을 펼쳐 그렇게 됐음을 높이 평가한 것이다. 『맹자』에는 바로 이 같은 무망(无妄)을 체화한 순임금의 모습을 이렇게 묘사하고 있다. 이때는 순(舜)이 요임금의 부름을 받았을 때이고 아직 제위를 선양 받지는 못했을 때다.

> 천하의 사람들이 크게 기뻐하며 장차 자신에게 돌아오려 하는데, 천하 사람들이 기뻐하여 자신에게 돌아오는 것을 마치 지푸라기[草芥 초개] 보듯 한 것은 오직 한 사람, 순(舜)임금만이 그러하셨다. (순임금은) 어버이[親 친]의 마음에 들지 못하면 사람이라고 할 수 없고, 어버이의 뜻을 순종하여 따르지 못하면 자식이라고 할 수 없다(고 생각했다).

순임금이 어버이를 모시는 도리를 다하자 마침내 (아들 학대를 일삼던) 고수(瞽瞍)도 기뻐하지 않을 수 없게 됐다. 고수도 마침내 (아들 순임금의 효도에 감복하여) 기뻐하게 되자 천하의 풍속도 좋은 쪽으로 바뀌었고, 고수도 마침내 기뻐하게 되자 천하에 부자간의 도리도 확립됐으니, 이것을 일러 큰 효도[大孝]라고 하는 것이다.

『예기』[360]에서도 공자가 말했다.

순임금은 아마도 큰 효심을 가졌던 분이라 할 수 있을 것이다. 그 다움[德]은 성인(聖人)의 경지에 올랐고 그 존귀함은 천자(天子)에 이르렀으며 그 부는 사해(四海) 안의 모든 것을 소유하여, (죽은 뒤에는) 종묘의 제사를 받았고 자손들도 그 제사를 대대로 이어갈 수 있었다. 바로 그렇기 때문에 (순임금처럼) 큰 다움[大德]을 닦으면 반드시 그에 어울리는 지위를 얻을 것이고 반드시 그에 어울리는 작록(爵祿)을 얻을 것이며 반드시 그에 어울리는 이름을 얻고 반드시 그에 어울리는 수명을 얻는다. 또 바로 그렇기 때문에 하늘이 사물이나 사람을 낼 때는 반드시 그 바탕과 재질[材]에 맞춰 돈독하게 해준다. 그래서 (하늘은) 심은 것을 (잘 자라도록) 북돋워주고, 기울어진 것은 엎어버린다.

이런 거짓되지 않은 대효가 있었기에 순임금은 천하를 소유하게 됐다. 무망괘의 육이는 정확히 이런 순임금을 나타낸다.

무망괘의 밑에서 세 번째 음효에 대해 공자는 "길 가는 사람이 소를 얻는 것이 마을 사람들에게는 재앙이 된다"라고 풀었다. 주공의 효사는 "거짓 없는 재앙[无妄之災]이니, 설혹 소를 매어놓았다 해도 길 가는 사람이 얻는 것은 마을 사람들의 재앙이다[无妄之災 或繫之牛 行人之得 邑人之災]"라고 해서 다소 길다. 육삼은 하괘인 진괘(震卦)의 맨 위에 있어 이미 지나치고 중정을 잃었으니 망령된 자이고 또 그 뜻이 지위도 없이 뜻만 강한 상구와 호응하려 하니 더욱더 망령된 자다. 그래서 주공은 단정 지어 '거짓 없는 재앙[无妄之災]'이라고 했다.

360 이 부분은 동시에 『중용』의 17장이기도 하다. 『중용』은 『예기』에서 일부를 뽑아 만든 책이기 때문이다.

그래서 길을 가다 소를 얻는 것이 얻음이 돼야 하는데도 오히려 그것이 그 사람뿐 아니라 마을 사람들까지 재앙이 된다고 단정 지어 말한 것이다. 『주역』은 좋은 일이든 나쁜 일이든 가능한 한 단정적으로 말하지 않는데 여기서는 명확하게 단정 지어 '재앙'이라고 두 번이나 밝혔다.

아들 이방원에 의해 상왕으로 물러난 이성계를 추대한다면서 난을 일으켰던 조사의(趙思義, ?~1402)의 삶이 대체로 무망괘의 육삼에 해당한다.

그는 태조의 계비 신덕왕후(神德王后) 강씨(康氏)의 친척으로 1393년(태조 2년)에 형조의랑이 되고, 그 뒤 순군(巡軍)을 거쳐 1398년 첨절제사를 지내고 안변부사가 됐다. 1398년 제1차 왕자의 난에 불만을 품고 있던 그는 1402년(태종 2년)에 신덕왕후와 왕세자 방석의 원수를 갚고 태조에게 충성을 바친다는 구실로 태종에게 반기를 들었다. 조정에서는 박순(朴淳)·송류(宋琉) 등을 파견해 무마하려 했으나 이들을 죽이고 평안도의 덕천·안주 방면을 거쳐 한양으로 내려왔다. 도중에 이천우(李天佑)의 유기(遊騎) 100여 명을 사로잡고 파죽지세로 내려오다가 고맹주(古孟州)에서 이천우의 군을 격파했다. 이에 당황한 조정에서는 각 고을의 군사를 동원해 그들의 진로를 저지하는 한편 회유책을 써서 반란군을 분산시키는 데 주력했다. 사기를 잃은 부하들이 이산하자 그는 안변으로 후퇴하다가 아들 조홍(趙洪)과 함께 관군에게 체포, 주살됐다.

조사의의 삶에서 그가 강씨의 친척이었다는 사실은 대체로 길에서 소를 얻은 것에 해당한다고 볼 수 있다.

무망괘의 밑에서 네 번째 양효에 대해 공자는 "반듯할 수 있으니 허물이 없다[可貞无咎]는 것은 그것을 굳세게 지키고 있기[有=守] 때문이다"라고 풀었다. '반듯할 수 있다[可貞]'는 말의 뉘앙스에 주목해야 한다. 그렇지 않을 수도 있다는 말이다. 왜 그럴까? 그것은 구사의 처지에서 어느 정도 알 수 있다.

구사는 양강의 자질로 음위에 있어 자리는 바르지 못하다. 그러나 상괘 건괘에 있으니 강명하고 또 건괘의 맨 아래에 있으니 자신을 낮출 줄 아는 사람이다. 그러니 비록 상황은 안 좋지만 반듯하게 처신한다면 허물이 없을 수 있다는 뜻이다. 물론 그렇지 못하면 허물을 입게 된다. 이 효는 대체로 세종대왕의 형인 효령대군(孝寧大君, 1396~1486)의 삶과 일치한다.

효령은 태종 이방원의 둘째 아들이며 부인은 정역(鄭易)의 딸이다. 6남 1녀의 자녀를 두었고, 측실에게서 1남 1녀를 두었다. 독서를 즐기고, 활쏘기에 능해 태종을 따라 항상 사냥터에 다녔으며, 효성이 지극했다. 형인 양녕이 세자에서 폐위되자 자신이 세자로 책봉될 것으로 생각했으나, 동생 충녕이 세자로 책봉되자 불교에 심취했다. 충녕과는 우애가 깊어 세종이 자기 집에 들르게 되면 밤이 깊도록 국사에 대해 의논했다고 전한다. 특히 불교에 독실해 수많은 유신(儒臣)의 반대에도 불구하고 승도(僧徒)를 모아 불경(佛經)을 강론하도록 했다. 1435년 회암사 중수를 건의했고, 1464년(세조 10년) 원각사(圓覺寺)를 창건하게 되자 조성도감 제조(造成都監提調)가 돼 역사(役事)를 친히 감독했으며, 『원각경(圓覺經)』을 국역(國譯)해 간행했다. 문장에도 능했다. 성격이 원만해 친족들과 우애가 깊었고 세종·문종·단종·세조·예종·성종까지 거치면서 91세까지 장수했다.

무망괘의 밑에서 다섯 번째 양효에 대해 공자는 "거짓 없음의 약은 시험 삼아 쓸 수 있는 것이 아니다"라고 풀었다. 이는 먼저 구오의 처지를 점검해봐야 한다.

구오는 중정을 얻었고 중정을 얻은 육이와 호응한다. 다만 위아래에 다 친하게 지내는 비(比)가 없어 여기에서 문제가 생길 수 있다. 구오는 무망(无妄)이니 혹시 병이 생긴다 해도 자신에게서 생겨난 것이 아니므로 약을 쓰지 않고 그냥 내버려두면 잘 치료가 된다. 그렇게 해서 낫게 되면 기쁜 일이 있는 것이다. 따라서 공자는 시험 삼아서라도 약을 쓰지 말라고 했다. 그저 자신의 도리를 잘 지키기만 하면 저절로 나을 병이기 때문이다. 앞서 본 순임금의 경우, 아버지가 상구에 해당하고 동생 상(象)이나 어머니는 모두 구사에 해당해 둘 다 무비(無比)였지만 오로지 자신의 순정한 도리를 다한 결과 모두 교화됐다. 정이는 그 사례로 순임금 때 순종하지 않은 유묘(有苗)와 주공 때의 관숙·채숙을 들었는데 유묘는 뒤에 스스로 복종했지만, 관숙과 채숙은 오히려 반기를 들었다가 토벌을 당했다는 점에서 적절치 못한 사례다.

무망괘의 맨 위에 있는 양효에 대해 공자는 "거짓 없음이 더 나아가는 것은 궁함이 극에 달한 재앙이다"라고 풀었다. 한마디로 상구는 무망이 지극한데, 여기서 더 나아간다면 이치에서 지나친 것이니 망(妄)이 된다. 그래서 여기서 더 나아갈 경우 허물이 생겨나니[有眚(유생)], 심지어 '궁함이 극에 달한 재앙'이라고까지 말한 것이다. 강한 경고라 할 것이다.

## 26. 산천대축(山天大畜)[361]

대축(大畜)은 반듯하면 이롭고 집에서 밥을 먹지 않으면 길하니, 큰 강을 건너면 이롭다.

大畜 利貞 不家食 吉 利涉大川[362]
대축 이정 불 가식 길 이 섭 대천

초구(初九)는 위태로움이 있으니 멈추는 것이 이롭다[有厲 利已].
유려 이 이

구이(九二)는 수레에서 바퀴통이 빠졌다[輿說輹].
여 탈 복

구삼(九三)은 좋은 말이 달려가는 것으로 어렵게 여기고 반듯함이 이로우니, 날마다 수레를 타고 호위하는 것을 익히면 가는 바[攸往]가 있는 것이 이롭다[良馬逐 利艱貞 日閑輿衛 利有攸往].
유왕 양마 축 이 간정 일 한 여위 이 유 유왕

육사(六四)는 송아지에게 가로댄 나무[牿]를 가했으니 으뜸으로 길하다[童牛之牿 元吉].
곡 동우 지 곡 원길

육오(六五)는 거세한 멧돼지의 어금니이니 길하다[豶豕之牙 吉].
분시 지 아 길

상구(上九)는 하늘의 길거리[天之衢]이니 형통하다[(何)天之衢 亨].
천지구 하 천지구 형

◉

대축괘(大畜卦)의 초구(初九)는 양위에 양효로 바름[正位], 구이(九二)는 음위에 양효로 바르지 못함[不正位], 구삼(九三)은 양위에 양효로 바름, 육사(六四)는 음위에 음효로 바름, 육오(六五)는 양위에 음효로 바르지 못함, 상구(上九)는 음위에 양효로 바르지 못함이다. 이 괘의 경우 구이와 육오 모두 중정을 얻지 못했다.
정위 부정위

대성괘 대축괘(䷙)는 소성괘 간괘(☶)와 건괘(☰)가 위아래에 있어 만들어진 괘다. 「설괘전」에 따르면 '간(艮-산)으로 오래 머물게 하고[止=久]' '건(乾-하늘)으로 임금 노릇을 한다'라고 했다. 괘의 모양이 간(艮)이 위에 있고 건(乾)이 아래에 있다.
지 구

---

361 문자로는 간상건하(艮上乾下)라고 한다.

362 이정(利貞)이 나오는데, 이(利)는 재차 반복된다.

그러면 「서괘전」을 통해 왜 대축괘가 무망괘의 뒤를 이어받았는지 확인해보자.

> 거짓됨이 없는 마음이 있은 다음에야 (다움을) 쌓을 수 있다. 그래서 무망괘의 뒤를 대축괘(大畜卦)로 받았다.
>
> 有无妄然後可畜. 故受之以大畜.
> 유 무망 연후 가축 고 수지 이 대축

무망(无妄)은 곧 『논어』 「위정」편에 나오는 공자의 다음과 같은 말과 직결된다.

> 『시경(詩經)』 300수를 한마디 말로 덮을 수 있으니, 생각함에 그릇됨이 없는 것이다[思無邪].
> 사무사

「위정」편의 테마 자체가 바로 다움을 쌓아가는 것[崇德]이다. 여기서 말하는 대축(大畜)과 그대로 통한다. 즉 다움을 쌓아가기 위한 출발점이 바로 생각함에 있어 거짓됨이나 그릇됨이 없는 것이다. 정확히 같은 문맥이다. 괘상은 하늘과도 같은 도리[天理=乾卦]를 오래 머무르게 한다[止=艮卦]는 뜻이다. 이번에는 「잡괘전」을 통해 두 괘의 관계를 보자.

> 대축(大畜)은 때[時]요 무망(无妄)은 재난[災]이다.
>
> 大畜時也 无妄災也.
> 대축 시야 무망 재야

산천대축괘(山天大畜卦, ䷙)는 건괘(☰)가 아래에 있고 간괘(☶)가 위에 있다. 대축괘와 무망괘(无妄卦, ䷘)는 서로 종괘 관계다. 대축괘는 괘상이 하늘과도 같은 도리[天理=乾卦]를 오래 머무르게 한다[止=艮卦]는 뜻이고, 무망괘는 괘상이 하늘과도 같은 이치[天理]에 따라 움직인다[雷=震]는 뜻이라고 했다. 그런데 왜 「잡괘전」에서는 "대축(大畜)은 때[時]요 무망(无妄)은 재난[災]이다"라고 한 것일까? 때에 맞게[因時] 쌓으니 크게 될 수 있다는 뜻이요, 거짓됨이 없는[无妄] 데도 재난이 찾아오는 것은 주희에 따르면 "밖에서 찾아오는 것"이라고 했다. 때로는 아무런 잘못도 하지 않았는데 재앙이 찾아오는 것이 바로 여기에 해당한다. 이럴 때일수록 한결같은 마음을 갖는 것이 중요하다. 원망하는 마음에 만일 무망(无妄)이라는 본래의 마음을 잃어버리면 계속해서 재앙이 찾아오게 된다. 이는 무망괘 상구의 풀이와도 연결된다.

문왕의 단사(彖辭), 즉 "대축(大畜)은 반듯하면 이롭고 집에서 밥을 먹지 않으면 길하니, 큰 강을 건너면 이롭다[利貞 不家食 吉 利涉大川]"에 대한 공자의 풀이[「彖傳」]를 살펴볼 차례다.

대축(大畜)은 굳세고 튼튼하며[剛健] 도탑고 알차며[篤實] 훤하게 빛나니[輝光], (사람들은 이를 보고서) 그 다움을 날마다 새롭게 한다[日新其德]. 굳셈이 위에 있어 뛰어난 이를 높이고[尙賢] 능히 굳센 자를 멈출 수 있어 크게 바르다[大正]. "집에서 밥을 먹지 않으면 길하다"라는 것은 뛰어난 이를 길러주는 것[養賢]이요, "큰 강을 건너는 것이 이롭다"라는 것은 하늘에 호응하기 때문이다.

大畜 剛健 篤實 輝光 日新其德.
대축 강건 독실 휘광 일신 기덕
剛上而尙賢 能止健 大正也.
강상 이 상현 능 지건 대정 야
不家食吉 養賢也 利涉大川 應乎天也.
불 가식 길 양현 야 이 섭 대천 응호 천 야

◉

하괘인 건괘에 대해서 "굳세고 튼튼하며[剛健]"라고 했고 상괘인 간괘에 대해서는 "도탑고 알차며[篤實]"라고 했다. 사람됨이 안으로 굳세고 튼튼하며 밖으로 도탑고 알차면 속에 쌓이는 바가 커서[大畜] 크게 빛날 수 있는 것이다. 그래서 공자는 자연스럽게 이를 "그 다움을 날마다 새롭게 한다[日新]"로 연결했다.

『서경』에 따르면 상나라를 세운 탕왕은 늘 자신이 목욕하는 통에 이렇게 새겨놓았다.

> 진실로 (어느 날) 하루에 새로워짐이 있으면 그 다음날도 계속 새로워지고 또 날로 새로워지리라[苟日新 日日新 又日新]!

탕왕은 기원전 1600년경 우리가 흔히 은(殷)나라라고도 부르는 상(商)나라를 세운 이다. 이름은 이(履) 또는 천을(天乙)·태을(太乙)이며 탕은 자(字)다. 성탕(成湯)이라고

도 한다. 사마천의 『사기』에 따르면 시조 설(契)의 14세에 해당한다. 당시 하(夏)나라의 걸왕(桀王)이 학정을 했으므로 제후들 대부분이 덕을 갖춘 성탕에게 복종하게 됐다. 걸왕은 성탕을 하대(夏臺)에 유폐해 죽이려 했으나, 재화와 교환하고 풀려났다.

이후 탕왕은 명재상 이윤(伊尹) 등의 도움을 받아 국력을 키웠고, 얼마 후 걸왕을 명조(鳴條)에서 격파해 패사시켰다. 박(亳)에 도읍해 국호를 상(商)이라 정한 다음 제도와 전례(典禮)를 정비하고 13년간 재위했다. 그가 걸왕을 멸한 행위를 유교에서는 주(周)나라 무왕(武王)이 상나라 주왕(紂王)을 토벌한 일과 함께, 대의명분을 갖춘 정당한 혁명의 군사 행동이라 부르고 있다.

그 탕왕이 늘 자신이 목욕하는 통[盤]에 위와 같은 말을 새겨[銘]놓았다는 것이다. 이에 대한 주희의 풀이가 재미있다.

> 탕왕은 사람이 그 마음을 깨끗이 씻어서 악을 제거하는 것이 마치 그 몸을 목욕하여 때를 제거하는 것과 같다고 여겼다. 그러므로 그 목욕통에 새겨놓은 것이다.

"굳셈이 위에 있어 뛰어난 이를 높이고[尙賢]"라는 것은 상구가 임금의 자리보다 더 위에 있으니 이것이 곧 임금이 뛰어난 이를 높였다는 뜻이다. 간괘가 건괘 위에 있으니 건괘의 강함을 저지[止]하는 형국이다. 이는 모두 괘의 몸통으로 뜻을 찾아낸 것이다.

"집에서 밥을 먹지 않으면 길하다"라는 문왕의 단사는 군자가 집에만 머물러 있지 않고 세상에 나와 높은 자리에 올라서 천하의 뛰어난 이들을 길러주기 때문에 길하다는 것이다. 그래서 공자도 그 의미를 "뛰어난 이를 길러주는 것[養賢]"이라고 보았다. "'큰 강을 건너는 것이 이롭다'는 것은 하늘에 호응하기 때문이다"라는 것은 큰 다움을 쌓은 사람은 집에 머물지 말고 밖으로 나아와 세상의 환란을 구제해야 한다는 말이다. 사사로움으로 행하는 것이 아니라 하늘의 도리에 따라서[應=從] 한다면 나쁠 것이 없다는 것이 공자의 생각이다. 앞서 본 대로 하늘의 도리란 조금도 거짓이 없는 것[无妄]이다.

공자의 「상전」을 살펴볼 차례다. 그중에 대축괘(大畜卦)를 총평한 「대상전」이다.

하늘이 산 가운데 있는 것이 대축(大畜)(이 드러난 모습)이니, 군자는 그것을 갖고서 옛 빼어나고 뛰어난 이의 좋은 말[前言]과 좋은 행실[往行]을 많이 배워서 그것으로 자신의 다움을 쌓는다[天在山中大畜 君子以 多識前言往行 以畜其德].

◉

우리는 건괘에서 다움을 이루는 법[爲德=成德]에 대해 상세하게 살펴본 바 있다. 그러나 여기서 다시 한번 관련되는 부분을 정리해보자. 『논어』「옹야」편에서 공자는 이렇게 말한다.

> 중용(中庸)이 다움[德]을 이뤄냄이 지극하다고 할 것이다. (그런데) 사람들 가운데는 중용을 오래 지속하는 이가 드물다.

공자는 다움[德]을 이뤄내는 것이 '중용'이라고 말한다. 다움을 이뤄낸다[爲德]는 것은 임금이 임금다워지고 신하가 신하다워지고 부모가 부모다워지고 자식이 자식다워지는 것[君君臣臣父父子子]이다. 크게 말해 사람이 사람다워지는 것[人人]이 바로 그 다움[德]을 이루는 것이다.

그러나 임금이 절로 임금다운 임금이 되는 것은 아니다. 관대함·판단력·위엄 등을 조금씩 조금씩 갖춰나감으로써 처음에는 어설펐던 임금도 훗날 임금다운 임금이 될 수 있다. 그러면 어떻게 해야 하겠는가? 임금의 다움을 배우고 익혀 최대한 자기 몸에 남도록 해야 한다. 즉 다움의 가치[德]를 찾아내[中] 내 몸에 익혀야[庸] 한다. 앞에서 진덕수도 바로 이 점을 임금에게 권유했다.

아마도 눈 밝은 독자라면 벌써 눈치챘으리라 본다. 그렇다. 중하고 용하는 것[中庸]은 『논어』 첫머리에 나오는 학이시습(學而時習)과 정확히 통한다. 각자 자신이 갖춰야 할 다움[德]을 애써[文] 배워서 그것을 시간 나는 대로 열심히 몸에 익히는 것이 바로 중하고 용하는 것[中庸]이다.

여기까지 이해한 다음에 『논어』「태백」편에 나오는 공자의 말을 읽어보자.

> (뭔가를) 배울 때는 마치 내가 (거기에) 못 미치면[不及] 어떡하나 하는 마음으로 해야 하고,

또 (그것에 미쳤을 때는) 혹시 그것을 잃으면[失之] 어떡하나 두려워하는 마음으로 해야 한다.

이 같은 마음 자세는 지금 역을 배우는[學易] 우리에게 절실하게 필요한 것이다. 『주역』을 공부한다는 것은 지식을 늘리기 위함도 아니고 점술을 익히는 것도 아니며, 다름 아닌 다움을 배워 내 것으로 만드는 것[爲德]이기 때문이다. 『논어』 「옹야」편에 나오는 공자의 말을 보자.

군자가 되고자 하는 사람은 애씀[文]을 통해 배움을 넓히고 그 배운 바를 예로써 다잡아[約禮] 몸에 익힌다면, 이 또한 (어짊이나 도리에서) 벗어나지 않을 것이다.

이 말은 고스란히 「대상전」에서 공자가 말한 "옛 빼어나고 뛰어난 이의 좋은 말[前言]과 좋은 행실[往行]을 많이 배워서 그것으로 자신의 다움을 쌓는다"와 같은 말이며 『논어』 「위정」편에 나오는 '온고이지신(溫故而知新)'과도 같은 뜻이다. 그것이 곧 대축(大畜)의 의미다.

대축괘의 여섯 효[六爻]에 대한 주공의 말을 풀이한 공자의 「소상전」이다.

(초구(初九)는) 위태로움이 있으니 멈추는 것이 이롭다[有厲利已]는 것은 재앙을 범하지[犯災] 않는 것이다[有厲利已 不犯災也].
(구이(九二)는) 수레에서 바퀴통이 빠졌다[輿說輹]는 것은 가운데여서[中] 허물이 없다는 것이다[輿說輹 中 无尤也].
(구삼(九三)은) 가는 바가 있는 것이 이롭다[利有攸往]는 것은 윗사람과 뜻을 합쳤기 때문이다[利有攸往 上合志也].
육사(六四)가 으뜸으로 길하다는 것은 기쁨이 있다는 것이다[元吉 有喜也].
육오(六五)가 길한 것은 경사가 있기 때문이다[六五之吉 有慶也].
(상구(上九)는) 어찌 하늘의 길거리라고 하는가? 길이 크게 통행할 수 있기 때문이다[何天之衢 道大行也].

대축괘의 맨 아래 첫 양효에 대해 공자는 "위태로움이 있으니 멈추는 것이 이롭다[有厲利已]는 것은 재앙을 범하지[犯災] 않는 것이다"라고 풀었다. 초구의 처지를 보자. 먼저 괘의 몸체를 보면 아래의 굳센 건괘는 위에 있는 간괘에 의해 저지를 당하고 있다. 그래서 정이는 이렇게 말한다.

> 다른 괘의 경우에는 사효와 초효가 서로 정응(正應)이면 서로 도와주는 관계인데, 대축괘에서는 반대로 서로 저지하는 관계다. 이는 구이와 육오의 관계도 마찬가지다. 또한 상구와 구삼은 둘 다 양효로 일반적으로는 호응 관계가 아닌데, (대축괘에서는) 둘 다 양효로 뜻을 같이하고 있고 양의 성질은 모두 위로 올라가려는 것이기 때문에 동지(同志)의 모습이 있고 서로 저지하는 뜻은 없다.

이는 일의 이치[事理]보다 일의 형세[事勢]가 더 강하게 힘을 발휘하는 상황이라고 할 수 있다. 게다가 초구는 위의 효와도 비(比)가 아니고 지위마저 가장 낮다. 그렇기 때문에 위태로운 상황이지만, 이를 잘 인식하고서 그대로 머물러 있다면 나쁠 것이 없다. 군자의 자질을 갖고 있으나 아직은 때가 아닌 것이다[非時]. 이는 구이와 연관돼 있으므로 함께 풀어보자.

대축괘의 밑에서 두 번째 양효에 대해 공자는 "수레에서 바퀴통이 빠졌다[輿說輹]는 것은 가운데여서[中] 허물이 없다는 것이다"라고 풀었다. 주공의 효사에서 말한 "수레에서 바퀴통이 빠졌다[輿說輹]"는 무슨 뜻인가? 수레에서 바퀴통이 빠지면 수레는 갈 수 없다. 그런데 어째서 이런 뜻이 나온 것일까? 구이의 처지를 보자. 양효로 음위에 있으니 자리가 바르지 않고 위아래로 무비(無比)다. 게다가 초구와 마찬가지로 구이도 육오와 호응 관계이지만 마찬가지로 저지를 받고 있다. 최악의 처지다. 그나마 자리가 가운데여서 강중(剛中)이라는 강점 때문에 스스로 나아가지 않는 것이다. 그래서 공자는 '가운데여서 허물이 없다'라고 했다. 부드럽기는 하나 높은 지위에 있는 육사와 육오의 견제가 만만치 않다. 그래서 정이도 "초구와 구이는 건체(乾體)로 굳세고 튼튼하지만 저지당해 나아갈 수가 없고 육사와 육오는 음유(陰柔)이지만 저지할 수 있으니, 때의 성쇠(盛衰)와 세력의 강약(强弱)을 『역』을 배우는 자는 마땅히 깊이 알아야 할 것이다"라고 한 것이다.

참고로 소축괘(☴☰)는 힘으로 저지하는 것이 아니라 회유로 저지하는 데 반해 대축괘는 강력한 힘으로 저지한다. 따라서 양강의 군자들이 음유가 지배하고 있는 조정을 뒤집으려면 때에 적중하는 것[時中]이 무엇보다 중요하다.

대체로 대축괘의 형국은 광해군 말기 인조반정이 일어나려 할 때의 시국과 여러모로 겹친다. 물론 나는 광해군이나 반정 세력 어느 쪽의 편도 아니다. 다만 군자 세력으로 자부했던 반정 세력의 입장에서 볼 때 대축괘에 대해서는 그 같은 접근이 가능하다는 말이다. 즉 초구나 구이나 모두 때를 기다리며 행동을 자제하고 실력을 기르던 국면과 부합한다. 그런 점에서 이 무렵 최명길의 행적을 살펴보는 것은 여러모로 도움을 준다. 특히 그는 거사 날짜를 정한 인물이라는 점에서 대표성을 갖는다. 『국조인물고(國朝人物考)』가 전하는 반정 때까지의 최명길의 자취다. 남구만(南九萬)의 글이다.

옛날 인조(仁祖) 중흥(中興) 때 여러 신하는 그 충성이 족히 자신의 몸을 잊을 수 있고 그 재주가 족히 사물을 운행할 수 있고 그 밝음이 족히 일을 꿰뚫어볼 수 있고 그 용맹이 족히 기회를 결정할 수 있는가 하면, 치욕을 참고 위험을 무릅쓰면서 끝내 죽고 사는 것이나 칭송과 비난으로 인해 중심이 흔들리지 않았다. 그리하여 종사(宗社)로 하여금 망하지 않게 하고 백성으로 하여금 죽지 않게 한 사람은 실로 지천(遲川) 최 상국(崔相國-최명길)이었다. 그러나 공이 처했던 바를 보고 그 효과를 궁구해보면 비록 상황과 착착 잘 들어맞았지만, 그 일을 따져보면 모두 여러 사람의 의견과 같지 않았다. 그렇기 때문에 그 공로를 엄폐할 수 없고 그 비방 또한 그치지 않았던 것이다. 정말로 고충의 마음과 피나는 정성을 임금에게 다 바쳐 얽매인 견해를 초월하지 못하고 필연적인 계책이라고 믿지 않았다면 그 누가 온 세상 사람의 비난을 다 받으면서 확연히 돌아보지 않을 수 있겠는가? 비록 그렇기는 하지만 공이 세상을 떠난 지 지금 40여 년이 되자, 공과 같은 시대에 살았던 선생이나 장자들이 점차로 공을 일컫은 말을 하고 있으며 공의 후배인 학사(學士)나 대부(大夫)들이 공에 대해 평론하는 말이 점점 공평해졌다. 그런가 하면 공에게 내린 포상의 시호(諡號)에 대해 조정의 이의가 없었으니, 정말로 그 실적이 있으면 결국 반드시 저절로 밝혀진다는 말을 과연 믿지 않을 수 있겠는가?

공의 이름은 명길(鳴吉)이고 자는 자겸(子謙)이다. 공은 을사년(乙巳年-1605년, 선조 38년)에 생원시(生員試)를 1등으로, 진사시(進士試)를 8등으로 합격한 다음 문과에 급제하여 승문원(承文院)에 선발됐다. 기유년(己酉年-1609년, 광해군 원년)에 한원(翰苑)에 추천됐으나 병으로 인해 강석(講席)에 나가지 못하고 전적(典籍)으로 승진됐다. 그러나 그때 광해(光海)가 부르지 않았으므로 오랫동안 낭서(郎署)에서 맴돌다가 어떤 사건으로 인해 체포돼 관작을 삭탈당하고 축출됐다. 그러다가 인목대비(仁穆大妃)가 유폐돼 종사가 기울어지려고 하자 맨 먼저 발의한 제공들과 같이 은밀히 큰 계책을 정했다가, 계해년(癸亥年-1623년, 인조 원년) 봄에 스스로 점을 쳐보고 군대를 출동할 날짜를 정했다. (반정 이후) 조정이 깨끗하고 밝아져 초기의 정사에 이조 좌랑(吏曹佐郎)에 임명됐다가 정랑(正郎)으로 전직됐고 참의(參議)로 승진됐다. 그리고 일등 공신에 책정돼 완성군(完城君)에 봉해지고 참판(參判)에 임명돼 비국 제조(備局提調)를 겸임했다.

대축괘의 밑에서 세 번째 양효에 대해 공자는 "가는 바가 있는 것이 이롭다[利有攸往]는 것은 윗사람과 뜻을 합쳤기 때문이다"라고 풀었다. 결론적으로는 일을 행하는 것이 좋다는 말이다. 그러나 주공의 효사에서는 "좋은 말이 달려가는 것으로 어렵게 여기고 반듯함이 이로우니, 날마다 수레를 타고 호위하는 것을 익히면 가는 바[攸往]가 있는 것이 이롭다"라고 하여, 상황은 좋은 말을 타고 달려가듯이 좋지만, 방심하지 말고 정도를 걸어야 이롭고 결국은 좋을 것이라고 했다. 수레를 타는 것은 거사(擧事)를 행하는 것을 말하고, 호위하는 것을 익히라는 것은 스스로를 지키는 훈련을 하라는 말이다.

참고로 경방(京房)은 반고의 『한서』 「오행지」편에서 이렇게 말했다.

> 경(經)에 이르기를 "좋은 말이 달려간다[良馬逐]"[363]고 했으니 달려간다는 것은 나아가게 하는 것[進]이고, 이는 대신이 뛰어난 이의 계책을 얻어 그 사람을 드러나게 하여 나아가게 하는 것이다. 그렇지 않을 경우에는 밑에 좋은 사람이 있어도 내버려두는 것이니, 이를 눈 밝음을 도적질한다[盜明]라고 한다.

---

363 안사고가 말했다. "『주역』 대축괘(大畜卦, ䷙)의 아래에서 세 번째 붙은 효[九三]의 풀이다."

대체로 반정(反正)을 일으키기 전까지의 인조(仁祖)의 행적이 이에 해당한다. 『인조실록』에 실린 그의 행장(行狀) 중 반정 때까지의 행적이다.

국왕의 성은 이씨(李氏)이며, 휘(諱)는 모(某)[364]이고 자(字)는 모(某)[365]이니, 원종(元宗) 공량왕(恭良王)의 큰아들이며 선조(宣祖) 소경왕(昭敬王)의 손자이시다. 어머니 인헌왕후(仁獻王后) 구씨(具氏)는 능안부원군(綾安府院君) 구사맹(具思孟)의 따님인데, 만력(萬曆) 을미년(乙未年-1595년) 11월 7일에 황해도 해주(海州)에서 왕을 낳으셨다. 이때 왜구가 침략했기 때문에 모든 궁가(宮家)가 다 해주에 따라갔던 것이다.

탄생하시기 전에 일자(日者)가 점치기를 "모일에 탄생할 것인데 귀하기가 말할 수 없다"라고 했는데, 그날 탄생할 때에 문득 붉은빛이 비치고 기이한 향기가 방 안에 가득했다. 이날 저녁에 인헌왕후의 어머니 평산부부인(平山府夫人) 신씨(申氏)가 옆에서 졸다가 붉은 용(龍)이 왕후 곁에 있고 또 어떤 사람이 병풍에 두 줄로 여덟 자를 쓰는 것을 꿈꾸었는데, 두 자는 흐릿하여 기억하지 못하나 귀자희득천년(貴子喜得千年)이라 했다. 부부인이 기뻐서 깨니 이미 탄생하셨다.

모습이 범상하지 않고 오른 넓적다리에 무수한 사마귀가 있었는데, 이듬해 봄에 선조(宣祖)께서 보고 기이하게 여겨 이르기를 "이것은 한고조(漢高祖) 같은 상(相)이니 누설하지 말라" 하셨다. 겨우 2, 3세가 지나자 곧 궁중에서 길러졌는데, 장난을 좋아하지 않고 우스갯말이 적으셨다. 이 때문에 사랑이 날로 융성해져 왕자들도 비교되지 못했고 의인대비(懿仁大妃)께서 더욱 사랑하고 귀중히 여기셨다. 그 휘와 소자(小字)는 다 선조께서 지어주신 것인데, 소자를 모(某)[366]라 한 것을 광해(光海)가 듣고 언짢아서 말하기를 "어찌 이름 지을 만한 뜻이 없어서 반드시 이것으로 이름 지어야 하겠는가"라고 했다. 5, 6세 때부터 선조께서 친히 가르치며 번거롭게 여기지 않으셨는데, 문의(文義-문리)가 날로 트이니 선조께서 더욱 기특하게 여기셨다. 만기(萬機)를 보살피시는 가운데 간단(間斷)이 있을까 봐 염려하여 외가인 능해군(綾海君) 구성(具宬)에게 배우게 하셨는데, 스스로 글 읽기를 힘쓰고 내

364 종(倧)이다.

365 화백(和伯)이다.

366 천윤(天胤)이다.

외척 사이에서 귀한 체한 적이 없으셨다. 정미년(丁未年-1607년)에 능양도정(綾陽都正)으로 진계(進階-진급)하고 이윽고 군(君)으로 봉해졌는데, 다 재능과 공로 때문이고 의친(懿親-가까운 친척) 때문이 아니었다. 비(妃) 한씨(韓氏)는 영돈녕부사 서평부원군(西平府院君) 한준겸(韓浚謙)의 따님인데, 선조께서 일찍이 왕자부인(王子夫人)으로 뽑으셨다가 그대로 다시 왕을 위하여 배필로 간택하셨으니 대개 또한 특별히 총애하셨기 때문이다.

광해 때 원종(元宗-인조의 아버지)께서 덕업(德業)과 위망(位望) 때문에 매우 시기와 의심을 받으셨고 왕의 두 아우 중 막내인 능창군(綾昌君) 이전(李佺)이 뜻밖의 화를 당해 죽어 화가 또한 헤아릴 수 없었으므로, 원종께서 늘 두려워 조심하다가 얼마 후에 몸져누우셨다. 왕이 손가락을 찔러 피를 바쳤으나 지극한 정성도 보람이 없이 비통한 일을 당하시니, 밖으로는 두려움에 몰리고 안으로는 안정하지 못하여 곡벽(哭擗)[367]이 예절에 지나치고 언 땅바닥 위에 거처하며 음식물을 드시지 않은 것이 여러 날이었으며, 외제(外除)[368]하게 돼서는 유모(孺慕)[369]가 더욱 간절하셨다.

광해의 혼란이 더욱 심해져서 정사(政事)가 뇌물로 이뤄지고 끊임없이 거두어들이며 토목일이 해마다 잇따르고 그치지 않아, 도감이라 칭하는 것이 열둘이고 민가를 헌 것이 수천 채였다. 모후(母后)를 유폐하고 골육을 도살하며 큰 옥사를 꾸미니 억울하게 죽는 자가 날로 쌓였다. 음란하고 포악한 행위가 이루 셀 수 없으며 척리(戚里)가 권세를 구하고 간흉(奸兇)이 권세를 마음대로 부리므로, 모든 백성이 물이나 불속에 있듯이 근심했다. 왕이 아직 임금이 되기 전에 때를 기다리고 한가히 있으면서 깊이 근심했다. 윤기(倫紀)가 무너진 것을 아파하고 종사(宗社)가 엎어지려는 것을 괴로워하여 어지러운 것을 다스려 반정(反正)하는 것을 자기 임무로 여기셨다. 마침 친근한 친족 중에 호걸이 많았는데, 이를테면 평성부원군(平城府院君) 신경진, 능성부원군(綾城府院君) 구굉(具宏), 청운군(青雲君) 심명세(沈命世), 능천부원군(綾川府院君) 구인후(具仁垕)가 함께 보필하고, 영의정 김류, 연평부원

---

367 곡읍벽용(哭泣擗踊)이다. 소리 내어 울며 가슴을 치고 발을 구르는 것을 말한다. 어버이를 잃어 애통해하는 예절이다.

368 외면으로만 상복을 벗었다는 말로, 속으로는 아직 슬픔이 없어지지 않는다는 뜻이다. 부모의 상에 상기를 마치면 외제한다.

369 어린아이가 어버이를 따르듯이 몹시 사모한다는 뜻이다.

> 군(延平府院君) 이귀(李貴), 영의정 김자점(金自點), 영의정 최명길(崔鳴吉), 완풍부원군(完豊府院君) 이서(李曙), 영의정 홍서봉(洪瑞鳳), 우의정 장유(張維) 등이 꾀하지 않고도 말을 같이하여 힘을 다하여 협찬하니, 충분(忠憤)이 함께 격렬하여 내외에서 급히 응하여 몰려오고 문무의 선비들이 의리를 떨쳐 일어나며 풍문을 들은 자가 구름처럼 모였다. 드디어 함께 왕을 추대하여 창의문(彰義門)으로부터 들어가니, 삼군(三軍)이 경모(景慕)하여 따르고 오묘(五廟)가 거듭 빛나니 곧 천계(天啓) 계해년(癸亥年-1623년) 3월 12일이었다.

윗사람과 뜻이 합쳐졌다는 것은 인목대비와 지향하는 바가 같았다고 볼 수 있다.

대축괘의 밑에서 네 번째 음효에 대해 공자는 "으뜸으로 길하다는 것은 기쁨이 있다는 것이다"라고 풀었다. 주공의 효사는 "송아지에게 가로댄 나무[牿]를 가했으니 으뜸으로 길하다[童牛之牿 元吉]"다. 이제 입장이 바뀐다. 하괘를 제지하는 쪽의 입장이니 광해군의 입장이라 하겠다. 먼저 육사의 처지를 보자. 음효로 음위에 있으니 자리는 바르고 초구와 호응하니 초구를 제지하는 자다. '송아지에게 가로댄 나무[牿]를 가했다'라는 것은 바로 아직 어린 송아지일 때 제재를 가했다는 말이다.

광해군의 대신들은 일찍부터 서인들의 싹을 제거했더라면 '으뜸으로 길해 기쁨이 있었을' 것이다. 그런데 방심해 서인들을 배후에서 길렀던 이항복을 내버려두었고, 이미 서인들의 반정 움직임이 공공연했음에도 방치해두는 잘못을 저질렀다. 특히 이귀(李貴, 1557~1633)의 행적을 보면 광해군 쪽 대신들의 안이함을 쉽게 확인할 수 있다.

이귀는 1582년(선조 15년) 생원에 합격한 후 21년 만인 1603년(선조 36년) 47세의 나이에 이르러서야 문과에 합격할 정도로 과거 합격이 늦었다. 그러나 그는 이이와 성혼의 제자라는 서인 학통을 배경으로 선조대 동인과 서인으로 분당(分黨)된 후 서인 강경파의 입장에 서서 동인 공격의 선봉장이 됐다. 동서 분당 이후 정치권에서 이슈가 된 인물은 1589년 정여립 역모사건의 주인공이 되는 정여립이었다. 정여립은 원래 이이의 문하에 있었으나 동인으로 당을 옮긴 인물로, 요즘으로 치면 당적을 바꾼 정치인이라는 점에서 공격의 대상이 됐다. 이귀는 스승을 배반한 정여립을 강력히 비판하는 상소를 올리는가 하면, 스승인 이이와 성혼을 비판하는 움직임은 강력하게 대응했다.

그런데 광해군 즉위 후 정인홍이 정국의 실세가 되자 이귀는 집중 공격의 대상이 됐다. 1614년(광해군 6년) 9월 사간원에서는 "이귀는 괴이한 귀신으로 상소하는 일이 평생의 장기입니다. 전에 소모관이 됐을 때 정인홍을 없는 사실로 얽어서 심지어 '오랫동안 의병을 잡고 있다'라는 등의 말을 상소 가운데 뚜렷이 언급하여 마치 은연히 다른 마음이 있는 것처럼 했으니, 그의 계략이 너무나 참담합니다"라고 하면서 이귀의 사판(仕版-벼슬아치 명부) 삭제까지 주장했지만, 파직으로 마무리됐다. 장녀 여순(女順)이 죽은 남편의 친구와 간통한 사건으로 인해 딸도 제대로 돌볼 줄 모르는 형편없는 사람으로 비판을 받기도 했다.

1616년 이귀는 해주목사 최기(崔沂)의 역모사건에 연루돼 이천에 유배됐다가 1619년 풀려났다. 유배에서 돌아온 후 아들 이시백은 시국이 불안하니 아버지에게 시골로 내려가기를 청했지만, 이귀는 본격적으로 광해군 정권을 무너뜨릴 수 있는 길을 도모하게 된다. 이런 상황에서 인조와 인척 관계에 있었던 신경진과 구굉 등이 이서와 반정을 먼저 계획했고, 뜻을 같이할 인물의 포섭에 나섰다. 이때 김류와 함께 눈에 들어온 인물이 이귀였다. 대북 정권에서 유배를 갔던 경력과 더불어 평산부사, 방어사 등을 역임해 군사력을 갖추고 있었던 점이 매우 매력적으로 다가온 것이다. 반정 세력과 뜻을 같이하면서 이귀는 자식들을 합류시켰고, 평소 친분이 있던 최명길·김자점·심기원 등을 끌어들였다. 이귀의 합류로 반정 세력은 보다 조직적이고 체계적이 됐다.

반면 광해군 쪽에서 가장 큰 권력을 누렸던 정승은 이이첨(李爾瞻, 1560~1623)이다. 1594년(선조 28년) 문과에 을과로 급제, 전적(典籍)에 승진한 뒤 사가독서(賜暇讀書)[370]했다. 1599년 이조정랑이 되고, 1608년 문과 중시에 장원했다. 이때 선조의 후사(後嗣) 문제로 대북과 소북이 대립하자 대북의 영수로 정인홍과 함께 광해군의 옹립을 주장하면서, 당시 선조의 뜻을 받들어 영창대군을 옹립하려는 유영경 등 소북을 논박했다. 이로 인해 선조의 노여움을 사서 갑산에 유배당했다가, 이해 2월 선조가 갑자기 죽고 광해군이 즉위하면서 일약 예조판서에 올랐다. 이어 대제학을 겸임하고 광창부원군(廣昌府院君)에 봉해졌다. 권세를 장악한 이이첨은 정인홍과 함께 심복을 끌어들여 대북의 세력을 강화하는 한편, 임해군 이진(李珒)과 유영경을 사사하는 등 소북 일파를 숙청했다. 1612년(광해군 4년) 김직재(金直哉)의 무옥(誣獄)을 일으켜 선조의 손

370 문흥(文興-문풍진작)을 위해 유능한 젊은 관료들에게 휴가를 줘 독서에 전념하게 하던 제도를 말한다.

자 진릉군(晉陵君) 이태경(李泰慶) 등을 죽였다. 이듬해 강도죄로 잡힌 박응서(朴應犀) 등을 사주, 영창대군을 옹립하려 했다고 무고하게 해 영창대군을 서인(庶人)으로 떨어뜨린 다음 강화에 안치시키고 김제남(金悌男) 등을 사사시켰다. 이듬해 영창대군을 살해하고, 1617년 인목대비의 폐모론을 발의해 이듬해 대비를 서궁(西宮-경운궁 곧 지금의 덕수궁)에 유폐하는 등 생살치폐(生殺置廢)를 마음대로 자행했다. 1623년 인조반정으로 광해군이 폐위되자 가족을 이끌고 영남 지방으로 도망가던 중 광주의 이보현(利甫峴)을 넘다가 관군에게 잡혀 참형됐다. 아들 이원엽(李元燁)·이홍엽(李弘燁)·이대엽(李大燁) 삼형제도 처형됐다.

송아지에게 가로댄 나무[牿]를 가하지 않은 결과는 참으로 컸다.

대축괘의 밑에서 다섯 번째 음효에 대해 공자는 "육오(六五)가 길한 것은 경사가 있기 때문이다"라고 풀었다. 주공의 효사는 "거세한 멧돼지의 어금니이니 길하다[豶豕之牙 吉]"다. 여기서는 '거세한 멧돼지의 어금니'가 상징하는 바부터 풀어야 한다. 정이의 풀이다.

> 멧돼지는 강하고 조급한 동물로 이빨이 사납고 날카로우니, 그 이빨을 억지로 제지하면 힘을 들여 애를 써도 그 조급함과 맹렬함을 제지할 수가 없어서 동여매더라도 달라지게 할 수 없다. 그러나 만일 멧돼지를 거세하듯이 그 기세를 제거하면 이빨이 있더라도 강하고 조급한 성질은 저절로 멈추게 되니, 그 마음 씀이 이와 같아야 길하다.

한마디로 핵심을 잡아서 근본적인 해법을 찾아야 한다는 말이다. 이빨이 사납지만, 정도를 지켜 근본적인 데 힘쓴다면 이빨을 직접 제지하려고 하지 않아도 된다는 말이다. 이는 광해군에게 적용된다. 여러 가지 불안 요인에도 불구하고 광해군이 만약 바른 도리[正道]를 지켰더라면 권좌에서 내쫓기는 일은 없었을지 모른다. 그러나 불행하게도 광해군은 아버지의 오랜 불신 탓인지 젊은 날의 총명은 쇠하고 임금이 됐을 때는 망설이고 불안해했으며 의심이 컸다.

그래서인지 정이는 "육오(六五)가 길한 것은 경사가 있기 때문이다"라는 공자의 「소상전」을 풀이하면서 오히려 부정적인 측면에 초점을 맞췄다.

윗자리에 있는 자가 악행을 제지하는 방도를 알지 못하고 형벌을 엄격하게 하여 백성의 욕심을 대적하고자 하면 그 손상은 매우 심하면서도 공은 없게 된다. 그러나 그 근본을 알고서 제지하는 데 방도가 있다면 힘을 들이지 않고 손상을 입히지 않으면서도 풍속이 개혁될 것이니 세상의 복된 경사다.

아무래도 강조점은 앞부분에 있는 듯하며, 그래서 대축괘의 육오는 광해군의 행적과 겹칠 수밖에 없다.

대축괘의 맨 위에 있는 양효에 대해 공자는 "어찌 하늘의 길거리라고 하는가? 길이 크게 통행할 수 있기 때문이다"라고 풀었다. 이제야 비로소 제지하는 바가 사라졌다. 따라서 대축(大畜)의 도리가 마침내 완성됐다. 사람이라기보다는 인조반정의 날이라 하겠다. 대축괘 전반을 조명하는 차원에서 『인조실록』 1년(1623) 3월 12일 자가 기록하고 있는 반정의 순간으로 가보자.

처음 광해가 동궁(東宮)에 있을 때 선묘(宣廟-선조)께서 바꾸려는 의사를 두었었는데, 결국 광해가 왕위를 계승하게 되자 영창대군(永昌大君)을 몹시 시기하고 모후를 원수처럼 보아 그 시기와 의심이 날로 쌓였다. 적신 이이첨과 정인홍(鄭仁弘) 등이 또 그의 악행을 종용하여 임해군(臨海君)과 영창대군을 해도(海島)에 안치하여 죽이고 연흥부원군(延興府院君) 김제남(金悌男)을 멸족하는 등 여러 차례 대옥(大獄)을 일으켜 무고한 사람들을 살육했다. 상의 막내아우인 능창군(綾昌君) 이전(李佺)도 무고를 입고 죽으니, 원종대왕이 화병으로 돌아갔다. 대비를 서궁(西宮)에 유폐하고 대비의 존호를 삭제하는 등 그 화가 헤아릴 수 없었다.

선왕조의 구신들로서 이의를 두는 자는 모두 추방하여 당시 어진 선비가 죄에 걸리지 않으면 초야로 숨어버림으로써 사람들이 모두 불안해했다. 또 토목 공사를 크게 일으켜 해마다 쉴 새가 없었고, 간신배가 조정에 가득 차고 후궁이 정사를 어지럽히어 크고 작은 벼슬아치의 임명이 모두 뇌물로 거래됐으며, 법도가 없이 가혹하게 거두어들임으로써 백성이 수화(水火) 속에 든 것 같았다.

상이 윤리와 기강이 이미 무너져 종묘사직이 망해가는 것을 보고 개연히 난을 제거하고 반정(反正)할 뜻을 두었다. 무인 이서(李曙)와 신경진(申景禛)이 먼저 대계(大計)를 세웠으니, 경진 및 구굉(具宏)·구인후(具仁垕)는 모두 상의 가까운 친속이었다. 이에 서로 은밀히 모의한 다음, 문사 중 위엄과 인망이 있는 자를 얻어 일을 같이하고자 했다. 곧 전 동지(同知) 김류(金瑬)를 방문한 결과 말 한마디에 서로 의기투합하여 드디어 추대할 계책을 결정했으니, 곧 경신년(庚申年-1620년)이었다. 그 후 경진이 전 부사(府使) 이귀(李貴)를 방문하고 사실을 말하자 이귀도 본래 이 뜻을 두었던 사람이라 크게 좋아했다. 드디어 그 아들 이시백(李時白)·이시방(李時昉) 및 문사 최명길(崔鳴吉)·장유(張維), 유생 심기원(沈器遠)·김자점(金自點) 등과 공모했다. 이로부터 모의에 가담하고 협력하는 자가 날로 많아졌다.

임술년(1622) 가을에 마침 이귀가 평산부사(平山府使)로 임명되자 신경진을 이끌어 중군(中軍)으로 삼아 중외에서 서로 호응할 계획을 세웠다. 그때 모의한 일이 누설돼 대간이 이귀를 잡아다 문초할 것을 청했다. 그러나 김자점과 심기원 등이 후궁에 청탁을 넣음으로써 일이 무사하게 됐다. 신경진과 구인후 역시 당시에 의심을 받아 모두 외직에 보임됐다. 마침 이서가 장단부사(長湍府使)가 돼 덕진(德津)에 산성 쌓을 것을 청하고, 이것을 인연하여 그곳에 군졸을 모아 훈련시키다가 이때에 와서 날짜를 약속해 거사하게 된 것이다. 그런데 훈련대장 이흥립(李興立)이 당시 정승 박승종(朴承宗)과 서로 인척이 되는 사이라, 뭇 의논이 모두 "도감군(都監軍)이 두려우니 반드시 이흥립을 설득시켜야 가능하다"라고 했다. 마침 장유의 아우 장신(張紳)이 흥립의 사위였으므로, 이에 장유가 흥립을 보고 대의(大義)로 회유하자 흥립이 즉석에서 내응할 것을 허락했다. 그리하여 이서는 장단에서 군사를 일으켜 달려오고 이천부사(伊川府使) 이중로(李重老)도 편비(褊裨)들을 거느리고 달려와 파주(坡州)에서 회합했다.

그런데 이이반(李而攽)이란 자가 그 일을 이후배(李厚培)·이후원(李厚源) 형제에게 듣고 그 숙부 이유성(李惟聖)에게 고하자, 유성이 이를 김신국(金藎國)에게 말했다. 이에 신국이 즉시 박승종에게 달려가 이이반으로 하여금 고변(告變)하게 하고 또 승종에게 이흥립을 참수하도록 권했다. 이반이 드디어 고변했으니 이것이 바로 12일 저녁이었다. 그리하여 추국청(推鞫廳)을 설치하고 먼저 이후배를 궐하에 결박해놓고 고발된 모든 사람을 체포하려 하는데, 광해는 바야흐로 후궁과 곡연(曲宴)을 벌이던 참이라 그 일을 머물러두고 재결하여 내리지 않았다. 승종이 이흥립을 불러서 "그대가 김류·이귀와 함께 모반했는가?" 하자 "제가 어찌 공을 배반하겠습니까?" 하므로 곧 풀어주었다.

의병은 이날 밤 2경에 홍제원(弘濟院)에 모이기로 약속했다. 김류가 대장이 됐는데, 고변이 있었다는 말을 듣고 포자(捕者)가 도착하기를 기다려 그를 죽이고 가고자 했다. 지체하며 출발하지 않고 있는데 심기원과 원두표(元斗杓) 등이 김류의 집으로 달려가 말하기를, "시기가 이미 임박했는데 어찌 앉아서 붙잡아오라는 명을 기다리는가"라고 하자 김류가 갔다. 이귀·김자점·한교(韓嶠) 등이 먼저 홍제원으로 갔는데, 이때 모인 자들이 겨우 수백 명밖에 되지 않았고 김류와 장단의 군사도 모두 이르지 않은 데다 고변서(告變書)가 이미 들어갔다는 말을 듣고 군중이 흉흉했다. 이에 이귀가 병사(兵使) 이괄(李适)을 추대하여 대장으로 삼은 다음 편대를 나누고 호령하니, 군중이 곧 안정됐다. 김류가 이르러 전령(傳令)하여 이괄을 부르자 괄이 크게 노하여 따르려 하지 않으므로 이귀가 화해시켰다.

상이 친병(親兵)을 거느리고 나아가 연서역(延曙驛)에 이르러서 이서(李曙)의 군사를 맞았는데, 사람들은 연서를 기이한 참지(讖地)로 여겼다. 장단의 군사가 700여 명이며 김류·이귀·심기원·최명길·김자점·송영망(宋英望)·신경유(申景裕) 등이 거느린 군사가 또한 600~700여 명이었다. 밤 3경에 창의문(彰義門)에 이르러 빗장을 부수고 들어가다가 선전관(宣傳官)으로서 성문을 감시하는 자를 만나니, 전군(前軍)이 그를 참수하고 드디어 북을 울리며 진입하여 곧바로 창덕궁(昌德宮)에 이르렀다. 이흥립은 궐문 입구에 포진하고 군사를 단속하여 움직이지 못하게 했다. 초관(哨官) 이항(李沆)이 돈화문(敦化門)을 열어 의병이 궐내로 들어가자 호위군은 모두 흩어지고 광해는 후원문(後苑門)을 통하여 달아났다.

이로써 길이 사통팔달로 열리며 큰 도리가 다시 행해질 수 있게 됐다는 것이다. 물론 그것은 서인(西人)들의 세상이 열렸음을 뜻할 뿐이다.

## 27. 산뢰이(山雷頤)[371]

이(頤)는 반듯하면 길하니, 타인이 길러주는 것[頤=養]과 스스로 음식을 구하는 것을 살펴야 한다.

371 문자로는 간상진하(艮上震下)라고 한다.

頤 貞吉 觀頤 自求口實.[372]

초구(初九)는 너의 신령스러운 거북[靈龜]을 버리고 나를 보면서 턱을 늘어트리니[朶頤] 흉하다[舍爾靈龜 觀我 朶頤 凶].

육이(六二)는 뒤집혀서 길러주는 것[顚頤]이라 원칙에 어긋나니[拂經] 언덕에서 길러주기를 구해 가게 되면[征] 흉하다[顚頤拂經 于丘頤 征 凶].

육삼(六三)은 길러주는 반듯한 도리[頤貞]에 어긋하니 흉하여, 10년이 돼도 쓰지 못하니 이로운 바가 없다[拂頤貞 凶 十年勿用 无攸利].

육사(六四)는 뒤집혀서 길러주는 것이지만 길하니, 호랑이가 눈을 부릅뜨고 바라보듯이 하고[虎視眈眈] 그 하고자 하는 바를 계속 이어가면 허물이 없다[顚頤 吉 虎視眈眈 其欲逐逐 无咎].

육오(六五)는 원칙에 어긋나지만 반듯함에 머물면 길하나, 큰 강을 건너서는 안 된다[拂經 居貞 吉 不可涉大川].

상구(上九)는 자신으로 말미암아 길러지니 위태롭게 여기면 길하고, 큰 강을 건너면 이롭다[由頤 厲吉 利涉大川].

◉

이괘(頤卦)의 초구(初九)는 양위에 양효로 바름[正位], 육이(六二)는 음위에 음효로 바름, 육삼(六三)은 양위에 음효로 바르지 못함[不正位], 육사(六四)는 음위에 음효로 바름, 육오(六五)는 양위에 음효로 바르지 못함, 상구(上九)는 음위에 양효로 바르지 못함이다. 이 괘의 경우 육이는 중정을 얻었고 육오는 중정을 얻지 못했다.

대성괘 이괘(䷚)는 소성괘 간괘(☶)와 진괘(☳)가 위아래에 있어 만들어진 괘다. 「설괘전」에 따르면 '간(艮-산)으로 오래 머물게 하고[止=久]' '우레[雷=震]로 움직이게 한

372 정(貞)만이 나온다.

다'고 했다. 괘의 모양이 간(艮)이 위에 있고 진(震)이 아래에 있다.

그러면 「서괘전」을 통해 왜 이괘가 대축괘의 뒤를 이어받았는지 확인해보자.

> 일이 쌓인 다음에야 기를[養] 수 있다. 그래서 대축괘의 뒤를 이괘(頤卦)로 받았다. 이(頤)란 기르다[養]라는 말이다.
>
> 物畜然後可養. 故受之以頤. 頤者 養也.
> 물축 연후 가양 고 수지 이이 이자 양야

일이 쌓이게 되면 사람이든 나라든 기를 수 있게 된다. 산뢰이괘(山雷頤卦, ䷚)는 진괘(☳)가 아래에 있고 간괘(☶)가 위에 있다. 진괘는 움직임[動]이고, 간괘는 머물러 있음[止]이다. 이(頤)는 위턱과 아래턱을 통칭하는 말인데, 위턱은 가만히 있고 아래턱이 움직여 음식물을 씹어 먹는다. 이괘는 이 모양을 취한 것이다. 그래서 기르다[養]라는 뜻이 있다. 몸과 마음의 다움, 다른 사람을 길러주는 일까지 포괄한다. 정이는 "사람의 입은 먹고 마셔서 몸을 기르는 곳이므로 이(頤)라고 이름 지은 것이다"라고 했다.

그래서 이괘(頤卦)는 제왕학에서 임금이 뛰어난 신하를 길러내는 문제와 직결된다. 『정조실록』 4년(1780) 11월 19일 자에 『주역』에 정통한 봉상시 주부 차언보(車彦輔)가 정조에게 올린 글 중에 이런 대목이 있다. 정확한 적용 사례라 하겠다.

> 삼가 살펴보건대 산 밑에 우레가 있는 것[山下有雷]이 이괘(頤卦)이니 이괘는 기른다[養]는 뜻입니다. 천지는 만물을 기르고 빼어난 임금[聖人]은 뛰어난 이를 길러서[養賢] 만민에게 미치는 것입니다. 대체로 천지의 도리는 만물을 양육하여 생성(生成)을 이룩하는 것이며, 빼어난 임금의 도리는 뛰어난 인재를 길러내 천하를 다스리는 것입니다. 신은 감히 모르겠습니다만 전하께서 뛰어난 인재를 길러서 등용한 것이 과연 산하유뢰(山下有雷)의 형상과 같이하셨습니까? 현재 묘당(廟堂-의정부)의 계획은 성대한 아름다움이 있고 경연에 출입하는 이는 빛나는 신하의 아름다움이 많습니다. 그러나 다만 문벌에 구애받고 과거로 제한받아 이기(利器)를 지닌 인사가 초야에서 얼마나 많이 늙어 죽는지 알 수 없는데, 실지로도 등용했다는 말을 듣지 못했으니 때아닌 천둥이 어찌 경계를 보이지 않을 수 있겠습니까? 삼가 바라건대, 뛰어난 인재를 양성하는 산하유뢰(山下有雷)의 형상을 본받아 오직 인재만 등용하소서. 그러면 뛰어난 인재가 무리로 떼 지어 함께 나아가는 길상(吉祥)을 이룩할 수

있을 것입니다.

문왕의 단사(彖辭), 즉 "이(頤)는 반듯하면 길하니, 타인이 길러주는 것[頤=養]과 스스로 음식을 구하는 것을 살펴야 한다[頤 貞吉 觀頤 自求口實]"에 대한 공자의 풀이 [「彖傳」]를 살펴볼 차례다.

"이(頤)는 반듯하면 길하다"라는 것은 바르게 길러주면[養正] 길하다는 것이다. "타인이 길러주는 것을 살펴야 한다[觀頤]"는 것은 그가 길러주는 바를 잘 살피라는 것이고, "스스로 음식을 구하는 것을 살펴야 한다"는 것은 스스로를 기르는 것을 잘 살피라는 것이다. 하늘과 땅은 만물을 길러주고 빼어난 이[聖人]는 뛰어난 이를 길러줌[養賢]으로써 만민에게 미치게 하니, 길러줌의 때[頤之時]가 크도다!

頤貞吉 養正則吉也.
觀頤 觀其所養也 自求口實 觀其自養也.
天地養萬物 聖人養賢 以及萬民 頤之時大矣哉!

◉

먼저 사람을 길러주는 도리는 바름[正=貞]에 있음을 강조한다. 타인이 길러주는 방도 또한 바름이며 스스로를 기르는 것 또한 바름이다. 살피라는 것은 따라서 그것이 바른지 그른지만 살피라는 말이다. 하늘과 땅이 만물을 길러주는 것은 당연히 바른 도리니, 빼어난 이는 바로 이를 그대로 본받아 뛰어난 이를 길러줌으로써 백성에게 큰 은택이 돌아가게 해야 한다. 이때 빼어난 이는 임금, 뛰어난 이는 좋은 신하다. 즉 정치인들은 하늘과 땅의 바른 도리를 체화해 백성에게 임해야 한다는 말이다.

그런데 글을 맺으며 공자는 "길러줌의 때[頤之時]가 크도다!"라고 했다. 정이의 풀이다.

찬미할 때 어떤 경우에는 마땅함[義]이라고 하고 어떤 경우에는 쓰임[用]이라고 하고 어떤 경우에는 단지 때[時]라고만 한 것은, 그중에서 큰 것을 가지고 말한 것이다. 만물을 살려주고 길러주는 데 있어 때가 가장 중요하기 때문에 때라고 말한 것이다.

공자의 「상전」을 살펴볼 차례다. 그중에 이괘(頤卦)를 총평한 「대상전」이다.

산 아래에 우레가 있는 것이 이(頤)(가 드러난 모습)이니, 군자는 그것을 갖고서 말을 신중하게 하고 음식을 절제한다[山下有雷頤 君子以 愼言語 節飮食].
산하 유뢰 이 군자 이 신 언어 절 음식

◉

그렇다면 산 아래에 우레가 있는 모습이 어떻길래 군자는 그것을 보게 되면 말을 신중히 하고 음식을 절제해야 한다는 것일까? 이런 의문을 갖고서 정이의 풀이를 보자.

이괘를 이루는 두 괘의 몸체를 가지고 말하면, 간괘가 상징하는 산 아래에 진괘가 상징하는 우레가 있으니 우레가 산 아래에서 진동할 때 산에서 자라는 것들이 모두 그 뿌리가 흔들리고 그 싹이 돋아나와 길러지는 모습이다. 위와 아래 괘의 뜻을 가지고 말하면, 위의 간괘는 멈춤이고 아래의 진괘는 움직임이니 위는 멈추고 아래는 움직이는 것이 턱의 모습이다. 전체 괘의 모양을 가지고 말하면, 가장 위와 아래에 두 양효가 있고 가운데 네 음효를 머금고 있어 밖은 꽉 찼는데 가운데는 텅 비었다. 이는 턱과 입의 모습인데, 입은 몸을 기르는 것이다. 그러므로 군자는 이 모습을 관찰함으로써 자신을 기르는데, 말을 신중하게 하여 다움을 기르며 음식을 조절해 자신의 몸을 기른다.

임금이 아무리 지존(至尊)의 지위를 갖고 있다 한들 임금도 한 몸[一身(일신)]일 뿐이다. 공자가 임금에게 다움[德(덕)]을 길러야 한다고 수도 없이 강조한 이유도 바로 이 때문이다. 임금은 스스로 다움을 기르고 또 다움을 갖춘 곧은 신하들[直臣(직신)]을 찾아내 씀으로써 만백성을 다스린다. 「계사전」에서 공자는 임금과 신하를 건괘와 곤괘에 빗대어 이렇게 말했다.

건은 평이함[易(이)]으로 일을 주관하고 곤은 간결함[簡(간)]으로 능히 해낸다. 쉬우면 주관하기 쉽고 간결하면 따르기 쉽다[易從]. 주관하기 쉬우면 제 몸처럼 여기는 사람들이 있게 되고 [有親][373] 따르기 쉬우면 성과가 있게 된다[有功]. 제 몸처럼 여기는 사람들이 있으면 오래 지속할 수 있고[可久] 성과가 있게 되면 (일을) 크게 할 수 있다[可大]. 오래할 수 있으면 뛰어난 이의 다움[賢人之德]이고, 크게 할 수 있으면 뛰어난 이의 공적[業]이다.

평이함으로 일을 주관한다는 것이 「대상전」의 취지다. 임금은 어떤 모습을 보고 딱 한 가지 해야 할 일을 미뤄 헤아려[推]낼 줄 알아야 한다. 그래야 신하들이 따르기 쉽다.

여기서 정이의 중요한 지적 하나는 "말을 신중하게 하여 다움을 기르며"다. 다움을 기른다[養德]는 것의 요체로 '말을 신중히'를 꼽은 것이다. 『논어』에서도 공자는 수없이 일은 주도면밀하게 하고 말은 신중하게 어눌하려고 애써야 한다고 강조했다. 입은 다움[德]으로 들어가는 관문이다. 특히 「계씨」편의 '구사(九思)'에서 말과 관련해서 이렇게 말했다.

말을 할 때는 진실함[忠]을 생각해야 한다.

즉 말을 할 때 가장 중요한 것은 진실함이니 그것을 잊어서는 안 된다는 말이다. 진실한 말을 하는 사람이라야 다움을 갖춘 사람이기 때문이다.

이괘의 여섯 효[六爻]에 대한 주공의 말을 풀이한 공자의 「소상전」이다.

(초구(初九)는) 나를 보면서 턱을 늘어트리니[朶頤] 진실로[亦] 귀하게 여길 만하지 못하다 [觀我朶頤 亦不足貴也].

육이(六二)가 가게 되면 흉하다[征凶]는 것은 가게 될 경우 같은 부류를 잃게 되기 때문이다 [六二征凶 行失類也].

(육삼(六三)은) 10년이 돼도 쓰지 못한다[十年勿用]는 것은 도리가 크게 어그러졌기 때문이다 [十年勿用 道大悖也].

---

373 더불어 함께하려는 사람들이 많아진다는 뜻이다. 곧 뛰어난 신하들을 말한다.

(육사(六四)는) 뒤집혀서 길러주는 것이 길하다[顚頤之吉]는 것은 윗사람이 베풀어주는 것이 빛나기 때문이다[顚頤之吉 上施光也].

(육오(六五)는) 반듯함에 머물면 길하다[居貞之吉]는 것은 고분고분함으로써 위를 따르기 때문이다[居貞之吉 順以從上也].

(상구(上九)는) 자신으로 말미암아 길러지니 위태롭게 여기면 길하다[由頤厲吉]는 것은 크게 경사가 있기 때문이다[由頤厲吉 大有慶也].

◉

이괘의 맨 아래 첫 양효에 대해 공자는 "나를 보면서 턱을 늘어트리니[朶頤] 진실로[亦] 귀하게 여길 만하지 못하다"라고 풀었다. 주공의 효사 "너의 신령스러운 거북[靈龜]을 버리고 나를 보면서 턱을 늘어트리니[朶頤] 흉하다[舍爾靈龜 觀我 朶頤 凶]" 중에서 한 부분만 취해서 풀고 있다.

초구의 처지부터 점검해보자. 양효로 양위에 있으니 자리가 바르고 강명한 재질을 갖고서 낮은 자리에 있다. 육사와 호응하며 육이와는 유비(有比)다. 자질도 좋고 주변 여건도 좋다. 그런데 왜 효사는 마지막에 '흉하다'라고 한 것일까? 또 공자도 바로 그 점에 주목해 "진실로[亦] 귀하게 여길 만하지 못하다"라고 한 것일까? 이를 푸는 실마리는 '신령스러운 거북'에 있다. 정이의 풀이를 참고해보자.

> 거북은 목구멍으로 숨만 쉬고 먹지 않을 수 있으니, 신령스러운 거북이란 초구가 밝고 지혜롭기[明智] 때문에 밖에서 길러주기를 구하지 않을 수 있다는 점을 비유한 것이다. 재질이 이와 같은데도 양의 조급한 성질을 갖고서 움직이는 진괘의 몸체에 있어 길러주는 때에 놓여 남들이 자신을 길러주기를 바라니, 사람들이 흔히 갖는 욕심이다. 그래서 위로 육사에 호응해 스스로를 지킬 수가 없고 뜻이 위로 나아가려는 데 있으니, 남이 자신을 길러주기를 바라는 욕심에 빠져 턱을 늘어트리고 있는 자다.

자신의 욕심으로 인해 자신이 가진 자질을 내팽개친 채 세력이 있는 음을 좇으니 못 할 짓이 없는 자다. 공자가 말한 비루한 자[鄙夫]다. 그래서 흉하다고 했고, 진실로

[亦] 귀하게 여길 만하지 못하다고 한 것이다. 뛰어난 재주를 갖고서도 욕심이 지나쳐 바른 도리를 망각했으니 비난의 대상이 될 만하다. 조선 명종 초 윤원형을 도와 을사사화(乙巳士禍)를 일으킨 이기와 정순붕이 전형적으로 이에 해당하는 인물이다. 『한국민족문화대백과』에 실린 두 사람의 행적을 인물평을 중심으로 정리했다.

이기(李芑, 1476~1552)는 1501년(연산군 7년)에 문과에 급제했고 1527년 한성부우윤이 돼 성절사(聖節使)로 명나라에 다녀왔다. 그 뒤 경상도관찰사·평안도관찰사를 거치면서 민정과 국방에 이바지했다. 1533년 공조참판에 오르고, 이어서 예조참판·한성부판윤을 역임했다. 1539년 진하사(進賀使)로 다시 명나라에 다녀왔다. 그동안 지은 공로로 국왕이 병조판서에 임명하려 했으나, 이조판서 유관(柳灌)이 장리의 사위로서 서경을 받을 수 없다며 반대했다. 이 때문에 유관은 나중에 보복을 당했다. 국왕의 신임과 이언적(李彦迪)의 주장으로 형조판서가 되고, 이어 병조판서로 발탁됐다. 1543년 의정부 우찬성에 이어 좌찬성·우의정에 올랐다. 그러나 인종이 즉위하여 대윤 일파가 득세하자 윤임(尹任) 등이 부적합하다고 탄핵하여 판중추부사·병조판서로 강등했다. 이에 원한을 품고 있던 중 명종이 즉위해 문정왕후(文定王后)가 수렴청정하자 윤원형(尹元衡)과 손잡고 을사사화를 일으켰다. 그에 대한 실록의 졸기 중 일부다.

"이기는 인품이 흉패하고 모습은 늙은 호랑이와 같았으므로 그 외모만 보아도 속마음을 알 수가 있었다. 평소 집에서 책을 펴고 글을 읽으며 자칭 학문의 심오한 뜻을 깨쳤다 하고는 조그마한 일에 구애하지 않고 대범한 척했다. 일찍이 송경(松京)의 일사(逸史) 서경덕(徐敬德)과 학문을 논하다가 서경덕이 그의 학문을 인정하지 않자 노기를 나타냈다.

중종 말년에 재신(宰臣)이 그가 쓸 만하다고 천거함으로써 흉계를 부릴 길이 드디어 통하게 된 것이다. 윤임(尹任)의 일이 있자 이를 자기의 공으로 삼아 드디어 정승의 지위를 점거하고 또 권병(權柄)을 장악했다. 그리하여 모든 정사가 그에게서 나왔고 권세는 임금을 능가했다. 당당한 기세는 타오르는 불길 같아 생살여탈(生殺與奪)을 마음대로 했으므로 공경·재상·대간·시종이 모두 그의 명령을 받아 움직였다. 따라서 모든 화복은 그의 희노(喜怒)에 좌우되고, 은혜를 갚고 원수를 갚음에 있어 사소한 것도 빼놓지 않았다. 자신을 의논할 경우 처음에는 알지 못하는 것처럼 하다가 끝내는 철저히 보복하여 전후 살해한 사람이 매우 많았다. 그러므로 온 나라 사람들이 모두 숨을 죽이며 조심하여 감히 이기에 대해 언급하지 못했다.

사방에서 실어오는 물건이 상공(上供)보다 많았으며, 귀천(貴賤)이 마구 몰려들어 그 문전은 마치 저자와 같았다. 그의 자제(子弟)·희첩(姬妾)·비복(婢僕)·배종(陪從) 등이 배경을 믿고 작폐한 것은 이루 다 기록할 수 없었다. 이기의 아들 이원우(李元祐) 역시 교활 우매하고 연소한 일개 무인(武人)인데, 아비 기의 연줄로 대언(代言)이 됐다. 동료들이 함께 있는 것을 부끄럽게 여겼으나 감히 말하는 사람이 없었다. 기가 끝내 수상(首相)이 돼 스스로를 정책국로(定策國老)에 비기면서 하지 않는 짓이 없었으므로, 대간이 이에 사력(死力)을 다해 논박하여 상위(相位)만은 체직시켰으나 호랑이를 찔러 완전히 죽이지 못한 두려움은 남게 됐다. 기가 다시 수상이 되자 과연 맨 먼저 발의한 대간을 죽이는 등 마구 흉독을 부렸다.

하루는 입시(入侍)했다가 갑자기 풍현증(風眩症)을 일으켜 상 앞에서 넘어졌다. 수레에 실려 집으로 돌아와 인사(人事)를 살필 수 없는 지경이었는데도 수년 동안 권병을 놓지 않았다. 그리하여 대간이 논계한 뒤에야 비로소 체직했고, 그가 거의 죽게 됨에 미쳐서는 온 조정이 논계했으나 끝내 윤허를 받지 못했다."

정순붕(鄭順朋, 1484~1548)은 1504년(연산군 10년) 문과에 병과로 급제하여 사림과 교유했다. 1516년(중종 11년) 조광조(趙光祖)·박상(朴祥)·김정(金淨) 등과 더불어 사유(師儒)로 선발되고, 이어 이조판서 송천희(宋千喜)의 천거로 장령에 임명됐다. 1518년에는 김정국(金正國)·신광한(申光漢) 등과 함께 경연강독관(經筵講讀官)으로 선발됐다.

이듬해 좌부승지·충청도관찰사를 지내고 형조참의에 이르렀으나, 기묘사화가 일어나 사림이 일망타진되면서 이에 연루, 전주부윤으로 좌천됐다가 1520년 파면되고 이듬해 관직이 삭탈됐다. 1531년 이래 영의정 정광필(鄭光弼) 등에 의해 등용이 논의됐으나 실현되지 못하고, 김안로(金安老) 일당이 제거돼 기묘사화로 죄를 받은 사람이 모두 풀려나면서 등용됐다. 1539년 공조참판에 제수돼 곧 명나라에 다녀와 명나라에서 구한 『황명정요(皇明政要)』·『요동지(遼東志)』 6권을 나라에 바쳤다. 이어서 형조참판·강원도관찰사를 지내고, 이듬해 다시 공조참판이 됐다. 그 뒤 한성부우윤으로 옮겼다가 1542년 형조판서로 승진하고, 곧 호조판서로서 오랫동안 국가 재정을 주관했다. 1544년 의정부 우참찬으로서 내의원제조(內醫院提調)를 겸임하다가 대사헌이 됐다. 인종이 즉위하여 대윤이 득세하면서 의정부 우참찬에서 지중추부사로 체직됐다. 명종이 즉위하여 문정왕후(文定王后)가 수렴청정하자 윤원형(尹元衡) · 이기(李芑) 등이 을사사화를 일으켰는데, 그가 이기 등과 어울려 음모를 꾸며서 많은 사람을 죽이고 귀양 보내니 사람들은 그를 이기 등과 더불어 간흉이라 했다. 대개 사람이 악을 행하는 데는 두 가지가 있다. 시기하고 음험하여 남을 죽이는 것을 좋아하는 경우는 악에 강한 자로서 이기와 같은 예이며, 그것이 악인 줄 알면서도 위력에 겁을 내어 악을 행하는 자는 악에 유(柔)한 자이니 곧 정순붕의 경우다. 관직은 의정부 우찬성에 오르고 지경연사(知經筵事)를 겸했다. 을사사화의 공로로 유관(柳灌)의 가족들을 적몰하여 자기의 노비로 삼았는데, 그중 갑이(甲伊)라는 여종이 주인 유관의 원수를 갚기 위해 염병을 전염시켜 죽게 했다 한다. 벼슬이 우의정에 이르렀으나, 1578년(선조 11년) 관직과 훈작이 모두 삭탈됐다.

이괘의 밑에서 두 번째 음효에 대해 공자는 "육이(六二)가 가게 되면 흉하다[征凶]는 것은 가게 될 경우 같은 부류를 잃게 되기 때문이다"라고 풀었다. 여기서는 단순히 흉한 이유만 밝혔다. 주공의 효사를 보자. "뒤집혀서 길러주는 것[顚頤]이라 원칙에 어긋나니[拂經] 언덕에서 길러주기를 구해 가게 되면[征] 흉하다[顚頤拂經 于丘頤 征凶]."

우선 육이의 처지를 보자. 음효로 음위에 있으니 자리는 바르고, 위로는 같은 음효라 무비(無比)이고 아래로는 양효라 유비(有比)다. 가운데 있어 중정(中正)이지만 육오가 같은 음효라 무응(無應)이다. 이괘는 길러주는 괘다. 육이는 초구와 달리 음유의 자질이라 애당초 스스로를 기르려 하지 않고 남이 길러주기를 기다리는데, 그러려면 강양(剛陽)의 자질을 만나야 한다. 그러나 육오는 같은 음유라 어쩔 수 없이 초구에게 길러주기를 구해야 한다. 그러니 뒤집혔다는 것이고 원칙에 어긋난다[拂經]는 것이다.

그나마 구한다면 저 위에 있는 상구다. 그래서 그것을 가리켜 '언덕'이라고 했다. 그러나 육이는 상구와 아무런 관계도 없으니 길러주기를 구하는 바른 도리[正道]가 아니다. 만일 그에게 간다면 이는 경거망동하는 것이어서 결국은 욕을 당하게 될 뿐이다. 공자는 이 점을 지적해 '같은 부류를 잃게 된다'고 했다. 배신자로 내몰릴 가능성이 높은 것이다. 상구가 만약에 육이를 받아준다면 그 또한 도리를 잃은 처사가 될 것이다.

한편 정이는 다른 괘에서는 육이의 경우 중정을 얻어 대부분 길한데 여기서는 "왜 흉한가"라는 질문을 던지고서 "때가 그러하기 때문"이라고 자답했다. 이 또한 일의 이치보다는 일의 형세가 강하게 지배하는 상황이다. 성세(盛世)보다는 쇠세(衰世)일 가능성이 크다. 육이에서 육오까지의 지위에 있는 모든 사람이 음유인 것도 이 점을 간접적으로 입증해준다. 이럴 때는 정말로 조심하고 또 조심해야 한다.

이괘의 밑에서 세 번째 음효에 대해 공자는 "10년이 돼도 쓰지 못한다[十年勿用]는 것은 도리가 크게 어그러졌기 때문이다"라고 풀었다. 육삼 역시 좋지 못하다. 우선 길러주는 반듯한 도리에 어긋나니 흉해서 10년이 돼도 쓰지 못한다고 했다. 10년이라고 했지만, 10이란 수의 끝으로서 영영 쓸 수 없다는 말이니 대단히 흉하다. 도리를 어기는 것은 그만큼 흉한 일을 초래하는 것이다.

이괘의 밑에서 네 번째 음효에 대해 공자는 "뒤집혀서 길러주는 것이 길하다[顚頤之吉]는 것은 윗사람이 베풀어주는 것이 빛나기 때문이다"라고 풀었다. 상황은 조금 나아진다. 육사는 음효로 음위에 있어 바른 자리이며 초구와 호응한다. 이에 대해서는 정이의 풀이가 좀 길지만 정밀하다.

> 육사는 사람들의 위에 있으니 대신의 자리다. 육사는 음효로 대신의 자리에 있으니, 음유한 자질로는 스스로를 길러주기에도 부족한데 하물며 천하를 길러줄 수 있으랴! 초구는 강양의 자질로 아랫자리에 있으니 아래에 있는 뛰어난 이로서 육사와 호응을 이루고, 또 육사 역시 부드럽고 고분고분하면서 자리도 바르므로 능히 초구에 고분고분하여 초구가 길러줌에 자신을 내맡길 수 있다. 윗사람이 아랫사람을 길러주는 것이 고분고분함인데, 지금은 반대로 아랫사람이 길러주는 것을 구하니 전도된 것이므로 '뒤집혀서 길러주는 것'이라고 했다.
>
> 그러나 자기가 그 임무를 감당하지 못할 때 아래에 있는 뛰어난 이에게 길러줌을 구하여 그에게 고분고분 따름으로써 자신의 일을 이뤄낸다면 천하가 그 길러줌(의 혜택)을 얻으니, 자기의 소임을 방치하거나 실패하는 허물이 없어 그 때문에 길한 것이다. 무릇 윗자리에 있는 자가 반드시 재능과 다움과 위엄과 명망이 있어 아래 백성이 존경하고 두려워한다면 모든 일이 잘 행해져 무리가 마음으로 복종한다. 만약에 혹시라도 아랫사람이 윗사람을 쉽게 여기면 정령(政令)이 나오더라도 사람들이 그것을 어기고 형벌이 시행되더라도 원망이 일어나 능멸하고 침범하는 것을 가볍게 여길 것이니, 이는 어지러움의 원인이다.
>
> 육사는 강양의 자질을 가진 뛰어난 이에게 고분고분해 그 직무를 내팽개치지는 않겠지만 자질이 본래 유약해 다른 사람에게 의지해 일을 이루니 사람들이 그를 가볍게 본다. 따라

서 반드시 위엄을 길러 호랑이가 눈을 부릅뜨고 바라보듯이 하면[虎視耽耽(호시탐탐)] 그 체통을 무겁게 할 수 있어 아랫사람들이 감히 쉽게 여기지 못한다. 또 다른 사람을 따르는 이는 반드시 일정함이 있어야 하니[有常(유상)], 혹시라도 계속해서 그런 일정함을 이어가지 못하면 그 정사는 무너진다.

공자가 말한 "윗사람이 베풀어주는 것이 빛나기 때문이다"라고 한 것은 윗사람이 스스로를 낮췄다는 말이다. 그래서 그것이 아름답다는 것이다. 그런데 같은 음효가 아래 초구에 몸을 낮춘 것인데, 육이는 도리를 어겼다고 하고 육사는 길하다고 했다. 어떤 차이가 있을까? 다시 정이의 풀이다.

육이는 위의 자리에 있으면서 도리어 아랫사람에게 길러줌을 구하니 아랫사람이 그와 같은 부류의 사람이 아니므로 도리에 위배된다. 그러나 육사는 위의 자리에 있는 귀한 신분으로 천한 사람에게 자신을 낮추어 아래에 있는 현자가 자신을 통해 그 도리를 세상에 행하도록 하므로, 위와 아래의 뜻이 서로 호응해 백성에게 시행되니 어떤 것이 이처럼 길하겠는가?

참고로 육삼 이하는 입과 몸을 길러주는 것이고 육사 이상은 다움과 마땅함[德義(덕의)]을 기르는 것이다. 육사는 길하다고 했으니 이는 곧 불치하문(不恥下問)이다. 『논어』「공야장」편이다.

자공이 공자에게 물었다.

"위(衛)나라 대부인 공문자(孔文子)에게 문(文)이라는 시호를 내린 이유는 무엇입니까?"

이에 대해 공자가 말했다.

"공문자가 일을 행하는 데 주도면밀하고 배우기를 좋아하며[好學(호학)] 아랫사람에게 묻기를 부끄러워하지 않아[不恥下問(불치하문)] 문(文)이라 일렀다."

문(文)은 묻기를 좋아해 아랫사람에게도 기꺼이 물을 줄 알았던 점을 높이 평가한 시호다. 그러나 이는 아랫사람들에게 아첨하는 것과는 구별해야 한다. 조선 선조 때 정승 박순은 기꺼이 후배 관리들에게 자신을 낮췄던 재상이다. 그러나 박순이 과연 육사에 해당하는 인물인지 육이에 해당하는 인물인지는 독자들이 판단해보기 바란다.

박순(朴淳, 1523~1589)은 1540년 사마시에 합격하고 1553년(명종 8년) 문과에 장원한 뒤 성균관전적(成均館典籍), 홍문관수찬(弘文館修撰) 등을 거쳤다. 1561년 홍문관 응교로 있을 때 임백령(林百齡)의 시호 제정 문제에 관련, 윤원형의 미움을 받고 파면돼 향리인 나주로 돌아왔다. 이듬해 다시 기용돼 1563년 성균관사성(成均館司成)을 거쳐 승정원동부승지·이조참의 등을 지냈다. 1565년 대사간이 돼 대사헌 이탁(李鐸)과 함께 윤원형을 탄핵해 포악한 척신 일당의 횡포를 제거한 주역이 됐다. 그 뒤 대사헌을 거쳐 1566년 부제학에 임명되고, 이어 이조판서·예조판서를 겸임했다. 1572년 우의정에 임명되고, 이듬해 왕수인(王守仁)의 학술이 그릇됐음을 진술했으며, 이해 좌의정에 올랐다. 그 뒤 1579년에는 영의정에 임용돼 약 15년간 재직했다. 이이가 탄핵됐을 때 옹호하다가 도리어 양사(兩司-사헌부와 사간원)의 탄핵을 받고 스스로 관직에서 물러나 영평(永平) 백운산(白雲山)에 암자를 짓고 은거했다. 일찍이 서경덕(徐敬德)에게 학문을 배워 성리학에 널리 통했으며, 특히 『주역』에 대한 연구가 깊었다. 그에 대해 서인 입장에서 수정 편찬된 『선조수정실록』은 이렇게 평하고 있다.

> 어려서부터 문장과 행검(行檢)으로 소문이 났다. 명종이 친시(親試)하여 급제시키고 기대함이 매우 중했다. 그래서 관각(館閣)에 있을 적에 권신(權臣)의 뜻을 거슬러 중한 형률(刑律)로 논죄했으나 파면하는 데 그쳤다. 명종 말년에 다시 발탁돼 두 권신(權臣)을 탄핵하여 내치니, 사론(士論)이 비로소 신장되고 조정이 엄숙하여져 선류(善類)의 종주가 됐다. 선조 때 노수신과 함께 정승이 돼 정승의 자리에 있은 것이 14년이나 됐는데, 두 사람이 모두 명망이 중했으나 사람들이 건명(建明-건의)한 바가 없는 것을 결점으로 여겼다, 그러나 박순은 스스로 경국제세(經國濟世)에 부족하다 하여 오로지 뛰어난 사람을 천거하고 능력 있는 사람에게 양보했으니, 이이와 성혼을 힘껏 천거했고 시종 협력하여 일을 처리했다. 당론(黨論)이 나누어지게 돼서는 박순은 이이와 성혼을 편든다 하여 탄핵을 많이 받았는가 하면 간사한 사람으로 지목돼 "세 사람은 모양은 다르나 마음은 하나다"라고 하기에 이르렀다.

평가에 양면성이 있었음을 암시하고 있다.

이괘의 밑에서 다섯 번째 음효에 대해 공자는 "반듯함에 머물면 길하다[居貞之吉]
거정 지 길

는 것은 고분고분함으로써 위를 따르기 때문이다"라고 풀었다. 주공은 효사에서 "원칙에 어긋나지만 반듯함에 머물면 길하나, 큰 강을 건너서는 안 된다[拂經居貞 吉 不可涉大川]"라고 했다. 이중 삼중의 조건이 있다. 육오는 군주의 자리에 있지만, 자리가 바르지 못하고 자질이 음유해 그 재능이 세상을 길러주기에는 부족하다. 그래서 위에 있는 강양의 뛰어난 상구에게 순종해서 자신을 길러줄 것을 의뢰해 세상을 구제한다. 그런데 군주란 남을 길러주는 자인데 반대로 남에게 자신을 길러줄 것을 의뢰하니, 이것이 바로 원칙에 어긋나는 것이다. 그나마 반듯함에 머물면서 상구를 잘 받들면 길한데, 그렇다 해도 험한 일은 함부로 하려 해서는 안 된다.

상구를 문정왕대비로 볼 경우 이 육오에는 정확히 조선 명종(明宗)이 상응한다. 중종은 제1계비 장경왕후(章敬王后) 윤씨에게서 인종을 낳고 제2계비인 문정왕후(文定王后) 윤씨에게서 명종을 낳았다. 중종이 죽고 인종이 즉위했으나 재위 8개월 만에 죽자, 당시 12세였던 명종이 즉위했다. 어린 나이로 임금이 됐으므로 어머니인 문정왕후가 수렴청정(垂簾聽政)했다. 이에 문정왕후의 동생인 윤원형이 득세해 1545년(명종 즉위년) 을사사화를 일으켰다.

인종이 세자로 있을 때, 문정왕후가 명종을 낳자 장경왕후의 동생인 윤임은 김안로 등과 함께 세자를 보호해야 한다고 주장해 문정왕후와 알력이 생겼다. 1537년(중종 32년) 김안로가 실각하고 윤원형 등이 등용되자 왕위 계승권을 둘러싸고 암투가 더욱 치열해졌다. 이때 윤임 일파를 대윤(大尹), 윤원형 일파를 소윤(小尹)이라고 했다. 인종이 즉위하자 한때 윤임이 득세해 이언적 등 사림의 명사를 많이 등용해 기세를 떨쳤다. 그러나 곧 명종이 즉위하고 문정왕후가 수렴청정하게 되자 사태는 크게 변했다.

윤원형은 윤임이 조카인 봉성군(鳳城君-중종의 여덟째 아들)에게 왕위를 옮기려 한다고 무고하는 한편, 인종이 죽을 당시에 윤임이 계성군(桂成君-성종의 셋째 아들)을 옹립하려 했다는 소문을 퍼뜨리게 했다. 이를 구실로 왕과 문정왕후에게 이들의 숙청을 강권, 윤임·유관(柳灌)·유인숙(柳仁淑) 등을 사사(賜死)하게 하고 그들의 일가와 그 당류(黨流)인 사림을 유배시켰다. 이어서 1547년에는 또다시 양재역벽서사건을 빌미로 그들의 잔당을 모두 숙청했다. 이로써 외척 전횡의 시대가 전개되자, 명종은 윤원형의 세력을 견제하고자 이량(李樑)을 등용했다. 그러나 그 역시 작당해 정치가 더욱 문란해지고 파쟁이 그칠 사이가 없었다.

이때를 틈타 양주의 백정 출신 임꺽정(林巨正)이 1559~1562년 황해도와 경기도 일대를 횡행했다. 밖으로는 삼포왜란(三浦倭亂) 이래 세견선(歲遣船)의 감소로 곤란을 받아온 왜인들이 1555년 배 60여 척을 이끌고 전라도에 침입해왔다. 이들은 결국 이준경·김경석(金慶錫)·남치훈(南致勳) 등에 의해 영암(靈巖)에서 격퇴됐으며, 이를 계기로 비변사가 설치됐다. 비변사의 설치 연대에 대해서는 여러 설이 있으나, 1510년(중종 5년) 삼포왜란 때 일단 설치돼 임시 기구로서 존속돼오다가 1555년 을묘왜변을 계기로 상설 기구화됐다고 볼 수 있다.

명종 때는 문정왕후가 불교를 독실히 믿었기 때문에 불교의 교세가 일어났다. 문정왕후는 보우(普雨)를 신임해 봉은사(奉恩寺) 주지로 삼았다. 1550년에 선·교(禪敎) 양종을 부활시키고 이듬해에는 승과(僧科)를 설치했다. 보우는 뒤에 도대선사(都大禪師)가 됐지만, 1565년 문정왕후가 죽자 잇따른 배불상소(排佛上疏)와 유림의 기세에 밀려 승직을 박탈당하고 제주도로 귀양 갔다가 변협(邊協)에게 피살됐다. 윤원형은 문정왕후가 죽은 뒤 관직을 삭탈당하고 강음(江陰)에 안치돼 죽었다. 이 무렵 비로소 명종은 인재를 고르게 등용해 선정을 펴보려고 노력했으나 실패하고 34세의 젊은 나이로 죽었다. 묘호 명종(明宗)과는 정반대로 재위 기간 대부분을 어머니의 영향하에 있었던 암군(暗君)이었다고 할 수 있다.

이괘의 맨 위에 있는 양효를 공자는 "자신으로 말미암아 길러지니 위태롭게 여기면 길하다[由頤厲吉(유이 여 길)]는 것은 크게 경사가 있기 때문이다"라고 풀었다. 정이의 풀이다.

> 상구가 강양한 다움으로 스승의 책임을 맡았고 육오의 군주가 부드럽고 고분고분하게 순종해 자신을 길러줌을 의뢰했으니, 이는 천하의 책임을 맡은 것으로 세상이 자신을 통해 배양된다. 신하로서 이러한 책임을 맡았으니 반드시 위태로운 마음을 항상 품고 있다면 길하다. 이윤(伊尹)과 주공(周公) 같은 사람들이 어찌 근심하고 힘쓰며 신중하고 두려워하지 않았겠는가?
>
> 군주가 재능이 부족하여 자신에게 의뢰하므로 몸소 천하의 큰 소임을 맡았으니, 마땅히 그 재주와 능력을 다해 세상의 위험과 혼란을 해결하고 세상의 질서와 안정을 이뤄야 하므로 '큰 강을 건너는 것이 이롭다'라고 한 것이다.

예괘(豫卦) 구사에 해당시켰던, 명종과 선조 때의 재상 이준경은 스승의 측면에서는 바로 여기에도 해당한다. 그는 평생 정이가 여기서 지적한 태도를 잃지 않았다. 『선조수정실록』에 실린 그의 졸기의 일부다.

> 이준경은 어릴 때부터 뜻이 높고 비범했으며 체격이 웅대하여 많은 선비 사이에 이름이 있었는데, 정광필(鄭光弼)과 김안국(金安國)으로부터 큰 기대를 받았다. 조정에 들어와서는 청렴하고 엄중함이 세속에서 뛰어나 형 윤경(潤慶)과 함께 여망을 받으니, 사람들이 두 봉황새[二鳳(이봉)]라고 일컬었다. 그중에서도 윤경이 한층 더 강직했으므로 인물을 논하는 이들은 형이 더 우월하다고 했다.
>
> 권간(權奸)이 권세를 부리던 당시 이준경은 지조를 지키고 아부하지 않아 자주 배격을 당했으나, 그들이 끝내 감히 가해하지 못한 것은 절조와 행검에 하자가 없고 논의가 한편으로 치우치지 않았기 때문이다. 부정한 논의에 대하여 감히 그것을 바로잡지는 못했으나 본심은 사류를 보호했기 때문에, 청론(淸論)이 믿고 의지하는 바가 있어 여망이 그에게로 돌아갔다. 윤원형(尹元衡)이 무너진 뒤에 비로소 국사를 담당하고 금상(今上-선조)을 보좌하여 급한 상태를 안정 국면으로 돌아서게 했는데, 주상도 국사를 위임하고 의심하지 않았다. 성심과 공도로 문무 관원을 재목에 따라 써서 계책이 행해지고 공이 이뤄졌으며 인심을 진정시키고 국맥을 배양했으니, 참으로 사직지신(社稷之臣)이라 할 만하다. 다만 본조(本朝)에 사화(士禍)가 자주 일어났기 때문에 신진들의 논의가 과격하고 예리한 것을 보고는 항상 억제하여 조정하려 할 뿐 혁신하여 일거리를 만들려고 하지 않았으므로, 사림이 흔히 그 점을 부족하게 여겼는데 이준경은 웃으면서 말하기를 "차라리 남이 나를 저버리는 것이 낫지 내가 남을 저버리지는 않겠다"라고 했다. 이준경은 정승으로 있으면서 체모를 잘 지켜, 비록 선인(善人)을 좋아하고 선비를 위하긴 했으나 자신을 낮추어 굽힌 적은 없었다. 조식(曺植)이 임금의 부름을 받고 서울에 들어왔을 때 이준경은 옛 친구 입장에서 서신은 보냈으나 끝내 찾아가 보지는 않았다. 조식이 귀향하려 하면서 찾아와 고별하고 말하기를 "공은 어찌 정승 자리를 가지고 스스로 높이려 하는가?"라고 하자 이준경이 말하기를 "조정의 체모를 내가 감히 폄하할 수 없어서다"라고 답했다.

## 28. 택풍대과(澤風大過)[374]

대과(大過)는 들보 기둥이 휘어진 것이니 가는 바가 있으면 이롭고 형통하다.

大過 棟橈 利有攸往 亨.[375]
대과 동요 이유 유왕 형

초륙(初六)은 밑에 깔되 흰 띠를 쓰니 허물이 없다[藉用白茅 无咎].
자용 백모 무구

구이(九二)는 마른 버드나무에 새로운 뿌리가 생기고 늙은 사내가 젊은 아내를 얻는 것이니, 이롭지 않음이 없다[枯楊生稊 老夫得其女妻 无不利].
고양 생제 노부 득 기 여처 무불리

구삼(九三)은 들보 기둥이 휘어진 것이니 흉하다[棟橈 凶].
동요 흉

구사(九四)는 들보 기둥이 높아지는 것이니 길하지만, 다른 마음을 가지면 안타깝다[棟隆 吉 有它吝].
동륭 길 유타 인

구오(九五)는 마른 버드나무가 꽃을 피우고 늙은 부인이 젊은 남자를 얻는 것이니, 허물도 없고 영예도 없다[枯楊生華 老婦得其士夫 无咎 无譽].
고양 생화 노부 득 기 사부 무구 무예

상륙(上六)은 지나치게 건너다가 이마까지 빠져 흉하니, 탓할 데가 없다[過涉滅頂 凶 无咎].
과섭 멸정 흉 무구

◉

대과괘(大過卦)의 초륙(初六)은 양위에 음효로 바르지 못함[不正位(부정위)], 구이(九二)는 음위에 양효로 바르지 못함, 구삼(九三)은 양위에 양효로 바름[正位(정위)], 구사(九四)는 음위에 양효로 바르지 못함, 구오(九五)는 양위에 양효로 바름, 상륙(上六)은 음위에 음효로 바름이다. 이 괘의 경우 구이는 중정을 얻지 못했고 구오는 중정을 얻었다.

대성괘 대과괘(䷛)는 소성괘 태괘(兌卦, ☱)와 손괘(巽卦, ☴)가 위아래에 있어 만들어진 괘다. 「설괘전」에 따르면 '태(兌-못)로 기쁘게 하고' '바람[風(풍)]으로 흩어지게 한다'

374 문자로는 태상손하(兌上巽下)라고 한다.

375 이(利)와 형(亨)이 나온다.

고 했다. 괘의 모양이 태(兌)가 위에 있고 손(巽)이 아래에 있다.

그러면 「서괘전」을 통해 왜 대과괘가 이괘의 뒤를 이어받았는지 확인해보자.

기르지 않으면 움직일 수 없다. 그래서 이괘의 뒤를 대과괘(大過卦)로 받았다.

不養則不可動. 故受之以大過.

정이가 말했다.

모든 사물과 일[凡物=凡事]이란 기른 다음에야 이뤄지고[成] 이뤄진 다음에야 능히 움직일 수 있으며[能動], 움직이게 되면 지나침[過]이 있게 된다.

이것은 모든 일의 자연스러운 흐름[事勢]이다. 택풍대과괘(澤風大過卦, ䷛)는 손괘(☴)가 아래에 있고 태괘(☱)가 위에 있는데 이괘(頤卦)와는 각각의 음양이 뒤바뀐 착괘 관계다. 못[兌]이 나무[巽] 위에 있다는 것은 곧 나무를 없앤다[滅木]는 뜻이다. 즉 길러줌[養]과는 정반대인 것이다. 원래 못은 나무 아래에 있어 나무를 잘 자라게 해줘야 하는데 위에 있어 오히려 나무를 없애버리니, 지나침 중에서도 크게 지나침[大過]이 되는 것이다.

그런데 여기서 과(過)의 번역에 조심해야 한다. 흔히 그것을 허물이나 잘못이라고도 옮기는데 여기서는 그냥 '지나침'이다. 뒤에 다시 대과괘를 풀이할 때 보게 되겠지만 그 의미를 분명히 하기 위해 먼저 정이의 풀이를 살펴봐야 한다.

대과(大過)란 양(陽)이 지나친 것[過陽]이다. 그래서 (그 뜻은) 어떤 큰 것이 지나친 것[爲大者過], 지나침이 큰 것[過之大], 그리고 큰일이 지나친 것[大事過]이다. (예를 들면) 빼어나거나 뛰어난 이[聖賢]의 도리와 다움[道德], 공업(功業)이 다른 사람들에 비해 크게 지나친 것[大過]과, 무릇 일이 일반적인 것보다 크게 지나친 것 등이 다 이것이다. 저 빼어난 이는 사람의 도리[人道]를 남김없이 다하니 (이는) 이치에 있어서 지나친 것이 아니고, 그가 일할 때는[制事=治事][376] 천하의 바른 이치[正理]를 갖고서 한다. (다만) 잘못이나 허물을 바로잡으려고[矯失] 함에 있어서 적중된 도리에 조금 지나치게 하는[小過於中] 경우가 있다. 예를 들면[如] 행동할 때 공손함을 (평소보다) 지나치게 하는 것, 상을 당했을 때 슬픔을 지나치게 하는 것, 물건을 쓸 때 검소함을 지나치게 하는 것 등이 이것이다. 대개 어떤 것을 바로잡으려 할 때는 조금 지나치게 한[小過] 연후라야 능히 적중함[中]에 이를 수 있으니 그것이 바로 적중함을 구하는[求中] 방법이요, 이른바 크게 지나치다[大過]라는 것은 평상시의 일 중에서 큰 것이지 이치에 있어서 지나침이 있는 것은 아니다. 다만 그것이 크기 때문에 그래서 늘 볼 수 있는 것은 아니고, 또 늘 보는 것들에 비해 크기 때문에 크게 지나치다[大過]라고 한 것이다. 요(堯)임금이나 순(舜)임금의 선양(禪讓-선위)이나 (은나라를 세운) 탕왕(湯王)과 (주나라를 세운) 무왕(武王)의 방벌(放伐)[377]은 모두 다 이런 도리에서 나온 것이니, 도리는 적중하지 않은 것이 없고 늘 일정하지 않은 것이 없다. 다만 세상 사람들이 평상시에 늘 볼 수 있는 것이 아니다 보니 (그것을 일러) 대과(大過-크게 지나침)라고 한 것이다.

「잡괘전」을 통해 대과괘와 이괘의 관계를 살펴보자.

대과(大過)는 뒤엎어지는 것[顚]이요 이(頤)는 바른 것을 길러준다[養正]는 것이다.

대과괘(䷛)와 이괘(䷚)는 서로 착괘 관계다. 원래 대과(大過)는 그 자체가 큰 잘못이나 허물은 아니었고 크게 지나치다는 뜻이었다. 그러나 여기서는 그랬을 경우 뒤엎어질 수 있음을 경계하고 있다. 이괘는 「서괘전」에서와 마찬가지로 바른 사람을 길러낸다는 뜻이다.

문왕의 단사(彖辭), 즉 "대과(大過)는 들보 기둥이 휘어진 것이니 가는 바가 있으면 이롭고 형통하다[棟橈 利有攸往 亨]"에 대한 공자의 풀이[「彖傳」]를 살펴볼 차례다.

대과(大過)란 큰 것[大者]이 지나침[過]이요, "들보 기둥이 휘어졌다"라는 것은 밑동과 끝이

---

376 『예기』에서 공자는 "예(禮)란 일을 다스리는 것[治事]이다"라고 말했다. 이때의 예는 예법이라고 할 때의 예가 아니라 바로 일의 이치로서의 예인 것이다.

377 인의(仁義)를 무시한 포악한 천자를 무력으로 방축(放逐)하고 정벌(征伐)한 것을 말한다. 은(殷)나라 탕왕이 하(夏)의 걸왕(桀王)을 친 것이나 주(周)나라 무왕이 은의 주왕(紂王)을 몰아낸 것이 그것이다. 중국 역사에는 선양의 형식도 보이나 대부분의 왕조 교체는 농민 반란을 배경으로 하는 무력 혁명, 즉 방벌이었다고 할 수 있다.

약하기 때문이다. 굳셈이 지나치지만 가운데 있고[剛過而中] 공손하면서 기쁘게 일을 행하니[巽而說行], 가는 바가 있는 것이 이롭고 마침내 형통하다. 대과(大過)의 때가 크도다!

大過 大者過也 棟橈 本末弱也.
대과 대자 과야 동 요 본말 약야

剛過而中 巽而說行 利有攸往 乃亨.
강 과 이 중 손 이 열행 이 유 유왕 내 형

大過之時 大矣哉!
대과 지 시 대의재

◉

정이는 큰 것이 지나치다는 것은 곧 양(陽)이 지나치다고 보았다. 또 일의 측면에서 보면 큰 것이 지나치거나 지나침이 큰 것이라고 했다. 밑동과 끝이 약하다는 것은 괘의 위아래에 있는 초륙과 상륙을 가리키는 것으로 풀이했다. 이렇게 된 까닭은 양이 왕성해지자 음이 쇠퇴한 때문이다. 그래서 전반적으로 양이 득세를 하고 있지만, 구이와 구오 모두 가운데 있으니 중도(中道)를 잃지 않은 것으로 보았다. 하괘는 손(巽)이고 상괘는 태(兌)이니 "공손하면서 기쁘게 일을 행하니"라고 했고, 이런 제반 요소들을 고려할 때 "가는 바가 있는 것이 이롭고 마침내 형통하다"라는 것이다. 따라서 큰 공로와 다움을 이룩할 수 있는 때이기 때문에 "대과(大過)의 때가 크도다!"라고 했다.

공자의 「상전」을 살펴볼 차례다. 그중에 대과괘를 총평한 「대상전」이다.

연못이 나무를 없애는 것[滅木]이 대과(大過)(가 드러난 모습)이니, 군자는 그것을 갖고서 홀로 서서 두려워하지 않으며 세상을 피해도[遯世] 번민하지 않는다[澤滅木大過 君子以 獨立不懼 遯世无悶].

◉

이 부분을 토의하는 조선 시대 임금의 경연으로 초대한다. 『선조실록』 35년(1602) 윤2월 2일의 기사다.

상이 별전에 나아갔다. 영사 윤승훈(尹承勳), 지사 한응인(韓應寅), 특진관 신잡(申磼), 행 대사간 권희(權憘), 특진관 기자헌(奇自獻), 참찬관 남근(南瑾), 집의 이효원(李效元), 시독관 이심(李愖, 1559~?)[378], 검토관 이지완(李志完), 가주서 박대빈(朴大彬), 기사관 소광진(蘇光震)·정호선(丁好善)이 입시했다. 상이 『주역』 이괘(頤卦)를 읽고 해석을 하고 난 뒤 이심이 대과괘(大過卦)의 서(序)부터 '대과지행야(大過之行也)'까지 강했다.[379] 상이 일러 말했다.

"이른바 '멸몰(滅沒)'[380]이란 나무가 물속에 있어서 멸몰하게 된다는 것인가?"

이심이 아뢰어 말했다.

"그렇습니다. 대과(大過)라고 하는 것은 성현의 도덕과 공업(功業)이 일반인보다 크게 지나치며 범상한 일도 모두 일반인보다 뛰어난 것을 말한 것이지, 이치에 지나치다는 것을 말한 것은 아닙니다. 다만 잘못된 점을 바로잡기 때문에 중도에 지나침을 면치 못하니, 이를테면 행동이 지나치게 공손하고 상(喪)을 당해서는 지나치게 슬퍼하며 검소함이 비록 지나치지만 실제로는 지나친 일이 아닌 것과 같습니다."

상이 일러 말했다.

"괘상(卦象)으로 말하면 손(巽)은 목(木)이고 태(兌)는 택(澤)이다. 물은 나무를 기르는 것이지만, 지나치게 되면 끝내 멸몰하게 되니 이는 지나침을 말한 것이다. 그리고 이른바 '들보 기둥이 휘어진다[棟橈]'는 것도 지나침을 말한 것이다."

이심이 그렇다고 했다. 상이 일러 말했다.

"대과(大過)의 대(大)는 양(陽)을 말한다. 이 괘의 중간이 양강(陽剛)하기 때문에 본말(本末)이 이기지 못하는 것인가?"

이심이 아뢰어 말했다.

"그렇습니다. 효사(爻辭)로 말하면 '들보 기둥이 휘어진다[棟橈]'는 말은 대개 좋지 못합니

---

378 1593년(선조 26년) 문과에 병과로 급제해 이듬해 세자시강원설서가 되고 사예를 역임했다. 1595년 세자강원문학이 됐고, 이듬해 홍문관의 부교리·교리, 1597년 직강·정언, 이듬해 교리·문학을 지내는 등 오랜 기간 시독관(侍讀官)으로 고전을 진강(進講)했고, 1601년 임천군수(林川郡守)가 됐다. 1603년 장령·교리, 세자시강원보덕, 이듬해 사인·집의·전적 등을 역임했고 1606년 사인으로 춘추관 지제교(春秋館知製敎)를 겸해 실록의 중인(重印)에 참여했다. 이어서 상의원정, 보덕·필선(弼善)을 역임하고 1607년(선조 40) 선천군수(宣川郡守)로 외직에 나갔다. 1612년(광해군 4년) 다시 사인으로 들어왔다가 1615년 여주목사(驪州牧使)로 나갔다. 1624년(인조 2년)에 장례원 판결사가 됐는데 이때 아들 이진영(李晋英)은 공조정랑, 손자 이계(李烓)는 사정(司正)으로 3대가 관직에 종사했다.

379 대과괘 「대상전」까지 읽었다는 말이다.

380 정이는 멸(滅)을 이렇게 풀이했다.

다. 따라서 선유(先儒)는 양이 부족하다는 말로 보았습니다. 비록 군자가 성하고 소인이 쇠하기는 하지만, 반드시 양을 깎아내고 음을 억눌러야 길이 다스려지고 편안해질 수 있는 것입니다. '대과(大過)의 때가 크도다'라고 한 것은 반드시 남보다 크게 뛰어난 재능이 있는 자라야 이런 일을 할 수 있다는 것입니다. 이를테면 요순(堯舜)이 선양(禪讓)한 것과 탕무(湯武)가 걸주(桀紂)를 내친 것과 같은 일은 반드시 요순이나 탕무와 같은 재능이 있어야 가능한 것입니다.

상(象-「대상전」)에 '군자는 그것을 갖고서 홀로 서서 두려워하지 않으며 세상을 피해도[遯世] 번민하지 않는다'라고 했는데 이는 태택(兌澤)의 상을 취한 것으로, 쓰이게 되면 우뚝하니 서서 두려워하지 않고 버려지게 되면 세상에 은둔하되 근심함이 없다는 것입니다. 임금은 반드시 이렇게 우뚝하게 서서 두려워하지 않고 세상에 은둔하되 근심함이 없는 선비를 구해야 합니다. 인품으로 말하면 세상에 은둔하되 근심함이 없는 것은 비록 세상에 은둔하는 것이 귀중하기는 하지만 반드시 근심함이 없음을 귀중하게 여기니, 이를테면 은거하면서 자기 지조를 지켜야 세상에 은둔하되 근심함이 없는 것이라 할 수 있습니다."

상이 이르기를 "'돈(遯)'이란 글자는 '도(逃-도망치다)' 자의 뜻인가?"라고 하니 이심이 그렇다고 했다.

특별히 새로운 것은 없지만 조선 시대 임금과 신하가 참여했던 경연의 논의 수준을 볼 수 있다는 점에서 흥미롭다.

대과괘의 여섯 효[六爻]에 대한 주공의 말을 풀이한 공자의 「소상전」이다.

(초륙(初六)은) 밑에 깔되 흰 띠를 쓴다[藉用白茅]는 것은 부드러움[柔-음효]이 맨 아래에 있다는 것이다[藉用白茅 柔在下也].

(구이(九二)는) 늙은 사내와 젊은 아내는 지나치게 서로 함께하는 것이다[老夫女妻 過以相與也].

(구삼(九三)은) 들보 기둥이 휘어진 것이니 흉하다[棟橈之凶]는 것은 도와줄 사람이 있을 수 없기 때문이다[棟橈之凶 不可以有輔也].

(구사(九四)는) 들보 기둥이 높아지는 것이니 길하다[棟隆之吉]는 것은 아래로 휘어지지 않기 때문이다[棟隆之吉 不橈乎下也].

(구오(九五)는) 마른 버드나무가 꽃을 피운 것이 어찌 오래갈 수 있겠으며, 늙은 부인이 젊은 남자를 얻는 것 또한 추하게 여길 만하다[枯楊生華 何可久也 老婦士夫亦可醜也].

(상륙(上六)은) 지나치게 건너는 것이 흉하다[過涉之凶]는 것은 탓할 데가 없다는 것이다[過涉之凶 不可咎也].

◉

대과괘의 맨 아래 첫 음효에 대해 공자는 "밑에 깔되 흰 띠를 쓴다[藉用白茅]는 것은 부드러움[柔-음효]이 맨 아래에 있다는 것이다"라고 풀었다. 초륙의 처지부터 보자. 하괘인 손체(巽體)의 맨 아래에 있고 자질도 음유(陰柔)이니 스스로를 최대한 낮추고 있다. 음효로 양위에 있으니 자리는 바르지 않고, 구사와 호응한다. 마침 이에 대한 풀이는 「계사전」에 나온 바 있다.

> 맨 아래 떨어진 효[初六]는 밑에 깔되 흰 띠풀을 쓰니 허물이 없다[无咎]. 공자가 말하기를 "그냥 땅에 두어도 좋은데 그것을 밑에 깔되 띠풀을 쓰니 무슨 허물이 있겠는가? 조심함이 지극한 것이다. 무릇 띠풀이라는 물건은 하찮으나[薄] 쓰임은 소중한 것이니, 이 방법[術]을 조심해서 따르게 되면 그 길로 가더라도 잃게 되는 바[所失]가 없을 것이다"라고 했다.

이는 삼가고 조심함[敬愼]을 지나칠 정도로 지극히 하는 것이다. 음효가 맨 아래 있다는 것은 그만큼 지위가 낮다는 것이다. 다움을 갖추는 것은 말을 조심하는 것과 함께 처신함에 있어서 공손함과 삼가는 것이 매우 중요하다. 그래서 주공은 효사에서 이렇게 한다면 '허물이 없다'라고 했고, 공자는 초륙의 위치에 주목해 '부드러움이 맨 아래에 있기 때문'이라고 한 것이다.

그러나 과공비례(過恭非禮)라고 했다. 여기에 경(敬)과 공(恭)의 차이가 드러난다. 경(敬)은 일을 할 때의 마음가짐이고 공(恭)은 용모의 공손함이다. 하나는 내면이고 하나는 외면이다. 그래서 공자는 『논어』「계씨」편에서 아홉 가지 생각해야 할 것을 말하면서 이 둘과 관련해서는 이렇게 말했다.

> 용모를 취할 때는 반드시 공손함을 생각해야 하고[貌思恭(모사공)], 일을 할 때는 삼감을 생각해야 한다[事思敬(사사경)].

삼감을 지나치게 하는 것은 나쁠 것이 없다는 말이다. 「대상전」에서 말한 "홀로 서서 두려워하지 않으며 세상을 피해도[遯世(돈세)] 번민하지 않는다"는 마음 자세를 가지려면 이처럼 스스로를 낮추고 삼갈 때 가능하다.

대과괘의 밑에서 두 번째 양효에 대해 공자는 "늙은 사내와 젊은 아내는 지나치게 서로 함께하는 것이다"라고 풀었다. 구이의 처지를 보면 양효로 음위에 있어 자리가 바르지 않고 같은 양효인 구오와 호응할 수 없다. 다만 양이 지나치다[大過(대과)]는 것은 음보다 양이 많다는 것인데, 구이부터 구오까지 네 효가 모두 양이다. 그중에서는 그나마 맨 아래에 있고 손괘의 가운데 있으니 이는 좋은 요소다. 정이의 풀이다

> 버드나무는 양의 기운이 감동시키기 쉬운 물건이니, 양이 지나치면 마른다. 버드나무가 말랐다가 다시 뿌리가 생겼다는 것은 지나치기는 하나 극한에 이르지는 않았다는 뜻이다. 구이는 양이 지나치지만, 초륙과 친하다는 것은 늙은 사내가 젊은 아내를 얻은 모양이다. 늙은 사내로서 젊은 아내를 얻으면 생육하는 공로를 이룰 수 있다.

그래서 주공의 효사는 '이롭지 않음이 없다'라고 했는데, 어째서 공자는 다소 부정적으로 '지나치게 서로 함께하는 것'이라고 한 것일까? 정이는 특별한 풀이 없이 "구이와 초륙은 음양이 서로 함께하는 것이 지나친 것"이라고 했다. 그만큼 좋다는 뜻으로 본 듯하다. 따라서 '지나치게'는 '너무' 정도의 뉘앙스로 보면 될 듯하다.

대과괘의 밑에서 세 번째 양효에 대해 공자는 "들보 기둥이 휘어진 것이니 흉하다[棟橈之凶(동요지흉)]는 것은 도와줄 사람이 있을 수 없기 때문이다"라고 풀었다. 구삼은 양효로 양위에 있어 바르기는 하나 가운데를 지나쳤으니 굳셈[剛(강)]이 지나친 것이다. 이렇게 되면 스스로 꺾인다. 그래서 들보 기둥이 휘어진 것이다. 정이는 "들보 기둥을 취해 상(象)으로 삼은 것은 도와주는 사람이 없어 무거운 임무를 감당할 수 없기 때문이다"라고 했다. 무거운 임무란 아주 큰 과업[大過(대과)]을 가리키는 것이다.

그러나 이런 반론이 가능하다. 구삼은 위에 있는 상륙과 음양으로 호응 관계에 있

는데 마치 아무런 음유(陰柔)의 도움을 받을 수 없는 것처럼 강(剛), 강(剛)으로만 내몰아 흉하다고 한 것은 지나치지 않는가? 이에 대한 정이의 답이다.

> 역(易)을 말하는 사람[言易者]은 형세의 가볍고 무거움, 흘러가는 때의 변역(變易)을 아는 것을 가장 중요하게 생각한다. 구삼은 지나친 위치에 있으면서 굳셈을 쓰고 겸손함[巽]이 이미 끝나고 또 장차 변하게 됐으니 어떻게 다시 부드러움[柔]을 쓰는 의리가 있겠는가? 호응이란 서로 뜻이 맞아서 따르는 것을 말하는데, 구삼은 이미 지나치게 굳세니 상륙이 그의 뜻을 붙잡아 맬 수 있겠는가?

그래서 공자도 이 점에 중점을 두고 "도와줄 사람이 있을 수 없기 때문"이라고 했다. 여기서 역을 말하는 사람이란 마땅히 군자다. 『논어』「계씨」편에 나오는 다음 구절이 이에 도움을 준다. 공자가 말했다.

> 군자에게는 두려워해야 할 세 가지[三畏]가 있다. 천명을 두려워해야 하고, 대인을 두려워해야 하고, 성인의 말씀을 두려워해야 한다. 소인은 천명을 알지 못하기 때문에 천명을 두려워하지 않는다. 게다가 대인을 (알아보지 못하고) 함부로 대하며, 성인의 말씀을 우습게 여긴다.

이에 대한 정약용의 풀이다.

> 하늘이 내리는 재앙[天命]과 임금이 내리는 벌[大人]에서 그 구별되는 점은 은미하여 드러나지 않는 것과 환히 드러나는 것뿐이다. 그렇지 않다면 화(禍)와 재앙이 사람에게 와서 미치는 것은 거의 차이가 없기 때문에, 공자가 이를 같이 보고 다 함께 두려워할 만하다고 한 것이다. 천지신명의 마음과 인사성패(人事成敗)의 진리는 (소인은) 진실로 볼 수 없고, 오직 성인(聖人)만이 이를 볼 수 있다. 성인이란 보통 사람이 보지 못하는 것을 보기 때문에 성인의 말은 또한 두려워할 만한 것이다.

우리는 같은 사물을 봐도 보는 깊이가 다르다. 반고의 『한서』「병길전(丙吉傳)」편에서 뛰어난 승상 병길의 일화 하나를 보고 다음으로 넘어가자.

한 번은 승상 병길이 외출하다가 승상의 행차를 위해 깨끗하게 치운 길에서 떼를 지어 싸우는 사람들과 맞닥뜨렸다. 사상자들이 길에 마구잡이로 쓰러져 있었다. 그가 그곳을 그냥 지나칠 뿐 어찌 된 일이냐고 묻지도 않자 소속 관리는 의아하게 여겼다. 또 그가 앞서가다가 어떤 사람이 잃어버린 소를 쫓아가는 장면과 마주쳤는데, 그 소가 헐떡이며 혀를 내밀고 있었다. 그는 수레를 멈추게 하고 말을 탄 관리를 시켜 "소를 몰고 몇 리를 왔느냐"라고 묻게 했다. 소속 관리는 속으로 승상의 질문이 앞뒤가 잘못됐다고 생각했다. 심지어 그를 비꼬는 자도 있었다. 그러자 그는 이렇게 말했다.

"백성이 싸우다가 서로 살상한 것은 장안령과 경조윤이 금지하고 경비하며 체포하는 임무를 맡고 있으므로, 승상은 연말에 그들을 고과해 상벌을 시행하면 그만이다. 승상은 직접 자질구레한 일에 관여하지 않기 때문에 그런 일을 길에서 묻는 것은 옳지 않다. 봄에는 소양(少陽)이 용사(用事)할 때이므로 심하게 덥지 않다. 가까운 거리를 가는 소가 더워서 헐떡이는 것은 계절의 기운이 절도를 잃은 징표이므로 해(害)가 닥칠까 두렵다. 삼공(三公)은 음양의 조화를 담당하므로 직분상 마땅히 염려해야 할 일이다. 이 때문에 물은 것이다."

소속 관리는 그 말을 듣고 감복하며 그가 정치의 큰 요체[大體(대체)] 잘 안다고 인정했다.

들보 기둥이 휘어지게 된 또 하나의 이유는 스스로 옳다고만 해 남[陰(음)]의 말에 조금도 귀를 기울이지 않아서다. 『선조실록』 35년(1602) 윤2월 4일에 이번에도 이심이 이 부분을 이렇게 풀어낸다.

『정전(程傳-정이의 역전)』은 발명한 뜻이 자못 좋습니다. (순임금처럼) 빼어난 재능으로 농사를 짓고 질그릇을 구우며 고기를 잡던 때로부터 천자의 지위에 이르렀을 때까지 남에게서 선(善)을 취하지 않음이 없었으니, 반드시 남에게서 취하여 선을 했기 때문에 천하의 일을 이룰 수 있었던 것입니다. 만일 강(剛)에 지나치게 되면 자기 혼자의 지혜로 세상을 다스리는 경우가 됩니다. 그리고 오직 자신의 말대로 순종만 하고 감히 어기지 못하도록 하면 뛰어난 이들이 뒤도 돌아보지 않고 가버릴 것입니다. 따라서 반드시 강과 유(柔)를 적절히 조화시킨 뒤에야만 대과(大過)의 공을 일으키고 대과의 일을 수립할 수가 있는 것입니다. 중화(中和)의 뜻이 극진하니 강이 지나치면 중화를 얻을 수 없습니다.

대과괘의 밑에서 네 번째 양효에 대해 공자는 "들보 기둥이 높아지는 것이니 길하다[棟隆之吉]는 것은 아래로 휘어지지 않기 때문이다"라고 풀었다. 구사는 군주와 가까운 대신의 자리에 처해 대과(大過)의 임무를 맡은 자다. 구사의 처지를 보면 양효로 음위에 있어 자리가 바르지 못하고 초륙과 호응하고 있다. 그런데 지금은 대과(大過)의 시대다. 큰 것이 아주 지나친 대업을 이루려 할 때는 양강의 임금인 구오를 양강의 재상인 구사가 보필해야 한다. 이것이 바로 앞서 정이가 말한 "역(易)을 말하는 사람[言易者]은 형세의 가볍고 무거움, 흘러가는 때의 변역(變易)을 아는 것을 가장 중요하게 생각한다"의 깊은 의미다. 구사에 대한 정이의 풀이를 보자.

대과(大過)의 때는 양강이 아니면 구제할 수 없고 양효로 음위에 처한 것은 (자리는 바르지 못하나) 마땅함을 얻은 것이니, 만약에 또 초륙의 음과 서로 호응하게 되면 지나친 것이 된다. 이미 굳셈과 부드러움이 서로 마땅함을 얻었는데 뜻이 다시 음(陰-초륙)에 응하려 하면 이는 다른 마음이 있는 것이다. 다른 마음이 있으면 구오에 누가 되니, 비록 큰 해로움에 이르지는 않더라도 안타깝게 여길 만한 것이다.

그래서 공자도 들보 기둥이 높아진다는 것을 이와 관련해 풀었다. 즉 뜻이 아래로 향해서는 안 된다는 말이다. 이는 강명한 군주인 태종을 만나 나라의 기초를 다진 하륜에 해당하는 효라고 할 수 있다. 하륜도 만만치 않은 굳센 신하[剛臣]였기 때문이다. 그것이 가능했던 것은 그때가 바로 대과(大過)를 성취하려던 시대였기 때문일 것이다.

대과괘의 밑에서 다섯 번째 양효에 대해 공자는 "마른 버드나무가 꽃을 피운 것이 어찌 오래갈 수 있겠으며, 늙은 부인이 젊은 남자를 얻는 것 또한 추하게 여길 만하다"라고 풀었다. 늙은 부인은 상륙, 젊은 남자는 구오다. 구오이지만 상륙의 주체를 주어로 해서 풀어내고 있다. 이런 때는 잘해야 허물이 없는 정도일 뿐 아무런 명예도 이룰 수 없다. 구사가 대과의 때를 맞아 초륙에 의해서는 아무런 견제를 받지 않는 데 반해, 구오는 위에 있는 상륙의 견제를 받으니 그다지 좋을 것이 없다. 이는 정순(貞純)왕대비 김씨(金氏, 1745~1805)의 견제를 받아야 했던 정조를 떠올리게 한다.

영조의 계비 김씨는 아버지가 오흥부원군(鰲興府院君) 김한구(金漢耉)이고 어머니는 원주 원씨(原州元氏) 원명직(元命稷)의 딸 원풍부부인(元豊府夫人)이다. 김한구의 가문은 효종대 관찰사를 지낸 김홍욱(金弘郁)의 후손으로 충청도 서산에 세거했다. 정순왕후의 백부 김한록(金漢祿)은 한원진(韓元震)의 문인으로 호론(湖論)의 적전(嫡傳)이다. 정순왕후는 정성왕후(貞聖王后) 서씨(徐氏)의 사망 뒤 1735년(영조 35년)에 영조의 계비로 간택됐다. 간택 이유는 경주 김문이 학문적으로도 명망 있고 영조의 첫째 사위 월성위 김한신(金漢藎)을 배출한 위상을 가지고 있었기 때문이다. 산림 가문답게 관직에 진출하지 않고 있었던 정순왕후의 친족들은 국혼 후 김귀주(金龜柱)를 필두로 정계 진출이 활발했으며, 정치적으로는 노론 벽파(辟派)였다. 정순왕후의 오빠 김귀주는 남당(南黨)을 이뤄 사도세자(思悼世子)의 장인 홍봉한의 북당(北黨)과 대립할 정도로 세력을 확장했다. 1776년 정조가 즉위하자 왕대비(王大妃)가 됐다. 정조는 척신 정치의 청산을 기치로 해 영조 후반기 활발히 활동했던 척신들을 배척했고, 이때 김귀주 등 친족들이 정계에서 배제됐다. 1800년 순조가 즉위하자 대왕대비(大王大妃)가 돼 수렴청정했다. 1803년(순조 3년) 12월 수렴청정을 거두고 정치에서 물러났다. 1805년(순조 5년) 창덕궁 경복전(景福殿)에서 61세로 승하했다.

정조 즉위 후 왕대비가 됐으나 정조와 대립했다. 오빠 김귀주가 정계에서 배제된 후 유배 중 사망한 반면 정조가 강화도에 귀양 가 있던 이복동생 은언군(恩彦君)을 사적(私的)으로 만나고 편의를 봐주자, 신하들의 공론을 이끌어내며 정조와 맞섰다. 이 사건은 워낙 중요하니 『정조실록』 속으로 들어가 보자. 1789년은 정조가 재위 13년째로 권력이 정점에 달한 시기였다.

그해 9월 27일 정조는 소론의 이재협을 영의정으로, 남인의 채제공을 좌의정으로, 노론의 김종수를 우의정으로 제수하는 인사를 단행했다. 좌의정이란 삼정승 중에서 최고의 실권을 갖는 자리다. 그런데 좌의정에 오른 그날 채제공은 당장 어려운 숙제를 맞게 된다. 왕권 강화를 위한 다양한 수단을 구사하고 있던 정조가 당시 새로운 숙제를 던져놓았기 때문이다. 이 일을 어떻게 처리하느냐에 따라 채제공의 위상은 다시 달라질 수 있었다.

9월 27일 정조의 삼정승 교체가 갖는 의미를 알려면 전날 일어난 일을 먼저 보아야 한다. 9월 26일 왕대비(옛 정순왕후)는 삼정승에게 언문 전교를 내려 강화에 유배 중이던 은언군

이인이 한양에 들어와 자기 집에 버젓이 살고 있다며, 이인을 당장 강화로 돌려보내고 이인의 강화도 탈출을 묵인한 강화유수 윤승렬의 목을 베지 않는다면 매일 들이는 탕약을 받지 않겠다고 선언했다. 정조 10년 언서로 상계군 이담 문제를 제기해 은언군 이인을 강화로 유배 보낸 왕대비다. 다시 정조와 왕대비의 권력 투쟁이 시작된 것이다.

이런 전교가 있자 정조는 바로 다음날 가장 신뢰하던 채제공을 좌의정에, 김종수를 우의정에 배치한 것이다. 좌의정에서 영의정으로 올라간 이재협 또한 정조의 총애를 받았던 소론 준론의 시파(時派-친왕파)였다. 은언군이 강화에서 한양으로 올 수 있었던 것은 정조의 은밀한 명이 있었기 때문이다. 당시는 현륭원 이전을 앞두고 있었다. 은언군도 사도세자의 아들이다. 함께 제사를 올리지는 못해도 유배지에 그대로 둔다는 것은 정조로서는 아버지에 대한 도리가 아니라고 생각했을 것이다. 실은 그보다 더 큰 구상에 따른 결정이었다.

이후에도 종종 은언군은 한양에 들어왔고, 조정이 발칵 뒤집히면 다시 강화로 보내는 일이 반복됐다. 이와 관련해 정조는 정조 19년 6월 20일 김종수에게 이렇게 말한다.

"하고 또 해서 눈에 익고 귀에 익숙하게 되면 은언군이 왔다 갔다 하더라도 그다지 문제 삼지 않게끔 될 것이다."

또 4개월 후인 10월 17일에는 돈녕부 영사 김이소에게 이렇게 말한다.

"기필코 사람들이 보는 데 익숙하고 듣는 데 면역이 생기게 만들고야 말 것이다."

첫 번째 시도가 정조 13년 9월에 있었는데, 정순왕대비의 반발이 있었고 삼정승의 교체가 있었다. 채제공은 정조와 정순왕대비의 피 말리는 두 번째 파워 게임 한가운데 놓이게 됐다.

다시 9월 26일이다. 정순왕대비의 언문 하교가 내렸다는 소식을 접한 정조는 2품 이상 신하들을 불러 이렇게 말한다. 허겁지겁하던 3년 전의 정조와는 전혀 딴판이다. 노회함이 흠뻑 묻어난다.

"요즈음 나의 심정이 비로소 편안하고 어제는 잠도 편하게 잘 잤다. 이게 어찌 다만 질병이 몸에서 떠난 때문만이겠는가. 자교(慈敎-대비의 명)가 비록 엄중한 것이기는 하나 지금에 와서 감히 받들 수 없다는 점을 경들 또한 생각했을 것이다. 내가 이번 일을 하고 나서 나름대로 마음속에 잘 생각해둔 것이 있으니, 경들이 아무리 이래도 어찌 조금이라도 들어줄 리가 있겠는가."

아버지 사도세자의 죽음을 생각할수록 왕대비에 대한 분노를 참을 수 없는 정조였다. 이제 정치에 힘이 붙기 시작했고 자기 사람들도 적지 않게 생겼다. 왕대비쯤은 무시하고 갈 생각이었는지 모른다. 영의정을 지낸 중추부 영사 김치인이 당장 은언군을 강화로 돌려보내 화(禍)의 기미가 번져가지 않도록 미리 조처를 취할 것을 청했으나 일언지하에 거절당했다. 정조는 현릉원 천장이 공식적으로 마무리될 때까지는 은언군을 한양에 머물게 할 셈이었다. 이어 아직 우의정에 임명되지 않은 규장각 제학 김종수도 상소를 올려 강화유수 윤숭렬과 정조의 밀명을 전한 내수사 관리를 처벌할 것을 청했다. 정조는 강화유수가 무슨 죄가 있냐며 거부했다. 명은 자신이 내린 것이기 때문이다.

별다른 조치가 없자 왕대비는 다시 언문으로 엄한 분부를 내렸다.

"조정 신하들이 두 마음을 품고서 나라의 역적을 토죄하지 않아서야 되겠느냐!"

이때 정조는 창덕궁에 머물고 있었다. 왕대비의 재촉에 놀란 대신과 삼사의 신하들이 정조를 만나기 위해 찾아왔으나 정조는 궁문을 닫아버렸다. 반나절 동안 신하들은 궁문을 밀치고서라도 들어가려 했지만, 정조는 조금도 물러설 기미를 보이지 않았다. 이후 신하들이 선화문 앞에서 관을 벗고 대죄하자, 정조는 청대를 청한 신하 모두를 삭직하고 문외출송하라고 명했다.

왕대비도 만만치 않았다. 대신들에게 분부를 내려, 일단 임금에게는 알리지 않은 채 은언군을 강화로 돌려보낸 다음 임금께 대죄토록 하라고 했다. 영의정 김익 등은 왕대비의 분부에 따라 포도대장과 의금부 당상으로 하여금 은언군을 압송토록 명했다. 이 소식을 전해 들은 정조도 가만있지 않았다.

"어찌 이와 같은 변괴가 있단 말인가. 당장 중사(中使-환관)를 보내어 표신(標信)을 지니고 또 상방검(尙方劍-군무의 전권을 위임받았음을 상징하는 검)을 내리어 그로 하여금 가서 호위하게 하되 누구를 막론하고 만약 은언군에게 손을 대는 자가 있거든 마음대로 처리하도록 하라. 대신 역시 사람이거늘, 어찌 국법을 무서워하지 않는단 말인가."

그래도 불안했던지 정조는 직접 가마를 타고 은언군을 따라나서려 했다. 정조가 돈화문을 나섰다는 이야기를 들은 왕대비도 만만치 않았다. 중사를 보내 말로 전하기를 "수레를 움직여 어디로 가는가? 궐내 뜰 한가운데서 주상의 환궁을 기다리겠다"라고 통첩했다. 놀란 신하들은 정조의 앞길을 막고서 간절하게 빌었다. 정조도 누그러질 기색은 전혀 없었다.

"그로 하여금 성안에 머물러 있게 하는 일이 불가할 게 뭐 있길래 경들이 이러는가. 나로 하여금 천고에 윤리를 손상하는 일을 저지르도록 할 셈인가. 내 곧장 그가 간 데까지 따라가겠다. 비록 강화까지라도 그를 따라갈 것이다."

> 중추부 영사 정존겸은 상황이 어떻든 간에 일단 왕대비의 심정을 헤아려서라도 환궁해줄 것을 청했고, 정조는 "이런 판국에서는 왕대비의 하교라도 받아들일 수 없다"라고 반박했다. 밀고 당기면서 가마는 조금씩 나아갔다. 이때 우의정 채제공이 "대신들이 가마 앞에 엎드리면 전하께서도 가마를 타고 대신들을 짓밟지는 못할 것"이라고 말하자 정조는 "그러면 걸어서라도 가겠다"라며 가마에서 내리려 했다. 정조와 대신들의 실랑이가 한창이던 바로 그 순간 왕대비의 언문 교서가 전달됐다.
>
> "이 일은 국가와 종사를 위한 것인데도 주상께서 이러하시니, 나는 사제로 물러가 살겠다."
>
> 대궐을 나가겠다는 최후통첩이었다. 정조는 가마를 돌릴 것을 명했다. 적어도 이날만 놓고 보면 정조는 명분과 실리 양면에서 왕대비에게 참패했다.

그래서 효사에서는 '허물도 없고 명예도 없다'라고 했는데, 공자는 이를 보다 구체적으로 풀어 '추하게 여길 만하다'라고 했던 것이다. 둘 다 아무런 명예도 이룰 수 없었지만 추하게 여길 만한 것은 아무래도 정조 쪽이다.

대과괘의 맨 위에 있는 음효에 대해 공자는 "지나치게 건너는 것이 흉하다[過涉之凶]는 것은 탓할 데가 없다는 것이다"라고 풀었다. 이는 오히려 효사 중에서 '이마까지 빠져' 부분을 생략함으로써 풀이를 대신하고 있다. 정이는 상륙을 소인이라고 단정했다.

> 음유로 지나친 극[過極=六]에 처해 있으니, 이는 소인 중에서도 보통을 지나침이 지극한 자다. 소인의 대과(大過)란 크게 남보다 뛰어난 일을 할 수 있는 것이 아니요, 다만 상도(常道)를 지나치고 이치를 뛰어넘어 위태로움과 망함을 근심하지 않고 위험함을 밟고 환란과 우환을 밟을 뿐이다. 이는 마치 물을 지나치게 건너다가 그 이마까지 빠지는 것과 같으니 그 흉함을 알 수 없다.

'이마까지 빠져'는 그냥 물이 이마에까지 찼다는 의미이기 때문에 공자는 빼버린 것이다. 공자가 '탓할 데가 없다'라고 한 것은 다름 아닌 그 자신이 자초한 일이니 누구를 원망하고 탓하겠냐는 말이다. 이와 관련된 『논어』의 유명한 구절이 있다. 자연스럽게 대과괘 상륙의 사례가 된다. 「팔일」편이다.

(노나라 임금) 애공(哀公)이 (공자의 제자) 재아(宰我)에게 사직에 관해 묻자 재아는 이렇게 대답했다.

"하후씨(夏后氏=우왕)는 소나무로 사직의 신주(神主)를 만들어 썼고, 은나라 사람들은 잣나무를 썼고, 주나라 사람들은 밤나무[栗]를 썼습니다. 밤나무를 써서 백성으로 하여금 전율(戰慄)을 느끼게 하려 함이었습니다."

공자가 이 말을 전해 듣고는 다른 제자들에게 이렇게 한탄했다.

"이미 다 끝난 일이라 아무 말 않겠으며[不說], 제 마음대로 이룬 일이라 이래라저래라 간(諫)하지 않겠으며[不諫], 다 지나간 일이라 허물을 탓하지 않겠다[不咎]."

이에 대해서는 윤돈(尹焞)의 해설이 명확하다.

옛날에는 각각 토질에 적당한 나무로써 그 사(社)의 신주(神主)를 만들었을 뿐, 나무 자체에서 뜻을 취한 것이 아니었다. 재아(宰我)가 이를 알지 못하고 함부로 대답하자 공자께서 꾸짖으신 것이다.

정확히 이 문맥이다. 재아는 공자가 거의 포기하다시피 한 제자다.

## 29. 중수감(重水坎)[381]

습감(習坎=重坎-잇단 위험)은 미더움이 있어 오직 마음이 형통하니, 나아가면 기특함[尙]이 있다.

習坎有孚 維心亨 行 有尙.[382]

초륙(初六)은 잇단 위험에 깊은 구덩이[坎窞]로 들어가는 것이니 흉하다[習坎 入于坎窞 凶].

구이(九二)는 구덩이의 위험이 있으나 구하면 조금 얻는다[坎有險 求小得].

---

381 문자로는 감상감하(坎上坎下)라고 한다.

382 형(亨)만이 나온다.

육삼(六三)은 오가면서 빠지고 또 빠지며 위험한데 또 의지하다가 깊은 구덩이로 들어가니 쓰지 말라[來之坎坎 險且枕 入于坎窞 勿用].

육사(六四)는 한 동이 술과 두 그릇의 밥을 질그릇에 담고 마음을 결속시키기를 창문을 통해서 하면 끝내는 허물이 없다[樽酒 簋貳 用缶 納約自牖 終无咎].

구오(九五)는 구덩이가 가득 차지 않았으니 이미 평평함에 이르면 허물이 없다[坎不盈 祗既平 无咎].

상륙(上六)은 동아줄[徽纆]로 결박해 가시나무 숲속에 가둔 채 3년이 돼도 벗어나지 못하니 흉하다[係用徽纆 寘于叢棘 三歲不得 凶].

◉

감괘(坎卦)의 초륙(初六)은 양위에 음효로 바르지 못함[不正位], 구이(九二)는 음위에 양효로 바르지 못함, 삼(六三)은 양위에 음효로 바르지 못함, 육사(六四)는 음위에 음효로 바름[正位], 구오(九五)는 양위에 양효로 바름, 상륙(上六)은 음위에 음효로 바름이다. 그래서 같은 감괘가 겹쳐 있어도 하괘는 모두 바르지 못하고 상괘는 모두 바르다. 이 괘의 경우 앞의 대과괘와 마찬가지로 구이는 중정을 얻지 못했고 구오는 중정을 얻었다. 그리고 감괘라는 이름 자체가 보여주듯 좋은 쪽보다는 안 좋은 상황이라고 해야 할 것이다. 이럴 경우에는 효의 해석에 더욱 주의를 기울여야 한다.

대성괘 감괘(䷜)는 소성괘 감괘(☵)가 위아래로 겹쳐져서 만들어진 괘다. 「설괘전」에 따르면 '비[雨=水=坎]로 윤택하게 한다'고 했다.

그러면 「서괘전」을 통해 왜 감괘가 대과괘의 뒤를 이어받았는지 확인해보자.

> 일이란 끝내는 지나칠[過] 수 없다. 그래서 대과괘의 뒤를 감괘(坎卦)로 받았다. 감(坎)이란 (함정 등에) 빠진다[陷]는 말이다.
>
> 物不可以終過. 故受之以坎. 坎者 陷也.

정이의 말대로 무슨 일이든 크게 지나치게 하면 좋을 게 없다. 오히려 일반적으로는 크게 지나치면 어려움에 봉착할 가능성이 높다. 그래서 대과괘 다음에 감괘가 오게 되는 것이다. 감괘는 흔히 습감(習坎)이라고 부르는데, 이때의 습(習)은 거듭되다[重]라는 뜻이다. 어려움이나 험난함이 그만큼 크다는 뜻이다. 그 거듭의 뜻은 괘상(卦象)에 그대로 나타난다. 그래서 이름도 감위수괘(坎爲水卦, ䷜)라고 하는데, 아래위 모두 물을 뜻하는 감괘(☵)다. 물의 본체[體]는 곧 빠진다[陷]이다. 반면 불의 본체는 없앰이나 비움[虛]이다.

그러면 괘의 모양[卦象]에서 '위험'의 의미는 어떻게 뽑아낸 것일까? 정이의 풀이다.

> 괘 가운데 하나의 양효가 있고 위아래에 두 음효가 있으니 양은 꽉 찼고 음은 텅 비어 위아래로 의지할 곳이 없어, 하나의 양효가 두 음효 가운데 빠졌으므로[坎] 위험에 빠졌다는 의미가 된다. 양효가 두 음효 사이에 위치하면 빠지는 것이 되고, 음효가 두 양효 사이에 있으면 걸려 있는[麗=離] 것이 된다.

참고로 양효가 가장 위에 있으면 멈추는 모습[☶, 간괘]이고 가운데 있으면 빠지는 모습이며 맨 아래에 있으면 움직이는 모습[☳, 진괘]이고, 음효가 가장 위에 있으면 기뻐하는 모습[☱, 태괘]이고 가운데 있으면 걸려 있는 모습이고 맨 아래에 있으면 공손한 모습[☴, 손괘]이다.

문왕의 단사(彖辭), 즉 "습감(習坎=重坎-잇단 위험)은 미더움이 있어 오직 마음이 형통하니 나아가면 기특함[尙]이 있다[習坎有孚 維心亨 行 有尙]"에 대한 공자의 풀이[「彖傳」]를 살펴볼 차례다.

습감(習坎)이란 거듭되는 위험[重險]이다. 물이 (아래로) 흘러가되 가득 차지 않았으며[水流而不盈], 위험한 일을 하되(혹은 위험 속을 가되)[行險] 그 신의를 잃지 않는다. "오직 마음이 형통하니"라는 것은 곧 굳세면서도 가운데 있기[剛中] 때문이다. "나아가면 기특함[尙]이 있다"라는 것은 가서 일을 행하면[往=行] 좋은 성과가 있다[有功]는 말이다.
하늘의 험난함[天險]은 오를 수가 없고 땅의 험난함[地險]은 산과 강과 구릉이다. 왕공(王公)은 위험물을 설치해 나라를 지키니, 험난함을 쓰는 때와 쓰임[時用]이 크도다!
習坎 重險.

水流而不盈 行險而不失其信.
수류 이 불영 행험 이 부실 기신

維心亨 乃以剛中也.
유 심 형 내 이 강중 야

行有尙 往有功也.
행 유상 왕 유공 야

天險不可升也 地險山川丘陵也.
천험 불가 승 야 지험 산천 구릉 야

王公設險 以守其國 險之時用 大矣哉!
왕공 설험 이수 기국 험 지 시용 대의재

◉

습(習)의 의미는 감괘가 두 번 겹쳐 있는 데서 뽑아낸 것이다. "물이 (아래로) 흘러가되 가득 차지 않았으며[水流而不盈(수류 이 불영)]"라는 말은 양(陽)이 구덩이 속에 있는데 물이 흘러들어와 가득 차게 되면 양은 떠서 밖으로 나올 수가 있다는 말이다. 즉 아직 가득 차지 않았으니 구덩이에서 나오지 못하고 있다. 위험한 일을 한다[行險(행험)]는 것은 위험 속을 간다는 말인데, 이는 양이 두 음 사이에 끼어 있음을 말한다. 그럼에도 자신의 신념을 굳게 지키고 있다. "굳세면서도 가운데 있기[剛中(강중)] 때문"이라고 한 것은 음 속[中(중)]에 있지만 굳센 도리로 중도를 지키고 있다는 말이다. 위와 같은 말이다. 그렇기 때문에 언젠가는 기회를 얻어 나아가게 될 경우 공로를 이룰 수 있다고 한 것이다.

하늘의 험난함이란 다른 것이 아니라 너무 높아서 오를 수 없다는 것 자체다. 그만큼 하늘의 도리는 높아서 쉽게 알기도 어렵고 그것을 체득해 실행하기도 쉽지 않다는 말이다. 땅의 험난함이란 곧 지형에서 온다. 그러니 임금 된 자[王公(왕공)]는 천문(天文)을 본받아 끊임없이 자신의 다움을 높이고 지리(地理)를 알아 백성을 이롭게 해야 한다. 그것이 곧 인사(人事)다. 위험이란 말의 뜻을 바꿔 그 위험물로 나라를 지킬 수도 있으니, 임금 된 자는 사람의 일[人事(인사)]을 함에 있어 때와 쓰임에 적중해야 한다. 이를 위해서는 자신의 신념을 잃어서는 안 된다. 그런 점에서 『맹자』 「공손추장구」편에 나오는 맹자의 말은 깊이 음미해볼 필요가 있다.

> 하늘의 때는 지리적 이점만 못하고 지리적 이점은 사람들의 화합됨만 못하다[天時不如地利 地利不如人和(천시 불여 지리 지리 불여 인화)].
> 만일 (사방) 3리인 내성과 (사방) 7리인 외성이 있다고 할 때 (적군이) 그것을 포위하여 공격

하여도 이길 수 없는 경우가 있다. 무릇 포위하여 공격하고 있다는 것은 (그만큼 유리하여) 분명 하늘의 때를 얻어 그렇게 된 것이라고 할 수 있다. 그런데도 이길 수 없는 경우가 있다는 것은 (결국은) 하늘의 때가 지리적 이점보다 못하기 때문에 그런 것이다.

성곽이 높지 않은 것이 아니고 해자가 깊지 않은 것이 아니며 무기와 갑옷이 단단하고 예리하지 않은 것이 아니고 쌀과 곡식이 많지 않은 것이 아니다. (그런데도 적이 쳐들어오면) 성을 버리고 도망을 가니, 이것이야말로 지리적 이점이 사람들의 화합됨보다 못하기 때문에 그런 것이다.

그래서 (옛사람이) 이르기를 "백성이 사는 영역의 경계를 짓기 위해 (반드시) 국경선을 설치해야 하는 것은 아니며, 나라를 튼튼히 방어하기 위해 (반드시) 산천의 험준함에 의탁해야 하는 것도 아니며, 천하에 위엄을 떨치기 위해 (반드시) 빼어난 무기를 써야 하는 것은 아니다"라고 했던 것이다. (백성을 다스리는) 도리를 얻은 자는 많은 이가 와서 도울 것이고, 도리를 잃은 자를 돕는 이는 적을 것이다. (도리를 잃은 자의 경우) 돕는 이가 점점 더 줄어들어 극에 달할 경우 가장 가까운 친척들까지도 그를 배반할 것인 반면, (도리를 얻은 자의 경우) 돕는 이가 점점 더 늘어나 극에 달할 경우 천하의 백성이 그를 따를 것이다.

천하가 따를 수밖에 없는 도리로써 친척까지도 배반할 수밖에 없는 이치를 공격한다(고 가정해보라). 그러니 이런 덕을 갖춘 군주가 전쟁을 하지 않는다면 몰라도, (일단) 싸우면 반드시 승리하게 되는 것이다.

하늘의 때[天時(천시)]는 하늘의 뜻[天命(천명)]과는 전혀 다른 의미다. 말 그대로 하늘의 때, 즉 전쟁을 앞두고서 계절과 날씨, 낮과 밤 등을 활용하는 것을 말한다. 지금도 어느 정도 영향을 주겠지만 고대의 전쟁에서는 하늘의 때를 읽는 것이 전쟁의 승패에 결정적인 영향을 끼쳤다. 천문(天文)이 아니라 천시(天時), 지리(地理)가 아니라 지리(地利)이며, 인사(人事)는 인화(人和)라고 말한 점에 주목할 필요가 있다. 정약용은 『예기』를 인용해 하늘의 때를 이렇게 풀이한다.

초봄에는 전쟁을 일으켜서는 안 되고 늦여름에는 군사를 일으키지 아니하며 초가을에는 병사를 뽑고 병기를 갈아 불의한 자를 친다고 했으니, 이것이 하늘의 때에 관한 풀이다.

그러나 맹자는 이런 하늘의 때[天時]보다 전쟁의 승패에 더 큰 영향을 주는 것이 지리적 이점[地利]이라고 말한다. 이 말은 말 그대로 지형지물을 활용하는 능력이다. 그러나 이런 하늘의 때나 지리적 이점보다 더 중요한 것이 사람들의 화합됨[人和]이라고 말한다.

공자의 「상전」을 살펴볼 차례다. 그중에 감괘를 총평한 「대상전」이다.

물이 거듭해서 이르는 것[水洊至]이 습감(習坎)(이 드러난 모습)이니, 군자는 그것을 갖고서 다움과 행실[德行]을 늘 한결같이 하며[常=一] 가르치는 일[敎事]을 거듭해서 익힌다[水洊至 習坎 君子以 常德行 習敎事].

◉

물이 거듭해서 이른다는 것은 쉼 없이[不息] 흘러간다는 말이다. 이를 볼 때는 먼저 늘 한결같음[常]을 떠올려야 하니, 군자가 늘 한결같이 해야 할 것은 결국은 다움과 행실[德行]이다. 이미 다움과 행실을 닦았다면 이제 중요한 것은 늘 꾸준히 그것을 유지하는 것이다. 이어 정령을 시행하고 법률을 집행하려면 백성을 부지런히 가르쳐야 한다. 이와 관련된 『논어』 「자로」편의 여러 사례다.

공자가 위(衛)나라에 갈 때 염유(冉有)가 수레를 몰았다. 공자가 "인민이 많구나!"라고 하자 염유는 "이미 인민이 많으면 또 무엇을 더해야 합니까?"라고 물었다. 공자는 "그들을 넉넉하게 해주어야 한다"고 답했다. 또 염유가 "이미 넉넉해지면 또 무엇을 더해야 합니까?"라고 묻자 공자는 "(도리를) 가르쳐야 한다"고 답했다.

공자가 말했다.
"(옛말에) '선인이 100년 동안 나라를 다스려야 겨우 잔학한 자를 교화시키고 사람을 살해하는 습속을 없앨 수 있을 것이다'라고 하더니 진실이로다, 이 말은!"

공자가 말했다.

"뛰어난 이가 백성 가르치기를 7년 하면 또한 백성으로 하여금 전쟁터에 나가 싸우게 할 수 있을 것이다."

공자가 말했다.
"가르치지 않은 백성으로 하여금 전쟁터에 나아가게 하면 이를 일러 백성을 버리는 것이라고 한다."

『선조실록』 35년(1602)에 선조와 여러 신하가 바로 이 공자의 「단전」을 읽고서 지적 향연을 벌인다.

상이 별전(別殿)에 나아가 경연을 열고 『주역』을 강론했는데, 영사 유영경(柳永慶), 지사 심희수(沈喜壽), 특진관 신잡(申磼)·신식(申湜), 대사헌 정인홍(鄭仁弘), 참찬관 이효원(李效元), 사간 조정립(趙正立), 시독관 박진원(朴震元), 검토관 구의강(具義剛)이 입시했다. 상이 일러 말했다.
"습감(習坎)의 대체적인 뜻을 해석하면 무엇인가?"
박진원(朴震元, 1561~1626)[383]이 아뢰었다.
"이것은 대체로 중복됐다는 뜻입니다."
상이 일러 말했다.
"대개 이 괘를 일반적인 말로 이른다면 빠진 속에서도 행해야 된다는 말인가?"
유영경이 아뢰었다.
"만일 행하지 않는다면 어떻게 빠진 속에서 나올 수가 있겠습니까."
박진원이 아뢰었다.
"험난함 속에서 나와 행한다는 뜻인데 한결같이 참되게 행하면 성공할 수 있다는 말입니다."

---

383 1591년 문과에 급제했다. 1593년 예문관검열(藝文館檢閱)이 된 뒤, 1597년 병조좌랑·방어사종사관(防禦使從事官)을 거쳐 사간원정언(司諫院正言)·예조좌랑·사간원헌납(司諫院獻納)·사헌부지평(司憲府持平)·성균관전적(成均館典籍)·직강(直講)·강계판관 등을 역임했다. 1604년 사간이 되고 다시 홍문관교리, 직강 및 홍문관의 부교리·부응교(副應敎), 동부승지·병조참지·부호군(副護軍)을 지냈으며, 1608년 이후 대사간·대사헌·승지 등을 역임하고 예조참판을 거쳐 형조판서에 이르렀다.

상이 일러 말했다.

"양효(陽爻)로서 속에 있으니 만일 한결같이 참되게 행하지 않으면 제대로 성공할 수 없다는 말이겠다."

박진원이 아뢰어 말했다.

"물이 흘러 차지 않는다는 뜻인데, 감괘(坎卦)는 양(陽)으로 움직이는 것이기 때문에 흘러서 차지 않아 험난함 속에서 벗어날 수 있는 것입니다."

상이 일러 말했다.

"담(窞) 자는 무슨 뜻인가?"

유영경이 아뢰어 말했다.

"대체로 구덩이 속에 다시 구멍이 있다는 뜻입니다."

상이 일러 말했다.

"천험(天險)은 오를 수 없다는 것은 무슨 뜻으로 보아야 하는가?"

박진원이 아뢰어 말했다.

"오를 수 없다는 것을 위주로 한 말입니다."

정인홍이 아뢰었다.

"험난함 속에서 나오는 것을 위주로 삼습니다."

상이 일러 말했다.

"본괘(本卦)에서 '험난함 속에서 나온다고 하면서 또 험난함을 설치한다'라고 한 것은 본괘 이외의 뜻인 것 같다."

박진원이 아뢰었다.

"극도로 찬미한 것입니다."

상이 일러 말했다.

"본괘의 뜻은 반드시 험난함을 탈출한다는 것이겠다."

심희수가 아뢰어 말했다.

"그렇습니다."

박진원이 아뢰었다.

"험난함을 설치하여 방지하기 때문에 험난함 속에서 나온다고 한 것입니다."

상이 일러 말했다.

"'덕행(德行)을 한결같이 하며 교사(敎事)를 익힌다'라고 한 것은 무슨 뜻인가?"

심희수가 아뢰었다.

"(한편으로는) 자신을 닦고 (한편으로는) 남을 다스린다는 뜻입니다."

정인홍은 아뢰어 말했다.

"이 괘야말로 오늘의 일을 말하는 것이 아니겠습니까. 남쪽과 북쪽의 걱정거리가 모두 중첩되고 있으니 험난함을 설치하는 뜻도 이와 같아야 하겠습니다."

박진원이 아뢰었다.

"덕행을 한결같이 하고 교사(敎事)를 익히는 것보다 더 절근(切近)한 것은 없습니다. 믿음이 있어 마음이 통한 다음에야 일을 성취할 수 있는 것입니다."

감괘의 여섯 효[六爻]에 대한 주공의 말을 풀이한 공자의 「소상전」이다.

(초륙(初六)은) 잇단 위험으로부터 더 깊은 구덩이[坎窞]로 들어간다는 것은 길을 잃음[失道]이니 흉한 것이다[習坎入坎 失道凶也].

(구이(九二)는) 구하면 조금 얻는다[求小得]는 것은 아직 (구덩이) 속에서 나오지 못한 것이다[求小得 未出中也].

(육삼(六三)은) 오가면서 빠지고 또 빠진다는 것은 끝내는 공이 없는 것이다[來之坎坎 終无功也].

(육사(六四)는) 한 동이 술과 두 그릇의 밥이란 굳셈과 부드러움[剛柔]이 교류하는 것이다[樽酒簋貳 剛柔際也].

(구오(九五)는) 구덩이가 가득 차지 않은 것은 중(中)이 아직 크지 못하기 때문이다[坎不盈 中未大也].

상륙(上六)은 도리를 잃어 흉함이 3년이나 간다[上六失道凶三歲也].

◉

감괘의 맨 아래 첫 음효에 대해 공자는 "잇단 위험으로부터 더 깊은 구덩이[坎窞]로 들어간다는 것은 길을 잃음[失道]이니 흉한 것이다"라고 풀었다. 이는 주공의 효사에 '길을 잃음[失道]'만 덧붙였으나 풀어내는 힘이 크다. 중복된 감괘를 통해 이미 위험에 있다가 더 들어가게 되는데 그 까닭은 바로 길을 잃었기 때문이라고 본 것이다.

초륙의 처지를 보면 음효로 양위에 있어 자리는 바르지 않고 육사와도 같은 음효라 호응하지 않는다. 유약한 데다가 가장 낮은 자리에 있어 나올 수도 없고, 발버둥 칠수록 더 깊은 곳으로 빠져들 뿐이다. 담(窞)이란 구덩이 속에 다시 움푹 파인 곳이니 그 흉함을 짐작할 수 있다. 흔히 말하는 늪에 빠진 형국이다.

이런 상황이 되면 믿을 수 있는 것은 오직 하나, 자기 자신뿐이며, 반드시 벗어날 수 있다는 신념을 결코 버리지 않는 것이 중요하다. 사람의 일이란 결국은 궁즉통(窮則通)이기 때문이다.

공자의 한 마디, 즉 '길을 잃었기 때문'에 점점 수렁으로 빠져드는 것이니 벗어나는 첫걸음은 바른길을 찾는 데 있다. 이때의 길이란 도리의 길이 아니라 말 그대로 통행하는 길이다. 『맹자』「고자장구」편에 있는 말은 이런 극한의 곤경에 처한 사람들에게 위로가 될 수 있다.

> 순(舜)임금은 (산골의) 밭이랑 한가운데서 (농사를 짓다가 30세에) 일어났고, (은나라 고종 때의 재상) 부열(傅說)은 (부암(傅巖)이라는 곳에서) 담이나 제방 쌓던 일을 하다가 (은나라 무정(武丁)에 의해) 발탁됐고, 교격(膠鬲)은 생선과 소금 장사를 하고 있다가 (주나라 문왕(文王)에 의해) 발탁됐고, 관중은 감옥에 갇혀 있다가 (제나라 환공(桓公)에 의해) 발탁됐고, 손숙오(孫叔敖)는 바닷가에 숨어 살다가 (초나라 장왕(莊王)에 의해) 발탁됐고, 백리해(百里奚)는 도시의 시장에서 (진나라 목공(穆公)에 의해) 발탁됐다. 따라서 하늘이 장차 이 사람들에게 큰일을 내리려 했을 때는 반드시 먼저 그 사람들의 마음을 힘들게 했고 그들의 육체를 고달프게 했으며 그의 배를 굶주리게 했고 그 몸을 곤궁하게 만들었으며 하는 일마다 어긋나고 뒤엉키게 했다. (하늘이) 그렇게 한 이유[所以]는 마음을 분발케 하고 타고난 본성이나 성질을 강인하게 만들어 그들의 부족한 능력을 키워주기 위함이었다.
>
> 사람은 늘 잘못을 범하지만, 그 후에는 능히 고칠 수 있고, 마음이 고초에 시달리고 심한 번민을 겪은 이후에는 (심기일전하여) 더욱 분발하며, 그런 번민이 얼굴에 나타나고 목소리에서 드러난 이후에야 남들에게도 전해지게 된다. (개인뿐 아니라 나라의 경우에도 마찬가지여서) 대내적으로 법도를 세워주는 집안과 탁월한 보필을 하는 신하가 없고 대외적으로 적국

(敵國)이나 외환(外患)이 없으면 그런 나라는 늘 망한다. (따라서 개인이든 나라든 시련을 겪은) 이후에야 우환(憂患)에서는 살 수가 있고 안락(安樂)에 머물다가는 결국 죽는다는 것을 알게 된다.

감괘의 밑에서 두 번째 양효에 대해 공자는 "구하면 조금 얻는다[求小得]는 것은 아직 (구덩이) 속에서 나오지 못한 것이다"라고 풀었다. 감괘의 구이는 두 음효 사이에 빠져 있으니 매우 위험하다. 그러나 굳센 자질로 가운데 있어 비록 자리는 바르지 못하지만[不正位] 스스로 문제를 해결할 능력이 있으니, 초륙처럼 길을 잃고서 더 험한 수렁으로 빠져들지는 않고 조금씩 벗어날 기미가 있다. 구이가 많이 얻지 못하고 조금밖에 얻지 못하는 이유에 대해 호원(胡瑗)은 "때와 지위를 아직 얻지 못해서"라고 했다. 그렇기 때문에 공자의 말대로 '아직 (구덩이) 속에서 나오지 못한 것'이다. 구오와 같은 양효라 호응 관계가 아닌 것도 작용했을 것이다.

감괘의 밑에서 세 번째 음효에 대해 공자는 "오가면서 빠지고 또 빠진다는 것은 끝내는 공이 없는 것이다"라고 풀었다. 주공의 효사부터 보자. "오가면서 빠지고 또 빠지며 위험한데 또 의지하다가 깊은 구덩이로 들어가니 쓰지 말라[來之坎坎 險且枕 入于坎窞 勿用]." 육삼은 자리도 바르지 않고 중도를 지나쳤으며 자질 또한 음유(陰柔)이니, 한마디로 처신하는 바가 좋지 않다. 초륙과 여러모로 닮았다. 그래서 어느 쪽으로 가더라도 위험하게 처신하니 '오가면서 빠지고 또 빠지며 위험한데'라고 한 것이고, 그 와중에 스스로 문제를 해결해보려 하지 않고 남에게 기대려 하니 '또 의지하다가 깊은 구덩이로 들어가니'라고 한 것이다. 따라서 이런 도리는 써서는 안 되고, 당연히 이에 해당하는 인물도 써서는 안 된다. 물용(勿用)은 그 점을 강조한 것이다. 여기에 해당하는 인물은 아무래도 위험한 구덩이에 빠진 것과 같은 시대에 많이 출현하게 마련이다. 정조 때의 정동준(鄭東浚, 1753~1795)이란 인물이 정확히 여기에 해당한다.

1794년(정조 18년) 들어 정조는 홍국영에 이은 또 한 명의 귀근(貴近)을 중용하게 된다. 자신이 키우다시피 한 규장각신 출신 정동준이 그다. 정조 18년은 한양 정도 400주년을 맞아 10년 계획으로 화성 신도시 건설에 착수한 해다. 신도시 건설에 대한 노론 벽파의 반대는 만만치 않았다. 정조의 측근 중에서도 신도시 건설을 냉소적으로 보는 시각이 적지 않았다. 이런 상황에서 정조는 정동준이라는 인물에게 홍국영에 버금가는 신임과 실권을 주어 사림 청론과 노론 벽파의 반발을 정면돌파하기로 한다.

정조는 1780년(정조 4년) 정동준을 선발해 규장각 대교(정8품)로 임명했다. 이듬해 2월 정동준은 이시수·서용보 등과 함께 규장각 초계문신으로 선발됐다. 이때 정동준은 정조의 마음을 사로잡았다. 정조 6년 2월 정조가 정동준을 이조좌랑으로 특진시키자 정동준은 끝까지 사직의 뜻을 밝혔고, 이에 정조는 정동준을 과천현감으로 보임했다. 1년 후 의정부 사인(舍人-오늘날의 국무총리 비서실장)에 임명된 정동준은 한 달 후 규장각 직각으로 자리를 옮긴다. 다시 규장각신이 된 것이다. 직각은 대략 5품직에 해당한다. 정조 9년과 10년에도 이조참의에 제수됐으나 이때도 정동준은 사양했다가 수원부사로 보임된다. 정조 11년 6월 문제의 이조참의는 이시수가 차지하고 정동준은 이때 대사간으로 임명된다. 1년 후 전라도관찰사로 보임됐으나 사직을 청해 받아들여졌고, 정조 13년 1월 12일에 다시 경상도관찰사로 보임됐으나 역시 나갈 수 없다고 하자 정조는 "정동준을 삭탈관작하고 영원히 의망(후보군)에서 빼버리라"라고 명했다. 그러나 그것은 말뿐이었고, 이듬해 정동준은 승지가 돼 정조를 측근에서 보좌했다. 정조는 정동준의 문장을 좋아했다. 2년 후 정동준은 규장각으로 복귀해 있었다.

정동준이 정조의 복심으로 활동하게 되는 정조 17년(1793)과 18년(1794)의 기록은 실록에 하나도 없다. 정확히 그가 무슨 활동을 어떻게 하다가 정조와 대립하고 있던 노론 벽파와 갈등을 빚었는지에 관한 정보가 고스란히 빠져 있는 셈이다. 정동준은 소론계 인사다.

다행히 정약용의 『목민심서』 중에 정약용이 미리 쓴 자신의 묘지명에 정동준 관련 내용이 나온다. 이때는 정약용이 홍문관 관리로 있을 때였다. 먼저 정약용이 본 정동준의 당시 행태다.

> 이 무렵 정동준이 병이 났다는 핑계로 집에서 지내며 음흉하게 조정의 권한을 잡아보려고 사방의 뇌물을 긁어모으고 고관대작들이 밤마다 백화당에 모여 잔치를 베풀고 있자 안팎으로 눈을 찌푸리게 됐다. 내가 늘 정동준을 공격하고 싶어 상소문을 써놓기를 "규장각을 설치한 것은 임금께서 옛날의 아름다움을 이어받고 문치(文治)를 펴나가게 하자는 것이며 또 원대한 경륜을 계획하려 함입니다. 무릇 신하로 있는 사람으로서 누가 그 일을 흠앙치 않으리요. 그러나 그 인원을 선발하는 과정에서 더러는 적합지 못한 사람이 뽑혀서 임금의

총애를 분수 외로 받게 되자 교만심과 사치하는 마음이 움터 비방의 소리가 일어나게 됐으니, 각신(閣臣)인 정동준 같은 사람은 병을 핑계 삼아 집에 머무르면서 아침저녁으로 공부하고 몸 닦는 일도 하지 않으니 그 일을 괴이하게 여겨 의심하지 않는 사람이 없습니다. 더구나 그의 저택은 규제를 벗어나 지나가는 사람마다 손가락질하고 있으니, 이것이야말로 각신으로 있는 다른 사람들에게까지 좋은 소식이 될 게 없으리라 싶어 걱정입니다. 엎드려 바라옵건대, 임금께서 조금씩 억제해주시고 분수를 지킬 수 있게 해주신다면 조정이나 조정 밖의 의심을 푸는 것만이 아니라 자기 자신에게도 행복일 것입니다"라고 적어놓았는데, 갑인년(33세, 1794) 겨울에 두 번째로 옥당(홍문관)에 들어갔고 곧 자리가 바뀌는 바람에 상소를 올리지 못하고 말았었다. 그러다가 을묘년(1795) 초에 정동준이 일이 발각돼 자살해버려 마침내 그만두었다.

정조 17~18년 2년 동안 정동준은 과연 무엇을 어떻게 했던 것일까? 정약용의 글이나 다음에 보게 될 권유의 상소 등을 통해 추론해볼 수 있을 뿐이다. 그것은 한마디로 측근으로서의 횡포와 권력 남용이었다.

정동준이 자결 내지 음독자살하기 직전인 정조 19년 1월 11일, 말단 관리인 첨지 권유(權裕)가 장문의 상소를 올렸다. 이 상소의 충격파는 컸다. 이 상소가 올라온 직후 정동준은 자살을 택하게 되기 때문이다. 권유는 주로 궁궐 내의 일을 맡아보며 30여 년을 보낸 인물이다. 궐내 사정에 누구보다 밝았다.

오로지 온갖 수단을 총동원하여 권세와 이익을 키워나갈 생각만 하면서 한 숟가락의 밥에도 굶주림과 배부름이 관계되는 양 행동하고 한마디 말에도 기뻐하고 슬퍼하는 안색이 금세 나타나곤 하는데, 더 좋은 위치로 올라가는 일에만 관심을 두고 더 많이 차지하면서 뺏기지 않으려고 눈이 뒤집힌 채 뱃속에서 욕심만 부풀어 오르고 가슴속에는 의심만 끊임없이 일으키고 있습니다. … 말끝마다 거만스레 천위(天威)를 희롱하고 사사건건 조정의 명령을 가차(假借)하면서 은혜가 융숭해질수록 보답할 방도는 생각하지도 않고 위치가 근밀(近密)해질수록 감히 배타적으로 도모할 생각만 품고 있습니다. 천고(千古)에 볼 수 없는 은총을 받고 천고에 듣지 못하던 지위를 차지하고서도 천고에 듣지 못하고 볼 수 없었던 흉칙하고 극악한 정절(情節)을 보이고 있는데, 전하께서는 이런 사실을 모르시는 것입니까, 아니면 아시면서도 금하지 않고 계시는 것입니까. 아시지 못한다면 이는 명철하신 면에 손상되는 점이 있는 것이고 알고도 금하지 않고 계시는 것이라면 통쾌하게 결단을 내리는 면에 결핍된 점이 있다고 할 것인데, 신이 이에 대해 피눈물을 씻으면서 진달드려볼까 합니다. … 전하께서 매번 마음먹은 대로 정치가 안 된다고 조정에서 탄식하곤 하십니다만, 이자들의 죄를 바로잡지 않는 한 오늘날의 조정을 어떻게 할 수가 없을 것이며 이자들의 무함을 변별해주지 않는 한 오늘날의 습속을 어떻게 할 수가 없을 것입니다. 이자들을 그냥 놔두고서 차마 법대로 적용하지 못한다면 전하께서 비록 한(漢)나라나 당(唐)나라 때의 중간 수준쯤 되는 임금이 돼보려 해도 그렇게 되지 않을 것입니다.

충정 가득한 상소였다. 정조도 자신을 비판하는 대목이 많았음에도 불구하고 이례적으로 "그대로 하여금 이런 말을 하게 하다니 그 점이야말로 내가 반성해야 할 점이다"라고 인정했다. 정조가 권유의 상소를 받아들였다는 소식이 전해지자 정동준은 독약을 먹고 자살을 했다. 그날이 1월 18일이다.

감괘의 밑에서 네 번째 음효에 대해 공자는 "한 동이 술과 두 그릇의 밥이란 굳셈과 부드러움[剛柔]이 교류하는 것이다"라고 풀었다. 이는 바로 위의 구오와 육사, 즉 임금과 신하가 교류하는 문제라는 것이다. 그런데 주공의 효사는 좀 더 길고 의미심장하다. "한 동이 술과 두 그릇의 밥을 질그릇에 담고 마음을 결속시키기를 창문을 통해서 하면 끝내는 허물이 없다[樽酒 簋貳 用缶 納約自牖 終无咎]." 이는 신하가 임금이 처한 어려움을 풀어줘야 하는 대단히 위험한 상황과 관련돼 있다. 즉 매우 미묘하면서도 중대한 사안에 대해 신하가 어떻게 간언해야 하는가의 문제를 다루고 있는 것이다. 여기서 자칫하면 목숨이 날아갈 수도 있고, 높은 지위를 잃고 적어도 정치 생명을 잃을 수도 있다. 그렇다고 침묵하는 것은 신하 된 자의 도리가 아니다. 이에 대한 정이의 풀이가 참으로 명문(名文)이다.

육사는 음유한 자질로 밑에서 도움을 줄 수 있는 사람이 없으니[無應] 천하의 위험을 구제할 수 있는 자는 아니다. 그런데 이런 사람이 높은 자리에 있으니, 이는 신하 된 자로서 위험에 대처하는 도리[處險之道]를 말하고 있다. 대신이 위험과 어려움의 때에 직면했을 때는 오직 지극한 열렬함으로 임금에게 믿음을 보이고 군자와의 사귐을 튼튼하게 해서 틈이 생기지 않아야 또한 능히 임금의 마음을 열어 밝히며[開明] 가히 허물이 없는 상태를 보존할 수 있다. 무릇 윗사람의 두터운 신임을 바란다면 오로지 그 질박한 진실함[質實]을 다할 뿐이다. 허례허식을 많이 하고 꾸밈을 요란하게 하는 데는 음식을 잘 차린 잔치만 한 것이 없으니, 그래서 잔치를 갖고서 비유했으니 이는 마땅히 요란하게 꾸미지 말고 오직 질박한 진실함만으로 군주를 대해야 함을 말한 것이다. 즉 한 동이 술과 두 그릇의 밥만 사용하되 다시 소박한 질그릇을 집기로 사용하는 것은 질박함이 지극한 것이다.

그 질박함이 이와 같고 또 모름지기 '마음을 결속시키기를 창문을 통해서' 해야 한다. 마음을 결속시킨다는 것은 군주에게 나아가 군주의 마음을 결속시키는 방도를 말한다. 창문[牖]이란 열어서 빛을 통하게 하는 것이다. 방은 어둡기 때문에 창문을 두어 빛을 통하게 해서 밝힌다. 창문을 통해서 한다는 것은 빛이 통하는 밝은 곳으로부터 먼저 한다는 말이니, 군주의 마음이 밝은 곳을 비유한 것이다. 남의 신하 된 자가 진실한 믿음[忠信]과 좋은 도리[善道]로 군주의 마음을 결속시키려 할 때는 반드시 군주가 밝게 알고 있는 곳에서부터 먼저 하면 쉽게 이해시킬 수 있다. 사람의 마음이란 가려져 막힌 곳이 있고 쉽게 통할 수 있는 곳이 있다. 가려져 막힌 곳이 어두운 부분이고 쉽게 통할 수 있는 곳이 밝게 알고 있는 부분이다. 마땅히 그가 밝게 알고 있는 부분을 취해서 설명하고 이해시켜 신임을 구한다면 쉽다. 그래서 '마음을 결속시키기를 창문을 통해서' 한다고 한 것이다. 이렇게 한다면 설사 위험하고 어려운 때에 처하더라도 끝내는 허물이 없을 수 있다.

또 군주의 마음이 환락에 빠져 가려져 있다면 그것은 마음이 가려졌기 때문일 뿐이다. 그런데 강력하게 그 환락의 잘못됨만을 비판하여 군주가 진심으로 반성하지 않는다면 어쩌겠는가? 반드시 가려져 있지 않은 일에서부터 차근차근 미뤄 헤아려 가려진 부분을 언급한다면 그 마음을 깨칠 수가 있는 것이다.

이렇게 해서 임금의 마음을 바꾼 사례로 정이는 한나라 유방이 척희(戚姬)[384]를 아

---

384 척부인(戚夫人)을 가리킨다. 고조(高祖)의 총희(寵姬)로 조왕(趙王) 여의(如意)를 낳았다. 고조가 태자를 폐하고 조왕을 세워 태자로 삼으려고 했으나, 여후(呂后)가 장량의 계책을 써서 상산사호(商山四皓)를 불러 태자의 빈객으로 삼으니 결국 태자를 바꾸지 않게 됐다. 고조가 죽자 여후가 조왕을 짐살(鴆殺)하고 척부인을 투옥한 뒤 수족(手足)을 모두 자르고 눈알을 뽑고 귀에 뜨거운 김을 불어 넣은 채로 벙어리 약을 먹여 화장실에 던져두었다. 그런 뒤 인체(人彘)라 불렀다.

껴 태자를 바꾸려 했을 때 그의 마음을 바꾼 사호(四皓)의 이야기를 든다. 반고의 『한서』 「장량전」편이다.

한나라 12년, 상이 나아가 포(布)의 군대를 쳐서 깨트리고 돌아왔는데 병이 더 심해지자 더욱더 태자를 바꾸고 싶어 했다. 장량(張良)이 간언했으나 들어주지 않자 장량은 병을 핑계로 정사를 돌보지 않았다. 숙손태부(叔孫太傅)는 고금의 일을 끌어들여 설득하며 죽음을 무릅쓰고 태자를 위하는 간쟁을 했다. 상은 거짓으로[詳] 그러겠노라고 했지만, 오히려 어떻게든 바꾸고 싶어 했다. 연회가 열려 술자리가 마련됐는데 태자가 상을 모시게 됐다. 네 사람이 태자를 시종했는데, 나이가 모두 80여 세였고 수염과 눈썹이 은빛으로 희었으며[皓白] 의관이 몹시 훌륭했다[偉]. 상이 이들을 괴이하게 여겨 "저들은 무엇을 하는 자들인가?"라고 하자 네 사람은 앞으로 나아가 대답하며 각자 자신의 이름과 성을 말하기를 동원공(東園公), 녹리선생(角里先生), 기리계(綺里季), 하황공(夏黃公)이라고 했다.

이에 상은 크게 놀라며 말했다.

"내가 그대들을 찾은 것이 여러 해인데 그대들은 나를 피해 달아나더니, 지금은 그대들이 어찌 스스로 내 아이를 따르며 교유하고 있는가?"

네 사람 모두 말했다.

"폐하께서는 선비를 하찮게 여기고 욕도 잘하시니 신들이 욕을 먹지 않을까 걱정했습니다. 그래서 두려운 마음에 달아나 숨었던 것입니다. 남몰래 듣건대[竊聞] 태자께서는 사람됨이 어질고 효성스러우며 공손하고 삼가면서[仁孝恭敬] 선비를 아끼시니 천하에서는 목을 빼고서 태자를 위해 죽으려 하지 않는 자가 없을 정도이므로, 신들이 온 것일 뿐입니다."

상이 말했다.

"번거롭겠지만 그대들은 잘 해서 끝까지 태자를 보살피며 지켜주시오[調護]."

네 사람이 축수를 이미 마치고 총총히 떠나가자 상은 그들을 멀리 안 보일 때까지 전송하면서[目送] 척부인을 불러 네 사람을 가리키며 말했다.

"내가 태자를 바꾸고자 했으나 저 네 사람이 태자를 보좌해 태자의 우익(羽翼)이 이미 성장했으니 그 지위를 바꾸기가 어렵겠소. 여후(呂后)는 진정으로 그대의 주인이오."

척부인이 눈물을 흘리자 상이 말했다.

"나를 위해서 초나라 춤을 추면 나도 초나라 노래를 부르리라."

노래의 가사다.

"큰 기러기와 고니가 높이 날아 단번에 천 리를 날아가네.

날개가 이미 자라서 사해를 가로질러 날아다니는구나.

사해를 가로질러 날아다니니 마땅히 어찌하겠는가!

비록 짧은 화살이 있다고 할지라도 오히려 어디에다 쏠 것인가!"

노래를 몇 차례 부른 다음 마치고서[闋 결] 척부인은 한숨을 내쉬며 눈물을 흘렸다. 상이 일어나 가버리자 술자리는 끝났다. 결국 태자를 바꾸지 못한 것은 근본적으로 량이 이들 네 사람[385]을 불러온 덕분[力 역]이었다.

다시 정이의 풀이다.

네 노인은 한고조가 평소에 그들의 뛰어난 능력을 알고서 소중하게 대우했는데, 이는 고조의 가려지지 않은 밝은 마음이다. 그러므로 그 밝게 아는 곳을 바탕으로 하여 그 일을 언급하니 그를 깨우치는 것이 손바닥을 뒤집는 것처럼 쉬웠다.

이는 상산사호도 뛰어나지만 그런 사람들을 불러들인 장량의 뛰어남을 칭송할 수밖에 없다. 장량은 감괘의 육사의 도리, 즉 "남의 신하 된 자가 진실한 믿음[忠信 충신]과 좋은 도리[善道 선도]로 군주의 마음을 결속시키려 할 때는 반드시 군주가 밝게 알고 있는 곳에서부터 먼저 하면 쉽게 이해시킬 수 있다"라는 도리를 아는 사람이었기 때문이다.

한 무제가 여 태자를 죽이고서 오랫동안 용서하지 않았다. 이때 전천추가 글을 올려 그 처사가 잘못됐음을 지적했는데, 이 또한 구사의 도리에 해당한다. 반고의 『한서』 「전천추전(田千秋傳)」편이다.

385 이 네 사람은 섬서성(陝西省) 상산(商山)에 은거했다 해 상산사호(商山四皓)라고 부른다.

차천추(車千秋)는 본래의 성이 전씨(田氏)인데, 그의 선조는 제(齊)나라의 (명문가였던) 전씨 중에서 (함곡관 동쪽인) 장릉(長陵)으로 이주한 집단에 속했다. 천추(千秋)는 고침랑(高寢郞)[386]이 됐다. 위(衛) 태자가 강충에게 중상모략을 입어 패망한 일이 있은 지 오랜 시간이 흘러, 천추는 급변의 사태를 논하는 글을 올려 태자의 원한을 대변해 이렇게 말했다.

"아들이 아버지의 군대를 가지고 농간을 부렸다면 그 죄는 태형에 해당합니다. 천자의 아들이 잘못해서 사람을 죽였다면 무슨 죄에 해당하겠습니까? 신이 일찍이 꿈을 꿨는데 머리가 하얀 노인 한 분이 신에게 일깨워준 이야기입니다."

이때 상은 태자가 두려움에 떨어서 그런 것이지 다른 뜻은 없었다는 것을 알고 있었기에 천추의 말을 듣고서 크게 깨닫는 바가 있어 그를 불러 만나보았다. 어전에 이르렀는데 천추는 키가 8척 남짓에 체모가 매우 수려했다. 무제는 그를 만나보고는 기뻐해 이렇게 말했다.

"부자간의 일에 대해서는 남들이 쉽게 말할 수 있는 것이 아니건만 공만이 홀로 그렇지 않음을 밝혀주었다. 이는 고묘(高廟)의 신령이 공을 시켜 나를 일깨운 것이니 공은 마땅히 나를 보좌해야 할 것이다."

(그러고는 즉석에서) 천추를 세워 제배해[立拜(입배)] 대홍려로 삼았다. 여러 달이 지나 드디어 유굴리를 대신해 승상으로 삼고 부민후(富民侯)에 봉했다. 천추는 다른 재능이나 술학(術學-경학)이 있었던 것도 아니고 문벌이나 공로도 없이 단지 한마디 말로 상의 뜻을 일깨워 불과 몇 달 만에 재상의 자리를 차지하고 봉후(封侯)됐으니 이는 세상에 일찍이 없던 일이다.

이 효에 대한 풀이를 보면서 떠올린 것은 『논어』 「학이」편에 나오는 "유붕자원방래 불역낙호(有朋自遠方來不亦樂乎)"다.

벗이 있어 먼 곳에서 찾아오니 즐겁지 아니한가?

이 말의 방점은 '먼 곳'에 찍혀 있다. 물론 먼 곳에서 벗이 찾아오면 반갑다. 그러나 이런 정도의 내용이 『논어』의 첫머리 세 가지 중의 두 번째를 차지할 수는 없다. 만일

386 고조의 능을 지키는 낭관이다.

이런 번역이 맞는다면 반문을 해보겠다. 가까이에서 자주 보는 친구가 찾아오면 즐겁지 않다는 말인가? 공자가 기껏 가까이에서 자주 보는 친구보다는 먼 곳에서 오랜만에 찾아온 벗에게 즐거운 마음을 가지라는, 『명심보감』만도 못한 처세의 노하우를 던졌고, 또 미지의 편집자는 그 뜻을 받아 『논어』의 첫머리 세 가지 중의 두 번째 자리에 두었겠는가? 당연히 아니다.

이런 오역에서 벗어나는 첫 실마리는 붕(朋)에 있다. 붕은 그냥 친구가 아니다. 뜻을 같이하는 친구[同志之友 동지 지 우]가 붕이다. 주희는 이를 같은 무리[同類 동류]라고 했다. 비슷한 뜻이다. 두 번째는 원(遠)이다. '멀다'라는 뜻밖에 모르면 우리는 한 걸음도 나아갈 수 없다. 여기서 원(遠)은 '멀다'가 아니라 '공정하다'라는 뜻이다. 『논어』 「안연」편에 나오는 다음 구절에서 원(遠)이 무슨 뜻인지 살펴보기 바란다. 앞서 본 바 있는 구절이다.

> 자장이 밝다 혹은 밝음에 관해 물었다. 공자가 말했다.
>
> "점점 젖어 드는 (동료에 대한) 참소와 살갗을 파고드는 (친지들의 애끓는) 하소연을 (단호히 끊어) 행해지지 않게 한다면 그것이야말로 밝다고 말할 수 있다. (그 같은) 점점 젖어 드는 (동료에 대한) 참소와 살갗을 파고드는 (친지들의 애끓는) 하소연을 (단호히 끊어) 행해지지 않게 한다면 그것이야말로 (어리석음과 어두움으로부터) 멀다[遠 원]고 말할 수 있다."
>
> 子張問明 子曰 浸潤之譖 膚受之愬 不行焉 可謂明也已矣 浸潤之譖 膚受之愬 不行焉 可謂遠也已矣.
> (자장 문명 자왈 침윤 지 참 부수 지 소 불행 언 가위 명 야이의 침윤 지 참 부수 지 소 불행 언 가위 원 야이의)

요즘은 참소나 참언[譖=讒 참 참]이란 말보다는 중상모략, 무고, 헐뜯기 등이 더 자주 사용된다. 공자의 이 말도 군주나 지도자를 향해 하는 말이다. 리더가 미리 알아서[先覺 선각] 신하들 간에 실상과 동떨어진 중상모략이 행해지지 않게 하고 주변 사람들의 사사로운 청탁을 끊어낼 때 그 리더십은 공명정대하다[明=遠 명 원]는 평가를 들을 수 있다는 말이다. 붕(朋)과 원(遠)을 풀면 거의 다 된 셈이다.

> 有朋自遠方來.
> (유 붕 자원 방 래)

신하 중에 신뢰하며 뜻을 같이하는 신하가 있는데 먼 곳에, 즉 군주 주변의 사사로운 측근이나 근신이나 후궁들이 늘 해대는 익숙한 세계[近]에서 벗어난 곳에 가서 공정하고 비판적이고 때로는 귀에 거슬릴 수도 있는, 불편하지만 곧은 이야기들을 듣고서 바야흐로 들어온다는 말이다. 그러면 당연히 어떤 식으로든 그런 이야기를 다양한 방식으로 전할 수밖에 없다. 그것은 군주로서 불편한 정도를 넘어 불쾌하고 크게 화가 날 수도 있다. 그러나 만일 그렇게 한다면 아무리 신뢰를 공유하고 뜻을 같이한다 해도 신하 입장에서 쉽게 말을 꺼내기가 어렵다. 그것은 온전히 군주의 마음 자세에 달렸다. 그것이 바로 앞의 不亦說乎와 마찬가지로 不亦樂乎, 즉 진실로 즐겁지 않겠는가에 직결된다. 겉으로만 즐거워해서도 신하는 입을 떼기 어렵다. 진실로[亦] 그러할 때라야 신하는 조심스럽게 군주의 허물들을 피하지 않고 전달할 수 있다. 눈 밝은 독자라면 벌써 알아차렸을 것이다. 고대 중국으로부터 우리 조선 시대까지 면면하게 이어진 언관(言官)의 간쟁(諫爭) 정신은 바로 이 같은 임금의 열린 마음이 전제될 때 제대로 발휘될 수 있었다. 다시 한번 음미해보기 바란다.

> 뜻을 같이하는 벗이 있어 (먼 곳에 갔다가) 먼 곳으로부터 바야흐로 돌아오니 진실로 즐겁지 않겠는가?

군주가 자신의 과오를 지적하는 신하에 대해 이처럼 뜻을 같이하는 벗[朋]과 같은 신하[友臣]로 대할 때라야 주변에 그런 신하들이 포진해 군주의 눈 밝음[明]을 유지시켜줄 수 있다. 이 구절의 핵심 메시지는 넓고 큰마음[弘] 혹은 두루 품어 안는 마음[容]이다.

그런데 『주역』에서는 좀 더 절박하다. 공적인 영역에서 들은 것을 전하는 정도가 아니라 임금의 마음속에서 가려져 있는 부분과 밝혀져 있는 부분을 나눠, 먼저 그 밝혀져 있는 부분을 바탕으로 해서 단계단계 가려져 있는 부분을 해명하는 쪽으로 나아가야 한다는 것이다. 필자의 생각으로는 이 해석이 훨씬 뜻이 깊은 것이라 여긴다.

당연히 소축괘에서 보았던 신하의 간언하는 도리보다 감괘 육사의 도리가 훨씬 깊다.

감괘의 밑에서 다섯 번째 양효에 대해 공자는 "구덩이가 가득 차지 않은 것은 중(中)이 아직 크지 못하기 때문이다"라고 풀었다. 구오는 강(剛)으로 중정(中正)을 얻었다. 효만 놓고 보면 이보다 좋을 수 없다. 게다가 임금 자리에 있다. 그럼에도 주공의 효사에서 "구덩이가 가득 차지 않았으니 이미 평평함에 이르면 허물이 없다[坎不盈祗既平 无咎]"라고 했다. 구덩이가 가득 차지 않았으니 평평할 수 없는데, 그 이유는 바로 이 구오가 아직 크지 못해서라는 것이다. 이유는 밑에 호응하는 이가 없어서다. 함께할 만한 사람이 없는 것이다. 구이는 아직 험한 곳에서 빠져나오질 못했고, 나머지는 모두 음효라 세상을 구제할 만한 재주가 없다. 결국 구덩이가 가득 차야 허물이 없어지게 된다는 말은 그전까지는 임금이 제 역할을 하지 못해 허물이 있다는 말이기도 하다. 조선 시대 효종(孝宗)이나 현종(顯宗)이 모두 여기에 해당하는 인물이라 하겠다. 이미 평평하게 되는 것은 숙종 때 이르러서였다. 임금이 본래의 권위를 되찾고 마침내 백성을 위한 일을 할 수 있게 됐다는 말이다.

『한국민족문화대백과』에 실린 '효종'편이다.

> 1636년 병자호란이 일어나자 인조의 명으로 아우 인평대군(麟坪大君)과 함께 비빈·종실 및 남녀 양반들을 이끌고 강화도로 피난했다. 이듬해 강화가 성립되자 형 소현세자(昭顯世子)와 척화신(斥和臣) 등과 함께 청나라에 볼모로 갔다. 청나라에 머무르는 동안 형 곁에서 형을 적극 보호했다. 청나라가 산해관(山海關)을 공격할 때 세자의 동행을 강요하자 이를 극력 반대하고 자기를 대신 가게 해달라고 고집해 동행을 막았다. 그 뒤 서역(西域) 등을 공격할 때 세자와 동행해 그를 보호했다.
>
> 청나라에서 많은 고생을 겪다가 8년 만인 1645년 2월에 소현세자가 먼저 돌아왔고, 그는 청나라에 머무르고 있었다. 그해 4월 세자가 갑자기 죽자 5월에 돌아와서 9월 27일에 세자로 책봉됐다. 1649년 인조가 죽자 창덕궁 인정문(仁政門)에서 즉위했다. 효종은 오랫동안 청나라에 머무르면서 자기의 뜻과는 관계없이 서쪽으로는 몽고, 남쪽으로는 산해관, 금주위(錦州衛) 송산보(松山堡)까지 나아가 명나라가 패망하는 것을 직접 경험했다. 동쪽으로는 철령위(鐵嶺衛)·개원위(開元衛) 등으로 끌려다니면서 갖은 고생을 했기 때문에 청나라에 원한을 품었다.
>
> 효종은 조정의 배청(排淸) 분위기를 타고 북벌 계획을 강력히 추진했다. 그리하여 청나라와 연결된 김자점(金自點) 등의 친청파(親淸派)를 파직시키고, 김상헌(金尙憲)·김집(金集)·송시열(宋時烈)·송준길(宋浚吉) 등 대청(對淸) 강경파를 중용해 은밀히 북벌 계획을 세웠다. 그러나 김자점 일파와 반역적 역관배(譯官輩)인 정명수(鄭命壽)·이형장(李馨長) 등이

청나라에 밀고해 북벌 계획이 청나라에 알려졌다. 그 결과 즉위 초에는 왜정(倭情)이 염려된다는 이유로 남방 지역에만 소극적인 군비를 펼 뿐 적극적인 군사 계획을 펼 수 없었다. 그러나 조선에 대해 강경책을 폈던 청나라의 섭정왕 도르곤(多爾袞)이 죽자 청나라의 조선에 대한 태도도 크게 달라지기 시작했다.

이 기회를 이용해 1651년(효종 2년) 12월 이른바 조귀인(趙貴人)의 옥사를 계기로 김자점 등의 친청파를 대대적으로 숙청했다. 청나라에 있던 역관배들도 세력을 잃음으로써 이듬해부터 이완(李浣)·유혁연(柳赫然)·원두표(元斗杓) 등의 무장을 종용해 북벌을 위한 군비 확충을 본격화했다.

이 과정에서 중앙군인 어영군을 2만, 훈련도감군을 1만 명으로 증액하려 했으나 재정이 따르지 못해 실패했다. 한편, 1654년 3월에는 지방군의 핵심인 속오군(束伍軍)의 훈련을 강화하기 위해, 인조 때 설치됐다가 유명무실해진 영장(營將) 제도를 강화했다. 1656년에는 남방 지대 속오군에 보인(保人)을 지급해 훈련에 전념하도록 했다. 서울 외곽의 방위를 크게 강화하려고 원두표를 강화도로, 이후원(李厚源)을 안흥으로, 이시방(李時昉)을 남한산성으로, 홍명하(洪命夏)를 자연도(紫燕島)로 보내어 성지(城池)를 보수하고 군량을 저장하며 강화도 일대의 수비를 강화했다. 나선 정벌 이후에는 남방은 물론 북방 지대에도 나선 정벌을 핑계로 산성 등을 수리하는 등 군비를 적극적으로 확충했다. 1655년 8월에는 능마아청(能麽兒廳)을 설치해 무장들이 강습권과(講習勸課)하도록 했다. 이듬해 정월에는 금군의 군복을 협수단의(夾袖短衣-검은 두루마기의 뒤를 터서 짧게 만든 옷)로 바꾸어 행동을 편리하게 하는 등 집념 어린 군비 확충에 노력했다.

그러나 재정이 이에 따르지 못해 때로는 부작용이 일어나기도 했다. 이 같은 효종의 군비 확충에도 불구하고 청나라의 국세가 이미 확고해져 북벌의 기회를 잡을 수 없었다. 다만, 군비 확충의 성과는 두 차례에 걸친 나선 정벌에서만 나타났다.

효종은 두 차례에 걸친 외침으로 흐트러진 경제 질서를 다시 확립하려고 많은 노력을 기울였다. 김육(金堉) 등의 건의를 받아들여 1652년에는 충청도, 1657년에는 전라도 연해안 각 고을에 대동법(大同法)을 실시해 성과를 거두었다. 전세(田稅)를 1결(結)당 4두(斗)로 고정해 백성의 부담을 덜어주었다. 군비 확충에 필요한 동철(銅鐵)의 수요를 충족시키기 위해 행전(行錢)의 유통에 반대하는 태도를 보이기도 했다. 그러나 김육의 강력한 주장으로 상평통보(常平通寶)를 주조, 유통하는 데 노력했다. 효종은 평생을 북벌에 전념해 군비 확충에 몰두한 군주였다. 그러나 국제 정세가 호전되지 않았을 뿐 아니라 이를 뒷받침할 재정이 부족해, 때로는 군비보다도 현실적인 경제 재건을 주장하는 조신(朝臣)들과 뜻이 맞지 않는 괴리 현상이 일어나 북벌의 뜻을 이루지 못했다.

감괘의 맨 위에 있는 음효에 대해 공자는 "도리를 잃어 흉함이 3년이나 간다"라고 풀었다. 주공은 효사에서 "동아줄[徽纆]로 결박해 가시나무 숲속에 가둔 채 3년이 돼도 벗어나지 못하니 흉하다[係用徽纆 寘于叢棘 三歲不得 凶]"라고 했다. 동아줄이란 감옥에서 쓰는 포승줄이다. 가시나무 숲속은 감옥을 나타낸다. 감옥을 총극(叢棘)이라고 했다. 이는 곧 감옥에 붙잡혔다는 뜻이다. 그 험난함이 극에 이르렀다.

음유의 자질로 스스로 지극히 험난한 곳에 처하게 됐는데 벗어날 가망도 없다. 감옥에서 3년이란 아주 긴 기간이기 때문이다. 흉함이 정말로 지극하다. 인조반정으로 쫓겨난 광해군의 말년을 떠올리게 하는 효사와 「소상전」이다.

## 30. 중화리(重火離)[387]

이(離)는 반듯함이 이롭고 형통하니 암소[牝牛]를 기르듯이 하면 길하다.

離 利貞 亨 畜牝牛 吉.[388]

초구(初九)는 발자국이 어지러우니 삼가면[敬之] 허물이 없다[履錯然 敬之 无咎].

육이(六二)는 황색에 붙어 있으니 으뜸으로 길하다[黃離 元吉].

구삼(九三)은 기운 해가 걸려 있는 것이니, 질그릇을 두드려 노래하지 않으면 늙은이의 서글픔이라 흉하다[日昃之離 不鼓缶而歌 則大耋之嗟 凶].

구사(九四)는 갑자기 오는 것이라 불타오르듯 하니 죽게 되고 버림받는다[突如其來如 焚如 死如 棄如].

---

387 문자로는 이상이하(離上離下)라고 한다.

388 원(元)을 제외한 형이정(亨利貞)이 나온다.

육오(六五)는 눈물을 줄줄 흘리며 슬퍼하는 것이니 길하다[出涕沱若戚嗟若 吉].

상구(上九)는 왕이 그로써[用=以] 출정을 하면 아름다움이 있다. 괴수를 죽이고 잡아들인 자들이 추악한 무리가 아니라면 허물은 없다[王用征伐 有嘉. 折首 獲匪其醜 无咎].

◉

이괘(離卦)의 초구(初九)는 양위에 양효로 바름[正位], 육이(六二)는 음위에 음효로 바름, 구삼(九三)은 양위에 양효로 바름, 구사(九四)는 음위에 양효로 바르지 못함[不正位], 육오(六五)는 양위에 음효로 바르지 못함, 상구(上九)는 음위에 양효로 바르지 못하다. 그래서 같은 이괘가 겹쳐 있어도 하괘는 모두 바르고 상괘는 모두 바르지 못함이다. 이 괘의 경우 앞의 감괘와 반대로 육이는 중정을 얻었고 육오는 중정을 얻지 못했다.

대성괘 이괘(䷝)는 소성괘 이괘(☲)가 위아래로 겹쳐져서 만들어진 괘다. 「설괘전」에 따르면 '해[日=火=離]로 따듯하게 한다[烜]'고 했다.

그러면 「서괘전」을 통해 왜 이괘가 감괘의 뒤를 이어받았는지 확인해보자.

> 빠지면 반드시 걸리는 바[所麗]가 있다. 그래서 감괘의 뒤를 이괘(離卦)로 받았다. 이(離)란 걸리다, 붙다[麗]라는 말이다.
>
> 陷必有所麗. 故受之以離. 離者 麗也.

어려움에 빠질 경우 거기서 벗어나려는 노력을 하기 마련이고, 이때 도움을 주는 것이 있게 된다. 중요한 것은 반드시 노력이 선행돼야 한다는 점이다. 저절로 되는 것은 아니다. 걸리는 바 혹은 붙게 되는 바[所麗]란 바로 그것을 말한다.

이위화괘(離爲火卦, ䷝)는 아래위 모두 불을 뜻하는 이괘(☲)다. 앞서 「설괘전」에서 이(離)를 이렇게 말했다.

> 이(離-불)란 밝히는 것 혹은 밝음[明]이니, 만물이 다 서로 만나보는 것이고 남쪽[南方]의

괘(卦)다. 빼어난 이가 임금이 돼[南面] 천하(의 일)를 들어[聽=聽斷=治] 밝은 곳을 향해 다스린다는 것은 (그 밝음의 뜻을) 대개[蓋] 여기서 취한 것일 것이다.

즉 이(離)는 붙음, 걸림 외에도 '밝히다'라는 뜻이 있다. 정리하자면 어려움에 빠지더라도 본인이 노력하면 누군가의 도움을 받아 상황이 좋아질 수 있다는 말이다. 괘의 모양과 관련해 정이는 이렇게 덧붙였다.

이괘(離卦, ☲)는 가운데가 비어 있으니[虛] 그 뜻을 취하면 밝다는 뜻이 된다. 이(離)는 불이고 불의 본체는 비어 있음이니 다른 물건에 붙어서[離=麗] 밝은 것이다.

이번에는 「잡괘전」을 통해 감괘와 이괘의 관계를 살펴보자.

이(離)는 올라감[上]이요 감(坎)은 내려감[下]이다.

離上而坎下也.
이 상 이 감 하야

이괘(離卦, ䷝)와 감괘(坎卦, ䷜)는 서로 착괘 관계다. 주희가 말했다. "불은 타서 올라가고[炎上] 물은 적셔주며 내려간다[潤下]."

문왕의 단사(彖辭), 즉 "이(離)는 반듯함이 이롭고 형통하니 암소[牝牛]를 기르듯이 하면 길하다[利貞 亨 畜牝牛 吉]"에 대한 공자의 풀이[「彖傳」]를 살펴볼 차례다.

이(離)란 붙어 있음[麗]이다. 해와 달이 하늘에 붙어 있고 오곡백과와 초목이 땅에 붙어 있다. 거듭되는 밝음[重明]으로 바름에 붙어[以麗乎正] 마침내 천하를 교화해 이뤄낸다[化成]. 부드러움이 중정(中正)에 붙어 있어 그 때문에 형통하니, 이 때문에 (단사(彖辭)에서) "암소[牝牛]를 기르듯이 하면 길하다"라고 한 것이다.

離 麗也.
이 여야

日月麗乎天 百穀草木麗乎土.
일월 여호 천 백곡 초목 여호 토

重明 以麗乎正 乃化成天下.
중명 이려 호정 내 화성 천하

柔麗乎中正 故亨 是以畜牝牛吉也.
유 여호 중정 고 형 시이 축 빈우 길야

◉

하늘에는 해와 달과 별이 붙어 있고 땅에는 만물이 붙어 있다. 이는 마치 중력(重力)을 연상시킨다. 하늘과 땅이 그렇다면 사람은 어디에 붙어야 하는 것일까? 단사(彖辭)에서 '반듯함[貞]이 이롭고 형통하니'를 공자는 '바름에 붙어[麗以乎正]'로 풀어낸다. 특히 이괘의 두 음효가 모두 가운데 있는 것을 염두에 두고서 '부드러움이 중정(中正)에 붙어 있어 그 때문에 형통하니'로 연결지었다. 즉 바름에 붙어 부드럽게 바른 도리를 지키니 형통하다는 말이다.

암소의 비유가 흥미롭다. 이미 소라는 동물은 고분고분하다[順]. 그래서 '바름에 붙어'라고 했다. 이어 암놈은 수놈에 비해 더 고분고분하다. 그래서 암소라고 했다.

다만, 육이는 중정(中正)을 얻었지만, 육오는 가운데 있으나 음효로 양위에 있으니 지위가 바르지는 않다. 이에 대한 정이의 해명성 풀이다.

> 이괘(離卦)는 붙음을 주장하니, 오위(五位)는 중정한 자리인데 음효가 바른 자리에 붙어 있으니 바로 바름이 되는 것이다. 배우는 자가 때와 마땅함[時義]을 알아서 (사안의) 가볍고 무거움을 놓치지 않는다면 역(易)을 말할 수 있다.

공자의 「상전」을 살펴볼 차례다. 그중에 이괘(離卦)를 총평한 「대상전」이다.

밝음이 겹쳐서 둘인 것[明兩]이 이(離)(가 드러난 모습)이니, 대인(大人)은 그것을 갖고서 밝음을 이어[繼明] 사방을 비춘다[明兩作離 大人以 繼明 照于四方].

◉

밝음이 겹쳐 둘이라는 것은 해가 둘이라는 말인데, 해란 곧 임금이다. 이는 임금의 자리를 넘겨주는 것을 말한다. 대인(大人)이란 다움의 관점에서는 빼어난 이가 되고 지위로 말하면 임금이다. 대인은 이런 것을 보았을 때는 밝음을 잇게 해준다[繼明]고 했다.

『주역』에 능했던 조선의 세조는 자신의 자리를 이을 왕세자를 책봉하는 글[敎書 교서]에서 이렇게 말하고 있다. 『세조실록』 1년(1455) 7월 26일 자 기사다.

예로부터 성왕(聖王)이 모두 저이(儲貳-세자)를 세웠으니, 이는 대개 장차 신기(神器-왕위)를 부탁하여 종조(宗祧-종묘)를 받들려는 것이다. 이로써 『역경(易經)』의 이하이상(離下離上)의 괘상(卦象)을 드리웠고, 『예경(禮經)』의 원량(元良-세자)의 다움을 나타낸 것이다. 아! 너 원자(元子) 이장(李暲)은 그 몸이 적사(嫡嗣-적자)로 태어났으니 춘궁(春宮)에 있어 합당하므로 이에 너에게 명하여 왕세자(王世子)로 삼으니, 너는 힘써 배우고 태만하지 말 것이며 힘써 삼선(三善)[389]을 행하면서 군병을 무애(撫愛)하고 국사를 감시하여 길이 큰 기업(基業)을 공고히 하기를 바라니 어찌 삼가지 않을 수 있으랴!

정확히 맥락에 맞게 이괘를 인용한 것이다. 그러나 이 세자는 결국 왕위에 오르지 못했다. 이때 책봉된 의경세자(懿敬世子, 1438~1457)는 초명은 숭(崇), 이름은 장(暲)이며 아버지가 세조, 어머니는 참판 윤번(尹璠)의 딸 정희왕후(貞熹王后)다. 1445년(세종 27년) 도원군(桃源君)에 봉해지고 이때인 1455년(세조 1년) 세자로 책봉됐으며, 서원부원군(西原府院君) 한확(韓確)의 딸 소혜왕후(昭惠王后) 한씨(韓氏)를 비로 맞아 월산대군(月山大君)과 성종을 낳았다. 어려서부터 예절이 바르고 글 읽기를 즐겼으며 해서(楷書)에도 능했으나 병약했다. 1457년 병이 크게 들어 결국 20세의 나이로 죽었다. 1471년(성종 2년) 덕종(德宗)으로 추존됐다.

그러나 중리(重離), 즉 명양(明兩)은 그냥 세습이 아니라 연이어 밝은 임금[明主 명주]이 왕위를 이어받는 것으로도 볼 수 있다. 예를 들면 요임금에 이어 순임금, 순임금에 이어 우왕이 이어받은 경우가 그렇다. 또한 경우에 따라서는 밝은 임금과 밝은 신하의 만남으로 볼 수도 있다.

이괘의 여섯 효[六爻 육효]에 대한 주공의 말을 풀이한 공자의 「소상전」이다.

---

389 『예기』 「문왕세자(文王世子)」편에 나오는 말로서, 아들이 아버지를 섬기고 신하가 임금을 섬기고 나이 어린 사람이 어른을 섬기는 것을 말한다.

(초구(初九)는) 발자국이 어지러워 삼가는 것[履錯之敬]은 허물을 피하고자 해서다[履錯之敬 以辟咎也].

(육이(六二)는) 황색에 붙어 있어 으뜸으로 길한 것[黃離元吉]은 적중된 도리[中道]를 얻었기 때문이다[黃離元吉 得中道也].

(구삼(九三)은) 기운 해가 걸려 있는 것이 어찌 오래갈 수 있겠는가[日昃之離 何可久也]!

(구사(九四)는) 갑자기 오는 것[突如其來如]은 받아줄 곳이 없는 것이다[突如其來如 无所容也].

육오(六五)의 길함은 왕공의 자리에 붙어 있기 때문이다[六五之吉 離王公也].

(상구(上九)는) 왕이 그로써[用=以] 출정을 한다는 것은 나라를 바로잡는 것이다[王用征伐以正邦也].

◉

이괘의 맨 아래 첫 양효에 대해 공자는 "발자국이 어지러워 삼가는 것[履錯之敬]은 허물을 피하고자 해서다"라고 풀었다. 이괘의 초구는 양효로 양위에 있어 자리가 바르고 바로 위의 육이와는 친하다[有比]. 그러나 지위가 낮고 구사와 같은 양효라 호응할 수 없다. 불을 뜻하는 이괘에서 양강(陽剛)의 자질로 맨 아래에 있으니 마땅히 위로 나아가려 할 것이다. 그 뜻이 위에 붙으려 하기[上麗] 때문이다.

'발자국이 어지러운' 까닭은 너무 조급히 서둘기 때문이다. 특히 위의 호응이 없음에도 무작정 서둘러 위에 붙으려 움직이게 되면 허물이 없을 수 없다. 그러나 만일 이런 마음을 잘 누르고 삼간다면 허물은 없을 수 있다. 그래서 공자는 삼갈 수 있는 까닭이 '허물을 피하고자 해서'라고 풀어낸 것이다.

정이는 초구의 자질이 굳셈[剛]인 데 주목해 "밝음에 있고 굳세니 알아서 피할 수 있을 것"이라며 보다 긍정적인 쪽에 초점을 둔다. 그러나 굳셈[剛] 때문에 자신을 너무 과신해서 허물을 당할 경우도 얼마든지 있을 수 있다. 그렇게 될 경우 뒤에서 보게 될 구사에 해당하게 된다.

이 초구의 미묘함을 보기 위해서는 한나라 때 성제(成帝)가 겪었던 폐세자 위기를 살펴보는 것이 적절하다. 반고의 『한서』 「성제기(成帝紀)」편이다.

효성황제(孝成皇帝)[390]는 원제의 태자다. 어머니는 왕(王)황후인데 원제가 태자궁에 있을 때 갑관(甲觀)[391]의 화당(畫堂-그림 있는 방)에서 태어났으며 적사(嫡嗣)황손이었다. 선제(宣帝)가 아끼어 자를 태손(太孫)이라 하고 늘 좌우에 두었다. 3세 때 선제가 붕하고 원제(元帝)가 즉위하자 제(帝)는 태자가 됐다. 자라서는 경서(經書)를 좋아했고 (성품이) 너그러워 마음 씀씀이가 넓고 매사 조심스러웠다[寬博謹愼]. 애초에 계궁(桂宮)[392]에 거처할 때 상이 일찍이 급하게 부른 적이 있는데, 태자는 용루문(龍樓門)[393]을 나섰지만, 감히 치도(馳道)[394]를 가로질러[絶=横] 갈 수가 없어 (일부러) 서쪽의 직성문(直城門)[395]까지 가서야 마침내 가로질러서 한 바퀴를 돌아 작실문(作室門)에 들어갈 수 있었다. 상이 태자가 늦게 오자 그 이유를 물으니 상황을 설명했다. 상은 크게 기뻐하며 이에 영을 내려 태자로 하여금 치도를 가로질러 다닐 수 있도록 하라고 했다. (하지만) 그 후에 술을 좋아하고 사사로운 술잔치[燕樂]에 빠지자 상은 태자를 유능하다[能]고 여기지 않았다. 그리고 정도공왕(定陶恭王)이 재예(才藝)가 있어 그의 어머니 부소의(傅昭儀)도 총애를 받게 됐고, 상은 그 때문에 늘 공왕을 후사로 삼아야겠다고 생각했다. (그러나) 시중 사단(史丹, ?~BC 14)[396]이 태자의 집안(태자와 어머니 쪽 집안)을 보호해 태자를 돕는 데 힘을 쏟았고 상 또한 선제(先帝)[397]가 태자를 심히 사랑했다는 것을 알았기에 결국 폐할 수가 없었다.

성제가 그나마 태자의 자리를 지킬 수 있었던 것은 사단이 있었기 때문이다. 위에

---

390 순열(荀悅)이 말했다. "이름[諱]은 오(驁)이고 자(字)는 태손(太孫)인데, 오(驁) 대신 준(俊)을 썼다." 응소(應劭)가 말했다. "시법(謚法)에 이르기를 '백성을 편안케 하고 정치를 바로 세우면[安民立政] 성(成)이라 한다'라고 했다."

391 태자궁 내 갑지에 있는 관이다.

392 안사고가 말했다. "『삼보황도(三輔黃圖)』에 따르면 계궁은 장안성 안에 있었고 북궁과 가까웠는데, 태자궁은 아니다."

393 장안(張晏)이 말했다. "문루 위에 동으로 만든 용이 있었는데, 마치 백학(白鶴)이나 비렴(飛廉-바람을 일으키는 상상의 새)과 닮아 이름을 그렇게 지었다."

394 응소(應劭)가 말했다. "천자가 다니는 길로 지금(-당나라 때)의 중도(中道)다."

395 진작(晉灼)이 말했다. "『삼보황도』에 따르면 서쪽으로 나가는 남쪽 끝머리에 있는 제2문이다."

396 사고(史高)의 아들이다. 원제(元帝) 때 부음(父蔭)으로 부마도위시중(駙馬都尉侍中)이 돼 태자(太子)의 집을 지켰다. 원제가 병에 걸려 태자를 바꾸려고 하자 눈물을 흘리며 충간해 이를 저지했다. 성제(成帝)가 즉위하자 장락위위(長樂衛尉)가 되고 우장군(右將軍)으로 옮겼으며 관내후(關內侯)에 봉해졌다. 성격이 사치스러워 동노(童奴)가 수백에 이르렀고 희첩(姬妾)만도 수십 명이었다.

397 선제(宣帝)를 가리킨다.

서 호응하는 높은 신하가 있었기 때문이다. 그러나 이괘의 초구에게는 호응하는 바가 없다[無應]. 이를 통해 우리는 '발자국이 어지럽다'의 뜻도 어느 정도 구체적으로 알 수 있다. 즉 주색잡기에 빠져 이리저리 놀러 다닌다는 말이다.

이괘의 밑에서 두 번째 음효에 대해 공자는 "황색에 붙어 있어 으뜸으로 길한 것[黃離元吉]은 적중된 도리[中道]를 얻었기 때문이다"라고 풀었다. 육이는 중정(中正)을 얻었고 위아래와도 친하다[有比]. 황색이란 중국에서는 고대로부터 가운데의 색이요 문(文)이 아름다운 것이다. 그래서 으뜸으로 길하다고 했다. 공자도 간단하게 '적중된 도리[中道]를 얻었기 때문'이라고 했다. 우리 역사에서는 세종이 이에 해당하니, 폐세자된 양녕의 뒤를 이어 세자에 올랐다가 임금이 돼 태평성대를 열었다. 중국 한나라에서는 문제(文帝)가 태평을 이뤘는데, 제위(帝位)에 오르는 과정은 더욱 극적이다. 그는 고조(高祖) 유방(劉邦)의 아들로 처음에 대왕(代王)에 책봉돼 중도(中都)에 도읍했다가, 조정을 전단(專斷)하던 여씨(呂氏)의 난이 평정된 뒤에 태위(太尉) 주발(周勃)과 승상 진평(陳平) 등 중신의 옹립으로 제위에 올랐다. 반고는 『한서』 「문제기(文帝紀)」편에서 그를 이렇게 총평했다[贊].

> 공자가 말하기를 "이 백성이다, 삼대(三代-하·은·주)에서 도리를 곧게 해 행하던 바탕은!"[398]이라고 했으니 진실로 그러하도다. 주(周)나라와 진(秦)나라의 병폐는 법망이 조밀하고 법조문이 준엄해[罔密文峻] 간사한 짓들이 이루 다 헤아릴 수 없을 정도였다. 한(漢)나라가 일어나자 진나라의 번잡하고 가혹한 정사를 일거에 쓸어 없애고 백성과 더불어 안식을 취했다. 효문제에 이르러 공손함과 검소함[恭儉]으로 그러한 풍조를 더했고, 경제(景帝)는 그 유업을 높여 5~60년 사이에 풍조가 옮겨가 풍속이 바뀌는 단계에까지 이르러 백성[黎民=衆民]은 순박하고 두터워졌다. 주나라에서는 성왕(成王)과 강왕(康王)의 치세[成康]라 한다면 한나라에서는 문제와 경제의 치세[文景]라 하니, 아름답도다!

---

398 안사고가 말했다. "이 말은 『논어』「위령공」편)에 실려 있는 공자의 말이다. 이는 당시 사람들이 하·은·주 삼대의 통치 방법으로 정치를 해 교화함으로써 백성을 순일(淳壹)하게 만들어 능히 도리를 곧게 해 행할 수 있었다는 뜻이요, 애석하게도 지금은 그렇지가 않다는 뜻이다."

이괘의 밑에서 세 번째 음효에 대해 공자는 "기운 해가 걸려 있는 것이 어찌 오래갈 수 있겠는가"라고 풀었다. 주공은 효사에서 "기운 해가 걸려 있는 것이니 질그릇을 두드려 노래하지 않으면 늙은이의 서글픔이라 흉하다[日昃之離 不鼓缶而歌 則大耋之嗟 凶]"라고 했다. 정이는 상하괘가 같은 괘[純卦] 여덟 개의 의미를 풀이하면서 이 뜻을 풀어낸다.

> 건괘(乾卦, ䷀)는 안팎[內外=下上]이 모두 굳셈[剛]이고, 곤괘(坤卦, ䷁)는 안팎이 모두 고분고분함[順=柔順]이며, 진괘(震卦, ䷲)는 위엄과 진동[威震]이 서로 이어짐이고, 손괘(巽卦, ䷸)는 위아래가 고분고분하여 따르는 것[順隨]이며, 감괘(坎卦, ䷜)는 잇단 위험[重險이 서로 거듭되는 것[相習]이고, 이괘(離卦, ䷝)는 두 밝음이 계속해서 비추는 것이며, 간괘(艮卦, ䷳)는 안팎이 모두 멈춤[止]이고, 태괘(兌卦, ䷹)는 나와 상대가 서로 기뻐함[相說]이다. 구삼은 아래 몸통의 끝에 있으니, 이는 앞의 밝음이 장차 다하고 뒤의 밝음이 마땅히 계속해야 할 때로서 사람의 종말이요 때가 바뀌는[革易] 것이다. 그래서 '기운 해가 걸려 있는 것'이 된다. 해가 아래로 기울 때의 밝음이니, 해가 기울면 장차 지게 된다. 이치로 말하자면 성하면 반드시 쇠함이 있고 시작하면 반드시 끝이 있는 것이 일정한 도리이니, 이치에 통달한 자는 이치에 고분고분하여 따르며 즐거워한다. 질그릇이란 일상적으로 늘 쓰는 그릇이니, '질그릇을 두드려 노래'한다는 것은 그 일정함을 즐거워한다는 것이다.

그 일정한 도리[常=常道]를 받아들이기를 거부하니 서글픈 것이다. 이는 죽고 사는 이치에 임하는 자세와도 관련이 있다. 그러니 공자는 '어찌 오래갈 수 있겠는가'라고 했다. 흥미로운 것은 이에 대한 정이의 추가 풀이다.

> 사리에 밝은 자[明者]는 그러함을 알아서 사람을 구해 자신의 일을 잇도록 하고 스스로는 물러나 머물면서 자신의 몸을 쉬게 하여 일정한 도리를 편안히 여기고[安常] 순리를 따르니 어찌 흉할 수 있겠는가?

군자는 나아갈 때도 알아야 하지만 물러날 때도 알아야 한다. 이괘의 구삼은 은퇴(隱退)의 도리인 것이다.

이괘의 밑에서 네 번째 음효에 대해 공자는 "갑자기 오는 것[突如其來如]은 받아 줄 곳이 없는 것이다"라고 풀었다. 주공의 효사 "갑자기 오는 것이라 불타오르듯 하니 죽게 되고 버림받는다[突如其來如 焚如 死如 棄如]" 중에서 앞부분만 풀이했다. 뒷부분은 풀이하지 않아도 알 수 있을 만큼 흉하다.

먼저 구사의 처지를 보자. 양효로 음위에 있으니 자리가 바르지 못하고 호응하는 바가 없으며 아래와는 친하지 않고[無比] 위와는 친하다[有比]. 상하의 괘 차원에서 보면 하괘를 벗어나 상괘에 막 접어들었다. 즉 왕위를 계승하려는 초창기다. 그런데 양강(陽剛)해 고분고분하지 못하고 중정을 잃어 초구와 마찬가지로 급하게 서둔다. 그래서 '갑자기 오는 것'이라고 했다. 이렇게 되면 설사 임금이 육오라 참을성을 갖고서 어느 정도 지켜봐 주지만, 그러나 끝내 고치지 못한다면 그냥 둘 수 없다. 심지어 임금이 유순하다 해 무시하고 능멸하게 될 경우 어찌 되겠는가? '불타오르듯'이라고 한 것은 구사의 거칠고 강한 기세를 말한다. 태자나 세자로 있다가 폐위되는 경우가 바로 이괘의 구사다. 조선의 양녕대군이 그러하다. 반면 순임금은 요임금에 의해 후계자로 지명되고 나서도 겸손함을 잃지 않았다. 그래서 마침내 제위에 오를 수 있었다. 『서경』 「순전(舜典)」편에서 순임금이 후계자로 지명을 받고서 제위에 오르는 순간까지를 살펴보자.

> 아! 옛 순임금(의 행적)을 상고해보니, 거듭된 (다움의) 찬란함이 요임금에 다다르고 (일을 함에 있어 매사에) 사려 깊고 명철하고 성실하고 밝은 데다가 (타고난 성품이) 온화하고 공순하며 진실하고 속이 꽉 차서, 그 은은한 다움이 위에까지 전해져서 (요임금께서) 마침내 명을 내려 적절한 자리를 (순임금에게) 주셨다.
>
> (요임금께서) 5대 규범[五典=五常]을 삼가 지켜서 빛내라 하시니 (순임금께서 잘 응하여 백성이) 5대 규범을 기꺼이 순종하며 따르게 됐고, (요임금께서 순임금을) 백관을 다스리는 자리에 앉히시니 백관이 때에 맞게 순조로이 일을 잘 했으며, 외국 사신이 왔을 때 이들을 맞이하도록 했더니 주변 사방 나라들과의 관계가 화목해졌고, (홍수 피해를 막기 위해) 큰 산기슭에 들어가 살펴보도록 하시니 (그곳에 나아가) 맹렬한 바람과 천둥 폭풍우에도 (순임금은) 조금도 두려움에 떨지 않았다. 요임금께서 말씀하셨다.
>
> "이리로 오라! 너 순아. (네가 한) 일을 꼼꼼히 살펴보고 네 말을 잘 따져볼 때 너의 말이 실제적인 성과로 이룩될 수 있다는 것을 본 것이 3년이니, 네가 황제의 자리에 오르도록 하라."

순(임금)은 군주의 임금다움을 갖춘 사람에게 물려주라며 사양하고서 제위를 물려받지 않으셨다. 정월 초하루에 요임금의 시조를 모시는 종묘에서 요임금의 제위를 넘겨받았다.

이괘의 밑에서 다섯 번째 음효에 대해 공자는 "눈물을 줄줄 흘리며 슬퍼하는 것이니 길하다"라고 풀었다. 육오는 앞서 말한 대로 자리가 바르지 않지만, 중정(中正)에 붙어 있는[離=麗] 것이라고 했다. 그러나 음유한 자질로 밑에서 호응하는 자도 없이 두 강함 사이에 끼어 있다. 참으로 위태롭고 두려운 형세다. 다만 사리를 밝게 알기 때문에[明] 두려움이 깊어 눈물을 줄줄 흘리고 근심이 깊어 눈물을 줄줄 흘린다. 그래서 끝내는 목숨을 보전함으로써 길할 수 있다.

이에 해당하는 이가 조선의 두 번째 임금 정종(定宗, 1357~1419)이다. 그는 동생 태종에게 붙어 그 자리에 있었고 위아래로 포위된 채 있었으나 순리를 벗어나지 않아 천수를 누릴 수 있었다. 『한국민족문화대백과』가 전하는 그의 생애다.

이름은 경(曔)이고, 초명은 방과(芳果)다. 태조의 둘째 아들이며, 어머니는 신의왕후 한씨(神懿王后韓氏)다. 정종의 비 정안왕후(定安王后)는 판예빈시사(判禮賓寺事) 김천서(金天瑞)의 딸이다. 성품이 순직·근실하고 행실이 단엄·방정하면서 무략이 있었다. 일찍부터 관계에 나가 1377년(우왕 3년) 5월 이성계(李成桂)를 수행해 지리산에서 왜구를 토벌했다.

조선 왕조가 개창되자 1392년(태조 1년) 영안군(永安君)에 봉해졌다. 이듬해 의흥삼군부중군절제사로 병권에 관여했다. 1398년 8월 정안군 방원(靖安君芳遠)이 주도한 1차 왕자의 난이 성공하면서 세자 책봉 문제가 제기됐다. 방과는 "당초부터 대의를 주창하고 개국해 오늘에 이르기까지의 업적은 모두 정안군의 공로인데 내가 어찌 세자가 될 수 있느냐?" 하면서 완강하게 거절했으나, 정안군이 양보해 세자가 됐다.

1개월 뒤 태조의 양위를 받아 왕위에 올랐다. 그러나 태조의 양위는 자의가 아니라 타의에 의해 반강제로 이뤄진 것이 아닌가 하는 의문도 제기되고 있다. 정종은 자력에 의한 것이 아니라 정안군의 양보로 즉위했으므로 무력할 수밖에 없었다. 따라서 정종조의 정치는 거의 정안군의 뜻에 따라 전개됐다.

1399년(정종 1년) 3월 개경으로 천도했다. 같은 해 8월 분경금지법(奔競禁止法)을 제정했다. 이로써 관인(官人)이 권귀(權貴)에 의존하는 것을 금지해 권귀의 세력을 약화시켰다. 2차 왕자의 난을 계기로 1400년 2월 정안군을 세자로 책봉했다. 그해 4월 정당문학 겸 대사헌 권근(權近)과 문하부좌산기상시 김약채(金若采) 등의 소를 받아들여 사병(私兵)을 혁파하고 내외의 병권을 의흥삼군부로 집중시켰다. 문하시랑찬성사 하륜(河崙)에게 명해 도평의사사(都評議使司)를 의정부로 고치고 중추원을 삼군부(三軍府)로 고치면서, 삼군의 직장(職掌)을 가진 자는 의정부에 합좌하지 못하게 했다. 이로써 의정부는 정무를 담당하고 삼군부는 군정을 담당하는 군·정 분리 체제를 이뤘다. 이러한 개혁은 왕권 강화를 위한 것으로 방원의 영향력하에서 이뤄진 것이라 하겠다.

1399년 3월 집현전을 설치해 장서(藏書)와 경적(經籍)의 강론을 맡게 했다. 그해 5월, 태조 때 완성된 『향약제생집성방(鄕藥濟生集成方)』을 편찬했다. 재위 시에도 정무보다는 격구 등의 오락에 탐닉하면서 보신책으로 삼았다. 왕위에서 물러난 뒤에는 상왕(仁文恭睿上王)으로 인덕궁(仁德宮)에 거주하면서 격구·사냥·온천·연회 등으로 유유자적한 생활을 했다. 태종의 우애를 받으면서 천명을 다했다.

이괘의 맨 위에 있는 양효에 대해 공자는 "왕이 그로써[用=以] 출정을 한다는 것은 나라를 바로잡는 것이다"라고 풀었다. 주공의 효사는 "상구(上九)는 왕이 그로써[用=以] 출정을 하면 아름다움이 있다. 괴수를 죽이고 잡아들인 자들이 추악한 무리가 아니라면 허물은 없다[王用征伐 有嘉. 折首 獲匪其醜 无咎]"다. 먼저 효사에 대한 정이의 풀이다.

양효가 위에 있으면서 이괘의 맨 끝에 있으니 굳세고 눈 밝음[剛明]이 지극한 자다. 밝으면 비추고 굳세면 결단할 수 있으니, 비추면 간악함을 살필 수 있고 결단하면 위엄과 형벌을 행할 수 있다. 그러므로 임금다운 임금이 마땅히 이와 같이 굳셈과 눈 밝음을 써서 천하의 간악함을 구별해 정벌을 행한다면 아름다운 공로가 있다.

그리고 천하의 악을 제거할 적에 만약 물들어 그릇된 것들을 끝까지 구명한다면 어찌 이루 다 벨 수 있겠는가? 상하고 해치는 바가 참으로 크게 될 것이다. 그러므로 다만 괴수만을 꺾어 취할 것이요, 잡은 것이 일반 무리가 아니면 잔혹한 허물은 없는 것이다. 『서경(書經)』 「윤정(胤征)」편에 이르기를 "큰 괴수를 섬멸하고 위협으로 인해 따른 자들은 다스리지 말라"고 했다.

이어서 「상전」에 대한 정이의 풀이다.

임금다운 자가 이 상구의 다움을 써서 밝게 비추고 강하게 결단해 천하의 악을 살펴 제거하는 것은 나라를 바로잡아 다스리는 것이니, 굳세고 눈 밝음[剛明]은 윗자리에 있는 사람의 도리[居上之道]다.
강명 / 거상 지 도

독자들도 느꼈겠지만, 상구는 조선의 태종 이방원을 제외하고는 누구도 해당할 수 없는 효다. 바로 이런 의미에서의 강(剛)과 명(明)은 옛날 우리 조상에게는 아주 당연하면서도 중요한 임금 됨의 원칙이었다. 수시로 이랬다저랬다 하는 사람이 강(剛)일 수 없으며, 주변에 아첨꾼들을 들끓게 하는 사람이 명(明)일 수 없다. 특히 강명(剛明)의 문제와 관련된 한 가지 기록을 소개한다.

이성계는 건국의 영웅이지만 동시에 아들에게 권력을 빼앗긴 어리석은 군주[闇君]다. 결코 강명한 군주였다고 할 수 없다. 그런 그가 1400년 11월 이방원이 드디어 형님 정종의 권력을 이어받아 대위(大位)에 오르던 날 의미심장한 한마디를 던졌다.
암군

강명(剛明)한 임금이니 권세가 반드시 아래로 옮기지 않을 것이다.

이 말 앞에 '내 권력을 앗아간 괘씸한 아들이긴 하지만' 혹은 '다른 것 몰라도'라는 부분을 넣어 읽어야 온전한 의미가 통한다.

KI신서 9351
이한우의 주역 상경

**1판 1쇄 인쇄** 2020년 9월 14일
**1판 1쇄 발행** 2020년 9월 23일

**지은이** 이한우
**펴낸이** 김영곤 **펴낸곳** (주)북이십일 21세기북스

**출판사업본부장** 정지은 **인문기획팀** 양으녕 김다미 **디자인** 제이알컴
**영업본부이사** 안형태 **영업본부장** 한충희 **출판영업팀** 오서영
**마케팅팀** 배상현 김윤희 이현진 **제작팀** 이영민 권경민

**출판등록** 2000년 5월 6일 제406-2003-061호
**주소** (10881) 경기도 파주시 회동길 201(문발동)
**대표전화** 031-955-2100 **팩스** 031-955-2151 **이메일** book21@book21.co.kr



**ISBN** 978-89-509-9193-7 04900
978-89-509-9195-1 (세트)

**(주)북이십일** 경계를 허무는 콘텐츠 리더

21세기북스 채널에서 도서 정보와 다양한 영상자료, 이벤트를 만나세요!

**페이스북** facebook.com/jiinpill21 **포스트** post.naver.com/21c_editors
**인스타그램** instagram.com/jiinpill21 **홈페이지** www.book21.com
**유튜브** youtube.com/book21pub